r_t	Ожидаемая доходность (или затраты на привлечение капитала) в период t. Когда ожидаемые доходности в каждый период одинаковы, мы не оговариваем это особо. Иногда мы прибегаем к *другой* оговорке, чтобы определить дату осуществления инвестиций. Так, $_{t-1}r_t$ – это доходность ("спот") инвестиций, осуществленных в период $t-1$ и дающих отдачу в период t.
$\tilde{r}_t$	Неопределенная реальная доходность в период t
r_D	Доходность долговых обязательств фирмы
r_E	Ожидаемая доходность собственного (акционерного) капитала фирмы
r_f	Безрисковая процентная ставка
r_m	Ожидаемая доходность рыночного портфеля
r_S	Долларовая процентная ставка
r^*	Скорректированные затраты на капитал
$s_{SFr/\$}$	Обменный курс "спот" швейцарского франка и доллара
t	Время
T_c	Ставка налога на прибыль корпораций
T_p	Ставка индивидуального подоходного налога
V	Рыночная стоимость компании: $V = D + E$
β	Бета: измеритель рыночного риска
δ	Дельта: коэффициент хеджирования
λ	Лямбда: рыночная цена риска: $\dfrac{r_m - r_f}{\sigma_m^2}$
ρ_{12}	Ро: коэффициент корреляции инвестиций 1 и 2
σ	Сигма: стандартное (среднее квадратичное) отклонение
σ_{12}	Сигма: ковариация инвестиций 1 и 2
σ^2	Сигма в квадрате: дисперсия
Σ	Прописная сигма: "Сумма..."

PRINCIPLES OF CORPORATE FINANCE

RICHARD A. BREALEY   STEWART C. MYERS

SEVENTH EDITION

New York St. Louis San Francisco Auckland Bogotá Caracas Lisbon London Madrid
Mexico City Milan Montreal New Delhi San Juan Singapore Sydney Tokyo Toronto

PRINCIPLES OF CORPORATE FINANCE

RICHARD A. BREALEY, STEWART C. MAYERS

INTERNATIONAL EDITION

McGraw-Hill, Inc.
New York St. Louis San Francisco Auckland Bogotá Caracas Lisbon London Madrid
Mexico City Milan New Dehli San Juan Singapore Sydney Tokyo Toronto

Р. БРЕЙЛИ, С. МАЙЕРС

ПРИНЦИПЫ КОРПОРАТИВНЫХ ФИНАНСОВ

"Рекомендовано Министерством общего и профессионального образования Российской Федерации в качестве учебника для студентов экономических специальностей высших учебных заведений"

МОСКВА
"ОЛИМП-БИЗНЕС"
1997

УДК 336.6
ББК 65.9(2)26я73
Б 87

Издание подготовлено при финансовом содействии
**Национального фонда подготовки
финансовых и управленческих кадров
в рамках его программы "Банковское дело"
Руководитель программы В. Е. Корольков**

Инвестиционной компании "Тройка–Диалог"

Книга выходит на русском языке по инициативе
**Ника Ван Ден Брула, Великобритания
Михаила Соломоновича Каминского, Россия
Владимира Юрьевича Стабникова, Россия**

Перевод с английского
*М.В. Беловой, И.В. Ивашковской, Т. Б. Крыловой, С.И. Пучковой,
О.В. Соловьевой, Т.Н. Черкасовой, Е.В. Шиловой*

Научная редакция перевода *Т.Б. Крыловой*

Общая редакция перевода *Н.Н. Барышниковой*

Ричард Брейли, Стюарт Майерс. Принципы корпоративных финансов:
Б 87   Пер. с англ. — М.: ЗАО "Олимп – Бизнес", 1997. — 1120 с.
ISBN 5–901028–01–5

Этот фундаментальный учебник посвящен финансовому анализу — специфической сфере управления, которая лишь относительно недавно выделилась в самостоятельную отрасль, вобрав в себя новейшие научные знания и многолетний деловой опыт. В книге рассматриваются все аспекты принятия финансовых и инвестиционных решений, финансирования проектов, планирования и составления бюджетов капитальных вложений, оценки финансовой эффективности и техники инвестиционного анализа, структуры капитала корпораций, выбора источников финансирования (за счет собственных средств, выпуска долговых обязательств или акций) и т. д.

Кроме того, книга содержит базовый справочный материал по использованию финансовых инструментов, таких, как опционы, гарантийные обязательства и конвертируемые облигации, лизинг, хеджирование финансовых рисков, управление наличными средствами и кредитами, а также по международному финансовому менеджменту и управлению пенсионными фондами.

Написанная высокопрофессионально, доступным, живым языком, книга изобилует интересными примерами, содержит несложные математические расчеты, которые облегчают финансовый анализ. Предназначена для инвестиционных аналитиков и финансовых советников, брокеров, работников банков, бухгалтеров и менеджеров промышленных компаний, а также для преподавателей, студентов и аспирантов.

УДК 336.6
ББК 65.9(2)26я73

INTERNATIONAL EDITION
Copyright © 1991
Exclusive rights by McGraw-Hill Inc. for manufacture and export.
This book cannot be re-exported from the country to which it is consigned by McGraw-Hill.

ISBN 5–901028–01–5
ISBN 0–07–007405–4 (англ.)

© Издание на русском языке, перевод на русский язык,
оформление ЗАО "Олимп – Бизнес", 1997

ОБ АВТОРАХ

Ричард Брейли

Лондонская Школа бизнеса. Профессор в области корпоративных финансов. В прошлом — президент Европейской финансовой ассоциации и директор Американской финансовой ассоциации. В настоящий момент занимается исследованиями по теории инвестиционного портфеля и международным финансам. Член редколлегии журнала Midland Corporate Finance Journal. В числе других его перу принадлежит книга: Introduction to Risk and Return from Common Stocks. Прежде сотрудничал с канадской страховой компанией Sun Life Assurance Company и бостонским фондом Keystone Custodian Funds.

Стюарт Майерс

Профессор в области финансов стипендии Гордона Билларда в Школе менеджмента Массачусетского технологического института. Директор Исследовательского центра по международным финансовым услугам. Ведущий научный сотрудник Национального института экономических исследований, в прошлом — президент и директор Американской финансовой ассоциации. Его исследования непосредственно связаны с оценкой финансовых и реальных активов, финансовой политикой корпораций, финансовыми аспектами государственного регулирования бизнеса. Член редколлегии журнала Midland Corporate Finance Journal. Соавтор книги: Optimal Financing Decisions (совместно с А.А. Робишеком) и редактор книги: Modern Developments in Financial Management.

Содержание

	К российским читателям	XXIII
	От научного редактора	XXV
	Предисловие	XXIX

ЧАСТЬ I. СТОИМОСТЬ

Глава 1. Почему финансы так важны ... 3
1–1. Роль финансового менеджера ... 4
Понятие стоимости • Время и неопределенность • Цели финансового управления в сложных организациях • Понятие стоимости информации
1–2. Кто такой финансовый менеджер? ... 7
1–3. Содержание этой книги ... 8
1–4. Резюме ... 9
Контрольные вопросы ... 10

Глава 2. Приведенная стоимость и альтернативные издержки ... 11
2–1. Введение в теорию приведенной стоимости ... 12
Вычисление приведенной стоимости • Чистая приведенная стоимость • Замечание о риске и приведенной стоимости • Приведенные стоимости и нормы доходности
2–2. Обоснование правила чистой приведенной стоимости ... 15
Как рынок капитала помогает сбалансировать потребление • Теперь мы введем производственные возможности • Основополагающее допущение • Несовершенные рынки капиталов
2–3. Основной вывод ... 21
Другие цели корпораций
2–4. Резюме ... 23
Рекомендуемая литература ... 24
Контрольные вопросы ... 25
Вопросы и задания ... 26

Глава 3. Как рассчитывать приведенные стоимости ... 29
3–1. Оценка долгосрочных активов ... 29
Оценка потоков денежных средств за несколько периодов • Почему коэффициент дисконтирования снижается по мере удаления в будущее — отказ от идеи

	"денежного станка" • *Как таблицы приведенных стоимостей помогают лентяю*	
3–2.	Знакомство с бессрочной рентой и аннуитетом	33
	Как оценить возрастающую бессрочную ренту • Как оценить аннуитет	
3–3.	Сложный процент и приведенная стоимость	36
	Замечание об интервалах начисления сложного процента	
3–4.	Резюме	41
	Рекомендуемая литература	42
	Контрольные вопросы	42
	Вопросы и задания	44

Глава 4. Приведенная стоимость облигаций и акций — 47

4–1.	Кратко об оценке стоимости облигаций	47
4–2.	Как оценивать обыкновенные акции	49
	Сегодняшняя цена • Но что определяет цену следующего года?	
4–3.	Простой способ расчета ставки капитализации	53
	Использование формулы дисконтированного денежного потока для установления цен на электроэнергию • Некоторые предостережения относительно формул для случаев постоянного темпа роста	
4–4.	Связь между ценой акции и прибылью в расчете на акцию	57
	Вычисление приведенной стоимости перспектив роста для компании "Электронный птенчик" • Общая формула, отражающая связь дивидендов и перспектив роста • Что означает коэффициент цена—прибыль • Что означает показатель прибыли	
4–5.	Резюме	63
	ПРИЛОЖЕНИЕ: Оценка стоимости бизнеса методом дисконтированного потока денежных средств	65
	Прогнозирование потока свободных денежных средств для бизнеса в целом • Горизонты оценки • Стоимость на конец периода оценки • Дальнейшая проверка реалистичности оценки • Заключение	
	Рекомендуемая литература	69
	Контрольные вопросы	70
	Вопросы и задания	71

Глава 5. Почему чистая приведенная стоимость лучше других критериев обеспечивает верные инвестиционные решения — 75

5–1.	Обзор базовых понятий	75
5–2.	"Конкуренты" чистой приведенной стоимости	77
5–3.	Окупаемость	78
	Правило окупаемости • Дисконтированная окупаемость	
5–4.	Средняя прибыль в расчете на балансовую стоимость активов	80
5–5.	Внутренняя норма доходности (или норма доходности дисконтированного потока денежных средств)	82
	Ловушка 1 – кредитовать или брать взаймы? • Ловушка 2 – множественность значений нормы доходности • Ловушка 3 – взаимоисключающие проекты • Ловушка 4 – что происходит, когда мы не можем определить временную структуру процентных ставок • Вывод о методе внутренней нормы доходности	
5–6.	Коэффициент рентабельности, или коэффициент выгоды — издержки	92
5–7.	Резюме	93
	Рекомендуемая литература	94
	Контрольные вопросы	95
	Вопросы и задания	97

Содержание

Глава 6. Принятие инвестиционных решений по методу чистой приведенной стоимости — 101

6–1. Что дисконтировать — 101
Следует учитывать только потоки денежных средств • Учитывайте приростные потоки денежных средств • Будьте последовательны в учете инфляции

6–2. Пример — проект ВНК — 107
Разделение инвестиционных решений и решений по финансированию • Еще раз об оценке потоков денежных средств • Еще раз об амортизации • Последнее замечание о налогах • Последнее замечание об анализе проектов

6–3. Взаимовлияние проектов — 115
Ситуация 1 — оптимальное время для осуществления инвестиций • Ситуация 2 — выбор оборудования с долгосрочным или краткосрочным периодом эксплуатации • Ситуация 3 — решение о времени замены используемого оборудования • Ситуация 4 — затраты на избыточные мощности • Ситуация 5 — изменчивость факторов загрузки

6–4. Выбор программ капитальных вложений в условиях ограниченности ресурсов — 121
Коэффициент рентабельности в условиях нормирования капитала • Несколько усовершенствованных моделей выбора в условиях нормирования капитала • Моделирование выбора в условиях нормирования капитала

6–5. Резюме — 126
ПРИЛОЖЕНИЕ: Несколько штрихов к моделированию выбора в условиях нормирования капитала — 127
Перенесение потоков денежных средств на будущие периоды • Взаимоисключающие проекты • Зависимые проекты • Ограничения на нефинансовые ресурсы • Ограничения на нефинансовые результаты
Рекомендуемая литература — 128
Контрольные вопросы — 129
Вопросы и задания — 130

ЧАСТЬ II. РИСК

Глава 7. Введение: риск, доход и альтернативные издержки — 139

7–1. 63-летняя история рынка капиталов в одном беглом обзоре — 139

7–2. Измерение риска, присущего инвестиционному портфелю — 142
Дисперсия и стандартное отклонение • Оценка изменчивости • Как диверсификация снижает риск

7–3. Вычисление портфельного риска — 149
Общая формула для расчета портфельного риска • Ограничения на диверсификацию

7–4. Как отдельные ценные бумаги влияют на портфельный риск — 153
Бета — измеритель рыночного риска • Почему бета ценных бумаг определяет риск портфеля

7–5. Диверсификация и слагаемость стоимостей — 158
7–6. Резюме — 159
Рекомендуемая литература — 160
Контрольные вопросы — 161
Вопросы и задания — 162

Глава 8. Риск и доход — 167

8–1. Гарри Маркович и рождение теории портфеля — 167
Формирование портфеля акций • Мы вводим займы и кредиты

8–2. Связь между риском и доходом — 173

*Некоторые оценки ожидаемой доходности • Доказательство правила оценки долгосрочных активов • Что произошло бы, если бы акция **не** лежала на линии рынка ценных бумаг?*

8–3. Надежность и роль модели оценки долгосрочных активов 177
Проверка правила оценки долгосрочных активов • Допущения, лежащие в основе правила оценки долгосрочных активов

8–4. Некоторые альтернативные теории 180
Бета потребления против рыночной беты • Теория арбитражного ценообразования • Сравнение правила оценки долгосрочных активов и теории арбитражного ценообразования

8–5. Резюме 186
Рекомендуемая литература 187
Контрольные вопросы 188
Вопросы и задания 190

Глава 9. Планирование долгосрочных вложений и риск 195

9–1. Измерение коэффициента бета 198
Стабильность величины бета во времени • Использование "книги бета" • Отраслевые беты и затраты на капитал для подразделений

9–2. Структура капитала и затраты компании на капитал 204
Как изменение структуры капитала влияет на ожидаемую доходность • Как изменение структуры капитала влияет на величину бета • Предостережения и некоторые наблюдения

9–3. Как рассчитать затраты на капитал компании Carolina Power and Light — пример 208
Ожидаемая доходность обыкновенных акций Carolina P & L • Оценка затрат на капитал компании Carolina P & L

9–4. Определение ставки дисконта в случае, когда вы не можете воспользоваться "книгой бета" 212
Избегайте надуманных факторов при определении ставки дисконтирования • Чем определяется бета активов? • Поиск ориентиров

9–5. Другой взгляд на риск и дисконтированный поток денежных средств 217
*Оценка надежных эквивалентов потоков денежных средств • Когда вы **не можете** использовать единую скорректированную на риск ставку дисконта для долгосрочных активов • Общая ошибка*

9–6. Резюме 222
ПРИЛОЖЕНИЕ: Использование модели оценки долгосрочных активов для расчета надежного эквивалента 223
Рекомендуемая литература 224
Контрольные вопросы 225
Вопросы и задания 226

ЧАСТЬ III. ПРАКТИЧЕСКИЕ ПРОБЛЕМЫ ПЛАНИРОВАНИЯ ДОЛГОСРОЧНЫХ ВЛОЖЕНИЙ

Глава 10. Проект – это не черный ящик 233

10–1. Анализ чувствительности 234
Ценность информации • Ограничения в анализе чувствительности • Анализ проекта при различных сценариях • Анализ безубыточности

10–2. Модель Монте-Карло 241
Моделирование проекта по производству электромобилей • "Издержки" моделирования: вы платите за то, что получаете • Погрешности моделирования

10–3. "Древо решений" и последующие решения 247

Пример: Vegetron • Более сложный пример: "Вольный полет" • "Запасной выход" • Стоимость прекращения бизнеса и бюджет долгосрочных вложений • Доводы за и против "древа решений" • "Древо решений" и модель Монте-Карло

10–4.	Резюме	255
	Рекомендуемая литература	257
	Контрольные вопросы	257
	Вопросы и задания	259

Глава 11. Откуда берется положительная чистая приведенная стоимость — 261

11–1. Первое знакомство с рыночной стоимостью — 261

"Кадиллак" и кинозвезда • Пример: инвестиции в новый универмаг • Другой пример: открытие золотоносных копей

11–2. Прогнозирование экономических рент — 266

11–3. Пример: "Марвин и компания" решает применить новую технологию — 267

Прогнозирование цен на пузырьковые бластеры • Стоимость нового расширения компании "Марвин" • Альтернативные планы расширения производства • Стоимость акций компании "Марвин" • Уроки из опыта "Марвина и компании"

11–4.	Резюме	275
	Рекомендуемая литература	275
	Контрольные вопросы	276
	Вопросы и задания	277

Глава 12. Организация инвестиционного процесса и последующая оценка эффективности — 281

12–1. Планирование долгосрочных вложений и утверждение проектов — 281

Утверждение проектов • Критерии, которые фирмы применяют в своей практике принятия решений • Контроль за инвестиционными решениями

12–2. Проблемы и некоторые решения — 285

Обеспечение согласованности прогнозов • Устранение конфликта интересов • Снижение необъективности в прогнозах • Получение высшим руководством необходимой ему информации • Признание необходимости стратегической "подгонки"

12–3. Оценка результатов деятельности — 289

Контроль за осуществлением проектов • Постаудит • Проблемы измерения приростных денежных потоков по факту • Оценка текущей деятельности • Бухгалтерская норма прибыли как измеритель эффективности

12–4. Пример: определение рентабельности супермаркета в Нодхеде — 292

Бухгалтерские прибыли в сравнении с истинными прибылями • Дает ли критерий рентабельности инвестиций правильные результаты в долгосрочной перспективе?

12–5. Что мы можем предпринять в связи с искажениями рентабельности на основе бухгалтерских данных? — 296

Не слишком ли озабочены менеджеры бухгалтерской рентабельностью?

12–6.	Резюме	298
	Рекомендуемая литература	300
	Контрольные вопросы	301
	Вопросы и задания	301

ЧАСТЬ IV. РЕШЕНИЯ ПО ФИНАНСИРОВАНИЮ И ЭФФЕКТИВНОСТЬ РЫНКА

Глава 13. Финансирование корпораций и шесть уроков эффективности рынка — 309

13–1. Мы все время возвращаемся к чистой приведенной стоимости — 310

Различие между инвестиционными решениями и решениями по финансированию • Эффективные рынки капиталов

13-2. Что такое эффективный рынок? ... 312
Поразительное открытие: цены изменяются случайным образом • Теория для объяснения фактов • Три формы в теории эффективности рынка • Совершенных теорий не бывает • Биржевой крах 1987 г.

13-3. Первый урок эффективности рынка: у рынка нет памяти ... 323
13-4. Второй урок эффективности рынка: верь рыночным ценам ... 323
Пример: предложение о выкупе облигаций Northwestern Bell
13-5. Третий урок эффективности рынка: никаких финансовых иллюзий ... 325
Дробление акций и дивиденды • Расчет аномальных доходов • Изменения учетной политики
13-6. Четвертый урок эффективности рынка: альтернатива "сделай сам" ... 330
13-7. Пятый урок эффективности рынка: одна акция дает представление обо всех остальных ... 330
13-8. Шестой урок эффективности рынка: зри в корень ... 332
13-9. Резюме ... 333
Рекомендуемая литература ... 333
Контрольные вопросы ... 334
Вопросы и задания ... 335

Глава 14. Обзор источников финансирования корпораций ... 339
14-1. Обыкновенные акции ... 339
Терминология • Права акционеров
14-2. Первый взгляд на долги корпораций ... 342
Различные формы долга • Другие названия долговых обязательств
14-3. Привилегированные акции ... 345
14-4. Конвертируемые ценные бумаги ... 346
14-5. Многообразие и придает остроту жизни ... 347
Процесс обновления
14-6. Модели финансирования корпорации ... 349
Действительно ли фирмы так сильно полагаются на внутренние источники финансирования? • Выбор момента для выпуска долговых обязательств и акций • Заблуждение относительно "разводнения" • Изменилась ли структура капитала? • Коэффициент долговой нагрузки в рыночном измерении
14-7. Резюме ... 360
Рекомендуемая литература ... 361
Контрольные вопросы ... 362
Вопросы и задания ... 363

Глава 15. Как корпорации осуществляют эмиссию ценных бумаг ... 365
15-1. Венчурный капитал ... 365
15-2. Первичное публичное предложение ценных бумаг ... 369
Организация публичной эмиссии • Определение цены нового выпуска • Издержки публичной эмиссии
15-3. Обычное предложение ценных бумаг компаниями открытого типа ... 373
Обычное предложение ценных бумаг и "полочная регистрация" • Международные эмиссии ценных бумаг • Издержки обычного предложения ценных бумаг • Реакция рынка на эмиссию акций
15-4. Роль подписчика ... 377
Кто такие подписчики? • Выбор подписчика
15-5. Частное размещение ... 382
15-6. Резюме ... 383

	ПРИЛОЖЕНИЕ А: Привилегированная подписка или эмиссия прав	385
	Как осуществляются эмиссии прав • Как эмиссия прав влияет на цену акций • Цена выпуска не имеет значения, если права реализуются • Выбор между обычным предложением акций и эмиссией прав	
	ПРИЛОЖЕНИЕ Б: Проспект новой эмиссии фирмы "Марвин"	389
	Рекомендуемая литература	393
	Контрольные вопросы	394
	Вопросы и задания	395

ЧАСТЬ V. ДИВИДЕНДНАЯ ПОЛИТИКА И СТРУКТУРА КАПИТАЛА

Глава 16. Споры о дивидендах — 401

16–1.	Как выплачиваются дивиденды	402
	Некоторые законодательные ограничения на дивиденды • Виды дивидендов • Выкуп акций	
16–2.	Как компании принимают решения о выплате дивидендов	405
	Модель Линтнера • Информативность дивидендов	
16–3.	Споры о дивидендной политике	407
	Дивидендная политика не имеет значения на совершенном рынке капиталов • Дивидендная политика не важна—иллюстрация • Расчет цены акции • Выкуп акций	
16–4.	Правые радикалы	412
	Игнорируют ли ММ риск? • Несовершенство рынка	
16–5.	Налоги и левые радикалы	415
	Как налоги влияют на стоимость • Зачем вообще платить дивиденды? • Эмпирические данные о дивидендах и налогах • Дивиденды и прирост капитала согласно Закону о реформе налоговой системы 1986 г.	
16–6.	Центристы	420
	Альтернативные налоговые системы	
16–7.	Резюме	422
	Рекомендуемая литература	424
	Контрольные вопросы	425
	Вопросы и задания	426

Глава 17. Имеет ли значение политика управления задолженностью? — 429

17–1.	Эффект левериджа в конкурентной экономике без налогов	430
	Позиция Модильяни и Миллера • Закон сохранения стоимости • Пример применения Правила I	
17–2.	Как финансовая зависимость влияет на доходность	436
	Смысл Правила I • Правило II • Дилемма: риск — доход	
17–3.	Традиционный подход	440
	Два предостережения • Доходность левериджированных акций – традиционная позиция • Где искать расхождения с правилами ММ • Клиентов, неудовлетворенных сегодня, вероятно, можно заинтересовать экзотическими ценными бумагами • Мертворожденные "блоки акций" компании Pfizer • Несовершенства и возможности	
17–4.	Резюме	448
	ПРИЛОЖЕНИЕ: ММ и модель оценки долгосрочных активов	449
	Рекомендуемая литература	450
	Контрольные вопросы	450
	Вопросы и задания	452

Глава 18.	**Как много займов следует брать фирме?**	**455**
18–1	Корпоративные налоги	456
	Как налоговая защита увеличивает стоимость капитала акционеров? • Изменение структуры капитала фирмы Merck • ММ и налоги	
18–2	Налоги на прибыль корпораций и доходы физических лиц	460
	Политика управления задолженностью до и после реформы налоговой системы • "Долг и налоги" Мертона Миллера • Модель Миллера после Закона о реформе налоговой системы 1986 г. • Возможна ли компромиссная теория?	
18–3	Издержки финансовых затруднений	469
	Издержки банкротства • Реальные издержки банкротства • Прямые издержки банкротства в сравнении с косвенными • Финансовые трудности без банкротства • Перенос риска: игра первая • Отказ от вложения акционерного капитала: игра вторая • И наконец, вкратце, еще три игры • Какова цена этих игр • Издержки финансовых трудностей различны при разных типах активов	
18–4	Объяснение выбора политики финансирования	482
	Теория иерархии	
18–5	Выбор фирмой коэффициента "долг—собственный капитал"	485
	Контрольный лист • Перспективное планирование	
18–6	Резюме	487
	Рекомендуемая литература	489
	Контрольные вопросы	490
	Вопросы и задания	492
Глава 19.	**Взаимосвязь инвестиционных решений и решений по финансированию**	**497**
19–1	Метод скорректированной приведенной стоимости	498
	Базовая чистая приведенная стоимость • Расходы на эмиссию • Увеличение кредитоемкости фирмы • Стоимость налоговой защиты по процентным платежам • Обзор метода скорректированной приведенной стоимости	
19–2	Скорректированная ставка дисконта — альтернатива скорректированной приведенной стоимости	501
	Пример: геотермальный проект • Общее определение скорректированных затрат на капитал • Что происходит, когда будущие размеры долга неизвестны • Насколько полезны формулы скорректированных затрат на капитал?	
19–3	Формула средневзвешенных затрат на капитал	506
	Применение учебной формулы к геотермальному проекту • Использование учебной формулы • Применение формулы к железнодорожным компаниям • Замечание о показателе бета активов и средневзвешенных затратах на капитал • Ошибки при использовании формулы средневзвешенных затрат на капитал	
19–4	Дисконтирование надежного номинального потока денежных средств	512
	Общее правило • Еще несколько примеров • Скорректированная ставка дисконта для эквивалентных долгу потоков денежных средств	
19–5	Резюме	516
	Рекомендуемая литература	519
	Контрольные вопросы	519
	Вопросы и задания	520

ЧАСТЬ VI. ОПЦИОНЫ

Глава 20.	**Обязательства корпораций и оценка стоимости опционов**	**527**
20–1	"Коллы", "путы" и акции	529
	Продажа "коллов", "путов" и акций	
20–2	Различные комбинации "коллов", "путов" и акций	532
	Различие между надежными и рисковыми облигациями • Выявление опциона	

	20–3.	Что определяет стоимость опциона?	539
	20–4.	Модель оценки стоимости опционов	543

Почему принцип дисконтированного денежного потока не подходит для оценки опционов • Создание эквивалентов опциона из обыкновенных акций и займов • Метод нейтрального отношения к риску • Оценка стоимости опционов со сроком более одного периода • Использование формулы Блэка—Шольца

	20–5.	Резюме	548
		Рекомендуемая литература	549
		Контрольные вопросы	549
		Вопросы и задания	551

Глава 21. Применение теории оценки опционов — 557

	21–1.	Ценность возможностей последующего инвестирования	557

Реальные опционы и ценность управления

	21–2.	Опцион на отказ от проекта	560

Оценка стоимости опциона "пут" на отказ: пример • Что произойдет с опционом г-жи Хартии Вольнэсти при более чем двух возможных исходах • Стоимость опциона через 6 месяцев • Стоимость опциона на сегодня • Общий биномиальный метод

	21–3.	Опцион на выбор времени	568

Пример временнóго опциона • Оценка стоимости опциона на маринованную селедку • Оценка стоимости опциона и "древо решений"

	21–4.	Контрольный лист	573

"Американский колл" — без дивидендов • "Европейский пут" — без дивидендов • "Американский пут" — без дивидендов • "Европейский колл" на акции с дивидендами • "Американский колл" на акции с дивидендами

	21–5.	Резюме	577
		Рекомендуемая литература	578
		Контрольные вопросы	579
		Вопросы и задания	580

Глава 22. Варранты и конвертируемые ценные бумаги — 585

	22–1.	Что такое варрант?	585

Оценка стоимости варрантов • Два осложняющих фактора: дивиденды и разводнение • Пример: оценка стоимости варрантов компании "Универсальный клей" • Как влияет разводнение на стоимость варрантов компании "Универсальный клей" • Варранты на облигации

	22–2.	Что такое конвертируемая облигация?	592

Оценка стоимости конвертируемых облигаций • Вернемся к разводнению и дивидендам • Форсирование конверсии

	22–3.	Различие между варрантами и конвертируемыми облигациями	598
	22–4.	Почему компании выпускают варранты и конвертируемые облигации?	599
	22–5.	Резюме	601
		Рекомендуемая литература	602
		Контрольные вопросы	603
		Вопросы и задания	604

ЧАСТЬ VII. ДОЛГОВОЕ ФИНАНСИРОВАНИЕ

Глава 23. Оценка рисковых долговых обязательств — 611

	23–1.	Классическая теория процента	612

Реальные процентные ставки • Инфляция и процентные ставки

	23–2.	Временнáя структура и доходность к погашению	616

Доходность к погашению • Проблемы, связанные с доходностью к погашению •

Оценка временнóй структуры • *Определение цен на облигации с различными сроками погашения*

23–3. Объяснение временнóй структуры 624
Проблема г-жи Долгой • *Проблема г-на Короткого* • *Гипотеза ожиданий* • *Теория предпочтения ликвидности* • *Учитывая инфляцию* • *Сравнение теорий временнóй структуры* • *Некоторые новые теории временнóй структуры*

23–4. Учет риска невыполнения обязательств 634
Рейтинг облигаций • *"Мусорные" облигации* • *Оценка опционов и рисковые долговые обязательства* • *Оценка правительственных кредитных гарантий*

23–5. Резюме 642
Рекомендуемая литература 644
Контрольные вопросы 645
Вопросы и задания 647

Глава 24. Различные виды заемного капитала **651**
24–1. Национальные облигации, иностранные облигации, еврооблигации 652
24–2. Контракт на выпуск облигационного займа 653
Соглашение, или трастовый договор • *Условия облигационного займа* • *Именные облигации и облигации на предъявителя*

24–3. Обеспеченность и приоритетность 656
24–4. Условия погашения 657
Фонды погашения • *Положения о досрочном выкупе* • *Облигации с правом продления и с правом досрочной продажи*

24–5. Ограничительные оговорки 660
Изменения в ограничительных оговорках • *Позитивные оговорки*

24–6. Новшества на рынке облигаций 664
Причины новшеств • *Выгоды от нововведений* • *Новшества, выдержавшие испытание временем*

24–7. Проектное финансирование 669
Пример из нефтяной отрасли • *Кто использует проектное финансирование?* • *Проектное финансирование—некоторые общие особенности* • *Преимущества проектного финансирования*

24–8. Резюме 673
ПРИЛОЖЕНИЕ: Извлечения из проспекта эмиссии облигаций 674
Рекомендуемая литература 682
Контрольные вопросы 682
Вопросы и задания 683

Глава 25. Хеджирование финансового риска **687**
25–1. Техника хеджирования 690
Как инструменты хеджирования позволяют разделять ваши ставки

25–2. Продолжительность и изменчивость 693
Пример и некоторые тонкости

25–3. Хеджирование с помощью фьючерсов 696
Товарные и финансовые фьючерсы • *Механизм заключения фьючерсных сделок* • *Цены "спот" и фьючерсные цены—финансовые фьючерсы* • *Цены "спот" и фьючерсные цены — товары* • *Процедура фьючерсного хеджирования*

25–4. Форвардные контракты 701
"Кустарные" форвардные контракты

25–5. Свопы 703
25–6. Хеджирование с помощью опционов 705
25–7. Резюме 706
Рекомендуемая литература 707

	Контрольные вопросы	708
	Вопросы и задания	709

Глава 26.	**Лизинг**	**715**
26–1.	Что такое лизинг?	716
26–2.	Зачем нужен лизинг?	717
	Разумные доводы в пользу лизинга • Некоторые сомнительные аргументы в пользу лизинга	
26–3.	Оценка финансового лизинга	721
	*Пример финансового лизинга • Кто является **действительным** собственником арендованного имущества? • Лизинг и Налоговая служба • Первый шаг в оценке лизингового контракта • Почему лизинг поставил акционеров компании "Сивка-бурка" в затруднительное положение? • Продолжение темы*	
26–4.	Когда лизинг выгоден?	727
26–5.	Оценка крупного лизинга с использованием заемного капитала	728
26–6.	Резюме	731
	Рекомендуемая литература	733
	Контрольные вопросы	733
	Вопросы и задания	734

ЧАСТЬ VIII. ФИНАНСОВОЕ ПЛАНИРОВАНИЕ

Глава 27.	**Анализ финансовой деятельности**	**739**
27–1.	Финансовые коэффициенты	739
	Коэффициенты финансовой зависимости • Коэффициенты ликвидности • Коэффициенты рентабельности или эффективности • Коэффициенты рыночной активности • Бухгалтерские показатели • Выбор базы • Выбор финансовых коэффициентов	
27–2.	Динамика прибыли	755
	Смысл бухгалтерской прибыли • Как инфляция влияет на бухгалтерскую доходность	
27–3.	Техника финансового анализа	759
	Использование финансовых коэффициентов для оценки рыночного риска • Использование финансовых коэффициентов для прогнозирования рейтинга облигаций	
27–4.	Резюме	762
	Рекомендуемая литература	763
	Контрольные вопросы	763
	Вопросы и задания	766

Глава 28.	**Подходы к финансовому планированию**	**769**
28–1.	Что такое финансовое планирование?	770
	Финансовое планирование базируется на агрегатных показателях • Финансовое планирование — это не просто прогнозирование	
28–2.	Содержание полного финансового плана	771
	Планирование источников финансирования • Три условия эффективного планирования • Финансовое планирование как управление портфелем опционов	
28–3.	Модели финансового планирования	776
	Финансовая модель компании "Важный фрукт" • Недостатки моделей • В моделях корпоративных финансов финансы отсутствуют	
28–4.	Резюме	782
	ПРИЛОЖЕНИЕ: Модель LONGER	783
	Пример • Расширение модели • Модель LONGER в сравнении с типовыми моделями корпоративного планирования • Теневые цены, или предельные издержки	

	Рекомендуемая литература	791
	Контрольные вопросы	791
	Вопросы и задания	792

Глава 29. Краткосрочное финансовое планирование — 795
29-1. Элементы оборотного капитала — 796
29-2. Связь между краткосрочными и долгосрочными финансовыми решениями — 798
Принцип соответствия • Постоянная потребность в оборотном капитале • Удобство избытка денежных средств
29-3. Контроль за изменениями в объемах денежных средств и оборотного капитала — 800
Контроль за изменениями чистого оборотного капитала • Прибыли и потоки денежных средств
29-4. Планирование потоков денежных средств — 805
Подготовка бюджета денежных средств: приток • Подготовка бюджета денежных средств: отток
29-5. План краткосрочного финансирования — 809
Варианты краткосрочного финансирования • Первый вариант плана финансирования • Второй вариант плана финансирования • Замечание о моделях краткосрочного финансового планирования
29-6. Резюме — 815
Рекомендуемая литература — 816
Контрольные вопросы — 817
Вопросы и задания — 818

ЧАСТЬ IX. КРАТКОСРОЧНЫЕ ФИНАНСОВЫЕ РЕШЕНИЯ

Глава 30. Управление дебиторской задолженностью — 823
30-1. Условия продаж — 823
30-2. Инструменты коммерческого кредита — 825
30-3. Кредитный анализ — 826
Анализ финансовых коэффициентов • Количественная кредитная оценка • Создание более совершенных индексов риска
30-4. Решение о предоставлении кредита — 832
Когда остановиться в поиске "ключей" • Решения о предоставлении кредита для повторяющихся заказов • Некоторые общие принципы
30-5. Политика сбора денег — 836
Факторинг и страхование кредитов
30-6. Резюме — 838
ПРИЛОЖЕНИЕ: Процедуры банкротства — 839
Персональные банкротства • Банкротства компаний • Выбор между ликвидацией и реорганизацией
Рекомендуемая литература — 844
Контрольные вопросы — 845
Вопросы и задания — 847

Глава 31. Управление денежными средствами — 851
31-1. Товарно-материальные запасы и остатки денежных средств — 852
Распространение изложенных правил на остатки денежных средств • Модель Миллера—Орра • Использование модели Миллера—Орра • Привлечение денежных средств путем займов • Управление денежными средствами в крупнейших корпорациях

31–2.	Системы сбора и расходования денег	860

Денежные средства в пути • Управление денежными средствами в пути • Ускорение сбора денег • Контроль за выплатами

31–3.	Отношения с банками	865

Что происходит, когда деньги приносят процент?

31–4.	Резюме	866
	Рекомендуемая литература	867
	Контрольные вопросы	868
	Вопросы и задания	869
Глава 32.	**Краткосрочное кредитование и заимствование**	**873**
32–1.	Краткосрочное кредитование	873

Денежный рынок • Оценка инвестиций денежного рынка • Исчисление доходности инвестиций денежного рынка • Векселя Казначейства США • Ведомственные ценные бумаги • Освобожденные от налога краткосрочные ценные бумаги • Банковские срочные депозиты и депозитные сертификаты • Коммерческие бумаги и среднесрочные векселя • Банковские акцепты • Соглашения о продаже с обратной покупкой

32–2.	Привилегированные акции с плавающей ставкой — альтернатива инвестициям денежного рынка	881
32–3.	Краткосрочное заимствование	883

Нормирование кредита • Необеспеченные займы • Займы, обеспеченные дебиторской задолженностью • Займы, обеспеченные запасами

32–4.	Срочные ссуды	887

Долевое участие в выдаче ссуд и переуступка прав собственности • Евродолларовые кредиты

32–5.	Резюме	890
	Рекомендуемая литература	891
	Контрольные вопросы	891
	Вопросы и задания	893
ЧАСТЬ X.	**СЛИЯНИЯ, МЕЖДУНАРОДНЫЕ ФИНАНСЫ, ПЕНСИИ**	
Глава 33.	**Слияния**	**899**
33–1.	Анализ экономических выгод и издержек слияний	899

Верные и неверные способы оценки выгод слияния

33–2.	Разумные мотивы слияний	903

Экономия за счет масштабов деятельности • Экономия за счет вертикальной интеграции • Комбинирование взаимодополняющих ресурсов • Неиспользованные налоговые щиты • Возможность использования избыточных ресурсов • Устранение неэффективности

33–3.	Некоторые сомнительные мотивы слияний	908

Диверсификация • Игра "стартовый запуск": слияние и прибыль на одну акцию • Снижение затрат на финансирование

33–4.	Оценка издержек слияний	913

Оценка издержек слияния, финансируемого за счет свободных денежных средств • Оценка издержек слияния, финансируемого за счет выпуска акций • Асимметричность информации

33–5.	Механизм слияний	917

Слияния и антимонопольное законодательство • Формы слияний • Особенности бухгалтерского учета слияний • Несколько замечаний о налогах

33–6.	Тактика слияний	922

Сражение за компанию Cities Service • Что лучше—продавать или покупать? • Защита от поглощения • Phillips Petroleum реорганизовалась, чтобы избежать поглощения • Отделение структурных подразделений компании

33—7.	Выкуп компании за счет заемного капитала	932
	RJR Nabisco • Варвары у ворот?	
33—8.	Слияния и экономика в целом	936
	Волны слияний • Создают ли слияния чистые выгоды?	
33—9.	Резюме	940
	Рекомендуемая литература	942
	Контрольные вопросы	942
	Вопросы и задания	944
	ПРИЛОЖЕНИЕ: Конгломератные слияния и принцип слагаемости стоимостей	946

Глава 34. Международный финансовый менеджмент — 949

34—1.	Международный валютный рынок	949
34—2.	Несколько базовых соотношений	952

Процентные ставки и валютные курсы • Форвардная премия и изменение "спот"-курса • Изменения валютного курса и темпы инфляции • Процентные ставки и темпы инфляции • Так ли все просто в реальной жизни?

34—3.	Страхование валютных рисков	960
34—4.	Международные инвестиционные решения	962
34—5.	Затраты на привлечение капитала для иностранных инвестиций	965

Правда ли, что в Японии затраты на привлечение капитала ниже? • Как избежать надуманных факторов в международных инвестиционных решениях

34—6.	Финансирование зарубежных операций	968
	Налоги и способы финансирования	
34—7.	Политические риски	972
34—8.	Взаимосвязь инвестиционных решений и решений по финансированию	973
34—9.	Резюме	974
	Рекомендуемая литература	975
	Контрольные вопросы	976
	Вопросы и задания	978

Глава 35. Пенсионные программы — 981

35—1.	Типы пенсионных программ	981
35—2.	Участие работников в акционерной собственности и другие формы пособий	983
35—3.	Баланс пенсионной программы	988

Оценка пенсионных обязательств • Оценка активов пенсионной программы • Определение пенсионных взносов • О некоторых допущениях в актуарных расчетах • Закон о пенсионном обеспечении работников, взносы в пенсионный фонд и страхование пенсий • Прекращение действия пенсионной программы • Бухгалтерский учет пенсионной программы

35—4.	Управление пенсионным фондом	995

Риск и политика пенсионного фонда • Налоги и политика пенсионного фонда • Постановка целей

35—5.	Оценка эффективности пенсионного фонда	999

Выбор критериев оценки • Пример измерения эффективности • Некоторые предостережения по поводу оценок

35—6.	Резюме	1005
	Рекомендуемая литература	1006

Содержание XXI

    Контрольные вопросы   1007
    Вопросы и задания   1009

ЧАСТЬ XI. ЗАКЛЮЧЕНИЕ

Глава 36. Выводы: что мы знаем и чего не знаем о финансах   **1015**

36–1. Что мы знаем: шесть важнейших финансовых концепций   1015
1. Чистая приведенная стоимость • 2. Модель оценки долгосрочных активов • 3. Эффективные рынки капиталов • 4. Слагаемость стоимостей и закон сохранения стоимости • 5. Теория опционов • 6. Агентская теория

36–2. Чего мы не знаем: десять нерешенных проблем теории финансов   1018
1. Как принимать важные финансовые решения? • 2. Что определяет риск и приведенную стоимость проекта? • 3. Риск и доходность: не упустили ли мы что-нибудь? • 4. Существуют ли важные исключения из теории эффективного рынка? • 5. Является ли менеджмент внебалансовым обязательством компании? • 6. Как объяснить успех новых ценных бумаг и новых рынков? • 7. Как объяснить структуру капитала? • 8. Как разрешить проблему дивидендов? • 9. Сколько стоит ликвидность? • 10. Как объяснить волны слияний?

36–3. Заключительное слово   1026

ПРИЛОЖЕНИЕ. Таблицы приведенной стоимости   **1027**

Ответы на контрольные вопросы   **1043**

Индекс   **1063**

К РОССИЙСКИМ ЧИТАТЕЛЯМ

Корпоративные финансы — один из основных и обязательных курсов в системе экономического образования западных университетов и школ бизнеса. Его содержание составляют общие теоретические концепции финансов и практические методы финансового управления акционерной компанией с акцентом на вопросы формирования стоимости ценных бумаг на развитых финансовых рынках.

В книге Р. Брейли и С. Майерса "Принципы корпоративных финансов" рассматриваются такие вопросы, как учет фактора времени и фактора риска в финансовом управлении; понятие и методы расчета приведенной стоимости; использование этого подхода — дисконтированной стоимости — для оценки акций и облигаций компании; методы принятия инвестиционных решений; понятие, принципы и методы расчета затрат на привлечение капитала; принципы принятия решений по выбору источников финансирования между банковскими кредитами, облигациями, обыкновенными или привилегированными акциями и т. п.; принципы разработки дивидендной политики; реорганизации компании (слияние, поглощение, покупка); вопросы учета валютного фактора и др.

В настоящее время *подобной литературы на русском языке практически нет*, что затрудняет подготовку квалифицированных кадров, способных на международном уровне теоретически развивать это направление в России в соответствии с ее спецификой. Однако очевидно, что достижение в российском экономическом образовании мировых стандартов, с одной стороны, и разработка цивилизованных и эффективных практических методов финансового управления российскими компаниями — с другой, возможны только при наличии соответствующих учебников и других учебных материалов.

В работе над книгой принимали участие сотрудники экономического факультета МГУ. При ее подготовке мы исходили из того, что во многих случаях необходим не просто перевод, а создание новой терминологии, которая бы не только наиболее точно отражала суть соответствующих понятий отдельного курса, но и была бы оптимальной с позиций сопряженных дисциплин. Это особенно актуально для корпоративных финансов, терминология которых очень тесно переплетается, с одной стороны, с курсом микроэкономики, а с другой — с курсом бухгалтерского учета. Поэтому основной принцип формирования творческого коллектива состоял в том, чтобы в его состав входили преподаватели, имеющие опыт работы в области корпоративных финансов. Следует отметить, что на экономическом факультете МГУ курс корпоративных финансов под названием "Деловые финансы" является обязательным с 1993 г. До этого в течение ряда лет по отдельным проблемам корпоративных финансов преподавался ряд специальных факультативных курсов.

Работа в этом направлении продолжается. И данный учебник заслуживает того, чтобы рекомендовать его не только студентам, но и опытным экономистам и финансистам разных уровней для изучения корпоративных финансов в условиях развитой рыночной экономики.

***

Участие сотрудников экономического факультета Московского Государственного университета в работе над книгой осуществлялось в рамках проекта ТЕМПУС, реализуемого совместно с экономическим факультетом МГУ и тремя европейскими университетами: Лондонской Школой Экономики (Англия), университетом Сорбонна (Франция), университетом Тилбург (Нидерланды). Целью данного проекта является модернизация университетского экономического образования в России и сближение его с мировыми стандартами.

В. П. Колесов,
декан экономического факультета МГУ,
д.э.н., профессор

ОТ НАУЧНОГО РЕДАКТОРА

Специалистам хорошо известно, насколько широкой популярностью в современном бизнес-образовании пользуется книга Р. Брейли и С. Майерса "Принципы корпоративных финансов", русский перевод которой вы держите в руках. Для тех же, кто впервые знакомится с этой книгой, убедительным доказательством ее успеха, несомненно, послужит ее долголетие на высококонкурентном мировом книжном рынке: с момента первого выхода в свет в США в 1981 г. она выдержала уже 5 изданий, причем ее известность практически сразу вышла за пределы Соединенных Штатов, а последние издания уже специально готовились для международной аудитории. Успех книги обусловлен не только ее содержанием, но и легкостью изложения такого сложного предмета, каким являются корпоративные финансы, а также не характерным для подобной литературы чувством юмора.

Это обстоятельство накладывало дополнительную ответственность на тех, кто принимал участие в подготовке русского издания. И переводчики, и редакторы всемерно стремились сохранить все своеобразие оригинала, в то же время пытаясь максимально приблизить перевод по форме изложения к особенностям стилистики русского языка, а по содержанию — к формирующимся традициям российского рынка.

Основные трудности вызвала отработка терминологии корпоративных финансов в связи с тем, что:

- некоторые термины до настоящего времени еще не нашли широкого применения в русском экономическом языке;
- отдельные термины, используемые в России, не совсем точно или удачно отражают суть соответствующих понятий;
- отдельные переводные термины, используемые в России, имея один аналог на языке происхождения, приобрели огромное множество синонимов в русском языке; и наоборот — целый синонимический ряд в английском языке может быть переведен на русский всего одним словом;
- некоторые термины, уже перешедшие в русскоязычную финансово-экономическую литературу из западных источников, не учитывают отличий в составляющих их основу стандартах учета и отчетности от соответствующих российских показателей, и поэтому могут вводить в заблуждение.

Разрабатывая терминологию для новой дисциплины, мы старались найти оптимальный компромисс между русскими и иностранными определениями, исходя из критериев простоты их адаптации в России и используемости в международной практике. В эту терминологию естественно влились отдельные общеэкономические понятия, некоторые — со своим традиционным содержанием, некоторые — обогащенные дополнительной смысловой нагрузкой. Но, конечно, многие термины являются совершенно новыми для нас, начиная с самого названия предмета, вынесенного в заглавие книги, — корпоративные финансы. Что такое корпоративные финансы? В западной литературе понятие "корпоративные финансы" считается синонимом финансового менеджмента (что в "более русском" переводе означает финансовое управление), и выбор термина отражает лишь филологические предпочтения различных авторов. Однако нам представляется, что финансовый менеджмент есть более прикладное преломление корпоративных финансов. И то, и другое обычно определяется как совокупность инвестиционных решений компании и решений по выбору источников финансирования этих инвестиционных решений. Однако, если применять одно из определений управления финансами как "искусства и науки принятия правильных инвестиционных решений и решений по выбору источников их финансирования" (см. *Ramesh K.S. Rao*. Financial Management. Macmillan Publishing Company, N. Y., Collier Macmillan Publishers, London, 1987. P. 12), то можно сделать общий вывод, что в корпоративных финансах основной акцент, как правило, делается на научное обоснование соответствующих концепций и формул, в то время как финансовый менеджмент обычно больше ориентирован на искусство, т.е. на практическое применение финансовой теории. Однако такой подход не является безусловным правилом.

При переводе термина *corporate finance* как *корпоративные финансы* рассматривались и альтернативные варианты, такие, как *финансы корпораций* или *финансы акционерных компаний*, более привычные русскому слуху. Однако мы остановили свой выбор именно на корпоративных финансах по следующим причинам.

- В книге рассматриваются многие вопросы финансовой теории, которые относятся не только к корпорациям, но и к государственным финансам, финансам физических лиц, финансам предприятий других форм собственности, например такие, как временна́я стоимость денег, риск и доход, портфельная теория и др.

Это, кстати, обычно отражается и в структуре курса "Корпоративные финансы", принятой в системе зарубежного образования, первая, теоретическая, часть которого так и называется: "Финансы". Во второй части курса — посвященной собственно корпоративным финансам — рассматриваются вопросы практики управления финансами акционерной компании, многие из которых, однако, также применимы и к предприятиям других форм собственности. Поэтому альтернативные варианты названия книги невольно сузили бы круг рассматриваемых в ней вопросов. Таким образом, в данном контексте *корпоративные финансы* понимаются как *система объективных закономерностей и правил, определяющих взаимоотношения между всеми участниками финансовых рынков, в основе которых находится рыночная стоимость акций.*

- Данный термин уже удачно используется в финансово-экономическом лексиконе российского рынка.
- Термин *корпоративные финансы* является наиболее близким переводом английского названия.

Еще одну проблему в работе над книгой составляли термины, которые уже прочно вошли в русскую лексику как заимствованные слова, например опционы, фьючерсы, "спот", "спред", "сплит" и др. Кроме того, вследствие глобализации мировой экономики и интернационализации финансовых рынков многие определения уже потеряли свою страновую принадлежность. Особенно это относится к аббревиатурам ряда известных терминов, таким, как *NPV* (чистая приведенная стоимость – net present value), *EPS* (прибыль в расчете на одну акцию – earning per share), *P/E* (цена/прибыль – price/earning), *ROA* (рентабельность активов—return on assets) и др. Несмотря на то что часто приходится слышать упреки в засорении русского языка иностранными словами, нам показалось, что в подобных случаях наряду с русскими аналогами полных терминов допустимо пользоваться их английскими аббревиатурами (особенно, для краткости, в расчетах и формулах), поскольку они широко распространены в экономической прессе, служащей источником практической финансовой информации.

Отдельная проблема связана с терминами, которые довольно прочно вошли в русскоязычную литературу, однако выбор которых применительно к корпоративным финансам представляется не совсем удачным. Например, перевод таких базовых понятий, как *cost of capital*, *present value* и др. *Cost of capital* — это затраты на привлечение источников капитала, т. е. проценты и дивиденды, которые фирма выплачивает кредиторам и инвесторам за использование предоставленных ими ресурсов; поэтому мы перевели этот термин для краткости как *затраты на капитал*. В нашей литературе *cost of capital* обычно переводится как стоимость капитала. Однако стоимость капитала — это показатель, часто используемый для обозначения капитала компании или физического лица в его стоимостном выражении (например, стоимость акционерного капитала, разница между ценой покупки и ценой продажи акции и др.).

Кроме того, нам хотелось более четко отделить понятие *cost* (затраты, себестоимость, издержки) от понятия *value* (стоимость, ценность), поскольку, как правило, под *cost* в финансах понимают некие фактические показатели (альтернативные ставки процента, количественно определяемые расходы на базе существующих цен), а под *value* — теоретическую стоимость, определяемую совокупностью факторов, в том числе и альтернативными затратами (издержками).

Термин *present value* в данной книге переводится как *приведенная стоимость* в отличие от часто используемого определения *текущая стоимость*, которое также довольно широко применяется в экономике и для других целей. Например, понятие "текущая стоимость" существует в бухгалтерском учете для определения текущей стоимости актива (current value) в противовес его первоначальной стоимости на момент приобретения.

В переводной литературе часто приходится сталкиваться с понятием *наличность*, которым переводится термин *cash*. Представляется, что это также вносит некоторые сложности в понимание рассматриваемых вопросов, особенно в силу особенностей системы наличных и безналичных расчетов в России. В корпоративных финансах под *cash* понимаются денежные средства. В любом случае, если речь идет об "оплате наличными", то имеется в виду немедленная оплата чеком через банк или наличными деньгами, в отличие от оплаты с отсрочкой платежа.

Другой проблемой является проведение четкого различия между понятиями *revenue* (доход), *income* (поступление), *return* (отдача) и *profit* (прибыль). Особенно большую путаницу создает термин *income*, который часто в нашей литературе переводится как доход. Однако если проследить последовательность расчета этого показателя, то окажется, что он представляет собой доходы от реализации продукции *за вычетом* себестоимости реализованной продукции и прочих операционных расходов (таких, как расходы по управлению и сбыту), а также сальдо прочих статей, некоторые из которых имеют только доходную часть (например, дивиденды, полученные компанией по акциям других компаний).

Нужно сказать и о различиях между понятиями *return* и *revenue*. В российской практике под доходом обычно понимается выручка от реализации продукции и прочие поступления от финансово-хозяйственной деятельности предприятия. Однако поступления в виде процентов и дивидендов также являются доходом. Кроме того, эти виды дохода рассчитываются как в абсолютном выражении (например, получено 2000 дол. в виде процентов за выданный кредит), так и в относительном (например, по кредиту выплачивается 10 % годовых).

При переводе подобных терминов мы исходили из необходимости понимания сути рассматриваемых формул или операций, т.е. из смысловой нагрузки каждого показателя в каждом конкретном случае.

Поэтому в книге используется следующий подход, если иное специально не оговорено в тексте:

- *доход (revenue)* — выручка от реализации продукции, работ и услуг и другие доходы компании;
- *доходность* или *отдача (return)* — прирост вложенного капитала, в зависимости от контекста в абсолютном или относительном выражении;
- *норма доходности (rate of return)* — прирост вложенного капитала, только в относительном выражении;
- *рентабельность, норма рентабельности, коэффициент рентабельности (rate of return, profitability ratio)* — результаты деятельности компании в относительном выражении.

Наконец, одной из наиболее сложных проблем являются расхождения в стандартах российского и международного учета, которые приводят к тому, что одними и теми же показателями обозначаются совершенно разные вещи. Это относится фактически ко всем статьям отчета о прибыли. Например, и в российской, и в международной практике используется показатель себестоимости реализованной продукции. Однако в западной практике (и в данной книге) под себестоимостью реализованной продукции понимаются только затраты на производство этой продукции без затрат на управление, расходов по сбыту и других расходов, не связанных непосредственно с производством продукции. Под чистой прибылью понимаются все доходы предприятия за вычетом всех его расходов; при этом под распределением чистой прибыли (прибыли после выплаты налогов) понимаются только реинвестирование прибыли и выплата дивидендов. Согласно такой логике, и социальные фонды, и так называемые расходы, покрываемые из прибыли, остающейся в распоряжении предприятия в российской практике, являются для западных компаний расходами, а не распределением прибыли. Поэтому, прежде чем использовать, там где это возможно, концепции корпоративных финансов в России, необходимо сначала более корректно определить информационную базу, на которой должен строиться соответствующий анализ, в соответствии с принятым в международной практике подходом к формированию показателей финансовой отчетности.

Следует также отметить, что все ссылки на рекомендуемую литературу приводятся на английском языке, поскольку, к сожалению, практически все предлагаемые источники доступны в настоящее время только в зарубежных изданиях. На языке оригинала сохранены также названия компаний и организаций. Исключение составляют лишь примеры, где действуют не существующие в действительности фирмы или выдуманные персонажи. Стремясь оживить изложение, облегчить восприятие сложного материала, авторы зачастую придумывают для таких примеров довольно забавные названия и имена, порой прибегают даже к литературным аллюзиям. В этих случаях ради сохранения стилистических достоинств оригинала все названия и вообще имена собственные переведены на русский язык.

* * *

Корпоративные финансы, как наука и практика, только начинают формироваться в России. Мы надеемся, что книга *"Принципы корпоративных финансов"* поможет вам сформировать основу собственных знаний в этой области на базе классических концепций и подходов, наиболее характерных для развитой рыночной экономики. Хотелось бы также пожелать, чтобы благодаря этим знаниям вы впоследствии достигли успеха на поприще финансовой деятельности. И, возможно, кто-то из нынешних читателей книги сумеет внести свой вклад в разработку не только отечественных корпоративных финансов как элемента переходной экономики России, но и в общую теорию корпоративных финансов — одну из самых молодых самостоятельных научных дисциплин, которая ведет свой отсчет всего лишь с конца 50-х годов XX века.

Т. Б. Крылова
к.э.н.,
доцент экономического факультета
МГУ

Посвящается нашим родителям

ПРЕДИСЛОВИЕ

Эта книга рассказывает о теории и практике корпоративных финансов. Едва ли нужно объяснять, почему финансовые менеджеры должны хорошо разбираться в практических аспектах своей работы, однако, вероятно, небесполезно сказать несколько слов о значении теории.

Практический опыт помогает менеджерам справляться с каждодневными проблемами. Но лучших менеджеров отличает также способность эффективно реагировать на перемены. Для того чтобы уметь это делать, вам нужно нечто большее, чем проверенные временем практические навыки; вы должны понимать, *почему* компании и финансовые менеджеры ведут себя так, а не иначе. Другими словами, вам необходима *теория* корпоративных финансов.

Звучит устрашающе? Не должно бы. Хорошая теория помогает понять, что происходит вокруг вас. Она помогает вам задавать правильные вопросы, когда времена меняются и необходимо анализировать новые проблемы. Она также подсказывает вам, о чем *не стоит* беспокоиться.

В книге мы показываем, как использовать теорию финансов для решения практических проблем, а также для выявления тех фактов и важной информации, которые необходимо знать студентам, изучающим корпоративные финансы.

Безусловно, теория, представленная в этой книге, не является совершенной и исчерпывающей, — как, впрочем, и ни одна другая теория. В некоторых противоречивых вопросах экономисты-финансисты никак не могут сойтись во мнении о том, что следует делать компаниям. Мы не пытались сглаживать эти противоречия. Мы изложили основные аргументы каждой стороны и высказали нашу собственную точку зрения.

Кроме того, теория свидетельствует о том, что в некоторых ситуациях простые практические правила, на которые опираются современные финансовые менеджеры, приводят к негодным решениям. Когда, по нашим представлениям, финансовые менеджеры ошибаются, мы так и говорим, признавая в то же время, что для подобных действий могут существовать скрытые мотивы. Короче говоря, мы стремились быть беспристрастными и при этом обойтись без резких оценок.

Хорошая теория, стоит только в ней разобраться, становится просто делом здравого смысла. Поэтому мы пытались и объяснять ее на уровне здравого смысла. Мы старались избегать абстрактных доказательств и сложных математических расчетов. Однако некоторые части книги могут потребовать значительного напряжения ума для тех, кто не привык к экономической логике. Наиболее сложные разделы в книге мы отметили звездочкой и предлагаем вам пропустить их при первом чтении.

О вспомогательных средствах обучения

Эта книга не требует обязательной предварительной подготовки, кроме знания алгебры и умения читать. Однако элементарные представления о бухгалтерском учете, статистике и микроэкономике, конечно, были бы полезны.

Каждая глава книги заканчивается резюме, списком рекомендуемой литературы для дальнейшего чтения, перечнем простых контрольных вопросов для быстрой самопроверки и более сложных вопросов и заданий. Ответы на контрольные вопросы вы найдете в конце книги, так же как и таблицы приведенной стоимости и опционов. Существует пособие для изучения данной книги (*Charles A. D'Ambrosio and Stewart D. Hodges.* Study Guide to Accompany Principles of Corporate Finance. McGraw-Hill, New York, 1991), в котором приводятся выводы по каждой главе, дополнительные иллюстрации, задания и другой полезный материал.

Издательство McGraw-Hill выпустило также пакет прикладных компьютерных программ для различных финансовых расчетов, основанный на программе LOTUS. Кроме того, мы участвовали в разработке отдельного пакета программ (PCF Toolkit). Эти программы предназначены для решения практических финансовых проблем; они также могут быть полезны как вспомогательный инструмент в процессе обучения, так что вы можете воспользоваться ими для выполнения каждого задания. Мы считаем, что программы PCF Toolkit очень просты в обращении, привлекательно графически оформлены и очень гибки в использовании.

Для преподавателей, пользующихся этой книгой, имеются специальное пособие для преподавателя, сборник тестов, содержащий около 900 вопросов, и пакет из 400 слайдов.

Мы должны также упомянуть о стиле изложения и подачи материала, с тем чтобы впоследствии избежать недоразумений. Во-первых, вы заметите, что наиболее важные финансовые термины, когда они впервые появляются в тексте, выделены жирным шрифтом. Во-вторых, большинство алгебраических символов, обозначающих абсолютные стоимостные показатели, даются заглавными буквами. Другие символы даются мелким шрифтом. Так, например, для обозначения дивидендов используется символ *DIV*; а для обозначения нормы доходности в процентном выражении — *r*. Мы надеемся, что это облегчит понимание алгебраических примеров и расчетов.

Изменения в четвертом издании

Читателям третьего издания может быть интересно, что нового появилось в четвертом издании, помимо исправлений и доработки. Во-первых, мы переписали главы и разделы, которые, как нам казалось, можно было упростить для восприятия. Например, мы поменяли последовательность изложения материала в главах 7 и 8, посвященных риску и ожидаемой доходности. Мы также существенно обновили главы 20 и 21, где говорится об опционах, и теперь в главе 21 основное внимание уделено применению теории опционов к практике инвестирования в реальные активы.

Обновления потребовал фактически весь материал, кроме азов. Например, теперь уже не имеет смысла говорить об эффективности рынка без упоминания о биржевом крахе в октябре 1987 г. Мы включили в книгу материал об этом и говорим также о том, как, по нашему мнению, подобные события влияют на идеи об эффективности рынка. В главе 8 сейчас содержится больше материала о модели оценки активов с учетом фактора потребления и арбитражной теории ценообразования (включая практический пример о том, как одна из фирм использует арбитражную теорию для расчета своих затрат на привлечение капитала). Мы существенно переделали главы о слияниях (глава 33) и корпоративной задолженности (главы 23 и 24), включив больше материала о враждебных поглощениях, выкупе компаний за счет заемного капитала, реструктуризации корпораций и "мусорных" облигациях. В главу 15 включена дискуссия о Правиле 144а Комиссии по ценным бумагам и биржам, которое разрешает торговлю бумагами частного размещения; глава 35 дополнена разделом о программах участия работников в акционерной собственности и т. д. Нам кажется, что такие изменения позволяют "идти в ногу" как с последними событиями, так и с новейшими идеями.

Есть и более тонкие изменения. Например, финансовым менеджерам в США необходимо лучше знать финансовые системы других стран. Поэтому в тех случаях, когда система США отличается от других, мы давали свои комментарии. Например, в главе 14, посвященной финансированию корпораций, мы рассказали о том, как США отличается от Японии и Германии по структуре капитала.

В данном издании мы также уделили больше внимания проблемам агентских отношений. Трудно понять многие последние события в сфере финансов, такие, как рост числа враждебных поглощений, тенденции к реструктуризации, без осознания того, что менеджеры могут иметь интересы, отличные от интересов инвесторов и работников. Теперь мы вводим эти идеи агентских отношений в самом начале книги, а затем строим на них свои рассуждения в более поздних главах.

Наконец, мы добавили много новых вопросов и заданий.

Благодарности

Перечень людей, которым мы благодарны за их плодотворную и полезную критику предыдущих изданий и рукописи данного издания, очень обширен:

Джордж Арагон, Бостонский колледж; У. Брайан Барретт, университет Майами; Цви Боди, Бостонский университет; Синтия Дж. Кэмпбелл, Вашингтонский университет, г. Сент-Луис; Ян Купер, Лондонская Школа бизнеса; Джером Л. Дункан, мл., Государственный университет Мемфиса; Фрэнк Фабоззи, Массачусетский технологический институт; Алан И. Грюневалд, Мичиганский государственный университет; Манак К. Гупта, Темплский университет; Делвин Д. Холи, университет Миссисипи; Лео Герцель, Mayer, Brown & Platt; Костас Капланис, Salomon Brothers; Эви Капланис, Лондонская Школа бизнеса; Уильям Кистлер, университет Лонг-Айленда; Арнолд Лансен, Калифорнийский государственный университет, г. Хейворд; Деннис И. Лог, Дартмутский колледж; Томас И. Макку, Дьюкенский университет; Уильям А. Маккуллох, университет Флориды; Джон А. Макдоналд, Нью-Йоркский государственный университет, г. Олбани; Саман Мажд, Salomon Brothers; Сурендра Мансингкха, Государственный университет Сан-Франциско; Роджер Мезник, колледж Баруха; Лиза Мелброк, Массачусетский технологический институт; Патрик Риган, BEA Associates; Скот Ричард, Goldman Sachs; Ричард Рубек, Гарвардская Школа бизнеса; Брюс Л. Рабин, университет Олд-Доминиона; Ричард Шепро, Mayer, Brown & Platt; Бернард Шинкель, Уэйнский государственный университет; Гордон Сик, университет Алберта; Лакшми Шиям Сандер, Дартмутский колледж; Ричард Дж. Суини, колледж Клермона Маккена; Стивен Томас, Массачусетский технологический институт; Майкл Униган, Государственный университет Огайо; Томас С. Цорн, университет Небраски, г. Линкольн.

Мы выражаем особую благодарность Чарлзу Д'Амброзо, редактору серии книг по финансам издательства McGraw-Hill.

Этот список почти наверняка не полон. Мы знаем, сколь многим мы обязаны нашим коллегам из Лондонской Школы бизнеса и Школы менеджмента Массачусетского технологического института. Во многих случаях идеи, изложенные в данной книге, в такой же степени принадлежат им, сколько и нам. И наконец, мы благодарим наших жен, Диану и Морин, которых с каждым новым изданием все больше мутит от этой книги.

Ричард Брейли
Стюарт Майерс

Часть I

СТОИМОСТЬ

Почему финансы так важны

Данная книга — это книга о финансовых решениях корпорации. Нам следует начать с объяснения, что это за решения и почему они важны.

Для деятельности современной компании необходимо бесконечное множество разнообразных **реальных активов**. Многие из них, например машины, заводы и офисы, являются материальными активами; другие, такие, как технологии, торговые марки и патенты,— нематериальными. К сожалению, за все это нужно платить. Чтобы получить необходимые деньги, компании продают клочки бумаги, называемые **финансовыми активами**, или ценными бумагами. Эти клочки бумаги обладают стоимостью, поскольку дают право претендовать на реальные активы фирмы. К финансовым активам относится не только акционерный капитал, но и облигации, кредиты банков, арендные обязательства и т. п.

Перед финансовым менеджером стоят две основные проблемы. Первая — сколько должна инвестировать компания и в какие виды активов? Вторая — как получить необходимые для инвестирования денежные средства? Ответом на первый вопрос выступает **инвестиционное решение** фирмы, или **решение о планировании долгосрочных вложений**. Ответ на второй вопрос представляет собой **решение о выборе источника финансирования**. Финансовый менеджер стремится найти такие ответы на эти вопросы, которые бы максимально улучшили финансовое положение акционеров.

Критерием успеха обычно выступает стоимость: любое решение, которое увеличивает стоимость доли акционеров в фирме, делает их богаче. Таким образом, вы можете сказать, что хорошим инвестиционным решением является такое, в результате которого приобретаются реальные активы, чья стоимость выше связанных с ними затрат,— активы, увеличивающие стоимость. Секрет успеха финансового управления кроется в увеличении стоимости. Это утверждение простое, но оно несет в себе немного практической пользы. Оно подобно совету инвестору на фондовом рынке — "покупать дешевле, продавать дороже". Проблема же заключается в том, как это сделать.

Вероятно, существуют виды деятельности, овладеть которыми можно, просто прочитав учебник, но управление финансами к ним не относится. Вот почему финансы следует тщательно изучать. Кому хочется работать в области, где не накоплено достаточного опыта, нет места творчеству, свободе суждений и чуточке удачи? И хотя данная книга не может предложить что-либо из этого, она дает идеи и информацию, на которых основаны хорошие финансовые решения.

1-1. РОЛЬ ФИНАНСОВОГО МЕНЕДЖЕРА

Финансовый менеджер действует как посредник между фирмой и рынками капиталов, где происходит купля-продажа ценных бумаг фирмы. Роль финансового менеджера показана на рисунке 1-1, где схематично изображены потоки денежных средств от инвесторов к фирме и обратно к инвесторам. Поток возникает, когда фирма выпускает ценные бумаги с целью привлечения денежных средств (стрелка 1 на рисунке). Деньги идут на покупку реальных активов, используемых в деятельности фирмы (стрелка 2). (Вы можете представить деятельность фирмы как совокупность реальных активов.) Позже, если фирма действует удачно, реальные активы дают больший приток денежных средств, чем требуется для покрытия первоначальных инвестиций (стрелка 3). И наконец, денежные средства либо реинвестируются (стрелка 4а), либо возвращаются инвесторам, которые приобрели ценные бумаги первичной эмиссии (стрелка 4б). Безусловно, выбор между стрелками 4а и 4б не произволен. Например, если банк предоставляет фирме денежный кредит на стадии 1, то эти деньги плюс проценты должны быть возвращены банку на стадии 4б.

Понятие стоимости

Как показано на рисунке 1-1, финансовый менеджер имеет дело и с операциями компании, и с рынками капиталов. Следовательно, он должен понимать, как функционируют рынки капиталов.

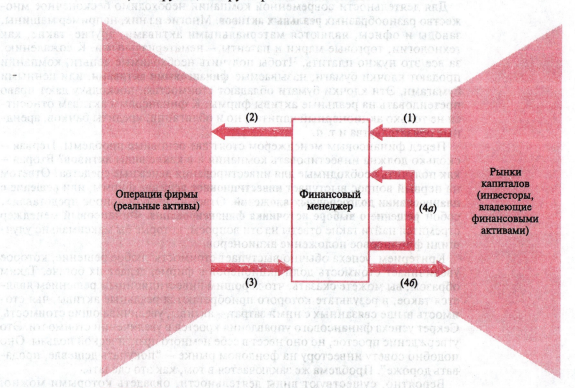

РИСУНОК 1-1
Потоки денежных средств между рынками капитала и фирмой: (1) деньги поступают за счет продажи финансовых активов инвесторам; (2) деньги инвестируются в операции фирмы и используются для приобретения реальных активов; (3) операции фирмы приносят деньги; (4а) деньги реинвестируются; (4б) деньги возвращаются инвесторам. (*Источник*: *S.C.Myers, ed.* Modern Development in Financial Management. New York: Praeger Publishers, Inc. Fig. 1. P. 5.)

ГЛАВА 1. Почему финансы так важны

Решение об источниках финансирования всегда в какой-то степени отражает теорию о рынках капиталов. Например, предположим, фирма решает финансировать программу крупного расширения с помощью выпуска облигаций. Финансовый менеджер должен рассмотреть условия выпуска и удостовериться, что на облигации установлена обоснованная цена. Это требует знания теории формирования цены облигации. Кроме того, финансовый менеджер должен ответить на вопрос, станут акционеры богаче или беднее, если между ними и реальными активами фирмы вклинятся дополнительные долговые обязательства. Возникает необходимость знания теории о влиянии займов корпорации на стоимость ее акций.

Кроме того, инвестиционное решение нельзя принимать без учета рынков капиталов. Фирма, которая действует в интересах своих акционеров, должна осуществлять инвестиции, которые увеличивают стоимость долей акционеров в фирме. Для этого нужна теория оценки стоимости обыкновенных акций.

Понять, как работают рынки капиталов, — значит понять, как оцениваются финансовые активы. В этом направлении за последние 10—20 лет был достигнут значительный прогресс. Были разработаны новые теории, объясняющие принципы ценообразования для облигаций и акций. И проверка этих теорий показала, что они дают хорошие результаты. Поэтому бо́льшую часть книги мы посвящаем объяснению данных теорий и того, что за ними кроется.

Время и неопределенность

Финансовый менеджер не может не принимать в расчет факторы времени и неопределенности. Фирмам часто предоставляется возможность инвестировать средства в активы, которые не способны быстро окупиться и подвергают значительному риску и фирму, и ее акционеров. Для осуществления намеченных инвестиций может потребоваться привлечение займов, полное погашение которых может растянуться на многие годы. Фирма не может избежать такого выбора — кто-то должен решить, стоят ли подобные возможности затрат, связанных с их осуществлением, или насколько безопасно бремя дополнительного долга.

Цели финансового управления в сложных организациях

В большинстве случаев мы предполагаем, что деятельность финансового менеджера направлена на увеличение стоимости инвестиций акционеров в фирму. Но крупная компания вовлекает в свою орбиту тысячи людей. И каждый, помимо интереса акционера, преследует и свой личный интерес.

Представьте себе чистые доходы компании в виде пирога, который делит между собой группа претендентов. В нее входят руководство и рабочие, а также кредиторы и акционеры, которые вложили деньги в создание и поддержание данного бизнеса. Правительство также является претендентом, поскольку взимает налоги с прибылей предприятия.

Все эти претенденты связаны между собой сетью контрактов и соглашений. Например, когда банки предоставляют фирме кредит, они по официальному договору требуют установления определенной ставки процента и даты погашения кредита, вероятно, таким образом налагая ограничения на дивиденды или дополнительные займы и т. п. Но нельзя предусмотреть все возможные события в будущем, поэтому стандартные контракты сопровождаются дополнительными соглашениями. Например, менеджеры понимают, что за хорошую зарплату от них ожидают упорной работы и на недозволенные личные привилегии часть пирога не урвешь.

Что заставляет идти на такие соглашения? Реалистично ли полагать, что финансовые менеджеры всегда действуют в интересах акционеров? Акционеры не в состоянии тратить свое время, пристально наблюдая, не уклоняются ли менеджеры от своих обязанностей.

Познакомимся поближе с институциональными соглашениями, которые помогают согласовать интересы менеджеров и акционеров. Приведем три примера.

- Менеджеры находятся под наблюдением специалистов. Действия менеджеров контролирует совет директоров; кроме того, проверяют банки, которые очень внимательно следят за деятельностью фирм, пользующихся их кредитами.
- Для стимулирования менеджеров предусмотрены программы поощрительных мер, такие, как опционы на покупку акций компании, которые приносят значительный доход, если акционеры получают прирост капитала, и совершенно ничего не стоят в противоположной ситуации.
- И наконец, менеджеры, увиливающие от своих обязанностей, могут быть вытеснены более энергичными управляющими. Такая конкуренция может возникнуть внутри фирмы, но вполне вероятно и то, что плохо организованные компании будут поглощены другими компаниями. Такого рода поглощения обычно сопровождаются сменой руководства.

Мы не хотим, чтобы у читателя создалось впечатление, что жизнь компании проходит в постоянных дрязгах. Это не так, потому что практика корпоративных финансов развивалась именно ради того, чтобы согласовать личные интересы и интересы компании, чтобы все работали сообща, увеличивая стоимость всего пирога, а не просто размер чьего-либо куска.

Тем не менее финансовый менеджер должен быть готов к потенциальным проблемам, порождаемым противоречием интересов. Мы также должны помнить о них, чтобы лучше понять, почему происходят поглощения, почему соглашения о кредитах влекут за собой ограничения на дивидендные выплаты или почему компании иногда предпочитают выпускать облигации, которые инвесторы могут обратить в акции. И еще много других примеров приводится в последующих главах.

Понятие стоимости информации

Информация является необычным товаром. На финансовых рынках достоверная информация может стоить миллионы — но только в том случае, если другие инвесторы не располагают этой информацией в данное время. И как только важная финансовая информация просачивается, она мгновенно передается по каналам электронной связи в Нью-Йорк, Лондон, Токио и все другие крупные финансовые центры.

Компании тратят много времени и денег, представляя информацию инвесторам. Если бы они этого не делали, у инвесторов возникли бы подозрения; они пытались бы сами собрать информацию и не захотели бы платить так много за акции фирмы.

Но слова стоят дешево. Следует ли инвесторам доверять информации, представляемой компаниями? Иногда информация подтверждается аудиторскими фирмами или инвестиционными банками, которые, опираясь на свою репутацию, заверяют отчеты компаний. Иногда менеджеры посылают своеобразный сигнал путем инвестирования личных денег. Например, легче найти деньги для финансирования нового дела, если показать банку, что вы вкладываете в предприятие значительную долю вашего собственного капитала.

Многие финансовые решения приобретают дополнительное значение, поскольку служат сигналом для инвесторов. Например, решение снизить дивиденды в денежной форме, выплачиваемые акционерам, как правило, означает возникновение у фирмы проблем. В результате, когда становится известно об уменьшении дивидендов, цена на акции может быстро упасть не потому, что сокращаются дивиденды как таковые, а потому, что это свидетельствует о плохих перспективах фирмы.

ГЛАВА 1. Почему финансы так важны

1-2. КТО ТАКОЙ ФИНАНСОВЫЙ МЕНЕДЖЕР?

В этой книге мы будем использовать термин *финансовый менеджер* применительно к любому, кто несет ответственность за важные инвестиционные решения и решения корпораций по финансированию. Но только в самых мелких фирмах один человек может отвечать за все решения, обсуждаемые в этой книге. Ответственность за принятие решений присутствует на всех уровнях фирмы. Высшее руководство, безусловно, всегда участвует в принятии финансовых решений. Но ответственность за них лежит и на инженере, проектирующем новые средства производства: проектирование определяет вид реальных активов, которыми будет располагать фирма. Менеджер по рекламе также порой принимает важные инвестиционные решения в своей работе. В процесс принятия финансовых решений вовлечен и менеджер по маркетингу, когда ведет крупную рекламную кампанию. Рекламная кампания представляет собой инвестиции в нематериальные активы, которые окупятся за счет будущих продаж и прибылей.

Тем не менее есть менеджеры, которые специализируются только на финансах. **Казначей**, как правило, несет самую непосредственную ответственность за привлечение финансовых средств, за управление счетом денежных средств фирмы и за связи с банками и другими финансовыми институтами; он также следит за тем, чтобы фирма выполняла свои обязательства перед инвесторами, имеющими ценные бумаги фирмы. Типичные обязанности казначея перечислены в левом столбце таблицы 1-1.

В небольших фирмах казначей, как правило, единолично отвечает за финансы. Крупные корпорации обычно имеют в штате еще и **бухгалтера-контролера (главного бухгалтера)**. В правой части таблицы 1-1 приводятся типичные обязанности бухгалтера-контролера. Отметим, что есть два принципиальных различия между этими двумя должностями. В функции казначея прежде всего входит хранение ценностей — он привлекает капитал компании и управляет им. В противоположность этому функция бухгалтера-контролера заключается главным образом в контроле за тем, чтобы деньги использовались эффективно. Контролер занимается составлением смет и балансовых отчетов, учетом и аудитом.

В наиболее крупных фирмах еще есть должность финансового директора, который надзирает за работой и казначея, и бухгалтера-контролера. Финансовый директор самым непосредственным образом участвует в осуществлении финансовой политики и планировании корпорации. Часто он кроме решения прямых финансовых задач выполняет и общие управленческие функции.

Крупные инвестиционные проекты настолько тесно связаны с планами разработки новой продукции, производства и маркетинга, что менеджеры, занимающие ведущие позиции в этих сферах, неизбежно привлекаются к пла-

ТАБЛИЦА 1-1
Некоторые типичные обязанности казначея и бухгалтера-контролера

Казначей	Бухгалтер-контролер
Связи с банками	Бухгалтерский учет
Управление наличностью	Подготовка финансовых отчетов
Привлечение источников финансирования	Внутренний аудит
Кредитная политика	Выплата зарплаты
Выплата дивидендов	Хранение отчетов
Страхование	Составление смет
Управление пенсионными программами	Уплата налогов

Примечание. Эта таблица не включает в себя полный перечень задач, которые могут решать казначей и бухгалтер-контролер.

нированию и анализу этих проектов. Если в штат фирмы входят работники, специализирующиеся на планировании деятельности корпорации, они, естественно, участвуют и в планировании долгосрочных вложений. Как правило, казначей, бухгалтер-контролер или финансовый директор несут ответственность за формирование капитального бюджета и руководство этим процессом.

Окончательные решения многих важных финансовых вопросов принимаются по согласованию с советом директоров[1]. Например, только совет директоров имеет законное право объявлять о выплате дивидендов или санкционировать публичный выпуск ценных бумаг. Совет, как правило, перепоручает отдельным должностным лицам вынесение решений по инвестиционным проектам небольших и средних масштабов, но право принятия крупных инвестиционных решений практически никогда не делегируется.

1–3. СОДЕРЖАНИЕ ЭТОЙ КНИГИ

В начале книги рассматриваются инвестиционные решения, затем — решения по финансированию и в конце описаны ситуации, в которых инвестиционные решения и решения по финансированию взаимосвязаны и не могут приниматься раздельно.

В первой, второй и третьей частях мы рассмотрим различные аспекты инвестиционных решений. Первая посвящена проблеме оценки активов, вторая — связи между риском и стоимостью и третья — управлению инвестиционным процессом. Эти темы представлены в главах со 2 по 12.

Глава 12, посвященная простой проблеме "отыскания реальных активов, стоимость которых превышает связанные с ними затраты", может показаться излишней, но решить эту проблему на практике не так-то просто. Нам потребуется теория оценки долгосрочных рисковых активов, и это подведет нас к основным вопросам, связанным с рынками капиталов. Например:

- Как оцениваются корпорационные облигации и акции на рынках капиталов?
- Какие риски порождает владение ценными бумагами? Как эти риски можно измерить?
- Какую компенсацию требуют инвесторы за тот риск, который они принимают на себя?
- Какую норму доходности могут обоснованно ожидать инвесторы от обыкновенных акций?

Грамотные решения по планированию долгосрочных вложений и источников их финансирования требуют ответов на эти и другие вопросы, касающиеся функционирования рынков капиталов.

Решениям по финансированию посвящены четвертая — седьмая части книги. Главу 13 мы начнем с другого основного вопроса, относящегося к рынкам капиталов: насколько точно цены на ценные бумаги отражают стоимость активов, под обеспечение которыми они выпускаются? Этот вопрос имеет особое значение, поскольку финансовый менеджер должен знать, можно ли выпустить ценные бумаги по обоснованной цене. В оставшихся главах четвертой части описываются различные типы ценных бумаг, используемых корпорациями для привлечения денег, а также рассказывается о том, как и когда они выпускаются.

В пятой, шестой и седьмой частях продолжается анализ решений по финансированию, включая дивидендную политику, политику по управлению задолженностью, управление рисками и альтернативные виды долга. Детально описано и проанализировано множество различных финансовых инструмен-

---

[1] Часто финансовый директор является и членом совета директоров.

ГЛАВА 1. Почему финансы так важны

тов, включая обеспеченные облигации; конвертируемые облигации; лизинг; еврооблигации; финансовые фьючерсы и многие другие нетрадиционные финансовые инструменты. Мы также опишем, что происходит, когда фирма сама ставит себя в трудное финансовое положение в результате неэффективной деятельности, чрезмерных займов или и того и другого. Далее мы покажем, как источники финансирования влияют иногда на формирование капитальных бюджетов.

В восьмой части рассказывается о финансовом планировании. Решения по поводу инвестиций, дивидендной политики, долговой политики и другим финансовым проблемам не могут приниматься независимо друг от друга. Все они должны сводиться в общий финансовый план фирмы, который, имея целью увеличение стоимости инвестиций акционеров, в то же время должен оставаться достаточно гибким, чтобы фирма могла избежать нехватки финансовых ресурсов и не упустить неожиданные новые благоприятные возможности.

Девятая часть посвящена решениям относительно краткосрочных активов и обязательств. В отдельных главах представлены три темы: каналы получения краткосрочных займов или инвестиций, управление ликвидными активами (денежные средства и легкореализуемые ценные бумаги) и управление дебиторской задолженностью (деньги, предоставленные фирмой взаймы своим клиентам).

В десятой части рассматриваются три важные задачи, решение которых затрагивает как инвестиции, так и источники финансирования. Во-первых, мы обсудим проблему слияний и поглощений. Затем рассмотрим управление финансами в контексте международных финансовых рынков. Все финансовые проблемы бизнеса, которые существуют в своей стране, существуют и за границей, однако менеджер, имеющий дело с международными финансами, сталкивается с бо́льшими сложностями, создаваемыми многовалютными системами, различиями в налогообложении и специальными правилами, устанавливаемыми иностранными институтами и правительствами.

В последней главе десятой части описывается процесс создания и финансирования корпорациями пенсионных программ. Управление пенсионными программами не является традиционной темой литературы о корпоративных финансах, однако, как нам представляется, должна стать таковой. Пенсии составляют громадную часть обязательств корпораций в США.

Одиннадцатая часть является заключением. Кроме того, в ней обсуждаются некоторые проблемы, которые остаются загадкой в мире финансов. Если вы первыми сможете разрешить любую из этих головоломок, вы заслуженно прославитесь.

1–4. РЕЗЮМЕ

Главу 2 мы начнем с наиболее общих понятий, связанных с оценкой стоимости активов. Однако сначала давайте остановимся на основных моментах этой вступительной главы.

В целом задача управления финансами может быть разложена на 1) инвестиционные решения, или решения по планированию долгосрочных вложений, и 2) решения по привлечению источников финансирования. Другими словами, фирма должна решать: 1) сколько инвестировать и в какие активы и 2) как получить необходимые денежные средства. Целью должно быть увеличение стоимости долей акционеров в фирме.

Мы выделили три причины, делающие работу финансового менеджера и сложной, и интересной.

- Он или она действует как посредник между фирмой и рынками капиталов. Хороший финансовый менеджер должен понимать, как функционируют рынки капиталов, и знать, как оценить долгосрочные ри́сковые активы.

- Менеджеры, акционеры и кредиторы – все хотели бы увеличения стоимости компании. Также вероятно, что каждая группа может пытаться присвоить бо́льшую часть стоимости. Финансовый менеджер должен сглаживать противоречия интересов различных групп и действовать с целью их разрешения.
- Цены акций и облигаций зависят от доступной инвесторам информации. Финансовый менеджер должен внимательно относиться к тому, как инвесторы будут расценивать действия фирмы. Он или она должны выпускать на рынки капиталов убедительную информацию о фирме.

В небольших компаниях, как правило, имеется только одна должность управляющего финансами. Однако в штаты крупных компаний обычно входят и казначей, и бухгалтер-контролер. К задачам казначея относятся привлечение финансов компании и управление ими. Должность же бухгалтера-контролера предусматривает контроль за правильным использованием денег. В крупных фирмах, кроме того, может быть вице-президент, занимающий должность финансового директора.

Безусловно, все менеджеры, не только специалисты в области финансов, сталкиваются с финансовыми проблемами. В данной книге мы будем использовать термин "финансовый менеджер" применительно к любому работнику корпорации, принимающему инвестиционные решения и решения по финансированию.

КОНТРОЛЬНЫЕ ВОПРОСЫ

1. Прочтите следующее утверждение: "Компании обычно покупают __(*а*)__ активы. Эти активы состоят из материальных активов, таких, как __(*б*)__, и нематериальных активов, таких, как __(*в*)__. Чтобы приобрести эти активы, они продают __(*г*)__ активы, такие, как __(*д*)__. Решения о том, какие активы купить, обычно называются __(*е*)__ решения, или решения о __(*ж*)__. Решения о том, как обеспечить приращение средств, как правило, называются решениями о __(*з*)__". Заполните пропуски, выбрав подходящий термин: *финансирование, реальные, облигации, инвестиционные, служебные самолеты, финансовые, планирование долгосрочных вложений, торговые марки.*

2. Какие из приведенных ниже утверждений относятся скорее к должности казначея, нежели бухгалтера-контролера:
   а) как правило, это единственная связанная с финансами должность в небольших фирмах;
   б) контролирует долгосрочные вложения, чтобы избежать их расточительного использования;
   в) отвечает за инвестирование свободных денежных средств фирмы;
   г) отвечает за организацию любого выпуска обыкновенных акций;
   д) отвечает за выполнение налоговых обязательств компании.

3. Какие из перечисленных ниже активов являются реальными, а какие финансовыми:
   а) акции;
   б) торговая марка;
   в) грузовик;
   г) неосвоенные участки земли;
   д) остаток на расчетном счете фирмы;
   е) опытные и исполнительные работники;
   ж) облигация корпорации.

2

Приведенная стоимость и альтернативные издержки

Компании инвестируют средства в разнообразные реальные активы. К ним относятся материальные активы, такие, как машины и оборудование, и нематериальные активы, такие, как контракты с менеджерами и патенты. Цель инвестиционных решений, или решений по планированию долгосрочных вложений, состоит в отыскании таких активов, стоимость которых превышает заплаченную за них цену. В данной главе мы покажем, что кроется за этой целью в стране с развитыми и хорошо функционирующими рынками капиталов. Одновременно мы начнем осваивать базовые понятия, касающиеся оценки стоимости активов. Оказывается, на "хорошем" рынке активов их стоимость в точности совпадает с их рыночной ценой.

В некоторых случаях оценить стоимость активов нетрудно. Например, для оценки недвижимости вы можете прибегнуть к помощи профессиональных оценщиков. Предположим, вы владеете многоквартирным домом. Разница в ценах, по которой определит стоимость здания ваш оценщик и по которой вы могли бы реально его продать, составит всего несколько процентов[1]. Кроме того, на рынке недвижимости постоянно происходят реальные сделки, и преимуществом оценщика является знание цен на подобные объекты собственности, по которым недавно заключались сделки.

Таким образом, проблему оценки недвижимости упрощает существование активного рынка, на котором продаются и покупаются все виды собственности. Во многих случаях нет никакой необходимости прибегать к формальным теориям стоимости, и мы можем просто воспользоваться сведениями рынка.

Однако мы должны смотреть глубже. Во-первых, важно знать, как устанавливается стоимость активов на интенсивно действующем рынке. Даже если вы воспользуетесь услугами оценщика, важно понимать, *почему* многоквартирное здание стоит, скажем, 250 000 дол., а не больше или меньше. Во-вторых, рынки многих активов корпораций очень невелики. Просмотрите специальные объявления в газете The Wall Street Journal: не часто вы увидите выставленную на продажу доменную печь.

Компании всегда ищут те активы, которые представляют для них большую стоимость, чем для других. Так, многоквартирный дом более ценен для вас, если вы можете распорядиться им лучше, чем кто-то другой. Но в этом случае ознакомление с ценами на подобные здания не поможет вам определить

---

[1] Нет необходимости говорить, что существуют некоторые виды недвижимости, определить стоимость которых оценщику действительно трудно — например, никто не знает потенциальной цены, по которой могли бы быть проданы Тадж-Махал, или Парфенон, или Виндзорский замок. Если вы владеете чем-либо подобным, мы вас поздравляем.

стоимость вашего многоквартирного дома в вашем управлении. Вам необходимо знать, как устанавливаются цены на активы. Иначе говоря, вам нужна теория стоимости.

В данной главе мы начнем выстраивать эту теорию. Мы рассмотрим наиболее простые проблемы и примеры, чтобы прояснить основные идеи. Читатели, предпочитающие более сложные вещи, найдут их в большом количестве в последующих главах.

2-1. ВВЕДЕНИЕ В ТЕОРИЮ ПРИВЕДЕННОЙ СТОИМОСТИ

Позже в этой главе мы покажем, почему может быть полезна концепция приведенной стоимости. Однако эту концепцию легче воспринять, если сначала вы поймете ее интуитивно.

Предположим, ваш многоквартирный дом сгорел и вы остались с пустым участком земли стоимостью 50 000 дол. и чеком от страховой компании на сумму 200 000 дол. Вы хотите восстановить здание, но ваш консультант по вопросам недвижимого имущества предлагает вам построить взамен старого дома офисное здание. Затраты на строительство могут составить 300 000 дол., кроме того, нужно учесть еще и стоимость земли, которая в ином случае может быть продана за 50 000 дол. С другой стороны, ваш консультант предполагает, что в будущем ожидается недостаток офисных помещений, и предсказывает, что через год продажа нового здания может принести вам 400 000 дол. Таким образом, вы можете инвестировать сегодня 350 000 дол. в ожидании получить 400 000 дол. в следующем году. Вы должны принять это предложение, если **приведенная стоимость** ожидаемого дохода, равного 400 000 дол., превышает сумму инвестиций в 350 000 дол. Следовательно, вы должны задаться вопросом: "Сколько будут стоить 400 000 дол. через год и превосходит ли их приведенная стоимость сумму 350 000 дол.?"

Вычисление приведенной стоимости

Приведенная стоимость 400 000 дол. через год должна быть меньше нынешних 400 000 дол. *Ведь сегодняшний доллар стоит больше, чем завтрашний*, поскольку сегодня доллар можно инвестировать и он немедленно начнет приносить доход в виде процента. Это первый основной принцип теории финансов.

Таким образом, приведенная стоимость отсроченного дохода может быть определена умножением суммы дохода на **коэффициент дисконтирования**, значение которого меньше 1. (Если бы коэффициент был больше 1, доллар сегодня стоил бы меньше, чем завтра.) Если через C_1 обозначить ожидаемые доходы в период 1 (год спустя), то:

Приведенная стоимость (PV*) = коэффициент дисконтирования $\times C_1$.

Коэффициент дисконтирования равен единице, деленной на сумму единицы и нормы доходности:

Коэффициент дисконтирования $= \dfrac{1}{1+r}$.

Норма доходности r представляет собой вознаграждение, которое требует инвестор за отсрочку поступления платежей.

---

* Здесь и далее в формулах используются обозначения, образованные от английских терминов: *PV* — от *present value* (приведенная стоимость), *NPV* — от *net present value* (чистая приведенная стоимость), *DF* — от *discount factor* (коэффициент дисконтирования), *D* — от *debt* (долг, задолженность), *E* — от *equity* (собственный, или акционерный, капитал) и т. д. — *Примеч. ред.*

ГЛАВА 2. Приведенная стоимость и альтернативные издержки

Давайте для нашего примера инвестирования в недвижимость сделаем допущение, что доход в сумме 400 000 дол. гарантирован. Офисное здание не единственный способ получить через год 400 000 дол. Вы можете инвестировать ваши средства в ценные бумаги правительства США сроком на 1 год. Предположим, что по этим ценным бумагам выплачивается 7% годовых. Сколько вы должны инвестировать в ценные бумаги, чтобы получить 400 000 дол. к концу года? Это легко вычислить: вы должны инвестировать 400 000/1,07, что составляет 373 832 дол. Следовательно, при ставке 7% приведенная стоимость 400 000 дол., которые будут получены через год, составляет 373 832 дол.

Давайте допустим также, что, как только вы задействовали земельный участок и начали строительство здания, вы решаете продать ваш проект. За сколько вы можете его продать? На этот вопрос также легко ответить. Так как данный объект собственности принесет 400 000 дол., инвестор может захотеть приобрести его за 373 832 дол. Это столько же, сколько вы можете израсходовать, чтобы получить 400 000 дол. дохода, инвестируя в правительственные ценные бумаги. Конечно, вы всегда можете продать свою недвижимость дешевле, но зачем продавать дешевле, чем может предложить рынок? Приведенная стоимость 373 832 дол. представляет собой всего лишь возможную цену, которая удовлетворяет и покупателя и продавца, поэтому приведенная стоимость недвижимости также является и ее рыночной ценой.

Чтобы вычислить приведенную стоимость, мы дисконтировали ожидаемый будущий доход по норме доходности, которую дают сравнимые альтернативные инвестиции. Эту норму доходности часто называют **ставкой дисконта, предельной нормой доходности** или **альтернативными издержками капитала**. Ее называют *альтернативными издержками*, поскольку она представляет собой доход, от которого отказывается инвестор, вкладывая деньги в какой-либо проект, а не в ценные бумаги. В нашем примере альтернативные издержки равнялись 7%. Приведенная стоимость была получена делением 400 000 дол. на 1,07:

$$PV = \text{Коэффициент дисконтирования} \times C_1 = \frac{1}{1+r} \times C_1 = \frac{400\,000}{1,07} = 373\,832 \text{ дол.}$$

Чистая приведенная стоимость

Стоимость здания равна 373 832 дол., но это не означает, что вы стали богаче на 373 832 дол. Вы уже вложили 350 000 дол., и, следовательно, **чистая приведенная стоимость** для вас составляет 23 832 дол. Чистая приведенная стоимость определяется вычитанием из приведенной стоимости требуемых инвестиций:

Чистая приведенная стоимость = приведенная стоимость − требуемые инвестиции = 373 832 − 350 000 = 23 832 дол.

Другими словами, стоимость проекта строительства вашего офисного здания превышает затраты на его осуществление, т. е. он приносит *чистый* прирост стоимости. Формула для расчета чистой приведенной стоимости может быть записана следующим образом:

$$NPV = C_0 + \frac{C_1}{1+r},$$

при этом напомним, что C_0, поток денежных средств в период 0 (т. е. сегодня), обычно является отрицательным числом. Иначе говоря, C_0 — это инвестиции и, следовательно, *отток* денежных средств. В нашем примере $C_0 = -350\,000$ дол.

Замечание о риске и приведенной стоимости

В примере со строительством офисного здания мы сделали одно нереалистичное допущение: на самом деле ваш консультант по вопросам недвижимости не может быть *совершенно уверен* в будущей стоимости офисных зданий. Сумма 400 000 дол. воплощает лучший *прогноз*, но она не гарантирована.

Следовательно, наше заключение о том, сколько в состоянии заплатить за здание инвесторы, является ошибочным. Так как они определенно могут получить 400 000 дол., купив на 373 832 дол. ценные бумаги правительства США, они не станут покупать ваше здание за такую сумму. Вероятно, вы должны снизить цену, чтобы заинтересовать инвесторов.

Сейчас мы подошли ко второму основному принципу финансов: *надежный доллар стоит больше, чем рисковый*. Большинство инвесторов избегают риска, когда они могут это сделать, не жертвуя доходом. Тем не менее концепции приведенной стоимости и альтернативных издержек имеют значение и для рисковых инвестиций. Все же стоит дисконтировать вырученную сумму по норме доходности сопоставимых инвестиционных проектов. Однако мы должны учитывать *ожидаемые* поступления и *ожидаемые* нормы доходности других инвестиций.

Не все инвестиции сопряжены с одинаковой степенью риска. Проект строительства офисного здания рискованнее инвестирования в правительственные ценные бумаги, но, вероятно, несет в себе меньший риск, чем бурение наугад нефтяной скважины. Допустим, вы полагаете, что проект связан с таким же риском, как и инвестиции на фондовом рынке, и вы прогнозируете для них норму доходности, равную 12%. Тогда 12% станут соответствующими альтернативными издержками.

Вот от чего вы отказываетесь, не инвестируя в сопоставимые с вашим проектом ценные бумаги. Теперь вы можете пересчитать чистую приведенную стоимость:

$$PV = \frac{400\,000}{1{,}12} = 357\,143 \text{ дол.}$$

$$NPV = PV - 350\,000 = 7143 \text{ дол.}$$

Если другие инвесторы согласны с вашим прогнозом дохода в 400 000 дол. и с вашей оценкой альтернативных издержек в размере 12%, тогда ваша недвижимость в начале строительства должна стоить 357 143 дол. Если бы вы попытались продать ее дороже, вы не нашли бы покупателя, поскольку тогда ожидаемая норма доходности недвижимости оказалась бы ниже, чем 12%, которые можно получить на фондовом рынке. Офисное здание по-прежнему дает чистый прирост стоимости, но он гораздо меньше, чем показывают наши предыдущие расчеты.

В главе 1 мы рассказывали, что финансовый менеджер должен учитывать факторы времени и неопределенности и их влияние на стоимость. Это очевидно в нашем примере. Доход в размере 400 000 дол. стоил бы именно столько, если бы мог быть получен немедленно. Если сооружение офисного здания настолько же надежно, как и правительственные ценные бумаги, задержка на 1 год снижает стоимость до 373 832 дол. Если же оно сопряжено с таким же риском, как и инвестиции на фондовом рынке, неопределенность снижает стоимость еще на 16 689 дол., до 357 143 дол.

К сожалению, оценка стоимости активов с учетом факторов времени и неопределенности часто является более сложной задачей, чем предполагает наш пример. Поэтому мы будем рассматривать их влияние отдельно. В главах 2–6 мы большей частью будем обходить проблему риска, либо рассматривая все поступления как достоверно известные, либо говоря об ожидаемых потоках денежных средств и ожидаемых нормах доходности, не заботясь о том, как определяется или вычисляется риск. Затем в главе 7 мы вернемся к анализу того, как рынки капиталов справляются с риском.

Приведенные стоимости и нормы доходности

Мы решили, что строительство офисного здания — стоящее дело, так как его стоимость превышает связанные с ним издержки — т. е. оно имеет положительную чистую приведенную стоимость. Чтобы вычислить стоимость, мы посмотрели, сколько потребуется потратить, чтобы получить доход, равный доходу от инвестирования непосредственно в ценные бумаги. Приведенная стоимость

ГЛАВА 2. Приведенная стоимость и альтернативные издержки

проекта равна его будущей доходности, дисконтированной по норме доходности этих ценных бумаг.

Мы можем уточнить наш критерий, сказав, что наш проект с недвижимостью стоит осуществить, потому что доход превышает издержки. Доходность инвестированного капитала представляет собой просто отношение прибыли к первоначальным расходам:

$$\text{Доходность} = \frac{\text{прибыль}}{\text{инвестиции}} = \frac{400\,000 - 350\,000}{350\,000} = 14\%.$$

Издержки инвестирования опять же представляют собой доход, который был упущен из-за отказа инвестировать в ценные бумаги. В нашем примере, если строительство офисного здания сопряжено с таким риском, как и инвестиции на фондовом рынке, то упущенный доход равен 12%. Так как 14% доходности от офисного здания превышает 12% альтернативных издержек, нам следует начать возведение фундамента здания.

Здесь мы приведем два равноценных правила, которых необходимо придерживаться при принятии инвестиционных решений[2]:

1. *Правило чистой приведенной стоимости*: осуществлять инвестиции, если они имеют положительную чистую приведенную стоимость.
2. *Правило нормы доходности*: осуществлять инвестиции, норма доходности которых превышает их альтернативные издержки[3].

* 2–2. ОБОСНОВАНИЕ ПРАВИЛА ЧИСТОЙ ПРИВЕДЕННОЙ СТОИМОСТИ[4]

Пока что наше изучение чистой приведенной стоимости было очень поверхностным. Увеличение чистой приведенной стоимости *звучит* как вполне разумная цель компании. Но правило чистой приведенной стоимости — это более чем просто правило элементарной логики. Нам необходимо понять, в чем смысл этого правила и почему мы обращаемся к рынкам облигаций и акций, чтобы определить альтернативные издержки.

Рисунок 2-1 иллюстрирует проблему выбора между осуществлением расходов сегодня или в будущем. Предположим, ваш приток денежных средств

РИСУНОК 2-1
Обратите внимание, как заимствование и кредитование расширяют индивидуальный выбор. Занимая деньги в счет будущего притока денежных средств *F*, человек в состоянии увеличить свое нынешнее потребление на дополнительную величину *BD*; а давая в долг из текущего притока денежных средств *B*, человек может увеличить свое будущее потребление на величину *FH*.

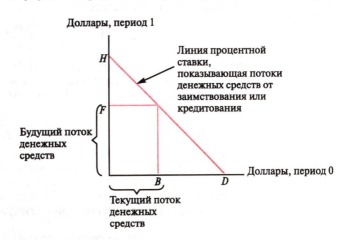

---

[2] Вы можете сами проверить равноценность этих правил. Иначе говоря, если доходность 50 000/350 000 больше *r*, тогда чистая приведенная стоимость −350 000 + + [400 000(1+*r*)] должна быть больше нуля.

[3] Эти правила могут противоречить друг другу, когда потоки денежных средств поступают в течение более чем двух периодов. Мы вернемся к этой проблеме в главе 5.

[4] Раздел, помеченный звездочкой, содержит сложный материал, и его можно пропустить при первом чтении.

составляет сумму *B* сегодня и *F* – через год. Если вы заранее не наметили, каким образом будете хранить или тратить ваш доход, вам придется заняться этим по мере его поступления. Это может оказаться неудобно, если не сказать хуже. Если основная часть вашего притока денежных средств выпадет на следующий год, то следствием этого может быть голодание сегодня и чрезмерное потребление завтра. Вот когда пригодится рынок капитала. Он дает возможность распределить богатство во времени, благодаря чему вы можете нормально питаться и в этом году, и в следующем.

Рынок капитала представляет собой обыкновенный рынок, где люди заключают сделки с "сегодняшними" долларами и "будущими" долларами. Направленная вниз наклонная линия на рисунке 2-1 показывает существующий на рынке капиталов курс обмена между сегодняшними долларами и долларами следующего года; ее наклон составляет $1 + r$, где через r обозначена ставка процента первого года. Ссужая весь ваш сегодняшний приток денежных средств, вы можете увеличить ваше потребление в будущем на $(1 + r)B$, или на величину *FH*. Или же, беря заем под ваш будущий поток денежных средств, вы можете увеличить ваше потребление сегодня на $F/(1 + r)$, или *BD*.

Давайте рассмотрим какой-нибудь числовой пример. Предположим, вы имеете следующие планы на будущее:

- Наличность на руках $B = 20\ 000$ дол.
- Деньги, которые должны поступить через год $F = 25\ 000$ дол.

Если вы хотите тратить деньги на что-либо сегодня, вы можете инвестировать 20 000 дол. на рынке капиталов, скажем, по ставке 7%. Обменный курс между долларами будущего года и долларами сегодня составит 1,07: наклон линии на рисунке 2-1. Если вы инвестируете 20 000 дол. по ставке 7%, вы получите $20\ 000 \times 1,07 = 21\ 400$ дол. Конечно, вы имеете еще 25 000, которые поступят в следующем году, поэтому у вас окажется 46 400 дол. Это точка *H* на рисунке 2-1.

А что, если вы хотите получить 25 000 дол. будущих поступлений сегодня и истратить их на какое-нибудь развлечение? Вы можете так поступить, сделав заем на рынке капиталов. Формула приведенной стоимости показывает нам, сколько инвесторы могут вам дать сегодня в обмен на обещание выплатить 25 000 дол. в следующем году:

$$PV = \frac{C_1}{1+r} = \frac{25\ 000}{1,07} = 23\ 364\ \text{дол.}$$

Это расстояние от точки *B* до точки *D*. Совокупная приведенная стоимость сегодняшнего и будущего притоков денежных средств (точка *D* на рисунке) определяется добавлением величины притока этого года:

$$C_0 + \frac{C_1}{1+r} = 20\ 000 + \frac{25\ 000}{1,07} = 43\ 364\ \text{дол.}$$

Эту формулу мы использовали ранее для вычисления чистой приведенной стоимости (за исключением того, что здесь значение C_0 положительно).

А что, если вы получили деньги, но потом изменили свое решение и хотите потратить их в следующем году? Можете ли вы вернуться в точку *H*? Конечно, просто инвестируйте чистую приведенную стоимость под 7%.

Будущая стоимость = $43\ 364 \times 1,07 = 46\ 400$ дол.

На самом деле вы можете остановиться в какой-либо точке на прямой линии, связывающей точки *D* и *H*, в зависимости от того, сколько из 43 364 дол. сегодняшнего богатства вы желаете инвестировать. Рисунок 2-1 фактически является графическим отображением связи между приведенной и будущей стоимостью.

ГЛАВА 2. Приведенная стоимость и альтернативные издержки

*Как рынок капитала помогает сбалансировать потребление

Мало кто из нас откладывает в сбережения все свои денежные поступления или берет займы под весь будущий приток денежных средств. Мы стараемся сбалансировать настоящее и будущее потребление. Однако нет оснований ожидать, что модель потребления, лучшая для одного человека, окажется лучшей и для другого.

Предположим, например, что вы хорошо обеспечены и предпочитаете настоящее потребление будущему. Предпочтительная для вас модель потребления может быть представлена рисунком 2-2: вы берете заем *BC* под ваш будущий поток денежных средств и потребляете величину *C* сегодня. В следующем году вы должны вернуть величину *EF* и, следовательно, можете потреблять только *E*. И наоборот, если вы ведете более скупой образ жизни, вы можете предпочесть политику, показанную на рисунке 2-3: вы потребляете в размере *A* сегодня и ссужаете остаток средств *AB*. В течение года вы получаете выплаты по кредиту *FG* и поэтому можете позволить себе потреблять величину *G*[5].

И скупец и мот могут предпочесть расходовать денежные средства по мере их поступления, но в наших примерах оба выбирают иной образ действий. Открывая возможности брать и предоставлять займы, рынок капиталов приводит потребление и потоки денежных средств в соответствие друг с другом.

*Теперь мы введем производственные возможности

В реальной жизни индивидуумы не ограничиваются инвестированием в ценные бумаги на рынке капиталов. Они также могут приобретать оборудование, машины и другие реальные активы. Поэтому кроме линии, изображающей доходность покупки ценных бумаг, мы можем также начертить линию инвестиционных возможностей, которая покажет доходность приобретения реальных активов. Доходность "лучшего" проекта может быть значительно выше, чем доходность на рынке капиталов, так что линия инвестиционных возможностей может оказаться очень крутой. Но если индивидуум не обладает неиссякаемым вдохновением, линия постепенно выравнивается. Это показано на рисунке 2-4, где первые 10 000 дол. инвестиций дают в дальнейшем приток денежных средств 20 000 дол., следующие 10 000 дол. дают приток денежных средств, равный только 15 000 дол. На языке экономических терминов это называется снижающейся предельной доходностью капитала.

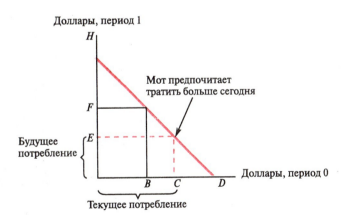

РИСУНОК 2-2
Мот предпочитает взять заем *BC* под завтрашний приток денежных средств, чтобы потреблять *C* сегодня и *E* завтра.

---

[5] Точное соотношение между текущим и будущим потреблением, которое выбирает отдельный индивидуум, зависит от его вкуса. Читатели, которые знакомы с экономической теорией, поймут, что выбор может быть показан наложением кривых безразличия для каждого индивидуума. Предпочитаемая комбинация будет находиться в точке пересечения линии, отражающей процентные ставки, и кривой безразличия индивидуума. Говоря другими словами, каждый индивидуум будет брать или предоставлять займы до точки 1 плюс процентная ставка, равная предельной ставке временного предпочтения (т. е. наклону кривой безразличия).

РИСУНОК 2-3
Скупец предпочитает ссудить средства в размере *AB*, чтобы потреблять *A* сегодня и *G* завтра.

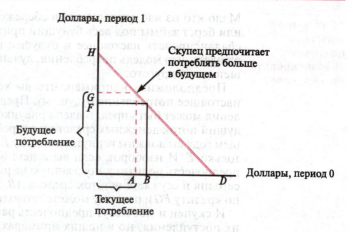

Теперь вернемся к нашему гипотетическому примеру и посмотрим, как могут влиять на ваше благосостояние возможности инвестирования в реальные активы. Решение проиллюстрировано на рисунке 2-5. Чтобы упростить наш график, мы сделаем допущение, что вы располагаете максимальными первоначальными ресурсами *D*. Часть их может быть получена за счет займов под будущий приток денежных средств; но это не должно вас беспокоить, поскольку, как мы уже видели, сумма *D* всегда может быть превращена в будущий доход. Если вы предпочитаете инвестировать какую-либо часть этой суммы на рынке капиталов, вы можете достичь любой точки на линии *DH*.

Теперь давайте рассмотрим инвестиции в *реальные активы*, сделав предположение, что вы сохраните *J* из ваших первоначальных ресурсов и остаток *JD* инвестируете в машины и оборудование. На кривой инвестиционных возможностей мы можем увидеть, что такие инвестиции способны дать в будущем приток денежных средств *G*. Все это хорошо, но, возможно, вы не захотите потреблять сегодня *J* и *G* завтра. К счастью, вы можете использовать рынок капиталов, чтобы привести ваши расходы в соответствие с вашими же-

РИСУНОК 2-4
Влияние инвестиций в реальные активы на потоки денежных средств в периоды 0 и 1. Отметим уменьшающуюся доходность дополнительной единицы инвестиций.

ГЛАВА 2. Приведенная стоимость и альтернативные издержки

РИСУНОК 2-5
Первоначальное богатство и скупца, и мота равно D. Они становятся богаче, если инвестируют JD в реальные активы и затем берут или предоставляют заем на рынке капиталов. Если бы они могли инвестировать *только* на рынке капиталов, им пришлось бы выбрать точку на линии DH. Если бы они могли инвестировать *только* в реальные активы, им пришлось бы выбрать точку на линии DL.

ланиями. Инвестировав J целиком на рынке капиталов, вы можете увеличить *будущий* доход на GM. Или же, взяв заем под все ваши будущие доходы G, вы можете увеличить *текущий* доход на JK. Другими словами, *и* инвестировав JD в реальные активы, *и* взяв или предоставив заем на рынке капиталов, вы можете достичь любой точки на линии KM. Вне зависимости от того, являетесь ли вы мотом или скупцом, вы можете тратить либо сегодня, либо в будущем году больше, чем если бы вы инвестировали *только* на рынке капиталов (т. е. выбор точки на линии DH). Кроме того, вы можете тратить сегодня или в следующем году больше, чем если бы вы инвестировали *только* в реальные активы (т. е. выбор точки на кривой DL).

Давайте более подробно остановимся на инвестициях в *реальные активы*. Максимальная сумма, которая может быть реализована сегодня из будущего притока денежных средств от инвестиций, равна JK. Это *приведенная стоимость инвестиций*. Издержки этих инвестиций равны JD, а разница между их приведенной стоимостью и издержками равна DK. Это *их чистая приведенная стоимость*. Чистая приведенная стоимость дополняет ваши ресурсы, полученные от инвестиций в *реальные активы*.

Инвестирование суммы JD — это удачное решение; оно делает вас богаче. На самом деле это самое удачное из возможных решений. Почему это так, вы можете увидеть из рисунка 2-6. Если вы инвестируете JD в реальные активы, чистая приведенная стоимость равна DK. Если вы инвестируете, скажем, ND в реальные активы, чистая приведенная стоимость снижается до DP. В действительности инвестирование в реальные активы в размере меньшем либо большем, чем JD, должно снизить чистую приведенную стоимость.

РИСУНОК 2-6
Если мот или скупец инвестирует величину ND в реальные активы, чистая приведенная стоимость инвестиций может составлять только DP. Инвестору, возможно, придется тратить меньше как сегодня, так и завтра.

Отметим также, что, инвестируя *JD*, вы инвестируете в точке, в которой линия инвестиционных возможностей только касается линии процентных ставок и имеет такой же наклон. Теперь линия инвестиционных возможностей представляет доходность предельных инвестиций, так что *JD* является точкой, в которой доходность предельных инвестиций точно равна ставке процента. Иначе говоря, вы можете максимизировать ваше богатство, если будете инвестировать в *реальные активы* до тех пор, пока предельная доходность инвестиций не упадет до ставки процента. Поступая так, вы будете брать или предоставлять займы на рынке капиталов, пока не достигнете желаемого соотношения между потреблением сегодня и потреблением завтра.

Теперь мы получили логическую основу для выведения двух равноценных правил, которые мы несколько небрежно сформулировали в конце раздела 2—1. Теперь мы можем перефразировать их следующим образом:

1. *Правило чистой приведенной стоимости*: инвестировать так, чтобы максимизировать чистую приведенную стоимость инвестиций. Последняя представляет собой разницу между дисконтированной, или приведенной, стоимостью будущего дохода и величиной первоначальных инвестиций.

2. *Правило нормы доходности*: инвестировать до того момента, когда предельная доходность инвестиций окажется равна норме доходности эквивалентных инвестиций на рынке капиталов. Этот момент соответствует точке пересечения линии процентных ставок с линией инвестиционных возможностей.

*Основополагающее допущение

В наших примерах скупец и мот одинаково оценивают стоимость инвестиций в фирму. Они стоят на одинаковой точке зрения, поскольку имеют идентичные возможности брать и предоставлять займы. Когда фирмы дисконтируют величину потока денежных средств по ставкам рынка капиталов, они, безусловно, делают некоторые предположения относительно возможностей своих акционеров брать и предоставлять займы. Строго говоря, они делают следующие допущения.

1. Не существует ограничений на доступ к рынку капиталов, и ни один участник не доминирует настолько, чтобы оказывать существенное влияние на цены.
2. Доступ к рынку капитала не требует затрат, и нет никаких препятствий для свободной торговли ценными бумагами.
3. Необходимая информация о цене и количестве каждого вида ценных бумаг беспрепятственно доступна широкому кругу пользователей.
4. Нет никаких дезорганизующих налогов.

В конечном итоге эти допущения предполагают абсолютно конкурентный рынок капиталов. Ясно, что это в лучшем случае приближение к реальности, хотя, возможно, и неплохое. В США около 50 млн акционеров. Даже гигантские компании, подобные Morgan Guaranty Trust Company, контролируют не более 2–3% открытых сделок с акциями. Кроме того, суммарная стоимость сделок с ценными бумагами в целом невелика как в абсолютном выражении, так и относительно стоимости сделок с реальными активами, такими, как офисные здания и доменные печи. И наконец, хотя известны явные случаи, когда инвесторы обладают информацией ограниченного доступа, великая сила алчности и Комиссия по ценным бумагам и биржам гарантируют, что потенциально прибыльная информация редко остается долгое время собственностью одного индивидуума[6].

---

[6] Польза алчности состоит в том, что любой другой индивидуум, который способен получить эту информацию, может использовать ее для извлечения прибыли при заключении сделок.

ГЛАВА 2. Приведенная стоимость и альтернативные издержки

РИСУНОК 2-7
Здесь представлены разные ставки на получение и выдачу ссуды. Прямая с сильным наклоном соответствует процентной ставке для заемщика; более пологая прямая — ставке для кредитора. В этом случае скупец и мот предпочитают разные объемы долгосрочных инвестиций.

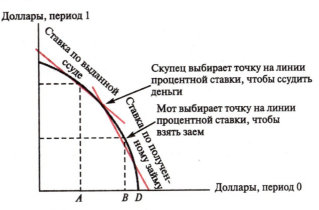

Даже если наши условия удовлетворяются не полностью, есть существенные доказательства, что цены на ценные бумаги ведут себя так, как если бы эти условия выполнялись. Эти доказательства представлены и обсуждаются в главе 13.

*Несовершенные рынки капиталов

Допустим, у нас нет такого хорошо функционирующего рынка капиталов. Чем это грозит нашему правилу чистой приведенной стоимости?

На рисунке 2-7 в качестве примера показано, что происходит, если ставка на получение займа значительно превышает ставку на предоставление займа. Это означает, что, когда вы хотите обратить доллары периода 0 в доллары периода 1 (т. е. ссудить), вы двигаетесь *вверх* вдоль относительно пологой линии; когда же вы хотите обратить доллары периода 1 в доллары периода 0 (т. е. взять заем), вы двигаетесь *вниз* по относительно крутой линии. Вы можете видеть, что заемщики (те, кто вынужден спускаться по крутой линии) предпочли бы, чтобы компания инвестировала только *BD*. В противоположность этому кредиторы (те, кто должен двигаться *вверх* по относительно пологой линии), возможно, предпочтут, чтобы компания инвестировала *AD*. В этом случае две группы акционеров захотят, чтобы менеджеры использовали разные дисконтные ставки. Менеджеру нелегко согласовать их различные цели.

Никто не ожидает, что допущение о конкурентном рынке будет соблюдено полностью. Позже в этой книге мы рассмотрим ряд случаев, когда различия в налогообложении, операционных издержках и другие отклонения от конкурентных условий должны приниматься во внимание при принятии финансовых решений. Однако мы также обсудим исследования, показывающие, что в целом рынки капиталов функционируют достаточно хорошо. Это является одной из причин, почему стоит рассматривать чистую приведенную стоимость в качестве цели корпораций. Другая веская причина состоит в том, что правило чистой приведенной стоимости отвечает здравому смыслу; мы увидим, что его применение приводит к глупым результатам гораздо реже, чем использование его основных "конкурентов". Однако сейчас, лишь упомянув о проблемах несовершенных рынков, мы, подобно экономисту, попавшему в кораблекрушение, просто *представим* себе, что у нас есть спасательный жилет, и спокойно поплывем к берегу.

2-3. ОСНОВНОЙ ВЫВОД

Правило приведенной стоимости по существу восходит к работе великого американского экономиста Ирвинга Фишера, вышедшей в 1930 г.[7] Наиболее вол-

---

[7] *I. Fisher.* The Theory of Interest. New York: Augustus M. Kelley, Publishers, 1965 (переиздание выпуска 1930 г.). Наши графические иллюстрации взяты из работы: *E. F. Fama and M. H. Miller.* The Theory of Finance. New York: Holt, Rinehart and Winston, 1972.

нующим моментом в исследовании Фишера стало открытие, что критерии оценки инвестиций никак не связаны с тем, предпочитают ли индивидуумы настоящее потребление потреблению в будущем. И мот, и скупец единодушны относительно суммы, которую они хотят инвестировать в реальные активы. Поскольку они пользуются одними и теми же инвестиционными критериями, они могут скооперироваться в одном предприятии и передать функции по его управлению профессиональному менеджеру. Менеджерам не обязательно знать личные вкусы акционеров предприятия и не следует руководствоваться своими предпочтениями. Их задача — максимизировать чистую приведенную стоимость. Если они добиваются успеха, то могут быть уверены, что они наилучшим образом действуют в интересах своих акционеров.

При доказательстве правила чистой приведенной стоимости мы ограничились двумя периодами и определенными потоками денежных средств. Тем не менее правило справедливо и для случаев, когда потоки денежных средств продолжаются и за рамками следующего периода. Аргументировать это можно таким образом.

1. Финансовый менеджер должен действовать в интересах акционеров фирмы.
2. Каждый акционер стремится к трем вещам:
   а) быть как можно богаче, т. е. максимизировать свое настоящее богатство;
   б) трансформировать это богатство в какую-либо желаемую ей или ему временну́ю модель потребления;
   в) выбирать характеристики риска для этой модели потребления.
3. Но акционеры не нуждаются в помощи финансового менеджера для достижения лучшей временно́й модели потребления. Они сами могут это сделать, имея свободный доступ к конкурентным рынкам капиталов. Кроме того, они могут выбирать характеристики риска для своей модели потребления, инвестируя в более или менее рисковые ценные бумаги.
4. Как же тогда финансовый менеджер способен помочь акционерам фирмы? Посредством увеличения рыночной стоимости доли каждого акционера в фирме. Для этого он должен использовать любые инвестиционные возможности, которые имеют положительную чистую приведенную стоимость.

Это дает нам основное условие успешного функционирования капиталистической экономики. Отделение собственности от управления является практической необходимостью для крупных организаций. Многие корпорации имеют сотни тысяч акционеров, среди которых нет даже двух с одинаковыми вкусами, благосостоянием или личными возможностями. Все владельцы фирмы не в состоянии активно участвовать в управлении: это было бы подобно проведению в Нью-Йорке митингов, в которых участвовали бы все жители города. Поэтому функции по управлению должны быть делегированы. Примечательно в этом, что все менеджеры фирмы могут получить одну простую инструкцию: максимизировать чистую приведенную стоимость.

Другие цели корпораций

Следуют ли менеджеры на самом деле этой простой инструкции? Некоторые идеалисты утверждают, что менеджеры не обязаны действовать в эгоистичных интересах их акционеров. Реалисты же считают, что вне зависимости от того, что должны делать менеджеры, в действительности они преследуют только свои собственные интересы.

Начнем с идеалистов. Мы не знаем, насколько энергично менеджеры ищут возможности максимизировать чистую приведенную стоимость. Однако нам помнится опрос бизнесменов, в котором их просили ответить, стремятся ли они максимизировать прибыль. Они возмущенно опровергали это утвержде-

ГЛАВА 2. Приведенная стоимость и альтернативные издержки

ние, заявляя, что они ответственны, богобоязненны и т. д.: их обязанности выходят далеко за узкие рамки получения прибыли. Но когда вопрос был перефразирован и у них спрашивали, могут ли они увеличить прибыль путем снижения или увеличения продажной цены, они отвечали, что нет такой политики, с помощью которой можно было бы это сделать[8]. Продолжив эту мысль, можно предположить, что многие менеджеры действительно не имеют явных целей максимизировать чистую приведенную стоимость, однако стараются избежать ее снижения.

Тем не менее поверим, что менеджеры должны иметь более широкие обязанности. Кроме того, руководство должно уметь анализировать решение с точки зрения акционеров, если необходимо установить соответствующее равновесие между их интересами и интересами потребителей, работников и общества в целом. Вычисление чистой приведенной стоимости показывает им, насколько отдельное решение благоприятно или неблагоприятно для акционеров.

Далее, как быть с реалистами, которые считают, что менеджеры преследуют скорее собственные интересы, нежели интересы акционеров? Мы согласны, что менеджеры действительно преследуют свои интересы. Но акционеры не отдадут свой капитал, если они полагают, что их менеджеры могут растратить его на развлечения и отдых. Что предупреждает такие растраты или, по крайней мере, снижает их до приемлемых размеров?

Во-первых, может быть предусмотрена система вознаграждений с целью уравновесить интересы менеджеров и акционеров. Например, высшее руководство обычно имеет право купить акции компании; это право реализуется лишь в том случае, если бизнес хорошо развивается. Во-вторых, менеджеры, которые успешно способствуют приращению богатства акционеров, могут получить повышение в должности и более высокую зарплату. Менеджеры, игнорирующие благосостояние акционеров, могут оказаться на улице, если компания будет поглощена другой фирмой, более заинтересованной в получении прибыли.

Никакая система вознаграждений не может гарантировать, что менеджеры всегда стремятся увеличить богатство акционеров, но хорошие менеджеры знают, что в их интересах демонстрировать, насколько близки их сердцу карманы акционеров их компании.

2–4. РЕЗЮМЕ

В этой главе мы ввели понятие приведенной стоимости как способа определения стоимости активов. Вычислить приведенную стоимость просто. Нужно всего лишь дисконтировать будущий поток денежных средств по соответствующей ставке, обычно называемой *альтернативными издержками,* или *предельной нормой доходности:*

$$PV = \frac{C_1}{1+r}.$$

Чистая приведенная стоимость равна приведенной стоимости плюс сумма ближайшего по времени потока денежных средств:

$$\textit{Чистая приведенная стоимость (NPV)} = C_0 + \frac{C_1}{1+r}.$$

Напомним, что C_0 имеет отрицательное значение, если ближайшим потоком денежных средств являются инвестиции, т. е. отток денежных средств.

---

[8] Цит. по: *G.J. Stigler.* The Theory of Price, 3d. ed. New York, 1966.

Ставка дисконта определяется нормами доходности, преобладающими на рынках капиталов. Если будущий поток денежных средств абсолютно надежен, ставка дисконта равна ставке процента по надежным ценным бумагам, таким, как долговые обязательства правительства Соединенных Штатов. Если объем будущего потока денежных средств точно не известен, тогда ожидаемый поток денежных средств следует дисконтировать по ожидаемой норме доходности ценных бумаг с подобным риском. Более подробно мы расскажем об этом в главе 7.

Потоки денежных средств дисконтируются по двум простым причинам: во-первых, потому что доллар сегодня стоит больше, чем доллар завтра, и, во-вторых, потому что рисковый доллар стоит меньше, чем надежный. Формулы приведенной стоимости и чистой приведенной стоимости выражают эти идеи на языке чисел. Мы смотрим на нормы доходности, преобладающие на рынках капиталов, чтобы определить, какую ставку дисконта использовать с учетом времени и риска. Вычисляя приведенную стоимость активов, мы на самом деле оцениваем, сколько люди будут платить за них при условии, что они имеют альтернативные возможности инвестирования на рынках капиталов.

Концепция чистой приведенной стоимости предполагает целесообразным разделение функций владения и управления корпорацией. Менеджер, инвестирующий только в активы с положительной чистой приведенной стоимостью, лучшим образом действует в интересах каждого из владельцев фирмы — несмотря на различия в их богатстве и вкусах. Это возможно благодаря существованию рынка капиталов, что позволяет каждому акционеру создавать собственный инвестиционный портфель в соответствии со своими потребностями. Например, фирме нет необходимости подстраивать свою инвестиционную политику так, чтобы последующие потоки денежных средств соответствовали предпочитаемым акционерами временны́м моделям потребления. Акционеры могут перемещать средства вперед или назад во времени по своему желанию, если они имеют свободный доступ к рынкам капиталов. На самом деле их модель потребления определяется только двумя обстоятельствами: их личным богатством (или отсутствием такового) и процентной ставкой, по которой они могут брать или предоставлять займы. Финансовый менеджер не в состоянии влиять на процентную ставку, но в его силах способствовать увеличению богатства акционеров. Сделать это можно, инвестируя в активы с положительной чистой приведенной стоимостью.

РЕКОМЕНДУЕМАЯ ЛИТЕРАТУРА

Первые работы о принципе чистой приведенной стоимости:
I. Fisher. The Theory of Interest. Augustus M. Kelley, Publishers, New York, 1965. Второе издание с 1930 г.
J. Hirschleifer. On the Theory of Optimal Investment Decision //Journal of Political Economy. 66: 329—352. August. 1958.

Для более глубокого понимания предмета нашей книги мы предлагаем:
E.F. Fama and M.H. Miller. The Theory of Finance. Holt, Rinehart and Winston, New York, 1972.

Если вы хотите глубже понять, как можно стимулировать стремление менеджеров максимизировать богатство акционеров, мы предлагаем обратиться к работам:
M.C. Jencen and W.H. Meckling. Theory of the Firm: Managerial Behavior, Agency Costs, and Ownership Structure//Journal of Financial Economics. 3: 305—360. October. 1976.
E.F. Fama. Agency Problems and the Theory of the Firm//Journal of Political Economy. 88: 288—307. April. 1980.

ГЛАВА 2. Приведенная стоимость и альтернативные издержки

КОНТРОЛЬНЫЕ ВОПРОСЫ

1. C_0 — первоначальный поток денежных средств по инвестиционному проекту и C_1 — поток денежных средств в конце 1-го года. Через r обозначена ставка дисконта.
   - *а)* C_0 обычно имеет положительное или отрицательное значение?
   - *б)* Какова формула приведенной стоимости инвестиций?
   - *в)* Какова формула чистой приведенной стоимости?
   - *г)* Показатель r часто называют альтернативными издержками. Почему?
   - *д)* Если инвестиции не сопряжены с риском, каково соответствующее значение r?
2. Если приведенная стоимость 150 дол., выплачиваемых в следующем году, равна 130 дол., каков коэффициент дисконтирования первого года (DF_1)? Какова ставка дисконта?
3. Вычислите коэффициент дисконтирования DF_1 первого года при ставке дисконта, равной (*а*) 10%, (*б*) 20% и (*в*) 30%.
4. Торговец платит 1 000 000 дол. за зерно, и вполне вероятно, он сможет продать его в конце первого года за 1 320 000 дол.
   - *а)* Какова доходность этих инвестиций?
   - *б)* Если доходность ниже процентной ставки, инвестиции имеют положительную или отрицательную чистую приведенную стоимость?
   - *в)* Если процентная ставка равна 10%, какова приведенная стоимость инвестиций?
   - *г)* Какова их чистая приведенная стоимость?
5. Каково правило чистой приведенной стоимости? Что такое правило нормы доходности? Одинаковый ли результат дают оба правила?
*6. На рисунке 2-8 наклонная прямая представляет возможности инвестирования на рынке капиталов, а сплошная кривая линия представляет возможности инвестирования в машины и оборудование. В настоящее время единственным активом компании являются денежные средства в размере 2,6 млн дол.
   - *а)* Какова процентная ставка?
   - *б)* Сколько компании следует инвестировать в оборудование?
   - *в)* Сколько будут стоить эти инвестиции в следующем году?
   - *г)* Какова средняя норма доходности инвестиций в оборудование?
   - *д)* Какова предельная норма доходности?
   - *е)* Какова приведенная стоимость этих инвестиций?
   - *ж)* Какова их чистая приведенная стоимость?
   - *з)* Какова совокупная приведенная стоимость компании?
   - *и)* Каков объем личного потребления сегодня?
   - *к)* Каким будет объем потребления завтра?
7. Мы можем представить себе, что финансовый менеджер предпринимает в интересах акционеров. Например, менеджер может:

РИСУНОК 2-8
См. контрольный вопрос 6.

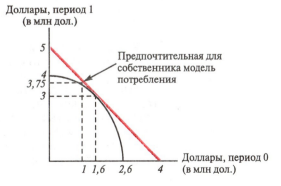

а) сделать акционеров как можно богаче, инвестируя средства в реальные активы с положительной приведенной стоимостью;

б) изменить инвестиционный план фирмы так, чтобы акционеры достигли особой временно́й модели потребления;

в) выбирать активы с той или иной степенью риска в соответствии с предпочтениями акционеров;

г) помочь сбалансировать средства на чековых книжках акционеров.

При условии хорошо функционирующих рынков капиталов акционеры будут голосовать только за один из этих вариантов. Какой? Почему?

ВОПРОСЫ И ЗАДАНИЯ

1. В разделе 2–1 мы проанализировали возможность строительства офисного здания на участке земли стоимостью 50 000 дол. Мы заключили, что инвестиции имеют положительную чистую приведенную стоимость, равную 7143 дол.

   Предположим, "Товарищество Э. Коли", специализирующееся в генной инженерии, предлагает купить этот участок за 60 000 дол. с выплатой 30 000 дол. сразу и 30 000 дол. через год. Ценные бумаги правительства США сроком 1 год дают доход 7%.

   а) Допустим, Э. Коли обязательно заплатит следующие 30 000 дол. Следует ли вам принять это предложение, или лучше начать строительство офисного здания? Объясните ваш ответ.

   б) Предположим, вы не уверены, что Э. Коли заплатит. Вы видите, что другие инвесторы по своим кредитам Э. Коли требуют 10%-ного дохода. Допустим, что другие инвесторы верно оценили риск неплатежеспособности Э. Коли. Следует ли вам принимать предложение Э. Коли?

2. Напишите формулы чистой приведенной стоимости и нормы доходности инвестиций. Докажите, что чистая приведенная стоимость имеет положительное значение только в том случае, если норма доходности превышает альтернативные издержки.

3. Какова чистая приведенная стоимость инвестиций фирм в ценные бумаги Казначейства США с доходностью 15% и сроком 1 год?
   Подсказка: каковы альтернативные издержки? Налоги не учитываются.

4. Вычислите чистую приведенную стоимость и норму доходности каждого следующего вида инвестиций. Альтернативные издержки равны 20% для всех четырех видов инвестиций.

Инвестиции	Первоначальный поток денежных средств, C_0	Поток денежных средств через год, C_1
1	–10 000	+20 000
2	–5000	+12 000
3	–5000	+5500
4	–2000	+5000

   а) Какие инвестиции имеют бо́льшую стоимость?

   б) Предположим, что каждый вид инвестиций может потребовать использования одного и того же участка земли. Следовательно, вы можете осуществить только один из них. Какой?

   Подсказка: каковы цели фирмы: получить более высокую норму доходности или увеличить стоимость фирмы?

*5. Переделайте рисунок 2-5 применительно к следующей ситуации.

   а) Фирма начинает с 10 млн дол. денежных средств.

   б) Процентная ставка r равна 10%.

ГЛАВА 2. Приведенная стоимость и альтернативные издержки

в) Чтобы максимизировать чистую приведенную стоимость, фирма инвестирует сегодня 6 млн дол. в реальные активы ($C_0 = -6$ млн дол.). Остается 4 млн дол., которые могут быть выплачены акционерам.

г) Чистая приведенная стоимость инвестиций равна 2 млн дол.

Затем дайте ответы на следующие вопросы.

д) Сколько денежных средств фирма получит в результате своих инвестиций через год?

е) Какова предельная норма доходности инвестиций фирмы?

ж) Какова приведенная стоимость инвестиций акционеров после объявления фирмой инвестиционного плана?

з) Допустим, акционеры хотят израсходовать сегодня 6 млн дол. Как они могут это сделать?

и) Сколько тогда они потратят в следующем году? Покажите это на вашем рисунке.

*6. Переделайте рисунок 2-5 таким образом, чтобы показать, как должен измениться инвестиционный план фирмы при снижении процентной ставки. Укажите чистую приведенную стоимость пересмотренного инвестиционного плана. Покажите, станет ли скупец или мот богаче.

*7. Обратитесь снова к рисунку 2-5. Предположим, фирма решает инвестировать в реальные активы больше, чем *JD*. Начертите новую линию процентной ставки, чтобы показать чистую приведенную стоимость пересмотренного инвестиционного плана. Покажите, что и скупец и мот стали беднее.

*8. На наших рисунках линия процентной ставки всегда имеет наклон больше 1. Почему?

9. "Ставка дисконта — это ставка, по которой компания сможет реинвестировать свои потоки денежных средств". Верно ли это? Объясните ваш ответ.

10. Прокомментируйте следующее высказывание: "Все говорят, что компании должны максимизировать чистую приведенную стоимость, но "чистая приведенная стоимость" — просто абстракция. Я говорю моим менеджерам: прибыли — вот что главное и именно прибыли мы должны максимизировать".

11. Прокомментируйте следующее высказывание: "Было бы неправильно сказать мне — максимизируй цену своих акций. Я вполне могу поступить недальновидно и максимизировать цену сегодня. Я предпочел бы наращивать ее постепенно".

12. Трудный вопрос. Иногда считают, что критерий чистой приведенной стоимости подходит корпорациям, но не правительству. Во-первых, правительство должно учитывать временны́е предпочтения общества в целом, нежели нескольких состоятельных инвесторов. Во-вторых, правительство должно иметь более долгосрочные перспективы, чем индивидуумы, потому что правительство заботится о будущих поколениях. Что вы об этом думаете?

13. Приведите примеры потенциальных противоречий интересов менеджеров и акционеров. Почему менеджеры обычно упорно работают, чтобы фирма добилась успеха?

3
Как рассчитывать приведенные стоимости

В главе 2 мы узнали, как определить стоимость активов, которые обеспечивают поток денежных средств ровно через год. Но мы не рассказали, как оценить активы, которые принесут деньги через два года или через несколько лет. Этим мы и займемся в первую очередь в данной главе. Затем мы рассмотрим некоторые упрощенные методы определения приведенной стоимости и несколько специальных формул для ее вычисления.

К тому времени вы получите некоторое вознаграждение за ваши "умственные инвестиции" в изучение чистой приведенной стоимости. В главе 4 мы намерены дать общее представление об обыкновенных акциях и затем на практических примерах детально рассмотрим инвестиционные решения фирмы.

3–1. ОЦЕНКА ДОЛГОСРОЧНЫХ АКТИВОВ

Вы помните, как вычисляется приведенная стоимость активов, которые через год дают поток денежных средств C_1?

$$PV = DF_1 \times C_1 = \frac{C_1}{1+r_1}.$$

Коэффициент дисконтирования потоков денежных средств первого года равен DF_1, а r_1 — это альтернативные издержки инвестирования ваших денег для первого года. Предположим, вы получите в следующем году определенный приток денежных средств, равный 100 дол. ($C_1 = 100$), а процентная ставка по казначейским векселям США сроком 1 год равна 7% ($r_1 = 0{,}07$). Тогда приведенная стоимость равна:

$$PV = \frac{C_1}{1+r_1} = \frac{100}{1{,}07} = 93{,}46 \text{ дол.}$$

Отсюда приведенная стоимость потока денежных средств второго года может быть записана подобным же образом:

$$PV = DF_2 \times C_2 = \frac{C_2}{(1+r_2)^2},$$

где C_2 — поток денежных средств второго года, DF_2 — коэффициент дисконтирования потока денежных средств второго года и r_2 — годовая процентная ставка на деньги, инвестируемые сроком на два года. Продолжая наш пример, предположим, вы получили во втором году еще один приток денежных средств, равный 100 дол. ($C_2 = 100$). Процентная ставка по векселям казначейства со сроком 2 года равна 7,7% в год ($r_2 = 0{,}077$); это означает, что доллар, инвестируемый в векселя со сроком 2 года, вырастет до $1{,}077^2 = 1{,}16$ дол. к концу второго года. Приведенная стоимость вашего потока денежных средств второго года равна:

$$PV = \frac{C_2}{(1+r_2)^2} = \frac{100}{(1{,}077)^2} = 86{,}21 \text{ дол.}$$

Оценка потоков денежных средств за несколько периодов

Одна из замечательных особенностей приведенной стоимости состоит в том, что она выражается в текущих долларах — так что вы можете ее суммировать. Иначе говоря, приведенная стоимость суммы потоков денежных средств ($A + Б$) равна приведенной стоимости потока денежных средств A плюс приведенная стоимость потока денежных средств $Б$. Такой удачный вывод имеет важное значение для инвестиций, которые обеспечивают потоки денежных средств в течение нескольких периодов.

Мы рассчитали стоимость активов, которые дают поток денежных средств C_1 в первом году, и стоимость других активов, которые дают поток денежных средств C_2 во втором году. Следуя нашему правилу слагаемости стоимостей, мы можем описать стоимость активов, которые дают потоки денежных средств *каждый* год. Это просто:

$$PV = \frac{C_1}{1+r_1} + \frac{C_2}{(1+r_2)^2}.$$

Очевидно, мы можем продолжить этот ряд и найти приведенную стоимость потоков денежных средств за ряд периодов:

$$PV = \frac{C_1}{1+r_1} + \frac{C_2}{(1+r_2)^2} + \frac{C_3}{(1+r_3)^3} + \ldots$$

Это — **формула дисконтированного потока денежных средств**. Кратко ее можно записать так:

$$PV = \sum \frac{C_t}{(1+r_t)^t},$$

где $\sum$ означает сумму потоков денежных средств за ряд периодов. Чтобы найти *чистую* приведенную стоимость, мы прибавляем первоначальный (обычно отрицательный) поток денежных средств, как и в случае с одним периодом:

$$NPV = C_0 + PV = C_0 + \sum \frac{C_t}{(1+r_t)^t}.$$

* Почему коэффициент дисконтирования снижается по мере удаления в будущее — отказ от идеи "денежного станка"

Если доллар завтра стоит меньше, чем доллар сегодня, можно предположить, что доллар послезавтра должен стоить еще меньше. Другими словами, коэффициент дисконтирования DF_2 должен быть меньше, чем коэффициент дисконтирования DF_1. Но *обязательно* ли это так, если для всех периодов действуют различные ставки процента r_t?

Предположим, r_1 равна 20%, а r_2 равна 7%. Тогда:

$$DF_1 = \frac{1}{1{,}20} = 0{,}83;$$

ГЛАВА 3. Как рассчитывать приведенные стоимости

$$DF_2 = \frac{1}{(1,07)^2} = 0,87.$$

По-видимому, доллар послезавтра *не обязательно* стоит меньше, чем доллар, полученный завтра.

Однако в этом примере что-то не так. Любой, кто может брать или предоставлять займы по этим процентным ставкам, способен стать миллионером за одну ночь. Давайте посмотрим, как мог бы работать такой "денежный станок". Предположим, что первой обратила внимание на эту закономерность Гермина Крафт. Миссис Крафт ссужает 1000 дол. на один год под 20%. Это достаточно привлекательный доход, но она замечает, что есть способ получить прибыль от своих инвестиций *немедленно* и опять включиться в игру. Она рассуждает таким образом: в следующем году она будет иметь 1200 дол., которые можно реинвестировать вновь на будущий год. Хотя она не знает, какая будет в это время процентная ставка, она твердо знает, что всегда может положить деньги на чековый счет и несомненно будет иметь 1200 дол. к концу второго года. Следовательно, ее очередной шаг — пойти в свой банк и взять заем на сумму приведенной стоимости этих 1200 дол. При ставке 7% приведенная стоимость равна:

$$PV = \frac{1200}{(1,07)^2} = 1048 \text{ дол.}$$

Таким образом миссис Крафт инвестирует 1000 дол., погашает заем в 1048 дол. и остается с прибылью в размере 48 дол. Если вам покажется, что это не так уж и много, вспомните: в игру можно сыграть снова, теперь уже с 1048 дол. На самом деле, чтобы стать миллионершей (имеется в виду доход до уплаты налогов), миссис Крафт должна сыграть в игру только 147 раз[1].

Конечно, эта история совершенно фантастична. Благоприятная возможность, подобная описанной нами, не может сохраняться на рынках капиталов долгое время. Любой банк, который мог бы позволить вам предоставлять заем на один год под 20% и брать заем на два года под 7%, вскоре не выдержал бы натиска мелких инвесторов, мечтающих стать миллионерами, и миллионеров, желающих стать миллиардерами. Однако из нашей истории можно почерпнуть два урока. Первый состоит в том, что завтра доллар *не может* стоить меньше, чем послезавтра. Говоря другими словами, стоимость доллара, полученного в конце первого года (DF_1), обязательно больше, чем стоимость доллара, полученного в конце второго года (DF_2). Должна быть какая-то дополнительная выгода[2] от предоставления займа не на один, а на два года: величина $(1 + r_2)^2$ должна быть больше, чем величина $1 + r_1$.

Наш второй урок имеет более общий характер и может быть выражен фразой: "Такого явления, как "денежный станок", не существует"[3]. На хорошо функционирующем рынке капиталов любая потенциальная "машина для делания денег" почти мгновенно будет ликвидирована инвесторами, которые попытаются воспользоваться возникшими преимуществами. Поэтому остерегайтесь экспертов-самозванцев, которые предлагают вам воспользоваться шансом поучаствовать в "надежном деле".

Позже в этой книге мы используем факт *отсутствия* "денежного станка", чтобы доказать некоторые полезные особенности цен на ценные бумаги. Иначе говоря, мы сделаем заявление типа: "Цены на ценные бумаги X и Y должны

---

[1] $1000 \times (1,04813)^{147} = 1\ 002\ 000$ дол.
[2] Дополнительный доход от предоставления займа на два года, а не на один, часто называют *форвардной нормой доходности*. Согласно нашему правилу, она не может быть отрицательной.
[3] Есть специальный термин для обозначения "денежного станка" — **арбитраж**. На хорошо функционирующем рынке капиталов возможностей для арбитража нет.

находиться в следующей взаимосвязи — иначе существовал бы "денежный станок" и рынки капиталов не могли бы пребывать в равновесии".

Как таблицы приведенных стоимостей помогают лентяю

В принципе процентные ставки могут быть различными для каждого из будущих периодов. Связь между процентной ставкой и временем поступления денежных средств называется **временно́й структурой процентных ставок**. Мы рассмотрим временну́ю структуру процентных ставок в главе 23. Но сейчас, чтобы обойти проблему, мы схитрим и допустим, что временна́я структура "единообразна" — т. е. процентная ставка остается одной и той же, вне зависимости от периода, в котором возникает поток денежных средств. Это означает, что мы можем заменить ряд процентных ставок r_1, r_2, r_3 и т. д. одной ставкой r и записать формулу приведенной стоимости следующим образом:

$$PV = \frac{C_1}{1+r_1} + \frac{C_2}{(1+r_2)^2} + \ldots$$

Таким образом, все наши примеры можно легко просчитать вручную. В реальности задачи бывают гораздо более сложными и для расчета приведенной стоимости требуют использования электронно-вычислительной техники, специальных программ или таблиц. Мы приведем пример посложнее, чтобы показать, как пользоваться такими таблицами.

У вас появились плохие новости относительно вашего предприятия со строительством офисного здания (этот пример описан в начале второй главы). Подрядчик говорит, что строительство здания займет не один, а два года, и требует оплаты в следующем порядке:

1. 100 000 дол. оплатить сразу. (Отметим, что земля стоимостью 50 000 дол. здесь также должна учитываться.)
2. 100 000 дол. оплатить через год.
3. Последний платеж 100 000 дол. — в конце второго года, когда здание будет готово к эксплуатации.

Ваш консультант по вопросам недвижимости придерживается мнения, что, несмотря на продление сроков строительства, законченное здание будет стоить 400 000 дол.

Это влечет за собой новый прогноз потоков денежных средств:

Период	$t=0$	$t=1$	$t=2$
Земля	−50 000		
Строительство	−100 000	−100 000	−100 000
Выручка			+400 000
Всего	$C_0=$ −150 000	$C_1=$ −100 000	$C_2=$ +300 000

Если процентная ставка равна 7%, тогда чистая приведенная стоимость:

$$NPV = C_0 + \frac{C_1}{1+r_1} + \frac{C_2}{(1+r_2)^2} = -150\,000 - \frac{100\,000}{1{,}07} + \frac{300\,000}{(1{,}07)^2}.$$

В таблице 3-1 показано, как сделаны вычисления и как получена чистая приведенная стоимость. Коэффициент дисконтирования можно найти в Приложении в конце книги, в таблице 1. Посмотрите на первые два значения в столбце, обозначенном 7%: первое значение равно 0,935, второе — 0,873. Вам не нужно вычислять 1/1,07 или 1/(1,07)². Вы должны просто подставить цифры из таблицы приведенной стоимости. (Отметим, что другие значения в столбце, обозначенном 7%, представляют коэффициенты дисконтирования в пределах 30 лет, а в других столбцах представлены коэффициенты дисконтирования от 1 до 30%.)

ГЛАВА 3. Как рассчитывать приведенные стоимости

ТАБЛИЦА 3-1
Вычисление приведенной стоимости

Период	Коэффициент дисконтирования	Поток денежных средств	Приведенная стоимость
0	1,0	−150 000	−150 000
1	$\frac{1}{(1,07)} = 0{,}935$	−100 000	−93 500
2	$\frac{1}{(1,07)^2} = 0{,}873$	+300 000	+261 900
		Итого чистая приведенная стоимость	= 18 400 дол.

К счастью, новости относительно вашего предприятия со строительством офисного здания оказались не такими уж и плохими. Подрядчик согласен на задержку оплаты; это значит, что приведенная стоимость оплаты работы подрядчика будет меньше, чем предполагалось ранее. Это частично компенсирует задержку в получении выручки. Как показано в таблице 3-1, чистая приведенная стоимость равна 18 400 дол., что незначительно отличается от суммы 23 800 дол., вычисленной в главе 2. Поскольку чистая приведенная стоимость положительна, вам следует приступать к строительству.

3–2. ЗНАКОМСТВО С БЕССРОЧНОЙ РЕНТОЙ И АННУИТЕТОМ

Иногда можно использовать более короткие пути, позволяющие легко вычислить приведенную стоимость активов, которые приносят доход в различные периоды. Давайте рассмотрим несколько примеров.

Среди ценных бумаг, выпускаемых британским правительством, есть так называемые **бессрочные ренты**. Это облигации, по которым правительство не берет обязательства погашения, но предлагает ежегодный фиксированный доход в течение неограниченного периода. Норма доходности таких ценных бумаг равна обещанным годовым выплатам, деленным на приведенную стоимость[4]:

$$\text{Доходность} = \frac{\text{Поток денежных средств}}{\text{Приведенная стоимость}}$$

$$r = \frac{C}{PV}.$$

---

[4] Вы можете проверить это, выписав формулу приведенной стоимости:

$$PV = \frac{C}{1+r} + \frac{C}{(1+r)^2} + \frac{C}{(1+r)^3} + \ldots$$

Обозначив $C/(1 + r) = a$ и $1/(1 + r) = x$, получаем:

$$PV = a(1 + x + x^2 + \ldots). \qquad (1)$$

Умножаем обе части на x и получаем:

$$PV\,x = a(x + x^2 + \ldots). \qquad (2)$$

Вычитаем уравнение (2) из уравнения (1) и получаем:

$$PV(1 − x) = a.$$

Далее подставляем значения a и x:

$$PV\left(1 - \frac{1}{1+r}\right) = \frac{C}{1+r}.$$

Умножаем обе части на $(1 + r)$, это дает:

$$r = \frac{C}{PV}.$$

Очевидно, что мы можем повторить эти вычисления и найти приведенную стоимость бессрочной ренты при ставке дисконта r и денежных выплатах C. Например, предположим, что некий достопочтенный человек желает обеспечить постоянным доходом кафедру финансов в школе бизнеса. Если процентная ставка равна 10% и если меценат намерен передавать кафедре по 100 000 дол. в год в течение неограниченного срока, сумма, которая сегодня должна быть отложена для этой цели, равна:

$$\textit{Приведенная стоимость бессрочной ренты} = \frac{C}{r} = \frac{100\,000}{0{,}10} = 1\,000\,000 \text{ дол.}$$

Как оценить возрастающую бессрочную ренту

Предположим, что наш меценат неожиданно вспомнил, что он не принял во внимание рост заработной платы, который, возможно, составит в среднем 4% в год. Следовательно, вместо 100 000 дол. ежегодно в течение неопределенного срока меценат должен передать 100 000 дол. в первый год, 1,04 × 100 000 во второй год и т. д. Если мы обозначим темп роста зарплаты через g, мы можем записать приведенную стоимость потоков денежных средств следующим образом:

$$PV = \frac{C_1}{1+r} + \frac{C_2}{(1+r)^2} + \frac{C_3}{(1+r)^3} + \ldots = \frac{C_1}{1+r} + \frac{C_1(1+g)}{(1+r)^2} + \frac{C_1(1+g)^2}{(1+r)^3} + \ldots$$

К счастью, существует простая формула для суммирования этой геометрической прогрессии[5]. Если мы предположим, что r больше g, наши громоздкие вычисления упрощаются до:

$$\textit{Приведенная стоимость возрастающей бессрочной ренты} = \frac{C_1}{r-g}.$$

Следовательно, если наш меценат желает ежегодно в течение неограниченного времени предоставлять кафедре денежную сумму, которая предусматривает темп роста зарплаты, то сегодня он должен отложить сумму:

$$PV = \frac{C_1}{r-g} = \frac{100\,000}{0{,}10 - 0{,}04} = 1\,666\,667 \text{ дол.}$$

Как оценить аннуитет

Аннуитет представляет собой актив, который приносит фиксированный доход ежегодно в течение определенного ряда лет. Закладная на дом с равномерными выплатами и договор о потребительском кредите, выплачиваемом равными долями в течение оговоренного срока, являются общеизвестными примерами аннуитета.

На рисунке 3-1 проиллюстрирован способ оценки аннуитета. В первом ряду представлена бессрочная рента, которая дает ежегодно поток денежных средств C начиная с года 1. Ее приведенная стоимость равна:

$$PV = \frac{C}{r}.$$

---

[5] Нам необходимо вычислить сумму бесконечной геометрической прогрессии $PV = a(1 + x + x^2 + \ldots)$, где $a = C_1/(1+r)$, а $x = (1+g)/(1+r)$. В сноске 4 мы показали, что сумма такой прогрессии равна $a/(1-x)$. Подставим a и x в формулу и найдем, что

$$PV = \frac{C_1}{r-g}.$$

ГЛАВА 3. Как рассчитывать приведенные стоимости

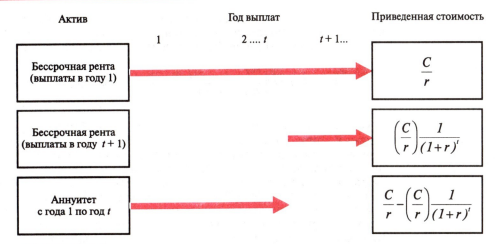

РИСУНОК 3-1
Аннуитет в виде регулярных платежей в период с года 1 по год *t* равен разнице между двумя бессрочными рентами.

Во втором ряду представлен второй вид бессрочной ренты, которая дает ежегодно поток денежных средств *C* начиная с года *t* + 1. Ее приведенная стоимость в год *t* будет равна *C/r*, и, следовательно, ее приведенная стоимость сегодня равна:

$$PV = \frac{C}{r(1+r)^t}.$$

Обе бессрочные ренты обеспечивают поток денежных средств начиная с года *t* + 1. Единственное различие между ними состоит в том, что первая, кроме того, ежегодно дает приток денежных средств в период с года 1 по год *t*. Иначе говоря, разница между двумя бессрочными рентами представляет собой аннуитет *C* за *t* лет. Приведенная стоимость этого аннуитета, следовательно, равна разнице между стоимостями двух бессрочных рент.

$$\textit{Приведенная стоимость аннуитета} = C\left[\frac{1}{r} - \frac{1}{r(1+r)^t}\right].$$

Выражение в квадратных скобках — это *коэффициент аннуитета,* который представляет собой приведенную стоимость со ставкой дисконтирования *r* аннуитета в 1 доллар, выплачиваемого в конце каждого периода *t*[6].

---

[6] Мы снова можем вывести это, используя те же принципы. Нам необходимо вычислить сумму бесконечной геометрической прогрессии:

$$PV = a(1 + x + x^2 + \ldots + x^{t-1}), \qquad (1)$$

где $a = C/(1 + r)$ и $x = 1/(1 + r)$. Умножаем обе части на *x*:

$$PVx = a(x + x^2 + \ldots + x^t). \qquad (2)$$

Вычитаем уравнение (2) из уравнения (1) и получаем:

$$PV(1 - x) = a(1 + x^t).$$

Далее подставляем *a* и *x*:

$$PV\left(1 - \frac{1}{1+r}\right) = C\left[\frac{1}{1+r} - \frac{1}{(1+r)^{t+1}}\right].$$

Умножаем обе части на (1 + *r*) и в результате преобразования получаем:

$$PV = C\left[\frac{1}{r} - \frac{1}{r(1+r)^t}\right].$$

Предположим, например, что наш меценат начал колебаться и желает знать, во сколько ему обойдется ежегодная выплата кафедре по 100 000 дол. в течение только 20 лет. По нашей формуле мы получаем следующий ответ:

$$PV = 100\,000\left[\frac{1}{0{,}10} - \frac{1}{0{,}10(1{,}10)^{20}}\right] = 100\,000 \times 8{,}514 = 851\,400 \text{ дол.}$$

Или же мы можем просто посмотреть ответ в таблице аннуитетов в Приложении в конце книги (таблица 3). Эта таблица дает значения приведенной стоимости доллара, который должен быть получен в любой из периодов t. В нашем примере $t = 20$, а процентная ставка $r = 0{,}10$, и поэтому мы смотрим на двадцатое по счету число в столбце, обозначенном 10%. Оно равно 8,514. Умножаем 8,514 на 100 000 дол. и получаем ответ 851 400 дол.

Вам всегда следует предельно внимательно отслеживать те случаи, когда вы могли бы прибегнуть к этим формулам, чтобы облегчить себе жизнь. Например, нам иногда требуется вычислить, сколько годовых платежей, приносящих фиксированный годовой процент, может накопиться к концу t периодов. В этом случае легче всего вычислить *приведенную* стоимость и затем умножить ее на $(1 + r)^t$, чтобы определить будущую стоимость[7]. Теперь предположим, что наш меценат желает знать, сколько может принести богатство в размере 100 000 дол., если каждый год инвестировать его, вместо того чтобы отдавать недостойным ученым. Ответ может быть таким:

$$\textit{Будущая стоимость} = PV \times 1{,}10^{20} = 851\,400 \times 6{,}727 = 5{,}73 \text{ млн дол.}$$

Как мы узнали, что $1{,}10^{20}$ равно 6,727? Очень легко, мы просто заглянули в таблицу 2 Приложения в конце книги "Будущая стоимость 1 доллара через t лет".

3–3. СЛОЖНЫЙ ПРОЦЕНТ И ПРИВЕДЕННАЯ СТОИМОСТЬ

Существует большая разница между **простым процентом** и **сложным процентом**. Когда деньги инвестируются с начислением сложного процента, процентные выплаты реинвестируются с целью получить еще больший процентный доход в последующие периоды. В отличие от этого инвестиции, по которым выплачивается только простой процент, не дают возможности получить процент на процент.

В таблице 3-2 сравниваются приросты инвестиций в размере 100 дол. при начислении сложного и простого процентов. Отметим, что в последнем случае процент выплачивается только с первоначальных инвестиций в размере 100 дол. Следовательно, ваше богатство увеличивается только на 10% в год. В случае начисления сложного процента вы получаете 10% по вашим первоначальным инвестициям в первый год и в конце первого года имеете $100 \times 1{,}10 = 110$ дол. Затем во второй год вы получаете 10% от этих 110 дол., которые в конце второго года дадут $100 \times 1{,}10^2 = 121$ дол.

Таблица 3-2 показывает, что разница между простым и сложным процентом равна нулю в первом инвестиционном периоде, незначительна во втором, но

---

[7] Например, предположим, что вы получаете приток денежных средств C на 6-м году. Если вы инвестируете этот поток денежных средств по процентной ставке r, к 10-му году ваши инвестиции будут стоить $C(1+r)^4$. Вы получите тот же ответ, если вычислите *приведенную* стоимость потока денежных средств $PV = C/(1+r)^6$ и затем определите, сколько вы можете иметь к 10-му году, если инвестируете эту сумму сегодня:

$$\textit{Будущая стоимость} = PV(1+r)^{10} = \frac{C}{(1+r)^6}(1+r)^{10} = C(1+r)^4.$$

ГЛАВА 3. Как рассчитывать приведенные стоимости

ТАБЛИЦА 3-2
Стоимость инвестиций в размере 100 дол. при начислении простого и сложного процентов по ставке 10%.

	ПРОСТОЙ ПРОЦЕНТ				СЛОЖНЫЙ ПРОЦЕНТ				
Год	Начальное сальдо	+	%	=	Конечное сальдо	Начальное сальдо	+	%	=	Конечное сальдо
1	100	+	10	=	110	100	+	10	=	110
2	110	+	10	=	120	110	+	11	=	121
3	120	+	10	=	130	121	+	12,1	=	133,1
4	130	+	10	=	140	133,1	+	13,3	=	146,4
...										...
10	190	+	10	=	200	236	+	24	=	259
20	290	+	10	=	300	612	+	61	=	673
50	590	+	10	=	600	10 672	+	1067	=	11 739
100	1090	+	10	=	1100	1 252 783	+	125 278	=	1 378 061
200	2090	+	10	=	2100	17 264 116 020	+	1 726 411 602	=	18 990 527 622
210	2190	+	10	=	2200	44 778 670 810	+	4 477 867 081	=	49 256 537 891

весьма велика для двадцатилетнего периода и более. Сумма 100 дол., инвестированная во время Американской революции, на которую начислялся бы сложный процент, равный 10% в год, сегодня могла бы стоить 49 млрд дол. И вам не хотелось бы, чтобы ваши предки оказались более предусмотрительными?

По двум верхним кривым на рисунке 3-2 можно сравнить результаты инвестирования 100 дол. с начислением простого и сложного процентов по ставке, равной 10. Кажется, что темпы роста при простом проценте остаются постоянными, а при сложном проценте ускоряются. Однако это — оптический обман. Мы знаем, что при сложном проценте наше богатство растет в *постоянном* темпе, равном 10%. Рисунок 3-3 дает об этом более четкое представление.

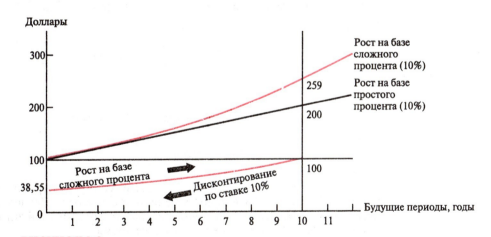

РИСУНОК 3-2
Сложный процент в сравнении с простым процентом. Две верхние возрастающие кривые показывают прирост стоимости 100 дол., инвестированных с начислением простого и сложного процентов. Чем на более длительный срок инвестируются средства, тем более очевидны преимущества сложного процента. Нижняя линия показывает: чтобы получить 100 дол. через 10 лет, сейчас нужно инвестировать 38,55 дол. И наоборот, приведенная стоимость 100 дол., которые должны быть получены через 10 лет, равна 38,55 дол.

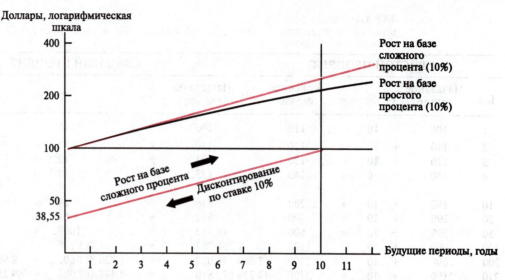

РИСУНОК 3-3
Та же ситуация, что и на рисунке 3-2, за исключением того, что вертикальная ось логарифмическая. Постоянные сложные темпы роста дают прямую возрастающую линию. Этот график наглядно показывает, что темпы роста стоимости инвестиций, на которые начисляется простой процент, со временем фактически *снижаются*.

Финансовые проблемы в основном связаны со сложным процентом, нежели с простым, и поэтому специалисты в этой области всегда считают, что вы имеете в виду сложный процент, если иное не оговорено специально. Дисконтирование представляет собой использование сложного процента. Некоторые люди интуитивно предпочитают заменить вопрос "Какова приведенная стоимость 100 дол., которые будут получены через 10 лет, если альтернативные издержки равны 10%?" на вопрос "Сколько я должен инвестировать сегодня, чтобы получить 100 дол. через 10 лет при процентной ставке, равной 10?". Ответ на первый вопрос:

$$PV = \frac{100}{(1{,}10)^{10}} = 38{,}55 \text{ дол.}$$

И ответ на второй вопрос:

$$\text{Инвестиции} \times (1{,}10)^{10} = 100,$$

$$\text{Инвестиции} = \frac{100}{(1{,}10)^{10}} = 38{,}55 \text{ дол.}$$

Нижние линии на рисунках 3-2 и 3-3 показывают рост первоначальных инвестиций в размере 38,55 дол. до их конечной стоимости 100 дол. Дисконтирование можно представить как движение *назад* вдоль нижней линии от стоимости в будущем до стоимости в настоящее время.

*Замечание об интервалах начисления сложного процента

До настоящего момента мы подразумевали, что все потоки денежных средств приходятся на конец года. Иногда такое случается. Например, во Франции и Германии большинство корпораций выплачивают проценты по своим облигациям раз в год. Однако в США и Великобритании большинство корпораций выплачивают проценты раз в полгода. В этих странах инвесторы могут получать дополнительные проценты за 6 месяцев по первым выплатам, так

ГЛАВА 3. Как рассчитывать приведенные стоимости

что 100 дол. инвестиций в облигации, по которым выплачивается 10% годовых с начислением процентов два раза в год, могут составить 105 дол. через 6 месяцев, а к концу года $1,052 \times 100 = 110,25$ дол. Иначе говоря, 10% с начислением два раза в год эквивалентны начислению 10,25% за год. В более общем виде 1 дол. инвестиций с годовой ставкой r, начисляемой m раз за год, составит к концу года $[1 + (r/m)]^m$ дол., и эквивалентная годовая ставка сложного процента равна $[1 + (r/m)]^m - 1$.

Сберегательные и кредитные компании учитывают привлекательность для инвесторов более частых выплат. Процентная ставка по их депозитам традиционно объявлялась как годовая ставка сложного процента. Правительство обычно оговаривает максимальную годовую ставку процента, но не указывает период, за который начисляются проценты. Когда верхние значения процентной ставки начинают ограничиваться, сберегательные и кредитные компании переходят постепенно к полугодовым, а затем и помесячным начислениям процента. Это эквивалентно росту годовой ставки сложного процента сначала до $[1 + r/2]^2 - 1$, а затем до $[1 + r/12]^{12} - 1$.

В конце концов одна компания объявила о **непрерывно начисляемом сложном проценте**, так что выплаты производились равномерно и непрерывно в течение года. Применительно к нашей формуле это означает, что m стремится к бесконечности[8]. Может показаться, что это означает огромный объем вычислений для наших сберегательных и кредитных компаний. К счастью, кто-то еще помнил курс алгебры средней школы и заметил, что если m стремится к бесконечности, то выражение $[1 + (r/m)]^m$ приближенно равно $(2,718)^r$. Число 2,718, или, как его обозначают, e — это основание натурального логарифма.

Сумма в 1 дол., инвестируемая по ставке непрерывно начисляемого процента r, следовательно, вырастет до $e^r = (2,718)^r$ к концу первого года. К концу t лет она вырастет до $e^{rt} = (2,718)^{rt}$. В таблице 4 Приложения в конце книги представлены значения e^{rt}. Давайте используем их в практических примерах.

Пример 1. Предположим, что вы инвестируете 1 дол. по годовой ставке с непрерывным начислением, равной 10% ($r = 0,10$), на один год ($t = 1$). Стоимость в конце года просто равна $e^{0,10}$, что, как видно из второй строки таблицы 4 Приложения, составляет 1,105 дол. Говоря другими словами, инвестирование под 10% годовых с *непрерывным* начислением сложного процента в течение года равнозначно инвестированию с *годовым* начислением 10,5%.

Пример 2. Теперь предположим, что вы инвестируете 1 дол. по ставке 11% с непрерывным начислением сложного процента ($r = 0,11$) в течение одного года ($t = 1$). Следовательно, стоимость инвестиций на конец года составляет $e^{0,11}$, что, как видно из второй строки таблицы 4 Приложения, равно 1,116 дол. Иначе говоря, инвестирование по годовой ставке 11% с *непрерывным* начислением сложного процента равнозначно инвестированию с начислением сложного процента по ставке 11,6% *один раз* в год.

Пример 3. И наконец, допустим, что вы инвестируете 1 дол. по годовой ставке 11% с непрерывным начислением сложного процента ($r = 0,11$) на два года ($t = 2$). Конечная стоимость инвестиций будет $e^{rt} = e^{0,22}$. Из третьей строки таблицы 4 Приложения видно, что $e^{0,22}$ равно 1,246 дол.

---

[8] Когда мы говорим о непрерывных выплатах, мы предполагаем, что деньги образуют постоянный поток, подобно воде, льющейся из водопроводного крана. На самом деле такого быть не может. Например, вместо выплаты 10 000 дол. каждый год наш меценат может выплачивать по 100 дол. каждые 8 и $^3/_4$ часа, или по 1 дол. каждые 5 и $^1/_4$ минуты, или по 1 центу каждые 3 и $^1/_6$ секунды, но он не может делать это *непрерывно*. Финансовые менеджеры *делают вид*, что начисление процентных выплат происходит непрерывно, а не раз в час, день или неделю, потому что, во-первых, это упрощает расчеты и, во-вторых, это дает *очень* точное приближение к чистой приведенной стоимости частых выплат.

Принцип непрерывного начисления сложного процента имеет особое значение при планировании долгосрочных вложений, когда более обоснованно считать, что поток денежных средств поступает равномерно в течение года, а не в конце года. Чтобы понять это, можно использовать наши предыдущие формулы. Например, предположим, мы хотим вычислить приведенную стоимость бессрочной ренты в размере C дол. в год. Мы уже знаем, что если платеж осуществляется в конце года, мы делим его величину на годовую ставку сложного процента r, начисляемого *один раз в год*:

$$PV = \frac{C}{r}.$$

Если те же выплаты осуществляются равномерно в течение года, мы используем ту же формулу, но подставляем ставку *непрерывно* начисляемого сложного процента.

Для любых других непрерывных выплат мы можем использовать нашу формулу оценки аннуитета. Например, предположим, что наш филантроп обдумал все более серьезно и решил построить дом для престарелых ослов, который обойдется в 100 000 дол. в год, если строительство начнется немедленно и расходы будут осуществляться равномерно в течение 20 лет. Ранее мы использовали годовую ставку 10% с начислением сложного процента один раз в год; теперь мы должны применять годовую ставку с непрерывным начислением сложного процента $r = 9,53\%$ ($e^{0,0953} = 1,10$). Чтобы покрыть эти расходы, наш филантроп должен иметь в наличии следующую сумму[9]:

$$PV = C\left(\frac{1}{r} - \frac{1}{r} \times \frac{1}{e^{rt}}\right) = 100\,000\left(\frac{1}{0,0953} - \frac{1}{0,0953} \times \frac{1}{6,727}\right) =$$

$$= 100\,000 \times 8,932 = 893\,200 \text{ дол.}$$

Мы можем произвести эти вычисления более коротким способом, используя данные таблицы 5 Приложения. Из нее мы видим, что если годовой доход возрастает исходя из 10% годовых с начислением по методу сложного процента, тогда инвестирование 1 дол. в год через 20 лет будет стоить 8,932 дол.

Если вы вернетесь к нашему предыдущему обсуждению аннуитета, вы заметите, что приведенная стоимость 100 000 дол., выплачиваемых в *конце* каждого года в течение 20 лет, равна 851 406 дол. Следовательно, нашему филантропу обеспечение постоянного потока выплат обойдется дороже на 41 800 дол., или на 5%.

---

[9] Следует помнить, что аннуитет представляет собой просто разницу между бессрочной рентой, получаемой сегодня, и бессрочной рентой, которая будет получена в году t. Стоимость постоянного годового потока денег C по бессрочной ренте равна C/r, где r — ставка сложного процента с непрерывным начислением. Таким образом, стоимость нашего аннуитета составит:

$$PV = \frac{C}{r} - \textit{приведенная стоимость величины } \frac{C}{r}, \textit{ полученной в году } t.$$

Поскольку r — это ставка сложного процента с непрерывным начислением, сегодняшняя стоимость C/r, полученных в году t, равна $C/r \times (1/e^{rt})$. Тогда наша формула приобретает следующий вид:

$$PV = \frac{C}{r} - \frac{C}{r} \times \frac{1}{e^{rt}},$$

или иногда ее записывают так:

$$\frac{C}{r}(1 - e^{-rt}).$$

ГЛАВА 3. Как рассчитывать приведенные стоимости

Часто при финансовых расчетах нам необходимо знать только приблизительное значение приведенной стоимости. Погрешность в 5% при оценке приведенной стоимости вполне допустима. В этом случае обычно не имеет значения, полагаем ли мы, что поток денежных средств идет постоянно или же возникает в конце года. Однако в других случаях точность расчета важна, и тогда нам действительно необходимо точно знать частоту возникновения потоков денежных средств.

3-4. РЕЗЮМЕ

При расчете приведенной стоимости наибольшую трудность вызывает правильная постановка задачи. Если вы это сделали, вы сможете провести расчеты, и они уже не будут представлять сложности. Теперь, когда вы проработали эту главу, вам требуется немного практического опыта.

Основная формула приведенной стоимости актива, который приносит доход в течение нескольких периодов, очевидно, является расширением нашей формулы для одного периода:

$$PV = \frac{C_1}{1+r_1} + \frac{C_2}{(1+r_2)^2} + \ldots$$

Вы всегда можете использовать эту формулу, чтобы определить приведенную стоимость; но когда процентная ставка не меняется в течение всех периодов, можно использовать некоторые упрощенные методы вычислений. Мы рассмотрели три таких случая. Первый, когда активы приносят C долларов в год неограниченный период времени. Их приведенная стоимость просто равна:

$$PV = \frac{C}{r}.$$

Второй касается активов, платежи по которым возрастают с постоянным темпом g неограниченный период времени. В этом случае приведенная стоимость равна:

$$PV = \frac{C}{r-g}.$$

Третий случай — аннуитет с выплатами C долларов в год в течение t лет. Чтобы определить приведенную стоимость аннуитета, мы вычисляли разницу между стоимостями двух бессрочных рент:

$$PV = C\left[\frac{1}{r} - \frac{1}{r(1+r)^t}\right].$$

Далее мы показали, что дисконтирование производится на основе сложного процента. Это означает определение суммы, которую мы должны сегодня инвестировать при условии начисления на инвестиции сложного процента r, чтобы получить потоки денежных средств C_1, C_2 и т. д. Когда кто-нибудь предлагает нам заем по годовой ставке r, всегда следует проверить, как часто будет начисляться процент. Если период, за который начисляется процент, равен году, мы должны будем выплатить $(1 + r)^t$ дол.; с другой стороны, если начисление происходит постоянно, мы должны будем выплатить $2{,}718^{rt}$ (или, как это обычно обозначается, e^{rt}) дол. Очень часто при планировании долгосрочных инвестиций нам удобнее предположить, что потоки денежных средств приходятся на конец каждого года, и, следовательно, мы дисконтируем их по годовой ставке сложного процента. Однако иногда более верным было бы допущение, что средства поступают равномерно в течение года; в этом случае мы должны использовать принцип непрерывного начисления.

Таблицы для расчета приведенной стоимости облегчают нам многие из этих вычислений. Вы уже познакомились с таблицами, которые показывают:

1. приведенную стоимость 1 дол., получаемого в конце года t;
2. будущую стоимость 1 дол. к концу года t;
3. приведенную стоимость 1 дол., получаемого в конце каждого года до года t;
4. будущую стоимость 1 дол., инвестируемого при непрерывном начислении сложного процента;
5. приведенную стоимость 1 дол., получаемого непрерывно в течение t лет при годовой ставке сложного процента, равной r.

В этой главе мы выдвинули две важные идеи, к которым мы опять вернемся через некоторое время. Первая состоит в том, что приведенные стоимости можно складывать: если ваша формула для приведенной стоимости суммы $А + Б$ дает иной результат, чем формула суммы приведенной стоимости $А$ и приведенной стоимости $Б$, — значит, вы сделали ошибку. Вторая идея заключается в том, что не существует такого явления, как "денежный станок". Если вам покажется, что вы его обнаружили, вернитесь обратно и проверьте ваши вычисления.

РЕКОМЕНДУЕМАЯ ЛИТЕРАТУРА

В материале данной главы есть все, что вам нужно знать о математических методах дисконтирования; но если вы хотите более глубоко изучить предмет, то по данной теме имеется ряд книг.

Так, например:

R. Cissell, H. Cissell, and C. Flaspohler. The Mathematics of Finance, 6th. ed. Houghton Mifflin Company, Boston, 1982.

КОНТРОЛЬНЫЕ ВОПРОСЫ

1. При процентной ставке, равной 12, коэффициент дисконтирования для года 6 равен 0,507. Сколько будут стоить 0,507 дол. в 6-м году, если они инвестируются под 12%?
2. Если приведенная стоимость 139 дол. равна 125 дол., каков коэффициент дисконтирования?
3. Если коэффициент дисконтирования для года 8 равен 0,285, какова приведенная стоимость 596 дол., полученных в 8-м году?
4. Если альтернативные издержки составляют 9%, какова приведенная стоимость 374 дол., полученных на 9-м году?
5. Проект дает следующие потоки денежных средств:

Год	Поток
1	432
2	137
3	797

   Если издержки равны 15%, какова приведенная стоимость проекта?
6. Если вы инвестируете 100 дол. по ставке 15%, сколько вы будете иметь к концу 8-го года?
7. Инвестирование 232 дол. даст 312,18 дол. в году 2. Какова годовая ставка процента?

ГЛАВА 3. Как рассчитывать приведенные стоимости

8. Стоимость инвестиций, которые дают доход, равный 138 дол., неограниченный период времени, составляет 1548 дол. При ставке, равной 9%, какова их чистая приведенная стоимость?

9. Тепловая изоляция вашего дома стоит 2590 дол. Экономия на топливе в следующем году составит 220 дол. Если процентная ставка равна 12%, каким должен быть относительный рост цен на топливо, чтобы оправдать утепление? Допустим, что темп роста цен на топливо постоянен и равен g.

10. В следующем году по обыкновенной акции будет выплачиваться дивиденд, равный 4 дол. Далее ожидается, что дивиденд будет постоянно расти на 4% в год. Если ставка дисконта равна 14%, какова приведенная стоимость потока дивидендных выплат?

11. Если вы инвестируете 502 дол. в конце каждого года в течение следующих 9 лет по ставке 13%, сколько вы будете иметь в конце этого периода?

12. Гаролду Филберту 30 лет, и его заработок в следующем году составит 20 000 дол. Гаролд предполагает, что его заработок будет постоянно расти с темпом 5% в год до достижения им пенсионного возраста в 60 лет.
   а) Если ставка дисконтирования равна 8%, какова приведенная стоимость будущих заработков?
   б) Если Гаролд будет каждый год экономить 5% своего заработка и инвестировать их по ставке 8%, какие он сделает сбережения к 60 годам?
   в) Если Гаролд планирует тратить эти сбережения равномерно в течение следующих 20 лет, сколько он может тратить ежегодно?

13. Фабрика стоит 400 000 дол. Вы рассчитали, что она принесет за вычетом операционных расходов 100 000 дол. в год 1, 200 000 дол. в год 2 и 300 000 дол. в год 3. Альтернативные издержки — 12%. Постройте схему, подобную изображенной на рисунке 3-1, и используйте таблицы для расчета чистой приведенной стоимости.

14. Для ответа на данные вопросы не пользуйтесь таблицами. Процентная ставка равна 10.
   а) Какова приведенная стоимость актива, который приносит 1 дол. дохода в год неограниченный период времени?
   б) Стоимость актива, которая растет на 10% в год, удваивается примерно за 7 лет. Какова приблизительно приведенная стоимость актива, который приносит 1 дол. в год неограниченный период времени, начиная с 8-го года?
   в) Какова приблизительно приведенная стоимость актива, который приносит 1 дол. в год в течение следующих 7 лет?
   г) Участок земли приносит доход, который растет на 5% в год. Если приток денежных средств первого года равен 10 000 дол., какова стоимость земли?

15. Используя таблицы Приложения в конце книги, сделайте следующие вычисления.
   а) Стоимость нового автомобиля 10 000 дол. Если процентная ставка равна 5, сколько вы должны сейчас отложить, чтобы собрать эту сумму в течение 5 лет?
   б) Вы должны платить за обучение по 12 000 дол. в конце каждого года в течение следующих 6 лет. Если процентная ставка равна 8, сколько вы должны отложить сегодня, чтобы покрыть эту сумму?
   в) Вы инвестировали 60 476 дол. по ставке 8%. Сколько может остаться к концу шестого года после внесения платы за обучение?
   *г) Вы заняли 1000 дол. с условием возвратить 1762 дол. в течение 5 лет. Какова *годовая* ставка сложного процента по займу? Какова ставка процента с *непрерывным* начислением?

ВОПРОСЫ И ЗАДАНИЯ

1. Используя значения коэффициентов дисконтирования из таблицы 1 Приложения в конце книги, вычислите приведенную стоимость 100 дол., полученных:
   а) через 10 лет (ставка дисконта 1%);
   б) через 10 лет (ставка дисконта 13%);
   в) через 15 лет (ставка дисконта 15%);
   г) каждый год в течение 3-летнего периода (ставка дисконта 12%).

2. Используя коэффициенты аннуитета из таблицы 3 Приложения, вычислите приведенную стоимость 100 дол.:
   а) с 1-го по 20-й год (ставка дисконта 23%);
   б) с 1-го по 5-й год (ставка дисконта 3%);
   в) с 3-го по 12-й год (ставка дисконта 9%).

3. *а)* Если коэффициент дисконтирования для одного года равен 0,88, какова процентная ставка для одного года?
   б) Если процентная ставка для двух лет равна 10,5, каков коэффициент дисконтирования для периода в два года?
   в) Используя коэффициенты дисконтирования для одного года и для двух лет, вычислите коэффициент аннуитета для двух лет.
   г) Если приведенная стоимость 10 дол. для трех лет равна 24,49 дол., каков коэффициент аннуитета для трех лет?
   д) Используя ваши ответы на вопросы *(в)* и *(г)*, вычислите коэффициент дисконтирования для трех лет.

4. Фабрика стоит 800 000 дол. Вы считаете, что она будет приносить доход за вычетом операционных расходов 170 000 дол. в год в течение 10 лет. Если альтернативные издержки равны 14%, какова чистая приведенная стоимость фабрики? Сколько будет стоить фабрика к концу 5-го года?

5. Компания "Полеты зимородка" обдумывает покупку грузового самолета за 8 млн дол. Предполагаемые доходы составляют 5 млн дол. в год и операционные расходы — 4 млн дол. По прошествии 5 и 10 лет потребуется капитальный ремонт транспортного средства, который обойдется в 2 млн дол. Через 15 лет предполагается продать самолет как лом за 1,5 млн дол. Если ставка дисконта равна 8%, какова чистая приведенная стоимость самолета?

6. Как победитель соревнований по приготовлению блюд из сухих завтраков, вы можете выбрать один из следующих призов:
   а) 100 000 дол. сейчас;
   б) 180 000 дол. через 5 лет;
   в) 11 400 дол. ежегодно в неограниченный период времени;
   г) 19 000 дол. каждый год в течение 10 лет;
   д) 6500 дол. в следующем году с ежегодным постоянным увеличением суммы на 5% неограниченный период времени.
   Если процентная ставка равна 12, какой из призов наиболее ценен?

7. Вернитесь к истории миссис Крафт, описанной в разделе 3—1.
   а) Если бы процентная ставка первого года была равна 25%, сколько бы игр потребовалось сыграть миссис Крафт, чтобы стать миллионершей? (*Подсказка*: вы можете легко это определить, воспользовавшись калькулятором и методом подстановок.)
   б) Какой вывод можно сделать из истории миссис Крафт о связи между коэффициентом дисконтирования 1-го года — DF_1 и коэффициентом дисконтирования 2-го года — DF_2?

8. Зигфриду Бассету 65 лет, и он полагает, что проживет еще лет 12. Он хочет инвестировать 20 000 дол. в бессрочные ценные бумаги, по которым будут осуществляться выплаты в конце каждого года до его смерти. Если процентная ставка равна 8%, какой ежегодный доход может ожидать м-р Бассет?

ГЛАВА 3. Как рассчитывать приведенные стоимости

9. Джеймс и Елена Репкинс делают сбережения, чтобы к концу 5-го года купить лодку. Если лодка стоит 20 000 дол. и они могут получать 10% в год на свои сбережения, сколько они должны откладывать в конце каждого года в течение 5 лет?

10. Фирма "Кенгуру-авто" предлагает беспроцентный кредит для приобретения нового автомобиля стоимостью 10 000 дол. Вы платите 1000 дол. сразу и затем по 300 дол. в месяц в течение 30 месяцев. Компания "Черепаха-моторз" не предлагает беспроцентных кредитов, но делает скидку с прейскурантной цены в размере 1000 дол. Предложение какой из компаний более выгодно?

11. Пересчитайте чистую приведенную стоимость офисного здания, о котором шла речь в разделе 3–1, при процентных ставках, равных 5, 10 и 15. Отметьте на графике значения чистой приведенной стоимости по оси абсцисс и ставки дисконта по оси ординат. При какой ставке дисконта (приблизительно) проект может иметь нулевую чистую приведенную стоимость? Проверьте ваш ответ.

12. *а)* Сколько будет стоить 1000 дол. к концу 10-го года, инвестируемая под простой процент при ставке 15% в год?
    б) Сколько она будет стоить, если инвестируется с начислением сложного процента при ставке 15% в год?
    в) Когда ваши инвестиции удвоят свою стоимость при ставке сложного процента, равной 15?

13. Вы владеете нефтепроводом, который даст 2 млн дол. денежных доходов в предстоящем году. Операционные издержки незначительны, и ожидается, что так будет продолжаться очень долго. К сожалению, объем перегоняемой нефти уменьшается и ожидается, что потоки денежных средств будут сокращаться на 4% в год. Ставка дисконта равна 4%.
    а) Какова приведенная стоимость потоков денежных средств от нефтепровода, если допустить, что они будут поступать неограниченное время?
    б) Какова приведенная стоимость потоков денежных средств, если нефтепровод выйдет из строя через 20 лет? (*Подсказка по вопросу б)*: сначала ответьте на вопрос *а)*, затем вычтите приведенную стоимость уменьшающейся бессрочной ренты, начиная с 21-го года. Отметим, что прогнозируемый на 21-й год поток денежных средств будет значительно меньше, чем в 1-м году).

*14. Если процентная ставка равна 7%, какова стоимость следующих трех видов инвестиций.
    а) Инвестиции, которые дают 100 дол. в *конце* каждого года в течение неограниченного времени.
    б) Подобные инвестиции с выплатами в *начале* каждого года.
    в) Подобные инвестиции с равномерными выплатами в течение года.

*15. Вернитесь в раздел 3–2. Если ставка процента равна 8, а не 10, сколько нужно отложить меценату, чтобы обеспечить выплату следующих сумм:
    а) 100 000 дол. в конце каждого года в течение неограниченного времени;
    б) бессрочную ренту, которая дает доход 100 000 дол. в конце первого года и затем растет с темпом 4% в год;
    в) 100 000 дол. в конце каждого года в течение 20 лет;
    г) 100 000 дол., выплачиваемых равномерно в течение 20 лет.

*16. За инвестиции, которые сегодня стоят 1000 дол., компания Tiburon Finance предлагает вам 1600 дол. в конце 8-го года. Какова годовая ставка сложного процента? Какова ставка сложного процента с непрерывными начислениями?

*17. Сколько вы будете иметь через 20 лет, если инвестируете сегодня 100 дол. при начислении сложного процента по годовой ставке 15%? Сколько вы будете иметь, если инвестируете по ставке сложного процента с непрерывными начислениями?

18. Вы прочитали рекламное объявление: "Платите нам 100 дол. в год в течение 10 лет, а потом мы будем платить вам по 100 дол. в год бесконечно". Если это стоящая сделка, какова процентная ставка?

*19. Что бы вы предпочли?
   а) Инвестиции, на которые ежегодно выплачивается сложный процент по ставке 12% годовых.
   б) Инвестиции, на которые каждые полгода выплачивается сложный процент по ставке 11,7% годовых.
   в) Инвестиции, на которые выплачивается 11,5% по ставке сложного процента с непрерывным начислением.

Определите, какова будет стоимость каждого вида инвестиций через 1, 5 и 20 лет.

Приведенная стоимость облигаций и акций

Мы должны вас предупредить, что работа эксперта в области финансов сопряжена с определенным профессиональным риском. Например, на приемах существует опасность, что кто-то зажмет вас в угол, пытаясь объяснить систему получения хорошей прибыли при инвестировании в акции и облигации. К счастью, такие люди "впадают в зимнюю спячку", когда наступает рыночный спад.

Возможно, мы преувеличиваем риск, свойственный данной профессии. Суть, однако, в том, что трудно быть уверенным в высокой эффективности инвестиций. Позже в этой книге мы покажем, что колебания цен на ценные бумаги совершенно непредсказуемы и это является естественным следствием отлаженной работы рынков капиталов. Поэтому в этой главе, предлагая использовать концепцию приведенной стоимости применительно к оценке обыкновенных акций и облигаций, мы не гарантируем вам успех в осуществлении инвестиций; мы просто надеемся, что она поможет вам понять, почему некоторые инвестиции ценятся выше, чем другие.

Мы начнем с краткого обзора того, как производится оценка облигаций. Краткого потому, что более подробно мы займемся этим вопросом в главе 23. После того как мы обсудим облигации, мы обратимся к оценке обыкновенных акций. Мы объясним, в чем заключается реальное различие между "акциями роста" и "акциями дохода", покажем важность показателя прибыли, приходящейся на одну акцию, и коэффициента цена—прибыль. И в заключение, в Приложении к данной главе, мы рассмотрим некоторые специфические проблемы, с которыми сталкиваются менеджеры и инвесторы при расчете приведенной стоимости бизнеса в целом.

Следует сделать одно предупреждение, прежде чем мы начнем. Каждый знает, что инвестиции в обыкновенные акции являются рискóвыми и что некоторым из них присуща бóльшая степень риска, чем другим. Следовательно, инвесторы не станут вкладывать средства в акции, если ожидают, что их доходность не будет соразмерна риску. В формулах приведенной стоимости, с которыми мы уже познакомились, влияние риска на стоимость может быть учтено, но мы еще не разбирали с вами, *как* конкретно это делается. Поэтому при дальнейшем рассмотрении допускается вольное и интуитивное понимание риска. Более точное представление о нем будет дано, начиная с главы 7.

4–1. КРАТКО ОБ ОЦЕНКЕ СТОИМОСТИ ОБЛИГАЦИЙ

Владея облигацией, вы получаете фиксированную сумму денежных платежей. Каждый год до истечения срока погашения облигации вы получаете процентные выплаты по ней и, кроме того, по окончании срока вам возвращается номинальная стоимость облигации[1].

Предположим, в августе 1989 г. вы инвестировали средства в облигации Казначейства США со ставкой $12^5/_8$%. Купонная ставка процента по облигации равна $12^5/_8$, а номинальная стоимость облигации — 1000 дол. Это означает, что ежегодно до 1994 г. вам будут выплачивать проценты в размере 0,12625 × × 1000 = 126,25 дол. Срок погашения облигации наступает в августе 1994 г.: в это время Казначейство выплатит вам последние 126,25 дол. процентов плюс 1000 дол. номинальной стоимости. Таким образом, владение облигацией обеспечивает следующие потоки денежных средств:

Потоки денежных средств (в дол.)				
1990 г.	1991 г.	1992 г.	1993 г.	1994 г.
126,25	126,25	126,25	126,25	1126,25

Какова рыночная стоимость суммы этих потоков денежных средств в 1989 г.? Чтобы определить это, необходимо знать доходность подобных ценных бумаг. Среднесрочные облигации Казначейства в 1989 г. имели доходность, равную приблизительно 7,6%. Это то, от чего инвесторы отказались, приобретя облигации Казначейства с купонной ставкой $12^5/_8$%. Поэтому, чтобы оценить облигации со ставкой процента $12^5/_8$, необходимо дисконтировать потенциальные потоки денежных средств по ставке 7,6%:

$$PV = \sum_{t=1}^{5} \frac{C_t}{(1+r)^t} =$$

$$= \frac{126,25}{(1+r)} + \frac{126,25}{(1+r)^2} + \frac{126,25}{(1+r)^3} + \frac{126,25}{(1+r)^4} + \frac{1126,25}{(1+r)^5} =$$

$$= \frac{126,25}{1,076} + \frac{126,25}{(1,076)^2} + \frac{126,25}{(1,076)^3} + \frac{126,25}{(1,076)^4} + \frac{1126,25}{(1,076)^5} = 1202,77 \text{ дол.}$$

Цена облигаций обычно выражается в процентном отношении к номинальной стоимости. Таким образом, мы можем сказать, что облигация Казначейства со ставкой процента $12^5/_8$ стоит 1202,77 дол., или 120,28%.

Мы могли бы сформулировать наш вопрос по-другому: если цена облигации равна 1202,77 дол., какую доходность ожидают инвесторы? В этом случае нам необходимо найти значение r, чтобы решить следующее уравнение:

$$1202,77 = \frac{126,25}{(1+r)} + \frac{126,25}{(1+r)^2} + \frac{126,25}{(1+r)^3} + \frac{126,25}{(1+r)^4} + \frac{1126,25}{(1+r)^5}.$$

Ставку r часто называют **доходностью облигации к погашению,** или **внутренней нормой доходности.** В нашем примере она равна 7,6%. Если вы дисконтируете потоки денежных средств по ставке 7,6%, вы получите цену облигации, равную 1202,77 дол. Как мы увидим в главе 5, основным и единственным методом вычисления r является метод подбора. Для вычисления r можно использовать компьютерные программы или же вы можете прибегнуть к таблицам для расчета стоимости облигаций, в которых приведены значения r для различных купонных ставок и различных сроков погашения.

---

[1] Номинальную стоимость облигации называют *основной суммой долга*. Соответственно, когда наступает срок погашения облигации, правительство выплачивает вам основную сумму долга и проценты.

ГЛАВА 4. Приведенная стоимость облигаций и акций

При определении стоимости облигаций Казначейства с купонной ставкой $12^5/_8$ мы сделали два допущения. Первое состоит в том, что процентные выплаты осуществляются раз в год. На практике выплаты по купонам большинства обращающихся в США облигаций производятся раз в полгода. Следовательно, вместо 1202,77 дол. раз в год инвестор, имеющий облигации со ставкой $12^5/_8$, получал бы 63,13 дол. каждые *полгода*. Второе допущение заключается в том, что мы приняли доходность в 7,6% в качестве ставки процента, начисляемого раз в год, тогда как текущая доходность облигаций, как правило, представляет собой ставку процента, начисляемого *раз в полгода*.

Вы могли заметить, что формула, которую мы использовали для вычисления приведенной стоимости облигаций Казначейства с купонной ставкой, равной $12^5/_8\%$, немного отличается от общей формулы расчета приведенной стоимости, которую мы рассматривали в разделе 3–1. В последнем случае мы приняли за факт то, что r_1, норма доходности, предлагаемая рынком капиталов по инвестициям со сроком 1 год, может отличаться от r_2, нормы доходности, предлагаемой по инвестициям со сроком 2 года. Далее в главе 3 мы упростили эту проблему, предположив, что r_1 равно r_2. В этой главе мы снова допустим, что инвесторы при дисконтировании потоков денежных средств, возникающих в различные годы, используют одну и ту же ставку. Это не столь важно, поскольку краткосрочные ставки приблизительно равны долгосрочным ставкам. Но часто, когда мы оцениваем облигации, нам следует дисконтировать потоки денежных средств по различным ставкам. Более подробно об этом в главе 23.

4–2. КАК ОЦЕНИВАТЬ ОБЫКНОВЕННЫЕ АКЦИИ

Сегодняшняя цена

Денежные доходы, получаемые при владении обыкновенной акцией, имеют две формы: 1) дивиденды в денежной форме и 2) доход или убыток от прироста (падения) курсовой стоимости акций. Как правило, инвесторы надеются получить доход и в той и в другой форме. Допустим, что приведенная стоимость акции равна P_0, ожидаемая цена в конце первого года P_1 и ожидаемый дивиденд в расчете на одну акцию DIV_1. Норма доходности, ожидаемая инвестором от этой акции в следующем году, определяется как сумма ожидаемого дивиденда на акцию, DIV_1, и ожидаемого повышения цены акции, $P_1 - P_0$, деленная на цену в начале первого года P_0:

$$\textit{Ожидаемая норма доходности} = r = \frac{DIV_1 + P_1 - P_0}{P_0}.$$

Норма доходности, ожидаемая инвестором, обычно называется **ставкой рыночной капитализации.**

Теперь давайте посмотрим, как работает наша формула. Предположим, акции компании "Электронный птенчик" продаются по цене 100 дол. за акцию. Инвесторы ожидают получить в следующем году денежный дивиденд в размере 5 дол. ($DIV_1 = 5$). Они также рассчитывают продать акцию в следующем году за 110 дол. ($P_1 = 110$). Тогда ожидаемая норма доходности для владельца акции равна 15%:

$$r = \frac{5 + 110 - 100}{100} = 0,15, \textit{ или } 15\%.$$

Соответственно, если имеется прогноз инвесторов о величине дивидендов и цен и вы знаете норму ожидаемой доходности других акций с аналогичной степенью риска, вы можете получить цену на сегодняшний день:

$$P_0 = \frac{DIV_1 + P_1}{1+r}.$$

В случае с компанией "Электронный птенчик" $DIV_1 = 5$ и $P_1 = 110$. Если r, т. е. ожидаемая норма доходности ценных бумаг, которые относятся к той же категории риска, что и акции "Птенчика", равна 15%, то их цена сегодня должна составлять 100 дол.:

$$P_0 = \frac{5+110}{1,15} = 100 \text{ дол.}$$

Откуда мы знаем, что 100 дол. — это правильная цена? Потому, что никакая другая цена не могла бы удержаться на конкурентных рынках капиталов. А что, если P_0 была бы выше 100 дол.? Тогда акции "Птенчика" давали бы *более низкую* ожидаемую доходность, чем другие ценные бумаги с подобным риском. Инвесторы перевели бы свой капитал в другие ценные бумаги, и при этом цена акций "Птенчика" снизилась бы. Если бы P_0 была ниже 100 дол., происходило бы обратное. Норма доходности акций "Птенчика" оказалась бы *выше*, чем у сопоставимых ценных бумаг. В этом случае инвесторы стремились бы купить акции "Птенчика", поднимая цены на них до 100 дол.

Основной вывод заключается в том, что в любой момент времени *на все ценные бумаги, принадлежащие к одной категории риска, устанавливаются цены, обеспечивающие одинаковую ожидаемую норму доходности.* Таково условие поддержания равновесия на хорошо функционирующем рынке капиталов. Это подсказывает простой здравый смысл.

Но что определяет цену следующего года?

Мы вывели сегодняшнюю цену акций через дивиденды и цену, ожидаемую в следующем году. Цену акций в будущем не так легко спрогнозировать непосредственно. Но давайте подумаем, что определяет цену следующего года. Если формула для определения цены верна для настоящего времени, то она должна быть верна и для будущего:

$$P_1 = \frac{DIV_2 + P_2}{1+r}.$$

Это значит, что через год инвесторов будут интересовать дивиденды во 2-м году и цена в конце второго года. Таким образом, мы можем предсказать P_1, используя прогноз для DIV_2 и P_2, и сможем выразить P_0 через DIV_1, DIV_2 и P_2:

$$P_0 = \frac{1}{1+r}(DIV_1 + P_1) = \frac{1}{1+r}\left(DIV_1 + \frac{DIV_2 + P_2}{1+r}\right) = \frac{DIV_1}{1+r} + \frac{DIV_2 + P_2}{(1+r)^2}.$$

Вернемся к "Электронному птенчику". Вероятное объяснение того, почему инвесторы ожидают роста цен на акции компании к концу первого года, состоит в том, что они ожидают более высоких дивидендов и еще большей прибыли от прироста курсовой стоимости акции во втором году. Например, допустим, что сегодня инвесторы оценивают дивиденды во втором году в 5,50 дол. и соответственно цену акции — в 121 дол. Поэтому можно предположить, что цена в конце первого года равна:

$$P_1 = \frac{5,50 + 121}{1,15} = 110 \text{ дол.}$$

ГЛАВА 4. Приведенная стоимость облигаций и акций

ТАБЛИЦА 4-1
Применение формулы для оценки акций компании "Электронный птенчик"

	СТОИМОСТЬ, ОЖИДАЕМАЯ В БУДУЩЕМ		ПРИВЕДЕННАЯ СТОИМОСТЬ		
Период (H)	Дивиденды (DIV_t)	Цена (P_t)	Дивиденды нарастающим итогом	Будущая цена	Всего
0	—	100	—	100,00	100
1	5,00	110	4,35	95,65	100
2	5,50	121	8,51	91,49	100
3	6,05	133,10	12,48	87,52	100
4	6,66	146,41	16,29	83,71	100
...				...	
10	11,79	259,37	35,89	64,11	100
20	30,58	672,75	58,89	41,11	100
50	533,59	11 739,09	89,17	10,83	100
100	62 639,15	1 378 061,23	98,83	1,17	100

Допущения.
1. Дивиденды возрастают на 10% в год.
2. Ставка капитализации дохода равна 15%.

Затем цена на сегодняшний день может быть найдена либо из нашей первой формулы:

$$P_0 = \frac{DIV_1 + P_1}{1+r} = \frac{5{,}50 + 110}{1{,}15} = 100 \text{ дол.},$$

либо из нашей расширенной формулы:

$$P_0 = \frac{DIV_1}{1+r} + \frac{DIV_2 + P_2}{(1+r)^2} = \frac{5{,}00}{1{,}15} + \frac{5{,}50 + 121}{(1{,}15)^2} = 100 \text{ дол.}$$

Мы установили связь между сегодняшней ценой и суммой дивидендов, прогнозируемых для периода в два года (DIV_1 и DIV_2), и ценой, прогнозируемой на конец второго года (P_2). Возможно, вы не удивитесь, узнав, что мы могли бы заменить P_2 на ($DIV_3 + P_3$)/(1 + r) и связать цену сегодняшнего дня с прогнозируемыми на период в 3 года дивидендами (DIV_1, DIV_2 и DIV_3) плюс цена, прогнозируемая на конец 3-го года (P_3). На самом деле подобным образом мы можем заглянуть далеко в будущее, перемещая P. Давайте обозначим последний период через H. Таким образом, мы получим общую формулу для определения цены акции:

$$P_0 = \frac{DIV_1}{1+r} + \frac{DIV_2}{(1+r)^2} + \ldots + \frac{DIV_H + P_H}{(1+r)^H} = \sum_{t=1}^{H} \frac{DIV_t}{(1+r)^t} + \frac{P_H}{(1+r)^H}.$$

Выражение $\sum_{t=1}^{H}$ просто обозначает сумму дисконтированных дивидендов с первого года по год H.

В таблице 4-1 рассмотрен пример компании "Электронный птенчик" с различными временны́ми горизонтами при допущении, что рост дивидендов будет происходить устойчивыми темпами, равными ставке сложного процента, которая составляет 10%. Ожидаемая цена P_t увеличивается каждый год тем же темпом. Данные каждой строки в таблице получены по общей формуле для различных значений H. На рисунке 4-1 данные таблицы 4-1 представлены графически. Каждый столбец показывает приведенную стоимость дивидендов в конкретный период времени и приведенную стоимость цены в этот период. Чем дальше мы удаляемся в будущее, тем бо́льшую часть приведенной стоимости составляет поток дивидендов, но *в целом* сумма приведенных стоимостей дивидендов и будущей цены всегда равна 100 дол.

Как далеко мы можем заглянуть в будущее? В принципе временны́е горизонты могут быть неограниченными. Обыкновенные акции не стареют. Если исключить такие бедствия для корпораций, как банкротство и поглощения, они вечны. Поскольку временной горизонт *H* не ограничен, приведенная стоимость будущей цены должна приближаться к нулю, как это показано в последнем столбце таблицы 4-1. Следовательно, мы можем совершенно не принимать во внимание конечную цену и определять текущую цену сегодняшнего дня как приведенную стоимость бесконечного потока дивидендов в денежной форме. Обычно это записывается следующим образом:

$$P_0 = \sum_{t=1}^{\infty} \frac{DIV_t}{(1+r)^t},$$

где знак ∞ используется для обозначения бесконечности. Данная формула дисконтированного потока денежных средств для определения приведенной стоимости акций та же, что и для расчета приведенной стоимости любых других активов. Мы просто дисконтируем потоки денежных средств — в данном случае потоки дивидендов — по норме доходности, которая может быть получена на рынке капиталов от ценных бумаг с подобной степенью риска. Некоторые найдут формулу дисконтированного потока денежных средств неправдоподобной, поскольку может показаться, что она не учитывает прирост курсовой стоимости акций. Однако мы знаем, что эта формула была получена при допущении, что цена в любой период определяется ожидаемыми дивидендами *и* приростом курсовой стоимости акций следующего периода.

Учитывая наше правило слагаемости приведенных стоимостей, существует соблазн заключить, что *совокупная* стоимость обыкновенных акций компании должна быть равна дисконтированному потоку *всех* будущих дивидендов, которые она выплатит. Но здесь следует внести уточнение. Мы должны принимать во внимание только дивиденды, которые будут выплачены по существующим акциям. Когда-нибудь в будущем компания может принять решение о продаже дополнительного количества акций, которые будут претендовать на свою долю в следующем потоке дивидендов. Следовательно, совокупная стоимость существующих обыкновенных акций компании равна дисконтированной стоимости той *доли* совокупного потока дивидендов, которая будет выплачена по акциям, находящимся в обращении сегодня. Это вполне очевидно, но удивительно, как часто люди об этом забывают.

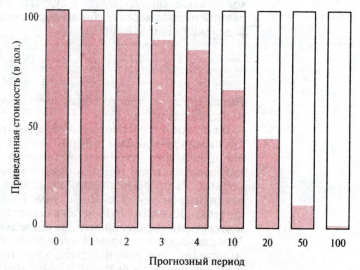

РИСУНОК 4-1
Чем более обширный временно́й горизонт вы устанавливаете, тем меньше доля приведенной стоимости будущей цены (область, выделенная цветом) и тем больше доля приведенной стоимости потока дивидендов (светлая область). Совокупная приведенная стоимость (будущей цены и дивидендов) остается постоянной.

ГЛАВА 4. Приведенная стоимость облигаций и акций

4–3. ПРОСТОЙ СПОСОБ РАСЧЕТА СТАВКИ КАПИТАЛИЗАЦИИ

В главе 3 мы представили несколько упрощенных версий общей формулы расчета приведенной стоимости. Давайте посмотрим, привносят ли они что-нибудь в понимание стоимости акций. Предположим, например, что мы прогнозируем постоянный темп роста дивидендов компании. Это не исключает возможности отклонения от тенденции в различные годы: это означает лишь, что *ожидаемые* дивиденды растут с постоянным темпом. Такие инвестиции могут послужить еще одним примером постоянно растущей бессрочной ренты, которую мы помогли оценить нашему мятущемуся филантропу в предыдущей главе. Чтобы найти ее приведенную стоимость, мы должны разделить годовые денежные выплаты на разницу между ставкой дисконта и темпом роста:

$$P_0 = \frac{DIV_1}{r-g}.$$

Напомним, что мы можем использовать эту формулу только в том случае, если g, т. е. ожидаемый темп роста, меньше r, ставки дисконта. Если g приближается к r, цена акций становится неограниченной. Очевидно, значение r должно быть больше g, если рост действительно бесконечен.

В нашей формуле растущей бессрочной ренты P_0 выводится через ожидаемые дивиденды DIV_1 следующего года, прогнозируемый темп роста g и ожидаемую норму доходности других ценных бумаг с сопоставимым риском r. Или же формулу можно использовать для вычисления r через DIV_1, P_0 и g:

$$r = \frac{DIV_1}{P_0} + g.$$

Ставка рыночной капитализации равна **норме дивидендного дохода** (DIV_1/P_0) плюс ожидаемый темп роста дивидендов (g).

С этими формулами работать легче, чем с основным утверждением, что "цена равна приведенной стоимости ожидаемых в будущем дивидендов"[2]. Например, представьте себе, что вы проводите анализ состояния корпорации Sears, Roebuck and Company в 1989 г., когда ее акции продавались приблизительно по 42 дол. за акцию. Ожидаемые дивидендные выплаты в 1989 г. составляли 2,00 дол. на акцию. Сейчас мы можем посчитать первую часть нашей формулы:

$$\textit{Норма дивидендного дохода} = \frac{DIV_1}{P_0} = \frac{2,00}{42} = 0{,}048.$$

Труднее вычислить значение g. Одна линия рассуждений начинается с определения коэффициента дивидендных выплат, т.е. отношения суммы дивидендов к прибыли в расчете на одну акцию (*EPS*). Как правило, он составляет примерно 45%. Иначе говоря, каждый год Sears около 55% прибылей в расчете на акцию реинвестирует в производство:

$$\textit{Коэффициент реинвестирования} =$$
$$= 1 - \textit{коэффициент дивидендных выплат} =$$
$$= 1 - \frac{DIV_1}{EPS_1} = 1 - 0{,}45 = 0{,}55.$$

---

[2] Эти формулы впервые были выведены в 1938 г. Уилльямсом, а позже Гордон и Шапиро вернулись к ним вновь. См.: *J.B. Williams.* The Theory of Investment Value. Harvard University Press, Cambridge, Mass., 1938; *M.J. Gordon and E. Shapiro.* Capital Equipment Analysis: The Required Rate of Profit // Management Science. 3: 102–110. October. 1956.

Кроме того, отношение прибыли Sears в расчете на акцию к балансовой стоимости собственного капитала в расчете на акцию равно 12%. Это — **рентабельность собственного капитала,** обозначаемая *ROE*:

$$ROE = \frac{EPS_1}{\text{балансовая стоимость акции}} = 0{,}12.$$

Sears всегда была стабильной компанией, и, возможно, не так уж и неразумно предположить, что эти соотношения сохранятся. Предположим, что Sears будет получать прибыль, равную 12% балансовой стоимости собственного капитала, и 55% ее реинвестировать. Тогда балансовая стоимость собственного капитала увеличится на $0{,}55 \times 0{,}12 = 0{,}066$. Так как мы сделали допущение, что рентабельность собственного капитала и коэффициент дивидендных выплат остаются постоянными, прибыли и дивиденды в расчете на акцию также вырастут на 6,6%.

Темп роста дивидендов $= g =$ *коэффициент реинвестирования* $\times$ *ROE* $=$
$= 0{,}55 \times 0{,}12 = 0{,}066.$

Ставка рыночной капитализации (т. е. норма доходности, по которой инвесторы дисконтируют будущие дивиденды Sears) равна:

$$r = \frac{DIV_1}{P_0} + g = 0{,}048 + 0{,}066 = 0{,}114 \text{, или} \approx 11{,}5\%.$$

Использование формулы дисконтированного денежного потока для установления цен на электроэнергию

Хотя наш расчет ставки рыночной капитализации для акций Sears кажется вполне разумным, анализ акций любой отдельной фирмы с использованием такого упрощенного правила, как формула дисконтированного потока денежных средств для случая постоянного темпа роста, таит в себе явные опасности. Первая: основное допущение относительно постоянного роста в будущем в лучшем случае является приблизительным. Вторая: даже если это допустимое приближение, при вычислении *g* неизбежны погрешности. Однако вспомним, что *r* не является персональной характеристикой Sears: на хорошо функционирующих рынках инвесторы должны капитализировать дивиденды всех ценных бумаг, входящих в одну группу риска с акциями Sears, по одной и той же ставке. Это означает, что лучшее, что мы можем сделать,— это взять большую группу ценных бумаг с эквивалентным риском, вычислить *r* для каждой из них и использовать среднюю из полученных нами оценок. Рассмотрим конкретный пример.

Одной из задач Федеральной комиссии по энергетике (ФКЭ) является установление цен на электроэнергию, являющуюся объектом торговли между штатами. Это почти всегда оптовые операции, т. е. электроэнергетическая компания, имеющая избыточные мощности, продает электроэнергию такой же компании в соседнем районе. Покупатель, возможно, испытывает недостаток мощностей или не способен производить такую же дешевую электроэнергию, как продавец.

Подразумевается, что продажная цена покрывает все издержки производства и передачи электроэнергии, включая проценты и налоги, и обеспечивает продавцу разумную прибыль. Что значит "разумную"? А это означает прибыль, которая обеспечивает продавцу справедливую доходность его капитальных вложений в оборудование для производства электроэнергии, линии передач и т. п. Что значит "справедливая" доходность? Обычно она интерпретируется как *r*, т. е. ставка рыночной капитализации обыкновенных акций, продаваемых компанией. Таким образом, ожидаемая рентабельность соб-

ГЛАВА 4. Приведенная стоимость облигаций и акций

ственного капитала в результате инвестиций, сделанных электроэнергетической компанией, должна быть равна норме доходности ценных бумаг со степенью риска, близкой к риску обыкновенных акций электроэнергетической компании[3].

Следовательно, стоящая перед ФКЭ проблема определения справедливых прибылей сводится к определению *r* для обыкновенных акций регулируемых ею электроэнергетических компаний. Это делается всякий раз, когда компания обращается в ФКЭ для установления цен на электроэнергию, продаваемую другим штатам. В каждом случае анализ, как правило, основан на формулах дисконтированного потока денежных средств.

Кроме того, ежеквартально ФКЭ делает расчет "основного", или "базового", значения *r* для электроэнергетической отрасли в целом. Например, в январе 1990 г. исходное значение *r* составляло:

$$r = \frac{DIV_1}{P_0} + g = 0{,}0771 + 0{,}0433 = 0{,}1204, \text{ или} \approx 12\%^4.$$

Некоторые предостережения относительно формул для случаев постоянного темпа роста

Эти простые формулы дисконтированного потока денежных средств для случаев постоянного темпа роста чрезвычайно полезны, но не более того! Наивное доверие к формулам привело многих финансовых экспертов к бессмысленным выводам.

Во-первых, вспомните, как трудно оценить *r* посредством анализа акций только одного выпуска. Попробуйте использовать модель с большим количеством ценных бумаг с эквивалентным риском. Даже если она не сработает, она по крайней мере даст эксперту шанс на успех, поскольку неизбежная погрешность в расчетах *r* для ценных бумаг одной эмиссии компенсируется в расширенной модели.

Во-вторых, не поддавайтесь соблазну использовать формулу применительно к фирмам с высокими текущими темпами роста. Такой рост редко может продолжаться неограниченное время, а формула дисконтированного потока денежных средств с постоянным ростом основана на допущении, что такой рост возможен. В подобных случаях ошибочное допущение ведет к завышению значения *r*.

Рассмотрим случай с корпорацией "Технический прогресс", имеющей следующие показатели: $DIV_1 = 0{,}50$ дол. и $P_0 = 50$ дол. Эта фирма реинвестирует 80% прибыли, а рентабельность собственного капитала (*ROE*) у нее составляет 25%. Это означает, что в *прошлом*:

Темп роста дивидендов = коэффициент реинвестирования × ROE =
= 0,80 × 0,25 = 0,20.

---

[3] Это приемлемая интерпретация директивы Верховного Суда США 1994 г.: "...рентабельность собственного капитала [регулируемых компаний] должна быть соразмерна рентабельности инвестиций других предприятий, имеющих адекватную степень риска" (Federal Power Commission v. Hope Natural Gas Company, 302 U.S. 591 at 603).

[4] Мы говорим "примерно 12%", поскольку бессмысленно думать, что ожидаемую доходность можно оценивать с точностью до четырех знаков после запятой. Однако сами производители электроэнергии и регулирующие их органы спорят относительно точности расчетов. Если электроэнергетическая компания инвестирует 1 млрд дол. акционерного капитала, то 0,04% составляет 0,0004 × 1 000 000 000 = 400 000 дол. *в год*.

Значение *r* = 12,04% было опубликовано ФКЭ в "Объявлении базовой нормы доходности обыкновенных акций для коммунального хозяйства" 16 января 1990 г. Оценка была основана на норме дивидендного дохода и прогнозном значении темпов роста дивидендов для выборки из обыкновенных акций 98 электроэнергетических компаний.

Есть соблазн допустить, что долговременный темп роста (g) также равен 0,20. Это означало бы, что:

$$r = \frac{0,50}{50,00} + 0,20 = 0,21.$$

Однако это глупо. Ни одна фирма не может бесконечно расти с постоянным темпом 20% в год, возможно, за исключением случаев гиперинфляции. В конечном счете доходность будет снижаться, и вследствие этого фирма будет меньше инвестировать.

В реальной жизни доходность инвестиций будет *постепенно* снижаться со временем, но для упрощения давайте допустим неожиданное снижение темпа роста до 16% в 3-м году, в результате чего фирма реинвестирует только 50% прибыли. Тогда g снизится до $0,50 \times 0,16 = 0,08$.

В таблице 4-2 показано, что происходит далее. В первый год стоимость активов "Технического прогресса" равна 10,00 дол. Фирма получает прибыль 2,50 дол., выплачивает 50 центов в виде дивидендов и реинвестирует 2 дол. Таким образом, второй год фирма начинает с активами, равными $10 + 2 = 12$ дол. Через год при тех же значениях рентабельности собственного капитала и коэффициента дивидендных выплат фирма начинает третий год с активами стоимостью 14,40 дол. Однако тут рентабельность собственного капитала снижается до 0,16, и фирма получает только 2,30 дол. прибыли. Дивиденды увеличиваются до 1,15 дол., поскольку растет доля прибыли, выплачиваемой в виде дивидендов, но фирма реинвестирует только 1,15 дол. Поэтому последующий рост прибыли и дивидендов снижается до 8%.

Теперь мы можем использовать нашу общую формулу дисконтированного потока денежных средств, чтобы найти ставку капитализации r:

$$P_0 = \frac{DIV_1}{1+r} + \frac{DIV_2}{(1+r)^2} + \frac{DIV_3 + P_3}{(1+r)^3}.$$

В 3-м году инвесторы будут рассматривать "Технический прогресс" как фирму, которая обеспечивает рост дивидендов на 8% в год. Мы используем формулу для случая постоянного темпа роста:

$$P_3 = \frac{DIV_4}{r - 0,08}.$$

ТАБЛИЦА 4-2
Прогноз прибыли и дивидендов компании "Технический прогресс". Отметим изменения в 3-м году: рентабельность собственного капитала и прибыль снижаются, но коэффициент дивидендных выплат растет, вызывая большой скачок дивидендов. Однако в последующем темп роста прибыли и дивидендов снижается до 8% в год. Заметим, что прирост собственного капитала равен объему не распределенной на дивиденды прибыли.

Годы	1	2	3	4
Балансовая стоимость собственного капитала	10,00	12,00	14,40	15,55
Прибыль на одну акцию	2,50	3,00	2,30	2,49
Рентабельность собственного капитала	0,25	0,25	0,16	0,16
Коэффициент дивидендных выплат	0,20	0,20	0,50	0,50
Дивиденды в расчете на акцию	0,50	0,60	1,15	1,24
Темп роста дивидендов	—	0,20	0,92	0,08

ГЛАВА 4. Приведенная стоимость облигаций и акций

$$P_0 = \frac{DIV_1}{1+r} + \frac{DIV_2}{(1+r)^2} + \frac{DIV_3}{(1+r)^3} + \frac{1}{(1+r)^3} \times \frac{DIV_4}{r-0{,}08} =$$

$$= \frac{0{,}50}{1+r} + \frac{0{,}60}{(1+r)^2} + \frac{1{,}15}{(1+r)^3} + \frac{1}{(1+r)^3} \times \frac{1{,}24}{r-0{,}08}.$$

Мы можем воспользоваться методом подбора, чтобы найти значение r, при котором P_0 = 50 дол. Оказывается, что r при таких более реалистичных прогнозах приблизительно равна 0,099, что совершенно отличается от полученного нами значения "постоянного темпа роста", равного 0,21.

И последнее предупреждение. Не пользуйтесь простой формулой для случая постоянного роста в целях проверки, верно ли рынок оценивает акции. Если вычисленная вами стоимость отличается от рыночной, причиной этого может быть неверный прогноз размера дивидендов. Вспомните, что мы говорили в начале данной главы о легких способах сделать деньги на фондовом рынке. Таких не существует.

4–4. СВЯЗЬ МЕЖДУ ЦЕНОЙ АКЦИИ И ПРИБЫЛЬЮ В РАСЧЕТЕ НА АКЦИЮ

Инвесторы часто используют термины *акции роста* и *акции дохода*. Представляется, что они покупают акции роста главным образом в надежде получить приращение стоимости капитала и заинтересованы скорее в росте прибылей в будущем, нежели в увеличении дивидендов в следующем году. С другой стороны, инвесторы приобретают акции дохода в основном ради дивидендов в денежной форме. Давайте посмотрим, имеет ли смысл данное различие.

Сначала рассмотрим компанию, которая не имеет никакого роста вообще. Она не реинвестирует какие-либо прибыли, а просто постоянно выплачивает дивиденды. Ее акции, по-видимому, подобны бессрочным облигациям, описанным в предыдущей главе. Вспомните, что норма доходности бессрочной ренты равна годовому потоку денежных средств, деленному на приведенную стоимость. Ожидаемая доходность нашей акции, таким образом, может быть равна ежегодной сумме дивидендов, деленной на цену акции (т.е. норме дивидендного дохода). Так как вся прибыль выплачивается в виде дивидендов, ожидаемая доходность может также быть рассчитана как прибыль на акцию, деленная на цену акции (т.е. коэффициент прибыль–цена). Например, если дивиденды на акцию равны 10 дол., а цена акции 100 дол., то мы имеем:

Ожидаемая доходность = норма дивидендного дохода =

$$= \textit{коэффициент прибыль–цена} = \frac{DIV_1}{P_0} = \frac{EPS_1}{P_0} = \frac{10{,}00}{100} = 0{,}10.$$

Цена равна:

$$P_0 = \frac{DIV_1}{r} = \frac{EPS_1}{r} = \frac{10{,}00}{0{,}10} = 100 \textit{ дол.}$$

Ожидаемая доходность растущих фирм также может равняться коэффициенту прибыль–цена. Ключ в том, что прибыль реинвестируется с целью обеспечения дохода большего или меньшего, чем ставка рыночной капитализации. Например, предположим, что наша компания с постоянным ростом неожиданно прослышала о благоприятной возможности для инвестирования в размере 10 дол. на акцию в следующем году. Это может означать, что диви-

ТАБЛИЦА 4-3
Изменение цены акций при инвестировании дополнительно 10 дол. в 1-м году при различных нормах доходности. Отметим, что коэффициент прибыль–цена превышает значение *r*, когда проект имеет отрицательную чистую приведенную стоимость, и отстает от *r*, когда проект имеет положительную чистую приведенную стоимость.

Норма доходности проекта	Приростной поток денежных средств, C (в дол.)	Чистая приведенная стоимость проекта в году 1, (в дол.)[a]	Влияние проекта на цену акций в году 0 (в дол.)[б]	Цена акции в году 0, P_0 (в дол.)	Коэффициент прибыль–цена, EPS/P_0	r
0,05	0,50	−5,00	−4,55	95,45	1,105	0,10
0,10	1,00	0	0	100,00	0,10	0,10
0,15	1,50	+5,00	+4,55	104,55	0,096	0,10
0,20	2,00	+10,00	+0,09	109,09	0,092	0,10
0,25	2,50	+15,00	+13,64	113,64	0,088	0,10

[a] Затраты по проекту составляют 10 дол. (EPS_1). $NPV = -10 + C/r$, где $r = 0,10$.
[б] Чистая приведенная стоимость вычисляется для 1-го года. Чтобы определить влияние на цену 0-го года, используйте для 1-го года ставку дисконта $r = 0,10$.

дендов в году $t=1$ не будет. Однако компания ожидает, что каждый последующий год проект может приносить 1 дол. прибыли на акцию, так что дивиденды можно будет увеличить до 11 дол. на акцию.

Давайте допустим, что данная инвестиционная возможность сопряжена с таким же риском, что и осуществляемый компанией бизнес. Тогда, чтобы определить ее чистую приведенную стоимость в 1-м году, мы можем дисконтировать поток денежных средств, обусловленный инвестициями, по ставке 10%:

Чистая приведенная стоимость на акцию в году 1 $= -10 + \dfrac{1}{0,10} = 0.$

Таким образом, данная инвестиционная возможность не увеличивает стоимость компании. Будущая прибыль, которую она может дать, равна альтернативным издержкам.

Какое влияние на цену акций компании окажет решение осуществить проект? Очевидно, что никакого. Уменьшение стоимости, вызванное снижением размера дивидендов до нуля в первом году, полностью компенсируется увеличением стоимости благодаря дополнительному росту дивидендов в последующие годы. Следовательно, опять же ставка рыночной капитализации равна коэффициенту прибыль–цена:

$$r = \dfrac{EPS_1}{P_0} = \dfrac{10}{100} = 0,10.$$

В таблице 4-3 приводится наш пример при различных допущениях относительно потока денежных средств, который принесет новый проект. Отметим, что коэффициент прибыль–цена, выраженный через показатель EPS_1, ожидаемую прибыль в расчете на одну акцию следующего года, равен ставке рыночной капитализации (r) только в том случае, когда чистая приведенная стоимость нового проекта равна нулю. Это чрезвычайно важный момент — менеджеры часто принимают плохие финансовые решения из-за того, что путают коэффициент прибыль–цена со ставкой рыночной капитализации.

ГЛАВА 4. Приведенная стоимость облигаций и акций

В целом мы можем рассматривать цену акции как капитализированную стоимость средней прибыли при отсутствии роста плюс **приведенная стоимость перспектив роста** (*PVGO*):

$$P_0 = \frac{EPS_1}{r} + PVGO.$$

Отсюда следует, что коэффициент прибыль–цена равен:

$$\frac{EPS_1}{P_0} = r\left(1 - \frac{PVGO}{P_0}\right).$$

Его значение меньше r, если приведенная стоимость перспектив роста положительна, и больше, если она отрицательна. (Последний случай маловероятен, поскольку фирмы редко сталкиваются с *вынужденной* необходимостью браться за проекты с отрицательной чистой приведенной стоимостью.)

*Вычисление приведенной стоимости перспектив роста для компании "Электронный птенчик"

В нашем последнем примере предполагалось, что и дивиденды, и прибыли растут, но этот рост не увеличивает цену акций. В этом смысле акции представляли собой *доходные акции*. Было бы неправильно ассоциировать эффективность деятельности фирмы с ростом прибыли в расчете на акцию. Компания, которая реинвестирует прибыль по ставке ниже ставки рыночной капитализации, может увеличить прибыль, но, безусловно, снизит стоимость акции.

Давайте вернемся к хорошо известным *акциям роста* "Электронного птенчика". Возможно, вы помните, что ставка рыночной капитализации "Птенчика" (r) равна 15%. Ожидается, что компания в первом году выплатит дивиденды в размере 5 дол., и далее предполагается постоянный рост дивидендов на 10% в год. Следовательно, мы можем воспользоваться упрощенной формулой для случая постоянного темпа роста, чтобы найти цену акции "Птенчика":

$$P_0 = \frac{DIV_1}{r-g} = \frac{5}{0{,}15 - 0{,}10} = 100 \text{ дол.}$$

Допустим, что прибыль на акцию "Птенчика" составляет 8,33 дол. Тогда коэффициент дивидендных выплат равен:

$$\textit{Коэффициент дивидендных выплат} = \frac{DIV_1}{EPS_1} = \frac{5{,}00}{8{,}33} = 0{,}6.$$

Иначе говоря, компания реинвестирует (1 – 0,6), или 40% прибыли. Предположим также, что рентабельность собственного капитала равна 0,25. Это объясняет темп роста в 10%:

$$\textit{Темп роста} = g = \textit{коэффициент реинвестирования} \times ROE = 0{,}4 \times 0{,}25 = 0{,}10.$$

Если бы компания "Птенчик" не проводила политику роста, капитализированная стоимость ее прибыли на акцию составляла бы:

$$\frac{EPS_1}{r} = \frac{8{,}33}{0{,}15} = 55{,}56 \text{ дол.}$$

Но мы знаем, что стоимость акции "Птенчика" равна 100 дол. Разница в 44,44 дол. — это цена, которую инвесторы платят за перспективы роста. Давайте посмотрим, сможем ли мы объяснить эту цифру.

Каждый год "Птенчик" реинвестирует 40% своей прибыли в новые активы. В первый год компания инвестирует 3,33 дол., рентабельность акционерного капитала остается постоянной и составляет 25%. Таким образом, сумма денежной наличности, которую приносят эти инвестиции, равна $0,25 \times 3,33 = 0,83$ дол. в год начиная с года $t = 2$. Чистая приведенная стоимость инвестиций в год $t = 1$ равна:

$$NPV_1 = -3,33 + \frac{0,83}{0,15} = 2,22 \text{ дол.}$$

Во 2-й год происходит то же самое, за исключением того, что компания инвестирует 3,67 дол., т. е. на 10% больше, чем в первом году (напомним, что $g = 0,10$). Следовательно, в год $t = 2$ чистая приведенная стоимость осуществляемых инвестиций равна:

$$NPV_2 = -3,33 \times 1,10 + \frac{0,83 \times 1,10}{0,15} = 2,44 \text{ дол.}$$

Таким образом, доходы владельцев акций "Электронного птенчика" можно представить как: 1) часть потока прибыли, которая может быть выплачена в виде денежных дивидендов, если фирма не растет, и 2) комплект "билетов", один на каждый последующий год, дающих возможность осуществлять инвестиции с положительной чистой приведенной стоимостью. Мы знаем, что первый компонент стоимости акции равен:

$$\textit{Приведенная стоимость потока прибыли} = \frac{EPS_1}{r} = \frac{0,83}{0,15} = 55,56 \text{ дол.}$$

Первый билет стоит 2,22 дол. в год $t = 1$, второй — $2,22 \times 1,10 = 2,44$ дол. в год $t = 2$, третий — $2,44 \times 1,10 = 2,69$ дол. в год $t = 3$. Это прогнозируемая денежная стоимость билетов. Мы знаем, как оценить поток будущих денежных стоимостей, которые увеличиваются на 10% в год: используем упрощенную формулу дисконтированного потока денежных средств, заменяя прогнозируемые дивиденды на прогнозируемые стоимости билетов:

$$\textit{Приведенная стоимость перспектив роста} = PVGO = \frac{NPV_1}{r-g} = \frac{2,22}{0,15-0,10} =$$

$$= 44,44 \text{ дол.}$$

Теперь сделаем проверку:

$$\textit{Цена акции} = \textit{приведенная стоимость потока прибыли} + \textit{приведенная стоимость перспектив роста} = \frac{EPS_1}{r} + PVGO = 55,56 + 44,44 = 100 \text{ дол.}$$

Почему акции "Электронного птенчика" являются акциями роста? Не потому, что растут на 10% в год. А потому, что чистая приведенная стоимость будущих инвестиций компании составляет значительную долю (около 44%) в цене акции.

Цены акций по состоянию на сегодняшний день отражают ожидания инвесторов относительно результатов деятельности и *инвестирования* в будущем. Акции роста продаются с более высоким коэффициентом цена–прибыль, по-

ГЛАВА 4. Приведенная стоимость облигаций и акций

сколько инвесторы выражают желание платить сегодня за ожидаемую дополнительную прибыль от инвестиций, которые еще не осуществлены[5].

Общая формула, отражающая связь дивидендов и перспектив роста

Зевс имеет привычку принимать весьма необычный облик, являясь пред девственницами, чтобы рассеять их подозрительность. Общая формула дисконтированного потока денежных средств для оценки акций ведет себя очень похоже: она все время видоизменяется и обретает новые формы. Ниже приводится еще одна ее полезная версия.

Оставленные в компании и не реинвестируемые в производство деньги часто называют **потоком свободных денежных средств**:

Поток свободных денежных средств = доходы – затраты – инвестиции.

Но деньги, которые не реинвестируются в производство, выплачиваются в виде дивидендов. Таким образом, дивиденды на акцию равны потоку свободных денежных средств в расчете на акцию, и общая формула дисконтированного потока может быть выражена через доходы, затраты и инвестиции в расчете на акцию:

$$P_0 = \sum_{t=1}^{\infty} \frac{(поток\ свободных\ средств\ на\ акцию)_t}{(1+r)^t}.$$

Отметим, что *неверно* утверждать, будто стоимость акции равна дисконтированному потоку будущих прибылей на акцию. Правильнее сказать, что стоимость акции равна дисконтированному потоку свободных средств в расчете на акцию. Такая формулировка делает акцент на *отдачу* от инвестиций (в виде возросших доходов), а не на *отток* средств (в виде инвестиций). Правильной является формулировка, что стоимость акции равна дисконтированному потоку свободных денежных средств в расчете на акцию.

В общем, мы можем считать, что стоимость акции представляет собой: либо 1) приведенную стоимость потока ожидаемых в будущем дивидендов, либо 2) приведенную стоимость потока свободных средств, или же 3) приведенную стоимость усредненных будущих прибылей в отсутствие политики роста плюс приведенная стоимость перспектив роста.

Некоторые компании имеют такие широкие перспективы роста, что предпочитают не выплачивать дивиденды долгое время. К тому моменту, когда была написана эта глава, Digital Equipment Corporation (DEC) никогда не выплачивала дивидендов, поскольку выплата любых денежных средств инвесторам означает либо снижение темпов роста, либо необходимость привлечения капитала каким-нибудь другим способом. Инвесторы, очевидно, были довольны решениями руководства реинвестировать прибыли. Как еще мы можем объяснить рыночную стоимость DEC в 15 млрд дол. в 1989 г.?

Инвесторы готовы отказаться от дивидендов в денежной форме сегодня в обмен на более высокие прибыли и ожидание высоких дивидендов когда-нибудь в будущем. Таким образом, обыкновенные акции DEC на самом деле не служат контрпримером утверждения, что цена акции равна приведенной стоимости ожидаемых в будущем дивидендов. Дивиденды DEC могут оставаться равными нулю многие годы, но рано или поздно они получат положительное значение. Постепенно темпы роста должны снижаться, высвобождая средства

---

[5] Майкл Эйснер, возглавляющий компанию Walt Disney Production, выразил суть этого явления так: "В школе вы сдаете экзамен и затем получаете оценку. Мы же теперь получаем оценку и не сдаем экзамен". Эти слова были сказаны в конце 1985 г., когда акции Disney продавались по цене, в 20 раз превышающей величину прибыли на акцию. См.: *Kathleen K. Wiegner.* The Tinker Bell Principle //Forbes. December 2. 1985. P. 102.

для выплаты акционерам. Именно такая перспектива делает акции DEC ценными сегодня[6].

Неизбежное замедление быстрого роста подтверждается историей IBM — компании с наиболее известными акциями роста в период со второй мировой войны. IBM выплачивала дивиденды с 1930-х гг., но большинство акционеров приобретало акции, рассчитывая на будущий рост, а не ради получения дивидендов. В период 1950—60-х гг. норма дивидендного дохода (дивиденды в расчете на акцию, выраженные в процентном отношении к цене акции) была очень низкой — примерно 1—2%. Среднегодовые темпы роста объема реализации, прибылей и дивидендов составляли около 20%.

Такой темп роста не может сохраняться постоянно. К середине 1970-х гг. IBM утратила инвестиционные возможности, привлекательные настолько, чтобы продолжать поддерживать такой высокий темп роста. Но бизнес оставался все же жизнеспособным и прибыльным. Поэтому фирма замедлила накопление денежных средств. В конце 1976 г. она располагала денежными средствами и легко реализуемыми ценными бумагами на сумму 6,1 млрд дол., в конце 1977 г. — на 5,4 млрд дол. Нет ничего удивительного в том, что IBM стала выплачивать все более и более высокие дивиденды: в 1978 г. дивиденды составили 2,88 дол. в расчете на акцию при прибыли 5,32 дол. на акцию, т. е. коэффициент дивидендных выплат составлял 54%. Кроме того, в 1977 и 1978 гг. IBM израсходовала 1,4 млрд дол. на выкуп своих акций. В главе 16 показано, что это в значительной степени эквивалентно выплате дивидендов в денежной форме.

IBM придерживалась политики высоких дивидендных выплат до 1980-х гг. С 1986 по 1989 г. было выплачено 56% прибыли и выкуплено 47 млн акций на сумму 5,66 млрд дол.

Что означает коэффициент цена—прибыль

Коэффициент цена—прибыль принадлежит к числу наиболее часто употребляемых терминов среди инвесторов на фондовом рынке. Люди, ссылаясь на акции DEC, говорят о "продаже с высоким коэффициентом цена—прибыль". Вы можете встретить значения этого коэффициента в котировках акций в газете (он обозначается P/E). (Однако в газетах приводится отношение текущей цены к самым последним прибылям. Инвесторов же более интересует отношение цены к *будущим* прибылям.) К сожалению, некоторые финансовые эксперты плохо представляют себе реальную значимость коэффициентов цена—прибыль и часто используют их странным образом.

Должен ли финансовый менеджер радоваться, если акции фирмы продаются с высоким коэффициентом цена—прибыль? Ответ: обычно — да. Высокое отношение цены к прибыли (P/E) показывает, что инвесторы рассчитывают на хорошие перспективы роста фирмы (высокая приведенная стоимость перспектив роста), а также что ее прибыли относительно надежны и достойны низкой ставки капитализации (низкой r) или и то и другое вместе. Однако фирмы могут иметь высокий коэффициент цена—прибыль не благодаря высокой цене акций, а из-за низких прибылей. Фирмы, которые не получают никакой прибыли ($EPS=0$) в отдельный период, будут иметь бесконечно высокое отношение P/E, пока их акции вообще сохраняют какую-то стоимость.

Помогает ли коэффициент цена—прибыль в оценке стоимости акций? Иногда да. Допустим, вы владеете акциями фамильной корпорации, торгов-

---

[6] В сентябре 1989 г. в газете The Wall Street Journal указывалось, что темпы роста DEC снижаются. В ней также говорилось, что президент DEC полагает, что компании следует начать выплачивать дивиденды. "Это изменение долговременной стратегии направления денежных средств на финансирование ускоренного роста — установки, более подходящей для начинающей компании, чем для развитой, какой в настоящее время стала Digital" (The Wall Street Journal, September 15. 1989. P. 1).

ГЛАВА 4. Приведенная стоимость облигаций и акций

ля которыми на фондовом рынке активно не ведется. Сколько стоят эти акции? Можно сделать достаточно приемлемую оценку, если вы сможете найти действующую фирму с похожими характеристиками рентабельности, риска и перспектив роста: умножая значение прибыли в расчете на одну акцию вашей фирмы на коэффициент цена—прибыль фирмы-двойника.

Свидетельствует ли высокое отношение цена—прибыль о низкой ставке рыночной капитализации? Нет. Между отношением цена—прибыль (P/E) акции и ставкой капитализации (r) *не* существует надежной связи. Отношение *EPS* к *P* равно *r*, если только $PVGO = 0$ и если только показатель *EPS* в финансовой отчетности отражает средние будущие прибыли, которые фирма могла бы получить в условиях отсутствия роста.

Что означает показатель прибыли

Другая причина сложностей анализа коэффициентов цена—прибыль связана со сложностями интерпретации и сравнения показателей прибыли на одну акцию — знаменателя коэффициента цена—прибыль. Что показывает прибыль на акцию? Этот показатель может иметь различные значения для разных фирм. Для некоторых фирм он может играть более важную роль, чем для других.

Проблема состоит в том, что прибыли, которые фирма показывает в отчетности, отражают балансовые, или учетные, данные, которые зависят от произвольно выбираемых методов учета. Показываемые в отчетности прибыли практически любой фирмы могут быть значительно изменены в зависимости от применяемой учетной политики. Например, изменение метода начисления амортизации, используемого при составлении отчетности, напрямую влияет на значение *EPS*. Тем не менее это не имеет никакого влияния на поток денежных средств, так как амортизационные отчисления представляют собой расходы в безналичной форме. (В действительности метод начисления амортизации, используемый для целей налогообложения, оказывает влияние на поток денежных средств.) К другим элементам учетной политики, которые оказывают влияние на величину прибыли, показываемую в отчетности, относятся методы оценки товарно-материальных запасов, процедуры приведения к единому виду учета двух сливающихся фирм, выбор между списанием или капитализацией расходов на НИОКР и способ отражения в отчетности задолженности фирмы по налогам. Этот перечень можно продолжать бесконечно.

Мы расскажем о необъективности показателей бухгалтерской прибыли и рентабельности в главе 12, после того как применим концепцию приведенной стоимости для определения показателей истинной, экономической прибыли. Сейчас же мы просто хотим напомнить вам, что бухгалтерская прибыль — "скользкая живность".

4–5. РЕЗЮМЕ

В этой главе мы использовали приобретенные знания о приведенной стоимости, чтобы изучить рыночные цены на облигации и обыкновенные акции. В каждом случае стоимость ценных бумаг подобна стоимости любого другого актива: она равна сумме потоков денежных средств, дисконтированных по норме доходности, которую инвесторы ожидают получить от сравнимых ценных бумаг.

Денежные выплаты по облигациям состоят из постоянных выплат процентов и заключительного платежа в размере номинальной стоимости облигации. Процентная ставка, по которой дисконтируется стоимость этих потоков денежных средств, равна рыночной цене облигации, называемой *доходностью облигации к погашению*, или *внутренней нормой доходности*.

Обыкновенные акции не имеют фиксированного срока погашения; денежные выплаты по ним представляют собой бесконечный поток дивидендов. Поэтому приведенная стоимость обыкновенной акции равна:

$$PV = \sum_{t=1}^{\infty} \frac{DIV_t}{(1+r)^t}.$$

Однако эту формулу мы получили не простой заменой в нашей основной формуле дисконтированного потока денежных средств показателя C_t на показатель DIV_t. Мы не делали допущения, что инвесторы приобретают обыкновенные акции только ради дивидендов. В действительности первоначально мы исходили из того, что инвесторы ориентируются на относительно близкий временной горизонт и вкладывают средства, чтобы получать и дивиденды, и приращение капитала от увеличения курсовой стоимости акции. Следовательно, наша основная формула оценки имеет следующий вид:

$$P_0 = \frac{DIV_1 + P_1}{1+r}.$$

Это — условие рыночного равновесия: если оно не соблюдается, цена акций может быть или занижена, или завышена, и инвесторы будут стремиться или продать, или купить их. Избыток продавцов или покупателей приведет цену к такому уровню, при котором снова станет работать основная формула.

Данная формула верна для любого периода как в будущем, так и в настоящем. Это позволяет нам выразить прогнозируемую цену будущих лет через последующие потоки дивидендов DIV_1, DIV_2 и т. д.

Кроме того, мы использовали формулу оценки бесконечно растущей ренты, о которой рассказывалось в главе 3. Если ожидается, что дивиденды будут бесконечно расти с постоянным темпом g, то:

$$P_0 = \frac{DIV_1}{r-g}.$$

Мы показали, что преобразование этой формулы часто позволяет вычислить ставку капитализации r, если известны величина P_0 и оценочные значения DIV_1 и g.

В заключение мы преобразовали общую формулу дисконтированного потока денежных средств, введя показатели прибыли и перспектив роста:

$$P_0 = \frac{EPS_1}{r} + PVGO.$$

Отношение EPS_1/r представляет собой капитализированную стоимость прибыли на акцию, которую фирма может получить, не проводя политику роста. *PVGO* является чистой приведенной стоимостью инвестиций, которые фирма будет осуществлять с целью роста. *Акции роста* — это акции, для которых *PVGO* больше капитализированной стоимости *EPS*. Основная часть акций роста — это акции быстро растущих фирм. Но высокое значение *PVGO* объясняется не только ростом. Что действительно имеет значение, так это рентабельность новых инвестиций.

Мы *не* обсудили один вопрос — а именно, как оценить бизнес в целом. (Мы рассмотрели только приведенную стоимость в расчете на *одну акцию* для обыкновенных акций.) В принципе применить наши формулы приведенной стоимости к фирме или отрасли легко, но на практике пользоваться ими сложно. Загляните в Приложение к данной главе: вас может заинтересовать материал, в котором описываются проблемы, связанные с применением этих формул.

ГЛАВА 4. Приведенная стоимость облигаций и акций

В предыдущих главах вы освоили — мы надеемся, без особых сложностей, — основные принципы оценки стоимости активов с использованием методов дисконтирования. Теперь вы кое-что знаете о том, как оцениваются обыкновенные акции и вычисляются ставки рыночной капитализации. В главе 5 мы можем начать применять все эти знания для проведения более конкретного анализа инвестиционных решений.

ПРИЛОЖЕНИЕ: ОЦЕНКА СТОИМОСТИ БИЗНЕСА МЕТОДОМ ДИСКОНТИРОВАННОГО ПОТОКА ДЕНЕЖНЫХ СРЕДСТВ

Инвесторы, как правило, покупают и продают отдельные обыкновенные акции. Компании часто покупают и продают весь бизнес целиком — как, например, в 1985 г. компания General Motors купила Hughes Aircraft за 5 млрд дол. или Union Carbide в 1986 г. продала свой филиал по производству батареек фирме Ralston Purina за 1,4 млн дол.

Применимы ли формулы дисконтированного потока денежных средств, которые мы представили в этой главе для отдельной обыкновенной акции, к бизнесу в целом? Несомненно, не имеет значения, прогнозируете ли вы дивиденды в расчете на акцию или совокупный поток свободных денежных средств бизнеса. Стоимость сегодня всегда равна будущему потоку денежных средств, дисконтированному по ставке, равной альтернативным издержкам.

Конечно, на практике все оказывается сложнее, чем представляется в теории. Мы включили в главу данное Приложение, чтобы показать некоторые практические задачи, с которыми часто сталкиваются менеджеры при оценке бизнеса. В этом Приложении вы познакомитесь со способами оценки бизнеса. Кроме того, здесь показано, как умелое использование основных концепций финансового управления может сделать процесс дисконтирования потока денежных средств технически менее сложным и более надежным.

ТАБЛИЦА 4-4
Прогнозы потоков свободных денежных средств для производственной линии по сборке цепей (в млн дол.). Быстрый рост с 1-го по 6-й год означает, что потоки свободных денежных средств имеют отрицательные значения, поскольку необходимые дополнительные инвестиции превышают прибыли. Потоки свободных денежных средств приобретают положительные значения после 6-го года, когда темп роста замедляется.

Годы	1	2	3	4	5	6	7	8	9	10
Стоимость активов	10,00	12,00	14,40	17,28	20,74	23,43	26,47	28,05	29,73	31,51
Прибыли	1,20	1,44	1,73	2,07	2,49	2,81	3,18	3,36	3,57	3,78
Инвестиции	2,00	2,40	2,88	3,46	2,69	3,04	1,59	1,68	1,78	1,89
Поток свободных денежных средств	−0,80	−0,96	−1,15	−1,39	−0,20	−0,23	1,59	1,68	1,79	1,89
Темп прироста прибыли (%)	20	20	20	20	20	13	13	6	6	6

Примечания.
1. Начальная стоимость активов составляет 10 млн дол. Темп роста активов, необходимых для ведения бизнеса, равен 10% в год до 4-го года, 13% в 5-м и 6-м годах и 6% в дальнейшем.
2. Рентабельность постоянна и равна 12%.
3. Поток свободных денежных средств равен прибыли за вычетом нетто-инвестиций. Нетто-инвестиции равны совокупным капвложениям за вычетом амортизации. Отметим, что прибыли также рассчитываются за вычетом чистого износа.

| **Прогнозирование потока свободных денежных средств для бизнеса в целом** | Прошел слух, что компания Establishment Industries заинтересована в приобретении у вашей компании производственной линии по сборке цепей. Ваша компания захочет продать линию, если сможет получить полную стоимость этого быстро развивающегося бизнеса. Задача состоит в том, чтобы верно определить его приведенную стоимость.

В таблице 4-4 приводятся прогнозы потоков свободных средств. Данная таблица аналогична таблице 4-2, в которой приводятся прогнозные значения прибыли и дивидендов на акцию компании "Технический прогресс". Эти значения основаны на допущениях относительно активов компании в расчете на акцию, рентабельности собственного капитала и темпов роста хозяйственной деятельности. Для производственной линии по сборке цепей мы также делаем допущения относительно активов, рентабельности (в данном случае — это операционные прибыли после вычета налогов по отношению к активам) и темпов роста. Рост начинается быстро с 20% в год, затем его темп снижается в два этапа до умеренных 6% в год в долгосрочной перспективе. Темп роста определяет дополнительный объем нетто-инвестиций, необходимых для наращивания активов, а норма рентабельности определяет объем прибыли, который обеспечивает производство[7].

Оказывается, что поток свободных денежных средств (вторая снизу строка таблицы 4-4) отрицателен в первые 6 лет. Производственная линия по сборке цепей приносит материнской компании отрицательные дивиденды, т. е. потребляет больше денежных средств, чем дает.

Плохой ли это знак? На самом деле нет: производство испытывает дефицит денежных средств не потому, что является нерентабельным, а только потому, что растет столь быстрыми темпами. Быстрый рост — это хорошая новость при условии, что прибыль от данного бизнеса превышает альтернативные издержки. И ваша компания, и Establishment Industries будут счастливы инвестировать дополнительно 800 000 дол. в производственную линию по сборке цепей в следующем году, поскольку она обеспечивает превосходную норму доходности. |
|---|---|
| **Горизонты оценки** | Стоимость бизнеса обычно определяется как дисконтированная стоимость свободных потоков денежных средств (*FCF*) в пределах **временно́го горизонта оценки** (*H*) плюс дисконтированная стоимость бизнеса, прогнозируемая на конец периода оценки, т.е.:

$$PV = \underbrace{\frac{FCF_1}{(1+r)} + \frac{FCF_2}{(1+r)^2} + \ldots + \frac{FCF_H}{(1+r)^H}}_{PV \text{ (свободных потоков денежных средств)}} + \underbrace{\frac{PV_H}{(1+r)^H}}_{PV \text{ (стоимость на конец периода оценки)}}.$$

Конечно, производственная линия по сборке цепей будет функционировать и за пределами этого периода, однако делать прогнозы относительно потока свободных денежных средств последовательно для каждого года в бесконечности нецелесообразно. Показатель PV_H используется для расчета потоков свободных денежных средств в периоды $H+1$, $H+2$ и т. д. |

---

[7] В таблице 4-4 показан чистый объем инвестиций, представляющий собой совокупные инвестиции за вычетом амортизации. Мы делаем допущение, что инвестиции, предназначенные для приобретения активов, идущих на замену существующих активов, покрываются суммой амортизационных отчислений и что нетто-инвестиции предназначены для роста.
Мы могли бы выделить в таблице 4-4 валовые инвестиции. Однако это потребовало бы обратного сложения сумм амортизации и прибыли, чтобы получить поток денежных средств от производственно-хозяйственной деятельности. Строка, показывающая поток свободных денежных средств, осталась бы прежней.

ГЛАВА 4. Приведенная стоимость облигаций и акций

Период, для которого делается оценка, чаще всего выбирается произвольно. Иногда начальство дает распоряжение провести оценку на период 10 лет, поскольку это круглое число. Мы будем использовать период 6 лет, потому что рост производства на 7-м году стабилизируется на длительный период.

Стоимость на конец периода оценки

Существует несколько общеизвестных формул или практических методов оценки стоимости на конец периода оценки. Во-первых, давайте попробуем применить формулу для случая постоянного темпа роста. Для этого потребуется знать величину потока свободных денежных средств в году 7 (которую мы возьмем из таблицы 4-4), долговременный темп роста, который составляет 6%, и ставку дисконта, равную, по мнению некоего высокооплачиваемого консультанта, 10%. Итак,

$$PV \text{ (стоимость на конец периода оценки)} = \frac{1}{(1{,}1)^6}\left[\frac{1{,}59}{0{,}10-0{,}06}\right] = 22{,}4.$$

Приведенная стоимость потоков свободных денежных средств за 6 лет равна:

$$PV \text{ (потоков денежных средств)} =$$
$$= -\frac{0{,}80}{1{,}1} - \frac{0{,}96}{(1{,}1)^2} - \frac{1{,}15}{(1{,}1)^3} - \frac{1{,}39}{(1{,}1)^4} - \frac{0{,}20}{(1{,}1)^5} - \frac{0{,}23}{(1{,}1)^6} = -3{,}6,$$

и следовательно, приведенная стоимость бизнеса:

$$PV \text{ (бизнеса)} = PV \text{ (потоков свободных денежных средств)} +$$
$$+ PV \text{ (стоимость на конец периода оценки)} =$$
$$= -3{,}6 + 22{,}4 = 18{,}8 \text{ млн дол.}$$

Удовлетворены ли мы теперь? Да, техника этих расчетов совершенна. Однако не приводит ли вас в некоторое замешательство тот факт, что 119% стоимости бизнеса приходится на стоимость на конец периода оценки? Кроме того, небольшая проверка показывает, что эта стоимость может значительно колебаться при незначительных изменениях сделанных допущений. Например, если долговременный темп роста равен не 6, а 8%, стоимость бизнеса возрастает с 18,8 млн дол. до 26,3 млн дол.[8]

Иначе говоря, легко может получиться так, что оценка бизнеса методом дисконтированного потока денежных средств, будучи технически совершенной, на практике окажется ошибочной. Умные финансовые менеджеры используют несколько различных способов определения стоимости на конец периода оценки для проверки правильности полученных ими результатов.

Допустим, вы имеете возможность отслеживать цены на акции компаний с устоявшимся производством, размеры, риск и перспективы роста которых сегодня аналогичны соответствующим характеристикам, прогнозируемым для производства по сборке цепей на 6-й год. Допустим также, что эти компании имеют тенденцию продавать акции с коэффициентом цена—прибыль на уровне 11. В этом случае у вас есть основание предположить, что отношение цена—

---

[8] Если долговременный темп роста равен 8, а не 6%, дополнительно 2% активов 7-го года должны быть реинвестированы в производственную линию по сборке цепей. Это уменьшит поток свободных средств на 0,53 дол., до 1,06 млн дол. Таким образом:

$$PV \text{ (стоимость на конец периода оценки)} = \frac{1}{(1{,}1)^6}\left(\frac{1{,}06}{0{,}10-0{,}08}\right) = 29{,}9 \text{ дол.}$$

$$PV \text{ (бизнеса)} = -3{,}6 + 29{,}9 = 26{,}3 \text{ млн дол.}$$

прибыль для развитого производства по сборке цепей также равно 11. Значит,

$$PV\text{ (конечная стоимость)} = \frac{1}{(1,1)^6}(11 \times 3,18) = 19,7$$

$$PV\text{ (бизнеса)} = -3,6 + 19,7 = 16,1 \text{ млн дол.}$$

Предположим также, что коэффициент "рыночная цена – балансовая стоимость" для выбранных компаний с устоявшимся производством составляет приблизительно 1,4. (Коэффициент "рыночная цена – балансовая стоимость" представляет собой просто отношение рыночной цены акции к ее балансовой стоимости.) Если коэффициент "рыночная цена – балансовая стоимость" для производства по сборке цепей равен 1,4 в 6-м году, то:

$$PV\text{ (конечная стоимость)} = \frac{1}{(1,1)^6}(1,4 \times 23,43) = 18,5$$

$$PV\text{ (бизнеса)} = -3,6 + 18,5 = 14,9 \text{ млн дол.}$$

В двух последних расчетах легко отыскать слабые места. Балансовая стоимость, например, как правило, является плохим измерителем реальной стоимости активов компании. Она может падать ниже реальной стоимости активов в период высоких темпов инфляции и часто не отражает стоимость нематериальных активов, например, таких важных, как патент на дизайн. Кроме того, величина прибыли может быть искажена инфляцией, а также методами учетной политики. И наконец, вы никогда не знаете, когда сможете обнаружить группу компаний, действительно подобных вашей.

Но напомним, что цель дисконтирования потоков денежных средств – оценить рыночную стоимость, т. е. оценить, сколько инвесторы будут платить за акцию или бизнес. Вы располагаете ценными сведениями, если имеете возможность *наблюдать*, сколько они действительно платят в случаях, подобных вашему. Старайтесь их использовать. Один из способов – применение коэффициентов "цена–прибыль" или "рыночная цена – балансовая стоимость". Иногда умелое использование этих простых "ручных" инструментов и методов позволяет добиться лучших результатов, чем сложные вычисления дисконтированных потоков денежных средств.

Дальнейшая проверка реалистичности оценки

Ниже представлен еще один подход к оценке стоимости бизнеса. В основе его лежит все то, что вы узнали о коэффициентах цена–прибыль и приведенной стоимости перспектив роста.

Предположим, что период, для которого делается оценка, установлен не до года стабилизации роста, а до момента, когда производство достигнет конкурентного равновесия. Вы можете подойти к оперативному менеджеру, наиболее компетентному в производственных вопросах, и спросить:

> Рано или поздно вы и ваши конкуренты достигнете равного положения в осуществлении новых крупных инвестиций. Вы еще сможете получать высокие доходы от вашего основного бизнеса, но обнаружите, что производство новых товаров или попытки увеличить продажи производимых товаров наталкиваются на сильное сопротивление конкурентов, которые так же умны и профессиональны, как и вы. Можете ли вы реально оценить, когда наступит это время?

"Это время" представляет собой момент в будущем, когда чистая приведенная стоимость перспектив роста станет равна нулю. В конечном итоге этот

ГЛАВА 4. Приведенная стоимость облигаций и акций

показатель положителен только в том случае, когда можно ожидать, что прибыли от инвестиций превысят издержки капиталовложений. Когда ваши конкуренты вас догонят, эти благоприятные перспективы исчезнут[9].

Мы знаем, что приведенная стоимость в любой период равна капитализированной стоимости прибыли следующего периода плюс приведенная стоимость перспектив роста:

$$PV_t = \frac{(прибыли)_{t+1}}{r} + PVGO.$$

Но что, если приведенная стоимость перспектив роста равна нулю? Тогда в период H:

$$PV_H = \frac{(прибыли)_{H+1}}{r}.$$

Другими словами, когда вас настигает конкуренция, коэффициент цена–прибыль равен $1/r$, поскольку перспективы роста исчезают.

Предположим, ожидается, что конкуренты догонят вас на 8-м году. Мы можем пересчитать стоимость производственной линии следующим образом[10]:

$$PV(стоимость\ на\ конец\ периода\ оценки) = \frac{1}{(1+r)^8}\left(\frac{прибыли\ в\ год\ 9}{r}\right) =$$

$$= \frac{1}{(1,1)^8}\left(\frac{3,57}{0,10}\right) = 16,7\ млн\ дол.$$

$$PV\ (бизнеса) = -2,0 + 16,7 = 14,7\ млн\ дол.$$

Заключение Теперь мы имеем четыре значения цены, которую Establishment Industries должна заплатить за производственную линию по сборке цепей. Эти оценки отражают четыре различных метода вычисления стоимости на конец периода оценки. Среди них нет "лучшего", хотя во многих случаях мы отдаем наибольшее предпочтение последнему методу, в котором конец периода оценки приходится на момент, когда, по предположениям менеджеров, $PVGO = 0$. Последний метод заставляет менеджеров помнить, что рано или поздно конкуренты начнут наступать им на пятки.

Вычисленные нами значения стоимости производственной линии по сборке цепей находятся в пределах от 14,7 до 18,6 млн дол., разница составляет 4 млн дол. Расхождение оценок может вызывать беспокойство, но не является необычным. С помощью формул дисконтированных потоков могут быть сделаны только предварительные оценки рыночной стоимости, и эти оценки изменяются при изменении соответствующих прогнозов и допущений. Менеджеры не могут знать точную рыночную стоимость до момента реальной сделки.

РЕКОМЕНДУЕМАЯ ЛИТЕРАТУРА

Дискуссионные рассуждения об оценке стоимости обыкновенных акций содержатся в работах по инвестиционным проблемам. Мы предлагаем:

Z. Bodie, A. Kane, and A.J. Marcus. Investment. Richard D. Irwing, Inc., Homewood, Ill., 1989.

---

[9] Более подробно об этом см. в главе 11.
[10] Приведенная стоимость потока свободных средств в пределах периода оценки корректируется на —2 млн дол., поскольку учитываются притоки 7-го и 8-го годов.

W.F.Sharpe and G.J.Alexander. Investment, 4th ed. Prentice-Hall, Inc., Englewood Cliffs, N.J., 1989.

Первая работа Дж. Б. Уилльямса остается очень популярной. Особенно рекомендуем главу V:

J.B.Williams. The Theory of Investment Value. Harvard University Press, Cambridge, Mass., 1938.

В следующих статьях ранняя работа Уилльямса получила свое дальнейшее развитие. Однако мы предлагаем вам оставить знакомство с третьей статьей до того, как вы прочитаете главу 16:

D. Durand. Growth Stocks and Petersburg Paradox //Journal of Finance. 12: 348–363. September. 1957.

M.J.Gordon and E.Shapiro. Capital Equipment Analysis: The Required Rate of Profit //Management Science. 3: 102–110. October. 1956.

M.H.Miller and F.Modigliani. Dividend Policy, Growth and the Valuation of Shares //Journal of Business. 34: 411–433. October. 1961.

Существует много примеров практического применения формулы приведенной стоимости. Вот два хороших:

R.C.Higgins. Growth, Dividend Policy and Capital Costs in the Electric Utility Industry //Journal of Finance. 29: 1189–1201. September. 1974.

B.G.Malkeil. Equity Yield, Growth and the Structure of Share Prices // American Economic Review. 53: 467–494. December. 1963.

КОНТРОЛЬНЫЕ ВОПРОСЫ

1. Вычислите приведенную стоимость каждой из следующих облигаций при допущении, что доходность к погашению равна 8%:

Облигации	Годовой купонный доход (в %)	Срок погашения
А	6	1
Б	6	2
В	6	4
Г	10	2
Д	10	4

2. Пересчитайте приведенную стоимость облигаций из задания 1 при условии, что доходность к погашению равна 10%. Увеличение требуемой инвесторами доходности имеет большее влияние на цены долгосрочных или краткосрочных облигаций?

3. Ожидается, что компания X в конце года выплатит дивиденды в размере 10 дол. на акцию и что после выплаты дивидендов акция будет продана за 110 дол. Если ставка рыночной капитализации равна 10%, какова в данный момент цена акции?

4. Компания Y не реинвестирует прибыли, и предполагается, что дивиденды составят 5 дол. на акцию. Если в настоящее время цена акции равна 40 дол., какова ставка рыночной капитализации?

5. Ожидается, что дивиденды компании Z будут постоянно расти на 5% в год. Если дивиденды следующего года равны 10 дол., а ставка рыночной капитализации 8%, какова в настоящее время цена акции?

6. Если бы компания Z (см. задание 5) распределяла все свои прибыли, она могла бы поддерживать дивиденд на уровне 15 дол. на акцию. Исходя из этого, какова фактическая доля стоимости перспектив роста в рыночной цене акции?

ГЛАВА 4. Приведенная стоимость облигаций и акций

7. Какие из следующих утверждений верны?
   а) Стоимость акции равна дисконтированному потоку будущих прибылей в расчете на акцию.
   б) Стоимость акции равна приведенной стоимости прибыли на акцию при условии, что фирма не растет, плюс чистая приведенная стоимость будущих перспектив роста.
   в) Стоимость акции равна дисконтированному потоку будущих дивидендов в расчете на акцию.

8. При каких условиях ставка рыночной капитализации акции (r) равна коэффициенту прибыль–цена (EPS_1/P_0).

ВОПРОСЫ И ЗАДАНИЯ

1. Что случится со стоимостью казначейских облигаций с купонной ставкой $12\,5/8$ в 1994 г. (см. раздел 4–1), если рыночная процентная ставка: *а)* снизится до 6% или *б)* вырастет до 9%? (При условии выплат по купонам раз в год.)

2. Вычислите стоимость следующих казначейских облигаций в 1989 г. при условии, что процентная ставка равна 7,5% и начисляется раз в полгода.
   а) $14\,1/2$%, 1989 г.
   б) $8\,3/4$%, 1994 г.
   в) $13\,3/4$%, 2006 г.
   (При проведении расчетов помните, что выплаты по купонам осуществляются раз в полгода.)

3. Переработайте таблицу 4-1 при условии, что дивиденды по акциям "Электронного птенчика" в следующем году составят 10% и будут увеличиваться на 5% в год. Ставка капитализации равна 15%.

4. В конце 1989 г. коэффициенты цена–прибыль в Японии были гораздо выше, чем в США, а норма дивидендного дохода была существенно ниже. Долгое время номинальные процентные ставки в Японии оставались приблизительно на 4% ниже, чем в США; по оценкам, реальные процентные ставки были ниже приблизительно на 1%[11].

	Япония	США
Коэффициент цена–прибыль	32,1	11,7
Норма дивидендного дохода (%)	0,6	3,0
Номинальная ставка процента (%)	4,8	9,2
Реальная ставка процента (оценка) (%)	3,0	4,1

   Наводит ли эта информация на мысль, что ожидаемые инвесторами нормы доходности были ниже на японском рынке, чем на рынке США? Прежде чем дать ответ, подумайте о возможных объяснениях более высокого коэффициента цена–прибыль и более низкой нормы дивидендного дохода на японском рынке.

5. Загляните в последний выпуск газеты The Wall Street Journal в раздел "NYSE-Composite Transactions".
   а) Какова последняя цена акций IBM?
   б) Каковы годовые дивидендные выплаты и норма дивидендного дохода по акциям IBM?

---

[11] Эти цифры были получены на основе индекса 350 компаний NRI (Япония) и на основе индексов Standard and Poor (США); см.: *K.R. French and J.M. Poterba.* Are Japanese Stock Prices Too High? //Working Paper 3290, National Bureau of Economic Research, Cambridge, Mass., March 1990. Потерба и Френч для проведения вычислений скорректировали различия в методах учета, из-за которых искусственно завышаются публикуемые в Японии коэффициенты цена–прибыль. Нескорректированный коэффициент цена–прибыль в Японии в 1988 г. составил 54!

в) Какой могла бы быть норма дивидендного дохода, если бы IBM установила годовые дивиденды на уровне 8 дол.?

г) Каков коэффициент цена–прибыль для акций IBM?

д) Используйте коэффициент цена–прибыль для вычисления прибыли на акцию IBM.

е) Выше или ниже коэффициент цена–прибыль для IBM, чем для компании Exxon?

ж) Какова возможная причина различий коэффициентов?

6. Отыщите данные о цене акций Georgia Pacific на данный момент и ее среднегодовых дивидендных выплатах. Допустим, что ожидается рост дивидендных выплат с постоянным темпом g.

а) Какова ожидаемая норма доходности при: 1) $g=0{,}02$, 2) $g=0{,}05$, 3) $g=0{,}10$?

б) Определите g исходя из коэффициента реинвестирования и рентабельности собственного капитала компании. Какова ожидаемая норма доходности при вычисленной вами g?

7. Вы надеетесь, что в следующем году Dong Lumination Company выплатит дивиденды в размере 2 дол. на обыкновенную акцию. Вы полагаете, что затем дивиденды постоянно будут расти на 4% в год. Если вы требуете 12% доходности по вашим инвестициям, сколько вы готовы заплатить за акцию?

*8. Проведите повторный анализ приведенной стоимости перспектив роста компании "Электронный птенчик" при условии, что: 1) в следующем году дивиденды составят 10 дол., 2) ожидается их рост на 5% в год, 3) коэффициент реинвестирования прибыли постоянен и равен 20% и 4) ставка рыночной капитализации равна 14%.

9. Объясните, почему различные акции имеют разные коэффициенты цена–прибыль. Покажите, как коэффициент цена–прибыль связан с темпом роста, коэффициентом дивидендных выплат и требуемой доходностью.

10. Предположим, что норма доходности, требуемая инвесторами, увеличивается. Покажите, как это может повлиять на цены краткосрочных облигаций (т.е. облигаций со сроком 1 год), долгосрочных облигаций (т.е. бессрочных), доходных акций и акций роста.

11. Каждая из следующих формул для определения требуемой акционерами нормы доходности может быть верна или ошибочна в зависимости от условий:

а) $r = \dfrac{DIV_1}{P_0} + g;$

б) $r = \dfrac{EPS_1}{P_0}.$

Для каждой формулы подберите простой цифровой пример, показывающий, что формула может дать ошибочный результат, и объясните почему. Затем подберите другой цифровой пример, при котором формула дает верный результат.

12. Phoenix Motor Corporation удивительным образом сумела выйти из трудного положения. Четыре года назад фирма была близка к банкротству. Сейчас ее гениальный лидер, герой корпорации, может стать президентом.

Phoenix просто объявила о дивидендах в размере 1 дол. на акцию сразу после кризиса. Эксперты ожидают рост дивидендных выплат до "нормы" в 3 дол., когда компания закончит свое восстановление по истечении трех лет. После этого ожидается, что рост дивидендных выплат стабилизируется и долгосрочный темп роста дивидендов составит 6%.

Акции Phoenix продаются по цене 50 дол. за акцию. Какова ожидаемая долгосрочная норма доходности при продаже акций по этой цене? Предположим, что дивиденды в 1-м году составят 1 дол., во 2-м году — 2 дол., в 3-м году — 3 дол. Необходимо подобрать значение r.

ГЛАВА 4. Приведенная стоимость облигаций и акций

*13. Вернитесь к финансовым прогнозам для корпорации "Технический прогресс", приведенным в таблице 4-2. Предположим, что в настоящий момент вы знаете, что альтернативные издержки равны $r = 0,12$ (не обращайте внимание на цифру 0,099 в тексте). Допустим, вы не знаете стоимость акций "Технического прогресса". В остальном придерживайтесь допущений, сделанных в тексте.

а) Вычислите стоимость акции "Технического прогресса".

б) Какая часть этой стоимости приходится на дисконтированную стоимость P_3 — цены, прогнозируемой для 3-го года?

в) Какая часть P_3 составляет приведенную стоимость перспектив роста через 3 года?

г) Предположим, что к 4-му году конкуренты догонят "Технический прогресс", так что доходы компании смогут только компенсировать альтернативные издержки любых инвестиций, осуществляемых в 4-м году и далее. Сколько будет стоить теперь акция "Технического прогресса" при данном допущении? (Если необходимо, сделайте дополнительные допущения.)

14. Рассмотрим фирму, активы которой приносят *EPS*, равную 5 дол. Если фирма инвестирует средства только ради поддержания существующих активов, то ожидается, что *EPS* всегда останется равна 5 дол. в год. Однако начиная со следующего года у фирмы появляется возможность ежегодно инвестировать 3 дол. в расчете на акцию в освоение недавно открытого геотермального источника для производства электроэнергии. Ожидается, что инвестиции будут постоянно приносить 20%-ный доход. Однако источник будет полностью освоен к 5-му году. Каковы будут цена акции и коэффициент прибыль—цена при условии, что требуемая инвесторами норма доходности составляет 12%? Покажите, что коэффициент прибыль—цена равен 12%, если требуемая норма доходности равна 20%.

15. Compost Science, Inc. (CSI) занимается в Бостоне переработкой отходов в удобрения. Бизнес сам по себе не является очень прибыльным. Тем не менее для того чтобы CSI могла удержаться в этом бизнесе, Metropolitan District Commission (MDC) согласилась доплачивать CSI суммы, необходимые для поддержания рентабельности CSI (отношения бухгалтерской прибыли к собственному капиталу) на уровне 10%. Ожидается, что в конце года CSI выплатит дивиденды в размере 4 дол. Фирма реинвестирует 40% прибыли и растет с темпом 4% в год.

а) Предположим, что CSI продолжает расти теми же темпами. Какова ожидаемая норма доходности при цене акции 100 дол.? Какова доля приведенной стоимости перспектив роста в данной цене?

б) В настоящее время MDC сообщает, что CSI займется переработкой отходов в Кембридже. Поэтому CSI планирует постепенное наращивание мощностей в течение пяти лет. Это значит, что в течение пяти лет CSI будет реинвестировать 80% своей прибыли. Однако начиная с 6-го года она опять начнет выплачивать 60% прибыли в виде дивидендов. Какова будет цена акции, раз сделано такое заявление и его последствия для CSI известны?

Почему чистая приведенная стоимость лучше других критериев обеспечивает верные инвестиционные решения

В первых четырех главах мы познакомились, временами в неявном виде, с основными принципами инвестиционных решений. В этой главе мы обобщим полученные знания. Кроме того, мы сделаем критический обзор других критериев, иногда используемых компаниями для принятия инвестиционных решений.

5-1. ОБЗОР БАЗОВЫХ ПОНЯТИЙ

Финансовый менеджер компании Vegetron хотел бы знать, как проанализировать предложение об инвестировании 1 млн дол. в рисковое предприятие, именуемое проект X. Его интересует ваше мнение.

Ваш ответ должен содержать следующие рассуждения: "Во-первых, нужно составить прогноз потоков денежных средств, которые принесет проект в течение своей экономической жизни. Во-вторых, необходимо определить соответствующие альтернативные издержки инвестирования. При этом должны быть учтены и временна́я стоимость денег, и риск проекта X. В-третьих, следует использовать данные альтернативные издержки для дисконтирования будущих потоков денежных средств, производимых проектом X. Сумма дисконтированных потоков называется приведенной стоимостью. В-четвертых, нужно рассчитать *чистую* приведенную стоимость, получаемую посредством вычитания 1 млн дол. инвестиций из приведенной стоимости. Если чистая приведенная стоимость больше нуля, следует инвестировать в проект X".

Однако финансовый менеджер Vegetron остался равнодушен к вашим соображениям. Он спрашивает, почему показатель чистой приведенной стоимости имеет такое важное значение.

Вы отвечаете: "Давайте посмотрим, что будет лучше для акционеров Vegetron. Они хотят, чтобы вы повысили стоимость акций Vegetron, насколько это возможно.

В данный момент общая рыночная стоимость Vegetron (цена одной акции, умноженная на количество акций в обращении) составляет 10 млн дол. Сюда же входит 1 млн дол. денежных средств, которые вы можете инвестировать в проект X. Следовательно, стоимость других активов и возможностей Vegetron должна равняться 9 млн дол. Вам нужно решить, что будет лучше: сохранить 1 млн дол. и отказаться от проекта X или же потратить их и принять проект. Определим приведенную стоимость нового проекта. Тогда выбор будет выглядеть следующим образом:

Активы	Рыночная стоимость (в млн дол.)	
	Отказ от проекта X	Принятие проекта X
Денежные средства	1	0
Другие активы	9	9
Проект X	0	Приведенная стоимость
	10	9+ приведенная стоимость

Очевидно, проект X стоит принять, если его приведенная стоимость больше 1 млн дол., т.е. его чистая приведенная стоимость положительна".

Финансовый менеджер спрашивает: "Откуда я знаю, что приведенная стоимость проекта X действительно проявляется в рыночной стоимости Vegetron?"

Вы отвечаете: "Предположим, вы создали новую независимую фирму X, активы которой образует только проект X. Какова может быть рыночная стоимость фирмы X?

Инвесторы могут предположить, какие дивиденды способна выплачивать фирма X, и дисконтировать эти дивиденды по ожидаемой норме доходности ценных бумаг со степенью риска, подобной риску фирмы X. Мы знаем, что цена акции равна приведенной стоимости прогнозируемых дивидендов.

Так как проект X составляет все активы фирмы X, мы можем предположить, что размер дивидендов, которые будет выплачивать фирма X, точно равен потокам денежных средств, которые мы прогнозируем для проекта X. Кроме того, ставка, по которой инвесторы могут дисконтировать дивиденды фирмы X, равна ставке, по которой нам следует дисконтировать потоки денежных средств, генерируемые проектом X.

Конечно, пример фирмы X — чисто гипотетический. Но если проект X принимается, инвесторы, владеющие акциями Vegetron, действительно будут иметь портфель, состоящий из проекта X и других активов фирмы. Мы знаем, что другие активы, рассматриваемые отдельно, стоят 9 млн дол. Поскольку мы можем суммировать стоимости активов, мы в состоянии легко определить стоимость портфеля; рассматривая стоимость проекта X как стоимость отдельного предприятия.

Определяя приведенную стоимость проекта X, мы воспроизводим процесс оценки обыкновенных акций фирмы X на рынках капиталов".

РИСУНОК 5-1
Фирма может либо оставить деньги у себя и реинвестировать их, либо вернуть их инвесторам. (Стрелками показаны возможные денежные потоки, или трансферты.) Если денежные средства реинвестируются, то альтернативные издержки представляют собой ожидаемую норму доходности, которую акционеры могли бы получить, инвестируя свои средства в финансовые активы.

Финансовый менеджер: "Я не понял одной вещи: откуда мы берем ставку дисконта".

Ваш ответ: "Несомненно, точно определить ставку дисконта трудно. Но довольно легко увидеть, что именно мы *пытаемся* измерить. Ставка дисконта представляет собой альтернативные издержки инвестирования в проект, а не на рынке капиталов. Иначе говоря, вместо осуществления проекта Х фирма всегда может отдать деньги акционерам, и те инвестируют их в финансовые активы.

На рисунке 5-1 показан выбор между двумя возможными вариантами. Альтернативные издержки осуществления проекта представляют собой доход, который могли бы получить акционеры, если бы инвестировали свои средства по собственному усмотрению. Когда мы дисконтируем потоки денежных средств по ожидаемой норме доходности сопоставимых финансовых активов, мы определяем, сколько инвесторы были бы готовы заплатить за ваш проект".

"Но о каких финансовых активах идет речь? — спрашивает финансовый менеджер Vegetron. — Тот факт, что инвесторы надеются получить только 12% по акциям AT&T, не означает, что нам следует приобретать акции какого-нибудь "Электронного мотылька-однодневки", если по ним ожидается 13%".

Ваш ответ: "Идея альтернативных издержек имеет смысл лишь в том случае, когда сравниваются активы, которым присуща одинаковая степень риска. В общем случае вы должны выявить активы, риск которых эквивалентен риску рассматриваемого проекта, определить ожидаемую норму доходности этих активов и использовать эту норму в качестве альтернативных издержек".

5-2. "КОНКУРЕНТЫ" ЧИСТОЙ ПРИВЕДЕННОЙ СТОИМОСТИ

Надеемся, что теперь финансовый менеджер убедился в корректности правила чистой приведенной стоимости. Но, возможно, он также слышал и о некоторых других альтернативных критериях оценки инвестиций и хочет узнать, почему вы не предложили какой-либо из них. Чтобы вы были к этому готовы, сейчас мы предлагаем четыре наиболее известных критерия, альтернативных правилу чистой приведенной стоимости:

1. Окупаемость.
2. Средняя прибыль в расчете на балансовую стоимость активов.
3. Внутренняя норма доходности.
4. Коэффициент рентабельности.

Принимая во внимание эти альтернативные критерии, стоит помнить следующие основные особенности правила чистой приведенной стоимости. Первая — правило чистой приведенной стоимости предполагает, что *стоимость доллара сегодня больше его стоимости завтра*, поскольку сегодня доллар может быть инвестирован и сразу начнет приносить процентный доход. Любое правило инвестирования, которое не учитывает *стоимости денег во времени*, не может быть корректным. Вторая — чистая приведенная стоимость зависит исключительно от *прогнозируемых потоков денежных средств*, генерируемых проектом, и от *альтернативных издержек*. Любое правило инвестирования, на которое влияют предпочтения менеджеров, выбранные компанией принципы учетной политики, рентабельность уже осуществляемой компанией деятельности или рентабельность других независимых проектов, приведет к принятию худших решений. Третья — *поскольку приведенные стоимости измеряются в текущих долларах, мы можем их суммировать*. Поэтому, если вы осуществляете два проекта А и Б, чистая приведенная стоимость комбинированных инвестиций равна:

$$NPV(А+Б) = NPV(А) + NPV(Б).$$

Это свойство слагаемости стоимостей имеет важное практическое значение. Предположим, проект Б имеет отрицательную чистую приведенную стоимость. Если вы объедините его с проектом А, то проект (А + Б) будет иметь меньшую чистую приведенную стоимость, чем только проект А. Поэтому маловероятно, что вы ошибетесь в оценке плохого проекта Б просто потому, что он соединен с хорошим проектом А. Как мы увидим дальше, альтернативные критерии не обладают этим свойством слагаемости. И если вы будете невнимательны, то можете впасть в заблуждение, решив, что пакет, состоящий из хорошего и плохого проектов, лучше, чем только хороший проект.

5–3. ОКУПАЕМОСТЬ

Компании часто требуют, чтобы первоначальные инвестиции в какой-либо проект окупались в течение некоторого определенного обозримого периода времени. **Период окупаемости** проекта определяется рядом лет, в течение которых совокупные прогнозируемые потоки денежных средств покрывают первоначальные инвестиции. Рассмотрим проекты А и Б:

Проект	Потоки денежных средств (в дол.)				Период окупаемости (количество лет)	Чистая приведенная стоимость при $r=10\%$
	C_0	C_1	C_2	C_3		
А	−2000	+2000	0	0	1	−182
Б	−2000	+1000	+1000	+5000	2	+3492

Первоначальные инвестиции в проект А составляют 2000 дол. ($C_0 = -2000$) и обеспечивают единственный приток денежных средств в году 1 в сумме 2000 дол. Предположим, альтернативные издержки равны 10%. Тогда чистая приведенная стоимость проекта А составляет −182 дол.:

$$NPV(A) = -2000 + \frac{2000}{1{,}10} = -182 \text{ дол.}$$

Проект Б также требует первоначальных инвестиций в размере 2000 дол., но он обеспечивает несколько притоков денежных средств: по 1000 дол. в годы 1 и 2 и 5000 дол. в году 3. При альтернативных издержках, равных 10%, чистая приведенная стоимость проекта Б составит +3492 дол.:

$$NPV(Б) = -2000 + \frac{1000}{1{,}10} + \frac{1000}{(1{,}10)^2} + \frac{5000}{(1{,}10)^3} = +3492 \text{ дол.}$$

Таким образом, правило чистой приведенной стоимости советует нам отказаться от проекта А и принять проект Б.

Правило окупаемости

Теперь давайте посмотрим, как быстро окупятся первоначальные инвестиции по каждому из проектов. Что касается проекта А, то вы вернете ваши 2000 дол. за первый год, в то время как по проекту Б — за два года. Если фирма придерживается *правила*, что период окупаемости должен быть не больше одного года, то она может принять только проект А, если же фирму устраивает срок окупаемости в два года или более, то она может принять как проект А, так и проект Б. Следовательно, вне зависимости от выбора периода окупаемости правило окупаемости дает результаты, отличные от результатов, получаемых при использовании правила чистой приведенной стоимости.

ГЛАВА 5. Почему чистая приведенная стоимость лучше других критериев

Причина расхождения в результатах состоит в том, что в соответствии с правилом окупаемости равноценными считаются все потоки денежных средств, возникающие до истечения срока окупаемости, и совсем не учитываются последующие потоки денежных средств. Например, все три следующих проекта имеют одинаковый период окупаемости, равный двум годам:

Проект	Потоки денежных средств (в дол.)				Чистая приведенная стоимость при $r=10\%$	Период окупаемости (количество лет)
	C_0	C_1	C_2	C_3		
Б	−2000	+1000	+1000	+5000	3492	2
В	−2000	0	+2000	+5000	3409	2
Г	−2000	+1000	+1000	+100 000	74 867	2

Согласно правилу окупаемости, все эти три проекта одинаково привлекательны. Но проект Б имеет более высокую чистую приведенную стоимость, чем проект В, при *любой* положительной процентной ставке (по 1000 дол. и в первом и во втором году стоят больше, чем 2000 дол. во втором году). А проект Г имеет более высокую чистую приведенную стоимость, чем проекты Б и В.

Руководствуясь правилом окупаемости, фирма должна определить соответствующий период окупаемости. Если фирма придерживается одного и того же периода окупаемости независимо от продолжительности экономической жизни проекта, то это приводит к принятию большого количества краткосрочных проектов и совсем незначительного числа долгосрочных. Если в среднем периоды окупаемости достаточно продолжительные, некоторые проекты, принятые фирмой, будут иметь отрицательную чистую приведенную стоимость; если же в среднем периоды окупаемости короткие, она откажется от некоторых проектов с положительными чистыми приведенными стоимостями.

Многие фирмы, которые действуют в соответствии с принципом окупаемости, выбирают продолжительность периода окупаемости, как правило, предположительно. Есть возможность поступать более обоснованно. Если вам известна типичная схема потоков денежных средств, тогда вы можете определить период окупаемости, для которого чистая приведенная стоимость будет максимальна[1]. Однако этот принцип "оптимального" периода окупаемости работает только для проектов с типовой схемой потоков денежных средств. Поэтому все же лучше руководствоваться правилом чистой приведенной стоимости.

Дисконтированная окупаемость

Некоторые компании, прежде чем определять период окупаемости, дисконтируют потоки денежных средств. **Правило дисконтированной окупаемости** базируется на вопросе: "В течение какого времени должен осуществляться проект, чтобы он имел смысл с точки зрения чистой приведенной стоимости?" Эта модификация принципа окупаемости позволяет избежать ошибок, связанных с единообразной оценкой всех потоков денежных средств, возникаю-

---

[1] Если в среднем инвестиции осуществляются равномерно в течение жизни проекта, оптимальный период окупаемости по правилу окупаемости равен:

$$\textit{Оптимальный период окупаемости} = \frac{1}{r} - \frac{1}{r(1+r)^n},$$

где *n* означает продолжительность жизни проекта. Данное выражение оптимального периода окупаемости впервые появилось в работе *M.J. Gordon*. The Pay-Off Period and the Rate of Profit // Journal of Business. 28: 253 – 260. October, 1955.

щих за время окупаемости. Однако принцип дисконтированной окупаемости все же не учитывает потоки денежных средств, возникающие за пределами периода окупаемости.

Предположим, есть два взаимоисключающих направления инвестирования, А и Б. Каждый проект требует 20 000 дол. первоначальных инвестиций, и ожидается, что каждый начинает давать потоки денежных средств с первого года. Потоки денежных средств для проекта А равны 6500 дол. и проект продолжается 6 лет. Потоки денежных средств проекта Б равны 6000 дол., но его продолжительность 10 лет. Соответствующая ставка дисконта для каждого проекта равна 10%. Проект Б очевидно привлекательнее проекта А, исходя из чистой приведенной стоимости:

$$NPV(A) = -20\,000 + \sum_{t=1}^{6} \frac{6500}{(1{,}10)^t} = +8309 \text{ дол.}$$

$$NPV(Б) = -20\,000 + \sum_{t=1}^{10} \frac{6000}{(1{,}10)^t} = +16\,867 \text{ дол.}$$

Ежегодное поступление денег по проекту А больше, чем по проекту Б, и поэтому, очевидно, А имеет более короткий период дисконтированной окупаемости. Период окупаемости проекта А немногим меньше 4 лет, так как приведенная стоимость 6500 дол. при ставке 10% за 4 года составит 20 604 дол. Период окупаемости проекта Б немногим больше 4 лет, поскольку приведенная стоимость 6000 дол. за 4 года составит 19 019 дол.

Дисконтированная окупаемость служит лучшим критерием, чем недисконтированная. Она учитывает, что доллар в начале периода окупаемости стоит больше, чем доллар в конце периода окупаемости. Это показатель полезный, но не слишком. Принцип дисконтированной окупаемости все же зависит от произвольного выбора периода окупаемости и не учитывает потоки денежных средств за его пределами.

5–4. СРЕДНЯЯ ПРИБЫЛЬ В РАСЧЕТЕ НА БАЛАНСОВУЮ СТОИМОСТЬ АКТИВОВ

Некоторые компании оценивают инвестиционные проекты по **бухгалтерской норме рентабельности**. Для вычисления бухгалтерской нормы рентабельности необходимо разделить среднюю прогнозируемую прибыль от проекта за вычетом амортизации и налогов на среднюю балансовую стоимость инвестиций. Затем этот коэффициент сравнивается с бухгалтерской нормой рентабельности фирмы в целом или с какими-либо внешними критериями, например, со средней бухгалтерской нормой рентабельности отрасли.

В таблице 5-1*а* представлен прогнозный отчет о прибыли для проекта А за три года. Средняя чистая прибыль составит 2000 дол. в год (для упрощения

ТАБЛИЦА 5-1*а*
Вычисление средней бухгалтерской нормы рентабельности инвестиций на сумму 9000 дол. в проект А

Проект А	Потоки денежных средств (в дол.)		
	Год 1	Год 2	Год 3
Доходы	12 000	10 000	8000
Расходы	6000	5000	4000
Потоки денежных средств	6000	5000	4000
Амортизация	3000	3000	3000
Чистая прибыль	3000	2000	1000

Средняя бухгалтерская норма рентабельности = $\dfrac{\text{среднегодовая прибыль}}{\text{среднегодовые инвестиции}} = \dfrac{2000}{4500} = 0{,}44$

мы не берем в расчет налоги). Необходимые инвестиции в год $t = 0$ равны 9000 дол. Затем эта сумма уменьшается с постоянным темпом на 3000 дол. в год. Таким образом, номинальная стоимость новых инвестиций снижается с 9000 дол. в нулевом году до нуля в третьем году:

	Год 0	Год 1	Год 2	Год 3
Валовая балансовая стоимость инвестиций	9000	9000	9000	9000
Накопленная амортизация	0	3000	6000	9000
Остаточная балансовая стоимость инвестиций	9000	6000	3000	0
		Средняя балансовая стоимость = 4500		

Средняя чистая прибыль равна 2000 дол., и средние нетто-инвестиции составляют 4500 дол. Следовательно, средняя бухгалтерская норма рентабельности равна 2000/4500 = 0,44. Проект А можно принять, если плановая бухгалтерская норма рентабельности фирмы меньше 44%[2].

Данный критерий имеет несколько серьезных недостатков. Первый — поскольку он отражает только *среднюю* прибыль в расчете на балансовую стоимость инвестиций, то не учитывается тот факт, что немедленные поступления имеют бо́льшую стоимость, чем отдаленные во времени. Если в правиле окупаемости не принимаются во внимание более удаленные во времени потоки денежных средств, то в правиле рентабельности в расчете на балансовую стоимость активов им придается слишком большое значение. В таблице 5-1*б* мы можем сравнить два проекта, Б и В, которые характеризуются такими же, как и проект А, балансовой стоимостью инвестиций, средней бухгалтерской прибылью и средней бухгалтерской рентабельностью. Однако при этом чистая приведенная стоимость проекта А выше, чем проектов Б и В, поскольку по проекту А бо́льшая доля потоков денежных средств приходится на первые годы.

Также отметим, что показатель средней прибыли в расчете на балансовую стоимость инвестиций опирается на бухгалтерскую прибыль, а не на создаваемые проектом потоки денежных средств. Потоки денежных средств и бухгалтерская прибыль часто сильно различаются. Например, бухгалтеры относят некоторые направления оттоков денежных средств к *капитальным затратам*, а другие — к *операционным расходам*. Конечно, операционные рас-

ТАБЛИЦА 5-1*б*
Затраты по каждому из проектов А, Б и В составляют 9000 дол., и каждый проект дает среднюю прибыль в размере 2000 дол. Следовательно, бухгалтерская норма рентабельности для всех проектов равна 44%.

Проект		Потоки денежных средств (в дол.)		
		Год 1	Год 2	Год 3
А	Поток денежных средств	6000	5000	4000
	Чистая прибыль	3000	2000	1000
Б	Поток денежных средств	5000	5000	5000
	Чистая прибыль	2000	2000	2000
В	Поток денежных средств	4000	5000	6000
	Чистая прибыль	1000	2000	3000

---

[2] Существует много версий данного правила. Например, некоторые фирмы определяют *рентабельность по отношению к затратам*, т. е. отношение средней прибыли до амортизации, но после вычета налогов, к первоначальной стоимости активов.

ходы сразу вычитаются из дохода любого года. Возмещение капитальных затрат происходит согласно произвольно выбранной бухгалтером схеме. Затем из дохода каждого года вычитаются амортизационные отчисления. Поэтому средняя прибыль в расчете на балансовую стоимость активов зависит от того, какие статьи расходов бухгалтер относит к капитальным затратам и как быстро они амортизируются. Однако решения бухгалтера не в состоянии воздействовать на величину потоков денежных средств[3] и поэтому не должны влиять на решения о принятии проекта или отказе от него.

Фирма, использующая показатель средней прибыли в расчете на балансовую стоимость активов, должна выбрать критерий для оценки проекта. Это решение также произвольно. Иногда в качестве критерия фирма использует текущую бухгалтерскую прибыль. В таких случаях компании с высокими нормами рентабельности своего уже осуществляемого бизнеса порой отказываются от хороших проектов, а компании с низкими нормами рентабельности соглашаются на плохие.

Правило окупаемости плохой критерий. Правило средней прибыли в расчете на балансовую стоимость активов, возможно, еще хуже. Оно не учитывает альтернативную стоимость денег и не опирается на потоки денежных средств проекта, а инвестиционные решения, принятые согласно этому правилу, могут быть связаны с рентабельностью уже осуществляемого фирмой бизнеса.

5–5. ВНУТРЕННЯЯ НОРМА ДОХОДНОСТИ (ИЛИ НОРМА ДОХОДНОСТИ ДИСКОНТИРОВАННОГО ПОТОКА ДЕНЕЖНЫХ СРЕДСТВ)

В то время как методы окупаемости и средней прибыли в расчете на балансовую стоимость активов служат весьма узким целям, критерий внутренней нормы доходности имеет гораздо более почтенную репутацию и рекомендуется во многих работах, посвященных финансам. Поэтому если мы более подробно остановимся на его недостатках, то не оттого, что они более многочисленны, а потому, что они менее очевидны.

В главе 2 мы отмечали, что чистая приведенная стоимость может быть выражена также через норму доходности, из чего можно вывести следующее правило: "Реализуй инвестиционные возможности, норма доходности которых выше альтернативных издержек". Данное утверждение, если его правильно интерпретировать, безусловно, корректно. Однако правильная интерпретация не всегда легко дается применительно к долгосрочным инвестиционным проектам.

При определении нормы доходности инвестиций, которые приносят единственный поток денежных средств через один год, двусмысленности не возникает:

$$Норма\ доходности = \frac{поток\ денежных\ средств}{инвестиции} - 1.$$

Или же мы можем записать формулу чистой приведенной стоимости инвестиций и определить ставку дисконта, при которой $NPV = 0$:

$$NPV = C_0 + \frac{C_1}{1 + ставка\ дисконта} = 0,$$

---

[3] Конечно, метод начисления амортизации важен для целей налогообложения и в силу этого оказывает влияние на движение денежных средств, что нужно принимать во внимание при расчете чистой приведенной стоимости.

ГЛАВА 5. Почему чистая приведенная стоимость лучше других критериев

значит:

$$Ставка\ дисконта = \frac{C_1}{-C_0} - 1.$$

Конечно, C_1 — это поступления, $-C_0$ — требуемые инвестиции, и, таким образом, оба наших уравнения говорят об одном и том же. *Ставка дисконта, при которой чистая приведенная стоимость равняется нулю, является также нормой доходности.*

К сожалению, нет вполне удовлетворительного способа найти точную норму доходности долгосрочных активов. Наиболее приемлема для этих целей так называемая **норма доходности дисконтированных потоков денежных средств**, или **внутренняя норма доходности**. Показатель внутренней нормы доходности часто используется в сфере финансов. Это удобный критерий, но, как мы еще увидим, он может быть и ошибочным. Поэтому вам следует знать, как ее вычислять и как верно применять.

Внутренняя норма доходности (*IRR*) определяется как ставка дисконта, при которой чистая приведенная стоимость равна нулю. Это означает, что для определения внутренней нормы доходности инвестиционного проекта продолжительностью *t* лет мы должны определить внутреннюю норму доходности из следующего выражения:

$$NPV = C_0 + \frac{C_1}{1+IRR} + \frac{C_2}{(1+IRR)^2} + ... + \frac{C_t}{(1+IRR)^t} = 0.$$

На практике внутреннюю норму доходности обычно находят методом подбора. Например, рассмотрим проект, который дает следующие потоки денежных средств:

Потоки денежных средств (в дол.)		
C_0	C_1	C_2
−4000	+2000	+4000

Внутренняя норма доходности выводится из следующего уравнения:

$$NPV = -4000 + \frac{2000}{1+IRR} + \frac{4000}{(1+IRR)^2} = 0.$$

Давайте попробуем взять ставку дисконта, равную нулю. В этом случае чистая приведенная стоимость не будет равна нулю, она равна +2000 дол.

$$NPV = -4000 + \frac{2000}{1,0} + \frac{4000}{(1,0)^2} = +2000\ дол.$$

Чистая приведенная стоимость положительна, следовательно, внутренняя норма доходности должна быть больше нуля. Следующим шагом будет попытка продисконтировать по ставке 50%. В этом случае чистая приведенная стоимость равна −889 дол.

$$NPV = -4000 + \frac{2000}{1,5} + \frac{4000}{(1,5)^2} = -889\ дол.$$

Чистая приведенная стоимость отрицательна, следовательно, внутренняя норма доходности должна быть меньше 50%. На рисунке 5-2 мы построили график зависимости чистой приведенной стоимости от ставок дисконта. Из

РИСУНОК 5-2
Затраты по данному проекту составляют 4000 дол., и впоследствии он дает потоки денежных средств в размере 2000 дол. в году 1 и 4000 дол. в году 2. Внутренняя норма доходности проекта равна 28%, т.е. ставке дисконта, при которой чистая приведенная стоимость равна нулю.

рисунка видно, что ставка дисконта на уровне 28% дает искомую чистую приведенную стоимость, равную нулю. Следовательно, внутренняя норма доходности равна 28%.

Если вы должны найти значение внутренней нормы доходности "вручную", то наиболее легкий способ сделать это — взять три или четыре комбинации чистой приведенной стоимости и ставки дисконта на графике, подобном графику на рисунке 5-2, соединить точки плавной кривой и затем найти ставку дисконта, при которой чистая приведенная стоимость равна нулю. Но безусловно, быстрее и надежнее использовать компьютер или калькулятор со специальными программами, как и поступает большинство компаний.

Итак, согласно *правилу* внутренней нормы доходности инвестиционный проект следует принять, если альтернативные издержки меньше, чем внутренняя норма доходности. Доказательством этого служит график на рисунке 5-2. Если альтернативные издержки меньше внутренней нормы доходности, равной 28%, тогда при дисконтировании по ставке, равной альтернативным издержкам, проект имеет *положительную* чистую приведенную стоимость. Если альтернативные издержки равны внутренней норме доходности, проект имеет *нулевую* чистую приведенную стоимость. И если альтернативные издержки превышают внутреннюю норму доходности, проект имеет *отрицательную* чистую приведенную стоимость. Следовательно, когда мы сравниваем альтернативные издержки инвестирования с внутренней нормой доходности нашего проекта, мы действительно можем сказать, имеет ли проект положительную чистую приведенную стоимость. Это верно применительно не только к нашему примеру. Вывод, сделанный согласно данному правилу, будет тем же, что и согласно правилу чистой приведенной стоимости *всякий раз, когда чистая приведенная стоимость проекта является постепенно убывающей функцией ставки дисконта*[4].

---

[4] Стоит сделать предупреждение. Некоторые люди путают понятия внутренней нормы доходности и альтернативных издержек, поскольку оба выступают в качестве ставки дисконта в формуле чистой приведенной стоимости. Внутренняя норма доходности является *измерителем рентабельности*, которая зависит исключительно от величины и времени возникновения потоков денежных средств проекта. Альтернативные издержки представляют собой *критерий рентабельности*, который мы используем для определения того, сколько стоит проект. Величина альтернативных издержек устанавливается на рынках капиталов. Они представляют собой ожидаемую норму доходности других активов, риск которых сопоставим с риском оцениваемого нами проекта.

ГЛАВА 5. Почему чистая приведенная стоимость лучше других критериев

Многие фирмы, к нашему сожалению, предпочитают в качестве критерия использовать не чистую приведенную стоимость, а внутреннюю норму доходности. Хотя, верно сформулированные, эти два критерия формально эквивалентны, правило внутренней нормы доходности таит в себе несколько ловушек.

Ловушка 1 — кредитовать или брать взаймы?

Не у всех потоков денежных средств чистая приведенная стоимость уменьшается с ростом ставки дисконта. Рассмотрим два следующих проекта А и Б:

Проект	Потоки денежных средств (в дол.)		Внутренняя норма доходности (в %)	Чистая приведенная стоимость при $r=10\%$
	C_0	C_1		
А	−1000	+1500	+50	+364
Б	+1000	−1500	+50	−364

Внутренняя норма доходности каждого из проектов составляет 50% ($-1000 + 1500/1{,}50 = 0$ и $+1000 - 1500/1{,}50 = 0$).

Означает ли это, что оба проекта одинаково привлекательны? Ясно, что нет, так как в проекте А, когда мы изначально выплачиваем 1000 дол., *мы даем взаймы* по ставке 50%, а в проекте Б, где мы изначально получаем 1000 дол., *мы берем взаймы* по ставке 50%. Когда мы предоставляем кредит, мы хотим получить *высокую* норму доходности; когда же мы берем деньги взаймы, мы хотим, чтобы норма доходности была *низкой*.

Если для проекта Б вы построите график, как на рисунке 5-2, вы увидите, что чистая приведенная стоимость увеличивается с ростом ставки дисконта. Очевидно, что в этом случае метод внутренней нормы доходности, как мы его представили выше, работать не будет; мы должны найти внутреннюю норму доходности, значение которой *меньше* альтернативных издержек.

Этого уже вполне достаточно, но давайте рассмотрим еще проект В:

Проект	Потоки денежных средств (в дол.)				Внутренняя норма доходности (в %)	Чистая приведенная стоимость при $r=10\%$
	C_0	C_1	C_2	C_3		
В	+1000	−3600	+4320	−1738	+20	−0,75

Оказывается, чистая приведенная стоимость проекта В равна нулю при ставке дисконта 20%. Если альтернативные издержки равны 10%, это значит, что проект стоит осуществлять. В какой-то степени проект В аналогичен получению кредита, поскольку мы получаем деньги сейчас и возвращаем их в первый период; в какой-то степени он аналогичен также предоставлению займа, поскольку в период 1 мы отдаем деньги и получаем их обратно в период 2. Следует ли нам принять проект или же лучше отказаться от него? Единственный способ найти ответ, это оценить его чистую приведенную стоимость. Рисунок 5-3 показывает, что чистая приведенная стоимость нашего проекта *растет* с ростом ставки дисконта. Если альтернативные издержки равны 10% (т. е. меньше внутренней нормы доходности), проект имеет небольшую отрицательную чистую приведенную стоимость, и нам следует отказаться от проекта.

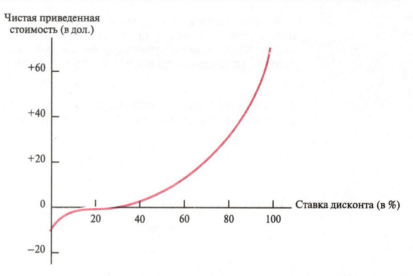

РИСУНОК 5-3
Чистая приведенная стоимость проекта В растет с ростом ставки дисконта.

Ловушка 2 — множественность значений нормы доходности

Проект В имеет единственную внутреннюю норму доходности, однако это, как правило, не так в тех случаях, когда происходит более чем одно изменение в знаке потоков денежных средств. Рассмотрим, например, проект Г. Затраты по нему составляют 4000 дол., и он приносит вам в первый год 25 000 дол. Затем во втором году вы должны выплатить 25 000 дол. (Существует множество проектов, по окончании которых происходит отток денежных средств. Например, если вы ведете открытую добычу угля, возможно, вам потребуется инвестировать значительную сумму, чтобы восстановить землю по окончании разработок месторождения.)

Проект	Потоки денежных средств (в дол.)			Внутренняя норма доходности (в %)	Чистая приведенная стоимость при $r=10\%$
	C_0	C_1	C_2		
Г	–4000	+25 000	–25 000	25 и 400	–1934

Заметим, что существуют *два* значения ставки дисконта, при которых чистая приведенная стоимость равна нулю, т. е. справедливы *оба* утверждения:

$$NPV = -4000 + \frac{25\,000}{1{,}25} - \frac{25\,000}{(1{,}25)^2} = 0$$

и

$$NPV = -4000 + \frac{25\,000}{5} - \frac{25\,000}{5} = 0.$$

Говоря другими словами, внутренняя норма доходности инвестиций составляет 25% *и* 400%. Рисунок 5-4 иллюстрирует эту ситуацию. С ростом ставки дисконта чистая приведенная стоимость сначала растет, а затем снижается. Причина этого заключается в том, что знак потоков денежных средств дваж-

ГЛАВА 5. Почему чистая приведенная стоимость лучше других критериев

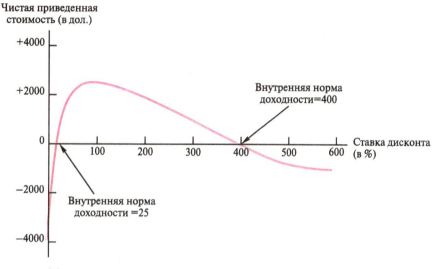

РИСУНОК 5-4
Проект Г имеет две внутренние нормы доходности. Чистая приведенная стоимость равна 0, когда ставка дисконта равна 25% и когда она равна 400%.

ды меняется. Может быть столько различных значений внутренней нормы доходности проекта, сколько раз изменяется знак потоков денежных средств[5].

Хотя и эта ситуация уже достаточно сложна, существуют еще случаи, когда проект *вообще не имеет* внутренней нормы доходности. Например, у проекта Д чистая приведенная стоимость положительна при любых ставках дисконта.

Проект	Потоки денежных средств (в дол.)			Внутренняя норма доходности (в %)	Чистая приведенная стоимость при $r=10\%$
	C_0	C_1	C_2		
Д	+1000	−3000	+2500	нет	+339

Для таких случаев было придумано несколько способов применения метода внутренней нормы доходности. Однако они не только неадекватны, но и необходимости в них нет, поскольку наиболее простым решением является использование метода чистой приведенной стоимости.

| Ловушка 3 — взаимоисключающие проекты | Фирмам часто приходится выбирать один из нескольких альтернативных способов выполнения одной и той же работы или использования одних и тех же мощностей. Говоря другими словами, им необходимо сделать выбор из **взаимоисключающих проектов**. И в этом случае метод внутренней нормы доходности также может привести к ошибке.
Рассмотрим проекты Е и Ж: |

Проект	Потоки денежных средств (в дол.)		Внутренняя норма доходности (в %)	Чистая приведенная стоимость при $r=10\%$
	C_0	C_1		
Е	−10 000	+20 000	100	+8182
Ж	−20 000	+35 000	75	+11 818

---

[5] Согласно "правилу знаков" Декарта, у многочлена может быть столько различных корней, сколько раз происходит изменение знака. О проблеме множественности значений нормы доходности см.: *J.H. Lorie and L.J. Savage*. Three Problems in Rationing Capital // Journal of Business. 28: 229–239. October 1955; *E. Solomon*. The Arithmetic of Capital Budgeting // Journal of Business. 29: 124–129. April 1956.

Допустим, проект Е предполагает производство оборудования с ручным управлением, а проект Ж — того же оборудования с добавлением компьютерного управления. Оба проекта представляют собой хорошие варианты инвестирования, но проект Ж имеет более высокую чистую приведенную стоимость и, следовательно, является лучшим. Однако представляется, что метод внутренней нормы доходности указывает на то, что если вы должны выбирать между этими проектами, вам следует принять проект Е, поскольку он имеет более высокую внутреннюю норму доходности. Если вы будете руководствоваться методом внутренней нормы доходности, вас удовлетворит норма доходности в 100%; если же вы будете следовать методу чистой приведенной стоимости, вы станете богаче на 11 818 дол.

В таких случаях вы можете использовать метод внутренней нормы доходности для оценки внутренней нормы доходности приростных потоков. Ниже описано, как это сделать. Во-первых, рассмотрите проект меньшей стоимости (в нашем примере это проект Е). Его внутренняя норма доходности равна 100% и превосходит альтернативные издержки, равные 10%. Отсюда вы понимаете, что проект Е приемлем. Теперь вы спрашиваете себя, стоит ли инвестировать дополнительно 10 000 дол. в проект Ж. Осуществление проекта Ж по сравнению с проектом Е дает следующие приросты потоков денежных средств:

Проект	Потоки денежных средств (в дол.)		Внутренняя норма доходности (в %)	Чистая приведенная стоимость при $r=10\%$
	C_0	C_1		
Ж–Е	–10 000	+15 000	50	+3636

Внутренняя норма доходности дополнительных инвестиций равна 50%, что также значительно превышает 10%-ные альтернативные издержки. Поэтому вам следует отдать предпочтение проекту Ж[6].

Без рассмотрения приростных вложений внутренняя норма доходности не может служить надежным критерием для ранжирования проектов различных масштабов. Он также ненадежен при выборе проектов с различным распределением денежных потоков во времени. Например, фирма может осуществить *либо* только проект З, *либо* только проект И (проект К в данном случае не принимайте во внимание):

Проект	Потоки денежных средств (в дол.)						Внутренняя норма доходности (в %)	Чистая приведенная стоимость при $r=10\%$
	C_0	C_1	C_2	C_3	C_4	C_5	и т. д.	
З	–9000	+6000	+5000	+4000	0	0	...	33	3592
И	–9000	+1800	+1800	+1800	+1800	+1800	...	20	9000
К		–6000	+1200	+1200	+1200	+1200	...	20	6000

Проект З имеет более высокую внутреннюю норму доходности, но у проекта И выше чистая приведенная стоимость. На рисунке 5-5 показано, почему два

---

[6] Однако вы можете, как говорится, попасть из огня да в полымя. Потоки денежных средств могут менять знак несколько раз. В этом случае вы, вероятно, столкнетесь со множеством значений внутренней нормы доходности и все равно будете вынуждены использовать метод чистой приведенной стоимости.

ГЛАВА 5. Почему чистая приведенная стоимость лучше других критериев

РИСУНОК 5-5
Внутренняя норма доходности у проекта З больше, чем у проекта И, однако последний имеет более высокую чистую приведенную стоимость, при условии, что альтернативные издержки не превышают 15,6%.

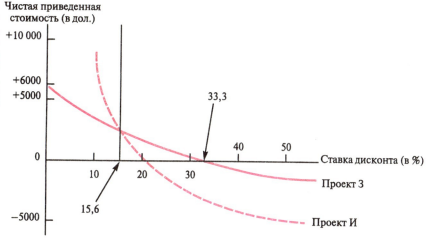

метода приводят к разным результатам. Сплошная линия обозначает чистую приведенную стоимость проекта З при различных ставках дисконта. Так как при ставке дисконта, равной 33%, чистая приведенная стоимость равна нулю, то она выступает внутренней нормой доходности проекта З. Аналогично, пунктирная линия обозначает чистую приведенную стоимость проекта И при различных ставках дисконта. Внутренняя норма доходности проекта И равна 20%. (Мы предполагаем, что потоки денежных средств в рамках проекта И продолжаются неограниченное время.) Заметим, что проект И имеет более высокую чистую приведенную стоимость до тех пор, пока альтернативные издержки составляют менее 15,6%.

Причина, по которой метод внутренней нормы доходности ведет к ошибочным заключениям, состоит в том, что хотя совокупный приток денежных средств по проекту И более крупный, однако возникает он позже. Поэтому, когда ставка дисконта низкая, проект И имеет более высокую чистую приведенную стоимость; когда ставка дисконта высокая, более высокую чистую приведенную стоимость имеет проект З. (На рисунке 5-5 вы можете увидеть, что два проекта имеют *одинаковую* чистую приведенную стоимость при ставке дисконта, равной 15,6%.) Если посмотреть на внутренние нормы доходности двух проектов, то заметим, что при ставке дисконта 20% чистая приведенная стоимость проекта И равна нулю (внутренняя норма доходности равна 20%), а чистая приведенная стоимость проекта З положительна. Таким образом, если бы альтернативные издержки составляли 20%, инвесторы могли бы более высоко оценить краткосрочный проект З. Но в нашем примере альтернативные издержки равны не 20%, а 10%. Инвесторы готовы заплатить относительно более высокую цену за долгосрочные ценные бумаги, и поэтому они заплатят относительно высокую цену за долгосрочный проект. При альтернативных издержках, равных 10%, чистая приведенная стоимость инвестиций в проект И составляет 9000 дол., а инвестиций в проект З только 3592 дол.[7]

---

[7] Распространено мнение, что выбор между методами чистой приведенной стоимости и внутренней нормы доходности зависит от возможной ставки реинвестирования. Это ошибочное мнение. *Никогда* ожидаемая доходность других *независимых* инвестиций не должна влиять на данное инвестиционное решение. О допущении относительно реинвестирования см.: *A.A. Alchian*. The Rate of Interest, Fisher's Rate of Return over Cost and Keynes' Internal Rate of Return // American Economic Review. 45: 938–942. December 1955.

Это наш излюбленный пример. Нам известно множество вариантов реакции на него деловых людей. Когда просят выбрать между проектами З и И, многие выбирают З. Очевидно, причина – в быстрой окупаемости проекта З. Иначе говоря, они полагают, что, предприняв проект З, они позднее смогут осуществить также и проект К (заметим, что проект К можно финансировать, используя потоки денежных средств проекта З), если же они возьмутся за проект И, у них не будет достаточно денег, чтобы осуществить проект К. Говоря другими словами, глубинной предпосылкой их выбора между проектами З и И выступает *недостаток капитала*. Когда это подспудное допущение начинает обсуждаться, они обычно соглашаются, что проект И был бы лучшим, если бы не дефицит капитала.

Однако с введением ограничений на капитал возникают еще два вопроса. Первый связан с тем фактом, что большинство менеджеров, предпочитающих проект З проекту И, работают в фирмах, которые, как правило, не испытывают трудностей в привлечении больших объемов капитала. Почему менеджер, скажем, компании General Motors (G.M.), выбирая проект З, должен объяснять это ограниченностью капитала? G.M. в состоянии привлечь капитал в каком угодно объеме и может принять проект К вне зависимости от того, выбран проект З или проект И; следовательно, К не должен влиять на выбор между проектами З и И. Ответ, по-видимому, заключается в том, что крупные фирмы, как правило, планируют долгосрочные вложения для своих отделов и подразделений, рассматривая это как часть общей системы планирования и контроля фирмы. Поскольку такие системы сложны и громоздки, не так легко впоследствии внести изменения в эти бюджеты долгосрочных вложений, и поэтому руководители среднего уровня видят в них реальные ограничения.

Второй вопрос. Если существуют ограничения на капитал, либо объективные, либо специально установленные, следует ли использовать внутреннюю норму доходности в качестве критерия отбора проектов? Ответ — нет. В этом случае задача сводится к тому, чтобы отыскать такой пакет инвестиционных проектов, который отвечал бы ограничениям на капитал и имел наибольшую чистую приведенную стоимость. С помощью метода внутренней нормы доходности такой пакет определить невозможно. Как мы увидим в главе 6, обычно на практике для этого используют метод линейного программирования.

Когда нам приходится выбирать между проектами З и И, наиболее легкий способ – сравнить чистые приведенные стоимости. Однако если ваше сердце отдано методу внутренней нормы доходности, вы можете использовать его при условии оценки внутренней нормы доходности приростных потоков. Техника здесь та же, что показана выше. Во-первых, вы удостоверяетесь, что проект З имеет удовлетворительную внутреннюю норму доходности. Затем вы рассматриваете доходность дополнительных инвестиций в проект И.

Проект	Потоки денежных средств (в дол.)						Внутренняя норма доходности (в %)	Чистая приведенная стоимость при $r=10\%$
	C_0	C_1	C_2	C_3	C_4	C_5 и т. д.		
И–З	0	–4200	–3200	–2200	+1800	+1800 ...	15,6	+5,408

Внутренняя норма доходности дополнительных инвестиций в проект И равна 15,6%. Поскольку она превышает альтернативные издержки, проект И следует принять.

ГЛАВА 5. Почему чистая приведенная стоимость лучше других критериев

Ловушка 4 — что происходит, когда мы не можем определить временну́ю структуру процентных ставок

Мы упростили наш анализ планирования долгосрочных вложений, сделав допущение, что альтернативные издержки одинаковы для всех потоков денежных средств C_1, C_2, C_3 и т. д. В данной главе специально не рассматривается вопрос о временно́й структуре процентных ставок, но мы должны указать на некоторые проблемы, связанные с методом внутренней нормы доходности, которые возникают, когда краткосрочные процентные ставки отличаются от долгосрочных.

Вспомним нашу основную формулу расчета чистой приведенной стоимости:

$$NPV = C_0 + \frac{C_1}{1+r_1} + \frac{C_2}{(1+r_2)^2} + \ldots$$

Иначе говоря, мы дисконтируем C_1 по ставке, равной альтернативным издержкам для первого года, C_2 — по ставке, равной альтернативным издержкам второго года, и т. д. Согласно методу внутренней нормы доходности, мы принимаем проект, если внутренняя норма доходности больше альтернативных издержек. Но что нам делать, когда мы имеем несколько значений альтернативных издержек? Мы сравниваем внутреннюю норму доходности с r_1, r_2, r_3 и т. д.? На самом деле мы могли бы вычислить сложную средневзвешенную этих ставок и сравнить ее с внутренней нормой доходности.

Что это означает с точки зрения составления бюджетов долгосрочных вложений? Это означает, что с методом возникают сложности всякий раз, когда становится важна временна́я структура процентных ставок[8]. В этих случаях мы сравниваем внутреннюю норму доходности проекта с ожидаемым показателем (доходностью к погашению) свободно обращающихся ценных бумаг, которые 1) сопряжены с риском, эквивалентным риску проекта, и 2) имеют аналогичный проекту временно́й график движения денежных потоков. Однако о таком сравнении легче говорить, чем его реально осуществить. Гораздо лучше забыть о внутренней норме доходности и вычислить чистую приведенную стоимость.

Многие фирмы используют внутреннюю норму доходности, основываясь на предпосылке, что между краткосрочными и долгосрочными ставками процента нет никаких различий. Они делают это по той же причине, что и мы при определении временно́й структуры: для упрощения[9].

Вывод о методе внутренней нормы доходности

Мы привели четыре примера, когда применение данного метода ведет к ошибочным результатам. И мы рассмотрели только один пример, когда методы окупаемости или бухгалтерской нормы рентабельности могут ввести в заблуждение. Означает ли это, что метод внутренней нормы доходности в четыре раза хуже, чем два других метода? Совсем наоборот. Останавливаясь на недостатках методов окупаемости или бухгалтерской нормы рентабельности, сделаем одно небольшое замечание. Ясно, что они являются методами ограниченного применения, которые часто ведут к ошибочным выводам. Метод внутренней нормы доходности имеет более солидные основания. Его не так легко применять, как метод чистой приведенной стоимости, однако надлежащее его использование дает те же результаты.

---

[8] Причина сложностей кроется в том, что внутренняя норма доходности — это производная величина без какого-либо элементарного экономического смысла. Если мы хотим сформулировать ее определеннее, нам достаточно просто сказать, что это ставка дисконта, при которой чистая приведенная стоимость всех потоков денежных средств равна нулю. Внутренняя норма доходности представляет собой сложную среднюю отдельных процентных ставок. Проблема состоит не в том, что внутреннюю норму доходности трудно вычислить, а в том, что она сама по себе не очень полезна.

[9] В главе 9 мы рассмотрим некоторые особые случаи, когда применение одной и той же ставки дисконта к долгосрочным и краткосрочным потокам денежных средств может ввести в заблуждение.

5–6. КОЭФФИЦИЕНТ РЕНТАБЕЛЬНОСТИ, ИЛИ КОЭФФИЦИЕНТ ВЫГОДЫ – ИЗДЕРЖКИ

Коэффициент рентабельности (или **коэффициент выгоды – издержки**) представляет собой приведенную стоимость прогнозируемых будущих потоков денежных средств, деленную на первоначальные инвестиции:

$$\text{Коэффициент рентабельности} = \frac{PV}{-C_0}.$$

Согласно *методу* рентабельности мы принимаем все проекты, коэффициенты рентабельности которых больше 1. Если коэффициент рентабельности больше 1, значит, приведенная стоимость больше первоначальных инвестиций ($-C_0$), и поэтому проект должен иметь положительную чистую приведенную стоимость. Следовательно, метод рентабельности приводит однозначно к такому же решению, что и метод чистой приведенной стоимости[10].

Однако, подобно внутренней норме доходности, применение коэффициента рентабельности может привести к ошибкам, когда мы должны выбрать между двумя взаимоисключающими инвестиционными проектами.

Рассмотрим два следующих проекта:

Проект	Потоки денежных средств (в дол.) C_0	C_1	Приведенная стоимость при $r=10\%$	Коэффициент рентабельности	Чистая приведенная стоимость при $r=10\%$
Л	–100	+200	182	1,82	82
М	–10 000	+15 000	13 636	1,36	3636

Как верно указывает коэффициент рентабельности, хороши оба эти проекта. Но предположим, что проекты взаимоисключающие. Мы *должны бы* принять проект М — проект с более высокой чистой приведенной стоимостью. Тем не менее, если судить по коэффициенту рентабельности, приоритет принадлежит проекту Л.

Как и в случае с внутренней нормой доходности, мы всегда можем решить эту проблему, рассмотрев коэффициент рентабельности *приростных* инвестиций. Говоря иначе, сначала удостоверьтесь, что проект Л стоит осуществить, затем рассчитайте коэффициент рентабельности 9900 дол. дополнительных инвестиций в проект М:

Проект	Потоки денежных средств (в дол.) C_0	C_1	Приведенная стоимость при $r=10\%$	Коэффициент рентабельности	Чистая приведенная стоимость при $r=10\%$
М–Л	–9900	+14 800	13 454	1,36	3554

Коэффициент рентабельности дополнительных инвестиций больше 1, т. е. лучшим является проект М.

Из наших четырех методов метод коэффициента рентабельности наиболее схож с принципом чистой приведенной стоимости. В следующей главе мы

---

[10] Некоторые компании не дисконтируют прибыли или затраты до расчета коэффициента рентабельности. Чем меньше разговора о таких компаниях, тем лучше.

ГЛАВА 5. Почему чистая приведенная стоимость лучше других критериев

рассмотрим еще один особый случай, когда коэффициент рентабельности становится более полезным. Однако для большинства целей чистая приведенная стоимость, которая обладает свойством слагаемости, служит более надежным критерием, чем коэффициент рентабельности, не обладающий таким свойством.

5–7. РЕЗЮМЕ

Если вы собираетесь убедить вашу компанию использовать метод чистой приведенной стоимости, вы должны объяснить, почему применение других методов не ведет к принятию правильных решений. Поэтому мы посвятили данную главу рассмотрению четырех альтернативных критериев инвестирования.

Некоторые компании в принятии инвестиционных решений руководствуются методом окупаемости. Говоря другими словами, они принимают только те проекты, в которых первоначальные инвестиции возмещаются в течение некоторого определенного периода. Метод окупаемости имеет узкоцелевую направленность. В нем не учитывается порядок возникновения потоков денежных средств в течение периода окупаемости и совершенно игнорируются последующие потоки денежных средств. Следовательно, он не принимает во внимание альтернативные издержки.

Простота метода окупаемости облегчает *описание* инвестиционных проектов. Менеджеры обычно говорят о "быстроокупаемых" проектах, подобно тому как инвесторы говорят об обыкновенных акциях с высоким коэффициентом цена – прибыль. Тот факт, что менеджеры рассуждают о периодах окупаемости проектов, не означает, что они руководствуются этим методом при принятии решений. Однако некоторые менеджеры действительно используют метод окупаемости при принятии инвестиционных решений. Почему они полагаются на такую грубую сверхупрощенную концепцию — полнейшая загадка.

Некоторые фирмы используют в качестве критерия среднюю бухгалтерскую норму рентабельности. В этом случае компании должны решить, какие потоки денежных средств являются капитальными затратами, и должны выбрать соответствующую систему начисления амортизации. Затем необходимо определить отношение средней прибыли к средней балансовой стоимости инвестиций и сравнить полученный результат с планируемым компанией уровнем рентабельности. Средняя бухгалтерская норма рентабельности инвестиций — еще один узкоцелевой метод. В нем не учитывается, поступит ли прибыль в следующем году или в следующем столетии, и таким образом этот метод игнорирует альтернативные издержки.

Внутренняя норма доходности определяется как ставка дисконта, при которой чистая приведенная стоимость проекта равнялась бы нулю. Данный метод удобно использовать, и он широко применяется в сфере финансов: поэтому вам следует знать, как вычисляется внутренняя норма доходности. Согласно методу внутренней нормы доходности, компаниям следует принимать любые инвестиционные проекты, внутренняя норма доходности которых превышает альтернативные издержки. Метод внутренней нормы доходности, подобно методу чистой приведенной стоимости, основан на дисконтировании потоков денежных средств. Поэтому при условии его правильного использования он дает верный ответ. Проблема состоит в том, что он может быть неправильно применен. Есть четыре момента, на которые следует обратить внимание.

1. *Брать в долг или давать взаймы?* Если в проекте положительные потоки денежных средств следуют за отрицательными потоками, чистая приведенная стоимость проекта *растет* с ростом ставки дисконта. Вам следует принимать такие проекты, если их внутренняя норма доходности меньше альтернативных издержек.

2. *Множественность значений нормы доходности.* Если происходит более чем одно изменение знака потоков денежных средств, проект может иметь несколько значений внутренней нормы доходности или не иметь ее вообще.
3. *Взаимоисключающие проекты.* Применение метода внутренней нормы доходности может привести к ошибке при оценке взаимоисключающих проектов, которые различаются по продолжительности экономической жизни или по объемам требуемых инвестиций. Если вы настаиваете на использовании метода внутренней нормы доходности для оценки взаимоисключающих проектов, вы должны рассматривать внутреннюю норму доходности каждой дополнительной единицы инвестиций.
4. *Краткосрочные ставки процента могут отличаться от долгосрочных ставок.* Метод внутренней нормы доходности требует, чтобы вы сравнивали внутреннюю норму доходности проекта с альтернативными издержками. Но иногда альтернативные издержки для потоков денежных средств первого года имеют одно значение, для потоков другого года — другое и т. д. В таких случаях простого способа оценки внутренней нормы доходности проекта не существует.

Четвертым методом является применение коэффициента рентабельности, или коэффициента выгоды — издержки. Согласно этому методу компании должны принимать проект только в том случае, если отношение дисконтированных будущих потоков денежных средств к первоначальным инвестициям больше 1. Это равнозначно утверждению, что компании должны принимать проекты с положительными чистыми приведенными стоимостями. Единственный недостаток этого коэффициента заключается в том, что он не обладает свойством слагаемости, как приведенная стоимость. Поэтому вы должны быть особенно внимательны, используя данный метод при принятии решения о том, какому проекту отдать предпочтение.

Настал удобный момент, чтобы подчеркнуть политические реалии. Некоторые люди полагают, что земля плоская. Возможно, таких людей легче убедить в том, что земля немного закругляется по краям, чем в том, что она совершенно круглая. Когда вы станете президентом или казначеем фирмы, мы уверены, вы будете руководствоваться принципом чистой приведенной стоимости. Однако если нынешнее руководство всецело предано методу окупаемости, вы все же можете надеяться улучшить ситуацию, убедив его использовать различные по продолжительности периоды окупаемости для проектов с различными сроками реализации и перейти к методу дисконтированной окупаемости.

Если уж мы тратимся на составление прогнозов, мы также могли бы и применять их соответствующим образом. Поэтому узкоцелевые критерии не должны играть никакой роли в принятии решений нашей фирмой, а принцип чистой приведенной стоимости должен быть предпочтительнее других методов, основанных на дисконтировании потоков денежных средств. Утверждая это, мы должны проявлять осторожность и не преувеличивать значение методики расчета. Методика, конечно, важна, но не только это определяет успех планирования долгосрочных вложений. Если прогноз потоков денежных средств составлен неверно, даже совершенно верное применение метода чистой приведенной стоимости может привести к неудаче.

РЕКОМЕНДУЕМАЯ ЛИТЕРАТУРА

В большинстве работ о планировании долгосрочных вложений рассматриваются альтернативные критерии, используемые при составлении капитальных бюджетов. Смотри, например:

H. Bierman, Jr., and S. Smidt. The Capital Budgeting Decision, 7th ed. The Macmillan Company, New York, 1988.

ГЛАВА 5. Почему чистая приведенная стоимость лучше других критериев

Классические статьи о внутренней норме доходности:

J.H. Lorie and L.J.Savage. Three Problems in Rationing Capital // Journal of Business. 28: 229–239. October 1955.

E. Solomon. The Arithmetic of Capital Budgeting Decision // Journal of Business. 29: 124–129. April 1956.

A.A. Alchian. The Rate of Interest, Fisher's Rate of Return over Cost and Keynes' Internal Rate of Return // American Economic Review. 45: 938–942. December 1955.

О коэффициенте рентабельности смотри:

B. Schwab and P. Lusztig. A Comparative Analysis of the Net Present Value and the Benefit-Cost Ratios as Measures of the Economic Desirability of Investment // Journal of Finance. 24: 507–516. June 1969.

КОНТРОЛЬНЫЕ ВОПРОСЫ

1. Что представляют собой альтернативные издержки? Дайте краткое определение.
2. *а)* Каковы периоды окупаемости каждого из следующих проектов:

Проект	Потоки денежных средств (в дол.)				
	C_0	C_1	C_2	C_3	C_4
А	–5000	+1000	+1000	+3000	0
Б	–1000	0	+1000	+2000	+3000
В	–5000	+1000	+1000	+3000	+5000

б) При условии, что вы хотите использовать метод окупаемости и период окупаемости равен двум годам, на какой из проектов вы согласитесь?

в) Если период окупаемости равен трем годам, какой из проектов вы выберете?

г) Если альтернативные издержки составляют 10%, какие проекты будут иметь положительные чистые приведенные стоимости?

д) "В методе окупаемости слишком большое значение уделяется потокам денежных средств, возникающим за пределами периода окупаемости". Верно ли это утверждение?

е) "Если фирма использует один период окупаемости для всех проектов, вероятно, она одобрит слишком много краткосрочных проектов". Верно или неверно?

3. Машина стоит 8000 дол. Ожидается, что до полного износа она будет приносить 2500 дол. прибыли в первом и во втором годах и 3500 дол. прибыли в третьем и четвертом годах. Допустим, что амортизация начисляется равномерно по 2000 дол. в год и нет налогов. Какова средняя бухгалтерская норма рентабельности?

4. Верны или неверны следующие утверждения? Объясните ваш ответ.

а) "В методе средней бухгалтерской нормы рентабельности придается слишком большое значение более поздним потокам денежных средств".

б) "Если компании используют текущую бухгалтерскую норму рентабельности в качестве критерия для новых инвестиций, преуспевающие компании будут иметь тенденцию осуществлять слишком много инвестиций".

5. *а)* Вычислите чистую приведенную стоимость следующего проекта при ставках дисконта, равных 0, 50 и 100%:

Потоки денежных средств (в дол.)		
C_0	C_1	C_2
−6750	+4500	+18 000

б) Какова внутренняя норма доходности проекта?

6. Рассмотрите проекты А и Б:

Проект	Потоки денежных средств (в дол.)			Внутренняя норма доходности (в %)
	C_0	C_1	C_2	
А	−4000	+2410	+2930	21
Б	−2000	+1310	+1720	31

а) Альтернативные издержки меньше 10%. Используйте метод внутренней нормы доходности, чтобы определить, какой проект или проекты вы должны принять: 1) если вы можете осуществить оба проекта и 2) если вы можете осуществить только один из проектов.

б) Предположим, что чистая приведенная стоимость проекта А равна 690 дол., а проекта Б — 657 дол. Какова чистая приведенная стоимость дополнительных 2000 дол. инвестиций в проект А?

7. Рассмотрите следующие проекты:

Проект	Потоки денежных средств (в дол.)		
	C_0	C_1	C_2
А	−1600	+1200	+1440
Б	−2100	+1440	+1728

а) Рассчитайте коэффициент рентабельности для проектов А и Б при условии, что альтернативные издержки равны 20%.

б) Используя метод рентабельности, определите, какой проект (проекты) вам следует принять: 1) если вы можете осуществить оба проекта и 2) если вы можете осуществить только один из проектов.

8. Проекты В и Г предусматривают одинаковые расходы и имеют одинаковую внутреннюю норму доходности, которая превышает альтернативные издержки. Потоки денежных средств в проекте В больше потоков денежных средств в проекте Г, но возникают позже. Какой из проектов имеет более высокую чистую приведенную стоимость?

9. Вы имеете возможность участвовать в проекте, который дает следующие потоки денежных средств:

Потоки денежных средств (в дол.)		
C_0	C_1	C_2
+5000	+4000	−11 000

ГЛАВА 5. Почему чистая приведенная стоимость лучше других критериев

Внутренняя норма доходности равна 13%. Если альтернативные издержки составляют 10%, будете ли вы участвовать в проекте?

ВОПРОСЫ И ЗАДАНИЯ

1. Рассмотрим следующие проекты:

Проект	Потоки денежных средств (в дол.)					
	C_0	C_1	C_2	C_3	C_4	C_5
А	−1000	+1000	0	0	0	0
Б	−2000	+1000	+1000	+4000	+1000	+1000
В	−3000	+1000	+1000	0	+1000	+1000

   а) Если альтернативные издержки составляют 10%, какие проекты имеют положительную чистую приведенную стоимость?
   б) Определите период окупаемости для каждого проекта.
   в) Какой проект (проекты) приняла бы фирма, руководствуясь методом окупаемости, если бы период окупаемости равнялся трем годам?

2. Проект А (см. табл. 5-1*а*) пересмотрен. Первоначальные инвестиции снижены до 6000 дол., и фирма предлагает начислять амортизацию по 2000 дол. в год. К сожалению, операционные расходы увеличиваются на 1000 дол. в год. При условии, что альтернативные издержки равны 7%, как эти изменения повлияют на чистую приведенную стоимость проекта? Какое влияние они окажут на среднюю бухгалтерскую норму рентабельности?

3. Рассмотрим проект со следующими потоками денежных средств:

C_0	C_1	C_2
−100	+200	−75

   а) Сколько значений внутренней нормы доходности имеет данный проект?
   б) Альтернативные издержки равны 20%. Привлекателен ли данный проект? Вкратце объясните ваш ответ.

4. Прокомментируйте следующие высказывания:
   а) "Мы склонны использовать метод окупаемости главным образом как средство снизить риск".
   б) "Главное достоинство метода внутренней нормы доходности состоит в том, что не нужно думать о соответствующей ставке дисконта".

5. Метод окупаемости до сих пор используется многими фирмами, несмотря на то, что известны его теоретические недостатки. Как вы думаете, почему?

6. К сожалению, ваш исполнительный директор отказывается одобрить какие-либо инвестиции в расширение предприятия, если первоначальные вложения не окупятся в срок до четырех лет, т.е. он настаивает на *методе окупаемости с периодом окупаемости* в четыре года. В результате отвергается привлекательный долгосрочный проект. Исполнительный директор хочет перейти к *методу дисконтированной окупаемости* с тем же *периодом окупаемости* в четыре года. Лучше ли это? Объясните.

7. Рассмотрим два следующих взаимоисключающих проекта:

Проект	Потоки денежных средств (в дол.)			
	C_0	C_1	C_2	C_3
А	−100	+60	+60	0
Б	−100	0	0	+140

а) Вычислите чистую приведенную стоимость каждого проекта при ставках дисконта 0, 10 и 20%. Постройте графики, где значения чистой приведенной стоимости помещены на вертикальной оси координат, а значения ставки дисконта — на горизонтальной оси.

б) Какова приблизительно внутренняя норма доходности каждого проекта?

в) При каких условиях компании следует принять проект А?

г) Вычислите чистую приведенную стоимость приростных инвестиций (Б−А) при ставках дисконта, равных 0, 10, 20%. Постройте график на вашем рисунке. Покажите, что вы можете принять проект А при тех же условиях, при которых внутренняя норма доходности приростных инвестиций меньше альтернативных издержек.

8. Мистер Сайрус Клопс, президент компании "Гигант", должен сделать выбор между двумя возможными инвестиционными проектами:

Проект	Потоки денежных средств (в дол.)			Внутренняя норма доходности (в %)
	C_0	C_1	C_2	
А	−400	+241	+293	21
Б	−200	+131	+172	31

Альтернативные издержки равны 9%. Мистеру Клопсу советуют осуществить проект Б, внутренняя норма доходности которого выше.

а) Объясните мистеру Клопсу, почему такой выбор будет неверным.

б) Покажите ему, как применять метод внутренней нормы доходности для выбора лучшего проекта.

в) Покажите ему, что данный проект имеет также и более высокую чистую приведенную стоимость.

9. Судостроительная компания "Титаник" имеет неаннулируемый контракт на строительство небольшого грузового судна. Строительство предусматривает 250 000 дол. затрат в конце каждого из следующих двух лет. В конце третьего года компания получит 650 000 дол. Компания может ускорить строительство, организовав сверхурочные работы. В этом случае расходы составят 550 000 дол. в конце первого года, а 650 000 дол. денежных поступлений компания получит в конце второго года. Используя метод внутренней нормы доходности, покажите (приблизительно), в каких пределах должно находиться значение альтернативных издержек, при которых компании имеет смысл работать сверхурочно.

10. Вернитесь к проектам А и Б, описанным в разделе 5—3. Допустим, что данные проекты взаимоисключающие и что альтернативные издержки составляют 20%.
   а) Определите коэффициент рентабельности для каждого проекта.
   б) Покажите, как, используя метод коэффициента рентабельности, выбрать наилучший проект.

6. Принятие инвестиционных решений по методу чистой приведенной стоимости

Надеемся, вы уже убедились в том, что грамотные инвестиционные решения основаны на правиле чистой приведенной стоимости. В настоящей главе мы рассмотрим, как оно применяется для решения практических проблем инвестирования. Перед нами стоят три задачи. Первая – решить, что следует дисконтировать. В принципе ответ мы знаем: дисконтировать нужно потоки денежных средств. Но хороший прогноз не преподносится на блюдечке с голубой каемочкой. Часто финансовый менеджер вынужден работать с "сырыми" данными, которые предоставляют ему специалисты в конструкторской, производственной, маркетинговой сферах и т. д. Он должен убедиться в достоверности полученной информации, ее полноте, логичности и точности и затем соединить все разрозненные данные воедино в пригодном для использования прогнозе.

Наша вторая задача – объяснить, как нужно использовать метод чистой приведенной стоимости применительно к взаимосвязанным проектам. Это происходит, когда решения, относящиеся к одному проекту, нельзя отделить от решений, касающихся другого. Взаимосвязь проектов может быть чрезвычайно сложной. Мы не будем пытаться проанализировать все возможные случаи. Однако мы поработаем с большим количеством простых примеров, а также приведем несколько примеров средней степени сложности.

Наша третья задача – разработать процедуры для случаев, когда капитальные затраты нормируются, или других ситуаций, когда ресурсы жестко лимитированы. Существуют два аспекта данной проблемы. Первый – проведение расчетов. Ограниченность ресурсов часто создает проблемы такой степени сложности, что применение метода подбора в поисках верного ответа невозможно из-за огромного количества альтернативных вариантов. Применение методов линейного программирования позволяет решить эту проблему и в то же время помогает финансовому менеджеру отслеживать некоторые взаимосвязи между проектами. Второй аспект проблемы связан с выявлением реально существующих ограничений на капитал и выяснением, делает ли это невозможным применение чистой приведенной стоимости в качестве критерия при планировании долгосрочных вложений. Обсуждение этих проблем возвращает нас к первоначальным принципам, описанным в главе 2.

6–1. ЧТО ДИСКОНТИРОВАТЬ

До настоящего времени главный интерес для нас представляли техника дисконтирования и различные методы оценки проектов. Мы почти ничего не говорили о том, *что* нужно дисконтировать. Когда вы столкнетесь с данной проблемой, вам всегда следует опираться на три основных правила.

1. Следует учитывать только потоки денежных средств.
2. Всегда учитывайте приростные потоки денежных средств.
3. Будьте последовательны в своей трактовке инфляции.

Рассмотрим каждое из этих правил.

Следует учитывать только потоки денежных средств

Первые и наиболее важные соображения заключаются в том, что правило чистой приведенной стоимости опирается на потоки денежных средств. Концепция потоков денежных средств предельно проста: поток денежных средств — это просто разность между суммами полученных и заплаченных долларов. Тем не менее многие люди путают поток денежных средств с бухгалтерской прибылью.

Бухгалтеры *начинают* с понятий "доллар в" и "доллар из", но, чтобы получить бухгалтерскую прибыль, они корректируют эти данные двумя основными способами. Во-первых, они стремятся показать прибыль, когда она заработана, а не когда компания и покупатель оплачивают свои счета. Во-вторых, они разделяют оттоки денежных средств на две группы: текущие расходы и капитальные затраты. При подсчете прибыли они вычитают текущие расходы, но *не вычитают* капитальные затраты. Вместо этого они "начисляют износ" капитальных затрат в течение ряда лет и ежегодно вычитают из прибыли амортизационные отчисления. В результате таких процедур некоторые потоки денежных средств включаются в прибыль, а другие исключаются из нее, и прибыль уменьшается на сумму амортизационных отчислений, которые вовсе не являются денежными потоками.

Не всегда легко перевести обычные учетные данные обратно в реальные доллары — доллары, на которые вы можете, скажем, купить пива. Если вы сомневаетесь в том, какова реальная величина потока денежных средств, просто вычтите из суммы поступивших долларов сумму долларов потраченных. Не думайте, что вы сможете определить денежные потоки, просто используя данные учета без дополнительной проверки.

Вам всегда следует оценивать потоки денежных средств после уплаты налогов. Некоторые фирмы не вычитают налоговые платежи. Они пытаются сгладить эту ошибку дисконтированием потоков денежных средств до налогообложения по ставке, превосходящей альтернативные издержки. К сожалению, нет надежной формулы для подобной корректировки ставки дисконта.

Также вы должны убедиться, что потоки денежных средств отражаются *в момент их возникновения*, а не тогда, когда производятся работы или образуется задолженность. Например, налоги должны дисконтироваться с даты их фактической уплаты, а не с даты, когда они фиксируются в бухгалтерских документах фирмы.

Учитывайте приростные потоки денежных средств

Стоимость проекта зависит от *всех* дополнительных потоков денежных средств, которые возникают в связи с принятием проекта. Ниже приводятся некоторые ситуации, которые вы должны иметь в виду, когда решаете, какие потоки денежных средств должны быть учтены.

Не путайте обычные прибыли и дополнительные прибыли. Большинство менеджеров, понеся потери, естественно, боятся после этого бросаться "хорошими" деньгами. Например, они с неохотой инвестируют дополнительные средства в терпящий неудачи филиал. Но иногда вы будете сталкиваться с "обратной" возможностью, когда чистая приведенная стоимость дополнительных инвестиций в "неудачника" однозначно положительна.

И наоборот, не всегда имеет смысл тратить "хорошие" деньги после удачного вложения. Филиал, который отличался в прошлом выдающимся уровнем рентабельности, может утратить благоприятные возможности. Вы, вероятно, не поддались бы сантиментам и не много бы дали за 20-летнюю лошадь,

ГЛАВА 6. Принятие инвестиционных решений по методу чистой приведенной стоимости

несмотря на то, сколько состязаний она выиграла или сколько чемпионов она произвела на свет.

Можно привести другой пример, показывающий различие между обычным и приростным доходом. Предположим, что железнодорожный мост настоятельно нуждается в срочном ремонте. При наличии моста железная дорога сможет продолжать функционировать, если же его не станет — не сохранится и она. В этом случае выигрыш от ремонтных работ включает в себя все выгоды от функционирования железной дороги. Чистая приведенная стоимость инвестиций с учетом приростных потоков денежных средств может быть огромна. Конечно, эти прибыли должны быть очищены от всех прочих издержек и затрат на все последующие ремонты; в противном случае компания рискует начать ненужную перестройку нерентабельной железной дороги по частям.

Учитывайте все побочные эффекты. Важно учесть все побочные эффекты, связанные с остальным бизнесом. Например, железнодорожная ветка может иметь отрицательную чистую приведенную стоимость, если ее рассматривать отдельно, но, если она соединена с основной линией и обеспечивает дополнительные перевозки, в нее стоит вкладывать средства.

Не забывайте о требуемом оборотном капитале. Чистый оборотный капитал (часто называемый просто *оборотным капиталом*) представляет собой разницу между текущими активами и краткосрочными обязательствами компании. Текущие активы состоят главным образом из денежных средств, счетов к получению (неоплаченные счета покупателей), запасов сырья и готовой продукции. Краткосрочные обязательства — это в основном счета к оплате (счета, которые вы не оплатили). Большинство проектов требуют дополнительных инвестиций в оборотный капитал. Поэтому в ваших прогнозах потоков денежных средств эти инвестиции следует учитывать. К тому же, когда проект заканчивается, вы, как правило, можете возместить некоторые из осуществленных инвестиций. Такие инвестиции в оборотный капитал рассматриваются как приток денежных средств.

Не обращайте внимания на невозвратные издержки. Невозвратные издержки подобны сбежавшему молоку: они представляют собой произошедший в прошлом необратимый отток капитала. Поскольку невозвратные издержки относятся к прошлому, на них уже не могут повлиять решения о принятии проекта или отказе от него, и поэтому их не следует учитывать.

Об этом часто забывают. Например, в 1971 г. компания Lockheed добивалась федеральных гарантий банковского кредита для продолжения работ по созданию самолета TriStar. Lockheed и ее сторонники считали, что очевидно глупо отказываться от проекта, по которому уже израсходован 1 млрд дол. Критики Lockheed возражали, что, по-видимому, не менее глупо продолжать проект, который в перспективе не принесет удовлетворительной прибыли на этот 1 млрд дол. Обе стороны грешили ошибочным представлением о невозвратных издержках: 1 млрд дол. уже нельзя было возместить, и поэтому он не имел значения[1].

Учитывайте альтернативные издержки. Стоимость ресурсов может иметь значение при принятии инвестиционных решений, даже когда не происходит движения денежных средств. Например, предположим, что в новом промышлен-

---

[1] У.И. Рейнхардт провел анализ стоимости TriStar в 1971 г., см.: Break-Even Analysis for Lockheed's TriStar: An Application of Financial Theory // Journal of Finance. 28: 821–838. September. 1973. Рейнхардт не допустил ошибки, связанной с невозвратными издержками.

ном производстве используется земельный участок, который при других обстоятельствах мог бы быть продан за 100 000 дол. Этот ресурс не даровой: с ним сопряжены альтернативные издержки, которые представляют собой деньги, которые могла бы получить компания, если бы отказалась от проекта и продала землю или же использовала ее иным продуктивным способом.

Этот пример служит предупреждением о том, что нельзя судить о проекте, сравнивая "до" и "после". Правильнее сравнивать "с" и "без" проекта. Менеджер, который сравнивает данные до и после осуществления проекта, возможно, не сумеет оценить стоимость земли до или после, поскольку фирма владеет ею и до, и после осуществления проекта:

До проекта	Проект	После проекта	Поток денежных средств до и после проекта
Фирма владеет землей	→	Фирма по-прежнему владеет землей	0

Правильное сравнение, учитывающее "с" и "без" проекта, выглядит следующим образом:

До проекта	Проект	После проекта	Поток денежных средств с учетом осуществления проекта
Фирма владеет землей	→	Фирма по-прежнему владеет землей	0
	Проект не осуществляется	После проекта	Поток денежных средств без проекта
	→	Фирма продает землю за 100 000 дол.	100 000 дол.

Сравнивая два возможных "после", мы видим, что фирма отказывается от 100 000 дол. в случае принятия проекта. Такая аргументация остается в силе и тогда, когда земля не будет продана, но будет стоить для фирмы 100 000 дол. при другом варианте ее использования.

Иногда очень трудно определить альтернативные издержки[2]. Однако если ресурс может свободно продаваться, связанные с ним альтернативные издержки просто равны рыночной цене. Почему? Да потому, что по-другому и быть не может. Если стоимость участка земли для фирмы меньше рыночной цены, фирма продаст его. С другой стороны, альтернативные издержки использования земли в отдельном проекте не могут превосходить стоимость покупки подобного участка взамен первого.

Помните о распределении накладных расходов. Мы уже упоминали, что цель бухгалтера при анализе данных не всегда совпадает с целью того, кто занимается анализом инвестиционного проекта. Это касается и распределения накладных расходов. К накладным расходам относятся такие статьи, как заработная плата администрации, плата за аренду, теплоснабжение и электричество. Подобные расходы не могут быть связаны с каким-либо отдельным проектом, но они должны быть каким-то образом возмещены. Поэтому, когда бухгалтер определяет сумму расходов по проектам фирмы, он обычно учитывает накладные расходы. Теперь, согласно нашему принципу приростных потоков денежных средств, при

---

[2] Иногда это настолько трудно, что часто предпочтительнее просто указать на их существование, не определяя их количественное значение.

ГЛАВА 6. Принятие инвестиционных решений по методу чистой приведенной стоимости

оценке инвестиций мы должны учитывать только *дополнительные расходы*, которые могут возникнуть в связи с проектом. Проект может потребовать дополнительных накладных расходов — а может и не потребовать. Нам следует с особым вниманием относиться к допущению, что распределение накладных расходов, произведенное бухгалтером, действительно отражает дополнительные расходы, которые могут возникнуть в связи с проектом.

Будьте последовательны в учете инфляции

Как правило, процентные ставки имеют *номинальное*, а не *реальное* выражение. Говоря другими словами, если вы покупаете казначейский вексель, правительство обещает вам заплатить, скажем, 10 000 дол. Но нет никаких гарантий того, что именно вы сможете купить на эти 10 000 дол. Инвесторы принимают это во внимание, когда решают, какова обоснованная ставка процента.

Например, предположим, что ставка процента по векселям Казначейства США со сроком 1 год равна 8% и что ожидаемая в следующем году инфляция составит 6%. Если вы купите вексель, то впоследствии вернете обратно его основную стоимость и процент по нему в долларах первого периода, которые стоят на 6% меньше доллара сегодня:

Инвестирование долларов сегодня	Получение долларов в 1-й период	Результат
10 000	→ 10 800	*Номинальная* норма доходности 8%

Какова реальная покупательная способность дохода величиной в 10 800 дол.? Давайте определим покупательную способность в текущих долларах. Мы приведем доллары 1-го периода к текущим долларам, разделив их на 1,06 (единица плюс ожидаемый темп инфляции)[3]:

$$\text{Покупательная способность 10 800 дол. 1-го периода} = \text{Сумма текущих долларов такой же покупательной способности} = \frac{10\,800}{1,06} = 10\,188{,}68 \text{ дол.}$$

Это — *реальное* вознаграждение владельцу векселя:

Инвестирование текущих долларов	Ожидаемая реальная стоимость поступлений 1-го периода	Результат
10 000	→ 10 188,68	Ожидаемая реальная норма доходности = = 0,0187, или 1,9%

Таким образом, мы можем сказать: "Номинальная норма доходности казначейского векселя составляет 8%" или: "Его ожидаемая реальная норма доходности равна 1,9%". Заметим, что номинальная ставка точно известна, в то время как реальная ставка только ожидаема. Фактическую реальную ставку нельзя рассчитать до наступления 1-го периода, пока не станет известен темп инфляции.

---

[3] Темп инфляции в 6% означает, что 1,00 дол. сегодня имеет такую же покупательную силу, как и 1,06 дол. в следующем году. Таким образом, реальная покупательная способность 10 800 дол. следующего года равна 10 800/1,06. Реальная покупательная способность измерена через стоимость сегодняшних долларов.

Если ставка дисконта берется в номинальном выражении, тогда и потоки денежных средств непременно должны оцениваться в номинальном выражении с учетом тенденций движения цен реализуемой продукции, затрат труда и материалов и т. д. Это предполагает более сложный расчет, чем просто применение единого ожидаемого темпа инфляции ко всем компонентам потока денежных средств. Например, стоимость трудовых затрат в расчете на час работы обычно растет быстрее, чем индекс потребительских цен, вследствие повышения производительности и роста заработной платы во всей экономике. Налоговый щит по амортизационным отчислениям не увеличивается с ростом инфляции; он постоянен в номинальном выражении, поскольку налоговое законодательство США предусматривает начисление износа на первоначальную стоимость активов.

Конечно, не будет ошибки, если продисконтировать реальные потоки денежных средств по реальной ставке дисконта, хотя это и не принято. Существует простой пример, показывающий эквивалентность двух методов.

Предположим, ваша фирма обычно прогнозирует потоки денежных средств в номинальном выражении и дисконтирует их по номинальной ставке 15%. Однако в данном отдельном случае вы получаете потоки денежных средств по проекту, оцененные в реальном выражении, т. е. в текущих долларах:

Реальные потоки денежных средств (в тыс. дол.)			
C_0	C_1	C_2	C_3
−100	+35	+50	+30

Вероятно, было бы неправильным дисконтировать реальные потоки денежных средств по ставке 15%. Вы имеете две альтернативы: либо перевести потоки денежных средств в номинальное выражение и дисконтировать по ставке 15%, либо вычислить реальную ставку дисконта и использовать ее для дисконтирования реальных потоков денежных средств. Ниже мы покажем, что оба способа приводят к одному результату.

Допустим, что прогнозируемый темп инфляции составляет 10% в год. Тогда стоимость первого потока денежных средств первого года, которая в текущих долларах равна 35 000 дол., в долларах 1-го года составит 35 000 ×1,10 = = 38 500 дол. Аналогично, стоимость потока денежных средств второго года будет равна: 50 000 × (1,10)² = 60 500 в долларах второго года и т. д. Если мы продисконтируем эти номинальные потоки денежных средств по номинальной ставке дисконта 15%, мы получим:

$$NPV = -100 + \frac{38,5}{1,15} + \frac{60,5}{(1,15)^2} + \frac{39,9}{(1,15)^3} = 5,5, \text{ или } 5500 \text{ дол.}$$

Вместо того чтобы приводить прогнозируемые потоки денежных средств в номинальном выражении, мы могли бы номинальную ставку дисконта перевести в реальную, используя следующее соотношение:

$$Реальная\ ставка\ дисконта = \frac{1 + номинальная\ ставка\ дисконта}{1 + темп\ инфляции} - 1.$$

В нашем случае это даст:

$$Реальная\ ставка\ дисконта = \frac{1,15}{1,10} - 1 = 0,045, \text{ или } 4,5\%.$$

Если теперь мы продисконтируем реальные потоки денежных средств по реальной ставке дисконта, мы, как и ранее, получим чистую приведенную стоимость, равную 5500 дол.

$$NPV = -100 + \frac{35}{1{,}045} + \frac{50}{(1{,}045)^2} + \frac{30}{(1{,}045)^3} = 5{,}5, \text{ или } 5500 \text{ дол.}$$

Отметим, что реальная ставка дисконта приблизительно равна разнице между номинальной ставкой дисконта в 15% и темпом инфляции в 10%. Дисконтирование по ставке 5% дало бы $NPV = 4600$ дол. — не совсем точно, но близко.

Вывод из всего этого достаточно прост. Номинальные потоки денежных средств следует дисконтировать по номинальной ставке дисконта. Реальные потоки денежных средств следует дисконтировать по реальной ставке дисконта. Очевидность этого принципа иногда нарушается. Например, в 1974 г. в Ирландии проходили политические волнения, вызванные приобретением правительством доли в Bula Mines. Цена в 40 млн ф. ст., заплаченная правительством, оценивалась равной стоимости Bula Mines; однако одна группа консультантов считала, что стоимость компании равна 8 млн ф. ст., другая выдвинула цифру 104 млн ф. ст. Хотя эти оценки проводились с использованием различных прогнозов потоков денежных средств, разница в значительной степени отражает, по-видимому, путаницу с реальными и номинальными ставками дисконта[4].

6-2. ПРИМЕР – ПРОЕКТ ВНК

В качестве вновь назначенного финансового менеджера компании "Всемирный навоз и компост" (ВНК) вы должны проанализировать предложение о маркетинге навоза как садового удобрения. (Планируемая ВНК реклама показывает сельского жителя, который расхаживает по огороду, распевая: "Все мои неприятности утекут вместе с дерьмом"[5].)

У вас есть прогноз, представленный в таблице 6-1. Проект требует 10 млн дол. инвестиций в машины и оборудование (строка 1). Это оборудование может быть демонтировано и продано на 7-м году, чистый доход от продажи оценивается в 1 млн дол. (строка 1, столбец 7). Эта сумма представляет собой *ликвидационную стоимость* оборудования.

Тот, кто подготовил таблицу 6-1, начислял амортизацию на инвестиции в течение 6 лет и получил произвольную остаточную стоимость в размере 500 000 дол., которая меньше остаточной стоимости, прогнозируемой вами. Использовался метод *равномерного начисления амортизации*. Согласно этому методу, годовая сумма амортизации равна постоянной доле первоначальных инвестиций за вычетом ликвидационной стоимости (9,5 млн дол.). Если мы обозначим амортизационный период через T, то при равномерном начислении амортизация в год t составит:

$$\text{Амортизация в год } t = \frac{1}{T} \times \text{амортизируемая стоимость} =$$
$$= \frac{1}{6} \times 9{,}5 = 1{,}583 \text{ млн дол.}$$

Строки 6–12 в таблице 6-1 представляют собой упрощенный отчет о прибыли для рассматриваемого проекта. Он может использоваться как отправ-

---

[4] В некоторых случаях неясно, какой был использован способ. По крайней мере один эксперт, видимо, продисконтировал номинальные потоки по реальной ставке. Описание случая Bula Mines см. в работе: *E. Dimson and P.R. Marsh.* Cases in Corporate Finance. Wiley International, London, 1987.

[5] Приносим свои извинения.

ТАБЛИЦА 6-1
Проект компании ВНК по производству натуральных удобрений — первоначальные расчеты (в тыс. дол.).

Период	0	1	2	3	4	5	6	7
1. Капитальные вложения	10 000							−1000[a]
2. Накопленная амортизация		1583	3167	4750	6333	7917	9500	0
3. Балансовая стоимость на конец года	10 000	8417	6833	5250	3667	2083	500	0
4. Оборотный капитал		500	1065	2450	3340	2225	1130	0
5. Итого балансовая стоимость (3+4)	10 000	8917	7898	7700	7007	4308	1630	0
6. Выручка от реализации		475	10 650	24 500	33 400	22 250	11 130	
7. Себестоимость реализованной продукции*		761	6388	14 690	20 043	13 345	6678	
8. Прочие расходы[б]	4000	2000	1000	1000	1000	1000	1000	
9. Амортизация		1583	1583	1583	1583	1583	1583	
10. Прибыль до выплаты налогов (6−7−8−9)	−4000	−3869	1679	7227	10 774	6322	1869	500[a]
11. Налоги, ставка 34%	−1360	−1315	571	2457	3663	2149	635	170
12. Прибыль после уплаты налогов	−2640	−2554	1108	4770	7111	4173	1234	330

[a] Ликвидационная стоимость.
[б] Стартовые затраты в годы 0 и 1, общие и административные расходы с 1-го по 6-й год.
[в] Разница между ликвидационной стоимостью и остаточной балансовой стоимостью в заключительный период, равная 500 тыс. дол., представляет собой налогооблагаемую прибыль.
* Все расходы, связанные непосредственно с производством продукции.— *Примеч. науч. ред.*

ная точка для оценки потока денежных средств. Однако вы видите, что все представленные вам расчеты основаны на затратах и ценах реализации, преобладающих в году 0. Управляющие производством компании ВНК помнили об инфляции, но они предположили, что увеличение цен может покрыть возрастающие издержки. Таким образом, они утверждают, что инфляция не повлияет на реальную стоимость проекта.

Хотя такие аргументы вполне состоятельны, они могут навлечь на вас неприятности. Во-первых, альтернативные издержки инвестирования обычно имеют *номинальное выражение*. Но вы не можете использовать номинальную ставку для дисконтирования реальных потоков. Во-вторых, не все цены и издержки растут одинаковыми темпами. Например, инфляция не оказывает влияния на экономию на налогах, связанную с амортизацией, поскольку Налоговая служба разрешает начислять износ только на первоначальную стоимость оборудования, вне зависимости от того, что происходит с ценами, после того как инвестиции были осуществлены. С другой стороны, заработная плата в целом растет быстрее инфляции. Стоимость трудовых затрат в расчете на тонну удобрения вырастет в реальном выражении, если только улучшение технологии не позволит использовать трудовые ресурсы более эффективно.

Предположим, что прогнозируемый будущий темп инфляции составит 10% в год. В таблице 6-2 представлены данные из таблицы 6-1 в номинальном выражении, и для упрощения предполагается, что объем реализации, инвестиции, операционные расходы и требуемый оборотный капитал растут теми же

ГЛАВА 6. Принятие инвестиционных решений по методу чистой приведенной стоимости 109

ТАБЛИЦА 6-2
Проект компании ВНК по производству удобрений — скорректированные расчеты с учетом инфляции (в тыс. дол.).

Период	0	1	2	3	4	5	6	7
1. Капитальные вложения	10 000							−1949[a]
2. Накопленная амортизация		1583	3167	4750	6333	7917	9500	0
3. Балансовая стоимость на конец года	10 000	8417	6833	5250	3667	2083	500	0
4. Оборотный капитал		500	1289	3261	4890	3583	2002	0
5. Итого балансовая стоимость (3+4)	10 000	8967	8122	8511	8557	5666	2502	0
6. Выручка от реализации		523	12 887	32 610	48 901	35 834	19 717	
7. Себестоимость реализованной продукции		837	7729	19 552	29 345	21 492	11 830	
8. Прочие расходы	4000	2200	1210	1331	1464	1611	1772	
9. Амортизация		1583	1583	1583	1583	1583	1583	
10. Прибыль до выплаты налогов (6−7−8−9)	−4000	−4097	2365	10 144	16 509	11 148	4532	1449[б]
11. Налоги, ставка 34%	−1360	−1393	804	3449	5613	3790	1541	493
12. Прибыль после уплаты налогов (10−11)	−2640	−2704	1561	6695	10 896	7358	2991	956

[a] Ликвидационная стоимость.
[б] Разница между ликвидационной стоимостью и остаточной балансовой стоимостью 500 тыс. дол. в заключительный период представляет собой налогооблагаемую прибыль.

ТАБЛИЦА 6-3
Проект компании ВНК по производству удобрений — анализ потоков денежных средств от производственно-хозяйственной деятельности (в тыс. дол.).

Период	0	1	2	3	4	5	6	7
1. Выручка от реализации		523	12 887	32 610	48 901	35 834	19 717	
2. Себестоимость реализованной продукции		837	7729	19 552	29 345	21 492	11 830	
3. Прочие расходы	4000	2200	1210	1331	1464	1611	1772	
4. Налог на результаты основной деятельности	−1360	−1393	804	3449	5613	3790	1541	
5. Поток денежных средств от основной деятельности (1−2−3−4)	−2640	−1121	3144	8278	12 479	8941	4574	
6. Изменение величины оборотного капитала		−550	−739	−1972	−1629	1307	1581	2002
7. Капитальные вложения и выбытие основных средств	−10 000							1456[a]
8. Чистый поток денежных средств (5+6+7)	−12 640	−1671	2405	6306	10 850	10 248	6155	3458
9. Приведенная стоимость при r =20%. Чистая приведенная стоимость = 3662 дол.	−12 640	−1393	1670	3649	5232	4118	2061	965

[a] Ликвидационная стоимость в размере 1949 тыс. дол. минус налог 493 дол. на разницу между ликвидационной стоимостью и остаточной балансовой стоимостью.

темпами, что и инфляция. Тем не менее вы можете видеть, что инфляция не оказывает влияния на амортизационные отчисления.

В таблице 6-3 представлены прогнозы потоков денежных средств на основе данных об инвестициях и доходах из таблицы 6-2. Поток денежных средств от производственно-хозяйственной деятельности определяется вычитанием себестоимости проданных товаров, прочих расходов и налогов из выручки от реализации[6]. К остальным потокам денежных средств от производственной деятельности относятся прирост оборотного капитала, первоначальные капитальные вложения и возмещение ликвидационной стоимости оборудования в конце периода. Если, как вы и ожидаете, ликвидационная стоимость окажется выше остаточной балансовой стоимости оборудования, вы должны будете заплатить налог на возникшую разницу. Поэтому вы также должны включить эти данные в ваш прогноз потоков денежных средств.

ВНК оценивает *номинальные* альтернативные издержки проектов такого типа в 20%. После того как все потоки складываются и дисконтируются, чистая приведенная стоимость проекта по производству удобрений составляет примерно 3,6 млн дол.

$$NPV = -12\,640 + \frac{1671}{1{,}20} + \frac{2405}{(1{,}20)^2} + \frac{6306}{(1{,}20)^3} + \frac{10\,850}{(1{,}20)^4} + \frac{10\,248}{(1{,}20)^5} +$$

$$+ \frac{6155}{(1{,}20)^6} + \frac{3458}{(1{,}20)^7} = +3622, \text{ или } 3\,622\,000 \text{ дол.}$$

Разделение инвестиционных решений и решений по финансированию

В нашем анализе проекта по производству удобрений ничего не говорится об источниках финансирования. Возможно, ВНК решила бы финансировать проект частично за счет заемных средств, но в этом случае мы не вычитали бы заем из объема требуемых инвестиций и не рассматривали бы процент по нему и основную стоимость займа как отток денежных средств. Мы рассматривали бы данный проект как проект, финансируемый за счет собственного капитала, воспринимая потоки денежных средств как отток денежных средств акционеров, а все притоки денежных средств как поступления для акционеров.

Такой подход к проблеме позволяет нам отделить анализ инвестиционных решений от анализа решений по финансированию. Потом, когда мы вычислим чистую приведенную стоимость проекта, мы можем отдельно провести анализ источников финансирования. Решения по финансированию и их возможное переплетение с инвестиционными решениями будут рассмотрены позже.

*Еще раз об оценке потоков денежных средств

Еще один важный момент. Из строчки 6 в таблице 6-3 вы можете увидеть, что оборотный капитал растет в начале и в середине осуществления проекта. "Что такое оборотный капитал, — можете спросить вы, — и почему он растет?"

Оборотный капитал представляет собой чистые инвестиции в краткосрочные активы, необходимые фирме, бизнесу или проекту. Наиболее важными компонентами оборотного капитала являются *товарно-материальные запасы, счета к получению* (дебиторская задолженность покупателей) *и счета к оплате* (кредиторская задолженность поставщикам). По проекту производства удобрений во 2-м году может требоваться следующая величина оборотного капитала:

Оборотный капитал	*=*	*запасы*	*+*	*счета к получению*	*—*	*счета к оплате.*
1289	=	635	+	1030	—	376

---

[6] Выручка от реализации может не отражать реального притока денежных средств. Расходы же могут не представлять собой отток денежных средств. Вот почему следует принимать во внимание изменение величины оборотного капитала, как это сделано в таблице 6-3. В параграфе "Еще раз об оценке потока денежных средств" в разделе 6—2 мы более детально остановимся на связи между потоком денежных средств от производственно-хозяйственной деятельности и изменением величины оборотного капитала.

Почему растет оборотный капитал? Существует несколько возможных причин.

1. Выручка от реализации в отчете о прибыли занижает величину фактических поступлений денежных средств за отгруженные удобрения, поскольку продажи растут, а заказчики задерживают оплату своих счетов. Следовательно, растет статья "счета к получению".
2. Запланированные операционные расходы занижают величину оттока денежных средств в сырье и производство. Следовательно, растут запасы.
3. Обратный эффект возникает, когда происходит задержка оплаты сырья и услуг, используемых в производстве удобрений. В этом случае увеличится статья "счета к оплате".

Изменение величины оборотного капитала между 2-м и 3-м годами может быть следующим:

$$\begin{array}{c} \text{Изменение величины} \\ \text{оборотного капитала} \end{array} = \begin{array}{c} \text{увеличение} \\ \text{запасов} \end{array} + \begin{array}{c} \text{рост счетов} \\ \text{к получению} \end{array} - \begin{array}{c} \text{рост счетов} \\ \text{к оплате.} \end{array}$$

$$1972 = 972 + 1500 - 500$$

Более детальный прогноз потока денежных средств для 3-го года представлен в таблице 6-4.

Вместо того чтобы учитывать изменение величины оборотного капитала, вы могли бы напрямую оценить поток денежных средств, вычитая из полученных долларов доллары потраченные. Или, говоря другими словами:

1. если вы заменяете выручку от реализации денежными поступлениями от заказчиков, вас не должны беспокоить счета к получению;
2. если вы заменяете себестоимость реализованной продукции денежными выплатами на рабочую силу, материалы и прочие расходы, связанные с производством, вам не нужно отслеживать изменения в запасах и счетах к оплате.

Тем не менее вам, возможно, потребуется составить прогноз отчета о прибыли для оценки налоговых отчислений.

Мы рассмотрим связь между потоком денежных средств и оборотным капиталом более подробно в главе 29.

ТАБЛИЦА 6-4
Детальный прогноз потоков денежных средств для проекта компании ВНК по производству удобрений для 3-го года (в тыс. дол.).

Потоки денежных средств		Данные из прогнозного отчета о прибыли		Изменения величины оборотного капитала
Приток денежных средств	=	Выручка от реализации	−	Рост счетов к получению
31 110	=	32 610	−	1500
Отток денежных средств	=	Себестоимость реализованной продукции, прочие расходы и налоги	+	Рост запасов за вычетом увеличения счетов к оплате
24 804	=	(19 552+1331+3449)	+	(972−500)
Нетто-поток денежных средств	=	Приток денежных средств	−	Отток денежных средств
6306	=	31 110	−	24 804

Еще раз об амортизации

Амортизация представляет собой расходы в неденежной форме: она имеет значение в том смысле, что уменьшает налогооблагаемую прибыль. Она обеспечивает годовой *налоговый щит* (налоговую защиту), который равен величине начисленной амортизации с учетом предельной налоговой ставки:

Налоговая защита = амортизация × налоговая ставка =
= 1583 × 0,34 = 538, или 538 000 дол.

Приведенная стоимость налогового щита (538 000 дол. в течение 6 лет) равна 1 789 000 дол. при ставке дисконтирования 20[7].

Далее, если бы ВНК могла воспользоваться таким налоговым щитом раньше, он бы имел бо́льшую стоимость, верно? К счастью, налоговое законодательство позволяет корпорациям это сделать: оно разрешает *ускоренное начисление амортизации*.

ТАБЛИЦА 6-5
Амортизация по системе ускоренного возмещения издержек (в % от стоимости амортизируемых инвестиций)

	Нормы налоговой амортизации по продолжительности периодов начисления амортизации					
Годы	3 года	5 лет	7 лет	10 лет	15 лет	20 лет
1	33,33	20,00	14,29	10,00	5,00	3,75
2	44,45	32,00	24,49	18,00	9,50	7,22
3	14,81	19,20	17,49	14,40	8,55	6,68
4	7,41	11,52	12,49	11,52	7,70	6,18
5		11,52	8,93	9,22	6,93	5,71
6		5,76	8,93	7,37	6,23	5,28
7			8,93	6,55	5,90	4,89
8			4,45	6,55	5,90	4,52
9				6,55	5,90	4,46
10				6,55	5,90	4,46
11				3,29	5,90	4,46
12					5,90	4,46
13					5,90	4,46
14					5,90	4,46
15					5,90	4,46
16					2,99	4,46
17 – 20						4,46
21						2,25

Примечания.
1. Амортизация ниже в первый год, поскольку предполагается, что активы находились в эксплуатации только 6 месяцев.
2. Недвижимость амортизируется по методу равномерного прямолинейного списания в течение 27,5 лет для жилых помещений и в течение 31,5 лет для нежилых помещений.

---

[7] Дисконтируя величину амортизационного налогового щита по ставке 20%, мы предполагаем, что ему сопутствует такая же степень риска, что и другим потокам денежных средств. Поскольку величина щита зависит только от налоговой ставки, метода начисления амортизации и способности ВНК производить налогооблагаемую прибыль, он может быть связан и с меньшим риском. В некоторых случаях — анализ финансового лизинга, например амортизационный налоговый щит, рассматривается как надежный номинальный денежный поток и дисконтируется по посленалоговой ставке получения-выдачи кредита. См. главу 26.

ГЛАВА 6. Принятие инвестиционных решений по методу чистой приведенной стоимости 113

Действующие в настоящее время положения об амортизационных отчислениях были приняты Законом о снижении налогов 1986 г., который ввел усовершенствованную систему ускоренного возмещения издержек. В таблице 6-5 представлены схемы амортизации для целей налогообложения*.

Отметим, что существует 6 типов норм, по одной для каждого временно́го периода начисления амортизации. У большинства видов промышленного оборудования период амортизации составляет 5—7 лет.

Для упрощения предположим, что все инвестиции в проект производства удобрений относятся к активам с амортизационным периодом 5 лет. Таким образом, как только активы поступили в эксплуатацию, ВНК может списать 20% своих амортизируемых инвестиций в 1-й год, затем 32% во 2-й год, и т. д. Ниже приводятся значения налогового щита для проекта по производству удобрений:

Годы	1	2	3	4	5	6
Налоговая амортизация (% ACRS* × амортизируемые инвестиции)	2000	3200	1920	1152	1152	567
Налоговый щит (налоговая амортизация × налоговая ставка, $T = 0{,}34$)	680	1088	653	392	392	196

* Accelerated Cost Recovery System — система ускоренного возмещения издержек. — *Примеч. науч. ред.*

Приведенная стоимость этого налогового щита равна 2 112 000 дол., что приблизительно на 323 000 дол. выше, чем при системе равномерного начисления амортизации.

ТАБЛИЦА 6-6
Налоговые платежи в рамках проекта компании ВНК по производству удобрений (в тыс. дол.).

Период	0	1	2	3	4	5	6	7
1. Выручка от реализации[a]		523	12 887	32 610	48 901	35 834	19 717	
2. Себестоимость реализованной продукции[a]		837	7729	19 552	29 345	21 492	11 830	
3. Прочие расходы[a]	4000	2200	1210	1331	1464	1611	1772	
4. Налоговая амортизация		2200	3200	1920	1152	1152	576	
5. Прибыль до уплаты налогов (1–2–3–4)	–4000	–4514	748	9807	16 940	11 579	5539	1949[б]
6. Налоги, ставка 34%[в]	–1360	–1535	254	3334	5760	3937	1883	663

[a] Из таблицы 6-2.
[б] С учетом всей налоговой амортизации ликвидационная стоимость для целей налогообложения равна нулю. Таким образом, ВНК должна будет заплатить налог на полную ликвидационную стоимость, равную 1949.
[в] Отрицательные налоговые платежи означают *приток* денежных средств при условии, что ВНК может использовать их как налоговый щит по другим проектам.

---

* В дальнейшем — налоговая амортизация. В данном определении подчеркивается различие между нормами амортизации, начисленной для расчета бухгалтерской прибыли, и нормами амортизации, начисленной для расчета налоговой базы, принятой в западных странах. — *Примеч. науч. ред.*

ТАБЛИЦА 6-7
Проект компании ВНК по производству удобрений — анализ скорректированных потоков денежных средств (в тыс. дол.).

Период	0	1	2	3	4	5	6	7
1. Выручка от реализации[a]		523	12 887	32 610	48 901	35 834	19 717	
2. Себестоимость реализованной продукции[a]		837	7729	19 552	29 345	21 492	11 830	
3. Прочие расходы[a]	4000	2200	1210	1331	1464	1611	1772	
4. Налоги[б]	−1360	−1535	254	3334	5760	3937	1883	663
5. Поток денежных средств (1−2−3−4)	−2640	−979	3694	8393	12 332	8794	4232	−663
6. Изменение величины оборотного капитала		−550	−739	−1972	−1629	1307	1581	2002
7. Капитальные вложения и выбытие основных средств	−10 000							1949[a]
8. Чистый поток денежных средств (5+6+7)	−12 640	−1529	2955	6421	10 703	10 101	5813	3288
9. Приведенная стоимость при $r = 20\%$.	−12 640	−1274	2052	3716	5162	4059	1947	918
Чистая приведенная стоимость = +3940 дол.								

[a] Из таблицы 6-2.
[б] Из таблицы 6-6.

В таблице 6-6 показаны будущие налоговые обязательства ВНК с учетом осуществления проекта по производству удобрений, а в таблице 6-7 представлены скорректированные потоки денежных средств после уплаты налогов и приведенная стоимость. На этот раз мы ввели реалистичные допущения и по налогам, и по инфляции. Безусловно, мы получим более высокую чистую приведенную стоимость, чем та, что указана в таблице 6-3, поскольку в ней не учитывается дополнительная приведенная стоимость ускоренных амортизационных начислений.

Здесь может возникнуть одна дополнительная проблема, которая едва заметна в таблице 6-6: *альтернативный минимальный налог*, способный ограничить или отодвинуть по времени налоговую защиту ускоренных амортизационных начислений или другие налоговые льготы. Поскольку альтернативный минимальный налог имеет большое значение при лизинге, мы отложим его обсуждение до главы 26. Но возьмем себе на заметку, что при анализе бюджетов долгосрочных вложений следует проверить, подпадает ли ваша компания под положения об альтернативном минимальном налоге.

| Последнее замечание о налогах | Почти каждая крупная корпорация имеет двойную систему бухгалтерского учета: одна — для своих акционеров, другая — для Налоговой службы. В учете для акционеров принято использовать метод равномерной амортизации, в учете для целей налогообложения — метод ускоренной амортизации. Налоговая служба не возражает против существования двух методов начисления амортизации, и таким образом фирмы указывают в отчетах более высокую прибыль по сравнению с тем, какая могла бы быть, если бы использовался только метод ускоренного списания. Существует также много других различий в системах учета для целей налогообложения и для отчета перед акционерами. |

Финансовый аналитик должен точно знать, с какими учетными документами он работает. В планировании долгосрочных вложений значение имеет только учет для целей налогообложения, однако сторонний аналитик имеет возможность пользоваться только данными из отчетности для акционеров.

ГЛАВА 6. Принятие инвестиционных решений по методу чистой приведенной стоимости   115

| Последнее замечание об анализе проектов | Давайте подведем итоги. Несколькими страницами ранее вы начали анализ проекта компании ВНК по производству удобрений. Сначала казалось, что в таблице 6-1 содержится вся необходимая вам информация, но многие данные оказались бесполезными, поскольку не отражали ожидаемую инфляцию. Поэтому вы пересмотрели проект и вычислили его чистую приведенную стоимость. Однако затем вы вспомнили об ускоренной амортизации; вы опять вернулись к своим рабочим таблицам и в конце концов получили приемлемые оценки потоков денежных средств и чистой приведенной стоимости.

Вам повезло, что дело ограничилось двумя расчетами чистой приведенной стоимости. В реальной практике, как правило, делается несколько заходов, чтобы исправить все несообразности и ошибки. Затем возникают вопросы "а что, если". Например, а что, если инфляция возрастает не на 10, а на 15% в год? А что, если технические проблемы отодвинут начало проекта до второго года? А что, если садоводы предпочтут химические удобрения, а не ваш натуральный продукт?

Вы не поймете до конца, что на самом деле представляет собой проект по производству натуральных удобрений, пока не ответите на эти вопросы. Как мы увидим в главе 10, *анализ проектов* — это всегда больше, чем два расчета чистой приведенной стоимости.

Однако прежде чем вы еще глубже "завязнете в навозе", нам следует вернуться к вопросу о взаимовлиянии проектов.

6–3. ВЗАИМОВЛИЯНИЕ ПРОЕКТОВ

Почти все решения по поводу капитальных вложений сопряжены с выбором по принципу "либо – либо". Фирма может построить либо 90 000 кв. футов складских помещений, либо 100 000 кв. футов складских помещений в одном из нескольких районов. Она может предусмотреть для них систему обогрева либо жидким топливом, либо газом и т. п. Эти взаимоисключаемые решения служат простыми примерами *взаимовлияния проектов*.

Взаимовлияние проектов может иметь бесчисленное множество проявлений. В литературе о НИОКР и промышленном инжиниринге иногда рассматриваются случаи чрезвычайной сложности. Мы сосредоточим внимание на пяти простых, но важных случаях.

Ситуация 1 – оптимальное время для осуществления инвестиций

Тот факт, что проект имеет положительную чистую приведенную стоимость, еще не означает, что сейчас наиболее удобное время для его осуществления. Его ценность может оказаться значительно выше, если его оставить на будущее. Точно так же проект, имеющий в настоящее время отрицательную чистую приведенную стоимость, может стать хорошим шансом на успех, если вы немного подождете с его осуществлением. Таким образом, любой проект содержит в себе две взаимоисключающие альтернативы: начать сегодня или отложить инвестирование на более поздний срок.

В условиях определенности вопрос об оптимальном времени осуществления инвестиций не представляет особой сложности. Сначала мы рассматриваем альтернативные сроки (t) для осуществления инвестиций и вычисляем чистую *будущую* стоимость для каждого периода. Затем, чтобы определить, какая из альтернатив в большей степени увеличивает приведенную стоимость фирмы, мы должны посчитать:

$$\frac{\textit{Чистая будущая стоимость для периода } t}{(1+r)^t}$$

Например, вам принадлежит большой труднодоступный участок строительного леса. Чтобы добраться до него, вы должны инвестировать значительную сумму в прокладку дорог и других коммуникаций. Чем дольше вы будете откладывать, тем больше инвестиций потребуется. С другой стороны, в то время, на которое вы отложите ваш проект, будут расти цены на лесоматериалы, так же как будут расти и сами деревья, хотя с постепенно убывающей скоростью.

Давайте предположим, что чистая стоимость разработки леса для различных сроков в будущем составит:

Годы вырубки	0	1	2	3	4	5
Чистая *будущая* стоимость (в тыс. дол.)	50	64,4	77,5	89,4	100	109,4
Прирост относительно предыдущего года (в %)		+28,8	+20,3	+15,4	+11,9	+9,4

Как вы видите, чем дольше вы откладываете вырубку леса, тем больше денег вы получите. Однако вас интересует срок, при котором чистая приведенная стоимость ваших инвестиций имеет максимальное значение. Следовательно, вам нужно продисконтировать чистую будущую стоимость разработки леса к настоящему времени. Допустим, соответствующая ставка дисконта равна 10%. Значит, если вы начнете разработку леса в 1-й год, чистая *приведенная* стоимость составит 58 500 дол.

$$NPV \text{ при разработке в } 1\text{-й год} = \frac{64,4}{1,10} = 58,5, \text{ или } 58\,500 \text{ дол.}$$

Чистая приведенная стоимость (при $t = 0$) разработки леса в другие сроки следующая:

Годы вырубки	0	1	2	3	4	5
Чистая приведенная стоимость (в тыс. дол.)	50	58,5	64,0	67,2	68,3	67,9

Оптимальное время для разработки леса приходится на 4-й год, когда чистая приведенная стоимость имеет максимальное значение.

Заметим, что до 4-го года чистая будущая стоимость лесоразработки увеличивается больше чем на 10% в год: прирост стоимости превышает затраты на привлечение капитала, задействованного в проекте. После 4-го года прирост стоимости еще положителен, но меньше затрат на привлечение капитала. Вы максимизируете чистую приведенную стоимость ваших инвестиций, если начнете вырубку леса сразу же, как только прирост стоимости окажется ниже затрат на привлечение капитала[8].

---

[8] В нашем примере с лесозаготовками содержится верная идея по поводу сроков осуществления инвестиций, но в нем упущен один важный момент: чем быстрее вы срубите первую партию деревьев, тем быстрее начнет расти вторая. Таким образом, стоимость второй партии зависит от того, когда вы срубите первую. Это более сложная и более реальная проблема может быть разрешена двумя способами.
1. Определить дату вырубки, при которой максимизируется приведенная стоимость лесозаготовок, принимая во внимание разную скорость роста молодых и старых деревьев.
2. Повторить ваши вычисления с учетом будущей рыночной стоимости вырубленных участков земли как части дохода от первой вырубки леса. Стоимость вырубленных участков земли включает в себя приведенную стоимость всех последующих лесозаготовок.

Второй способ решения проблемы может быть значительно упрощен, если вы в состоянии определить, сколько будет стоить очищенный от леса участок земли.

Х. Бирман и С. Смидт рассматривают пример с лесозаготовками в работе: *H. Bierman and S. Smidt*. The Capital Budgeting Decision, 7th ed. The Macmillan Company, New York, 1988.

ГЛАВА 6. Принятие инвестиционных решений по методу чистой приведенной стоимости

Безусловно, найти оптимальное для инвестирования время в условиях неопределенности гораздо сложнее. Возможность, не использованная в момент $t = 0$, может быть более или менее привлекательной в момент $t = 1$; в редких случаях это можно знать наверняка. Возможно, лучше ковать железо, пока горячо, даже если есть шанс, что оно станет еще горячее. С другой стороны, если вы немного подождете, то, возможно, получите больше информации и избежите ошибок[9].

Ситуация 2 — выбор оборудования с долгосрочным или краткосрочным периодом эксплуатации

Предположим, что фирма должна выбрать одну из двух машин, А или Б. Эти машины имеют разные конструкции, но одинаковые мощности и выполняют одни и те же операции. Машина А стоит 15 000 дол. и прослужит 3 года. Стоимость ее эксплуатации составляет 4000 дол. в год. Машина Б более "экономична", ее цена — 10 000 дол., но прослужит только 2 года, а стоимость ее эксплуатации составляет 6000 дол. Это — реальные потоки денежных средств: затраты прогнозируются в долларах с постоянной покупательной способностью[10].

Поскольку обе машины производят одну и ту же продукцию, единственный способ сделать выбор между ними — на основе сравнения затрат. Допустим, мы рассчитаем приведенную стоимость затрат:

Машина	Затраты (в тыс. дол.)				Приведенная стоимость при $r = 6\%$ (в тыс. дол.)
	C_0	C_1	C_2	C_3	
А	+15	+4	+4	+4	25,69
Б	+10	+6	+6		21,00

Следует ли нам отдать предпочтение машине Б, поскольку приведенная стоимость связанных с нею затрат ниже? Не обязательно, поскольку машину Б придется менять на год раньше, чем машину А. Другими словами, будущее инвестиционное решение зависит от того, какая машина будет выбрана сегодня, А или Б.

Итак, машина с общей приведенной стоимостью (затрат), равной 21 000 дол., распределяемых на 3 года (0, 1 или 2), необязательно лучше сравниваемой с ней машины, приведенная стоимость (затрат) которой равна 25 690 дол., распределяемых на 4 года (от 0 до 3). Каким-то образом мы должны привести общую приведенную стоимость затрат к затратам в расчете на год.

Предположим, от финансового менеджера требуется арендовать машину А для управляющего производством. Начиная с 1-го года, будет сделано три одинаковых арендных платежа. Очевидно, финансовый менеджер должен быть уверен, что величина арендной платы составляет 25 690 дол., т. е. равна общей приведенной стоимости (затрат) покупки и эксплуатации машины А. Эта справедливая величина арендной платы, которую обычно называют *равномерными годовыми затратами*, оказывается равна 9,61, или 9610 дол. в год.

	Потоки денежных средств (в тыс. дол.)				Чистая приведенная стоимость при $r = 6\%$ (в тыс. дол.)
	C_0	C_1	C_2	C_3	
Машина А	+15	+4	+4	+4	25,69
Равномерные годовые затраты		+9,61	+9,61	+9,61	25,69

---

[9] Мы вернемся к проблеме оптимального времени инвестирования в условиях неопределенности в главе 21.

[10] Последующие вычисления лучше делать в реальном выражении. Соответственно мы должны быть последовательны и использовать реальную ставку дисконтирования. Допустим, она равна 6%.

Справедливая арендная плата, или равномерные годовые затраты, представляет собой аннуитет, который имеет такой же жизненный цикл и такую же приведенную стоимость, что и машина А. Откуда мы узнали, что поток денежных средств в виде аннуитета равен 9,61? Это было просто! Мы устанавливаем чистую приведенную стоимость аннуитета, равную приведенной стоимости машины А, рассчитанную для аннуитетных платежей.

Приведенная стоимость аннуитета = приведенная стоимость оттоков денежных средств для А = 25,69 = аннуитетные платежи × коэффициент аннуитета для 3 лет.

Следовательно, аннуитетные платежи равны приведенной стоимости, деленной на коэффициент аннуитета, который составляет 2,673 для 3 лет при затратах на капитал 6%[11].

$$\text{Аннуитетные платежи} = \frac{25,69}{2,673} = 9,61.$$

Если мы сделаем подобные вычисления для машины Б, то получим:

	Потоки денежных средств (в тыс. дол.)			Чистая приведенная стоимость при $r = 6\%$ (в тыс. дол.)
	C_0	C_1	C_2	
Машина Б	+10	+6	+6	21,00
Равномерный 2-летний аннуитет		+11,45	+11,45	21,00

Мы видим, что машина А лучше, поскольку связанные с ней равномерные годовые затраты меньше (9610 дол. для машины А и 11 450 дол. для машины Б). Иначе говоря, аренда машины А может стоить управляющему производством меньше, чем аренда машины Б.

Таким образом, наше правило для сравнения активов с разным сроком службы звучит так: выбирайте машину, которая требует наименьших равномерных годовых затрат. Равномерные годовые затраты просто представляют собой приведенную стоимость затрат, деленную на коэффициент аннуитета.

Любое такое простое правило не может быть всеобщим. Правило строится на допущении о том, что замена одной машины производится на подобную ей машину, т. е. что во 2-м или 3-м году не будет использоваться более дешевая машина. Предположим, например, что машина Б поступит во 2-м году и связанные с ней равномерные годовые затраты составят только 5000 дол. Еще мы можем предусмотреть сдачу в лом или продажу машины А во 2-м году (более подробно о таком решении ниже). Финансовый менеджер не может выбрать между машинами А и Б в год 0, не проанализировав детально, чем может быть заменена каждая из машин.

И наконец, помните, почему в первую очередь нужно рассматривать равномерные годовые затраты. Причина заключается в том, что машины А и Б будут заменены в разное время. Поэтому выбор между ними оказывает влияние на будущие инвестиционные решения. Если первоначальный выбор не влияет на последующие решения, — например потому, что ни одна из машин не будет заменена, — тогда вам нет необходимости принимать во внимание будущие решения[12].

---

[11] Значение этого коэффициента можно посмотреть в таблице приведенной стоимости или вычислить с помощью формулы аннуитета, выведенной в разделе 3–2.

[12] Тем не менее, если ни одна из машин не будет заменена, вы должны рассмотреть дополнительные доходы от использования машины А в 3-м году, когда она еще будет работать, а машина Б уже выйдет из эксплуатации.

ГЛАВА 6. Принятие инвестиционных решений по методу чистой приведенной стоимости

Ситуация 3 — решение о времени замены используемого оборудования

В предыдущем примере срок службы каждой машины фиксирован. На практике время замены каждого вида оборудования скорее зависит от экономических условий, нежели приходится на момент его полного физического износа. Мы сами должны решить, когда произвести замену. Машины не так часто решают за нас.

Рассмотрим типичный пример. Вы работаете на старой машине и ожидаете, что она даст чистый *приток* денежных средств в размере 4000 дол. в следующем году и 4000 дол. еще через год. Затем она выйдет из строя. Сейчас вы можете заменить ее на новую машину, которая стоит 15 000 дол., но более эффективна и в течение 3 лет обеспечит приток денежных средств по 8000 дол. ежегодно. Вы хотите знать, следует ли вам произвести замену сейчас или через какое-то время.

Мы можем вычислить чистую приведенную стоимость новой машины, а также связанный с ней равномерный годовой приток денежных средств, то есть 3-летний аннуитет, который имеет ту же чистую приведенную стоимость.

	Потоки денежных средств (в тыс. дол.)				Чистая приведенная стоимость при $r = 6\%$ (в тыс. дол.)
	C_0	C_1	C_2	C_3	
Новая машина	−15	+8	+8	+8	6,38
Равномерный 3-летний аннуитет		+2,387	+2,387	+2,387	6,38

Другими словами, потоки денежных средств от использования новой машины эквивалентны аннуитету в размере 2387 дол. в год. Таким образом, мы можем достаточно точно сказать, в какой момент мы захотели бы заменить нашу старую машину на новую, приносящую 2387 дол. в год. Когда вопрос ставится таким образом, ответ очевиден. Поскольку ваша старая машина может дать поток денежных средств, равный 4000 дол. в год, кто захочет заменить ее новой машиной, приносящей только 2387 дол. в год?

Не составляет проблемы ввести в наши расчеты остаточную стоимость машины. Предположим, в настоящее время остаточная стоимость равна 8000 дол., а в следующем году она составит 7000 дол. Давайте посмотрим, какая картина сложится в следующем году, если вы сейчас слегка повремените, а затем продадите машину. С одной стороны, вы будете иметь 7000 дол., но потеряете остаточную стоимость по состоянию на сегодняшний день *плюс* годовой доход от использования этих денег, т. е. 8000 × 1,06 = 8480 дол. Ваши чистые потери составят 8480 − 7000 = 1480 дол., которые лишь частично компенсируются операционной прибылью. Пока вам не следует производить замену.

Напомним, что логика нашего сравнения требует, чтобы новая машина была лучше имеющихся альтернатив и опять же была заменена в оптимальный момент времени.

Ситуация 4 — затраты на избыточные мощности

Любая фирма, имеющая компьютер, рассматривает множество вариантов его применения. Возможности установленных компьютеров, как правило, полностью не используются и, поскольку дополнительные затраты по эксплуатации компьютера кажутся незначительными, руководство поощряет использование его новых возможностей. Однако, рано или поздно, загрузка компьютера достигает такой точки, когда руководство вынуждено либо ограничить использование компьютера в тех масштабах, которые оно первоначально поощряло, либо инвестировать средства в другой компьютер на несколько лет раньше, чем было намечено. Таких проблем можно избежать при правильном расчете затрат на эксплуатацию избыточных мощностей.

Предположим, у нас есть новый инвестиционный проект, который предусматривает чрезвычайно интенсивное использование компьютера. В результате осуществления проекта новый компьютер придется покупать не через 4, а через 3 года. Срок службы этого нового компьютера 5 лет, и при ставке дисконта, равной 6%, приведенная стоимость затрат на его приобретение и эксплуатацию составляет 500 000 дол.

Мы начнем с преобразования этих 500 000 дол. приведенной стоимости затрат, связанных с новым компьютером, в равномерные годовые затраты, составляющие 118 700 дол. для каждого из пяти лет[13]. Конечно, когда новый компьютер выйдет из строя, мы заменим его на другой. Таким образом, в перспективе нам предстоят расходы, связанные с компьютером, которые составляют 118 700 дол. в год. Если мы предпримем новый проект, расходы начнутся через 4 года; если нет — через 5 лет. Следовательно, осуществление нового проекта через 4 года повлечет за собой *дополнительные* расходы на компьютер в размере 118 700 дол. Приведенная стоимость дополнительных расходов равна $118\,700/(1,06)^4$, или примерно 94 000 дол. Эти расходы, естественно, относятся к новому проекту. Если мы учтем это обстоятельство, чистая приведенная стоимость проекта может оказаться отрицательной. А коли так, нам еще раз необходимо проверить, не имеет ли смысл предпринять проект сейчас и отказаться от него позднее, когда будут исчерпаны избыточные мощности нынешнего компьютера.

Ситуация 5 — изменчивость факторов загрузки

Хотя складские помещения стоимостью 10 млн дол. могут иметь положительную чистую приведенную стоимость, их строительство следует начинать только в том случае, если их чистая приведенная стоимость выше альтернативного варианта стоимостью 9 млн дол. Другими словами, чистая приведенная стоимость 1 млн дол. *дополнительных* инвестиций, требуемых для приобретения более дорогих складских помещений, также должна быть положительной.

Одним из примеров того, как легко об этом забыть, служит ситуация, когда оборудование используется для удовлетворения непостоянного спроса. Рассмотрим следующую задачу. Производитель обувных танкеток использует две машины, мощность каждой составляет 1000 единиц продукции в год. Машины имеют неограниченный срок службы и не имеют остаточной стоимости, таким образом, затраты ограничены только операционными расходами и составляют 2 дол. в расчете на одну танкетку. Как всем известно, производство танкеток носит сезонный характер и зависит от моды. Осенью и зимой, когда спрос выше, обе машины работают на полную мощность. Весной и летом загрузка каждой машины составляет 50% от мощности. Если ставка дисконта равна 10% и срок службы машин не ограничен, приведенная стоимость затрат составляет 30 000 дол.

	Две старые машины
Годовой выпуск в расчете на машину	750 единиц
Операционные расходы на машину	2 × 750 = 1500 дол.
Приведенная стоимость операционных расходов на машину	1500/0,10 = 15 000 дол.
Приведенная стоимость операционных расходов на обе машины	2 × 15 000 = 30 000 дол.

---

[13] Приведенная стоимость 118 700 дол. за 5 лет, дисконтированная по ставке 6%, равна 500 000 дол.

ГЛАВА 6. Принятие инвестиционных решений по методу чистой приведенной стоимости

Компания рассматривает вопрос о замене этих машин новым оборудованием. Новые машины имеют такую же мощность, и поэтому может потребоваться две машины для удовлетворения спроса, когда он достигает максимального уровня. Каждая новая машина стоит 6000 дол., и срок их службы не ограничен. Операционные расходы составляют только 1 дол. на единицу продукции. С учетом этого компания определила, что приведенная стоимость затрат на две новые машины может составить 27 000 дол.

	Две новые машины
Годовой выпуск в расчете на машину	750 единиц
Капитальные затраты на машину	6000 дол.
Операционные расходы на машину	$1 \times 750 = 750$ дол.
Приведенная стоимость совокупных затрат на машину	$6000 + 750/0{,}10 = 13\,500$ дол.
Приведенная стоимость совокупных затрат на обе машины	$2 \times 13\,500 = 27\,000$ дол.

Поэтому компания ликвидирует две старые машины и приобретает две новые.

Компания была совершенно права, полагая, что две новые машины лучше двух старых, но, к сожалению, она забыла рассмотреть третий вариант: замену только одной старой машины. Так как операционные расходы при использовании новой машины ниже, она может работать на полную мощность целый год. Старую же машину можно использовать, когда спрос достигает максимального значения. Приведенная стоимость затрат при такой стратегии равна 26 000 дол.

	Одна старая машина	Одна новая машина
Годовой выпуск в расчете на машину	500 единиц	1000 единиц
Капитальные затраты на машину	0	6000 дол.
Операционные расходы на машину	$2 \times 500 = 1000$ дол.	$1 \times 1000 = 1000$ дол.
Приведенная стоимость совокупных затрат на машину	$1000/0{,}10 = 10\,000$ дол.	$6000 + 1000/0{,}10 =$ $= 16\,000$ дол.
Приведенная стоимость совокупных затрат на обе машины		26 000 дол.

Замена только одной машины дает экономию в размере 4000 дол.; замена же двух машин — всего 3000 дол. Чистая приведенная стоимость *предельных* инвестиций во вторую машину равна −1000 дол.

6–4. ВЫБОР ПРОГРАММ КАПИТАЛЬНЫХ ВЛОЖЕНИЙ В УСЛОВИЯХ ОГРАНИЧЕННОСТИ РЕСУРСОВ

Предыдущий обзор методов планирования капитальных вложений основывался на допущении, в соответствии с которым богатство акционеров фирмы максимально возрастает, когда она принимает *каждый* проект, имеющий положительную чистую приведенную стоимость. Однако предположим, что существуют ограничения на осуществление инвестиционных программ, которые не позволяют фирме принять все подобные проекты. В этом случае нам необходим метод отбора группы проектов, которая с учетом ограниченного объема ресурсов компании обеспечит максимально возможную чистую приведенную стоимость.

Коэффициент рентабельности в условиях нормирования капитала

Давайте начнем с очень простого примера. Предположим, что альтернативные издержки инвестирования равны 10%, совокупные ресурсы нашей компании составляют 10 млн дол. и что перед ней открыты следующие возможности:

Проект	Потоки денежных средств (в млн дол.)			Чистая приведенная стоимость при $r = 10\%$ (в млн дол.)	Коэффициент рентабельности
	C_0	C_1	C_2		
А	−10	+30	+5	21	3,1
Б	−5	+5	+20	16	4,2
В	−5	+5	+15	12	3,4

У фирмы достаточно ресурсов, чтобы инвестировать либо в проект А, либо в проекты Б и В. Хотя чистые приведенные стоимости каждого из проектов Б и В меньше, чем у проекта А, чистая приведенная стоимость этих проектов, взятых вместе, выше. Поэтому ясно, что мы не можем делать выбор исключительно на основе чистых приведенных стоимостей отдельных проектов. Когда средства ограничены, нам нужно получить "наибольшее удовольствие за свои денежки". Иначе говоря, мы должны выбрать проекты, для которых отношение приведенной стоимости к первоначальным инвестициям является наиболее высоким. Это отношение представляет собой просто коэффициент рентабельности, или коэффициент выгоды—издержки, о котором мы говорили в главе 5:

$$Коэффициент\ рентабельности = \frac{приведенная\ стоимость}{инвестиции}.$$

Среди наших проектов Б имеет наибольший коэффициент рентабельности, а проекту В принадлежит следующий по величине коэффициент. Следовательно, если наш капитальный бюджет ограничен 10 млн дол., нам следует принять два этих проекта.

К сожалению, есть некоторые ограничения в применении этих простых методов оценки проектов. Одно из наиболее серьезных заключается в том, что они не подходят тогда, когда нормируется более чем один вид ресурсов. Например предположим, что бюджетное ограничение в 10 млн дол. касается потока денежных средств для года 0 и года 1, и что наш выбор расширяется следующим образом:

Проект	Потоки денежных средств (в млн дол.)			Чистая приведенная стоимость при $r = 10\%$ (в млн дол.)	Коэффициент рентабельности
	C_0	C_1	C_2		
А	−10	+30	+5	21	3,1
Б	−5	+5	+20	16	4,2
В	−5	+5	+15	12	3,4
Г	0	−40	+60	13	1,4

Одна из стратегий — принять проекты Б и В; однако в этом случае мы не сможем также принять проект Г, затраты по которому превышают наше бюджетное ограничение для 1-го периода. Альтернативный вариант — принять проект А в период 0. Хотя он имеет меньшую чистую приведенную стоимость, чем комбинация проектов Б и В, он обеспечивает положительный поток денежных средств в размере 30 млн дол. в 1-й период. Если мы добавим 30 млн дол. к нашему бюджету в 10 млн дол., мы можем позволить себе принять и проект Г. Проекты А и Г имеют *меньшие* коэффициенты рентабельности, чем проекты Б и В, но *бóльшую* совокупную чистую приведенную стоимость.

ГЛАВА 6. Принятие инвестиционных решений по методу чистой приведенной стоимости

Причина, по которой метод выбора по коэффициенту рентабельности не сработал в нашем примере, заключается в том, что ресурсы ограничены в *каждом* из двух периодов. В действительности этот метод не подходит всегда, когда имеется *любое дополнительное* ограничение при выборе проектов. Это значит, что он не подходит для случаев, когда два проекта являются взаимоисключающими или когда один проект зависит от другого.

*Несколько усовершенствованных моделей выбора в условиях нормирования капитала

Простота метода выбора по коэффициенту рентабельности иногда компенсирует ограниченность его применения. Например, вероятно, нет необходимости принимать во внимание затраты в последующие годы, если вы не имеете четкого представления о доступности капитала или об инвестиционных возможностях в будущем. Но есть условия, при которых ограниченность метода отбора по коэффициенту рентабельности делает его применение недопустимым. В таких ситуациях нам необходим более общий метод отбора проектов в условиях нормирования капитала.

Мы начнем знакомиться с проблемой с ее описания. Предположим, что мы обозначили через x_A долю проекта А в нашем примере. Тогда чистая приведенная стоимость инвестиций в этот проект составила бы $21x_A$. Аналогично, чистая приведенная стоимость наших инвестиций в проект Б может быть выражена как $16x_Б$ и т.д. Наша цель состоит в выборе группы проектов с наибольшей *совокупной* чистой приведенной стоимостью. Другими словами, мы хотим найти значение x, при котором максимизируется:

$$NPV = 21x_A + 16x_Б + 12x_В + 13x_Г.$$

На наш выбор накладываются некоторые ограничения. Во-первых, совокупный отток денежных средств в период 0 не должен превышать 10 млн дол. Иначе говоря:

$$10x_A + 5x_Б + 5x_В + 0x_Г \leq 10.$$

Точно так же совокупный отток денежных средств в 1-й период не должен быть больше 10 млн дол.:

$$-30x_A - 5x_Б - 5x_В + 40x_Г \leq 10.$$

И наконец, наши инвестиции в проект не могут иметь отрицательное значение и мы не можем предпринять более, чем один из них. Следовательно, мы имеем:

$$0 \leq x_A \leq 1, \quad 0 \leq x_Б \leq 1 \ldots$$

Учитывая все эти условия, мы можем представить задачу следующим образом:
Максимизировать $21x_A + 16x_Б + 12x_В + 13x_Г$
при условиях:

$$10x_A + 5x_Б + 5x_В + 0x_Г \leq 10$$
$$-30x_A - 5x_Б - 5x_В + 40x_Г \leq 10$$
$$0 \leq x_A \leq 1, \quad 0 \leq x_Б \leq 1 \ldots$$

Одним из способов решения такой задачи служит метод подстановки различных значений x с выделением тех комбинаций, которые одновременно и удовлетворяют ограничениям, и дают наибольшую чистую приведенную стоимость. Однако разумнее признать, что представленные выше выражения составляют задачу линейного программирования (ЛП). Их можно решить с помощью компьютера, оснащенного программой для решения задач ЛП.

Результаты, полученные с помощью метода ЛП, несколько отличаются от результатов, полученных с помощью описанных ранее методов. Вместо того чтобы инвестировать в одну единицу проекта А и единицу проекта Г, нам советуют принять половину проекта А, весь проект Б и три четверти проекта Г. Причина проста. Компьютер тупой, но покорный зверь, и, поскольку мы не сказали ему, что значения x должны быть целыми числами, он не видит причин делать их таковыми. Осуществление "дробных" проектов дает возможность увеличить чистую приведенную стоимость на 2,25 млн дол. Это отвечает многим целям. Если проект А представляет собой инвестиции в 1000 кв. футов складских помещений или в 1000 тонн листовой стали, то, возможно, имеет смысл вложить средства в 500 кв. футов помещений или в 500 тонн стали, и вполне разумно предположить, что поток денежных средств уменьшится пропорционально. Однако, если проект А предусматривает создание подъемного крана или нефтяной вышки, то в таком дроблении мало смысла.

Когда дробление проектов невозможно, мы можем использовать разновидность линейного программирования, именуемую *интегральным программированием* (или *ноль-один*), в котором все значения x ограничиваются целыми числами.

Моделирование выбора в условиях нормирования капитала

Модели линейного программирования кажутся специально предназначенными для решения задач формирования бюджетов капитальных затрат в условиях ограниченности ресурсов. Тогда почему они не находят всеобщего применения ни в теории, ни на практике? Одна из причин состоит в том, что их использование обходится недешево. Мы знаем нефтяную компанию, которая за один год израсходовала 4 млн дол. на модель планирования инвестиций, основанную на интегральном программировании. Хотя собственно линейное программирование значительно дешевле в плане затрат компьютерного времени, его невозможно применять для анализа крупных неделимых проектов.

Вторая причина заключается в том, что использование любого сложного инструмента долгосрочного планирования связано с общей проблемой получения приемлемых данных. Не стоит использовать такой дорогой метод применительно к неважной базе данных. Кроме того, эти модели основаны на допущении о том, что известны все будущие инвестиционные возможности. В действительности инвестиционные идеи возникают непредсказуемо.

Наши самые серьезные опасения касаются основной посылки об ограниченности капитала. Когда мы начнем рассматривать вопросы финансирования компаний, мы увидим, что большинство фирм не сталкиваются с проблемой нормирования капитала и способны получить очень крупные суммы денег на хороших условиях. Почему тогда президенты многих компаний обращают внимание своих подчиненных на ограниченность капитала? Если они правы, то рынок капиталов вовсе не совершенен. Как же они тогда собираются максимизировать чистую приведенную стоимость?[14] Нас может соблазнить предложение о том, что, если объем капитала не ограничен, им нет *необходимости* использовать модель ЛП; если же капитал ограничен, они однозначно не должны ее применять. Но такое суждение было бы поспешным. Давайте рассмотрим проблему более внимательно.

Мягкие ограничения. Ограничения объема капитала многих фирм являются мягкими. Они возникают не в результате несовершенства рынков капитала. Напротив, это временные ограничения, которые вводятся руководством, чтобы облегчить финансовый контроль.

---

[14] Не забывайте, что мы делали допущение о совершенстве рынков капиталов, когда вводили принцип чистой приведенной стоимости.

ГЛАВА 6. Принятие инвестиционных решений по методу чистой приведенной стоимости

Некоторые честолюбивые руководители подразделений фирм обычно преувеличивают свои инвестиционные возможности. Вместо того чтобы попытаться определить действительно стóящие проекты, руководство компании может счесть более простой мерой установление лимита капитальных вложений для подразделений и таким образом заставить подразделения самим выбирать свои приоритеты. В таких случаях бюджетные ограничения являются грубым, но эффективным средством предотвратить неверные прогнозы потоков денежных средств. В других случаях руководство может полагать, что слишком быстрый рост компании способен привести к непосильному напряжению самого руководства и организации в целом. Поскольку довольно трудно дать точную количественную оценку подобных ограничений, заменой им может служить лимитирование бюджета.

Коль скоро бюджетные ограничения такого рода не имеют ничего общего с неэффективностью рынков капитала, то подразделения могут совершенно беспрепятственно использовать модели ЛП с целью максимизации чистой приведенной стоимости в условиях ограниченности бюджета. С другой стороны, нет смысла применять сложные процедуры отбора, если прогноз потоков денежных средств подразделения страдает серьезными неточностями.

Даже если капитал не нормируется, ограничения могут распространяться и на другие ресурсы. Достаточное количество времени на управление фирмой, квалифицированные кадры и даже оборудование с длительным сроком службы принадлежат к числу важных факторов, зачастую способных ограничить рост компании. В Приложении к данной главе мы покажем, как вы можете расширить описанную модель ЛП введением подобных ограничений. Мы также покажем, как ее можно использовать в случаях взаимовлияния проектов.

Жесткие ограничения. Мягкие ограничения никогда ничего не стоят фирме. Если ограничения на капитал становятся невыносимыми — в том смысле, что приходится отказываться от проектов с положительными и высокими чистыми приведенными стоимостями, — тогда фирма привлекает больше денег и снимает мягкие ограничения. Но что, если собрать больше денег *невозможно* — что, если нормы очень *жесткие*?

Жесткие нормы предполагают несовершенство рынка капиталов, но они необязательно означают, что мы не должны использовать чистую приведенную стоимость в качестве критерия при планировании капитальных вложений. Это зависит от типа несовершенства рынка.

Корпорация "Аквахозяйство Аризоны" (АХА) берет столько кредитов, сколько позволяет банк, и, несмотря на это, компания пока еще имеет хорошие инвестиционные возможности. Подобная ситуация не означает жестких ограничений до тех пор, пока АХА может выпускать акции. Ну а если не может? Возможно, учредитель или акционер, владеющий контрольным пакетом акций, был бы против выпуска из-за боязни потерять контроль над фирмой; возможно, выпуск акций обошелся бы слишком дорого из-за бюрократических препон или законодательных сложностей[15].

Это не делает принцип чистой приведенной стоимости непригодным. *Акционеры* АХА могут давать и брать займы, продавать свои акции или покупать еще. Они имеют свободный доступ к рынкам ценных бумаг. Тип портфеля, который они держат, не зависит от финансовых и инвестиционных решений АХА. Единственное, что АХА может сделать для своих акционеров, — это сде-

---

[15] Владелец контрольного пакета акций компании, который "попал в ловушку", вложив большой личный капитал в АХА, может оказаться фактически отрезан от рынков капиталов. И принцип чистой приведенной стоимости может потерять смысл для такого собственника, хотя он и остается важен для других акционеров.

лать их богаче. Поэтому АХА следует инвестировать денежные средства в проекты, имеющие наибольшую совокупную чистую приведенную стоимость.

Барьер между фирмой и рынками капиталов не нарушает принцип чистой приведенной стоимости, пока единственным подобным барьером является *только* несовершенство рынка. Важно то, что *акционеры* фирмы имеют свободный доступ к хорошо функционирующим рынкам капиталов.

Метод чистой приведенной стоимости *действительно* теряет смысл, когда несовершенство рынка ограничивает выбор акционеров при формировании их инвестиционных портфелей. Допустим, корпорация "Невадское аквахозяйство" (НХА) основана одним учредителем, Александром Палтусом. У мистера Палтуса не осталось ни собственных денег, ни возможностей получения кредита, но он убежден, что инвестиции в расширение его производства имеют высокую чистую приведенную стоимость. Он пытался продать акции, но обнаружил, что потенциальные инвесторы, скептически относящиеся к перспективам развития рыбоводства в пустыне, предложили ему гораздо меньше того, во сколько он оценил свою фирму. Для мистера Палтуса рынок капитала все равно что не существует. Ему не имеет смысла дисконтировать ожидаемые потоки денежных средств по ставке, равной альтернативным издержкам.

6–5. РЕЗЮМЕ

К настоящему моменту вычисление приведенной стоимости должно стать для вас обычным делом. Однако этого никогда нельзя сказать о прогнозировании потоков денежных средств. Оно всегда будет делом сложным и рискованным. Вероятность ошибок можно минимизировать, руководствуясь следующими тремя правилами.

1. Работайте с данными о потоках денежных средств после уплаты налогов. Не путайте данные бухгалтерского учета с данными о потоках денежных средств.
2. Всегда оценивайте приростные инвестиции. Неустанно следите за всеми потоками денежных средств, возникающими в результате ваших решений.
3. Постоянно учитывайте инфляцию. Потоки денежных средств, прогнозируемые в номинальном выражении, дисконтируйте по номинальной ставке, а реальные потоки — по реальной ставке дисконта.

Мы можем добавить еще четвертое правило: учитывайте взаимовлияние проектов. Нечасто выбор решений ограничивается лишь принятием проекта или отказом от него, так как проекты капитальных вложений редко изолированы от других проектов или альтернатив. Самое простое решение обычно предполагает один из вариантов: или принять проект, или отказаться от проекта, или отложить его. Проект, имеющий положительную чистую приведенную стоимость, при условии его осуществления сегодня может иметь еще большую чистую приведенную стоимость, если отложить его до завтра.

Другой вид взаимовлияния проектов связан с *нормированием капитала*. Если капитал жестко лимитирован, тогда принятие проекта А может исключить принятие проекта Б. Если ограничения на капитал охватывают лишь один период, целью фирмы становится не просто максимизация чистой приведенной стоимости, а максимизация чистой приведенной стоимости *в расчете на доллар капитала*. Отбор проектов можно проводить на основе коэффициентов рентабельности, и выбор приоритетных проектов будет осуществляться до тех пор, пока не исчерпаются все средства финансирования. Такой метод не подходит, когда нормирование капитала охватывает более чем один период или когда существуют другие ограничения на выбор проектов. Единственный наиболее общий метод отбора — использование линейного или интегрального программирования.

ГЛАВА 6. Принятие инвестиционных решений по методу чистой приведенной стоимости

Жесткое нормирование капитала всегда отражает несовершенство рынка — барьер между фирмой и рынками капиталов. Если к тому же возникает барьер, ограничивающий свободный доступ акционеров фирмы к эффективным рынкам капиталов, рушится сама база принципа чистой приведенной стоимости. К счастью, корпорации в США редко сталкиваются с жестким нормированием. Тем не менее многие фирмы накладывают мягкие ограничения на капитал, т.е. сами устанавливают лимиты, используя их как средство финансового планирования и контроля.

Данная глава посвящена технике практического применения метода чистой приведенной стоимости. Весь наш анализ сводится к двум принципам. Первый — будьте внимательны при определении альтернативных проектов. Убедитесь, что вы сравниваете подобные вещи. Второй — убедитесь, что ваши вычисления охватывают все приростные потоки денежных средств.

ПРИЛОЖЕНИЕ: НЕСКОЛЬКО ШТРИХОВ К МОДЕЛИРОВАНИЮ ВЫБОРА В УСЛОВИЯХ НОРМИРОВАНИЯ КАПИТАЛА

В разделе 6–4 мы показали, что, когда капитал ограничен, вы можете рассматривать выбор инвестиционных решений как задачу линейного программирования. В данном приложении мы добавим к моделированию несколько штрихов и покажем, как им можно пользоваться в условиях других ресурсных ограничений и в случае взаимовлияния проектов.

Перенесение потоков денежных средств на будущие периоды

Управляющий производством, который должен вернуть неистраченную часть выделенного на год капитала, может поддаться искушению и в конце года вложить значительную часть инвестиций в розовое ковровое покрытие для пола в литейном цехе или в другие такие же несуразные активы. (Легко ли отстаивать большой бюджет для следующего года, если у вас остались деньги в этом году?) Руководство способно смягчить данную проблему, разрешив менеджерам перераспределять любые неистраченные остатки. (Тогда менеджер может, по крайней мере, подождать до января и выбрать ковровое покрытие лучшей расцветки.) Давайте вернемся к примеру, описанному в разделе 6–4. Чтобы ввести в модель возможность перераспределения денег, нам достаточно добавить еще одно условие в наши ограничения на расходы. Давайте обозначим через s средства, переходящие из года 0 в год 1, и допустим, что они принесут процентный доход r. Затем мы можем переписать наши ограничения для года 0:

$$10x_А + 5x_Б + 5x_В + 0x_Г + s = 10.$$

Точно так же, ограничения для 1-го года приобретут следующий вид:

$$-30x_А - 5x_Б - 5x_В + 40x_Г \leq 10 + (1+r)s.$$

Поскольку перераспределение отрицательных сумм равнозначно займам, мы, возможно, захотим добавить условие, что $s \geq 0$.

Взаимоисключающие проекты

Предположим теперь, что проекты Б и В являются взаимоисключающими. Мы можем использовать *интегральную* программу с условием, что наши *совокупные* инвестиции в два проекта не могут быть больше 1.

$$x_Б + x_В \leq 1, \quad x_Б, x_В = 0 \text{ или } 1.$$

Другими словами, если $x_Б$ равно 1, то $x_В$ должно равняться 0; если же $x_В$ равно 1, то $x_Б$ должно равняться 0.

Зависимые проекты

Предположим далее, что проект Г связан с проектом А и мы не можем принять проект Г, не приняв проект А. В этом случае нам необходимо добавить условия:

$$x_Г - x_А \leq 0, \quad x_Г, x_А = 0 \text{ или } 1.$$

Иначе говоря, если $x_А$ равно 1, то $x_Г$ может равняться 0 или 1; но если $x_А$ равно 0, то $x_Г$ также должно равняться 0.

Ограничения на нефинансовые ресурсы

Дефицитным ресурсом могут быть не только деньги. Каждый из наших проектов может потребовать работы отдела технического проектирования из 12 человек. Если над проектом А работало бы 3 проектировщика, над проектом Б — 2 и т. д., то нам было бы необходимо добавить ограничение, подобное следующему:

$$3x_А + 2x_Б + 8x_В + 3x_Г \leq 12.$$

Ограничения на нефинансовые результаты

Иногда следует накладывать ограничения на общий рост физических мощностей. Предположим, что по проектам А и В производятся соответственно 4 и 3 единицы одного вида продукции. Если компания не может продать более 5 единиц продукции, необходимо добавить условие:

$$4x_А + 3x_В \leq 5.$$

Мы могли бы продолжить, но вы уже поняли идею.

РЕКОМЕНДУЕМАЯ ЛИТЕРАТУРА

Есть несколько хороших работ общего плана о планировании капитальных вложений, в которых рассматривается проблема взаимовлияния проектов. Два примера:

E.L. Grant, W.G. Ireson, and R.S. Leavenworth. Principles of Engineering Economy, 8th ed. Ronald Press, New York, 1990.

H. Bierman and S. Smidt. The Capital Budgeting Decision, 7th ed. The Macmillan Company, New York, 1988.

Классическое применение методов линейного программирования в планировании капитальных вложений:

H.M. Weingartner. Mathematical Programming and the Analysis of Capital Budgeting Problems. Prentice-Hall, Inc., Englewood Cliffs. N.J., 1963.

Долгое время среди ученых ведется спор о том, отменяют ли ограничения на капитал принцип чистой приведенной стоимости. Уэйнгартнер дает обзор литературы по данной проблеме:

H.M. Weingartner. Capital Rationing: *n* Authors in Search of a Plot // Journal of Finance. 32: 1403–1432. December. 1977.

ГЛАВА 6. Принятие инвестиционных решений по методу чистой приведенной стоимости

Рейнхардт приводит интересное исследование одного инвестиционного решения:

U.E. Reinhardt. Break-Even Analysis for Lockheed's TriStar: An Application of Financial Theory // Journal of Finance. 32: 821–838. September. 1973.

КОНТРОЛЬНЫЕ ВОПРОСЫ

1. Какие из следующих потоков денежных средств следует рассматривать как приростные, когда решается вопрос об инвестировании в новое производственное предприятие? У компании уже есть участок земли, но находящиеся на нем здания следует ликвидировать.
   а) Рыночная стоимость участка земли и существующих зданий.
   б) Расходы на снесение зданий и расчистку участка.
   в) Затраты на подъезд к дороге, сделанные в прошлом году.
   г) Невозмещаемые потери прибыли от другой продукции вследствие отвлечения исполнителей на работу, связанную с новым предприятием.
   д) Часть расходов на аренду реактивного самолета для президента.
   е) Будущая амортизация нового завода.
   ж) Снижение налоговых выплат корпорации благодаря налоговой амортизации по новому заводу.
   з) Первоначальные инвестиции в запасы сырья.
   и) Деньги, уже затраченные на инженерное конструирование нового завода.

2. Месье Лу Гару получит в следующем году 100 000 французских франков. Это номинальный поток, который он дисконтирует по номинальной ставке дисконта 15%:

$$PV = \frac{100\,000}{1{,}15} = 86\,957 \text{ франков.}$$

Темп инфляции составляет 10%.

Вычислите приведенную стоимость выплат месье Гару, используя реальные равномерные потоки денежных средств и *реальную* ставку дисконта. (Вы должны получить точно такой же ответ, какой получил он сам.)

3. Машины А и Б являются взаимоисключающими, ожидается, что они дают следующие потоки денежных средств:

Машина	Потоки денежных средств (в тыс. дол.)			
	C_0	C_1	C_2	C_3
А	–100	+110	+121	—
Б	–120	+110	+121	+133

Альтернативные издержки равны 10%.
   а) Вычислите чистую приведенную стоимость каждой машины.
   б) Используйте таблицу значений приведенной стоимости для расчета равномерных годовых потоков денежных средств для каждой машины.
   в) Какую машину следует купить?

4. Машина В была приобретена 5 лет назад за 200 000 дол. и приносила годовой поток денежных средств, равный 80 000 дол. Она не имеет остаточной стоимости, но предполагается, что проработает еще 5 лет. Компания может заменить машину В на машину Б (см. вопрос 3) *либо сейчас*, *либо* в конце 5-го года. Как следует поступить?

5. Предположим, вы располагаете следующими инвестиционными возмож-

ностями, но имеете только 100 000 дол. для инвестирования. Какие проекты вам следует принять?

Проект	Чистая приведенная стоимость	Инвестиции
1	5000	10 000
2	5000	5000
3	10 000	90 000
4	15 000	60 000
5	15 000	75 000
6	3000	15 000

6. В чем состоит различие между жестким и мягким нормированием капитала? Предполагают ли мягкие ограничения, что менеджер не должен пытаться максимизировать чистую приведенную стоимость? А что вы скажете о жестком нормировании?

ВОПРОСЫ И ЗАДАНИЯ

1. При оценке взаимоисключающих проектов многие компании вычисляют равномерные годовые затраты для каждого проекта и на основе этого определяют приоритетность проектов. Чем вызвана такая необходимость? Почему бы не сравнивать проекты просто по их чистой приведенной стоимости?

2. Вычислите чистую приведенную стоимость некоего личного инвестиционного решения, например покупки стиральной машины как альтернативы пользованию услугами прачечной; отделки мансарды или замены вашего автомобиля. Не учитывайте дополнительные удобства новых активов. Учитывайте только денежные издержки и выгоды.

3. Обсудите следующее утверждение: "Мы не хотим, чтобы менеджеры отдельного завода участвовали в принятии налоговых решений фирмы в целом. Вместо того чтобы предлагать им продисконтировать потоки денежных средств после уплаты налогов по ставке 10%, мы просто советуем им взять потоки денежных средств до уплаты налогов и продисконтировать их по ставке 15%. При ставке налога 34% 15-процентная доналоговая ставка дисконта приблизительно равна 10-процентной посленалоговой ставке".

4. Обсудите следующее утверждение: "Мы предпочитаем, чтобы все наши вычисления, относящиеся к бюджету капитальных вложений, проводились в реальном выражении. Это позволяет не учитывать в прогнозах темпы инфляции".

5. Проект требует использования избыточных компьютерных мощностей. Если проект не будет завершен, компании потребуется купить дополнительный диск-накопитель в конце 2-го года. Если он будет завершен, то диск не потребуется до конца 4-го года. Если стоимость диска равна 10 000 дол., а его срок службы 5 лет и если альтернативные издержки составляют 10%, какова приведенная стоимость затрат на дополнительные мощности, если проект завершится в конце 2-го года? А если он будет продолжаться неограниченное время?

6. У г-жи Гончар, казначея компании "Идеальный фарфор", возникла проблема. Компания заказала новую печь стоимостью 400 000 дол. 50 000 дол. этой суммы составляют плату поставщику "за установку". Г-жа Гончар не знает, как Налоговая служба разрешит классифицировать эти расходы — как текущие или как капитальные. В последнем случае компания может начислять износ на эти 50 000 дол., используя схему налоговой амортизации с периодом в 5 лет.

ГЛАВА 6. Принятие инвестиционных решений по методу чистой приведенной стоимости

Если налоговая ставка составляет 34%, а альтернативные издержки — 5%, какова в этом случае приведенная стоимость налоговой защиты?

7. Вы владеете 500 акрами леса; стоимость древесины, заготовленной в настоящее время с этого участка, 40 000 дол. Это составляет 1000 кордов древесины, чистые затраты вырубки и перевозки равны 40 дол. за корд. Компания по производству бумаги предлагает купить ваш участок за 140 000 дол. Следует ли вам принять это предложение? Вы располагаете следующей информацией:

   а)

Годы	Среднегодовой темп роста количества кордов на акр (в %)
1–4	16
5–8	11
9–13	4
14 и далее	1

   б) Вы ожидаете, что цены в расчете на корд будут расти бесконечно с темпом 4% в год.

   в) Стоимость затрат на привлечение капитала равна 9%. Налоги не учитываются.

   г) Рыночная стоимость вашей земли может составлять 100 дол. за акр, если вы срубите и сплавите лес в этом году. Ожидается, что стоимость вырубленных участков земли также будет постоянно расти на 4% в год.

8. Компания "Пенетенциарий" должна выбрать одну из двух машин, которые выполняют одни и те же операции, но имеют различный срок службы. Затраты на приобретение и эксплуатацию машин следующие:

Годы	Машина А	Машина Б
0	40.000	50 000
1	10 000	8000
2	10 000	8000
3	10 000 + замена	8000
4		8000 + замена

   Затраты приводятся в реальном выражении.

   а) Предположим, что вы финансовый менеджер компании "Пенетенциарий". Если вы приобрели ту или другую машину и отдали ее в аренду управляющему производством на весь срок службы машины, какую арендную плату вы можете назначить? Допустим, что ставка дисконта равна 6% и налоги не принимаются во внимание.

   б) Какую машину следует купить компании?

   в) Обычно арендная плата, описанная в вопросе *а)*, устанавливается предположительно — на основе расчета и интерпретации равномерных годовых затрат. Предположим, вы действительно купили одну из машин и отдали ее в аренду управляющему производством. Какую ежегодную арендную плату вы можете устанавливать на будущее, если темп инфляции составляет 8% в год? (*Замечание*: арендная плата, рассчитанная в вопросе *а)*, представляет собой реальные потоки денежных средств. Вы должны скорректировать величину арендной платы с учетом инфляции.)

9. Какие ошибки могут возникнуть при использовании номинальных потоков денежных средств и дисконтных ставок для расчета равномерных годовых затрат? Представьте ситуацию, подобную описанной в вопросе 8.

10. В результате инженерно-технических усовершенствований производства компания "Полная автоматизация" может продать один из двух фрезерных станков. Оба станка выполняют одни и те же операции, но имеют разные сроки службы. Более новый станок может быть продан сегодня за 50 000 дол. Его эксплуатационные расходы составляют 20 000 дол. в год,

но через 5 лет станок потребует капитального ремонта, который обойдется в 20 000 дол. После этого эксплуатационные расходы будут составлять 30 000 дол. до тех пор, пока станок не будет продан в 10-м году за 5000 дол. Более старая машина может быть продана сегодня за 25 000 дол. Если ее не продавать, она потребует немедленного капитального ремонта на сумму 20 000 дол. Впоследствии эксплуатационные расходы составят 30 000 дол. до тех пор, пока машина не будет продана в году 5 за 5000 дол.

Обе машины полностью амортизированы для целей налогообложения. Компания платит налог немедленно по ставке 34%. Затраты на привлечение капитала составляют 12%.

Какую машину следует продать компании? Докажите свой ответ.

11. Компания Hayden, Inc. имеет несколько копировальных машин, которые она приобрела 4 года назад за 20 000 дол. Расходы на текущее обслуживание составляют 2000 дол. в год, но соглашение о гарантийном обслуживании истекает в конце 2-го года, и после этого расходы на обслуживание вырастут до 8000 дол. Сейчас машины можно перепродать за 8000 дол., но в конце 2-го года их стоимость снизится до 3500 дол. В конце 6-го года машины утратили бы свою стоимость и могли быть превращены в лом.

Hayden рассматривает возможность замены копировальных машин на новые, которые могут выполнять те же самые операции. Эти машины стоят 25 000 дол., и компания может заключить контракт на их обслуживание на 8 лет, выплачивая 1000 дол. в год. В конце 8-го года машины утратили бы свою стоимость и были бы сданы в лом.

Износ на обе машины начисляется в течение 7 лет по методу ускоренной амортизации, налоговая ставка равна 34%. Затраты на привлечение капитала составляют 15%.

Когда Hayden следует произвести замену машин?

12. Компания "Лекарственные препараты Борджиа" выделяет 1 млн дол. на капитальные вложения. Какой из следующих проектов компании следует принять, чтобы уложиться в бюджет в размере 1 млн дол.? Во сколько обходится компании ограничение ее бюджета, исходя из его рыночной стоимости? Альтернативные издержки каждого проекта равны 11%.

Проект	Инвестиции (в тыс. дол.)	Чистая приведенная стоимость (в тыс. дол.)	Внутренняя норма доходности (в %)
1	300	66	17,2
2	200	−4	10,2
3	250	43	16,6
4	100	14	12,1
5	100	7	11,8
6	350	63	18,0
7	400	48	13,5

13. Газета Financial Analysts в настоящее время предлагает следующие виды подписки: на 1 год – 150 дол., на 2 года – 260 дол., на 3 года – 345 дол. Ожидается, что эти тарифы будут расти в соответствии с ростом общего темпа инфляции. Какова ваша оптимальная стратегия, если вы намереваетесь стать постоянным подписчиком? Если необходимо, сделайте другие допущения.

14. Самолет президента вашей фирмы используется с неполной нагрузкой. Вы считаете, что в случае использования его другими должностными лицами прямые эксплуатационные расходы могут увеличиться всего лишь на 20 000 дол., а экономия на оплате за пользование линией может составить

100 000 дол. в год. С другой стороны, вы полагаете, что увеличение загрузки самолета потребует его замены не в конце 4-го, а в конце 3-го года. Стоимость нового самолета составляет 1,1 млн дол. и срок его службы (при теперешней низкой степени его загруженности) равен 6 годам. Допустим, что компания не выплатит налогов, а альтернативные издержки составляют 12%. Следует ли вам попытаться убедить президента разрешить пользоваться самолетом другим должностным лицам?

15. Проект требует первоначальных инвестиций в размере 100 000 дол., и ожидается, что в течение 5 лет он будет приносить потоки денежных средств до уплаты налогов, равные 26 000 дол. в год. Компания А имеет значительную сумму накопленных убытков, дающих освобождение от налогов, и маловероятно, что она будет платить налоги в прогнозируемом будущем. Компания Б платит 34-процентный корпоративный подоходный налог и может начислять износ на инвестиции для целей налогообложения, используя схему налоговой амортизации со сроком 5 лет.

Допустим, что альтернативные издержки равны 8%.

а) Вычислите чистую приведенную стоимость проектов для каждой компании.

б) Какова внутренняя норма доходности посленалоговых потоков денежных средств для каждой компании?

16. В настоящее время предприятие по производству обувных танкеток выпускает 200 000 пар в год. Ремешки к танкеткам оно покупает у внешнего поставщика по 2 дол. за ремешок. Управляющий производством полагает, что дешевле самим производить ремешки, нежели покупать их. Прямые производственные затраты оцениваются всего лишь в 1,50 дол. в расчете на один ремешок. Необходимое оборудование обошлось бы в 150 000 дол. Износ для целей налогообложения на эти инвестиции мог бы начисляться согласно схеме налоговой амортизации с периодом в 7 лет. Управляющий производством подсчитал, что для производства ремешков потребовался бы дополнительный оборотный капитал в размере 30 000 тыс. дол., но он считает, что эту сумму можно не принимать во внимание, поскольку к концу 10-го года она будет возмещена. Если ставка налога составляет 34%, а альтернативные издержки – 15%, поддержите ли вы предложение управляющего производством? Четко определите допущения, которые вам потребуется сделать для вашего ответа.

17. Компания "Надежный электрик" рассматривает предложение о производстве нового типа электрического мотора, который заменил бы большую часть существующей производственной линии. Научное открытие позволяет "Электрику" на 2 года опередить ее конкурентов. Предложения по проекту приводятся в таблице 6-8.

а) Внимательно прочтите примечания к таблице. Какие статьи имеют значение? Какие не имеют? Почему?

б) Какая дополнительная информация может вам потребоваться, чтобы построить более осмысленный вариант таблицы 6-8?

в) Постройте такую таблицу и пересчитайте чистую приведенную стоимость проекта. Если необходимо, сделайте дополнительные допущения.

18. Компания "Общий свинарник" рассматривает предложение о производстве корма для свиней с бо́льшим содержанием белка. Для осуществления проекта могут использоваться существующие складские помещения, которые в настоящее время "Свинарник" арендует у соседней фирмы. Арендная плата в следующем году составит 100 000 дол., и затем ожидается, что она будет расти вместе с темпами инфляции на 4% в год. Кроме использования складских помещений проект предусматривает инвестиции в машины и оборудование в размере 1,2 млн дол. Для целей налогообложения может использоваться метод равномерного начисления амортизации в течение 10 лет. Однако "Свинарник" предполагает завершить проект в кон-

це 8-го года и продать машины и оборудование в 8-м году за 400 000 дол. И наконец, проект требует начальных инвестиций в оборотный капитал в размере 350 000 дол. Следовательно, предполагается, что величина оборотного капитала будет составлять 10% ежегодной выручки от реализации с 1-го по 7-й год.

Ожидается, что выручка от реализации корма в 1-м году составит 4,2 млн дол., и затем будет увеличиваться на 5% в год, немного быстрее роста

ТАБЛИЦА 6-8
Потоки денежных средств и приведенная стоимость планируемых инвестиций компании "Надежный электрик". (См. вопрос 17. Годовые потоки денежных средств в тыс. дол.)

		1990 г.	1991 г.	1992 г.	1993–2000 гг.
1.	Капиталовложения	–10 400			
2.	Исследования и разработки	–2000			
3.	Оборотный капитал	–4000			
4.	Выручка от реализации		8000	16 000	40 000
5.	Эксплуатационные расходы		–4000	–8000	–20 000
6.	Накладные расходы		–800	–1600	–4000
7.	Амортизация		–1040	–1040	–1040
8.	Проценты		–2160	–2160	–2160
9.	Прибыль	–2000	0	3200	12 800
10.	Налог	0	0	408	4352
11.	Нетто-поток денежных средств	–16 400	0	2792	8448
	Чистая приведенная стоимость = +14 374				

Примечания.
1. *Капиталовложения*: 8 млн дол. на новое оборудование и 2,4 млн дол. на расширение складских помещений. Общая стоимость затрат на расширение относится на стоимость всего проекта, хотя в настоящее время требуется только половина площадей. Поскольку новое оборудование будет размещено в существующих производственных зданиях, затраты на земельный участок и помещение не осуществляются.
2. *Исследования и разработки*: 1,8 млн дол. израсходовано в 1989 г. Эта цифра была скорректирована на 10% инфляции с момента осуществления расходов. Таким образом, 1,8 млн × 1,1 = 2 млн дол.
3. *Оборотный капитал*: начальные инвестиции в материально-производственные запасы.
4. *Выручка от реализации*: эти данные предполагают продажу 2000 моторов в 1991 г., 4000 моторов в 1992 г. и по 10 000 моторов с 1993 по 2000 г. Прогнозируется, что цена 4000 дол. за мотор останется постоянной в реальном выражении.
5. *Эксплуатационные расходы*: к ним относятся все постоянные и переменные издержки. Предполагается, что переменные издержки (расходы на отопление, свет, энергию, дополнительные выплаты к зарплате работников) составляют 200% от постоянных издержек (затраты на оплату труда). Прогнозируется, что эксплуатационные расходы на единицу продукции останутся постоянными и в реальном выражении составят 2000 дол.
6. *Накладные расходы*: маркетинговые и административные расходы предполагаются равными 10% от реализации.
7. *Амортизация*: равномерное начисление в течение 10 лет.
8. *Проценты*: проценты, начисляемые на капитальные вложения и оборотный капитал, по ставке текущих займов компании, равной 15%.
9. *Прибыль*: выручка за вычетом сумм расходов на исследования и разработки, эксплуатационных расходов, накладных расходов, амортизации и процентов.
10. *Налоги*: 34% от прибыли. Однако в 1990 г. величина прибыли отрицательна. Убытки будут учтены при налогообложении в 1992 г.
11. *Нетто-поток денежных средств*: предполагается, что он равен прибыли за вычетом налогов.
12. *Чистая приведенная стоимость*: чистая приведенная стоимость нетто-потока денежных средств, дисконтированного по ставке 15%.

ГЛАВА 6. Принятие инвестиционных решений по методу чистой приведенной стоимости   135

инфляции. Предполагается, что производственные издержки составят 90% от выручки от реализации, а прибыль облагается налогом по ставке 34%, который выплачивается сразу. Затраты на привлечение капитала равны 12%.

Какова чистая приведенная стоимость проекта "Свинарника"?

19. В примере компании "Всемирный навоз и компост" (раздел 6—2) мы допускали, что убытки по проекту могут засчитываться при налогообложении прибылей корпорации в какие-либо будущие периоды. Предположим, что убытки переносятся и вычитаются из будущих прибылей от проекта. Как изменилась бы чистая приведенная стоимость проекта? Какова стоимость возможности немедленного использования налоговых скидок?

20. В 1990 г. Питер Хэнди, финансовый директор New Economy Transport Company (NETCO), проанализировал предложение о капитальном ремонте сухогруза компании Vital Spark на сумму 610 000 дол. Результаты оценки расходов оказались следующими:

1. Установка нового двигателя	250 000 дол.
2. Новая навигационная система	200 000 дол.
3. Ремонт корпуса	<u>160 000 дол.</u>
	610 000 дол.

Расходы на ремонт корпуса вычитались из налогооблагаемой прибыли 1-го года. 1-я и 2-я статьи расходов расцениваются как капитальные вложения, и для целей налогообложения по ним может начисляться износ по методу равномерной амортизации с 1-го по 5-й год.

Главный инженер NETCO Макфейл подсчитал, что ежегодные эксплуатационные расходы после проведения капитального ремонта составят 985 000 дол. Однако компания могла бы отказаться от навигационной системы, тогда эксплуатационные расходы выросли бы до 1 181 000 дол.

Vital Spark полностью амортизирован и даже после восстановления не мог бы прослужить более 10 лет. Вместо того чтобы ремонтировать Vital Spark, NETCO могла бы продать его за 140 000 дол. и инвестировать эти средства в новое судно. Новое судно стоило бы 2 000 000 дол., и на эти инвестиции мог бы начисляться износ по методу равномерной амортизации в течение 10 лет. Срок службы нового судна составил бы 15 лет, а операционные расходы только 900 000 дол. в год.

Если затраты на привлечение капитала составляют 10%, а ставка налога на прибыль компании — 40%, как следует поступить NETCO?

Часть II

РИСК

Введение: риск, доход и альтернативные издержки

В предыдущей главе мы не рассматривали проблему риска как таковую. Но мы уже не можем больше удовлетворяться заявлением типа: "Альтернативные издержки капиталовложений зависят от рискованности проекта". Теперь нам необходимо знать, как определяется риск, какая существует связь между риском и альтернативными издержками, каким образом финансовый менеджер решает проблемы риска на практике.

В данной главе основное внимание уделено первому из выделенных вопросов, два остальных будут рассматриваться в главах 8 и 9. Вначале мы обобщим фактические данные о нормах доходности на рынках капиталов за 60-летний период. Затем будут рассмотрены проблемы рискованности инвестиционных проектов и возможности снижения риска посредством диверсификации инвестиционных портфелей. Мы познакомим вас со стандартным измерителем риска для отдельных ценных бумаг, который называется **бета**.

Таким образом, темами данной главы станут портфельный риск, риск ценных бумаг и диверсификация. В основном мы будем рассматривать эти вопросы с позиций отдельного инвестора. Но в конце главы мы подойдем к этим проблемам с иной стороны и посмотрим, может ли диверсификация рассматриваться как одна из целей деятельности *корпорации*.

7–1. 63-ЛЕТНЯЯ ИСТОРИЯ РЫНКА КАПИТАЛОВ В ОДНОМ БЕГЛОМ ОБЗОРЕ

К счастью финансовых экспертов, имеется большое количество данных о ценах и доходности ценных бумаг. Например, в Чикагском центре по изучению цен на ценные бумаги (Chicago's Center for Research in Security Prices (CRSP) создан файл данных о ценах и дивидендах по каждому виду акций, участвующих в торгах Нью-йоркской фондовой биржи (New York Stock Exchange (NYSE) за все месяцы, начиная с 1926 г. Существуют и другие файлы — с данными о торгах на Американской фондовой бирже (American Stock Exchange) и в целом на американском рынке; данные об облигациях, опционах и т. д. Но мы предполагаем охватить все эти сведения одним беглым обзором. Поэтому мы остановимся на ретроспективном исследовании компании Ibbotson Associates четырех портфелей ценных бумаг:

1. Портфель казначейских векселей, т. е. долговых ценных бумаг правительства Соединенных Штатов со сроком менее одного года.
2. Портфель долгосрочных облигаций правительства США.
3. Портфель долгосрочных корпоративных облигаций[1].

---

[1] Два портфеля облигаций были пересчитаны для каждого года с целью обеспечения постоянного срока погашения.

4. Фондовый индекс агентства Standard and Poor, который представляет портфель обыкновенных акций 500 фирм.

Все портфели сопряжены с разной степенью риска. Наименее рискованными инвестициями, которые вы можете осуществить, являются казначейские векселя. Векселям совершенно не угрожает риск непогашения, а короткий срок означает относительную стабильность цен на них. По сути, инвестор, который хочет дать взаймы, скажем на три месяца, может обеспечить себе прекрасный гарантированный доход, купив казначейские векселя со сроком 3 месяца. Однако при этом инвестор не может быть уверен в том, какова их *реальная* норма доходности, поскольку остается неопределенность, порождаемая инфляцией.

Формируя портфель из долгосрочных правительственных облигаций, инвестор приобретает активы, цены на которые изменяются с изменением процентных ставок. (Цены на облигации падают, когда процентные ставки растут, и наоборот.) Переходя от правительственных облигаций к облигациям корпораций, инвестор берет на себя дополнительный риск, связанный с *невыполнением обязательств по ним (неплатежеспособностью)*. Приобретая обыкновенные акции, инвестор разделяет риски предприятия, акции которого он приобрел.

Ibbotson Associates рассчитала норму доходности по каждому типу портфелей за все годы в период с 1926 по 1988 г. Эта норма отражает как денежные поступления — проценты или дивиденды, так и приращение капитала (т. е. доходы от прироста курсовой стоимости), реализованные в течение года. Средние значения нормы доходности по каждому портфелю за 63 года приведены в таблице 7-1[2]. Вы видите, что эти значения доходности соответствуют вашему интуитивному ранжированию рисков. Наиболее безопасные инвестиции — в казначейские векселя — имеют и наименьшую норму доходности — *номинальная* ставка по ним составила 3,6% в год, *реальная* — только 0,5%. Иначе говоря, темп инфляции в этот период составлял примерно 3% в год.

Долгосрочные правительственные облигации обеспечивали чуть более высокую доходность, чем казначейские векселя. Доходность облигаций корпо-

ТАБЛИЦА 7-1
Средние значения доходности казначейских векселей, правительственных облигаций, корпоративных облигаций и обыкновенных акций в 1926–1988гг. (% в год).

Портфели	Среднегодовая норма доходности (номинальная)	Среднегодовая норма доходности (реальная)	Средняя премия за риск (дополнительная доходность по сравнению с казначейскими векселями)
Казначейские векселя	3,6	0,5	0
Правительственные облигации	4,7	1,7	1,1
Корпоративные облигации	5,3	2,4	1,7
Обыкновенные акции	12,1	8,8	8,4

Источник: Ibbotson Associates, Inc. Stok, Bonds, Bills, and Inflation 1989 Yearbook. Ibbotson Associates. Chicago, 1989.

---

[2] Средние арифметические значения были получены Ibbotson Associates делением суммы всех годовых доходов и дивидендов за 63 года. Среднее арифметическое значение доходности за этот период больше годовой доходности, рассчитанной по методу сложного процента. Допустим, рыночная стоимость в первый год удвоилась, а во второй вдвое уменьшилась. Так как вы возвращаетесь к тому, с чего начали, годовая доходность, рассчитанная по методу сложного процента, будет равна нулю. Однако среднее арифметическое значение равно +25% [(100−50)/2]. При определении ставок дисконта вас интересует среднеарифметическая доходность.

раций была еще немного выше. Обыкновенные акции образовывали отдельную группу. Инвесторы, которые брали на себя дополнительный риск, связанный с обыкновенными акциями, в среднем получали премию в виде годовой доходности, на 8,4 % превышающей доходность казначейских векселей.

Вы можете спросить, почему мы взяли такой большой период, чтобы оценить средние значения нормы доходности. Причина в том, что среднегодовые значения нормы доходности обыкновенных акций очень изменчивы и брать средние значения за короткие периоды не имеет смысла. Только рассматривая исторически сложившиеся нормы доходности за очень долгий период, мы можем надеяться понять их смысл[3].

Использование ретроспективных данных для оценки сегодняшних затрат на привлечение капитала. Возьмем инвестиционный проект, о котором вы *знаете* — не имеет значения откуда, — что связанный с ним риск соответствует фондовому индексу агентства Standard and Poor. Мы скажем, что он сопряжен с таким же риском, как и *рыночный инвестиционный портфель*, хотя, говоря так, мы допускаем некоторую вольность, поскольку индекс не охватывает все рискованные ценные бумаги. Какую ставку дисконта нам следует взять, чтобы продисконтировать прогнозируемые потоки денежных средств по этому проекту?

Очевидно, вы должны использовать текущую ожидаемую норму доходности рыночного портфеля, т. е. доходность, от которой отказался бы инвестор, вкладывая средства в предложенный проект. Давайте обозначим эту рыночную доходность через r_m. Один из способов найти значение r_m — предположить, что в будущем ситуация останется практически такой же, как в прошлом, и что сегодня инвесторы ожидают получить такие же "нормальные" нормы доходности, средние значения которых представлены в таблице 7-1. В этом случае вы могли бы взять для r_m значение 12,1%, среднее значение рыночной доходности в прошлом.

Однако такой способ *не* годится. Маловероятно, чтобы значение r_m не изменялось со временем. Напомним, что r_m представляет собой сумму безрисковой процентной ставки r_f и премии за риск. Мы знаем, что величина r_f со временем изменяется. Например, когда мы заканчивали написание этой главы, в начале 1990 г. процентная ставка по казначейским векселям составила 8%, на 4 процентных пункта больше, чем средняя доходность портфеля казначейских векселей, составляющая, по расчетам Ibbotson Associates, 3,6%.

А что, если бы вам пришлось оценивать значение r_m в 1990 г.? Вы бы взяли значение 12,1%? Это уменьшило бы премию за риск на 4,3 процентных пункта. Более разумный способ — взять текущую процентную ставку по казначейским векселям и прибавить 8,4%, *среднюю премию за риск* из таблицы 7-1. При ставке по казначейским векселям 8% r_m равна:

$$r_m (1990) = r_f(1990) + \text{обычная премия за риск} =$$
$$= 0{,}08 + 0{,}084 = 0{,}164, \text{ или } 16{,}4\%.$$

---

[3] Даже имея данные за 63 года, мы не можем быть уверены, что этот период достаточно представителен и что полученная средняя величина не искажена несколькими необычно высокими или низкими доходами. Степень реалистичности полученной средней величины обычно оценивают с помощью показателя *средней квадратичной погрешности*. Например, средняя квадратичная погрешность рассчитанной нами средней премии за риск по обыкновенным акциям составляет 2,6%. Существует 95%-ная вероятность, что *верная* средняя находится в пределах ± 2 стандартных отклонения от полученного значения 12,1 %. Другими словами, если бы вы сказали, что верная средняя находится в пределах между 6,9% и 17,3%, вероятность того, что вы оказались правы, составляла бы 95%. (Замечание относительно техники расчетов: средняя квадратичная погрешность равна стандартному отклонению, деленному на квадратный корень из числа наблюдений. В нашем случае стандартное отклонение составляет 20,9%, следовательно, средняя квадратичная погрешность равна $20{,}9\sqrt{63} = 2{,}6$.)

Здесь делается важное допущение, что существует нормальная стабильная премия за рискованность рыночного портфеля, так что ожидаемая в *будущем* премия за риск может быть рассчитана на основе средней в прошлом премии за риск. Кто-то, возможно, не согласился бы с таким допущением, но оно, по крайней мере, позволяет получить разумную оценку r_m[4].

7-2. ИЗМЕРЕНИЕ РИСКА, ПРИСУЩЕГО ИНВЕСТИЦИОННОМУ ПОРТФЕЛЮ

Сейчас у вас есть два значения, от которых вы можете оттолкнуться. Вы знаете ставку дисконта для безопасных проектов и ставку для проектов со "средним риском". Но вы *не знаете* пока, как вычислить ставки дисконта для активов, не вписывающихся в эти простые случаи. Для того чтобы их определить, вы должны знать: 1) как измерить риск и 2) какова связь между возникновением риска и требуемыми премиями за риск.

На рисунке 7-1 показаны 63 среднегодовые нормы доходности, рассчитанные Ibbotson Associates для фондового индекса Standard and Poor. Колебания доходности от года к году очень значительны. Самое большое значение годовой доходности — 54,0% наблюдалось в 1933 г. — частично вследствие кризиса на фондовых рынках 1929—1932 гг. Однако за 4 года произошло снижение более чем на 25%, в 1931 г. отмечалось самое низкое значение доходности, которое составило — 43,3%.

Другой способ представления данных — гистограмма, или частотное распределение. Это показано на рисунке 7-2, где изменчивость доходности от года к году представлена широким "разбросом" результатов.

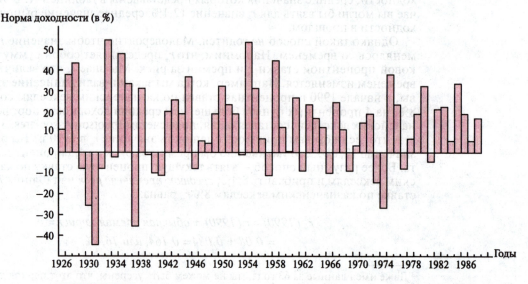

РИСУНОК 7-1
Фондовый рынок открывает возможности для прибыльных, но чрезвычайно разнообразных инвестиций.[*Источник:* Ibbotson Associates, Inc. Stocks, Bonds, Bills, and Inflation 1989 Yearbook. Ibbotson Associates, Chicago,1989.]

---

[4] Например, вычисленная таким образом r_m согласуется с фактическими данными о долговременных средних нормах доходности, действительно существовавших в нефинансовом секторе экономики США. См.: *D.M.Holland and S.C.Myers*. Trends in Corporate Profitability and Capital Costs in the United States // *D.M.Holland (ed.)*. Measuring Profitability and Capital Costs. Lexington Books, Mass., 1984.

ГЛАВА 7. Введение: риск, доход и альтернативные издержки

Дисперсия и стандартное отклонение

Стандартными статистическими показателями разброса результатов служат **дисперсия** и **стандартное отклонение**. Дисперсия рыночной доходности представляет собой ожидаемое отклонение от ожидаемой доходности в квадрате. Это можно выразить иначе:

$$\text{Дисперсия } (\tilde{r}_m) = \text{ожидаемое значение } (\tilde{r}_m - r_m)^2,$$

где $\tilde{r}_m$ — фактическая доходность, r_m — ожидаемая доходность[5]. Стандартное отклонение равно квадратному корню из дисперсии:

$$\text{Стандартное отклонение } \tilde{r}_m = \sqrt{\text{дисперсия}(\tilde{r}_m)}.$$

Стандартное отклонение обычно обозначают греческой буквой сигма σ, дисперсию — σ^2.

Пример. Приведем очень простой пример, показывающий, как вычисляются дисперсия и стандартное отклонение. Допустим, что вам представилась возможность сыграть в следующую игру. Сначала вы инвестируете 100 дол. Затем подбрасываете две монеты. Если выпадет "орел" — прибавляете к первоначальной сумме 20%, если "решка" — отнимаете 10%. Очевидно, существует четыре вероятных результата:

- "орел" + "орел": +40%;
- "орел" + "решка": +10%;
- "решка" + "орел": +10%;
- "решка" + "решка": −20%.

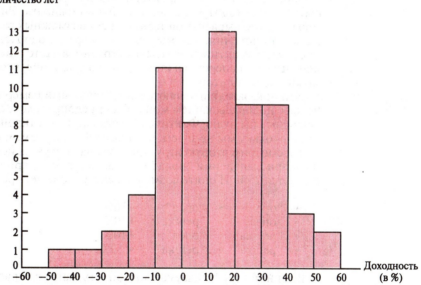

РИСУНОК 7-2
Гистограмма годовых норм доходности фондового рынка США в 1926—1988 гг. демонстрирует широкий разброс значений отдачи от инвестиций в ценные бумаги. [*Источник:* Ibbotson Associates, Inc. Stocks, Bonds, Bills, and Inflation 1989 Yearbook.]

---

[5] *Техническое замечание.* Когда дисперсия вычисляется по данным о *фактической доходности*, мы прибавляем стандартное отклонение и делим на $(N-1)$, где N — число наблюдений. Мы делим на $(N-1)$, а не на N, чтобы компенсировать так называемую *потерю степени свободы*. Формула выглядит так:

$$\text{Дисперсия}(\tilde{r}_m) = \frac{1}{N-1}\sum_{t=1}^{N}(\tilde{r}_{mt} - r_m)^2,$$

где $\tilde{r}_{mt}$ — рыночная доходность в период t, r_m — среднее значение $\tilde{r}_m$.

ТАБЛИЦА 7-2
Игра с подбрасыванием монет: дисперсия и стандартное отклонение

(1) Процентная норма доходности $\tilde{r}$	(2) Отклонение ожидаемой доходности $\tilde{r} - r$	(3) Квадрат отклонения $(\tilde{r}-r)^2$	(4) Вероятность	(5) Вероятность × квадрат отклонения
+40	+30	900	0,25	225
+10	0	0	0,5	0
−20	−30	900	0,25	225

Дисперсия = ожидаемое значение $(\tilde{r} - r)^2$ = 450
Стандартное отклонение = $\sqrt{дисперсия}$ = $\sqrt{450}$ = 21

Существует вероятность 1 к 4 (или 0,25), что вы получите 40%, вероятность 2 к 4 (или 0,5), что вы получите 10%, и 1 к 4 (или 0,25), что вы потеряете 20%. Ожидаемая доходность игры, следовательно, представляет собой средневзвешенную вероятных исходов:

Ожидаемая доходность = (0,25 × 40) + (0,5 × 10) + (0,25 × −20) = +10%.

Из таблицы 7-2 видно, что дисперсия процентных доходов составляет 450. Стандартное отклонение — корень квадратный из 450 — равно 21. Норма доходности имеет те же единицы измерения, поэтому мы можем сказать, что изменчивость результатов игры составляет 21%.

Один из способов охарактеризовать неопределенность — сказать, что событий происходит меньше, чем можно ожидать. Риск, присущий активам, можно точно выразить описанием всех возможных результатов и вероятности их возникновения, как мы делали в игре с подбрасыванием монет. Однако для реальных активов это сделать трудно, а часто и невозможно. Поэтому мы используем дисперсию и стандартное отклонение, чтобы описать разброс возможных результатов[6].

Эти показатели и являются естественными измерителями риска[7]. Если бы исход с подбрасыванием монет был предопределен, стандартное отклонение равнялось бы нулю. Фактическое стандартное отклонение будет положительно, поскольку мы не знаем, что произойдет на самом деле.

Рассмотрим вторую игру, похожую на первую за исключением того, что теперь при выпадении "орла" прибавляется 35%, при выпадении "решки" отнимается 25%. И опять возможны следующие четыре исхода:

- "орел" + "орел": +70%;
- "орел" + "решка": +10%;
- "решка" + "орел": +10%;
- "решка" + "решка": −50%.

В данной игре ожидаемая доходность, как и в первом случае, равна 10%, но стандартное отклонение вдвое больше —42% против 21% в первой игре. Это говорит о том, что вторая игра в два раза рискованнее первой.

---

[6] Какой из этих показателей использовать — исключительно вопрос удобства. Так как стандартное отклонение выражается в тех же единицах, что и норма доходности, в целом этот показатель использовать удобнее. Однако, когда мы говорим о *доле* риска, объясняемого каким-то фактором, обычно менее опасно пользоваться показателем дисперсии.

[7] Как мы объясняем в главе 8, дисперсия и стандартное отклонение служат верными критериями риска при нормальном распределении доходности.

ГЛАВА 7. Введение: риск, доход и альтернативные издержки 145

Оценка изменчивости

В принципе вы могли бы оценить изменчивость доходности какого-либо портфеля акций или облигаций описанным выше способом: определить возможные результаты, оценить вероятность каждого из них, провести вычисления. Но откуда взять информацию о вероятностях? Вы не узнаете ее из газет; газеты всячески избегают помещать на своих страницах соображения о перспективах ценных бумаг. Мы однажды видели статью под таким заголовком: "Цены на облигации скорее всего могут резко измениться в любую сторону". Брокеры на фондовых рынках действуют так же. Ваш брокер может ответить на ваш вопрос о возможных результатах на рынке подобным утверждением:

В настоящее время рынок, видимо, переживает период консолидации. На этом промежуточном этапе мы могли бы сделать конструктивный вывод, основанный на предположении о дальнейшем возрождении экономики. Возможно, с настоящего момента рынок будет испытывать подъем на 20% в год или более, если инфляция будет расти умеренными темпами. С другой стороны...

Дельфийский оракул дал совет, но ничего не сказал о вероятностях.

Большинство финансовых экспертов начинают с обзора изменчивости в прошлом. Конечно, нет никакого риска в ретроспективном анализе, но более разумно допускать, что будущее портфелей ценных бумаг с высокой изменчивостью в прошлом по крайней мере не менее предсказуемо.

Среднегодовые стандартные отклонения и дисперсии, наблюдаемые для наших четырех портфелей, за период 1928—1988 гг. были следующими[8]:

Портфель	Стандартное отклонение, σ	Дисперсия, σ^2
Казначейские векселя	3,3	10,9
Долгосрочные правительственные облигации	8,5	72,3
Корпоративные облигации	8,4	70,6
Обыкновенные акции	20,9	436,8

Как и ожидалось, наименее изменчивыми ценными бумагами были казначейские векселя, а самыми изменчивыми — обыкновенные акции. Правительственные и корпоративные облигации занимали промежуточное положение[9].

Вам может показаться интересным сравнение игры с подбрасыванием монет и фондового рынка, как альтернативных инвестиций. Среднегодовая до-

---

[8] Ibbotson Associates, op. cit. Отметим, что, говоря о рискованности облигаций, мы должны точно определить временной интервал и какое выражение мы имеем в виду — реальное или номинальное. *Номинальная* доходность долгосрочных правительственных облигаций вполне определена для инвестора, который держит их до срока погашения; иными словами, она безрисковая, если забыть об инфляции. Кроме того, правительство всегда может напечатать деньги, чтобы расплатиться по своим долгам. Однако реальная доходность казначейских векселей не определена, поскольку никто не знает, какова будет покупательная способность доллара в будущем.

Доходы по облигациям, представленные Ibbotson Associates, были рассчитаны за год. Доходы отражают как изменения от года к году цен на облигации, так и выплачиваемые проценты. Доходы за один год по долгосрочным облигациям рискованные, как в реальном, так и в номинальном выражении.

[9] Вы можете заметить, что корпоративные облигации несколько опережают правительственные, имея более низкую изменчивость. Это не должно вас волновать. Проблема в том, что трудно найти две группы облигаций, которые были бы идентичны во всех отношениях. Например, большинство корпоративных облигаций являются *отзывными* (т. е. компания имеет право выкупить их по их номинальной стоимости). Правительственные облигации не могут выкупаться до срока погашения. Кроме того, по корпоративным облигациям выплачиваются более высокие проценты, поэтому те, кто вкладывает средства в облигации корпораций, возвращают свои деньги быстрее. А это, как мы увидим в главе 25, также снижает степень изменчивости облигаций.

ходность на фондовом рынке составляла 12,1% со стандартным отклонением 20,9%. В игре эти значения были равны 10 и 21, соответственно — чуть ниже доходность и приблизительно такая же изменчивость. Ваши партнеры по игре могут получить грубое представление о фондовом рынке.

Безусловно, нет причин полагать, что изменчивость рынка будет оставаться одной и той же на протяжении более 60 лет. Например, сейчас она меньше, чем в период Великой депрессии 30-х гг. Приведем стандартные отклонения доходности портфелей фондового рынка Ibbotson Associates за 10-летние периоды, начиная с 1926 г.:

Период	Стандартное отклонение, σ_m
1926 — 1939 гг.	31,9
1940 — 1949 гг.	16,5
1950 — 1959 гг.	19,8
1960 — 1969 гг.	14,4
1970 — 1979 гг.	19,2
1980 — 1988 гг.	12,5

Вы должны быть осторожны, полагаясь на стандартные отклонения, вычисленные на основе примерно 10 значений среднегодовой доходности. Однако эти цифры не подтверждают широко распространенное мнение об особой неустойчивости цен на акции в период 1980-х гг. В целом неустойчивость цен в 1980 г. была ниже среднего уровня.

Тем не менее в течение нескольких коротких периодов изменчивость была очень высока. В Черный понедельник, 19 октября 1987 г., рыночный индекс *за один день* упал на 23%. Стандартное отклонение индекса за неделю, ближайшую к Черному понедельнику, было равнозначно отклонению на 89% в год. К счастью, изменчивость снизилась до нормального уровня за несколько послекризисных недель.

Как диверсификация снижает риск

Мы можем найти показатели изменчивости как для отдельных ценных бумаг, так и для целого портфеля ценных бумаг. Несомненно, уровень изменчивости ценных бумаг отдельной компании за 63 года представляет меньший интерес, чем изменчивость рыночного портфеля — редко можно встретить компанию, деловые риски которой сейчас те же, что и в 1926 г.

В таблице 7-3 представлены полученные расчетным путем стандартные отклонения для обыкновенных акций 10 хорошо известных компаний за 5-летний период[10]. Кажутся ли вам эти стандартные отклонения высокими? Должны. Вспомните, что стандартное отклонение рыночного портфеля составляло около 20,9% в начале периода 1926—1988 гг. и несколько ниже в конце этого периода. Из представленных нами акций отдельных компаний только акции Exxon и Bristol Myers Squibb имеют стандартное отклонение меньше 20%. Большая часть акций более изменчивы, чем рыночный портфель; лишь небольшая горстка имеет меньшую изменчивость.

---

[10] Эти оценки получены на основе *месячных* значений нормы доходности. Пяти годовых наблюдений недостаточно для оценки изменчивости. На основе дисперсий за месяц мы получили дисперсии за год, умножая месячные данные на 12, т. е. дисперсия месячной доходности представляет собой одну двенадцатую дисперсии годовой доходности. Чем дольше вы держите ценные бумаги или портфель ценных бумаг, тем больший риск вы на себя берете.

ГЛАВА 7. Введение: риск, доход и альтернативные издержки

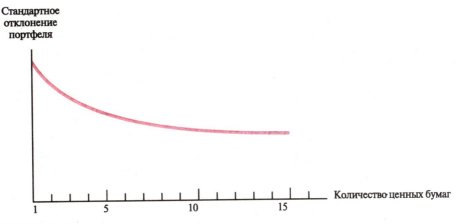

РИСУНОК 7-3
Диверсификация уменьшает степень риска (стандартные отклонения) вначале быстро, а затем медленнее.

Возникает важный вопрос: рыночный портфель состоит из отдельных акций, тогда почему же изменчивость его доходности не отражает средней изменчивости доходности его компонентов? Причина в том, что *диверсификация снижает изменчивость*.

Даже незначительная диверсификация может существенно снизить изменчивость. Предположим, вы вычисляете и сравниваете стандартные отклонения произвольно выбранных портфелей, состоящих из одного вида акций, двух видов акций, пяти видов акций и т. д. На рисунке 7-3 вы видите, что посредством диверсификации можно снизить изменчивость доходности почти наполовину.

Но вы можете добиться почти такого же результата и с относительно небольшим количеством акций: эффективность убывает, когда количество ценных бумаг превышает, скажем, 20 или 30.

Диверсификация возможна благодаря тому, что цены различных акций изменяются неодинаково. Статистики имеют в виду то же самое, когда говорят, что изменения цен на акции не полностью коррелируют. Посмотрите, например, на рисунок 7-4. Вы можете увидеть, что изменчивость доходности инвестиций либо в Delta Air Lines, либо в Polaroid была бы значительной. Но во многих случаях снижение стоимости одной акции компенсировалось ростом цены на другую[11]. Следовательно, существовала возможность снизить ваш риск

ТАБЛИЦА 7-3
Стандартные отклонения доходности обыкновенных акций выборочных компаний, 1984—1989 гг. (% в год)

Акции	Стандартное отклонение	Акции	Стандартное отклонение
AT&T	24,4	Ford Motor Co.	28,7
Bristol Myers Squibb	19,8	Genetech	51,8
Capital Holding	26,4	McDonald's	21,7
Digital Equipment	38,4	McGraw-Hill	29,3
Exxon	19,8	Tandem Computer	50,7

Источник: Merril Lynch, Pierce, Fenner & Smith, Inc. Security Risk Evaluation. January 1990.

---

[11] В этот период коэффициент корреляции значений доходности этих акций составлял 0,31.

РИСУНОК 7-4
Инвестиционный портфель, в котором в равной мере представлены акции компаний Delta Air Lines и Polaroid, обладает меньшей степенью изменчивости, нежели в среднем акции этих компаний по отдельности.

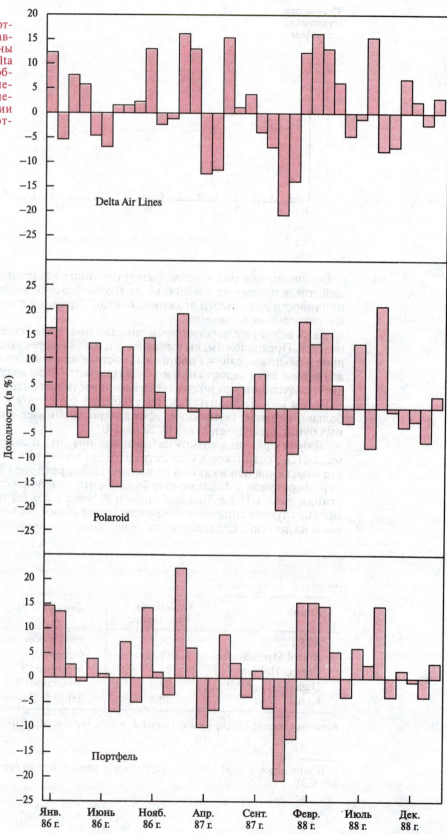

РИСУНОК 7-5
Диверсификация устраняет индивидуальный риск. Но существует вид риска, который диверсификация не в состоянии устранить. Это *рыночный* риск.

с помощью диверсификации. Рисунок 7-4 показывает, что если б вы поделили свои средства между двумя акциями случайным образом, изменчивость вашего портфеля была бы гораздо меньше, чем средняя изменчивость доходов по двум акциям[12].

Риск, который может быть устранен диверсификацией, называется **индивидуальным (уникальным) риском**[13]. Индивидуальный риск возникает из того факта, что каждая компания сталкивается с особыми характерными для нее рисками, которые, может быть, свойственны еще только ее непосредственным конкурентам. Но есть и другой риск, которого нельзя избежать независимо от того, какова диверсификация вашего портфеля. Этот риск, как правило, называют **рыночным риском**[14]. Рыночный риск связан с рисками общеэкономического характера, которым подвержен любой бизнес. Именно поэтому существует тенденция одновременного изменения цен на акции. И по этой же причине инвесторы страдают от "рыночной неопределенности", независимо от того, акциями скольких компаний они владеют.

На рисунке 7-5 мы разделили риск на две составляющие — индивидуальный риск и рыночный риск. Индивидуальный риск имеет особо важное значение, когда у вас есть только один вид акций; если же ваш портфель состоит из акций 20 и более компаний, роль диверсификации возрастает. На хорошо диверсифицированный портфель влияет только рыночный риск. Следовательно, главным источником неопределенности для инвестора, занимающегося диверсификацией, является рыночная конъюнктура, от которой зависит портфель инвестора.

7–3. ВЫЧИСЛЕНИЕ ПОРТФЕЛЬНОГО РИСКА

Мы показали вам, как диверсификация снижает риск, на интуитивном уровне, но, чтобы полностью понять эффект диверсификации, вам необходимо знать, как риск портфеля зависит от риска отдельных акций.

Предположим, что портфель состоит на 60% из акций Georgia Pacific и на 40% из акций Thermo Electron — высокотехнологичной фирмы, расположенной недалеко от Бостона. Вы ожидаете, что в наступающем году доходность

---

[12] За 3 года, с 1986 по 1989 г., стандартные отклонения для акций Delta Air Lines и Polaroid составляли соответственно 34,3 и 46,4%. Стандартное отклонение для портфеля, состоящего из равного количества акций данных компаний, составило 32,5%.

[13] Индивидуальный риск еще называют *несистематическим, остаточным, особым* или *диверсифицируемым риском*.

[14] Рыночный риск также могут называть *систематическим* или *недиверсифицируемым риском*.

РИСУНОК 7-6
Дисперсия для портфеля из двух акций равна сумме значений в этих четырех прямоугольниках. x_i = доля инвестиций в акции i; σ_i^2 = дисперсия доходности акций i; σ_{ij} = ковариантность доходности акций i и j ($\rho_{ij}\sigma_i\sigma_j$); ρ_{ij} = корреляция доходности акций i и j.

	Акция 1	Акция 2
Акция 1	$x_1^2\sigma_1^2$	$x_1x_2\sigma_{12} = x_1x_2\rho_{12}\sigma_1\sigma_2$
Акция 2	$x_1x_2\sigma_{12} = x_1x_2\rho_{12}\sigma_1\sigma_2$	$x_2^2\sigma_2^2$

акций Georgia Pacific составит 15%, а акций Thermo Electron — 21%. Ожидаемая доходность вашего инвестиционного портфеля представляет собой средневзвешенную ожидаемых значений доходности отдельных акций[15]:

Ожидаемая доходность портфеля = ($0{,}60 \times 15$) + ($0{,}40 \times 21$) = $17{,}4\%$.

Расчет ожидаемой доходности портфеля — достаточно легкая процедура. Самая тяжелая часть работы — это определить риск портфеля. В прошлом стандартное отклонение доходности составляло для Georgia Pacific примерно 28%, для Thermo Electron примерно 42%. Вы полагаете, что эти цифры по-прежнему служат верным показателем отклонения возможных *будущих* доходов. Скорее всего сначала вы будете склонны допустить, что стандартное отклонение доходности вашего портфеля представляет собой средневзвешенную стандартных отклонений доходности отдельных акций, т. е. ($0{,}60 \times 28$) + + ($0{,}40 \times 42$) = $33{,}6\%$. Это было бы верно, *только* если цены двух видов акций изменялись бы совершенно одинаково. В любом другом случае риск можно было бы снизить диверсификацией портфеля.

На рисунке 7-6 представлена процедура точного вычисления риска портфеля, состоящего из двух акций. Вам нужно заполнить таблицу из 4 прямоугольников. В верхнем левом прямоугольнике вы взвешиваете дисперсию доходности акции 1 (σ_1^2) по *квадрату* доли инвестиций в акции 1 (x_1^2). Заполняя нижний правый прямоугольник, вы взвешиваете дисперсию доходности акции 2 (σ_2^2) по *квадрату* доли инвестиций в акции 2 (x_2^2).

Элементы прямоугольников, расположенных по этой диагонали, зависят от дисперсий акций 1 и 2, элементы двух других прямоугольников зависят от их *ковариации*. Как вы можете предположить, ковариация служит для измерения степени совместной изменчивости двух акций. Ковариация может быть выражена умножением коэффициента корреляции ρ_{12} на два стандартных отклонения[16]:

Ковариация акций 1 = $\rho_{12}\sigma_1\sigma_2$.

Большинство акций имеет тенденцию к одновременному изменению. В этом случае коэффициент корреляции ρ_{12} положителен, следовательно, положителен и коэффициент ковариации σ_{12}. Если различные акции движутся

---

[15] Давайте это проверим. Предположим, вы инвестируете 60 дол. в акции Georgia Pacific и 40 дол. в акции Thermo Electron. Ожидаемый долларовый доход по вашим акциям Georgia Pacific равен $0{,}15(60) = 9{,}00$ дол., и по акциям Thermo Electron — $0{,}21(40) = 8{,}40$ дол. Ожидаемый долларовый доход от вашего портфеля составляет $9{,}00 + + 8{,}40 = 17{,}40$ дол. *Норма* доходности портфеля равна $17{,}40/100 = 0{,}174$, или $17{,}4\%$.
[16] Ковариацию можно найти другим способом:

Ковариация акций 1 и 2 = σ_{12} = *ожидаемая стоимость* ($\tilde{r}_1 - r_1$) × ($\tilde{r}_2 - r_2$).

Отметим, что ковариация любой ценной бумаги с ней самой равна просто ее дисперсии.

σ_{11} = *ожидаемая стоимость* ($\tilde{r}_1 - r_1$) × ($\tilde{r}_1 - r_1$) =

= *ожидаемая стоимость* ($\tilde{r}_1 - r_1$)² = *дисперсия акции 1*.

ГЛАВА 7. Введение: риск, доход и альтернативные издержки

совершенно не связано, тогда коэффициент корреляции и ковариация равны нулю; и если акции изменяются в противоположных направлениях, коэффициент корреляции и ковариация отрицательны. Вы взвешиваете дисперсии умножением на квадрат доли инвестиции, таким же образом вы должны взвесить ковариацию умножением на *произведение* двух соответствующих вложений в x_1 и x_2.

Когда вы заполните все четыре прямоугольника, вы просто складываете полученные в них величины и находите дисперсию портфеля:

$$\text{Дисперсия портфеля} = x_1^2 \sigma_1^2 + x_2^2 \sigma_2^2 + 2(x_1 x_2 \rho_{12} \sigma_1 \sigma_2).$$

Стандартное отклонение портфеля равно корню квадратному из дисперсии.

Теперь мы можем попробовать привести некоторые цифровые примеры для Georgia Pacific и Thermo Electron. Ранее мы упоминали, что при совершенной корреляции двух акций значение стандартного отклонения состоящего из них портфеля будет находиться на 40%-ной отметке промежутка между стандартными отклонениями этих акций (или, иными словами, стандартное отклонение портфеля будет превышать меньшее из стандартных отклонений двух акций на 40% от разности между этими стандартными отклонениями)*. Давайте проверим это, заполнив четыре прямоугольника, при условии $\rho_{12} = +1$.

	Georgia Pacific	Thermo Electron
Georgia Pacific	$x_1^2 \sigma_1^2 = (0{,}60)^2 \times (28)^2$	$x_1 x_2 \rho_{12} \sigma_1 \sigma_2 = 0{,}6 \times 0{,}40 \times 1 \times 28 \times 42$
Thermo Electron	$x_1 x_2 \rho_{12} \sigma_1 \sigma_2 = 0{,}60 \times 0{,}40 \times 1 \times 28 \times 42$	$x_2^2 \sigma_2^2 = (0{,}40)^2 \times (42)^2$

Дисперсия вашего портфеля акций будет равна сумме полученных значений:

$$\text{Дисперсия портфеля} = [(0{,}60)^2 \times (28)^2] + [(0{,}40)^2 \times (42)^2] + \\ + 2(0{,}60 \times 0{,}40 \times 1 \times 28 \times 42) = 1129.$$

Стандартное отклонение равно $\sqrt{1129} = 33{,}6\%$, или превышает 28 на 40% от разности между 42 и 28.

Акции компаний Georgia Pacific и Thermo Electron изменяются не совершенно одинаково. Если исходить из прошлого опыта, то коэффициент корреляции между двумя акциями составляет примерно 0,4. Если мы проделаем те же вычисления при условии, что $\rho_{12} = +0{,}4$, то обнаружим:

$$\text{Дисперсия портфеля} = [(0{,}60)^2 \times (28)^2] + [(0{,}40)^2 \times (42)^2] + \\ + 2(0{,}60 \times 0{,}40 \times 0{,}4 \times 28 \times 42) = 790.$$

Стандартное отклонение равно $\sqrt{790} = 28{,}1\%$. Теперь величина риска отличается от 28 значительно меньше, чем на 40% от разности между 42 и 28, — на самом деле она *практически* равна риску при условии инвестирования только в акции Georgia Pacific.

Диверсификация имеет больший эффект, когда коэффициент корреляции между акциями отрицателен. К сожалению, такого никогда не происходит с реальными акциями. Но просто в качестве иллюстрации давайте предположим, что взаимосвязь между акциями Georgia Pacific и Thermo Electron носит

---

* Строго говоря, σ_{12} — стандартное отклонение портфеля из двух акций — представляет собой *выпуклую линейную комбинацию* σ_1 и σ_2 — стандартных отклонений этих акций:

$$\sigma_{12} = (1-\lambda)\sigma_1 + \lambda\sigma_2 = \sigma_1 + \lambda(\sigma_2 - \sigma_1),$$

где в данном случае $\lambda = 0{,}4$. — *Примеч. ред.*

РИСУНОК 7-7
Чтобы определить дисперсию портфеля, состоящую из N акций, необходимо заполнить матричную таблицу, подобную той, что изображена на рисунке. Квадраты, расположенные по диагонали, указывают на значения дисперсии ($x_i^2 \sigma_i^2$), а недиагональные квадраты — на значения ковариации ($x_i x_j \sigma_{ij}$)

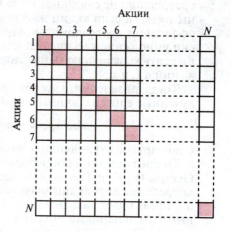

именно такой характер. Поскольку мы представляем нереальную ситуацию, пойдем еще дальше и допустим, что между акциями существует совершенно отрицательная корреляция ($\rho_{12} = -1$). В этом случае:

$$\textit{Дисперсия портфеля} = [(0{,}60)^2 \times (28)^2] + [(0{,}40)^2 \times (42)^2] + \\ + 2[0{,}60 \times 0{,}40 \times (-1) \times 28 \times 42] = 0.$$

При отрицательной корреляции всегда существует стратегия формирования портфеля (представленная особым набором акций в нем), позволяющая полностью исключить риск[17]. Очень жаль, что в реальности такой совершенно отрицательной корреляции между обыкновенными акциями не бывает.

| *Общая формула для расчета портфельного риска | Метод вычисления портфельного риска может быть легко применен для портфелей из трех и более видов ценных бумаг. Просто мы должны заполнить большее количество прямоугольников. Каждый прямоугольник на диагонали — затемненные квадраты на рисунке 7-7 — содержит значение дисперсии, взвешенной по квадрату доли инвестиций в соответствующие ценные бумаги. Остальные квадраты содержат информацию о ковариации между двумя ценными бумагами, взвешенной по произведению соответствующих долей инвестиций[18]. |

*Ограничения на диверсификацию

Обратили ли вы внимание, глядя на рисунок 7-7, как вырастает значение ковариации при увеличении количества ценных бумаг в портфеле? Если мы берем портфель, состоящий из двух видов ценных бумаг, количество квадратов в таблице со значениями дисперсий равно количеству квадратов с ковариацией. Если количество разных ценных бумаг больше двух, тогда квадратов с

---

[17] Поскольку стандартное отклонение по акциям Thermo Electron в 1,5 раза превышает отклонение по акциям Georgia Pacific, чтобы исключить риск для портфеля из двух данных акций, необходимо инвестировать в 1,5 раза больше средств в акции Georgia Pacific.

[18] Формула эквивалентна "сложению всех квадратов":

$$\textit{Дисперсия портфеля} = \sum_{i=1}^{N} \sum_{j=1}^{N} x_i x_j \sigma_{ij}.$$

Отметим, что когда $i = j$, значение σ_{ij} просто равно дисперсии акции i.

ГЛАВА 7. Введение: риск, доход и альтернативные издержки

ковариацией гораздо больше, чем квадратов с дисперсией. Следовательно, судить об изменчивости хорошо диверсифицированного портфеля следует главным образом по ковариации.

Рассмотрим портфель с равными долями инвестиций в N акций. Следовательно, в каждую акцию инвестируется $1/N$ совокупных инвестиций. Следовательно, дисперсия в каждом квадрате равна $(1/N)^2$ общей дисперсии, а ковариация — $(1/N)^2$ общей ковариации. Имеется N квадратов с дисперсиями и $N^2 - N$ квадратов с ковариацией. Следовательно:

$$\text{Дисперсия портфеля} = N\left(\frac{1}{N}\right)^2 \times \text{средняя дисперсия} +$$

$$+ (N^2 - N)\left(\frac{1}{N}\right)^2 \times \text{средняя ковариация} =$$

$$= \left(\frac{1}{N}\right) \times \text{средняя дисперсия} + \left(1 - \frac{1}{N}\right) \times \text{средняя ковариация}.$$

Заметим, что если число N возрастает, то значение дисперсии портфеля почти приближается к среднему значению ковариации. Если бы средняя ковариация равнялась нулю, то можно было бы *полностью* избежать риска, располагая достаточным количеством ценных бумаг. К сожалению, обычные акции изменяются независимо друг от друга. Большинство акций, которые может приобрести инвестор, связаны друг с другом, т. е. имеют положительную ковариацию, которая ограничивает эффект диверсификации. Теперь мы можем понять точный смысл рыночного риска, изображенного на рисунке 7-5. Именно средняя ковариация определяет базовый риск, который остается даже при диверсификации портфеля ценных бумаг.

7–4. КАК ОТДЕЛЬНЫЕ ЦЕННЫЕ БУМАГИ ВЛИЯЮТ НА ПОРТФЕЛЬНЫЙ РИСК

Ранее мы приводили данные об изменчивости ценных бумаг 10 отдельных компаний. Акции Genentech имеют самое высокое стандартное отклонение, а акции Exxon самое низкое. Если бы вы держали только акции Genentech, разброс возможных значений доходности был бы в три раза больше, чем если бы вы имели только акции Exxon. Но сам по себе этот факт не очень интересен. Умные инвесторы не станут "складывать все яйца в одну корзину": они снижают свой риск посредством диверсификации. Поэтому их интересует, какое влияние окажет каждая акция на риск, присущий их портфелю.

Это привело нас к одной из основных тем данной главы: **риск хорошо диверсифицированного портфеля зависит от рыночного риска входящих в него ценных бумаг.** Зарубите это утверждение себе на носу, если не сможете запомнить иначе. Это одна из основных идей данной главы.

Бета – измеритель рыночного риска

Если вы хотите знать, каков вклад отдельных ценных бумаг в риск хорошо диверсифицированного портфеля, не нужно определять степень риска для каждого вида ценных бумаг в отдельности, а необходимо оценить их *рыночный риск* и затем определить его чувствительность к рыночным изменениям. Эту чувствительность называют **бета (β)**.

Если β акций больше 1,0, то изменчивость акций превышает изменчивость рынка. Если значение β находится между 0 и 1,0, то акции изменяются в том же направлении, что и рынок, но в меньшей степени. Сам рынок, очевидно,

ТАБЛИЦА 7-4
Бета обыкновенных акций некоторых компаний, 1984—1989 гг.

Акции	Бета	Акции	Бета
AT&T	0,76	Ford Motor Co.	1,30
Bristol Myers Squibb	0,81	Genentech	1,40
Capital Holding	1,11	McDonald's	1,02
Digital Equipment	1,30	McGraw-Hill	1,32
Exxon	0,67	Tandem Computer	1,69

Источник: Merrill Lynch, Pierce, Fenner & Smith, Inc. Security Risk Evaluation. January 1990.

представляет собой портфель всех акций, и β его "средней" акции составляет 1,0. В таблице 7-4 показаны значения беты для акций 10 вышеупомянутых компаний.

Например, значение β для акций быстро растущей страховой компании Capital Holding составляло в течение 5 лет, с конца 1984 по конец 1989 г., 1,11. Если эти тенденции сохранятся в будущем, то *в среднем*, когда рынок вырастет на 1%, цены акций данной компании вырастут на 1,11%, а когда активность рынка снизится на 2%, цены на акции упадут более чем на 2,22% и т. д. Это значит, что кривая доходности акций Capital Holding по отношению к кривой рыночной доходности имеет наклон 1,11. (См.рисунок 7-8.)

Конечно, доходность акций Capital Holding не имеет полной корреляции с рыночной доходностью. Следовательно, компания подвержена еще и несистематическому риску, поэтому ее фактические значения доходности рассеяны близ кривой на рисунке 7-8. Иногда компания Capital Holding держит направление на "юг", в то время как рынок в целом движется на "север", или наоборот.

Почему бета ценных бумаг определяет риск портфеля

Отметим два решающих момента, связанных с риском ценных бумаг и риском портфелей:

- рыночный риск составляет бóльшую долю рисков диверсифицированного портфеля;
- бета отдельных ценных бумаг показывает их чувствительность к рыночным изменениям.

РИСУНОК 7-8
Доход по акциям Capital Holding изменяется в среднем на 1,11% при каждом дополнительном изменении рыночного дохода на 1%. Следовательно, бета этих акций равна 1,11%.

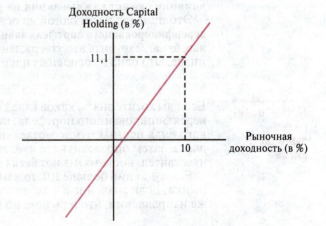

ГЛАВА 7. Введение: риск, доход и альтернативные издержки

Легко увидеть, куда мы клоним: применительно к портфелям риск ценных бумаг измеряется бетой. Возможно, мы могли бы сразу перейти к заключению, но мы сначала дадим объяснение. На самом деле мы предлагаем два объяснения.

Объяснение 1. Какова причина? Обратимся снова к рисунку 7-5, где показана зависимость стандартного отклонения доходности портфеля от числа входящих в него ценных бумаг. С увеличением числа разных ценных бумаг и, следовательно, лучшей диверсификацией риск портфеля снижается до того момента, пока не устраняется несистематический риск и не остается только рыночный риск.

В чем же причина? Она определяется средней бетой отдельных ценных бумаг.

Предположим, что портфель состоит из большого числа акций, скажем 500, которые выбраны на рынке случайным образом. Что мы можем получить? Сам рынок ценных бумаг или же *очень* близкий ему портфель ценных бумаг. Бета портфеля может равняться 1,0, и корреляция с рынком может быть равна 1,0. Если бы стандартное отклонение рынка составило 20% (средняя за 1926–1988 гг.), то стандартное отклонение портфеля также равнялось бы 20%.

Но предположим, что мы формируем портфель из большой группы акций со средней бетой, равной 1,5. И опять же мы в конце концов могли бы получить портфель из 500 акций, которые фактически не имели бы индивидуального риска, — портфель, изменчивость которого почти соответствует рыночной. Однако стандартное отклонение такого портфеля оказалось бы равно 30%, т. е. в 1,5 раза больше рыночного отклонения[19]. Колебания доходности полностью диверсифицированного портфеля с $\beta = 1,5$ будут на 50% больше колебаний рыночной доходности, и риск портфеля окажется равен 150% рыночного риска.

Мы могли бы провести такой же эксперимент с акциями, бета которых равна 0,5, и оказалось бы, что риск полностью диверсифицированного портфеля в два раза меньше рыночного риска. На рисунках 7-9 *(а), (б), (в)* представлены эти три случая.

Основной вывод: риск совершенно диверсифицированного портфеля пропорционален бете портфеля, которая равна средней бете ценных бумаг, включенных в портфель, то есть риск портфеля можно определить по бете входящих в него ценных бумаг.

Посмотрим, например, на рисунок 7-10, где показана годовая доходность двух взаимных фондов – Keystone S-4 Fund и Keystone S-1 Fund – с 1943 по 1988 г. Оба фонда были хорошо диверсифицированы и, следовательно, несли небольшой индивидуальный риск[20]. Кроме того, доходность фонда S-4 имела вдвое большую изменчивость, чем доходность фонда S-1. Причина состоит в том, что S-4 держал акции, особенно чувствительные к рыночным изменениям. Средняя бета для данного фонда составила 1,56. По сравнению с этим бета фонда S-1 составила 0,84, акции S-1 были относительно *нечувствительны* к изменениям рынка.

---

[19] Портфелю, состоящему из 500 акций с $\beta = 1,5$, еще может быть свойствен индивидуальный риск, если в него входят акции компаний из отраслей с высокими значениями беты. Фактическое стандартное отклонение может быть чуть больше 30%. Если это вас беспокоит, расслабьтесь: мы покажем вам в главе 8, как посредством займов и инвестиций в портфель рыночных ценных бумаг вы можете сконструировать полностью диверсифицированный портфель с бетой 1,5.

[20] Если бы доходность обоих фондов совершенно коррелировала с рыночной доходностью, весь присущий им риск был бы рыночным риском без какого бы то ни было индивидуального риска. В реальной практике полностью диверсифицированных фондов не существует. Это отражают коэффициенты корреляции, которые составляли 0,95 для фонда S-1 и 0,87 для фонда S-4.

РИСУНОК 7-9
(*а*) Портфель произвольно выбранных 500 акций, оказывается, имеет $\beta = 1$, а его стандартное отклонение равно стандартному отклонению рыночного дохода — в данном случае 20%. (*б*) Портфель, содержащий 500 акций со средней $\beta = 1,5$, имеет стандартное отклонение около 30% — 150% рыночного отклонения. (*в*) Портфель, состоящий из 500 акций со средней $\beta = 0,5$, имеет стандартное отклонение около 10% — т. е. 50% от рыночного.

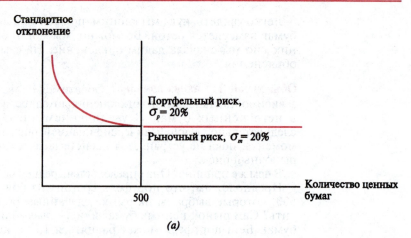

(*а*)

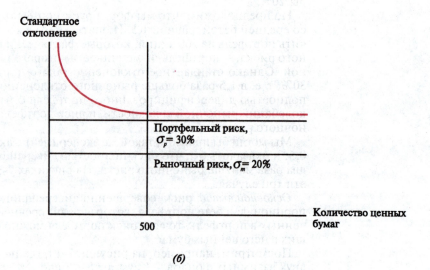

(*б*)

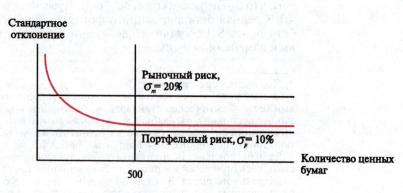

(*в*)

ГЛАВА 7. Введение: риск, доход и альтернативные издержки

РИСУНОК 7-10
Оба взаимных фонда хорошо диверсифицированы, но доходность фонда S-4 имеет вдвое большую изменчивость, чем доходность фонда S-1. Причина в его большей чувствительности к изменениям рынка.

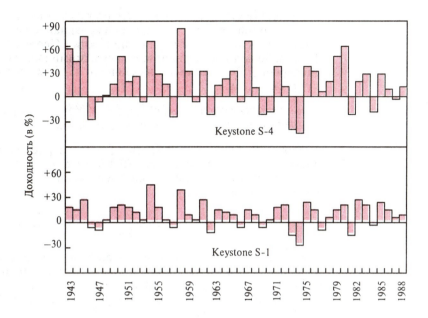

* Объяснение 2. Бета и ковариация. Статистик определил бы бету акций i как:

$$\beta_i = \frac{\sigma_{im}}{\sigma_m^2},$$

где σ_{im} — ковариация между доходностью акции i и рыночной доходностью, σ_m^2 — дисперсия рыночной доходности. Оказывается, этим отношением ковариации к дисперсии оценивается вклад отдельных акций в риск портфеля. Вы можете увидеть это, возвратясь к нашим расчетам риска портфеля, состоящего из акций Georgia Pacific и Thermo Electron.

Напомним, что риск этого портфеля представлял собой сумму величин в следующих прямоугольниках:

	Georgia Pacific	Thermo Electron
Georgia Pacific	$(0,60)^2 \times (28)^2$	$0,60 \times 0,40 \times 0,4 \times 28 \times 42$
Thermo Electron	$0,60 \times 0,40 \times 0,4 \times 28 \times 42$	$(0,40)^2 \times (42)^2$

Если мы сложим строки прямоугольников, мы сможем увидеть вклад акций каждой компании в риск портфеля:

Акции	Вклад в риск
Georgia Pacific	$0,60 \times \{[0,60 \times (28)^2] + (0,40 \times 0,4 \times 28 \times 42)\} = 0,60 \times 659$
Thermo Electron	$0,40 \times \{(0,60 \times 0,4 \times 28 \times 42) + [0,40 \times (42)^2]\} = \underline{0,40 \times 988}$
Весь портфель	790

Вклад акций Georgia Pacific в риск портфеля определяется их относительным весом в портфеле (0,60) и их средней ковариацией с акциями в портфеле (659). (Отметим, что средняя ковариация акций Georgia Pacific с акциями в портфеле включает и ковариацию между самими акциями Georgia Pacific, т. е. их дисперсию.) *Доля* риска, возникающего из-за включения акций Georgia Pacific в портфель, равна:

$$\begin{matrix}\text{Относительная} \\ \text{рыночная стоимость}\end{matrix} \times \frac{\text{средняя ковариация}}{\text{дисперсия портфеля}} = 0{,}60 \times \frac{659}{790} = 0{,}60 \times 0{,}83 = 0{,}5.$$

Аналогично, вклад акций Thermo Electron в риск портфеля зависит от их относительного веса в портфеле (0,40) и их средней ковариации с акциями в портфеле (988). *Доля* риска, которую можно отнести на счет акций Thermo Electron, также составляет:

$$0{,}40 \times \frac{988}{790} = 0{,}40 \times 1{,}25 = 0{,}5.$$

В каждом случае вклад акций в риск портфеля зависит от двух величин — относительного веса акций в портфеле (0,60 или 0,40) и показателя влияния, которое оказывает владение этими акциями на риск портфеля (0,83 или 1,25). Последний представляет собой значение беты акций Georgia Pacific и Thermo Electron по *отношению к этому портфелю в целом*. В среднем изменение стоимости портфеля на 1% связано с изменением стоимости акций Georgia Pacific на 0,83% и акций Thermo Electron на 1,25%.

Чтобы вычислить отношение беты Georgia Pacific к портфелю, ковариация Georgia Pacific с портфелем делится на дисперсию портфеля. Та же идея используется при вычислении беты Georgia Pacific по отношению к рыночному портфелю. Мы просто вычисляем ковариацию акций с рыночным портфелем и делим на дисперсию рыночных ценных бумаг:

$$\begin{matrix}\text{Бета относительно} \\ \text{рыночного портфеля} \\ \text{(или просто бета)}\end{matrix} = \frac{\text{ковариация с рынком}}{\text{дисперсия рынка}} = \frac{\sigma_{im}}{\sigma_m^2}.$$

7–5. ДИВЕРСИФИКАЦИЯ И СЛАГАЕМОСТЬ СТОИМОСТЕЙ

Диверсификация снижает риск и поэтому имеет смысл для инвесторов. Имеет ли она такое же значение для фирмы? Привлекательнее ли для инвесторов диверсифицированная фирма, чем не диверсифицированная? Если это так, мы приходим к *чрезвычайно* волнующему выводу. Если корпорации должны стремиться к диверсификации, то каждый проект следует анализировать с точки зрения потенциального увеличения портфеля активов фирмы. Стоимость диверсифицированного портфеля должна быть выше, чем простая сумма его составляющих. Так что в этом случае принцип слагаемости приведенных стоимостей больше не может соблюдаться.

Несомненно, диверсификация дело хорошее, но это не означает, что фирмы обязаны ее практиковать. Если бы инвесторы были *не в состоянии* держать большое количество ценных бумаг, они могли бы захотеть, чтобы фирмы диверсифицировали инвестиции для них. Но инвесторы и сами *способны* заниматься диверсификацией[21]. Во многих случаях им это сделать гораздо легче, чем фирмам. Отдельный инвестор может на этой неделе купить акции ста-

---
[21] Один из самых простых способов диверсификации, имеющийся в распоряжении индивидуального инвестора,— купить акции взаимного фонда, который держит диверсифицированный портфель.

ГЛАВА 7. Введение: риск, доход и альтернативные издержки 159

лелитейной компании, а на следующей неделе продать их. У фирмы же такой возможности нет. Для пущей надежности индивидууму, возможно, придется заплатить биржевому брокеру комиссионные за операции по купле-продаже акций сталелитейной компании, но только вообразите, сколько времени и средств потребуется фирме, чтобы купить сталелитейную компанию или начать новое металлургическое производство.

Вы, вероятно, уже поняли, к чему мы ведем. Если инвесторы способны диверсифицировать свои портфели по собственному усмотрению, они не станут *переплачивать* за те фирмы, которые сами занимаются диверсификацией. Но если инвесторы имеют достаточно широкий выбор ценных бумаг, они не станут и *недоплачивать*, поскольку они не в состоянии инвестировать отдельно в каждое предприятие. Поэтому в странах, подобных США, с большими и конкурентными рынками капиталов, диверсификация не повышает стоимость фирмы и не снижает ее. Общая стоимость равна сумме ее слагаемых.

Данное заключение играет важную роль в финансовой деятельности корпораций, поскольку оно подтверждает принцип слагаемости приведенных стоимостей. Концепция слагаемости стоимостей имеет такое важное значение, что мы представим ее в формализованном виде. Если на рынке капиталов стоимость актива *А* устанавливается на уровне *PV(A)*, стоимость актива *Б* на уровне *PV(Б)*, то стоимость фирмы, имеющей только эти два вида активов, равна:

$$PV(АБ) = PV(A) + PV(Б).$$

Стоимость фирмы, владеющей комбинацией из трех видов активов *А, Б, В*, равна сумме

$$PV(АБВ) = PV(A) + PV(Б) + PV(В),$$

и так для любого количества активов.

Вводя принцип слагаемости стоимостей, мы полагались на интуицию. Но это концепция общего действия, и ее можно формально доказать несколькими различными способами[22]. Концепция слагаемости стоимостей, по-видимому, получила широкое признание, поскольку тысячи менеджеров ежедневно складывают тысячи приведенных стоимостей, как правило, даже не задумываясь над этим.

7-6. РЕЗЮМЕ

Наш обзор истории рынков капиталов показал, что доходы инвесторов зависят от порождаемого ими риска. В одном крайнем случае очень надежные ценные бумаги, подобные векселям Казначейства США, более чем полстолетия в среднем приносили всего лишь 3,6% в год. Самыми рисковыми ценными бумагами, которые мы наблюдали, были обыкновенные акции. В среднем они обеспечивали доходность в размере 12,1%, премия за риск — превышение над безрисковой ставкой процента — составляла более 8%.

Это дает нам две отправных точки для определения альтернативных издержек. Если мы оцениваем надежный проект, то дисконтируем по ставке, равной текущей безрисковой ставке процента. Если мы оцениваем проект со средней степенью риска, то дисконтируем по ставке, равной ожидаемой доходности обыкновенной акции со средним риском, которая, как показывают ретроспективные данные, в среднем превышала безрисковую ставку на 8%. Но еще остается множество активов, которые не вписываются в эти два крайних случая. Прежде чем мы сможем иметь с ними дело, нам необходимо узнать, как измерить риск.

---

[22] Возможно, вы пожелаете заглянуть в Приложение к главе 33, где рассматриваются диверсификация и принцип слагаемости стоимостей в контексте образования новых компаний путем слияния.

О риске лучше всего судить с точки зрения портфеля ценных бумаг. Большинство инвесторов "не складывают все яйца в одну корзину": они диверсифицируют свои портфели. Поэтому об эффективном риске какой-либо ценной бумаги нельзя судить, рассматривая только эту одну ценную бумагу. Частично неопределенность дохода от ценной бумаги "диверсифицируется", когда ценная бумага включается в инвестиционный портфель вместе с другими ценными бумагами.

Риск инвестиций означает, что величина будущих доходов непредсказуема. Этот разброс возможных результатов обычно измеряют стандартным отклонением. Стандартное отклонение *рыночного портфеля* — в большинстве случаев представленного фондовым индексом агентства Standard and Poor — приблизительно равно 20% в год.

Стандартное отклонение большинства отдельных акций обычно больше рыночного, но их изменчивость в основном отражает *индивидуальный* риск, который можно устранить посредством диверсификации. Однако диверсификация не способна устранить *рыночный* риск. Диверсифицированные портфели подвержены общим изменениям, присущим рынку.

Вклад отдельной ценной бумаги в риск хорошо диверсифицированного портфеля зависит от того, как она реагирует на общие изменения рынка. Чувствительность к изменениям рынка обозначается показателем *бета* (β). Бета измеряет, насколько, по ожиданиям инвестора, изменится цена акции при каждом дополнительном колебании рынка на 1%. Средняя бета для всех акций равна 1,0. Если бета акции больше 1, то данная акция сверхчувствительна к колебаниям рынка, если меньше 1 — почти нечувствительна к рыночным колебаниям. Стандартное отклонение хорошо диверсифицированного портфеля пропорционально его бете. Так, риск диверсифицированного портфеля, бета которого равна 2,0, в два раза превышает риск диверсифицированного портфеля с бетой, равной 1,0.

Одна из идей данной главы заключается в том, что диверсификация полезна для *отдельного инвестора*. Но это не обязательно предполагает, что и *фирмы* должны заниматься диверсификацией. Диверсификация в корпорациях бессмысленна, если инвесторы сами могут диверсифицировать свои портфели. Поскольку диверсификация не влияет на стоимость фирмы, приведенные стоимости складываются даже тогда, когда риск учтен в явном виде. Благодаря *слагаемости стоимостей*, при формировании бюджетов капитальных вложений принцип чистой приведенной стоимости работает даже в условиях неопределенности.

РЕКОМЕНДУЕМАЯ ЛИТЕРАТУРА

Очень полезные данные о ценных бумагах США начиная с 1926 г. см.:
  Ibbotson Associates, Inc. Stocks, Bonds, Bills, and Inflation: 1989 Yearbook. Ibbotson Associates. Chicago, 1989.

Мертон разбирает проблемы, возникающие при оценке средней доходности на основе исторических данных:
  R.C. Merton. On Estimating the Expected Return on the Market: An Exploratory Investigation // Journal of Financial Economics. 8: 323—361. December. 1980.

Во многих работах, посвященных инвестициям, одна или две главы отводятся обсуждению различий между рыночным и индивидуальным риском и влияния диверсификации на риск. Например, смотри:
  Z. Bodie, A. Kane, and J. Marcus. Investments. Richard D. Irwin, Inc., Homewood, Ill., 1989.
  W.F. Sharpe and G.J. Alexander. Investments, 4th ed. Prentice-Hall, Inc., Englewood Cliffs, N.J., 1989.

ГЛАВА 7. Введение: риск, доход и альтернативные издержки

Классический анализ степени однонаправленного изменения цен на акции смотри в работе:

B.F. King. Market and Industry Factors in Stock Price Behavior // Journal of Business. Security of Prices: A Supplement. 39: 179–190. January. 1966.

Было проведено несколько исследований о снижении стандартного отклонения в результате диверсификации. Предлагаем два из них:

M. Statman. How Many Stocks Make a Diversified Portfolio // Journal of Financial and Quantitative Analysis. 22: 353–364. September. 1987.

W.H. Wagner and S.C. Lau. The Effect of Diversification on Risk // Financial Analysts Journal. 27: 48–53. November–December. 1971.

Формальные доказательства принципа слагаемости стоимостей можно найти в работах:

S.C. Myers. Procedures for Capital Budgeting under Uncertainty // Industrial Management Review. 9: 1–20. Spring. 1968.

L.D. Schall. Asset Valuation, Firm Investment and Firm Diversification // Journal of Business. 45: 11–28. January. 1972.

КОНТРОЛЬНЫЕ ВОПРОСЫ

1. *а)* Какой была среднегодовая доходность обыкновенных акций в США в период 1926–1988 гг. (приблизительно)?
   б) Какой была в среднем разница между доходностью обыкновенных акций и доходностью казначейских векселей?
   в) Какой была доходность казначейских векселей в реальном выражении?
   г) Каким было стандартное отклонение доходности рыночного индекса?
   д) Было ли данное стандартное отклонение больше или меньше, чем у большинства отдельных акций?

2. Вставьте пропущенные слова: "Риск обычно измеряется дисперсией доходности или_____, которое равно корню квадратному из дисперсии. Если изменения цен на акции не полностью_____, риск диверсифицированного портфеля_____, чем средний риск отдельных акций. Риск, который может быть устранен посредством диверсификации, называется _____. Но диверсификация не может полностью устранить риск; риск, который не может быть устранен, называется _____ риском".

3. Верны или не верны следующие утверждения?
   а) Инвесторы предпочитают диверсифицированные компании, так как они подвержены меньшему риску.
   б) Если бы акции имели совершенно положительную корреляцию, диверсикация не могла бы снизить риск.
   в) Вклад акций в риск хорошо диверсифицированного портфеля зависит от присущего им рыночного риска.
   г) Степень риска хорошо диверсифицированного портфеля с бетой, равной 2,0, в два раза выше степени риска рыночного портфеля.
   д) Риск недиверсифицированного портфеля с бетой 2,0 в два раза ниже риска рыночного портфеля.

4. Какова бета для каждой акции из таблицы 7-5?

5. Предположим, что стандартное отклонение рыночной доходности равно +20%.
   а) Каково стандартное отклонение доходности диверсифицированного портфеля с бетой 1,3 ?
   б) Каково стандартное отклонение доходности хорошо диверсифицированного портфеля с бетой 0?
   в) Стандартное отклонение хорошо диверсифицированного портфеля составляет 15%. Какова его бета?

ТАБЛИЦА 7–5

Акции	Ожидаемая доходность акции, если рыночная доходность равна −10%	Ожидаемая доходность акции, если рыночная доходность равна +10%
А	0	+20
Б	−20	+20
В	−30	0
Г	+15	+15
Д	+10	−10

   г) Стандартное отклонение плохо диверсифицированного портфеля равно 20%. Что вы можете сказать о его бете?

6. Портфель содержит в равных долях 10 акций. Бета пяти из них равна 1,2, бета остальных пяти — 1,4. Какова бета портфеля в целом?
   а) 1,3;
   б) больше, чем 1,3, поскольку портфель не полностью диверсифицирован;
   в) меньше, чем 1,3, поскольку диверсификация уменьшает бету.

7. В течение последних 5 лет цены на акции компании "Величайшая рыба Америки" (ВРАки) изменялись следующим образом:

Годы	1	2	3	4	5
Изменение цены (в %)	+20	−10	−30	+5	+15

Вычислите дисперсию и стандартное отклонение доходности акций компании ВРАки.

8. В какой из следующих ситуаций вы добьетесь большего снижения риска, размещая инвестиции в два вида акций?
   а) Две полностью коррелированных акции.
   б) Корреляция отсутствует.
   в) Имеется умеренная отрицательная корреляция.
   г) Корреляция полностью отрицательная.

9. Чтобы вычислить дисперсию портфеля из трех акций, необходимо заполнить 9 блоков.

Используйте те же обозначения, что и в данной главе; например, x_1 = доля инвестиций в акции 1, σ_{12} = ковариация между акциями 1 и 2. Теперь заполните девять блоков.

ВОПРОСЫ И ЗАДАНИЯ

1. Компаний, имеющих отрицательную бету, в реальности очень немного, если вообще таковые есть. Но предположим, что нашлась одна компания с бетой, равной − 0,25.
   а) Какого изменения цены на ее акции вы бы ожидали, если бы рынок в целом вырос на 5%? А если бы он сократился на 5%?

ГЛАВА 7. Введение: риск, доход и альтернативные издержки

б) Вы инвестировали 1 млн дол. в хорошо диверсифицированный портфель акций. В настоящее время вы получили еще 20 000 дол. в наследство. Какое из следующих действий обеспечит вам наиболее надежный доход от вашего портфеля?

(1) Инвестирование 20 000 дол. в казначейские векселя (их $\beta = 0$).
(2) Инвестирование 20 000 дол. в акции с $\beta = 1$.
(3) Инвестирование 20 000 дол. в акции с бетой, равной $-0,25$.

Поясните ваш ответ.

2. Акции компании Lonesome Gulch Mines имеют стандартное отклонение 42% в год и бету +0,10. Стандартное отклонение акций Amalgamated Copper — 31% в год, бета — +0,66. Объясните, почему Lonesome Gulch более надежна для вложений диверсифицированного инвестора.

*3. В таблице 7-6 представлены стандартные отклонения и коэффициенты корреляции для 7 акций. Вычислите дисперсию портфеля, состоящего на 40% из инвестиций в Citicorp, на 40% из инвестиций в McDonnell Douglas и на 20% в Thermo Electron.

*4. Используя данные из 3 вопроса, вычислите вклад акций каждой компании в дисперсию всего портфеля. Какова бета каждой акции относительно портфеля из трех акций?

*5. Ваша эксцентричная тетя Клавдия оставила вам в наследство акции компании Boeing на 50 000 дол. и 50 000 дол. наличными. К сожалению, она потребовала не продавать акции в течение одного года, а все деньги вложить в один из видов акций из таблицы 7-6. Какой портфель был бы наиболее надежным при выполнении этих условий?

6. *а)* Назовите 4 обыкновенные акции с самым большим стандартным отклонением и 4 с самым маленьким стандартным отклонением.

б) Назовите 4 пары ценных бумаг, тесно связанных друг с другом, и 4 пары относительно независимых ценных бумаг.

7. "Бывает риск повышения и риск падения. Стандартное отклонение для них одинаково". Как вы считаете, прав ли тот, кто это утверждает?

8. Прокомментируйте следующие высказывания:

а) "Риск и изменчивость – это не одно и то же. Если я знаю, что цена акции будет колебаться между 10 и 20 дол., я могу самостоятельно составить пакет".

б) "Существуют всевозможные виды риска помимо риска, измеряемого бетой. Есть риск уменьшения спроса, есть риск смерти лучшего менед-

ТАБЛИЦА 7-6
Значения стандартного отклонения и коэффициента корреляции для подборки из семи видов акций

	Коэффициенты корреляции						
	Boeing	Citicorp	Kodak	Georgia Pacific	McDonnell Douglas	Polaroid	Thermo Electron	Стандартное отклонение (в%)
Boeing	1	0,65	0,45	0,34	0,64	0,40	0,42	28
Citicorp		1	0,46	0,48	0,42	0,58	0,31	29
Kodak			1	0,50	0,50	0,41	0,23	25
Georgia Pacific				1	0,50	0,42	0,40	29
McDonnell Douglas					1	0,21	0,37	24
Polaroid						1	0,33	39
Thermo Electron							1	42

жера моего предприятия, есть риск роста цен на сталь. Все это следует принимать во внимание".
  в) "Риск для меня – это возможность потерь".
  г) "Те, кто полагает, что риск измеряется бетой, делают крупную ставку на неизменность беты".

*9. Имеются некоторые исторические данные, характеризующие риск, присущий акциям компаний Kodak и Citicorp:

	Kodak	Citicorp
Бета	0,99	1,25
Годовое стандартное отклонение доходности	25	29

Предположим, что стандартное отклонение рыночной доходности равно 20%.
  а) Коэффициент корреляции между доходностью акций Kodak и доходностью акций Citicorp составляет 0,46. Каково стандартное отклонение портфеля, состоящего из одинакового количества акций обеих компаний?
  б) Каково стандартное отклонение для портфеля, состоящего на $1/3$ из акций Kodak, на $1/3$ из акций Citicorp и на $1/3$ из казначейских векселей?
  в) Каково стандартное отклонение портфеля, в котором в равной пропорции представлены акции компаний Kodak и Citicorp и который финансируется на 50% за счет маржи (гарантийного взноса), т. е. инвестор вкладывает только 50% своих средств, а остальную сумму заимствует у брокера?
  г) Каково *приблизительно* стандартное отклонение, если портфель состоит из 100 акций типа Kodak с бетой 0,99? Из 100 акций типа Citicorp? (*Подсказка*: чтобы ответить на вопрос *г*), не требуется ничего, кроме простой арифметики.)

*10. Вы предполагаете 40%-ную вероятность того, что цена акции А снизится на 10%, и 60%-ную вероятность, что цена вырастет на 20%. Соответственно есть 30%-ная вероятность, что цена акции Б снизится на 10%, и 70%-ная вероятность, что цена поднимется на 20%. Коэффициент корреляции между двумя акциями равен 0,7. Вычислите ожидаемую доходность, дисперсию и стандартное отклонение для каждой акции. Затем найдите ковариацию между этими значениями доходности.

*11. Некто инвестирует 60% своих средств в акции И и остальные средства в акции К. Стандартное отклонение доходности акций И равно 10%, а акций К — 20%. Вычислите дисперсию доходности портфеля при следующих допущениях:
  а) коэффициент корреляции между значениями доходности равен 1,0;
  б) корреляция составляет 0,5;
  в) коэффициент корреляции равен 0.

*12. а) Сколько значений дисперсий и ковариаций вам потребуется вычислить, чтобы определить риск, присущий портфелю из 100 акций?
  б) Предположим, что все акции имеют стандартное отклонение, равное 30%, а коэффициент корреляции между ними равен 0,4. Каково стандартное отклонение доходности портфеля, в котором равными долями представлены 50 акций?
  в) Каково стандартное отклонение полностью диверсифицированного портфеля, состоящего из таких акций?

*13. Предположим, что стандартное отклонение доходности типичной акции составляет примерно 40% в год. Коэффициент корреляции между доходностью по каждой паре акций равен 0,3. Вычислите дисперсию и стандартное отклонение доходности портфеля с равными инвестициями в два вида акций, три вида акций и так далее до 10.

ГЛАВА 7. Введение: риск, доход и альтернативные издержки 165

 а) Используя свои вычисления, постройте два графика, аналогичных графику 7-5 (один для дисперсии, другой для стандартного отклонения). Какова величина рыночного риска, который не может быть устранен диверсификацией?
 б) То же самое при условии, что корреляция между парами акций равна 0.

*14. Стандартное отклонение рыночного портфеля равно 20%, ковариация между рыночной доходностью и доходностью по акциям Я равна 800.
 а) Какова бета акций Я?
 б) Каково стандартное отклонение полностью диверсифицированного портфеля таких акций?
 в) Каково среднее значение бета всех акций?
 г) Если рыночный портфель дает дополнительную доходность в 5%, какую дополнительную доходность вы можете ожидать по акциям Я?

*15. Часто полезно знать, насколько хорошо диверсифицирован ваш портфель. Предлагаются два способа оценки:
 а) дисперсия доходности полностью диверсифицированного портфеля относительно дисперсии доходности вашего портфеля;
 б) количество акций в портфеле (1) с той же степенью риска, что и ваш, (2) с инвестициями в "типичные" акции и (3) с равными инвестициями в каждую акцию.

Предположим, что вы имеете 8 акций. Все они типичны — имеют стандартное отклонение 0,40 в год, корреляция между каждой парой равна 0,3. 20% ваших средств инвестировано в одну акцию, 20% — во вторую и остальные 60% распределены в равной пропорции между оставшимися 6 акциями. Оцените степень диверсификации портфеля каждым из предложенных выше способов.

8
Риск и доход

Чтобы определить чистую приведенную стоимость рисковых инвестиций, финансовому менеджеру необходимо знать, сколько инвесторы ожидают получить за принимаемый на себя риск. Вот почему в главе 7 мы начали приближаться к проблеме оценки риска. А вот и продолжение рассказа.

Фондовый рынок является рисковым, поскольку здесь существует разброс возможных результатов. Разброс результатов обычно измеряется стандартным отклонением или дисперсией. Риск, свойственный любой акции, может быть разделен на две части. *Индивидуальный риск* присущ данной конкретной акции, *рыночный риск* связан со всем рыночным разнообразием. Инвесторы могут исключить индивидуальный риск, сформировав хорошо диверсифицированный портфель, но они не способны устранить рыночный риск. *Совокупный* риск полностью диверсифицированного портфеля — это рыночный риск.

Вклад отдельной акции в совокупный риск полностью диверсифицированного портфеля зависит от ее чувствительности к рыночным колебаниям. Эту чувствительность обычно обозначают показателем бета. Ценным бумагам, бета которых равна 1,0, присущ средний рыночный риск — хорошо диверсифицированный портфель, состоящий из таких ценных бумаг, имеет то же стандартное отклонение, что и рыночный индекс. Ценные бумаги, бета которых равна 0,5, сопряжены с риском ниже среднерыночного — и изменения хорошо диверсифицированного портфеля таких ценных бумаг вдвое отстают от рыночных колебаний, а его стандартное отклонение равно половине стандартного отклонения индекса рынка.

В данной главе мы используем эти новые сведения для развития некоторых теорий, связывающих риск и доходность в конкурентной экономике, и покажем вам, как использовать эти теории, чтобы оценить доход, которого требуют инвесторы от различных инвестиций на фондовых рынках. Далее, в главе 9, мы посмотрим, как эти теории могут помочь финансовому менеджеру на практике решать проблему риска при планировании долгосрочных вложений.

8–1. ГАРРИ МАРКОВИЧ И РОЖДЕНИЕ ТЕОРИИ ПОРТФЕЛЯ

Большинство идей главы 7 взято из статьи, написанной в 1952 г. Гарри Марковичем[1]. Маркович привлек внимание к общепринятой практике диверсификации портфелей и точно показал, как инвесторы могут уменьшить стандартное отклонение доходности портфеля, выбирая акции, цены на которые

---

[1] *H.M.Markowitz.* Portfolio Selection //Journal of Finance. 7: 77–91. March 1952.

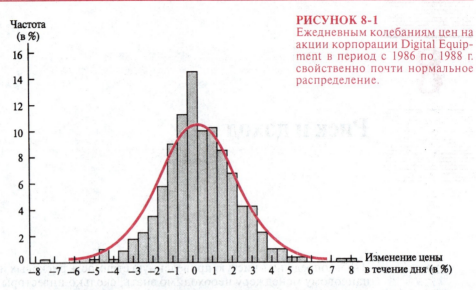

РИСУНОК 8-1
Ежедневным колебаниям цен на акции корпорации Digital Equipment в период с 1986 по 1988 г. свойственно почти нормальное распределение.

меняются по-разному. Но Маркович не остановился на этом — он продолжил разработку основных принципов формирования портфеля. Эти принципы послужили основой для многих работ, описывающих связь между риском и доходностью.

Мы начнем с рисунка 8-1, на котором изображена гистограмма ежедневных значений доходности акций компании Digital Equipment в период с 1986 по 1988 г. На этот график мы накладываем конусовидную кривую нормального распределения. Результат типичен: когда измерения проводятся для достаточно короткого интервала времени, значение нормы доходности любой акции в прошлом почти соответствует нормальному распределению[2].

Одна важная особенность нормального распределения состоит в том, что оно может быть полностью определено двумя показателями.

Один из них — средняя, или "ожидаемая", доходность; другой — дисперсия или стандартное отклонение. Теперь вы можете увидеть, почему в главе 7 мы говорили о вычислении ожидаемой доходности и стандартного отклонения. Это не произвольно выбранные показатели: если доходы распределяются нормально, то *только* эти два их измерителя и необходимо знать инвестору.

На рисунке 8-2 показано распределение возможных доходов по двум видам инвестиций. Оба вида предлагают ожидаемую доходность в 10%, но инвестиции А имеют более широкий разброс возможных доходов. Их стандартное отклонение составляет 30%; стандартное отклонение для инвестиций Б — 15%. Большинство инвесторов избегают неопределенности и поэтому предпочли бы инвестиции Б инвестициям А.

На рисунке 8-3 показано распределение доходов по двум другим видам инвестиций. На этот раз они имеют *одинаковое* стандартное отклонение, но ожидаемая доходность акций В равна 20%, а акций Г только 10%. Большинство инвесторов желает получить более высокую ожидаемую доходность инвестиций и поэтому предпочло бы акции В акциям Г.

---

[2] Если бы вы делали измерения для *продолжительного* интервала времени, вы, вероятно, столкнулись бы с искажением картины распределения. Например, вы могли бы увидеть, что нормы доходности превышают 100% и что нет ни одного случая, когда доходность была бы *меньше* 100%. Распределение значений доходности за период, скажем в один год, лучше всего соответствовало бы *логарифмическому* нормальному распределению. Логарифмическое нормальное распределение, как и нормальное, полностью определяется его средним значением и стандартным отклонением.

РИСУНОК 8-2
Оба вида инвестиций предлагают ожидаемую доходность в размере 10%; но поскольку инвестиции А имеют более широкий разброс возможных доходов, они рискованнее инвестиций Б. Мы можем измерить этот разброс с помощью стандартного отклонения. Стандартное отклонение доходности инвестиций А составляет 30%, инвестиций Б — 15%. Большинство инвесторов предпочло бы инвестиции Б инвестициям А.

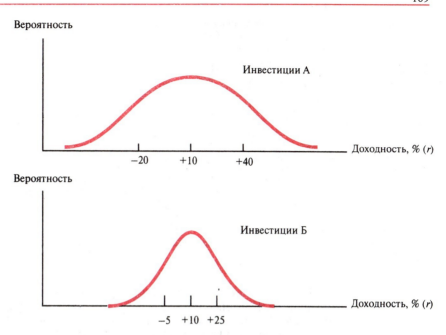

Формирование портфеля акций

Предположим, вы колеблетесь, в акции какой фирмы инвестировать свои средства — Georgia Pacific или Thermo Electron. На ваш взгляд, ожидаемая доходность акций Georgia Pacific составит 15%, а акций Thermo Electron — 21%. Взглянув на изменчивость доходности этих акций в прошлом, вы приходите к заключению, что стандартное отклонение доходов от акций Georgia Pacific равно 28%, а от акций Thermo Electron — 42%. Рисунок 8-4 иллюстрирует стоящий перед вами выбор. Thermo Electron предлагает более высокую ожидаемую доходность, но ее акции гораздо рискованнее.

РИСУНОК 8-3
Стандартное отклонение возможных значений доходности этих инвестиций равно 15%, но ожидаемая доходность акций В составляет 20%, в то время как акций Г — только 10%. Большинство инвесторов предпочло бы акции В акциям Г.

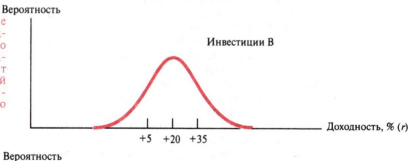

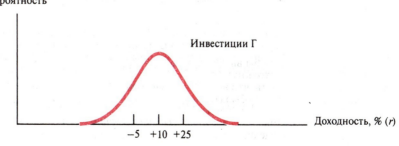

РИСУНОК 8-4

Кривая показывает, как изменяются ожидаемые доходности и стандартные отклонения, если вы имеете различные комбинации инвестиций в два вида акций. Например, если вы инвестируете 40% ваших денег в Thermo Electron а оставшиеся — в Georgia Pacific, ваша ожидаемая доходность составит 17,4%, что соответствует 40%-ной отметке в промежутке между значениями доходности двух видов акций. Стандартное отклонение равно 28,1%, что гораздо *меньше,* чем на 40% от разности между стандартными отклонениями доходов по этим акциям отстоит от меньшего из них. Это потому, что диверсификация снижает риск.

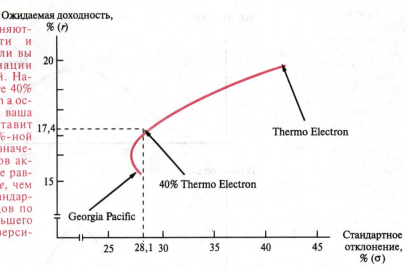

Допустим далее, что нет причин ограничивать себя акциями только одной компании. Например, в разделе 7–3 мы проанализировали, что произошло бы, если бы вы инвестировали 60% ваших денег в Georgia Pacific и 40% в Thermo Electron. Ожидаемая доходность этого портфеля составляет 17,4%, что является просто средневзвешенной ожидаемых доходностей двух видов акций. Каков риск такого портфеля? Мы знаем, что благодаря диверсификации портфельный риск меньше, чем средняя величина рисков отдельных акций. Действительно, как мы уже знаем из прошлого опыта, стандартное отклонение этого портфеля равно 28,1%[3].

На рисунке 8-4 мы построили кривую ожидаемой доходности и риска, которые повлекли бы за собой различные комбинации двух видов акций. Какая из комбинаций лучшая? Это зависит от ваших вкусов. Если вы желаете все поставить на карту ради быстрого обогащения, вам лучше вложить все деньги в Thermo Electron. Если же вы предпочитаете более спокойную жизнь, вам следует основную часть денег инвестировать в Georgia Pacific: чтобы минимизировать риск, вам следует вложить в Thermo Electron лишь небольшую часть инвестиций[4].

Маловероятно, что на практике вы ограничитесь инвестициями в два вида акций. На рисунке 8-5 показано, что происходит, когда вы имеете более широкий выбор ценных бумаг. Каждый крестик представляет комбинацию риска и дохода, которые характерны для отдельных ценных бумаг. Составляя из этих ценных бумаг различные портфели, вы можете получить еще более широкий выбор степеней риска и ожидаемого дохода. Например, спектр получаемых комбинаций может выглядеть подобно скорлупе разбитого яйца, как это показано на рисунке 8-5. Поскольку вы желаете увеличить ожидаемую доходность инвестиций и снизить стандартное отклонение, вас будут интересовать только те портфели, которые расположены вдоль непрерывной линии. Маркович назвал их **эффективными портфелями**. Опять же, намерены ли вы

---

[3] Мы отмечали в разделе 7–3, что коэффициент корреляции между доходами от акций Georgia Pacific и Thermo Electron равен примерно 0,4.

Дисперсия портфеля, который состоит на 60% из инвестиций в Georgia Pacific и на 40% из инвестиций в Thermo Electron, имеет следующее значение:

Дисперсия $= x_1^2\sigma_1^2 + x_2^2\sigma_2^2 + 2x_1x_2\rho_{12}\sigma_1\sigma_2 =$

$[(0,60)^2 \times (28)^2] + [(0,40)^2 \times (42)^2] + 2(0,60 \times 0,40 \times 0,4 \times 28 \times 42) = 790.$

Стандартное отклонение для портфеля $= \sqrt{790} = 28,1\%.$

[4] В портфеле с минимальным риском акции Thermo Electron занимают 19,5%.

ГЛАВА 8. Риск и доход

РИСУНОК 8-5
Каждый крестик показывает ожидаемую доходность и стандартное отклонение инвестиций в одну акцию. Яйцеобразная область представляет возможные комбинации ожидаемых доходностей и стандартных отклонений, если вы инвестируете в *набор* акций. Если вы предпочитаете высокие ожидаемые доходности инвестиций и не приемлете большое стандартное отклонение, вы предпочтете портфели, расположенные вдоль непрерывной линии. Это и есть *эффективные портфели*.

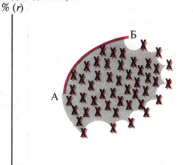

выбрать портфель с минимальным риском (портфель А), или портфель с максимальной ожидаемой доходностью (портфель Б), или какой-то другой эффективный портфель, зависит от того, насколько вы склонны к риску.

Проблема нахождения этих эффективных портфелей во многом сходна с проблемой, с которой мы столкнулись в разделе 6–4. Там мы хотели распределить ограниченный объем капитала среди группы проектов, чтобы получить наиболее высокую совокупную чистую приведенную стоимость. Здесь мы также намерены распределить ограниченный объем капитала, чтобы получить наиболее высокую ожидаемую доходность при данном стандартном отклонении. В принципе обе задачи могут быть решены методом подбора — но только в принципе. Чтобы решить проблему ограниченности капитала на практике, мы можем прибегнуть к методам линейного программирования; для выбора портфелей мы можем применить вариант линейного программирования, известный как *квадратичное программирование*. Если мы вычислим ожидаемую доходность и стандартное отклонение для каждой акции на рисунке 8-5, а также коэффициент корреляции между каждой парой акций, тогда мы сможем использовать стандартную компьютерную программу квадратичного программирования для определения группы эффективных портфелей.

Мы вводим займы и кредиты

Теперь мы введем еще одно условие. Допустим, что вы, кроме прочего, можете брать кредиты или предоставлять займы по некоторой безрисковой ставке процента r_f. Если вы инвестируете некоторую часть своих средств в казначейские векселя (т.е. предоставляете денежный кредит), а оставшиеся деньги — в портфель обыкновенных акций С, вы можете получить любую комбинацию ожидаемой доходности и риска, расположенную вдоль прямой линии, соединяющей точки r_f и С, на рисунке 8-6[5].

Так как получение ссуды равнозначно выдаче займа с отрицательным знаком, вы можете расширить рамки возможностей вправо от точки С, беря кредиты по ставке r_f и инвестируя их, как и ваши собственные деньги, в портфель С.

Давайте приведем цифровой пример. Предположим, ожидаемая доходность портфеля С равна 15%, а стандартное отклонение — 16%. Процентная ставка по казначейским векселям (r_f) составляет 5%, и ставка эта безрисковая (т.е. стандартное отклонение равно 0). Если вы инвестируете половину своих де-

---
[5] Если вы хотите это проверить, напишите формулу стандартного отклонения для портфеля из двух акций:
Стандартное отклонение $= \sqrt{x_1^2\sigma_1^2 + x_2^2\sigma_2^2 + 2x_1x_2\rho_{12}\sigma_1\sigma_2}$.

Теперь посмотрите, что происходит, когда ценная бумага 2 является безрисковой, т. е. когда $\sigma_2 = 0$.

РИСУНОК 8-6
Заимствование и кредитование расширяют границы инвестиционных возможностей. Если вы инвестируете средства в портфель C и предоставляете заем или берете кредит по безрисковой процентной ставке (r_f), вы можете достичь любой точки вдоль прямой линии от точки r_f до точки C. Это дает вам более высокую ожидаемую доходность при любом уровне риска, чем инвестиции только в обыкновенные акции.

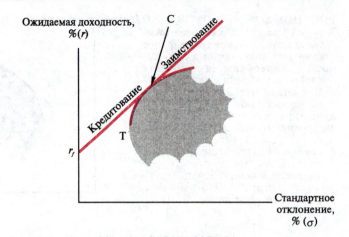

нег в портфель C, а оставшиеся отдаете взаймы под 5%, ожидаемая доходность ваших инвестиций равна средней от ожидаемой доходности портфеля C и процентной ставки по казначейским векселям:

$r = (^1/_2 \times$ ожидаемая доходность $C) + (^1/_2 \times$ процентная ставка$) = 10\%$.

А стандартное отклонение находится посередине между стандартным отклонением дохода от C и стандартным отклонением дохода по казначейским векселям:

$\sigma = (^1/_2 \times$ стандартное отклонение $C) +$
$+ (^1/_2 \times$ стандартное отклонение векселей$) = 8\%$.

Или предположим, что вы решили достичь большего успеха: вы взяли кредит по ставке казначейских векселей на сумму, равную вашему первоначальному капиталу, и все средства инвестировали в портфель C. Вы удвоили сумму своих денег, инвестированных в C, но вам нужно платить проценты за кредит. Следовательно, ваша ожидаемая доходность равна:

$r = (2 \times$ ожидаемая доходность $C) - (1 \times$ процентная ставка$) = 25\%$.

А стандартное отклонение дохода от ваших инвестиций:

$\sigma = (2 \times$ стандартное отклонение $C) - (1 \times$ стандартное отклонение векселей$) = 32\%$.

Вы можете увидеть из рисунка 8-6, что когда вы отдаете взаймы часть ваших денег, вы в итоге оказываетесь между точками r_f и C; если вы можете взять кредит по безрисковой ставке, то это вам позволяет расширить свои возможности за точку C. Вы также видите, что вне зависимости от уровня риска, который вы выбираете, вы можете получить самую высокую ожидаемую доходность, комбинируя портфель C с займами или кредитами. И нет никакого смысла держать, скажем, портфель T.

Это означает, что мы можем разбить работу инвестора на две стадии. Первая — необходимо выбрать "лучший" портфель обыкновенных акций, в нашем примере C[6]. На второй стадии следует подобрать комбинацию этого портфеля с займами или кредитами, позволяющую достичь такой степени риска,

---

[6] Точка, соответствующая портфелю C, представляет собой точку касания линии эффективных портфелей. Этот портфель дает наибольшую ожидаемую премию за риск ($r - r_f$) на единицу стандартного отклонения (σ).

ГЛАВА 8. Риск и доход

которая удовлетворяла бы вкусы отдельного инвестора. Следовательно, каждому инвестору стоит вкладывать деньги именно в два выделенных вида инвестиций – рисковый портфель C и нерисковые займы или кредиты[7].

Как выглядит портфель C? Если вы располагаете более обширной информацией, чем ваши конкуренты, вы пожелаете иметь портфель, где относительно бóльшая сумма инвестиций приходилась бы на долю акций, цена которых, на ваш взгляд, занижена. Но маловероятно, чтобы на конкурентном рынке вам удалось монопольно завладеть хорошими идеями. В этом случае нет никакого смысла в том, чтобы ваш портфель обыкновенных акций отличался от портфеля, принадлежащего кому-либо еще. Иначе говоря, вам нужен просто рыночный портфель ценных бумаг и ничего больше. Именно поэтому многие профессиональные инвесторы вкладывают средства в портфели, отражающие рыночные индексы, а большинство других держат высокодиверсифицированные портфели.

8–2. СВЯЗЬ МЕЖДУ РИСКОМ И ДОХОДОМ

В главе 7 мы рассмотрели доходности отдельных инвестиций. Наименее рисковыми инвестициями являются векселя Казначейства США. Так как доход по казначейским векселям фиксирован, он не подвержен влиянию событий, происходящих на рынке. Другими словами, значение бета для казначейских векселей равно 0. Наиболее рисковыми из рассмотренных нами инвестиций был рыночный портфель обыкновенных акций. Он имеет средний рыночный риск: его бета равна 1,0.

Опытные инвесторы не возьмут на себя риск шутки ради. Они играют на реальные деньги. Поэтому они требуют более высокого дохода от рыночного портфеля, чем от казначейских векселей. Разница между доходностью рыночного портфеля и процентной ставкой называется *премией за рыночный риск*. В течение 63 лет премия за рыночный риск ($r_m - r_f$) в среднем составляла 8,4% в год.

На рисунке 8-7 мы графически изобразили риск и ожидаемые доходности казначейских векселей и рыночного портфеля. Вы можете видеть, что у казначейских векселей и бета, и премия за риск равны 0[8]. У рыночного портфе-

РИСУНОК 8-7
Правило оценки долгосрочных активов гласит, что ожидаемая премия за риск по каждому виду инвестиций пропорциональна его бете. Это означает, что каждый вид инвестиций должен лежать на наклонной линии рынка ценных бумаг, связывающей казначейские векселя и рыночный портфель.

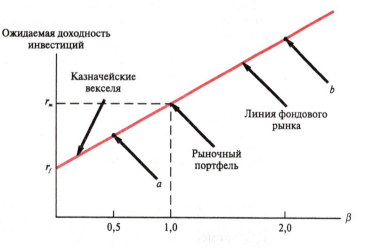

---

[7] Эта *теорема разделения* впервые была упомянута в работе: *J. Tobin*. Liqudity Preference as Behavior toward Risk //Review of Economic Studies. 25: 65–86. February. 1958.
[8] Напоминаем, что премия за риск представляет собой разницу между ожидаемой доходностью инвестиций и безрисковой ставкой. Для казначейских векселей эта разница равна нулю.

ля бета равна 1,0, а премия за риск — $(r_m - r_f)$. Это дает нам два значения ожидаемой премии за риск. Но какова ожидаемая премия за риск, когда бета не равна ни 0, ни 1?

В середине 1960-х годов три экономиста — Уильям Шарп, Джон Линтнер и Джек Трейнор — дали ответ на этот вопрос[9].

Их ответ известен как **правило (модель) оценки долгосрочных активов**. Идеи, лежащие в основе этого правила, и поразительны и просты одновременно. На конкурентном рынке ожидаемая премия за риск изменяется прямо пропорционально коэффициенту бета. Это означает, что на рисунке 8-7 все инвестиции должны располагаться вдоль наклонной линии, называемой **линией рынка ценных бумаг**. Ожидаемая премия за риск инвестиций, бета которых равна 0,5, следовательно, составляет *половину* ожидаемой премии за рыночный риск; ожидаемая премия за риск инвестиций с бетой, равной 2,0, *в два раза* превышает ожидаемую премию за рыночный риск. Мы можем представить эту взаимосвязь в следующем виде:

Ожидаемая премия за риск акций =
= бета × ожидаемая премия за рыночный риск.
$$r - r_f = \beta (r_m - r_f).$$

| Некоторые оценки ожидаемой доходности | Прежде чем мы расскажем вам, откуда взялась эта формула, позвольте с ее помощью показать, каких доходов ожидают инвесторы от отдельных акций. Чтобы сделать это, нам необходимы значения трех величин: r_f, $r_m - r_f$ и β. В начале 1990-х годов процентная ставка по казначейским векселям составляла 8%. Исходя из данных за прошлые годы, мы сделали бы вывод, что величина $r_m - r_f$ приблизительно равна 8,4%. И наконец, в таблице 7-4 мы давали вам расчетные значения коэффициентов бета для акций 10 компаний. В таблице 8-1 эти данные обобщаются и дается оценка ожидаемой доходности акций каждой компании. В нашем примере наименее рисковыми являются акции фирмы Exxon. По нашей оценке, ожидаемая доходность акций Exxon равна 13,6%. Акции фирмы Tandem Computer являются *наиболее* рисковыми. По нашим расчетам, ожидаемая доходность акций Tandem Computer составляет 22,2%, что на 14,2% выше процентной ставки по казначейским векселям. |

Кроме того, вы можете использовать модель оценки долгосрочных активов, чтобы определить ставку дисконта для новых инвестиций. Например, предположим, что вы анализируете планируемое компанией Digital Equipment Corporation расширение своих мощностей. По какой ставке вы должны дисконтировать прогнозируемые потоки денежных средств? Согласно таблице 8-1, инвесторы предполагают, что доходность бизнеса с такой же степенью риска, как и Digital Equipment, составляет 18,9%. Таким образом, затраты на привлечение капитала для последующих инвестиций в тот же бизнес равна 18,9%[10].

На практике редко бывает так уж легко выбрать ставку дисконта. (В конце концов, не можете же вы надеяться, что вам будут платить хорошую зарплату просто за подстановку цифр в формулу.) Например, вы должны знать, как учесть дополнительный риск, связанный с полученными компанией креди-

---

[9] См.: *W.F.Sharpe*. Capital Asset Prices: A Theory of Market Equilibrium under Conditions of Risk //Journal of Finance. 19: 425—442. September. 1964; *J.Lintner*. The Valuation of Risk Assets and the Selection of Risky Investments in Stock Portfolios and Capital Budgets // Review of Economics and Statistics. 47: 13—37. February. 1965; статья Трейнора не была опубликована.

[10] Напомним, что, вместо того чтобы инвестировать в машины и оборудование, фирма могла бы вернуть деньги акционерам. Альтернативные издержки инвестирования представляют собой доход, которого акционеры могли бы ожидать, приобрети они финансовые активы. Этот ожидаемый доход зависит от рыночного риска, присущего активам.

ТАБЛИЦА 8-1
Эти расчетные значения доходности, которую инвесторы ожидали в начале 1990-х годов, были получены с помощью модели оценки для долгосрочных активов. Мы предполагали, что процентная ставка $r_f = 8{,}0$ и что ожидаемая премия за рыночный риск $r_m = 8{,}4\%$.

Акции	Бета (β)	Ожидаемая доходность $r_f + \beta (r_m - r_f)$ (в %)
AT&T	0,76	14,4
Bristol Myers Squibb	0,81	14,8
Capital Holding	1,11	17,3
Digital Equipment	1,30	18,9
Exxon	0,67	13,6
Ford Motor Co.	1,30	18,9
Genentech	1,40	19,8
McDonald's	1,02	16,6
McGraw-Hill	1,32	19,1
Tandem Computer	1,69	22,2

тами, и как вычислить ставку дисконта для проектов, которым присуща иная степень риска, что и нынешнему бизнесу компании. Существуют также проблемы налогов. Однако эти тонкости можно рассмотреть позже[11].

Доказательство правила оценки долгосрочных активов

Давайте рассмотрим четыре основных принципа выбора портфелей.

1. Инвесторы предпочитают высокую ожидаемую доходность инвестиций и низкое стандартное отклонение. Портфели обыкновенных акций, которые обеспечивают наиболее высокую ожидаемую доходность при данном стандартном отклонении, называются *эффективными портфелями*.

2. Если вы хотите знать предельное влияние акции на риск портфеля, вы должны учитывать не риск акции самой по себе, а ее вклад в риск портфеля. Этот вклад зависит от чувствительности акции к изменениям стоимости портфеля.

3. Чувствительность акции к изменениям стоимости *рыночного* портфеля обозначается показателем *бета*. Следовательно, бета измеряет предельный вклад акции в риск рыночного портфеля.

4. Если инвесторы могут брать займы или предоставлять кредиты по безрисковой ставке процента, тогда им следует всегда иметь комбинацию безрисковых инвестиций и портфель обыкновенных акций. Состав такого портфеля акций зависит только от того, как инвестор оценивает перспективы каждой акции, а не от его отношения к риску. Если инвесторы не располагают какой-либо дополнительной информацией, им следует держать такой же портфель акций, как и у других,— иначе говоря, им следует держать рыночный портфель ценных бумаг.

Далее, если каждый держит рыночный портфель и если бета показывает вклад каждой ценной бумаги в риск рыночного портфеля, тогда не удивительно, что премия за риск, требуемая инвесторами, пропорциональна коэффициенту бета.

---

[11] Проблемы, связанные с налогами, возникают из-за того, что корпорация должна платить налог с доходов от казначейских векселей или других ценных бумаг, по которым выплачиваются проценты. Оказывается, что соответствующей ставкой дисконта для безрисковых инвестиций является *посленалоговая* ставка по казначейским векселям. Мы остановимся на данном вопросе в главах 19 и 26. В главе 9 приводятся различные точки зрения на практическое применение коэффициента бета и модели оценки долгосрочных активов.

РИСУНОК 8-8
Если портфель эффективен, каждая акция должна быть расположена на прямой линии, связывающей ожидаемую доходность акции с ее предельным вкладом в риск портфеля.

Премии за риск всегда отражают вклад в риск портфеля. Предположим, вы формируете портфель. Некоторые акции увеличат риск портфеля, и вы приобретете их только в том случае, если они к тому же увеличат и ожидаемый доход. Другие акции снизят портфельный риск, и поэтому вы готовы купить их, даже если они снижают ожидаемые доходы от портфеля. Если портфель, который вы выбрали, эффективен, каждый вид ваших инвестиций должен одинаково напряженно работать на вас. Так, если одна акция оказывает большее предельное влияние на риск портфеля, чем другая, первая должна приносить пропорционально более высокий ожидаемый доход. Это означает, что если вы построите график ожидаемой доходности акции и ее предельного вклада в риск вашего эффективного портфеля, то вы обнаружите, что акции располагаются вдоль прямой линии, как на рисунке 8-8. Это верно *всегда*: если портфель эффективен, связь между ожидаемой доходностью каждой акции и ее предельным вкладом в портфельный риск должна быть прямолинейной. Так же верно и обратное: если прямолинейной связи нет, портфель не является эффективным.

Теперь мы можем видеть, что рисунки 8-7 и 8-8 идентичны, *если* портфель на рисунке 8-8 является рыночным портфелем. (Напомним, что бета акции измеряет ее предельный вклад в риск рыночного портфеля.) Таким образом, правило оценки долгосрочных активов сводится к утверждению, что рыночный портфель является эффективным. Как мы уже видели, это справедливо для всех случаев, когда каждый инвестор располагает такой же информацией и имеет те же возможности, что и другие инвесторы. В подобных условиях каждый инвестор должен держать такой же портфель, как и другие, — иначе говоря, каждый должен держать рыночный портфель.

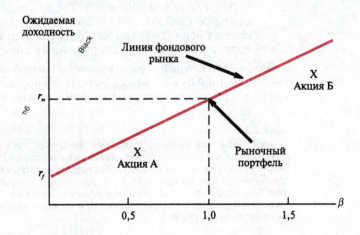

РИСУНОК 8-9
В условиях равновесия ни одна из акций не может лежать ниже линии рынка ценных бумаг. Например, вместо того чтобы купить акцию А, инвесторы предпочли бы ссудить часть своих денег, а остальные инвестировать в рыночный портфель. А вместо того чтобы купить акцию Б, они предпочли бы взять кредит и инвестировать в рыночный портфель.

ГЛАВА 8. Риск и доход

Что произошло бы, если бы акция *не* лежала на линии рынка ценных бумаг?

Представьте себе, что вы натолкнулись на акцию А, изображенную на рисунке 8-9. Вы купили бы ее? Мы надеемся, что нет[12]: если вы хотите инвестировать с бета 0,5, вы могли бы получить самую высокую ожидаемую доходность, вкладывая половину ваших денег в казначейские векселя, а половину — в рыночный портфель. Если все разделяют вашу точку зрения на перспективы акций, цена акции А будет падать до тех пор, пока ее ожидаемая доходность не достигнет той величины, которую вы могли бы получить и в другом месте.

Как насчет акции Б на рисунке 8-9? Соблазнились бы вы ее высокой доходностью? Нет, если вы сообразительны. Вы могли бы получить более высокую доходность инвестиций при той же бета, заняв 50 центов на каждый доллар своих денег и инвестировав в рыночный портфель. Опять же, если все согласны с вашей оценкой, цена акции Б не может удержаться на прежнем уровне. Она будет падать до тех пор, пока ожидаемая доходность этой акции не станет равна ожидаемой доходности комбинации займов и инвестиций в рыночный портфель.

Это и есть наша основная идея. Инвестор всегда может получить ожидаемую премию за риск $\beta(r_m - r_f)$, комбинируя рыночный портфель и безрисковые займы. Так, на хорошо функционирующем рынке никто не держит акции, предлагающие премию за ожидаемый риск, *меньше*, чем $\beta(r_m - r_f)$. А как насчет других возможностей? Есть ли другие акции, которые обеспечивают более высокую ожидаемую премию за риск? Другими словами, существуют ли какие-либо акции, лежащие выше линии рынка ценных бумаг на рисунке 8-9? Если мы возьмем все акции в совокупности, мы получим рыночный портфель. Следовательно, мы знаем, что акции *в среднем* располагаются на линии. Так как ни одна не лежит *ниже* линии, то ни одна не может лежать и *выше* линии. Таким образом, каждая и любая акция должна лежать на линии рынка ценных бумаг и обеспечивать премию за ожидаемый риск, равную:

$$r - r_f = \beta(r_m - r_f).$$

8–3. НАДЕЖНОСТЬ И РОЛЬ МОДЕЛИ ОЦЕНКИ ДОЛГОСРОЧНЫХ АКТИВОВ

Любая экономическая модель представляет собой упрощенное отражение реальности. Мы вынуждены упрощать, чтобы понять, что происходит вокруг нас. Однако мы также должны знать, насколько мы можем доверять нашей модели.

Начнем с некоторых вопросов, которые не вызывают разногласий. Во-первых, немногие люди оспаривают идею о том, что инвесторы требуют какой-то дополнительный доход за принимаемый ими риск. Вот почему обыкновенные акции в среднем приносят более высокие доходы, чем векселя Казначейства США. Кто захочет вкладывать в рисковые обыкновенные акции, если они обеспечивают *такие же* ожидаемые доходы, что и казначейские векселя? Мы не захотим и думаем, что и вы тоже.

Во-вторых, инвесторов, видимо, действительно беспокоят в основном те риски, которых они не могут избежать с помощью диверсификации. Если бы это было не так, мы бы обнаружили, что цены на акции растут всякий раз, когда две компании сливаются, чтобы распределить свои риски. И мы бы обнаружили, что инвестиционные компании, которые инвестируют средства в акции других фирм, имеют более высокую стоимость, чем акции, которые они держат. Но мы ничего этого не наблюдаем. Слияния, предпринимаемые с целью распределить риск, не увеличивают цены на акции, и инвестиционные компании стоят не дороже, чем акции, которые они держат.

---

[12] Если только это не тот случай, когда акцию продавали бы мы сами.

Модель оценки долгосрочных активов воплощает в себе эти идеи в доступной форме. Поэтому многие финансовые менеджеры считают эту модель наиболее удобным инструментом для овладения столь скользким "предметом", как риск. И вот почему экономисты часто используют модель оценки долгосрочных активов, чтобы проиллюстрировать важные идеи в области финансов, даже когда существуют другие способы доказательства этих идей. Но это не значит, что правило оценки долгосрочных активов является Истиной в последней инстанции. Мы увидим позже, что оно обладает некоторыми недостатками, и рассмотрим несколько альтернативных теорий. Никто не знает, займет ли в конечном итоге одна из этих альтернативных теорий ведущее положение, или же будут найдены другие, лучшие модели соотношения риска и дохода, которые пока еще не появились на свет.

Проверка правила оценки долгосрочных активов

Основной способ проверки любого правила — установить, соответствует ли оно фактам. К сожалению, при проверке правила оценки долгосрочных активов возникают две проблемы. Первая — правило оперирует *ожидаемой* доходностью инвестиций, в то время как мы можем наблюдать только *фактическую* доходность. Доходы с акций отражают ожидания, но они также отражают и множество "помех" — постоянный поток сюрпризов, которые ведут к тому, что стандартное отклонение по многим акциям составляет 30 или 40% в год. Вторая — рыночный портфель должен включать в себя все рисковые инвестиции: акции, облигации, товары, недвижимость и даже "человеческий" капитал. Большинство же рыночных индексов составляется на основе только выборки обыкновенных акций[13].

Ни в одном из исследований эта вторая проблема не решена. Тем не менее классическая статья Фамы и Макбета избегает основных ошибок, которые обусловлены работой с реальными, а не ожидаемыми доходами. Фама и Макбет сгруппировали все акции Нью-Йоркской фондовой биржи в 20 портфелей. Затем они построили график расчетных коэффициентов бета каждого портфеля, рассчитанных для одного 5-летнего периода, относительно средних значений доходности портфелей в следующем 5-летнем периоде[14]. На рисунке 8-10 показано, что они обнаружили. Вы можете видеть, что расчетная бета каждого портфеля говорит инвесторам достаточно много о его будущем доходе.

Если правило оценки долгосрочных активов верно, то инвесторы не ожидали бы, что какой-либо из этих портфелей будет лучше или хуже, чем сопоставимый пакет казначейских векселей и рыночного портфеля. Поэтому ожидаемые значения доходности каждого портфеля при данной рыночной доходности должны располагаться вдоль наклонных линий на рисунке 8-10. Отметим, что *фактические* доходности портфелей Фама и Макбета действительно расположены *вблизи* от этих линий. Это обнадеживает, однако мы хотели бы узнать, почему портфели не лежат *строго* на линиях. Потому ли, что модель оценки долгосрочных активов является лишь грубым приближением к реальным рынкам? Или из-за того, что подобные тесты неуместны? (Вспомним, что Фама и Макбет

---

[13] Например, см.: *R. Roll.* A Critique of the Asset Pricing Theory's Tests; Part 1: On Past and Potential Testability of the Theory //Journal of Financial Economics. 4: 129—176. March. 1977.

[14] Фама и Макбет сначала рассчитали бета каждой акции для одного периода и затем сформировали портфели на основе этих расчетных значений бета. Затем они пересчитали бету каждого портфеля, используя данные о доходности в следующем периоде. Это гарантировало, что расчетные значения бета для каждого портфеля были в значительной степени объективны и верны. И наконец, был построен график этих бета портфелей относительно значений доходности для еще более позднего периода. См.: *E.F.Fama and J.D.MacBeth.* Risk, Return, and Equilibrium: Empirical Tests //Journal of Political Economy. 81: 607—636. May. 1973.

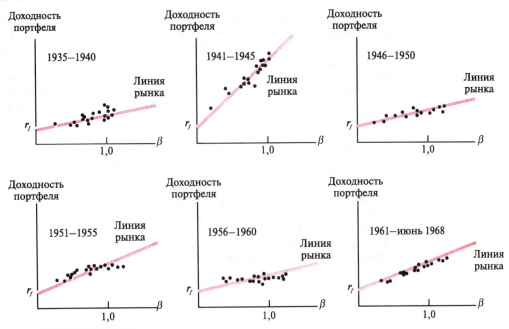

РИСУНОК 8-10
Правило оценки долгосрочных активов гласит, что *ожидаемая* доходность любых инвестиций должна лежать на линии рынка ценных бумаг. Точками показана *фактическая* доходность портфелей с различными бета. [*Источник*: Результаты представлены в статье *E.F.Fama and J.D.MacBeth*. Risk, Return, and Equilibrium: Empirical Tests//Journal of Political Economy. 81: 607–636. May. 1973.

обращались к *фактическим* доходам, а модель оценки долгосрочных активов работает с ожиданиями; кроме того, Фама и Макбет не включали в свой рыночный индекс *все* рисковые активы.) К сожалению, никто не знает, какое объяснение является верным. Коэффициенты бета, которые вычисляются с помощью индексов фондового рынка, по-видимому, кое-что говорят нам об ожидаемой доходности, но мы не можем знать, что мы обнаружили бы, если бы могли вычислить бета, используя полный рыночный портфель всех рисковых активов.

Существует другой способ проверки правила оценки долгосрочных активов. Например, напомним, что правило является эквивалентом утверждения, что рыночный портфель эффективен. Рыночные портфели дают самую высокую ожидаемую доходность за свой риск. Это не значит, что они всегда будут *фактически* обеспечивать самый высокий доход, но по крайней мере мы можем видеть, в каких случаях низкий уровень доходности можно объяснить просто неудачным стечением обстоятельств. Оказалось, что рыночные индексы обыкновенных акций *не являются* эффективными портфелями, но мы не знаем, работал бы более репрезентативный рыночный индекс лучше[15].

Кроме того, правило оценки долгосрочных активов предполагает, что бета служит *единственной* причиной различия ожидаемых значений доходности. Но в главе 13 мы приведем некоторые данные, показывающие, что средняя доходность акций небольших фирм значительно выше, чем предсказывает модель оценки долгосрочных активов[16]. Если бы инвесторы *ожидали,* что величина доходности зависит от размера фирмы, тогда простая версия модели оценки долгосрочных активов не могла бы быть абсолютно истинной.

---

[15] См.: *S.Kandel and R.F.Stambaugh*. On Correlation and Inferences about Mean-Variance Efficiency //Journal of Financial Economics, 18: 61–90. March. 1987.

[16] В США акции небольших фирм имеют более высокие бета, но разница коэффициентов бета не кажется достаточной, чтобы объяснить различия в значениях доходности.

Допущения, лежащие в основе правила оценки долгосрочных активов

Правило оценки долгосрочных активов основано на ряде допущений, которые мы по существу не объяснили. Например, мы предполагали, что инвестиции в векселя Казначейства США безрисковые. Это правда, что вероятность невыполнения данных кредитных обязательств невелика, однако векселя не гарантируют *реальный* доход. Все же существует неопределенность, связанная с инфляцией. Другое допущение состоит в том, что инвесторы способны *брать* денежные кредиты по той же ставке процента, по которой они могут *ссужать* деньги. Но, как правило, ставки полученных кредитов выше ставок по выданным ссудам.

Оказывается, многие из этих допущений не имеют решающего значения и посредством незначительных усилий можно модифицировать правило оценки долгосрочных активов с учетом этих проблем. Действительно важная идея заключается в том, что инвесторы согласны инвестировать свои деньги в ограниченное число базовых портфелей. (В основной версии модели оценки долгосрочных активов базовыми являются казначейские векселя и рыночный портфель.)

В таких модифицированных версиях правила ожидаемая доходность по-прежнему зависит от рыночного риска, однако определение рыночного риска зависит от характера базовых портфелей[17]. На практике ни одна из альтернативных моделей оценки долгосрочных активов не используется так широко, как стандартная версия.

*8–4. НЕКОТОРЫЕ АЛЬТЕРНАТИВНЫЕ ТЕОРИИ

Бета потребления против рыночной беты

Правило оценки долгосрочных активов предполагает, что инвесторы озабочены исключительно уровнем и неопределенностью своего будущего благосостояния. Но для большинства людей богатство само по себе не является конечной целью. Что хорошего в богатстве, если вы не можете его тратить? Люди инвестируют средства сейчас, чтобы в будущем обеспечить потребление для себя или для своих семей. К наиболее опасным относятся риски, которые могут привести к сокращению будущего потребления.

Дуглас Бриден разработал модель, в которой риск ценных бумаг измеряется их чувствительностью к изменениям потребления инвесторов. Если он прав, то ожидаемая доходность акций должна перемещаться по линии его *беты потребления*, а не вдоль линии его рыночных бет. На рисунке 8-11 (*а*) и (*б*) представлены в обобщенном виде основные различия между стандартной и потребительской версиями модели оценки долгосрочных активов. В стандартной модели инвесторов интересует исключительно величина и неопределенность их будущего богатства. Богатство каждого инвестора в конечном итоге полностью коррелирует с доходностью рыночного портфеля; спрос на акции и другие рисковые активы определяется, таким образом, их рыночным риском. Более сильный мотив для инвестирования – обеспечение потребления – в модели не учитывается.

В потребительской версии неопределенность доходности акций непосредственно связана с неопределенностью потребления. Безусловно, потребление зависит от богатства (стоимости портфеля), но богатство в явном виде не присутствует в модели.

Потребительская версия модели имеет некоторые привлекательные особенности. Например, вам не нужно определять рыночный или другие базовые портфели. Вы можете не беспокоиться, что фондовый индекс Standard and Poor не отслеживает доходность облигаций, товаров и недвижимости.

---

[17] Например, см.: *M.C.Jensen (ed.)*. Studies in the Theory of Capital Markets. Frederick A.Praeger, Inc., New York, 1972. Во введении Йенсен дает очень полезный краткий обзор некоторых из таких вариантов правила оценки долгосрочных активов.

Однако вы должны уметь оценить уровень потребления. *Быстро:* сколько вы потребляли в последнем месяце? Легко посчитать гамбургеры и проездные билеты, но как насчет износа вашего автомобиля или стиральной машины или однодневной стоимости страхового полиса вашего дома? Мы полагаем, что ваша оценка совокупного потребления будет очень приблизительна или основана на произвольных распределениях и допущениях. А если вам сложно рассчитать долларовую стоимость вашего совокупного потребления, представьте, какая задача стоит перед работником государственной статистической службы, оценивающим из месяца в месяц наше общее потребление.

По сравнению с ценами на акции оцениваемое совокупное потребление изменяется плавно с течением времени. Представляется, что колебания потребления зачастую не совпадают с динамикой фондового рынка. Отдельные акции, по-видимому, имеют низкую или неустойчивую бету потребления. Более того, изменчивость потребления кажется очень незначительной для того, чтобы объяснить средние нормы доходности обыкновенных акций в прошлом, если не допускать чрезмерной антипатии инвесторов к риску[18]. Эти проблемы могут отражать неудовлетворительность наших оценок потребления или, возможно, неудовлетворительность моделей, описывающих распределение индивидуумами своего потребления во времени. Видимо, еще не пришло время практического использования потребительской версии правила оценки долгосрочных активов.

Теория арбитражного ценообразования

Теория оценки долгосрочных активов начинается с анализа того, как инвесторы формируют эффективные портфели. **Теория арбитражного ценообразования** Стивена Росса отталкивается от совершенно другого. Она не спрашивает, какие портфели являются эффективными. Вместо этого она начинает с *допущения,* что доходность каждой акции зависит частично от всеобщих макроэкономических условий или "факторов", а частично от "помех" — событий, касающихся только данной компании. Более того, предполагается, что доходность равна следующему простому выражению:

$$\text{Доходность} = a + b_1(r_{\text{фактор}1}) + b_2(r_{\text{фактор}2}) + b_3(r_{\text{фактор}3}) + \ldots + \text{"помехи"}.$$

Теория не говорит о том, какие это факторы: это могут быть цены на нефть, процентные ставки и т.п. Доходность рыночного портфеля *может* быть одним из факторов, но может и не быть.

Одни акции более чувствительны к какому-то отдельному фактору, чем другие. Акции Exxon были бы более чувствительны к ценам на нефть, чем, скажем, акции фирмы Coca Cola. Если фактор 1 отражает неожиданные изменения цен на нефть, то коэффициент b_1 будет более высоким для компании Exxon.

Для любой отдельной акции существуют два источника риска. Первый тип риска определяется всеобщими макроэкономическими факторами и не может быть упразднен диверсификацией. Второй тип риска возникает из-за возможных событий, которые могут произойти только с этой компанией. Диверсификация *действительно* упраздняет индивидуальный риск, и поэтому диверсифицированные инвесторы могут не принимать его во внимание, когда решают купить или продать акции. На премию за ожидаемый риск оказывают влияние "факторы" или "макроэкономический" риск, но *не* влияет индивидуальный риск.

Теория арбитражного ценообразования гласит, что при арбитражных операциях премия за ожидаемый риск по акции должна зависеть от премии за

---
[18] См.: *R.Mehra and E.C.Prescott.* The Equity Risk Premium: A Puzzle //Journal of Monetary Economics. 15: 145–161. 1985.

РИСУНОК 8-11

(*а*) В стандартной модели оценки долгосрочных активов основное внимание уделено тому, какое влияние оказывают акции на уровень и неопределенность благосостояния инвесторов. В модели отсутствует потребление. (*б*) Потребительская модель определяет риск как вклад акций в неопределенность уровня потребления. Богатство (промежуточный шаг между доходами от акции и потреблением) не включается в модель.

ожидаемый риск, связанный с каждым фактором, и чувствительностью акции к каждому из факторов (b_1, b_2, b_3 и т. д.). Поэтому формула имеет вид[19]:

$$\text{Ожидаемая премия за риск инвестиций} =$$
$$= r - r_f = b_1(r_{фактор1} - r_f) + b_2(r_{фактор2} - r_f) + ...$$

Отметим, что из данной формулы вытекают два утверждения.

1. Если вы вводите в формулу нулевые значения для всех *b*, то премия за ожидаемый риск равна нулю. Диверсифицированный портфель, составленный так, чтобы чувствительность к каждому макроэкономическому фактору равнялась нулю, является практически безрисковым, и, следовательно, цена на него должна устанавливаться с учетом того, что он дает доходность, равную безрисковой ставке процента. Если бы портфель обеспечивал более высокую доходность, инвесторы могли бы получать безрисковую (или "арбитражную") прибыль, беря кредит для покупки портфеля. Если бы портфель давал более низкую доходность, вы могли бы получить арбитражную прибыль, используя обратную стратегию — т.е. вы могли бы *продать* диверсифицированный портфель с "нулевой чувствительностью" и *инвестировать* полученные деньги в векселя Казначейства США.

2. Диверсифицированный портфель, составленный так, чтобы на него оказывал влияние, скажем, фактор 1, предусматривает премию за риск, размер которой будет прямо пропорционален чувствительности портфеля к этому фактору. Например, представьте, что вы составили два портфеля, А и Б, на которые оказывает влияние только фактор 1. Если чувствительность портфеля А к фактору 1 в два раза выше, чем чувствительность портфеля Б, портфель А должен приносить в два раза большую премию за риск. Следова-

---

[19] Какие-то макроэкономические факторы просто могут не волновать инвесторов. (Например, некоторые макроэкономисты полагают, что предложение денег не имеет значения и поэтому инвесторов не волнует инфляция.) Такие факторы не влияли бы на премию за риск. Они не включались бы в формулу арбитражного ценообразования для расчета ожидаемой доходности.

ГЛАВА 8. Риск и доход

тельно, если бы вы инвестировали свои деньги поровну в казначейские векселя и в портфель А, ваш комбинированный портфель имел бы ту же чувствительность к фактору 1, что и портфель Б, и обеспечивал бы такую же премию за риск.

Предположим, что формула арбитражного ценообразования *неверна*. Например, допустим, что комбинация казначейских векселей и портфеля А имеет более высокую доходность. В этом случае инвесторы могли бы получить арбитражную прибыль, продав портфель Б и инвестируя полученные деньги в комбинацию векселей и портфеля А.

Описанные нами арбитражные операции касаются хорошо диверсифицированного портфеля, где диверсификация полностью устраняет индивидуальный риск. Но если формула арбитражного ценообразования верна для всех диверсифицированных портфелей, она должна выполняться и для отдельных акций. Ожидаемая доходность каждой акции должна соответствовать вкладу акции в риск портфеля. В теории арбитражного ценообразования этот вклад определяется чувствительностью доходности акции к неожиданным изменениям макроэкономических факторов.

Сравнение правила оценки долгосрочных активов и теории арбитражного ценообразования

Как и правило оценки долгосрочных активов, теория арбитражного ценообразования подчеркивает, что ожидаемая доходность зависит от степени риска, определяемого общеэкономическими факторами, и не подвержена влиянию индивидуального риска. В модели арбитражного ценообразования вы можете предположить, что эти факторы представляют особые портфели акций, которые обычно испытывают общее влияние. Если ожидаемая премия за риск для каждого из таких портфелей пропорциональна рыночной бете портфеля, то модель оценки долгосрочных активов и теория арбитражного ценообразования дадут одинаковый результат. В любом другом случае — нет.

Как же уживаются эти две теории? Теория арбитражного ценообразования имеет некоторые привлекательные особенности. Например, рыночный портфель, который играет такую важную роль в модели оценки долгосрочных активов, не присутствует в теории арбитражного ценообразования[20].

Поэтому нас может не беспокоить проблема оценки рыночного портфеля, и, в принципе, мы можем проверить теорию арбитражного ценообразования, даже если у нас имеются данные только по выборке рисковых активов.

К сожалению, вы в чем-то выигрываете, а в чем-то теряете. Теория арбитражного ценообразования не объясняет, какие факторы являются основными, — в отличие от правила оценки долгосрочных активов, которое сводит *все* риски, определяемые макроэкономическими факторами, к *одному* вполне определенному фактору — доходности рыночного портфеля. Теория арбитражного ценообразования служит хорошим инструментом для работы с ожидаемыми значениями доходности, только если мы можем: 1) определить приемлемо короткий перечень макроэкономических факторов, 2) оценить премии за ожидаемый риск по каждому из этих факторов и 3) определить чувствительность каждой акции к этим факторам.

По всем трем проблемам ведутся исследования. Например, Чен, Ролл и Росс пришли к выводу, что существует четыре основных общеэкономических фактора, влияющих на цены акций[21]:

- уровень промышленного развития;
- темп инфляции;

---

[20] Конечно, рыночный портфель *может быть* одним из факторов, но это не есть обязательное условие теории арбитражного ценообразования.

[21] См.: *N-F. Chen, R. Roll, and S.A. Ross.* Economic Forces and the Stock Market // Journal of Business. 59: 383–403. July. 1986.

- разница между краткосрочными и долгосрочными процентными ставками;
- разница в доходности высокорисковых и низкорисковых корпоративных облигаций.

Другие не уверены, что этот перечень является исчерпывающим: они указывают на то, что, чем больше акций вы наблюдаете, тем больше факторов вы должны учитывать[22].

Хотя определить чувствительность к факторам и премии за риск сложно, некоторые компании начали применять теорию арбитражного ценообразования для оценки затрат на привлечение капитала в практических ситуациях. Конечно, среди тех, кто применяет эту теорию, не найдется и двух людей, чьи мнения о существующих факторах совпали бы, или которые получали бы одинаковые цифровые результаты. Тем не менее давайте посмотрим, как консалтинговая фирма Alcar решила эту проблему.

Вспомним, что применение формулы арбитражного ценообразования проходит в четыре шага.

Шаг 1. Определение макроэкономических факторов. Alcar выделила пять макроэкономических факторов — те же, что предложили Чен, Ролл и Росс[23].

Шаг 2. Оценка премии за риск, которую требуют инвесторы, принимая на себя риски, вызванные этими факторами. Когда мы вычисляли премию за рыночный риск, мы смотрели на различия между доходностью рыночных ценных бумаг и доходностью казначейских векселей в ретроспективе. Подобным же образом Alcar использовала исторические данные, чтобы вычислить дополнительную доходность, которую инвесторы ожидали получить, беря на себя

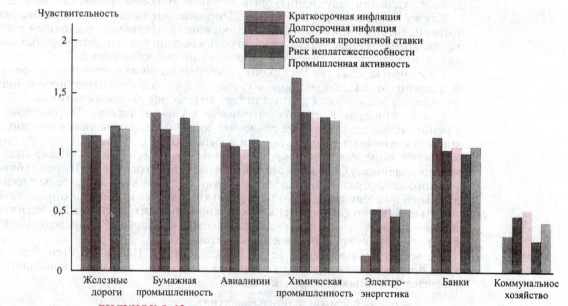

РИСУНОК 8-12
Оценки факторов чувствительности. [*Источник*: The Alcar Group Inc. APT!]

---

[22] См.: *P.J.Dhrymes, I.Friend, and N.B.Gultekin*. A Critical Reexamination of the Empirical Evidence on the Arbitrage Pricing Theory //Journal of Finance. 39: 323–346. June. 1984.
[23] Инфляция была разбита на две составляющие — неожиданные краткосрочные изменения и неожиданные долговременные изменения.

ГЛАВА 8. Риск и доход

ТАБЛИЦА 8-2
Сравнение значений ожидаемой доходности акций, полученных на основе правила оценки долгосрочных активов и теории арбитражного ценообразования.

Отрасли	Правило оценки долгосрочных активов (%)	Теория арбитражного ценообразования (%)
Железные дороги	17,9	17,9
Бумажная промышленность	17,1	18,4
Авиация	17,0	17,2
Химическая промышленность	16,9	19,8
Электроэнергетика	16,9	11,9
Банки	16,1	17,0
Коммунальное хозяйство	13,5	11,4

риск каждого из пяти макроэкономических факторов[24]. Таким образом Alcar получила величины $r_{фактор1}$, $r_{фактор2}$ и т. д.

Шаг 3. Оценка чувствительности к факторам. Смотрим на изменение цен акций в прошлом и видим, насколько они были чувствительны к каждому из факторов[25]. Так Alcar получила показатели b_1, b_2 и т. д. для формулы теории арбитражного ценообразования.

Шаг 4. Вычисление ожидаемой доходности. На последнем и самом легком этапе полученные значения премий за риск и чувствительности к факторам были подставлены в формулу теории арбитражного ценообразования и получена оценка доходности, которую инвесторы требуют от каждой акции.

Что вы почерпнули из этого примера? Итак, посмотрите сначала на рисунок 8-12, на котором представлены некоторые оценки чувствительности к факторам для различных отраслевых групп. Отметим, что такие отрасли, как коммунальное хозяйство и электроэнергетика, относительно нечувствительны к макроэкономическому влиянию. С другой стороны, акции компаний химической и бумажной промышленности испытывают значительное влияние макроэкономических факторов. Отметим также, какое воздействие оказывают разные факторы на отдельные отрасли. Некоторые из факторов оказывают весьма существенное влияние, чего и следовало ожидать. Например, поскольку предприятия коммунального хозяйства могут пойти на существенное увеличение издержек, неудивительно, что они относительно нечувствительны к изменениям инфляции. Также вы могли бы предположить, что акции компаний коммунального хозяйства должны быть чувствительны к изменениям разницы в доходности краткосрочных и долгосрочных облигаций. Безусловно, некоторые другие полученные оценки чувствительности не так легко объяснить. Например, у нас нет убедительного объяснения, почему компании химической промышленности так сильно подвержены влиянию инфляции, а электроэнергетические компании до такой степени *не подвержены.*

В таблице 8-2 показано, что происходит, когда мы используем данные показатели чувствительности к факторам для вычисления доходности, которую инвесторы ожидают получить от каждой группы акций. Для некоторых от-

---
[24] Alcar не оценивала непосредственно премию за риск, которая была получена за счет каждого макроэкономического фактора. Вместо этого она сначала составила портфели из акций, которые *имитировали* воздействие основных факторов, а затем оценила исторически сложившиеся премии за риск по каждому из таких имитационных портфелей.
[25] Вместо того чтобы напрямую оценивать чувствительность к факторам, Alcar определила чувствительность по каждому из имитационных портфелей.

раслей, таких, как авиация и железные дороги, две модели дают почти идентичные результаты. Но по химической и электроэнергетической отраслям различия в оценках существенны.

8–5. РЕЗЮМЕ

Основные принципы выбора портфелей сводятся к общепризнанному утверждению, что инвесторы стремятся увеличить ожидаемую доходность своих портфелей и снизить стандартное отклонение этой доходности. Портфель, который приносит самую высокую ожидаемую доходность при данном стандартном отклонении или имеет наиболее низкое стандартное отклонение при данной ожидаемой доходности, называется *эффективным портфелем*. Чтобы понять, какие портфели являются эффективными, инвестор должен уметь определить ожидаемую доходность и стандартное отклонение для каждой акции и степень корреляции между каждой парой акций.

Инвесторы, которые ограничиваются обыкновенными акциями, должны выбирать эффективный портфель, исходя из своего отношения к риску. Но инвесторам, которые могут также брать кредиты или предоставлять займы по безрисковой процентной ставке, следует выбирать "лучший" портфель обыкновенных акций *вне зависимости* от их отношения к риску. Поступая таким образом, они затем могут регулировать риск своего портфеля в целом, решая, какую часть своих денег они хотят инвестировать в акции. Для инвесторов, которые располагают теми же возможностями и информацией, что и другие инвесторы, лучшим портфелем акций будет портфель, который является лучшим и для других инвесторов. Другими словами, ему или ей следует инвестировать в комбинацию рыночного портфеля и безрискового займа (получение кредита или выдача ссуды).

Предельный вклад акции в риск портфеля измеряется ее чувствительностью к изменениям стоимости портфеля. Если портфель эффективен, то связь между ожидаемой доходностью каждой акции и ее предельным вкладом в риск портфеля будет прямолинейной.

Предельный вклад акции в риск *рыночного портфеля* измеряется показателем *бета*. Так, если рыночный портфель эффективен, связь между ожидаемой доходностью и бетой каждой акции будет прямолинейной. В этом состоит основная идея правила оценки долгосрочных активов, из которого следует, что ожидаемая премия за риск каждой ценной бумаги должна расти пропорционально ее бете:

Ожидаемая премия за риск = бета × рыночная премия за риск
$$r - r_f = \beta(r_m - r_f).$$

Теория оценки долгосрочных активов является лучшей из известных моделей, описывающих связь между риском и доходом.

Был предложен ряд ее модификаций, учитывающих такие осложняющие факторы, как различие процентных ставок на получение и выдачу ссуды, а новая теория, названная *потребительской* моделью оценки долгосрочных активов, предлагает идею, согласно которой риск ценных бумаг отражает чувствительность доходности к изменениям в *потреблении* инвесторов. В этой теории используется бета потребления вместо беты рыночного портфеля.

Теория арбитражного ценообразования представляет собой альтернативную теорию связи между риском и доходностью. Согласно этой теории ожидаемая премия за риск акции должна зависеть от чувствительности акции к некоторым общим макроэкономическим факторам, которые оказывают влияние на доходность акции:

Ожидаемая премия за риск $= b_1(r_{фактор1} - r_f) + b_2(r_{фактор2} - r_f) + ...,$

ГЛАВА 8. Риск и доход

где b — это показатель чувствительности отдельных ценных бумаг к факторам, а ($r_{фактор} - r_f$) — премия за риск, требуемая инвесторами, которые подвергаются влиянию этого фактора.

Теория арбитражного ценообразования не указывает, какие это факторы. Она предлагает экономистам самим "охотиться за дичью", используя свой статистический инструментарий. "Охотники" отыскали несколько кандидатов, в том числе неожиданные изменения в:

- уровне промышленного развития;
- темпах инфляции;
- разнице между краткосрочными и долгосрочными процентными ставками;
- разнице в доходности низкорисковых и высокорисковых корпоративных облигаций.

Каждая из этих моделей связи риска и дохода имеет своих приверженцев. Однако все экономисты поддерживают две основные идеи: 1) инвесторы требуют дополнительную ожидаемую доходность за принимаемый ими риск и 2) по-видимому, главным образом их заботит риск, который они не могут упразднить посредством диверсификации.

РЕКОМЕНДУЕМАЯ ЛИТЕРАТУРА

Самая первая статья о выборе портфелей:
    H.M.Markowitz. Portfolio Selection //Journal of Finance. 7: 77—91. March. 1952.

Есть ряд учебных пособий по выбору портфелей, которые объясняют и основную теорию Марковича и некоторые упрощенные версии. Смотри:
    E.J.Elton and M.J.Gruber. Modern Portfolio Theory and Investment Analysis, 2d ed. John Wiley & Sons, New York, 1984.
    H.Levy and M.Sarnat. Portfolio and Investment Selection: Theory and Practice. Prentice-Hall International, Englewood Cliffs, N. J., 1984.

Из трех первых статей о модели оценки долгосрочных активов статья Джека Трейнора не публиковалась. Две другие:
    W.F.Sharpe. Capital Asset Prices: A Theory of Market Equilibrium under Conditions of Risk //Journal of Finance. 19: 425—442. September. 1964.
    J.Lintner. The Valuation of Risk Assets and the Selection of Risky Investments in Stock Portfolios and Capital Budgets //Review of Economics and Statistics. 47: 13—37. February. 1965.

Последующих работ по модели оценки долгосрочных активов великое множество. В предлагаемой книге собраны некоторые из наиболее важных статей и очень полезный обзор, сделанный Йенсеном:
    M.C.Jensen (ed.). Studies in the Theory of Capital Market. Frederick A.Praeger, Inc., New York, 1972.

Проводилась серия эмпирических тестов модели оценки долгосрочных активов. Вот некоторые из наиболее значимых:
    E.F.Fama and J.D.MacBeth. Risk, Return, and Equilibrium: Empirical Tests // Journal of Political Economy. 81: 607—636. May. 1973.
    F.Black, M.C.Jensen, and M.Scholes. The Capital Asset Pricing Model: Some Empirical Tests //*M.C.Jensen (ed.)*. Studies in the Theory of Capital Markets. Frederick A. Praeger, Inc., New York, 1972.
    M.R.Gibbons. Multivariate Tests of Financial Models // Journal of Financial Economics, 10: 3—27. March. 1982.

Критику эмпирических тестов модели смотри в:
R. Roll. A Critique of the Asset Pricing Theory's Tests; Part 1: On Past and Potential Testability of the Theory //Journal of Financial Economics. 4: 129–176. March. 1977.

Статья Бридена 1979 г. описывает потребительскую модель оценки долгосрочных активов, а в статье Бридена, Гиббонса и Литценбергера проводится проверка модели и дается сравнение ее со стандартной версией:
D. T. Breeden. An Intertemporal Asset Pricing Model with Stochastic Consumption and Investment Opportunities //Journal of Financial Economics. 7: 265–296. September. 1979.

D. T. Breeden, M. R. Gibbons, and R. H. Litzenberger. Empirical Tests of the Consumption-Oriented CAMP //Journal of Finance. 44: 231–262. June. 1989.

Теория арбитражного ценообразования описывается в статье Росса 1976 г. В трех других статьях проводится проверка модели и делается попытка определить основные факторы:
S. A. Ross. The Arbitrage Theory of Capital Asset Pricing //Journal of Economic Theory. 13: 341–360. December. 1976.

R. Roll and S. A. Ross. An Empirical Investigation of the Arbitrage Pricing Theory //Journal of Finance. 35: 1073–1103. December. 1980.

N-F. Chen. Some Empirical Tests of the Theory of Arbitrage Pricing //Journal of Finance. 38: 1393–1414. December. 1983.

N-F. Chen, R. Roll, and S. A. Ross. Economic Forces and the Stock Market // Journal of Business. 59: 383–403. July. 1986.

КОНТРОЛЬНЫЕ ВОПРОСЫ

1. Рисунки 8-13 и 8-14 показывают диапазон достижимых комбинаций ожидаемой доходности и стандартного отклонения.
   а) Какой из графиков построен неверно и почему?
   б) Какой представляет группу эффективных портфелей?
   в) Если r_f является ставкой процента, пометьте значком X оптимальный портфель акций.

2. Для каждой пары инвестиционных портфелей установите, какой из двух всегда был бы предпочтительнее для рационального инвестора (делая допущение, что инвесторам доступны *только* эти инвестиции).
   а) Портфель А $r = 18\%$ $\sigma = 20\%$
        Портфель Б $r = 14\%$ $\sigma = 20\%$
   б) Портфель В $r = 15\%$ $\sigma = 18\%$
        Портфель Г $r = 13\%$ $\sigma = 8\%$
   в) Портфель Д $r = 14\%$ $\sigma = 16\%$
        Портфель Е $r = 14\%$ $\sigma = 10\%$

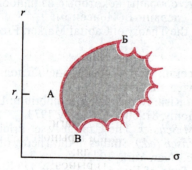

РИСУНОК 8-13

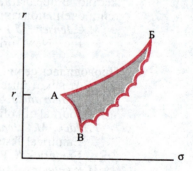

РИСУНОК 8-14

ГЛАВА 8. Риск и доход   189

3. Рассмотрите следующие четыре портфеля:
   а) 50% — казначейские векселя, 50% — акции W;
   б) 50% — акции W, 50% — акции X, доходности которых имеют совершенную положительную корреляцию;
   в) 50% — акции X, 50% — акции Y, доходности которых не коррелируют;
   г) 50% — акции Y, 50% — акции Z, доходности которых имеют совершенную отрицательную корреляцию.

   В каком из данных случаев стандартное отклонение портфеля было бы точной средней стандартных отклонений этих ценных бумаг?

4. а) Изобразите графически следующие рисковые портфели:

Портфель	А	Б	В	Г	Д	Е	Ж	З
Ожидаемый доход, r (в %)	10	12,5	15	16	17	18	18	20
Стандартное отклонение, σ (в %)	23	21	25	29	29	32	35	45

   б) Пять из этих портфелей эффективны, а три — нет. Какие портфели неэффективны?
   в) Допустим, что вы также можете брать кредиты и предоставлять займы по ставке 12%. Какой из приведенных портфелей является лучшим в этой ситуации?
   г) Предположим, вы готовы принять стандартное отклонение, равное 25%. Какова максимальная ожидаемая доходность, которую вы можете получить, при условии, что у вас нет возможности брать кредиты или предоставлять займы?
   д) Какова ваша стратегия, если вы можете брать кредиты или предоставлять займы по ставке 12% и готовы согласиться с 25%-ным стандартным отклонением? Какова максимальная ожидаемая доходность?

5. Верны или неверны следующие утверждения?
   а) Согласно правилу оценки долгосрочных активов, если бы вы могли найти инвестиции с отрицательной бетой, то их ожидаемая доходность была бы меньше процентной ставки.
   б) Ожидаемая доходность инвестиций с бетой, равной 2,0, в два раза выше, чем ожидаемая рыночная доходность.
   в) Если акции расположены ниже линии рынка ценных бумаг, то цена их занижена.

6. Предположим, что ставка по казначейским векселям равна 4%, а ожидаемая рыночная доходность — 10%. Используя информацию из таблицы 8-1:
   а) вычислите ожидаемую доходность акций Genentech;
   б) определите наиболее высокую ожидаемую доходность, которую обеспечивает один из видов акций;
   в) определите самую низкую ожидаемую доходность одного из видов этих акций;
   г) определите, приносили бы акции McGraw-Hill более низкую или более высокую ожидаемую доходность, если бы процентная ставка равнялась 6%, а не 4%? Допустим, что ожидаемая рыночная доходность находится на уровне 10%;
   д) установите, давали бы акции AT&T более высокую или более низкую доходность, если бы процентная ставка равнялась 6%?

7. Согласно правилу оценки долгосрочных активов, акциям свойственны те же рыночный риск и ожидаемая доходность, что и:
   а) портфелю, состоящему из β инвестиций в казначейские векселя и $(1-\beta)$ инвестиций в рыночные ценные бумаги;
   б) портфелю, состоящему из β инвестиций в рыночные ценные бумаги и $(1-\beta)$ инвестиций в казначейские векселя;
   в) портфелю, состоящему наполовину из рыночных ценных бумаг и наполовину из казначейских векселей.

   Какой ответ верен?

ВОПРОСЫ И ЗАДАНИЯ

1. Начертите на рисунке 8-15 линию, показывающую связь между ожидаемой премией за риск портфеля и премией за риск рыночного индекса для: *а)* портфеля, который состоит поровну из казначейских векселей и рыночного индекса, *б)* портфеля, который наполовину финансируется за счет займа и полностью инвестируется в рыночный индекс.

2. На прошлой неделе г-жа Клуши Кондор проанализировала три портфеля обыкновенных акций. Она помнит, что портфель X давал 10% ожидаемой доходности и имел стандартное отклонение 10% и что портфель Y давал 14% ожидаемой доходности и имел стандартное отклонение 20%. К сожалению, все, что она помнит о портфеле Z, — это то, что он является лучшим из трех портфелей при условии, что процентная ставка находится между 5 и 9%. Иначе для нее было бы лучше инвестировать в один из двух других портфелей и взять кредит или предоставить ссуду на оставшуюся сумму денег.

   а) Какова ожидаемая доходность и стандартное отклонение портфеля Z?
   б) Когда мисс Кондор следует инвестировать в портфель X и портфель Y?

3. "Возможно, в чем-то модель оценки долгосрочных активов верна, но в течение последнего года многие акции дали значительно более высокие доходы, чем предсказывала модель, а многие другие — значительно более низкие". Справедлива ли такая критика модели?

4. Изобразите графически группу эффективных портфелей обыкновенных акций. Покажите комбинацию ожидаемой доходности и риска, которую вы могли бы получить, если бы у вас была возможность взять кредит или предоставить ссуду по одной и той же безрисковой ставке процента. Теперь покажите комбинацию ожидаемой доходности и риска, которую вы могли бы получить, если бы процентная ставка по взятому кредиту оказалась выше ставки по выданной ссуде.

5. Посмотрите еще раз на вычисления для Georgia Pacific и Thermo Electron, приведенные в разделе 8–1. Пересчитайте ожидаемую доходность портфеля и стандартное отклонение для различных значений x_1 и x_2, при условии, что $\rho_{12} = 0$. Изобразите множество возможных комбинаций ожидаемой доходности и стандартного отклонения, как на рисунке 8-4.
   Повторите это для $\rho_{12} = +1$ и для $\rho_{12} = -1$.

6. Марк Плутвитц предлагает инвестировать в акции двух компаний — X и Y. Он ожидает от X доходность в размере 12%, а от Y — 8%. Стандартное отклонение доходов для X — 8%, для Y — 5%. Коэффициент корреляции между доходами равен 2.

   а) Вычислите ожидаемую доходность и стандартное отклонение для следующих портфелей:

Портфель	Доля X	Доля Y
1	50	50
2	25	75
3	75	25

   б) Изобразите графически группу портфелей, составленных из X и Y.
   в) Предположим, что м-р Плутвитц может также взять кредит или ссудить деньги по ставке, равной 5%. Покажите на вашем рисунке, как это изменит его возможности. При условии, что он может взять кредит или ссудить деньги, какую долю в портфеле обыкновенных акций должны составлять X и Y?

ГЛАВА 8. Риск и доход

7. Хильда Тукан вложила 60% своих денег в акции А, а остальные — в акции Б. Она оценивает перспективы для себя следующим образом:

	А	Б
Ожидаемая доходность (в %)	15	20
Стандартное отклонение	20	22
Корреляция между доходностями	0,5	

   а) Каковы ожидаемая доходность и стандартное отклонение ее портфеля?
   б) Как изменился бы ваш ответ, если бы коэффициент корреляции равнялся 0 или −0,5?
   в) Портфель мисс Тукан лучше или хуже портфеля, полностью состоящего из акций А, или об этом невозможно судить?

8. Ставка по казначейским векселям равна 4%, и ожидаемая доходность рыночного портфеля равна 12%. Используя модель оценки долгосрочных активов, выполните следующие задания.
   а) Постройте график, подобный графику на рисунке 8-7, показывающий, как ожидаемая доходность изменяется в зависимости от значений бета.
   б) Определите премию за рыночный риск.
   в) Определите требуемую доходность инвестиций, бета которых равна 1,5.
   г) Если инвестиции с бета 0,8 дают ожидаемую доходность 9,8%, ответьте, имеют ли они положительную чистую приведенную стоимость?
   д) Если от акций Х ожидается рыночная доходность, равная 11,2%, ответьте, какова бета?

9. Вычислите, какую доходность ожидают инвесторы *сегодня* от 10 акций из таблицы 8-1. Постройте график ожидаемых доходностей и коэффициентов бета, как на рисунке 8-7.

10. Компания решает, выпускать ли ей акции, чтобы привлечь деньги для финансирования инвестиционного проекта, риск которого равен рыночному, а ожидаемая доходность составляет 20%. Если безрисковая ставка равна 10% и ожидаемая доходность рыночных ценных бумаг — 15%, компании следует выпустить акции:
   а) если бета акций компании не больше 2,0;
   б) если бета акций компании не меньше 2,0;
   в) при любом значении бета.
   Какой из ответов верный? Кратко объясните почему.

РИСУНОК 8-15

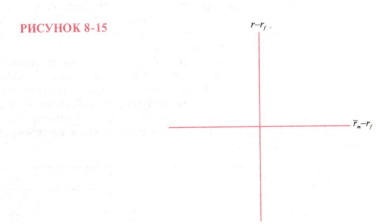

11. Акции компании "Купеческая гильдия" имеют бета 1,0 и очень высокий несистематический риск. Если ожидаемая доходность на рынке 20%, ожидаемая доходность акций "Купеческая гильдия" будет:

   а) 10%, если процентная ставка равна 10;
   б) 20%;
   в) более 20%, благодаря высокому индивидуальному риску;
   г) неопределенной, если вы к тому же не знаете величину процентной ставки.

   Какой из ответов верный? Кратко объясните почему.

12. Ожидаемая доходность акций часто записывается как $r = \alpha + \beta r_m$, где r_m — ожидаемая доходность на рынке. Согласно модели оценки долгосрочных активов в уравнении:

   а) $\alpha = 0$;
   б) $\alpha = r_f$ (безрисковая ставка процента);
   в) $\alpha = (1-\beta)r_f$;
   г) $\alpha = 1 - r_f$.

   Какое равенство верно?

13. Вычислите ожидаемую доходность на фондовом рынке США в следующем году. Вычтите текущую норму дивидендного дохода, чтобы приблизительно оценить ожидаемое приращение стоимости капитала.

14. В таблице 7-6 представлены некоторые данные о стандартных отклонениях доходов от акций группы компаний и коэффициенты корреляции между доходами. Предположим, что вы сделали следующий прогноз доходностей этих акций:

Акции	Ожидаемая доходность (в %)
Boeing	19,8
Citicorp	20,3
Kodak	17,8
Georgia Pacific	19,6
McDonnell Douglas	17,6
Polaroid	22,7
Thermo Electron	22,8

   а) Составьте перечень эффективных портфелей.
   б) Какой из портфелей имеет самую высокую ожидаемую доходность?
   в) Какому портфелю присущ минимальный риск?

*15. Вернитесь к вопросу 14. Возьмите один из эффективных портфелей (но не с минимальной дисперсией) и вычислите бету каждой акции, относящейся к данному портфелю. Покажите, что *для эффективного портфеля* существует прямолинейная связь между ожидаемыми доходностями имеющихся акций и их показателями бета.

16. В сноске 4 мы отмечали, что портфель с минимальным риском состоит на 19,5% из акций Thermo Electron и на 80,5% из акций Georgia Pacific. Докажите это. (*Подсказка*: вам необходимо сделать небольшие вычисления.)

*17. Следующий вопрос иллюстрирует теорию арбитражного ценообразования. Представьте, что существует только два всеобщих макроэкономических фактора. Инвестициям X, Y и Z свойственна следующая чувствительность к этим факторам:

Инвестиции	b_1	b_2
X	1,75	0,25
Y	−1,00	2,00
Z	2,00	1,00

Мы допускаем, что ожидаемая премия за риск от фактора 1 равна 4% и от фактора 2 — 8%. Казначейские векселя, очевидно, дают нулевую премию за риск.

а) Какова премия за риск по каждой из этих акций согласно теории арбитражного ценообразования?

б) Предположим, вы купили на 200 дол. акций X, на 50 дол. акций Y и продали на 150 дол. акций Z. Какова чувствительность вашего портфеля к каждому из двух факторов? Какова ожидаемая премия за риск?

в) Допустим, что вы купили на 80 дол. акций X, на 60 дол. акций Y и продали на 40 дол. акций Z. Какова чувствительность вашего портфеля к каждому из двух факторов? Какова ожидаемая премия за риск?

г) И наконец, предположим, что вы купили на 160 дол. акций X, на 20 дол. акций Y и продали на 80 дол. акций Z. Какова теперь чувствительность вашего портфеля к каждому из факторов? И какова ожидаемая премия за риск?

д) Предложите два возможных способа скомбинировать вложения так, чтобы обеспечить чувствительность 0,5 только по отношению к фактору 1. Теперь сравните ожидаемую премию за риск по каждому виду инвестиций.

е) Предположим, что связи, устанавливаемой моделью арбитражного ценообразования, не существует и что акции X обеспечивали премию за риск 8%, Y — 14%, Z — 16%. Придумайте инвестиции, которые имели бы нулевую чувствительность к каждому фактору и приносили бы премию за риск.

9
Планирование долгосрочных вложений и риск

Прозорливые финансовые менеджеры учитывали фактор риска при планировании долгосрочных вложений задолго до появления современных теорий, раскрывающих связь между риском и ожидаемым доходом. Они интуитивно понимали, что при прочих равных условиях рискованные проекты менее желательны, чем надежные. Поэтому финансовые менеджеры предъявляли более высокие требования к норме доходности рискованных проектов или же основывали свои решения на заниженных оценках потоков денежных средств.

Для учета риска применяется множество различных методов, основанных на общих соображениях. Например, многие компании делают оценки нормы доходности, которую требуют инвесторы от своих ценных бумаг, и используют такой показатель, как **затраты компании на привлечение капитала** (или, для краткости, **затраты на капитал**) для дисконтирования потоков денежных средств по всем новым проектам. Поскольку инвесторы требуют более высокую норму доходности от компании с повышенной степенью риска, то затраты на капитал для такой фирмы будут выше, и ей придется применять более высокую ставку дисконта к своим новым инвестиционным возможностям. Например, в таблице 8-1 мы подсчитали, что ожидаемая инвесторами норма доходности по акциям Digital Equipment Corporation (DEC) равна 0,189, или 19%. Следовательно, согласно методу затрат на капитал компания DEC для расчета чистых приведенных стоимостей проектов должна использовать ставку дисконта, равную 19%[1].

Это шаг в верном направлении. Даже если мы не можем вычислить риск или ожидаемую доходность рисковых ценных бумаг с абсолютной точностью, имеет смысл утверждать, что, поскольку DEC сталкивалась с бóльшим риском, чем средняя фирма, она, следовательно, должна была требовать более высокую норму доходности от своих инвестиций.

Но метод затрат на капитал все же может поставить фирму в затруднительное положение, если новые проекты будут сопряжены либо с меньшим, либо с бóльшим риском, чем уже существующий бизнес. Каждый проект должен оцениваться по *своим* альтернативным издержкам. Здесь проявляется явная связь с принципом слагаемости стоимостей, введенным в главе 7. Стоимость фирмы, активы которой являются комбинацией активов А и Б, равна:

Стоимость фирмы = PV(АБ) = PV(А) + PV(Б) = сумма стоимостей отдельных активов.

---

[1] DEC не привлекала для финансирования заемные средства в сколько-нибудь значимых объемах. Поэтому ее затраты на капитал представляют собой норму доходности, ожидаемую инвесторами от ее обыкновенных акций. Сложности, связанные с долговым финансированием, обсуждаются ниже в этой главе.

РИСУНОК 9-1

Сравнение метода затрат компании на капитал и метода требуемой доходности согласно модели оценки долгосрочных активов. Для DEC затраты на капитал составляют примерно 19%. Этот показатель можно использовать в качестве ставки дисконтирования только в том случае, если бета проекта равна 1,30. В целом правильная ставка дисконта растет с ростом значения бета проекта. DEC следует соглашаться на проекты со значениями нормы доходности, расположенными выше линии рынка ценных бумаг, которая связывает между собой требуемую доходность с величиной бета.

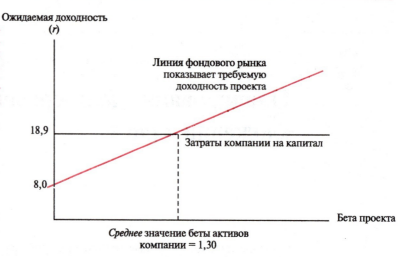

Здесь *PV(A)* и *PV(Б)* рассматриваются как стоимости мини-фирм, в которые инвесторы могли бы вкладывать средства раздельно. Замечание: инвесторы оценили бы активы А дисконтированием прогнозируемых от них потоков денежных средств по ставке, отражающей риск активов А. Они оценили бы активы Б, используя ставку дисконта, отражающую риск активов Б. И, как правило, эти ставки дисконта различны.

Если фирма рассматривает возможность инвестирования в третий проект В, то она также должна оценивать В как мини-фирму, т. е. дисконтировать потоки денежных средств от проекта В по ожидаемой норме доходности, которую инвесторы потребовали бы, вкладывая средства отдельно в этот проект. *Истинная величина затрат на капитал зависит от его использования.*

Это означает, что DEC следует соглашаться на любой проект, который с избытком компенсирует величину *бета этого проекта*. Другими словами, DEC следует принимать любой проект, который лежит выше направленной вверх линии на рисунке 9-1, связывающей ожидаемую доходность и риск. От проекта с высоким риском DEC требует более высокой ожидаемой доходности, чем от проекта с меньшим риском. Теперь сравним это с методом затрат на капитал, согласно которому должен приниматься любой проект с нормой доходности, превышающей затраты компании на привлечение капитала, *вне зависимости от присущего проекту риска*. Как показывает рисунок 9-1, согласно методу затрат на капитал DEC должна соглашаться на любой проект, лежащий выше горизонтальной линии затрат на капитал, т. е. любой проект, предлагающий норму доходности выше 19%.

Ясно, что глупо было бы утверждать, будто DEC следует требовать одинаковую доходность и от очень надежного проекта и от очень рискованного. Если бы DEC руководствовалась методом затрат на капитал, то она, возможно, отвергла бы много хороших проектов с невысокой степенью риска и согласилась на множество плохих высокорискованных проектов. Также неразумно утверждать, что низкие затраты на капитал компании AT&T оправдывают принятие ею проектов, которые DEC отвергла бы. Если бы вы довели этот принцип до его, казалось бы, логического завершения, вы заключили бы, что инвестирование крупной суммы в казначейские векселя может расширить инвестиционные возможности компании. Это обеспечило бы надежность обыкновенным акциям и низкие затраты на капитал компании[2]. Идея, в соответ-

---

[2] Если бы приведенная стоимость актива зависела от качества купившей его компании, то приведенные стоимости нельзя было бы складывать. Вспомните, что хороший проект это хороший проект и хороший проект.

ГЛАВА 9. Планирование долгосрочных вложений и риск

ствии с которой для каждой компании характерна некоторая индивидуальная ставка дисконта, или затраты на капитал, широко распространена, но отнюдь не универсальна. Многие фирмы предъявляют различные требования к уровню доходности разных категорий инвестиций. Ставки дисконта могут устанавливаться, например, следующим образом:

Вид инвестиций	Ставка дисконта (в %)
Венчурные предприятия	30
Новая продукция	20
Расширение осуществляемого бизнеса	15 (затраты компании на капитал)
Снижение затрат, известная технология	10

Крупные корпорации широко используют модель оценки долгосрочных активов при определении ставки дисконта. Согласно этой модели:

Ожидаемая доходность проекта $= r = r_f + $ *(бета проекта)*$(r_m - r_f)$.

Чтобы сделать расчет, вы должны определить бету проекта. Прежде чем говорить о бета различных проектов, мы рассмотрим некоторые проблемы, с которыми вы столкнулись бы при использовании показателя бета для оценки затрат компании на капитал. Оказывается, точно вычислить бета для отдельной фирмы трудно: значительно большей точности можно добиться, рассматривая среднюю величину бета для подобных компаний. Но тогда мы должны решить, что значит — *подобные*. Среди прочего мы обнаружим, что политика заимствования фирмы оказывает влияние на бету ее акций. Было бы ошибкой, например, вычислять среднее значение, исходя из показателя бета компании Chrysler, которая является крупным заемщиком, и компании General Motors, которая таковым не является.

Затраты компании на привлечение капитала служат правильной ставкой дисконта для тех проектов, которым присущ такой же риск, что и уже осуществляемому компанией бизнесу, но *не* для тех проектов, которые являются либо более надежными, либо более рисковыми, чем бизнес компании в среднем. Проблема состоит в том, чтобы определить относительные риски проектов, имеющихся в распоряжении фирмы. Чтобы разобраться в этой проблеме, нам нужно будет копнуть чуть глубже и посмотреть, что делает одни инвестиции более рисковыми по сравнению с другими. После того как вы узнаете, *почему* акциям AT&T свойственна меньшая степень рыночного риска, чем, скажем, акциям Ford Motor, вам будет проще судить об относительных рисках инвестиционных возможностей.

Есть, однако, еще одна сложность: бета проектов может изменяться со временем. Некоторые проекты более надежны в начале, чем в конце осуществления, другие наоборот. В таком случае, что мы хотим сказать, говоря о коэффициенте бета данного проекта? Для каждого года жизни проекта может существовать отдельная бета. Иначе говоря, можем ли мы, исходя из модели оценки долгосрочных активов, которая опирается на один период в будущем, перейти к формуле дисконтированных потоков денежных средств, которую мы выводили в главах 2–6 для оценки долгосрочных активов? В большинстве случаев это надежный метод, но вы должны уметь распознавать исключения и знать, как с ними поступать.

9-1. ИЗМЕРЕНИЕ КОЭФФИЦИЕНТА БЕТА

Предположим, что вы рассматриваете вопрос о значительном расширении вашей фирмы. Подобные инвестиции сопряжены приблизительно с той же степенью риска, что и существующий бизнес. Следовательно, вы должны дисконтировать потоки денежных средств проекта по ставке, равной затратам компании на привлечение капитала. Для ее определения вы могли бы начать с вычисления беты акций компании.

Очевидный способ вычислить бету акций — это посмотреть, как в прошлом цены акций реагировали на рыночные изменения. Например, на рисунке 9-2 мы отметили точками среднемесячные нормы доходности акций компаний AT&T и Hewlett-Packard в сравнении со средней доходностью рынка ценных бумаг в том же месяце. В каждом случае мы провели прямую через эти точки.

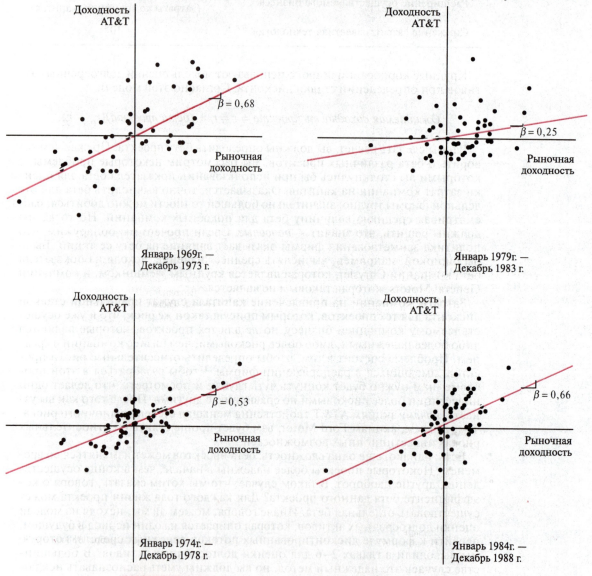

РИСУНОК 9-2а
Мы можем использовать данные о ценах в прошлом, чтобы вычислить бета акции компании AT&T. Отметим, что значения этого коэффициента всегда меньше единицы.

ГЛАВА 9. Планирование долгосрочных вложений и риск

Бета представляет собой угол наклона этой прямой. Значения бета в разные периоды были различны, но практически не вызывает сомнений, что бета акций Hewlett-Packard превышала величину бета акций AT&T. Если вы используете бету какой-либо акции в прошлом для предсказания ее значения в будущем, в большинстве случаев далеко вы не уйдете.

Стабильность величины бета во времени

Нам не хотелось бы оставлять у вас впечатление, будто все коэффициенты бета так же стабильны, как у компании Hewlett-Packard. Тем не менее коэффициенты бета действительно кажутся *достаточно стабильными*.

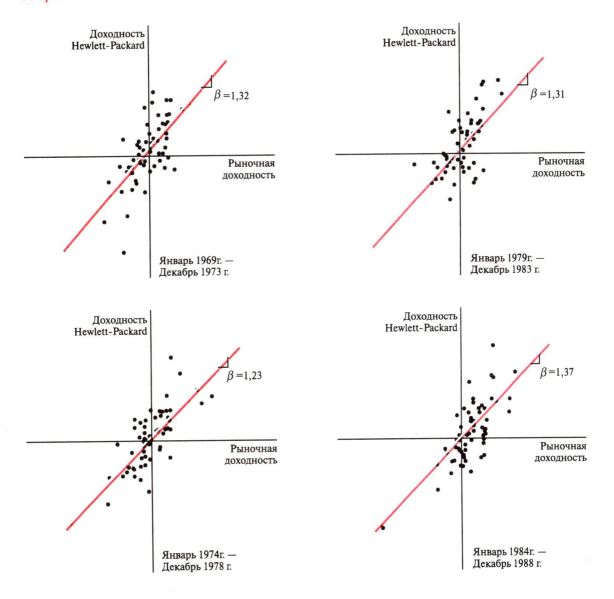

РИСУНОК 9-2б
Здесь представлен подобный пример для компании Hewlett-Packard. Отметим, что бета акций Hewlett-Packard стабильно выше акций AT&T.

Глубокое исследование стабильности коэффициента бета было проведено Шарпом и Купером[3]. Они разбили акции на 10 категорий согласно расчетным коэффициентам бета в тот период. В каждую категорию вошла одна десятая часть акций из выборки. Акции с самыми низкими коэффициентами бета составили первую категорию. Во вторую категорию попали акции с коэффициентами чуть выше и т.д. Затем Шарп и Купер посмотрели, как часто акции перескакивали из одной категории в другую. Чем больше перемещений, тем меньше стабильности. Из таблицы 9-1 вы можете увидеть, что существует заметная тенденция к стабильности у акций либо с очень высокими, либо с очень низкими коэффициентами бета. Если в определение *стабильности* условно ввести такой признак, как перемещение в соседние категории риска, то можно утверждать, что от 40 до 70% коэффициентов бета были стабильны в течение 5 последующих лет.

Одна из причин, почему такие оценки бета являются несовершенным ориентиром для будущего, состоит в том, что рыночный риск, присущий акциям, может существенно меняться. Однако более важная причина заключается в том, что бета за какой-либо определенный период — это просто оценка, основанная на ограниченном числе наблюдений. Если позитивная информация о деятельности компании случайно совпадает с высокими значениями рыночной доходности, бета акций будет казаться более высокой, чем когда сообщения о компании совпадают с низкими значениями рыночной доходности. Можно утверждать и обратное. Если значение бета акций оказалось высоким, то, возможно, это потому, что акции действительно имеют высокий коэффициент бета, но также возможно, и из-за того, что мы завысили их оценку.

Это объясняет некоторые наблюдаемые колебания значений бета. Предположим, в действительности истинный коэффициент бета компании стабилен. Ее явная (оценочная) бета будет колебаться от периода к периоду из-за случайных погрешностей в вычислении. Таким образом, возможно, истинная величина бета более стабильна, чем подразумевают результаты, полученные Шарпом и Купером.

ТАБЛИЦА 9-1

Шарп и Купер разбили акции по категориям риска согласно их коэффициентам бета за один пятилетний период (в 10-ю категорию входят акции с высокими коэффициентами, в 1-ю категорию — с низкими). Затем они проследили, сколько из этих акций оставалось в той же категории риска пятью годами позже.

Категория риска	Доля акций в той же категории риска через 5 лет	Доля акций в приблизительно одной категории риска через 5 лет
10	35	69
9	18	54
8	16	45
7	13	41
6	14	39
5	14	42
4	13	40
3	16	45
2	21	61
1	40	62

---

[3] *W.F.Sharp and G.M.Cooper.* Risk-Return Classes of New York Stock Exchange Common Stocks, 1931–1967 // Financial Analysts Journal. 28: 46–54, 81. March–April. 1972.

ГЛАВА 9. Планирование долгосрочных вложений и риск

ТАБЛИЦА 9-2
Страница из "Книги бета" компании Merrill Lynch

MLPF&S, INC. — Статистика чувствительности рынка

Код	Название ценной бумаги	12/89 Цена закрытия	Бета	Альфа	R^2	Остаточное стандартное отклонение	Стандартные погрешности Бета	Стандартные погрешности Альфа	Скорректированная бета	Число наблюдений
DEAL	DIAL REIT INC	16,250	0,48	−0,94	0,28	4,17	0,13	0,71	0,66	36
DSPA	DIAMOND SHAMROCK OFFDEP RCPT	6,125	0,19	−2,17	0,01	8,74	0,23	1,25	0,47	52
DRM	DIAMOND SHAMROCK R&M	25,000	1,25	1,13	0,27	11,22	0,36	2,04	1,17	31
SLF	DIANA CORP	4,250	0,72	−1,43	0,11	10,03	0,26	1,34	0,82	60
DNIC	DIASONICS INC	4,062	1,48	−0,32	0,22	13,63	0,35	1,82	1,31	60
DXTK	DIAGNOSTEK INC	15,250	0,52	5,48	0,00	23,39	0,60	3,13	0,68	60
DBRL	DIBRELL BROS INC	22,750	0,61	1,08	0,14	7,46	0,19	1,00	0,74	60
DICN	DICEON ELECTRS INC	6,125	0,92	−1,66	0,14	10,88	0,28	1,46	0,95	60
DICK	DICKENSON MINES LTD CLASS A	5,250	0,42	0,58	0,01	13,12	0,34	1,76	0,61	60
BBD	DIEBOLD INC	38,500	1,05	−1,39	0,33	7,53	0,19	1,01	1,03	60
DIGI	DIGICON INC	0,062	0,46	−4,07	0,01	27,07	0,69	3,62	0,64	60
DJ4I	DIGIMETRICS INC	0,719	1,03	−0,95	0,02	19,55	1,26	4,47	1,02	23
DEC	*DIGITAL EQUIP CORP*	*82,000*	*1,30*	*−0,65*	*0,41*	*7,76*	*0,20*	*1,04*	*1,20*	*60*
DMET	DIGITAL METCOM INC	0,437	1,55	−0,34	0,03	32,20	1,03	5,22	1,36	41
DMIC	DIGITAL MICROWAVE CO	30,000	0,93	−1,32	0,12	12,63	0,41	2,29	0,95	31
DGPD	DIGITAL PRODS CORP	3,062	1,50	−1,83	0,06	26,19	0,67	3,51	1,33	60
DIGS	DIGITAL SOLUTIONS IN	1,031	0,13	0,57	0,02	25,33	0,70	3,93	0,43	43
DIGT	DIGITEXT INC	0,750	1,49	−2,11	0,05	29,12	0,79	4,38	1,33	46
DCAJ	DIGITAL COMMUNICATIO	19,750	1,69	0,47	0,25	14,65	0,37	1,96	1,46	60
DTIP	DIGITAL TRANSMISSION CLASS A	0,219	1,78	−3,00	0,10	26,58	0,69	3,80	1,51	52
DOC5	DIGITAL OPTRONICS CO	1,344	0,52	−1,68	0,03	40,04	1,33	7,59	0,68	28
DDS	DILLARD DEPT STORES CLASS A	71,000	1,17	1,20	0,27	9,53	0,24	1,28	1,11	60
DME	DIME SVGS BK N Y FSB	10,250	1,30	−2,12	0,41	8,55	0,24	1,37	1,20	40
DMEI	DIMENSIONAL MEDICINE	0,344	0,90	−2,77	0,02	23,32	0,61	3,30	0,93	53
DIO	DIODES INC	1,875	0,78	−1,06	0,04	17,12	0,44	2,29	0,86	60
DNEX	DIONEX CORP	26,750	1,17	0,16	0,31	8,83	0,23	1,18	1,11	60
DPRX	DIRECT PHARMACEUTICA	2,500	0,99	1,60	0,02	25,94	0,69	3,81	1,00	49
DI4R	DISCUS CORP	0,547	0,20	−3,03	0,01	14,69	0,38	2,10	0,47	52
DIS	DISNEY WALT CO DEL	112,000	1,44	1,86	0,59	6,13	0,16	0,82	1,29	60
DLOG	DISTRIBUTED LOGIC CO	1,437	1,51	−2,84	0,17	16,30	0,42	2,18	1,34	60

Основано на индексе 500 S&P в прямом убывании

Источник: Merrill Lynch, Pierce, Fenner & Smith, Inc. Security Risk Evaluation. January 1990.

Использование "книги бета"

Как следствие интереса инвесторов к рыночному риску, оценки коэффициентов бета различного качества регулярно публикуются брокерскими и консалтинговыми фирмами. В таблице 9-2 представлена выдержка из публикации одного хорошо известного агентства. Посмотрите внимательно на данные по акциям корпорации Digital Equipment Corp. (DEC), которые в числе других представлены в таблице 9-2 (для удобства строка DEC в таблице выделена курсивом. — *Примеч. ред.*). Фирма Merrill Lynch показала ежемесячное изменение цен на акции DEC и уровня рыночных цен (представленных фондовым индексом Standard and Poor) в течение пятилетнего периода, что составило 60 месячных наблюдений. Бета DEC, равная 1,30, была получена "прямой" регрессией, т. е. использовалась стандартная программа наименьших квадратов для определения "наиболее соответствующей" прямой[4].

Интересна и другая информация в таблице 9-2.

Альфа. На рисунке 9-3 представлена прямая, полученная с помощью регрессионной модели Merrill Lynch, которая показывает изменение цен на акции DEC относительно рыночных цен. Бета представляет собой угол наклона этой линии, а альфа (α) является точкой пересечения с осью абсцисс. Альфа DEC равнялась −0,65.

Альфа показывает степень изменения цен. Она выражена в процентах за период (в данном случае процентов в месяц, поскольку график построен на основе месячных данных). Начальное положение акций DEC, как и других акций компьютерных фирм, несколько ухудшилось к концу 60-месячного периода, т. е. к январю 1990 г. Это проявилось в значении альфы, равном −0,65, которое в год приблизительно составляет 12 × (−0,65), или −7,8%. Из рисунка 9-3 мы видим, что альфа показывает средний уровень снижения цен для акционеров DEC, когда инвесторы на рынке в целом вообще ничего не заработали. Те, кто инвестировал средства в некоторые другие акции из таблицы 9-2, оказались более удачливы. А как насчет будущего? Будут ли и дальше акции DEC низкоэффективными? Возможно, но вам не следует ручаться за это. Наиболее вероятно, что прибыль (изменение цен плюс норма дивидендного дохода) просто компенсирует рыночный риск.

РИСУНОК 9-3
Результаты регрессии изменения цен на акции DEC относительно рыночных цен в течение 60 месяцев, закончившихся в январе 1990 г. Угол наклона прямой представляет собой коэффициент бета. Альфа — точка пересечения.

---

[4] Хотя наиболее соответствующую прямую в принципе найти легко, есть некоторые проблемы при определении лучшего периода для измерения доходности, при работе с акциями, по которым сделки совершаются редко, и т.д. Одни "службы бета" гораздо точнее других.

ГЛАВА 9. Планирование долгосрочных вложений и риск

R в квадрате и остаточное стандартное отклонение. Столбец таблицы 9-2, обозначенный символом R^2, показывает, какая часть совокупной дисперсии изменения цен на акции DEC может быть объяснена рыночными изменениями, а именно — 41% риска акций составляет рыночный риск, а 59% — индивидуальный риск. Следующий столбец показывает величину индивидуального, или диверсифицируемого, риска, измеряемого стандартным отклонением: для акций DEC 7,76% в месяц эквивалентно 27% в год. Это стандартное отклонение индивидуального изменения цен, которое представляет собой часть фактического изменения цен, не обусловленную изменением рыночного индекса[5].

Стандартные погрешности альфы и беты. Значения беты, приводимые компанией Merrill Lynch, представляют собой просто *оценки*, основанные на наблюдениях за отдельный 60-месячный период. Поэтому хотелось бы знать величину возможных погрешностей в этих оценках. Соответствующие столбцы в таблице 9-2 дают такую информацию. Статистики устанавливают *доверительный интервал* для получаемых значений в пределах ± две стандартных погрешности. Таким образом, доверительный интервал для беты DEC равен 1,30 = = 2 × 0,20. Если вы утверждаете, что *истинное* значение беты акций DEC находится между 0,90 и 1,70, вероятность правильности вашей оценки составляет 95%. При оценке риска вы должны делать все возможное, но никогда не забывайте о существенной растяжимости границ погрешности, когда оцениваете бету для отдельных акций[6].

Аналогично, стандартная погрешность показателя альфа указывает нам на необходимость внимательно относиться к каким-либо заключениям типа "истинная" или "нормальная" альфа акций DEC. Все, что мы можем сказать, так это то, что акционеры DEC чувствовали себя не очень хорошо в этот конкретный период.

Скорректированная бета. Merrill Lynch использует формулу корректировки, которая дает лучшие прогнозы, чем нескорректированные данные, представленные в столбце Бета. Формула опускает высокие значения беты ближе к 1,0. Скорректированная бета акций DEC равна 1,20.

Работать со скорректированными значениями беты сложно и, чтобы понять их, необходимо знать Байезианскую статистику, что выходит за рамки данной книги. Поэтому мы будем иметь дело с "сырыми" значениями беты.

| **Отраслевые беты и затраты на капитал для подразделений** | Эта тема завершает наш урок о том, как оценивать и прогнозировать значение беты для отдельных акций. Теперь вы должны понимать основную идею оценки беты акций с помощью построения прямой на основе прошлых данных, и вы должны уметь читать и понимать публикации, подобные "книге беты" Merrill Lynch. Имейте в виду, что такие оценки могут помочь вам распознать важные отличия в рыночном риске, но они не дадут вам возможности провести тонкие различия. Причина в том, что вы рискуете сделать потенциально большую погрешность в оценке, когда вычисляете бету отдельных |

---

[5] Используя данные из этих двух столбцов, мы можем определить *совокупный* риск для акций DEC. Дисперсия индивидуального изменения цен равна квадрату индивидуального стандартного отклонения: $7,76^2 = 60,2$ в месяц. Мы знаем, что это составляет 59% полной дисперсии, таким образом, полная дисперсия равна 60,2/59, или 102,1% в месяц. Следовательно, совокупная дисперсия в год составляет 102,1 × 12 = 1225, и стандартное отклонение — $\sqrt{1225} = 35,0\%$.

[6] Широкий доверительный интервал преувеличивает неопределенность истинного значения беты DEC. Например, бета акций Digital была устойчиво выше 1,0 в течение 20 лет. Если в бизнесе компании не произошли революционные изменения, трудно поверить, что ее истинная бета меньше 1,0.

акций на основе ограниченного числа данных. К счастью, вероятность таких ошибок снижается, когда вы вычисляете бету *портфелей*. Предположим, что вы должны были рассчитать среднее значение беты для 100 обыкновенных акций. Стандартная погрешность средней бета составила бы примерно одну десятую среднего значения стандартных погрешностей беты 100 отдельных акций[7]. Вот почему зачастую легче вычислить *отраслевые беты*, чем беты акций отдельных фирм.

Если DEC предполагает провести глобальное расширение, разумно дисконтировать потоки денежных средств по ставке, равной затратам компании на привлечение капитала. Для вычисления этого показателя DEC может воспользоваться коэффициентом бета ее акций или, еще лучше, средней бетой для нескольких подобных компаний по производству компьютеров[8]. Допустим, однако, что DEC предполагает вместо общего расширения финансировать производство станков с компьютерным управлением. Маловероятно, что затраты компании на капитал послужат верной ставкой дисконтирования для подразделения, производящего станки. Для этого производства компании необходимо оценить затраты на капитал данного подразделения. Это как раз тот случай, когда следует отдать должное идее отраслевой бета. Вероятно, наилучший способ определить ставку дисконта для подобного расширения — использовать бету портфеля фирм, принадлежащих к отрасли по производству станков.

Таким образом, мы можем сказать, что затраты на капитал для *подразделения* — это промежуточная станция между затратами на капитал для компании и затратами на капитал для проекта. Показатель затрат на капитал компании практически бесполезен для диверсифицированных фирм. Если вообще венчурное предприятие DEC по производству станков приобретет сколько-нибудь значительные масштабы, бета DEC не будет служить измерителем риска *ни* производства станков, *ни* производства компьютеров. Она просто будет измерять средний риск этих двух подразделений. Затраты на привлечение капитала для компании в целом, основанные на бете DEC, всегда неизбежно будут очень высокими для одного подразделения и очень низкими для другого.

9–2. СТРУКТУРА КАПИТАЛА И ЗАТРАТЫ КОМПАНИИ НА КАПИТАЛ

Затраты на привлечение капитала представляют собой минимально приемлемую ставку, учитываемую при планировании долгосрочных вложений. Их величина зависит от *делового риска* инвестиционных возможностей фирмы. Риск обыкновенных акций отражает деловой риск реальных активов, находящихся в распоряжении фирмы. Но кроме того, акционеры несут и *финансовый риск*, связанный с выпуском фирмой долговых обязательств для финансирования инвестиций в реальные активы. Чем в большей мере фирма опирается на долговое финансирование, тем большему риску подвержены ее обыкновенные акции.

Нам не приходится беспокоиться об этом в связи с компанией DEC, поскольку DEC не имеет долгов, однако это не типичный случай. В большинстве случаев обращающиеся долговые обязательства компаний по стоимости превосходят находящиеся в обращении акции.

Заимствование создает *финансовую зависимость* или, как принято говорить, *финансовый леверидж*. Финансовая зависимость не влияет на риск или ожидаемую доходность активов фирмы, но усиливает риск для обыкновенных акций и заставляет акционеров требовать соответственно более высоких прибылей.

---

[7] Если наблюдения независимы, стандартная погрешность оцениваемого значения снижается в пропорции, равной квадратному корню из числа наблюдений.
[8] Но мы должны будем скорректировать наблюдаемые значения бета из-за различий в политике долгового финансирования фирм. Объяснение этого дается в следующем разделе.

ГЛАВА 9. Планирование долгосрочных вложений и риск

Как изменение структуры капитала влияет на ожидаемую доходность

Вернемся снова к тому, что представляют собой затраты *компании* на привлечение капитала и для чего используется этот показатель. Мы *определяем* их как альтернативные издержки инвестирования в уже имеющиеся активы фирмы; мы *используем* их для оценки новых активов, которым присущ такой же риск, что и старым активам.

Если бы вы владели портфелем всех ценных бумаг фирмы — 100% долговых обязательств и 100% собственного капитала, — в вашей собственности находились бы все активы фирмы. Вы ни с кем не делили бы потоки денежных средств; каждый доллар денежных средств, выплачиваемый фирмой, доставался бы вам.

Вы можете рассматривать затраты компании на капитал как ожидаемую доходность от этого гипотетического портфеля. Чтобы рассчитать ее, вы просто берете средневзвешенную ожидаемых значений доходности заемного и собственного капитала.

$$\textit{Затраты компании на капитал} = r_{активов} = r_{портфеля} =$$

$$= \frac{Долг}{долг + собств.\ капитал} r_{долга} + \frac{Собств.\ капитал}{долг + собств.\ капитал} r_{собств.\ капитала}.$$

Предположим, что баланс фирмы по рыночной оценке имеет следующий вид:

Стоимость активов	100	Стоимость долга (D)	40
		Стоимость акций (E)	60
Стоимость активов	100	Стоимость фирмы (V)	100

Отметим, что стоимость фирмы равна сумме стоимости долга и стоимости собственного капитала ($D + E = V$) и что стоимость фирмы равна стоимости активов. (Эти данные представляют собой *рыночную*, а не *балансовую* стоимость: рыночная стоимость собственного капитала фирмы часто значительно отличается от его балансовой стоимости.)

Если инвесторы ожидают получить 8% дохода по долговым обязательствам и 15% — по акциям, тогда ожидаемая доходность активов составит:

$$r_{активов} = \frac{D}{V} r_{долга} + \frac{E}{V} r_{собств.\ капитала} =$$

$$= \left(\frac{40}{100} \times 8\right) + \left(\frac{60}{100} \times 15\right) = 12{,}2\%.$$

Если фирма намерена инвестировать в проект с той же степенью риска, какой отличается и уже существующий бизнес, то альтернативные издержки такого проекта равны затратам фирмы на капитал; или, говоря иначе, 12,2%.

Что произойдет, если фирма выпустит еще 10 акций и использует полученные деньги для погашения 10 долговых обязательств? Новый баланс в рыночной оценке будет выглядеть следующим образом:

Стоимость активов	100	Стоимость долга (D)	30
		Стоимость акций (E)	70
Стоимость активов	100	Стоимость фирмы (V)	100

Изменение финансовой структуры не влияет на величину или риск потоков денежных средств от совокупного пакета долговых обязательств и акций. Поэтому, если инвесторы требуют доходность в размере 12,2% от совокупного пакета до рефинансирования, то и после этого они не должны требовать больше 12,2% стоимости активов фирмы.

Хотя требуемая доходность *пакета* долговых обязательств и акций не зависит от изменения финансовой структуры фирмы, но она оказывает влияние на требуемую доходность отдельных ценных бумаг. Поскольку величина долга компании уменьшилась по сравнению с прошлым, держатели долговых обязательств, вероятно, удовлетворятся теперь меньшей доходностью. Мы предположим, что ожидаемая доходность долговых обязательств снизилась до 7,3%. Теперь мы можем написать основную формулу доходности активов и рассчитать доходность собственного капитала:

$$r_{активов} = \frac{D}{V} r_{долга} + \frac{E}{V} r_{собств.\ капитала} =$$

$$= \left(\frac{30}{100} \times 7{,}3\right) + \left(\frac{70}{100} \times r_{собств.капитала}\right) = 12{,}2\%.$$

Следовательно,

$$r_{собств.\ капитала} = 14{,}3\%.$$

Уменьшение величины долга снижает риск для держателей долговых обязательств и ведет к снижению требуемой ими доходности ($r_{долга}$ падает с 8 до 7,3%). Кроме того, ослабление финансовой зависимости делает акции более надежными и снижает доходность, требуемую акционерами ($r_{собств.\ капитала}$ снижается с 15 до 14,3%). Средневзвешенная доходность долговых обязательств и акций остается равной 12,2%.

$$r_{активов} = (0{,}3 \times r_{долга}) + (0{,}7 \times r_{собств.\ капитала}) =$$

$$= (0{,}3 \times 7{,}3) + (0{,}7 \times 14{,}3) = 12{,}2\%.$$

Предположим, что компания выпускает достаточное количество акций для погашения всех долговых обязательств. В этом случае все потоки денежных средств будут принадлежать акционерам. Затраты фирмы на капитал ($r_{активов}$) остаются равны 12,2% и $r_{собств.\ капитала}$ также равна 12,2%.

Как изменение структуры капитала влияет на величину бета

Мы посмотрели, как изменение финансовой структуры влияет на ожидаемую доходность. Теперь давайте посмотрим, какое влияние это оказывает на коэффициент бета.

И акционеры, и держатели долговых обязательств получают свою долю потоков денежных средств фирмы и принимают на себя часть риска. Например, когда активы фирмы теряют свою стоимость, у нее не остается денег для выплат и акционерам, и держателям долговых обязательств. Но держатели долговых обязательств рискуют гораздо меньше, чем акционеры. Бета долговых обязательств крупных процветающих фирм обычно близка к нулю — достаточно близка к нулю, чтобы многие эксперты по финансовым вопросам таких компаний допускали, что $\beta_{долга} = 0$[9].

---

[9] Допущение, которое должно подвергаться сомнению в периоды неустойчивых процентных ставок, когда цены на долгосрочные облигации компаний и правительства испытывают значительные колебания. Такие периоды наблюдались в начале 1980-х годов, когда значения беты облигаций составляли от 0,3 до 0,4.

Если вы владеете портфелем всех ценных бумаг фирмы, вы не делитесь с кем-либо потоками денежных средств. Вы также не разделяете с кем-либо риск; вы полностью берете его на себя. Таким образом, бета активов фирмы равна бете портфеля всех долговых обязательств и акций фирмы.

Бета такого гипотетического портфеля представляет собой просто средневзвешенную величину бета долговых обязательств и акций:

$$\beta_{активов} = \beta_{портфеля} = \frac{D}{V}\beta_{долга} + \frac{E}{V}\beta_{акций}.$$

Вернемся к нашему примеру. Если бета долговых обязательств до рефинансирования равнялась 0,2, а бета акций — 1,2, то:

$$\beta_{активов} = (0{,}4 \times 0{,}2) + (0{,}6 \times 1{,}2) = 0{,}8.$$

Что произойдет после рефинансирования? На риск всего пакета это не окажет влияния, но и долговые обязательства, и акции теперь стали менее рисковыми. Допустим, что бета долговых обязательств снизилась до 0,1. Мы можем найти новую бету акций:

$$\beta_{активов} = \frac{D}{V}\beta_{долга} + \frac{E}{V}\beta_{акций}.$$

$$0{,}8 = (0{,}3 \times 0{,}1) + (0{,}7 \times \beta_{акций}).$$

$$\beta_{акций} = 1{,}1.$$

На рисунке 9-4 показаны ожидаемая доходность и бета активов фирмы. Также показано, как ожидаемая доходность и риск распределяются между держателями долговых обязательств и держателями акций до рефинансирования. На рисунке 9-5 показано, что происходит после рефинансирования. И долговые обязательства, и акции становятся менее рисковыми, и поэтому инвесторы удовлетворяются меньшей ожидаемой доходностью. Но теперь акции составляют бо́льшую часть стоимости фирмы, чем прежде. И в результате средневзвешенные как и ожидаемой доходности, так и коэффициента бета по двум компонентам остаются неизменными.

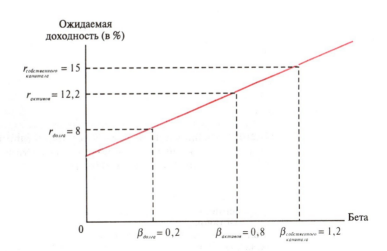

РИСУНОК 9-4
Ожидаемая доходность и значения беты до рефинансирования. Ожидаемая доходность и бета активов фирмы представляют собой средневзвешенные ожидаемой доходности и беты долговых обязательств и акций.

РИСУНОК 9-5
Ожидаемая доходность и бета после рефинансирования.

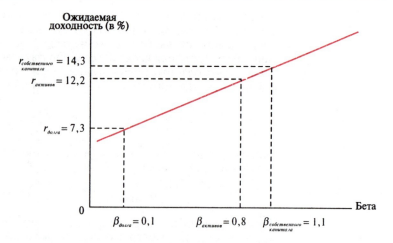

Предостережения и некоторые наблюдения

Во многих случаях мы давали очень упрощенные версии того, как финансовая зависимость (леверидж) влияет на риск и доходность акций. Например, позднее нам необходимо будет внести поправки в наши формулы для $r_{активов}$ и $\beta_{активов}$, чтобы учесть возможность вычитания процентов из налогооблагаемой прибыли. Но пока с этими тонкостями можно подождать[10]. А сейчас просто вспомним некоторые положения.

- Для принятия решений, связанных с планированием долгосрочных вложений, важны именно затраты компании на капитал, а не ожидаемая доходность обыкновенных акций.
- Затраты компании на капитал представляют собой средневзвешенную доходов, которые инвесторы ожидают получить по различным долговым обязательствам и акциям, выпускаемым фирмой.
- Затраты компании на капитал связаны с показателем бета активов фирмы, а не с бета обыкновенных акций.
- Бета активов может быть вычислена как средневзвешенная бета различных ценных бумаг.
- Когда фирма изменяет уровень своей финансовой зависимости, риск и ожидаемая доходность отдельных ценных бумаг также изменяются. Бета активов и затрат компании на капитал остаются *неизменными*.

9–3. КАК РАССЧИТАТЬ ЗАТРАТЫ НА КАПИТАЛ КОМПАНИИ CAROLINA POWER AND LIGHT – ПРИМЕР

Предположим, в начале 1990 г. вас попросили оценить затраты на капитал компании Carolina Power and Light (P&L). Напомним, что затраты на капитал компании представляют собой ожидаемую доходность портфеля всех ценных бумаг фирмы. Таким образом, их можно рассчитать как средневзвешенную доходность отдельных составляющих портфеля.

Ожидаемая доходность обыкновенных акций Carolina P&L

Оценить ожидаемую доходность обыкновенных акций Carolina P&L весьма непросто. С такой же проблемой мы сталкивались в главе 4, когда показывали вам, как использовать формулу дисконтированного потока денежных средств для случая постоянного роста в целях оценки ожидаемой доходности на примере акций компаний сферы коммунальных услуг[11]. Формула для слу-

---

[10] Ждать придется до глав 18 и 19.

[11] См. раздел 4–3.

ГЛАВА 9. Планирование долгосрочных вложений и риск

чая постоянного роста и правило оценки долгосрочных активов представляют собой два различных способа решения одной и той же проблемы[12].

Вспомните, что мы уже не первый раз сталкиваемся с подобными трудностями. В частности, формула дисконтированного потока денежных средств для случая постоянного роста менее надежна для отдельных фирм, чем для группы фирм с эквивалентными рисками. Поэтому мы делали предположение, что финансовый эксперт может взять большую группу ценных бумаг с эквивалентным риском, вычислить значение r для каждой и затем рассчитать среднюю. Мы привели пример, где формула дисконтированного потока денежных средств для случая постоянного роста применялась к большой группе компаний по производству электроэнергии.

В таблице 9-3 показаны оценки бета обыкновенных акций 24 крупных компаний коммунального хозяйства и стандартные отклонения этих оценок. Большинство стандартных отклонений в этой группе меньше, чем у компании DEC, но они все же достаточно велики для точных оценок бета какой-либо отдельной фирмы (посмотрите на стандартное отклонение для бета Centerior Energy). Однако средняя бета 24 компаний в значительной степени надежна. Действительно ли ценные бумаги этих компаний коммунального хозяйства сопряжены с эквивалентным риском? Судя по таблице 9-3, это представляется разумным допущением. Основная часть разброса полученных значений бета могла бы быть отнесена на счет случайных погрешностей вычисления. Было бы трудно опровергнуть гипотезу о том, что "истинное" значение бета одинаково для всех фирм.

Теперь у нас есть два истинных значения бета Carolina P&L: прямой расчет беты дает величину 0,42 и расчет средней дает величину 0,41[13]. К счастью, обе они хорошо согласуются, поэтому допустим, что вы выберете более легкий путь и используете значение 0,42. В начале 1990 г. безрисковая процентная ставка r_f составляла 8%. Следовательно, если вы согласитесь с нашей оценкой рыночной премии за риск 8,4%, вы придете к заключению, что ожидаемая доходность акций Carolina P&L составляет около 11,5%[14]:

$$r_{акций} = r_f + \beta_{акций}(r_m - r_f) = 0,080 + 0,42(0,084) = 0,115 \text{, или } 11,5\%.$$

---

[12] В главе 4 мы отмечали, что формула для случая постоянного роста не даст вам хороших оценок ожидаемой доходности акций с быстрым и нестабильным ростом. Но в других случаях с помощью формулы для условий постоянного роста вы могли бы проверить значение r, полученное с помощью модели оценки долгосрочных активов.

[13] Использование среднего значения беты акций компаний коммунального хозяйства в качестве беты для Carolina P&L могло бы оказаться ошибкой, если бы Carolina P&L отличалась необычно высоким или необычно низким уровнем финансовой зависимости. В действительности средний уровень заимствования у компаний в таблице 9-3 был немногим выше, чем у Carolina P&L.

[14] На самом деле это ставка дисконта для ближайших потоков денежных средств, т. к. в основе ее лежит безрисковая ставка, оцениваемая по процентному доходу от казначейских векселей со сроком менее 1 года. Вы можете спросить, является ли она также и ставкой дисконта для потоков денежных средств от активов с ожидаемой продолжительностью жизни, скажем, 10 или 20 лет?

Теперь можно сказать, что это, вероятно, не так. В начале 1990 г. доходность долгосрочных облигаций Казначейства составляла примерно 8,6%, т. е. на 0,6% больше ставки казначейских векселей.

Безрисковая ставка может быть определена, исходя из процентного дохода по казначейским долгосрочным облигациям. Однако, если вы поступаете так, вы должны определить разницу между премией за риск по казначейским облигациям и премией за риск по векселям, что дало нам 1,1% в таблице 7-1. Мы получаем приблизительную оценку ожидаемой доходности краткосрочных казначейских векселей в течение срока жизни облигаций:

Средняя ожидаемая ставка казначейских векселей = Доходность казначейских облигаций —
   —разница премий за риск по облигациям и векселям = 8,6 – 1,1 = 7,5%.

Это значение может быть использовано в качестве ожидаемой в будущем средней безрисковой ставки r_f в модели оценки долгосрочных активов. Для Carolina P&L:

$$r = r_f + \beta(r_m - r_f) = 0,075 - 0,42(0,084) = 0,110, \text{ или } 11,0\%.$$

Мы использовали модель оценки долгосрочных активов, чтобы вычислить ожидаемую доходность обыкновенных акций Carolina P&L. Но было бы полезно проверить полученные цифры. Мы уже упоминали об одном возможном способе. Формула дисконтированного потока денежных средств для случая постоянного роста специально приспособлена для акций компаний коммунального хозяйства. Согласно этой формуле, ожидаемая доходность акций компаний с устойчивым ростом равна норме дивидендного дохода плюс ожидаемый темп роста дивидендов. В разделе 4—3 мы отмечали, что Феде-

ТАБЛИЦА 9-3
Беты акций 24 крупных компаний коммунального хозяйства

Фирма	Бета	Стандартная погрешность
Baltimor Gas & Electric	0,33	0,13
Boston Edison	0,34	0,15
Carolina Power & Light	0,42	0,12
Centerior Energy	0,38	0,18
Central Hudson Gas & Electric	0,29	0,15
Central Maine Power	0,32	0,13
Cincinnati Gas & Electric	0,46	0,12
Commonwealth Edison	0,61	0,13
Consolidated Edison	0,32	0,12
Delmarva Power & Light	0,36	0,11
Detroit Edison	0,38	0,14
DPL, Inc.	0,48	0,12
Florida Progress Corp.	0,46	0,12
Houston Industries	0,49	0,12
Idaho Power	0,40	0,11
IPALCO Industries	0,36	0,12
Northeast Utilities	0,50	0,13
Oklahoma Gas & Electric	0,32	0,12
Pacific Gas & Electric	0,52	0,13
Pennsylvania Power & Light	0,50	0,13
Philadelphia Electric	0,32	0,12
Public Service of Colorado	0,52	0,12
SCE Corp.	0,37	0,13
TECO Energy	0,27	0,12
Средняя	0,41	

Источник: Merrill Lynch, Pierce, Fenner & Smith, Inc. Security Risk Evaluation. January. 1990.

ГЛАВА 9. Планирование долгосрочных вложений и риск   211

ральная комиссия по энергетике (ФКЭ) использует формулу для случая постоянного роста в целях оценки ожидаемой доходности акций компаний коммунального хозяйства. В январе 1990 г. эта оценка составила 12,0%, что очень близко к значению, которое мы рассчитали для Carolina P&L, используя модель оценки долгосрочных активов[15].

В главе 8 мы привели некоторые альтернативные модели взаимосвязи риска и дохода. Одна из них — теория арбитражного ценообразования Стивена Росса, согласно которой ожидаемая премия за риск по обыкновенным акциям зависит от чувствительности акций к ряду макроэкономических факторов и от премий за риск, которых требуют инвесторы за каждый из этих факторов риска. В главе 8 мы также увидели, как фирма консультантов применила теорию арбитражного ценообразования для оценки доходности, требуемой инвесторами от различных акций. Для акций компаний коммунального хозяйства требуемая доходность была оценена в 11,4%, что очень близко к полученному нами значению[16].

Оценка затрат на капитал компании Carolina P&L

Если бы источником финансирования Carolina P&L служил только выпуск обыкновенных акций, то затраты компании на капитал могли бы оказаться равны ожидаемой доходности ее акций. В начале 1990 г. на долю обыкновенных акций приходилось приблизительно 55% рыночной стоимости ценных бумаг компании. Долговые обязательства составляли 39%, оставшиеся 6% приходились на привилегированные акции[17]. Чтобы упростить проблему, мы просто объединим привилегированные акции в одну группу с долговыми обязательствами.

Мы рассчитали, что ожидаемая доходность обыкновенных акций Carolina P&L составляет 11,5%. Процентный доход по долговым обязательствам компании составляет примерно 9,7%[18]. Чтобы определить затраты компании на

---

[15] Для оценки ожидаемой доходности отдельных акций мы также можем использовать модель постоянного роста, хотя, вероятно, такие оценки будут менее надежны. Весной 1990 г. доходность акций Carolina P&L составляла 6,6%. Компания, как обычно, реинвестировала одну треть своих прибылей, и текущая прибыль в расчете на балансовую стоимость собственного капитала составила около 13,5%. Если это отношение сохранится, прибыли и дивиденды Carolina P&L будут расти с темпом 0,33 × 13,5 = 4,5%. (Объяснение этого дано в разделе 4—3.) Объединяя эту информацию, получим:

Ожидаемая доходность акций = норма дивидендного дохода + ожидаемый рост дивидендов = 6,6 + 4,5 = 11,1%.

Опять же это хорошо согласуется с нашим результатом, полученным с помощью модели оценки долгосрочных активов.

[16] Нам не следует придавать слишком большое значение столь близкому совпадению с тем значением ожидаемой доходности, которое мы получим по модели оценки долгосрочных активов. Цифры для компаний коммунального хозяйства, на которые мы ссылались в таблице 8-2, относятся к отраслевой классификации "Электроэнергия, газ и санитарные службы". Не все компании в нашей группе сопоставимы с Carolina P&L. Однако любой способ оценки показывает, что их инвесторы требуют значительно меньшей доходности, чем в среднем по акциям Carolina P&L.

[17] Мы рассмотрим привилегированные акции в главе 14. Все, что нам нужно знать сейчас, так это то, что им свойствен меньший риск, чем обыкновенным акциям, но больший, чем долговым обязательствам.

[18] Это *обещанный* доход, т.е. возможный доход при условии, что Carolina P&L произведет все обещанные выплаты. Так как существует некоторый риск невыполнения обязательств, *ожидаемый* доход меньше обещанного дохода. Для процветающих компаний, подобных Carolina P&L, эта разница невелика. Но для компаний, которые находятся на грани банкротства, она может быть весьма значительной.

капитал, мы просто вычисляем средневзвешенную ожидаемых доходностей различных ценных бумаг:

$$\text{Затраты на капитал} = r_{активов} = \frac{D}{V} r_{долга} + \frac{E}{V} r_{акций} =$$

$$= 0{,}45(9{,}7) + 0{,}55(11{,}5) = 10{,}7\%^{19}.$$

9–4. ОПРЕДЕЛЕНИЕ СТАВКИ ДИСКОНТА В СЛУЧАЕ, КОГДА ВЫ НЕ МОЖЕТЕ ВОСПОЛЬЗОВАТЬСЯ "КНИГОЙ БЕТА"

Бета акций или отраслевая бета дают приблизительный ориентир для оценки риска различных видов бизнеса. Но бета активов, скажем, для сталелитейной промышленности, может далеко нас увести. Не все инвестиции в этой отрасли "типичны".

На основе каких других сведений финансовый менеджер может судить о риске бизнеса? В некоторых случаях активы продаются и покупаются на открытом рынке. Тогда мы можем просто посчитать значения их беты на основе прошлых данных. Например, предположим, что фирма хочет проанализировать риск хранения больших запасов меди. Поскольку медь является стандартизированным, широко распространенным товаром, мы можем посчитать нормы доходности держания запасов меди и вычислить коэффициент бета для меди.

Что должен сделать менеджер, если в его распоряжении нет таких удобных данных о цене актива? Что, если предлагаемые инвестиции недостаточно характерны для данного бизнеса, чтобы оправдать использование показателя затрат на капитал компании или подразделения?

Ясно, что такие случаи требуют размышлений. Для менеджеров, занимающихся такого рода рассуждениями, мы предлагаем два совета.

1. *Избегайте надуманных факторов*. Не поддавайтесь соблазну добавлять надуманные факторы, определяя ставки дисконта, чтобы обезопасить себя на случай, если что-то пойдет не так с планируемыми инвестициями. В первую очередь корректируйте прогнозы потоков денежных средств.
2. *Помните о детерминантах бета активов*. Зачастую характеристики активов с низкой или высокой бета поддаются наблюдению, а сами коэффициенты бета — нет.

Давайте более подробно остановимся на этих двух моментах.

Избегайте надуманных факторов при определении ставки дисконтирования

Мы определили риск с точки зрения инвесторов как стандартное отклонение доходности портфеля или как бету обыкновенных акций или других ценных бумаг. Но в повседневной жизни о риске говорят просто как о "плохом исходе". Люди расценивают риски проекта как что-то, что может пойти не так. Например:

- геолога, ищущего нефть, заботит риск того, что скважина окажется пустой;

---

[19] Обратите внимание, что вы получили бы тот же результат, если бы вычислили значение беты активов, а затем подставили его в модель оценки долгосрочных активов. Давайте проверим это.

$$r_{долга} = r_f + \beta_{долга}(r_m - r_f) = 9{,}7 = 8{,}0 + \beta_{долга}(8{,}4).$$

$$\beta_{долга} = 0{,}20.$$

Теперь посчитаем значение беты активов фирмы:

$$\beta_{активов} = \beta_{долга} \frac{D}{V} + \beta_{собств.\ капитала} \frac{E}{V} = 0{,}45(0{,}20) + 0{,}55(0{,}42) = 0{,}32.$$

И наконец, воспользуемся моделью оценки долгосрочных активов, чтобы вычислить $r_{активов}$:

$$r_{активов} = r_f + \beta_{активов}(r_m - r_f) = 8{,}0 + 0{,}32(8{,}4) = 10{,}7\%.$$

- производителя фармацевтической продукции заботит риск того, что новое средство от облысения может быть не одобрено Управлением пищевых продуктов и лекарственных препаратов;
- владельца отеля в политически нестабильной части света волнует "политический риск" экспроприации.

Менеджеры часто добавляют эти надуманные факторы к ставкам дисконта, чтобы учесть их.

Такого рода корректировки нас раздражают. Во-первых, плохой исход, который мы упоминали, видимо, отражает индивидуальные (т. е. поддающиеся диверсификации) риски, которые не могут влиять на требуемую инвесторами ожидаемую норму доходности. Во-вторых, необходимость корректировки ставки дисконта обычно возникает из-за того, что менеджеры не могут должным образом выразить вероятность плохих исходов в прогнозах потоков денежных средств. Затем менеджеры пытаются компенсировать эту ошибку добавлением надуманного фактора к ставке дисконта.

Пример. Проект Z принесет только один поток денежных средств, прогнозируемая величина которого составляет 1 млн дол. в 1-й год. Риск проекта считается средним, поэтому подходящая для дисконтирования ставка равна 10% — т. е. затратам компании на капитал:

$$PV = \frac{C_1}{1+r} = \frac{1\,000\,000}{1{,}1} = 909\,100\,дол.$$

Однако мы обнаруживаем, что инженеры компании отстают от графика в разработке технологии, необходимой для проекта; они "уверены", что технология будет работать, но они также допускают небольшую вероятность того, что этого не случится. Вы по-прежнему считаете, что *наиболее вероятен* исход в 1 млн дол., но в ваших предположениях также оставалась некоторая вероятность, что проект Z принесет *нулевой* поток денежных средств в следующем году.

Теперь же перспективы проекта для вас омрачились и вашими новыми опасениями по поводу технологии. Он может стоить меньше 909 100 дол., которые мы получили до возникновения подозрений. Но на сколько меньше? Есть *некоторая* ставка дисконта (10% плюс некоторый надуманный фактор), которая даст верную стоимость, но мы не знаем, какова эта скорректированная ставка дисконта.

Мы предлагаем вам пересмотреть ваш первоначальный прогноз потока денежных средств проекта Z, оцененный в 1 млн дол. Предполагается, что прогноз потоков денежных средств проекта должен быть *объективным*, т. е. правильно учитывать все возможные результаты, как благоприятные, так и неблагоприятные. Менеджеры, делающие объективные прогнозы, в среднем получают верные результаты. Иногда их прогнозы оказываются завышенными, иногда заниженными, но в среднем для множества проектов эти погрешности нивелируются.

Если вы прогнозируете поток денежных средств в 1 млн дол. для проектов типа Z, вы завысите средний поток денежных средств, поскольку и теперь и потом отклонение будет равно нулю. Такие нули должны "усредняться" в ваших прогнозах.

Для многих проектов наиболее вероятный поток денежных средств также является и объективным прогнозом. Если есть три возможных исхода, например с вероятностями, представленными ниже, объективный прогноз составляет 1 млн дол. (Объективный прогноз представляет собой сумму потоков денежных средств, взвешенных по значениям вероятности.)

Возможный поток денежных средств	Вероятность	Взвешенный поток денежных средств	Объективный поток денежных средств
1,2	0,25	0,3	
1,0	0,50	0,5	1,0, или 1 млн дол.
0,8	0,25	0,2	

Так можно описать первоначальные перспективы проекта Z. Однако, если неопределенность, связанная с технологией, может привести к нулевому потоку денежных средств, объективный прогноз может снизиться до 833 300 дол.:

Возможный поток денежных средств	Вероятность	Взвешенный поток денежных средств	Объективный поток денежных средств
1,2	0,25	0,3	
1,0	0,333	0,333	0,833,
0,8	0,25	0,2	или 833 000 дол.
0	0,167	0	

Приведенная стоимость равна:

$$PV = \frac{0,833}{1,1} = 0,757, \text{ или } 757\,000 \text{ дол.}$$

Теперь вы, безусловно, можете определить верное значение надуманного фактора, добавить его к ставке дисконта и продисконтировать первоначально прогнозируемый поток в 1 млн дол., а затем получить правильный ответ. Но чтобы получить значение этого фактора, вы должны проанализировать возможные потоки денежных средств; однако после анализа потоков денежных средств необходимость в надуманном факторе отпадает.

Менеджеры часто ранжируют возможные результаты для крупных проектов, иногда с развернутым расчетом значений вероятности. Мы приведем более сложные примеры и еще поговорим об этом в главе 10. Однако даже если результаты не ранжируются и вероятности в развернутом виде не определяются, менеджеры все же могут рассматривать плохие и хорошие результаты, а также определить наиболее вероятный. Когда плохие результаты перевешивают хорошие, прогнозные значения потоков денежных средств должны снижаться до тех пор, пока снова не будет достигнуто равновесие.

Значит, на первом этапе вы должны проявить максимум усилий и получить объективный прогноз потоков денежных средств проекта. На втором этапе вы должны подумать, как *инвесторы* воспримут проект: считают ли они его более или менее рискованным, чем типичный бизнес компании или подразделения. Наш совет здесь — найти характеристики актива, которые ассоциируются с высоким или низким коэффициентом бета. Нам хотелось бы иметь более фундаментальное научное представление о том, каковы эти характеристики. Мы наблюдаем риски бизнеса на рынках капиталов, но пока еще нет удовлетворительной теории, которая объясняла бы, как рождаются эти риски. Тем не менее кое-что все же известно.

Чем определяется бета активов?

Цикличность. Многие люди интуитивно связывают риск с изменчивостью бухгалтерской прибыли. Но основная доля этой изменчивости отражает индивидуальный, или диверсифицируемый, риск. Золотоискатели-одиночки испытывают крайнюю неопределенность в оценке будущих прибылей, но маловероятно, чтобы достижение ими богатства зависело от состояния рыночного портфеля. Даже если они действительно находят золото, они не подвергаются существенному рыночному риску. Поэтому инвестированию в золото присущи очень большое стандартное отклонение, но относительно низкая бета.

Что действительно имеет значение, так это прочность связи между прибылями фирмы и совокупными прибылями на все реальные активы. Мы можем оценить ее либо с помощью *бухгалтерской беты,* либо через *бету потока денежных средств*. Эти беты практически идентичны реальному значению бета, за исключением того, что вместо норм доходности ценных бумаг для их рас-

ГЛАВА 9. Планирование долгосрочных вложений и риск

чета используются изменения в бухгалтерской прибыли или потоках денежных средств. Мы предполагаем, что фирмы с высокими значениями бухгалтерской беты или беты потоков денежных средств должны иметь и высокие беты акций, – и это правильное предположение[20].

Это означает, что циклические фирмы – фирмы, доходы и прибыли которых сильно зависят от фаз делового цикла, – как правило, имеют высокие значения беты. Таким образом, вы должны требовать более высокую норму доходности от инвестиций, эффективность которых зависит от состояния экономики.

* Операционная зависимость. Мы уже знаем, что финансовая зависимость – другими словами, обязательность фиксированных выплат по долговым обязательствам – увеличивает значение беты портфеля инвестора. Точно так же – операционная зависимость (операционный леверидж) – или обязательность постоянных производственных расходов – должна увеличивать значение беты проекта капитальных вложений. Давайте посмотрим, как это происходит. Потоки денежных средств, генерируемые какими-либо производительными активами, могут быть выражены через доходы, постоянные издержки и переменные издержки:

Поток денежных средств = доходы − постоянные издержки −
− переменные издержки.

Издержки являются переменными, если они зависят от объема выпуска. Например, к переменным издержкам относятся расходы на сырье, торговые комиссионные и некоторые виды трудовых и эксплуатационных затрат. Постоянные издержки представляют собой оттоки денежных средств, которые происходят вне зависимости от того, действуют активы или простаивают – например, налоги на имущество или заработная плата наемных работников.

Мы также можем записать приведенную стоимость активов следующим образом:

PV(актива) = PV(доходов) − PV(постоянных издержек) −
− PV(переменных издержек).

Что равнозначно:

PV(доходов) = PV(постоянных издержек) + PV(переменных издержек) + PV(активов).

Те, кто *получает* платежи, представляющие собой чьи-то постоянные издержки, подобны держателям долговых обязательств по проекту – они просто получают фиксированные выплаты. Те, кто получает чистые потоки денежных средств от актива, подобны держателям обыкновенных акций – они получают то, что остается после оплаты постоянных издержек.

Теперь мы можем выразить связь между бетой актива и бетой стоимости доходов и затрат. Мы просто выражаем нашу предыдущую формулу через коэффициент бета:

$$\beta_{\text{доходов}} = \beta_{\text{постоянных издержек}} \frac{PV(\text{постоянных издержек})}{PV(\text{доходов})} +$$

$$+ \beta_{\text{переменных издержек}} \frac{PV(\text{переменных издержек})}{PV(\text{доходов})} + \beta_{\text{активов}} \frac{PV(\text{активов})}{PV(\text{доходов})}.$$

---

[20] См., напр.: *W.H. Beaver and J. Manegold.* The Association between Market-Determined and Accounting-Determined Measures of Systematic Risk: Some Futher Evidence //Journal of Financial and Quantitative Analysis. 10: 231–284. June. 1975.

Другими словами, бета стоимости доходов является просто средневзвешенной бета их составляющих частей. В настоящий момент бета постоянных издержек по определению равна нулю: те, кто получает выплаты за счет постоянных издержек, держат надежные активы. Значения беты доходов и переменных издержек должны быть приблизительно равны, поскольку они зависят от одной основной переменной — изменения объема выпуска. Следовательно, мы можем заменить $\beta_{переменных\,издержек}$ и найти $\beta_{активов}$. Напомним, что $\beta_{постоянных\,издержек}$ равна нулю.

$$\beta_{активов} = \beta_{доходов} \frac{PV(доходов) - PV(переменных\,издержек)}{PV(активов)} =$$

$$= \beta_{доходов} \left[1 + \frac{PV(постоянных\,издержек)}{PV(активов)} \right].$$

Таким образом, при условии цикличности доходов (которая отражается в значении $\beta_{доходов}$), бета активов пропорциональна отношению приведенной стоимости постоянных издержек к приведенной стоимости проекта.

Далее воспользуемся умозрительным методом для определения относительных рисков альтернативных вариантов дизайна или технологий производства одного и того же продукта. При прочих равных условиях вариант с самым высоким отношением постоянных издержек к стоимости проекта будет иметь самую высокую бету проекта.

О фирмах или активах, затраты которых состоят главным образом из постоянных издержек, говорят, что они имеют высокий уровень операционной зависимости. Бета активов растет пропорционально отношению стоимости постоянных издержек к стоимости активов. Эмпирические данные подтверждают, что фирмы, отличающиеся сильной операционной зависимостью, действительно имеют высокие значения беты[21].

Поиск ориентиров

Последние исследования демонстрируют широкое разнообразие других факторов, которые оказывают влияние на бету активов[22]. Однако длинный перечень этих возможных факторов способен сбить нас с толку.

Оценивая относительный риск активов, вы не можете надеяться на какую-либо точность, но хорошие менеджеры рассматривают любой проект с различных сторон и отыскивают свидетельства его рискованности. Они знают, что высокий рыночный риск является отличительной чертой циклических рисковых предприятий и проектов с высокими постоянными издержками. Менеджеры принимают во внимание наиболее важные факторы неопределенности, оказывающие влияние на экономику, и смотрят, как эти факторы воздействуют на проекты[23].

---

[21] См.: *B.Lev.* On the Association between Operating Leverage and Risk //Journal of Financial and Quantitative Analysis. 9: 627–642. September. 1974; *G.N.Mandelker and S.G.Rhee.* The Impact of the Degrees of Operating and Financial Leverage on Systematic Risk of Common Stock //Journal of Financial and Quantitative Analysis. 19: 45–57. March. 1984.

[22] Обзор этих исследований сделан в работе: *G.Foster.* Financial Statement Analysis, 2d ed. Prentice-Hall, Englewood Cliffs, N.J., 1986. Ch. 10.

[23] В статье Шарпа об интерпретации "мультибеты" рыночного риска предлагается удачный способ учета этих факторов неопределенности и оценки их влияния на риск, присущий фирме или проекту. См.: *W.F.Sharpe.* The Capital Asset Pricing Model: A 'Multi-Beta' Interpretation //*H.Levy and M.Sarnat (eds).* Financial Decision Making under Uncertainty. Academic Press, New York, 1977.

9-5. ДРУГОЙ ВЗГЛЯД НА РИСК И ДИСКОНТИРОВАННЫЙ ПОТОК ДЕНЕЖНЫХ СРЕДСТВ

На практике при планировании долгосрочных вложений применяется, как правило, одна ставка дисконта ко всем будущим потокам денежных средств. Например, ожидаемую доходность можно рассчитать с помощью модели оценки долгосрочных активов:

$$r = r_f + \beta(r_m - r_f).$$

Полученная ставка r может быть введена непосредственно в стандартную формулу дисконтированного потока денежных средств:

$$PV = \sum_{t=1}^{T} \frac{C_t}{(1+r)^t}.$$

Среди прочего эта методика допускает, что бета постоянна в течение всей жизни проекта[24]. Приведем пример, показывающий, что такое допущение действительно имеет смысл.

Пример. Ожидается, что проект А в течение трех лет будет давать приток денежных средств по 100 млн дол. ежегодно. Безрисковая процентная ставка равна 6%, рыночная премия за риск – 8%, а бета проекта А составляет 0,75. Следовательно, вы рассчитываете альтернативные издержки проекта А следующим образом:

$$r = r_f + \beta(r_m - r_f) = 6 + 0{,}75(8) = 12\%.$$

Дисконтирование по ставке 12% дает следующие приведенные стоимости каждого потока денежных средств:

Проект А

Год	Поток денежных средств	Приведенная стоимость при $r=12\%$
1	100	89,3
2	100	79,7
3	100	71,2
	Совокупная приведенная стоимость	240,2

Теперь сравним эти цифры с потоками денежных средств проекта Б. Отметим, что потоки денежных средств проекта Б меньше потоков проекта А; но потоки проекта Б надежны, поэтому они дисконтируются по безрисковой процентной ставке. *Приведенная стоимость* потоков денежных средств каждого года для обоих проектов одинакова.

Проект Б

Год	Поток денежных средств	Приведенная стоимость при $r=6\%$
1	94,6	89,3
2	89,6	79,7
3	84,8	71,2
	Совокупная приведенная стоимость	240,2

---

[24] См.: *E.F. Fama.* Risk-Adjusted Discount Rates and Capital Budgeting under Uncertainty // Journal of Financial Economics. 5: 3—24. August. 1977; *S.C. Myers and S.M. Turnbull.* Capital Budgeting and the Capital Asset Pricing Model: Good News and Bad News //Journal of Finance. 32: 321—332. May. 1977.

В первый год проект А дает рисковый поток денежных средств в размере 100 млн дол. Он имеет такую же приведенную стоимость, что и надежный поток денежных средств проекта Б в размере 94,6 млн дол. Экономисты сказали бы, что величина 94,6 — это **надежный эквивалент** величины 100. Поскольку оба потока денежных средств имеют одинаковую приведенную стоимость, инвесторы захотят отказаться от 100 − 94,6 = 5,4 из ожидаемого дохода первого года, чтобы избавиться от неопределенности.

Во второй год проект А даст рисковый поток денежных средств, равный 100, а проект Б дает надежный поток, равный 89,6. И вновь оба потока имеют одинаковую приведенную стоимость. Таким образом, чтобы избежать неопределенности во втором году, инвесторы будут готовы отказаться от 100−89,6=10,4 будущего дохода. А чтобы устранить неопределенность в третьем году, они откажутся от 100−84,8=15,2 будущего дохода.

Чтобы оценить проект А, вы продисконтировали все потоки денежных средств по одной ставке дисконта, скорректированной с учетом риска и равной 12%. Теперь вы можете видеть, что под этим подразумевалось. Используя постоянную ставку, вы фактически сделали более крупную скидку за риск с более поздних потоков денежных средств:

Год	Прогнозируемый поток проекта А	Надежный эквивалент денежного потока	Скидка за риск
1	100	94,6	5,4
2	100	89,6	10,4
3	100	84,8	15,2

Второй поток денежных средств сопряжен с более высоким риском, чем первый, поскольку он два года подвержен рыночному риску. Третий поток — еще более рисковый, поскольку подвергается рыночному риску три года. Вы можете видеть, что этот возрастающий риск находит отражение в постоянном уменьшении надежных эквивалентов.

В первом году инвесторы согласились бы получать на 5,4% меньший поток денежных средств, если бы он был безрисковый:

$$\textit{Рисковый поток денежных средств}/1{,}054 = \frac{\textit{надежный эквивалент}}{\textit{потока денежных средств}}.$$

$$100/1{,}054 = 94{,}6.$$

Для потока денежных средств второго года скидка за риск равна:

$$100/1{,}054^2 = 89{,}6.$$

А для потока денежных средств третьего года скидка за риск составляет:

$$100/1{,}054^3 = 84{,}8.$$

Нет никакого естественного закона, который утверждал бы, что надежный эквивалент должен уменьшаться так равномерно и постоянно. Буквально через секунду мы приведем пример из реальной практики, где этого не происходит. Но сначала давайте формализуем и оценим концепцию надежного эквивалента.

ГЛАВА 9. Планирование долгосрочных вложений и риск

РИСУНОК 9-6
Два способа расчета приведенной стоимости

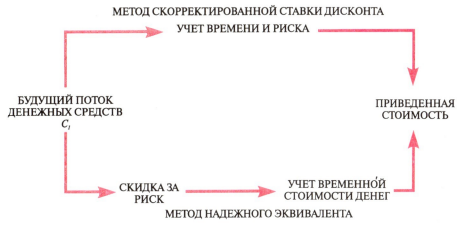

Оценка надежных эквивалентов потоков денежных средств

Начнем опять с разового будущего потока денежных средств C_1. Если C_1 надежен, его приведенная стоимость находится путем дисконтирования по безрисковой ставке r_f:

$$PV = \frac{C_1}{1+r_f}.$$

Если поток денежных средств сопряжен с риском, то обычно дисконтируют его прогнозируемую (ожидаемую) величину по скорректированной на риск ставке дисконта r, которая больше r_f.[25] Скорректированная на риск ставка дисконта учитывает и время и риск. Это показано движением по часовой стрелке на схеме, изображенной на рисунке 9-6.

Альтернативный подход — метод надежного эквивалента, при котором делаются отдельные корректировки на время и на риск. Это показано движением против часовой стрелки на схеме на рисунке 9-6. Когда мы используем этот метод, мы задаемся вопросом: "Каков наименьший *надежный* доход, на который я променял бы рисковый поток денежных средств C_1?" Он называется *надежным эквивалентом* C_1 и обозначается CEQ_1.[26]

Поскольку CEQ_1 является стоимостным эквивалентом безрискового потока денежных средств, он дисконтируется по безрисковой ставке r_f. Таким образом, мы имеем два идентичных выражения для приведенной стоимости:

$$PV = \frac{C_1}{1+r} = \frac{CEQ_1}{1+r_f}.$$

---

[25] Величина r может быть меньше значения r_f для активов с отрицательными значениями бета. Но бета активов, находящихся в распоряжении корпораций, почти всегда положительна.

[26] Показатель CEQ может быть рассчитан непосредственно с помощью модели оценки долгосрочных активов по формуле:

$$CEQ_1 = C_1 - \lambda \, cov(\widetilde{C}_1, \widetilde{r}_m),$$

где $cov(\widetilde{C}_1, \widetilde{r}_m)$ — это ковариация между долларовым потоком денежных средств ($\widetilde{C}_1$) и доходностью рыночного портфеля ($\widetilde{r}_m$), а

$$\lambda = \frac{r_m - r_f}{\sigma_m^2}.$$

Здесь, $r_m - r_f$ — это ожидаемая премия за риск рыночного портфеля, а σ_m^2 — дисперсия рыночной доходности. Величину λ часто называют *рыночной ценой риска*. В Приложении к данной главе мы покажем вам происхождение формулы для CEQ_1.

Для потоков денежных средств 2-го, 3-го года или t лет:

$$PV = \frac{C_t}{1+r} = \frac{CEQ_t}{(1+r_f)^t}.$$

Но, если мы должны использовать одну ставку дисконта для всех будущих потоков денежных средств, тогда надежный эквивалент должен равномерно уменьшаться как часть потока денежных средств. Мы видели это на примере проекта А, где отношение надежного эквивалента потока денежных средств к прогнозируемому потоку снижалось на 5,4% в год:

Год	Прогнозируемый поток проекта А (C_t)	Надежный эквивалент потока (CEQ_t)	Отношение CEQ_t к C_t
1	100	94,6	0,946
2	100	89,6	$0,896 = 0,946^2$
3	100	84,8	$0,848 = 0,946^3$

Когда вы *не можете* использовать единую скорректированную на риск ставку дисконта для долгосрочных активов

Приведем несколько измененную, упрощенную и в какой-то степени приукрашенную версию реального проектного предложения, которое просили проанализировать одного из авторов. Научные сотрудники фирмы Vegetron вышли с предложением о производстве электрической швабры, и фирма готова наладить опытное производство и провести маркетинг продукции. Подготовительная стадия продлится один год, а затраты составят 125 000 дол. По мнению руководства, вероятность того, что опытное производство и рыночные испытания пройдут успешно, составляет только 50%. В случае успеха Vegetron построит завод стоимостью 1 млн дол., который будет давать ожидаемый годовой поток денежных средств в размере 250 000 дол. после уплаты налогов в течение бесконечного периода времени. В случае неудачи проект будет остановлен.

Ожидаемые потоки денежных средств (в тыс. дол.) следующие:

$$C_0 = -125;$$
$$C_1 = 50\% \text{ вероятность } -1000 \text{ и } 50\% \text{ вероятность } 0 =$$
$$= 0,5(-1000) + 0,5(0) = -500;$$

$$C_t \text{ для } t = 2,3 \ldots = 50\% \text{ вероятность } 250 \text{ и } 50\% \text{ вероятность } 0 =$$
$$= 0,5(250) + 0,5(0) = 125.$$

Руководство имеет небольшой опыт производства предметов потребления и считает этот проект очень рискованным[27]. Поэтому они дисконтируют потоки денежных средств не по обычной для Vegetron ставке 10%, а по ставке 25%:

$$NPV = -125 - \frac{500}{1,25} + \sum_{t=2}^{\infty} \frac{125}{(1,25)^t} = -125, \text{ или } -125\,000 \text{ дол.}$$

Кажется, это говорит о том, что проект не стоит предпринимать.

---

[27] Мы допустим, что они подразумевают высокий рыночный риск и что разница между 25 и 10% *не* является надуманным фактором, вводимым для сглаживания оптимистических прогнозов потоков денежных средств.

ГЛАВА 9. Планирование долгосрочных вложений и риск

Выводы руководства можно критиковать, если эксперимент первого года продемонстрирует высокую долю риска. Если опытная стадия неудачна, тогда вовсе нет никакого риска — проект *определенно* не стоит предпринимать. Если она удачна, то в этом случае проект в дальнейшем может столкнуться только с обычным риском. Это означает, что существует 50%-ная вероятность того, что в первый год Vegetron получит возможность инвестировать в проект с *обычным* риском, для которого подошла бы *обычная* ставка дисконта 10%. Таким образом, в случае успеха (вероятность которого составляет 50%) они инвестируют 1 млн дол. в проект, чистая приведенная стоимость которого равна 1,5 млн дол.

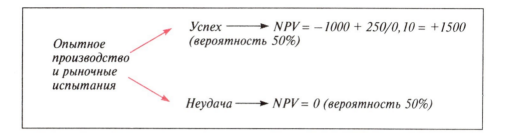

Стало быть, мы могли считать, что ожидаемая доходность проекта составит 0,5(1500) + 0,5(0) = 750, или 750 000 дол. в год $t = 1$ при инвестициях в размере 125 000 дол. в год $t = 0$. Безусловно, надежный эквивалент дохода меньше 750 000 дол., но чтобы отказаться от проекта, эта разница должна быть очень большой. Например, если надежный эквивалент составляет половину прогнозируемого потока денежных средств, а безрисковая ставка равна 7%, проект стоит 225 500 дол.:

$$NPV = C_0 + \frac{CEQ_1}{1+r_f} = -125 + \frac{0,5(750)}{1,07} = 225,5, \text{ или } 225\,500 \text{ дол.}$$

Это совсем неплохо для инвестиций в размере 125 000 дол. — и совершенно отлично от отрицательной чистой приведенной стоимости, которую руководство получило при дисконтировании всех будущих потоков по ставке 25%.

Общая ошибка   Иногда вы слышите от людей, что, поскольку отдаленные потоки денежных средств "рискованнее", их следует дисконтировать по более высокой ставке, чем ранние потоки. Это совершенно неправильно: использование одной скорректированной на риск ставки дисконта для потоков денежных средств всех лет и без того *подразумевает* более высокую скидку за риск с последующих потоков денежных средств. Причина состоит в том, что ставка дисконта учитывает риск, *приходящийся на конкретный период*. Чем более отдален поток денежных средств, тем большее количество периодов учитывается и больше общая корректировка на риск.

Имеет смысл использовать одну скорректированную на риск ставку дисконта, если проекту присуща одна и та же степень рыночного риска в любой момент его жизни. Но будьте внимательны к исключениям, подобным проекту по производству электрошвабр, где рыночный риск со временем меняется.

9-6. РЕЗЮМЕ

В главе 8 мы изложили некоторые основные принципы оценки рискованных активов. В данной главе мы показали, как пользоваться этими принципами в практических ситуациях. Самая простая ситуация — когда вы полагаете, что проект сопряжен с такой же степенью рыночного риска, как и существующие активы компании. Требуемая доходность такого проекта будет равна требуемой доходности портфеля ценных бумаг компании. Ее часто называют *затратами компании на привлечение капитала*. Согласно теории оценки долгосрочных активов, требуемая доходность любого актива зависит от его коэффициента бета:

$$r = r_f + \beta(r_m - r_f).$$

Хорошо начать с определения беты акций компании. Оценить бету акций всего проще, понаблюдав, как цены акций реагировали на рыночные изменения в прошлом. Конечно, это даст вам только расчетное значение истинной беты акций. Вы можете получить более реальные цифры, если возьмете среднюю от коэффициентов бета, вычисленных для группы подобных компаний.

Предположим, что теперь вы знаете значение бета акций. Можете ли вы ввести его в модель оценки долгосрочных активов и рассчитать затраты компании на капитал? Нет, потому что бета акций может отражать как деловой, так и финансовый риск. Всякий раз, когда компания берет денежный заем, бета ее акций (и ожидаемая доходность) увеличивается. Напомним, что затраты компании на капитал равны ожидаемой доходности портфеля всех ценных бумаг фирмы, а не только ее обыкновенных акций. Вы можете их вычислить, оценив ожидаемую доходность от каждой ценной бумаги и затем получив средневзвешенную этих отдельных значений доходности. Или же вы можете вычислить бету портфеля ценных бумаг и затем ввести эту *бету активов* в модель оценки долгосрочных активов.

Затраты компании на капитал служат правильной ставкой дисконта для проектов, связанных с таким же риском, что и существующий бизнес компании. Однако многие фирмы используют показатель затрат на капитал для дисконтирования прогнозируемых потоков денежных средств по всем новым проектам. Такая методика опасна. Каждый проект следует оценивать с точки зрения его альтернативных издержек; истинные затраты на капитал зависят от направления использования капитала. Если мы хотим определить затраты на капитал для отдельного проекта, то следует учитывать *риск проекта*.

Мы не можем дать вам точную формулу, позволяющую вычислить значение бета проектов, но мы можем дать вам некоторые рекомендации. Первая — избегайте добавления надуманных факторов к ставкам дисконта в качестве компенсации за возможность неблагоприятного для проекта исхода. Корректируйте прогнозы потоков денежных средств, придавая соответствующий вес плохому и хорошему результату; *затем* посмотрите, увеличит ли вероятность плохого результата рыночный риск проекта. Вторая — вы часто можете определить особенности проектов с низкими и высокими показателями бета, даже когда собственно значение бета проекта невозможно вычислить непосредственно. Например, вы можете попытаться определить, насколько потоки денежных средств зависят от общего состояния экономики: циклическим инвестициям в целом свойственны высокие коэффициенты бета. Другой фактор, на который следует обратить внимание, это операционная зависимость: постоянные издержки производства подобны фиксированным выплатам по долговым обязательствам, т.е. они увеличивают значение бета.

Есть еще одна преграда, которую нужно преодолеть. Большинство проектов дают потоки денежных средств в течение нескольких лет. Фирмы, как правило, используют одну скорректированную на риск ставку дисконта *r* ко всем этим потокам денежных средств. При этом они делают допущение, что кумулятивный риск увеличивается в постоянном темпе по мере удаленности в будущее. Такое допущение обычно имеет смысл. Это совершенно верная методика, если будущая бета проекта постоянна, т. е. когда риск на весь период остается постоянным.

Существуют и исключения, которые подтверждают правило. Поэтому вам следует с осторожностью относиться к проектам, риск которых увеличивается явно неравномерно. В этих случаях вы должны разбить проект на этапы, внутри которых имеет смысл использовать одну ставку дисконтирования. Или же вам следует использовать версию модели дисконтированного потока денежных средств с надежным эквивалентом, которая позволит вам сделать отдельные корректировки на риск для потоков денежных средств каждого периода.

ПРИЛОЖЕНИЕ: ИСПОЛЬЗОВАНИЕ МОДЕЛИ ОЦЕНКИ ДОЛГОСРОЧНЫХ АКТИВОВ ДЛЯ РАСЧЕТА НАДЕЖНОГО ЭКВИВАЛЕНТА

Когда вы вычисляете приведенную стоимость, вы можете учесть риск одним из двух способов. Вы можете продисконтировать ожидаемый поток денежных средств C_1 по скорректированной на риск ставке дисконта:

$$PV = \frac{C_1}{1+r}.$$

Или же вы можете продисконтировать надежный эквивалент потока денежных средств CEQ_1 по безрисковой ставке процента r_f:

$$PV = \frac{CEQ_1}{1+r_f}.$$

В данном приложении мы покажем, как вы можете получить значение CEQ_1 с помощью модели оценки долгосрочных активов.

Мы знаем из нашей предыдущей формулы приведенной стоимости, что $1 + r$ равно ожидаемому долларовому доходу от актива, деленному на его приведенную стоимость:

$$1 + r = \frac{C_1}{PV}.$$

Согласно модели оценки долгосрочных активов выражение $1 + r$ также равно:

$$1 + r = 1 + r_f + \beta(r_m - r_f).$$

Следовательно,

$$\frac{C_1}{PV} = 1 + r_f + \beta(r_m - r_f).$$

Чтобы найти бету, мы вычисляем ковариацию между доходностью актива и рыночной доходностью и делим это на дисперсию рыночной доходности:

$$\beta = \frac{cov(\tilde{r}, \tilde{r}_m)}{\sigma_m^2} = \frac{cov(\tilde{C}_1/PV - 1, \tilde{r}_m)}{\sigma_m^2}.$$

Величина $\widetilde{C}_I$ обозначает будущий поток денежных средств и, следовательно, неизвестна. Но PV – это приведенная стоимость актива: т.е. не неизвестная величина, и, следовательно, для нее не существует ковариации с $\widetilde{r}_m$. Поэтому мы можем выписать выражение для β следующим образом:

$$\beta = \frac{cov(\widetilde{C}_I, \widetilde{r}_m)}{PV\sigma_m^2}.$$

Подставляя это выражение снова в наше уравнение для C_I/PV, получаем:

$$\frac{C_I}{PV} = 1 + r_f + \frac{cov(\widetilde{C}_I, \widetilde{r}_m)}{PV} \times \frac{r_m - r_f}{\sigma_m^2}.$$

Выражение $(r_m - r_f)/\sigma_m^2$ представляет собой ожидаемую рыночную премию за риск на единицу дисперсии. Ее часто называют *рыночной ценой риска* и обозначают буквой λ (лямбда). Таким образом,

$$\frac{C_I}{PV} = 1 + r_f + \frac{\lambda cov(\widetilde{C}_I, \widetilde{r}_m)}{PV}.$$

Умножая обе части на PV и преобразуя выражение, получаем:

$$PV = \frac{C_I - \lambda cov(\widetilde{C}_I, \widetilde{r}_m)}{1 + r_f}.$$

Это надежный эквивалент, полученный с помощью модели оценки долгосрочных активов. Отсюда следует, что, если активам не присущ риск, $cov(\widetilde{C}_I, \widetilde{r}_m)$ равна нулю и мы просто дисконтируем C_I по безрисковой ставке. Но если активы рисковые, мы должны дисконтировать надежный эквивалент C_I. Скидка, которую мы делаем с C_I, зависит от рыночной цены риска и ковариации между потоками денежных средств по проекту и рыночной доходностью.

РЕКОМЕНДУЕМАЯ ЛИТЕРАТУРА

Есть хорошая обзорная статья Рубинштейна об использовании модели оценки долгосрочных активов при принятии инвестиционных решений:
  M.E.Rubinstein. A Mean-Variance Synthesis of Corporate Financial Theory // Journal of Finance. 28: 167–182. March. 1973.

О доказательствах стабильности величины бета, рассчитанной на основе данных о прошлых ценах на акции, смотри:
  M.E.Blume. On the Assessment of Risk //Journal of Finance. 26: 1–10. March. 1971.
  W.F.Sharpe and G.M.Cooper. Risk-Return Classes of New York Stock Exchange Common Stocks, 1931–1967 //Financial Analysts Journal. 28: 46–54, 81. March–April. 1972.

Был проведен ряд исследований связи между данными бухгалтерского учета и бетой. Многие из них разбираются в работе:
  G.Foster. Financial Statement Analysis, 2d ed. Prentice-Hall, Inc., Englewood Cliffs, N.J., 1986.

Некоторые идеи о том, как решить проблему вычисления показателя бета, смотри:
  W.F.Sharpe. The Capital Asset Pricing Model: A 'Multi-Beta' Interpretation // *H.Levy and M.Sarnat (eds.)*. Financial Decision Making under Uncertainty. Academic Press, New York, 1977.

ГЛАВА 9. Планирование долгосрочных вложений и риск

Допущения, требуемые при использовании скорректированной на риск ставки дисконта, обсуждаются в работах:

E.F.Fama. Risk-Adjusted Discount Rates and Capital Budgeting under Uncertainty //Journal of Financial Economics, 5: 3–24. August. 1977.

S.C.Myers and S.M.Turnbull. Capital Budgeting and the Capital Asset Pricing Model: Good News and Bad News //Journal of Finance. 32: 321–322. May. 1977.

Связь между формулой надежного эквивалента и формулой оценки скорректированной на риск ставки дисконта впервые обсуждалась в работе:

A.A.Robichek and S.C.Myers. Conceptual Problems in the Use of Risk-Adjusted Discount Rates //Journal of Finance. 21: 727–730. December. 1966.

КОНТРОЛЬНЫЕ ВОПРОСЫ

1. Предположим, что фирма использует показатель затрат на капитал для оценки всех проектов долгосрочных вложений. Какого рода ошибку она совершает?

2. Проект стоит 100 000 дол. и предлагает единственный поток денежных средств в первый год в размере 150 000 дол. Бета проекта равна 2,0 и рыночная премия за риск $(r_m - r_f)$ равна 8%. Найдите текущую безрисковую ставку в Wall Street Journal или других газетах. Используя модель оценки долгосрочных активов, найдите альтернативные издержки и приведенную стоимость проекта.

3. Обратитесь к таблице 9-2 и найдите статистические данные о Diana Corporation. Дайте интерпретацию всех этих данных.

4. 40% финансов компании составляет безрисковый долг. Процентная ставка равна 10, ожидаемая рыночная доходность 20%, и бета акций равна 0,5. Каковы затраты компании на капитал?

5. Совокупная стоимость обыкновенных акций компании Okefenokee Real Estate составляет 6 млн дол., совокупная стоимость ее долга — 4 млн дол. Казначей считает, что бета акций в настоящее время равна 1,5 и что ожидаемая рыночная премия за риск составляет 10%. Ставка по казначейским векселям равна 8%.

   а) Какова ожидаемая доходность акций Okefenokee?
   б) Какова бета существующего портфеля активов компании?
   в) Вычислите затраты компании на капитал.
   г) Вычислите ставку дисконта для оценки стоимости расширения существующего бизнеса компании.
   д) Допустим, что компания хочет вложить средства в производство розовых очков. Бета производства оптического стекла без финансового левериджа составляет 1,2. Оцените требуемую доходность новых рискованных инвестиций Okefenokee.

6. Геолог опасается, что новая нефтяная скважина окажется пустой. Поэтому он дисконтирует прогнозируемые потоки денежных средств по ставке 30%, а не по ставке 10%, которая отражает затраты на капитал нефтяной компании. Хороша ли такая практика дисконтирования? Можете ли вы предложить лучший подход?

*7. Какая из следующих компаний имеет более высокие затраты на капитал?
   а) Компания А оплачивает работу торговых агентов по фиксированной годовой ставке, Б платит комиссионные.
   б) Компания В производит инструменты; компания Д — кукурузные хлопья для завтраков.

*8. Выберите подходящие выражения в квадратных скобках: "При расчете приведенной стоимости риск учитывается двумя способами. Первый — занизить ожидаемые потоки денежных средств. Такой способ называют *методом надежного эквивалента*. Обычно его записывают в следующем виде:

$PV = [CEQ_t/(1+r_f)^t; CEQ_t/(1+r_m)^t]$. Надежный эквивалент потока денежных средств, CEQ_t, всегда [больше, меньше] прогнозируемого рискового потока денежных средств. Другой способ учесть риск — дисконтировать ожидаемые потоки денежных средств по ставке r. Если для вычисления r мы используем модель оценки долгосрочных активов, то $r = [r_f + \beta r_m; r_f + \beta(r_m - r_f); r_m + \beta(r_m - r_f)]$. Этот метод точен только в том случае, если отношение надежного эквивалента потока денежных средств к прогнозируемому рисковому потоку [постоянно; снижается в постоянном темпе; увеличивается в постоянном темпе]. Для большинства проектов использование единой ставки r, вероятно, представляется вполне приемлемым допущением".

*9. Прогнозируемые потоки денежных средств проекта составляют 110 дол. в первый год и 121 дол. во второй год. Процентная ставка равна 5%, рыночная премия за риск оценивается в 10% и бета проекта равна 0,5. Если вы используете постоянную скорректированную на риск ставку дисконта, каковы:

  а) приведенная стоимость проекта;

  б) надежный эквивалент потока денежных средств в 1-м и во 2-м годах;

  в) отношение надежного эквивалента к ожидаемым потокам денежных средств в 1-й и во 2-й годы?

ВОПРОСЫ И ЗАДАНИЯ

1. Обратитесь к таблице 9-2.

   а) Как обычно изменялись цены на акции Diagnostek при неизменном рынке?

   б) Изменения цен каких акций наиболее тесно связаны с изменениями рынка? Какая доля риска акций приходится на рыночный риск и какая на несистематический риск?

   в) Каков доверительный интервал для бета компании Distributed?

   г) Почему скорректированная бета для акций Distributed Logic меньше нескорректированной?

   д) Каков *ежегодный* совокупный риск акций Dime Savings Bank?

2. Объясните оценку значения альфа для акций Walt Disney в таблице 9-2. Почему она не подходит в качестве показателя альфа акций в будущем? Каково, по вашему мнению, прогнозируемое значение альфа?

3. *а)* Компания "Эолова арфа" имеет следующую структуру капитала:

Ценные бумаги	Бета	Совокупная рыночная стоимость (в млн дол.)
Долговые обязательства	0	100
Привилегированные акции	0,20	40
Обыкновенные акции	1,20	200

Какова бета активов фирмы (т. е. бета портфеля всех ценных бумаг фирмы)?

б) Как может измениться бета активов, если компания "Эолова арфа" выпустит обыкновенные акции еще на сумму 140 млн дол. и использует полученные деньги для выкупа всех долговых обязательств и привилегированных акций?

в) Допустим, что правило оценки долгосрочных активов верно. Какую ставку дисконта компания "Эолова арфа" должна применять к инвестициям, предназначенным для увеличения объема производства без измене-

ГЛАВА 9. Планирование долгосрочных вложений и риск

ния бета активов? Предположим, что все инвестиции финансируются за счет собственного капитала. Используйте наиболее реалистичные для сегодняшнего рынка данные. Рассмотрите две ставки дисконта — реальную и номинальную.

4. Компания "Разные разности" имеет три производственных подразделения:

Подразделение	Доля в стоимости фирмы
Продукты питания	50
Электроника	30
Химические продукты	20

Чтобы определить затраты на капитал для каждого подразделения, "Разные разности" выделила трех следующих основных конкурентов:

	Оценка бета акций	Долг/(Долг + собственный капитал)
United Food	0,8	0,3
General Electronics	1,6	0,2
Associated Chemicals	1,2	0,4

 а) При условии, что долговые обязательства этих фирм безрисковые, вычислите значение беты для подразделений "Разных разностей".
 б) Отношение величины долга к сумме долга и собственного капитала для "Разных разностей" составляет 0,4. Если ваши оценки беты подразделений верны, какова бета акций "Разных разностей"?
 в) Допустим, что безрисковая ставка процента равна 7 и что ожидаемая доходность по рыночному индексу равна 15%. Рассчитайте затраты на капитал для каждого подразделения для "Разных разностей".
 г) Насколько изменятся ваши оценки затрат на капитал для каждого подразделения, если вы сделаете допущение, что бета долговых обязательств каждого филиала составляет 0,2?

5. Рассчитайте значения финансовой зависимости для любых трех компаний из таблицы 9-2 (кроме DEC) и определите альтернативные издержки "типичных" инвестиций каждой из фирм.

6. "Погрешности в оценках беты настолько велики, что вы вполне можете сделать допущение, что все значения бета равны 1,0". Вы согласны с этим утверждением?

7. Компания "Домашние разносолы" только что отправила правительству Центральной Антарктической Республики годовой запас продуктов. Оплата в размере 250 000 дол. будет произведена на следующий год, после того как корабль проберется сквозь льды. К сожалению, существует большая вероятность государственного переворота, в случае которого правительство не произведет оплату. Поэтому главный бухгалтер "Домашних разносолов" решил дисконтировать платежи по ставке 40%, а не по ставке 12%, отражающей величину затрат компании на капитал.
 а) Почему нельзя использовать ставку 40% для компенсации "политического риска"?
 б) Какова действительная стоимость 250 000 дол., если вероятность государственного переворота составляет 25%?

8. Ниже дается более сложная задача, включающая в себя прогнозы потоков денежных средств, ставки дисконта и надуманные факторы. Руководство нефтяной компании рассматривает вопрос об инвестировании 10 млн дол. в разработку одной или двух скважин. Ожидается, что первая будет ежегодно давать нефть на сумму 3 млн дол. в течение 10 лет; вторая на сумму 2 млн дол. в течение 15 лет. Это реальные (с учетом инфляции) потоки денежных средств. Бета для бурения скважин составляет 0,9. Премия за рыночный риск равна 8%, номинальная безрисковая процентная ставка составляет 6%, а ожидаемая инфляция равна 4%. Предполагается, что эксплуатация этих двух скважин будет осуществляться в порядке дальнейшего освоения уже открытого месторождения нефти. К сожалению, все же существуют 20% вероятности того, что в каждом случае скважина окажется сухой. Сухая скважина означает нулевой поток денежных средств и полную потерю инвестиций в сумме 10 млн дол.

   Не берите в расчет налоги. Если необходимо, сделайте дополнительные допущения.

   а) Какова корректная реальная ставка дисконта для потоков денежных средств разработанных скважин?

   б) Руководство нефтяной компании предлагает увеличить ставку дисконта на 20 процентных пунктов, чтобы компенсировать риск того, что нефтяные скважины окажутся пустыми. Рассчитайте чистую приведенную стоимость для каждой скважины с использованием скорректированной ставки дисконта.

   в) Что бы сказали вы о чистой приведенной стоимости скважин?

   г) Есть ли какой-либо единый надуманный фактор, который можно было бы добавить к ставке дисконта для оценки потоков денежных средств от разработанных скважин, который дал бы верную чистую приведенную стоимость обеих скважин? Объясните ваш ответ.

9. "Для проекта с высокой бета вы должны использовать высокую ставку дисконта, чтобы оценить положительные потоки денежных средств, и низкую ставку, чтобы оценить отрицательные потоки денежных средств". Верно ли это утверждение? Влияет ли знак потока денежных средств на соответствующую ставку дисконта?

*10. По проекту прогнозируются следующие потоки денежных средств:

Потоки денежных средств (в тыс. дол.)			
C_0	C_1	C_2	C_3
−100	+40	+60	+50

Оценочное значение бета проекта равно 1,5. Рыночная доходность r_m составляет 16% и безрисковая ставка процента r_f равна 7%.

а) Определите альтернативные издержки и приведенную стоимость проекта (применяя одну ставку дисконта ко всем потокам денежных средств).

б) Каков надежный эквивалент потока денежных средств для каждого года?

в) Каково отношение надежного эквивалента потока денежных средств к ожидаемому потоку для каждого года?

г) Объясните, почему это отношение уменьшается.

*11. Вернитесь к проекту А из раздела 9–5. Теперь делаются следующие допущения:

а) Ожидаемый ежегодный поток денежных средств составляет 150 дол. в течение 5 лет.

б) Безрисковая ставка процента равна 5%.

в) Рыночная премия за риск составляет 9%.

г) Бета оценивается в 1,2.

ГЛАВА 9. Планирование долгосрочных вложений и риск   229

Пересчитайте значение надежных эквивалентов потоков денежных средств и покажите, что отношение этих эквивалентных потоков к рискованным потокам денежных средств ежегодно снижается в постоянной пропорции.

*12. Компания "Виски Макгрегора" предлагает на рынок безалкогольное шотландское виски. Сначала продукция в течение 2 лет будет проходить испытание в Южной Калифорнии, расходы на эти цели составят 500 000 дол. Этот пробный выпуск не предполагает получение каких-либо прибылей, но должен выявить предпочтения потребителей. Вероятность, что спрос будет удовлетворительным, составляет 60%. В этом случае "Макгрегор" потратит 5 млн дол., чтобы выйти с виски на национальный рынок. Ожидаемая годовая прибыль составит 700 000 дол. в течение бесконечного периода времени. Если спрос не будет удовлетворительным, выпуск безалкогольного виски прекратится.

Когда предпочтения потребителей станут известны, продукт будет отличаться средней степенью риска, и, следовательно, доходность, требуемая "Макгрегором", составит 12% от суммы инвестиций. Однако начальная маркетинговая стадия считается очень рискованной, и "Макгрегор" требует доходность в размере 40% от своих первоначальных вложений.

Какова чистая приведенная стоимость проекта по производству безалкогольного виски?

13. Используя данные о ценах акций в прошлом, оцените значения бета обыкновенных акций группы компаний. Введите эти значения бета в модель оценки долгосрочных активов, чтобы определить доходность, которую инвесторы требуют от этих акций сегодня. Теперь пересчитайте значения бета каждой акции для другого периода. Насколько изменились бы сделанные вами оценки требуемой доходности, если бы вы использовали эти коэффициенты бета?

Часть III

ПРАКТИЧЕСКИЕ ПРОБЛЕМЫ ПЛАНИРОВАНИЯ ДОЛГОСРОЧНЫХ ВЛОЖЕНИЙ

10
Проект — это не черный ящик

Черный ящик — это нечто, что мы принимаем и используем, но не понимаем. Для многих из нас таким черным ящиком является компьютер. Мы можем знать, что предполагается сделать, но не знаем, как это происходит, и, если что-то не срабатывает, мы не умеем это исправить.

Проекты долгосрочного инвестирования мы тоже принимали за черные ящики. Другими словами, мы говорили, что если менеджеры располагают тщательно просчитанными прогнозами потоков денежных средств, то их единственная задача — оценить риск, выбрать правильную ставку дисконта и определить чистую приведенную стоимость. На самом деле финансовые менеджеры не останавливаются до тех пор, пока не поймут, что представляет собой проект и к каким ошибкам он может привести. Вспомним закон Мерфи — "Если неприятность может случиться, она случается" и, как добавил О'Рейли, — "в самый неподходящий момент".

Даже если риск проекта полностью поддается диверсификации, вам все же нужно понять, почему предприятие может потерпеть неудачу. Только выяснив это, вы можете решить, стоит ли прилагать усилия к проблеме неопределенности. Возможно, дополнительные вложения в исследование рынка развеяли бы сомнения относительно благосклонности потребителей, может быть, еще одна буровая скважина дала бы вам представление о размерах рудного пласта, или же, возможно, что дальнейшее изучение пласта подтвердило бы его мощность. Если проект в действительности имеет отрицательную чистую приведенную стоимость, то чем раньше вы определите это, тем лучше. И даже удостоверившись в том, что стоит предпринимать дальнейшие шаги, основываясь на данной информации, вы не захотите быть застигнутыми врасплох, если что-то вдруг пойдет не так. Вам необходимо знать, каковы сигналы опасности и какими действиями вы могли бы ответить на них.

Короче говоря, менеджеры по возможности избегают черных ящиков и платят любому, кто может им помочь заглянуть внутрь. Поэтому консультанты и ученые разработали методики, которые мы будем называть *анализом проекта*. Несколько методик мы рассмотрим в этой главе, в первую очередь — анализ чувствительности, анализ безубыточности, модель Монте-Карло и "древо решений". В этих терминах нет ничего магического, они воплощают в себе лишь здравый смысл, подкрепленный возможностями компьютера. Вам не нужна лицензия, чтобы ими пользоваться.

Некоторые эксперты предложили использовать эти методы не только для анализа проектов, но и в качестве дополнения или замены принципа чистой приведенной стоимости. Вы можете представить нашу реакцию на это. По-видимому, эти предложения отражают мнение о том, что в принципе чистой приведенной стоимости невозможно учесть фактор риска. Но мы видели, что это не так.

10–1. АНАЛИЗ ЧУВСТВИТЕЛЬНОСТИ

Неопределенность означает, что число событий, которые могут произойти, больше того, что произойдет на самом деле. В связи с этим как только вы сталкиваетесь с проблемой прогноза денежного потока, вы должны выявить, что еще могло бы случиться.

Поставьте себя на место казначея компании "Драндулет". Вы рассматриваете проект внедрения небольших электромобилей в качестве вида городского транспорта. Ваши сотрудники подготовили прогноз потоков денежных средств, показанный в таблице 10-1. Поскольку чистая приведенная стоимость положительна при 10%-ных альтернативных издержках капиталовложений, представляется, что проект стоит осуществить.

$$NPV = -150 + \sum_{t=1}^{10} \frac{30}{(1,10)^t} = 34,3 \text{ млн дол.}$$

Прежде чем принять решение, вы хотите разобраться с этим прогнозом[1] и определить основные переменные, от которых зависит успех или неудача проекта. Оказывается, отдел маркетинга сделал следующий расчет доходов:

Объем реализации в ед. прод. = рыночная доля нового продукта × объем рынка машин = 0,01 × 10 млн = 100 000 машин.

Доход = объем реализации в ед. прод. × цена за единицу = = 100 000 × 3750 = 375 млн дол.

Производственный отдел оценил переменные издержки на единицу продукции в 3000 дол. Поскольку, согласно расчетам, производится 100 000 машин в год, *совокупные* переменные издержки составляют 300 млн дол. Постоянные издержки равны 30 млн дол. в год. Амортизация на первоначальные

ТАБЛИЦА 10-1
Предварительный прогноз потоков денежных средств для проекта по производству электромобилей компании "Драндулет" (в млн дол.)

	Год 0	Годы 1–10
Инвестиции	150	
1. Доходы		375
2. Переменные издержки		300
3. Постоянные издержки		30
4. Амортизация		15
5. Прибыль до уплаты налога (1–2–3–4)		30
6. Налог		15
7. Чистая прибыль (5–6)		15
8. Поток денежных средств от основной деятельности (4+7)		30
Нетто-поток денежных средств	–150	30

Допущения. Амортизация начисляется равномерно в течение 10 лет. Прибыль облагается налогом по ставке 50%.

---

[1] Когда вы работаете с прогнозом потоков денежных средств, помните о разнице между ожидаемой стоимостью и наиболее вероятной (или базовой) стоимостью. Приведенные стоимости имеют отношение к ожидаемым денежным потокам, т. е. средневзвешенной возможных потоков денежных средств. Если распределение возможных результатов асимметрично, ожидаемый поток будет отличаться от наиболее вероятного потока денежных средств.

ГЛАВА 10. Проект — это не черный ящик

инвестиции может начисляться методом равномерного прямолинейного списания в течение 10-летнего периода, а ставка налога на прибыль равна 50%.

Кажется, все значимые параметры нам известны, но давайте поищем неизвестные переменные. Может быть, существуют проблемы с получением патента, или, возможно, вам необходимо инвестировать средства в создание станции обслуживания, где будут перезаряжать батареи машин. Наиболее серьезные опасности часто связаны с этими *неизвестными* переменными или, как их называют между собой ученые, "непредвиденными неприятностями".

Не обнаружив "непредвиденных неприятностей" (несомненно, вы обнаружите их позже), вы проводите **анализ чувствительности** применительно к объему рынка, рыночной доле и т. п. Для этого сотрудников производственного и маркетингового отделов просят дать оптимистичные и пессимистичные расчеты основных переменных. Они приведены в левой части таблицы 10-2. В правой части таблицы показано, что происходит с чистой приведенной стоимостью проекта, когда берутся по очереди оптимистичные и пессимистичные значения переменных. Ваш проект отнюдь не кажется надежным. Видимо, переменными, которые таят в себе наибольшую опасность, являются рыночная доля и удельные переменные издержки. Если рыночная доля составляет только 0,004 (а все остальные переменные берутся как ожидаемые), тогда чистая приведенная стоимость проекта равна −104 млн дол. Если удельные переменные издержки составляют 3600 дол. (а все остальные переменные берутся как ожидаемые), тогда чистая приведенная стоимость проекта равна −150 млн дол.

Ценность информации

Теперь вы можете проверить, стоит ли тратить время и деньги, чтобы устранить некоторую неопределенность, прежде чем ваша компания расстанется со 150 млн дол. инвестиций. Предположим, что пессимистичный прогноз удельных переменных издержек отражает опасения производственного отдела, что отдельные виды оборудования не будут работать, как задумано, и что придется использовать другой метод производства, который увеличит издержки на единицу продукции на 200 дол.

Вероятность того, что так и будет, составляет 1 к 10. Но если бы это действительно произошло, дополнительные 200 дол. издержек на единицу снизили бы посленалоговый поток денежных средств на:

Объем реализации в ед. прод. × *дополнительные издержки на единицу* ×
× *(1 − ставка налога) = 100 000 × 200 × 0,50 = 10 млн дол.*

ТАБЛИЦА 10-2
Чтобы провести анализ чувствительности проекта по производству электромобилей, мы берем значения каждой переменной по оптимистичному и пессимистичному прогнозам и пересчитываем чистую приведенную стоимость проекта.

Переменная	Диапазон			Чистая приведенная стоимость		
	Пессимистичный	Ожидаемый	Оптимистичный	Пессимистичная	Ожидаемая	Оптимистичная
Объем рынка	9 млн	10 млн	11 млн	+11	+34	+57
Рыночная доля	0,004	0,01	0,016	−104	+34	+173
Цена единицы	3500	3750	3800	−42	+34	+50
Удельные переменные издержки	3600	3000	2750	−150	+34	+111
Постоянные издержки	40 млн	30 млн	20 млн	+4	+34	+65

При этом чистая приведенная стоимость проекта снизилась бы на:

$$\sum_{t=1}^{10} \frac{10}{(1,10)^t} = 61,4 \text{ млн дол.}$$

Предположим далее, что предварительное тестирование оборудования, которое обойдется в 100 000 дол., покажет, будет ли оно работать или нет, что позволит вам прояснить проблему. Очевидно, стоит потратить 100 000 дол., чтобы избежать потерь в размере 61,4 млн дол., вероятность возникновения которых составляет 10%. Вы выигрываете $-100\ 000 + 0{,}10 \times 61\ 400\ 000 = 6\ 040\ 000$ дол.

С другой стороны, ценность дополнительной информации об объеме рынка невысока. Поскольку проект приемлем даже при пессимистичных допущениях относительно объема рынка, маловероятно, что вы попадете в затруднительное положение, даже если неправильно оцените эту переменную[2].

Ограничениия в анализе чувствительности

Анализ чувствительности сводится к выражению потоков денежных средств через неизвестные переменные, а затем к определению последствий неправильной оценки переменных. Это заставляет менеджера определять основные переменные, указывает, где дополнительная информация была бы наиболее полезна, и помогает выявить нечеткие или неприемлемые прогнозы.

Один из недостатков анализа чувствительности состоит в том, что он всегда дает несколько двусмысленные результаты. Например, каков точный смысл определений *оптимистичный* или *пессимистичный*? Отдел маркетинга и производственный отдел могут интерпретировать эти термины по-разному. Десять лет спустя после осуществления сотен проектов, обернувшись назад, можно увидеть, что отдел маркетинга вдвое чаще давал пессимистичные прогнозы, чем производственный отдел; но то, что вы обнаружите через 10 лет, сейчас вам не поможет. Один из выходов — просить оба отдела предоставлять *полное* описание вопросов, по которым возникают расхождения. Однако в представленных прогнозах совсем нелегко выделить субъективные суждения о конечном распределении вероятностей возможных результатов[3].

Другая проблема, осложняющая анализ чувствительности, заключается в том, что основные переменные, вероятно, должны быть взаимосвязаны. Какой смысл обособленно рассматривать влияние роста объема рынка? Если объем рынка превышает ожидания, то, видимо, спрос будет выше, чем вы предполагали, и цена единицы продукции — более высокой. А зачем обособленно выявлять влияние роста цен? Если инфляция подтолкнет цены до верхнего предела установленных вами границ, вполне вероятно, что издержки также будут подвержены влиянию инфляции и т. д.

Иногда эксперт может обойти эту проблему, придавая основным переменным такие значения, чтобы они были почти независимыми. Но вам не удастся далеко продвинуться при таком *единичном* анализе чувствительности. Невозможно получить ожидаемые, оптимистичные и пессимистичные прогнозы совокупных потоков денежных средств всего проекта, исходя из информации в таблице 10-2.

---

[2] Конечно, эти примеры очень просты. Оптимальные правила вложения средств в информацию хорошо разработаны в Байезианской статистике. См.: *H. Raiffa.* Decision Analysis: Introductory Lectures on Choices under Uncertainty. Addison-Wesley Publishing Company, Inc., Reading, Mass., 1968; *H. Raiffa and R. Schlaifer.* Applied Statistical Decision Theory. Division of Research, Graduate School of Business Administration, Harvard University, Boston, 1961.

[3] Если вы сомневаетесь в этом, проведите простой эксперимент. Попросите человека, который ремонтирует ваш телевизор, дать количественное определение вероятности того, что ваш телевизор проработает по крайней мере более одного года. Или сделайте свое субъективное вероятностное распределение числа телефонных звонков, которые поступят вам на следующей неделе. Это, должно быть, просто. Попробуйте.

ГЛАВА 10. Проект — это не черный ящик

Анализ проекта при различных сценариях

Если переменные взаимосвязаны, может оказаться полезным рассмотреть реалистичные альтернативные комбинации. Например, экономист компании может быть заинтересован возможностью еще одного резкого повышения мировых цен на нефть. Прямым следствием этого было бы усиление заинтересованности в использовании машин с электрическим питанием. Популярность "компактных" машин после роста цен на нефть в 1970 г. позволяет считать, что единовременный рост цен на нефть на 20% позволил бы вам захватить еще 0,3% автомобильного рынка. С другой стороны, экономист также полагает, что высокие цены на нефть вызвали бы мировой экономический спад и в то же время подтолкнули инфляцию. В этом случае объем рынка мог бы составить примерно 8 млн машин, при этом как цены, так и издержки могут оказаться на 15% выше ваших первоначальных оценок. Таблица 10-3 показывает, что такой сценарий с более высокими ценами на нефть и мировым спадом в конечном итоге принес бы пользу вашему новому предприятию. Его чистая приведенная стоимость увеличилась бы до 65 млн дол.

Менеджеры часто находят полезным проследить, как их проекты вели бы себя при различных сценариях. Это позволяет им рассматривать различные, но *совместимые* сочетания переменных. Составители прогнозов вообще предпочитают давать оценки доходов и расходов для отдельного сценария, нежели некоторое абсолютное оптимистичное или пессимистичное значение.

ТАБЛИЦА 10-3
Возможное влияние на чистую приведенную стоимость проекта по производству электромобилей повышения цен на нефть и мирового экономического спада.

	Потоки денежных средств, годы 1—10 (в млн дол.)	
	Основной прогноз	Прогноз с высокими ценами на нефть и мировым спадом
1. Доходы	375	449
2. Переменные издержки	300	359
3. Постоянные издержки	30	35
4. Амортизация	15	15
5. Прибыль до уплаты налога (1—2—3—4)	30	40
6. Налог	15	20
7. Чистая прибыль (5—6)	15	20
8. Нетто-поток денежных средств (4 + 7)	30	35
Приведенная стоимость потоков денежных средств	+184	+215
Чистая приведенная стоимость	+34	+65
	Допущения	
	Основной прогноз	Прогноз с высокими ценами на нефть и мировым спадом
Объем рынка	10 млн	8 млн
Рыночная доля	0,01	0,013
Цена за единицу	3750	4313
Удельные переменные издержки	3000	3450
Постоянные издержки	30 млн	35 млн

ТАБЛИЦА 10-4
Чистая приведенная стоимость проекта по производству электромобилей при различных допущениях относительно объема продаж.

	ПРИТОКИ	ОТТОКИ						
		Год 0	Годы 1—10					
Объем продаж (в тыс. машин)	Доходы, годы 1—10	Инвестиции	Переменные издержки	Постоянные издержки	Налоги	Приведенная стоимость притоков	Приведенная стоимость оттоков	Чистая приведенная стоимость
0	0	150	0	30	−22,5	0	196	−196
100	375	150	300	30	15	2304	2270	34
200	750	150	600	30	52,5	4608	4344	264

Анализ безубыточности

Проводя анализ чувствительности или рассматривая альтернативные сценарии, мы задаемся вопросом, насколько серьезными могли бы быть последствия, если бы значения объема продаж и издержек оказались хуже, чем мы прогнозировали. Менеджеры иногда предпочитают по-другому поставить этот вопрос — каков уровень реализации, ниже которого проект начнет приносить убытки. Это называется **анализом безубыточности**.

В левой части таблицы 10-4 мы привели значения доходов и издержек проекта по производству электромобилей при различных допущениях относительно годовых объемов реализации[4]. В правой части таблицы мы дисконтируем эти доходы и затраты, чтобы получить *приведенную стоимость* притоков и *приведенную стоимость* оттоков денежных средств. Разница между этими значениями, безусловно, представляет собой *чистую* приведенную стоимость.

Вы можете видеть, что чистая приведенная стоимость строго отрицательна, когда компания не производит ни одной машины. Она положительна, если

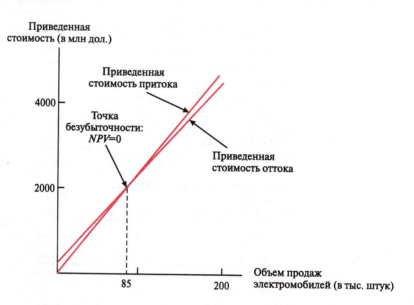

РИСУНОК 10-1
График безубыточности, показывающий приведенную стоимость притоков и оттоков денежных средств компании "Драндулет" при различных допущениях относительно объема продаж. Чистая приведенная стоимость равна нулю, когда объем продаж составляет 85 000 машин.

---
[4] Отметим, что если проект приносит убытки, то эти убытки могут быть использованы для уменьшения налоговых обязательств компании в целом. В этом случае проект дает экономию на налогах — отток налогов отрицателен.

ГЛАВА 10. Проект – это не черный ящик

ТАБЛИЦА 10-5
Равномерный годовой поток денежных средств проекта по производству электромобилей при различных значениях объема реализации (в млн дол.).

Объем реализации (в тыс. машин)	ПРИТОК Доходы	РАВНОМЕРНЫЙ ГОДОВОЙ ОТТОК Первоначальные инвестиции	Переменные издержки	Постоянные издержки	Налоги	Всего	Чистый годовой поток
0	0	24,4	0	30	–22,5	31,9	–31,9
100	375	24,4	300	30	15	369,4	5,6
200	750	24,4	600	30	52,5	706,9	43,1

компания (как и ожидалось) продает 100 000 машин, и весьма положительна, если она продает 200 000 машин. Очевидно, *нулевое* значение чистая приведенная стоимость принимает при объеме продаж чуть меньше 100 000 машин.

На рисунке 10-1 мы показали приведенную стоимость притоков и оттоков средств при различных допущениях относительно годовых объемов продаж. Две прямые пересекаются, когда объем продаж составляет 85 000 машин. В этой точке чистая приведенная стоимость проекта равна нулю. Поскольку объем продаж превосходит 85 000 единиц, проект имеет положительную чистую приведенную стоимость.

Вместо того чтобы рассматривать приведенные стоимости притоков и оттоков денежных средств, мы вполне можем работать с равномерными годовыми доходами и затратами. Годовые затраты проекта включают в себя повторяющиеся затраты (переменные издержки, постоянные издержки и налоги) *плюс* равномерные годовые затраты в размере 150 млн дол. первоначальных инвестиций. Чтобы определить равномерные годовые затраты первоначальных инвестиций, мы делим инвестиции на коэффициент аннуитета со сроком 10 лет:

$$\textit{Равномерные годовые затраты инвестиций} = \frac{\textit{инвестиции}}{\textit{коэффициент аннуитета для 10 лет}} =$$

$$= \frac{150}{6{,}145} = 24{,}4 \textit{ млн дол.}$$

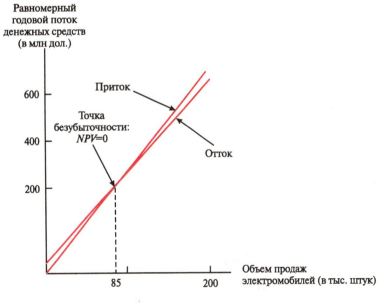

РИСУНОК 10-2
Мы можем изменить наш график безубыточности, введя в него значения равномерных годовых доходов и затрат компании "Драндулет". Чистый равномерный годовой поток денежных средств равен 0, когда объем продаж составляет 85 000 машин.

ТАБЛИЦА 10-6
Влияние проекта по производству электромобилей на величину бухгалтерской прибыли при различных объемах продаж (в млн дол.).

Объем продаж (в тыс. машин)	Доходы	Переменные издержки	Постоянные издержки	Амортизация	Налоги	Совокупные расходы	Прибыль после уплаты налогов
0	0	0	30	15	−22,5	22,5	−22,5
100	375	300	30	15	15	360	15
200	750	600	30	15	52,5	697,5	52,5

В таблице 10-5 мы показали равномерные годовые доходы и затраты при наших трех значениях объема реализации. В последнем столбце этой таблицы показана разница между годовыми доходами и расходами. Если она положительна, проект имеет положительную чистую приведенную стоимость.

На рисунке 10-2 мы изобразили равномерные годовые доходы и затраты при различных уровнях реализации. Как мы и могли ожидать, рисунок в точности копирует рисунок 10-1. Две прямые пересекаются, когда объем реализации составляет 85 000 машин. В этой точке равномерные годовые доходы равны равномерным годовым затратам и чистая приведенная стоимость проекта равна нулю.

И в самом деле, нет никакой разницы, работаем ли мы с приведенными стоимостями или равномерными годовыми доходами и затратами. Два метода дают одинаковые результаты. Однако очень часто менеджеры не используют ни тот, ни другой метод: вместо этого они определяют точку безубыточности по бухгалтерской прибыли. Таблица 10-6 показывает влияние на величину прибыли после уплаты налога компании "Драндулет" изменений в объемах реализации электромобилей. Опять же на рисунке 10-3 мы изобразили доходы и затраты в зависимости от объемов реализации. Однако на этот раз мы имеем другой результат. На рисунке 10-3, который основан на бухгалтерской прибыли, мы видим, что в точке безубыточности объем реализации равен 60 000 машин; на рисунках 10-1 и 10-2, изображающих приведенные стоимости и равномерные годовые потоки, объем реализации в точке безубыточности равен 85 000 машин. Откуда взялась эта разница?

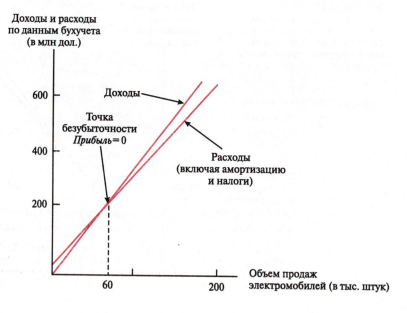

РИСУНОК 10-3
Иногда график безубыточности строится на данных бухгалтерского учета. Прибыль после уплаты налога равна нулю при объеме реализации 60 000 машин.

ГЛАВА 10. Проект — это не черный ящик

Когда мы работаем с бухгалтерской прибылью, мы каждый год вычитаем амортизацию в размере 15 млн дол. для возмещения первоначальных инвестиций. Если "Драндулет" продает в год по 60 000 машин, доходы будут достаточны как для покрытия операционных издержек, так и для возмещения первоначальных расходов в размере 150 млн дол. Однако этой суммы недостаточно для возмещения *альтернативных издержек* инвестирования этих 150 млн дол. Если мы допустим, что 150 млн дол. могут быть инвестированы в какой-то иной проект и приносить 10%, то годовая стоимость инвестиций будет равна не 15 млн дол., а 24,4 млн дол.

Компании, которые определяют точку безубыточности на основе данных бухгалтерского учета, в действительности оказываются в проигрыше — они теряют альтернативные издержки своих инвестиций. Рейнхардт описал впечатляющий пример такой ошибки[5]. В 1971 г. управляющие компании Lockheed должны были предоставить конгрессу доказательства жизнеспособности своей программы L-1011 TriStar. Они считали, что программа выглядит "привлекательной с коммерческой точки зрения" и что продажи по программе TriStar могут фактически превысить точку безубыточности, составляющую примерно 200 самолетов. Но при расчете этой точки безубыточности менеджеры Lockheed, видимо, не учли альтернативные издержки крупных капитальных вложений в этот проект в размере 1 млрд дол. С учетом этих затрат точка безубыточности находилась бы на уровне 500 самолетов.

10–2. МОДЕЛЬ МОНТЕ-КАРЛО

Анализ чувствительности позволяет вам единовременно учитывать влияние изменения только одной переменной. Рассматривая проект при различных сценариях, вы можете выявить результаты *ограниченного* числа вероятных сочетаний переменных. **Модель Монте-Карло** позволяет рассмотреть *все* возможные комбинации. Использование модели при планировании долгосрочных вложений ассоциируется главным образом с Дэвидом Герцем[6] и консалтинговой фирмой в области управления McKinsey and Company. Как мы увидим, этот метод является противоречивым.

Представьте себе, что вы игрок в Монте-Карло. Вы ничего не знаете о законах вероятности (немногие игроки осведомлены об этом), но приятель предложил вам сложную стратегию игры в рулетку. Ваш приятель не проверял на практике эту стратегию, но уверен, что, применяя ее, *в среднем* вы получите 2,5% дохода на каждые 50 оборотов колеса рулетки. По оптимистической оценке вашего друга, каждая серия из 50 оборотов принесет 55% прибыли; по пессимистической оценке они дадут 50% убытка. Как вам удостовериться в том, насколько реальны эти шансы? Легкий, но, вероятно, дорогостоящий способ — начать играть и проверять результаты после каждой серии из 50 оборотов. Скажем, после 100 серий по 50 оборотов построить частотное распределение результатов и определить среднюю от верхних и нижних предельных значений. Если результат окажется хорошим, тогда вы можете сделать несколько серьезных ставок.

Альтернативный способ — с помощью компьютера смоделировать игру в рулетку и стратегию игры. Иначе говоря, вы можете дать компьютеру задание выбрать ряд чисел, чтобы определить результат каждого оборота колеса рулетки и затем посчитать, сколько бы вы выиграли или проиграли, применяя конкретную стратегию игры.

Это был бы пример применения модели Монте-Карло. При планировании долгосрочных вложений мы заменяем игровую стратегию на модель проекта,

---

[5] *U.E. Reinhardt.* Break-Even Analysis for Lockheed's TriStar: An Application of Financial Theory // Journal of Finance. 28: 821–838. September. 1973.
[6] См.: *D.B. Hertz.* Investment Policies that Pay Off // Harvard Business Review. 46: 96–108. January–February. 1968.

а вращение рулетки на модель условий, в которых осуществляется проект. Давайте посмотрим, к чему это может привести в примере с нашим проектом по производству электромобилей.

Моделирование проекта по производству электромобилей

Шаг 1. Создание модели проекта. На первом шаге при любом методе в компьютер вводится точная модель проекта. Например, анализ чувствительности проекта по производству электромобилей основан на следующей модели потока денежных средств:

Поток денежных средств = (доходы – затраты – амортизация) ×
× (1 – ставка налога) + амортизация.

Доходы = объем рынка × рыночная доля × цена за единицу.

Затраты = (объем рынка × рыночная доля ×
× удельные переменные издержки) + постоянные издержки.

Такой модели проекта было бы достаточно для упрощенного анализа чувствительности, который мы описали выше. Но если вы захотите создать полную модель проекта, вам необходимо знать, как взаимосвязаны переменные.

Например, рассмотрим первую переменную – объем рынка. Отдел маркетинга оценил объем рынка в 10 млн машин в 1-й год осуществления проекта, но, безусловно, вы не *знаете*, что реально произойдет. Реальный объем рынка будет выше или ниже ожиданий на величину, равную погрешности в прогнозе отдела:

$$\text{Объем рынка, год 1} = \begin{matrix}\text{ожидаемый}\\ \text{объем рынка,}\\ \text{год 1}\end{matrix} \times \left(1 + \begin{matrix}\text{соответствующая}\\ \text{погрешность в}\\ \text{прогнозе, год 1}\end{matrix}\right).$$

Вы *ожидаете*, что погрешность в прогнозе равна нулю, однако она может оказаться положительной или отрицательной.

Точно так же вы можете описать объем рынка во 2-м году:

$$\text{Объем рынка, год 2} = \begin{matrix}\text{ожидаемый}\\ \text{объем рынка,}\\ \text{год 2}\end{matrix} \times \left(1 + \begin{matrix}\text{соответствующая}\\ \text{погрешность в}\\ \text{прогнозе, год 2}\end{matrix}\right).$$

Но теперь вы должны посмотреть, как то, что произойдет в 1-й год, повлияет на ожидаемый объем рынка во 2-м году. Если объем продаж машин в 1-й год будет ниже ожидаемого, он, вероятно, будет ниже и в последующие годы. Предположим, что низкий уровень продаж в первый год побудил бы вас к пересмотру вашего прогноза продаж на 2-й год в сторону уменьшения на такую же величину. Тогда:

Ожидаемый объем рынка, год 2 = фактический объем рынка, год 1.

Теперь вы можете переписать выражение для объема рынка во 2-м году через фактический объем рынка предыдущего года плюс прогнозная погрешность:

$$\text{Объем рынка, год 2} = \begin{matrix}\text{объем рынка,}\\ \text{год 1}\end{matrix} \times \left(1 + \begin{matrix}\text{соответствующая}\\ \text{погрешность в}\\ \text{прогнозе, год 2}\end{matrix}\right).$$

Таким же образом вы можете описать ожидаемый объем рынка в 3-м году через объем рынка во 2-м году и т. д.

ГЛАВА 10. Проект — это не черный ящик

Подобная система уравнений позволяет вам описать взаимосвязь различных *периодов*. Но вам также необходимо учесть и взаимосвязь различных *переменных*. Например, цена электромобиля, вероятно, возрастет с общим ростом инфляции и увеличением объема рынка. Предположим, что цена и объем рынка являются единственными неопределенными факторами и что 10%-ное снижение объема рынка предположительно привело бы к 3%-ному снижению цены. Тогда мы можем смоделировать цену первого года следующим образом:

$$\text{Цена, год 1} = \substack{\text{ожидаемая}\\ \text{цена, год 1}} \times \left(1 + \substack{\text{погрешность}\\ \text{в прогнозе ин-}\\ \text{фляции, год 1}} + 0{,}3 \times \substack{\text{погрешность в}\\ \text{прогнозе объема}\\ \text{рынка, год 1}}\right).$$

Затем, если изменения темпа инфляции и объема рынка оказывают влияние на цены, то вы можете определить цену второго года таким образом:

$$\text{Цена, год 2} = \substack{\text{ожидаемая}\\ \text{цена, год 2}} \times \left(1 + \substack{\text{погрешность}\\ \text{в прогнозе ин-}\\ \text{фляции, год 2}} + 0{,}3 \times \substack{\text{погрешность в}\\ \text{прогнозе объема}\\ \text{рынка, год 2}}\right) =$$

$$= \substack{\text{фактическая}\\ \text{цена, год 1}} \times \left(1 + \substack{\text{погрешность}\\ \text{в прогнозе ин-}\\ \text{фляции, год 2}} + 0{,}3 \times \substack{\text{погрешность в}\\ \text{прогнозе объема}\\ \text{рынка, год 2}}\right).$$

Полная модель вашего проекта включала бы в себя системы уравнений для каждой переменной — объема рынка, рыночной доли, переменных и постоянных издержек. Вы можете представить себе, что даже если вы учли бы всего лишь несколько взаимосвязей между переменными и взаимосвязей во времени, в результате вы получили бы более сложный набор уравнений[7]. Вероятно, это неплохо, коль скоро позволяет вам лучше понять проект. Построение модели чем-то похоже на шпинат: вы можете его не любить, но он полезен для вас.

Шаг 2. Определение вероятностей. Помните процедуры, которые мы применяли при моделировании игровой стратегии? На первом шаге мы определили стратегию, на втором определили числа на колесе рулетки, на третьем давали компьютеру задание выбрать эти числа наугад и получали результат, к которому приводит стратегия.

Шаги остаются теми же и для вашего проекта производства электромобилей.

---

[7] Определение взаимосвязей является наиболее трудной и наиболее значимой частью моделирования. Если бы все компоненты потоков денежных средств проекта были бы не связаны между собой, в моделировании не было бы необходимости.

РИСУНОК 10-4
Распределение погрешностей в прогнозе объема рынка. Ожидаемая погрешность равна 0, но она может колебаться в пределах ± 10%.

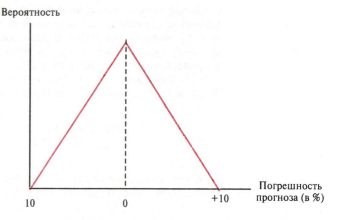

На рисунке 10-4 показано, как вы можете подойти к определению возможных погрешностей в прогнозах объема рынка. Вы *ожидаете*, что объем рынка будет равен 10 млн машин. Вы, очевидно, не думаете, что эта оценка объема рынка завышена или занижена; поэтому вы надеетесь, что погрешность вашего прогноза равна нулю. С другой стороны, отдел маркетинга предоставил вам разброс возможных оценок. Объем рынка может быть как меньше и составлять 9 млн машин, так и больше и равняться 11 млн машин. Таким образом, ожидаемое значение погрешности прогноза равно 0 в пределах ± 10%.

Вам нужно построить подобные модели возможных прогнозных погрешностей для всех других переменных, входящих в вашу модель[8].

РИСУНОК 10-5
Пример моделирования результатов проекта по производству электромобилей на первые 2 года. Он дает представление о прогнозных потоках денежных средств (т. е. вероятностном распределении средних значений), а также об их предсказуемости. В пределах, ограниченных двумя светлыми вертикальными прямыми, сосредоточено 95% потоков денежных средств модели.

---

[8] Рисунок 10-4 доказывает, что вероятность более крупной погрешности меньше, чем вероятность небольшой погрешности в прогнозах. Точнее, рисунок показывает, что вероятность возможной погрешности снижается пропорционально ее абсолютной величине. Но прогнозные погрешности не всегда подчиняются этой схеме. Например, отдел маркетинга может предполагать, что, вполне вероятно, объем рынка будет колебаться в других пределах, нежели от 9 до 11 млн машин.

ГЛАВА 10. Проект – это не черный ящик

Шаг 3. Моделирование потоков денежных средств. Теперь компьютер с учетом распределения погрешностей прогноза рассчитывает потоки денежных средств для каждого периода и записывает их. После многочисленных итераций вы начинаете получать точные оценки распределения вероятностей для денежных потоков проекта[9].

На рисунке 10-5 показаны некоторые результаты моделирования проекта компании "Драндулет". Вы можете видеть, что ожидаемый поток денежных средств первого года составляет примерно 31 млн дол. и что существует 95%-ная вероятность того, что поток денежных средств будет находиться в пределах от 4 млн до 57 млн дол.

Вы заметили одну немного странную особенность такого результата? Наша модель показывает нам, что ожидаемый поток денежных средств ежегодно составляет около 31 млн дол., но группа, занимающаяся новым продуктом, говорила нам, что ожидаемый поток денежных средств равен 30 млн дол. Несомненно, они получили эту цифру, взяв ожидаемый объем реализации, умножив его на величину ожидаемой прибыли на единицу продукции и вычтя ожидаемые постоянные издержки и налоги:

$$\text{Ожидаемый объем реализации (штук)} \times \left(\begin{array}{c} \text{ожидаемая} \\ \text{цена за} \\ \text{единицу} \end{array} - \begin{array}{c} \text{ожидаемые} \\ \text{удельные} \\ \text{переменные} \\ \text{издержки} \end{array} \right) - \begin{array}{c} \text{ожидаемые} \\ \text{постоянные} \\ \text{издержки} \end{array} - \begin{array}{c} \text{ожидаемые} \\ \text{налоги.} \end{array}$$

$$100\,000\,(3750 - 3000) - 30 - 15 = 30 \text{ млн дол.}$$

К сожалению, логика группы, занимающейся новым продуктом, была ошибочной. Ожидаемая выручка *не* равна ожидаемому объему реализации, умноженному на цену единицы продукции, если только продажи и цены не независимы друг от друга. Если это вам кажется странным, рассмотрите следующий пример. Предположим, что фирма с одинаковой вероятностью может продать 100 единиц по цене 1 дол. за каждую или 300 единиц по цене 3 дол. за каждую. Ожидаемый ею объем продаж равен $(100 + 300)/2 = 200$ штук, а ожидаемая цена $(1 + 3)/2 = 2$ дол. Следовательно, произведение ожидаемого объема реализации в штуках на цену за единицу продукции равно $200 \times 2 = 400$ дол. Но ожидаемая выручка составляет $[(100 \times 1) + (300 \times 3)]/2 = 500$ дол.

Аналогично, в случае с компанией "Драндулет" цены имеют тенденцию расти и снижаться с изменением объема реализации. Следовательно, группа, связанная с производством нового вида продукции, в своих расчетах недооценила ожидаемый поток денежных средств. Поэтому моделирование дало нам одну полезную информацию: чистая приведенная стоимость проекта равна:

$$-150 + \sum_{t=1}^{10} \frac{31}{(1{,}10)^t} = 40 \text{ млн дол.}$$

"Издержки" моделирования: вы платите за то, что получаете

Хотя моделирование – дорогостоящая и сложная процедура, что очевидно составителям прогнозов и тем, кто отвечает за принятие решений, его стоит использовать, сталкиваясь с проблемами неопределенности и взаимосвязей.

После того как вы построили свою модель, легко проанализировать, что произошло бы, если бы вам удалось снизить неопределенность какой-либо переменной. Вы также можете использовать этот метод для расчета влияния на проект различных его модификаций.

---

[9] Точные в той степени, в которой точны ваша модель и распределение вероятностей погрешности прогнозов. Вспомните принцип: "Мусор ввели, мусор получили". [В английском языке этот принцип получил наименование GIGO: "**G**arbage **I**n, **G**arbage **O**ut". – *Примеч. ред.*]

Все это делает моделирование очень похожим на панацею от всех бед. Но, как правило, чтобы что-то получить, вы должны за это заплатить. Но на самом-то деле иногда вы платите *больше*, чем получаете.

Это не просто вопрос времени и денег, затрачиваемых на построение модели. Чрезвычайно трудно определить взаимосвязи между переменными и распределение основных вероятностей, даже когда вы пытаетесь сохранять непредвзятость. Но при планировании долгосрочных вложений составители прогнозов редко бывают беспристрастными, и распределение вероятностей, на котором строится модель, может оказаться в высшей степени необъективным.

На практике моделирование, которое стремится к реалистичности, является также и очень сложным. Поэтому управленцы, как правило, поручают построение модели ученым или консультантам по вопросам менеджмента. Но опасность заключается в том, что даже если сам создатель понимает свое творение, то управленец не в состоянии его понять, а следовательно, и не доверяет ему. Такова ирония судьбы: моделирование, предназначавшееся для открытия черных ящиков, в конце концов создает новый черный ящик.

Погрешности моделирования

Финансовый менеджер, как детектив, должен использовать любую зацепку. Моделирование следует рассматривать как один из нескольких способов получения информации об ожидаемых потоках денежных средств и риске. Но окончательное инвестиционное решение зависит только от одного показателя — чистой приведенной стоимости.

Некоторые из ранних сторонников моделирования предъявляли к методу слишком завышенные притязания. Они начали с посылки о том, что приведенная стоимость сама по себе не может верно отражать риск, и поэтому они обходили этот последний решающий этап.

При таком альтернативном подходе финансовый менеджер получает распределение не потоков денежных средств, а чистых приведенных стоимостей или внутренних норм доходности. Теперь, возможно, это звучит более привлекательно — разве целый ряд распределений чистой приведенной стоимости не лучше одного-единственного значения? Однако мы должны видеть, что подобный аргумент "чем больше, тем лучше" заманивает финансового менеджера в ловушку. Во-первых, необходимо объяснить, что означает распределение значений чистой приведенной стоимости. Потоки денежных средств в каждой итерации имитационной модели приводятся к чистой приведенной стоимости посредством *дисконтирования по безрисковой ставке*. Почему они не дисконтируются по ставке, равной альтернативным издержкам? Потому что, если вы знаете, какова она, вам не нужна имитационная модель, за исключением, возможно, случаев составления прогноза потоков денежных средств. Безрисковая ставка используется для того, чтобы избежать предвзятости в оценках.

Посмотрите на рисунок 10-6, на котором показано распределение значений чистой приведенной стоимости для проекта компании "Драндулет". "Ожидаемая чистая приведенная стоимость" не базируется на допущении о риске. Риск отражается в распределении значений чистой приведенной стоимости. Таким образом, термин *чистая приведенная стоимость* принимает значение, отличное от обычного. Если актив имеет ряд возможных "положительных стоимостей", имеет мало смысла связывать приведенную стоимость с *определенной* ценой, по которой актив продавался бы на конкурентном рынке капитала[10].

---

[10] Единственный смысл, который мы можем приписать этим необычным значениям чистой приведенной стоимости, заключается в следующем: предположим, что всякая неопределенность, связанная с основными потоками денежных средств проекта, исчезала бы на следующий день после начала его осуществления. В этот день альтернативные издержки проекта снизились бы до безрисковой ставки. Распределение чистой приведенной стоимости представляет собой распределение возможных стоимостей проекта на этот второй день его осуществления.

ГЛАВА 10. Проект — это не черный ящик

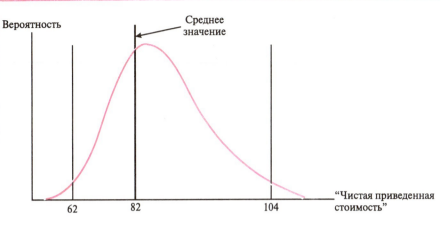

РИСУНОК 10-6
Некоторые сторонники моделирования считают, что финансовый менеджер должен иметь перед собой картину распределения "чистых приведенных стоимостей", подобную той, что изображена на рисунке — для проекта по производству электромобилей.

"Риск" такого распределения не учитывает возможности инвесторов диверсифицировать. Кроме того, он чувствителен к толкованию проекта. Если соединить два несвязанных проекта, то "риск" для чистой приведенной стоимости комбинированного проекта будет меньше, чем средний "риск" для чистых приведенных стоимостей двух отдельно взятых проектов. Это не только нарушает принцип слагаемости стоимостей, но также поощряет "маржинальных" вкладчиков обойти систему посредством принятия совместных проектов.

И наконец, очень трудно интерпретировать распределение чистых приведенных стоимостей. Поскольку безрисковая ставка не соответствует альтернативным издержкам капиталовложений, в дисконтировании нет никакого экономического смысла. Так как в целом доктрина произвольна, менеджерам можно только посоветовать пристально всматриваться в распределение, пока на них не снизойдет вдохновение. Но никто не сможет подсказать им, какое решение принять или что делать, если вдохновение не озарит их никогда.

Некоторых из этих трудностей можно избежать, если рассматривать распределение внутренних норм доходности. Таким образом можно исключить произвольность при выборе ставок дисконта, однако платой за это будут все те проблемы, которые связаны с внутренней нормой доходности. Более того, менеджеру опять придется разглядывать распределение безо всякого указания о приемлемом соотношении между ожидаемой доходностью и ее дисперсией[11].

10-3. "ДРЕВО РЕШЕНИЙ" И ПОСЛЕДУЮЩИЕ РЕШЕНИЯ

Если финансовые менеджеры воспринимают проекты как черные ящики, то они, вероятно, пытаются обдумать только первое решение "принять — отвергнуть" и не учитывают сопутствующие инвестиционные решения, обусловленные первым. Но если последующие инвестиционные решения зависят от сегодняшних, тогда и решение, которое принимается сегодня, тоже может зависеть от ваших планов на завтра.

Пример: Vegetron

В предыдущей главе мы уже рассмотрели простую проблему последующих решений на примере проекта компании Vegetron по производству электрошвабр.

---

[11] Однако менеджер может использовать стандартное отклонение внутренней нормы доходности в качестве показателя относительно риска проектов в одинаковых видах деятельности.

Проблема заключалась в следующем:

Ученые компании Vegetron вышли с предложением о производстве электрошвабр, и фирма готова начать опытное производство и маркетинговые испытания продукции. Предварительная разработка займет год, а затраты равны 125 000 дол. Руководство считает, что шанс на успех опытного производства и контрольной партии на рынке составляет пятьдесят на пятьдесят. В случае успеха Vegetron построит завод стоимостью 1 млн дол., который будет приносить ожидаемый годовой посленалоговый денежный поток размером 250 000 дол. в бесконечный период времени. В случае неудачи Vegetron не будет продолжать осуществление проекта.

Конечно, Vegetron *могла бы* продолжить проект, даже если бы испытания пробной партии закончились неудачей. Давайте предположим, что в этом случае 1 млн дол. инвестиций приносил бы только 75 000 дол. в год.

Для анализа проектов с учетом последующих решений финансовые менеджеры часто применяют метод "**древа решений**". На рисунке 10-7 проект производства электрошвабр представлен в виде "древа решений". Давайте представим себе это как игру Vegetron с судьбой. Квадратами отмечены решения Vegetron, кружочками — решения судьбы. Vegetron начинает игру с квадратика, расположенного слева. Если Vegetron решает провести испытания, то судьба бросает кости и решает их исход. Если испытания прошли удачно, — а вероятность этого равна $1/2$ — тогда фирма должна принять второе решение: инвестировать 1 млн дол. в проект, дающий чистую приведенную стоимость в размере 1,5 млн дол., или остановиться. Если испытания прошли неудачно, перед Vegetron стоит аналогичный выбор, но чистая приведенная стоимость инвестиций составляет –250 000 дол.

Очевидно, что решением второго этапа будет: инвестировать, если испытания закончатся удачно, а если нет — остановиться. Чистая приведенная стоимость отказа от проекта равна нулю, так что "древо решений" предлагает простую задачу: следует ли Vegetron инвестировать сегодня 125 000 дол. при 50% вероятности, что она получит 1,5 млн дол. в следующем году?

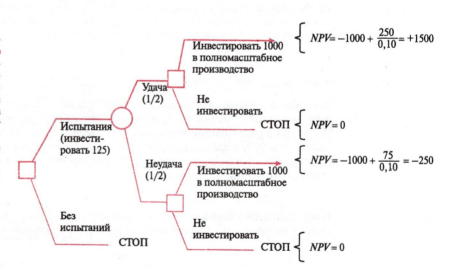

РИСУНОК 10-7
Пример проекта по производству электрошвабр из главы 9, представленный в виде "древа решений". Этот проект предполагает последующие решения. Инвестиции в испытания партии дают возможность инвестировать в полномасштабное производство. (Все цифры приводятся в тыс. дол., вероятности указаны в скобках.)

ГЛАВА 10. Проект – это не черный ящик   249

*Более сложный пример: "Вольный полет"

"Вольный полет" — это новая корпорация по обслуживанию служебных перелетов на юго-востоке Соединенных Штатов, основанная г-жой В. Хартией Вольнэсти. Она полагает, что на услуги компании уже созрел спрос со стороны фирм, которые не в состоянии обращаться к компаниям, предоставляющим самолет на полное время, но тем не менее время от времени нуждаются в них. Однако предприятие не свободно от риска. Существует 40%-ная вероятность, что в первый год спрос будет низким. Если он будет низким, то вероятность, что он останется низким в последующие годы, составляет 60%. С другой стороны, если вначале спрос будет высоким, то вероятность, что он таким и останется, составляет 80%.

Первейшая задача – решить, какой самолет купить. Новый турбовинтовой самолет стоит 550 000 дол. Подержанный самолет с поршневым двигателем стоит всего лишь 250 000 дол., но имеет меньшую мощность и менее привлекателен для пассажиров. Кроме того, у самолета с поршневым двигателем устаревшая конструкция, и он, вероятно, быстро износится. Г-жа Вольнэсти считает, что в следующем году подержанный самолет с поршневым двигателем можно будет приобрести всего лишь за 150 000 дол.

В связи с этим у г-жи Вольнэсти возникла идея: почему бы не начать с одного поршневого самолета и не приобрести другой, если спрос останется высоким? Для этого потребуется только 150 000 дол. Если спрос будет низким, "Вольный полет" с одним небольшим, относительно недорогим самолетом будет работать на полную мощность.

На рисунке 10-8 представлена эта ситуация. Квадратиком слева обозначено первоначальное решение компании о приобретении турбовинтового самолета за 550 000 дол. или самолета с поршневым двигателем за 250 000 дол. После того как компания приняла это решение, судьба решает проблему спроса в первый год. В скобках вы можете видеть вероятность того, каков будет спрос — низкий или высокий, а ниже представлены ожидаемые потоки денеж-

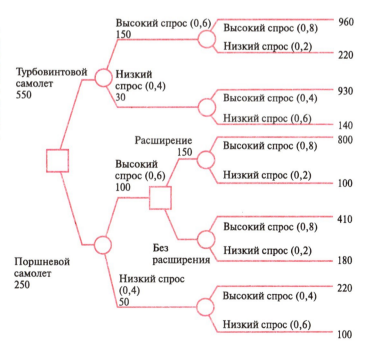

РИСУНОК 10-8
"Древо решений" для компании "Вольный полет". Что ей следует покупать — новый турбовинтовой или меньший по размерам поршневой самолет? Второй самолет с поршневым двигателем может быть куплен в первом году, если вырастет спрос. (Все цифры приводятся в тыс. дол.; вероятности — в скобках.)

ных средств для каждой комбинации типа самолета и уровня спроса. В конце первого года, если компания имеет поршневой самолет, она должна принять второе решение: она может либо расшириться, либо остаться в прежнем состоянии. Это решение отмечено вторым квадратом. В конце в игру опять вступает судьба и выбирает уровень спроса на 2-й год. В скобках вы опять можете увидеть вероятность высокого или низкого спроса. Отметим, что вероятности для второго года зависят от результатов первого года. Например, если в первый год спрос высокий, тогда существует 80%-ная вероятность, что спрос будет высоким и во второй год. Вероятность высокого спроса в период 1 *и* в период 2 равна 0,6 × 0,8 = 0,48. За скобками мы опять показываем рентабельность проекта при каждой комбинации типа самолета и уровня спроса. Вы можете интерпретировать каждое из этих чисел как приведенную стоимость в конце второго года потоков денежных средств данного года и всех последующих лет.

Г-жа Вольнэсти должна решить, что ей делать сегодня. Мы считаем, что сначала ей следует подумать, что она делала бы в следующем году. Это значит, что мы начинаем с правой стороны древа и двигаемся влево к началу.

Единственное решение, которая г-жа Волнэсти должна принять в следующем году, — расширять ли свой бизнес, если высокий спрос оправдывает приобретение самолета с поршневым двигателем. Если она решит расширять дело, то инвестирует 150 000 дол. и получит либо 800 000 дол., если спрос останется высоким, либо 100 000 дол., если спрос упадет. Таким образом, ее *ожидаемый* результат следующий:

(Вероятность высокого спроса × исход при высоком спросе) +
+ (вероятность низкого спроса × исход при низком спросе) =
= (0,8 × 800) + (0,2 × 100) = 660 000 дол.

Если альтернативные издержки этого предприятия равны 10%[12], то чистая приведенная стоимость расширения бизнеса для 1-го года равна:

$$NPV = -150 + \frac{660}{1,10} = +450, \text{ или } 450\,000 \text{ дол.}$$

Если г-жа Вольнэсти *не станет* расширять дело, то ожидаемый результат будет:

(Вероятность высокого спроса × исход при высоком спросе) +
+ (вероятность низкого спроса × исход при низком спросе) =
= (0,8 × 410) + (0,2 × 180) = 364 000 дол.

Чистая приведенная стоимость *без* расширения, вычисленная для 1-го года, равна:

$$NPV = 0 + \frac{364}{1,10} = +331, \text{ или } 331\,000 \text{ дол.}$$

Очевидно, что расширение выгодно при высоком рыночном спросе. Теперь, когда мы знаем, что следует делать компании "Вольный полет", если встанет вопрос о расширении, мы можем вернуться к сегодняшнему решению. Если покупается первый поршневый самолет, Вольнэсти может ожидать получить в 1-м году 550 000 дол. при высоком спросе и 185 000 дол. при низком спросе:

---

[12] Здесь мы согрешили тем, что опустили один из наиболее сложных вопросов. Как и в случае с компанией Vegetron, наиболее рискованной частью предприятия г-жи Вольнэсти скорее всего является начальная стадия проекта. Возможно, нам следует использовать более низкую ставку дисконта для второго поршневого самолета, чем для первого.

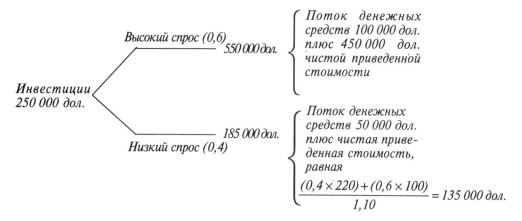

Чистая приведенная стоимость инвестиций в самолет с поршневым двигателем, следовательно, равна 117 000 дол.:

$$NPV = -250 + \frac{0{,}6(550) + 0{,}4(185)}{1{,}10} = +117\,000 \text{ дол.}$$

Если г-жа Хартия Вольнэсти купит турбовинтовой самолет, никаких будущих решений анализировать не нужно и поэтому нет необходимости возвращаться назад. Мы просто вычисляем ожидаемые потоки денежных средств и дисконтируем их:

$$NPV = -550 + \frac{0{,}6(150) + 0{,}4(30)}{1{,}10} +$$

$$+ \frac{0{,}6[0{,}8(960) + 0{,}2(220)] + 0{,}4[0{,}4(930) + 0{,}6(140)]}{(1{,}10)^2} =$$

$$= -550 + \frac{102}{1{,}10} + \frac{670}{(1{,}10)^2} = +96, \text{ или } 96\,000 \text{ дол.}$$

Таким образом, чистая приведенная стоимость инвестиций в самолет с поршневым двигателем равна 117 000 дол., а в турбовинтовой самолет — 96 000 дол. Поршневой самолет являет собой лучший выбор. Однако отметим, что выбор мог бы быть другим, если бы мы забыли учесть возможность расширения. В этом случае чистая приведенная стоимость инвестиции в поршневой самолет снизилась бы с 117 000 дол. до 52 000 дол.:

$$NPV = -250 + \frac{0{,}6(100) + 0{,}4(50)}{1{,}10} +$$

$$+ \frac{0{,}6[0{,}8(410) + 0{,}2(180)] + 0{,}4[0{,}4(220) + 0{,}6(100)]}{(1{,}10)^2} =$$

$$= +52, \text{ или } 52\,000 \text{ дол.}$$

Следовательно, стоимость *возможности расширения*, или *опциона** на расширение, составляет:

$$117 - 52 = +65, \text{ или } 65\,000 \text{ дол.}$$

---

* Подробно об опционах, их видах, функциях, оценке их стоимости речь идет в главах 20, 21. — *Примеч. ред.*

РИСУНОК 10-9
Пересмотренное "древо решений" компании "Вольный полет" с учетом возможности прекратить бизнес, если спрос окажется низким (в тыс. дол.)

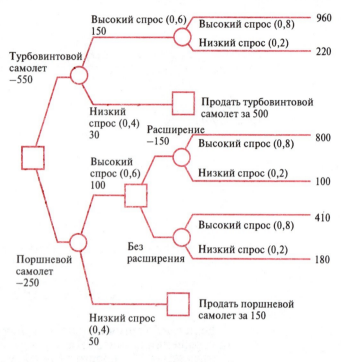

* "Запасной выход"

Если у возможности расширения есть стоимость, то что происходит с возможностью *сокращения* или полным прекращением?

Мы предположили, что компания "Вольный полет" может купить подержанный поршневой самолет за 150 000 дол. в 1-м году. Мы также допустили, что она сможет продать его за ту же цену. Именно так она должна поступить, если она покупает поршневой самолет и сталкивается с низким спросом: 150 000 дол., полученные от продажи самолета сегодня, очевидно, лучше 220 000 дол., вероятность получения которых годом позже составляет 40%, и 100 000 дол., вероятность получения которых составляет 60%.

Давайте допустим, что турбовинтовой самолет может быть продан за 550 000 дол. в 1-м году. Опять же есть смысл его продать, если спрос окажется низким.

Но теперь мы вновь должны обдумать решение о покупке самолета с поршневым двигателем. Если "Вольный полет" может "вернуть" любые из инвестиций, почему не приобрести турбовинтовой самолет и не нацелиться на большее вознаграждение?

На рисунке 10-9 представлено решение проблемы компании "Вольный полет", включая возможность отказа от бизнеса. Сначала мы вычисляем чистую приведенную стоимость покупки турбовинтового самолета. Это сводится к простой задаче для одного периода:

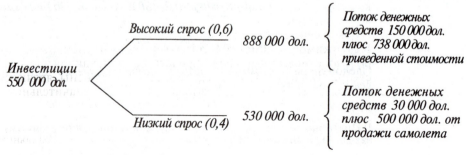

ГЛАВА 10. Проект – это не черный ящик

$$NPV = -550 + \frac{0{,}6(888) + 0{,}4(530)}{1{,}10} = +127, \text{ или } 127\ 000\ \text{дол.}$$

Таким образом, если мы предусматриваем возможность свертывания бизнеса, чистая приведенная стоимость инвестиции в турбовинтовой самолет возрастает с 96 000 дол. до 127 000 дол. Стоимость *возможности отказа*, или *опциона на отказ*, от бизнеса:

Стоимость опциона на отказ от бизнеса =
= NPV с прекращением — NPV без прекращения = 127–96 = 31, или 31 000 дол.

Теперь вычислим чистую приведенную стоимость покупки самолета с поршневым двигателем с учетом возможности отказа от бизнеса. Стоимость такого самолета следующая:

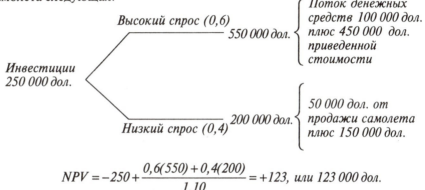

$$NPV = -250 + \frac{0{,}6(550) + 0{,}4(200)}{1{,}10} = +123, \text{ или } 123\ 000\ \text{дол.}$$

С опционом на отказ от бизнеса поршневой самолет оценивается в 123 000 дол., без такого опциона — 117 000 дол. Следовательно, стоимость опциона на отказ от бизнеса:

123 – 117 = 6, или 6000 дол.

Хорошо, что мы не забыли о возможности перепродажи самолетов. С учетом стоимости опциона на отказ от бизнеса чистая приведенная стоимость турбовинтового самолета равна 127 000 дол., а самолета с поршневым двигателем — только 123 000 дол.

Стоимость прекращения бизнеса и бюджет долгосрочных вложений

Стоимость прекращения — стоимость возможности отказаться от проекта — простая идея, которая имеет удивительно широкое практическое применение. В определенном смысле это просто житейская логика — неудача подобна кошке, готовой выпустить когти, и поэтому вы всегда должны быть готовы свернуть дела и уйти.

Избавиться от одних активов легче, чем от других: материальные активы, как правило, легче продать, чем нематериальные[13]. В этом смысле весьма полезны активно действующие рынки подержанных товаров, которые, однако, реально существуют только для стандартных товаров широкого потребления. Недвижимость, самолеты, грузовые машины и некоторые виды станков, вероятно, относительно легко продать. Знания, накопленные в программах исследований и разработок Vegetron, с другой стороны, являются особым нематериальным активом и, возможно, не имеют значительной стоимости при прекращении бизнеса.

---
[13] Это не всегда так. Чтобы сбыть некоторые активы, иногда самому приходится заплатить — например, если надо избавиться от сломанного холодильника.

254 ЧАСТЬ III. Практические проблемы планирования долгосрочных вложений

В худшем случае акционеры фирмы могут выйти из бизнеса посредством банкротства. Может быть, это звучит странно, что возможность банкротства помогает инвесторам, но это действительно так. Инвесторы в корпорации несут *ограниченную ответственность*: они рискуют только теми деньгами, которые вкладывают. С их точки зрения, существует ограничение на сумму денег, которые фирма может потерять; они всегда имеют право уйти из фирмы и оставить ее проблемы на долю кредиторов и судов по банкротствам[14].

Стоимость расширения может иметь такое же важное значение, как и стоимость прекращения. Когда дела идут хорошо, чем быстрее и легче можно расширить бизнес, тем лучше. Лучший из всех возможных вариантов — когда удача улыбается вам и вы обнаруживаете, что можете быстро осуществить расширение, *а ваши конкуренты не могут*.

Доводы за и против "древа решений"

Наши примеры прекращения и расширения бизнеса — это чрезвычайно упрощенные варианты проблем, с которыми сталкиваются финансовые менеджеры при принятии последующих решений. Но они подчеркивают одно важное обстоятельство общего характера: если решения, которые принимаются сегодня, влияют на то, что вы будете делать завтра, то, прежде чем вы сможете рационально действовать сегодня, вы должны проанализировать решения, которые примете завтра.

Любой прогноз потоков денежных средств строится на допущениях относительно будущих инвестиций и производственной стратегии фирмы.

Часто эти допущения делаются в неявном виде. "Древо решений" заставляет раскрыть основную стратегию. Показывая связь между сегодняшними и завтрашними решениями, оно помогает финансовому менеджеру найти стратегию с наиболее высокой чистой приведенной стоимостью[15].

Трудность, связанная с использованием метода "древа решений", заключается в том, что оно так _____ быстро становится таким_____ сложным (подставьте свои эпитеты). Что сделает компания "Вольный полет", если спрос будет не высоким и не низким, а средним? В этом случае г-жа Вольнэсти может продать турбовинтовой самолет и купить самолет с поршневым двигателем, или она может отложить решение о расширении или прекращении бизнеса до второго года. Средний уровень спроса может потребовать решения о снижении цен или проведении усиленной кампании по сбыту.

Есть и другие проблемы. Например, будущие цены на подержанные самолеты неизвестны. В этом случае прекращение бизнеса будет зависеть не просто от уровня спроса, но и от уровня цен на подержанные самолеты. Более того, цены на подержанные самолеты, вероятно, снизятся, если спрос упадет, и сохранятся, если спрос останется на высоком уровне.

Мы могли бы построить новое "древо решений" с учетом этих дополнительных условий и решений. Попробуйте, если у вас есть такое желание, и вы увидите, как быстро вырастет количество кружков, квадратов и ответвлений. Жизнь сложна, и мы мало что можем с этим поделать. Поэтому несправедливо критиковать "древо решений" за то, что у него может вырасти густая крона. Нашу критику прибережем для экспертов, которые позволяют сложностям стать непреодолимыми. Смысл метода "древа решений" — сделать возможным явный анализ событий и решений, которые могут случиться в бу-

---

[14] Мы обсудим проблему банкротства в главах 18 и 30.

[15] Некоторые эксперты идут еще дальше. Как и ранние защитники имитационных моделей, они начинают с предположения, что в принципе чистой приведенной стоимости не учитывается риск. Поэтому они предлагают использовать метод "древа решений" для расчета распределения "чистых приведенных стоимостей" или внутренних норм доходности каждого возможного последствия решений компании. Возможно, это очень напоминает пряничный домик, но теперь-то вы уже должны знать, что внутри его сидит ведьма.

ГЛАВА 10. Проект — это не черный ящик   255

дущем. Судить о "деревьях решений" нужно не по их всеохватности, а по тому, показывают ли они значимые связи между сегодняшними и завтрашними решениями. В реальной практике используются более сложные "деревья решений", чем те, что изображены на рисунках 10-8 и 10-9, но и они тем не менее, охватывают лишь небольшую часть возможных в будущем событий и решений. "Деревья решений" подобны виноградной лозе: они приносят плоды, если их постоянно обрезать.

В своем анализе проекта компании "Вольный полет" мы обошли важный вопрос. Возможность расширения увеличила разброс вероятных результатов, а следовательно, увеличила риск инвестирования в поршневой самолет. И наоборот, возможность прекращения бизнеса сузила разброс вероятных результатов. И поэтому снизила риск инвестиций. Учитывая такие колебания степени риска, мы должны были использовать различные ставки дисконта, но "древо решений" не говорит нам, как это сделать. На самом деле "деревья решений" вообще не говорят нам, как оценивать стоимость опционов: просто они являются удобным способом суммировать выводы о потоках денежных средств. Тем не менее ситуация не безнадежна. Современные методы оценки опционов начинают использоваться и применительно к выбору инвестиций. Мы опишем эти методы в главах 20 и 21.

"Древо решений" и модель Монте-Карло

Мы говорили о том, что любой прогноз потоков денежных средств строится на допущениях относительно будущих инвестиций и стратегии производства. Вернемся к имитационной модели Монте-Карло, которую мы построили для компании "Драндулет". Какая стратегия лежала в ее основе? Мы не знаем. "Драндулет" неизбежно столкнется с необходимостью принятия решений по вопросам ценообразования, производства, расширения и прекращения бизнеса, но допущения, сделанные создателем модели, касающиеся этих решений, сокрыты в уравнениях модели. В какой-то момент создатель модели может четко сформулировать будущую стратегию для "Драндулета", но, очевидно, она не будет оптимальной. Будет сделано несколько прогонов модели, прежде чем почти все пойдет не так, как надо, но к этому времени в реальной жизни компания "Драндулет" уже остановила бы проект, чтобы уменьшить свои потери. А модель продолжает воспроизводить период за периодом, невзирая на истощение денежных ресурсов "Друндулета", но наиболее неблагоприятные результаты, полученные в имитационной модели, никогда не встречаются в реальной жизни.

С другой стороны, имитационная модель, возможно, преуменьшает потенциальную стоимость проекта, если все идет как надо: она не предусматривает условие о расширении, позволяющее воспользоваться удачным состоянием дел.

Большинство имитационных моделей предусматривают стратегию "обычного бизнеса", которая хороша, пока не случилось крупных неожиданностей. Чем больше отклонения от ожидаемых уровней роста рынка, рыночной доли, издержек и т. д., тем менее реалистична модель. Поэтому слишком высокие и слишком низкие моделируемые значения — "хвосты" модельных распределений — должны рассматриваться с предельной осторожностью. Не воспринимайте "хвосты" как реальную вероятность поражений или удач.

10-4. РЕЗЮМЕ

Планирование долгосрочных вложений охватывает и другие задачи, кроме мучительного вычисления чистой приведенной стоимости. Если вы способны сформулировать основные факторы неопределенности, вы, возможно, обнаружите, что стоит провести некоторые дополнительные предварительные исследования, которые покажут, стоит ли осуществлять проект. И даже если вы решили, что сделали все, что могли, чтобы устранить неопределенность, вы все еще хотите знать о потенциальных проблемах. Вы не желаете, чтобы какие-то неприятности застали вас врасплох: вам нужно быть готовым к любым переменам.

Есть три способа, которыми компании пытаются определить потенциальные угрозы успеху проектов. Наиболее простой — провести анализ чувствительности. В этом случае менеджер рассматривает по очереди каждый фактор, влияющий на успех проекта, и оценивает, насколько изменилась бы приведенная стоимость проекта в зависимости от самых пессимистических и самых оптимистических предположений относительно этой переменной.

Анализ чувствительности такого рода провести легко, но не всегда полезно. Переменные обычно не изменяются независимо друг от друга. Если затраты больше, чем вы ожидали, то есть шанс, что и цены будут выше. А если цены выше, то, вероятно, объем продаж будет ниже. Если вы не допускаете взаимозависимости между качелями и каруселью, вы можете получить неправильное представление о рисках развлекательного бизнеса. Многие компании пытаются решить эту проблему, рассматривая влияние на проект альтернативных возможных комбинаций переменных. Другими словами, они оценивают чистую приведенную стоимость проекта при различных сценариях и сравнивают ее с чистой приведенной стоимостью базового проекта.

В анализе чувствительности вы единовременно меняете значение лишь одной переменной; когда вы проводите анализ сценариев, вы рассматриваете ограниченное число альтернативных комбинаций переменных. Если вы хотите провести основательный анализ и рассмотреть *все* возможные комбинации переменных, вам, чтобы охватить все, вероятно, потребуется модель Монте-Карло. В этом случае вы должны построить полную модель проекта и определить вероятностное распределение каждой составляющей потока денежных средств. Затем вы даете компьютеру задание выбрать наугад значение каждой из этих составляющих и вычислить возможные результирующие потоки денежных средств. После того как компьютер выполнит эту операцию тысячу или примерно столько раз, вы должны получить ясное представление об ожидаемом потоке денежных средств для каждого года и разброс значений возможных потоков денежных средств.

Моделирование может послужить очень полезным инструментом. Процесс построения модели проекта сам по себе способен привести вас к более глубокому пониманию проекта. И если вы построили вашу модель, теперь легко будет увидеть, какое влияние на проект могут оказать изменение размера проекта или распределение какой-либо переменной. Конечно, сведения, которые дает вам моделирование, ограниченны. Конструкторы морских судов, рассматривая альтернативные конструкции корпусов, проводят эксперименты в искусственных водоемах, но они знают, что невозможно полностью воссоздать условия, в которые может попасть корабль. Точно так же финансовый менеджер много может получить от "лабораторных" тестов, но не должен надеяться построить модель, которая исчерпывала бы все неопределенные факторы и взаимосвязи, которые могут реально сопутствовать проекту.

В литературе о планировании долгосрочных вложений иногда встречаются высказывания о том, что если менеджер принял инвестиционное решение, ему уже ничего не остается, кроме как бездельничать и наблюдать за потоками денежных средств. На практике компании постоянно вносят изменения в свою деятельность. Если потоки денежных средств превосходят ожидания, проект может быть расширен; если они меньше, чем ожидалось, проект может быть сокращен или же прекращен совсем. Хорошие менеджеры учитывают такие возможности при оценке проекта. Один из признанных способов анализа этих возможностей — построение "древа решений". Вы определяете основные изменения, которые могут произойти с проектом, и основные взаимосвязи, которые вы способны выявить. Затем, идя от будущего к настоящему, вы можете определить, какие действия вы *должны* предпринять в каждом случае. Зная это, вы легко оцените, насколько увеличится стоимость проекта за счет такой возможности приспосабливаться к изменившимся условиям.

ГЛАВА 10. Проект – это не черный ящик

Многие ранние статьи о моделировании и методе "древа решений" были написаны до того, как мы узнали, как ввести риск в расчеты чистой приведенной стоимости. Их авторы полагали, что эти методы могут позволить менеджерам принимать инвестиционные решения, не оценивая альтернативные издержки капиталовложений и не вычисляя чистую приведенную стоимость. Теперь мы знаем, что моделирование и анализ решений не в силах оградить вас от необходимости вычисления чистой приведенной стоимости. Ценность этих методов состоит в том, что они помогают анализировать прогнозы потоков денежных средств; они помогают менеджеру понять, что могло бы пойти не так, как надо, и какие существуют возможности для изменения проекта. Вот почему мы представили их как инструменты для вскрытия черных ящиков.

РЕКОМЕНДУЕМАЯ ЛИТЕРАТУРА

Отличный пример исследования анализа безубыточности смотри:
U.E. Reinhardt. Break-Even Analysis for Lockheed's TriStar: An Application of Financial Theory // Journal of Finance. 28: 821–838. September. 1973.

Главный авторитет в области моделирования инвестиционных проектов – Дэвид Герц. Смотри:
D.B. Hertz. Investment Policies that Pay Off //Harvard Business Review. 46: 96–108. January–February. 1968.

D.B. Hertz. Risk Analysis in Capital Investment // Harvard Business Review. 42: 95–106. January–February. 1964.

Льюиллен и Лонг вообще выступают против моделирования. Однако смотри работу Майерса:
W.G. Lewellen and M.S. Long. Simulation vs. Single-Value Estimates in Capital Expenditure Analysis // Decision Sciences. 3: 19–34. 1972.

S.C. Myers. Postscript: Using Simulation for Risk Analysis // S.C. Myers (ed.). Modern Developments in Financial Management. Praeger Publishers, Inc., New York, 1976.

Использование метода "древа решений" для оценки инвестиций рассматривается:
J. Magee. How to Use Decision Trees in Capital Investment // Harvard Business Review. 42: 79–96. September–October. 1964.

R.F. Hespos and P.A. Strassmann. Stochastic Decision Trees for the Analysis of Investment Decision // Management Science. 11: 244–259. August. 1965.

Хэкс и Уиг обсуждают, как модель Монте-Карло и метод "древа решений" использовались в практическом планировании долгосрочных вложений.
A.C. Hax and K.M. Wiig. The Use of Decision Analysis in Capital Investment Problems //Sloan Management Review. 17: 19–48. Winter. 1976.

Возможность отказа от бизнеса при планировании долгосрочных вложений впервые анализировалась в:
A.A. Robichek and J.C. Van Horne. Abandonment Value in Capital Budgeting // Journal of Finance. 22: 577–590. December. 1967.

КОНТРОЛЬНЫЕ ВОПРОСЫ

1. Дайте определение и кратко объясните каждый из следующих терминов или методов:
    а) анализ проекта;
    б) анализ чувствительности;
    в) анализ безубыточности;
    г) модель Монте-Карло;
    д) "древо решений";

е) стоимость прекращения;
ж) стоимость расширения.

2. Какова чистая приведенная стоимость проекта по производству электромобилей согласно следующему сценарию:

- Объем рынка — 11 млн ед.
- Рыночная доля — 0,01
- Цена за единицу — 4000 дол.
- Удельные переменные издержки — 3600 дол.
- Постоянные издержки — 20 млн дол.

3. Компания "Драндулет" рассматривает альтернативный способ производства электромобилей. Он потребовал бы дополнительно 150 млн дол. инвестиций, но снизил бы переменные издержки на 40 млн дол. в год.
  а) Какова чистая приведенная стоимость альтернативного проекта?
  б) Постройте кривую безубыточности для этого альтернативного проекта вдоль линий на рисунках 10-1 и 10-3.
  в) Объясните, как вы интерпретировали бы данные о безубыточности.

4. Обобщите проблемы, с которыми столкнулся бы менеджер при интерпретации стандартного анализа чувствительности, такого, как показан в таблице 10-2. Какие из этих проблем можно смягчить, рассматривая альтернативные сценарии проекта?

5. Верны или неверны следующие утверждения?
  а) Нет необходимости анализировать проекты, бета активов которых равна нулю.
  б) Анализ чувствительности можно использовать для определения переменных, наиболее значимых для успеха проекта.
  в) Анализ чувствительности дают "оптимистичные" и "пессимистичные" значения потоков денежных средств и чистой приведенной стоимости проекта.
  г) Уровень безубыточности продаж проекта выше, когда безубыточность выражена через чистую приведенную стоимость, нежели через бухгалтерскую прибыль.
  д) Модель Монте-Карло может помочь спрогнозировать потоки денежных средств.
  е) В модели Монте-Карло нет необходимости оценивать альтернативные издержки проекта.
  ж) Метод "древа решений" полезен, когда будущие инвестиционные решения могут зависеть от решений, принимаемых сегодня.
  з) Высокая стоимость прекращения бизнеса увеличивает чистую приведенную стоимость проекта при прочих равных условиях.

6. Предположим, что менеджер уже рассчитал потоки денежных средств проекта, определил его чистую приведенную стоимость и провел анализ чувствительности, аналогичный представленному в таблице 10-2. Перечислите дополнительные шаги, необходимые для построения модели Монте-Карло для денежных потоков проекта.

7. Используя "древо решений", покажите, что даст компании "Драндулет" предварительное испытание намеченного оборудования (см. раздел 10-1).

8. Компания "Большая нефть" хочет знать, стоит ли бурить нефтяную скважину в округе Вестчестер. Перспективы таковы:

Глубина скважины (в футах)	Совокупные затраты (в млн дол.)	Общая вероятность найти нефть	Приведенная стоимость нефти (в случае обнаружения; в млн дол.)
1000	2	0,5	5
2000	2,5	0,6	4,5
3000	3	0,7	4

ГЛАВА 10. Проект – это не черный ящик

Постройте "древо решений", показывающее последовательные решения о разработке скважины, которые должна принять компания "Большая нефть". Скважину какой глубины она должна быть готова пробурить?

ВОПРОСЫ И ЗАДАНИЯ

1. Ваши сотрудники получили следующие пересмотренные оценки проекта по производству электромобилей:

	Пессимистичные	Ожидаемые	Оптимистичные
Объем рынка	8 млн	10 млн	12 млн
Рыночная доля	0,004	0,01	0,016
Цена за единицу	3000	3750	4000
Удельные переменные издержки	3500	3000	2750
Постоянные издержки	50 млн	30 млн	10 млн

Проведите анализ чувствительности. Каковы основные факторы неопределенности в проекте?

2. Компания "Обуем всех" предлагает заменить старую машину по пошиву обуви на более современное оборудование. Новое оборудование стоит 10 млн дол., и компания предполагает продать свою старую машину за 1 млн дол. Привлекательность новой машины в том, что благодаря ее применению ожидается снижение производственных издержек с 8 дол. на пару до 4 дол. Однако, как показано в приведенной ниже таблице, существует некоторая неопределенность относительно и будущего объема продаж, и эксплуатационных характеристик новой машины:

	Пессимистичные	Ожидаемые	Оптимистичные
Продажи (млн пар)	0,4	0,5	0,7
Производственные издержки с новой машиной (дол. на пару)	6	4	3
Срок службы новой машины (годы)	7	10	13

Проведите анализ чувствительности решения о замещении при допущении, что ставка дисконта равна 12%. "Обуем всех" не платит налогов.

3. Проведите анализ чувствительности проекта компании ВНК по производству удобрений из раздела 6–2. Рассмотрите влияние различий в:
   а) темпах инфляции;
   б) сроках проекта;
   в) требуемом оборотном капитале;
   г) продажах;
   д) операционных издержках;
   е) ставке дисконта.

*4. Г-жа Хартия Вольнэсти обнаружила некоторые ошибки в своих данных (см. раздел 10–3). Правильные цифры такие:
   Цена турбосамолета, год 0 = 350 000 дол.
   Цена поршневого самолета, год 0 = 180 000 дол.
   Цена турбосамолета, год 1 = 300 000 дол.
   Цена поршневого самолета, год 1 = 150 000 дол.
   Ставка дисконта = 8%.

Постройте новое "древо решений" согласно изменившимся данным. Определите стоимость возможности расширения. Пересчитайте стоимость возможности прекращения бизнеса. Какой самолет следует купить г-же Хартии Вольнэсти?

*5. У Хартии Вольнэсти возникла другая идея. Может быть, сегодня она должна купить поршневой самолет. Затем, если спрос будет высоким в 1-й год, она продаст его и купит турбовинтовой самолет.
Измените рисунок 10-8 с учетом такой возможности. Что должна предпринять г-жа Хартия Вольнэсти?

6. Как вы думаете, для какого рода проектов капитальных вложений модель Монте-Карло была бы наиболее полезной? Например, можете ли вы привести некоторые отрасли, для которых этот метод оказался бы наиболее подходящим? Был бы он более полезен для крупномасштабных инвестиций, чем для небольших? Обсудите ваш ответ.

7. Вы владеете неразработанным золотым рудником, стоимость разработки которого составляет 100 000 дол. Вы предполагаете, что если начнете разработку рудника, то сможете добывать ежегодно по 1000 унций золота в течение 3 лет. На этом все запасы золота будут исчерпаны. В настоящее время цена золота составляет 500 дол. за унцию. Существует одинаковая вероятность того, что ежегодно цена золота либо растет, либо снижается на 50 дол. от уровня цены в начале года. Эксплуатационные издержки составляют 460 дол. на унцию, а ставка дисконта равна 10%.

а) Следует ли вам начать добычу золота сейчас или подождать, надеясь, что цена на золото вырастет?

б) Как бы повлиял на ваше решение тот факт, что вы могли бы без ущерба (но окончательно) прекратить добычу на любом этапе?

8. Прочтите и разберите статью Хэкса и Уига, упомянутую в разделе "Рекомендуемая литература" к данной главе. Все ли рекомендации в этой статье согласуются с теорией финансов?

9. Вы рассматриваете перспективы создания новой консалтинговой службы. Существует 60%-ная вероятность, что спрос будет высоким в 1-й год. Если спрос будет высоким, то существует 80%-ная вероятность, что он таким и останется навсегда. Если спрос будет низким в 1-й год, есть 60%-ная вероятность, что он будет низким всегда. При высоком спросе прогнозируемые доходы составляют 90 000 дол. в год; при низком спросе прогнозируемые доходы равны 70 000 дол. в год. Вы можете прекратить предоставлять услуги в любой момент, но, конечно, в этом случае доходы будут равны нулю. Затраты, помимо связанных с использованием компьютера, прогнозируются в размере 50 000 дол. в год, вне зависимости от уровня спроса. Эти затраты также могут быть прекращены в любой момент. У вас есть альтернативные возможности осуществления расходов на компьютер. Один возможный вариант — купить микро-ЭВМ. Затраты будут состоять только из первоначальных расходов в размере 200 000 дол. Срок ее службы равен 10 годам, и она не имеет остаточной стоимости. Альтернативный вариант — арендовать компьютер, когда возникнет необходимость. В этом случае затраты на компьютер составят 40% доходов. Допустим, что решение по поводу компьютера нельзя пересмотреть (т. е. если вы купили компьютер, то вы не можете его продать; если вы не купили компьютер сегодня, то не сможете купить его потом).

Вы не платите никаких налогов, а альтернативные издержки капиталовложений составляют 10%. Постройте "древо решений", иллюстрирующее эти варианты. Что лучше — купить компьютер или арендовать?

Четко сформулируйте любые дополнительные допущения, которые вам потребуется сделать.

11
Откуда берется положительная чистая приведенная стоимость

Почему студент программы *Магистратура делового администрирования,* узнавший о методе дисконтированного потока денежных средств, похож на малыша с молотком? Ответ: потому, что для малыша с молотком любая вещь кажется гвоздем.

По нашему мнению, не следует увлекаться арифметическими расчетами дисконтированных потоков и в силу этого игнорировать прогнозы, которые служат основой любого инвестиционного решения. Менеджеров высшего звена постоянно донимают требованиями о выделении средств на долгосрочные вложения. Все эти требования сопровождаются подробными оценками дисконтированных потоков денежных средств, показывающими, что проекты имеют положительные значения чистой приведенной стоимости[1]. Каким же образом менеджеры могли бы удостовериться в том, что положительные чистые приведенные стоимости проектов — это действительно реальный факт, а не результат ошибок в прогнозах? Мы полагаем, что им следует для этого проводить кое-какие исследования возможных источников экономической прибыли.

В первом разделе данной главы рассматриваются некоторые распространенные ошибки, допускаемые при планировании долгосрочных вложений, особенно стремление использовать метод дисконтированных потоков денежных средств, когда уже известна рыночная стоимость и нет необходимости проводить расчеты, связанные с дисконтированием. Второй раздел посвящен *экономическим рентам,* которые лежат в основе всех инвестиций с положительными чистыми приведенными стоимостями. В третьем разделе разбирается конкретный пример, описывающий, как "Марвин и компания" — производитель пузырьковых бластеров, провела анализ выпуска этого совершенно нового продукта.

11-1. ПЕРВОЕ ЗНАКОМСТВО С РЫНОЧНОЙ СТОИМОСТЬЮ

Предположим, что вы уговорили всех организаторов вашего проекта сделать честные прогнозы. Хотя все эти прогнозы беспристрастны, в них все же, вероятно, встречаются погрешности — одни положительные, другие отрицательные. Средняя погрешность будет равна нулю, однако это малоутешительно, поскольку вы хотите выявить только *действительно* сверхприбыльные проекты.

---
[1] Еще одна загадка. Проекты предлагаются, потому что имеют положительные чистые приведенные стоимости, или же они имеют положительные чистые приведенные стоимости, потому что предлагаются? Призов за правильный ответ не предвидится.

Представим, например, что произошло бы, если бы вам нужно было быстро оценить потоки денежных средств от использования различных видов оборудования. Вы, вероятно, обнаружили бы, что около половины из них *по всей видимости* имеют положительную чистую приведенную стоимость. Однако скорее всего вы получили такой ответ не потому, что обладаете какими-то выдающимися способностями в управлении гигантским аэробусом или сетью прачечных самообслуживания, а потому, что неумышленно допустили слишком крупные погрешности в ваших оценках потоков денежных средств. Чем большее число проектов вы рассматриваете, тем выше вероятность обнаружения вами проектов, которые *кажутся* весьма стоящими. Если бы вы расширили сферу оценки и сделали расчет потоков денежных средств от различных компаний, вы обнаружили бы ряд, *казалось бы*, привлекательных для поглощения кандидатов. В некоторых из этих случаев информация может оказаться вполне достоверной и намеченные инвестиции действительно способны иметь положительную чистую приведенную стоимость. Но во многих других случаях из-за ошибок и погрешностей в ваших прогнозах инвестиции только с виду казались бы хорошими.

Как вам добиться того, чтобы ошибки в прогнозах не заслоняли достоверную информацию? Мы советуем вам начать с рассмотрения рыночной стоимости.

"Кадиллак" и кинозвезда

На следующем примере мы поясним, что имеем в виду. Ваш местный агент по продаже "кадиллаков" выступает с необычным предложением. За 25 001 дол. вы не только приобретаете новый высококачественный "кадиллак", но и получаете возможность пожать руку вашей любимой кинозвезде. Вы прикидываете в уме, сколько же придется платить за это рукопожатие.

Возможны два подхода к проблеме. Вы могли бы оценить достоинства "кадиллака" — опускающиеся ветровые стекла и другие его особенности — и прийти к заключению, что "кадиллак" стоит 26 000 дол. Казалось бы, это может означать, что агентство само желает доплатить 999 дол. за ваше рукопожатие с кинозвездой. С другой стороны, вы, возможно, узнали, что рыночная цена "кадиллака" составляет 25 000 дол., т. е. это вы платите за рукопожатие 1 дол. Поскольку существует конкурентный рынок "кадиллаков", последний подход больше соответствует действительности.

Специалисты по ценным бумагам сталкиваются с подобной проблемой всякий раз, когда оценивают акции компании. Они должны учесть уже известную на рынке информацию о компании и оценить информацию, которая известна только им. Условно говоря, информация, которая широко известна на рынке, — это "кадиллак"; частная информация — рукопожатие с кинозвездой. Инвесторы уже оценили общеизвестную информацию. Специалистам по ценным бумагам нет нужды анализировать ее снова. Они могут исходить из рыночной цены акций и сконцентрировать свое внимание на оценке известной только им частной информации.

Хотя в том, чтобы просто принять на веру рыночную цену "кадиллака" в 25 000 дол. нет ничего смертельного, финансовый менеджер приучен учитывать и оценивать все издержки и выгоды, связанные с инвестициями, и поэтому испытывает соблазн заменить мнение рынка своим собственным. К сожалению, данный подход увеличивает вероятность ошибки. Многие долгосрочные активы продаются на конкурентных рынках, и потому имеет смысл отталкиваться от рыночной цены и затем уже выяснять, почему эти активы должны приносить больший доход в ваших руках, нежели в руках конкурентов.

Пример: инвестиции в новый универмаг

Мы имеем дело с фирмой, которая владеет сетью универсальных магазинов и для каждого вновь планируемого магазина рассчитывает приведенную стоимость ожидаемых потоков денежных средств, включая цену, по которой он мог бы быть фактически продан. Хотя фирма уделяет большое внимание этим

ГЛАВА 11. Откуда берется положительная чистая приведенная стоимость

оценкам, к сожалению, обнаружилось, что на ее заключения значительное влияние оказала прогнозируемая продажная цена каждого магазина. Таким образом, хотя фирма и не прибегала к какой-либо специальной экспертизе недвижимости, она обнаружила, что на ее инвестиционные решения непреднамеренное влияние оказывали ее прогнозы будущих цен на недвижимость.

Поняв это, финансовые менеджеры стали каждый раз проверять правильность своего решения об открытии нового магазина следующим вопросом: "Допустим, что на недвижимость установлена справедливая цена. Каковы доказательства того, что ее лучше использовать под один из наших универмагов, нежели найти ей другое применение?" Другими словами, **если актив имеет большую ценность для других, чем для вас, остерегайтесь соперничать с ними за этот актив.**

Давайте чуть глубже рассмотрим случай с универмагами. Предположим, что новый магазин стоит 100 млн дол. и вы прогнозируете, что он будет ежегодно приносить 8 млн дол. прибыли в течение 10 лет. Предполагается, что цены на недвижимость вырастают на 3% в год; так что ожидаемая стоимость недвижимости к концу 10-го года составит:

$$100 \times (1{,}03)^{10} = 134 \text{ млн дол.}$$

При ставке дисконта 10% чистая приведенная стоимость планируемого вами универмага составляет 1 млн дол.:

$$NPV = -100 + \frac{8}{1{,}10} + \frac{8}{(1{,}10)^2} + \ldots + \frac{8+134}{(1{,}10)^{10}} = 1 \text{ млн дол.}$$

Обратите внимание, насколько чувствительна эта чистая приведенная стоимость к стоимости недвижимости в конце периода. Например, стоимость в конце периода 120 млн дол. дает чистую приведенную стоимость, равную −5 млн дол.

Полезно представить такой бизнес поделенным между двумя участниками — компанией по операциям с недвижимостью, которая покупает здание, и компанией розничной торговли, которая арендует и эксплуатирует его. Затем посчитать, какую арендную плату назначила бы компания по операциям с недвижимостью.

В некоторых случаях обоснованный размер арендной платы можно получить, исходя из сделок с недвижимостью. Например, мы можем узнать, что недавно подобные торговые площади сдавались в аренду за 10 млн дол. в год. В этом случае мы заключили бы, что место не стоит использовать под наш универмаг. И раз уже место было приобретено, было бы лучше сдать его в аренду за 10 млн дол., чем использовать под магазин, приносящий только 8 млн дол.

Вы также можете выяснить обоснованный размер арендой платы, даже если нет данных о подобных сделках с недвижимостью. Допустим, что затраты на привлечение капитала для инвестирования 100 млн дол. в недвижимость составляют 10%. Компания, занимающаяся операциями с недвижимостью, ожидает получить 3% дохода за счет повышения стоимости вложенного капитала, и, следовательно, доход непосредственно в виде арендной платы должен составить 10 − 3 = 7%. Таким образом, в первый год компания розничной торговли должна выплатить арендную плату в размере $0{,}07 \times 100 = 7{,}00$ млн дол.; во второй год арендная плата должна составить $0{,}07 \times 103 = 7{,}21$ млн дол. и т. д. Далее мы можем посчитать чистую приведенную стоимость нового универмага с точки зрения компании розничной торговли, помня, что теперь магазин берется в аренду, а не покупается:

$$NPV = \frac{8-7}{1{,}10} + \frac{8-7{,}21}{(1{,}10)^2} + \ldots + \frac{8-8{,}87}{(1{,}10)^9} + \frac{8-9{,}13}{(1{,}10)^{10}} = 1 \text{ млн дол.}$$

Результат — тот же, что и ранее[2], но теперь мы можем видеть, что наши прогнозы непоследовательны. В течение последних пяти лет жизни проекта прибыль от магазина не покрывает арендную плату. Если прогнозируемые уровень прибыли и рост цен на недвижимость верны, нам следует завершить проект в 5-м году. Но перед нами опять встает ключевой вопрос: полагаем ли мы, что универмаг по-прежнему останется лучшим способом использования площадей?[3] Если так, тогда мы не должны обращать внимания на потенциальный рост прибыли от магазина. Другая возможность — ожидаемый рост цен на недвижимость составляет менее 3% в год. Но это подразумевало бы более высокую первоначальную арендную плату; тогда инвестиции в магазин, возможно, не будут иметь положительную чистую приведенную стоимость при любой продолжительности проекта.

Здесь есть еще один общий момент, к которому мы вернемся в последующих главах. Когда бы вы ни принимали решения о капитальных вложениях, думайте, на что вы ставите. Наш пример об универмагах содержит по крайней мере две ставки: одна — на цены на недвижимость, другая — на способность фирмы успешно управлять универмагом. Но это предполагает некоторые альтернативные стратегии. Например, было бы безрассудством вкладывать деньги в никудышный универмаг просто потому, что вы оптимистично оцениваете цены на недвижимость. В этом случае лучше купить недвижимость и сдать ее в аренду клиентам, предлагающим наиболее высокую цену. Верно и обратное. Вам не следует отказываться от прибыльного универмага лишь на основании ваших пессимистичных предположений о ценах на недвижимость. Было бы лучше, если бы вы продали недвижимость и затем *взяли ее в аренду* под универмаг. Мы советуем вам разделить эти две ставки, ответив сначала на вопрос: "Следует ли нам открывать магазин в данном месте, допуская, что на недвижимость установлена обоснованная цена?", а затем решить, хотите ли вы еще и заниматься недвижимостью.

Другой пример: открытие золотоносных копей	Здесь приводится другой пример того, как рыночные цены могут помочь вам в принятии лучших решений. Цезарь Соломон рассматривает план открытия новых золотоносных копей. Он посчитал, что разработка копей обойдется в 200 млн дол. и что ежегодно в течение следующих 10 лет они будут приносить 0,1 млн унций золота, затраты на добычу и очистку которого составят 200 дол. на унцию. В то время как затраты по добыче могут быть предсказаны с приемлемой точностью, в будущих ценах на золото г-н Соломон менее уверен. В лучшем случае, по его расчетам, цена будет расти на 5% в год, при ее текущем уровне 400 дол. за унцию. При этом условии и при ставке дисконта 10% чистая приведенная стоимость рудника составит −10 млн дол.:

$$NPV = -200 + \frac{0{,}1 \times (420 - 200)}{1{,}10} + \frac{0{,}1 \times (441 - 200)}{(1{,}10)^2} + \ldots + \frac{0{,}1 \times (652 - 200)}{(1{,}10)^{10}} = -10 \text{ млн. дол.}$$

Следовательно, проект по разработке золотоносных копей отклоняется.

К сожалению, г-н Соломон не обратил внимания на то, что сообщал ему рынок. Какова приведенная стоимость унции золота? Очевидно, если рынок золота функционирует должным образом, то текущая цена — 400 дол. за ун-

---

[2] Он и должен быть таким. Поскольку компания по операциям с недвижимостью просто возмещает себе затраты на капитал, вся чистая приведенная стоимость достается компании розничной торговли.

[3] Возможно, но маловероятно, чтобы прогнозировалось более раннее завершение проекта из-за предположений, что станет слишком дорого использовать данную недвижимость под универмаг. Более правдоподобная причина перенесения местоположения состоит в том, что отдача в первоначальном месте снизилась, и магазин пришлось перенести на новое место с большей отдачей.

ГЛАВА 11. Откуда берется положительная чистая приведенная стоимость

цию. Золото не дает никакой прибыли, так что 400 дол. — это дисконтированная стоимость ожидаемой в будущем цены на золото[4]. Поскольку ожидается, что копи в целом принесут 1 млн унций золота (0,1 млн унций ежегодно в течение 10 лет), приведенная стоимость потока прибыли равна 1 × 400 = = 400 млн дол.[5] Мы допускаем, что 10% — это соответствующая ставка дисконта для приблизительно определенных затрат по добыче. Таким образом:

Чистая приведенная стоимость = — первоначальные инвестиции + приведенная стоимость$_{прибыли}$ — приведенная стоимость$_{затрат}$ =

$$= -200 + 400 - \sum_{t=1}^{10} \frac{0{,}1 \times 200}{(1{,}10)^t} = 77 \text{ млн дол.}$$

С учетом всего этого копи Цезаря Соломона представляются не таким уж плохим шансом[6].

---

[4] Инвестирование в унцию золота подобно инвестированию в акцию, по которой не выплачиваются дивиденды: инвестор получает прибыль только в виде приращения капитала. Обратимся к разделу 4—2, где мы показали, что цена акции сегодня (P_0) зависит от показателей DIV_1 и P_1, т. е. от ожидаемых дивидендов и цены в следующем году и от альтернативных издержек r:

$$P_0 = \frac{DIV_1 + P_1}{1+r}.$$

Но для золота $DIV_1 = 0$, поэтому:

$$P_0 = \frac{P_1}{1+r}.$$

То есть *сегодняшняя цена представляет собой приведенную стоимость цены следующего года*. Следовательно, чтобы найти приведенную стоимость, нам не нужно знать ни P_1, ни r. Кроме того, поскольку $DIV_2 = 0$, то

$$P_1 = \frac{P_2}{1+r}$$

и мы можем выразить P_0 как:

$$P_0 = \frac{P_1}{1+r} = \frac{1}{1+r} \times \left(\frac{P_2}{1+r}\right) = \frac{P_2}{(1+r)^2}.$$

В общем случае:

$$P_0 = \frac{P_t}{(1+r)^t}.$$

Это верно для любого актива, по которому не выплачиваются дивиденды, который продается на конкурентном рынке и хранение которого ничего не стоит. Затраты на хранение золота или обыкновенных акций очень невелики по сравнению со стоимостью актива. Затраты на хранение должны рассматриваться как дивиденды с отрицательным знаком. Владелец склада для хранения масла должен был бы платить деньги за использование складских площадей, холодильников и т. д.

[5] Мы допускаем, что темпы добычи не меняются с изменением цены на золото. Если бы они менялись, то вам было бы необходимо прочитать сначала главы 20 и 21, чтобы вы могли оценить стоимость копей.

[6] Как и в нашем примере с универмагами, г-н Соломон делает две ставки — одну на свою способность добывать золото с наименьшими затратами и другую — на цену золота. Предположим, что он на самом деле считает, что цена золота завышена. Это не должно удерживать его от разработки золотоносных копей с низкими затратами, пока он может делать отдельные ставки на цены золота. Например, он может заключить долгосрочный контракт на продажу сырья из копей или же продать фьючерсы на золото. О фьючерсах мы расскажем в главе 25.

У г-на Соломона золото точно такое же, как и любое другое золото. Нет смысла пытаться оценить его индивидуально. Принимая приведенную стоимость золота как данное, г-н Соломон может сосредоточить внимание на решающем вопросе: достаточно ли низки затраты по добыче, чтобы стоило браться за это рискованное предприятие? Что подводит нас к еще одной фундаментальной истине: если другие производят какой-то товар с прибылью и (как и г-н Соломон) вы можете производить его более дешевым способом, вам нет необходимости вычислять чистую приведенную стоимость, чтобы понять, что вы, вероятно, находитесь в выгодном положении.

Мы признаем, что пример с копями г-на Соломона отличается некоторой спецификой. В отличие от золота приобретение большинства предметов потребления не имеет целью исключительно вложение капитала, и поэтому вы не можете автоматически делать допущение о том, что цена сегодняшнего дня равна приведенной стоимости будущей цены[7]. Однако когда вы знаете рыночную стоимость актива — *используйте* этот показатель по крайней мере в качестве отправной точки своего анализа.

Еще один пример. Предположим, что нефтяная компания намеревается осуществить дополнительные инвестиции в приобретение танкеров. Танкеры свободно продаются на конкурентном рынке. Следовательно, приведенная стоимость танкера для нефтяной компании равна цене танкера *плюс* какой-то дополнительный доход, который, возможно, возникнет вследствие того, что данное судно будет эксплуатировать данная нефтяная компания, а не какой-либо другой владелец.

11–2. ПРОГНОЗИРОВАНИЕ ЭКОНОМИЧЕСКИХ РЕНТ

Мы советовали финансовым менеджерам выяснять, обладает ли актив большей ценностью в их руках, чем в руках других владельцев. Немного классической микроэкономики может помочь ответить на данный вопрос. Когда отрасль находится в долговременном конкурентном равновесии, ожидается, что отдача от всех ее активов равна альтернативным издержкам инвестиций в эти активы — ни больше ни меньше. Если бы активы приносили большую отдачу, фирмы отрасли, вероятно, стремились бы расширять свою деятельность или же фирмы-аутсайдеры пытались бы проникнуть в отрасль.

Прибыли, *превышающие* альтернативные издержки, называются *экономическими рентами*. Эти ренты могут быть либо временными (в случае, когда отрасль не находится в состоянии долговременного равновесия)[8], либо устойчивыми (в случае фирмы, обладающей монополией или рыночной властью). Чистая приведенная стоимость инвестиций просто представляет собой дисконтированную стоимость экономической ренты, которую они произведут.

---

[7] Однако Готеллинг отмечал, что если добыча каких-либо полезных ископаемых при их продаже обеспечивает постоянную доходность, то ожидаемый рост цен на минеральные ресурсы за *вычетом* затрат по добыче должен равняться затратам на привлечение капитала. Если бы ожидался более быстрый рост, любой захотел бы приостановить добычу; если бы более медленный, любой захотел бы добывать ресурсы прямо сегодня. В этом случае стоимость копей не зависела бы от того, когда производится их разработка, и вы могли бы оценить ее, рассчитав стоимость минеральных ресурсов, исходя из сегодняшних цен за вычетом текущих издержек добычи. Если (как это обычно происходит) доходность убывает, тогда ожидаемый рост цен за вычетом затрат должен быть меньше затрат на капитал. Рецензия на принцип Готеллинга дана в работе: *S. Devarajan and A.C.Fisher*. Hotelling's 'Economics of Exhaustible Resources': Fifty Years Later // Journal of Economic Literature. 19: 65–73. March. 1981. А для ознакомления с проблемой оценки вложений в минеральные ресурсы см. работу: *M.H.Miller and C.W.Upton*. A Test of the Hotelling Valuation Principale // Journal of Political Economy. 93: 1–25. 1985.

[8] Временные ренты часто называют *квазирентами*.

ГЛАВА 11. Откуда берется положительная чистая приведенная стоимость

Поэтому, когда вас знакомят с проектом, имеющим положительную чистую приведенную стоимость, не принимайте расчетов, проведенных в номинальном выражении. Они могут содержать явные ошибки в оценках, допущенные при прогнозировании потоков денежных средств. Отложите оценку потоков денежных средств и *попытайтесь определить источник экономических рент*. Чистая приведенная стоимость нового проекта может быть положительной только в том случае, если вы полагаете, что ваша компания имеет некоторые особые преимущества.

Такие преимущества возникают в нескольких ситуациях. Вам может повезти настолько, что вы первым выйдете на рынок с новым, усовершенствованным продуктом, за который потребители готовы заплатить цену с надбавкой (до тех пор, пока не придут ваши конкуренты и не снизят сверхприбыли). Вы можете иметь преимущества за счет обладания патентом, собственной технологией или за счет низких производственных издержек, которые находятся вне конкуренции по крайней мере в течение нескольких лет. Вы можете иметь некоторые ценные контрактные преимущества, например будучи единственным дистрибьютором пузырьковых бластеров во Франции (см. раздел 11—3).

Давайте подумаем над тем, как еще конкурентные преимущества могут помочь проверить расчеты, показывающие отрицательную чистую приведенную стоимость вследствие ошибок. Если вы производите прибыльный товар с низкими затратами на растущем рынке, тогда вам следует инвестировать средства в расширение своего производства параллельно с ростом рынка. Если, по вашим расчетам, такое расширение имеет отрицательную чистую приведенную стоимость, тогда, вероятно, вы сделали ошибку.

Приведем пример того, как внимательное отношение к конкуренции помогло одной компании США избежать возможной дорогостоящей ошибки. Планировалось провести модернизацию действующего в США завода по производству нового химического продукта. Компания подсчитала, что при существующих ценах на сырье и конечный продукт производство может быть устойчиво рентабельным. Однако дальнейший анализ показал, что проект убыточен. По проекту, сырьем был химический продукт, поставляемый главным образом из Европы, и большая часть конечной продукции экспортировалась в Европу. Поскольку компания США не имела каких-либо существенных преимуществ, связанных с издержками производства, не имело смысла оплачивать расходы на транспортировку туда и обратно через Атлантический океан. Недолгое время проект, возможно, мог бы приносить высокую прибыль, однако вероятные потери после выхода на рынок европейских производителей, имеющих низкие издержки, перевешивали эти прибыли.

*11—3. ПРИМЕР – "МАРВИН И КОМПАНИЯ" РЕШАЕТ ПРИМЕНИТЬ НОВУЮ ТЕХНОЛОГИЮ

Чтобы проиллюстрировать некоторые проблемы, возникающие при прогнозировании экономической ренты, давайте перенесемся в XXI век и рассмотрим решение фирмы "Марвин и компания" о внедрении новой технологии[9].

Одним из наиболее неожиданных событий этих лет стал удивительный рост совершенно новой отрасли. К 2013 г. объем продаж пузырьковых бластеров составил 1,68 млн дол., или 240 млн единиц. Хотя "Марвин и компания" контролировала только 10% рынка, она была одной из наиболее быстрорастущих фирм десятилетия. "Марвин и компания" поздно включилась в этот бизнес, но она первой стала использовать интегральные микросхемы для контроля за процессом генетического инжиниринга при производстве пузырьковых блас-

---

[9] Мы благодарим Стюарта Ходжеса за разрешение использовать этот пример из подготовленной им подборки и Би-Би-Си за разрешение использовать термин "пузырьковый бластер" (gargle blaster).

РИСУНОК 11-1
Кривая спроса на пузырьковые бластеры показывает, что снижение цен на 1 дол. увеличивает спрос на 80 млн единиц.

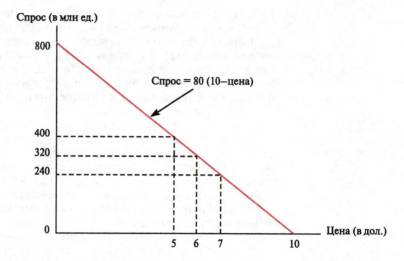

теров. Это дало возможность производителям снизить цены на пузырьковый бластер с 9 до 7 дол., вследствие чего объем рынка значительно вырос. Расчетная кривая спроса на рисунке 11-1 показывает, как реагирует спрос на такое снижение цен.

Таблица 11-1 дает представление о структуре издержек производства при старой и новой технологиях. В то время как компании, использующие новую технологию, получали 20%-ный доход на свои первоначальные инвестиции, те компании, которые применяли оборудование первого поколения, страдали от следующего одно за другим снижения цен. Поскольку все инвестиции "Марвина и компании" были направлены в технологии 2009 г., ее положение было особенно благоприятным в этот период.

Через некоторое время прошел слух о новых разработках в компании "Марвин", и к январю 2014 г. совокупная рыночная стоимость акций компании выросла до 460 млн дол. В это время "Марвин" собрала пресс-конференцию, чтобы сообщить о другом открытии в области технологии. Руководство заявило, что их новый технологический процесс третьего поколения, включающий видоизменение нейронов, позволит фирме снизить капитальные расходы до 10 дол. и производственные расходы до 3 дол. на единицу. "Марвин" намеревалась извлечь выгоду из этого открытия, потратив огромную сумму в размере 1 млрд дол. на программу расширения производства, благодаря которой мощ-

ТАБЛИЦА 11-1
Объем и структура издержек в отрасли по производству пузырьковых бластеров до объявления "Марвина" о планах по расширению производства.

Технология	Мощность (в млн единиц)		Удельные капитальные затраты (в дол.)	Удельные производственные расходы (в дол.)	Остаточная стоимость на единицу (в дол.)
	Отрасль	"Марвин"			
Первое поколение (2001 г.)	120	—	17,50	5,50	2,50
Второе поколение (2009 г.)	120	24	17,50	3,50	2,50

Примечание. Продажная цена составляет 7 дол. за единицу. "Единица" означает один бластер.

ГЛАВА 11. Откуда берется положительная чистая приведенная стоимость

ности могли увеличиться на 100 млн единиц. Компания предполагала работать с полной загрузкой в течение 12 месяцев.

Прежде чем принять решение о расширении, "Марвин" провела обширные расчеты для оценки влияния новых инвестиций. Были сделаны следующие основные допущения.

1. Затраты на привлечение капитала составляют 20%.
2. Производственные мощности имеют неограниченный срок службы.
3. Кривая спроса и издержки неизменны независимо от того, какая технология применяется.
4. В обозримом будущем нет шанса на открытие технологии четвертого поколения.
5. Нет вероятности повторного введения налога на прибыль корпораций, который был отменен в 2004 г.

Конкуренты "Марвин" по-разному восприняли эту новость. Все сошлись на том, что, случись это пятью годами ранее, любой из них имел бы доступ к новой технологии. С другой стороны, многие утешали себя мыслью, что новый завод компании "Марвин" не сможет конкурировать с любым существующим заводом, срок амортизации которого уже полностью исчерпан.

Предположим, что вы являетесь финансовым менеджером компании "Марвин". Согласились бы вы с решением о расширении? Что, по-вашему мнению, было бы лучше — крупное или небольшое расширение? Как вы думаете, могло ли сообщение "Марвин" повлиять на цены его акций?

У вас есть выбор. Вы можете *сейчас же* прочитать *наши* ответы на эти вопросы. Но вы поймете гораздо больше, если повремените и сами ответите на них. Попытайтесь.

*Прогнозирование цен на пузырьковые бластеры

До настоящего момента при рассмотрении любой проблемы, касающейся планирования долгосрочных вложений, мы всегда давали ряд прогнозов потоков денежных средств. В данном случае вы должны будете сами *составлять* эти прогнозы.

Первая задача — решить, что произойдет с ценами на пузырьковые бластеры. Новые рисковые инвестиции компании "Марвин" увеличат производственные мощности отрасли до 340 млн единиц конечной продукции. Кривая спроса, изображенная на рисунке 11-1, показывает нам, что отрасль сможет продать такое количество пузырьковых бластеров, только если цена на них снизится до 5,75 дол. за единицу:

$$Спрос = 80 \times (10 - цена) = 80 \times (10 - 5{,}75) = 340 \text{ млн единиц.}$$

Если цена упадет до 5,75 дол., что тогда произойдет с компаниями, использующими технологию 2001 г.? Они также должны принять инвестиционное решение: следует ли им остаться в бизнесе, или же им придется продать свое оборудование по его остаточной стоимости, исходя из расчета 2,50 дол. за единицу? При альтернативных издержках, равных 20%, чистая приведенная стоимость сохранения бизнеса составляет:

$$\textit{Чистая приведенная стоимость} = -\textit{инвестиции} + \textit{приведенная стоимость}_{\textit{цена — производственные расходы}} =$$
$$= -2{,}50 + \frac{5{,}75 - 5{,}50}{0{,}20} = -1{,}25 \text{ дол. на единицу.}$$

Проворные компании, использующие оборудование 2001 г., увидят, следовательно, что им лучше распродать все свои производственные мощности. Не имеет значения, какова первоначальная стоимость этого оборудования или насколько оно амортизировано; более выгодно продать оборудование по цене 2,50 дол. за единицу, чем использовать его и терять по 1,25 дол. в расчете за единицу.

Если производственные мощности распродаются, то предложение пузырьковых бластеров будет снижаться, а цены — расти. Равновесие достигается при цене, равной 6,00 дол. В этом случае оборудование 2001 г. имеет нулевую чистую приведенную стоимость:

$$NPV = -2,50 + \frac{6,00 - 5,50}{0,20} = 0 \text{ дол. за единицу.}$$

Какое количество производственных мощностей должно быть распродано, прежде чем цена достигнет уровня 6 дол.? Вы можете выяснить это, вновь обратившись к кривой спроса:

$$\textit{Спрос} = 80 \times (10 - \textit{цена}) = 80 \times (10 - 6) = 320 \text{ млн единиц.}$$

Следовательно, расширение компании "Марвин" вызовет снижение цены до 6 дол. за единицу и заставит производителей, использующих технологию первого поколения, сократить производственные мощности на 20 млн единиц.

Но через 5 лет у конкурентов "Марвин" также появится возможность построить заводы третьего поколения. Поскольку чистая приведенная стоимость таких предприятий имеет положительные значения, компании расширят свои мощности, и цены опять снизятся. Новое равновесие установится при цене, равной 5 дол. В этой точке чистая приведенная стоимость новых заводов третьего поколения будет равна нулю, и у компаний уже не будет стимулов проводить дальнейшее расширение:

$$NPV = -10 + \frac{5,00 - 3,00}{0,20} = 0 \text{ дол. за единицу.}$$

Вернемся опять к нашей кривой спроса. Вы можете видеть, что при цене, равной 5 дол., отрасль способна продать в совокупности 400 млн пузырьковых бластеров:

$$\textit{Спрос} = 80 \times (10 - \textit{цена}) = 80 \times (10 - 5) = 400 \text{ млн единиц.}$$

Таким образом, введение технологии третьего поколения приведет к росту объема продаж отрасли с 240 млн единиц в 2013 г. до 400 млн единиц пятью годами позже. Но такой быстрый рост не гарантирует защиту от банкротства. К концу 5-го года любая компания, которая использует только оборудование первого поколения, окажется не в состоянии покрывать производственные расходы и будет *вынуждена* покинуть бизнес.

| *** Стоимость нового расширения компании "Марвин"** | Мы показали, что введение технологии третьего поколения, вероятно, приведет к снижению цены на пузырьковые бластеры до 6 дол. в течение следующих 5 лет и до 5 дол. впоследствии. Теперь мы можем выписать ожидаемые потоки денежных средств от нового завода "Марвин": |

	Год 0 Инвестиции	Годы 1—5 (Доходы—производственные расходы)	Годы 6,7,8... (Доходы—производственные расходы)
Поток денежных средств на единицу (в дол.)	−10	6−3=3	5−3=2
Поток денежных средств на 100 млн единиц (в млн дол.)	−1000	600−300=300	500−300=200

Дисконтируя эти потоки денежных средств по ставке 20%, получаем:

$$NPV = -1000 + \sum_{t=1}^{5}\frac{300}{(1{,}20)^t} + \frac{1}{(1{,}20)^5}\times\left(\frac{200}{0{,}20}\right) = 299 \text{ млн дол.}$$

Кажется, решение компании "Марвин" о расширении было верным. Но мы кое о чем забыли. Когда мы оцениваем стоимость инвестиций, мы должны рассмотреть *все* приростные потоки денежных средств. Одним из последствий решения "Марвин" о расширении является снижение стоимости существующего завода с технологией 2009 г. Если бы "Марвин" решила не внедрять новую технологию, то цена на пузырьковые бластеры держалась бы на уровне 7 дол. до тех пор, пока конкуренты "Марвин" не начали бы снижать цены в течение 5-го периода. Таким образом, решение "Марвин" ведет к немедленному снижению цен на 1 дол. Это уменьшает приведенную стоимость ее оборудования 2009 г. на:

$$24 \text{ млн} \times \sum_{t=1}^{5}\frac{1{,}10}{(1{,}20)^t} = 72 \text{ млн дол.}$$

Если рассматривать решение "Марвин" изолированно, то чистая приведенная стоимость составит 229 млн дол. Однако это решение ведет также к снижению стоимости действующего предприятия на 72 млн дол. Поэтому чистая приведенная стоимость венчурного предприятия "Марвин" равна 229 – 72 = = 227 млн дол.

* Альтернативные планы расширения производства

Проект расширения "Марвин" имеет положительную чистую приведенную стоимость, но, возможно, для "Марвин" было бы лучше построить завод большего или меньшего размера. Вы можете проверить это, проделав все описанные выше расчеты. Сначала вы должны прикинуть, какое влияние окажут дополнительные производственные мощности на цены пузырьковых бластеров. Затем вы можете посчитать чистую приведенную стоимость нового завода и изменение приведенной стоимости существующего предприятия. Совокупная чистая приведенная стоимость плана расширения компании "Марвин" равна:

Совокупная чистая приведенная стоимость = чистая приведенная стоимость нового завода + изменение приведенной стоимости существующего завода.

Мы провели эти вычисления и показали результат на рисунке 11-2. Вы можете видеть, как изменилась бы совокупная чистая приведенная стоимость в зависимости от больших или меньших масштабов расширения производства.

Когда в 2019 г. новая технология станет общедоступна, фирмы создадут новые мощности, совокупный объем которых составит 280 млн единиц конечной продукции[10]. Но, как видно из рисунка 11-2, для "Марвин" было бы неразумно заходить так далеко. Если бы "Марвин" увеличила производственные мощности до 280 млн единиц в 2014 г., то дисконтированная стоимость нового завода приняла бы нулевое значение и компания уменьшила бы стоимость своего старого предприятия на 114 млн дол. Чтобы максимизировать чистую приведенную стоимость, "Марвин" должна создать новые производственные мощности в расчете на 200 млн единиц продукции и установить цену ниже 6 дол., чтобы вытеснить производителей, работающих на оборудовании 2001 г.

---

[10] Общие производственные мощности отрасли в 2019 г. составят 400 млн единиц. Из них 120 млн единиц продукции будут производиться на оборудовании второго поколения и остальные 280 млн единиц на оборудовании третьего поколения.

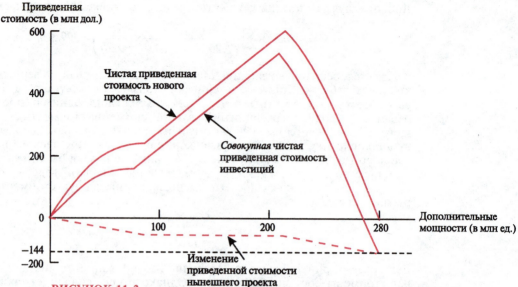

РИСУНОК 11-2
Влияние альтернативных планов расширения на чистую приведенную стоимость. Совокупная чистая приведенная стоимость расширения производственных мощностей "Марвин" на 100 млн единиц составляет 227 млн дол. (*Совокупная чистая приведенная стоимость = чистая приведенная стоимость нового завода + изменение приведенной стоимости существующего завода = 299 − 72 = 227 млн дол.*). Совокупная чистая приведенная стоимость достигает максимального значения, если "Марвин" создаст новые мощности, рассчитанные на 200 млн единиц конечной продукции. Если же "Марвин" создаст новые мощности на 280 млн единиц, то совокупная чистая приведенная стоимость такого расширения равна −144 млн дол.

Таким образом, объем выпуска продукции сокращается, а цены возрастают по сравнению с тем уровнем, на каком держались бы эти показатели в условиях свободной конкуренции[11].

* **Стоимость акций компании "Марвин"**

Давайте подумаем, какое влияние оказало бы сообщение "Марвин" о своих планах расширения на стоимость ее обыкновенных акций. "Марвин" располагала производственными мощностями второго поколения, на которых производилось 24 млн единиц продукции. При отсутствии технологии третьего поколения цены на пузырьковые бластеры удерживались бы на уровне 7 дол. и существующий завод "Марвин" стоил бы:

$$PV = 24 \text{ млн} \times \frac{7{,}00 - 3{,}50}{0{,}20} = 420 \text{ млн дол.}$$

---

[11] Отметим, что мы сделали допущение, по которому все потребители должны платить за пузырьковые бластеры одинаковую цену. Если бы "Марвин" имела возможность устанавливать для каждого потребителя максимальную цену, которую этот потребитель готов заплатить, объем выпуска оставался бы таким же, как и при свободной конкуренции. Подобная явная ценовая дискриминация незаконна, и в любом случае ее трудно проводить. Но фирмы и в самом деле ищут способы скрытой дифференциации потребителей. Например, магазины часто предлагают бесплатную доставку товаров, стоимость которой равна ценовой скидке для потребителей, живущих в труднодоступных районах. Издатели дифференцируют свою продукцию, продавая книги в переплетах библиотекам, а книги в обложках — "бедным" студентам. В первые годы появления электронно-вычислительных машин их производители устанавливали высокие цены на свою продукцию. И хотя покупатели знали, что цены снизятся через год или два, дополнительные расходы более чем компенсировались выгодами, которые давало немедленное приобретение машин.

ГЛАВА 11. Откуда берется положительная чистая приведенная стоимость

Новая технология "Марвин" снижает цену на пузырьковые бластеры сначала до 6 дол. и через 5 лет до 5 дол. Следовательно, стоимость существующего завода снижается до:

$$PV = 24 \text{ млн} \times \left[\sum_{t=1}^{5} \frac{6{,}00 - 3{,}50}{(1{,}20)^t} + \frac{5{,}00 - 3{,}50}{(0{,}20 \times 1{,}20)^5}\right] = 252 \text{ млн дол.}$$

Но *новый* завод увеличивает капитал акционеров на 299 млн дол. Так что после заявления "Марвин" ее акции будут стоить:

$$252 + 299 = 551 \text{ млн дол.}[12]$$

Теперь поясним кое-что, о чем мы говорили в главе 4. До сообщения "Марвин" о расширении ее акции на рынке оценивались в 460 млн дол. Разница между этой цифрой и стоимостью существующего завода представляла собой приведенную стоимость перспектив роста компании "Марвин". Рынок оценивал способность компании продолжать игру в 40 млн дол. даже до объявления о расширении. После заявления компании о расширении приведенная стоимость перспектив роста увеличилась до 299 млн дол.[13]

Уроки из опыта "Марвина и компании"

Возможно, "Марвин и компания" — это всего лишь пример из области научной фантастики, но ее проблемы вполне реальны. Когда IBM намеревается выпустить компьютеры нового поколения или Polaroid рассматривает возможность выпуска нового фотоаппарата, эти фирмы должны решать те же самые проблемы, с которыми столкнулась "Марвин". Мы попытались описать *характер* вопросов, на которые вам придется отвечать, рассматривая группу прогнозов потоков денежных средств. Безусловно, ни одна экономическая модель не способна предсказать будущее с абсолютной точностью. Возможно, компании "Марвин" удалось бы удерживать цены выше 6 дол. Может быть, конкуренты не сумели бы оценить благоприятные возможности, открывшиеся в 2004 г. В этих случаях расширение "Марвин" оказалось бы еще более прибыльным. Но захотели бы вы поставить 1 млрд дол. на такой шанс? Мы так не думаем.

Зачастую отдача от инвестиций существенно превышает затраты на привлечение капитала благодаря благоприятному стечению обстоятельств. Подобная случайность, в свою очередь, может создать временные возможности для дальнейших инвестиций, отдача от которых выше затрат на капитал. Но ожидаемая и более продолжительная рента, естественно, приведет к появлению новых производителей-соперников. Вот почему вы должны сомневаться в любом инвестиционном плане, по которому прогнозируется поток экономической ренты в неопределенном будущем. Стремитесь определить момент, когда конкуренция снизит чистую приведенную стоимость до нуля, и попытайтесь понять, какие последствия это будет иметь для цен на вашу продукцию.

---

[12] Чтобы финансировать расширение, компании "Марвин" придется продать новые акции на сумму 1000 млн дол. Поэтому совокупная стоимость акций "Марвин" возрастет до 1551 млн дол. Но инвесторы, которые вложат новые деньги, получат акции общей стоимостью 1000 млн дол. Следовательно, стоимость старых акций "Марвин" после сообщения о расширении составит 551 млн дол.

[13] Отметим, что рыночная стоимость акций "Марвин" будет больше 551 млн дол., если инвесторы ожидают, что компания предпримет новое расширение в течение 5-летнего периода. Другими словами, приведенная стоимость перспектив роста и после расширения может по-прежнему остаться положительной. Инвесторы могут надеяться, что "Марвин" будет опережать своих конкурентов хотя бы на один шаг или же успешно воспользуется своей особой технологией в других областях.

Многие компании стремятся обнаружить важные, перспективные с точки зрения роста сферы в экономике и затем концентрируют свои инвестиции в этих областях. Но печальный конец производителей пузырьковых бластеров первого поколения показывает, как быстро существующие заводы могут устареть при изменении технологии. Хорошо принадлежать к растущей отрасли, если вы используете новую технологию, но растущие отрасли не дают пощады тем, кто медлит с внедрением технологий.

Вы можете надеяться на получение экономической ренты только в том случае, если располагаете некоторыми более высококачественными ресурсами, такими, как управленческий потенциал, торговые агенты, команда проектировщиков или условия производства. Поэтому прежде чем пытаться проникнуть в развивающиеся области, было бы лучше выявить относительные преимущества вашей фирмы и попытаться воспользоваться ими. К сожалению, фирма не получит сверхприбылей, если ей не удастся, помимо прочего, избежать оплаты полной стоимости высококачественных ресурсов. Например, Боинг-757 более эффективен в эксплуатации, чем самолеты старых образцов. Но это не означает, что авиалинии, на которых летают Боинги-757, могут ожидать прибыли выше обычных. Более высокая эффективность, вероятно, учитывается в цене, которую компания Boeing устанавливает на модель 757. Авиалиния получит сверхприбыль (т. е. экономическую ренту) только в том случае, если Боинг-757 имеет для нее большую ценность, чем для других[14].

Мы не хотим сказать, что не существует хороших инвестиционных возможностей. Например, такие возможности возникают благодаря прошлым инвестициям фирмы, которые позволяют ей с более низкими затратами осуществить расширение в будущем. Возможно, фирма способна увеличить объемы выпуска, просто запустив дополнительную производственную линию, в то время как ее конкурентам потребовалось бы строительство совершенно нового предприятия. В таких случаях вы должны принимать во внимание не только возможную *рентабельность* вашего выбора, но и *время*, когда его лучше осуществить.

"Марвин", кроме прочего, напомнила нам о взаимосвязи проектов, которую мы впервые обсуждали в главе 6. Когда вы оцениваете все приростные потоки денежных средств от проекта, вы не должны забывать о необходимости оценить влияние проекта на остальной бизнес. Внедряя новую технологию сразу, "Марвин" тем самым снизила стоимость ее уже существующего завода на 72 млн дол. Иногда убытки от существующих предприятий могут полностью перекрыть прибыли, получаемые за счет новой технологии. Вот почему мы иногда наблюдаем, как известные компании с передовыми технологиями сознательно не торопятся выпускать новую продукцию.

Отметим, что экономическая рента компании "Марвин" была равна разнице между ее затратами и затратами предельного производителя. Затраты предельного завода поколения 2001 г. складываются из производственных расходов и альтернативных издержек отказа от продажи оборудования. Следовательно, если бы ликвидационная (остаточная) стоимость оборудования 2001 г. была выше, на долю конкурентов "Марвин" приходились бы более высокие издержки и "Марвин" могла бы получать более высокую ренту. Мы рассматриваем ликвидационную стоимость как нечто данное, но она, в свою очередь, зависит от величины экономии на затратах, возникающей вследствие замены устаревшего оборудования по производству пузырьковых бластеров на некоторые другие активы. В хорошо функционирующей экономике активы

---

[14] Рента, которую вы получаете благодаря тому, что оборудование имеет для вас большую ценность, чем для ваших конкурентов, называется *прибылью потребителя*. Если бы у компании Boeing была возможность продавать самолеты каждому потребителю по максимальной цене, которую он готов заплатить, ни одна авиалиния не могла бы ожидать получения прибыли потребителя за счет эксплуатации Боинга-757, и все выгоды получала бы компания Boeing.

ГЛАВА 11. Откуда берется положительная чистая приведенная стоимость

используются так, чтобы минимизировать *совокупные* издержки производства запланированного объема продукции. Экономическая рента, получаемая за счет какого-либо актива, равна совокупным дополнительным издержкам, которые возникли бы, если бы данный актив был выведен из эксплуатации.

Остановимся еще на одном моменте, связанном с ликвидационной стоимостью, который возвращает нас к нашему примеру с компанией "Вольный полет", описанному в предыдущей главе. Высокая ликвидационная стоимость дает фирме возможность отказаться от проекта в случае, если что-то пойдет не так. Однако если конкуренты знают, что вы можете легко уйти из бизнеса, они, вероятнее всего, проникнут на ваш рынок. Если же им ясно, что у вас нет другого выхода, как остаться и бороться, они будут более осторожны в конкуренции с вами.

Когда компания "Марвин" заявила о своих планах расширения производства, многие собственники оборудования первого поколения успокаивали себя надеждой, что "Марвин" не сумеет конкурировать с их предприятием, амортизация которого полностью завершена. Их спокойствие было неуместно. Вне зависимости от политики в области амортизационных отчислений в прошлом предпочтительнее вывести из эксплуатации оборудование первого поколения, нежели использовать его в производстве. Не надейтесь, что цифры в вашем балансе могут защитить вас от суровой экономической действительности.

11–4. РЕЗЮМЕ

Полезно использовать метод приведенной стоимости, принимая инвестиционное решение, но это еще не все. Хорошие инвестиционные решения основываются и на разумных критериях, и на разумных прогнозах. В этой главе мы остановились на проблеме прогнозирования.

Проекты могут выглядеть привлекательными по двум причинам: 1) составитель проекта, возможно, допустил некоторые ошибки и погрешности и 2) компания может искренне надеяться на получение сверхприбылей от проекта. Поэтому квалифицированные менеджеры пытаются обеспечить перевес в свою пользу путем проникновения в области, в которых компания имеет конкурентные преимущества. Или, как бы мы сказали, квалифицированные менеджеры пытаются выявить проекты, которые принесут "экономическую ренту".

Описанная нами история "Марвина и компании" показывает происхождение ренты и ее влияние на потоки денежных средств и чистую приведенную стоимость проекта.

Любые расчеты приведенной стоимости, включая и наши вычисления для "Марвина и компании", подвержены ошибкам. Но такова жизнь: никакого другого разумного способа оценить большинство инвестиционных проектов не существует. Но некоторые активы, в том числе золото, недвижимость, сырая нефть, корабли и самолеты, а также финансовые активы, такие, как акции и облигации, продаются на достаточно конкурентных рынках. Когда вы знаете рыночную стоимость такого актива, используйте ее по крайней мере как отправную точку в вашем анализе.

РЕКОМЕНДУЕМАЯ ЛИТЕРАТУРА

В большинстве работ по микроэкономике рассматриваются факторы, определяющие экономическую ренту. Смотри, например:

S.Fischer et al. Introduction to Microeconomics, 2d ed. McGraw-Hill Book Company, New York, 1988.

Любопытный анализ возможного влияния новой технологии на приведенную стоимость существующих активов смотри:

S.P.Sobotka and C.Schnabel. Linear Programming as a Device for Predicting Market Value: Prices of Used Commercial Aircraft, 1959–65 // Journal of Business. 34:10–30. January. 1961.

КОНТРОЛЬНЫЕ ВОПРОСЫ

1. Вы получили в наследство невозделанный земельный участок площадью 250 акров в Айове. Существует активный рынок земельных участков такого типа, и подобная земельная собственность продается по цене 1000 дол. за акр. Чистый денежный доход в расчете на акр составляет 75 дол. в год. Ожидается, что этот денежный доход в реальном выражении будет постоянен. Сколько стоит земля? Местный банкир советует вам использовать ставку дисконта 12%.

2. Верны или неверны следующие утверждения?
   а) Фирма, доход которой равен альтернативным издержкам, получает экономическую ренту.
   б) Фирма, которая инвестирует в рисковое предприятие с положительной чистой приведенной стоимостью, ожидает получить экономическую ренту.
   в) Финансовые менеджеры должны пытаться определить сферы, где их фирмы могли бы заработать экономическую ренту, поскольку именно здесь существует вероятность найти проекты с положительной чистой приведенной стоимостью.
   г) Экономическая рента представляет собой равномерные годовые затраты на эксплуатацию оборудования с длительным сроком службы.

3. Спрос на сферические универсальные измерители быстро растет, а отрасль является высококонкурентной. Строительство завода по производству универсальных измерителей стоит 50 млн дол., а его производственные мощности рассчитаны на 500 000 измерителей в год. Издержки производства составляют 5 дол. на единицу продукции, и ожидается, что их величина не изменится. Если машины имеют неограниченный срок службы и затраты на привлечение капитала равны 10%, какова цена универсального измерителя?
   а) 5 дол.
   б) 10 дол.
   в) 15 дол.

4. В журнале "Aviation Week and Space Technology", 25, 1966 появилось следующее сообщение: "Alitalia" решила отказаться от использования реактивных самолетов передовой технологии. Анализ, проведенный этим транспортным агентством, как и некоторыми другими авиалиниями, показал, что полностью амортизированные самолеты Дуглас DC-8 можно использовать на вполне конкурентном уровне с самолетом Боинг-747. *Благодаря* тому, что издержки в расчете на количество посадочных мест или тонно-километр для полностью амортизированного субзвукового реактивного самолета настоящего поколения, вероятно, не сильно отличаются от аналогичных издержек для реактивного самолета передовой технологии. Обсудите, являются ли низкие амортизационные отчисления по DC-8 основанием для продолжения эксплуатации этого самолета. При каких условиях было бы предпочтительно использовать Боинг-747?

5. Если производитель средств производства выпускает новый, более эффективный продукт, кому скорее всего это будет выгодно? При каких условиях покупку нового оборудования можно считать инвестициями с положительной чистой приведенной стоимостью?

6. Почему студент Магистратуры делового администрирования, узнавший о методе дисконтированного потока денежных средств, похож на малыша с молотком? Каков смысл вашего ответа?

ГЛАВА 11. Откуда берется положительная чистая приведенная стоимость

ВОПРОСЫ И ЗАДАНИЯ

1. Предположим, что вы рассматриваете возможность инвестирования в актив, для которого существует достаточно хороший вторичный рынок. А именно, вы — это Delta Airlines, а актив — Боинг-757, самолет, имеющий широкое применение. Как наличие вторичного рынка в принципе упрощает вашу проблему? Как можно на практике воспользоваться таким упрощением проблемы? Поясните ваш ответ.

2. Фотолаборатории извлекают серебро, используемое в фотопленке, и вновь пускают его в технологический процесс. Stikine River Photo намерена приобрести усовершенствованное оборудование для своей лаборатории у компании Telegraph Creek. Она располагает следующей информацией:
   а) оборудование стоит 100 000 дол.;
   б) в конце года оно будет стоить 80 000 дол.;
   в) срок службы оборудования 10 лет, но оно может быть амортизировано за 5 лет по методу равномерного начисления амортизации (см. раздел 6–2);
   г) оно будет давать дополнительно 5000 унций серебра в год;
   д) серебро продается за 20 дол. за унцию. В течение последних 10 лет цена на серебро ежегодно возрастала на 4,5% в реальном выражении. Серебро продается на активном конкурентном рынке;
   е) предельная налоговая ставка для Stikine равна 34%. Имеется в виду налоговое законодательство США;
   ж) затраты на привлечение капитала для компании Stikine составляют 8% в реальном выражении.
   Какова чистая приведенная стоимость нового оборудования? Если необходимо, сделайте дополнительные допущения.

3. Существует ли разница для производителя средств производства — продавать оборудование или сдавать его в аренду? Влияет ли это на желание производителя выпускать новую продукцию?

4. Производство сложных кислот является конкурентной отраслью. Большинство предприятий выпускают в год 100 000 тонн продукции. Производственные издержки составляют 90 центов на тонну, продажная цена равна 1 дол. за тонну. Завод мощностью 100 000 тонн стоит 100 000 дол. и имеет неограниченный срок службы. В настоящее время остаточная стоимость завода составляет 60 000 дол. и ожидается, что она снизится до 57 900 дол. в течение следующих 2 лет.

   Корпорация "Флогистон" предполагает инвестировать 100 000 дол. в завод, на котором применяется новый низкозатратный процесс производства сложных кислот. Мощность этого завода такая же, как и у уже действующих, но производственные издержки составляют 85 центов на тонну. По расчетам корпорации "Флогистон", она имеет 2-летнее преимущество перед конкурентами в использовании этого процесса, но не в состоянии сама строить заводы раньше, чем через 2 года. Она также полагает, что спрос в течение следующих 2 лет, вероятно, будет расти медленно и поэтому ее новый завод создаст временный избыток мощностей.

   Вы можете сделать допущение, что не существует никаких налогов и что затраты на капитал равны 10%.
   а) К концу второго года ожидаемый рост спроса на кислоты потребует строительства нескольких новых заводов, использующих технологию корпорации "Флогистон". Какова вероятная чистая приведенная стоимость каждого из этих заводов?
   б) Какова приведенная стоимость каждого из этих заводов?
   в) Как это повлияет на цены на сложные кислоты в 3-м году и далее?
   г) Можно ли ожидать, что действующий завод выйдет из строя в году 2? Каков был бы ваш ответ, если бы стоимость сырья равнялась 40 000 или 80 000 дол.?

д) Заводы по производству кислот корпорации "Гильдия алхимиков" уже полностью амортизированы. Способны ли они приносить прибыль после года 2?

е) Корпорация "Ацидоз" в прошлом году приобрела новый завод за 100 000 млн дол. и начисляет износ по 10 000 млн дол. в год. Должна ли она ликвидировать завод в году 2?

ж) Какова была бы приведенная стоимость рискового предприятия корпорации "Флогистон"?

5. Оперная ассоциация Кембриджа учредила специальный приз, который должен быть разыгран на ее благотворительном балу в декабре 1992 г.: будет разыграно 20 призов по входным билетам, каждый призовой билет дает право его владельцу получить от ассоциации денежный приз 30 декабря 1993 г. Размер приза определяется на основе отношения фондового индекса Standard and Poor, рассчитанного на 30 декабря 1993 г., к индексу на 30 июня 1993 г., умноженного на 100 дол. Таким образом, если 30 июня 1993 г. индекс составит 250, а 30 декабря 1993 г. — 300, размер приза будет равен 100×(300/250) = 120 дол.

После бала возник черный рынок, на котором продавались призовые билеты. По какой цене будут продаваться билеты 1 января 1993 г.? 30 июня 1993 г.? Предположим, что годовая безрисковая процентная ставка составляет 10%. Также предположим, что Оперная ассоциация будет платежеспособна в конце 1993 г. и действительно выплатит призы по билетам. Если необходимо, сделайте другие допущения.

Была бы другой стоимость билетов, если бы размер приза зависел не от индекса Standard and Poor, а от промышленного индекса Доу-Джонса?

6. Вас просят оценить крупное здание на севере штата Нью-Джерси. Оценка требуется для составления заключения о банкротстве. Известны следующие факты:

а) Заключение *требует*, чтобы стоимость здания равнялась приведенной стоимости *чистых денежных поступлений*, которые получила бы железнодорожная компания, если бы освободила здание и продала его, чтобы его можно было использовать с большей пользой не как контору железной дороги, а как склад.

б) Здание было оценено в 1 млн дол. Эта цифра получена на основе последних фактических продажных цен на подобные здания в Нью-Джерси, которые использовались или могли быть использованы под склады.

в) Если сегодня здание сдать в аренду, оно может приносить 80 000 дол. в год. Этот поток денежных средств получен *за вычетом* оплаченных эксплуатационных издержек и налогов на недвижимость, которые составляют 50 000 дол. в год:

Валовая арендная плата	180 000 дол.
Эксплуатационные издержки	50 000 дол.
Налоги на недвижимость	50 000 дол.
Чистая арендная плата	80 000 дол.

Валовая арендная плата, эксплуатационные издержки и налоги на недвижимость — величины, которым свойственна неопределенность, но ожидается, что они будут расти по мере роста инфляции.

г) Однако потребовался бы 1 год и 200 000 дол., чтобы освободить здание от железнодорожного оборудования и подготовить его для использования под склад. Эти расходы осуществлялись бы равномерно в течение следующего года.

д) Недвижимость будет выставлена на рынке, когда здание будет готово к использованию в качестве склада. Ваш консультант по вопросам недвижимости говорит, что в среднем требуется 1 год, чтобы продать собственность такого типа на рынке. Однако железнодорожная компания могла бы сдать здание в аренду под склад, пока его не продаст.

е) Альтернативные издержки инвестиций в недвижимость составляют в реальном выражении 8%.

ж) Ваш консультант по вопросам недвижимости отмечает, что продажные цены на подобные здания в северном Нью-Джерси снижались в реальном выражении в течение последних 10 лет в среднем на 2% в год.

з) 5%-ный комиссионный сбор с продаж был бы уплачен железнодорожной компанией в момент продажи.

и) Железнодорожная компания не платит налог на прибыль. Она должна была бы платить налог на недвижимость.

*7. У системы международных авиалиний имеются маршруты X и Y, на каждом из которых требуется 10 самолетов. Эти маршруты могут обслуживаться самолетами трех типов — А, Б и В. В наличии имеется 5 самолетов типа А, 10 самолетов типа Б и 10 самолетов типа В. Самолеты различаются только величиной эксплуатационных расходов:

Тип самолета	Годовые эксплуатационные расходы (в тыс. дол.)	
	Маршрут X	Маршрут Y
А	15	15
Б	25	20
В	45	35

Срок службы самолетов 5 лет, и их ликвидационная стоимость 10 000 дол.

Владельцы самолетов не сами эксплуатируют их, а сдают в аренду авиакомпаниям. Владельцы конкурируют за максимизацию своих доходов в виде арендной платы, а авиакомпании стремятся минимизировать свои эксплуатационные расходы. Конкуренция также определяет и тарифы на авиаперевозки.

Предположим, что затраты на капитал равны 10%.

а) На каком маршруте будет использоваться каждый самолет и сколько он будет стоить?

б) Какие изменения произойдут в порядке эксплуатации и цене каждого самолета, если количество самолетов типа А увеличится до 10?

в) Что произойдет, если количество самолетов типа А увеличится до 15?

г) Что произойдет, если количество самолетов типа А увеличится до 20?

*8. Налоги представляют собой расходы, поэтому изменение налоговых ставок может влиять на потребительские цены, продолжительность проектов и на стоимость существующих фирм. Это показано на примере следующей (очень сложной) проблемы. Кроме того, здесь показано, что изменение налогов, которое кажется "благоприятным для бизнеса", не всегда увеличивает стоимость существующих фирм. Действительно, если новые инвестиции не увеличивают потребительский спрос, они могут быть действенными только в случае, если существующее оборудование будет считаться устаревшим.

Производство кислотных удобрений является конкурентным бизнесом. Спрос неуклонно растет, и постоянно открываются новые заводы.

Ожидаемые потоки денежных средств от инвестиций в завод следующие:

	0	1	2	3
1. Первоначальные инвестиции	100			
2. Доходы		100	100	100
3. Эксплуатационные расходы в денежной форме		50	50	50
4. Налоговая амортизация		33,33	33,33	33,33
5. Прибыль до уплаты налога		16,67	16,67	16,67
6. Налог по ставке 40%		6,67	6,67	6,67
7. Чистая прибыль		10	10	10
8. Посленалоговая ликвидационная стоимость				15
9. Поток денежных средств (7+8+4−1)	−100	+43,33	+43,33	+58,33

Чистая приведенная стоимость при ставке 20% = 0.

Допущения.
1. Налоговая амортизация начисляется равномерно в течение 3 лет.
2. Доналоговая ликвидационная стоимость равна 25 дол. в 3-м году и 50 дол., если оборудование сдается на лом во 2-м году.
3. Налог на ликвидационную стоимость взимается в размере 40% от разницы между ликвидационной стоимостью и инвестициями, на которые начислен износ.
4. Затраты на привлечение капитала равны 20%.

а) Какова стоимость завода, проработавшего 1 год? 2 года?
б) Предположим, что правительство изменило схему налоговой амортизации и теперь можно списать 100% в 1-й год. Как это повлияет на стоимость заводов, проработавших 1 год? 2 года? Уже действующие предприятия должны продолжать использовать прежние схемы налоговой амортизации.
в) Имеет ли теперь смысл ликвидировать завод, проработавший 2, а не 3 года?
г) Как изменились бы ваши ответы, если бы налог на прибыль корпораций был отменен совсем?

12
Организация инвестиционного процесса и последующая оценка эффективности

До настоящего времени в нашу задачу входило показать, как фирма *должна бы* формировать свой капитальный бюджет. В данной главе мы расскажем, как это происходит на практике. Особое внимание мы уделим организации планирования долгосрочных вложений и неизбежно возникающим при этом административным проблемам.

Хорошая система формирования бюджетов долгосрочных вложений — это нечто большее, чем просто принятие решений об осуществлении отдельных проектов или отказе от них. Она должна быть связана с процессом долгосрочного планирования всей деятельности фирмы — планирования, в ходе которого выбирается направление бизнеса и вырабатываются планы финансирования, производства, маркетинговой политики, исследований и т. д. Кроме того, она должна предусматривать оценку результатов деятельности. У фирмы нет иного способа узнать, к чему приведут ее инвестиционные решения. Оценка результатов деятельности занимает основное место в данной главе. Ошибки в оценке рентабельности опасны, однако эта мысль не нашла пока должного понимания.

12–1. ПЛАНИРОВАНИЕ ДОЛГОСРОЧНЫХ ВЛОЖЕНИЙ И УТВЕРЖДЕНИЕ ПРОЕКТОВ

Для большинства крупных фирм первым шагом в инвестиционном процессе служит подготовка годового **бюджета долгосрочных вложений**, который содержит перечень планируемых инвестиционных расходов предприятий и филиалов. (В данной главе под предприятием мы будем подразумевать структурную единицу филиала, а под филиалом — структурную единицу фирмы, т. е. это деление условно: слоев может быть и больше двух. Кроме того, филиалы часто организуются по признакам производственной специализации, по региональным признакам или в соответствии с другими критериями бизнеса.) В принципе бюджет долгосрочных вложений должен представлять собой перечень всех открытых перед фирмой инвестиционных возможностей с положительными чистыми приведенными стоимостями.

В большинстве фирм предложения по проектам поступают от предприятий на рассмотрение руководству филиалов и от филиалов на рассмотрение высшего руководства. Процесс администрирования протекает обычно следующим образом.

Менеджеры предприятий выявляют "интересные" возможности, анализируют их и решают, какие из них действительно стоящие. Планируемые по этим проектам расходы передаются для дальнейшего рассмотрения менеджерам филиалов. Некоторые из предложений предприятий "перепрыгивают" уровень филиалов. Но руководство филиалов тоже порой вносит свои собственные идеи, как правило, новые, более рискованные, которых никто не ожидает от менеджеров предприятий, такие, например, как производство нового продукта. Перечни инвестиционных расходов, предоставляемые филиалами, направляются бухгалтеру-контролеру компании, который сокращает их и сводит в единый плановый бюджет компании. В очень крупных многопрофильных фирмах может быть несколько промежуточных стадий рассмотрения бюджетных предложений.

Конечный бюджет представляет собой перечень планируемых на предстоящий год новых проектов и всех принятых ранее незавершенных проектов. Сопроводительная информация, представленная, как правило, в стандартной форме, для крупных проектов дополняется письменными справками. Поскольку одобрение бюджета не означает окончательного разрешения на расходование денег, сопроводительная информация детализируется позже. Проекты, объемы которых не превышают определенного уровня, обычно даже не выделяются отдельно, а просто включаются в санкционированные для предприятия или филиала суммы общих расходов. Во многих компаниях бюджеты также содержат приблизительные оценки возможных расходов на пятилетний период.

Предлагаемый бюджет затем рассматривается высшим руководством и специалистами в области планирования и финансового анализа. Сначала он может быть рассмотрен комиссией в составе президента, казначея и бухгалтера-контролера. Обычно, прежде чем бюджет представляется на одобрение совету директоров, между высшим руководством фирмы и руководством филиалов ведутся переговоры и, кроме того, возможно проведение специального анализа основных статей расходов и рисковых инвестиций в новых областях. Одобренный в целом бюджет служит базой для планирования в течение следующего года. Однако в некоторых фирмах он пересматривается каждый квартал.

Поскольку каждое бюджетное предложение должно быть впоследствии санкционировано, исполнение бюджета предполагает некоторые дублирующие действия. Однако это способствует обмену информацией между высшим и низшим звеньями иерархической структуры управления до того, как взаимосвязи усложнятся или будут приняты какие-либо личные обязательства. Опасность в этом процессе может представлять утрата гибкости. Как правило, большинство проектов впервые появляются в годовом бюджете, и в некоторых компаниях трудно добиться принятия проекта в другое время года.

Утверждение проектов

Одобрение бюджета долгосрочных вложений редко дает право на осуществление расходов, включенных в бюджет. Большинство компаний требует подготовки соответствующих **заявок на ассигнования** по каждому предложению. Эти заявки сопровождаются более или менее детализированной информацией, в зависимости от объема, новизны и стратегической важности проекта. Кроме того, требуемая сопроводительная информация зависит от категории проекта. Некоторые фирмы выделяют следующие четыре группы.

1. Расходы, связанные с техникой безопасности, природоохранными мероприятиями, требуемые по закону или согласно политике компании, т. е. вложения в оборудование, предназначенное для контроля за загрязнением окружающей среды.
2. Проекты по снижению эксплуатационных или производственных издержек, т. е. вложения в замену оборудования.
3. Расширение существующих производственных мощностей.
4. Инвестиции в новые виды продукции или новые предприятия.

Необходимая для проектов информация различается в зависимости от этих категорий проектов:

ГЛАВА 12. Организация инвестиционного процесса и последующая оценка эффективности

1. Контроль за загрязнением сам по себе не должен приносить доход. Основная задача здесь — соблюдение нормативов допустимого загрязнения с минимальной приведенной стоимостью затрат. Решение, вероятно, зависит от инженерного анализа альтернативных технологий.
2. Инженерный анализ важен также и при замене оборудования, но новые машины должны окупаться. В проектах второй категории приведенной выше классификации фирмы сталкиваются с классическими проблемами планирования долгосрочных вложений, описанными в главе 6.
3. Проекты третьей категории не так непосредственно связаны с проблемами формирования капитальных бюджетов; решения по ним могут зависеть от прогнозов спроса, возможных изменений в технологии и от стратегии конкурентов.
4. Проекты четвертой категории скорее всего связаны с нематериальными активами. Новаторские проекты в новых областях могут не иметь положительных чистых приведенных стоимостей, если рассматриваются изолированно: кроме того, фирмы могут начать их осуществление, чтобы занять положение на рынке или подготовить почву для будущих прибыльных проектов. Новаторские проекты осуществляются не ради них самих, а с целью получения фирмой ценной возможности осуществления последующих проектов[1]. Таким образом, для проектов четвертой категории прогнозы потоков денежных средств могут быть менее важны, чем задача воспользоваться некоторыми технологическими или другими преимуществами, которые позволят фирме получать экономическую ренту. В проектном анализе эта проблема становится центральной.

Во многих крупных фирмах существуют инструкции, которые позволяют проконтролировать, все ли значимые виды затрат и альтернативы учтены. Инструкции содержат указания по составлению прогнозов потоков денежных средств и вычислению чистой приведенной стоимости, внутренней нормы доходности и других критериев оценки стоимости проекта. В инструкциях обычно также определяются альтернативные издержки инвестирования[2].

Хотя заявку на ассигнования может подготовить сам автор проекта, за представление ее на рассмотрение, как правило, отвечает менеджер предприятия. Прежде чем получить одобрение, эти заявки проходят ряд последовательных уровней оперативного управления. Заявки на крупные проекты могут быть рассмотрены на соответствующей стадии штатными бухгалтерами, инженерами или экономистами. Количество барьеров, через которые должно пройти предложение, зависит от объема предполагаемых расходов.

Поскольку инвестиционные решения играют центральную роль в развитии фирмы, право утверждения проектов, как правило, сохраняет за собой высшее руководство. Почти все компании устанавливают максимальный уровень (лимит) для проектов капиталовложений, которые могут быть санкционированы менеджерами филиалов без одобрения со стороны вышестоящего руководства. Кроме того, этот предельный уровень на удивление низок. Скей-

---

[1] Мы разбираем, как оценить стоимость таких инвестиционных возможностей, в главе 21.
[2] Как свидетельствует следующий разговор с одним финансовым директором, иметь инструкцию и пользоваться ею — не одно и то же.
Финансовый директор. Я могу дать вам копию нашей инструкции по контролю за капиталовложениями.
Интервьюер. А вы сами участвовали в ее составлении?
Финансовый директор. Да вы что! Мне они кажутся страшно нудными. Я совершенно не представляю, что с ними делать. *Цит. по: P.R.Marsh, T.P.Barwise, K.Thomas, and J.R.C.Wensley.* Managing Strategic Investment Decisions in Large Diversified Companies // *A.M.Pettigrew (ed.).* Competitiveness and the Management Process. Basil Blackwell, Oxford, 1988. P.101.

пенс и Сейл провели обследование 203 крупных фирм со средним размером бюджетов долгосрочных вложений 130 млн дол. в год и обнаружили, что в среднем лимит на отдельные проекты составлял только 136 000 дол.[3] Если учесть, что крупная компания может "производить" ежегодно тысячи заявок на ассигнования, то эта ограниченная степень передачи полномочий по утверждению проектов поражает.

Критерии, которые фирмы применяют в своей практике принятия решений

Сегодня почти все компании, о которых мы говорим, используют принцип дисконтированных потоков денежных средств в каком-либо виде, однако часто вместе с этим они используют и другие критерии. И причина, по которой эти теоретически несостоятельные методы оценки продолжают существовать даже в крупных преуспевающих компаниях, состоит не в том, что менеджеры не понимают их недостатков. Более вероятно, что их недостатки относительно незначительны или компенсируются какими-то преимуществами.

Например, многие компании рассчитывают период окупаемости проектов. Под нажимом менеджеры обычно признают, что понимаемый буквально метод окупаемости не имеет смысла. Но они отмечают, что окупаемость выступает наиболее простым средством *выразить идею* рентабельности проекта. Бюджет долгосрочных вложений вырабатывается в процессе дискуссий и переговоров, в котором принимают участие представители всех отделов фирмы, поэтому для этого очень нужны критерии, доступные пониманию каждого. Потребовать от каждого, кто участвует в обсуждении проекта, оперировать понятием чистой приведенной стоимости значит исключить из работы тех, кто не понимает смысл этого понятия, но все же может предоставить полезную информацию.

Другие менеджеры упорно продолжают использовать метод окупаемости проекта, поскольку знают, что в конкурентном мире высокие прибыли не устанавливаются навсегда; поэтому они могут не доверять более отдаленным по времени прогнозам потоков денежных средств. Благодаря методу окупаемости, в котором совершенно не учитываются поздние потоки денежных средств, можно получить приблизительное представление о рентабельности проекта. Хотя, конечно, было бы лучше с большей точностью определить, когда произойдет усиление конкуренции и какое влияние это окажет на потоки денежных средств.

Использование разумных методов не гарантирует принятие грамотных решений. Вы можете применять хорошую методику и делать плохие выводы, или наоборот. Кроме того, фирмы, которые применяют подходящие с теоретической точки зрения критерии, часто делают ошибки при их использовании. Например, многие фирмы считают, что могут не учитывать инфляцию в прогнозах потоков денежных средств, поскольку "в среднем рост доходов покрывает инфляцию затрат". Другие применяют номинальные ставки дисконта и не полностью отражают будущую инфляцию в своих прогнозах потоков денежных средств.

Это элементарные ошибки, но прежде чем задаваться, вспомним, что бизнесмены часто действуют более ловко, чем говорят. (Студенты и ученые – наоборот.) Они способны принимать верные решения, но не могут объяснить их на языке финансистов и экономистов. Многие решения принимаются главным образом интуитивно. Если определение *интуитивный* звучит странно, замените его на *информированное суждение*. Как мы говорили в главе 11, если у фирмы появилось преимущество, позволяющее ей извлекать экономическую ренту, ей, вероятно, следует поторопиться вне зависимости от вычисленных периода окупаемости и приведенной стоимости. Опыт помогает выявлять такие возможности.

---

[3] *R.W.Scapens and J.T.Sale.* Performance Measurement and Formal Capital Expenditure Controls in Divisionalized Companies // Journal of Business Finance and Accounting. 8: 389–420. Autumn.1981.

ГЛАВА 12. Организация инвестиционного процесса и последующая оценка эффективности

Контроль за инвестиционными решениями

Хотя многие планы капитальных вложений формируются на уровне предприятия, некоторые фирмы содержат отдельный штат специалистов по составлению капитальных бюджетов, что помогает действовать согласованно, раскрывать не предусмотренные ранее ограничения и проводить сложный анализ важных проектов.

Подобный анализ также может выявить менеджеров, ответственных за отдельные участки инвестиционного процесса, которые оказались не охвачены контролем.

Например, кому-то из менеджеров дано право утверждать проекты, стоимость которых не превышает установленных размеров. Однако такая власть может приобрести неограниченные масштабы, если каждый проект окажется разбитым на множество мелких частей. Следующая история иллюстрирует данную проблему.

> *Наше [высшее] руководство стремится принимать все важные инвестиционные решения. И думает, что оно так и делает, но я наблюдал один случай, когда филиал сумел обставить его.*
>
> *Я получил на редактирование заявку от филиала на финансирование большой дымовой трубы. Я не мог понять, для чего нужна одна лишь дымовая труба, и поэтому отправился туда с визитом. Оказывается, уже был построен и оборудован целый завод на основе системы расходных ордеров предприятия. Расходы на трубу были единственной неделимой статьей, превысившей установленный нами лимит на расходные ордера в размере 50 000 дол. Очевидно, по неофициальным каналам они узнали, что новый завод не получил бы одобрения, а так как они считали, что он необходим для бизнеса и доход оправдал бы его, они построили эту чертову штуковину*[4].

Этой путаницы можно было избежать, если бы фирма установила лимиты как на отдельные самостоятельные расходы, так и на общую сумму таких расходов для каждого менеджера и для каждого года.

Подобные трудности проистекают из нечеткой концепции капитальных вложений. Вероятно, не имеет значения, покупает ли фирма или арендует часть оборудования: последующее влияние на операционные потоки денежных средств одинаково. Поэтому ясно, что руководство заинтересовано в контроле за приобретением важных активов независимо от того, арендуются они или покупаются. Руководство также желает контролировать приобретение как материальных, так и нематериальных активов, таких, как патенты или долгосрочные контракты. Процедуры утверждения проектов должны охватывать широкий круг вопросов и не должны поощрять неэффективную замену одного вида активов на другой.

Другая проблема — гарантировать, что санкционирование проходят все возможные виды расходов. Очень часто небольшие и на вид малозначительные инвестиции являются первым шагом в осуществлении ряда экономически взаимосвязанных инвестиций. Руководство должно иметь полное представление о всех последствиях предоставления предприятию или филиалу возможности сунуть ногу в приоткрытую дверь.

12—2. ПРОБЛЕМЫ И НЕКОТОРЫЕ РЕШЕНИЯ

Полезно пользоваться разумными методами, но верные инвестиционные решения требуют еще и верных данных. Как вы можете организовать планирование долгосрочных вложений, чтобы получать необходимую вам информацию? Мы предлагаем пять проблем, над которыми вам нужно подумать.

---

[4] *Источник*: J.L.Bower. Managing the Resource Allocation Process: A Study of Corporate Planing and Investment. Division of Research, Graduate School of Business Administration, Harvard University, Boston, 1970. P.15.

Обеспечение согласованности прогнозов

В инвестиционные планы часто закладываются противоречивые допущения. Допустим, например, что менеджер вашего мебельного филиала настаивает на начале жилищного строительства, а менеджер вашего филиала бытового оборудования куда меньше воодушевлен этим предложением. Такая несогласованность приводит к тому, что проекты мебельного филиала выглядят лучше, чем проекты филиала бытового оборудования. Задача вышестоящего руководства состоит в том, чтобы добиться согласованных оценок и обеспечить пересчет всех чистых приведенных стоимостей с учетом этих данных. Тогда может быть вынесено разумное решение.

Вот почему многие фирмы начинают процесс формирования капитальных бюджетов с составления прогнозов общих экономических показателей, таких, как инфляция и рост национального дохода, а также прогнозов частных показателей, значимых для деятельности фирмы, таких, например, как состояние жилищного строительства или уровень цен на сырье. Такие прогнозы могут затем использоваться в качестве основы для анализа всех проектов.

Устранение конфликта интересов

Менеджеры предприятий и филиалов заботятся о своем собственном будущем. Иногда их интересы расходятся с интересами акционеров, и это может привести к тому, что инвестиционные решения не будут способствовать максимизации богатства акционеров. Например, менеджеры нового завода, естественно, хотят продемонстрировать хорошие результаты сразу, чтобы продвинуться по иерархической лестнице корпорации. Возможно, они предложат проекты с быстрой окупаемостью, даже если пожертвуют ради этого чистой приведенной стоимостью. И если о результатах их деятельности судят по бухгалтерским прибылям, то их будут привлекать проекты с хорошими бухгалтерскими результатами.

Проблема заключается в том, каким именно образом многие фирмы оценивают деятельность и поощряют менеджеров. Нельзя ожидать от них концентрации только на показателе чистой приведенной стоимости, если вы всегда требуете быстрых результатов или если вы позже вознаграждаете их в зависимости от бухгалтерской прибыли. Более подробно об этом — в конце главы.

Другой потенциальный источник конфликта интересов кроется в том, что некоторые менеджеры менее склонны рисковать, чем другие. Их отношение к риску зачастую влияет на их деловые решения. Менеджерам высокодинамичных филиалов скорее будут предложены рисковые проекты, чем менеджерам вяло развивающихся филиалов с неопределенным будущим. Кроме того, крупный филиал скорее пойдет на риск потерять 1 млн дол., чем маленький филиал. Такие потери в крупном филиале могут лишь в незначительной степени сказаться на прибылях, тогда как в маленьком филиале менеджер в результате, весьма вероятно, останется без работы.

Кроме прочего проблема связана со способом оценки и поощрения результатов деятельности менеджеров. Эффективная система оценки и поощрения должна предусматривать некоторую допустимость ошибок и быть способна отделять по-настоящему хорошие решения от тех, что лишь случайно оказались удачными. В идеале было бы неплохо, чтобы менеджеры получали вознаграждения за хорошие решения, осуществлению которых помешало неудачное стечение обстоятельств, и подвергались наказанию за плохие решения, спасенные благодаря счастливой случайности.

Снижение необъективности в прогнозах

Тот, кто стремится добиться одобрения проекта, также, по-видимому, склонен к оптимистичным прогнозам потоков денежных средств проекта. Подобный сверхоптимизм, видимо, является общей особенностью финансовых прогнозов. Если вам нужен пример буйного сверхоптимизма, взгляните на крупные проекты государственных ассигнований. Часто ли вы слышали о новой ракете, плотине или шоссе, расходы на которые оказались меньше, чем было спрогнозировано вначале?

ГЛАВА 12. Организация инвестиционного процесса и последующая оценка эффективности

Вероятно, вы никогда не сможете полностью избавиться от предвзятости в прогнозах, но если вы поймете, почему она возникает, вы по крайней мере будете знать, что делать. Инициаторы проектов, вероятно, умышленно станут приукрашивать свои доводы, стоит только вам, менеджеру, слегка поощрить их к этому. Например, считая, что их успех зависит в первую очередь от величины филиала, а не от его рентабельности, они будут предлагать проекты крупного расширения, неверно оценивая их чистые приведенные стоимости как положительные. Или, если они полагают, что вы не станете их слушать, пока они не нарисуют для вас картину в розовых красках, менеджеры преподнесут вам множество таких картин. Или, если вы поставите филиалы перед необходимостью конкурировать друг с другом за ограниченные ресурсы, то обнаружите, что каждый старается перещеголять другого в борьбе за эти ресурсы. Во всех подобных случаях вина лежит только на вас — если вы держите обруч, другие будут стремиться прыгнуть сквозь него.

Получение высшим руководством необходимой ему информации

Оценка инвестиционных возможностей достаточно сложна, если вы сами делаете всю работу. В реальной жизни такая работа выполняется совместными усилиями. Хотя в совместных действиях воплощается более высокий уровень знаний, здесь существуют свои собственные проблемы. Некоторых из них невозможно избежать — это просто еще один вид издержек по ведению бизнеса. Другие можно смягчить дополнительным контролем и сбалансированностью инвестиционного процесса.

Многие проблемы возникают из-за страстного желания инициаторов получить одобрение интересующих их проектов. Поскольку предложение продвигается по иерархической лестнице на верхние уровни организации, по ходу этого движения образуются альянсы. Подготовка заявки неизбежно сопровождается обсуждением и уступками, которые ограничивают последующую свободу действий. Таким образом, как только филиал обнародует предложения своих предприятий, предприятия объединяются в борьбе против "аутсайдеров".

Такую конкуренцию среди филиалов можно успешно использовать в той мере, в какой она побуждает менеджеров филиалов надежно и доказательно обосновывать свои предложения. Но у конкуренции тоже есть свои издержки. Ежегодно к высшему руководству попадает до нескольких тысяч заявок на ассигнования, и по существу все это документы, представляемые объединенными группами и составленные в убедительной форме. Альтернативные варианты уже были отфильтрованы на более ранней стадии. Опасность состоит в том, что высшее руководство не сумеет получить (не говоря уже о том, чтобы полностью усвоить) информацию, необходимую для обоснованной оценки каждого проекта.

Эту опасность можно пояснить следующим практическим вопросом: должны ли мы устанавливать конкретный уровень альтернативных издержек для вычисления чистой приведенной стоимости проектов нашего мебельного филиала? Теоретически ответ, очевидно, да, при условии, что все проекты филиала имеют одинаковую степень риска. Напомним, что в большинстве своем проекты анализируются на уровне предприятий или филиалов. Только небольшая часть анализируемых идей передается на рассмотрение высшему руководству. Менеджеры предприятий и филиалов не в состоянии верно оценить проекты, если не знают истинной величины альтернативных издержек.

Предположим, что высшее руководство решило определить альтернативные издержки на уровне 12%. Это помогает менеджерам предприятия принимать рациональные решения. Но кроме того, это точно указывает им на то, насколько оправданны их надежды на одобрение их любимого проекта. Второй закон Брейли и Майерса гласит: *доля предложенных проектов, имею-*

щих положительные чистые приведенные стоимости, не зависит от оценки высшим руководством величины альтернативных издержек[5].

Фирмы, в которых наверх поступает неточная, неполная или недостоверная информация, впоследствии сталкиваются с двумя проблемами. Первая — высшее руководство оказывается не в состоянии оценить отдельные проекты. В проведенном Боуэром исследовании крупной многопрофильной компании отмечалось, что проекты, которые получали одобрение главного менеджера филиалов, редко отвергались подчиненной ему группой филиалов, а проекты, дошедшие до исполнительного комитета, почти никогда не отклонялись[6]. Вторая — поскольку менеджеры имеют ограниченный контроль над решениями по проектам, следующим один за другим, процесс принятия инвестиционных решений фактически децентрализован, вне зависимости от того, каковы официально установленные процедуры. Некоторые фирмы соглашаются с децентрализацией; они расслабляются и довольствуются сохранением общего контроля над деятельностью филиалов через бюджеты, планирование и мониторинг. Но в такой децентрализации есть толк, только если менеджеры предприятий и филиалов получают соответствующее вознаграждение за хорошую работу.

Другой способ, которым управляющие высшего звена решают проблему некачественной информации, — установление жестких лимитов на расходы для отдельных предприятий и филиалов. Цель этого — побудить структурные единицы к тщательному отбору проектов и поощрить конкуренцию за ресурсы среди филиалов. В конечном итоге фирмы осуществляют нормирование капитала не потому, что его действительно трудно получить, а потому, что рассматривают это как способ децентрализации принятия решений.

В этом заключается основная идея. Когда мы говорим, что фирмам следует принимать все проекты, имеющие положительные чистые приведенные стоимости, мы безоговорочно допускаем, что прогнозы, на которых основаны значения этого показателя, объективны. Но если менеджеры склонны к излишне оптимистичным прогнозам, вы можете обнаружить, что узкоцелевые критерии способны обеспечить лучшие решения, чем метод чистой приведенной стоимости. Мы должны подчеркнуть, что все же *не рекомендуем* использовать узкоцелевые критерии. Во всяком случае, важно понимать, что при улучшении одного аспекта процесса принятия решений следует принимать во внимание недостатки, возникающие в других местах.

Признание необходимости стратегической "подгонки"

Мы описали процесс принятия инвестиционных решений, в котором все планы исходят от низовых структур организации. Однако в чистом виде так никогда не происходит. Нельзя ожидать, чтобы менеджеры заводов А и Б сами обнаружили потенциальную возможность добиться экономии, обусловленной масштабами производства, благодаря закрытию их заводов и объединению всех производственных процессов на одном новом заводе В. Мы думаем, что предложение о создании завода В будет исходить от руководства филиала. Аналогично этому филиалы 1 и 2 едва ли жаждут передать свои функции по обработке данных мощному центральному компьютеру. Такое предложение тоже скорее всего поступит от высшего руководства.

Окончательный бюджет долгосрочных вложений должен отражать стратегию, выработанную высшим руководством. Цель стратегического планирования состоит в том, чтобы определить сферы деятельности, где фирма обладает реальными конкурентными преимуществами. Кроме того, с его помощью пытаются выявить предприятия, которые нужно продать или ликвидировать, или же приходящие в упадок производства, которые следует остановить. Стратегическое планирование фактически представляет собой формирование бюджета долгосрочных вложений в крупном масштабе.

---

[5] Никакого первого закона нет. Мы сочли, что "второй закон" лучше звучит. *Есть* еще третий закон, но это для другой главы.

[6] См.: *Bower*. Op. cit.

ГЛАВА 12. Организация инвестиционного процесса и последующая оценка эффективности

Проблема состоит в том, что выбор фирмой направлений инвестирования должен отражать процессы и "снизу", и "сверху" — т. е. процессы формирования бюджетов долгосрочных вложений и стратегического планирования одновременно. Один процесс должен дополнять другой. Менеджеры предприятий и филиалов, которые проделывают бóльшую часть работы по составлению бюджетов снизу, порой не способны увидеть за деревьями леса. Те же, кто занимается стратегическим планированием, могут иметь ошибочное представление о лесе, поскольку они не видят отдельных деревьев.

12–3. ОЦЕНКА РЕЗУЛЬТАТОВ ДЕЯТЕЛЬНОСТИ

Менеджеры будут действовать в интересах акционеров, только если у них есть соответствующие стимулы. Поэтому способ, которым оценивается и поощряется деятельность менеджеров, должен быть связан с инвестиционным процессом.

Многие фирмы имеют соответствующие методики оценки эффективности капитальных вложений. Существует три аспекта оценки эффективности. Первый — компаниям необходимо контролировать осуществление проектов, чтобы исключить серьезные задержки и превышение установленного уровня затрат. Второй — компании обычно производят "вскрытие" важных проектов сразу после того, как они начинают работать. Такие исследования называют **постаудитом.** Он помогает выявить проблемы, требующие решения, проверить точность прогнозов, а также обнажает вопросы, ответы на которые должны были быть получены до начала осуществления проекта. Постаудит окупается главным образом тем, что помогает менеджерам лучше выполнять свою работу, когда они приступают к анализу следующего цикла инвестиционных планов. И наконец, он позволяет постоянно следить за эффективностью, опираясь на данные бухгалтерского учета и контроля фирмы. Мы объясним, как должна работать такая система, чтобы поддержать инвестиционный процесс, и почему иногда она неэффективна.

Контроль за осуществлением проектов

Контроль за осуществлением проектов — это важный этап, следующий за решением о санкционировании расходов. При утверждении расходов, как правило, указывается, сколько денег может быть израсходовано и когда. Контроль осуществляется в соответствии с методами учетной политики с целью регистрации расходов по мере их возникновения. Обычно компании разрешают 10%-ное превышение лимита расходов, но при большем перерасходе инициатору проекта требуется утвердить дополнительную заявку на выделение средств. Чтобы гарантировать, что деньги не отвлекаются на другие цели, от инициатора также требуется предоставить пересмотренную заявку, если есть какие-либо существенные изменения в характере проекта.

Чтобы избежать задержек в осуществлении проекта, некоторые компании пытаются установить предельные сроки еще до начала строительства. Почти все фирмы просят инициатора предоставить официальное уведомление о завершении проекта, с тем чтобы начисленные затраты могли быть перенесены на постоянные счета и любые неизрасходованные деньги могли быть возвращены, а не сокрыты для использования в иных целях.

Эти процедуры выступают необходимыми элементами контроля. Более общая информация о ходе выполнения проектов обычно содержится в месячных и квартальных финансовых отчетах.

Постаудит

В настоящее время в большинстве крупных компаний проводится постаудит капитальных вложений. Не все проекты подвергаются аудиту, а те, которые проверяются, проходят проверку только один раз. Некоторые фирмы требуют дальнейшего аудита "проблемных" проектов. Обычно аудит проводится через год после завершения строительства.

Аудит обычно входит в обязанности бухгалтера-контролера фирмы и выполняется собственным аудиторским отделом фирмы. Поскольку такой отдел может быть не приспособлен для решения технических задач, иногда эту работу проводят совместно бухгалтерия и инженерно-технический отдел. Иногда проведение аудита поручается предприятиям и нередко автору проекта, который выполняет потом приятную задачу комментировать результаты своей деятельности.

Имеет смысл осуществлять контроль за успешностью последних инвестиций. Иначе проблемы могут остаться необнаруженными и нерешенными. Постаудит также способствует более глубокому пониманию следующего цикла принятия инвестиционных решений. После проведения постаудита бухгалтер-контролер может сказать: "Нам следует предусмотреть дополнительный оборотный капитал, необходимый для поддержки проекта". И таким образом, в следующий раз оборотному капиталу будет уделено внимание, которого он заслуживает.

Иногда постаудит используется для проверки качества прогнозов, которые делают составители проекта. Однако здесь стоит сделать предупреждение. Как правило, аудит проводится слишком вскоре после начала реализации проекта, чтобы четко оценить вероятность его успеха. А поскольку составители прогнозов редко объясняют экономические допущения, на которых строятся их прогнозы, трудно сказать, действительно они сделали их правильно, или же они были спасены оживлением экономики. И наконец, количество проектов, которые подвергаются аудиту, настолько мало и почти невозможно точно установить их авторство, что трудно связать умение прогнозировать с отдельным видом проекта или инициатором.

Конечно, даже просто угроза аудита может заставить автора проекта соблюдать максимальную точность. Но это может привести и к обратному результату. Многие менеджеры делают осторожные прогнозы, полагая, что главное — обставить своих конкурентов в точности. Нижеприведенная беседа иллюстрирует это:

Первый разработчик проекта. Следующий вопрос общего характера, который нам нужно решить, — о какой экономии мы хотим объявить.
Второй разработчик проекта. Да, нужно решить политический вопрос... Не хочется показывать слишком большую экономию... Позже мы сможем к этому вернуться и добавить еще чуть-чуть[7].

Проблемы измерения приростных денежных потоков по факту

Часто с помощью постаудита нельзя оценить все потоки денежных средств, генерируемые проектом. Бывает просто невозможно отделить конкретный проект от остального бизнеса.

Предположим, что вы только что перекупили фирму, занимающуюся грузовыми перевозками и обслуживающую местные магазины. Вы принимаете решение обновить бизнес, снижая издержки и повышая качество обслуживания. Это требует осуществления трех инвестиционных проектов.

1. Покупка пяти новых грузовиков.
2. Строительство двух дополнительных диспетчерских центров.
3. Покупка небольшого компьютера для составления маршрута перевозок и графика работы машин.

Год спустя вы решаете провести постаудит компьютера. Вы получаете подтверждение, что он работает должным образом, и сверяете фактическую стоимость покупки, установки и обучения персонала с планируемыми затратами. Но как вы определите приростные денежные *притоки*, генерируемые компьютером? Никто не регистрировал дополнительный расход бензина или до-

---
[7] *Источник*: P.R. Marsh, T.P. Barwise, K. Thomas, and J.R.C. Wensley. Op. cit. P.121.

ГЛАВА 12. Организация инвестиционного процесса и последующая оценка эффективности

полнительные грузы, которые *были бы* потеряны, не будь установлен компьютер. Вы можете определить, что обслуживание улучшилось, но каков конкретный вклад в это улучшение новых грузовиков, каков — диспетчерских пунктов и каков — нового компьютера? Об этом сказать невозможно. Единственный имеющий смысл способ вынести суждение об успехе или неудаче вашей программы обновления — рассмотреть бизнес в целом[8].

Оценка текущей деятельности

Вернемся опять к нашим грузоперевозкам. Мы могли бы измерить эффективность этого бизнеса двумя способами:

1. *Сравнить фактические и планируемые результаты.* Вы можете сравнить фактическую операционную прибыль, или фактические потоки денежных средств, с прогнозируемыми вами.
2. *Сравнить фактическую рентабельность с абсолютным нормативом рентабельности.* Вы могли бы также сравнить фактическую рентабельность с затратами на привлечение капитала. Иначе говоря, вы могли бы посмотреть, обеспечил ли проект доходность, которую требовали инвесторы.

Первый способ относительно легко понять и применять, хотя совсем непросто определить, почему произошло отклонение от прогноза — то ли из-за плохого анализа, то ли из-за неудачного стечения обстоятельств. Второй способ, как мы сейчас увидим, чреват ошибками.

Бухгалтерская норма прибыли как измеритель эффективности

Давайте подумаем теперь, как на практике можно оценить рентабельность. Достаточно легко вычислить истинную, или "экономическую", норму доходности находящихся в обращении обыкновенных акций. Мы просто записываем денежные поступления (дивиденды) за год, прибавляем изменение цены в течение года и делим эту сумму на начальную цену:

$$\text{Норма доходности} = \frac{\text{денежные поступления} + \text{изменение цены}}{\text{начальная цена}} = \frac{C_1 + (P_1 - P_0)}{P_0}.$$

Числитель в уравнении нормы доходности (поток денежных средств плюс изменение стоимости) называется **экономической прибылью:**

$$\text{Экономическая прибыль} = \text{поток денежных средств} + \\ + \text{изменение приведенной стоимости}.$$

Любое снижение приведенной стоимости означает **экономическую амортизацию**: любое увеличение приведенной стоимости означает *отрицательную* экономическую амортизацию. Следовательно:

$$\text{Экономическая амортизация} = \text{снижение приведенной стоимости}$$

и

$$\text{Экономическая прибыль} = \text{поток денежных средств} - \\ - \text{экономическая амортизация}.$$

Данная концепция верна для любого вида активов. Норма доходности равна потоку денежных средств плюс изменение стоимости, деленное на начальную стоимость. Доход от грузоперевозок для 1991 г. равен:

$$\text{Норма доходности} = \frac{C_{1991} + (PV_{1991} - PV_{1990})}{PV_{1990}},$$

---

[8] И даже теперь вы не знаете всех приростных потоков денежных средств, которые явились результатом ваших усилий, если вы не можете определить, какой доход принес бы вам ваш бизнес, если бы вы оставили его без изменений. Часто далеко не очевидно, что является соответствующей основой для оценки всех приростных потоков денежных средств.

где PV_{1990} и PV_{1991} показывают приведенную стоимость бизнеса в конце 1990 и 1991 гг. соответственно.

Единственная трудная часть в оценке экономической прибыли и доходности — вычисление приведенной стоимости. Вы можете посмотреть на рыночную стоимость, если акции участия в активах свободно продаются, однако лишь очень немногие предприятия, филиалы или проекты капитальных вложений имеют *свои собственные* акции, продаваемые на фондовом рынке. Вы можете наблюдать приведенную рыночную стоимость *всех* активов фирмы, но не какого-либо из них, взятого отдельно.

Бухгалтеры редко даже пытаются определить приведенную стоимость. Вместо этого они показывают нам чистую балансовую стоимость (BV), которая равна первоначальной стоимости за вычетом износа, начисленного согласно какой-то произвольной схеме. Многие компании используют балансовую стоимость для вычисления бухгалтерской рентабельности инвестиций (ROI):

$$\textit{Бухгалтерская прибыль} = \textit{поток денежных средств} - \textit{амортизация по данным учета} = C_1 + (BV_1 - BV_0).$$

Следовательно,

$$\textit{Бухгалтерская ROI} = \frac{C_1 + (BV_1 - BV_0)}{BV_0}.$$

Если начисленная бухгалтерская амортизация и экономическая амортизация различаются (они редко совпадают), тогда показатели бухгалтерской рентабельности неверны, т.е. они не отражают истинную рентабельность. (В действительности неочевидно, что бухгалтеры должны хотя бы *пытаться* определить истинную рентабельность. Они не в состоянии этого сделать без опоры на субъективные оценки стоимости. Может быть, им следует ограничиться просто предоставлением объективной информации, а вычисление стоимости оставить менеджерам и инвесторам.)

12–4. ПРИМЕР: ОПРЕДЕЛЕНИЕ РЕНТАБЕЛЬНОСТИ СУПЕРМАРКЕТА В НОДХЕДЕ

Фирма, владеющая сетью супермаркетов, интенсивно вкладывает средства в строительство и оборудование новых магазинов. Региональный менеджер этой фирмы собирается предложить инвестировать 1 млн дол. в новый магазин в Нодхеде. Планируются следующие потоки денежных средств:

Годы	1	2	3	4	5	6	После 6
Поток денежных средств, тыс. дол.	100	200	250	298	298	298	0

Конечно, на самом деле супермаркет просуществует более 6 лет. Однако эти цифры реалистичны в следующем важном смысле: для нового магазина может потребоваться 2 или 3 года, чтобы "зацепиться", т.е. обзавестись значительной постоянной клиентурой. Таким образом, первые несколько лет поток денежных средств будет низким даже при самом лучшем месторасположении.

Допустим, что альтернативные издержки проекта составляют 10%. Чистая приведенная стоимость магазина в Нодхеде при 10% равна нулю. Это приемлемый проект, но не выдающийся:

$$NPV = -1000 + \frac{100}{1{,}10} + \frac{200}{(1{,}10)^2} + \frac{250}{(1{,}10)^3} + \frac{298}{(1{,}10)^4} + \frac{298}{(1{,}10)^5} + \frac{298}{(1{,}10)^6} = 0.$$

ГЛАВА 12. Организация инвестиционного процесса и последующая оценка эффективности

ТАБЛИЦА 12-1
Прогнозируемые экономическая прибыль и норма доходности для предложенного магазина в Нодхеде. Экономическая прибыль равна сумме потока денежных средств и изменения приведенной стоимости. Норма доходности равна экономической прибыли, деленной на стоимость на начало года.

	Годы					
	1	2	3	4	5	6
Поток денежных средств	100	200	250	298	298	298
Приведенная стоимость на *начало* года, ставка дисконта 10%	1000	1000	901	741	517	271
Приведенная стоимость на *конец* года, ставка дисконта 10%	1000	901	741	517	271	0
Изменение стоимости в течение года	0	−99	−160	−224	−246	−271
Экономическая прибыль	100	101	90	74	52	27
Норма доходности	0,10	0,10	0,10	0,10	0,10	0,10
Экономическая амортизация	0	99	160	224	246	271

Примечание. В некоторых годовых данных присутствуют незначительные неточности из-за округлений.

Сделать прогноз экономической прибыли и нормы доходности нетрудно. В таблице 12-1 приведены эти вычисления. На основе прогнозов потоков денежных средств мы можем спрогнозировать приведенную стоимость на начало шестилетнего периода. Сумма потока денежных средств и *изменения* приведенной стоимости равна экономической прибыли. Норма доходности равна экономической прибыли, деленной на стоимость на начало года.

Безусловно, это прогнозы. Фактические будущие потоки денежных средств и стоимости будут ниже или выше. В таблице 12-1 показано, что инвесторы *ожидают* ежегодно получать 10% дохода в течение 6 лет существования магазина. Говоря другими словами, от владения этим активом инвесторы ожидают получать ежегодно доход, равный альтернативным издержкам[9].

ТАБЛИЦА 12-2
Прогнозируемые бухгалтерская прибыль и рентабельность инвестиций для предлагаемого магазина в Нодхеде. Бухгалтерская рентабельность инвестиций ниже, чем экономическая норма доходности в первые 2 года и выше в последующие годы.

	Годы					
	1	2	3	4	5	6
Поток денежных средств	100	200	250	298	298	298
Балансовая стоимость на *начало* года, равномерное начисление износа	1000	833	667	500	333	167
Балансовая стоимость на *конец* года, равномерное начисление износа	833	667	500	333	167	0
Изменение балансовой стоимости в течение года	−167	−167	−167	−167	−167	−167
Бухгалтерская прибыль	−67	+33	+83	+131	+131	+131
Бухгалтерская рентабельность инвестиций	−0,067	+0,04	+0,124	+0,262	+0,393	+0,783
Бухгалтерская амортизация	167	167	167	167	167	167

---

[9] Это общий результат. Прогнозируемая рентабельность всегда равна ставке дисконта, используемой для вычисления приведенной стоимости будущих потоков.

В таблице 12-2 показана прогнозируемая *бухгалтерская* рентабельность магазина при условии равномерного начисления износа в течение 6 лет его существования. Бухгалтерская рентабельность инвестиций ниже истинной доходности для первых двух лет и выше в последующие годы[10]. Можно найти погрешности в использовании метода равномерного начисления износа, который завышает экономическую амортизацию в первые годы и занижает в последующие. Отметим, что любой вид ускоренной амортизации привел бы к еще большей погрешности. В этом случае экономическая амортизация *замедляется*.

Бухгалтерские прибыли в сравнении с истинными прибылями

В этот момент на сцене появляется региональный менеджер со следующим монологом:

> *"Магазин в Нодхеде является подходящим вложением капитала. Я в самом деле обязан выдвинуть это предложение. Но если мы инвестируем в него, я буду выглядеть не очень хорошо по результатам следующего года. А что, если я также предложу новые магазины в Рассете, Грэйвстейне и Шипноузе? У них схема потоков денежных средств почти такая же. Я, кажется, действительно могу потерять деньги в следующем году. Имеющиеся магазины не позволят покрыть первоначальные потери от четырех новых магазинов.*
>
> *Конечно, всем известно, что новые супермаркеты первое время убыточны. Убыток мог бы быть учтен в бюджете. Я думаю, моя начальница это поймет. Но как насчет ее шефа? А что, если совет директоров начнет задавать каверзные вопросы о рентабельности в моем районе? От меня требуют более высоких прибылей. Памела Айва, менеджер сельских районов штата, получила премию за 40%-ное увеличение бухгалтерской рентабельности инвестиций. Она не вкладывала столько средств в расширение..."*

Региональный менеджер озадачен противоречивыми сигналами. С одной стороны, его просили найти и предложить хороший инвестиционный проект. Хороший с точки зрения дисконтированного потока денежных средств. С другой стороны, от него также требовалось увеличение бухгалтерских прибылей. Но эти две цели противоречат друг другу, поскольку бухгалтерские прибыли не дают представление о действительных прибылях. Чем настоятельнее от регионального менеджера требуют скорейших бухгалтерских прибылей, тем сильнее его желание отказаться от хороших инвестиций или предпочесть быстроокупаемые проекты долгосрочным проектам, даже если последние имеют высокие чистые приведенные стоимости.

Дает ли критерий рентабельности инвестиций правильные результаты в долгосрочной перспективе?

Некоторым людям удается сгладить проблему, которую мы только что описали. Является ли временное снижение бухгалтерской прибыли важной проблемой? Не исчезнут ли отклонения в долгосрочной перспективе, когда район займет прочное положение с равномерной сетью старых и новых магазинов?

Оказывается, отклонения сглаживаются, но *не* полностью. Наиболее простое условие устойчивого состояния возникает, когда фирма не растет, но ежегодно осуществляется простое реинвестирование, достаточное, чтобы поддержать уровень прибылей и стоимость активов. В таблице 12-3 показаны значения бухгалтерской рентабельности инвестиций в условиях устойчивости регионального филиала, который ежегодно открывает по одному новому магазину. Для про-

---

[10] Отклонения бухгалтерской рентабельности инвестиций в конце концов всегда настигают вас. Если фирма выбирает схему начисления износа, которая завышает прибыль от проекта в некоторые годы, она должна занижать ее в другие годы. На самом деле вы можете считать внутреннюю норму доходности проекта своего рода средней величиной от бухгалтерских прибылей. Однако это не простая средняя. Весами служат балансовые стоимости проекта, дисконтированные по ставке, равной внутренней норме доходности. См.: *J.A. Kay.* Accountants, Too, Could Be Happy in a Golden Age: The Accountant's Rate of Profit and the Internal Rate of Return // Oxford Economic Papers. 28: 447—460. 1976.

ТАБЛИЦА 12-3
Бухгалтерская рентабельность инвестиций для группы магазинов типа магазина в Нодхеде. Бухгалтерская рентабельность инвестиций в условиях устойчивости превышает *экономическую* норму доходности, равную 10%.

	Годы					
	1	2	3	4	5	6
Бухгалтерская прибыль магазинов:						
1	−67	+33	+83	+131	+131	+131
2		−67	+33	+83	+131	+131
3			−67	+33	+83	+131
4				−67	+33	+83
5					−67	+33
6						−67
Совокупная бухгалтерская прибыль	−67	−34	+49	+180	+311	+442
Балансовая стоимость магазинов:						
1	1000	833	667	500	333	167
2		1000	833	667	500	333
3			1000	833	667	500
4				1000	833	667
5					1000	833
6						1000
Совокупная балансовая стоимость	1000	1833	2500	3000	3333	3500
Бухгалтерская рентабельность инвестиций для всех магазинов = совокупная бухгалтерская прибыль / Совокупная балансовая стоимость	−0,067	−0,019	+0,02	+0,06	+0,093	**+0,126***

Примечание. Бухгалтерская прибыль = поток денежных средств + изменение балансовой стоимости за год.

* Бухгалтерская рентабельность инвестиций в условиях устойчивости.

стоты мы допускаем, что филиал начал с нуля и потоки денежных средств каждого магазина в точности копируют потоки денежных средств магазина в Нодхеде. Следовательно, истинная норма доходности для каждого магазина равна 10%. Но, как видно из таблицы 12-3, бухгалтерская рентабельность инвестиций в условиях устойчивости, равная 12,6%, превосходит истинную норму доходности. Поэтому мы не можем сделать допущение, что отклонения бухгалтерской рентабельности инвестиций исчезнут в долгосрочной перспективе.

Таким образом, проблема остается даже в долгосрочной перспективе. Величина погрешности зависит от того, как быстро растет бизнес. Только что мы рассмотрели одно устойчивое состояние, при котором темп роста равен нулю. Рассмотрим другую фирму с 5%-ным постоянным темпом роста. Такая фирма могла бы инвестировать 1000 дол. в первый год, 1050 дол. во второй год, 1102,50 дол. в третий год и т. д. Очевидно, быстрый рост означает большее количество новых проектов по отношению к старым. Чем больше удельный вес новых проектов с низкой бухгалтерской рентабельностью инвестиций, тем ниже видимая рентабельность бизнеса. На рисунке 12-1 показано, как это выглядит для бизнеса, в котором осуществляются проекты, подобные магазину в

РИСУНОК 12-1
Чем быстрее растет фирма, тем ниже ее бухгалтерская норма прибыли, при условии, что истинная рентабельность постоянна. График построен для фирм, осуществляющих проекты, идентичные магазину в Нодхеде (таблица 12-2), но растущие с постоянным темпом по формуле начисления сложного процента.

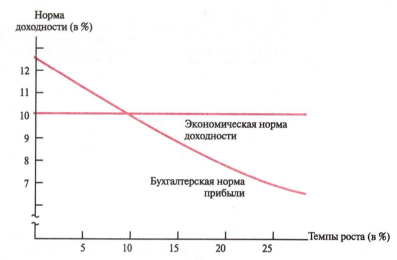

Нодхеде. Бухгалтерская рентабельность инвестиций будет либо выше, либо ниже истинной нормы доходности, если объем инвестиций фирмы не растет ежегодно с тем же темпом, что и истинная норма доходности[11].

12–5. ЧТО МЫ МОЖЕМ ПРЕДПРИНЯТЬ В СВЯЗИ С ИСКАЖЕНИЯМИ РЕНТАБЕЛЬНОСТИ НА ОСНОВЕ БУХГАЛТЕРСКИХ ДАННЫХ

Опасности, таящиеся в оценке рентабельности по бухгалтерским данным, ясно видны из материала и примеров данной главы. Кто предостережен, тот вооружен. Но у нас есть что сказать и помимо простого предупреждения "будь осторожен".

Для фирм вполне естественно устанавливать абсолютный норматив рентабельности для предприятий и филиалов. В идеале этот норматив должен равняться альтернативным издержкам инвестиций в предприятие или филиал. Однако если эффективность определяется на основе бухгалтерской рентабельности инвестиций, то этот норматив должен корректироваться для отражения влияния бухгалтерского учета.

Это легче сказать, чем сделать, поскольку влияние бухгалтерского учета очень трудно выявить в сложных практических ситуациях. Таким образом, многие фирмы в конце концов предпочитают вопросу: "Превысили ли доходы филиала по производству выключателей за последний год альтернативные издержки его инвестиций?" вопрос: "Была ли бухгалтерская рентабельность инвестиций филиала по производству выключателей типичной для преуспевающих фирм по производству выключателей?" Основные допущения здесь: 1) такие же методы учетной политики используются другими производителями выключателей и 2) преуспевающие компании, производящие выключатели, покрывают свои затраты на капитал.

Некоторые несложные изменения учетных данных могли бы уменьшить искажения, обусловленные бухгалтерской рентабельностью инвестиций. Напомним, что искажение возникает, когда не учитывается экономическая амортизация. Следовательно, почему бы не учесть экономическую амортизацию? Основная причина состоит в том, что приведенную стоимость активов тогда нужно было бы пересчитывать каждый год. Представьте себе, какая возникнет путаница, если

---

[11] Это также общий результат. Искажения бухгалтерской рентабельности инвестиций в условиях устойчивости исчезают, когда темп роста равен истинной норме доходности. Это было открыто в работе: *E. Solomon and J .Laya*. Measurement of Company Profitability: Some Systematic Errors in Accounting Rate of Return // *A.A. Robichek (ed.)*. Financial Research and Management Decisions. John Wiley & Sons, Inc., New York, 1967. P. 152–183.

ГЛАВА 12. Организация инвестиционного процесса и последующая оценка эффективности

попытаться это сделать. Вы можете понять, почему бухгалтеры устанавливают определенный порядок начисления амортизации соответствующих инвестиций и впоследствии отходят от него только в исключительных обстоятельствах. Но зачем ограничиваться такими старыми методами начисления амортизации, как, например, метод прямого равномерного списания? Почему не установить схему начисления износа, которая бы по крайней мере соответствовала *ожидаемой* экономической амортизации? Например, по магазину в Нодхеде мог бы начисляться износ согласно схеме ожидаемой экономической амортизации, показанной в таблице 12-1. Это, вероятно, помогло бы избежать любых систематических ошибок[12]. При этом не нарушился бы ни один закон или норма бухгалтерского учета. Эта мера кажется такой простой и эффективной, что мы затрудняемся объяснить, почему фирмы не прибегают к ней[13].

Одно заключительное замечание. Предположим, что вы *действительно* сделали вывод о том, что прибыль, которую принесет проект, меньше, чем затраты на привлечение капитала для него. Это означает, что вы допустили ошибку, взявшись за этот проект, и, если бы вы повернули время вспять, вы бы его не приняли. Но означает ли это, что вы должны теперь все бросить? Совсем не обязательно. Это зависит от того, сколько стоили бы активы, если бы вы продали их или нашли им другое применение. Предприятие, которое приносит низкие прибыли, еще, возможно, стоит сохранить, если оно имеет несколько альтернативных направлений использования. И наоборот, в некоторых случаях может быть предпочтительнее продать или переориентировать высокоприбыльное предприятие.

Не слишком ли озабочены менеджеры бухгалтерской рентабельностью?

Бухгалтерские измерители рентабельности могут быть ошибочными и вводить в заблуждение по следующим причинам.

1. Ошибки возникают на разных этапах осуществления проекта. Когда реальная амортизация замедляется, бухгалтерские прибыли скорее всего занижают истинную рентабельность новых проектов и завышают рентабельность старых.
2. Ошибки также возникают и тогда, когда фирмы или филиалы имеют сбалансированное соотношение старых и новых проектов. Это видно из нашего анализа "устойчивого состояния" на примере магазина в Нодхеде.
3. Ошибки возникают и из-за инфляции, главным образом потому, что инфляция проявляется быстрее в доходах, чем в расходах. Например, фирма, владеющая заводом, построенным в 1970 г., согласно стандартным принципам бухучета начисляет износ на первоначальную стоимость завода в ценах 1970 г. А продукция завода продается по текущим ценам. Вот почему данные о прибылях корпораций в статистике Национального дохода и ВНП США приводятся на основе восстановительной стоимости. Согласно этому методу амортизация начисляется не на первоначальную стоимость активов фирмы, а на стоимость замены этих активов по текущим ценам.
4. Балансовые показатели часто запутываются "творческой бухгалтерией". Некоторые фирмы выбирают среди доступных методов ведения бухгалтерского учета или даже создают новые, с тем чтобы улучшить данные отчетов о прибыли и балансов. С особенно большой фантазией это делалось в "период предприимчивости" в середине 60-х гг.

---

[12] Использование показателя ожидаемой экономической амортизации не даст правильных значений бухгалтерской рентабельности инвестиций, если фактические потоки денежных средств не совпадают с прогнозируемым потоком. Однако мы ожидаем, что в среднем прогнозы верны.
[13] Такой метод предлагался некоторыми авторами, например, недавно в работе: *Zvi Bodie*. Compound Interest Depreciation in Capital Investment // Harvard Business Review. 60:58–60. May–June. 1982.

Инвесторы и финансовые менеджеры, обжегшиеся на инфляции и творческой бухгалтерии, научились не принимать бухгалтерскую рентабельность за чистую монету. Однако еще многие люди не понимают всей глубины проблемы. Они полагают, что если фирмы учитывают инфляцию и избегают творческих методов в бухгалтерии, все будет в порядке, за исключением, возможно, временных проблем с очень старыми или совсем новыми проектами. Иначе говоря, они сильно озабочены проблемами 3 и 4, немного причиной 1 и совсем не уделяют внимание причине 2. Мы же думаем, что причина 2 заслуживает большего внимания.

Стремление иметь хорошие показатели бухгалтерских прибылей исходит от высшего руководства. Менеджеры имеют веские причины показывать хорошие краткосрочные прибыли. Вероятно, от этого зависят получаемые ими премии. Рынок отслеживает текущие чистые прибыли в расчете на акцию (частично потому, что он не имеет возможности заглянуть в пятилетние планы руководства). Удивительно ли, что высшее руководство не всегда предпочитает проекты с высокими чистыми приведенными стоимостями, но которые будут снижать прибыли в расчете на акцию в следующем году?

Мы не хотим сказать, что руководители, как правило, приносят в жертву долгосрочную стоимость ради немедленного получения прибылей. Но они, по крайней мере, *озабочены* прибылями, и эта забота оказывает негативное влияние на их позицию и решения.

Мы думаем, что менеджеры беспокоятся слишком сильно. Они слишком зациклены на бухгалтерских прибылях. Они часто представляют инвесторов как глупых созданий, которые реагируют только на сообщения о самых последних прибылях. Инвесторы же гораздо мудрее. Корпорация Polaroid хороший тому пример. Ее прибыли сильно упали в начале 70-х гг. из-за крупных вложений в освоение производства фотоаппаратов с моментальной фотографией SX-70, которое было успешно запущено в 1973 г. Если бы инвесторы отслеживали только сообщения о самых последних прибылях, они пришли бы к выводу, что компания Polaroid в 1972 г. находилась в тяжелом положении. На самом деле они поняли, почему прибыли снизились, и поступали в соответствии с этим.

Финансовые менеджеры могут помочь инвесторам действовать лучше и без игры в прибыли, т.е. им не следует нанимать бухгалтеров, пользующихся методами творческой бухгалтерии, или придавать особое значение бухгалтерским прибылям и одновременно придерживать более существенную информацию о результатах деятельности их фирм. О фирме, которая хвалится только своими бухгалтерскими прибылями, и судить будут по ее бухгалтерским прибылям.

12–6. РЕЗЮМЕ

Мы начали эту главу с описания того, как организуется процесс формирования бюджетов долгосрочных вложений, а закончили показом серьезных недостатков бухгалтерских измерителей финансовых результатов деятельности. Такой обзор неизбежно раскрывает механизм организации, контроля и учета. О неформальных методах, которые подкрепляют формальные, говорить труднее. Но вспомним о неформальных связях и личной инициативе, которые присутствуют в работе над бюджетами долгосрочных вложений. Кроме того, необъективность бухгалтерских данных частично или полностью смягчается благодаря тому, что менеджеры и акционеры достаточно опытны, чтобы видеть дальше показываемых в отчетах прибылей.

Формальные системы планирования долгосрочных вложений обычно включают в себя четыре этапа.

1. Подготовка бюджета *долгосрочных вложений* для фирмы. Бюджет представляет собой план капитальных вложений завода, филиала или другой производственной единицы.

ГЛАВА 12. Организация инвестиционного процесса и последующая оценка эффективности

2. *Санкционирование проектов* дает разрешение на осуществление конкретных проектов.
3. Процедуры *контроля за проектами, находящимися на стадии строительства,* предотвращают отставание работ от графика и перерасход средств.
4. *Постаудит* имеет целью контролировать осуществление последних инвестиций.

Формальные критерии, используемые в оценке проектов, представляют собой смесь новых критериев, таких, как чистая приведенная стоимость и внутренняя норма доходности, и старых, таких, как окупаемость и средняя бухгалтерская норма прибыли. Старые критерии продолжают существовать отчасти благодаря тому, что любому понятны; они дают общие представления, необходимые для обсуждения проекта. Еще они сохраняются потому, что на их основе происходит оценка результатов деятельности и формируется система вознаграждений. Если от менеджеров ожидают быстрых результатов, а результаты оцениваются по их вкладу в увеличение бухгалтерских прибылей, тогда они, естественно, придают важное значение окупаемости и бухгалтерской рентабельности.

Большая часть конкретных проектных предложений возникает на уровне предприятий или филиалов. Если затраты по проекту невелики, он может быть одобрен руководством среднего уровня. Но последнее слово по поводу важных капитальных вложений остается за высшим руководством. Желание высшего руководства сохранить за собой контроль за формированием бюджетов долгосрочных вложений понятно. Но директор не может детально проанализировать каждый проект, который он утверждает. Информация, поступающая наверх, часто ограничена; проектные выражения бывают больше нацелены на убеждение, чем на информирование.

Высшее руководство выходит из положения, рассчитывая на штатных финансовых экспертов, включая составление бюджетов долгосрочных вложений в более широкий процесс общего планирования и придавая составлению бюджетов гибкость и открытость неформальным отношениям.

Формирование бюджетов долгосрочных вложений нельзя считать процессом, имеющим исключительно одностороннюю направленность — снизу вверх. Специалисты по стратегическому планированию практикуют "составление бюджетов долгосрочных вложений в широком масштабе", стремясь определить те направления развития бизнеса, в которых фирма обладает особыми преимуществами. Проектные предложения, которые поддерживают принятую фирмой общую стратегию, имеют больше шансов получить одобрение, проходя через все уровни организации.

Предприятие или филиал, предложившие инвестиционный проект, как правило, будут отвечать за его осуществление. Инициаторы проекта, естественно, хотят, чтобы проект и на самом деле был эффективным, и *выглядел* эффективным. Таким образом, способ, каким фирма оценивает результаты производственной деятельности, может определять типы проектов, которые руководство среднего звена склонно предлагать.

Существуют два подхода к оценке эффективности. Первый и наиболее легкий — сравнить фактический поток денежных средств с прогнозируемым. Второй — сравнить фактическую рентабельность с альтернативными издержками. Нужны оба подхода.

Второй подход таит в себе трудности и опасности. Большинство фирм оценивают эффективность по показателю учетной или бухгалтерской рентабельности. К сожалению, бухгалтерская прибыль и рентабельность инвестиций часто серьезно искажают истинную рентабельность, и поэтому их не следует напрямую сравнивать с альтернативными издержками.

В принципе, вычислить истинную, или экономическую, прибыль легко: вы просто вычитаете экономическую амортизацию из потока денежных средств, производимого активом, за период, который вас интересует. Экономическая амортизация представляет собой просто уменьшение приведенной стоимости актива за период. (Если стоимость актива увеличивается, тогда экономическая амортизация имеет отрицательное значение.)

К сожалению, мы не можем попросить бухгалтеров пересчитывать приведенную стоимость активов всякий раз, когда вычисляется прибыль. Но, по-видимому, справедливо задать вопрос, почему они даже не пытаются хотя бы соотнести схему начисления бухгалтерской амортизации с типичной схемой экономической амортизации.

РЕКОМЕНДУЕМАЯ ЛИТЕРАТУРА

Самое широкое исследование процесса формирования бюджетов долгосрочных вложений:

J.L.Bower. Managing the Resource Allocation Process. Division of Research, Graduate School of Business Administration, Harvard University, Boston, 1970.

В статьях Скейпенса и Сейла, а также Полмена, Сантьяго и Маркела представлены наиболее поздние обзоры существующей практики:

R.W.Scapens and J.T.Sale. Performance Measurement and Formal Capital Expenditure Controls in Divisionalized Companies // Journal of Business Finance and Accounting. 8: 389–420. Autumn. 1981.

R.A.Pohlman, E.S.Santiago, and F.L.Markel. Cash Flow Estimation Practices of Large Firms // Financial Management. 17: 71–79. Summer. 1988.

Есть много обзоров, посвященных критериям планирования долгосрочных вложений. Предлагаем два из числа лучших:

L.D.Schall, G.L.Sundem, and W.R.Geijsbeek. Survey and Analysis of Capital Budgeting Methods // Journal of Finance. 33: 281–287. March. 1978.

T.Klammer. Empirical Evidence of the Adoption of Sophisticated Capital Budgeting Techniques // Journal of Business. 45: 387–397. July. 1972.

Суолм и Уэйнгартнер рассматривают некоторые проблемы стимулирования, возникающие в корпорациях:

R.O.Swalm. Utility Theory: Insights into Risk-Taking // Harvard Business Review. 44: 123–136. November–December. 1966.

H.M.Weingartner. Some New Views on the Payback Period and Capital Budgeting // Management Science. 15: B594–607. August. 1969.

Необъективность показателя рентабельности инвестиций и методы снижения необъективности обсуждаются в работах:

E.Solomon and J.Laya. Measurement of Company Profitability: Some Systematic Errors in the Accounting Rate of Returne // A.A.Robichek (ed.). Financial Research and Management Decisions. John Wiley & Sons, Inc., New York, 1967. P.152–183.

F.M.Fisher and J.I.McGowan. On the Misuse of Accounting Rates of Returne to Infer Monopoly Profits // American Economic Review. 73: 82–97. March. 1983.

J.A.Kay. Accountants, Too, Could Be Happy in a Golden Age: The Accountant's Rate of Profit and the Internal Rate of Returne // Oxford Economic Papers. 28: 447–460. 1976.

Z.Bodie. Compound Interest Depreciation in Capital Investment // Harvard Business Review. 60: 58–60. May–June.1982.

ГЛАВА 12. Организация инвестиционного процесса и последующая оценка эффективности

КОНТРОЛЬНЫЕ ВОПРОСЫ

1. Верны или неверны следующие утверждения?
   а) Одобрение бюджета долгосрочных вложений позволяет менеджерам приступить к осуществлению любого проекта, включенного в бюджет.
   б) В большинстве компаний все заявки на финансирование капитальных вложений утверждает бухгалтер-контролер.
   в) Как правило, компании допускают максимальное превышение лимита расходов на 10%, но за этим пределом от организатора проекта требуется утвердить дополнительную заявку на ассигнования.
   г) Большинство фирм применяет несколько критериев отбора проектов.
   д) Постаудит обычно проводится через 5 лет после завершения проекта.
   е) Составление бюджета долгосрочных вложений и утверждение проектов — это процессы, направленные снизу вверх. Стратегическое планирование, поскольку оно оказывает влияние на инвестиционные решения, представляет собой процесс, направленный сверху вниз.

2. Вставьте пропущенные слова: Экономическая прибыль проекта для данного года равна _____ проекта минус его _____ амортизация. Бухгалтерская прибыль обычно _____, чем экономическая прибыль в начале жизни проекта и _____ в конце жизни проекта.

3. Рассмотрите следующий проект:

Период	0	1	2	3
Нетто-поток денежных средств	−100	0	78,55	78,55

   Внутренняя норма доходности равна 20%. Чистая приведенная стоимость, при допущении, что альтернативные издержки составляют 20%, равна нулю. Вычислите ожидаемую *экономическую* прибыль и экономическую амортизацию для каждого года.

4. Верны или неверны следующие утверждения?
   а) Показатели бухгалтерской рентабельности искажают истинную рентабельность отдельных активов. Однако эта необъективность устраняется, если фирма придерживается сбалансированного соотношения старых и новых активов.
   б) Бухгалтеры не позволяют фирмам выбирать и применять различные методы учета, чтобы улучшить отчеты о прибылях.
   в) В условиях быстрой инфляции бухгалтерская рентабельность инвестиций превышает истинную реальную норму доходности, поскольку бухгалтерская амортизация начисляется на первоначальную стоимость активов.
   г) Систематической погрешности в показателе бухгалтерской рентабельности можно было бы избежать, если бы компании использовали схемы начисления износа, которые соответствовали бы ожидаемой экономической амортизации. Однако очень немногие, если вообще какие-либо, фирмы так поступают.

ВОПРОСЫ И ЗАДАНИЯ

1. Обсудите значение постаудита. Кто должен его проводить? Когда? Следует ли рассматривать исключительно результаты финансовой деятельности? Следует ли ограничиваться наиболее крупными проектами?

2. Переделайте таблицу 12-3 в соответствии с допущением о том, что инвестиции фирмы растут на 10% в год; она инвестирует 1 млн дол. в год 0, 1,10 млн дол. в год 1 и т.д. Затем переделайте таблицу в соответствии с допущением о 20%-ном ежегодном увеличении инвестиций. Как изменяется степень необъективности бухгалтерского показателя рентабельности инвестиций в условиях устойчивости в зависимости от темпа расширения?

3. Предположим, что потоки денежных средств от нового супермаркета в Нодхеде таковы:

Годы	0	1	2	3	4	5	6
Потоки денежных средств (в тыс. дол.)	−1000	+298	+298	+298	+138	+138	+138

   а) Рассчитайте экономическую амортизацию. Она ускоряется или замедляется?
   б) Переделайте таблицы 12-1 и 12-2 так, чтобы показать связь между "истинной" нормой доходности и бухгалтерской рентабельностью инвестиций для каждого года жизни проекта.
   в) Переделайте рисунок 12-1 так, чтобы показать, как отклонение показателя рентабельности инвестиций в состоянии устойчивости изменяется с изменением темпа роста фирмы.

4. Рассмотрите актив со следующими потоками денежных средств:

Годы	0	1	2	3
Потоки денежных средств (в млн дол.)	−12	+5,20	+4,80	+4,40

Фирма использует метод равномерного начисления износа на балансовую стоимость активов. Таким образом, по данному проекту списывается по 4 млн дол. ежегодно в годы 1, 2 и 3. Ставка дисконта равна 10%.
   а) Покажите, что экономическая амортизация равна бухгалтерской амортизации.
   б) Покажите, что показатели бухгалтерской нормы прибыли одинаковы для любого года.
   в) Покажите, что бухгалтерская рентабельность равна истинной рентабельности.

Заметим, что вы сию секунду проиллюстрировали интересную теорему: если бухгалтерские нормы прибыли одинаковы для любого года жизни проекта, значит, бухгалтерская норма прибыли равна внутренней норме доходности.

5. Для целей внутреннего учета многие фирмы требуют от своих филиалов и дочерних компаний оплачивать затраты на привлечение капитала, которым они пользуются. Прибыль за вычетом этих затрат обычно называют *остаточной прибылью*. В чем, по вашему мнению, преимущества и недостатки такой системы? Как бы вы вычислили остаточную прибыль?

6. Многие бухгалтеры полагают, что в балансе вместо балансовой стоимости активов за вычетом амортизации нужно показывать "стоимость их замены за вычетом амортизации". Что это значит? Вы согласны?

7. Ожидается, что проект даст следующие потоки денежных средств:

C_0	C_1	C_2	C_3
−900	+300	+400	+500

   а) Найдите внутреннюю норму доходности проекта.
   б) Вычислите бухгалтерскую прибыль в каждом году при условии равномерного начисления амортизации.
   в) В сноске 10 мы установили, что внутренняя норма доходности является средневзвешенной бухгалтерских прибылей, где вес равен балансовой стоимости (на начало года), дисконтированной по ставке, равной внутренней норме доходности. Покажите, что это утверждение верно для приведенного выше проекта.

ГЛАВА 12. Организация инвестиционного процесса и последующая оценка эффективности

8. Более трудный вопрос. Часто говорят, что бухгалтерская прибыль завышена в условиях быстрой инфляции, поскольку бухгалтерская амортизация ниже истинной амортизации. Какое определение *истинной амортизации* здесь подразумевается? Равна ли *истинная амортизация экономической амортизации*, в соответствии с нашим определением последнего термина?

9. Вместо того чтобы использовать прошлые рыночные доходы для определения затрат на капитал, некоторые финансовые менеджеры используют бухгалтерскую прибыль за прошлые годы. Каковы, по вашему мнению, преимущества и недостатки такого подхода?

10. Ниже приведены выдержки из двух информационных бюллетеней, разосланных клиентам брокера акций.

Инвестиционный бюллетень — Март 1987 года

Компания "Лавка копченостей" была образована в начале этого года ее президентом Альбертом Геррингом. Он планирует открыть сеть закусочных, где молодые люди могут собраться вместе поесть копченой рыбы и выпить стакан вина в приятной интимной обстановке. В дополнение к традиционному блюду — селедке, жаренной на рашпере, закусочные предлагают такие деликатесы, как копченый шницель, рыбный грандмер и (на десерт) потрясающий щербет.

Экономическая политика бизнеса проста. Каждая новая закусочная требует 200 000 дол. первоначальных инвестиций в оборудование и его монтаж (само помещение арендуется). Это оборудование (с учетом монтажа) имеет срок службы 5 лет, и на него начисляется износ равномерно в течение этого периода. Каждая новая закусочная имеет значительную начальную стоимость, и не ожидается, что полная рентабельность будет достигнута вплоть до 5-го года. Прибыли в расчете на одну закусочную оцениваются следующим образом:

	Годы после открытия				
	1	2	3	4	5
Прибыль	0	40	80	120	170
Амортизация	40	40	40	40	40
Прибыль за вычетом амортизации	−40	0	40	80	130
Балансовая стоимость на начало года	200	160	120	80	40
Рентабельность инвестиций (в %)	−20	0	33	100	325

"Лавка" только что открыла свою первую закусочную и в дальнейшем планирует открывать по одной в год. Несмотря на первоначальные убытки (которые просто являются следствием начальных расходов), наши расчеты показывают значительный рост прибылей и долгосрочной доходности инвестиций, значительно превышающих 20%, которые составляют затраты компании на привлечение капитала.

Общая рыночная стоимость акций "Лавки" в настоящее время равна 25 000 дол. На наш взгляд, это не полностью отражает захватывающие перспективы роста, и мы настоятельно советуем клиентам покупать акции.

Инвестиционный бюллетень — Апрель 1987 года

Альберт Герринг, президент компании "Лавка копченостей", объявил вчера о претенциозном плане нового строительства. "Лавка" планирует открыть две новых закусочных в следующем году, три через год и т. д.

РИСУНОК 12-2
Оценочная стоимость Боинга-737 в январе 1987 г. как функция от срока его службы.

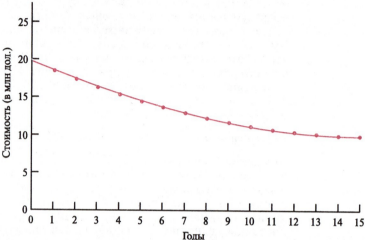

Мы определили, как это повлияет на показатель чистой прибыли в расчете на акцию компании и на доходность ее инвестиций. Результат внушает большие опасения, и новый план, кажется, не дает надежды, что "Лавка" когда-либо будет получать удовлетворительную прибыль на капитал.

Начиная с марта стоимость акций компании "Лавка копченостей" упала на 40%. Любой инвестор, который не обратил внимание на более ранние предупреждения, должен воспользоваться возможностью продать акции сегодня.

ТАБЛИЦА 12-4
Оценочная стоимость Боинга-737 в январе 1987 г. как функция от срока его службы, и потоки денежных средств, необходимые для обеспечения 10%-ной истинной нормы доходности (в млн дол.).

Возраст	Рыночная стоимость	Поток денежных средств
1	19,69	—
2	17,99	3,67
3	16,79	3,00
4	15,78	2,69
5	14,89	2,47
6	14,09	2,29
7	13,36	2,14
8	12,68	2,02
9	12,05	1,90
10	11,46	1,80
11	10,91	1,70
12	10,39	1,61
13	9,91	1,52
14	9,44	1,46
15	9,01	1,37
	8,59	1,32

Сравните бухгалтерскую и экономическую прибыли компании при двух планах расширения. Как изменения в плане влияют на доходность инвестиций компании? Какова приведенная стоимость акций компании "Лавка копченостей"? Не учитывайте налоги в ваших расчетах.

11. В нашем примере с магазином в Нодхеде истинная амортизация замедляется.

Так происходит не всегда. Например, на рисунке 12-2 показано, как в среднем изменяется стоимость Боинга-737 в зависимости от срока его службы[14]. В таблице 12-4 показаны рыночная стоимость для различных сроков службы самолета и потоки денежных средств, необходимые для обеспечения доходности в размере 10%.

Многие авиакомпании начисляют износ на самолеты по методу равномерной амортизации в течение 15 лет из расчета, что ликвидационная стоимость равна 20% от первоначальной стоимости.

а) Вычислите экономическую и бухгалтерскую амортизацию для каждого года жизни самолета.

б) Сравните истинную доходность и бухгалтерскую норму прибыли для каждого года.

в) Предположим, что авиакомпания ежегодно инвестирует средства в постоянное число самолетов Боинг-737. Превысит ли бухгалтерская прибыль в условиях устойчивости истинную доходность или окажется меньше?

---

[14] Мы благодарим Майка Стэнтона за предоставленные данные.

Часть IV

РЕШЕНИЯ ПО ФИНАНСИРОВАНИЮ И ЭФФЕКТИВНОСТЬ РЫНКА

13
Финансирование корпорации и шесть уроков эффективности рынка

До этой главы мы рассматривали почти исключительно левую сторону баланса — решения фирм о долгосрочных вложениях. Теперь мы перейдем к рассмотрению правой стороны баланса, к проблемам, касающимся финансовых источников долгосрочных вложений. Проще говоря, вы уже узнали, как расходуются деньги, теперь вы узнаете, как они добываются.

Конечно, мы не игнорировали полностью решения об источниках финансирования, говоря о бюджетах долгосрочных вложений. Но мы сделали самое простое из возможных допущений: финансирование осуществляется полностью за счет собственного капитала. Это означает, что, по нашему допущению, фирма привлекает деньги посредством продажи акций и затем инвестирует поступления от продажи акций в реальные активы. Затем, когда эти активы принесут потоки денежных средств, деньги либо возвращаются акционерам, либо инвестируются в следующее поколение реальных активов. Держатели акций обеспечивают весь капитал фирмы, принимая на себя весь деловой риск и получая все выгоды.

Теперь мы рассмотрим эту проблему с другой стороны. Исходя из данного портфеля реальных активов фирмы и данной инвестиционной стратегии на будущее, определим, какова наилучшая стратегия финансирования. Для этого проведем сравнительный анализ различных альтернативных способов финансирования. Например, зададимся вопросами:

- Должна ли фирма большую часть своих прибылей реинвестировать в бизнес, или же лучше выплачивать ее в виде дивидендов?
- Если фирме требуются деньги, должна ли она выпускать дополнительные акции, или ей следует брать займы?
- К каким займам прибегнуть — к краткосрочным или долгосрочным?
- В какой форме брать в долг — посредством выпуска обычных долгосрочных облигаций или конвертируемых облигаций (т.е. облигаций, которые держатели облигаций вправе обменять на обыкновенные акции фирмы)?

Как мы увидим, существует бесчисленное множество и других вариантов финансирования.

Делая допущение о неизменности решений фирмы по планированию долгосрочных вложений, мы ставим целью отделить данные решения от решений по финансированию. Строго говоря, это предполагает, что планирование долгосрочных вложений и решения о способах их финансирования *независимы* друг от друга. Во многих случаях это вполне разумное допущение. В общем случае фирма может свободно изменять структуру капитала, выкупая одни ценные бумаги и выпуская другие. В таких условиях нет необходимости связывать отдельный инвестиционный проект с отдельным источником денежных средств. Фирма может сначала решить, какие проекты принять, а затем — как их следует финансировать.

Иногда решения относительно структуры капитала зависят от выбранного проекта, иногда — наоборот, и вот в этих-то случаях решения об инвестициях и способах их финансирования следует рассматривать вместе. Однако о взаимосвязи между решениями о финансировании и инвестиционными решениями мы поговорим позднее.

13–1. МЫ ВСЕ ВРЕМЯ ВОЗВРАЩАЕМСЯ К ЧИСТОЙ ПРИВЕДЕННОЙ СТОИМОСТИ

Хотя полезно отделять инвестиционные решения от решений по финансированию, критерии их принятия в основном схожи. Решения о покупке станка или о продаже облигации — оба включают оценку стоимости рискового актива. Тот факт, что один актив является реальным, а другой финансовым, не имеет значения. В любом случае мы приходим к вычислению чистой приведенной стоимости.

Выражение *чистая приведенная стоимость заимствования* может показаться вам странным. Однако следующий пример поможет нам объяснить, что мы имеем в виду. Правительство, осуществляя политику поддержки малого предпринимательства, предлагает вашей фирме кредит в размере 100 000 дол. сроком на 10 лет по ставке 3%. Это означает, что фирма должна каждый год в течение 10 лет выплачивать 3000 дол. в качестве процентов и вернуть 100 000 дол. в конце срока. Следует ли вам принять данное предложение?

Мы можем вычислить чистую приведенную стоимость кредитного соглашения обычным способом. Единственное отличие состоит в том, что здесь первый поток денежных средств *положителен*, а последующие — *отрицательны*:

$$\begin{matrix} \textit{Чистая} \\ \textit{приведенная} \\ \textit{стоимость} \end{matrix} = \begin{matrix} \textit{сумма} \\ \textit{займа} \end{matrix} - \begin{matrix} \textit{приведенная} \\ \textit{стоимость} \\ \textit{процентных выплат} \end{matrix} - \begin{matrix} \textit{приведенная} \\ \textit{стоимость} \\ \textit{основной суммы займа} \end{matrix} =$$

$$= +100\,000 - \left[\sum_{t=1}^{10} \frac{3000}{(1+r)^t}\right] - \frac{100\,000}{(1+r)^{10}}.$$

Имеется только одна неизвестная переменная r — альтернативные издержки. Она нам необходима, чтобы оценить размер обязательств, возникших в связи с получением кредита. Мы рассуждаем следующим образом. Государственный кредит для вас является финансовым активом: клочок бумаги символизирует ваше обещание выплачивать по 3000 дол. в год плюс заключительный платеж в 100 000 дол. по окончании срока. За сколько была бы продана эта бумага при условии ее свободного обращения на рынках капиталов? Она была бы продана по цене, равной приведенной стоимости этих потоков денежных средств, дисконтированных по ставке r, т. е. по норме доходности других ценных бумаг с эквивалентным риском. Далее, в категорию ценных бумаг с эквивалентным риском входят другие облигации, выпускаемые вашей фирмой, поэтому все, что вам следует сделать, чтобы определить r, — это ответить на вопрос: "Какие проценты выплачивала бы моя фирма за денежный кредит, взятый непосредственно на рынках капиталов, а не у правительства?"

Предположим, что эта ставка составляет 10%. Тогда:

$$NPV = +100\,000 - \left[\sum_{t=1}^{10} \frac{3000}{(1,10)^t}\right] - \frac{100\,000}{(1,10)^{10}} =$$

$$= +100\,000 - 56\,988 = +43\,012 \text{ дол.}$$

ГЛАВА 13. Финансирование корпорации и шесть уроков эффективности рынка

Конечно, нет необходимости прибегать к арифметическим вычислениям, чтобы вы поняли, что заем по ставке 3% является хорошей сделкой, когда справедливая рыночная ставка равна 10%. Однако вычисление чистой приведенной стоимости показывает вам, сколько стоит такая альтернатива (а именно — 43 012 дол.)[1]. Это также подчеркивает значительное сходство инвестиционных решений и решений по финансированию. В некоторых отношениях инвестиционные решения проще решений по финансированию.

Различия между инвестиционными решениями и решениями по финансированию

В некоторых отношениях инвестиционные решения проще решений по финансированию. Количество различных финансовых инструментов (т. е. ценных бумаг) постоянно растет. Вам придется изучить многочисленные семейства, рода и виды ценных бумаг. Вы также познакомитесь с крупными финансовыми институтами, которые обеспечивают финансирование коммерческих фирм. И наконец, необходимо также освоить финансовую терминологию. Вы узнаете о *надгробных памятниках, копченой селедке, воздушных шарах, фондах погашения* и многих других экзотических "тварях" — за каждым из этих терминов стоит интересная история.

Впрочем, в некоторых отношениях решения по финансированию гораздо проще инвестиционных. Во-первых, решения по финансированию не имеют такой завершенности, как инвестиционные. Их легче пересмотреть. Другими словами, стоимость отказа от них выше.

Во-вторых, занимаясь привлечением, а не вложением средств, труднее как "сделать", так и потерять деньги, независимо от того, толковые или бестолковые стратегии финансирования вы используете. Иначе говоря, трудно найти схемы финансирования, чистые приведенные стоимости которых значительно отличались бы от нуля. В этом проявляется сущность конкуренции.

Когда фирма принимает инвестиционные решения, она *не* предполагает, что будет иметь дело с совершенными конкурентными рынками. Она имеет лишь небольшое количество конкурентов, специализирующихся в том же виде бизнеса и в том же географическом районе. И, возможно, она владеет некоторыми уникальными активами, которые дают ей преимущества перед конкурентами. Такими активами часто бывают нематериальные активы, например патенты, знания и опыт, репутация и положение на рынке. Все это дает возможность получать сверхприбыли и находить проекты с положительной чистой приведенной стоимостью. Но это также затрудняет решение вопроса о том, действительно ли какой-либо конкретный проект имеет положительную чистую приведенную стоимость.

На финансовых рынках вашими конкурентами являются все другие корпорации, которые, так же как и вы, ищут средства, не говоря уже о штатных и местных властях, а также федеральном правительстве, финансовых институтах, физических лицах и иностранных фирмах и правительствах, которые также обращаются на Уолл-стрит, в Лондон или Токио за финансами. Инвесторов, которые предлагают финансовые ресурсы, сравнительно много, и все они очень умны: деньги притягивают мозги. Дилетанты в области финансов часто считают рынки капиталов *сегментированными*, т. е. разбитыми на различные сектора. Но на самом деле деньги перемещаются между этими секторами, и перемещаются быстро.

Помните, что хорошее решение по финансированию имеет положительную чистую приведенную стоимость, т.е. это решение, при котором сумма привлеченных денег превышает стоимость взятых обязательств. Однако посмотрим еще раз на это утверждение. Если продажа ценных бумаг обеспечивает вам положи-

---

[1] Здесь мы опускаем любые налоговые последствия займа. В главе 19 мы покажем, как следует оценивать субсидируемый заем фирмам, доходы которых подлежат налогообложению.

тельную чистую приведенную стоимость, то для покупателя чистая приведенная стоимость должна быть отрицательной. Таким образом, рассмотренный нами заем выгоден вашей фирме, а с точки зрения правительства инвестиции имеют отрицательную чистую приведенную стоимость. Ссужая средства под 3%, оно тем самым предлагает субсидию на сумму 43 012 дол.

Какова вероятность того, что ваша фирма могла бы постоянно обманом или уговорами убеждать инвесторов покупать ваши ценные бумаги с отрицательной для них чистой приведенной стоимостью? Довольно небольшая. Значит, в целом фирмы должны основываться на том, что ценные бумаги, которые они выпускают, имеют справедливую цену.

Эффективные рынки капиталов

Мы подошли к основной финансовой концепции — **эффективным рынкам капиталов**. *Если рынки капиталов эффективны, тогда продажа или покупка любой ценной бумаги по господствующей на рынке цене никогда не является сделкой с положительной чистой приведенной стоимостью.*

Не кажется ли данное утверждение огульным? Да. Поэтому мы посвящаем остаток этой главы истории, логике и проверке гипотезы эффективных рынков. Вы можете спросить, почему мы начинаем обсуждение проблем финансирования с данной концептуальной позиции, тогда как вы даже не получили еще более основательных представлений о ценных бумагах, процедурах эмиссии и финансовых институтах. Мы выбрали этот путь, поскольку финансовые решения кажутся непреодолимо сложными, если вы не знаете, как правильно ставить вопросы. Мы опасаемся, что из-за путаницы вы окажетесь во власти мифов, которые часто доминируют в популярных работах, посвященных финансированию корпораций.

Вам необходимо понять гипотезу эффективных рынков не потому, что она *единственно* верная, а потому, что она поможет вам верно ставить вопросы.

13-2. ЧТО ТАКОЕ ЭФФЕКТИВНЫЙ РЫНОК?

Когда экономисты говорят, что рынок ценных бумаг эффективен, они не имеют в виду, что картотеки и файлы содержат наиболее современные данные или что на письменном столе порядок. Это означает, что инвесторы располагают обширной и легкодоступной информацией и что всякая значимая и достоверная информация уже отражена в ценах ценных бумаг. Вот почему сделки по купле-продаже на эффективном рынке просто не могут иметь положительную чистую приведенную стоимость.

Поразительное открытие: цены изменяются случайным образом

Как это часто бывает с важными идеями, концепция эффективных рынков появилась в результате случайного открытия. В 1953 г. Королевское статистическое общество собралось в Лондоне, чтобы обсудить несколько необычную статью[2]. Ее автор — Морис Кендалл, выдающийся статистик, а предмет исследования — поведение цен на акции и предметы потребления. Кендалл надеялся вывести регулярные циклы динамики цен, но, к своему удивлению, он не смог их обнаружить. Каждая серия оказалась "блуждающей", почти так, как если бы раз в неделю Его Величество Случай выбирал случайное число ... и добавлял его к текущей цене, чтобы определить цену следующей недели". Другими словами, казалось, что движение цен представляет собой *случайное блуждание*.

---

[2] См.: *M.G. Kendall.* The Analysis of Economic Time-Series; Part 1. Prices // Journal of the Royal Statistical Society. 96: 11–25. 1953.

Если вы не совсем понимаете, что мы подразумеваем под *случайным блужданием*, вы можете рассмотреть следующий пример. Вам дали 100 дол., чтобы сыграть в игру. В конце каждой недели подбрасывается монета. Если выпадает "орел", вы выигрываете 3% от суммы своих инвестиций, если выпадает "решка", вы теряете 2,5%. Следовательно, ваш капитал в конце первой недели составит либо 103,00 дол., либо 97,50 дол. В конце второй недели монета снова подбрасывается. Теперь возможны следующие исходы:

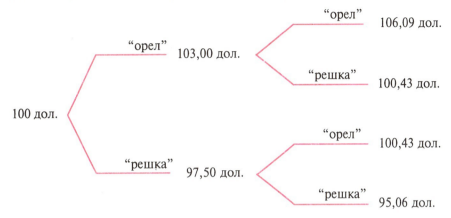

Этот процесс представляет собой случайное блуждание с положительным отклонением на 0,25% в неделю[3]. Это называется случайным блужданием, поскольку последующие изменения стоимости независимы, т.е. разница для каждой недели составляет 50%, независимо от стоимости в начале недели и комбинации "орлов" и "решек" в предыдущие недели.

Если вам трудно поверить в то, что не существует определенной модели изменений цен на акции, взгляните на два графика на рисунке 13-1. На одном из графиков представлены результаты нашей игры за 5-летний период, на другом показаны реальные данные об индексе Standard and Poor за этот же период. Можете ли вы сказать, на каком из них что изображено[4]?

Когда Морис Кендалл предположил, что изменение цен на акции принимает вид случайного блуждания, он подразумевал, что изменения цен так же независимы друг от друга, как и выигрыши и проигрыши в нашей игре.

Для многих экономистов эта идея показалась новой и странной. В действительности идея не была совершенно новой. Она была предложена в почти забытой докторской диссертации, написанной 53 годами раньше французом Луи Башелье[5]. Предположение Башелье было достаточно оригинальным, а сопровождавшая его разработка математической теории случайных процессов на 5 лет опередила знаменитую работу Эйнштейна о хаотическом движении молекул инертных газов.

---

[3] Это отклонение равно ожидаемому исходу $\frac{1}{2}(3) + \frac{1}{2}(-2,5) = 0,25\%$.

[4] Верхний график на рисунке 13-1 показывает фактический индекс Standard and Poor с 1980 по 1984 г., на нижнем графике представлены серии отобранных случайным образом чисел. Наверняка 50% из вас угадали верно, однако это явно была просто догадка. Аналогичное сравнение отобранных случайным образом чисел и реальных рядов цен было впервые предложено в работе: *H.V. Roberts.* Stock Market "Patterns" and Financial Analysis: Methodological Suggestions // Journal of Finance. 14: 1–10. March. 1959.

[5] См.: *L. Bachelier.* Theorie de la Speculation. Gauthier-Villars, Paris, 1900. Перепечатано в Англии: (*пер. A.J. Boness*) *P.H. Cootner (ed).* The Random Character of Stock Market Prices. M.I.T. Press, Cambridge, Mass., 1964. P.17–78. В 30-е гг. экономист в пищевой отрасли Холбрук Уоркинг также отметил случайный характер изменения цен на потребительские товары. См.: *H. Working.* A Random Difference Series for Use in the Analysis of Time Series // Journal of the American Statical Association. 29: 11–24. March. 1934.

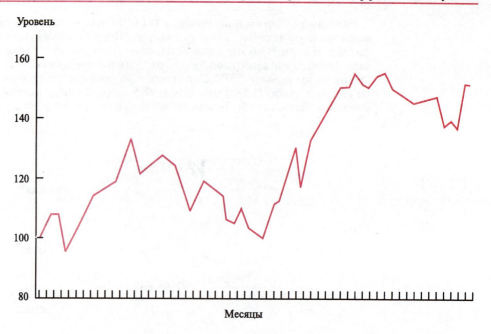

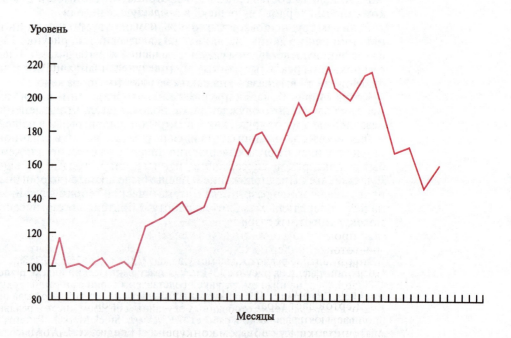

РИСУНОК 13-1
На одном из этих графиков показано поведение индекса Standartd and Poor за пятилетний период. На другом показаны результаты нашей игры с подбрасыванием монет за 5 лет. Можете ли вы сказать, что изображено на каком из графиков?

ГЛАВА 13. Финансирование корпорации и шесть уроков эффективности рынка

В своей работе Кендалл не допустил небрежности Башелье. Поскольку компьютерная техника и базы данных стали более доступны, экономисты и статистики быстро собрали большой объем подтверждающих сведений. Очень кратко остановимся на видах тестов, которые они использовали.

Предположим, что вы хотите оценить, имеется ли какая-либо устойчивая тенденция изменения цен от данного дня к другому. Вы можете начать с составления диаграммы рассеивания изменений в следующие друг за другом дни. На рисунке 13-2 показан пример такой диаграммы. Каждый крестик демонстрирует изменение цен на акции компании Weyerhaeuser за два следующих друг за другом дня. Крестик, обведенный кружком, в юго-восточном квадранте, показывает два дня, в течение которых за 1%-ным ростом следовало 5%-ное снижение. Если бы существовала устойчивая тенденция снижения вслед за ростом, было бы много крестиков в юго-восточном квадранте и лишь несколько в северо-восточном. С первого взгляда очевидно, что в движении цен очень немного систематичности, но мы можем проверить это более точно, вычислив коэффициенты корреляции между изменением цен любого дня и следующего за ним дня. Если бы движение цен было устойчивым, то корреляция была бы строго положительной, а если бы связи не существовало вовсе, то коэффициент корреляции равнялся бы 0. В нашем примере корреляция составила +0,03 — а это указывает на незначительную тенденцию к дальнейшему повышению цен вслед за первоначальным ростом.

На рисунке 13-2 показано поведение цен на акции только одной компании, однако наши наблюдения типичны. Исследователи проанализировали изменения за день, недельные и месячные изменения, они рассмотрели много различных акций в различных странах и за различные периоды, они вычислили коэффициенты корреляции между этими изменениями цен, они искали направления положительных и отрицательных изменений цен, они проверили некоторые из *технических приемов*, использовавшихся некоторыми инвесторами для описания "модели" изменчивости, которую те якобы усматривали в прошлых ценах на акции. Исследователи с редким единодушием заключили, что последовательность изменений цен на акции в прошлом не представляет полезной информации. В результате многие исследователи стали известными. Но никто из них не стал богатым.

Теория для объяснения фактов

Мы упоминали, что первой реакцией на открытие случайного блуждания было удивление. Это случилось за несколько лет до того, как экономисты осознали, что подобное поведение цен является в точности таким, какого следует ожидать на любом конкурентном рынке.

Предположим, что вы хотите продать старинную картину на аукционе, но не в состоянии определить ее стоимость. Можете ли вы быть уверены в получении справедливой цены? Ответ — можете, при условии, что аукцион достаточно конкурентен. Другими словами, вам необходимо убедиться, что все будет проделано должным образом[6], что не будет значительных издержек по подготовке тендера, включенных в предлагаемую цену, и что аукцион привлечет внимание достаточного числа потенциальных покупателей-знатоков, каждый из которых имеет доступ к имеющейся информации. В этом случае неважно, насколько *вы* можете оказаться несведущи, конкуренция среди экспертов даст гарантию, что цена, по которой вы продадите картину, будет полностью отражать ее стоимость.

Точно таким же образом конкуренция среди экспертов в области инвестиций порождает такой рынок акций, на котором цены все время отражают их истинную стоимость. Однако что же мы подразумеваем под *истинной стоимо-*

---
[6] Это предполагает, что не будет сговора между покупателями.

316   ЧАСТЬ IV. Решения по финансированию и эффективность рынка

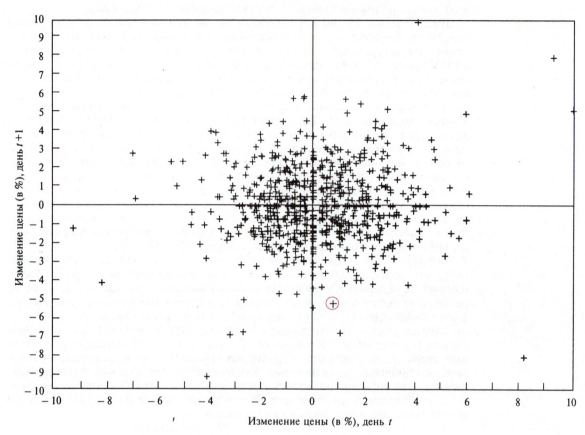

РИСУНОК 13-2
Каждая точка показывает два значения доходности акций Weyerhaeuser в два следующих один за другим дня в 1986, 1987 и 1988 гг. (Точки, отражающие крах фондового рынка 19 октября 1987 г., выходят за масштабы данного рисунка и поэтому не представлены.) Точкой, обведенной в кружок, отмечен рост доходности на 1% в один день и снижение ее на 5% на следующий. Диаграмма рассеивания не показывает сколько-нибудь заметной связи между значениями доходности двух следующих один за другим дней.

стью? Это потенциально обманчивое выражение. Истинная стоимость не означает окончательную *будущую* стоимость — мы не ожидаем, что инвесторы являются предсказателями будущего. Это означает равновесную цену, которая отражает *всю* имеющуюся в распоряжении инвесторов в данное время информацию. Таково наше определение эффективного рынка.

Теперь посмотрим, почему изменение цен на эффективном рынке носит случайный характер. Если цены всегда отражают *всю* значимую информацию, значит, они будут изменяться только при поступлении новой информации. Но новая информация *по определению* не может быть предсказана заранее (иначе она не была бы новой). Следовательно, изменения цен тоже не могут быть предсказаны заранее. Иначе говоря, если цены акций уже отражают все,

ГЛАВА 13. Финансирование корпорации и шесть уроков эффективности рынка

что предсказуемо, значит, *изменения* цен на акции должны отражать только непредсказуемое. Ряды изменений цен просто не могут не быть случайными[7].

Однако предположим, что конкуренция среди аналитиков-исследователей не была бы такой сильной и что существовали бы предсказуемые циклы изменения цен на акции. Инвесторы могли бы тогда получать сверхприбыли, осуществляя сделки на основе этих циклов. На рисунке 13-3 показан, например, двухмесячный рост цен на акции Establishment Industries (EI). Рост начался в предыдущем месяце, когда цена акции EI составляла 40 дол., и ожидается, что цена акции вырастет до 60 дол. в следующем месяце. Что произойдет, когда инвесторы откроют это золотое дно? Произойдет саморазрушение. Поскольку акция EI продается по дешевке за 50 дол., инвесторы будут стремиться ее купить. Они перестанут покупать, только если акция будет иметь обычную норму доходности. Следовательно, как только цикл становится очевиден инвесторам, они своими сделками сразу же его упразднят.

Два типа экспертов в области инвестиций способствуют случайному характеру изменения цен. Многие аналитики изучают деятельность компаний и пытаются получить информацию об их рентабельности, что должно пролить новый свет на стоимость акций. Этих аналитиков часто называют *фундаментальными аналитиками*. Конкуренция среди фундаментальных исследований обеспечивает гарантию того, что цены отражают *всю* значимую информацию и что изменения цен непредсказуемы. Другие аналитики изучают данные о ценах в прошлом и пытаются выявить циклы. Их называют *техническими экспертами*. Конкуренция среди технических исследований обеспечивает гарантию того, что текущие цены отражают всю информацию об изменении цен в прошлом и что изменение цен в будущем невозможно предсказать, исходя из цен в прошлом.

| Три формы в теории эффективности рынка | Гарри Робертс определил три уровня эффективности рынка[8]. Первый уровень представляет собой случай, когда нынешние цены отражают всю информацию о ценах в прошлом. Робертс назвал этот уровень *слабой* формой эффективности. Исследования случайного блуждания показывают, что рынок эффективен по меньшей мере в этой слабой степени.

Второй уровень эффективности представляет случай, когда цены отражают не только цены в прошлом, но и всю другую опубликованную информацию. Робертс назвал эту форму *средней* формой эффективности. Исследователи провели проверку этого предположения, просмотрев специальные публикации, такие, как сообщения о прибылях и дивидендах, прогнозы прибылей компаний, информация об изменениях в практике бухгалтерского учета и слияниях[9]. Боль-

---

[7] Когда экономисты говорят, что динамика цен на акции соответствует случайному блужданию, они не совсем точны. Статистики используют термин *случайное блуждание* для описания рядов, которые характеризуются постоянным ожидаемым изменением для каждого периода и постоянной степенью изменчивости. Но эффективность рынка не подразумевает, что ожидаемые риски и ожидаемые доходы не могут изменяться со временем.

[8] См.: *H.V. Roberts*. Statistical versus Clinical Prediction of the Stock Market. Неопубликованная статья, представленная на семинаре по анализу цен ценных бумаг в Чикагском университете в мае 1967 г.

[9] См., например: *R. Ball and P. Brown*. An Empirical Evaluation of Accounting Income Numbers // Journal of Accounting Research. 6: 159–178. Autumn. 1968; *R.R. Pettit*. Dividend Announcements, Security Performance, and Capital Market Efficiency // Journal of Finance. 27: 993–1007. December. 1972; *G. Foster*. Stock Market Reaction to Estimates of Earnings per Share by Company Officials // Journal of Accounting Research. 11: 25–37. Spring. 1973; *R.S. Kaplan and R. Roll*. Investor Evaluation of Accounting Information: Some Empirical Evidence // Journal of Business. 45: 225–257. April.1972; *G. Mandelker*. Risk and Returne: The Case of Merging Firms // Journal of Financial Economics. 1: 303–335. December. 1974.

РИСУНОК 13-3
Циклы самоуничтожаются, едва лишь инвесторы их осознают. Цена акции мгновенно приходит в соответствие с приведенной стоимостью ожидаемой в будущем цены.

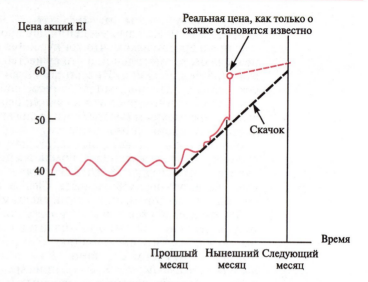

шая часть такой информации быстро и точно находила отражение в ценах на акции[10].

Наконец, Гарри Робертс рассмотрел *сильную* форму эффективности, при которой цены отражают не просто доступную информацию, но и *всю* информацию, которая может быть добыта в ходе кропотливого фундаментального анализа деятельности компаний и экономики в целом. В этом случае рынок акций будет подобен описанному нами идеальному аукциону: цены *всегда* будут справедливыми и *ни один* инвестор не сможет постоянно лучше других прогнозировать цены на акции. Большинство проверок этой точки зрения включали в себя анализ эффективности профессионально управляемых портфелей. Выводы таких исследований состояли в том, что, приняв во внимание различия в степени риска, ни одна из групп институтов не может постоянно действовать эффективнее самого рынка и что даже различия в уровне эффективности отдельных фондов не более чем случайные[11].

Гипотеза эффективного рынка часто трактуется неправильно. Одна из распространенных ошибок состоит в том, будто эта гипотеза подразумевает возможность точных прогнозов. В действительности же она подразумевает только то, что цены отражают всю имеющуюся информацию. В том же роде

---

[10] Реакция цен на новую информацию кажется почти мгновенной. Например, в течение 5—10 минут после сообщения о прибылях и дивидендах по телетайпу большинство цен соответствующим образом реагируют на них, и любые выигрыши от действий в соответствии с новостями оказываются меньше операционных издержек. См.: *J.M.Pattel and M.A. Wolfson.* The Intraday Speed of Adjustment of Stock Prices to Earnings and Dividend Announcements // Journal of Financial Economics. 13: 223—252. June.1984. Реакция цен на продажу большого количества акций, видимо, столь же стремительна. См.: *L. Dann, D. Mayers, and R. Raab.* Trading Rules, Large Blocks, and the Speed of Adjustment // Journal of Financial Economics. 4: 3—22. January. 1977.

[11] См. классическую работу: *M.C. Jencen.* The Performance of Mutual Funds in the Period 1945—64 // Journal of Finance. 23: 389—416. May. 1968. К самым последним работам по этой проблеме относятся: *J.C. Bogle and J.M. Twardowski.* Institutional Investment Performance Compared: Banks, Investment Counselors, Insurance Companies, and Mutual Funds // Financial Analysts Journal. 36: 33—41. January—February. 1980; *M. Grinblatt and S. Titman.* Mutual Fund Performance: An Analysis of Quarterly Portfolio Holdings // Journal of Business. 62: 393—416. July. 1989; *R.A. Ippolito.* Efficiency with Costly Information: A Study of Mutual Fund Performance, 1965—84 // Quarterly Journal of Economics. 104: 1—23. February. 1989.

ГЛАВА 13. Финансирование корпорации и шесть уроков эффективности рынка

некоторые полагают, что цены не могут отражать истинную стоимость, поскольку они то падают, то повышаются. Ответ, однако, заключается в том, что цены не отражали бы истинную стоимость, *если бы* они не снижались и не росли. Именно потому, что будущему свойственна такая неопределенность, людей зачастую и удивляют колебания цен. (Конечно, если мы обернемся *назад*, ничто уже не покажется таким удивительным: легко убедить себя в том, что мы действительно знали, как будут меняться цены.) Соблазн другого рода таит в себе уверенность в том, что неспособность институтов добиться более высокой эффективности портфелей отражает некомпетентность их менеджеров, занимающихся портфельными инвестициями. Это неправильно. Рынок и эффективен только благодаря сильной конкуренции и исправному выполнению менеджерами своей работы.

Еще одна ошибка — думать, что случайный характер цен на акции объясняется иррациональностью рынка акций. *Случайность* и *иррациональность* — это не синонимы. Изменения цен на акции случайны именно потому, что инвесторы рациональны и конкурентны.

Совершенных теорий не бывает

Хотя мало какие простые экономические идеи так же хорошо подтверждаются фактами, как и теория эффективности рынков, было бы ошибкой утверждать, что в ней нет загадок и явных исключений. Например, менеджеры постоянно добиваются лучших прибылей в операциях с акциями своих собственных компаний[12]. Как будто бы это недостаточно хорошо согласуется с теорией эффективности рынка в ее сильной форме.

Но в том, что представителям компаний удается получать сверхприбыли, нет ничего удивительного, однако есть другие явления, которые требуют более основательных объяснений. Например, в таблице 13-1 показана средняя доходность по индексу акций небольших компаний и индексу Standard and Poor, который рассчитан главным образом на основе акций крупных компаний. В течение последних 63 лет существенно более высокие значения доходности акций небольших компаний значительно превосходили связанный с

ТАБЛИЦА 13-1
В среднем акции небольших компаний были более доходными, чем акции крупных компаний.

Годы	Среднегодовая доходность (в %)	
	акции небольших компаний	акции крупных компаний
1926—35	12,5	10,8
1936—45	28,6	11,1
1946—55	13,1	17,9
1956—65	17,7	12,2
1966—75	9,3	5,0
1976—88	23,8	14,8
Средняя 1926—88	17,8	12,1

Источник: Ibbotson Associates, Stock, Bonds, Bill and Inflation: 1989 Yearbook, Ibbotson Associates. Chicago, 1989.

---

[12] См.: *J. Jaffe*. The Effect of Regulation Changes on Insider Trading // Bell Journal of Economics and Management Science. 5: 93—121. Spring. 1974; *H.N. Seyhun*. Insiders' Profit, Costs of Trading, and Market Efficiency // Journal of Financial Economics. 16: 198—212. June. 1986.

ними дополнительный риск. Кроме того, величина этого эффекта масштаба, по-видимому, различается по месяцам года и по дням недели. В частности, большинство лучших показателей приходится на первую неделю января[13].

Мы надеемся, что теперь все согласны с тем, что рынки капитала функционируют разумно[14]. В наши дни, даже сталкиваясь с примерами, когда данное утверждение явно ошибочно, экономисты не выбрасывают гипотезу эффективных рынков на свалку экономического мусора. Вместо этого они задаются вопросом, нет ли некоторого недостающего элемента, не учтенного данной теорией. Таким образом, несмотря на более высокую эффективность акций небольших компаний, ни одного экономиста, по нашим сведениям, не соблазнит возможность инвестировать крупную сумму в такие акции. Экономисты основываются на допущении, что инвесторы не глупы и смотрят, имеют ли акции небольших фирм какие-либо другие дефекты, такие, как недостаточная ликвидность, которые не учтены в наших теориях или тестах.

Биржевой крах 1987 г.

В понедельник 19 октября 1987 г. фондовый индекс Доу-Джонса, рассчитываемый для акций промышленных предприятий, упал на 23% за один день. Сразу после краха у каждого возникло два вопроса: "Кто виноват?" и "Действительно ли цены отражают фундаментальные стоимости?"

Как и в большинстве детективов с убийствами, первый подозреваемый оказывается совсем не тем, "кто это сделал" на самом деле. В первую группу подозреваемых попали специалисты по арбитражным индексным сделкам, постоянно перепродающие индексные фьючерсы[15] и акции, по которым составляется рыночный индекс, играя на любой разнице в ценах. В Черный понедельник первыми и наиболее сильно упали цены на фьючерсы, поскольку инвесторы посчитали, что легче выйти с фондового рынка за счет фьючерсов, чем через продажу отдельных акций. Это опустило цены на фьючерсы ниже индекса фондового рынка[16]. Тогда арбитражные дельцы попытались сделать деньги, продавая акции и покупая фьючерсы, но они столкнулись с трудностями в получении наиболее свежих котировок акций, которые они хотели продать. Таким образом, связь между фьючерсными и фондовыми рынками на какое-то время оказалась нарушенной. Арбитражные дельцы способствовали увеличению объема продаж, захлестнувших Нью-Йоркскую фондовую биржу, но не они явились причиной краха — они были курьерами, которые пытались перенести давление продаж с фьючерсных рынков обратно на биржу.

---

[13] Хорошо написанное краткое изложение эффекта масштаба и сезонного влияния дано в работе: *D.B. Keim*. The CAMP and Equity Return Regularities // Financial Analysts Journal. 42: 19–34. May–June. 1986.

[14] Каждый думает, что он знает, что такое утка, когда ее видит, но удовлетворительное определение утки дать трудно. То же самое можно сказать об эффективных рынках. Мы говорим о "хорошо функционирующих" рынках и о "справедливых" рынках без какого-либо объяснения смысла этих формулировок. Фама дал определение эффективных рынков через разницу между реальными ценами и ожидаемыми инвесторами ценами при условии особого набора информации. Фама считает, что эффективным рынком является тот рынок, на котором ожидаемая величина этой разницы равна нулю. См.: *E.F. Fama*. Efficient Capital Markets: A Review of Theory and Empirical Work // Journal of Finance. 25: 383–417. May. 1970. Рубинштейн определил эффективный рынок как рынок, на котором цены не изменятся, если каждый поделится с другими всем, что он знает. См.: *M. Rubinstein*. Securities Market Efficiency in an Arrow-Debreu Economy // American Economic Review. 65: 812–824. December. 1975.

[15] Индексные фьючерсы служат общепринятым средством заключения сделок на фондовом рынке. Это контракт, по-которому инвесторам выплачивается стоимость акций, включенных в индекс, на определенную дату в будущем. Мы рассмотрим фьючерсы в главе 25.

[16] То есть продавцы снизили цены на фьючерсы ниже их *надлежащего отношения* к индексу (снова смотри главу 25). "Надлежащее отношение" не означает строгое равенство.

Вторым подозреваемым стали крупные институциональные инвесторы, которые попытались использовать технику страхования портфелей ценных бумаг. Портфельное страхование имеет целью установить минимальный предел стоимости портфеля ценных бумаг посредством массированной продажи акций и покупки надежных краткосрочных долговых ценных бумаг по мере падения цен на акции. Таким образом, увеличение предложения продавцов, которое снизило цены в Черный понедельник, вынуждало портфельных страховщиков продавать еще больше. Один институциональный инвестор 19 октября продал акций и фьючерсов на общую сумму 1,7 млрд дол. Возможно, непосредственным виновником падения цен в Черный понедельник было стадо слонов, пытавшихся выйти в одну дверь.

Может быть, некоторых крупных страховщиков портфелей можно было бы признать возмутителями спокойствия, но почему тогда падение цен на акции носило *международный* характер (см. табл. 13-2), в то время как портфельное страхование распространено главным образом только в США? Более того, если увеличение объема продаж было стимулировано портфельным страхованием или тактикой торговых сделок, то это не несло бы с собой никакой важ-

ТАБЛИЦА 13-2
Относительные изменения индексов цен на акции в октябре 1987 г. В столбце под названием "Доллары США" показаны доходы инвесторов США на данных рынках. Таблица показывает, что крах 1987 г. был общемировым. Следовательно, трудно приписать ответственность за падение цен индексному арбитражу, портфельному страхованию или другим отдельным операциям (и их участникам) Нью-Йоркского рынка.

Страны	Национальная валюта	Доллары США
Австралия	−41,8	−44,9
Австрия	−11,4	−5,8
Бельгия	−23,2	−18,9
Канада	−22,5	−22,9
Дания	−12,5	−7,3
Франция	−22,9	−19,5
Германия	−22,3	−17,1
Гонконг	−45,8	−45,8
Ирландия	−29,1	−25,4
Италия	−16,3	−12,9
Япония	−12,8	−7,7
Малайзия	−39,8	−39,3
Мексика	−35,0	−37,6
Нидерланды	−23,3	−18,1
Новая Зеландия	−29,3	−36,0
Норвегия	−30,5	−28,8
Сингапур	−42,2	−41,6
Южная Африка	−23,9	−29,0
Испания	−27,7	−23,1
Швеция	−21,8	−18,6
Швейцария	−26,1	−20,8
Великобритания	−26,4	−22,1
США	−21,6*	−21,6*

* Фондовый индекс Standard and Poor.
Источник: *R. Roll.* The International Crash of October 1987//*R. Kamphis (ed).* Black Monday and the Future of Financial Markets. Richard D.Irwin, Inc., Homewood, Ill., 1989. Table. 1. P. 37.

ной фундаментальной информации, и цены должны были бы резко подскочить сразу после того, как смятение Черного понедельника рассеялось.

Так почему же цены так резко упали? Ведь не было очевидной новой фундаментальной информации, оправдывающей такое резкое падение стоимостей акций. По этой причине идея, что рыночная цена является лучшей оценкой внутренней стоимости, уже не кажется такой неуязвимой, как раньше. Представляется, что цены были либо необоснованно высокими до Черного понедельника, либо необоснованно низкими впоследствии. Могла ли теория эффективных рынков быть еще одной причиной кризиса?

Кризис напоминает нам о том, как это трудно — с нуля оценить обыкновенные акции. Например, предположим, что в сентябре 1989 г. вы хотели бы проверить, справедлива ли цена обыкновенных акций. По крайней мере в качестве первого шага вы можете использовать формулу для случая постоянного роста, приведенную в главе 4. Годовые дивиденды по фондовому индексу Standard and Poor составляли около 11. Если ожидалось, что эти дивиденды будут расти с устойчивым темпом в 13% в год и инвесторы требовали от обыкновенных акций доходности в размере 16,4% в год[17], формула постоянного роста дает стоимость индекса, равную:

$$PV(индекса) = \frac{DIV}{r-g} = \frac{11}{0{,}164 - 0{,}13} = 324.$$

Это значение близко к действительному уровню индекса в сентябре 1989 г. Но насколько вы можете быть уверены в этих цифрах? Может быть, рост дивидендов составил только 12% в год. Это даст 23%-ное снижение вашей оценки верного уровня индекса — с 324 до 250!

$$PV(индекса) = \frac{11}{0{,}164 - 0{,}12} = 250.$$

Другими словами, падение цен, подобное панике в Черный понедельник, могло бы произойти в сентябре 1989 г., если бы инвесторы вдруг на 1 процентный пункт менее оптимистично оценили будущий рост дивидендов.

Чрезвычайная трудность оценки обыкновенных акций без каких-либо исходных данных имеет два следствия. Первое — инвесторы почти всегда оценивают обыкновенные акции, исходя из вчерашних или завтрашних цен сопоставимых ценных бумаг. Иначе говоря, они в целом воспринимают вчерашние цены как верную базу для увеличения или снижения цен на основе информации о завтрашнем дне. Если информация поступает равномерно, тогда со временем инвесторы обретают все большую уверенность в том, что рыночный уровень сегодня является верным. Однако, когда инвесторы с недоверием относятся к базовому уровню вчерашних цен, может наступить период беспорядочных сделок и изменчивых цен, продолжающийся до тех пор, пока не установится новый базовый уровень.

Второе — гипотезу о том, что цена акции *всегда* равна ее внутренней стоимости, практически невозможно проверить именно потому, что так трудно вычислить внутреннюю стоимость без ссылки на цену. И хотя кризис не опроверг окончательно эту гипотезу, многие находят ее теперь менее *правдоподобной*[18].

---

[17] В главе 7 мы вычисляли ожидаемую рыночную доходность как сумму ставки по казначейским векселям и средней для предшествующих лет премии за риск. Мы получили: $r_m = r_f +$ *обычная премия за риск* $= 0{,}08 + 0{,}084 = 0{,}164$, или 16,4%.

[18] Некоторые экономисты полагают, что рынок имеет склонность "пускать пузыри" — создавать ситуации, когда цены поднимаются быстрее функциональной стоимости, но инвесторы не спешат продавать акции, поскольку надеются на *продолжение* роста цен. Конечно, все такие "пузыри" в конечном итоге лопаются, но теоретически какое-то время они способны самосохраняться. Несколько нетехничных статей о "пузырях" см. в: The Journal of Economic Perspectives. 4. Spring. 1990.

ГЛАВА 13. Финансирование корпорации и шесть уроков эффективности рынка

Как бы то ни было, кризис не опроверг доводов в пользу эффективности рынка с точки зрения *относительных* цен. Возьмем, например, Ford Motor Company, которая в конце апреля 1990 г. продавала акции за 45 дол. за акцию. Могли бы мы *доказать*, что истинная внутренняя стоимость акции равна 45 дол.? Нет, но мы с большей уверенностью могли бы сказать, что цена акций Ford должна равняться цене акций GM (также 45 дол.), так как обе компании предлагали те же 3,00 дол. дивидендов на акцию в год и имели одинаковые прибыли и перспективы. Более того, если бы Ford объявила о неожиданно высоких прибылях, мы могли бы быть вполне уверены, что цена на ее акции сразу безошибочно отреагировала бы на это. Говоря другими словами, правильная последующая цена устанавливалась бы относительно предыдущей цены.

Большинство уроков, которые можно извлечь из гипотезы эффективности рынка для корпоративных финансов, связаны с такого рода относительной эффективностью. Давайте сейчас рассмотрим некоторые из этих уроков и одновременно кратко затронем некоторые проблемы, которые будем обсуждать в последующих главах.

13–3. ПЕРВЫЙ УРОК ЭФФЕКТИВНОСТИ РЫНКА: У РЫНКА НЕТ ПАМЯТИ

Гипотеза эффективности рынка в ее слабой форме утверждает, что динамика цен в прошлом не несет никакой информации о будущих изменениях цен. Экономисты выражают ту же идею более кратко, говоря, что рынок не имеет памяти. Иногда *кажется,* что финансовые менеджеры действуют так, будто к ним это не относится. Например, они часто неохотно выпускают акции после падения цен. Они склонны ожидать обратного повышения. Аналогично этому, менеджеры предпочитают финансирование посредством выпуска акций, нежели долговых обязательств, после необычно сильного роста цен. Идея состоит в том, чтобы "ловить рынок, когда цены высокие". Но мы знаем, что у рынка нет памяти и циклы, на которые как будто рассчитывают финансовые менеджеры, не существуют.

Иногда финансовый менеджер располагает внутренней информацией о том, что цены на акции фирмы завышены или занижены. Предположим, например, что вам известны хорошие новости, которые еще неизвестны на рынке. Цены на акции будут быстро расти, когда эта информация получит широкую огласку. Следовательно, если бы компания продала акции по текущей цене, она предложила бы инвесторам выгодную сделку за счет нынешних держателей акций.

Естественно, менеджеры неохотно продают новые акции, когда они располагают благоприятной внутренней информацией. Но такая внутренняя информация не имеет ничего общего с историей цен на акции. Акции вашей фирмы могли бы продаваться сейчас по цене, наполовину меньшей, чем цена прошлого года, а у вас тем не менее могла бы иметься особая информация о том, что она *по-прежнему* сильно завышена. Или цена может быть в два раза занижена относительно цены прошлого года.

13–4. ВТОРОЙ УРОК ЭФФЕКТИВНОСТИ РЫНКА: ВЕРЬ РЫНОЧНЫМ ЦЕНАМ

На эффективном рынке вы можете доверять ценам. Они содержат всю имеющуюся информацию о стоимости любой ценной бумаги.

Это значит, что эффективный рынок не позволяет большинству инвесторов постоянно получать сверхвысокие нормы доходности. Чтобы иметь такую возможность, вам необходимо знать не только что-нибудь сверх того, что знает *кто-либо еще*, но и больше, чем знают *все*. Это утверждение особенно важно для финансового менеджера, который отвечает за политику обменного курса фирмы или за покупку и продажу долговых обязательств. Если вы действуете, исходя из предположения, что вы находчивее других в предсказании изменений курса валюты или процентных ставок, вы променяете последовательную финансовую политику на иллюзорно обманчивую.

На активы компании также может оказать прямое влияние уверенность руководства в своем профессионализме в вопросах инвестирования. Например, зачастую одна компания покупает другую только потому, что руководство первой компании полагает, что цена на акции второй занижена. Приблизительно в половине случаев цены на акции приобретаемой фирмы действительно оказываются занижены. Но в остальной половине случаев они завышены. В среднем цена будет верной, так что приобретающая компания играет в честную игру, если не учитывать издержек приобретения.

Пример: предложение о выкупе облигаций Northwestern Bell

Вот другой пример того, что финансовые менеджеры могут доверять рыночным ценам. В начале 1977 г. 4 дочерние компании AT&T предложили выкупить находящиеся в обращении облигации, выпущенные в 1974 г., когда процентные ставки были высокими. Облигации одного из выпусков Northwestern Bell имели *купонную ставку* 10% и *срок погашения* 40 лет, т.е. Northwestern Bell обязалась выплачивать держателям облигаций по 100 дол. в год за каждую 1000 дол. займа. Эти процентные платежи должны были выплачиваться в течение 40 лет вплоть до 2014 г., когда наступит срок погашения основной суммы займа.

Облигации имели нулевую чистую приведенную стоимость *в момент выпуска*. Справедливая процентная ставка в это время составляла 10%:

$$\text{Чистая приведенная стоимость в момент выпуска} = +1000 - \sum_{t=1}^{40} \frac{100}{(1{,}10)^t} - \frac{1000}{(1{,}10)^{40}} = 0 =$$

$$= \underset{\text{займа}}{\text{сумма}} - \underset{\text{процентных выплат}}{\text{приведенная стоимость}} - \underset{\text{основной суммы займа.}}{\text{приведенная стоимость}}$$

К январю 1977 г. процентные ставки по вновь выпущенным облигациям снизились приблизительно до 8,2%. В результате рыночная стоимость облигаций Bell к 20 января увеличивалась до 1130 дол. Northwestern Bell было, очевидно, выгодно выплатить каждому держателю облигаций первоначальную сумму займа (1000 дол. за облигацию) и погасить выпуск долговых обязательств. Но компания не имела права так поступить, по крайней мере в 1977 г. У фирмы была возможность выкупить или "отозвать" облигации в 1979 г. по цене 1085,75 дол., но эта возможность ничего не могла изменить в 1977 г.[19]

Bell предложила выкупить облигации за 1160 дол., фактически предоставляя держателям облигаций премию в размере 30 дол. на облигацию за согласие на изъятие выпуска из обращения. Держатели облигаций, естественно, были рады получить неожиданную 30-долларовую премию, и 80% выпуска было погашено.

Почему Northwestern Bell так поступила? Объявленная причина — желание снизить расходы по выплате процентов. Выплаты процентов по старым облигациям составляли 15 млн дол. в год. Отметим, что компания могла финансировать выкуп за счет выпуска новых долговых обязательств на сумму 174 млн дол. (1160/1000 × 150 млн), со ставкой, равной 8,2%. Следовательно, вместо того чтобы выплачивать 15 млн дол. в виде процентов, компания могла бы выплачивать только 14,3 млн дол. (0,082 × 174) и экономила бы 700 000 дол. в год.

---

[19] Однако возможность выкупа (или так называемый опцион "колл") объясняет, почему облигации продавались только за 1130 дол., а не по приведенной стоимости, исходя из ставки 8,2% от 100 дол. в год в течение 37 лет до выплаты основной суммы займа в 1000 дол. Инвесторы ожидали, что облигации будут погашены до наступления срока погашения.

ГЛАВА 13. Финансирование корпорации и шесть уроков эффективности рынка

Но какова чистая приведенная стоимость такого мероприятия? Компания инвестировала 1160 дол. на облигацию для устранения обязательств с рыночной стоимостью в 1130 дол. На эффективном рынке цена облигации должна отражать ее истинную стоимость. Следовательно, чистая приведенная стоимость этой сделки составила −30 дол. на облигацию.

Northwestern Bell поступила правильно. Выкуп облигаций действительно снизил расходы по выплате процентов. Но наш анализ показывает, что это не является оправданием для сделки на эффективном рынке. Почему фирма не стала ждать, с тем чтобы досрочно выкупить облигации в 1979 г. по более низкой цене 1085,70 дол., оговоренной в контракте о выпуске облигаций? Ведь руководство Northwestern Bell не было глупым. Мы подозреваем, что существовали некоторые другие причины для выкупа[20]. С нашей точки зрения, *объявленная* причина была очевидно ложной на эффективном рынке облигаций.

13–5. ТРЕТИЙ УРОК ЭФФЕКТИВНОСТИ РЫНКА: НИКАКИХ ФИНАНСОВЫХ ИЛЛЮЗИЙ

На эффективном рынке нет места никаким финансовым иллюзиям. Инвесторы без романтики относятся к потокам денежных средств фирмы и той части этих потоков, на которую они имеют право.

Дробление акций и дивиденды

Мы можем проиллюстрировать наш третий урок, рассмотрев последствия дробления акций и выплаты дивидендов в виде акций. Ежегодно сотни компаний увеличивают количество акций в выпуске либо посредством разделения акций, которые уже находятся в обращении, либо посредством распределения большей доли акций в виде дивидендов. В крупных компаниях административные издержки таких операций могут превышать 1 млн дол. Однако это не оказывает какого-либо влияния на потоки денежных средств компании или долю этих потоков, предназначенную каждому держателю акций. Вы можете думать, что становитесь богаче, но это только иллюзия.

Предположим, акция Chaste Manhattan Finance Company продается за 210 дол. Дробление 3 к 1 заменило бы каждую обращающуюся акцию тремя новыми[21]. Chaste проделала бы это, напечатав две новых акции на каждую первоначальную и распределив новые акции среди своих держателей акций как "бесплатный дар". После дробления мы ожидали бы, что каждая акция будет продаваться по цене 210/3 = 70 дол. Дивиденды, прибыли и все другие переменные показатели "в расчете на акцию" составили бы $1/3$ от их предыдущих значений.

Приводятся различные оправдания дробления акций и выплаты дивидендов в виде акций. Одно из них высказано президентом крупной американской корпорации, по наблюдениям которого дивиденды в виде акций "дают держателям разумную защиту от инфляции и позволяют им принимать участие в приращении балансовой стоимости". "С другой стороны, — предупреждает он, — было бы глупо объявлять [их], если они не заработаны, поскольку

---

[20] Одна из возможных причин — налоги. Так как Northwestern Bell могла требовать освобождения от налогов разницы между издержками выкупа в 1160 дол. и номинальной стоимостью каждой облигации в 1000 дол. как убытка, подоходный налог с фирмы был бы снижен на 48% от 160 дол. Таким образом, эффективные издержки выкупа составили не 1160 дол., а 1083,20 дол. Для знакомства с налоговыми последствиями рефинансирования долга см.: *J.D. Finnerty*. Refunding Hign-Coupon Debt // Midland Corporate Finance Journal. 3: 59–74. Winter. 1986.

[21] Американская терминология имеет некоторые отличия. В Великобритании такое увеличение акций в обращении обычно осуществляется в форме "бумажной эмиссии". Бумажная эмиссия 2 к 1 (т. е. две новых акции в дополнение к одной старой) эквивалентна дроблению акций в отношении 3 к 1.

это было бы просто уменьшением балансовой стоимости". Иной аргумент предложил глава другой компании, который говорил о том, что выплата дивидендов в виде акций может дать инвесторам "больший доход и в то же самое время сохраняет компании денежные средства для финансирования ожидаемого роста"[22]. Третье и обезоруживающе простое объяснение было предложено в одном учебнике и состояло в том, что акционеры приветствуют дробление акций, поскольку они ожидают, что последует дальнейшее дробление акций. Заявления, подобные этим, полностью противоречат положению теории эффективных рынков о том, что инвесторы заинтересованы только в своей доле в потоках денежных средств компании.

Конечно, слишком высокие цены на акции неудобны для мелких инвесторов. В июле 1989 г. акции швейцарской компании Roche Holdings продавались по 34 500 швейцарских франков каждая, или приблизительно по 21 000 дол. Досадно, если в такой ситуации у вас есть всего несколько тысяч долларов для инвестирования. Поэтому многие инвесторы пришли в восторг, когда компания почти единовременно осуществила дробление этих акций в отношении 50 к 1[23]. Но это не является оправданием для многих компаний, которые предпринимают дробление своих акций, продаваемых менее чем за 100 дол.[24]

Расчет аномальных доходов

Мы можем проверить, является ли дробление акций обманом инвесторов, если посмотрим, присутствуют ли какие-либо аномальные изменения в ценах акций во время процедуры дробления. Однако сначала мы должны объяснить, как вы можете использовать некоторые идеи из главы 9, чтобы определить, какие изменения цен следует считать аномальными[25]. В главе 9 мы познакомили вас с "Книгой бета" компании Merrill Lynch. Она содержит два показателя, характеризующих каждую акцию. Альфа (α) описывает, насколько в среднем изменяется цена акции, когда рынок не меняется. Бета (β) показывает средний дополнительный доход при изменении рыночного индекса на 1%. Например, в таблице 9-2 показано, что цены на акции DEC снижались в среднем на 0,65% в месяц, когда рынок оставался неизменным ($\alpha = -0,65$) и росли на 1,30% при каждом однопроцентном изменении рыночного индекса ($\beta = 1,30$)[26]. Теперь допустим, что вас интересуют данные об акциях DEC в январе 1987 г., когда цены на рынке выросли на 13,2%. Исходя из прошлых данных, вы можете предположить, что ожидаемые изменения цены акций в этом месяце составили:

$$\textit{Ожидаемое изменение цены} = -0,65 + (1,30 \times \textit{ изменение рынка}) =$$
$$= -0,65 + (1,30 \times 13,2) = 16,5\%.$$

---

[22] Источник: *J.E. Walter*. Divident Policy and Enterprise Valuation. Wadsworth Publishing Company, Inc., Belmont, Calif., 1967.

[23] В США также есть очень дорогие акции. Когда мы писали эту главу, акции компании Berkshire Hathaway продавались по 8600 дол. за каждую.

[24] Лаконишок и Лев предоставляют некоторые доказательства того, что многие компании предпринимают дробление своих акций, дабы удерживать цены в границах, приемлемых для торговых операций. См.: *J. Lakonishok and B. Lev.* Stock Splits and Stock Dividends: Why, Who and When // Journal of Finance. 42: 913–932. September. 1987.

[25] Небольшие познания – опасная вещь: если вы хотите сделать правильную оценку аномального дохода, вам необходимо знать о процедуре его расчета больше того, что мы даем в кратком обзоре. Мы предлагаем вам обратиться к работе: *S.J. Brown and J.B. Warner.* Measuring Security Price Performance // Journal of Financial Economics. 8: 205–258. 1980.

[26] При расчете α и β важно выбрать период, когда, как вы полагаете, поведение акций нормально. Если поведение их необычно, тогда оценки α и β нельзя использовать для оценки доходов, которые ожидают получить инвесторы. В качестве проверки вы можете просто спросить себя, *выглядит ли* ваша оценка ожидаемых доходов разумной.

РИСУНОК 13-4

Изменение цен на акции во время дробления акций. Эти изменения отражают как общее движение рыночных показателей, так и увеличение количества акций. Обратите внимание на рост цен непосредственно перед дроблением и на отсутствие аномальных изменений после дробления. [Источник: *E. Fama, L. Fisher, M. Jensen, and R. Roll.* The Adjustment of Stock Prices to New Information // International Economic Review. 10. February. 1969. Fig.2b. P.13.]

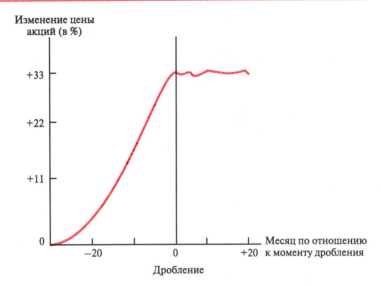

На самом деле в январе 1987 г. цены на акции DEC выросли на 38,5%. Следовательно, аномальное изменение цен составило:

Аномальное изменение цен = действительное изменение − ожидаемое изменение =
= 38,5 − 16,5 = 22%.

Рост цен на акции DEC превышал нормальный рост при данных рыночных условиях на 22%[27].

Теперь мы можем перейти к рассмотрению аномального изменения цен, которое, как правило, происходит во время дробления акций. На рисунке 13-4 в обобщенном виде представлены результаты серьезного исследования дробления акций в период с 1926 по 1960 г.[28] Он показывает аномальное поведение акций в какой-то момент процедуры дробления после адаптации к уве-

---

[27] Вы получите в общем объеме приблизительно такой же ответ, если при вычислении аномальных доходов используете модель оценки долгосрочных активов. Согласно этой модели, ожидаемая доходность акций DEC составит:

Ожидаемая доходность = $r_f + \beta (r_m - r_f)$.

Рыночная доходность (r_m) в январе 1987 г. была равна 13,2% прироста индекса плюс среднемесячная норма дивидендного дохода 0,25%. Процентная ставка (r_f) составила 5,5 в год, или приблизительно 0,45 в месяц. Следовательно,

Ожидаемая доходность = 0,45 + 1,30(13,45 − 0,45) = 17,4%.

Аномальная доходность = реальная доходность − ожидаемая доходность = 38,5 − 17,4 =
= 21,1%.

Отметим, что поскольку DEC не выплачивала дивидендов, *доходность* и *изменение цены* идентичны.

[28] См.: *E. F.Fama, L. Fisher, M. Jensen, and R. Roll.* The Adjustment of Stock Prices to New Information // International Economic Review. 10: 1–21. February.1969. Позже исследователи обнаружили, что акционеры получали аномальные прибыли и тогда, когда только поступало сообщение о дроблении акций или выплате дивидендов в виде акций, и тогда, когда это действительно происходило. Никто не предложил убедительного объяснения этому явлению. См., например: *M.S. Grinblatt, R.W. Masulis, and S. Timan.* The Valuation Effects of Stock Splits and Stock Dividends // Journal of Financial Economics. 13: 461–490. December. 1984.

личению количества акций²⁹. Обратите внимание на рост цен перед дроблением. Сообщение о дроблении, должно быть, поступило за один или за два месяца до этого. Это означает, что решение произвести дробление является одновременно результатом роста цен и причиной их роста в будущем. Создается впечатление, что держатели акций не так расчетливы, как мы предполагали: их, очевидно, действительно интересует и форма, и содержание. Однако в течение следующего года две трети компаний, осуществивших дробление акций, сообщили о росте денежных дивидендов выше среднего. Обычно такие сообщения вызывают необычный рост цен на акции, но в случае с компаниями, прибегшими к дроблению, этого не случилось за все время после дробления. На самом деле стоимость акции тех компаний, которые *не* увеличили свои дивиденды выше среднего, снизилась до уровня, преобладавшего до дробления акций. Очевидное объяснение этому состоит в том, что дробление сопровождалось явным или скрытым обещанием последующего увеличения дивидендов, и рост цен в период дробления не связан с желанием пойти на дробление как таковое, а с информацией, которую, как предполагается, оно несет³⁰. Однако дробление акций представляется довольно дорогостоящим способом передачи сообщений.

Изменения учетной политики

Известны и другие ситуации, когда менеджеры как будто бы обнаруживают у инвесторов склонность страдать от финансовых иллюзий. Например, некоторые фирмы проявляют необычную изобретательность при манипулировании отчетными данными о прибылях для акционеров. Это делается с помощью "творческой учетной политики" — т.е. посредством выбора методов учета, которые позволяют в отчетах показывать стабильные и растущие прибыли. Представляется, что фирмы идут на такой обман, потому что руководство полагает, что акционеры принимают эти цифры за чистую монету. Леонард Спейси, главный бухгалтер, так описал это в приведенной ниже жалобе³¹.

Допустим, вы искренне хотите отразить прибыль способом, который, по вашему мнению, дает достоверные сведения о результатах деятельности вашей компании. Это превосходный и объективный мотив: но когда вы это сделаете, вы обнаружите, что ваши конкуренты показывают относительно более благоприятные результаты по прибыли, чем вы. Это создаст спрос на акции конкурентов, в то время как ваши останутся позади. Вы сажаете вашего эксперта за работу и обнаруживаете, что если бы ваш конкурент использовал ту же практику учета, какую и вы, ваши результаты были бы лучше, чем его. Вы показываете этот анализ вашим недовольным акционерам. Естественно, они спрашивают: "Если это верно и если практика учета ваших конкурентов общепринята, то почему не изменить вашу учетную политику и таким образом не улучшить показатели прибыли?" В ответ вы пытаетесь объяснить, почему ваша учетная политика более реалистична и надежна, чем политика ваших

---

²⁹ Мы имеем в виду, что в работах исследовалось изменение богатства держателей акций. Снижение цен на акции Chaste Manhattan с 210 до 70 дол. во время дробления не повлияло бы на богатство акционеров.

³⁰ Это не означает, что инвесторам нравятся высокие выплаты дивидендов как таковые. Возможно, рост дивидендов ценится только потому, что свидетельствует о процветании компании. Например, Пол Хил и Кришна Палепу обнаружили, что компании, начинающие выплачивать дивиденды, впоследствии показывают рост прибылей выше обычного уровня. См.: Earnings Information Conveyed by Dividend Initiations and Omissions // Journal of Financial Economics. 21:149–175. September. 1988. Мы вернемся к этому вопросу в главе 16.

³¹ См.: *L. Spacek*. Business Success Requires an Understanding of Unsolved Problems of Accounting and Financial Reporting // Graduate School of Business Administration, Harvard University. September 25. 1959.

ГЛАВА 13. Финансирование корпорации и шесть уроков эффективности рынка

РИСУНОК 13-5
Исследование Каплана и Ролла свидетельствует о том, что изменения учетной политики, направленные на завышение отчетных прибылей, не вводят инвесторов в заблуждение. (Изменения цен на акции отражают общее движение рыночных показателей.) [Источник: *R.S. Kaplan and R.Roll.* Investor Evaluation of Accounting Information: Some Empirical Evidence // Journal of Business. 45. April. 1972. Fig. 1c. P. 239. © 1972 by the University of Chicago. All rights reserved.]

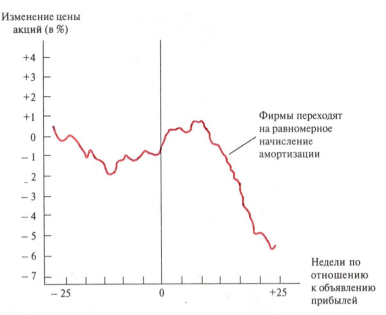

конкурентов. Ваши акционеры слушают, но вам нечем убедить их в том, что они должны отказаться от 20, 50, 100%-ного возможного увеличения рыночной стоимости своих акций только потому, что определенные методы учета вам нравятся больше, чем другие.

Прав ли Спейси? Может ли фирма повысить свою рыночную стоимость, применяя творческую учетную политику? Или же акции фирмы обращаются на эффективном, хорошо функционирующем рынке, где инвесторы способны видеть, что скрывается за такими финансовыми иллюзиями?

Некоторые исследователи пытались решить этот вопрос, анализируя реакцию рынка на изменение компаниями методов своей учетной политики. Например, Каплан и Ролл исследовали, что происходит с ценами на акции, когда компании завышают в отчетах свои прибыли, переходя от начисления износа по методу ускоренной амортизации к равномерному начислению амортизации[32]. Это чисто косметический переход. Он снижает показываемые амортизационные отчисления, но не влияет на налоговые обязательства компании — налоговые власти разрешают фирмам использовать ускоренную амортизацию для целей налогообложения и равномерную амортизацию для отражения в отчетности.

На рисунке 13-5 изображены результаты исследования Каплана и Ролла. Предварительное сообщение о возросших прибылях, очевидно, вызвало небольшой аномальный рост цен на акции, но это могло произойти просто потому, что инвесторы в то время еще не были информированы об изменении метода учета. За три месяца после сообщения о прибылях инвесторы, видимо, поняли, что бухгалтерская косметика была признаком скорее слабости, чем силы.

Данный результат не только показывает тщетность манипулирования данными о прибылях. Он также ставит некоторые принципиальные вопросы о роли применяемых методов учетной политики. Джек Трейнор иллюстрирует данную проблему сказкой о супе из гвоздей.

Однажды отряд солдат остановился в одном городке. Горожане не захотели накормить солдат, и тогда те пошли на хитрость. Они поставили

---

[32] См.: *R.S. Kaplan and R. Roll.* Investor Evaluation of Accounting Information: Some Empirical Evidence // Journal of Business. 45: 225—257. April. 1972.

большой котел на огонь и, когда горожане серьезно заинтересовались, начали опускать в него гвозди и, облизывая губы, приговаривать, что готовят суп из гвоздей. Горожан заверили, что супа хватит на всех. Когда один из солдат сказал, что несколько морковок улучшат вкус супа, какой-то горожанин мигом принес несколько морковок. Когда выяснилось, что помидоры – это прекрасная приправа к супу из гвоздей, другой горожанин быстро достал несколько помидор. Вскоре суп пополнился говядиной, репой и луком. Когда суп был готов, гвозди из него вынули. Но горожане так и остались уверены, что это суп из гвоздей.

Суп из гвоздей оказался питательным, но не благодаря гвоздям. Показатели прибыли несут информацию, но не благодаря ингредиентам, которые составляют главный интерес Управления по стандартам финансового учета (Financial Accounting Standarls Board (FASB). Бухгалтеры с большим усердием кладут гвозди в суп, аналитики трудолюбиво их вынимают, и при этом все уверены, что действительно обедают супом из гвоздей. В целом процесс выглядит излишне сложным, так как тот же результат мог бы быть получен и без гвоздей[33].

13-6. ЧЕТВЕРТЫЙ УРОК ЭФФЕКТИВНОСТИ РЫНКА: АЛЬТЕРНАТИВА "СДЕЛАЙ САМ"

На эффективном рынке инвестор не станет платить другим за то, что он сам может сделать с таким же успехом. Как мы увидим, многие дискуссионные вопросы в финансировании корпораций сводятся к тому, насколько хорошо индивидуумы могут копировать финансовые решения корпораций. Например, компании часто осуществляют слияние в расчете на то, что в результате они получат более диверсифицированную, а следовательно, и более стабильную фирму. Но, если инвестор может одновременно держать акции обеих компаний, почему он должен быть благодарным компаниям за диверсификацию? Инвестору диверсификация дается легче и обходится дешевле, чем фирме.

Перед финансовым менеджером стоит тот же вопрос, когда он решает, что лучше – выпустить долговые обязательства или обыкновенные акции. Если фирма выпускает долговые обязательства, это создает финансовую зависимость. В результате повышается связанный с акциями риск, а также ожидаемый от них доход. Но держатели акций сами способны создавать финансовую зависимость и без выпуска фирмой долговых обязательств. Они сами могут выдавать долговые обязательства. Следовательно, задача финансового менеджера – решить, может ли выпуск долговых обязательств обойтись фирме дешевле, чем отдельному держателю акций.

13-7. ПЯТЫЙ УРОК ЭФФЕКТИВНОСТИ РЫНКА: ОДНА АКЦИЯ ДАЕТ ПРЕДСТАВЛЕНИЕ ОБО ВСЕХ ОСТАЛЬНЫХ

Эластичность спроса на какую-либо вещь измеряется относительным изменением величины спроса с каждым дополнительным процентом повышения цены. Если вещь имеет хороший заменитель, то эластичность будет отрицательной, если нет – эластичность будет близка к нулю. Например, эластичность спроса на такой весьма распространенный продукт, как кофе, равна примерно –0,2. Это означает, что 5%-ное увеличение цены на кофе ведет к изменению объема его продаж на $-0,2 \times 0,05 = -0,01$, другими словами, рост цены на 5% снижает спрос только на 1%. Потребители, вероятно, рассматривают различные *сорта* кофе как хорошие заменители друг друга. Следователь-

---

[33] См.: *J.L. Treynor*. Discussion: Changes in Accounting Techniques and Stock Prices // Empirical Research in Accounting: Selected Studies, 1972. Institute for Professional Accounting, Graduate School of Business, University of Chicago, 1972. P. 43.

ГЛАВА 13. Финансирование корпорации и шесть уроков эффективности рынка

но, эластичность спроса на отдельные *сорта* может достигать, скажем, −2,0, т. е. 5%-ный рост цены на кофе Maxwell House относительно Nescafe в этом случае снизил бы спрос на 10%.

Инвесторы не приобретают акции за их особые качества, они покупают их в ожидании получения справедливого дохода за связанный с ними риск. Это значит, что акции должны быть *очень* похожи на сорта кофе, т.е. быть почти совершенными заменителями друг друга. Следовательно, спрос на акции компаний высокоэластичен. Если ожидаемая премия за риск акции относительно ниже премий за риск других акций, то *никто* не захочет держать такую акцию. Если премия выше, то *каждый* захочет иметь такую акцию.

Предположим, что вы хотите продать большой пакет акций. Так как спрос эластичен, вы, естественно, решите, что вам достаточно лишь немного снизить цену, чтобы продать ваши акции. К сожалению, этого может не произойти. Когда вы выйдете на рынок со своими акциями, другие инвесторы могут заподозрить, что вы хотите избавиться от них, потому что знаете что-то, чего не знают они. Следовательно, они пересмотрят свои оценки стоимости акций в сторону понижения. Спрос остается эластичным, но кривая совокупного спроса перемещается вниз. Эластичность спроса не означает, что цены на акции никогда не меняются; однако это *означает*, что вы можете продать большой пакет акций по цене, близкой к рыночной, *если убедите других инвесторов, что не имеете никакой конфиденциальной информации*.

В качестве подтверждения этой точки зрения приведем один пример. В июле 1977 г. Банк Англии (Bank of England) выставил на продажу имеющиеся у него акции British Petroleum (ВР) по цене 845 пенсов за акцию. Банк держал приблизительно 67 млн акций ВР общей стоимостью 564 млн фунтов стерлингов, или 970 млн дол. Это огромная сумма, которую людям еще нужно было найти, чтобы выкупить акции.

Каждый, кто хотел подать заявку на акции ВР, должен был сделать это приблизительно в течение двух недель[34]. Непосредственно перед сообщением банка о продаже цена акций ВР составляла 912 пенсов. В течение следующих 2 недель цена на Британском фондовом рынке снизилась до 898 пенсов. Следовательно, к концу срока подачи заявок скидка, предлагаемая банком, составила лишь 6 пенсов. В обмен на эту скидку любой претендент должен собрать необходимые деньги, принимая на себя риск, связанный с тем, что цены ВР могут еще снизиться, прежде чем станут известны результаты подачи заявок, и отдать Банку Англии будущие дивиденды по акциям ВР.

Если кофе Maxwell House будет предлагаться с 6%-ной скидкой, маловероятно, что на него возникнет ошеломляющий спрос. Но скидка на акции ВР оказалась достаточной, чтобы собрать заявок на 4,6 млрд дол., т.е. в 4,7 раза больше, чем предлагалось акций. Мы допускаем, что данный случай в некоторых отношениях необычен, но серьезное исследование большой группы вторичных предложений акций, проведенное Мироном Шольцем, показывает способность рынка поглощать крупные пакеты акций[35]. В среднем эффект таких предложений состоял в небольшом снижении цен на акции, но снижение почти не было связано с предлагаемым количеством акций. По оценке Шольца, эластичность спроса на акции компаний составила −3000. Конечно, никто не считает данную цифру совершенно точной, и некоторые исследователи утверждают, что спрос не настолько эластичен, как предполагается в работе Шольца[36]. Однако, по-видимому, все согласны с основной идеей, что вы можете продать большое количество

---

[34] Однако при оформлении заявки претенденты должны были внести только 3 фунта за акцию, а остальные — позднее.
[35] См.: *M. Scholes*. The Market for Securities: Substitution versus Price Pressure and the Effects of Information on Share Prices // Journal of Business. 45: 179–211. April. 1972.
[36] Например, см.: *W.H.Mikkelson and M.M.Partch*. Stock Price Effects and Costs of Secondary Distributions // Journal of Financial Economics. 14: 165–194. 1985.

акций по цене, близкой к рыночной, если другие инвесторы не решат, что вы располагаете какой-то конфиденциальной информацией.

Здесь мы опять сталкиваемся с явным расхождением с практикой. Видимо, многие корпорации полагают, что эластичность спроса не только низка, но и меняется с ценой акции, т.е когда цена относительно низка, новая акция может быть продана только со значительной скидкой. Штатные и федеральные регулирующие комиссии, которые устанавливают цены местным телефонным и энергетическим компаниям, а также другим предприятиям коммунального хозяйства, иногда допускают, чтобы эти фирмы получали значительно более высокие прибыли в качестве компенсации за ценовое "давление". Такое давление представляет собой снижение цен на акции фирм, которое предположительно произойдет, когда инвесторам будут предложены новые акции. Но еще Пол Аскит и Дэвид Маллинз, которые искали доказательства такого давления, обнаружили, что выпуск новых акций компаниями коммунального хозяйства снижает цены на их акции в среднем только на 0,9%[37]. Мы вернемся к проблеме такого давления, когда будем обсуждать эмиссию акций в главе 15.

13-8. ШЕСТОЙ УРОК ЭФФЕКТИВНОСТИ РЫНКА: ЗРИ В КОРЕНЬ

Если рынок эффективен, цены отражают всю имеющуюся информацию. Следовательно, как только мы научимся понимать сущность рыночных процессов, цены на ценные бумаги смогут много сказать нам о будущем. Например, в главе 27 мы покажем, как бухгалтерская информация компании может помочь финансовому менеджеру выявить вероятность банкротства. Конечно, данные учета служат лишь одним из многих источников информации, доступных инвесторам. Доход, предлагаемый по облигациям компании, или динамика цен ее обыкновенных акций являются такими же хорошими индикаторами вероятности банкротства, как и данные бухгалтерского учета[38].

Еще один пример. Национальное бюро экономических исследований установило ряд основных показателей экономической деятельности. Так как цены акций в значительной степени зависят от экономических перспектив, неудивительно, что они заняли относительно высокое положение в ряду основных показателей[39]. Другими словами, фондовый рынок представляет информированную и согласованную картину экономических перспектив нации.

Предположим, что инвесторы уверены, что процентные ставки в следующем году будут расти. В этом случае они предпочтут подождать, прежде чем давать долгосрочные ссуды. Любая фирма, которая хочет сделать долгосрочный денежный заем сегодня, должна предложить более высокую процентную ставку. Иначе говоря, долгосрочная ставка процента должна быть выше, чем ставка на 1 год. Различия между долгосрочной и краткосрочной ставками иногда говорят нам о том, что инвесторы ожидают каких-то будущих изменений краткосрочных ставок[40].

---

[37] *P.Asquith and D.W.Mullins.* Equity Issues and Offering Dilution // Journal of Financial Economics. 15: 61–89. January–February. 1986.
[38] См.: *W.H. Beaver.* Market Prices, Financial Ratios and the Prediction of Failure // Journal of Accounting Research. 6: 179–192. Autumn. 1968.
[39] См.: *G.H. Moore and J. Shiskin.* Indicators of Business Expansion and Contraction. National Bureau of Economic Research, New York, 1967. Однако вы должны осторожно относиться к любому из этих основных показателей. Мы напомним саркастическое замечание Самуэльсона о том, что цены акций предсказали 7 из 5 последних спадов.
[40] Мы разберем связь между долгосрочными и краткосрочными процентными ставками в главе 23. Однако отметим, что на эффективном рынке различия между ценами по краткосрочным и долгосрочным контрактам всегда говорят что-то о том, какого изменения цен ожидают участвующие стороны.

13-9. РЕЗЮМЕ

Святая покровительница Болцы (фондовой биржи) в испанском городе Барселона именуется Nuestra Señora de la Esperanza – Наша Госпожа Надежда. Это наша лучшая покровительница, ибо, вкладывая во что-то деньги, мы все надеемся на огромные доходы. Но конкуренция между инвесторами ведет к созданию эффективного рынка. На таком рынке цены быстро впитывают любую новую информацию, и здесь очень трудно постоянно получать сверхприбыли. Нам и впрямь никто не мешает *надеяться*, но единственное, что мы можем разумно *ожидать* на эффективном рынке, так это получение дохода, достаточного для того, чтобы компенсировать происходящее со временем изменение стоимости денег и риск, на который мы идем.

Гипотеза эффективных рынков имеет три различные формы. Слабая форма означает, что цены полностью отражают всю информацию, содержащуюся в прошлых ценах акций. В этом случае невозможно получить сверхприбыли, просто пытаясь выявить какие-либо закономерности в изменении цен акций,— другими словами, изменение цен случайно. Средняя форма предполагает, что цены отражают всю опубликованную информацию. Это означает, что нельзя постоянно получать сверхприбыли, просто читая газеты, просматривая годовые отчеты компаний и т.п. Согласно сильной форме гипотезы, цены на акции полностью отражают всю имеющуюся информацию. Это говорит нам о том, что трудно обнаружить "внутреннюю" информацию, потому что в преследовании такой цели вы будете конкурировать с тысячами, миллионами активных, знающих и жадных инвесторов. Лучшее, что вы можете сделать в этом случае, — это допустить, что ценные бумаги имеют справедливую цену и однажды Nuestra Señora вознаградит вас за ваше смирение.

Концепция эффективных рынков удивительно проста и удивительно хорошо подтверждается фактами. Менее чем 20 лет назад любое высказывание о том, что инвестиции в ценные бумаги являются честной игрой, показалось бы странным. Сейчас такое отношение общепринято не только в школах бизнеса, оно насквозь пропитывает иневстиционную практику и правительственную политику на рынках ценных бумаг.

Для казначея корпорации, в функции которого входит эмиссия или покупка ценных бумаг, теория эффективных рынков имеет явные следствия. В определенном смысле, однако, она вызывает больше вопросов, чем дает ответов. Существование эффективных рынков не означает, что финансовый менеджер должен "пустить финансирование на самотек". Она служит стартовой точкой анализа. Настало время перейти к подробному изучению ценных бумаг, процедуры эмиссии и финансовых институтов. Мы начнем заниматься этим в главе 14.

РЕКОМЕНДУЕМАЯ ЛИТЕРАТУРА

Классическая обзорная статья об эффективности рынка:

E.F. Fama. Efficient Capital Markets: A Review of Theory and Empirical Work // Journal of Finance. 25: 383–417. May. 1970.

Имеется несколько книг, содержащих подборку классических статей по данной теме. Например:

P.H. Cootner (ed). The Random Character of Stock Market Prices. M.I.T. Press, Cambridge, Mass., 1964.

J.H. Lorie and R.A. Brealey (eds.). Modern Developments in Investment Managment. 2d ed. Dryden Press, Hinsdale, Ill., 1978.

Удачная подборка последних работ о возможных исключениях из теории эффективных рынков содержится в:

Symposium on Some Anomalous Evidence on Capital Market Efficiency // Journal of Financial Economics. 6. June. 1977. (Специальный выпуск.)

Следующая книга содержит интересную подборку статей о биржевом крахе 1987 г.:

R.W. Kamphuis, Jr., et al. (eds.). Black Monday and the Future of Financial Markets. Dow Jones-Irwin, Inc., Homewood, Ill., 1989.

КОНТРОЛЬНЫЕ ВОПРОСЫ

1. Представляется, что цены на акции ведут себя так, как если бы последовательный ряд стоимостей:
   а) состоял из случайных чисел;
   б) отражал регулярные циклы;
   в) отклонялся на случайное число.
   Какое из этих утверждений (если вообще какое-либо) верно?

2. Вставьте пропущенные слова: "Есть три формы гипотезы эффективных рынков. Тесты на случайность цен акций дают доказательства для _____ формы гипотезы. Тесты на реакцию цен акций на опубликованную информацию дают доказательства для _____ формы, и тесты на эффективность профессионально управляемых фондов дают доказательства для _____ формы. Эффективность рынка является результатом конкуренции между инвесторами. Многие инвесторы ищут информацию о состоянии дел компаний, которая могла бы помочь им более точно определить цену акций. Это именуется _____ исследованиями. Такие исследования подтверждают, что цены отражают всю имеющуюся информацию: другими словами, это помогает сохранять эффективность рынка в _____ форме. Другие инвесторы изучают прошлые цены на акции для построения моделей, которые могли бы дать им возможность получать сверхдоходы. Это называется _____ исследованиями. Такие исследования подтверждают, что нынешние цены отражают всю информацию, содержащуюся в прошлых ценах на акции: другими словами, это позволяет поддерживать эффективность рынка в _____ форме".

3. Какое из следующих утверждений (если какое-либо вообще) верно? Гипотеза эффективных рынков предполагает, что:
   а) не существует налогов;
   б) имеются совершенные прогнозы;
   в) последующие изменения цен независимы;
   г) инвесторы рациональны;
   д) нет эксплуатационных издержек;
   е) прогнозы объективны.

4. Акции компании "Обуем каждого" продаются по цене 400 дол. за штуку, и дивиденды по ним составляют 2%. Компания осуществляет дробление в соотношении 2 к 1.
   а) Каких изменений цен на эти акции вы ожидаете при прочих равных условиях?
   б) Ждете ли вы, что на практике цены акций упадут больше или меньше этой ожидаемой величины?
   в) Предположим, что несколькими месяцами позже "Обуем каждого" объявила об увеличении дивидендов, так что они придут в точное соответствие с дивидендами других компаний. Ожидали бы вы, что после данного сообщения произойдет аномальный рост цен на акции, аномальное их снижение или цены останутся неизменными.

5. Верны или неверны следующие утверждения?
   а) Решения по финансированию труднее поддаются пересмотру, чем инвестиционные.

ГЛАВА 13. Финансирование корпорации и шесть уроков эффективности рынка

б) Решения по финансированию не влияют на совокупный объем потоков денежных средств, но они влияют на то, к кому поступают эти потоки.

в) Исследования показали, что корреляция между последовательными изменениями цен почти всегда отрицательна.

г) Согласно средней форме гипотезы эффективных рынков, цены отражают всю широкодоступную информацию.

д) На эффективных рынках значения ожидаемой доходности любых акций одинаковы.

е) Исследование влияния вторичного размещения, проведенное Мироном Шольцем, доказало, что спрос на акции одной компании высокоэластичен.

6. Анализ нормы доходности обыкновенных акций компании United Futon за 60 месяцев показывает, что $\beta = 1{,}45$ и $\alpha = -0{,}2$. Месяцем позже цены рынка возросли на 5%, цены акций United Futon на 6%. Какова аномальная норма доходности акций United Futon?

7. Верны или неверны следующие утверждения?

а) Фундаментальные исследования специалистов по ценным бумагам и инвесторов помогают поддерживать рынки в эффективном состоянии.

б) Технические исследования сосредоточены на изучении ковариации между доходами от ценных бумаг. Технология торговых сделок ориентирована на то, чтобы делать деньги через покупку акций с низким коэффициентом ковариации.

в) Если гипотеза эффективных рынков верна, менеджеры не смогут увеличить цену акций посредством "творческой бухгалтерии", которая завышает прибыли, показываемые в отчетах.

г) Исследования дробления акций показывают устойчивую тенденцию роста цен на акции в период, предшествующий сообщению о дроблении. Эти данные подтверждают среднюю и сильную формы гипотезы эффективных рынков.

д) Динамика фондового рынка дает полезную информацию для прогнозирования будущей эффективности национальной экономики.

ВОПРОСЫ И ЗАДАНИЯ

1. Как бы вы расценили следующие высказывания?

а) "Эффективный рынок — чепуха! Я знаю многих инвесторов, которые совершают безумные поступки".

б) "Эффективный рынок? Вздор! Мне известна по крайней мере дюжина людей, которые сделали кучу денег на фондовом рынке".

в) "Проблема теории эффективных рынков в том, что в ней не учитывается психология инвесторов".

г) "Несмотря на все ограничения, лучший ориентир для оценки стоимости компании — балансовая стоимость активов за вычетом амортизации. Это более стабильный показатель, чем рыночная стоимость, которая зависит от временны́х предпочтений".

2. Прокомментируйте следующие высказывания:

а) "Теория случайного блуждания с ее утверждением, что инвестирование в акции подобно игре в рулетку, служит мощным обвинением против наших рынков капиталов".

б) "Если все считают, что можно делать деньги, построив диаграмму цен на акции, тогда изменение этих цен не должно быть случайным".

в) "Теория случайного блуждания подразумевает, что события происходят случайно, однако многие события отнюдь не случайны — если сегодня идет дождь, то можно поспорить, что он будет идти и завтра".

3. Какие из следующих наблюдений *выглядят* свидетельствами неэффективности рынка? Поясните, о какой форме неэффективности идет речь — слабой, средней или сильной. (*Примечание*: если рынок не демонстрирует слабую форму эффективности, то его называют *неэффективным в слабой форме*; если рынку не свойственна средняя форма эффективности, то его называют *неэффективным в средней форме* и т. п.)

   а) Не облагаемые налогом муниципальные облигации дают более низкий доналоговый доход, чем налогооблагаемые правительственные облигации.

   б) Менеджеры получают сверхдоходы на покупке акций своей компании.

   в) Существует положительная связь между рыночной доходностью в одном квартале и изменением совокупных прибылей корпорации в следующем квартале.

   г) Имеются противоречивые данные о том, что акции, цены которых необычно возросли в недавнем прошлом, будут иметь такую же тенденцию и в будущем.

   д) Цены акций приобретаемой фирмы имеют тенденцию к росту до сообщения о слиянии.

   е) Создается впечатление, что акции компаний с неожиданно высокими прибылями обеспечивают высокую доходность в течение нескольких месяцев после сообщения о прибылях.

   ж) Акции с очень высокой степенью риска в среднем дают более высокие доходы, чем надежные акции.

4. Взгляните вновь на рисунок 13-4.

   а) Является ли устойчивый рост цен на акции до дробления свидетельством неэффективности рынка?

   б) Как, по вашему мнению, вели себя акции, дивиденды по которым *не* увеличились выше среднего уровня?

5. Дробление акций служит важным средством передачи информации. Можете ли вы указать какие-либо другие решения по финансированию, несущие информацию.

6. Вычислите *аномальную доходность* одной из акций, представленных в таблице 9-2, за каждый из 3 последних месяцев.

7. Между апрелем 1985 г. и апрелем 1990 г. бета акций компании Wang Laboratories составляла $\beta = 1{,}02$. Альфа Wang составляла $\alpha = -1{,}52$, отражая быстрое снижение цен на акции Wang, ставшее реакцией на информацию о серьезных проблемах в деятельности компании. Предположим, что в прошлом месяце показатели фондового рынка упали на 5%, а цены на акции Wang — на 6%.

   а) Какова аномальная доходность акций Wang в этом месяце?

   б) Какова аномальная доходность акций Wang в сравнении с доходностью, предсказанной на основе модели оценки долгосрочных активов? Безрисковая годовая процентная ставка равна 8%.

   в) Какая из оценок аномальной доходности более достоверна в данном случае? *Подсказка:* могли бы вы *прогнозировать* на эффективном рынке $\alpha = -1{,}52$ на период после 1990 г.?

8. Иногда считается, что акции с низким коэффициентом цена—прибыль в целом имеют заниженную цену. Опишите возможную проверку этой точки зрения. Будьте как можно точнее.

9. "Если проект дает необычно высокую норму доходности в одном году, это, возможно, повторится и в следующем году". Имеет ли смысл данное утверждение, если вы используете определение экономической нормы доходности, данное нами в главе 12.

10. "Известно, что долгосрочные ставки процента высоки. Поэтому многие компании находят более дешевым финансирование посредством выпуска обыкновенных акций или за счет относительно недорогих краткосрочных банковских займов". Обсудите данное утверждение.

ГЛАВА 13. Финансирование корпорации и шесть уроков эффективности рынка

11. "Если гипотеза эффективных рынков верна, тогда безразлично, какие ценные бумаги выпускает компания. Все имеют справедливую цену". Так ли это?

12. "Если гипотеза эффективных рынков верна, то менеджер, управляющий пенсионным фондом, может без труда составить инвестиционный портфель". Объясните, почему это не так.

13. Дилеры по операциям с облигациями покупают и продают облигации с очень низкой разницей курса (спредом). Другими словами, они готовы продать по цене чуть выше той, по которой они покупали. Агенты по продаже подержанных автомобилей продают и покупают автомобили с очень большой разницей в цене. Как это соотносится с сильной формой гипотезы эффективных рынков?

14. В мае 1987 г. банк Citicorp сообщил, что на 3 млн дол. увеличил свои резервы на случай непогашения ссуд, чтобы учесть риск, связанный с предоставлением займов странам третьего мира. В результате во втором квартале банк показал вместо 5 млн дол. прибыли 2,5 млн дол. убытков.

    После закрытия биржи цены на акции Citicorp стремительно упали ниже цены закрытия, равной 50 дол., но на следующий день, когда рынок имел возможность переварить сообщение, цены поднялись до 53 дол. Акции других банков оказались в менее благоприятном положении, и в газете The Wall Street Journal отмечалось, что решение Citicorp "стимулировало крупные продажи акций международных банков, которые всколыхнули фондовые рынки во всем мире".

    Мнения о действиях Citicorp разошлись. Председатель банка утверждал, что "это значительно укрепило банк", а эксперты и другие банкиры утверждали, что это была крупная дань реальности. Например, по мнению некоторых, этот шаг стал признанием имеющихся проблем и помог изменить ситуацию, однако также говорили, что эти действия — "просто реакция на то, о чем фондовый рынок сигнализировал уже в течение нескольких месяцев: что непогашенные задолженности крупным центральным банкам США реально стоят на 25—50% меньше, чем отражено в их балансах". Лондонская Financial Times сделала более осторожное заявление, что Citicorp "просто привел в порядок свой баланс, не наращивая капитал", а в колонке Lex эти действия были описаны как "крупное косметическое потворство своим интересам, нежели крупный шаг к реорганизации задолженности третьего мира". В передовой статье этой же газеты говорилось о том, что "даже если все это означает, что держатели акций Citicorp стали беднее сегодня на 3 млрд дол., группа в целом заняла лучшие позиции для преодоления любых грядущих потрясений".

    Велись также бурные дискуссии о других банках. Как подытожил один эксперт: "Бесспорно, что рынок будет больше доверять тем институтам, которые способны создавать более крупные резервы". Обсудите общую реакцию на заявление Citicorp. Нечасто встретишь компанию, которая бы сообщала о 2,5 млн дол. убытков за один квартал, а цены на акции которой продолжали расти. Как вы думаете, реакция цены на акции согласуется с теорией эффективного рынка?

15. IBM сообщила о своих прибылях на одну акцию за четвертый квартал 1982 г. в пятницу, 21 января 1983 г. Этот показатель повысился по сравнению с четвертым кварталом 1981 г. на 28%. Тем не менее цены на акции IBM снизилась на 3,25 дол., до 94,625 дол. за акцию. Эксперты по ценным бумагам объяснили это снижение не чем иным, как тем, что неожиданно большая доля продемонстрированного роста стала следствием бухгалтерских изменений в соответствии с распоряжением Управления по стандартам финансового учета FASB 52. "Истинный" рост прибыли на одну акцию, думается, был меньше.

В понедельник, 24 января, цены акций IBM снизились еще на 0,75 дол., хотя рыночные индексы упали резко (−2,75%). Позже в этот день IBM выступила с разъяснением, какое в действительности влияние оказало распоряжение FASB 52. Показатель прибыли в расчете на одну акцию IBM оказался бы существенно выше при действовавших ранее правилах учета (FASB 8).

"Смятение в пятницу было вызвано тем, что мы не знали подробностей,— [сказал] Барри Тарасофф, эксперт из Goldman, Sachs & Co. — Однако мы получили их сегодня, и четвертый квартал выглядит отлично"[41].

Во вторник цена на акции IBM выросла на 2,125 дол. Является ли это примером эффективного рынка в действии? Тщательно обсудите эту ситуацию.

---

[41] *R. Foster Winans.* IBM's Second Set of 1982 Earnings Statistics Brings a Sigh of Relief from Puzzled Analysts // The Wall Street Journal. 25. 1983. P. 55. Мы благодарим Пола Хейли за идею вкючить этот пример в книгу.

Обзор источников финансирования корпораций

С этой главы мы начинаем анализ долгосрочного финансирования — темы, которую мы будем изучать вплоть до главы 26. Значительное место в этих главах отводится классическим финансовым проблемам, связанным с дивидендной политикой и использованием долгового финансирования вместо финансирования за счет собственного капитала. Однако чрезмерная сосредоточенность исключительно на этих проблемах чревата опасностью выпустить из сферы нашего внимания огромное *разнообразие* финансовых инструментов, которые используются компаниями в настоящее время.

Посмотрите, например, на таблицу 14-1. В ней приводятся многие виды долгосрочных ценных бумаг, выпускаемых компанией International Paper, но и это далеко не все виды ценных бумаг.

В данной главе вы познакомитесь с основными видами ценных бумаг и узнаете, как они используются корпорациями. Кроме того, будут затронуты некоторые интересные аспекты поведения фирм, эмитирующих эти ценные бумаги.

14–1. ОБЫКНОВЕННЫЕ АКЦИИ

Терминология

В таблице 14-2 представлены обыкновенные акции компании International Paper, зарегистрированные на конец 1988 г.

Максимальное число акций, которое может быть выпущено, называется *уставным (разрешенным к выпуску) акционерным капиталом*. Для International

ТАБЛИЦА 14-1
Крупные фирмы обычно используют различные виды ценных бумаг. International Paper выпускает следующие виды долгосрочных ценных бумаг, многие из которых эмитировались уже по нескольку раз.

Акции
    Обыкновенные акции
    Привилегированные акции
Долгосрочные долговые обязательства
    Необеспеченные облигации с фондом погашения
    Субординированные необеспеченные облигации
    Векселя
    Конвертируемые субординированные необеспеченные облигации
    Евроконвертируемые облигации
    Облигации промышленного развития
    Среднесрочные векселя

ТАБЛИЦА 14-2
Балансовая стоимость обыкновенных акций компании International Paper, 31 декабря 1988 г. (в млн дол.)

Обыкновенные акции (номинал 1,00 дол. за акцию)	117
Дополнительный капитал	1149
Нераспределенная прибыль	3482
Собственные акции в портфеле по себестоимости	(191)
Чистый акционерный капитал	4557

Примечание.
Акции
Акции, разрешенные к выпуску	400
Выпущенные акции,	117
в том числе:	
Акции в обращении	111
Собственные акции в портфеле	6

Paper его величина составляет 400 млн акций. Этот максимум указывается в свидетельстве о регистрации корпорации и может быть превышен только по решению акционеров. International Paper уже выпустила 117 млн акций и без одобрения акционеров имеет право выпустить еще 283 млн.

Большинство выпущенных акций держат инвесторы. Об этих акциях можно сказать, что они *выпущены* и *обращаются*. Но International Paper выкупила у инвесторов 6 млн акций. Эти акции хранятся в казначействе компании до тех пор, пока они не будут аннулированы или проданы снова. Про собственные акции в портфеле говорят, что они *выпущены,* но *не обращаются*.

Выпущенные акции регистрируются в бухгалтерских книгах компании по их номиналу. Номинальная цена каждой акции — 1,00 дол., тогда общая балансовая стоимость выпущенных акций равна:

117 млн × 1,00 дол. = 117 млн дол.

Номинальная стоимость не имеет большого экономического смысла[1]. Некоторые компании выпускают акции без номинала. В этом случае акции учитываются на бухгалтерских счетах по произвольно выбранной цене.

Цены вновь выпущенных акций, продаваемых публично, почти всегда превышают их номинальную стоимость. Разница учитывается на бухгалтерских счетах компании как дополнительный оплаченный капитал или как прирост капитала. Так, если бы International Paper продала еще 100 000 акций по цене 40 дол. за акцию, счет, на котором ведется учет обыкновенных акций, увеличился бы на 100 000 × 1,00 дол. = 100 000 дол., а счет дополнительного капитала увеличился бы на 100 000 × (40 дол. – 1 дол.) = 3 900 000 дол.

Обычно International Paper выплачивает в виде дивидендов менее половины своих чистых прибылей. Оставшиеся прибыли поступают в распоряжение компании и используются для финансированния новых инвестиций. Общая сумма нераспределенной прибыли составляет 3482 млн дол.

И наконец, счет обыкновенных акций показывает сумму, которую компания потратила на выкуп своих акций. Выкуп *уменьшил* величину акционерного капитала на 191 млн дол.

Балансовая стоимость чистого акционерного капитала составила 4557 млн дол. Но в декабре 1988 г. акции International Paper продавались по цене $46^3/_8$ дол. за

---
[1] Поскольку в некоторых штатах компаниям не разрешается продажа акций по цене ниже номинала, то, как правило, номинальная цена устанавливается на низком уровне.

ГЛАВА 14. Обзор источников финансирования корпораций 341

акцию. Так что *рыночная стоимость* акций составила $117 \times 46^3/_8 =$ = 5426 млн дол., что почти на 1 млрд дол. больше, чем балансовая стоимость.

Права акционеров

Все владельцы обыкновенных акций являются собственниками компании. Они имеют общее *преимущественное право* на любые объекты стоимости, которые компания может захотеть распределить, и на непосредственный контроль за деятельностью компании. На практике контрольные функции ограничиваются правом голоса, реализуемым лично либо через представителей, при назначении совета директоров и при решении некоторых других вопросов. Например, слияния могут производиться только с согласия акционеров.

Если в регистрационных документах компании указывается, что решения принимаются *большинством голосов*, то каждый директор выбирается отдельно и количество голосов акционера определяется количеством имеющихся у него акций. Если регистрационными документами определяется метод *накопительного голосования*, то всех директоров выбирают общим голосованием, и по желанию акционеры могут отдать все свои голоса одному кандидату[2]. При системе накопительного голосования группе акционеров, не имеющей контрольного пакета акций, легче выбрать кандидатов, представляющих ее интересы; вот почему они прикладывают столько усилий, чтобы выборы проводились по системе накопительного голосования.

По многим вопросам решения принимаются простым большинством голосов, но в Уставе компании специально выделяются некоторые решения (например, о слиянии), для принятия которых требуется абсолютное большинство голосов, скажем, 75%. Такие требования препятствуют поглощению фирмы и помогают защитить ее нынешнее руководство.

Вопросы, по которым требуется голосование акционеров, редко бывают спорными, особенно в крупных акционерных компаниях открытого типа. Иногда разворачивается *борьба за голоса акционнеров*, когда руководство компании конкурирует с претендентами со стороны за право контроля над компанией. Но обычно распределение голосов складывается не в пользу аутсайдеров, ибо работники фирмы имеют возможность за счет компании оплатить все расходы, связанные с выдвижением их кандидатур и получением голосов.

Обычно большинство компаний выпускает только один вид обыкновенных акций, но иногда они могут выпускать в обращение два вида акций, которые различаются по праву голоса и дивидендам. Предположим, что фирме необходим новый акционерный капитал, но ее теперешние акционеры не хотят терять свои позиции в фирме. Уже существующие акции могут быть отнесены к классу А, а к классу Б относятся акции, выпущенные для внешних инвесторов. Акции класса Б могут давать ограниченное право голоса и соответственно продаваться по более низкой цене[3].

На Нью-Йоркской фондовой бирже (New York Stock Exchange — NYSE) традиционно принят порядок — "одна акция–один голос".

Но биржа временно снимает свое ограничение для компаний, которые хотят выставить два или более класса акций с различными правами голоса. Это про-

---

[2] Предположим, должно быть выбрано 5 директоров, а вы имеете 100 акций. Следовательно, в целом вы имеете $100 \times 5 = 500$ голосов. При системе голосования большинством голосов вы можете отдать максимум 100 голосов за каждого кандидата. При системе накопительного голосования вы можете отдать все 500 голосов за предпочитаемого вами кандидата.

[3] Л.С. Лис, Дж.Дж. Макконнелл и В.Х. Миккелсон исследовали компании с двумя видами акций, свободно обращающихся на рынке, и обнаружили, что акции, дающие исключительное право голоса, почти всегда продаются по более высокой цене. Обычно премия составляла примерно 2–4% (см.: The Market Value of Control in Publicly Traded Corporation // Journal of Financial Economics. 11: 439–471. April. 1983. Tabl. 4. P. 460–461).

исходит под давлением компаний, которые стремятся избежать слияния путем концентрации голосов в классе акций, которые могут находиться в руках союзников. Эти компании ищут защиты от "налетчиков на корпорации", "захватчиков-пиратов". Но, возможно, "пираты" захватывают только слабые корабли: многие инвесторы полагают, что профессионалы по слияниям ведут охоту главным образом за "окопавшимися" командами руководителей компании, которые плохо выполняют свои обязанности по отношению к акционерам.

14-2. ПЕРВЫЙ ВЗГЛЯД НА ДОЛГИ КОРПОРАЦИЙ

Когда компании делают займы, они обещают регулярно выплачивать проценты и погасить основную сумму долга (т.е. первоначально занятую сумму) в установленные сроки. Однако такие обязательства носят ограниченный характер. Акционеры имеют право на нарушение долговых обязательств и передачу активов компании кредиторам. Ясно, что они пойдут на это только в случае, если стоимость активов меньше, чем сумма долга. На практике такую передачу активов провести далеко не просто — фирма может иметь несколько сотен кредиторов с различными требованиями к ней. Осуществление передачи обычно происходит через суд по делам несостоятельных должников.

Поскольку кредиторы не считаются собственниками фирмы, они не имеют права голоса. Выплаты процентов за кредит рассматриваются компанией как расходы и вычитаются из налогооблагаемой прибыли *до уплаты налога*. Дивиденды по обыкновенным акциям, напротив, выплачиваются из прибыли *после уплаты налога*. Следовательно, государство предоставляет налоговые субсидии на использование заемного капитала, которые не распространяются на собственный капитал.

Различные формы долга

Огромное разнообразие долговых обязательств корпораций требует упорядоченной системы классификации. Мы посвятим несколько глав в VII части различным особенностям корпоративных долговых обязательств. Здесь же представлена их общая характеристика.

Период погашения. **Фондовый** долг — это любое обязательство, которое подлежит погашению более чем через 1 год с момента выпуска. Долг со сроком погашения меньше 1 года называется **внефондовым** и в балансе отражается как текущие обязательства.

Внефондовый долг часто называют краткосрочным долгом, а фондовый долг – долгосрочным. Хотя явно искусственным является определение в качестве краткосрочного долга 364-дневного векселя, а в качестве долгосрочного — 366-дневного векселя (за исключением високосных лет).

Существуют корпоративные облигации с любыми сроками погашения. Так, Canadian Pacific Rairoad выпустила бессрочные ренты — облигации без установленных сроков погашения. Они могут обращаться бесконечно. Другой крайний случай — когда фирмы берут заем буквально на одну ночь. Мы расскажем об этом в главе 32.

Условия погашения. Выплаты по долгосрочным кредитам, как правило, производятся равномерно и регулярно, возможно, после некоторого льготного периода. По свободно обращающимся облигациям выплаты осуществляются через **фонд погашения**. Ежегодно фирма перечисляет в фонд денежные средства, используемые затем для выкупа и погашения облигаций.

Большинство фирм, публично выпускающих долговые обязательства, оговаривают право их **отзыва,** т. е. право погасить все облигации данного выпуска до наступления окончательного срока погашения. Цены досрочного выкупа облигаций определяются в момент их первоначального выпуска. Обычно

ГЛАВА 14. Обзор источников финансирования корпораций

кредиторы по крайней мере в течение 5 лет защищены от реализации эмитентом права отзыва — в течение этого периода фирма не может отозвать облигации.

Старшинство. Некоторые долговые обязательства являются **субординированными**. В случае невыполнения фирмой обязательств (неплатежеспособности), субординированные кредиторы выстраиваются в очередь вслед за кредиторами, имеющими право на предъявление общих требований к компании. Субординированные займы являются "младшими" и погашаются после того, как удовлетворяются все требования "старших" кредиторов.

Если вы предоставляете фирме денежную ссуду, то имеете право на преимущественные требования, если иное не сказано в кредитном соглашении. Однако это не всегда выдвигает вас на передний план, поскольку фирма может "держать в резерве" некоторые активы, предназначенные для защиты других кредиторов. Таким образом, мы подошли к следующей характеристике.

Обеспечение. Под словом *облигация* мы понимаем все виды долговых обязательств корпораций, но в некоторых контекстах оно означает **обеспеченный** долг, когда *облигации* обеспечены закладными на машины и оборудование. Не обеспеченные долгосрочные обязательства называются **дебентурами**[4]. В случае невыполнения обязательств держатели обеспеченных облигаций первыми выставляют требования на заложенные активы; инвесторы, держащие дебентуры, имеют общее право на незаложенные активы, но только "младшее" право — на заложенные активы.

Риск невыполнения обязательств. Приоритетность и обеспечение еще не гарантируют оплату. Облигация может быть "старшей" и обеспеченной, но такой же рискованной, как работа канатоходца, — это зависит от стоимости и рискованности фирмы-эмитента.

Долговые ценные бумаги принадлежат к **инвестиционному классу**, если им присвоен один из 4 верхних разрядов рейтинговыми агентствами Moody или Standard and Poor. (Мы рассмотрим критерии рейтинга в главе 23.) Долговые обязательства с рейтингом ниже инвестиционного класса продаются на так называемом рынке **"мусорных" облигаций**.

Некоторые эмиссии "мусорных" облигаций являются "падшими ангелами": это ценные бумаги, выпущенные с рейтингом инвестиционного класса, но потом утратившие свое качество.

В конце 70-х годов был создан рынок "мусорных" облигаций *новых выпусков*. Компании обнаружили большое количество инвесторов, желающих пойти на большой риск невыполнения обязательств ради высоких обещанных доходов. В 1977 г. "мусорных" облигаций было выпущено на сумму 1 млрд дол. В 1986 г. эта сумма достигла пикового значения — 30 млрд дол.[5] Многие из таких выпусков были осуществлены с краткосрочным уведомлением в целях финансирования слияний и поглощений.

Долговые обязательства публичного и частного размещения. **Публичные** выпуски облигаций предлагаются всем, кто пожелает их купить, — и американским, и иностранным инвесторам. При частном размещении облигации продаются непосредственно небольшому кругу кредиторов, включающему банки, страховые компании и пенсионные фонды. Такие ценные бумаги не могут быть перепро-

---

[4] Терминология может вызвать некоторую путаницу. В США дебентурой называется необеспеченный долг, тогда как в Великобритании так обычно называются *обеспеченные* долговые обязательства.

[5] См. например: *K.J. Perry and R.A. Taggart.* The Growing Role of Junk Bonds in Corporate Finance // Journal of Applied Corporate Finance. 1: 37–45. Spring. 1988. Table 1.

даны физическим лицам, а только определенным институциональным инвесторам. Однако *в кругу этих* инвесторов активность торговли данными бумагами весьма велика.

Рынок свободно обращающихся долговых обязательств в США более активен, чем в других странах. Крупные корпорации этой страны для осуществления долгового финансирования используют главным образом публичный рынок. Корпорации Германии, Японии или Франции в основном делают займы непосредственно в банках или других финансовых институтах.

Плавающие и фиксированные ставки. Процентные, или *купонные*, выплаты по большинству долгосрочных долговых обязательств устанавливаются во время эмиссии. Если облигация стоимостью 1000 дол. выпускается в период, когда долгосрочные ставки равны 10%, то фирма будет продолжать выплачивать 100 дол. в год, независимо от того, как меняются процентные ставки.

В кредитном соглашении, заключаемом с банком, обычно устанавливаются **плавающие ставки**. Например, вашей фирме может быть предложен кредит "по ставке выше базисной на 1%". **Базисная ставка** представляет собой ставку, которую банки устанавливают для своих первоклассных заемщиков. Она корректируется в зависимости от изменений процентных ставок по свободно обращающимся ценным бумагам. Следовательно, когда изменяется базисная ставка, процент по вашему кредиту с плавающей ставкой также изменится.

Плавающие процентные ставки не обязательно связаны с базисной ставкой. Другой общепринятой базой является ставка ЛИБОР (ставка Лондонского рынка межбанковских кредитов — London interbank offered rate, LIBOR), по которой крупные международные банки в Лондоне ссужают доллары друг другу. Часто для этих целей также используется норма доходности различных ценных бумаг Казначейства.

Страна и валюта. Многие крупные фирмы США, особенно те, которые осуществляют внешнеторговые операции в значительных объемах, делают займы за границей. Если такая фирма захочет взять долгосрочный заем, она выпустит **еврооблигации** и будет продавать их сразу в нескольких странах; если фирма захочет сделать внефондовый заем, она, возможно, получит в банке **евродолларовый** кредит.

Иногда облигации в иностранной валюте выпускают корпорации в США, а их заграничные дочерние компании берут кредиты непосредственно в банках страны, где они расположены[6]. И наоборот, у иностранных корпораций в США можно взять кредиты в долларах.

Другие названия долговых обязательств	Слово *долг* имеет вполне определенный смысл, но компании заключают различные финансовые соглашения, которые подозрительно похожи на долговые обязательства, однако в бухгалтерском учете отражаются иначе. Некоторые из таких обязательств легко распознать. Например, счета к оплате являются просто обязательствами по оплате уже поступивших товаров. Другие соглашения не так легко идентифицировать. Например, вместо того чтобы сделать денежный заем для покупки оборудования, многие компании прибегают к **лизингу** или арендуют это оборудование на длительный срок. Такие соглашения идентичны обеспеченным долгосрочным долговым обязательствам (подробнее об этом см. в главе 26).

---

[6] В этих случаях головная (материнская) компания может получить дополнительные преимущества, понимая, что ее иностранная дочерняя компания будет находиться под наблюдением банка, который хорошо знаком с местными условиями.

ГЛАВА 14. Обзор источников финансирования корпораций

14–3. ПРИВИЛЕГИРОВАННЫЕ АКЦИИ

В следующих главах мы продолжим рассказ об обыкновенных акциях и долговых обязательствах. **Привилегированные акции** составляют лишь незначительную часть новых выпусков, и поэтому знакомство с ними не займет много времени. Однако, как мы увидим, они являются удачным способом финансирования при слияниях и в некоторых других, особых, ситуациях.

Юридически привилегированные акции – это ценные бумаги, удостоверяющие право собственности. Несмотря на тот факт, что по ним выплачивается фиксированный дивиденд, подобный процентам по долговым обязательствам, выплата дивидендов почти неизменно производится по решению совета директоров. Единственное условие состоит в том, что дивиденды по обыкновенным акциям не выплачиваются, пока не выплачены дивиденды по привилегированным акциям. По некоторым старым выпускам фирма могла выплатить дивиденды по обыкновенным акциям, не платя при этом дивиденды за предыдущие годы по привилегированным акциям. Но это создавало благоприятную ситуацию для злоупотреблений, поэтому при новых выпусках особо оговаривается, что обязательство должно быть кумулятивным, т. е. фирма должна выплачивать дивиденды по всем привилегированным акциям прошлых выпусков до того, как держатели обыкновенных акций получат хоть цент.

Подобно обыкновенным акциям, привилегированные акции не имеют окончательного срока погашения. Однако приблизительно половина выпусков включает некоторые положения о периодических погашениях, и во многих случаях компании имеют право выкупать или отзывать привилегированные акции по фиксированной цене. Если компания прекращает существование, требования по привилегированным акциям являются "младшими" по отношению к любым долговым обязательствам, но "старшими" в отношении обыкновенных акций.

Контракты, в которых устанавливаются условия по привилегированным акциям, также накладывают на компании некоторые ограничения, например на выплаты держателям обыкновенных акций дивидендов и на выкуп обыкновенных акций. Такие ограничения могут предусматривать условия, запрещающие компании производить какие-либо выплаты держателям обыкновенных акций, если она не может поддерживать минимальный уровень акционерного капитала и минимальное отношение оборотного капитала к сумме долговых обязательств и привилегированных акций. Другое обычно выставляемое требование состоит в том, что если отношение акционерного капитала ко всем долговым обязательствам и привилегированным акциям не превышает установленного минимума, дальнейшие выпуски ценных бумаг должны получить одобрение $^2/_3$ держателей привилегированных акций.

Привилегированные акции редко дают полные привилегии при голосовании. Однако почти всегда требуется $^2/_3$ голосов держателей привилегированных акций по любому вопросу, затрагивающему первоочередность их требований. Кроме того, в большинстве выпусков такие акционеры получают некоторое право голоса в случае пропуска выплаты дивидендов по привилегированным акциям.

В отличие от процентных выплат по долговым обязательствам, дивиденды по привилегированным акциям не разрешено вычитать из налогооблагаемой прибыли корпорации; дивиденды выплачиваются из прибыли после налогообложения. Это удерживает многие промышленные фирмы от выпуска привилегированных акций. Регулируемые государством предприятия коммунального хозяйства, которые имеют возможность включать налоговые платежи в потребительские тарифы, тем самым успешно перекладывают на потребителей неблагоприятные налоговые последствия использования привилегированных акций. Поэтому большую часть новых выпусков неконвертируемых привилегированных акций составляют выпуски компаний коммунального хозяйства.

Тем не менее выпуск привилегированных акций все же имеет одно важное преимущество в налогообложении. Если одна корпорация покупает акции другой корпорации, то только 30% суммы полученных дивидендов включаются в налогооблагаемую прибыль корпорации. Это правило относится к дивидендам как по обыкновенным акциям, так и по привилегированным, но имеет большее значение для выпусков привилегированных акций.

Предположим, что фирма располагает свободными денежными средствами для инвестирования. Если она покупает облигации, то доход от поступления процента по ним будет облагаться налогом по полной предельной ставке (34%); если она покупает привилегированные акции, то она получает активы, подобные облигациям (дивиденды по привилегированным акциям можно рассматривать как "проценты"), но эффективная налоговая ставка составит только 30% от 34%, т.е. $0{,}34 \times 0{,}30 = 0{,}102$, или приблизительно 10%. Поэтому неудивительно, что большую часть привилегированных акций держат корпорации[7].

14–4. КОНВЕРТИРУЕМЫЕ ЦЕННЫЕ БУМАГИ

Корпорации часто выпускают ценные бумаги с условием, что впоследствии им можно будет обменять по желанию либо фирмы, либо держателя ценных бумаг, либо обеих сторон. Мы уже рассматривали один пример, опцион "колл" на корпоративные облигации, который позволяет фирме выкупить облигации до наступления срока погашения.

Опционы часто оказывают существенное влияние на стоимость. Наиболее ярким примером служит **варрант**, который *ничем иным,* кроме опциона, не является. Владелец варранта может купить определенное число обыкновенных акций по фиксированной цене в любой день вплоть до установленной даты включительно. Например, в феврале 1990 г. вы могли купить варрант Navistar International серии А за 3,50 дол. Данная ценная бумага давала право купить одну обыкновенную акцию Navistar по *цене исполнения* 5 дол. за акцию в любое время до 15 декабря 1993 г. Navistar выпустила в обращение еще два типа варрантов — серии B и C — с различными ценами исполнения и сроками погашения.

Варранты часто продаются как часть пакета других ценных бумаг. Так, фирма может выйти с "комбинированным предложением" облигаций и варрантов[8].

Конвертируемые облигации дают их обладателям право обменять облигации на определенное количество обыкновенных акций. Держатели конвертируемых облигаций надеются на то, что цены акций, выпускаемых компанией, будут настолько высоки, что облигации можно будет обменять на акции с большой выгодой. Но если цена акций снизится, то обмен можно и не производить; держатели облигаций остаются "при своих". Конвертируемые облигации, следовательно, подобны пакету из корпоративной облигации и варранта[9]. Однако здесь есть одно принципиальное отличие. Когда владельцы конвертируемых облигаций хотят реализовать свой опцион на покупку акции, они не платят за это деньги, а просто отдают облигацию.

---

[7] В главе 32 мы расскажем *о привилегированных акциях с плавающей ставкой* — ценных бумагах, задуманных как временное пристанище свободных денежных средств корпорации. Дивиденды по этим ценным бумагам изменяются с изменением краткосрочных процентных ставок — точно так же, как купонные выплаты по долговым обязательствам с плавающей ставкой.
[8] Если варрант имеет отделимый купон, то доход от его продажи может быть отдельно показан в балансе как стоимость варранта, оставшаяся часть — как долг.
[9] Также выпускаются конвертируемые привилегированные акции, обычно с целью финансирования слияний.

ГЛАВА 14. Обзор источников финансирования корпораций

Эти примеры далеко не исчерпывают всех видов опционов, с которыми имеет дело финансовый менеджер. Как мы увидим в главе 20, *все* ценные бумаги корпорации могут рассматриваться как опционы. Действительно, когда вы прочитаете эту главу и узнаете процедуру анализа опционов, вы поймете, что сталкиваетесь с ними повсюду.

14–5. МНОГООБРАЗИЕ И ПРИДАЕТ ОСТРОТУ ЖИЗНИ

Мы показали некоторые критерии, согласно которым можно классифицировать ценные бумаги корпораций. В распоряжении финансового менеджера есть по меньшей мере эти средства для формирования ценных бумаг корпорации. Если вы сможете убедить инвесторов в привлекательности конвертируемых, досрочно погашаемых, субординированных облигаций, с плавающей ставкой и деноминированных в немецких марках – вы можете их выпускать. Вместо того чтобы комбинировать характеристики существующих ценных бумаг, вы можете создать и совершенно новый вид ценных бумаг. Например, можно представить себе компанию по добыче меди, выпускающую привилегированные акции, дивиденды по которым колеблются в зависимости от мировых цен на медь. Мы не знаем подобных ценных бумаг, но они совершенно законны для выпуска, и – кто знает? – инвесторы могут проявить к ним значительный интерес[10].

Многообразие – безусловно, хорошая вещь. Люди имеют различные вкусы, уровень благосостояния, налоговые ставки и т.п. Почему же не предоставить им выбор? Конечно, существует проблема высоких расходов по созданию и маркетингу новых ценных бумаг. Но если вы можете придумать ценную бумагу, которая будет привлекать инвесторов, есть вероятность, что вы сможете выпустить ее на особо благоприятных условиях и таким образом увеличить стоимость своей компании.

В последние годы нововведения на финансовом рынке происходят необычайно быстро и интенсивно. Кажется, что новые варианты долговых обязательств появляются почти каждый день. Кроме того, наблюдается значительный рост в использовании *производных финансовых инструментов*. Выпуская такие ценные бумаги, компании делают ставки на изменение процента, валютных курсов, цен на товары и т. д. Фирмы выпускают такие бумаги не для получения денег; они покупают или продают их, чтобы защитить себя от неблагоприятных изменений различных внешних факторов.

Четыре следующих вида таких ценных бумаг особенно быстро распространялись в последнее десятилетие.

Свободно обращающиеся опционы. Опцион дает фирме право (но не обязывает) покупать или продавать активы в будущем по заранее установленной цене. Мы уже видели, что фирма иногда выпускает опционы либо сами по себе, либо в увязке с другими ценными бумагами. Но, кроме того, в огромных объемах осуществляются сделки с опционами, создаваемыми на специализированных опционных биржах. Торговля опционами на акции началась с момента основания в 1973 г. Чикагской опционной биржи (Chicago Board Option Exchange). Сегодня, заключая опционные сделки, вы можете покупать или продавать обыкновенные акции, облигации, валюту и товары. Мы расскажем об опционах и их применении в главах 20 и 21.

Фьючерсы. Фьючерсный контракт – это заказ на покупку или продажу актива или товара, размещенный заранее. Цены устанавливаются при заключе-

---

[10] Однако наш пример с облигациями меднодобывающей компании кажется неинтересным по сравнению с некоторыми уже выпускаемыми облигациями. Например, в 1990 г. шведская компания Electrolux выпустила облигации, срок погашения которых был привязан к возможному землетрясению в Японии.

нии контракта, но оплата активов производится по наступлении даты исполнения сделки. Фьючерсные рынки по таким товарам, как пшеница, соевые бобы и медь, существуют уже продолжительное время. Значительное расширение фьючерсных рынков произошло в 70-е годы, когда на фьючерсных биржах стали заключаться контракты на финансовые активы, такие, как облигации, валюта и индексы фондовых рынков. За 15 лет мировой объем сделок по таким финансовым фьючерсам вырос с 0 до более чем 30 млрд дол. в год.

Форвардные контракты. Фьючерсные контракты представляют собой стандартные договоры купли-продажи на организованных биржах. Форвардный контракт — это фьючерсный контракт, подогнанный к потребностям конкретного клиента, он не заключается на организованном рынке. Например, фирма, которой необходимо защитить себя от изменения валютного курса, обычно заключает форвардные контракты на покупку или продажу валюты через банк. С 1983 г. банки также стали заключать форвардные контракты на получение или предоставление займа. Если вы покупаете одно из таких соглашений с форвардной ставкой — вы соглашаетесь взять кредит в будущем по ставке, которая устанавливается сегодня; если вы продаете соглашение с форвардной ставкой, вы соглашаетесь предоставить кредит в будущем по текущей ставке.

Свопы. Предположим, что вы захотели обменять ваше долговое обязательство в долларах на обязательство в немецких марках. В этом случае вы можете договориться с банком, чтобы он выплачивал вам каждый год сумму в долларах, необходимую для обслуживания вашего долларового долга, а в обмен вы оплачиваете банку издержки обслуживания долга в немецких марках. Такое соглашение называется *валютным свопом*.

Существуют также соглашения о *процентных свопах*. Например, банк будет оплачивать вам каждый год стоимость обслуживания долга с фиксированной ставкой, а вы за это оплачиваете банку стоимость обслуживания долга на такую же сумму с плавающей ставкой.

Мы обсудим свопы, а также форвардные и фьючерсные контракты в главе 25.

Процесс обновления	Создание новых финансовых инструментов подобно созданию любого другого продукта. На начальной стадии акцент делается на разработке и экспериментировании. Затем, с расширением рынка, основное внимание переключается на поиск низкозатратных способов массового производства. Наконец, экономически целесообразным становится предложить потребителю какие-нибудь добавки по выбору.

Например, когда начали заключаться соглашения о свопах, банки не желали быть одной из сторон своповой сделки. Они выступали исключительно как организаторы сделки, подыскивая другую фирму, которая готова была бы стать участником биржевой сделки. Поскольку два одинаковых свопа — явление редкое, в поиске партнеров могли пройти недели. Потребовалось пять лет, прежде чем банки отважились брать на себя риск свопов; документация была стандартизирована и стало возможно заключить соглашение о свопах в течение нескольких часов. Банки также начали работать над проблемой, как облегчить перепродажу одной стороной своей части свопа кому-либо еще. Может быть, к тому времени, когда вы будете читать эту главу, сформируется регулярный рынок торговли свопами? Поскольку соглашения о свопах стали более стандартизированными и менее дорогостоящими, банки также смогли предлагать дополнительные услуги. Например, теперь вы можете купить форвардный своп и даже опцион на своп (или "свопцион").

Что является причиной финансовых новшеств? Один из ответов — налоги и регулирование. В следующих главах мы приведем примеры, когда на-

ГЛАВА 14. Обзор источников финансирования корпораций

логи и государственное регулирование действительно способствовали инновациям. Но почему многие новые инструменты сохраняются долгое время после того, как первоначальные стимулы, связанные с государственным регулированием, исчезают? И почему так много новых инструментов возникло за последние 10 лет? Ведь налоги и государственное регулирование существуют гораздо дольше.

Вторая причина инноваций – расширение возможности выбора для инвесторов. В частности, резкие в последнее время колебания валютных курсов и процентных ставок повысили интерес фирм и инвесторов к инструментам, позволяющим избежать подобных рисков.

Однако и это не является исчерпывающим объяснением. Например, фирма долгое время могла защитить себя от изменений валютных курсов, заранее покупая или продавая валюту через банк. Так почему же возникла необходимость в валютных фьючерсах? Ответ заключается в том, что многие из этих новых финансовых инструментов являются низкозатратными способами массового предоставления особых услуг. Низкие издержки производства отражают совершенствование телекоммуникационной связи и компьютеризации, которые делают возможным снижение цен и исполнение требований клиента в любой точке мира.

Одновременно совершенствовались финансовые инструменты и торговые системы. Например, если вы продали фьючерс на товары и не выкупили его, вы фактически должны передать эти товары покупателю фьючерса. Однако многие финансовые фьючерсы делают это невозможным — попробуйте передать кому-нибудь индекс фондового рынка. Новая особенность таких соглашений заключается в том, что вместо передачи активов при наступлении срока исполнения вы просто либо получаете прибыль, либо терпите убытки.

14–6. МОДЕЛИ ФИНАНСИРОВАНИЯ КОРПОРАЦИИ

Данным разделом мы заканчиваем обзор корпоративных ценных бумаг и производных от них инструментов. Наверное, вы чувствуете себя туристом, который посетил 12 кафедральных соборов за 5 дней. Но в последующих главах будет достаточно времени для размышлений и анализа.

А сейчас обратимся к таблице 14-3, в которой в обобщенном виде показана относительная значимость альтернативных источников капитала для корпораций США. Наиболее существенная особенность, выявленная с помощью этой таблицы, — преобладание денежных средств, произведенных самими фирмами (строка 7): это потоки денежных средств от основной деятельности минус дивиденды, выплачиваемые акционерам[11]. Обычно внутренние источники покрывают основные потребности фирмы в финансовых ресурсах. Только в 1973 и 1974 гг. они составили менее половины совокупных расходов. Однако в 80-х годах внутренне генерированные денежные средства покрывали приблизительно $^2/_3$ совокупных потребностей. Часть, не покрываемая за счет внутренних источников, составляет финансовый дефицит (строка 8).

Вы можете сравнить приведенную в таблице информацию со способами, которые используют фирмы в других странах для финансирования своей деятельности. Это показано на рисунке 14-1 (см. с. 352). Отметим, что опора на собственные денежные средства типична для компаний всех стран мира.

---

[11] В таблице 14-3 величина внутренне генерированных денежных средств получена путем сложения амортизационных отчислений и нераспределенной прибыли. Амортизация представляет собой безналичные расходы. Таким образом, нераспределенная прибыль занижает величину денежного потока, который может быть использован для реинвестирования.

ТАБЛИЦА 14-3
Источники средств и их использование в нефинансовых корпорациях

	1969 г.	1970 г.	1971 г.	1972 г.	1973 г.	1974 г.	1975 г.
	Источники и их использование (в % к итогу)[а]						
Использование							
1. Долгосрочные вложения	63	72	64	55	57	66	76
2. Инвестиции в запасы	7	3	4	5	7	9	–6
3. Инвестиции в ликвидные активы	1	1	7	6	7	3	13
4. Дебиторская задолженность	19	8	12	16	21	18	4
5. Прочие	11	16	14	18	7	4	13
6. Всего расходов	100	100	100	100	100	100	100
Источники							
7. Собственные денежные средства[б]	51	55	56	52	49	46	77
8. Финансовый дефицит (6–7) = потребность во внешнем финансировании	49	45	44	48	51	54	23
Финансовый дефицит, покрываемый за счет:							
9. чистых выпусков акций	3	5	9	7	4	2	6
10. чистого увеличения долга	29	33	26	28	26	36	13
11. роста кредиторской задолженности	17	7	9	14	21	16	4
	Расходы и дефицит (в млрд дол.)						
Совокупные расходы	121	107	130	164	188	185	156
Финансовый дефицит	59	48	57	79	96	99	37

	1976 г.	1977 г.	1978 г.	1979 г.	1980 г.	1981 г.	1982 г.
	Источники и их использование (в % к итогу)[а]						
Использование							
1. Долгосрочные вложения	68	63	61	74	78	76	93
2. Инвестиции в запасы	9	7	7	3	0[в]	3	–7
3. Инвестиции в ликвидные активы	7	1	5	3	8	7	16
4. Дебиторская задолженность	10	15	18	23	16	7	–5
5. Прочие	7	14	8	–3	–3	7	3
6. Всего расходов	100	100	100	100	100	100	100
Источники							
7. Собственные денежные средства[б]	69	64	58	64	65	66	82
8. Финансовый дефицит (6–7) = потребность во внешнем финансировании	31	36	42	36	35	34	18
Финансовый дефицит, покрываемый за счет:							
9. чистых выпусков акций	5	1	0[в]	–3	4	–3	2
10. чистого увеличения долга	22	27	27	22	19	29	15
11. роста кредиторской задолженности	5	9	16	16	12	8	2
	Расходы и дефицит (в млрд дол.)						
Совокупные расходы	206	258	316	309	310	361	297
Финансовый дефицит	64	93	133	112	110	122	55

ГЛАВА 14. Обзор источников финансирования корпораций

ТАБЛИЦА 14-3 (продолжение)

	1983 г.	1984 г.	1985 г.	1986 г.	1987 г.	1988 г.
	Источники и их использование (в % к итогу)[а]					
Использование						
1. Долгосрочные вложения	67	68	76	69	73	78
2. Инвестиции в запасы	0[в]	11	1	1	6	6
3. Инвестиции в ликвидные активы	9	5	6	16	2	8
4. Дебиторская задолженность	14	11	10	3	16	4
5. Прочие	10	5	6	10	3	4
6. Всего расходов	100	100	100	100	100	100
Источники						
7. Собственные денежные средства[б]	71	72	81	74	80	82
8. Финансовый дефицит (6–7) = потребность во внешнем финансировании	29	28	19	26	20	18
Финансовый дефицит, покрываемый за счет:						
9. чистых выпусков акций	6	–16	–19	–17	–17	–29
10. чистого увеличения долга	14	36	30	43	33	46
11. роста кредиторской задолженности	9	7	8	1	4	1
	Расходы и дефицит (в млрд дол.)					
Совокупные расходы	401	465	438	469	439	453
Финансовый дефицит	115	129	85	124	86	80

[а] Столбцы не дают в сумме 100% из-за округлений.
[б] Чистая прибыль плюс амортизация минус дивиденды акционерам.
[в] Менее 0,5%.

Источник: Board of Governors of the Federal Reserve System. Division of Research and Statistics. Flow of Funds Accounts, various issues.

Действительно ли фирмы так сильно полагаются на внутренние источники финансирования?

Гордон Доналдсон, исследуя политику корпораций по управлению долгом, обнаружил несколько фирм, которые признали, что "их долгосрочная цель заключается в поддержании таких темпов роста, которые соответствовали бы их способности генерировать внутренние источники финансирования". Другие фирмы применяют более строгие критерии к инвестиционным проектам, требующим внешнего финансирования[12].

На первый взгляд такое поведение не имеет смысла. Как мы уже отмечали, нераспределенная прибыль является дополнительным капиталом, инвестируемым акционерами, и в действительности представляет собой принудительный выпуск акций. Фирма, имеющая 1 млн дол. нераспределенной прибыли, могла бы выплатить дивиденды и затем продать новые обыкновенные акции, чтобы получить ту же сумму дополнительного капитала. Аналогично, любое реинвестирование долларов, названное "амортизационными отчислениями", равнозначно инвестированию долларов, которые могли бы быть выплачены инвесторам. Альтернативные издержки инвестирования не должны зависеть от того, из какого источника осуществляется финансирование проекта – за счет амортизации, нераспределенной прибыли или выпуска новых акций.

Почему же тогда менеджеры явно предпочитают осуществлять финансирование за счет нераспределенной прибыли? Некоторых устраивает мнение, что менеджеры просто идут по пути наименьшего сопротивления, не желая подчиняться "дисциплине рынков ценных бумаг".

---

[12] См.: *G. Donaldson.* Corporate Debt Capacity. Division of Research, Graduate School of Business Administration, Harvard University, Boston, 1961. Chap. 3. P. 51–56 (особенно).

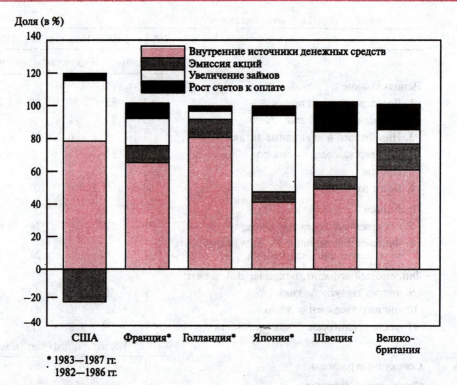

РИСУНОК 14-1
Источники и направления использования фондов: в среднем за 1984–1988 гг. (*Источник*: OECD Financial Stasistics and Flow of Funds Accounts;U.S.Federal Trade Commission. Quarterly Report for Manufacturing; Mining and Trade Corporations).

Вспомним главу 1, где говорилось, что фирма функционирует благодаря совместным усилиям менеджеров фирмы, акционеров, кредиторов и т.д. Акционеры и держатели облигаций хотели бы осуществлять контроль за действиями руководства, чтобы быть уверенными, что оно добросовестно выполняет свои функции и действительно максимизирует рыночную стоимость. Отдельным инвесторам затруднительно контролировать руководство. Однако крупные финансовые институты осуществляют такой контроль профессионально. Скажем, когда фирма обращается в банк за крупным кредитом или осуществляет выпуск акций или облигаций, менеджеры знают, что им лучше заранее иметь ответы на все вопросы. Если они хотят спокойной жизни, они постараются не обращаться на рынок капиталов за новыми деньгами и будут оставлять достаточно прибыли, чтобы отдохнуть на вопросе об источниках финансирования.

Мы не хотим сказать, что все менеджеры бездельники. К тому же есть разумные причины опираться на собственные денежные средства. Например, можно избежать издержек эмиссии новых ценных бумаг. Более того, сообщение об эмиссии новых акций — обычно плохая новость для инвесторов, которые знают, что решение о выпуске свидетельствует о снижении будущих прибылей или повышении риска[13]. Увеличение собственного капитала за счет

---

[13] Менеджеры располагают внутренней информацией и, естественно, стараются осуществить выпуск, когда цены акций их устраивают, т.е. когда они воспринимают будущие цены менее оптимистично, чем внешние инвесторы. Внешние инвесторы осознают все это и будут покупать акции нового выпуска только со скидкой с цены, предшествующей сообщению о выпуске. (Более подробно об эмиссии акций — в главе 15.)

ГЛАВА 14. Обзор источников финансирования корпораций

внутренних источников позволяет избежать издержек и настораживающих сигналов, сопровождающих эмиссии акций.

Выбор момента для выпуска долговых обязательств и акций

В таблице 14-3 показаны значительные колебания совокупных выпусков акций в различные годы. Сравните 1977, 1983 и 1988 гг.

Чистые выпуски акций	1977 г.	1983 г.	1988 г.
Как доля в совокупных источниках средств корпораций	1	6	−29
В отношении к финансовому дефициту	2,9	20,4	−163
Абсолютное значение (в млрд дол.)	2,7	23,5	−130,5

В 1977 г. выпуски акций составляли только 2,7 млрд дол. В 1983 г., шестью годами позже, было выпущено акций на 23,5 млрд дол. В 1988 г. выпуск акций был *отрицательным*, −130,5 млрд дол.

Некоторые компании, правда, получили новые денежные средства через выпуск акций в 1988 г. Но это новое предложение акций было подавлено небывалым размахом выкупа акций компаниями, которые выкупали свои акции или выкупали и изымали из обращения акции *других* компаний в ходе слияний и поглощений[14].

Теперь очевидно, что 1988 г. был исключительным годом. Что мы можем сказать о поведении компаний в долгосрочной перспективе? По-видимому, одновременно происходит несколько вещей. Во-первых, мы склонны полагать, что фирмы пытаются сбалансировать заемный и собственный капитал. Если долг составляет очень большую долю в структуре капитала, фирмы наращивают собственный капитал либо за счет нераспределенной прибыли, либо через выпуск акций. Если коэффициент долговой нагрузки очень низкий, они предпочитают заемный капитал собственному. Но фирмы никогда не достигают в точности планируемого соотношения собственного и заемного капитала. Поскольку процесс корректировки требует времени, он не устраняет значительных краткосрочных колебаний структуры капитала и доли внешних источников финансирования корпораций.

Во-вторых, многие компании, видимо, не очень серьезно относятся к достижению планируемой ими структуры капитала. Если им требуются деньги, они делают займы, даже когда коэффициент долговой нагрузки превышает установленный "плановый" уровень. Если у них есть излишек денег, то они сразу направят его на погашение долга, даже если это приведет к финансированию почти полностью за счет собственных источников. Хотя они могут решить пересмотреть соотношение, результат будет тот же самый, что и у большинства новогодних обещаний. Так что крупные выпуски и изъятия из обращения акций – явления редкие, если они не вызваны сильным внешним давлением[15].

В-третьих, некоторые колебания выпусков акций могут объясняться поиском менеджерами наиболее удачного момента для эмиссии. Исследования Р. Таггарта и других авторов в США и П. Марша в Великобритании показали, что, вероятнее всего, акции выпускаются после роста цен на них[16]. Логично объяснить это тем, что рост цен на акции свидетельствует о расширении инвестиционных возможностей, а потребность в финансировании этих

---

[14] Мы обсудим выкуп акций в главе 16, а слияния и поглощения — в главе 33.
[15] Давление в конце 80-х годов вызвано враждебными поглощениями (см. главу 33).
[16] *R.A. Taggart.* A Model of Corporate Financing Decision//Journal of Finance. 32: 1467–1484. December. 1977; *P. Asquith and D.W. Mullins, Jr.* Equity Issues and Offering Dilution // Journal of Financial Economics. 15: 16–89. January–Ferbruary. 1986; *P. Marsh.* The Choice Between Equity and Debt: An Empirical Study//Journal of Finance. 37: 121–144. March. 1982.

инвестиций действительно ведет к эмиссии акций. К сожалению, это рациональное объяснение не охватывает всех фактов. Понятно, почему фирмы получают больше денежных средств *в целом*, когда исторически складываются высокие цены на акции, но не понятно, почему они выпускают больше только акций, а не долговых обязательств? Если угодно, компания должна была бы выпускать в такие периоды скорее больше долговых обязательств, поскольку ее возросшая рыночная стоимость и улучшение перспектив повышают ее "кредитоемкость". П. Марш же обнаружил прямо противоположное поведение: эмиссии долговых обязательств *не* реагируют на высокие цены акций при прочих равных условиях. В действительности фирмы заменяют собственный капитал эмиссией долговых обязательств именно в то время, когда находят более легким набрать больше займов.

Почему менеджеры поступают таким образом? Полагают ли они, что финансирование за счет собственного капитала дешевле, когда цены акций исторически высоки? Как мы отмечали в главе 13, покупка или продажа акций на эффективном рынке представляют собой сделки с нулевой чистой приведенной стоимостью, вне зависимости от того, являются ли цены исторически высокими или низкими.

Мы не знаем, почему менеджеры склонны выпускать акции, а не долговые обязательства вслед за ростом цен акций. Это может отражать путаницу в интерпретации коэффициентов цена–прибыль и рыночная стоимость–балансовая стоимость. Некоторые финансовые менеджеры все еще считают, что высокий коэффициент цена–прибыль свидетельствует о низкой норме доходности, требуемой акционерами, и подходящем моменте для выпуска акций. Многие из тех же менеджеров опасаются, что продажа акций по низким ценам относительно балансовой стоимости "разводнит" прибыль на одну акцию. Такие менеджеры откладывают эмиссию, когда цены низкие, и накапливают свою потребность в свежем акционерном капитале до тех пор, когда цены вырастут.

Заблуждение относительно "разводнения"

Широко распространенные ошибочные интерпретации коэффициента цена–прибыль были описаны в главе 4. Но мы еще не касались ошибочности выводов о "разводнении" капитала.

Воображаемую опасность "разводнения" драматически иллюстрирует печальная история компании Quangle Hats. Прибыльность Quangle составляет:

- Балансовая стоимость собственного капитала   100 000 дол.
- Количество акций   1000
- Балансовая стоимость на одну акцию   100 000/1000 = 100 дол.
- Чистая прибыль   8000 дол.
- Прибыль на одну акцию   8000/1000 = 8,00 дол.
- Коэффициент цена–прибыль   10
- Цена акции   10 × 8,00 = 80,00 дол.
- Общая рыночная стоимость   80 000 дол.

Общая сумма денег, которую внесли акционеры Quangle, равняется 100 000 дол. – т. е. 100 дол. на акцию. Но эти инвестиции дают прибыли только 8,00 дол. на акцию – 8%-ная доходность, исходя из балансовой стоимости. Инвесторы явно считают такую отдачу неадекватной, ибо согласны платить только 80 дол. за акцию Quangle.

Теперь предположим, что Quangle выпускает дополнительно 125 акций по рыночной цене 80 дол. за акцию и получает 10 000 дол.; предположим также, что 10 000 дол. инвестированы таким образом, чтобы доходность составляла 8%. В этом случае мы ожидали бы, что инвесторы будут продолжать платить 10 дол. за каждый доллар прибыли Quangle. Теперь мы имеем:

ГЛАВА 14. Обзор источников финансирования корпораций

	До выпуска	После выпуска
Балансовая стоимость собственного капитала (в дол.)	100 000	110 000
Количество акций	1000	1125
Балансовая стоимость на одну акцию (в дол.)	100 000/1000=100	110 000/1125=97,78
Чистая прибыль (в дол.)	8000	8% от 100 000=8800
Прибыль на акцию	8,00	8800/1125=7,82
Коэффициент цена — прибыль	10	10
Цена акции (в дол.)	80,00	10 × 7,82=78,20
Общая рыночная стоимость (в дол.)	80 000	88 000

Отметим, что продажа акций ниже балансовой стоимости *действительно* снижает балансовую стоимость в расчете на акцию, а также и цену акций.

Но в нашем примере есть две ошибки. Первая — мы допустили, что инвесторы позволили бы себя обмануть, платя за акции 80 дол., зная, что вскоре цена снизится до 78,20 дол. На самом деле, если Quangle желает получить 10 000 дол., она должна предложить акции на сумму 10 000 дол. А так как мы знаем, что совокупная рыночная стоимость после выпуска акций равна 88 000 дол., *исходные* 1000 акций в итоге будут стоить 78 000 дол. Следовательно, цена одной акции составляет 78 000/1000 = 78 дол. и фирма должна будет выпустить 10 000/78 = 128 акций, чтобы получить требуемый капитал.

Многие финансовые эксперты на этом бы остановились, удовлетворившись "доказательством" того, как глупо продавать акции по цене ниже балансовой стоимости. Но в нашем примере есть вторая ошибка: мы никогда не интересовались решением Quangle о расширении. Фирма стремится получить 10 000 дол., а получает только 8000 дол. дополнительной рыночной стоимости. Другими словами, вердикт рынка таков, что чистая приведенная стоимость программы расширения равна −2000 дол. Отметим, что это в точности равно потерям, понесенным первоначальными акционерами.

А что, если инвестиции приносили 10%-ную доходность? В этом случае выпуск акций привел бы к росту рыночной стоимости фирмы на 10 000 дол., до 90 000 дол., а прибыль на одну акцию и цена акции остались бы неизменными. Quangle могла бы, следовательно, получить 10 000 дол. от продажи только 10 000/80 = 125 новых акций.

ТАБЛИЦА 14-4
Агрегированный баланс промышленных корпораций США в 1988 г. (в млрд дол.)[a]

Оборотные активы[б]	889	Текущие обязательства[б]	575
Основные активы[в]	1400	Долгосрочные обязательства	485
Минус амортизация	642	Прочие долгосрочные обязательства[г]	209
Чистые основные средства	759	Итого долгосрочные обязательства	694
Прочие долгосрочные активы	570	Акционерный капитал	949
Итого активы	2218[д]	Итого обязательства и акционерный капитал	2218[д]

[a] Исключая корпорации с активами менее 250 000 дол.
[б] См. таблицу 29-1, раздел 29–1, где приводятся статьи оборотных активов и текущих обязательств.
[в] Включая землю, права на разработку минеральных ресурсов, незавершенное строительство, а также машины и оборудование.
[г] Включая отсроченные налоги и некоторые другие неоднородные категории обязательств.
[д] Столбцы могут не сходиться из-за округлений
Источник: U.S. Federal Trade Commission, Quarterly Financial Report for Manufacturing. Mining and Trade Corporation, Second Quarter. 1988. P. 56.

Идея проста. Нет никакого вреда от продажи акций по цене ниже балансовой стоимости в расчете на акцию, пока инвесторы знают, что вы можете получить адекватную норму доходности на новые деньги. Если фирма имеет хорошие перспективы и для их финансирования ей требуется акционерный капитал, тогда "разводнение" не должно удерживать ее от выхода на рынок.

Изменилась ли структура капитала?

В 1974 г. вышел специальный выпуск Business Week, посвященный "долговой экокомике". В нем США представлялась страной, где, очевидно, каждый является заемщиком, а кредиторов вообще не видно. Наиболее значимыми среди заемщиков были названы американские корпорации, которые, как отмечалось, утроили сумму своего долга за 15 предшествующих лет. В обычной сдержанной манере Business Week сделала вывод, что этот долг накладывает "непомерно тяжелое бремя, делая мир таким, каков он сейчас – разрушаемый инфляцией, опустошаемый экономическими спадами, раздираемый на части огромными масштабами перераспределения..." Двенадцатью годами позже снижение инфляции принесло мало утешения Business Week: "В обстановке снижения инфляции корпорации и граждане США сталкиваются все с большими проблемами в управлении накопленным ими огромным долгом"[17].

Действительно ли существует тенденция наращивания долгового финансирования? На этот вопрос трудно дать однозначный ответ, поскольку финансовая политика в разных отраслях и различных фирмах сильно различается. Но немного статистических данных не помешает, если вы будете помнить об этих различиях.

В таблице 14-4 показан агрегированный баланс всех промышленных корпораций США в 1988 г. Если бы все корпорации были слиты в одну гигантскую фирму, таблица 14-4 могла бы стать балансом этой фирмы.

Таблица показывает, что совокупные активы корпораций составили 2218 млрд дол. В правой части баланса представлены совокупные долгосрочные обязательства в размере 694 млрд дол. и акционерный капитал на сумму 949 млрд дол.

Каков был коэффициент долговой нагрузки для промышленных корпораций США в 1988 г.? Это зависит от того, что понимать под *долгом*. Если все обязательства считать долгом, то коэффициент долговой нагрузки составит 0,57:

$$\frac{\text{Долг}}{\text{Все активы}} = \frac{575 + 694}{2218} = 0,57.$$

Эта оценка долга включает и текущие, и долгосрочные обязательства. Иногда эксперты по финансовым вопросам рассматривают соотношение долговых обязательств и собственного капитала в долгосрочном финансировании. Доля долга в долгосрочном финансировании равна:

$$\frac{\text{Долгосрочные обязательства}}{\text{Долгосрочные обязательства} + \text{акционерный капитал}} = \frac{694}{694 + 949} = 0,42.$$

На рисунке 14-2 графически представлены эти два коэффициента за период 1954 – 1989 гг. С 50-х по 80-е годы происходил явный подъем. Недавние события усугубили рост долгового финансирования. Быстрый рост рынка "мусорных" облигаций означает, по определению, что финансовая зависимость фирм возросла: мусор он и есть мусор, *потому что* фирмы берут кре-

---

[17] Перепечатано из выпуска: Business Week. 1974. 12 October. P. 45. 1986. 4 August. P. 24. © 1974, 1986, McGraw-Hill, Inc., New York, NY 10020. All rights reserved.

РИСУНОК 14-2
Средние коэффициенты долговой нагрузки для промышленных корпораций США росли в послевоенный период. Однако отметим, что эти коэффициенты получены на основе отношения долга к сумме *балансовой* стоимости активов и долгосрочных обязательств. Фактическая стоимость активов корпораций выше вследствие инфляции. (*Источник*: U.S.Federal Trade Commission. Quarterly Report for Manufacturing. Mining and Trade Corporations. Various issues.)

дитов больше, чем им нужно. Отметим также *минус* 440 млрд дол. чистых эмиссий акций для нефинансовых корпораций между 1984 и 1988 гг.

Попытаемся представить все это в перспективе.

1990 г. в сравнении с 1920 г. Коэффициенты долговой нагрузки в конце 80-х годов хотя и были выше, чем в начале послевоенного периода, все же не превышали уровня 20-х и 30-х годов. Вы могли бы возразить, что стартовые значения на рисунке 14-2 необычно низки.

Международные сравнения. Различия принятых в разных странах методов бухгалтерского учета затрудняют международные сравнения. Но большинство таких сравнений показывают, что США являются страной со сравнительно низким уровнем долга (см. рисунок 14-3).

Инфляция. Некоторый рост коэффициента долговой нагрузки, показанный на рисунке 14-2, может быть объяснен ростом инфляции, который, по стандартам США, в 70-х годах был высоким. Быстрый рост инфляции означает, что *балансовая* стоимость активов падает ниже их фактической стоимости. Если бы корпорации осуществляли займы под *фактическую* стоимость активов, было бы неудивительно наблюдать рост отношения суммы долга к балансовой стоимости активов.

В качестве иллюстрации предположим, что вы купили дом десять лет назад за 30 000 дол. Вы финансировали покупку частично за счет ипотечного кредита в размере 15 000 дол., что составило 50% ее цены. Сегодня дом стоит 60 000 дол. Предположим, что вы выплатили остаток по первой закладной и взяли новый ипотечный кредит в размере 30 000 дол., которые составляют 50% текущей рыночной цены дома. *Балансовый* коэффициент стал бы 100%, поскольку балансовая стоимость вашего дома равна его *первоначальной* цене

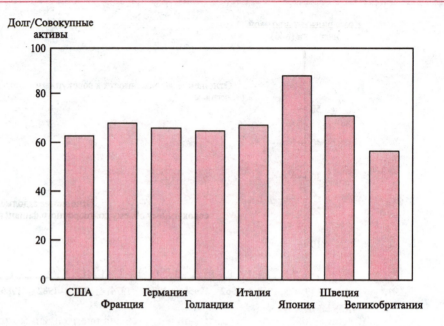

Замечание: балансовый коэффициент долговой нагрузки рассчитан на основе данных за 1987/88 г.

РИСУНОК 14-3
По международным стандартам, коэффициенты долговой нагрузки в США являются низкими. (*Источник*: OECD Financial Statistics and Flow of Funds Accounts; U.S. Federal Trade Commission. Quarterly Report for Manufacturing, Mining and Trade Corporations.)

30 000 дол. (мы игнорируем амортизацию). Эксперт, имея только данные бухгалтерского учета, заключил бы, что вы решили "увеличить долг" — 10 лет назад ваш балансовый коэффициент долговой нагрузки составлял только 50%. Однако величина долга относительно фактической стоимости вашего дома не увеличилась.

Коэффициент долговой нагрузки в рыночном измерении

Было бы лучше измерить долг как долю в стоимости активов корпорации, индексируемую с учетом инфляции, или — еще лучше, — как долю в совокупной рыночной стоимости всех долговых обязательств и акций[18]. Отношение долга к рыночной стоимости еще более изменчиво, чем отношение долга к балансовой стоимости, но начиная с 40—50-х годов оно также имело тенденцию к росту[19].

Карл Кестер провел исследования коэффициентов долг — балансовая стоимость и долг — рыночная стоимость для большой группы американских и японских компаний. Из таблицы 14-5 видно, что различия между коэффициентами долговой нагрузки не так велики, если вычисления производятся в терминах рыночной стоимости.

---

[18] Отношение долга к рыночной стоимости также ниже, чем коэффициенты на рисунке 14-2.

[19] См.: *R.A. Taggart, Jr.* Secular Patterns in the Financing of U.S. Corporations // *B.F. Friedman (ed.).* Corporate Capital Structures in United States. University of Chicago Press, Chicago, 1985. P. 25. Данные о стоимости долга и собственного капитала корпораций США, индексируемых с учетом инфляции, также публикуются в финансовых отчетах ОЭСР.

ТАБЛИЦА 14-5
Средний уровень коэффициентов долг—рыночная стоимость и долг—балансовая стоимость для группы американских и японских компаний, 1982—1983 гг.

	Агрегированные коэффициенты долговой нагрузки (в %)	
	США	Япония
Балансовая стоимость	43	73
Рыночная стоимость	47	59

Источник: W.C. Kester. Capital and Ownership Structure: A Comparision of United States and Japanese Manufacturing Corporations//Financial Management. 15: 5–16. Spring. 1986.

Несмотря на все сказанное, многие корпорации США имеют гораздо больший долг, чем раньше. Должно ли это нас беспокоить? Действительно, чем выше относительная величина долга, тем больше компаний попадет в трудное финансовое положение в период серьезного экономического спада. Но все компании в той или иной степени берут на себя этот риск, и отсюда не следует, что меньше риска лучше. Поиск оптимальной относительной величины долга подобен поиску оптимального ограничения скорости: вы можете считать, что при прочих равных условиях вероятность несчастного случая при скорости 30 миль в час меньше, чем при скорости 60 миль в час, однако вследствие этого общенациональное ограничение скорости не устанавливается на уровне 30 миль в час. Скорость имеет и свои преимущества, и свой риск. Как мы увидим в главе 18, то же самое относится и к долгу.

Нет правильного, "от Бога", коэффициента долговой нагрузки, но если бы и был, то он бы изменялся. Возможно, что нынешняя волна финансовых новшеств, облегчая доступ фирм к финансовым рынкам и предоставляя возможность хеджировать операционные риски, привела к тому, что можно иметь высокие коэффициенты долговой нагрузки без увеличения риска или издержек финансовых затруднений.

Интересно сравнить способы финансирования, используемые корпорациями США и иностранными компаниями. Рисунок 14-3 показывает, что, например, в Германии и Японии фирмы осуществляют свою деятельность с намного более высоким уровнем долга. Бо́льшая часть этого заемного капитала принадлежит банкам, которые проявляют большую активность и постоянный интерес к деятельности компаний. В Японии кредитующий банк и заемщик часто являются членами одной объединенной группы компаний[20]. Такие тесные связи между кредиторами и заемщиками облегчают фирмам получение кредитов и помогают им урегулировать свои проблемы, если что-то происходит не так. Некоторые считают, что в результате этого фирмы в Германии и Японии могут безопасно функционировать, имея такой уровень долга, который свалил бы американскую фирму при первом же серьезном порыве ветра.

По-видимому, эти международные различия в структурах капитала стираются. В то время как использование долгового финансирования в США увеличилось, в Японии оно снижается; некоторые японские фирмы разрывают традиционные связи с банками и больше полагаются на открытый рынок долговых обязательств.

---

[20] Обычно такая группа наряду с диверсифицированной "семьей" промышленных предприятий включает банк, страховую компанию и другие финансовые институты и называется *кэйрэцу*. Подробнее об их влиянии см.: *D.S. Scharfstein, T. Hoshi, and A. Kashyap*. Evidence from the Changing Structure of Japanese Corporate Banking Relationships //*R.G. Hubbard (ed.)*. Asymmetric Information, Corporate Finance, and Investment. University of Chicago Press (готовится к выпуску).

14-7. РЕЗЮМЕ

В принципе финансирование является проблемой маркетинга. Компания стремится направить потоки денежных средств, генерируемые ее активами, по различным руслам, чтобы привлечь инвесторов с разными вкусами, благосостоянием и налоговыми ставками. В этой главе мы познакомили вас с основными источниками финансирования и определили их относительную значимость.

Наиболее простым и важным финансовым источником является акционерный капитал, получаемый либо посредством эмиссии акций, либо за счет нераспределенной прибыли.

Следующий по значимости источник финансирования — заемный капитал. Держатели долговых обязательств имеют право на фиксированные регулярные выплаты процентов и на получение основной стоимости долга по окончании срока. Но долговые обязательства компании не могут расти беспредельно. Если она не выплатит свой долг, она может стать банкротом. Обычно это приводит к тому, что держатели долговых обязательств становятся владельцами компании и либо распродают активы компании, либо продолжают использовать их, назначая новое руководство.

Отметим, что налоговые власти рассматривают процентные выплаты как статью расходов компании. Это значит, что она может вычитать проценты при расчете налогооблагаемой прибыли. Проценты выплачиваются из прибыли до налогообложения. Источником дивидендов и нераспределенной прибыли служит прибыль после уплаты налогов. Разнообразие видов долговых обязательств, используемых корпорациями, почти бесконечно. Они разделяются на категории по срокам, условиям погашения, старшинству, надежности, рискованности (наиболее рисковыми являются "мусорные" облигации), процентным ставкам (плавающим или фиксированным), порядку выпуска (публичное или частное размещение) и валюте, в которой выражаются долговые обязательства.

Третий финансовый источник — привилегированные акции. Они напоминают долговые обязательства тем, что предусматривают выплату фиксированных дивидендов, но выплата дивидендов осуществляется по усмотрению руководства. Однако выплаты дивидендов по привилегированным акциям должны производиться до выплаты дивидендов по обыкновенным акциям. Юристы и эксперты рассматривают привилегированные акции как часть акционерного капитала компании. Это означает, что дивиденды по ним не имеют льгот при налогообложении, что является одной из причин меньшей популярности привилегированных акций, чем долговых обязательств. Однако они играют особую роль. Например, они широко используются регулируемыми компаниями коммунального хозяйства, которые могут перекладывать издержки, связанные с выплатой дивидендов по привилегированным акциям, на своих клиентов.

Четвертый финансовый источник — опционы. Они могут не выделяться отдельно в балансах компаний. Наиболее простой вид опциона — варрант, который дает его владельцу право покупать акции по фиксированной цене до определенного дня. Варранты часто продаются в комбинации с другими ценными бумагами. Конвертируемые облигации — это ценные бумаги, которые дают их держателям право поменять облигации на акции. Поэтому они напоминают гибрид обыкновенного долгового обязательства и варранта.

Кроме этого корпорации используют различные производные ценные бумаги, которые позволяют им страховаться от внешних рисков, таких, как колебание цен на товары, риски процентных ставок и обменных курсов иностранной валюты. Производные ценные бумаги включают свободно обращающиеся опционы, фьючерсные и форвардные контракты и свопы.

Большой объем сделок с этими производными ценными бумагами отражает волну инноваций, захлестнувшую международные финансовые рынки. Инновации были стимулированы изменением налоговой системы и государ-

ГЛАВА 14. Обзор источников финансирования корпораций

ственного регулирования, спросом корпораций и инвесторов на новые инструменты, способные защитить их от все возрастающего непостоянства процентных ставок и валютных курсов, и достижениями в области телекоммуникаций и компьютеризации, которые позволили совершать сделки дешево и быстро по всему миру.

В таблице 14-3 обобщаются источники и направления использования компаниями денежных средств. Взглянем на таблицу еще раз и попытаемся "прочувствовать" приведенные в ней данные.

1. Внутренне генерированные денежные средства являются важным источником финансирования. Некоторые выражают беспокойство по этому поводу; они считают, что если руководство не испытывает затруднений в получении денег, оно недостаточно обдуманно их и тратит.
2. Комбинация финансовых инструментов, используемых компаниями, изменяется от года к году: иногда компании предпочитают выпускать долговые обязательства, иногда акции. Частично это свидетельствует об их попытках придерживаться планируемого отношения долга к акционерному капиталу. Но иногда это выглядит так, как будто компании стремятся выпускать акции после подъема рынка. Никто не знает, почему они так поступают. Кажется, нет никакой причины действовать так на эффективном рынке.
3. Начиная с 1984 г. чистые выпуски акций были строго *отрицательными*, т. е. акций выкупалось гораздо больше, чем выпускалось. В то же время необычно вырос рынок "мусорных" облигаций. Акции на миллиарды долларов изымались из обращения и заменялись на долговые обязательства.

Рисунок 14-2 показывает, что коэффициенты долговой нагрузки в целом повышались в течение всего послевоенного периода. Некоторые считают, что это должно вызывать беспокойство. Но процветающие компании в других странах, например Германии и Японии, успешно функционируют, имея более высокие коэффициенты долговой нагрузки, чем считают разумным компании США.

РЕКОМЕНДУЕМАЯ ЛИТЕРАТУРА

Дж. Доналдсон приводит обследование компаний по вопросу их отношения к различным источникам финансирования:

G. Donaldson. Corporate Debt Capacity. Division of Research, Graduate School of Business Administration, Harvard University, Boston, 1961.

Р. Таггарт и П. Марш приводят некоторые факты о том, почему и когда компании используют различные источники финансирования:

R.A. Taggart. A Model of Corporate Financing Decisions // Journal of Finance. 32: 1467–1484. December. 1977.

P. Marsh. The Choice between Equity and Debt: An Empirical Study // Journal of Finance. 37: 121–144. March. 1982.

Р. Таггарт описывает долговременные тенденции в финансировании корпораций:

R.A. Taggart. Secular Patterns in the Financing of Corporations // *B.M. Friedman (ed.).* Corporate Capital Structures in the United States. University of Chicago Press, Chicago, 1985.

У. Кестер представляет детальное сравнение и анализ коэффициентов долговой нагрузки американских и японских компаний:

W.C. Kester. Capital and Ownership Structure: A.Comparision of United States and Japanese Manufacturing Corporations // Financial Management. 15: 5–16. Spring. 1986.

КОНТРОЛЬНЫЕ ВОПРОСЫ

1. Уставный акционерный капитал компании "Дядюшкины плюшки" составляет 100 000 акций. На данный момент акционерный капитал в балансе компании представлен в следующем виде (в дол.):

• Обыкновенные акции (по номиналу 0,50 дол.)	40 000
• Дополнительный оплаченный акционерный капитал	10 000
• Нераспределенная прибыль	30 000
• Собственный капитал	80 000
• Собственные акции в портфеле (2000 акций)	5 000
• Чистая стоимость собственного капитала	75 000

   а) Сколько акций выпущено?
   б) Сколько находится в обращении?
   в) Объясните разницу в ваших ответах на вопросы *а)* и *б)*;
   г) Сколько акций может быть выпущено дополнительно без одобрения акционеров?
   д) Предположим, что компания выпускает 10 000 акций по цене 2 дол. за каждую. Как изменятся приведенные выше данные?

2. Если избирается 10 директоров и акционер имеет 80 акций, назовите максимальное число голосов, которые он может отдать за предпочитаемого кандидата при избирательных системах:
   а) большинством голосов;
   б) накопительным голосованием.

3. Вставьте пропущенные слова, используя термины, приведенные в конце.
   а) Долговое обязательство сроком более 1 года обычно называют _____ долговым обязательством.
   б) Выпуск облигаций, которые продаются одновременно в нескольких странах, называют _____.
   в) Если кредитор по положению находится "ниже" главных кредиторов фирмы, в случае банкротства его кредит называется _____.
   г) Необеспеченные облигации обычно называют _____.
   д) Во многих случаях фирма обязана осуществлять регулярные отчисления в _____, который затем используется для выкупа облигаций.
   е) Большинство облигаций дают фирме право выкупать или _____ облигации по фиксированным ценам.
   ж) Ставка, которую банк устанавливает на кредиты для своих наиболее кредитоспособных клиентов, называется _____.
   з) Процентная ставка по кредитам банка часто связана с краткосрочными процентными ставками. Такие кредиты обычно называют займами с _____.
   и) Когда осуществляется _____, ценные бумаги продаются непосредственно небольшой группе институциональных инвесторов. Такие ценные бумаги не могут продаваться физическим лицам. В случае _____, долговые обязательства продаются и покупаются физическими лицами.
   к) Долгосрочное арендное соглашение, которое не может быть расторгнуто досрочно, называется _____.
   л) _____ облигации могут быть обменены на акции корпорации-эмитента.
   м) _____ дает право его владельцу покупать акции у компании-эмитента по заранее установленной _____.

   Лизинг, фондовый, плавающая ставка, еврооблигации, цена исполнения, коммерческие бумаги, конвертируемые, срочная ссуда, субординированный, отзывать, фонд погашения, базисная ставка, дебентура, ипотечная облигация, частное размещение, публичный выпуск, старший, внефондовый, курс евродоллара, варрант.

ГЛАВА 14. Обзор источников финансирования корпораций 363

4. Данные в нижеследующей таблице расставлены в неправильном порядке. Можете вы расставить их правильно?

	Процент от всех источников, 1988 г.
Внутренне генерированные денежные средства	46
Финансовый дефицит	−29
Чистый выпуск акций	82
Выпуск долговых обязательств	18

5. Верны или неверны следующие утверждения?
   а) Фирмы продают форвардные контракты главным образом для того, чтобы получить деньги для новых долгосрочных вложений.
   б) Фирмы заключают фьючерсные сделки, чтобы защитить себя от неожиданных изменений процентных ставок, обменных курсов иностранных валют или цен на товары.
   в) Наплыв финансовых нововведений в последние годы частично был вызван дерегулированием финансовых рынков.
   г) За последние несколько лет нефинансовые корпорации в США больше выкупали акции, чем выпускали.
   д) После падения цен на акции фирмы скорее будут выпускать акции, а не долговые обязательства.
   е) Корпорация платит налог только на 30% дивидендов по обыкновенным и привилегированным акциям, получаемым от других корпораций.
   ж) Поэтому большая часть привилегированных акций принадлежит корпорациям.

ВОПРОСЫ И ЗАДАНИЯ

1. "Часто считают, что стоимость финансовых ресурсов на рынках ценных бумаг падает, как только цены на акции возрастают, точно так же, как доходность облигаций находится в обратной связи с ценами на них. Некоторые полагают, что руководству выгодно обращаться на рынок за средствами, когда затраты на привлечение капитала на фондовом рынке, интерпретируемые таким образом, существенно падают"[21]. Обсудите это утверждение.
2. Иногда полагают, что поскольку нераспределенная прибыль обеспечивает бóльшую часть потребностей промышленности в капитале, фондовый рынок становится излишним. Согласны ли вы?
3. Можете ли вы назвать какой-либо новый вид ценных бумаг, который способен привлечь инвесторов? Почему, как вы думаете, их еще никто не выпустил?
4. Обратитесь к таблице 14-2.
   а) Предположим, что International Paper выпускает 15 млн акций по цене 40 дол. за акцию. Переделайте таблицу 14-2, чтобы показать акционерный капитал компании после выпуска.
   б) Предположим, что International Paper *затем* выкупает 10 млн акций по цене 45 дол. за акцию. Переделайте таблицу 14-2, чтобы показать влияние этого изменения.
5. Акционерам компании "Пиквикский клуб" необходимо выбрать 5 директоров. В обращении находится 200 000 акций. Сколько акций вы должны иметь, чтобы *гарантировать* избрание по крайней мере одного директора, если компания использует:

---
[21] *W.J. Baumol.* The Stock Market and Economic Efficiency. Fordham University Press, New York, 1965. P. 71.

а) систему голосования большинством голосов;
б) систему накопительного голосования.
6. Сравните доходность привилегированных акций и корпоративных облигаций. Можете ли вы объяснить разницу?
7. Кто является главным держателем и эмитентом привилегированных акций. Объясните, почему?
8. Кратко объясните, в чем состоит главное различие между форвардным и фьючерсным контрактами.
9. Составьте таблицу финансовых соотношений, аналогичную таблице14-3, для одной промышленной компании, например General Mills, за какой-либо недавний год.
10. Последние финансовые данные о корпорации "Пизанская башня":

- Цена акции = 40 дол.
- Количество акций = 10 000
- Чистая балансовая стоимость собственного капитала = 500 000 дол.
- Рыночная стоимость фирмы = 400 000 дол.
- Прибыль на одну акцию = 4 дол.
- Доходность инвестиций = 8%

Согласно этим данным, "Пизанская башня" действует пока не очень эффективно. Однако она хочет выпустить новые акции, чтобы получить 80 000 дол. для финансирования внедрения на многообещающий рынок. Консультанты компании по финансовым вопросам считают, что выпуск акций является неудачным выбором, поскольку среди прочих причин "продажа акций по цене ниже балансовой стоимости в расчете на одну акцию может только снизить цены на акции и уменьшить богатство акционеров". Для подтверждения своей точки зрения они приводят следующий пример: "Предположим, что 2000 новых акций выпускаются по цене 40 дол. и полученные доходы инвестируются. (Пренебрежем издержками эмиссии.) Предположим, доходность инвестиций не изменяется. Тогда:

Чистая балансовая стоимость собственного капитала = 580 000 дол.
Итого прибыль = 0,08 (580 000) = 46 400 дол.

Прибыль на одну акцию $= \dfrac{46\,400}{12\,000} = 3{,}87$ *дол.*

Таким образом, прибыль на одну акцию снижается, балансовая стоимость на одну акцию снижается, и цена акций упадет соответственно до 38,70 дол.".

Оцените данный аргумент, обратите особое внимание на допущения, сделанные в числовом примере.

15
Как корпорации осуществляют эмиссию ценных бумаг

В главе 11 мы познакомились с фирмой "Марвин и компания", одной из наиболее динамичных компаний XXI века. Она была основана Джорджем и Милдред Марвинами, которым так и не довелось окончить среднюю школу, вместе с их приятелем Чарльзом (Чипом) Нортоном. Начиная свою деятельность, три предпринимателя рассчитывали на свои собственные сбережения и получение банковского кредита. Однако быстрый рост компании привел к тому, что вскоре были исчерпаны все возможности кредитования и возникла необходимость в дополнительном собственном (акционерном) капитале. Инвестиции собственного капитала в начинающие частные компании обычно называют **венчурным (рисковым) капиталом**. Инвесторами венчурного капитала могут выступать партнерства, специализирующиеся на венчурном капитале, инвестиционные компании или состоятельные граждане, которые готовы субсидировать непроверенную компанию, чтобы приобщиться к активной жизни. В первой части этой главы мы объясним, как компании, подобные "Марвин", добывают венчурный капитал.

Компании, вкладывающие венчурный капитал, ставят целью помочь растущим фирмам в трудный период становления, пока они не станут достаточно крупными, чтобы "выйти на широкую публику". Для преуспевающих фирм, таких, как "Марвин", обычно наступает время, когда им необходимо привлечь более крупный источник капитала и, следовательно, принять решение о первом публичном выпуске обыкновенных акций. Первая публичная эмиссия ценных бумаг компании называется **неиспытанным выпуском**. В следующем параграфе главы мы покажем, что имеется в виду под такой эмиссией акций.

Первая публичная эмиссия акций компании редко бывает последней. В главе 14 мы показали, что корпорации постоянно сталкиваются с финансовым дефицитом, который они покрывают за счет продажи ценных бумаг. Дальше мы увидим, как именно действующие корпорации открытого типа привлекают дополнительный капитал.

Поскольку акции или облигации предлагаются широкой публике, постольку они могут свободно обращаться на рынке ценных бумаг. Но иногда инвесторы предпочитают сами держать ценные бумаги и не заинтересованы в их продаже. В этих случаях публичная эмиссия имеет мало преимуществ, и фирма может предпочесть разместить ценные бумаги непосредственно в одном или двух финансовых институтах. В конце данной главы мы рассмотрим альтернативу: публичное или частное размещение.

15–1. ВЕНЧУРНЫЙ КАПИТАЛ

1 апреля 2003 г. Джордж и Милдред Марвины встретились с Чипом Нортоном в их исследовательской лаборатории (которая также использовалась для

хранения велосипедов), чтобы отметить образование фирмы "Марвин и компания". Три предпринимателя собрали 100 000 дол. из личных сбережений и личных банковских ссуд и приобрели 1 млн акций новой компании. На этом *нулевом этапе* инвестирования активы компании составляли 90 000 дол. в банке (10 000 дол. были израсходованы на регистрацию и образование компании), плюс *идея* нового продукта — бытового пузырькового бластера. Джорж Марвин первым заметил, что производство пузырькового бластера — до того времени вещи дорогостоящей и редкой — могло быть поставлено на коммерческую основу с использованием микромолекулярной рефенистрации.

Средства на банковском счете "Марвина и компании" неуклонно таяли, поскольку из них покрывались все расходы на проектирование и испытание нового продукта. Местные банки не считали идею "Марвина и компании" адекватным обеспечением ссуды, так что компания явно нуждалась в привлечении дополнительного акционерного капитала. Сначала требовалось составить *бизнес-план*. Такой план представляет собой конфиденциальный документ, описывающий предлагаемый продукт, его потенциальный рынок, используемую технологию и ресурсы — время, деньги, трудовые ресурсы, машины и оборудование, необходимые для успешного производства.

Большинство предпринимателей могут красочно расписать достоинства своего предприятия. Однако убедить владельцев венчурных капиталов в том, что ваш бизнес-план хорош, так же тяжело, как опубликовать свой первый роман. Менеджеры "Марвина и компании" располагали убедительным аргументом в пользу своего проекта — а именно готовностью вложить в него собственные деньги. Они не только инвестировали в компанию все свои сбережения, но и заложили все, что можно. Это служило *сигналом* их веры в успех дела[1].

На презентацию "Марвина и компании" откликнулось венчурное товарищество "Мириам и партнеры", решившее купить 1 млн новых акций по цене 1 дол. за каждую. После *первого этапа* финансирования баланс компании в рыночных ценах выглядел следующим образом.

Первый баланс "Марвина и компании" (рыночная стоимость, в млн дол.)

Денежные средства от выпуска новых акций	1	1	Новые акции за счет венчурного капитала
Прочие активы, главным образом нематериальные	$\frac{1}{2}$	$\frac{1}{2}$	Первоначальные акции у предпринимателей
Стоимость			Стоимость

Согласие с оценкой стоимости компании в 2 млн дол. *после вложения денег* означает, что "Мириам и партнеры" оценили идею предпринимателей и их преданность делу в 1 млн дол. Они также отдали предпринимателям 900 000 дол. бумажных прибылей сверх 100 000 дол. их первоначальных инвестиций. В обмен на это предприниматели передали "Мириам и партнерам" половину своей компании и включили их представителей в совет директоров[2].

---

[1] Формальный анализ того, как инвестиции руководства в свое предприятие могут дать надежный сигнал о ценности компании, см.: *H. E. Leland and D. H. Pyle.* Informational Asymmetries, Financial Structure, and Financial Intermediation // Journal of Finance. 32: 371–378. May. 1977.

[2] Инвесторы венчурного капитала необязательно требуют большинство мест в совете директоров. Это зависит, например, от степени развитости бизнеса и доли, которой владеют инвесторы. Обычным компромиссным решением является равное представительство учредителей и внешних инвесторов, после чего обе стороны выдвигают еще одного или двух директоров для решения вопросов в случае возникновения конфликтных ситуаций. Независимо от того, имеют ли они большинство мест в совете директоров компании, владельцы венчурного капитала редко являются пассивными участниками; их суждения и связи могут быть полезными для относительно неопытного штата менеджеров.

ГЛАВА 15. Как корпорации осуществляют эмиссию ценных бумаг

Успех нового предприятия в значительной степени зависит от усилий менеджеров. Поэтому фирмы с венчурным капиталом стараются так поставить дело, чтобы создать стимулы для интенсивной работы менеджеров. Например, любой предприниматель, который хочет иметь трудовой контракт без сучка и задоринки а также солидную зарплату, столкнется с трудностями при привлечении венчурного капитала. Менеджеры "Марвин" согласились на умеренную зарплату и поэтому могли "быть при деньгах" только при условии роста цен на акции их компании. Если бы "Марвин" потерпела неудачу, они ничего бы не получили, так как "Мириам и партнеры" фактически приобрели *привилегированные* акции, которые автоматически конвертировались в обыкновенные акции в случае успеха "Марвин" в первом публичном выпуске или устойчивого получения прибыли выше планового уровня. Это еще больше повышало заинтересованность менеджеров компании[3].

Венчурный капиталист редко предоставляет молодой компании весь необходимый капитал. На каждом этапе он дает столько, сколько достаточно для достижения следующего важного контрольного этапа. Так, весной 2005 г., имея спроектированный и прошедший испытания образец, "Марвин и компания" вновь испытала нужду в деньгах, чтобы наладить опытное производство и проверить, как рынок воспримет новый продукт. Инвестиции *второй очереди* составили 4 млн дол., из которых 1,5 млн дол. были предоставлены "Мириам и партнеры", первым инвестором фирмы, и 2,5 млн дол. двумя другими венчурными партнерами и состоятельными индивидуальными инвесторами. Баланс после второго этапа инвестирования имел следующий вид.

Второй баланс "Марвина и компании" (рыночная стоимость, в млн дол.)

Денежные средства от выпуска новых акций	4	4	Новые акции, второй этап
Основные активы	1	5	Акции первого выпуска
Прочие активы, главным образом нематериальные	9	5	Первоначальные акции у предпринимателей
Стоимость	14	14	Стоимость

Теперь стоимость компании после осуществления инвестиций составила 14 млн дол. "Мириам и партнеры" увеличили свои первоначальные инвестиции до 5 млн дол., а учредители получили дополнительно 4 млн дол. бумажных прибылей.

Не начинает ли это напоминать работу "денежного станка"? Только задним числом. На первом этапе вообще не было ясно, доживет ли "Марвин" до второго этапа: если бы образец не прошел испытания, "Мириам и партнеры" могли бы отказаться от вложения дополнительных средств и фактически прикрыли бы предприятие[4].

---

[3] Отметим имеющуюся здесь дилемму. От руководства "Марвин" требовалось "сложить все яйца в одну корзину". Это заставляло руководство интенсивно работать, но и означало, что они принимают на себя риск, который они иначе могли бы диверсифицировать.

Проблему гарантии того, что руководство действует в интересах инвесторов, иногда относят к проблемам *агентских* отношений (или отношений *представительства*). Разбор этих проблем см.: *M.C. Jensen and W.H. Meckling.* Theory of the Firm: Managerial Behavior, Agency Costs and Capital Structure // Journal of Financial Economics. 3: 305–360. 1976.

[4] Если бы "Мириам и партнеры" отказались предоставить инвестиции на втором этапе, было бы исключительно тяжело убедить других инвесторов вложить деньги в это предприятие. Другие внешние инвесторы понимали, что они располагают менее полной информацией, чем "Мириам и партнеры", и рассматривали бы их отказ как признак плохих перспектив "Марвин". Или они могли бы инвестировать на втором этапе меньшую сумму денег на менее благоприятных условиях. Совет директоров мог бы уволить Джорджа, Милдред и Чипа и привлечь кого-нибудь еще к управлению предприятием.

Из каждых десяти венчурных инвестиций первого этапа, как правило, только две или три оказываются удачным вложением в самодостаточные предприятия и только одна способна принести такую большую прибыль, как "Марвин и компания"[5]. На этих статистических данных можно построить два правила успешного венчурного инвестирования. Первое — не бойтесь неопределенности, смиритесь с низкой вероятностью успеха. Но не входите в предприятие, если не видите для него *шанса* стать большой публичной компанией на прибыльном рынке. Нет смысла стрелять по далеким мишеням, если это не окупится с лихвой в случае вашей победы. Второе — уменьшайте потери; сразу определяйте неудачников, и, если вы не в состоянии решить проблему — например, сменой руководства, — то, потеряв на этом деньги, не вкладывайте и не тратьте их снова.

К счастью, в случае с "Марвин" все работало как часы. Был осуществлен третий этап финансирования[6], вовремя началось крупномасштабное призводство, и пузырьковые бластеры получили признание музыкальных критиков во всем мире. "Марвин и компания" осуществила открытое акционирование 3 февраля 2005 г. Как только акции компании поступили в продажу, бумаж-

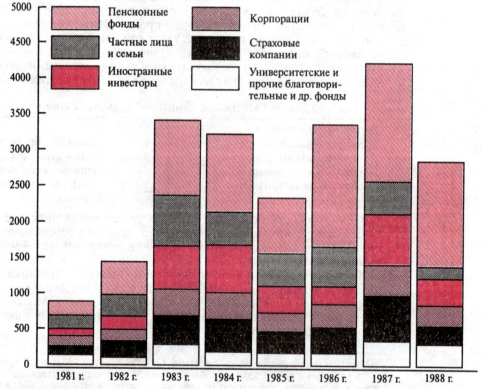

РИСУНОК 15-1
Источники венчурного капитала только для независимых частных компаний (все цифры в млн дол.) (*Источник*: Venture Economics, Inc. Wellesley, Mass. Перепечатано по особому разрешению.)

---

[5] Одно из исследований в области венчурных инвестиций за период с 1960 по 1975 г. показало, что 1 из 6 компаний терпела полную неудачу. С другой стороны, благодаря небольшому числу необычно успешных предприятий, средняя отдача от таких инвестиций за вычетом затрат составила около 19% в год. См.: *B.Huntsman and P.Hoban., Jr.* Investment in New Enterprise: Some Emperical Observation on Risk, Return, Market Structure // Financial Management. 9: 44–51. Summer. 1980.

[6] Финансирование на последней стадии часто называют *мезонинным финансированием* в отличие от финансирования, которое осуществляют инвесторы, вошедшие в дело "на первом этаже".

ГЛАВА 15. Как корпорации осуществляют эмиссию ценных бумаг

ные прибыли, полученные "Мириам и партнерами" и учредителями компании, превратились в ликвидное богатство.

Прежде чем перейти к этому первоначальному публичному предложению акций, следует сказать несколько слов о рынке венчурных капиталов в 1980-е годы.

По меньшей мере в течение столетия продолжается интенсивный процесс образования новых успешно действующих корпораций. Некоторым из новых компаний удалось выжить благодаря собственным усилиям, привлечению займов и использованию внутренних источников финансирования. Другие прибегали к инвестированию за счет выпуска акций; источником таких инвестиций часто выступают состоятельные семьи или устойчивые, надежные фирмы. Так что венчурный капитал уже какое-то время функционирует.

К 1980 г. в США сложился хорошо развитый *рынок* венчурного капитала, на котором специалисты создавали партнерства, объединяли в фонды разнообразных инвесторов, вели поиск молодых компаний, в которые стоило вкладывать средства, и затем работали с этими компаниями, помогая им перерасти в акционерные общества открытого типа. Как показано на рисунке 15-1, в последние годы такие партнерства привлекали средств на сумму около 3 млн дол. в год. Отметим крупные вклады пенсионных фондов и иностранных инвесторов.

Правительства всех стран, по-видимому, полагают, что без их вмешательства прибыльные венчурные компании будут испытывать недостаток финансирования. Поэтому они ищут способы субсидировать молодые компании. В США правительство предоставляет недорогие кредиты инвестиционным компаниям для малого бизнеса, которые затем ссужают эти деньги достойным предпринимателям. Такие компании занимают небольшую особую нишу на рынке венчурного капитала.

15–2. ПЕРВИЧНОЕ ПУБЛИЧНОЕ ПРЕДЛОЖЕНИЕ ЦЕННЫХ БУМАГ

Очень немногие новые предприятия добиваются успеха, но венчурные капиталисты разумно забывают о многочисленных неудачах и предпочитают помнить об удачливых инвесторах — о тех, кто стоял у истоков таких фирм, как DEC, Teledyne и Lotus Development Corporation[7].

Когда "Мириам и партнеры" вкладывали средства в "Марвина и компанию", они не рассчитывали на высокие доходы от инвестиций; они надеялись на быстрый рост "Марвин", который позволил бы компании выпустить свои акции в открытую продажу и дал бы "Мириам и партнерам" возможность обратить некоторые свои доходы в наличные деньги.

К 2009 г. "Марвин" достигла такой стадии развития, когда потребовался значительный приток нового капитала, чтобы внедрить производственную технологию второго поколения. В это время она решила осуществить первоначальное публичное предложение акций. Частично это должно было принять форму **первичного** предложения, т. е. выпускались новые акции, чтобы привлечь дополнительные денежные средства для компании. Отчасти это было также **вторичным** предложением, т. е. венчурные капиталисты и учредители компании надеялись продать некоторые из имеющихся у них акций.

Как правило, когда компании преобразуются в акционерные общества открытого типа, эмиссия производится с единственной целью — привлечь новый капитал для компании. Но также бывают случаи, когда компания не получает нового капитала, а все предлагаемые акции продаются существующими акционерами. На самом деле наиболее крупное первоначальное предложение акций происходит, когда свою долю участия в компаниях распродает государ-

---

[7] Основатель фирмы Lotus посещал занятия по финансам, которые вел один из авторов. За 5 лет он стал мультимиллионером. Возможно, теперь вы поймете, сколько на самом деле стоит эта книга.

ство. Например, правительство США осуществило вторичную эмиссию на сумму 1,6 млн дол., когда избавлялось от акций компании Conrail[8].

Организация публичной эмиссии[9]

Поскольку "Марвин" решила осуществить публичную (открытую) эмиссию акций, встала задача найти подписчиков на эмиссию, которые при выпуске новых акций играют роль финансовых акушерок. Обычно они выполняют тройную функцию — во-первых, консультируют компании по процедурным и финансовым вопросам, во-вторых, покупают выпуск и, в-третьих, осуществляют перепродажу акций на открытом рынке. После недолгого обсуждения "Марвин" выбрала в качестве главного подписчика корпорацию "Клейн меррик". Эта фирма должна нести ответственность за формирование и управление синдикатом подписчиков, которые решились бы купить и затем перепродавать выпуск.

Совместно с "Клейн меррик", а также юридической и аудиторской фирмами "Марвин" подготовила **регистрационный документ** для предоставления в Комиссию по ценным бумагам и биржам (КЦББ)[10]. Регистрационный документ представляет собой детальный объемный документ, который содержит информацию о планируемом финансировании и истории фирмы, особенностях деятельности и о планах на будущее[11]. КЦББ изучает этот документ и в случае необходимости внесения каких-либо изменений посылает компании "меморандум о недостатках". И наконец, исправленный вариант документа принимается комиссией[12].

"Марвин" не имела права ни продавать ценные бумаги, пока ожидала решения КЦББ, ни распространять какую-нибудь необычную рекламу, которая могла бы повлиять на продажи. Однако руководство все-таки устроило ряд презентаций для институциональных инвесторов, и подписчики начали оценивать заинтересованность потенциальных покупателей.

Первая часть регистрационного документа распространялась компанией в форме предварительного **проспекта** эмиссии. Буквальное название такого документа — *"копченая селедка"*, поскольку его печатают красной краской*,

---

[8] Даже эмиссия акций Conrail выглядит крошечной в сравнении со вторичным предложением правительством Японии акций Nippon Telegraph and Telephone на сумму 12,6 млрд дол. или правительством Британии акций British Gas на 9 млрд дол.

[9] Прекрасное описание конкретного случая превращения одной компании в открытое акционерное общество см. в работе: *B. Uttal*. Inside the Deal That Made Bill Gates 350 000 000 // Fortune. July 21.1986.

[10] Правила, регулирующие процедуру продажи ценных бумаг, определяются главным образом Законом о ценных бумагах 1933 г. Некоторые публичные эмиссии не требуют составления регистрационного документа. Основным исключением здесь являются позиции, подпадающие под *Правило А* — эмиссии на сумму менее 1,5 млн дол. и кредиты со сроками погашения до 9 месяцев.

[11] К счастью, количество необходимых подробностей сейчас гораздо меньше, чем бывало ранее. (Регистрационный документ, подготовленный компанией Republic Stell в 1934 г., содержал 19 897 страниц.) Сейчас весь регистрационный документ может состоять из 50 страниц или около того, а иногда и гораздо меньше. Например, солидная компания открытого типа может не перепечатывать стандартные финансовые данные, опубликованные в ее последнем годовом отчете. Эти данные "включаются ссылкой", т. е. в регистрационном документе на них просто делается ссылка.

Пример регистрационного документа компании Republic Steel приведен в работе: *P.M.Van Arsdell*. Corporate Finance.Ronald Press Co., New Jork,1958.

[12] Иногда КЦББ издает "приказ о приостановке", задерживающий продажу до тех пор, пока не будут выполнены ее требования. Заметим, между прочим, что КЦББ преследует единственную цель — проверить полноту представления информации и не имеет права препятствовать выпуску, если вся необходимая информация представлена надлежащим образом.

* Смысл этого названия легко понять, если вспомнить, что "копченая селедка" по-английски дословно звучит как "red herring". — *Примеч. ред.*

подчеркивая тем самым, что компания не пытается продать ценные бумаги до получения регистрационного свидетельства. В приложении Б к данной главе мы воспроизводим проспект первоначальной публичной эмиссии акций "Марвин". В большинстве проспектов каждый раздел был бы расписан более детально, но этот пример даст вам представление о сочетании полезной информации и ненужных определений, характерном для данного документа. Проспект "Марвин" также показывает, как КЦББ заботится о том, чтобы инвесторы были осведомлены о возможных опасностях покупки акций (см. раздел проспекта "Отдельные замечания"). Некоторые инвесторы шутят, что если бы они внимательно читали эти проспекты, они никогда бы не осмелились приобрести акции какого-либо нового выпуска.

После регистрации "Марвин" подготовила окончательный проспект, который отличался от предварительного только тем, что содержал последнюю цену предложения ценных бумаг и небольшие изменения, внесенные по требованию КЦББ. "Марвин" должна была распространить этот проспект среди всех покупателей и всех тех, кому предполагалось переслать ценные бумаги почтой.

"Марвин" имела и другие задачи, которые нужно было решить, прежде чем приступить к публичной эмиссии. Ей нужно было назначить **регистратора** для регистрации любых эмиссий ее акций и предотвращения любых несанкционированных выпусков. Она назначила **трансфертного агента** для контроля за движением эмитированных ценных бумаг. И, наконец, проверила, не противоречит ли ее эмиссия так называемым безоблачным законам каждого штата, которые регулируют продажу ценных бумаг внутри штатов[13].

Определение цены нового выпуска

В процессе регистрации "Марвин" и ее подписчики начали определять цену выпуска. Во-первых, они обратили внимание на коэффициенты цена — прибыль акций основных конкурентов "Марвин". Затем они провели ряд расчетов по дисконтированию потоков денежных средств, подобных описанным в приложении А главы 4 и в главе 11. На основании большинства фактов они пришли к заключению, что рыночная стоимость акций составляет примерно 90 дол.

В то время как менеджеры "Марвин" стремились установить возможно более высокую цену на акции, подписчики проявляли бо́льшую осторожность. Они не только опасались, что, если переоценить спрос инвесторов, часть акций может остаться непроданной, но и считали, что просто необходимо в некоторой степени занизить цену, чтобы заинтересовать инвесторов в приобретении акций.

Сразу после получения от КЦББ разрешения на эмиссию "Марвин" и подписчики сошлись на цене 80 дол. за акцию. 3 февраля 2009 г. "Марвин" наконец вышла на рынок, и подписчики принялись обзванивать заинтересованных покупателей акций. Выпуск пользовался популярностью среди инвесторов: у подписчиков не было трудностей с продажей акций по цене выпуска. А к концу первой недели акции уже продавались по цене 95 дол. за акцию. Эмиссия принесла руководству "Марвин" 16 млн дол. до вычета расходов на эмиссию, а стоимость 800 000 акций, которые они оставили в собственных руках, составила $800\,000 \times 95 = 76$ млн дол.

---

[13] 1980 г., когда Apple Computer Inc. осуществила свою первоначальную публичную эмиссию, правительство штата Массачусетс сочло, что это предложение ценных бумаг настолько рискованно для граждан штата, что запретило в штате продажу акций индивидуальным инвесторам. Позднее, после реализации эмиссии и роста цен на эти акции, штат отменил свое запрещение. Нет необходимости говорить, что такие действия не нашли одобрения у инвесторов штата.

Штаты обычно не запрещают эмиссии ценных бумаг честных фирм через известных подписчиков. Мы привели этот пример, чтобы проиллюстрировать потенциальную силу законов штатов о ценных бумагах и показать, почему подписчики тщательно следят за ними.

Издержки публичной эмиссии

Выпуск акций "Марвин" был связан со значительными административными расходами. Подготовкой регистрационного документа и проспектов занимались менеджеры, юристы и аудиторы, подписчики и их консультанты. Кроме того, фирма оплатила расходы, связанные с включением новых ценных бумаг в реестр, полиграфические и почтовые расходы и т.п. Как вы видите на первой странице проспекта "Марвин" (Приложение Б), административные и регистрационные расходы составили в целом 820 000 дол.

Второй крупной статьей расходов на эмиссию "Марвин" была оплата услуг подписчиков. Последние получили прибыль за счет покупки у компании акций со скидкой с цены, по которой они затем перепродавали акции публике. В случае "Марвин" эта скидка, или *спред*, в целом принесла подписчикам 4,5 млн дол., которые были эквивалентны 6,25 % от общей суммы эмиссии.

Выпуск акций "Марвин" оказался дорогостоящим и по другой причине. Так как цена предложения была *меньше* истинной стоимости выпускаемых ценных бумаг, инвесторы, покупавшие эти акции, получили выгоду первоначальных держателей акций фирмы.

Издержки, возникающие в результате *занижения цены* на акции, являются скрытыми, однако они вполне реальны. В первоначальном публичном предложении ценных бумаг они в целом превысили другие издержки, связанные с эмиссией. Когда какая-либо компания осуществляет публичную эмиссию, подписчику очень сложно определить, какую сумму инвесторы захотят платить за акции. Некоторые исследователи пытались оценить, насколько успешно подписчикам удавалось определить стоимость таких выпусков. С редким единодушием они обнаружили, что в среднем инвесторы, которые покупают акции по цене выпуска, извлекают очень высокие доходы в последующие недели. Например, проведенное Ибботсоном, Синдлером и Риттером исследование приблизительно 900 новых выпусков в период с 1960 по 1987 г. показало, что занижение цен составляло в среднем 16%.

Такое занижение цены не предполагает, что любой инвестор может разбогатеть, купив у подписчика неиспытанную акцию, ибо, если акции будут иметь успех, у подписчика не окажется достаточного количества акций, чтобы удовлетворить спрос. Чтобы получить акции по цене выпуска, инвесторы, возможно, должны быть готовы платить за них косвенным путем, например выплачивая подписчику более высокие комиссионные, чем в иной ситуации. Следовательно, занижение цены выгодно подписчику. Это снижает для него риск размещения и приносит благодарность инвесторов, покупающих акции. Означает ли это, что подписчик получает сверхприбыли? Возможно, но не обязательно. Если бизнес достаточно конкурентен, подписчики примут во внимание все скрытые выгоды, когда будут оговаривать спред.

Предположим, вы всегда можете приобрести необходимую вам долю акций любого выпуска, на которую представили заявку, не унижаясь перед инвестиционным банкиром. Означает ли это, что в среднем вы могли бы получать щедрые прибыли, делая заявки на одинаковое количество акций каждого выпуска? К сожалению, нет. Если выпуск дешевый, то число заявок, вероятно, превысит количество акций; если дорогой, то, вероятно, заявок окажется меньше числа предлагаемых акций. Таким образом, вы получите небольшую долю акций дешевого выпуска, и большую долю дорогого. Если вы достаточно сообразительны, вы будете участвовать в игре лишь при условии значительного в среднем занижения цены[14]. Многие инвестиционные банки и институциональные инвесторы считают, что занижение цены выгодно самой фирме-эмитенту. Они утверждают, что низкая цена предложения первоначальной эмиссии способствует тому, что впоследствии, когда акции поступают на рынок,

---

[14] Проблема, с которой сталкиваются инвесторы новых выпусков, получила название "проклятье победителя". См.: *K. Rock*. Why New Issues Are Underpriced // Journal of Financial Economics. 15: 187–212. January–February. 1986.

ГЛАВА 15. Как корпорации осуществляют эмиссию ценных бумаг   373

их цена возрастает, позволяя фирме привлечь больше капитала[15]. По меньшей мере один промышленник согласен с этой точкой зрения, ибо вот как он описал процедуру определения цены выпуска через некоторое время после того, как его компания стала открытым акционерным обществом:

> *Наша группа подписчиков предложила цену 15 дол. Рынок в целом был устойчивым... когда был принят наш регистрационный документ, и мы поняли, что публика может заплатить 17 или 18 дол. вместо 15 дол. Наши подписчики настаивали на своем желании продавать акции по 15 дол. за каждую, утверждая, что это подходящая цена. Они подчеркивали, что важное значение имеет вторичный рынок и что впоследствии цены могут снизиться, если первоначальная цена акций будет завышена. Имея долгую юридическую практику... я всегда придерживался мнения, что клиенты не должны спорить со своими адвокатами. Я руководствовался тем же правилом, принимая советы инвестиционных банков. И как правы оказались наши подписчики! За 6 месяцев цена акции выросла с 15 до 50 дол. Могла ли цена акции подняться так значительно, если бы первоначально мы запросили 17 или 18 дол.? Возможно, тогда кто-то счел бы, что цена изначально завышена, и просто не появился бы на рынке. Достаточно сказать, что в целом результат оказался замечательным. Это подчеркивает значимость работы с компетентными инвестиционными банками, которые направляют вас в этих вопросах[16].*

Довольствоваться продажей товара по цене, составляющей $1/3$ его полной стоимости, — редкое качество.

15-3. ОБЫЧНОЕ ПРЕДЛОЖЕНИЕ ЦЕННЫХ БУМАГ КОМПАНИЯМИ ОТКРЫТОГО ТИПА

После первоначального публичного предложения акций "Марвин и компания" продолжала расти и, подобно большинству растущих фирм, сталкивалась с необходимостью время от времени проводить дополнительные эмиссии акций и долговых обязательств. Сейчас мы отвлечемся от "Марвин" и рассмотрим в общих чертах процедуры, сопровождающие такие периодические эмиссии ценных бумаг.

Формально любая эмиссия ценных бумаг требует одобрения совета директоров фирмы. В случаях, когда эмиссия акций требует увеличения размера уставного капитала, необходимо также согласие акционеров.

Компании открытого типа могут производить эмиссию акций либо путем обычного предложения инвесторам ценных бумаг с оплатой в денежной форме, либо в виде эмиссии прав, размещаемых исключительно среди акционеров компании. В данной главе мы уделим основное внимание механизму обычного предложения ценных бумаг, который используется практически для всех эмиссий акций и долговых обязательств. Хотя эмиссии прав стали редкостью в США, они довольно широко распространены в других странах, и вы должны знать, как они осуществляются. Поэтому в Приложении А к данной главе мы расскажем об эмиссии прав и рассмотрим некоторые интересные и спорные вопросы, связанные с их использованием.

---

[15] Анализ того, как фирмы могут рационально снизить цену, облегчая тем самым последующие выпуски акций, см.: *I. Welch.* Seasoned Offering, Imitation Costs and the Underpricing of Initial Public Offering // Journal of Finance. 44: 421–449. June 1989.

[16] Источник: *E. I. Winter.* A Complete Guide to Market a Public Offering. Printerce-Hall, Inc., Englewood Cliffs, N.J., 1962. Приведем другой пример. В 1987 г. британская компания Sock Shop International предложила публике акции по цене 125 пенсов за каждую. В первый день продаж цена поднялась до 205 пенсов. Президент фирмы говорила, что она "пришла в экстаз" от реакции рынка. Она опровергла предположение, что цены были занижены, подчеркивая, что если бы акции были более дорогими, компанию "вполне справедливо" могли бы обвинить в завышении цен. См: Financial Times. May 15. 1987.

Обычное предложение ценных бумаг и "полочная регистрация"

Когда компания делает обычное предложение акций или долговых обязательств, она проходит через те же процедуры, что и при первоначальной публичной эмиссии. Другими словами, она регистрирует выпуск в КЦББ и затем продает его подписчику (или синдикату подписчиков), который, в свою очередь, предлагает ценные бумаги широкой публике.

В 1982 г. КЦББ приняла Правило 415, которое разрешало крупным компаниям представлять один регистрационный документ, охватывающий их финансовые планы на период до двух лет. Когда фирма нуждается в денежных средствах или полагает, что может эмитировать ценные бумаги по привлекательной цене, для оформления эмиссии или эмиссий требуется лишь небольшая дополнительная работа. Это называется *"полочной регистрацией"*, т. е. регистрационный документ "кладется на полку" и извлекается оттуда по мере необходимости.

Представьте себе, каким образом вы, будучи финансовым менеджером, могли бы использовать "полочную регистрацию". Предположим, что вашей компании в течение следующего года или около того понадобилось выпустить новые долгосрочные долговые обязательства на сумму до 200 млн дол. Она может прибегнуть к "полочной регистрации" эмиссии на эту сумму. Это значит, что она заранее получит право выпуска долговых обязательств на сумму до 200 млн дол., но при этом не будет обязана эмитировать ни на цент. Ей также не придется работать с какими-либо *определенными* подписчиками — в регистрационном документе может быть указан один подписчик или более, с которыми фирма предполагает иметь дело, но позже допускается назвать и других.

Теперь вы можете спокойно осуществлять эмиссию долговых обязательств по мере необходимости и в желаемом вами объеме. Предположим, Merrill Lynch нашла страховую компанию, располагающую 10 млн дол. и готовую инвестировать их в корпоративные облигации. Звонит ваш телефон. Это Merrill Lynch предлагает купить у вас ваши облигации на 10 млн дол. по цене, которая принесет доход, скажем, в 12,5%. Если вы посчитаете эту цену хорошей, финансовый менеджер даст "добро", и сделка состоится, при этом потребуется лишь незначительный объем работы по оформлению документов. Затем Merrill Lynch перепродаст облигации страховой компании в надежде на цену чуть выше той, по которой она их приобрела, и заработает на этом посредничестве прибыль.

Есть и другой вероятный способ осуществления сделки. Допустим, вы обнаружили для себя благоприятную возможность воспользоваться "временно низкими" процентными ставками. Вы объявляете о желании продать облигации на сумму 100 млн дол. Какие-то конкурентные заявки могут поступить от крупных инвестиционных банков, действующих самостоятельно, другие от синдикатов. Это вас не волнует — если цена вас устраивает, вы просто выбираете лучшее из предложений.

Таким образом, "полочная регистрация" дает фирмам некоторые преимущества, которых они не имели раньше.

1. Ценные бумаги можно выпускать в любом виде без чрезмерных операционных издержек.
2. Ценные бумаги можно выпускать с кратковременным уведомлением.
3. Для эмиссии ценных бумаг может быть выбрано оптимальное время, позволяющее воспользоваться преимуществами "рыночных условий" (хотя любой финансовый менеджер, который способен *достоверно* определить благоприятные рыночные условия, мог бы заработать гораздо больше денег, уволившись и занявшись вместо этого торговлей акциями или облигациями).
4. Фирма-эмитент может быть уверена, что подписчики конкурируют между собой за право размещать ценные бумаги. Фактически она может устроить аукционную распродажу ценных бумаг.

ГЛАВА 15. Как корпорации осуществляют эмиссию ценных бумаг   375

Подписчики и в самом деле конкурируют друг с другом. Хотя некоторые крупные инвестиционные банки решительно противились тому, чтобы КЦББ принимала Правило 415 в период его обсуждения, однако после его принятия они азартно включились в новую игру. Как заметил один работавший с ними юрист: "Если бы КЦББ приняла правило, требующее проводить подписку в Уотертауне, штат Нью-Йорк, забравшись в снег и раздевшись догола, эти парни были бы в первых рядах"[17].

Не все компании, имеющие право на "полочную регистрацию", реально пользуются им для всех своих публичных эмиссий. Иногда им кажется, что лучше осуществить одну крупную эмиссию по традиционным каналам, особенно когда ценные бумаги, намеченные к выпуску, имеют необычные особенности либо когда фирма полагает, что ей требуется консультация инвестиционного банка или его одобрение на осуществление выпуска. Таким образом, "полочная регистрация" реже применяется для эмиссии обыкновенных акций и конвертируемых ценных бумаг, чем для обычных корпоративных облигаций.

Международные эмиссии ценных бумаг

Устойчивые и успешно функционирующие компании не ограничиваются рынками капиталов США, для привлечения средств они могут обращаться и к международным рынкам капиталов. Как мы показали в главе 14, это означает одну из двух возможностей. Либо компания осуществляет выпуск иностранных облигаций на рынке другой страны (в этом случае он подчиняется законам и традициям этой страны), либо выпускает еврооблигации, которые обращаются по всему миру[18]. Процедуры эмиссии еврооблигаций в значительной степени подобны процедурам внутренней эмиссии облигаций в США. Следует отметить два момента.

1. Поскольку выпуск этих облигаций не предлагается в открытую продажу на рынках США, отпадает необходимость регистрировать его в КЦББ. Следовательно, заемщики экономят на регистрационных расходах. Однако остается необходимость в составлении проспекта эмиссии ценных бумаг либо циркуляра о предложении[19].
2. Часто эмиссия еврооблигаций проводится в форме *"купленной сделки"*, при которой один или несколько подписчиков покупают весь выпуск. "Купленные сделки" позволяют компаниям выпускать облигации с очень краткосрочным уведомлением.

Издержки обычного предложения ценных бумаг

Обычное предложение ценных бумаг сопровождается крупными административными расходами. Кроме того, фирма должна оплатить услуги подписчиков, продавая им ценные бумаги ниже той цены, которую те ожидают получить от инвесторов. В таблице 15-1 приведены средние значения административных издержек и затрат на оплату услуг подписчиков для внутренних эмиссий акций в США[20].

---

[17] Цитируется по: *Tim Carrington*. New Ball Game: Investment Bankers Enter a New Era // The Wall Street Journal. June 21. 1982. P. 10.
[18] Иногда американские фирмы выпускают за границей акции либо для того, чтобы внедриться на более емкий рынок, либо для того, чтобы не проходить регистрацию. Например, в 1982 г. компания International Signal and Control осуществила публичную эмиссию акций не в США, а в Лондоне.
[19] Если выпуск не регистрируется, его можно продавать инвесторам в США только после того, как он "утрясется", или по истечении 90 дней после завершения первичной продажи.
[20] Эти данные не отражают *всех* административных издержек. Например, в них не учитывается время, потраченное руководством на организацию эмиссии.

ТАБЛИЦА 15-1
Издержки эмиссии в процентах к поступлениям от зарегистрированных эмиссий обыкновенных акций в период 1971—1975 гг.

Размер эмиссии (в млн дол.)	Гарантированные обычные предложения			Гарантированные эмиссии прав		
	Оплата услуг подписчиков (в %)	Прочие затраты (в %)	Все издержки (в %)	Оплата услуг подписчиков (в %)	Прочие затраты (в %)	Все издержки (в %)
0,50—0,99	7,0	6,8	13,7	3,4	4,8	8,2
1,00—1,99	10,4	4,9	15,3	6,4	4,2	10,5
2,00—4,99	6,6	2,9	9,5	5,2	2,9	8,1
5,00—9,99	5,5	1,5	7,0	3,9	2,2	6,1
10,00—19,99	4,8	0,7	5,6	4,1	1,2	5,4
20,00—49,99	4,3	0,4	4,7	3,8	0,9	4,7
50,00—99,99	4,0	0,2	4,2	4,0	0,7	4,7
100,00—500,00	3,8	0,1	4,0	3,5	0,5	4,0
В среднем	5,0	1,2	6,2	4,3	1,7	6,1

Источник: *C.W.Smith*. Alternative Methods for Raising Capital: Rights versus Underwritten Offerings // Journal of Financial Economics. 5:273—307. December 1977. Table 1. P. 277.

Эта таблица ясно показывает экономию, какой позволяют достичь масштабы эмиссии ценных бумаг. Взгляните на данные о гарантированных к размещению обычных предложениях ценных бумаг. (Мы оставляем обсуждение эмисии прав до Приложения А.) Издержки могут составлять 15% для гарантированных выпусков размером до 1 млн дол., но только 4% для выпусков стоимостью 500 млн дол. Это происходит потому, что затраты на эмиссию состоят в основном из постоянных издержек.

Издержки эмиссии долговых ценных бумаг ниже издержек эмиссии долевых ценных бумаг — для крупных выпусков долговых обязательств они составляют менее 1%,— но они также отражают экономию, обусловленную масштабами эмиссии. Выпуск долговых обязательств дешевле благодаря более низким административным расходам, а также потому, что подписчики требуют компенсацию за больший риск, который они принимают на себя при покупке и перепродаже акций.

*Реакция рынка на эмиссию акций

Поскольку эмиссия акций обычно порождает крупное дополнительное предложение акций на рынке, бытует мнение, что она должна временно снижать цены на акции. Если предлагаемый выпуск имеет очень большие объемы, считается, что его давление на цены может оказаться столь сильным, что это практически не позволит привлечь новые денежные средства. Если так, то фирма практически сталкивается с ограничениями на капитал.

Такое представление о давлении на цены предполагает, что вследствие снижения цен акции компании могут быть куплены дешевле их истинной стоимости. Следовательно, оно не согласуется с концепцией эффективного рынка. Альтернативное мнение заключается в том, что инвесторы покупают акции просто потому, что эти акции обеспечивают им справедливое вознаграждение за риск. Если бы цены на акции падали исключительно из-за возросшего предложения, тогда акции обеспечивали бы вознаграждение *большее*, чем необходимо для компенсации риска, и привлекали бы инвесторов, как чертополох — ослов. Именно это обстоятельство обнаружил Мирон Шольц, когда анализировал продажи инвесторам крупных пакетов акций (см. раздел 13—7); спрос на акции чувствителен к очень незначительному изменению их цен, а информация, содержащаяся в продаже блоков акций, вызывает небольшое и постоянное снижение цен.

ГЛАВА 15. Как корпорации осуществляют эмиссию ценных бумаг

Экономисты, которые занимались анализом новых эмиссий обыкновенных акций, в большинстве случаев находили, что сообщение об эмиссии *действительно* ведет к снижению цен на акции. Для эмиссии ценных бумаг промышленных корпораций США это снижение составляет примерно 3%[21]. Это не должно звучать обескураживающе, но падение рыночной стоимости покрывает почти треть новых денег, полученных в результате эмиссий.

В чем здесь дело? Цены на акции снижаются просто под воздействием дополнительного предложения? Такое возможно[22], но существует несколько альтернативных объяснений. Вот одно из них...

Предположим, менеджеры осведомлены о том, что цена на их акции занижена. Если компания продает акции по этой низкой цене, новые акционеры выигрывают за счет старых. При таких обстоятельствах менеджеры, возможно, скорее будут готовы отказаться от новых инвестиций, чем продавать акции по очень низким ценам[23].

Если менеджеры знают, что цена на акции завышена, создается противоположная ситуация. Если компания продаст новые акции по высокой цене, выиграют старые акционеры за счет новых. Менеджеры будут готовы осуществить эмиссию, даже если потом просто положат полученные деньги на банковский счет.

Конечно, инвесторы не глупы. Они могут предположить, что менеджеры осуществляют эмиссии акций скорее всего тогда, когда считают, что цена на них завышена, и поэтому инвесторы соответственно пытаются снизить цену на акции. Таким образом, снижение цен на акции в период нового выпуска может не иметь ничего общего с возросшим предложением, а просто связано с информацией, которую несет в себе эмиссия[24].

15–4. РОЛЬ ПОДПИСЧИКА

Сейчас мы должны более внимательно рассмотреть роль, которую играют подписчики в период публичного предложения акций. Мы упоминали, что они выполняют тройную функцию — дают советы, покупают новый выпуск у компании и перепродают его публике. Оплата этих услуг происходит за счет ценового *спреда*, т.е. цена, по которой они могут купить акции, меньше *цены предложения*, по которой ценные бумаги продаются инвесторам. В сделках с высокой степенью риска подписчик, как правило, получает дополнительную компенсацию в неденежной форме, например варранты на покупку дополни-

---

[21] См. например: *P. Asquith and D. W. Mullins.* Equity Issues and Offering Dilution //Journal of Financial Economics.15: 61–90. January–February. 1986; *R. W. Masulis and A. N. Korwar.* Seasoned Equity Offering: An Empirical Investigation //Journal of Financial Economics. 15: 91–118. January–February. 1986; *W. H. Mikkelson and M. M. Partch.* Valuation Effects of Security Offerings and the Issuance Process //Journal of Financial Economics. 15: 31–60. January–February.1986. Представляется, что меньше всего снижаются цены на акции компаний коммунального хозяйства. Кроме того, согласно исследованиям Марша, в Великобритании наименьшее снижение цен наблюдается по эмиссии прав. См.: *P. R. Marsh.* Equity Rights Issues and the Efficiency of the UK Stock Market //Journal of Finance. 34: 839–862. September. 1979.

[22] Если снижение цен происходит из-за давления на них, мы могли бы ожидать обратных изменений, когда выпуск реализован, но ни одно из исследований не обнаружило таких изменений. Кроме того, все исследования, указанные в сноске 20, за исключением работы Аскита и Маллинза, показывают, что снижение цен не было связано с размером эмиссии. Это не согласуется с утверждением о давлении на цены.

[23] Конечно, если бы менеджеры могли убедить акционеров, что цены акций занижены, тогда проблема была бы решена. Но им, возможно, было бы затруднительно доказать достоверность своей информации или они не захотели бы раскрыть слишком много информации из-за боязни помочь этим конкурентам фирмы.

[24] Такое объяснение было приведено в работе: *S. C. Myers and N. S. Majluf.* Corporate and Investment Decisions When Firms Have Information that Investors Do Not Have // Journal of Financial Economics. 13: 187–222. 1984.

тельного количества акций. Иногда, когда новый выпуск обыкновенных акций считается особенно рисковым, подписчик может не захотеть брать на себя гарантийные обязательства и возьмется размещать выпуск только на условиях "максимальные усилия" или на условиях "все-или-ничего". *Максимальные усилия* подразумевают, что подписчик обязуется продать столько акций, сколько представится возможным, но не гарантирует продажу всего выпуска полностью. Условие *"все-или-ничего"* означает, что если весь выпуск не может быть продан по цене предложения, то соглашение аннулируется и компания-эмитент ничего не получает.

В случае крупных эмиссий группа подписчиков для осуществления продаж обычно образует синдикат. При этом один из подписчиков становится главой синдиката и за свою работу получает около 20% спреда. Другие 20 – 30% спреда обычно получают те члены группы, которые покупают выпуск. Оставшиеся 50 – 60% распределяются между большим количеством фирм, которые размещают выпуск[25].

Национальная ассоциация дилеров ценных бумаг требует, чтобы синдикат подписчиков продавал выпуск по твердой цене предложения. Однако подписчику обычно разрешается перепокупать акции по рыночной цене с целью поддержания рынка[26]. (Загляните, например, на вторую страницу проспекта "Марвин".) Мы ничего не знаем о стабилизирующем воздействии таких сделок. Однако если рынок капиталов эффективен, тогда сделки влияют на цены лишь постольку, поскольку предполагается, что они несут информацию. В этом случае стабилизирующее влияние подписчиков на уровень цен не может быть продолжительным.

В любом случае, если выпуск совершенно не продается и рыночная цена падает значительно ниже цены предложения, подписчикам ничего не остается, кроме как расформировать свой синдикат. Члены синдиката затем по мере возможности избавляются от своих обязательств.

Большинство компаний привлекают новый капитал лишь время от времени, в то время как подписчики занимаются этим постоянно. Поэтому зарекомендовавшие себя подписчики заботятся о своей репутации и не возьмутся размещать новый выпуск, если они не уверены, что инвесторы были правильно информированы. Таким образом, помимо продажи выпуска, подписчики в действительности выносят свое одобрение. Это скрытое одобрение может дорого стоить для компании, впервые входящей на рынок.

Подписка – это не всегда веселое дело. 15 октября 1987 г. правительство Великобритании заключило соглашение на продажу имевшихся у него акций British Petroleum (BP) по 3,30 фунта стерлингов за акциию[27]. Эта огромная эмиссия стоимостью более 12 млрд дол. была самым большим публичным предложением акций в истории. Акции размещались международной группой подписчиков и одновременно продавались на рынках ряда стран. Через 4 дня после подписания гарантийного соглашения октябрьский кризис привел к пикирующему падению цен на фондовых рынках всего мира. Подписчики безуспешно обращались к правительству Великобритании с просьбой отменить эмиссию[28]. В последний день предложения цена на акции BP сни-

---

[25] Иногда торговая скидка предлагается не формальной группе реализации, а какому-либо члену Национальной ассоциации дилеров ценных бумаг.

[26] В таких случаях члены синдиката могли бы отказаться от выполнения своих обязательств, продавая свои акции на рынке главному подписчику. Для предотвращения этого осуществляется контроль, и члены синдиката, акции которых оказываются в конечном итоге на руках у главного подписчика, теряют эту часть своих вознаграждений.

[27] Частично эмиссия была вторичной (продажа акций правительства Великобритании), а частично первичной (BP получила возможность привлечь дополнительный капитал посредством продажи новых акций).

[28] Единственная уступка правительства свелась к тому, что оно ограничило убытки подписчиков посредством предоставления им опциона на перепродажу акций правительству по цене 2,80 фунта стерлингов за акцию.

зилась до 2,96 фунта стерлингов, и подписчики понесли ущерб на сумму более миллиарда долларов.

Кто такие подписчики?

Поскольку подписчики играют столь важную роль в новых эмиссиях, нам стоит разобраться — кто они такие. Несколько тысяч инвестиционных банков, дилеры по операциям с ценными бумагами и брокеры по крайней мере время от времени занимаются размещением выпусков. Однако на рынке крупных выпусков доминируют ведущие инвестиционные банковские фирмы с хорошей репутацией, большим опытом и крупными финансовыми ресурсами. В таблице 15-2 перечислены некоторые из наиболее крупных фирм-подписчиков, расположенные в порядке убывания гарантированного ими совокупного объема выпусков в 1989 г. Merrill Lynch, ставшая победителем года, участвовала в качестве либо ведущего подписчика, либо участника группы подписчиков в 617 выпусках и заработала в целом 82,5 млрд дол.

Для каждой публичной эмиссии публикуется объявление — так называемый "надгробный памятник", в котором перечисляются все подписчики. На рисунке 15-2 мы воспроизвели "надгробный памятник" первоначального публичного предложения акций компании Orbital Sciences Corporation. Порядок перечисления названий отражает прочно установившуюся иерархию среди подписчиков. Ведущие подписчики перечислены в алфавитном порядке в начале списка. Затем идут подписчики второго ранга и т. д.

Фирмы во что бы то ни стало стараются сохранить свое положение. Те, что борются за особое положение, часто вынуждены соглашаться на занесение в список "не по порядку". Но прежний порядок и в самом деле меняется. Фирмы, имеющие надежных торговых агентов, такие, как Merrill Lynch, с годами расширяют деятельность и улучшают свои позиции. В то же время крупные признанные фирмы, такие, как Morgan Stanley, в ответ на необходимость делиться рынком формируют широкую сеть региональных фирм.

Так как выпуски еврооблигаций продаются на международных рынках, синдикаты подписчиков еврооблигаций не ограничиваются инвестиционными банками США. Как видно из таблицы 15-3, иностранные банки являются крупными игроками на этом рынке; среди таких иностранных банков особенно агрессивной экспансией отличаются японские банки. Кроме того, отделения американских коммерческих банков в Лондоне участвуют в размещении выпусков еврооблигаций, в то время как их материнским банкам в США закон Гласса—Стигала запрещает заниматься размещением внутренних выпусков облигаций.

ТАБЛИЦА 15-2
Ведущие подписчики, перечисленные в соответствии с совокупным объемом выпусков, гарантированных ими в 1989 г. (*Источник:* IDD Information Services // Institutional Investor. February. 1990. P. 165.)

Merrill Lynch
Goldman Sachs
Salomon Brothers
First Boston
Morgan Stanley
Shearson Lehman Hutton
Bear Stearns
Prudential-Bache
Drexel Burnham Lambert
Kidder Peabody

ТАБЛИЦА 15-3
Ведущие подписчики еврооблигаций, перечисленные в соответствии с совокупным объемом гарантированных ими в 1989 г. выпусков (при ранжировании учитывались выпуски как американских, так и неамериканских эмитентов). (*Источник*: IDD Information Services // Institutional Investor. February. 1990. P. 125.)

Nomura Securities
Daiwa Securities
Yamaichi Securities
Nikko Securities
Deutsche Bank
Credit Suisse/CSFB Grupe
J.P.Morgan Securities
Bankers Trust
Merrill Lynch
Morgan Stanley
Banque Paribas
Salomon Brothers
Industrial Bank of Japan
Union Bank of Swizerland
Goldman Sachs

Выбор подписчика

Многие компании устанавливают крепкие связи с конкретными инвестиционными банками, которые гарантируют размещение выпусков ценных бумаг компании и предоставляют другие финансовые услуги[29]. Исключение составляют холдинговые компании в сфере коммунального хозяйства; они, как правило, обязаны выбирать подписчиков на конкурентной основе (хотя иногда, когда холдинговая компания сталкивается с "неустановившимися рыночными условиями", КЦББ идет на уступки и разрешает заключение прямых соглашений). Коммунальные предприятия, не имеющие форму холдинга, вправе поступать по своему усмотрению.

Конкуренция действительно существует. Компании коммунального хозяйства почти всегда имеют по крайней мере две конкурентные заявки. При небольших выпусках, когда для образования синдиката требуется всего лишь несколько фирм, бывает, поступают 4 или 5 заявок. Но каково влияние конкуренции? Кажется, она реально уменьшает спред, выплачиваемый подписчику. Например, проведенное Бэгетом и Фростом исследование 479 эмиссий акций компаний коммунального хозяйства в период с 1973 по 1980 г. показало, что спред в среднем составлял 3,9% для подписки на основе прямых договоров и 3,1% для подписки на основе конкурентных заявок[30]. И все же фирмы, имеющие выбор, обычно практикуют договорную форму подписки. Почему?

Подписчики утверждают, что договорные выпуски позволяют им уделять больше времени маркетингу эмиссии — например, поиску крупных покупателей и привлечению "продавцов" из местных брокерских фирм. Маркетинг наиболее эффективен, если хорошо организован до момента эмиссии. При конкурсной подписке синдикат не уделяет столько внимания маркетингу, по-

---
[29] Выше мы рассказывали, как компании после открытого акционирования иногда используют "полочную регистрацию" для дальнейшего привлечения капитала. В этих случаях компании не связаны с определенным подписчиком.
[30] *S. Bhagat and P. A. Frost*. Issuing Costs to Existing Shareholders in Competitive and Negotiated Underwritten Public Utility Equity Offerings // Journal of Financial Economics. 15: 233—259. January—February. 1986.

ГЛАВА 15. Как корпорации осуществляют эмиссию ценных бумаг

РИСУНОК 15-2
В объявлениях, именуемых "надгробный памятник", подобных тому, что представлен здесь, перечисляются подписчики новой эмиссии.

скольку в случае поражения в конкурсе это окажется пустой тратой средств. Поэтому он вынужден привлекать покупателей заниженной ценой выпуска, а не экспертизой продаж.

Если подписчики правы, то при конкурсном предложении мы должны наблюдать значительное временное снижение цен в период, близкий к дате эмиссии. В своем исследовании Бэгет и Фрост обнаружили обратное: в среднем при конкурсном предложении занижение цен *меньше*, хотя разброс степени занижения цен гораздо больше[31].

Это спорная проблема, и мы подозреваем, что исследование Бэгета и Фроста в этой области — отнюдь не последнее. Нет доказательств того, что компании в среднем проигрывают на конкурсных заявках, так как они, согласно расчетам Бэгета и Фроста, способны существенно снизить свои расходы.

15—5. ЧАСТНОЕ РАЗМЕЩЕНИЕ

Когда бы компания ни выступала с публичным предложением ценных бумаг, она обязана зарегистрировать выпуск в КЦББ. Этой дорогостоящей операции можно избежать, продавая ценные бумаги в частном порядке. Строгого и четкого определения частного размещения не существует, но КЦББ требует, чтобы в этом случае ценные бумаги продавались не более чем двенадцати известным инвесторам.

Одно из неблагоприятных обстоятельств, связанных с частным размещением, заключается в том, что инвестор не может легко перепродать ценные бумаги. Для инвесторов, приобретающих обыкновенные акции частного размещения, это сделать еще труднее, поскольку эти так называемые *"акции-письма"*[32] выпускаются исключительно малыми компаниями закрытого типа. Ликвидность не имеет большого значения для таких институтов, как компании по страхованию жизни, которые инвестируют огромные суммы денег в долговые обязательства корпораций на длительный период. Поэтому механизм частного размещения активно развивался именно для долговых обязательств корпораций. В 1980 г. частное размещение охватывало $^1/_5$ часть всех новых выпусков корпоративных долговых обязательств, а к 1989 г. эта доля выросла почти до $^1/_2$.

Компания и кредитор часто напрямую заключают соглашение о частном размещении долговых обязательств. Если один институт не может принять весь выпуск, компания, как правило, обращается в инвестиционный банк, чтобы составить проспект эмиссии и определить возможных покупателей.

Как вы могли бы догадаться, соглашение о частном размещении обходится не так дорого, как публичная эмиссия. Это особенно ценно для компаний, осуществляющих небольшие выпуски ценных бумаг. Другое преимущество частного размещения состоит в том, что для фирм со специфическими проблемами или возможностями может быть специально подготовлено особое кредитное соглашение. При этом между заемщиком и кредитором устанавливаются гораздо более тесные связи. Представьте себе выпуск долговых обязательств на сумму 20 млн дол., размещенный в частном порядке в страховой компании, и сравните это с подобной публичной эмиссией, размещенной среди 200 неизвестных инвесторов. Страховая компания проводит более тщательное изучение

---

[31] Рассматривая более ранний период, Логус и Джерроу обнаружили существенное занижение цен при конкурсных эмиссиях, которое почти перекрывало выгоды от меньшего спреда. См.: *D. E. Logus and R.A. Jarrow.* Negotiation vs. Competitive Bidding in the Sale of Securities by Public Utility // Financial Management. 7: 31—39. Autumn. 1978.
[32] Их так называют потому, что КЦББ требует от покупателей письмо, подтверждающее, что акции покупаются не для перепродажи.

ГЛАВА 15. Как корпорации осуществляют эмиссию ценных бумаг

перспектив фирмы и, следовательно, может скорее согласиться на необычные сроки или условия[33]. Изменение кредитного соглашения, вызванное неожиданными событиями, также весьма проблематично в случае публичной эмиссии, но достаточно несложно при частном размещении.

Поэтому неудивительно, что частное размещение занимает особую нишу на рынке долговых обязательств корпораций и осуществляется, главным образом, для кредитования малых и средних фирм. Таким фирмам публичная эмиссия обходится дороже, чем другим, они требуют более детальных исследований и, возможно, нуждаются в особых гибких условиях займов[34].

Конечно, эти преимущества не даются даром. При частном размещении кредиторам требуется компенсация за принимаемый ими риск и за расходы на проведение исследований и переговоров. Им также нужна компенсация за держание неликвидных активов. Все эти факторы учитываются в процентной ставке, выплачиваемой фирмой. Трудно сделать выводы о разнице между процентными ставками при частном и публичном размещении займов, но обычно она составляет около 50 основных или 0,50 процентных пункта. В 1990 г. КЦББ ослабила свои ограничения на то, кто может покупать и продавать незарегистрированные ценные бумаги. Новое Правило 144а разрешает крупным финансовым институтам (называемым *квалифицированными институциональными покупателями*) перепродавать незарегистрированные ценные бумаги друг другу. Одновременно Национальная ассоциация дилеров ценных бумаг внедрила систему экранирования для торговли этими ценными бумагами, разрешенными Правилом 144а.

Правило 144а касается, главным образом, иностранных корпораций, прежде воздерживавшихся от выпуска ценных бумаг в США из-за необходимости регистрации. КЦББ считает, что такие фирмы привлекла бы возможность выпускать незарегистрированные акции и облигации, которые затем могли бы свободно продаваться крупными финансовыми институтами США[35]. Существовала надежда, что еврорынки откроют перед американскими эмитентами простор для расширения масштабов новых выпусков. Впрочем, Правило 144а не ограничивалось только иностранными компаниями, и некоторые корпорации США надеялись, что возникнет рынок для их незарегистрированных долговых обязательств, если финансовые институты получат право покупать и продавать их.

Когда мы готовили данную главу, Правило 144а действовало всего лишь 6 месяцев. Небольшая группа иностранных компаний воспользовалась Правилом, чтобы осуществить выпуски долговых обязательств или акций на рынке США, но пока еще не ясно, произведет ли это коренные изменения на рынке выпусков с частным размещением.

15–6. РЕЗЮМЕ

В данной главе мы рассказали о различных процедурах выпуска корпорациями ценных бумаг. Сначала мы познакомились с тем, как молодые компании привлекают венчурный капитал, необходимый им, чтобы дожить до того мо-

---

[33] Конечно, долговые обязательства на тех же условиях могут быть предложены и публике, но тогда может потребоваться 200 отдельных исследований — очень дорогое удовольствие.

[34] Тем не менее многие крупные компании также прибегают к частному размещению. Грегори Хокинс исследовал группу крупных фирм, перечисленных в Moody's Industrial Manual за 1977 г. 80% фирм, которые осуществляли публичные выпуски долговых обязательств, *также* делали займы и в частном порядке. См.: *G. H. Hawkins*. Op. cit. Table 11. P. 62.

[35] Вместо инвестирования в акции непосредственно в США иностранные компании, как правило, выпускают *американские депозитарные свидетельства*. Они представляют собой просто требования на акции иностранных компаний, депонированные в банке владельцами свидетельств.

мента, когда они смогут осуществить первую публичную эмиссию акций. Затем мы увидели, как компании осуществляют дальнейшие публичные эмиссии ценных бумаг посредством обычного предложения. И наконец, мы рассмотрели процедуры частного размещения. Всегда трудно делать краткое обобщение материала. Вместо этого мы попытаемся выделить наиболее важные моменты для финансовых менеджеров, принимающих решения о методах привлечения капитала.

1. *Чем больше, тем дешевле.* Эмиссии ценных бумаг присущ эффект масштаба, т.е. эмиссия в крупных размерах всегда обеспечивает экономию на затратах. Дешевле выйти на рынок один раз со 100 млн дол., чем делать это дважды с 50 млн дол. каждый раз. Поэтому фирмы концентрируют эмиссии ценных бумаг. Часто это может означать опору на краткосрочное финансирование в ожидании оправданной крупной эмиссии. Или же это может означать единоразовую эмиссию сверх требуемых на данный момент размеров, чтобы избежать повторной эмиссии позже.

2. *Нераспределенная прибыль не имеет эмиссионных издержек.* Любая эмиссия акций сопровождается значительными расходами. Но от такой эмиссии можно отказаться в той степени, в какой фирма способна реинвестировать свои прибыли. Почему же тогда мы наблюдаем фирмы, которые выплачивают щедрые денежные дивиденды и время от времени осуществляют эмиссию акций? Почему они не снижают дивиденды, не сокращают новые выпуски, чтобы таким образом избежать оплаты услуг подписчиков, юристов и аудиторов? К этому вопросу мы вернемся в главе 16.

3. *Частное размещение – для малых, рисковых и необычных предприятий.* Мы не считаем, что крупные, надежные и пользующиеся доверием фирмы должны исключать частное размещение. Таким способом иногда привлекаются капиталы огромных размеров. Например, AT&T однажды сделала заем на сумму 500 млн дол. благодаря одному выпуску с частным размещением. Но к особым преимуществам частного размещения относится возможность избежать регистрационных расходов и более тесные связи с кредитором. А это не имеет большой ценности для заемщиков, чьи акции уже завоевали популярность и обладают высокой курсовой стоимостью.

4. *Остерегаться занижения цен.* Занижение цен представляет собой скрытые издержки для существующих акционеров. К счастью, это обычно распространяется только на компании, впервые продающие акции широкой публике.

5. *Новые выпуски могут снизить цену акций.* Степень такого давления на цены различна, но для выпусков акций промышленных фирм США снижение стоимости существующих акций может составлять значительную величину в сравнении с полученными от выпуска суммами. Вероятно, причиной такого давления является информация, которую рынок извлекает из решения компании об осуществлении эмиссии.

6. *"Полочная регистрация" часто имеет смысл для выпусков долговых обязательств фирмами с надежными и дорогостоящими ценными бумагами.* "Полочная регистрация" сокращает затраты времени на организацию нового выпуска, повышает гибкость и позволяет снизить расходы на оплату услуг подписчиков. По-видимому, это более всего подходит для выпусков долговых обязательств крупными фирмами, которые с радостью меняют инвестиционные банки. "Полочная регистрация", вероятно, менее всего подходит для очень рисковых или сложных ценных бумаг или же для небольших компаний, для которых, очевидно, более ценны тесные связи с одним и тем же инвестиционным банком.

ГЛАВА 15. Как корпорации осуществляют эмиссию ценных бумаг

ПРИЛОЖЕНИЕ А: ПРИВИЛЕГИРОВАННАЯ ПОДПИСКА ИЛИ ЭМИССИЯ ПРАВ

В США большинство новых эмиссий обыкновенных акций предлагается всем инвесторам. Однако иногда компании производят выпуск прав, предлагаемых только существующим акционерам. Во многих других странах эмиссии прав являются наиболее распространенным или единственным способом эмиссии акций. В данном приложении мы увидим, как осуществляются эмиссии прав и сколько они стоят.

Регистрационные уставы некоторых фирм содержат положение о том, что акционеры имеют *преимущественное право* подписки на новые выпуски. Буквальная интерпретация преимущественных прав наложила бы невыносимые ограничения на свободу действий менеджеров, и поэтому неудивительно, что эти права имеют более узкое толкование. Во-первых, обычно они распространяются на эмиссии обыкновенных акций, конвертируемых ценных бумаг и привилегированных акций с правом голоса, но не на эмиссии долговых обязательств. Во-вторых, они не распространяются на выпуски акций для работников или акций, которые выкупаются у акционеров и затем поступают в казначейство компании для последующей перепродажи. Последнее покажется странным для тех, кто полагает, что история жизни отдельной акции не имеет значения.

Как осуществляются эмиссии прав

Вот пример эмиссии прав. В июле 1977 г. American Electric Power Co. осуществила эмиссию обыкновенных акций в форме эмиссии прав на сумму 198 млн дол. Подготовительные стадии такой эмиссии, включая разработку регистрационного документа, — те же, какие проходит и любая другая публичная эмиссия. Единственное отличие касается процедуры продажи. Акционеры получили варранты, указывающие, что они имеют одно "право" на каждую акцию, которой они владеют. Одиннадцать таких "прав" позволяли акционеру купить одну дополнительную акцию по цене подписки, составлявшей 22 дол., в любое время в течение 24 дней с даты предложения[36].

Акционеры могли продать, реализовать или вообще выбросить это право. Те, кто не продал, должны были бы отложить любое решение о его использовании до конца 24-дневного периода. По окончании этого периода им следовало бы воспользоваться предоставляемой возможностью купить акции по цене 22 дол., если и только если цена акции была не ниже 22 дол.

Чтобы обезопасить себя на случай, если цена упадет ниже установленной, American Electric Power Co. заключила соглашение о подписке на эмиссию. Если при обычном предложении подписчики сразу выкупают эмиссию, то в данном случае им было выплачено 900 000 дол. в виде *платы за выжидание*. В обмен на это они должны были быть готовы купить все акции, на которые не поступило заявки, по цене подписки за вычетом дополнительной *платы за проведение подписки* в размере 0,287 дол. за каждую купленную акцию[37]. Большинство эмиссий прав проводятся на основе выжидательной подписки, однако иногда

---

[36] Эмиссия прав, дающая акционеру одно право на каждую имеющуюся у него акцию, называется правом "Нью-Йорк". В США почти все эмиссии подпадают под право "Нью-Йорк". Но в некоторых странах, например в Великобритании, вам необходимо одно право для покупки одной новой акции. Такое право называется "Филадельфия". Если бы American Electric Power Co. была компанией Великобритании, акционеру было бы необходимо иметь 11 акций, чтобы получить одно право, и это право было бы соответственно в 11 раз ценнее.

[37] Вы можете рассматривать выжидательную подписку как опцион, предоставленный акционерам. В обмен на плату за выжидание они могут продать свои акции подписчикам по цене выпуска. Мы расскажем вам, как оценить такой опцион, в главе 20.

компании экономят на оплате услуг подписчиков, предпочитая низкую цену подписки и молясь, чтобы рыночная цена не упала ниже цены подписки.

Как оказалось, цена акций American Electric Power Co. к концу 24-дневного периода составила $24^3/_8$ дол. Хотя она оказалась выше цены подписки в 22 дол., держатели приблизительно 10% акций не воспользовались своим правом на покупку акций. Мы должны отнести это на счет либо неосведомленности акционеров, либо их отсутствия по причине отпусков[38].

AEP оказалось нетрудно продать акции, на которые не поступило заявок, акционерам, изъявившим желание приобрести дополнительное количество акций. Безусловно, эти акционеры оказались в выигрыше за счет тех, кто находился в отпусках или *не знал о выпуске*.

Как эмиссия прав влияет на цену акций

В левой части таблицы 15-4 представлен случай, когда акционер имеет 11 акций American Electric Power Co. непосредственно перед осуществлением эмиссии прав. Цена акции в то время составляла 24 дол., и, таким образом, общая стоимость акций у такого держателя равнялась 24 × 11, или 264 дол. American Electric Power Co. предоставила возможность купить одну дополнительную акцию за 22 дол. Представьте себя на месте акционера. Если вы тотчас же покупаете новую акцию, количество имеющихся у вас акций возрастает до 12 и, при прочих равных условиях, стоимость 12 акций равна 264 дол. + 22 дол. = = 286 дол. Цена одной акции после выпуска больше не равнялась бы 24 дол., а составила бы 286 дол./12 = 23,83 дол.

Единственное различие между старой акцией, цена которой равна 24 дол., и новой с ценой 23,83 дол. состоит в том, что первая дает право на выпуск. Поэтому старые акции обычно называют акциями *с правом*, новые – *акциями без права*. Разница в цене двух акций, составившая 17 центов, представляет собой цену одного права. Мы можем проверить правильность данной цены права, представив себе второго инвестора, который не имеет акций American Electric Power Co., но желает их приобрести. Один из способов сделать это – купить 11 прав за 17 центов каждое и затем воспользоваться ими, чтобы

ТАБЛИЦА 15-4
Цена выпуска прав не влияет на богатство акционеров

	1 за 11 по 22 дол.	1 за $5^1/_2$ по 11 дол.
До выпуска		
Количество акций	11	11
Цена акции (с правом)	24,00	24,00
Стоимость акций	264,00	264,00
После выпуска		
Количество новых акций	1	2
Величина новых инвестиций	22,00	2 × 11 = 22,00
Совокупная стоимость акций	286,00	286,00
Общее число акций	12	13
Цена новых акций (без права)	286/12 = 23,83	286/13 = 22
Стоимость права	24 − 23,83 = 0,17	24 − 22 = 2

[38] Несмотря на это, American Electric Power Co. не пришлось обращаться к своим подписчикам. Акционерам AEP была предоставлена привилегия купить все акции, на которые не поступило заявок, по цене подписки (22 дол.).

ГЛАВА 15. Как корпорации осуществляют эмиссию ценных бумаг 387

приобрести акцию по цене 22 дол. Общая стоимость акций этого инвестора составила бы 11 × 0,17 дол. + 22 дол. = 23,87 дол., которая с учетом округления равна той же сумме, что требуется для непосредственной покупки одной новой акции.

В конце данной книги мы приводим формулы для расчета стоимости права и, соответственно, цены акции без права.

Цена выпуска не имеет значения, если права реализуются

Если подумать, то становится ясно, что American Electric Power Co. могла бы получить ту же сумму денег и на других условиях. Например, вместо права 1 за 11 по цене 22 дол. она могла предоставить право 1 за 5 $\frac{1}{2}$ по цене 11 дол. В этом случае она могла бы продать в два раза больше акций по половинной цене. Если мы теперь пройдемся по арифметическим выкладкам в правой части таблицы 15-4, то увидим, что цена выпуска не имеет значения при предложении прав. В конце концов это не может влиять на стоимость реальных машин и оборудования, которыми владеет компания, или на долю этих активов, на которую акционер имеет право. Следовательно, единственное, о чем должна беспокоиться компания, определяя условия выпуска акций для акционеров, — это о возможности падения цены на акции ниже цены выпуска. Если это произойдет, акционеры не воспользуются своими правами и весь выпуск провалится. Вы можете избежать такой опасности, заключив гарантийное соглашение с подписчиком. Но гарантийное соглашение, как правило, обходится дорого. Дешевле может оказаться просто установить низкую цену выпуска, чтобы избежать провала.

Выбор между обычным предложением акций и эмиссией прав

Теперь вы знакомы с двумя основными видами публичных эмиссий — предложением акций всем инвесторам с оплатой в денежной форме и эмиссией прав существующим акционерам. Первый способ используется почти для всех выпусков долговых обязательств и эмиссий неиспытанных акций, а также для многих испытанных акций. Эмиссии прав распространяются главным образом на испытанные акции.

Одно из существенных различий между этими видами эмиссий заключается в том, что цена выпуска при эмиссии прав практически не имеет значения. Акционеры вправе продать свои новые акции или свои права на открытом рынке. Следовательно, они могут надеяться получить справедливую цену. Однако в случае обычного предложения цена выпуска может играть важную роль. Если компания продает акции по цене ниже той, которую установил бы рынок, покупатель акций получает прибыль за счет существующих акционеров. Хотя подобная опасность, естественно, делает более предпочтительной эмиссию прав, можно согласиться, что занижение цены является серьезной проблемой только для неиспытанных эмиссий, для которых эмиссия прав никак не может служить альтернативой.

На практике большинство эмиссий прав, осуществляемых в последние годы в США, производились регулируемыми компаниями сферы коммунальных услуг. Некоторые фирмы, акционеры которых пользовались преимущественным правом покупки вновь выпущенных акций, уговорили своих акционеров отказаться от него. В качестве примера можно привести следующее обращение компании Consolidated Edison к своим акционерам в 1976 г.

Издержки выпуска обыкновенных акций, дающих преимущественные права акционерам, значительно превышают издержки выпуска обыкновенных акций, непосредственно предлагаемых публике, из-за дополнительных расходов на печатание и пересылку, расходов, связанных с разъяснением прав и процессом подписки, более высоких комиссионных выплат подписчикам и длительного времени, необходимого для завершения финансирования. Таким образом, если поправка будет одобрена, компания сможет получить необходимый капитал за счет эмиссии очень небольшого количества акций. Со временем это приведет к несколько меньшему разводнению капитала, повышению балансовой стоимости акций, а также показателя прибыли на одну акцию[39].

Каковы основные идеи этого предложения?

1. *Более высокие издержки?* AEP определенно не считала свой выпуск дорогостоящим[40]. Вернемся снова к таблице 15-1. Оплата услуг подписчиков при эмиссии прав представляет собой сумму платы за выжидание и платы за подписку, которые были бы выплачены, если бы выпуск потерпел неудачу. На практике от подписчиков редко требуют собственно подписки на выпуск, и поэтому они обычно получают только плату за выжидание. Это может сделать гарантированную подписчиками эмиссию прав *менее* дорогостоящей, чем публичная эмиссия[41]. Отметим также, что на эмиссию прав можно не проводить подписку, если цена реализации права намного ниже цены акций. *Негарантированные* эмиссии прав могут оказаться гораздо *дешевле* обычных публичных эмиссий, поскольку не требуют расходов на подписку[42].
2. *Требуется больше времени?* Возможно, на месяц — что редко имеет большое значение.
3. *Меньшее количество выпускаемых акций?* К этому времени вы уже должны знать аргументы против этого утверждения.

Короче говоря, аргументы компаний против эмиссий прав несостоятельны. Мы не знаем, почему они все же прибегают к публичному предложению с оплатой в денежной форме. Возможно, существуют скрытые причины, но, пока они не обнаружены, мы не думаем, что вам следует отказываться от эмиссии прав.

---

[39] Мы благодарны Клиффорду Смиту за цитату из обращения Consolidated Edison.

[40] "Некоторые финансовые директора отказываются от выпусков, размещаемых среди акционеров, считая их дорогостоящими и обременительными. Компания American Electric, согласно заявлению вице-президента по финансовым вопросам Джералда П. Мэлони, не обнаружила ни того ни другого.

"Расходы на подписку по последнему выпуску составили 1,1 млн дол., — сообщил г-н Мэлони в интервью на другой день, — только 0,6 от общей суммы израсходованных денег".

"Мы полагаем, что это очень недорого", — добавил он. По его подсчетам, расходы на подписку составили бы "3 или 4%, если бы компания обошла акционеров и осуществила открытый для публики выпуск".

Источник: Richard Phalon. Personal Investing —American Electric's Rights Offering // The New York Times. July 9. 1977. P.15.

[41] Это различие между расходами на подписку для эмиссии прав и для публичной эмиссии отмечалось Робертом Хансеном. Но Хансен также утверждал, что гарантированные эмиссии прав сопровождаются временным снижением цен на акции в период выпуска. Это не имеет значения для акционеров, которые продолжают держать свои акции, но может послужить препятствием для тех, кто желает их продать. См.: *R. S. Hancen.* The Demise of the Rights Issue // The Review of Financial Studies. 1: 289–310. Fall 1988.

[42] Клиффорд Смит, который подготовил таблицу 15-2, на примере небольшой группы негарантированных эмиссий прав показал, что в среднем расходы на такие эмиссии составляют только 2,5%.

ПРИЛОЖЕНИЕ Б: ПРОСПЕКТ НОВОЙ ЭМИССИИ ФИРМЫ "Марвин"[43]

ПРОСПЕКТ

900 000 акций
Корпорация "Марвин и компания"
Обыкновенные акции (номинальная стоимость 10 дол.)

Из 900 000 обыкновенных акций этого выпуска продажу 500 000 акций осуществляет Компания, а 400 000 — Продающие акционеры. Смотри раздел "Основные и Продающие акционеры". Компания не получит каких-либо поступлений от продаже акций Продающими акционерами. До этой эмиссии открытого рынка для обыкновенных акций "Марвин" не существовало. **Данным ценным бумагам свойственна высокая степень риска. Смотри "Отдельные замечания".**

ДАННЫЕ ЦЕННЫЕ БУМАГИ НЕ ПОЛУЧИЛИ РАЗРЕШЕНИЯ ИЛИ ЗАПРЕТА СО СТОРОНЫ КОМИССИИ ПО ЦЕННЫМ БУМАГАМ И БИРЖАМ; КОМИССИЯ ТАКЖЕ НЕ ДЕЛАЛА ЗАКЛЮЧЕНИЯ О ПРАВИЛЬНОСТИ И АДЕКВАТНОСТИ ДАННОГО ПРОСПЕКТА. ЛЮБОЕ ОБРАТНОЕ ЗАЯВЛЕНИЕ СЧИТАЕТСЯ УГОЛОВНЫМ ПРЕСТУПЛЕНИЕМ.

(в дол.)

	Цена для открытых продаж	Скидка подписчику	Поступления Компании (1)	Поступления Продающим акционерам (1)
На акцию	80,00	5,00	75,00	75,00
Всего (2)	72 000 000	4 500 000	37 500 000	30 000 000

(1) До вычета расходов Компании к выплате, которые в целом оценены в 820 000 дол., из них 455 555 дол. будут оплачены Компанией, а 364 445 дол. — Продающими акционерами.
(2) Компания предоставила Подписчикам опцион на покупку дополнительно до 50 000 акций по цене первоначального публичного предложения за вычетом скидки подписчикам исключительно для того, чтобы покрыть превышение реального количества акций над их подписанным количеством.

Данное предложение обыкновенных акций подлежит принятию и акцепту Подписчиками до проведения продажи, а Подписчики вправе отвергнуть любой заказ полностью или частично а также изъять, отменить или изменить предложение без уведомления.

Корпорация "Клейн Меррик"   **Февраль 3, 2009 г.**

Никто не имеет права давать какую-либо информацию или делать какие-либо заявления, отличные от содержащихся здесь, о ценных бумагах, представленных данным Проспектом, и если таковые будут иметь место, необходимо считать их недействительными. Данный Проспект не содержит предложения относительно каких-либо ценных бумаг, кроме зарегистрированных, к которым он относится, или предложений какому-либо физическому лицу в любой юрисдикции, где такое предложение было бы незаконным. Представление этого Проспекта в какое-либо время после даты выпуска не предполагает, что он содержит верную информацию, верную на тот момент.

---

[43] Большинство проспектов составлены таким же образом, как и проспект эмиссии компании "Марвин", но значительно более детализированы. Кроме того, мы исключили из проспекта "Марвин" список подписчиков и ее финансовую отчетность.

В ДАННОМ ВЫПУСКЕ ПОДПИСЧИКИ ВПРАВЕ ПРЕВЫШАТЬ ОГОВОРЕННОЕ КОЛИЧЕСТВО СДЕЛОК ИЛИ ЗАКЛЮЧАТЬ СДЕЛКИ, КОТОРЫЕ СТАБИЛИЗИРУЮТ ИЛИ ПОДДЕРЖИВАЮТ РЫНОЧНУЮ ЦЕНУ ОБЫКНОВЕННЫХ АКЦИЙ КОМПАНИИ НА УРОВНЕ, ПРЕВЫШАЮЩЕМ ТОТ, КОТОРЫЙ МОЖЕТ ПРЕОБЛАДАТЬ НА ОТКРЫТОМ РЫНКЕ В ИНОМ СЛУЧАЕ. ТАКАЯ СТАБИЛИЗАЦИЯ, ЕСЛИ ОНА ПРОВОДИТСЯ, МОЖЕТ БЫТЬ ПРЕКРАЩЕНА В ЛЮБОЕ ВРЕМЯ.

Краткое изложение Проспекта

Следующая краткая информация полностью основана на детализированной информации и финансовой отчетности, содержащейся в данном Проспекте.

Предложение

Обыкновенные акции, предлагаемые Компанией	500 000 акций
Обыкновенные акции, предлагаемые Продающими акционерами	400 000 акций
Обыкновенные акции в обращении после данного выпуска	4 100 000 акций

Использование поступлений

На строительство новых производственных мощностей и обеспечение оборотного капитала.

Компания

Корпорация "Марвин и компания" проектирует, производит и продает бытовые пузырьковые бластеры. В ее производственной технологии используются интегральные микросхемы для контроля за процессом молекулярного синтеза, используемого в производстве пузырьковых бластеров.

Компания основана в Делавэре в 2003 г.

Использование поступлений

Ожидается, что чистые поступления от этого предложения составят 37 044 445 дол. Из них приблизительно 27 млн дол. будут использованы для расширения основных производственных мощностей компании. Остальные средства пойдут на увеличение оборотного капитала.

Отдельные замечания

Инвестиции в обыкновенные акции связаны с высокой степенью риска. При оценке компании необходимо внимательно учитывать следующие факторы.

Значительные потребности в капитале. Компании потребуются дополнительные финансовые средства для дальнейшего расширения. Компания полагает, что ее связи с кредиторами прочны, но не может быть уверена в доступности дополнительных источников финансирования в будущем.

Лицензирование. Расширение производственных мощностей производится с целью производства нового пузырькового бластера внутреннего действия. Консультативный совет Управления по контролю за пищевыми продуктами и лекарственными препаратами рекомендовал одобрить данный продукт для продажи на американском рынке, но полный комитет Управления еще не принял решения.

ГЛАВА 15. Как корпорации осуществляют эмиссию ценных бумаг

Политика в области дивидендов

Компания не выплачивает денежных дивидендов по обыкновенным акциям и не предполагает выплачивать их в ближайшем будущем.

Менеджмент

В нижеследующей таблице приводится информация о директорах компании и основных служащих.

И. Ф.	Возраст	Занимаемая должность
Джордж Марвин	32	Президент, главный исполнительный директор, директор
Милдред Марвин	28	Казначей, директор
Чип Нортон	30	Генеральный директор

Джордж Марвин — Джордж Марвин основал компанию в 2003 г. и является ее главным исполнительным директором до настоящего времени. В прошлом — президент Института пузырьковых бластеров.

Милдред Марвин — Милдред Марвин работает в компании с 2003 г.

Чип Нортон — Мистер Нортон является генеральным директором компании с 2003 г. В прошлом — вице-президент корпорации "Бластеры — в каждый дом".

Оплата труда исполнительных директоров

В нижеследующей таблице приведены денежные вознаграждения, выплаченные в 2008 г. исполнительным директорам:

И. Ф.	Должность	Вознаграждение
Джордж Марвин	Президент и главный исполнительный директор	200 000 дол.
Милдред Марвин	Казначей	120 000 дол.
Чип Нортон	Генеральный директор	120 000 дол.

Отдельные операции

В разное время за период с 2005 по 2007 г. компания "Мириам и партнеры" вложила в компанию в совокупности 8,5 млн дол. В связи с этими инвестициями компании "Мириам и партнеры" были предоставлены некоторые регистрационные права согласно Закону о ценных бумагах 1933 г., включая право иметь свою долю обыкновенных акций, зарегистрированных за счет Компании в Комиссии по ценным бумагам и биржам.

Основные и Продающие акционеры

Следующая таблица содержит некоторую информацию о бенефициарном владении обыкновенными акциями Компании с правом голоса по состоянию на дату выпуска данного проспекта для: 1) любого субъекта, по сведениям Компании бенефициарно владеющего более чем 5% обыкновенных акций с правом голоса, и для 2) любого директора Компании, бенефициарно владеющего обыкновенными акциями с правом голоса. Если не оговорено иного, каждый владелец имеет полное право голоса и распоряжения своими акциями.

	Обыкновенные акции				
	Кол-во акций в бенефициарном владении до предложения		Акции для продажи	Кол-во акций в бенефициарном владении после предложения (1)	
Имя бенефициарного владельца	Число	%		Число	%
Джордж Марвин	337 500	9,4	60 000	277 500	6,8
Милдред Марвин	337 500	9,4	60 000	277 500	6,8
Чип Нортон	250 000	6,9	80 000	170 000	4,1
"Мириам и партнеры"	1 700 000	47,2	—	1 700 000	41,5
"Инвесторы ТФС"	260 000	7,2	—	260 000	6,3
Центральное венчурное партнерство	260 000	7,2	—	260 000	6,3
Генри Побл	180 000	5,0	—	180 000	4,4
Джорджина Слоберг	200 000	5,6	200 000	—	—

(1) При условии, что подписчик не реализует опцион на превышение оговоренного для его подписки количества акций.

Характеристика акционерного капитала

Разрешенный к выпуску акционерный капитал Компании составляет 10 000 000 обыкновенных акций с правом голоса.

По состоянию на дату данного проспекта зарегистрировано 10 держателей обыкновенных акций.

Согласно условиям одного из кредитных соглашений Компании, Компания не вправе выплачивать денежные дивиденды по обыкновенным акциям без письменного согласия кредитора, кроме как из чистой прибыли.

Подписка

Согласно срокам и условиям, предусмотренным Соглашением о подписке, Компания обязуется продать акции каждому из нижеперечисленных подписчиков, и каждый из подписчиков, Представителем которых является корпорация "Клейн Меррик", обязуется купить у Компании акции в количестве, которое указано против имени подписчика.

Подписчики   **Количество покупаемых акций**

[*список подписчиков опускается*]

В соответствии с условиями и сроками, установленными Соглашением о подписке, некоторые Подписчики согласились купить все предлагаемые здесь акции, если любые такие акции будут покупаться. В случае невыполнения обязательств каким-либо Подписчиком Соглашение о подписке предусматривает, что при определенных условиях могут быть увеличены обязательства по покупке тех Подписчиков, которые выполняют оговоренные условия, или Соглашение о подписке может быть расторгнуто.

Открытого рынка для обыкновенных акций не существует. Цена публичного предложения обыкновенных акций была определена по соглашению между Компанией и Подписчиками и основана, среди прочего, на данных о финансовой и производственной деятельности и положении Компании, ее перспективах и перспективах ее отрасли в целом, менеджмента Компании и рыночных ценах ценных бумаг компаний, занимающихся аналогичным бизнесом.

Юридические вопросы

Законность обыкновенных акций Компании, предлагаемых Проспектом, была подтверждена для Компании фирмой "Тетчер, Коль и попечители", а для Подписчиков – "Хок и Малруни".

Эксперты

Консолидированная финансовая отчетность Компании представлена на основании отчета независимой аудиторской фирмы "Скрытый импульс", исходя из правомочности данной фирмы выступать в качестве эксперта по аудиту и бухгалтерскому учету.

Финансовая отчетность
[*текст и таблицы опущены*]

РЕКОМЕНДУЕМАЯ ЛИТЕРАТУРА

Полезная статья об инвестиционных банках:

C. W. Smith. Investment Banking and the Capital Acquisition Process // Journal of Financial Economics. 15: 3–29. January–February. 1986.

Лучшими источниками материала о венчурных капиталах являются специализированные газеты. См., например, последние выпуски Venture Capital Journal. Очень доступный анализ того, как структуризовать венчурное финансирование для обеспечения действенных стимулов, содержится в работе:

W. A. Sahlman. Aspects of Financial Contracting in Venture Capital //Journal of Applied Corporate Finance. 1: 23–26. Summer. 1988.

Проведен ряд исследований рынка для неиспытанных эмиссий обыкновенных акций. Хорошие статьи для начала:

R. G. Ibbotson, J. L. Sindelar, and J. R. Ritter. Initial Public Offerings//Journal of Applied Corporate Finance. 1: 37–45. Summer. 1988.

K. Rock. Why New Issues Are Underpriced // Journal of Financial Economics. 15: 187–212. January–February. 1986.

J. R. Ritter. The "Hot Issue" Market of 1980//Journal of Business. 57: 215–240. 1984.

В первых двух статьях, которые приводятся ниже, обнаружено значительное и устойчивое снижение цен после выпуска акций промышленными компаниями в США. В статье Марша, использующей данные по Великобритании, обнаружено лишь незначительное падение цен:

P. Asquith and D. W. Mullins. Equity Issues and Offering Dilution // Journal of Financial Economics. 15:61–90. January–February. 1986.

R. W. Masulis and A. N. Korwar. Seasoned Equity Offerings: An Empirical Investigation//Journal of Financial Economics. 15: 91–118. January–February. 1986.

P. R. Marsh. Equity Rights Issues and Efficiency of the UK Stock//Market Journal of Finance. 34:839–862. September. 1979.

Смит в следующей статье считает, что наиболее дешевым вариантом эмиссии акций является их предложение в виде эмиссии прав для существующих акционеров. Хансен и Пинкертон не согласны с этим:

C. W. Smith. Alternative Methods for Rasing Capital: Rights versus Underwritten Offerings//Journal of Financial Economics. 5: 273–307. December. 1977.

R.S.Hansen and J.M.Pinkerton. Direct Equity Financing: A Resolution of a Paradox//Journal of Finance. 37: 651–666. June. 1982.

Хороший анализ относительных достоинств подписки на основе прямых договоров и конкурсных заявок дан в работе:

S. Bhagat and P. A. Frost. Issuing Costs to Existing Shareholders in Competitive and Negotiated Underwritten Public Utility Equity Offerings//Journal of Financial Economics. 15: 213–232. January–February. 1986.

Следующий сборник содержит несколько статей о международных эмиссиях ценных бумаг:

A.M.George and I.H.Giddy (eds.). International Finance Handbook. Vol.1. John Wiley & Sons, New York, 1983.

КОНТРОЛЬНЫЕ ВОПРОСЫ

1. Рядом с каждым из следующих способов эмиссии мы привели два вида выпуска. Выберите один из них, для осуществления которого наиболее вероятно используется данный способ.
   а) Эмиссия прав (эмиссия испытанных акций/эмиссия неиспытанных акций).
   б) Обычное публичное предложение ценных бумаг на основе конкурсных заявок (выпуск облигаций промышленной компании/выпуск облигаций холдинговой компании сферы коммунального хозяйства).
   в) Частное размещение (эмиссия испытанных акций/эмиссия облигаций промышленной компании).
   г) "Полочная регистрация" (эмиссия неиспытанных акций/выпуск облигаций крупной промышленной компании).
2. Каждый из следующих терминов имеет отношение к одному из событий, перечисленных ниже. Можете ли вы их увязать?
   а) Регистратор компании.
   б) "Максимальные усилия".
   в) "Надгробный памятник".
   г) "Копченая селедка".
   д) "Полочная регистрация".
   е) "Акция-письмо".
   ж) Правило 144а.
   А) Компания выпускает предварительный проспект.
   Б) Некоторые эмиссии подпадают под частное размещение и освобождены от регистрации.
   В) В финансовой прессе дается объявление с перечислением членов синдиката подписчиков.
   Г) Назначается трастовая компания для гарантии того, что не будут выпущены не разрешенные к эмиссии акции.
   Д) Подписчик берет обязательство только *попытаться* продать акции.
   Е) Некоторые выпуски не регистрируются, но могут свободно продаваться среди квалифицированных институциональных покупателей.
   Ж) Несколько "порций" одной и той же ценной бумаги можно продавать при одной регистрации.
3. Определите для каждой следующей пары эмиссий выпуск, с которым, по вашему мнению, связаны наименьшие расходы на оплату подписчиков и административные издержки при прочих равных условиях.

а) Крупный выпуск/небольшой выпуск.
б) Выпуск облигаций/выпуск обыкновенных акций.
в) Крупный выпуск облигаций на основе договоров/крупный выпуск облигаций на основе конкурсных заявок.
г) Небольшой выпуск облигаций, размещаемый в частном порядке/небольшой публичный выпуск облигаций.

4. Вернитесь к первоначальному публичному выпуску компании "Марвин".
а) Если возникнет неожиданно большой спрос на выпуск, сколько акций дополнительно могут купить подписчики?
б) Сколько акций должно быть продано при первичном предложении? Сколько будет продано при вторичном предложении?
в) В какой степени, если оценивать задним числом, была занижена цена? Как это соотносится со средним занижением цены, обнаруженным Риттером?
г) "Марвин" несла три вида издержек в связи с новой эмиссией — расходы на подписку, административные расходы и занижение цены. Каковы были совокупные издержки эмиссии компании "Марвин" в долларовом выражении?

5. Вам необходимо сделать выбор между эмиссиями.
а) Публичная эмиссия долговых обязательств номинальной стоимостью 10 млн дол. сроком на 10 лет. Процентная ставка по долговым обязательствам составляла бы 8,5% и долговые обязательства выпускались бы по номинальной стоимости. Спред для подписчика составлял бы около 1,5%, другие расходы — 80 000 дол.
б) Эмиссия долговых обязательств номинальной стоимостью 10 млн дол. сроком на 10 лет с частным размещением. Процентная ставка по облигациям составила бы 9%, но совокупные издержки эмиссии — только 30 000 дол.

А) Как различаются поступления компании за вычетом расходов в зависимости от выбранного варианта?
Б) При прочих равных условиях что является более выгодной сделкой?
В) Какие другие факторы кроме процентной ставки и издержек эмиссии следует принимать в расчет при выборе вида выпуска?

6. "Товарищество пивоваров" планирует выпустить на рынок неосветленное пиво. Для финансирования рисковых инвестиций оно намерено осуществить эмиссию прав по цене 10 дол. за одну новую акцию на каждые 2 имеющиеся акции. (В настоящее время компания имеет 100 000 акций в обращении по цене 40 дол. за акцию). Допустим, что новые суммы инвестируются с целью получения хорошей прибыли. Дайте количественную оценку следующих показателей:
а) количество прав, необходимых для приобретения одной акции;
б) количество новых акций;
в) размер новых инвестиций;
г) общая стоимость компании после эмиссии;
д) общее количество акций после эмиссии;
е) цена акции с правом;
ж) цена акции без права;
з) цена права.

ВОПРОСЫ И ЗАДАНИЯ

1. В некоторых странах к первичной открытой эмиссии обыкновенных акций применяется аукционная продажа. Другой способ — когда подписчик рекламирует выпуск публике и принимает заявки на акции по цене выпуска. Если количество заявок превышает количество предлагаемых акций, тогда число заявок пропорционально уменьшается; если имеется всего лишь несколько заявок, любые непроданные акции остаются у подписчика. Сравните эти способы первоначальной публичной эмиссии с теми, которые применяются в США. Можете вы придумать какие-нибудь лучшие способы продажи новых акций?

2. *а)* Почему владельцы венчурного капитала предпочитают авансировать деньги поэтапно? Если вы были руководителем компании "Марвин", устроил бы вас такой порядок? Исходя из полученных результатов, проиграла или выиграла "Мириам", авансируя деньги поэтапно?

 б) Цена, по которой "Мириам" выделила бы компании "Марвин" следующий взнос, не была установлена заранее. Но "Марвин" могла бы предоставить "Мириам" *опцион* на покупку дополнительного количества акций по текущей цене. Было бы это лучше?

 в) На втором этапе "Марвин" могла получить деньги у другого владельца венчурного капитала, отдавая ему преимущественное право по сравнению с "Мириам". Чтобы защитить себя от такой опасности, фирмы с венчурным капиталом требуют права первого отказа по новым эмиссиям ценных бумаг. Рекомендовали бы вы такой порядок?

3. "Для небольших эмиссий обыкновенных акций эмиссионные издержки составляют примерно 15% от поступлений. Это означает, что альтернативные издержки внешнего финансирования за счет собственного капитала приблизительно на 15 процентных пунктов выше, чем за счет нераспределенной прибыли". Следует ли второе утверждение из первого?

4. Как вы считаете, может ли существовать недостаток финансовых средств для новых венчурных вложений? Должно ли правительство помогать в обеспечении такими ресурсами, и если да, то каким образом?

5. Найдите экземпляр проспекта недавней эмиссии ценных бумаг. Как соотносятся издержки этого выпуска с: *а)* издержками выпуска "Марвин"; *б)* издержками, представленными в таблице 15-1? Можете вы указать причины различий?

6. В 1991 г. Pandora, Inc. осуществила эмиссию прав по цене 5 дол. за новую акцию на каждые 4 имеющиеся акции. До выпуска в обращении находилось 10 млн акций, а цена акции составляла 6 дол.
 а) Какова общая сумма новых полученных денежных средств?
 б) Сколько необходимо иметь прав, чтобы приобрести одну новую акцию?
 в) Какова стоимость одного права?
 г) Какова ожидаемая цена акции без права?
 д) На сколько должна была бы упасть общая стоимость компании, чтобы акционеры не захотели воспользоваться своими правами?

7. В задании 6 даны характеристики эмиссии прав компании Pandora. Предположим, что компания решила осуществить эмиссию новых акций по цене 4 дол. Сколько новых акций необходимо, чтобы получить ту же сумму денег? Пересчитайте результаты ответов на вопросы *б)* и *д)* задания 6. Покажите, что акционеры компании не пострадают, если цена акции составит 4, а не 5 дол., как предполагается в задании 6.

8. Составьте простые числовые примеры, чтобы проиллюстрировать следующие утверждения.
 а) Существующие акционеры проигрывают, когда компания осуществляет публичную эмиссию новых акций по цене ниже рыночной.
 б) Существующие акционеры не становятся беднее, когда компания осуществляет эмиссию новых акций в виде эмиссии прав по цене ниже рыночной, даже если акционеры не желают пользоваться своими правами.

*9. Выпуск обыкновенных акций может привести к снижению цен по трем причинам: *а)* спрос на акции компании неэластичен; *б)* выпуск оказывает давление на цены, пока он не разойдется; *в)* руководство располагает информацией, которой не имеют акционеры. Дайте более подробное разъяснение этих причин. Какую вы считаете наиболее вероятной? Есть ли какой-нибудь способ проверить вашу правоту?

10. *а)* "Сигнал достоверен, если только ложный сигнал стоит дороже". Объясните, почему желание руководства "Марвин" инвестировать за счет выпуска акций, а не долговых обязательств было сигналом, заслуживающим доверия. Было ли желание получить только часть венчурного капитала от того, который был фактически необходим, также сигналом, заслуживающим доверия?

б) "Когда руководители получают свое вознаграждение в виде увеличения свободного времени или служебных самолетов, расходы оплачивают акционеры". Объясните, как финансовое соглашение "Мириам и партнеров" обошло данную проблему.

Часть V

ДИВИДЕНДНАЯ ПОЛИТИКА И СТРУКТУРА КАПИТАЛА

16
Споры о дивидендах

В этой главе мы объясним, как компании осуществляют выплату дивидендов, и обсудим спорный вопрос о том, влияет ли политика в области дивидендов на стоимость фирмы.

Почему вас должен волновать ответ на этот вопрос? Если вы принимаете решение о выплате дивидендов в вашей компании, то, безусловно, вам интересно знать, какое влияние это окажет на ее стоимость. Но существует и гораздо более важная причина. Все наши рассуждения до настоящего момента основывались на допущении, что инвестиционные решения компании не зависят от ее политики в области финансирования. В этом случае хороший проект остается хорошим проектом независимо от того, кто его принимает и как он будет финансироваться. Это верно, если политика в области дивидендов не влияет на стоимость. Ну а если *влияет*? Тогда привлекательность нового проекта может зависеть от источника поступления денег. Например, если инвесторы предпочитают компании с высокими дивидендами, то компании могут неохотно принимать проекты, финансируемые за счет нераспределенной прибыли.

Поскольку довольно часто случается, что в одно и то же выражение разные люди вкладывают различный смысл, то для понимания дивидендной политики нам сначала необходимо объяснить, что имеем в виду *мы*.

Решения фирмы в области дивидендов часто переплетаются с другими решениями по финансированию и инвестиционными решениями. Некоторые фирмы выплачивают низкие дивиденды, поскольку менеджеры оптимистично настроены относительно будущего фирмы и намерены использовать нераспределенную прибыль на цели развития. В этом случае дивиденды являются побочным продуктом решений фирмы о бюджете капитальных вложений. Однако предположим, что надежды на благоприятное будущее не оправдались, объявлено о повышении дивидендов и цены на акции упали. Как отделить последствия повышения дивидендов от последствий, вызванных разочарованием инвесторов относительно потерянных перспектив роста?

Другая фирма может финансировать долгосрочные вложения главным образом за счет займов. Это дает денежные средства для выплаты дивидендов. Тогда дивиденды фирмы являются побочным продуктом решения о займах.

Мы должны отделить дивидендную политику от других задач управления финансами, поставив конкретный вопрос: "Каково влияние изменения выплачиваемых денежных дивидендов *при данных решениях фирмы относительно планирования долгосрочных вложений и займов*?" Конечно, денежные средства, идущие на финансирование роста дивидендов, должны откуда-то поступать. Если мы фиксируем объем инвестиций и займы фирмы, то остается единственный возможный источник — выпуск акций. Таким образом, мы определяем *дивидендную политику* как выбор между реинвестированием прибыли, с одной стороны, и выплатой дивидендов за счет выпуска новых акций, с другой стороны.

Такой выбор может сначала показаться надуманным, поскольку мы не наблюдаем фирм, предусматривающих эмиссию акций при каждой выплате дивидендов. Но существует множество фирм, которые выплачивают дивиденды и при этом время от времени осуществляют выпуск акций. Они могут не выпускать акции, выплачивая низкие дивиденды. Многие другие фирмы ограничивают размер дивидендов, поэтому им *не приходится* эмитировать акции. Изредка они могут осуществлять выпуски акций и увеличивать дивиденды. Обе группы фирм сталкиваются с необходимостью выбора при осуществлении дивидендной политики.

16—1. КАК ВЫПЛАЧИВАЮТСЯ ДИВИДЕНДЫ

Размер дивидендов устанавливается советом директоров фирмы. Дивиденды выплачиваются всем акционерам, зарегистрированным на определенную "дату регистрации". Затем в течение двух недель акционерам пересылаются чеки на получение дивидендов. Акции "с дивидендами" обычно продают и покупают не позже чем за несколько дней до даты регистрации. В случае, если купленные акции "с дивидендом" не зарегистрированы вовремя, дивиденды покупателю должны быть переданы продавцом. Аналогично инвесторы, которые покупают акции "без дивидендов", обязаны вернуть дивиденды, если они их получили.

Некоторые законодательные ограничения на дивиденды

Допустим, безответственный совет директоров решил продать все активы фирмы и распределить деньги на дивиденды. При этом может не остаться никаких средств на погашение долгов фирмы. Поэтому держатели облигаций, защищая себя от такой опасности, как правило, накладывают ограничения на выплату дивидендов.

Кроме того, законы штатов помогают ограждать кредиторов компаний от выплаты чрезмерных дивидендов. В большинстве штатов компаниям запрещается выплачивать дивиденды, если это может привести к неплатежеспособности компании[1]. Кроме того, законы штатов делают различие между уставным (или объявленным) капиталом и его приростом. Уставный капитал в целом равен номинальной стоимости всех обращающихся акций; в случае, когда нет их оценки по номиналу, уставный капитал равен части или всем поступлениям от эмиссии акций. Прирост представляет собой то, что остается после вычета уставного капитала из балансовой стоимости собственного капитала компании. Компаниям разрешается выплачивать дивиденды из прироста капитала, но они не могут распределять уставный капитал[2].

Номинальный и уставный капитал редко имеют большое экономическое значение. Номинал часто устанавливается произвольно на уровне 1 дол. за акцию. Однако законы, ограничивающие выплаты дивидендов за счет уставного капитала, возможно, имеют смысл. Они дают корпорациям большую свободу в принятии решений о выплатах, но и не допускают, чтобы неразборчивые в средствах фирмы ускользали от своих кредиторов.

---

[1] Закон трактует состояние неплатежеспособности компании по-разному. В некоторых случаях это означает неспособность безотлагательно удовлетворить требования по обязательствам; в других случаях —несоответствие активов объему всех обращающихся долгосрочных обязательств.

[2] Компании с "истощимыми" активами, в частности горнодобывающие, представляют исключение из этого правила. Они могут получить разрешение на распределение уставного капитала на сумму амортизации недр. Кроме того, в некоторых штатах такие компании могут распределять текущую прибыль, даже если убытки предшествующих лет привели к уменьшению уставного капитала.

ГЛАВА 16. Споры о дивидендах   403

Виды дивидендов

Дивиденды в основном выплачиваются в денежной форме. *Регулярные денежные дивиденды*, как правило, выплачиваются поквартально, но некоторые компании объявляют о выплате их ежемесячно, раз в полгода или год. Определение *регулярные* указывает единственно на то, что компания надеется продолжать выплаты и в будущем. Если компания не хочет давать такого рода гарантии, она обычно заявляет и о регулярных, и о *дополнительных дивидендах*. Инвесторы понимают, что дополнительные дивиденды не могут быть частыми. И наконец, выражение *особые дивиденды* специально используется применительно к выплатам, вероятность повторения которых очень незначительна.

Выплата дивидендов снижает объем нераспределенной прибыли, показанной в балансе фирмы. Тем не менее, если вся нераспределенная прибыль "израсходована" и если не требуются средства для защиты кредиторов, компания может получить разрешение на *ликвидационные дивиденды*. Поскольку такие выплаты рассматриваются как доход от капитала, они не облагаются подоходным налогом.

Дивиденды не всегда выплачиваются в денежной форме. Часто компании объявляют о *дивидендах в форме акций*. Например, компания Archer Daniels Midland ежегодно выплачивала дивиденды в виде акций в размере 5% в течение более десяти лет. Это означает, что она давала каждому акционеру пять дополнительных акций на каждые 100 имеющихся у него акций. Вы можете видеть, что дивиденды в виде акций очень напоминают дробление акций. И в том и в другом случае увеличивается количество акций и одновременно уменьшается стоимость одной акции, при прочих равных условиях. Ни то, ни другое не делает кого-либо богаче. Различия между ними чисто технические. Дивиденды в виде акций отражаются на счетах как перемещение со счета нераспределенной прибыли на счет акционерного капитала, а дробление — как снижение номинальной стоимости каждой акции.

Существуют и другие виды неденежных дивидендов. Иногда компании предоставляют акционерам образцы своей продукции. Например, британская компания Dundee Crematorium однажды предложила своим наиболее важным акционерам кремацию по льготным тарифам. Нет нужды говорить, что никто никого *не обязывал* получать такие дивиденды.

Многие компании имеют планы автоматического реинвестирования дивидендов. Часто новые акции выпускаются с 5%-ной скидкой с рыночной цены; фирма предлагает такое "лакомство", поскольку экономит на оплате услуг подписчиков при очередной эмиссии акций. Иногда согласно таким планам может реинвестироваться более 10% совокупного объема дивидендов[3].

Выкуп акций

Когда фирма желает расплачиваться со своими акционерами деньгами, она, как правило, объявляет о денежных дивидендах. Но существует и другой способ, популярность которого все более возрастает, — выкуп своих акций. В 1973–1974 гг. правительство наложило ограничение на дивиденды, но не на выкуп акций. Многие фирмы впервые открыли для себя возможность скупки собственных акций, и совокупная стоимость выкупленных акций составила примерно пятую часть стоимости дивидендных выплат.

---

[3] Некоторые компании не ограничивают акционеров реинвестированием дивидендов, а позволяют им покупать дополнительные акции со скидкой с цены. Порой таким путем привлекаются весьма значительные суммы: Bank of America, например, получил таким образом свыше 350 млн дол. Занятную и притом вполне достоверную историю о том, как благодаря подобной системе покупки акций попасть "из грязи в князи" см.: *M.S. Scholes and M.A. Wolfson*. Decentralized Investment Banking: The Case of Dividend-Reinvestment and Stock-Purchase Plans // Journal of Financial Economics. 24: 7–36. September. 1989.

В 80-х годах выкуп стал обычным делом. Например, компания Ford Motor выкупила приблизительно 30 млн акций на сумму около 1,2 млрд дол. Raison Purina выкупила более 40% своих акций. С 1984 по 1986 г. Merck & Company выкупила 13 млн акций на сумму 907 млн дол. Ее денежные дивиденды за этот период составили только 738 млн дол. Самые крупные и наиболее значительные операции по выкупу акций происходили в нефтяной промышленности, где денежные ресурсы в общем превышали благоприятные инвестиционные возможности. Exxon заняла первое место, израсходовав более 15 млрд дол. на выкуп акций в конце 1989 г.

Планы выкупа акций получили широкую известность в октябре 1987 г. В понедельник, 19 октября, цены фондового рынка США упали более чем на 20%. На следующий день совет директоров Citicorp одобрил план выкупа акций компании на сумму 250 млн дол. К Citicorp присоединился ряд других корпораций, менеджеры которых также были обеспокоены кризисом на рынке. В целом течение двух дней эти фирмы объявили о планах выкупа акций на общую сумму 6,2 млрд дол. Сообщения о таких крупных программах выкупа приостановили падение цен.

Выкуп акций осуществляется тремя основными способами. 1) Многие компании выкупают свои акции на открытом рынке. Такие операции регулируются Комиссией по ценным бумагам и биржам (КЦББ), которая требует, чтобы выкуп акций не совпадал с выпусками акций или частными соглашениями на покупку акций. Кроме того, выкуп не может превышать заявленного объема сделок по акциям компании. 2) Второй способ состоит в общем конкурсном предложении (либо всем акционерам, либо только мелким) выкупить у них акции[4]. В этом случае фирма обычно привлекает инвестиционный банк для проведения торгов и платит дополнительные комиссионные банкам, которые склоняют акционеров принять подобное предложение. 3) И наконец, выкуп акций может осуществляться по первому соглашению с крупным акционером. Примером этого служат пресловутые сделки, называемые "*зеленым шантажом*": компания, являющаяся объектом захвата, перекупает враждебного претендента посредством выкупа любых акций, приобретенных последним. Естественно, акции выкупаются по цене, которая заставит претендента с удовлетворением отказаться от своей цели. Однако такая цена не всегда радует *акционеров* компании, выступающей целью захвата. Более подробно на этом мы остановимся в главе 33.

Выкупленные акции редко исключаются из числа зарегистрированных и аннулируются. Вместо этого они поступают в казначейство компании и, когда у компании появляется нужда в деньгах, вновь пускаются в продажу. От акционеров не требуется санкционирование такой перепродажи акций, находящихся в руках казначейства, и они не обладают преимущественными правами на эти акции.

Акционеры, продавшие свои акции обратно фирме, платят налог только на прирост капитала, полученный в результате сделки, хотя когда компании под видом выкупа акций выплачивают дивиденды, Налоговая служба пытается этому препятствовать. В частности, долевая или систематическая скупка акций подлежит той же трактовке, что и выплата дивидендов. Налоговые органы США, вероятно, меньше озабочены этой проблемой сейчас, когда и дивиденды, и приращение капитала облагаются налогом по единой ставке[5].

---

[4] Расходы на печатание и пересылку годовых отчетов, чеков на получение дивидендов и т. д. одинаковы в отношении как мелких, так и крупных акционеров. Фирмы часто пытаются снизить эти издержки, скупая акции у мелких акционеров.

[5] Проблемы налогообложения будут рассмотрены ниже в разделе 16—5.

ГЛАВА 16. Споры о дивидендах

16—2. КАК КОМПАНИИ ПРИНИМАЮТ РЕШЕНИЯ О ВЫПЛАТЕ ДИВИДЕНДОВ

Модель Линтнера

В середине 50-х годов Джон Линтнер провел классическую серию интервью с менеджерами корпораций об их дивидендной политике[6]. Обобщенное представление о том, как компании определяют размер дивидендов, можно составить по описанным Д. Линтнером четырем "типическим фактам"[7].

1. Фирмы придерживаются установленного на длительный срок планового коэффициента дивидендных выплат.
2. Менеджеры больше внимания уделяют изменениям дивидендов, нежели их абсолютному уровню. Так, выплата 2,00 дол. дивидендов является важным финансовым решением, если дивиденды последнего года составляли 1,00 дол., но не имеет большого значения, если дивиденды последнего года составляли 2,00 дол.
3. Изменения дивидендов являются следствием долговременных изменений прибылей. Менеджеры "подгоняют" дивиденды. Временные изменения прибылей, как правило, не влияют на выплаты дивидендов.
4. Менеджеры неохотно идут на изменения дивидендов, если существует вероятность возврата к их прежнему уровню. Особое беспокойство у них вызывает необходимость отказа от роста дивидендов.

Д. Линтнер разработал простую модель, которая согласуется с этими фактами и объясняет размеры дивидендных выплат. Предположим, что фирма всегда придерживается намеченного коэффициента дивидендных выплат. Тогда дивиденды в предстоящем году (DIV_1) равнялись бы постоянной доле прибыли на одну акцию (EPS_1):

$$DIV_1 = планируемые\ дивиденды = планируемый\ коэффициент \times EPS_1.$$

Изменение дивидендов составляло бы:

$$DIV_1 - DIV_0 = планируемое\ изменение = планируемый\ коэффициент \times EPS_1 - DIV_0.$$

Фирма, которая всегда придерживается своего коэффициента дивидендных выплат, была бы вынуждена изменять размер дивидендов всякий раз при изменении прибыли. Но, по наблюдениям Линтнера, менеджеры делают это неохотно. Они полагают, что акционеры предпочитают постоянный рост дивидендов. Поэтому даже если условия позволяют значительно увеличить размер дивидендов компании, они лишь частично продвинутся к планируемому уровню выплат. Следовательно, изменения дивидендов, видимо, вписываются в следующую модель:

$$DIV_1 - DIV_0 = корректирующий\ коэффициент \times планируемое\ изменение =$$
$$= корректирующий\ коэффициент \times (планируемый\ коэффициент \times EPS_1 - DIV_0).$$

Чем более консервативна компания, тем медленнее она двигалась бы к планируемому уровню и, следовательно, тем *ниже* был бы корректирующий коэффициент.

Согласно простой модели Линтнера, размер дивидендов зависит частично от текущих прибылей фирмы и частично от величины дивидендов в предыдущем году, которая, в свою очередь, зависит от прибылей в том году и от величины дивидендов годом ранее и т.д. Следовательно, если Линтнер прав, мы

---

[6] *J. Lintner.* Distribution of Incomes of Corporation among Dividends, Retained Earnings, and Taxes // American Economic Review. 46 : 97—113. May. 1956.

[7] О "типических фактах" см.: *Terry A. March, Robert C. Merton.* Dividend Behavior for the Agregate Stock Market // Journal of Business. 60: 1—40. January, 1987. P. 5—6.

можем описать дивиденды через средневзвешенную величину текущих и прошлых прибылей[8]. Вероятность повышения коэффициента дивидендных выплат была бы наивысшей при росте *текущих* прибылей; она была бы несколько ниже, если прибыли росли только в предыдущем году и т.д. Развернутое исследование Ю.Фамы и Г. Бэбьяка согласуется с этой гипотезой[9].

Информативность дивидендов

Ранее мы предположили, что размер дивидендов зависит как от величины дивидендов прошлого года, так и от прибылей текущего года. Представляется, что данная простая модель дает достаточно полное объяснение того, как компании принимают решения относительно размеров дивидендов, но маловероятно, что она охватывает картину в целом. Видимо, менеджеры, определяя размер выплат, принимают во внимание и перспективы, в чем мы и убеждаемся.

Например, П. Хейли и К. Палепу отмечают, что в период между 1970 и 1979 гг. у компаний, которые выплачивали дивиденды в первый раз, наблюдался относительно слабый рост прибыли до года, предшествующего сообщению о выплате дивидендов[10]. А в том году (т.е. году, предшествующему сообщению о выплате дивидендов) прибыли увеличились в среднем на 43%. Если бы менеджеры считали этот всплеск временным, они осторожнее относились бы к обязательству по выплате денежных дивидендов. Однако представляется, что они имели веские основания быть уверенными в будущем, так как за четыре последующих года прибыли выросли еще на 164%.

Поскольку дивиденды предвосхищают будущие прибыли, неудивительно, что сообщение о снижении дивидендов обычно считается плохой новостью (цена акций, как правило, падает), а увеличение дивидендов является хорошей новостью (цена акций растет). В случаях первичных дивидендных выплат, исследованных П. Хейли и К. Палепу, сообщение о дивидендах привело к аномальному росту цены акций на 4%[11]. Однако важно не утвердиться в выводе о том, что инвесторам нравятся высокие дивиденды как таковые. Дивиденды могут приветствоваться только как признак высоких будущих прибылей.

Помните ли вы (из главы 13), что дробление акций ведет к росту цены акции? Это происходит не потому, что дробление создает стоимость, а потому,

---

[8] Это можно продемонстрировать следующим образом. Дивиденды на акцию в период t равны:

$$DIV_t = aT(EPS_t) + (1-a)DIV_{t-1}, \qquad (1)$$

где a — корректирующий коэффициент, T — планируемый коэффициент дивидендных выплат. Но для периода $t-1$ соотношение имеет такой же вид:

$$DIV_{t-1} = aT(EPS_{t-1}) + (1-a)DIV_{t-2}. \qquad (2)$$

Подставим выражение для DIV_{t-1} в уравнение (1):

$$DIV_t = aT(EPS_t) + aT(1-a)(EPS_{t-1}) + (1-a)^2 DIV_{t-2}.$$

Мы можем сделать подобные замены для DIV_{t-2}, DIV_{t-3} и т. д., и тогда получим:

$$DIV_t = aT(EPS_t) + aT(1-a)(EPS_{t-1}) + aT(1-)^2(EPS_{t-2}) +...+ aT(1-a)^n(EPS_{t-n}).$$

[9] *E.F. Fama and H. Babiak.* Dividend Policy: An Empirical Analysis // Journal of the American Statistical Association. 63: 1132–1161. December, 1968. P. 1134.
[10] См.: *P. Healy and K. Palepu.* Earning Information Conveyed by Dividend Initiatiation and Omission // Journal of Financial Economics. 21: 149–175. 1988.
[11] Изменение цены акций было скорректировано с учетом рыночных изменений методом, о котором было рассказано в главе 13. П. Хейли и К. Палепу рассмотрели также компании, которые *прекратили* выплату дивидендов. Когда об этом было объявлено, произошло аномальное падение цены акций, в среднем на 9,5%, а прибыли снизились в течение следующих четырех кварталов.

что свидетельствует о будущих перспективах, особенно о растущих дивидендах. Теперь мы видим, что увеличение дивидендов также может быть важным сигналом о будущих прибылях. (И наконец, мы могли бы сказать о важном значении *прибыли* как верного критерия, по которому инвесторы могут судить об *истинных* показателях процветания корпорации: потоках денежных средств и масштабах инвестиционных возможностей с положительными чистыми приведенными стоимостями.)

Эффективность рынка состоит в том, что вся информация, поступающая к инвесторам, быстро и точно отражается в ценах акций. Но это еще не означает, что фундаментальную информацию о деятельности или перспективах корпорации всегда можно получить недорого и легко. Поэтому инвесторы ищут любую зацепку. Этим и объясняется тот факт, что цены акций реагируют на дробление акций, изменение размера дивидендов или другие действия или сообщения, которые показывают, оптимистичным или пессимистичным представляется руководству будущее фирмы.

16—3. СПОРЫ О ДИВИДЕНДНОЙ ПОЛИТИКЕ

Сейчас мы вернемся к спорному вопросу о том, как политика в области дивидендов влияет на стоимость фирмы. Одна из привлекательных особенностей экономической теории состоит в том, что с ее помощью всегда можно согласовать не только две, но и три различные точки зрения. Так же обстоят дела и с полемикой о дивидендной политике. Группа консерваторов правого толка полагает, что увеличение дивидендных выплат ведет к росту стоимости фирмы. Радикалы слева считают, что такое увеличение снижает ее стоимость. И между ними существует группа центристов, представители которой утверждают, что политика в области дивидендов не ведет ни к каким изменениям в стоимости капитала фирмы.

Центристская партия была образована в 1961 г. М. Миллером и Ф. Модильяни (упоминаются всегда как ММ или М и М), когда они опубликовали теоретическую статью, показывающую, что дивидендная политика не имеет значения в мире без налогов, операционных издержек и других проявлений несовершенства рынка[12]. По стандартам 1961 г. ММ были левыми радикалами, поскольку в то время большинство считало, что даже при идеальном рынке увеличение дивидендов делает акционеров богаче[13]. Но теперь доводы ММ в целом считаются верными, и спор уже ведется о том, изменяют ли ситуацию налоги и другие проявления несовершенства рынка. С образованием новой партии левых, отстаивающей *низкие* дивиденды, партия ММ переместилась к центру. Позиция левых основана на аргументах ММ, измененных с учетом налогов и расходов на эмиссию ценных бумаг. Консерваторы по-прежнему с нами и опираются практически на те же аргументы, что и в 1961 г.

Мы начнем обсуждение дивидендной политики с рассмотрения первоначального аргумента ММ. Затем мы дадим критическую оценку позиций всех трех партий. Наверное, прежде чем начать, мы должны предупредить вас о том, что мы традиционно придерживались крайней левой позиции. Но сейчас, после выхода Закона о реформе налоговой системы 1986 г., мы присоединяемся к представителям центристской партии.

---

[12] *M.H. Miller and F. Modigliani.* Dividend Policy, Growth and the Valuation of Shares // Journal of Business. 34: 411—433. October. 1961.

[13] Не *все* полагали, что дивиденды делают акционеров богаче. Аргументы, подобные аргументам ММ, выдвигались еще в 1938 г. в работе: *J.B. Williams.* The Theory of Investment Value. Harvard University Press. Cambridge. Mass. 1938. Кроме того, доказательства, очень похожие на доказательства ММ, приводились Линтнером в работе: Dividend, Earnings, Leverage, Stock Prices and the Supply of Capital to Corporations // Review of Economics and Statistics. 44: 243—269. August. 1962.

> **Дивидендная политика не имеет значения на совершенном рынке капиталов**

В своей классической статье 1961 г. ММ утверждают следующее. Предположим, что фирма принимает свою инвестиционную программу. Четко определенная часть этой программы будет финансироваться за счет займов, а остальная часть необходимых средств — за счет нераспределенной прибыли. Излишек денег должен быть выплачен в виде дивидендов.

Теперь подумаем, что случится, если вы намерены увеличить выплаты дивидендов при неизменных инвестиционной политике и политике в области займов. Откуда появятся деньги на дивидендные выплаты? Если фирма фиксирует свои займы, существует единственный способ, которым можно финансировать дополнительные дивидендные выплаты — напечатать еще некоторое количество акций и продать их. Новые акционеры вложат свои деньги в дело, только если вы можете предложить им акции, цена которых равна их стоимости. Но как фирма может это сделать, когда ее активы, прибыли, инвестиционные возможности, а следовательно, рыночная стоимость остаются неизменными? Значит, должно происходить *перемещение стоимости* от старых акционеров к новым. Новые акционеры получают вновь напечатанные акции, каждая из которых стоит меньше, чем до объявления об изменении дивидендных выплат, а старые акционеры несут убытки по курсовой стоимости своих акций. Потери капитала старых акционеров точно компенсируются дополнительными денежными дивидендами, которые они получают.

На рисунке 16-1 показано, как происходит перемещение стоимости. Наша гипотетическая компания выплачивает третью часть своей совокупной стоимости в качестве дивидендов, а деньги на эти цели получает за счет продажи новых акций. Потери капитала, которые несут старые акционеры, показаны уменьшенным количеством затемненных квадратов. Но эти потери капитала точно компенсируются поступлением новых денег (белые квадраты), которые выплачиваются им в виде дивидендов.

Меняется ли что-нибудь для старых акционеров, когда они получают дополнительные дивиденды и на ту же сумму теряют капитал? Возможно, если это единственный способ, которым они могут получить деньги на руки. Но существуют эффективные рынки капиталов, где они могут получить деньги путем

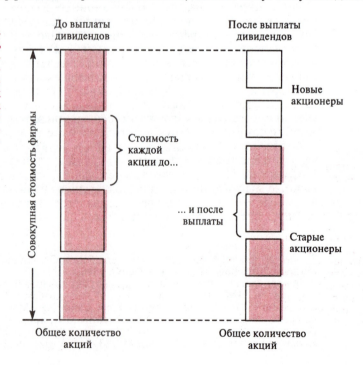

РИСУНОК 16-1
Данная фирма выплачивает в виде дивидендов треть своей стоимости и получает деньги посредством продажи новых акций. Стоимость, переходящая к новым акционерам, равна объему дивидендных выплат. На совокупную стоимость фирмы это не влияет.

ГЛАВА 16. Споры о дивидендах

продажи акций. Итак, старые акционеры могут получить деньги, либо убедив руководство платить более высокие дивиденды, либо продав некоторые из своих акций. В любом случае стоимость перейдет от старых акционеров к новым. Единственное отличие состоит в том, что в первом случае переход вызван разводнением стоимости каждой акции фирмы, а во втором случае — уменьшением количества акций, которыми владеют старые акционеры. Эти две альтернативы сравниваются на рисунке 16-2.

Если инвесторам нет нужды получать дивиденды на руки в денежной форме, они не будут платить высокие цены за акции фирм с высокими дивидендными выплатами. Следовательно, фирмы не должны волноваться о своей дивидендной политике. Они могут позволить дивидендам изменяться так, как и положено побочному продукту инвестиционной и финансовой политики.

Дивидендная политика не важна — иллюстрация

Рассмотрим случай с компанией "Мыслящий полупроводник", баланс которой в настоящее время имеет следующий вид:

Баланс "Мыслящего полупроводника" (рыночная стоимость, в дол.)

Денежные средства (1000 дол. на инвестирование)	1000	0	Долг
Основные средства	9000	10 000 + чистая приведенная стоимость	Собственный капитал
Инвестиционные возможности (1000 дол. требуемых инвестиций)	Чистая приведенная стоимость		
Совокупная стоимость активов	10 000 + чистая приведенная стоимость	10 000 + чистая приведенная стоимость	Стоимость фирмы

"Мыслящий полупроводник" имеет 1000 дол. денежных средств, предназначенных для осуществления планируемых инвестиций. Мы не знаем, насколько привлекателен проект, и обозначаем его через чистую приведенную стоимость; после того как проект будет принят, он будет стоить 1000 дол. + чистая приведенная стоимость. Отметим, что баланс составлен по рыночной стоимости; собственный капитал равен рыночной стоимости акций фирмы в обращении (цена одной акции, умноженная на количество акций в обращении). Это не обязательно равно балансовой стоимости собственного капитала.

РИСУНОК 16-2
Два способа приращения денег для первоначальных акционеров фирмы. В каждом случае полученные суммы компенсируются снижением стоимости требований к фирме старых акционеров. Если фирма выплачивает дивиденды, каждая акция стоит меньше, поскольку акций по отношению к активам фирмы должно выпускаться больше. Если старые акционеры продают некоторые из своих акций, каждая акция стоит столько же, но старые акционеры имеют меньше акций.

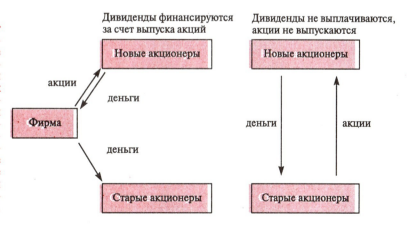

В настоящее время "Мыслящий полупроводник" использует денежные средства для выплаты 1000 дол. дивидендов своим акционерам. Выгоды для них очевидны: 1000 дол. денежных средств, которые могут быть потрачены. Также очевидно, что должны быть и издержки. Деньги не достаются даром.

Откуда берутся деньги для выплаты дивидендов? Конечно, непосредственный источник — денежные средства "Мыслящего полупроводника". Но эти средства предназначены для инвестиционного проекта. Так как мы хотим выявить влияние дивидендной политики на богатство акционеров, допустим, что компания *продолжает* осуществление инвестиционного проекта. Это означает, что 1000 дол. денежных средств должны быть получены из нового источника финансирования. Это может быть выпуск либо акций, либо долговых обязательств. Поскольку сейчас мы просто хотим рассмотреть дивидендную политику, то оставляем обсуждение выбора между долговым и собственным финансированием до глав 17 и 18. Итак, компания остановилась в итоге на финансировании дивидендов за счет выпуска акций на сумму 1000 дол.

Посмотрим на баланс компании после того, как дивиденды были выплачены, новые акции проданы и инвестиции осуществлены. Поскольку выплаты дивидендов не влияют на инвестиционную политику и политику займов компании "Мыслящий полупроводник", ее *совокупная* рыночная стоимость должна остаться прежней: 10 000 дол. + чистая приведенная стоимость[14]. Мы также знаем, что если новые акционеры платят справедливую цену, их акции стоят 1000 дол. Не хватает только одной величины — стоимости акций у первоначальных акционеров. Легко увидеть, что она должна быть следующей:

Стоимость акций у первоначальных акционеров =
= стоимость компании — стоимость новых акций =
= (10 000 + чистая приведенная стоимость) — 1000 =
= 9000 дол. + чистая приведенная стоимость.

Старые акционеры получили денежные дивиденды в размере 1000 дол. и потеряли на уменьшении стоимости капитала 1000 дол. Политика в области дивидендов не играет никакой роли.

Выплачивая 1000 дол. дивидендов одной рукой и забирая их обратно другой, "Мыслящий полупроводник" обеспечивает кругооборот денежных средств. Полагать, что это делает акционеров богаче, все равно что давать совет повару охладить кухню за счет открытой двери холодильника.

Конечно, наши доводы не учитывают налоги, расходы на эмиссию и большое разнообразие других отклонений от конкурентных условий рынка. В свое время мы к ним вернемся. Действительно решающим допущением в нашем доказательстве является то, что новые акции продаются по справедливой цене. Акции, проданные для того, чтобы получить 1000 дол., должны реально и *стоить* 1000 дол.[15] Другими словами, мы предполагаем наличие эффективного рынка капиталов.

| Расчет цены акции | Мы сделали допущение, что новые акции компании "Мыслящий полупроводник" могут быть проданы по справедливой цене, но какова эта цена и сколько новых акций выпускается? |

---

[14] Все другие факторы, которые могут оказать влияние на стоимость компании "Мыслящий полупроводник", предполагаются неизменными. Это допущение не является обязательным, но оно упрощает доказательство теории ММ.

[15] Старые акционеры получают все выгоды проекта с положительной чистой приведенной стоимостью. Новые акционеры требуют только справедливой нормы доходности. Они осуществляют инвестиции с нулевой чистой приведенной стоимостью.

ГЛАВА 16. Споры о дивидендах

Предположим, что до выплаты дивидендов компания имела 1000 акций в обращении и что чистая приведенная стоимость проекта составляла 2000 дол. Тогда старые акции в целом стоили 10 000 + чистая приведенная стоимость = =12 000 дол. и цена одной акции равнялась 12 000/1000 =12 дол. После того как компания выплатила дивиденды и завершила финансирование, эти старые акции стали стоить 9000 + чистая приведенная стоимость =11 000 дол. Цена одной акции составляет 11 000/1000 = 11 дол. Другими словами, цена старой акции снизилась на величину, равную дивидендным выплатам в размере 1 дол. на акцию.

Теперь посмотрим на новые акции. Очевидно, что после выпуска они должны продаваться в той же цене, что и остальные акции, т. е. по 11 дол. Если на долю новых акционеров выпадает справедливая цена, компания должна выпустить 1000/11, или 91 новую акцию, чтобы получить необходимые 1000 дол.

Выкуп акций

Мы видели, что любое увеличение дивидендных выплат должно компенсироваться выпуском акций при условии, что инвестиционная политика фирмы и политика в области займов остаются неизменными. Практически получается, что акционеры финансируют дополнительные дивиденды, продавая часть своей доли владения фирмой. Следовательно, цена акции падает ровно на столько, чтобы уравновесить дополнительные дивиденды.

Этот процесс может идти и в обратном направлении. При данных инвестиционной политике и политике в области займов любое *снижение* дивидендных выплат должно быть уравновешено сокращением количества выпускаемых акций или выкупом акций, ранее находящихся в обращении. Но если процесс не влияет на богатство акционеров, двигаясь в одном направлении, то он не должен влиять и при движении в обратном направлении. Мы проиллюстрируем это цифровым примером.

Допустим, некое техническое открытие показало, что новый проект "Мыслящего полупроводника" является не рисковыми инвестициями с положительной чистой приведенной стоимостью, а совершенно точно проигрышным. Руководство решает от проекта отказаться и 1000 дол., предназначенные для его финансирования, выплатить как дополнительные дивиденды в размере 1 дол. на акцию. После выплаты дивидендов баланс выглядит следующим образом:

Баланс компании "Мыслящий полупроводник" (рыночная стоимость, в дол.)

Денежные средства	0	0	Долг
Имеющиеся основные средства	9000	9000	Акционерный капитал
Новый проект	0		
Совокупная стоимость активов	9000	9000	Совокупная стоимость фирмы

Так как 1000 акций находятся в обращении, цена акций равна 10 000/1000 = = 10 дол. до выплаты дивидендов и 9000/1000 = 9 дол. после выплаты дивидендов. А что, если вместо этого "Мыслящий полупроводник" пустит 1000 дол. на выкуп своих акций? Поскольку компания платит справедливую цену за акции, на 1000 дол. она купит 1000/10 =100 акций. Стоимость 900 акций будет равна 900 × 10 = 9000 дол.

Как и ожидалось, переход от денежных дивидендов к выкупу акций не влияет на богатство акционеров. Они отказываются от 1 дол. денежных дивидендов, но, оказывается, держат акции, стоимость которых равна 10 дол. вместо 9 дол.

Отметим, что когда осуществляется выкуп акций, стоимость переходит к тем акционерам, которые сохранили свои акции. Они отказались от каких-либо денежных дивидендов, но стали владеть большей долей фирмы. Практически они использовали свою долю при распределении 1000 дол., чтобы выкупить доли других акционеров.

16—4. ПРАВЫЕ РАДИКАЛЫ

Многие традиционные работы по вопросам финансирования защищают высокий коэффициент дивидендных выплат. В качестве примера здесь можно привести заявление приверженцев правой позиции Б. Грэма и Д. Додда, сделанное в 1951 г.:

> ...осознаваемый и постоянно действующий вердикт фондового рынка — полностью в пользу либеральных дивидендов и против скупых дивидендов. Инвестор в обыкновенные акции должен принимать это во внимание при оценке акций с целью покупки. Сегодня становится обычной практикой оценка обыкновенных акций с применением одного коэффициента к той доле прибыли, которая выплачивается в виде дивидендов, и гораздо меньшего коэффициента к нераспределенному остатку прибыли[16].

Другой автор написал книгу, в которой убеждает правительство ввести положение о полном распределении прибыли на основании того, что это "определенно почти удвоит или утроит (за короткий период) рыночную стоимость акционерного капитала"[17].

Вера в важность дивидендной политики является характерной для деловых кругов и инвестиционных структур. Акционеры и консультанты по вопросам инвестиций беспрестанно убеждают казначеев корпораций увеличивать размер дивидендов. Когда в 1974 г. в США был введен контроль за заработной платой и ценами, стали поговаривать о необходимости контроля и за дивидендами. Насколько нам известно, ни один профсоюз не возразил на это тем, что "политика в области дивидендов не имеет значения". В конце концов, если заработная плата снижается, положение занятых ухудшается. Дивиденды — это заработная плата акционеров, и поэтому, если коэффициент дивидендных выплат снижается, акционеры становятся беднее. Следовательно, справедливость требует, чтобы контроль за заработной платой был дополнен контролем за дивидендами. Верно? Неверно! Вы теперь уже должны уметь противостоять такого рода аргументам. Но давайте вернемся к некоторым наиболее весомым аргументам в пользу политики, предусматривающей высокие дивидендные выплаты.

Игнорируют ли ММ риск?

Одно из наиболее общих и непосредственных возражений против доводов ММ о малозначимости дивидендной политики состоит в том, что дивиденды представляют собой наличные деньги в руках, в то время как прирост капитала в лучшем случае журавль в небе. Верно, что получатель дополнительных денежных дивидендов отказывается от прироста капитала, но если

---

[16] Эти авторы позднее смягчили данное заявление, признав, что инвесторы согласны использовать высокий коэффициент цена–прибыль для акций "роста", но в остальном они остались на прежних позициях. Мы же ссылаемся именно на заявление 1951 г., поскольку оно имеет историческое значение. Сравните: *B. Graham and D.L. Dodd.* Security Analysis: Principles and Techniques. 3 ed. McGraw-Hill Book Company. New York, 1951. P. 432; *B. Graham, D.L. Dodd, and S. Cottle.* Security Analysis: Principles and Techniques. 4th ed. McGraw-Hill Book Company. New York, 1962. P.480.

[17] См.: *A. Rubner.* The Ensnared Shareholder. Macmillan International Ltd. London, 1965. P. 139.

ГЛАВА 16. Споры о дивидендах

дивиденды надежны, а приращение капитала сопряжено с риском, то, значит, акционер все же остается в выигрыше?

Действительно, дивидендные выплаты более предсказуемы, чем прирост капитала. Менеджеры могут сделать дивиденды устойчивыми, но не могут контролировать цены акций. Исходя из этого, остается один шаг до вывода о том, что рост дивидендов делает фирму менее рисковой[18]. Но еще раз повторим: важный момент состоит в том, что при неизменных инвестиционной политике и политике в области займов потоки денежных средств фирмы *в целом* неизменны вне зависимости от дивидендной политики. Риск, который несут *все* акционеры фирмы, определяется ее инвестиционной политикой и политикой в области займов и также не зависит от дивидендной политики[19].

Рост дивидендов ведет к перераспределению долей владения между старыми и новыми акционерами. Старые акционеры, которые получают дополнительные дивиденды и не покупают новых акций, выпущенных с целью финансирования дивидендов, обнаруживают, что их доля в фирме уменьшилась. На самом деле они "купили" себе надежные доходы в обмен на неопределенные прибыли в будущем. Но причина, по которой их деньги являются надежными, состоит вовсе не в том, что это какие-то особые "деньги в форме дивидендов", а в том, что они помещены в банк. Если бы дивиденды не росли, акционеры могли бы достичь такого же надежного положения, просто продав свои акции и положив деньги в банк.

Если бы мы действительно полагали, что старые акционеры улучшают свое положение, обменивая рисковые активы на деньги, тогда мы должны были бы считать, что новые акционеры — те, кто обменивает деньги на вновь выпущенные акции, — ухудшают свое положение. Но это не имеет смысла: новые акционеры принимают на себя риск, но им платят за это. Они готовы покупать потому, что цена новых акций подразумевает отдачу, адекватную риску.

ММ доказывают малозначимость дивидендной политики не тем, что мы живем в мире определенности, а тем, что мы имеем эффективный рынок капиталов. Эффективность рынка означает, что перемещение стоимости вследствие изменений в дивидендной политике происходит на справедливых условиях. И поскольку *совокупная* стоимость капитала акционеров (старых и новых) не изменяется, никто не выигрывает и никто не проигрывает.

Несовершенство рынка

Мы полагаем — и так думают многие, — что вывод, сделанный ММ, основан на их допущении совершенного эффективного рынка капиталов. Никто не требует, чтобы их модель точно описывала так называемый реальный мир. Так что споры о дивидендах в конце концов сводятся к рассуждениям о несовершенстве, неэффективности рынка или о том, рационально ли действуют акционеры[20].

---

[18] По-видимому, по аналогии можно считать, что процентные выплаты еще более предсказуемы, так что риск компании можно было бы снизить, увеличив долю поступлений, выплачиваемых в виде процентов.

[19] Существует ряд вариантов аргумента "синицы в руках". Возможно, наиболее убедителен он у М. Гордона: *M.J. Gordon.* Dividends, Earnings and Stock Prices // Review of Economics and Statistics. 41: 99–105. May. 1959. Он доказывает, что инвесторы несут меньший риск, если фирма выплачивает им деньги сегодня, нежели распределяет и реинвестирует деньги в надежде выплачивать более высокие дивиденды в будущем. Более тщательный анализ аргументов Гордона показывает, что в действительности он говорит об изменениях в *инвестиционной*, а не в дивидендной политике. См., например: *M.J. Brennan.* A Note on Dividend Irrelevance and the Gordon Valuatuon Model // Journal of Finance. 26: 1115–1122. December. 1971.

[20] Эксперименты физиологов показывают, что человек не всегда принимает рациональные решения. Х. Шифрин и М. Стэтмен используют некоторые из выводов физиологов, чтобы доказать, что инвесторы могут иметь нерациональные предпочтения в пользу денежных дивидендов. См.: *H. Shefrin and M. Statman.* Explaining Investor Preferance for Cash Dividends // Journal of Financial Economics. 13: 253–282. June. 1984.

Существуют "естественные" покупатели акций с высокими дивидендными выплатами. Например, на некоторые финансовые учреждения законом накладываются ограничения на держание акций, по которым нет данных об устойчивых дивидендных выплатах. Трастовые и благотворительные фонды могут предпочитать акции с высокими дивидендами, поскольку дивиденды рассматриваются как "доход", который можно расходовать, в то время как прирост капитала является "дополнением к базовой стоимости" и не подлежит расходованию[21].

Кроме того, среди инвесторов есть покупатели, которые рассматривают портфель своих акций как постоянный источник денег на повседневную жизнь. В принципе, эти деньги можно было бы легко получить и от акций, по которым дивиденды не выплачиваются вовсе; просто время от времени инвестор мог бы продавать небольшую часть имеющихся у него акций. Но наверняка AT&T проще и дешевле раз в квартал выписать чек, нежели ее акционерам продавать, скажем, одну акцию раз в три месяца. Регулярные выплаты дивидендов AT&T освобождают многих из ее акционеров от операционных издержек и множества неудобств.

Те, кто защищает высокие дивиденды, могут подкрепить свою аргументацию тем, что регулярные денежные дивиденды освобождают акционеров от риска продажи своих акций по "временно низким" ценам. Конечно, фирме со временем придется выпустить акции для финансирования дивидендных выплат, но (согласно аргументу) фирма может выбрать *правильное* время для продажи. Если фирмы действительно пытаются это делать и если они делают это успешно — два больших *если*, — тогда акционеры фирм с высокими выплатами дивидендов действительно получают что-то ни за что.

Есть и другая линия аргументации, которую можно использовать для оправдания высоких дивидендных выплат. Вообразите рынок, на котором инвесторы получают очень мало достоверной информации о прибылях фирм. Такие рынки существуют в некоторых европейских странах, где увлечение секретностью и тенденция создания многослойных корпоративных организаций делают данные об активах и прибылях практически бессмысленными. Некоторые скажут, что благодаря "творческой" учетной политике ситуация в США немногим лучше. Как в таких условиях инвестору отделить фирмы, чьи прибыли находятся на предельно низком уровне, от реальных "производителей" денег? Один из критериев — дивиденды. Фирма, которая показывает хорошие прибыли и выплачивает огромные дивиденды, распределяет свои деньги в соответствии с тем, о чем вещает[22]. Мы можем понять, почему инвесторы предпочитают фирмы с устойчивыми показателями дивидендных выплат. Мы также можем понять, какую информацию несут с собой дивиденды. Инвесторы не доверяли бы информации, содержащейся в отчетах о прибылях, если бы она не подтверждалась соответствующей политикой в области дивидендов.

ММ считают информативность дивидендов временным явлением. Увеличение дивидендов свидетельствует об оптимистичном настрое руководства относительно будущего фирмы, но инвесторы должны *сами для себя определить*, насколько этот оптимизм оправдан. Скачок цен на акции, который сопровождает неожиданный рост дивидендов, *произошел бы в любом случае*, если бы информация о будущих прибылях прошла по другим каналам. Поэтому ММ надеются обнаружить изменение дивидендов в увязке с движением цен, а не устойчивую связь между ценами акций и планируемым фирмой на долгосрочную перспек-

---

[21] Большинство колледжей и университетов по закону имеют право тратить прибыль от прироста капитала (передаваемых им денег), но это делается редко.

[22] Конечно, фирмы какое-то короткое время могут обманывать преувеличенными прибылями и наскребать последние деньги для выплаты больших дивидендов. Однако долгое время обманывать трудно, ведь фирмы, которые не делают денег, не будут иметь их и для выплаты дивидендов. Финансировать дивиденды через выпуск акций — значит обречь себя на провал: в конце концов размер дивидендов на акцию снизится, и это покажет, что прежние дивиденды не были обеспечены прибылями.

ГЛАВА 16. Споры о дивидендах   415

тиву коэффициентом дивидендных выплат. ММ считают, что руководство должно заботить *изменение* дивидендов, а не средний *уровень* их выплат.

16—5. НАЛОГИ И ЛЕВЫЕ РАДИКАЛЫ

Взгляды левых радикалов на дивиденды просты. Когда дивиденды облагаются более высокими налогами, чем прирост капитала, фирмы должны выплачивать самые низкие денежные дивиденды, которые они могут себе позволить. Имеющиеся денежные средства должны сохраняться и реинвестироваться или же использоваться для выкупа акций.

Закон о реформе налоговой системы 1986 г. нанес удар по аргументам левых. До реформы дивиденды инвесторов облагались налогом по ставке 50%, в сравнении с максимальной 20%-ной ставкой налога на прирост капитала. После реформы дивиденды и прирост капитала стали облагаться по одной ставке, равной 28% для инвесторов с высокими доходами[23].

Тем не менее аргументы левых радикалов заслуживают более пристального внимания. Во-первых, это важно с точки зрения их исторического вклада в полемику о дивидендах. Во-вторых, прирост капитала во многих странах (Великобритании, например) облагается по относительно низким ставкам и может получить благоприятный режим налогообложения в США при пересмотре налогового кодекса. В-третьих, в Законе о налоговой реформе для прироста капитала сохранились некоторые налоговые льготы.

Мы расскажем о сохранившихся налоговых льготах после того, как более подробно рассмотрим аргументы левых.

Как налоги влияют на стоимость

Корпорации могут превратить дивиденды в прирост капитала, изменяя свою дивидендную политику. Когда дивиденды облагаются более высокими налогами, чем прирост капитала, такая финансовая алхимия должна приветствоваться любым налогооблагаемым инвестором. Это основной момент в аргументах левой партии в пользу низких дивидендных выплат.

Если дивиденды облагаются более высокими налогами, чем прирост капитала, инвесторы должны платить больше за акции с низким дивидендным доходом. Другими словами, они должны принять более низкую *доналоговую* норму доходности по ценным бумагам, предлагающим доход скорее в виде прироста капитала, нежели в виде дивидендов. Таблица 16-1 это иллюстрирует. Акции фирм А и Б сопряжены с одинаковым риском. Инвесторы предполагают, что в следующем году акция А будет стоить 112,50 дол. Цена акции Б составит только 102,50 дол., но предполагается, что по ней будут выплачены 10%-ные дивиденды, так что совокупные доналоговые поступления те же — 112,50 дол.

---

[23] К ставке налогообложения доходов некоторых граждан добавляется 5%, так что предельная ставка налога для них равна 28% + 5% = 33%. Ниже приводятся два примера предельных ставок 1990 г. по доходным группам.

Предельные ставки (%)	Доходная группа (в дол.)	
	Одинокие	Женатые пары, общий доход
15	0 — 19 450	0 — 32 450
28	19 450 — 47 050	32 450 — 78 400
28 + 5 = 33	47 050 — 97 620	78 400 — 162 770
28	свыше 97 620	свыше 162 770

Существуют различные шкалы налогов для женатых (замужних) налогоплательщиков, ведущих раздельный учет доходов, и индивидуальных налогоплательщиков, являющихся главами семей.

Дополнительные 5% сглаживают преимущества, получаемые за счет 15%-ной ставки на первую группу доходов.

Кроме того, акции Б продаются дешевле, чем акции А, и, следовательно, предлагают более высокую доналоговую норму доходности. Причина очевидна: инвесторы предпочитают акции А, поскольку доход от них имеет форму приращения капитала. Таблица 16-1 показывает, что акции фирм А и Б одинаково привлекательны для инвесторов, которые платят налог на дивиденды по ставке 50% и на прирост капитала по ставке 20% (максимальные предельные ставки до реформы налоговой системы). Каждая фирма предлагает 10% прибыли после уплаты всех налогов. Разница между ценами на акции фирм А и Б в точности соответствует приведенной стоимости дополнительных налогов для инвестора, если он покупает акции фирмы Б[24].

Руководство фирмы Б могло бы сэкономить на этих дополнительных налогах, отменив 10-долларовые дивиденды и использовав высвобожденные средства для выкупа акций. Цена ее акций должна вырасти до 100 дол., как только появится сообщение о новой дивидендной политике.

Зачем вообще платить дивиденды?

Зачем тогда вообще *какая-либо* фирма стала бы *когда-либо* выплачивать денежные дивиденды, если они облагаются более высокими налогами, чем прирост капитала? Если деньги должны быть распределены между акционерами, не лучше ли сделать это, выкупив акции? Представляется, что левые требуют не просто низких выплат дивидендов фирмой Б, а *нулевых* выплат, если прирост капитала имеет налоговые преимущества.

ТАБЛИЦА 16-1
Влияние изменения дивидендной политики, когда дивиденды облагаются более высокими налогами, чем прирост капитала. Акции, приносящие более высокие дивиденды (фирма Б), должны продаваться по более низкой цене, чтобы обеспечить такую же посленалоговую отдачу.

	Фирма А (без дивидендов)	Фирма Б (высокие дивиденды)
Цена следующего года	112,50	102,50
Дивиденды	0	10,00
Совокупный доналоговый доход	112,50	112,50
Цена акций сегодня	100	96,67
Прирост капитала	12,50	5,83
Доналоговая норма доходности (%)	$\frac{12,5}{100} \times 100 = 12,5$	$\frac{15,83}{96,67} \times 100 = 16,4$
Налог на дивиденды по ставке 50%	0	$0,50 \times 10 = 5,00$
Налог на прирост капитала по ставке 20%	$0,20 \times 12,50 = 2,50$	$0,20 \times 5,83 = 1,17$
Совокупный посленалоговый доход (дивиденды плюс прирост капитала минус налоги)	$(0 + 12,50) - 2,50 = 10,00$	$(10,00 + 5,83) - (5,00 + 1,17) = 9,66$
Посленалоговая норма доходности (%)	$\frac{10}{100} \times 100 = 10,0$	$\frac{9,66}{96,67} \times 100 = 10,0$

---

[24] М.Бреннан сконструировал модель, показывающую, что происходит, когда вы вводите налоги в совершенный при прочих равных условиях рынок, и обнаружил, что модель оценки долгосрочных активов продолжает работать, но с данными *после уплаты налогов*. Таким образом, если акции фирм А и Б имеют одинаковую бету, они должны предлагать одинаковую посленалоговую норму доходности. Разница между доналоговым и посленалоговым доходом определяется средневзвешенными налоговыми ставками инвестора (см.: *M.J. Brennan*. Taxes, Market Valuation and Corporate Financial Policy // National Tax Journal. 23: 417—427. December. 1970).

ГЛАВА 16. Споры о дивидендах

Однако лишь немногие левые зашли так далеко. Фирма, которая отказывается от выплаты дивидендов и начинает выкупать свои акции на регулярной основе, моментально оказалась бы в поле зрения Налоговой службы, у работников которой не оставалось бы сомнений, для чего в действительности предназначена программа по выкупу акций, и фирма была бы обложена соответствующими налогами. Вот почему финансовые менеджеры никогда не заявляют о том, что они выкупают акции с целью уберечь акционеров от налогов; они указывают какую-то другую причину[25].

Представители партии, выступающей за низкие дивидендные выплаты, несмотря ни на что, настаивают, что рынок вознаграждает фирмы, которые придерживаются политики низких дивидендов. Они утверждают, что фирмы, которые выплачивают дивиденды и время от времени должны были выпускать акции, делали серьезную ошибку. Любая такая фирма финансировала свои дивиденды в большой степени за счет выпуска акций; ей следовало снизить свои дивиденды по крайней мере до величины, при которой выпуск акций был необязательным. Это не только сэкономило бы налоги для акционеров, но и помогло бы избежать операционных расходов на эмиссию акций[26].

Эмпирические данные о дивидендах и налогах

Трудно отрицать, что налоги имеют большое значение для инвесторов. Вы можете увидеть это на примере рынка облигаций. Проценты по муниципальным облигациям не облагаются налогами, и поэтому по этим облигациям предлагается низкий доналоговый процентный доход. Проценты по облигациям федерального правительства облагаются налогами, и потому по ним предлагается высокий доналоговый процентный доход. Маловероятно, что инвесторы в облигации просто забывают о налогах, когда приходят на фондовый рынок. Рассуждая таким образом, мы ожидали бы, что акции с высокими дивидендами будут продаваться по более низкой цене и, следовательно, иметь более высокую доходность, как показано в таблице 16-1.

К сожалению, этот эффект трудно измерить. Например, предположим, что цена акции фирмы А равна 100 дол. и дивиденд по ней будет равен 5 дол. Следовательно, *ожидаемая* норма дивидендного дохода равна 5/100 = 0,5, или 5%. Далее, компания сообщает о росте прибылей и дивидендах в размере 10 дол. Таким образом, оглядываясь назад, мы имеем возможность сказать, что *фактическая* норма дивидендного дохода по акциям фирмы А равна 10/100 = 0,1, или 10%. Если неожиданное увеличение прибыли вызывает рост цены акций фирмы А, то высокая фактическая норма дивидендного дохода сопровождается высоким фактическим доходом. Но это ничего не скажет нам о том, сопровождается ли высокая *ожидаемая* норма дивидендного дохода высоким *ожидаемым* доходом. Чтобы оценить влияние дивидендной политики, нам необходимо оценить, какие дивиденды инвестор ожидал получить.

Вторая проблема состоит в том, что никто не знает, что такое высокая норма дивидендного дохода. Например, акции предприятий коммунального хозяйства, как правило, предлагают высокую норму дивидендного дохода. Но действительно ли они имели высокую доходность в течение всего года, или же только в месяцы или дни, когда выплачивались дивиденды? Возможно, большую часть года они обеспечивали нулевой дивидендный доход и были отличным объектом инвестирования для лиц с высокими налогами[27]. Конеч-

---

[25] Они могут сказать: "Наши акции являются хорошим объектом инвестирования", или: "Мы хотим иметь акции для финансирования приобретения других компаний". Что вы думаете о таких объяснениях?

[26] Такие расходы могут быть значительными (см. главу 15, в частности таблицу 15-1).

[27] Предположим, сделки осуществляются 250 дней в году. Возьмем акции, по которым дивиденды выплачиваются ежеквартально. Мы могли бы сказать, что акции предлагают высокий дивидендный доход 4 дня, в остальные 246 дней дивидендный доход равен нулю.

но, инвесторы с большими налогами не хотят держать акции в дни выплаты дивидендов, но они ведь могут на время продать свои акции дилеру по операциям с ценными бумагами. Дилеры одинаково облагаются налогами в отношении как дивидендов, так и приращения капитала и поэтому не должны требовать каких-либо дополнительных доходов от держания акций в период выплаты дивидендов[28]. Если бы акционеры могли свободно размещать акции между собой на время выплат дивидендов, в принципе не наблюдалось бы какого-либо влияния налогов.

Учитывая эти трудности в измерении связи между ожидаемым дивидендным доходом и фактическим доходом, неудивительно, что разные исследователи получают различные результаты. В таблице 16-2 в обобщенном виде представлены некоторые полученные данные. Отметим, что в каждом из тестов расчетная налоговая ставка положительна. Иначе говоря, представляется, что акции с высокими дивидендами имеют более низкие цены и дают более высокую доходность. Представители школы "дивиденды-это-плохо" могли бы заявить, что перевес фактов на их стороне и спор не уместен. Однако многие уважаемые ученые, включая Мертона Миллера и Мирона Шольца, не были в этом убеждены. Они и обратили внимание на трудности правильной оценки дивидендных доходов и доказательства связи между дивидендным доходом и ожидаемой доходностью[29].

Дивиденды и прирост капитала согласно Закону о реформе налоговой системы 1986 г.

Все эти факты представляют скорее исторический интерес, нежели интерес с позиции сегодняшнего дня, поскольку теперь и дивиденды и приращение капитала облагаются по одной ставке.

Однако законодательство о налогах по-прежнему в одном отношении подтверждает позицию левых. Налоги на дивиденды должны выплачиваться сразу, а уплата налогов на доходы от капитала может быть отсрочена до того, как акции будут проданы и прирост капитала получен. Акционеры могут выбирать, когда продавать свои акции и, следовательно, когда платить налог на приращение капитала. Чем дольше они выжидают, тем меньше приведенная стоимость налоговых обязательств по приращению капитала[30]. Таким образом, существует одна группа инвесторов — физические лица, держащие свои акции, — которые еще могут предпочитать прирост капитала дивидендам, хотя и в меньшей степени, чем до Закона о реформе налоговой системы.

---

[28] Акции также могут быть проданы корпорации, которая "ухватит" дивиденды и затем перепродаст акции. Корпорации являются естественными покупателями дивидендов, поскольку платят налог только с 30% дивидендов, полученных от других корпораций. (Мы расскажем более подробно о налогообложении дивидендов, полученных от других корпораций, далее в этой главе.)

[29] М. Миллер сделал обзор некоторых исследований, приведенных в таблице 16-2, в работе: Behavioral Rationality in Finance: The Case of Dividends // Journal of Business. 59: S 451–468. October. 1986.

[30] Когда ценные бумаги проданы, налог на прирост капитала платится с разницы между ценой продажи и ценой первоначальной покупки, или базовой ценой. Так, акции, купленные в 1987 г. по цене 20 дол. и проданные за 30 дол. в 1990 г., дадут 10 дол. прироста капитала на акцию, а сумма налога с 28%-ной предельной ставкой составит 2,80 дол. Допустим теперь, что инвестор решает воздержаться от продажи на один год. Тогда, если процентная ставка равна 8%, приведенная стоимость налога с позиций 1990 г. упадет до 2,80/1,08=2,59 дол. *Эффективная* ставка налога на прирост капитала составляет 25,9%. Чем дольше воздерживаться от продажи, тем ниже эффективная ставка. Эффективная ставка падает до нуля, если инвестор умирает до продажи акций, поскольку наследники инвестора "вступают" в повышенную базовую цену без признания какого-либо налогооблагаемого дохода. Предположим, цена все еще равна 30 дол., когда умирает инвестор. Наследники могли бы продать акцию за 30 дол. и не платить налог, поскольку они могут утверждать, что 30 дол. —это базовая цена. 10 дол. прироста капитала полностью бы избежали налогообложения.

ГЛАВА 16. Споры о дивидендах

Такие мотивы менее значимы для финансовых институтов, многие из которых освобождены от всех налогов и, следовательно, не имеют оснований предпочитать прирост капитала дивидендам или наоборот. Например, пенсионные фонды не облагаются налогами.

Только корпорации имеют связанные с налогообложением причины *предпочитать* дивиденды. Они платят налог на доход только с 30% каких-либо полученных дивидендов. Таким образом, эффективная ставка налога на дивиденды, получаемые крупными корпорациями, составляет 30% от 34% (предельная налоговая ставка на корпоративный доход), или 10,2%. Но они должны платить 34%-ный налог на всю сумму любых реально полученных доходов от прироста капитала.

Хотя дивиденды влияют на налоговые обязательства акционеров, в целом они не изменяют налогов, которые должна платить сама компания. Налог на доходы корпорации должен быть уплачен вне зависимости от того, распределяет ли компания свои прибыли или оставляет нераспределенными. Однако есть одно исключение. Если Налоговая служба может доказать, что доходы не распределяются с единственной целью избежать каких-либо налогов на дивиденды, она может наложить дополнительный налог на нераспределенную прибыль. Однако компании открытого типа почти всегда могут обосновать свои нераспределенные прибыли перед Налоговой службой.

ТАБЛИЦА 16-2
Несколько исследований влияния нормы дивидендного дохода на фактическую доходность: положительная ставка налога на дивиденды означает, что инвесторы требуют от высокодивидендных акций более высокой доналоговой доходности.

Тест	Период исследования (годы)	Интервал	Предлагаемая налоговая ставка (%)	Стандартная погрешность по налоговой ставке
Бреннан	1946 – 1965	месяц	34	12
Блэк и Шольц (1974)	1936 – 1966	месяц	22	24
Литценбергер и Рамасвами (1979)	1936 – 1977	месяц	24	3
Литценбергер и Рамасвами (1982)	1940 – 1980	месяц	14 – 23	2 – 3
Розенберг и Марат (1979)	1931 – 1966	месяц	40	21
Брэдфорд и Гордон (1980)	1926 – 1978	месяц	18	2
Блюм (1980)	1936 – 1976	квартал	52	25
Миллер и Шольц (1982)	1940 – 1978	месяц	4	3
Стоун и Барттер (1979)	1947 – 1970	месяц	56	28
Морган (1982)	1946 – 1977	месяц	21	2

Источники: M.J. Brennan. Dividends and Valuation in Imperfect Markets: Some Empirical Tests (неопубликованная статья, нет даты).
F. Black and M. Scholes. The Effects of Dividend Yeild and Dividend Policy on Common Stock Prices and Returns // Journal of Financical Economics. 1: 1–22. May. 1974.
R.H. Litzenberger and K. Ramaswamy. The Effect of Personal Taxes and Dividends on Capital Asset Prices:Theory and Empirical Evidence // Journal of Financial Economics. 7: 163–195. June. 1979.
R.H. Litzenberger and K. Ramaswamy.The Effect of Dividend on Common Stock Prices: Tax Effects or Information Effects // Journal of Finance. 37: 429–443. May. 1982.
B. Rosenberg and V. Marathe. Tests of Capital Asset Pricing Model Hypotheses // H. Levy (ed.).Research in Finance 1. Greenwich Conn. JAI Press, 1979.
D.F. Bradford and R.H. Gordon. Taxation and the Stock Market Valuatuion of Capital Gains and Dividends // Journal of Public Economics. 14: 109–136. 1980.
M.E. Blume. Stock Returns and Dividend Yields: Some More Evidence // Review of Economics and Statistics. 567–577. November. 1980.
M.H. Miller and M. Scholes. Dividends and Taxes: Some Empirical Evidence // Journal of Political Economy. 90. 1982.
B.K. Stone and B.J. Bartter. The Effect of Dividend Yield on Stock Returns: Empirical Evidence on the Relevance of Dividends // W.P.E. 76–78. Atlanta. Ga: Georgia Institute of Technology.
I.G. Morgan. Dividends and Capital Asset Prices // Journal of Finance. 37: 1071–1086. September. 1982.

Последствия Закона о реформе налоговой системы для дивидендной политики предельно просты. Прирост капитала все еще имеет налоговые преимущества для многих инвесторов в том смысле, что его можно отсрочить. Но если он реально получен, он больше не облагается налогами по более низкой ставке, чем дивиденды. Таким образом, доводы левых в пользу минимизации денежных дивидендов хотя и не опровергнуты, но значительно пошатнулись.

16—6. ЦЕНТРИСТЫ

Партия, занимающая промежуточную позицию, которую представляют в основном М. Миллер, Ф. Блэк и М. Шольц, утверждает, что дивидендная политика не влияет на стоимость компании[31]. Мы уже убедились, что это могло бы быть так, если бы не проявления несовершенства рынка, такие, как операционные издержки или налоги. Центристская партия отдает себе отчет в наличии таких явлений, но тем не менее ставит следующий обезоруживающий вопрос: если бы компании могли увеличивать цену своих акций, увеличивая или уменьшая величину распределяемых денежных дивидендов: почему они этого не делают? Потому, что одна компания не верит, что смогла бы увеличить цену своих акций, просто изменив дивидендную политику.

"Эффект предложения" не противоречит тому, что существуют постоянные инвесторы, которые предъявляют спрос на акции с низкими дивидендными выплатами. Фирмы это поняли уже давно. Возможно, количество фирм, осуществляющих политику низких дивидендных выплат, достаточно, чтобы полностью удовлетворить спрос таких клиентов. Если это так, то нет причин еще и другим фирмам переходить к политике низких дивидендных выплат.

Аналогично этому Миллер, Блэк и Шольц осознают возможность существования "постоянных покупателей акций с большими дивидендными выплатами", но считают, что их спрос также уже удовлетворен. Если все клиенты удовлетворены, то спрос на высокие и низкие дивиденды не оказывает никакого влияния на цены или доход. И не имеет значения, какой тип клиентов выбирает отдельная фирма. Если позиция центристской партии верна, мы не можем надеяться обнаружить какую-либо общую связь между дивидендной политикой и рыночной стоимостью, и стоимость любой отдельной компании не зависит от ее выбора дивидендной политики.

Представители центристской партии подчеркивают, что компании не стали бы проводить политику высоких дивидендных выплат, если бы не считали, что именно этого желают инвесторы. Но остается открытым вопрос: "Почему же так много инвесторов *должны* хотеть получать большие дивидендные выплаты?"

До Закона о реформе налоговой системы это была брешь в защите позиции центристов. Если большие дивиденды ведут к большим налогам, трудно полагать, что инвесторы получали то, что хотели. Однако представители центристской партии отвечают, что в налоговой системе множество слабых мест, позволяющих держателям акций избежать налогов на дивиденды. Например, вместо того чтобы инвестировать в обыкновенные акции напрямую, они могли бы делать это через пенсионный фонд или страховую компанию с более благоприятным режимом налогообложения.

Начиная с 1986 г. налоги на дивиденды в США были снижены, и стало легче поверить в то, что существует множество инвесторов, согласных получать большие дивиденды. Вот почему центристская партия пополнилась большим количеством новообращенных из других партий.

---

[31] *F. Black and M.S. Scholes.* The Effects of Dividend Yield and Dividend Policy on Common Stock Prices and Returns // Journal of Financial Economics. 1: 1—22. May. 1974; *M.H. Miller and M.S. Scholes.* Dividends and Taxes // Journal of Financial Economics. 6: 333—364. December. 1978; *M.H. Miller.* Behavioral Rationality in Finance: The Case of Dividends // Journal of Business. 59: 451—468. October. 1986.

ТАБЛИЦА 16-3
Национальные налоговые системы (там, где указаны две ставки налога на корпорации, первая относится к распределенной прибыли, вторая — к нераспределенной прибыли).

	Налоговая система	Ставка налога на корпорации (%)
Австралия	Условная	39
Бельгия	Классическая	41
Канада	Условная	38
Франция	С двумя ставками / условн.	42/37
Германия	С двумя ставками / условн.	36/56
Италия	Условная	36
Япония	С двумя ставками	32/42
Нидерланды	Классическая	35
Новая Зеландия	Условная	33
Испания	Условная	35
Великобритания	Условная	35
США	Классическая	34

Примечание. Во Франции и Германии существуют отдельные ставки налога на распределенную и нераспределенную прибыли корпорации, и держатели акций получают "налоговый кредит", который они могут вычитать из налога на дивиденды с физических лиц.

Привел ли Закон о реформе налоговой системы к изменению отношения корпораций и инвесторов к дивидендам? Корпорации *считают*, что закон увеличил стремление к более высоким дивидендным выплатам. Но мы должны еще какое-то время подождать, прежде чем сможем сказать, произошла ли такая переориентация. Кое-что мы можем почерпнуть из опыта других стран, в которых происходили изменения налоговых ставок на дивиденды относительно налогов на прирост капитала. Например, в Канаде дивидендные выплаты увеличились после того, как был введен налог на прирост капитала, а ставки налога на дивиденды были снижены для многих инвесторов[32].

Альтернативные налоговые системы

В США доходы акционеров облагаются налогами дважды: на уровне компании — налог на доходы корпораций и на уровне отдельного акционера — подоходный налог на прирост капитала. Такую систему иногда называют *классической*, или *двухъярусной*, налоговой системой. Если прирост капитала облагается по более низкой ставке или если налог можно отсрочить, инвесторы могут требовать более высокий доход от компаний, которые выплачивают большие дивиденды, и компании скорее будут стремиться оставлять прибыли, чем их распределять.

Конечно, дивиденды регулярно выплачиваются компаниями, которые действуют в совершенно разных налоговых системах. На самом деле, как вы можете видеть из таблицы 16-3, классическая налоговая система США встречается в остальном мире относительно редко. В некоторых странах дивиденды инвесторов облагаются по более высокой ставке, чем прирост капитала, но это компенсируется системой налогообложения корпорации по двум ставкам. Прибыль, оставленная на предприятии, облагается по более высокой ставке налога на корпорации, чем распределенная прибыль. При такой системе, с двумя ставками налога, освобожденные от налога инвесторы предпочитают

---

[32] Опыт Канады обобщается в нашем канадском издании: *R. Brealey, S. Myers, G. Sick and R. Whaley*. Principles of Corporate Finance. McGraw-Hill Ryerson, Ltd. Toronto. 1986 (см., в частности, p. 360–369, 372–374); а также см.: *I.G. Morgan*. Dividends and Stock Price Behavior in Canada // Journal of Business Administration. 12: 91–106. Fall 1980.

компании, выплачивающие высокие дивиденды, тогда как миллионеры могут голосовать за нераспределенную прибыль.

В некоторых других странах доходы акционеров не облагаются налогами дважды. Например, в Австралии дивиденды держателей акций облагаются налогом, но акционеры могут вычесть из этой суммы свою долю в корпоративном налоге, который уже заплатила компания. Это называется системой *условного налогообложения*. Чтобы посмотреть, как работает система условного налогообложения, предположим, что австралийская компания получает прибыль до налогообложения, равную 100 австр. дол. на акцию. После удержания налога по ставке 39% прибыль равна 100 — 39 = 61 австр. дол. на акцию. Далее, компания объявляет дивиденды в размере 61 австр. дол. на акцию и высылает акционерам чек на эту сумму. Для этих дивидендов предусмотрена налоговая скидка, поскольку компания уже заплатила от имени акционеров 39 австр. дол. налога. Таким образом, акционеры облагаются налогом, как если бы они получили дивиденды на сумму 61 + 39 = 100 австр. дол. и уплатили налог, равный 39 австр. дол. Если налоговая ставка для акционеров равна 48%, то они должны внести дополнительно 9 австр. дол. налога; если налоговая ставка равна 31%, то им *возмещаются* 9 австр. дол.[33]

При системе условного налогообложения миллионеры должны платить дополнительный налог на дивиденды, и потому они обычно предпочитают, чтобы компания не распределяла прибыль. Инвесторы, освобожденные от налогов, занимают противоположную позицию. Если компания выплачивает дивиденды, такие инвесторы получают чек из управления доходами на сумму превышения налога, который заплатила компания, и потому они предпочитают высокую норму дивидендных выплат.

16—7. РЕЗЮМЕ

Дивиденды имеют много форм. Наиболее распространенная — регулярные денежные выплаты, но иногда компании выплачивают дополнительные, или особые, денежные дивиденды или дивиденды в виде акций. Фирма не вольна выплачивать дивиденды, какие пожелает. Она может дать обещание держателям своих облигаций не заявлять о больших дивидендах, и кроме того, законы штатов могут препятствовать выплате дивидендов в случае неплатежеспособности фирмы или при недостаточности ее прибылей.

В качестве альтернативы дивидендным выплатам компания может выкупать свои собственные акции. Это тоже приводит к распределению денежных средств между акционерами. Налоговая служба в подобных случаях облагает акционеров только налогом на прирост капитала, который они могут получить в результате выкупа акций.

Когда менеджеры решают вопрос о дивидендах, их главной заботой является обеспечить акционерам "справедливый" уровень дивидендов. Большинство менеджеров сознательно или бессознательно придерживаются долговременного планового коэффициента дивидендных выплат. Если бы фирмы просто использовали запланированный коэффициент выплат по отношению к прибылям каждого года, то размер дивидендов существенно изменялся бы от года к году. Поэтому менеджеры пытаются сгладить колебания дивидендных выплат, лишь частично приближаясь к запланированной доле выплат каждый год. Они не просто смотрят на динамику прибыли в прошлом. Они пытаются заглянуть и в будущее, когда устанавливают размер дивидендных выплат. Инвесторы это понимают и знают, что увеличение дивидендов часто является признаком оптимизма руководства.

---

[33] В Австралии и Новой Зеландии акционеры получают налоговую скидку на всю сумму корпоративного налога, который выплачивается от их имени. В других странах, таких, как Великобритания и Испания, размер налоговой скидки меньше, чем ставка корпоративного налога.

ГЛАВА 16. Споры о дивидендах

Если мы принимаем инвестиционную политику компании как неизменную, тогда политика в области дивидендов является следствием выбора между денежными дивидендами и выпуском или выкупом обыкновенных акций. Следует ли фирмам оставлять соответствующую величину прибыли, необходимую для финансирования своего развития, а остатки выплачивать в виде денежных дивидендов? Или же им лучше увеличивать дивиденды и затем (раньше или позже) выпускать акции, чтобы покрыть недостаток капитала? Или же они должны снизить дивиденды ниже уровня предельного "остатка" и использовать высвобожденные денежные средства на выкуп акций?

Если бы мы жили в идеально простом и совершенном мире, не было бы проблем с выбором такого решения, которое бы не оказывало никакого влияния на рыночную стоимость. Споры же ведутся о влиянии дивидендной политики *в нашем порочном мире*. Наиболее распространенная — хотя это не значит, что универсальная — точка зрения в инвестиционных кругах состоит в том, что высокие дивидендные выплаты увеличивают цену акций. Существует естественная клиентура на акции с высокими дивидендными выплатами. Но мы затрудняемся объяснить *общее* предпочтение дивидендам иначе, как иррациональными предрассудками. Доводы в пользу "либеральных дивидендов" зависят главным образом от традиций.

Самым очевидным и серьезным дефектом рынка было различное налогообложение дивидендов и прироста капитала. До Закона о реформе налоговой системы 1986 г. ставка налога на дивиденды составляла 50%, а на прирост капитала — не более 20%. Таким образом, инвесторам следовало требовать более высокий доналоговый доход на акции с большими дивидендными выплатами, чтобы компенсировать их невыгодное налогообложение. Высокодоходным инвесторам выгодно было держать главным образом акции с низкими дивидендами.

Эта точка зрения основывается на внушительной теоретической базе. Она подтверждается доказательствами того, что валовые доходы в среднем отражают дифференциацию налогов. Слабое место в этой теории — в замалчивании вопроса, почему компании продолжают распределять такие большие суммы наперекор предпочтениям инвесторов.

Третья точка зрения на дивидендную политику основывается в первую очередь на том, что действия компаний все же *отражают* предпочтения инвесторов; тот факт, что компании выплачивают значительные дивиденды, является лучшим доказательством желания инвесторов. Если предложение дивидендов точно соответствует спросу, ни одна компания не может улучшить свою рыночную стоимость изменением своей дивидендной политики. Хотя это и объясняет поведение корпораций, но не объясняет, почему дивиденды такие, какие есть, а не другие.

Эти теории весьма неполны и доказательства весьма чувствительны даже к незначительным изменениям деталей. Мы отдаем предпочтение третьей точке зрения, отражающей промежуточную позицию. Наши рекомендации компаниям фокусировались бы на следующем. Во-первых, внезапное изменение дивидендной политики, скорее всего, может привести к резкому изменению цен на акции. Главной причиной этого изменения является информация, которую инвесторы черпают из действий компании, хотя некоторые случайные данные наводят на мысль, что возможны и другие менее рациональные объяснения[34]. Учитывая подобные проблемы, можно рекомендовать компании плав-

---

[34] Например, в статье в "Fortune" Кэрол Лумис рассказывает историю о General Public Utilities (см.: A Case for Dropping Dividends //Fortune. June 15. 1986. P. 181 ff). В 1968 г. руководство General Public Utilities (GPU) решило урезать свои денежные дивиденды, чтобы избежать выпуска акций. Несмотря на прочное положение компании, она неожиданно натолкнулась на сильную оппозицию. Индивидуальные акционеры посоветовали президенту обратиться к психиатру, институциональные держатели акций угрожали продать свои акции, цена акций снизилась почти на 10%, и GPU в конце концов сдалась.

ное сглаживание дивидендов, например через определение фирмой планового коэффициента дивидендных выплат. Если же необходимо резко изменить дивидендные выплаты, компании следует в максимальной степени предупредить события, подобные вышеописанным, и позаботиться, чтобы ее действия не были неверно истолкованы.

Мы считаем, что в условиях таких ограничений компании по меньшей мере следует установить плановый коэффициент дивидендных выплат на возможно минимальном уровне, чтобы минимизировать зависимость от привлечения дополнительного капитала. Зачем выплачивать акционерам деньги, если это требует выпуска новых акций, чтобы получить эти деньги обратно? Лучше уж с самого начала не расставаться с этими деньгами.

РЕКОМЕНДУЕМАЯ ЛИТЕРАТУРА

Дж. Линтнер дает классический анализ того, как компании устанавливают размер своих дивидендных выплат:

> *J. Lintner.* Distribution of Incomes of Corporation among Dividends, Retained Earnings, and Taxes // American Economic Review. 46: 97–113. May. 1956.

Об одном из лучших известных исследований того, как модель Линтнера описывает изменения дивидендов, можно прочитать:

> *E.F. Fama and H. Babiak.* Dividend Policy: An Empirical Analysis // Journal of the American Statistical Association. 63: 1132–1161. December. 1968.

Марш и Мертон сделали интерпретацию выводов Линтнера и использовали это для объяснения совокупных дивидендов, выплачиваемых корпорациями США:

> *T.A. Marsh and R.C. Merton.* Dividend Behavior for the Aggregate Stock Market // Journal of Business. 60: 1–40. January. 1987.

Одна из первых статей о дивидендной политике в контексте совершенного рынка капиталов:

> *M.H. Miller and F. Modigliani.* Dividend Policy, Growth and the Valuation of Shares // Journal of Business. 34: 411–433. October. 1961.

Есть несколько интересных моделей, объясняющих информативность дивидендов. Два показательных примера:

> *S. Bhattachary.* Imperfect Information, Dividend Policy and Bird in the Hand Fallacy // Bell Journal of Economics and Management Science. 10: 259–270. Spring 1979.
>
> *M.H. Miller and K. Rock.* Dividend Policy Under Asymmetric Information // Journal of Finance. 40: 1031–1052. September. 1985.

Наиболее страстным защитником позиции "дивиденды-это-хорошо" является Гордон. Бреннан обсуждает причину различий в позициях Гордона и ММ:

> *M.J. Gordon.* Dividend, Earnings and Stock Prices // Review of Economics and Statistics. 41: 99–105. May. 1959.
>
> *M.J. Brennan.* A Note on Dividend Irrelevance and the Gordon Valuation Model // Journal of Finance. 26: 1115–1122. December. 1971.

Влияние дифференцированных налоговых ставок на дивиденды и прирост капитала строго анализируется в контексте модели долгосрочных активов:

> *M.J. Brennan.* Taxes, Market Valuation and Corporate Finance Policy // National Tax Journal. 23: 417–427. December. 1970.

Аргумент в пользу того, что дивидендная политика не имеет значения и с учетом налогов, представлен в:

> *F. Black and M.S. Scholes.* The Effects of Dividend Yield and Dividend Policy on Common Stock Prices and Returns // Journal of Financial Economics. 1: 1–22. May. 1974.

M.H. Miller and M.S. Scholes. Dividends and Taxes // Journal of Financial Economics. 6: 333–364. December. 1978.

Краткий обзор некоторых эмпирических данных содержится в:
R.H. Litzenberger and K. Ramaswamy. The Effects of Dividends on Common Stock Prices: Tax Effects or Information Effects // Journal of Finance. 37: 429–443. May. 1982.

Обзор полемики о дивидендах, сделанный Миллером:
M.H. Miller. Behavioral Rationality in Finance: The Case of Dividends // Journal of Business. 59: 451–468. October. 1986.

КОНТРОЛЬНЫЕ ВОПРОСЫ

1. В 1989 г. компания Polaroid ежеквартально выплачивала регулярные дивиденды в размере 0,15 дол. на акцию.
   а) Найдите соответствующее определение каждой дате:

   (А) 31 октября 1989 г.   (а) Дата регистрации
   (Б) 26 ноября 1989 г.   (б) Дата выплаты
   (В) 27 ноября 1989 г.   (в) Дата без дивиденда
   (Г) 1 декабря 1989 г.   (г) Последний день с дивидендом
   (Д) 30 декабря 1989 г.   (д) Дата объявления

   б) В один из этих дней цена акции скорее всего упадет почти на всю величину дивиденда. Почему?
   в) Цена акции в начале января была 42 дол. Какова была соответствующая норма дивидендного дохода?
   г) Прибыль на одну акцию за 1989 г. прогнозировалась примерно на уровне 1,75 дол. Каков был коэффициент дивидендных выплат (в %)?
   д) Допустим, в 1989 г. компания выплатила 10%-ный дивиденд в форме акций. Каково будет ожидаемое падение цены акции?

2. Какие из следующих утверждений неверны:
   а) Как правило, компании не имеют права выплачивать дивиденды из уставного капитала.
   б) Как правило, компании не имеют права выплачивать дивиденды, если являются неплатежеспособными.
   в) Полученное долгосрочное приращение капитала облагается налогом по предельной ставке налога на прибыль.
   г) Однако *эффективная* ставка налога на прирост капитала может быть меньше налоговой ставки на дивиденды.
   д) Корпорации платят налоги только на 50% дивидендов, полученных от других корпораций.

3. Ниже приведено несколько "фактов" о типичных видах дивидендной политики корпораций. Какие из этих "фактов" верны, а какие нет? Напишите правильную версию неверных утверждений.
   а) Большинство компаний устанавливают плановое (целевое) значение коэффициента дивидендных выплат.
   б) Они определяют дивиденд каждого года как целевой коэффициент дивидендных выплат, умноженный на прибыль этого года.
   в) Представляется, что менеджеры и инвесторы больше озабочены изменением дивидендов, а не их уровнем.
   г) Менеджеры часто идут на временное увеличение дивидендов, когда прибыли неожиданно высоки в течение одного-двух лет.

4. В период 1969–1988 гг. $^2/_3$ колебаний в дивидендной политике GM можно объяснить следующей формулой:

$$DIV_t - DIV_{t-1} = -0{,}90 + 0{,}54\,(0{,}34 EPS_t - DIV_{t-1}).$$

Каковы, по-вашему мнению, были:

а) целевой уровень коэффициента дивидендных выплат GM;

б) ставка, по которой корректировались дивиденды относительно целевого коэффициента?

5. Допустим, что теория Миллера и Модильяни (ММ) верна. Как повлияло бы государственное замораживание дивидендов на:

а) цены акций;

б) объем инвестированного капитала?

6. Цены акций обычно растут при неожиданном увеличении дивидендов и падают при неожиданном сокращении дивидендов. Почему?

7. Как повлиял на налогообложение дивидендов и прироста капитала Закон о налоговой реформе 1986 г.? Сохранились ли инвесторы, имеющие налоговую причину предпочтения прироста капитала? При прочих равных условиях как должны повлиять налоговые изменения на цены и ожидаемую норму доходности акций с высоким коэффициентом дивидентных выплат по сравнению с акциями с низким коэффициентом дивидентных выплат?

ВОПРОСЫ И ЗАДАНИЯ

1. Просмотрите раздел "Новости о дивидендах" в последнем выпуске The Wall Street Journal и выберите компанию, сообщающую о регулярных дивидендах.

    а) Как часто компания выплачивает регулярные дивиденды?

    б) Каков размер дивидендов?

    в) На какую дату должны быть зарегистрированы ваши акции, чтобы вы получили дивиденды?

    г) Сколько недель назад выплачивались дивиденды?

    д) Обратите внимание на цену акций и посчитайте годовую норму дивидендного дохода по акции.

2. Прокомментируйте следующее высказывание: "Хорошо говорить, что я могу продать акции, если необходимы деньги, но это может означать продажу по самым низким ценам на рынке. Если компания выплачивает регулярные дивиденды, инвестор может избежать такого риска".

3. "Дивиденды являются заработной платой акционеров. Поэтому, если правительство проводит ограничительную политику в отношении заработной платы, то, исходя из такой же логики, оно должно сдерживать и рост дивидендов". Имеет ли это смысл?

4. Обратитесь к первому балансу компании "Мыслящий полупроводник" в разделе 16—3. Теперь она использует деньги для выплаты 1000 дол. денежных дивидендов, планируя осуществить выпуск акций, чтобы получить денежные средства, необходимые для инвестирования. Но до того как акции выпущены, случается катастрофа: новое положение о контроле за загрязнением увеличивает издержки производства в такой степени, что существующий объем производства компании сокращается вдвое, до 4500 дол. Однако это не повлияло на чистую приведенную стоимость нового инвестиционного плана. Покажите, что дивидендная политика тем не менее не имеет значения.

5. "Рискованные компании склонны иметь более низкие плановые коэффициенты дивидендных выплат и более плавные корректирующие коэффициенты". Объясните, что означает это утверждение. Почему вы так думаете?

6. Рассмотрим два следующих высказывания: "Дивидендная политика не имеет значения". "Цена акций является текущей стоимостью ожидаемых в будущем дивидендов" (см. главу 4). Они звучат весьма противоречиво. Используя нижеследующий пример, покажите, что они вполне согласуются. Цена акций Charles River Mining Corporation в настоящее время равна 50 дол. прибыли и дивиденды на акцию следующего года соответственно составляют 4 и 2 дол. Инвесторы ожидают постоянный темп роста 8% в год. Ожидаемая норма доходности, требуемая инвесторами, составляет $r = 12\%$.

ГЛАВА 16. Споры о дивидендах   427

Мы можем использовать модель для случая постоянного темпа роста:

$$P_0 = \frac{DIV}{r-g} = \frac{2}{0{,}12 - 0{,}08} = 50 \text{ дол.}$$

Предположим, Charles River Mining объявляет, что резко меняет свою дивидендную политику, увеличивая дивидендные выплаты до 100 %, а для финансирования роста выпускает акции. Используя модель для случая постоянного темпа роста, покажите, что текущая цена акций не меняется.

7. Ожидаемый доналоговый доход по трем акциям распределен между дивидендами и приростом капитала следующим образом:

Акции	Ожидаемые дивиденды (в дол.)	Ожидаемый прирост капитала (в дол.)
А	0	10
Б	5	5
В	10	0

   а) Если цена каждой акции равна 100 дол., каковы ожидаемые чистые доходы по каждой акции (I) пенсионного фонда, (II) корпорации, облагаемой налогом по ставке 34%, (III) граждан, для которых ставки налога: на инвестиционный доход — 28%, на прирост капитала — 28%, и (IV) дилеров по операциям с ценными бумагами, инвестиционный доход и доход с капитала которых облагается налогом по ставке 34%.

   б) Допустим, до Закона о реформе налоговой системы 1986 г. акции А, Б и В имели цены, приносящие 8% *посленалогового дохода* индивидуальным инвесторам, ставка налога на инвестиционный доход которых равнялась 50%, а на прирост капитала — 20%. За сколько продавались бы акции А, Б и В?

8. Дайте два ответа на следующий вопрос: с учетом настоящего налогового законодательства и с учетом налогового законодательства, существовавшего до Закона о реформе налоговой системы 1986 г.

   Предположим, все инвестиции приносят одинаковый ожидаемый *доналоговый доход*. Рассмотрим две акции Вс и Нз, имеющие одинаковую степень риска. По акциям Вс выплачиваются очень большие дивиденды, и они предлагают низкий ожидаемый прирост капитала. По акциям Нз выплачиваются низкие дивиденды, и они предлагают большой ожидаемый прирост капитала. Какие из следующих инвесторов предпочли бы акции Нз, а какие — акции Вс? Каким инвесторам было бы безразлично? Объясните.

   а) Пенсионный фонд.
   б) Индивидуальный инвестор.
   в) Корпорация.
   г) Благотворительный фонд.
   д) Дилер по операциям с ценными бумагами.

9. В статье о выкупе акций в Los Angeles Times отмечалось: "Все большее число компаний находят, что лучшие инвестиции, которые они могут сделать в наши дни, это инвестиции в самих себя". Обсудите эту точку зрения. Как перспективы компании и цена ее акций влияют на желание выкупать акции?

10. Сторонники "хороших дивидендов" иногда подчеркивают тот факт, что акции с высоким дивидендным доходом, как правило, имеют коэффициент цена—прибыль выше среднего. Убедителен ли этот факт? Обсудите.

11. Укажите, для каких из следующих четырех групп компаний вы ожидали бы распределения относительно низкой или высокой доли текущих прибылей и относительно низкого или высокого коэффициента цена—прибыль.

   а) Компании с большим риском.
   б) Компании, в которых недавно произошло неожиданное снижение прибылей.

в) Компании, которые ожидают падения прибылей.

г) "Растущие" компании с хорошими инвестиционными возможностями в будущем.

12. "Многие компании выкупают акции с целью увеличить прибыль в расчете на акцию. Предположим, например, что компания занимает следующие позиции:

• Чистая прибыль	10 млн дол.
• Количество акций до выкупа	1 млн дол.
• Прибыль на акцию	10 дол.
• Коэффициент цена—прибыль	20
• Цена акции	200 дол.

Теперь компания выкупает 200 000 акций по цене 200 дол. за акцию. Количество акций снижается до 80 000, и величина чистой прибыли на акцию растет до 12,50 дол. При условии, что коэффициент цена—прибыль остается равным 20, цена акций должна вырасти до 250,00 дол.". Обсудите.

13. *а)* Horner Pie Company выплачивает ежеквартально дивиденды в размере 1 дол. Предположим, что к дате, когда акция теряет право на дивиденд, ожидается падение цены акций на 90 центов. Предпочли бы вы покупать акции в период, когда акции имеют право на дивиденд, или когда акции теряют право на дивиденд, если вы были 1) инвестором, освобожденным от налогов, 2) инвестором с предельной ставкой 40% налога на доход и ставкой 16% на прирост капитала?

б) В исследовании поведения акций без права на дивиденды Элтон и Грубер вычислили, что цена акций снижалась в среднем на 85% от размера дивиденда. Допустим, что ставка налога на прирост капитала составляла 40% ставки подоходного налога. Какова, исходя из результата Элтона и Грубера, была предельная ставка подоходного налога на инвесторов?

в) Элтон и Грубер также обнаружили, что цены акций без права на дивиденд по-разному снижались для акций с высокими и низкими дивидендными выплатами. Падение цены каких акций, по вашим предположениям, было бóльшим?

г) Тот факт, что инвесторы могут свободно продавать акции в дни, близкие к дате, когда акции теряют право на дивиденд, изменил бы вашу интерпретацию исследования Элтона и Грубера?

д) Предположим, Элтон и Грубер повторят свои исследования для периода 1988—1990 гг. после Закона о реформе налоговой системы. Каких изменений вы бы ожидали?

14. Представители партии центристов считают, что дивидендная политика не имеет значения, поскольку предложение акций с высокими, средними и низкими дивидендными выплатами уже сложилось, чтобы удовлетворить спрос инвесторов. Инвесторы, которые предпочитают высокие дивиденды, держат акции, которые дают им все, что они хотят. Инвесторы, которые желают получить прирост капитала, выбирают акции с низкими дивидендными выплатами. Таким образом, фирма с высокими дивидендными выплатами не может выиграть от трансформации в фирму с низкими выплатами, и наоборот.

Допустим, это было так до Закона о реформе налоговой системы 1986 г. Какого влияния на совокупный объем денежных дивидендов, выплачиваемых корпорациями США, и на соотношение фирм с низкими и высокими дивидендами, вы могли бы ожидать после изменения налоговой системы 1986 г.? Будет ли дивидендная политика по-прежнему незначима после того, как предложение каких-либо дивидендов уравновесится? Объясните ваш ответ.

15. Как, по вашему мнению, политика в области дивидендов влияет на рыночную стоимость при *а)* двухъярусной налоговой системе и *б)* условной налоговой системе? Приведите простой пример, иллюстрирующий ваши аргументы.

17
Имеет ли значение политика управления задолженностью?

Основным ресурсом фирмы служат потоки денежных средств, создаваемые ее активами. Когда фирма осуществляет финансирование полностью за счет выпуска обыкновенных акций, все эти потоки денежных средств принадлежат акционерам. Когда фирма выпускает и долговые обязательства, и акции, она тем самым расщепляет этот совокупный поток на относительно надежный поток, который поступает держателям облигаций, и более рисковый поток, поступающий акционерам.

Комбинацию ценных бумаг фирмы называют **структурой капитала**. Выбор структуры капитала является главным образом функцией маркетинга. Фирма может выпускать десятки разных видов ценных бумаг в несчетном количестве сочетаний, но она стремится найти свою особую комбинацию, которая максимизирует ее общую рыночную стоимость.

Стоит ли к этому стремиться? Мы должны учитывать вероятность того, что *ни одна* комбинация не окажется лучше какой-либо другой. Возможно, действительно важные решения относятся к активам компании, а решения, касающиеся структуры капитала, — простая детализация первых — т.е. им следует уделять внимание, но они не должны служить источником постоянной головной боли.

Модильяни и Миллер (ММ), показавшие, что дивидендная политика не имеет значения на совершенном рынке капитала, показали также, что и решения по финансированию на совершенном рынке не имеют значения[1]. Их знаменитое Правило I гласит, что фирма не может изменить *общую* стоимость ценных бумаг, просто разделив потоки денежных средств на два направления: стоимость фирмы определяется ее реальными активами, а не ценными бумагами, которые она выпускает. Таким образом, структура капитала не важна при любом данном сочетании инвестиционных решений фирмы.

Правило I ММ допускает полное разделение инвестиционных решений и решений по финансированию. Согласно ему, любая фирма может применять методы формирования бюджетов долгосрочных вложений, описанные в главах 2—12, не заботясь о том, откуда поступают деньги на финансирование инвестиций. В этих главах мы исходили из того, что финансирование полнос-

---

[1] Статья ММ [*F. Modigliani and M.H. Miller*. The Cost of Capital, Corporation Finance and the Theory of Investment // American Economic Review. 48: 261—297. June. 1958.] была опубликована в 1958 г., но основной ее аргумент был выдвинут еще в 1938 г. Дж.Б. Уильямсом и в некоторой степени Девидом Дюраном. См.: *J.B. Williams*. The Theory of Investment Value. Harvard University Press, Cambridge, Mass., 1938, а также *D. Durand*. Cost of Debt and Equity Funds for Business: Trend and Problems of Measurement // Conference on Research in Business Finance. National Bureau of Economic Research, New York, 1952.

тью осуществляется за счет акционерного капитала, реально не углубляясь в этот вопрос. Если Правило I верно, то такой подход вполне обоснован.

Мы полагаем, что *на самом деле* играет структура капитала важную практическую роль, но тем не менее всю эту главу мы целиком посвятили аргументам ММ. Не поняв до конца условия, при которых Правило ММ верно, вы не поймете и того, почему одна структура капитала лучше другой. Финансовому менеджеру необходимо знать, на какие проявления несовершенства рынка следует обращать внимание.

В главе 18 мы проведем детальный анализ отклонений от совершенного рынка, из-за которых скорее всего структуры капитала и различаются между собой, включая налоги, издержки банкротства, затраты на составление и выполнение сложных кредитных договоров. Мы также докажем, что весьма наивно полагать, будто инвестиционные решения и решения по финансированию можно полностью отделить друг от друга.

Но в этой главе мы выделим решения по формированию структуры капитала, приняв за постулат неизменность инвестиционных решений. Кроме того, мы отвлечемся от дивидендной политики.

17—1. ЭФФЕКТ ЛЕВЕРИДЖА В КОНКУРЕНТНОЙ ЭКОНОМИКЕ БЕЗ НАЛОГОВ

Мы отнесли выбор фирмой структуры капитала к *функциям маркетинга*. Задача финансового менеджера — найти такое сочетание ценных бумаг, которое в целом обладает наибольшей привлекательностью для инвесторов — комбинацию, которая максимизирует рыночную стоимость фирмы. Прежде чем мы вплотную займемся этой проблемой, мы должны удостовериться, что политика, способствующая максимизации стоимости фирмы, максимизирует также и богатство акционеров.

Обозначим через D и E рыночную стоимость находящихся в обращении долговых обязательств и акций компании Wapshot Mining. 1000 акций компании продаются по цене 50 дол. за акцию. Таким образом,

$$E = 1000 \times 50 = 50\,000 \text{ дол.}$$

Кроме того, Wapshot взяла заем в размере 25 000 дол., и, следовательно, совокупная рыночная стоимость всех ценных бумаг компании в обращении (V) составляет:

$$V = D + E = 75\,000 \text{ дол.}$$

Акции Wapshot называются *левериджированным собственным капиталом*. Акционеры компании сталкиваются с выгодами и издержками *финансового левериджа*, или финансовой зависимости. Предположим, что Wapshot усиливает свою финансовую зависимость, прибегнув к дополнительному займу в сумме 10 000 дол. и используя ее для выплаты акционерам специальных дивидендов в размере 10 дол. на акцию. Эта замена акционерного капитала заемным не оказывает никакого влияния на величину активов Wapshot.

Сколько будут стоить акции Wapshot после выплаты специальных дивидендов? У нас есть две неизвестные — E и V:

Старый долг	25 000 ⎫	35 000	$= D$
Новый долг	10 000 ⎭		
Акции		?	$= E$
Стоимость фирмы		?	$= V$

Если V, как и ранее, равна 75 000 дол., то E должна составить $V - D = 75\,000 - 35\,000 = 40\,000$ дол. Потерянный акционерами капитал точно соответствует сумме 100 000 дол. специальных дивидендов. Но если в результате изменения

ГЛАВА 17. Имеет ли значение политика управления задолженностью?

структуры капитала V увеличивается, скажем, до 80 000 дол., тогда $E = 45\,000$ дол., и акционеры становятся богаче на 5000 дол. В целом любое увеличение или уменьшение V, вызванное изменением структуры капитала, ложится на плечи акционеров фирмы. Отсюда мы делаем вывод, что политика, которая максимизирует рыночную стоимость фирмы, также хороша и для ее акционеров.

Это заключение основано на двух важных допущениях: первое, Wapshot может не принимать во внимание дивидендную политику и, второе, после изменения структуры капитала старый и новый долг в совокупности *стоит* 35 000 дол.

Дивидендная политика может иметь, а может и не иметь значения, но здесь нет необходимости повторять то, о чем мы говорили в главе 16. Единственное, что нужно отметить, это то, что изменения структуры капитала иногда влекут за собой важные решения в дивидендной политике. Может быть, выгоды и издержки, связанные с денежными дивидендами Wapshot, следует рассматривать вкупе с выгодами, связанными с ее возрастающей финансовой зависимостью.

Наше второе допущение о том, что стоимость старого и нового долга 35 000 дол., выглядит безобидным. Но это может оказаться ошибочным впечатлением. Возможно, новый заем увеличил риск, связанный со старыми долговыми обязательствами. Если держатели долговых обязательств не могут потребовать более высокой процентной ставки, чтобы компенсировать возросший риск, стоимость их инвестиций снижается. В этом случае акционеры Wapshot получают выгоды за счет держателей долговых обязательств, даже если в целом стоимость долга и акций не изменяется.

Однако лучше оставим обсуждение этих проблем до главы 18. В настоящей главе мы сделаем допущение, что любой выпуск долговых обязательств не оказывает никакого влияния на рыночную стоимость уже существующего долга[2].

Позиция Модильяни и Миллера

Давайте допустим, что финансовый менеджер способен найти комбинацию ценных бумаг, которая максимизирует стоимость фирмы. Как это делается? ММ считают, что финансовый менеджер может не беспокоиться: на совершенном рынке любая комбинация ценных бумаг так же хороша, как и любая другая. На стоимость фирмы не влияет, какую структуру капитала она выберет для себя.

Вы можете увидеть это на примере двух фирм, которые производят одинаковые потоки операционных прибылей и отличаются друг от друга только структурами капитала. Фирма U не пользуется левериджем. Поэтому общая стоимость ее акций E_U в точности равна стоимости самой фирмы – V_U. Фирма L, с другой стороны, прибегает к левериджу. Поэтому стоимость ее акций равна стоимости фирмы за вычетом стоимости долга:

$$E_L = V_L - D_L.$$

Теперь давайте подумаем, в какую из этих фирм вы предпочли бы вкладывать средства. Если вы не хотите принимать на себя слишком большой риск, вы можете купить обыкновенные акции нелевериджированной фирмы U. Например, если вы купите 1% акций фирмы U, ваши инвестиции составят 0,01 V_U, и вы получите право на 1% валовых прибылей:

Инвестиции (в дол.)	Доход (в дол.)
0,01 V_U	0,01 Прибылей

---

[2] См.: *E.F. Fama.* The Effects of a Firm's Investment and Financing Decisions // American Economic Review. 68: 272–284. June. 1978. В этой работе представлен скрупулезный анализ условий, при которых политика, направленная на максимизацию стоимости фирмы, также является лучшей и для акционеров.

Теперь сравним это с альтернативной стратегией. Она состоит в приобретении одинаковых долей долговых обязательств и акций фирмы L. Тогда ваши инвестиции и доход приобретут следующие размеры:

	Инвестиции (в дол.)	Доход (в дол.)
Долг	$0{,}01\ D_L$	$0{,}01$ Процент
Акции	$0{,}01\ E_L$	$0{,}01$ (Прибыли — Процент)
Всего	$0{,}01\ (D_L + E_L) =$ $= 0{,}01\ V_L$	$0{,}01$ Прибылей

Обе стратегии дают одинаковую отдачу: 1% прибылей фирмы. На хорошо функционирующих рынках два вида инвестиций, приносящих одинаковый доход, должны иметь одинаковую стоимость. Следовательно, $0{,}01\ V_U$ должна равняться $0{,}01\ V_L$: стоимость левериджированной фирмы должна быть равна стоимости нелевериджированной фирмы.

Предположим, вы хотите взять на себя несколько больший риск. Вы принимаете решение купить 1% находящихся в обращении акций левериджированной фирмы. Теперь ваши инвестиции и доход имеют следующий вид:

Инвестиции (в дол.)	Доход (в дол.)
$0{,}01\ E_L = 0{,}01\ (V_L - D_L)$	$0{,}01$ (Прибыли — Процент)

Но существует еще одна альтернативная стратегия. Сделать заем в размере $0{,}01\ D_L$ и купить 1% акций *нелевериджированной* фирмы. В этом случае ваш заем сразу даст *приток* денежных средств, равный $0{,}01\ D_L$, но вы должны будете заплатить проценты по вашему займу, равные 1% от суммы процентов, которые выплачивает фирма L.

Следовательно, ваши инвестиции и доход будут выглядеть таким образом:

	Инвестиции (в дол.)	Доход (в дол.)
Заем	$-\ 0{,}01\ D_L$	$-\ 0{,}01$ Проценты
Акции	$0{,}01\ V_U$	$0{,}01$ Прибыли
Всего	$0{,}01\ (V_U - D_L)$	$0{,}01$ (Прибыли — Проценты)

И вновь обе стратегии дают одинаковую отдачу: 1% прибыли за вычетом процентов. Поэтому оба вида инвестиций должны иметь одну и ту же стоимость. Выражение $0{,}01(V_U - D_L)$ должно быть равно $0{,}01(V_L - D_L)$ и V_U должна равняться V_L.

Не имеет значения, состоит ли мир полностью только из осторожных или только неосторожных инвесторов, либо из тех и других. Все должны согласиться, что стоимость нелевериджированной фирмы U должна равняться стоимости левериджированной фирмы L. Поскольку инвесторы в состоянии сами брать и предоставлять займы на тех же условиях, что и фирма, они могут "погубить" эффект любого изменения в структуре ее капитала. На этом основано знаменитое Правило I ММ: "Рыночная стоимость любой фирмы не зависит от структуры ее капитала".

Закон сохранения стоимости

Аргумент ММ о том, что политика управления долгом не имеет значения, выражает удивительно простую идею. Если мы имеем два потока денежных средств *А* и *Б*, тогда приведенная стоимость суммы (*А* + *Б*) равна приведенной стоимости *А* плюс приведенная стоимость *Б*. Мы познакомились с принципом *слагаемости стоимостей* при обсуждении вопросов формирования бюджетов долгосрочных вложений, где мы показали, что на совершенных рынках капитала приведенная стоимость двух видов объединенных активов равна сумме их приведенных стоимостей, взятых отдельно.

В данной ситуации мы не объединяем активы, а разделяем их. Но принцип слагаемости стоимостей остается верным. Мы можем разделить поток денежных средств на любое желаемое количество частей; стоимость этих частей в сумме всегда даст стоимость неразделенного потока. (Конечно, мы должны быть уверены, что ни один из потоков не потерялся при делении. Мы не можем сказать: "Стоимость пирога не зависит от того, как он разделен", если тот, кто режет пирог, одновременно его и пощипывает.)

Таков на самом деле *закон сохранения стоимости*. Стоимость актива сохраняется вне зависимости от характера предъявляемых к нему требований. Таким образом, Правило I звучит следующим образом: стоимость фирмы определяется реальными активами, находящимися *в левой части* баланса, а не соотношением долговых обязательств и акций, выпускаемых фирмой.

Наиболее простые идеи часто находят самое широкое применение. Например, мы могли бы использовать закон сохранения стоимости при выборе между эмиссией привилегированных акций, выпуском обыкновенных акций или некоторой их комбинацией. Согласно закону выбор не имеет значения при условии, что рынки капитала совершенны и что выбор не влияет на политику фирмы в области инвестиций, займов и производства. Если общая стоимость акционерного "пирога" (привилегированные и обыкновенные акции) зафиксирована, то владельцев фирмы (владельцев обыкновенных акций) не волнует, как этот пирог делится.

Закон также применим и к *совокупности* долговых ценных бумаг, выпускаемых фирмой. Выбор между долгосрочными и краткосрочными, обеспеченными и необеспеченными, старшими и субординированными, конвертируемыми и неконвертируемыми долговыми обязательствами не должен оказывать никакого влияния на общую стоимость фирмы.

Объединение и разделение активов не влияет на стоимость, поскольку не влияет на выбор инвесторов. Когда мы говорим, что структура капитала не оказывает влияния на выбор, мы косвенным образом допускаем, что и компании и индивидуумы могут брать и предоставлять займы по одной и то же безрисковой процентной ставке. Благодаря этому индивидуумы способны "погасить" эффект любого изменения в структуре капитала фирмы.

На практике долг корпораций не является безрисковым, и фирмы не могут ограничиться процентными ставками, предлагаемыми для государственных ценных бумаг. Некоторые люди поначалу считают, что одно только это отменяет правило ММ. Это естественная ошибка, однако на самом деле структура капитала может быть неважна, даже когда долг связан с риском.

То, что компания берет заем, еще не *гарантирует* его возвращения: она выплачивает долг полностью, только если ее активы стоят больше, чем долговые обязательства. Поэтому акционеры компаний имеют ограниченные обязательства.

Многие индивидуумы хотели бы брать взаймы на условиях ограниченной ответственности. Следовательно, они готовы заплатить небольшую премию за левериджированные акции, *если предложение левериджированных акций недостаточно, чтобы удовлетворить их запросы*[3]. Однако на рынке имеются бук-

---

[3] Безусловно, индивидуумы могут при желании сами создавать ограниченные обязательства. Говоря другими словами, кредитор может посчитать, что заемщики должны выплатить свои долги в полном объеме, только если активы компании *X* стоят больше определенной суммы. Предположительно индивидуумы не вступят в такие отношения, поскольку они могут добиться ограниченной ответственности более простым способом, инвестируя средства в акции компаний, применяющих механизм заимствования (леверидж).

вально тысячи обыкновенных акций компаний, которые прибегают к заимствованию. Поэтому маловероятно, что выпуск долговых обязательств может заставить инвесторов платить премию именно за *ваши* акции[4].

Пример применения Правила I

Компания "Пятновыводители Макбет" пересматривает структуру своего капитала. В таблице 17-1 показано ее состояние в настоящий момент. Компания не прибегает к заимствованию и вся ее операционная прибыль выплачивается в виде дивидендов держателям обыкновенных акций (кроме того, мы допускаем, что нет никаких налогов). Ожидаемая прибыль и дивиденды в расчете на акцию составляют 1,50 дол., но это не точная цифра — она может оказаться больше или меньше 1,50 дол. Цена каждой акции равна 10 дол. Поскольку фирма предполагает производить такой поток прибыли в течение неограниченного времени, ожидаемая доходность акции равна отношению чистой прибыли компании в расчете на акцию к ее рыночной цене: 1,50/10 = 0,15, или 15%[5].

Г-жа Макбет, президент компании, пришла к выводу, что акционеры могут стать богаче, если компания будет иметь равные доли долговых обязательств и акций. Поэтому она предлагает выпустить долговые обязательства на сумму 5000 дол. со ставкой 10% и использовать полученные средства для выкупа 500 акций. Чтобы аргументировать свое предложение, г-жа Макбет проанализировала ситуацию, делая различные допущения относительно операционной прибыли. Результаты ее расчетов показаны в таблице 17-2.

Чтобы четко увидеть, какое влияние может оказать леверидж на величину прибыли в расчете на одну акцию, г-жа Макбет также построила график, показанный на рисунке 17-1. Сплошная прямая показывает, как может изменяться величина прибыли на акцию в зависимости от осуществляемого фирмой в настоящее время финансирования за счет выпуска акций. Следовательно, она построена на основе данных из таблицы 17-1. Пунктир-

ТАБЛИЦА 17-1
Первоначально компания "Пятновыводители Макбет" осуществляет финансирование за счет выпуска акций. Хотя она *ожидает* получать ежегодно 1500 дол. прибыли в течение неограниченного периода времени, эта прибыль не гарантирована. В таблице показана доходность акций для акционеров, при различных допущениях относительно операционной прибыли. Мы допускаем также, что налогов нет.

Данные				
Количество акций		1000		
Цена акции		10 дол.		
Рыночная стоимость акций		10 000 дол.		
Результаты				
Операционная прибыль (в дол.)	500	1000	**1500**	2000
Прибыль на акцию (в дол.)	0,50	1,00	**1,50**	2,00
Доходность акций (в %)	5	10	**15**	20
			Ожидаемый результат	

[4] Структура капитала не имеет значения также и в том случае, если каждый инвестор держит полностью диверсифицированный портфель. Тогда ему или ей принадлежат все рисковые ценные бумаги компании (как долговые обязательства, так и акции). Но того, кому принадлежат *все* рисковые ценные бумаги, не заботит, как распределяются потоки денежных средств между различными ценными бумагами.
[5] См. главу 4, раздел 4.

ГЛАВА 17. Имеет ли значение политика управления задолженностью?

ТАБЛИЦА 17-2
Компания "Пятновыводители Макбет" решает, стоит ли ей выпускать долговые обязательства на сумму 5000 дол. со ставкой 10% и выкупить 500 акций. В этой таблице показана доходность для акционеров при различных допущениях относительно операционной прибыли.

Данные	
Количество акций	500
Цена акции	10 дол.
Рыночная стоимость акций	5000 дол.
Рыночная стоимость долга	5000 дол.
Проценты при ставке 10%	500 дол.

Результаты				
Операционная прибыль (в дол.)	500	1000	**1500**	2000
Проценты (в дол.)	500	500	**500**	500
Прибыль на акционерный капитал (в дол.)	0	500	**1000**	1500
Прибыль на акцию (в дол.)	0	1	**2**	3
Доходность акции (в %)	0	10	**20**	30
			Ожидаемый результат	

ная линия показывает, как может изменяться величина прибыли на акцию при данном равном соотношении долговых обязательств и акций, т.е. она построена на основе данных из таблицы 17-2.

Г-жа Макбет приводит следующие доводы: "Вполне очевидно, что эффект левериджа зависит от величины прибыли компании. Если прибыль больше 1000 дол., доходность акции благодаря левериджу *увеличивается*. Если она меньше 1000 дол., то доходность акции вследствие левериджа *снижается*. Доходность акции остается неизменной, когда операционная прибыль составляет точно 1000 дол. В этой точке доходность в расчете на рыночную стоимость активов составляет 10%, что точно равно процентной ставке по долговым обязательствам. Следовательно, наше решение о структуре капитала зависит от наших представлений о будущих прибылях. Поскольку мы ожидаем, что операционная прибыль будет выше точки перелома в 1000 дол., я полагаю, мы можем помочь нашим акционерам стать богаче, осуществив выпуск долговых обязательств на сумму 5000 дол.".

ТАБЛИЦА 17-3
Отдельные инвесторы могут скопировать леверидж компании "Макбет"

	Операционная прибыль (в дол.)			
	500	1000	**1500**	2000
Прибыль в расчете на две акции (в дол.)	1	2	**3**	4
Минус проценты по ставке 10% (в дол.)	1	1	**1**	1
Чистая прибыль от инвестиций (в дол.)	0	1	**2**	3
Доходность инвестиций в 10 дол. (в %)	0	10	**20**	30
			Ожидаемый результат	

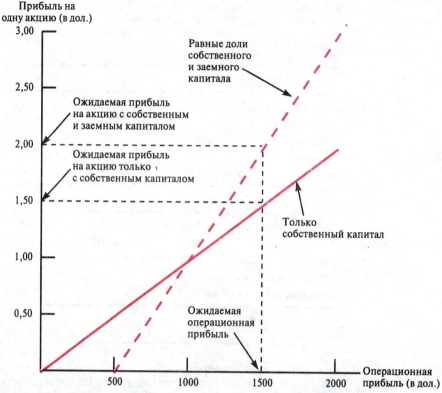

РИСУНОК 17-1
Заимствование увеличивает прибыль на одну акцию, когда операционные прибыли превышают 1000 дол., но уменьшает ее, когда операционные прибыли меньше 1000 дол. Величина ожидаемой прибыли в расчете на одну акцию растет с 1,50 до 2 дол.

Как финансовый менеджер компании "Пятновыводители Макбет", вы возражаете: "Я согласен, что леверидж поможет акционерам, если прибыль будет выше 1000 дол. Но ваши аргументы не учитывают тот факт, что у акционеров компании есть альтернатива — самим делать займы. Например, предположим, что человек занял 10 дол. и затем инвестировал 20 дол. в две нелевериджированные акции компании. Этот человек должен вложить только 10 дол. собственных денег. Отдача от инвестиций изменяется в зависимости от операционной прибыли компании, как показано в таблице 17-3. Это в точности тот же самый доход, который инвестор мог бы получить, купив одну акцию левериджированной компании. (Сравните два последних столбца в таблицах 17-2 и 17-3.) Поэтому акция левериджированной компании должна продаваться тоже за 10 дол. Прибегнув к займу, компания не предложит инвесторам ничего такого, что они не могли бы уже сделать сами, и поэтому это не приведет к увеличению стоимости".

Аргумент, который вы привели, в точности совпадает с аргументом, используемым ММ для доказательства Правила I.

17—2. КАК ФИНАНСОВАЯ ЗАВИСИМОСТЬ ВЛИЯЕТ НА ДОХОДНОСТЬ

Смысл Правила I

Теперь рассмотрим, как действует Правило I применительно к ожидаемой доходности акции компании "Пятновыводители Макбет":

	Существующая структура: только акции	Предлагаемая структура: равная доля акций и долговых обязательств
Ожидаемая прибыль на акцию (в дол.)	1,50	2,00
Цена акции (в дол.)	10,00	10,00
Ожидаемая доходность акций (в %)	15	20

ГЛАВА 17. Имеет ли значение политика управления задолженностью?

Леверидж увеличивает ожидаемый поток прибыли в расчете на акцию, но *не* цену акции. Причина в том, что изменение ожидаемого потока прибыли в точности компенсируется изменением ставки, по которой прибыль капитализируется. Ожидаемая доходность акции (которая в бесконечности равна отношению прибыли к рыночной цене акции) возрастет с 15 до 20%. Теперь мы покажем, как это происходит.

Ожидаемая доходность активов фирмы r_A равна ожидаемой операционной прибыли, деленной на общую рыночную стоимость ценных бумаг фирмы:

$$\text{Ожидаемая доходность активов} = r_A = \frac{\text{ожидаемая операционная прибыль}}{\text{рыночная стоимость всех ценных бумаг}}.$$

Мы помним, что на совершенных рынках капитала решение компании о займах не влияет *ни* на операционную прибыль фирмы, *ни* на совокупную рыночную стоимость ее ценных бумаг. Следовательно, оно не влияет и на ожидаемую доходность активов фирмы r_A.

Предположим, что инвестор держит все долговые обязательства и все акции компании. Этот инвестор вправе претендовать на всю операционную прибыль фирмы; следовательно, ожидаемая доходность такого портфеля ценных бумаг будет равна r_A.

Ожидаемая доходность портфеля ценных бумаг равна средневзвешенной величине ожидаемой доходности отдельных ценных бумаг. Таким образом, ожидаемая доходность портфеля, состоящего из *всех* ценных бумаг фирмы, равна[6]:

$$\begin{pmatrix}\text{Ожидаемая}\\\text{доходность}\\\text{активов}\end{pmatrix} = \begin{pmatrix}\text{доля}\\\text{долга}\end{pmatrix} \times \begin{pmatrix}\text{ожидаемая}\\\text{доходность}\\\text{долга}\end{pmatrix} + \begin{pmatrix}\text{доля}\\\text{акций}\end{pmatrix} \times \begin{pmatrix}\text{ожидаемая}\\\text{доходность}\\\text{акций}\end{pmatrix}$$

$$r_A = \left(\frac{D}{D+E} \times r_D\right) + \left(\frac{E}{D+E} \times r_E\right).$$

Из данного уравнения мы можем получить выражение для r_E, ожидаемой доходности акций левериджированной фирмы:

$$\begin{pmatrix}\text{Ожидаемая}\\\text{доходность}\\\text{акций}\end{pmatrix} = \begin{pmatrix}\text{ожидаемая}\\\text{доходность}\\\text{активов}\end{pmatrix} + \begin{pmatrix}\text{соотноше-}\\\text{ние долга и}\\\text{акций}\end{pmatrix} \times \begin{pmatrix}\text{ожидаемая}\\\text{доходность} - \\\text{активов}\end{pmatrix}\begin{pmatrix}\text{ожидаемая}\\\text{доходность}\\\text{долга}\end{pmatrix}$$

$$r_E = r_A + \frac{D}{E}(r_A - r_D).$$

Правило II

Правило II MM гласит: ожидаемая норма доходности обыкновенных акций левериджированной фирмы возрастает пропорционально соотношению заем-

---

[6] Это уравнение должно быть вам знакомо. Мы приводили его в разделе 9–2, когда показывали, что затраты компании на привлечение капитала представляют собой средневзвешенную ожидаемой доходности долговых обязательств и акций. (Затраты компании на привлечение капитала — это просто другое выражение ожидаемой доходности активов r_A.) Мы также установили в разделе 9–2, что изменение структуры капитала не влияет на затраты компании на привлечение капитала. Другими словами, мы подспудно основывались на Правиле I MM.

ного и акционерного капитала (D/E), выраженного в рыночных ценах; темп роста зависит от разрыва между r_A — ожидаемой нормой доходности портфеля всех ценных бумаг фирмы и r_D — ожидаемой доходностью долговых обязательств. Отметим, что $r_E = r_A$, когда у фирмы нет долговых обязательств.

Мы можем проверить эту формулу на примере компании "Пятновыводители Макбет".

До решения о займе:

$$r_E = r_A = \frac{\text{ожидаемая операционная прибыль}}{\text{рыночная стоимость всех ценных бумаг}} =$$

$$= \frac{1500}{10\,000} = 0{,}15, \text{ или } 15\%.$$

Если фирма намерена осуществить свой план заимствования, ожидаемая доходность активов r_A по-прежнему равна 15%. Ожидаемая же доходность акций составляет:

$$r_E = r_A + \frac{D}{E}(r_A - r_D) = 0{,}15 + \frac{5000}{5000}(0{,}15 - 0{,}10) = 0{,}20, \text{ или } 20\%.$$

Общий смысл Правила II ММ показан на рисунке 17-2. Рисунок основан на допущении, что фирма выпускает практически безрисковые облигации при низком уровне долга. Таким образом, r_D не зависит от D/E, и r_E увеличивается с ростом D/E в линейной зависимости. Когда фирма осуществляет более крупные займы, увеличивается риск невыполнения обязательств и от фирмы требуются более высокие ставки процента. Согласно Правилу II, когда это происходит, темп роста r_E снижается. Это также показано на рисунке 17-2. Чем больше долг фирмы, тем менее чувствительна r_E к дальнейшим займам.

Почему наклон линии r_E на рисунке 17-2 уменьшается с ростом отношения D/E? Главным образом потому, что держатели рисковых долговых обязательств принимают на себя часть делового риска фирмы. Поскольку займы фирмы растут, то и большая доля риска переходит от акционеров к держателям облигаций.

РИСУНОК 17-2
Правило II ММ. Ожидаемая доходность акции — r_E — возрастает параллельно с ростом отношения заемного к собственному капиталу, пока долг остается безрисковым. Но если леверидж увеличивает риск долга, держатели долговых обязательств требуют от них более высокой доходности. Это ведет к тому, что темп роста r_E снижается.

ГЛАВА 17. Имеет ли значение политика управления задолженностью?

ТАБЛИЦА 17-4
Леверидж увеличивает риск акций "Макбет"

	Операционная прибыль	
	500 дол.	1500 дол.
Только акции: прибыль на акцию (в дол.)	0,50	1,50
доходность акции (в %)	5	15
50% долга: прибыль на акцию (в дол.)	0	2,00
доходность акции (в %)	0	20

Дилемма: риск — доход

Согласно Правилу I, финансовая зависимость не оказывает никакого влияния на богатство акционеров. Согласно Правилу II, норма доходности, которую они могут ожидать от своих акций, возрастает с ростом отношения заемного к собственному капиталу фирмы. Как могут акционеры оставаться равнодушными к усилению левериджа, если он увеличивает ожидаемую доходность? Ответ состоит в том, что любой рост ожидаемой доходности полностью компенсируется ростом риска, а следовательно, и *требуемой* акционерами нормы доходности.

Посмотрим, что произойдет с риском акции "Пятновыводители Макбет", если компания придет к равному соотношению собственного и заемного капитала. В таблице 17-4 показано, как снижение операционной прибыли влияет на выплаты акционерам.

Вы можете видеть, что соотношение заемного и собственного капитала не влияет на *долларовый* риск, принимаемый держателями акций. Предположим, что операционная прибыль упала с 1500 до 500 дол. При финансировании только за счет выпуска акций прибыль в расчете на акцию снижается на 1 дол. В обращении находится 1000 акций, и, таким образом, совокупные прибыли от акций снижаются на 1 дол. × 1000 = 1000 дол. При 50% долга в совокупном капитале такое же снижение операционных прибылей приводит к падению величины прибыли в расчете на акцию на 2 дол. Но в обращении уже находится только 500 акций, и поэтому совокупные прибыли от акций снижаются на 2 дол. × 500 = 1000 дол., т.е. точно так же, как и в случае финансирования полностью за счет выпуска акций.

Однако финансирование за счет сочетания выпуска акций и займов на самом деле увеличивает разрыв в *процентных* доходах. Если финансирование фирмы происходит только за счет акционерного капитала, уменьшение операционной прибыли на 1000 дол. приведет к снижению доходности акций на 10%. Если фирма выпускает безрисковые долговые облигации с фиксированными процентными выплатами в размере 500 дол. в год, тогда уменьшение операционной прибыли на 1000 дол. снизит доходность акции на 20%. Говоря другими словами, эффект левериджа состоит в удваивании амплитуды колебания доходности акций. Какова бы ни была бета акций фирмы до рефинансирования, она станет в два раза выше после рефинансирования.

Подобно тому как ожидаемая доходность активов фирмы является средневзвешенной ожидаемой доходности отдельных видов ценных бумаг, точно так же бета активов фирмы является средневзвешенной бета отдельных ценных бумаг[7]:

$$\text{Бета активов} = \left(\frac{\text{доля}}{\text{долга}} \times \frac{\text{бета}}{\text{долга}}\right) + \left(\frac{\text{доля}}{\text{акций}} \times \frac{\text{бета}}{\text{акций}}\right)$$

---

[7] Это уравнение также должно быть вам знакомо. Мы использовали его в разделе 9–2, когда утверждали, что изменения структуры капитала ведут к изменению значений беты акций, но не активов.

$$\beta_A = \left(\frac{D}{D+E} \times \beta_D\right) + \left(\frac{E}{D+E} \times \beta_E\right).$$

Из этого уравнения мы можем получить выражение для β_E, беты акций левериджированной фирмы:

$$\frac{\text{Бета}}{\text{акций}} = \frac{\text{бета}}{\text{активов}} + \frac{\text{коэффициент}}{\text{"долг—собствен-}\atop\text{ный капитал"}} \times \left(\frac{\text{бета}}{\text{активов}} - \frac{\text{бета}}{\text{долга}}\right)$$

$$\beta_E = \beta_A + \frac{D}{E} \times (\beta_A - \beta_D).$$

Теперь мы можем видеть, почему инвесторы требуют более высокого дохода от левериджированных акций. Требуемая доходность просто вырастает соответственно возросшему риску.

На рисунке 17-3 мы изобразили ожидаемую доходность и риск ценных бумаг компании "Макбет" при допущении, что проценты по долговым обязательствам являются безрисковыми[8].

17—3. ТРАДИЦИОННЫЙ ПОДХОД

Что думали финансовые эксперты о стратегии управления долгом до ММ? Об этом сказать не так-то просто; заглядывая в прошлое, мы видим, что свои взгляды они выражали не очень четко[9].

Однако "традиционная" позиция проявилась как ответ на мнение ММ. Чтобы понять ее, мы должны обсудить **средневзвешенные затраты на привлечение капитала**.

РИСУНОК 17-3
Если компания "Макбет" не прибегает к левериджу, то ожидаемая доходность ее акций равна ожидаемой доходности ее активов. Леверидж увеличивает одновременно и ожидаемую доходность акций (r_E), и присущий этим акциям риск (β_E).

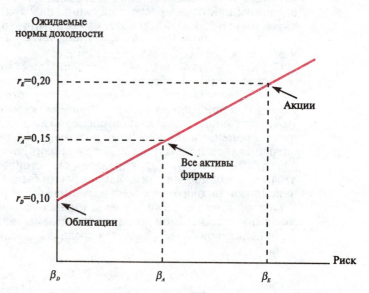

---

[8] В этом случае $\beta_D = 0$ и $\beta_E = \beta_A + (D/E)\,\beta_A$.
[9] Финансовые экономисты 2000 г., возможно, будут высказываться по поводу белых пятен и неубедительных доказательств Брейли и Майерса. С другой стороны, они могут и вообще о нас не вспомнить.

Ожидаемую доходность портфеля всех ценных бумаг компании часто называют *средневзвешенными затратами на капитал*[10]:

$$Средневзвешенные\ затраты\ на\ капитал = r_A = \left(\frac{D}{V} \times r_D\right) + \left(\frac{E}{V} \times r_E\right).$$

Средневзвешенные затраты на капитал используются при принятии решений, касающихся бюджетов долгосрочных вложений, чтобы найти чистую приведенную стоимость проектов, которые не изменяют деловой риск фирмы.

Например, предположим, что фирма имеет в обращении долговые обязательства на сумму 2 млн дол. и 100 000 акций, продаваемых по 30 дол. за акцию. В настоящее время процентная ставка по займу фирмы составляет 8% и финансовый менеджер считает, что цена, установленная на акцию, обеспечивает 15%-ную доходность, следовательно, $r_E = 0{,}15$. (Безусловно, самой тяжелой частью вычислений является определение r_E.) Для вычисления средневзвешенных затрат на капитал нам нужно знать только:

$$D = 2\ млн\ дол.$$
$$E = 100\ 000\ акций \times 30\ дол.\ за\ акцию = 3\ млн\ дол.$$
$$V = D + E = 2 + 3 = 5\ млн\ дол.$$

Средневзвешенные затраты на капитал =

$$= \left(\frac{D}{V} \times r_D\right) + \left(\frac{E}{V} \times r_E\right) = \left(\frac{2}{5} \times 0{,}08\right) + \left(\frac{3}{5} \times 0{,}15\right) = 0{,}122,\ или\ 12{,}2\ \%.$$

Отметим, что мы по-прежнему допускаем, что Правило I верно. Если оно неверно, мы не можем использовать эту средневзвешенную в качестве ставки дисконта даже для проектов, которые не изменяют "категорию риска" бизнеса фирмы. Как мы увидим в главе 19, средневзвешенные затраты на капитал являются наилучшей отправной точкой для установления ставки дисконта.

Два предостережения

Иногда целью финансовых решений служит не "максимизация общей рыночной стоимости", а "минимизация средневзвешенных затрат на капитал". При тех упрощающих допущениях, которые мы делали до сих пор, эти цели эквивалентны. Если Правило I ММ неверно, то структура капитала, которая максимизирует рыночную стоимость фирмы, также минимизирует и средневзвешенные затраты на капитал *при условии*, что операционная прибыль не зависит от структуры капитала. Напомним, что средневзвешенные затраты на капитал равны ожидаемой операционной прибыли, деленной на рыночную стоимость всех ценных бумаг. Если операционная прибыль постоянна, все, что увеличивает стоимость фирмы, снижает средневзвешенные затраты на капитал. Однако если операционная прибыль тоже изменяется, все происходит иначе.

В главе 18 мы покажем, что финансовый леверидж в некоторых случаях оказывает влияние на операционную прибыль. Поэтому максимизация стоимости фирмы *не всегда* равнозначна минимизации средневзвешенных затрат на капитал.

Предостережение 1. Акционеры желают, чтобы руководство увеличивало стоимость фирмы. Они предпочитают быть богатыми, а не владеть фирмой с низкими средневзвешенными затратами на капитал.

Предостережение 2. Стремление минимизировать средневзвешенные затраты на капитал, видимо, укладывается в следующую логическую схему. Предполо-

---

[10] Напомним, что в этой главе мы не принимаем во внимание налоги. В главе 19 мы увидим, что в формулу средневзвешенных затрат на капитал необходимо вносить поправки, когда проценты по займам вычитаются из налогооблагаемой прибыли.

жим, что кто-то говорит: "Акционеры требуют и заслуживают более высокой доходности, чем держатели облигаций. Поэтому заемные средства служат более дешевым источником капитала. Мы можем снизить средневзвешенные затраты на капитал, больше беря взаймы". Но это не так, если дополнительные займы побуждают акционеров требовать еще более высокую ожидаемую норму доходности. Согласно Правилу II ММ, "затраты на акционерный капитал" r_E увеличиваются ровно в той степени, чтобы удерживать средневзвешенные затраты на капитал на постоянном уровне.

Доходность левериджированных акций — традиционная позиция

Вы можете спросить, почему именно сейчас мы вспомнили о средневзвешенных затратах на капитал, если этот финансовый показатель зачастую приводит к ошибкам или, по крайней мере, сбивает с толку. Мы это сделали потому, что традиционалисты пользуются именно им и, исходя из этого, доказывают свою позицию.

В основе логической схемы, которую мы только что описали, лежит допущение о том, что r_E — ожидаемая норма доходности, требуемая акционерами, — не растет, если фирма делает больше займов. Предположим, просто в качестве аргумента, что это верно. Тогда r_A — средневзвешенные затраты на капитал, должны снижаться с ростом отношения заемного к собственному капиталу.

Обратимся, например, к рисунку 17-4, основанному на допущении, что акционеры требуют 12% доходности, вне зависимости от того, какова величина долга фирмы, а держатели облигаций всегда хотят получать 8%. Средневзвешенные затраты на капитал стартуют с 12% и снижаются в конце концов до 8%. Предположим, что операционная прибыль фирмы представляет собой равномерный бесконечный во времени поток, равный 100 000 дол. в год. Тогда в начале стоимость фирмы равна:

$$V = \frac{100\ 000}{0{,}12} = 833\ 333\ дол.$$

а в конце:

$$V = \frac{100\ 000}{0{,}08} = 1\ 250\ 000\ дол.$$

РИСУНОК 17-4
Если финансовый леверидж не оказывает влияния на ожидаемую норму доходности r_E, требуемую акционерами, то средневзвешенные затраты на капитал — r_A — снижаются с ростом займов фирмы. При 100% долга r_E равна процентной ставке по займам r_D. Конечно, это абсурдный и совершенно нереальный случай.

Прибыль в размере 416 667 дол. попадает в карманы акционеров[11].

Конечно, это абсурд: фирма, которая дошла до 100% долга, *должна стать банкротом*. Если есть хоть *какой-нибудь* шанс, что фирма может оставаться платежеспособной, то акции сохраняют некоторую стоимость и фирма не может финансироваться полностью за счет долга. (Вспомните, что мы имеем дело с *рыночной* стоимостью акций и долговых обязательств.)

Если фирма становится банкротом и ее первоначальные акции превращаются в ничего не стоящие клочки бумаги, тогда ее *кредиторы становятся ее новыми акционерами*. Фирма снова возвращается к финансированию полностью за счет акционерного капитала. Мы сделали допущение, что первоначальные акционеры требуют 12% — почему же новые акционеры должны требовать меньше? Они принимают на себя весь деловой риск фирмы[12].

Ситуация, представленная на рисунке 17-4, просто невозможна[13]. Однако можно найти приемлемую позицию *между* теми, что описаны рисунками 17-3 и 17-4. Именно это и делают традиционалисты. Их позиция представлена на рисунке 17-5. Они считают, что умеренный финансовый леверидж может увеличить ожидаемую доходность акций r_E, хотя и не в такой степени, как предсказывает Правило II ММ. Однако безответственные фирмы, которые делают *чрезмерные* займы, обнаруживают, что r_E растет гораздо быстрее, чем предсказывают ММ. Значит, средневзвешенные затраты на капитал сначала снижаются, затем растут. Их минимальное значение соответствует оптимальной структуре капитала. Напомним, что минимизация r_A эквивалентна максимизации совокупной стоимости фирмы, если, как предполагают традиционалисты, займы не влияют на операционную прибыль.

В поддержку позиции традиционалистов можно выдвинуть два аргумента. Во-первых, инвесторы, возможно, не замечают или не обращают внимания на финансовый риск, вызываемый умеренными займами, однако "просыпаются", когда займы становятся чрезмерными. Если это так, то инвесторы, вкладывающие средства в фирмы с умеренным левериджем, могут согласиться на меньшую норму доходности, чем им реально следует требовать.

Это предположение кажется наивным[14]. Второй аргумент лучше. В нем принимаются доводы ММ о совершенных рынках капиталов, но учитывается, что реальные рынки капиталов несовершенны. Несовершенство может допускать существование фирм, которые делают займы с целью оказать инвесторам ценные услуги. Если это так, левериджированные акции могут продаваться по ценам с надбавкой по сравнению с теоретической стоимостью этих акций на совершенных рынках.

---

[11] Отметим, что на рисунке 17-4 показано отношение r_E и r_D к D/V, т.е. отношение долга к стоимости фирмы, а не отношение заемного капитала к собственному D/E. Этим мы хотели показать, что происходит, когда фирма на 100% финансируется за счет долга. В этой точке $E = 0$, а величина D/E стремится к бесконечности.

[12] Мы не принимаем во внимание издержки, проволочки и другие осложнения, связанные с банкротством. Они обсуждаются в главе 18.

[13] Такой случай часто называют примером *чистой прибыли*, поскольку здесь допускается, что инвесторы капитализируют прибыль *после выплаты* процентов по той же ставке вне зависимости от финансового левериджа. В противоположность этому, подход ММ является примером чистой операционной прибыли, поскольку совокупная стоимость фирмы определяется главным образом операционной прибылью, совокупной долларовой доходностью *как* облигаций, *так и* акций. Это различие было отмечено Дюраном в его важной статье, предшествовавшей статье ММ (op.cit.).

[14] Первый аргумент может отражать путаницу в определении финансового риска и риска неплатежеспособности. Неплатежеспособность не является серьезной угрозой, когда займы умеренны; акционеры выражают беспокойство только в том случае, когда фирма заходит "слишком далеко". Но акционеры принимают на себя финансовый риск — в виде возросшего непостоянства нормы доходности и более высокой беты, — даже если нет никаких признаков неплатежеспособности. Мы продемонстрировали это на рисунке 17-3.

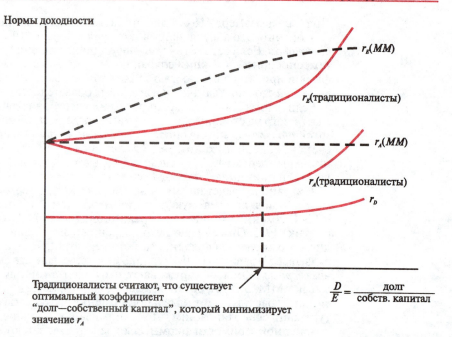

РИСУНОК 17-5
Пунктирные линии показывают, как, по мнению ММ, леверидж влияет на ожидаемую доходность акций r_E и средневзвешенные затраты на капитал r_A. (См. рисунок 17-2.) Сплошные линии отражают точку зрения традиционалистов. Традиционалисты утверждают, что займы первоначально увеличивают r_E в меньшей степени, чем предполагают ММ, но при чрезмерных займах r_E растет быстрее. Если это так, то средневзвешенные затраты на капитал можно минимизировать, просто взяв взаймы правильную сумму.

Традиционалисты считают, что существует оптимальный коэффициент "долг—собственный капитал", который минимизирует значение r_A

$$\frac{D}{E} = \frac{\text{долг}}{\text{собств. капитал}}$$

Предположим, что корпорации могут брать более дешевые займы, чем индивидуумы. Это приносит выгоды инвесторам, которые хотят делать займы не напрямую, а приобретая акции левериджированных фирм. Они, возможно, согласятся с ожидаемыми нормами доходности, которые не в полной мере компенсируют принимаемый ими деловой и финансовый риск.

Действительно ли займы обходятся корпорациям дешевле? Трудно сказать. Процентные ставки по ипотечным облигациям не слишком сильно отличаются от ставок по облигациям корпораций с высоким уровнем рейтинга[15]. Маржинальные ставки (по займам у брокеров акций, где в качестве обеспечения предлагаются акции инвестора) не сильно отличаются от ставок, по которым фирмы берут краткосрочные ссуды в банках.

Некоторые индивидуумы сталкиваются с относительно высокими процентными ставками, главным образом из-за издержек, которые несут кредиторы, предоставляя и обслуживая небольшие кредиты. При заимствовании действует эффект масштаба (т.е. крупные объемы дают экономию). Наилучший образ действий для группы мелких инвесторов — делать займы через корпорации, в результате чего их займы объединяются и они получают экономию на операционных издержках[16].

Но предположим, что этот класс инвесторов велик и по численности, и по совокупному богатству, которое они приносят на рынки капитала. Полностью ли удовлетворяют потребности инвесторов тысячи уже существующих левериджированных фирм? Действительно ли есть неудовлетворенные клиенты среди мелких инвесторов, готовые постоянно платить премии еще одной фирме, которая делает займы?

---

[15] Один из авторов однажды раздобыл ипотечную облигацию со ставкой на полпроцентных пункта ниже процентного дохода по долгосрочным облигациям компании AT&T для того же периода времени.

[16] Даже здесь сохраняется альтернатива самостоятельных займов. Инвесторы могут "спускать" деньги со своих сберегательных счетов или продать часть своих инвестиций в облигации. Эффект от уменьшения объема предоставленных займов в балансе инвестора и уровень риска в этом случае совершенно такие же, что и при увеличении объема взятых займов.

ГЛАВА 17. Имеет ли значение политика управления задолженностью? 445

Вероятно, рынок корпорационного левериджа подобен рынку автомобилей. Американцам нужны тысячи автомобилей, и они готовы платить тысячи долларов за каждый из них. Но это не значит, что вы можете стать богачом, примкнув к автомобильному бизнесу. Вы опоздали, по крайней мере, лет на 50.

Где искать расхождения с правилами ММ

Правила ММ предполагают совершенные рынки капитала. Здесь мы применяем выражение *совершенные рынки капитала* несколько вольно, в то время как ученые спорят о *степени* совершенства, необходимой для выполнения Правила I. (Вспомним импровизированное высказывание, сделанное много лет назад Эзрой Соломоном: "Совершенный рынок капитала следует *определять* как рынок, для которого справедливо правило ММ".)

Мы полагаем, что рынки капитала в целом функционируют хорошо, но они не на 100% совершенны в течение 100% времени. Поэтому правила ММ в некоторых случаях должны оказаться ошибочными. Задача финансового менеджера — определить когда и где.

Это трудная задача. Недостаточно лишь обнаружить несовершенства рынка.

Рассмотрим заявление традиционалистов о том, что отклонения от конкурентных условий рынка делают займы более дорогостоящими и неудобными для многих индивидуумов. Это приводит к возникновению круга постоянных клиентов, для которых займы через корпорации оказываются предпочтительнее персональных. Эти клиенты, в принципе, могут пожелать платить премии за акции левериджированной фирмы.

Но, возможно, они не *должны* платить премии. Может быть, ловкие финансовые менеджеры давно распознали этих клиентов и изменили структуру капитала своих фирм так, чтобы удовлетворить их потребности. Изменения произвести не так трудно или дорого. Но, если теперь клиенты удовлетворены, они больше не захотят платить премии за левериджированные акции. Только те финансовые менеджеры, которые *первыми* распознают таких клиентов, извлекают какие-либо преимущества из этого.

Клиентов, неудовлетворенных сегодня, вероятно, можно заинтересовать экзотическими ценными бумагами

Пока мы недалеко ушли в выявлении случаев, когда стоимость фирмы действительно может зависеть от способа финансирования. Но наши примеры показывают, на что рассчитывают прозорливые финансовые менеджеры. Они ищут *неудовлетворенных* клиентов—инвесторов, которые претендуют на особый вид финансовых инструментов, но из-за несовершенства рынка не могут получить их или не могут получить их дешево.

Правило I ММ нарушается, когда фирма, благодаря творчески продуманной структуре капитала, оказывается в состоянии предложить некоторые *финансовые услуги*, способные удовлетворить потребности таких клиентов. Либо услуги эти должны быть новыми или уникальными, либо фирма должна отыскать такие способы предоставления традиционных услуг, которые обходились бы клиентам дешевле по сравнению с подобными услугами других фирм или посредников на рынке финансовых услуг.

Далее, имеются ли неудовлетворенные клиенты на долговые обязательства различного рейтинга или левериджированные акции? Мы сомневаемся в этом. Но, возможно, вы можете изобрести экзотические ценные бумаги и обнаружить скрытый спрос на них.

Мертворожденные "блоки акций" компании Pfizer

Изобрести экзотические ценные бумаги легко; трудно найти инвесторов, которые захотели бы их купить. Приведем один свежий пример неудачной попытки запустить в обращение новые ценные бумаги. В 1988 г. компания Pfizer заявила, что может обменять часть своих обыкновенных акций на *блоки разнотипных цен-*

ных бумаг[17]. Компания Pfizer приводила следующие аргументы: покупая акцию, вы на самом деле покупаете пакет, содержащий три компонента: 1) текущий поток поступлений в виде дивиденда, 2) возможный *рост* потока дивидендов и 3) некоторое приращение капитала. Идея блока состояла в том, что вы можете купить любую комбинацию из этих трех компонентов.

План Pfizer состоял в следующем. Каждый акционер мог обменять свою акцию на три новых ценных бумаги.

1. *Облигацию с процентным доходом*, рассчитанную на 30 лет, по которой инвестору выплачивался бы эквивалент текущих дивидендов по акции.
2. *Привилегированную акцию с нарастающим дивидендом*, которая может дать держателю право на любой будущий рост дивидендов по акции.

Через 30 лет Pfizer должна была выкупить первые два вида ценных бумаг за 152,50 дол. Если цена на акции Pfizer вырастет выше 152,50 дол., вступает в силу третий элемент блока.

3. *Сертификат на повышение стоимости акций*, дающий право его владельцу в любое время в течение следующих 30 лет приобрести часть обыкновенных акций компании по фиксированной цене 152,50 дол. Таким образом, этот сертификат на повышение стоимости акции принес бы выгоду при любом росте цен на акции Pfizer сверх 152,50 дол.[18]

Блоки ценных бумаг были плодом ума инвестиционного банка Shearson Lehman Hutton. Shearson надеялся, что сумма составных частей покажется инвесторам более привлекательной, чем одна акция. Как заметил исполнительный директор банка: "При желании вы можете разбить пакет. Если вы заинтересованы в приращении капитала, вы можете получить его. Если вас интересует текущая доходность, вы можете иметь и ее"[19].

Блоки ценных бумаг стали проверкой теории ММ на практике. Если бы акционеры поспешили обменять свои акции на блоки, то вы получили бы контраргумент Правилу I ММ. Pfizer могла бы увеличить свою общую рыночную стоимость, выпустив пакет облигаций, привилегированных акций и опционов вместо привычных обыкновенных акций.

Но это оказалось делом нестоящим. На акционеров такое предложение не произвело впечатления. Два месяца спустя в растерянности, развернувшись на 180 градусов, Shearson сообщил, что Pfizer решила отказаться от своего плана. Правило I ММ осталось в силе[20].

Несовершенства и возможности

Наиболее серьезные несовершенства рынков капитала часто возникают в результате действий правительства. Отклонения от конкурентных условий, при которых нарушается Правило I ММ, кроме того, создают благоприятные возможности для "делания денег". Фирмы и финансовые посредники всегда на-

---

[17] Одновременно о подобных блоках (их английское наименование — unbundled stock units — USUs) объявили компании Dow Chemical, American Express и Sara Lee. Анализ USU см. в работе: *J.D. Finnerty and V.M. Borun.* An Analysis of Unbundled Stock Units // Global Finance Journal. 1: 47–70. Fall 1989.

[18] Предположим, вы держите весь пакет в течение 30 лет. Он приносит вам текущий дивидендный доход на акцию плюс некоторое повышение дивидендов. По истечении 30 лет вы вправе купить акции по 152,50 дол. из средств, полученных от облигации и привилегированной акции. Но вы вовсе не *обязаны* делать это. Если цена акции окажется ниже 152,50 дол., вы можете оставить свои деньги при себе.

[19] Источник: Eureka! A Capital Solution // Corporate Finance. 50: 5–6. January. 1989.

[20] Оставался целый ряд практических проблем, которые Shearson не уладил. Например, Комиссия по ценным бумагам и биржам возражала против отмены права голоса. Были также проблемы с налогами. Обмен акционерами своих акций на блоки ценных бумаг мог рассматриваться как продажа акций, и поэтому они могли облагаться налогом на приращение капитала.

ходят способ отыскать группу инвесторов, планы которых расстраиваются из-за несовершенства рынка.

Долгие годы правительство Соединенных Штатов накладывало ограничения на ставку процента, выплачиваемого по сберегательным счетам. Это делалось, чтобы защитить сберегательные институты путем ослабления конкуренции за деньги их вкладчиков. Опасность таких мер состояла в том, что вкладчики могли заняться поисками более высоких доходов, вызывая тем самым отток денежных средств из сберегательных институтов, с которыми последние оказались бы неспособны справиться. Это могло бы резко сократить поступление средств из этих институтов для ипотеки новой недвижимости и тем самым задушить рынок жилья. Сберегательные институты не могли позволить себе повышать процентные ставки на вклады — даже если бы правительство разрешило им это сделать, — поскольку большая часть их старых вкладов относилась к ипотеке с фиксированной ставкой, установленной в тот период, когда процентные ставки были гораздо ниже.

Такие меры регулирования открыли перед фирмами и финансовыми институтами благоприятные возможности для создания новых сберегательных программ, в которых не устанавливались предельные процентные ставки. Одним из изобретений стали облигации с *плавающей ставкой*, которые были выпущены в большом объеме и на привлекательных для индивидуальных инвесторов условиях в июле 1974 г. компанией Citicorp. Облигации с плавающей ставкой представляют собой долговые свидетельства, процентные выплаты по которым колеблются в зависимости от краткосрочных процентных ставок. Например, купонная ставка по облигациям Citicorp, используемая для определения полугодовых процентных выплат, устанавливалась на 1 процентный пункт выше процентных доходов по казначейским векселям. В силу этого держатели облигаций Citicorp были защищены от неустойчивости процентных ставок, поскольку Citicorp раз в полгода высылала им чеки на бóльшую сумму, когда процентные ставки росли (и, конечно, на меньшую сумму, когда ставки падали).

Citicorp, несомненно, нашла группу "неангажированных" инвесторов, так как сумела собрать 650 млн дол. в процессе первичного предложения. Успех выпуска подразумевает, что Citicorp удалось увеличить стоимость посредством изменения структуры своего капитала. Однако другие компании быстро сориентировались в успехе Citicorp и в течение 5 месяцев выпустили облигации с плавающей ставкой еще на 650 млн дол. К середине 80-х годов в обращении находилось облигаций с плавающей ставкой на сумму 43 млрд дол., хотя в это время ограничение процентных ставок уже не могло служить тому причиной[21].

Кроме того, регулирование процентных ставок обеспечило финансовым институтам возможность наращивать стоимость с помощью фондов денежного рынка. Это — взаимные фонды, которые инвестируют средства в казначейские векселя, коммерческие векселя и другие краткосрочные долговые инструменты с высоким рейтингом. Любой человек, сэкономивший для инвестирования несколько тысяч долларов, может получить доступ к этим инструментам через взаимные фонды денежного рынка и при этом вправе в любое время изъять свои деньги по чеку, выписанному на его счет. Фонды напоминают чековые или сберегательные счета, процентные ставки по которым близки к рыночным[22]. Взаимные фонды денежного рынка стали необычно популярны. К 1990 г. их активы превысили 400 млрд дол.

---

[21] Хороший обзор развития рынка облигаций с плавающей ставкой сделан в работе: *R.S. Wilson*. Domestic Floating-Rate and Adjustable Rate Debt Securities // *F.J. Fabozzi and I.M. Pollack (eds.)*. Handbook of Fixed Income Securities. 2d ed. Dow-Jones Irwin, Homewood, Ill., 1987.

[22] Взаимные фонды денежного рынка предлагают своим клиентам ставки несколько ниже тех, по которым они сами инвестируют средства в ценные бумаги. Эта разница покрывает операционные издержки и прибыль фонда.

По мере того как облигации с плавающей ставкой, взаимные фонды денежного рынка и другие финансовые инструменты становились все более доступными, защитные меры правительства по ограничению ставок на сберегательные счета оказывались все менее и менее действенными. В конце концов ограничения были сняты, и сберегательные институты во всеоружии вступили в конкуренцию.

Задолго до того как были окончательно сняты ограничения на процентные ставки, основная часть прибыли от выпуска новых высокодоходных ценных бумаг перешла к отдельным инвесторам. Раз клиенты в конце концов оказались удовлетворены, Правило I ММ вновь вступило в силу (до тех пор пока правительство не создало новое несовершенство). Мораль этой истории такова: если вы отыщете когда-нибудь неудовлетворенных клиентов, немедленно сделайте что-нибудь, чтобы завоевать их, или рынки капиталов, развиваясь, уведут их у вас.

17—4. РЕЗЮМЕ

В начале этой главы мы охарактеризовали решения фирмы в области финансирования как проблему маркетинга. Представьте себе финансового менеджера как человека, добывающего для фирмы реальные активы и продающего их в виде ценных бумаг инвесторам. Некоторые финансовые менеджеры предпочитают наиболее простую тактику: финансирование полностью за счет собственного капитала. Некоторые доходят до выпуска множества долговых обязательств и акций. Проблема состоит в том, чтобы найти особую комбинацию ценных бумаг, которая максимизирует рыночную стоимость фирмы.

Знаменитое Правило I Модильяни и Миллера (ММ) гласит, что ни одна такая комбинация не лучше другой и что общая рыночная стоимость фирмы (стоимость всех ее ценных бумаг) не зависит от структуры капитала. Фирмы, которые прибегают к займам, действительно предлагают инвесторам более разнообразное "меню" ценных бумаг, но инвесторы мешкают с выбором. Меню оказывается слишком длинным. Любое изменение структуры капитала может быть скопировано, или "поглублено", инвесторами. Почему они должны приплачивать за займы, полученные через кого-то (владея акциями левериджированной фирмы), когда им легче и дешевле самим брать в долг?

ММ считают, что займы увеличивают ожидаемую норму доходности инвестиций акционеров. Но они и повышают риск акций фирмы. ММ показывают, что рост риска полностью компенсирует рост ожидаемой доходности, не делая акционеров ни богаче, ни беднее.

Правило I представляет собой весьма общий случай. Оно применимо не только к дилемме финансирования за счет либо собственного, либо заемного капитала, но и к *любому* выбору финансовых инструментов. Например, ММ могут сказать, что выбор между краткосрочным и долгосрочным долгом не оказывает никакого влияния на стоимость фирмы.

Формальные доказательства Правила I полностью основаны на допущении о совершенных рынках капитала[23]. Оппоненты ММ, традиционалисты, считают, что несовершенства рынка делают индивидуальные займы очень дорогостоящими, рискованными и затруднительными для некоторых инвесторов. Это, естественно, создает круг клиентов, готовых платить премии за акции левериджированных фирм. Традиционалисты утверждают, что фирмы должны прибегать к заимствованию, чтобы реализовать эти премии.

Но этот аргумент несовершенен. У левериджированных акций, возможно, и имеются свои потребители, но этого недостаточно; такие потребители долж-

---

[23] Правило I можно доказать множеством различных способов. В перечень литературы в конце данной главы включено несколько наиболее абстрактных и общих доказательств. Приведенные нами формальные доказательства ограничиваются собственными аргументами ММ и (в Приложении) основаны на модели оценки долгосрочных активов.

ГЛАВА 17. Имеет ли значение политика управления задолженностью?

ны быть *не удовлетворены.* Уже существуют тысячи левериджированных фирм, доступных для инвестирования. Остались ли еще неудовлетворенные клиенты, желающие получить обычные долговые обязательства и акции? Мы сомневаемся в этом.

Правило I нарушается, когда финансовые менеджеры находят скрытый спрос и удовлетворяют его, предлагая что-то новое и отличное от других ценных бумаг. Спор между ММ и традиционалистами в конечном счете сводится к вопросу: трудно это или легко. Мы склонны поддержать точку зрения ММ: отыскание неудовлетворенных клиентов и изобретение экзотических ценных бумаг для удовлетворения их спроса — игра, в которую весело играть, но в которой трудно победить.

ПРИЛОЖЕНИЕ: ММ И МОДЕЛЬ ОЦЕНКИ ДОЛГОСРОЧНЫХ АКТИВОВ

В разделе 17–2 мы показали, что, когда фирма увеличивает долю заемных средств в совокупном капитале, ожидаемая доходность акций шагает в ногу с бетой акций. Принимая это во внимание, неудивительно, что мы можем использовать модель оценки долгосрочных активов для доказательства Правила I ММ. Для упрощения рассуждений допустим, что фирмы способны выпускать безрисковые долговые обязательства. Первоначально фирма осуществляет финансирование полностью за счет выпуска акций. Ожидаемая стоимость в конце периода равна V_1, куда входит любая операционная прибыль за начальный период. Теперь мы перейдем к надежному эквиваленту из модели оценки долгосрочных активов, с которым мы познакомились в Приложении к главе 9. Отсюда приведенная стоимость фирмы равна:

$$V = E = \frac{V_1 - \lambda Cov(\widetilde{V}_1, \widetilde{r}_m)}{1+r_f},$$

где λ — рыночная цена риска $(r_m - r_f)/\sigma_m^2$.

Теперь предположим, что фирма делает заем D по безрисковой процентной ставке и направляет полученные средства акционерам. Сейчас они получили D долларов, но в следующем году должны будут вернуть долг с процентами. Поэтому вместо V_1 в конце года они могут ожидать получить только $V_1 - (1+r_f)D$. Следовательно, приведенная стоимость их левериджированных акций равна:

$$E = \frac{V_1 - (1+r_f)D - \lambda Cov[\widetilde{V}_1 - (1+r_f)D, \widetilde{r}_m]}{1+r_f}.$$

Но поскольку значение $(1+r_f)D$ известно, оно не влияет на ковариацию. Когда долг является безрисковым, акционеры вынуждены принимать на себя *весь* риск, связанный с V_1. Следовательно, мы заменяем $Cov(\widetilde{V}_1, \widetilde{r}_m)$ на $Cov[\widetilde{V}_1 - (1+r_f)D, \widetilde{r}_m]$. Получаем:

$$E = \frac{V_1 - (1+r_f)D - \lambda Cov(\widetilde{V}_1, \widetilde{r}_m)}{1+r_f} = \frac{V_1 - \lambda Cov(\widetilde{V}_1, \widetilde{r}_m)}{1+r_f} - D.$$

Чтобы вычислить стоимость *фирмы,* мы прибавляем стоимость долга D. И получаем:

$$V = \frac{V_1 - \lambda Cov(\widetilde{V}_1, \widetilde{r}_m)}{1+r_f}.$$

Стоимость левериджированной фирмы идентична стоимости нелевериджированной фирмы.

РЕКОМЕНДУЕМАЯ ЛИТЕРАТУРА

Первая работа по теории структуры капитала:
F. Modigliani and M.H. Miller. The Cost of Capital, Corporation Finance and the Theory of Investment // American Economic Review. 48: 261–297. June. 1958.

Однако Дюран заслуживает уважения за постановку задачи, которую позже решили ММ:
D. Durand. Cost of Debt and Equity Funds for Business: Trends and Problems in Measurement // Conference on Research in Business Finance. National Bureau of Economic Research. New York, 1952. P. 215–247.

ММ дали краткое и четкое доказательство незначимости структуры капитала:
F. Modigliani and M.H. Miller. Reply to Heins and Sprenkle // American Economic Review. 59: 592–595. September. 1969.

Немного сложная статья, в которой проводится анализ структуры капитала в контексте теории оценки долгосрочных активов:
R.S. Hamada. Portfolio Analysis, Market Equilibrium and Corporation Finance // Journal of Finance. 24: 13–31. March.1969.

Наиболее абстрактные и теоретические обоснования можно найти в работах:
J.E. Stiglitz. On the Irrelevance of Corporate Financial Policy // American Economic Review. 64: 851–866. December. 1974.
E.F. Fama. The Effects of a Firm's Investment and Financing Decisions // American Economic Review. 68: 272–284. June. 1978.

В осеннем выпуске Journal of Economic Perspectives за 1988 г. содержится подборка статей за год, включая статьи Модильяни и Миллера, в которых дается обзор и оценка правил ММ. В летнем выпуске Financial Management за 1989 г. содержатся еще три статьи под названием "Reflections on the MM Propositions 30 Years Later".

КОНТРОЛЬНЫЕ ВОПРОСЫ

1. Допустим, что существует совершенный конкурентный рынок без корпоративного или индивидуального подоходного налога. Компании А и Б обе получают валовую прибыль P и различаются только своими структурами капитала – А осуществляет финансирование полностью за счет собственного капитала, Б выпустила в обращение долговые обязательства, по которым ежегодно выплачивает 100 дол. процентов. Инвестор Х приобрел 10% акций компании А.
   а) Какую прибыль получает Х?
   б) Какая альтернативная стратегия может привести к такому же результату?
   в) Предположим, что инвестор Y приобрел 10% акций компании Б. Какую прибыль он получает?
   г) Какая альтернативная стратегия может дать такой же результат?

2. Г-жа Крафт владеет 50 000 обыкновенных акций "Корпорации Копперхеда", рыночная стоимость которых — 2 дол. за акцию, или всего 100 000 дол. В настоящее время компания осуществляет финансирование следующим образом:

	Балансовая стоимость (в дол.)
Обыкновенные акции (8 млн акций)	2 000 000
Краткосрочные займы	2 000 000

ГЛАВА 17. Имеет ли значение политика управления задолженностью? 451

Теперь "Корпорация Копперхеда" сообщает о замене долговых обязательств на сумму 1 млн дол. вновь выпущенными обыкновенными акциями. Что может сделать г-жа Крафт, чтобы удостовериться, что имеет право на точно такую же долю прибыли, как и раньше? (Без учета налогов.)

3. Обыкновенные акции и долговые обязательства компании "Северные грязи" оцениваются в 50 и 30 млн дол. соответственно. В настоящее время инвесторы требуют 16% доходности от обыкновенных акций и 8% от долговых обязательств. Что произойдет с ожидаемой доходностью акций, если "Северные грязи" выпустит дополнительно акции на 10 млн дол. и использует полученные деньги для изъятия из обращения долговых обязательств? Допустим, что изменения структуры капитала не влияют на присущий облигациям риск и что нет налогов. Если в действительности степень риска, связанного с облигациями, изменяется, завышена или занижена в вашем ответе ожидаемая доходность акций?

4. Финансирование компании В происходит полностью за счет обыкновенных акций. Бета акций равна 10. Коэффициент цена – прибыль для этих акций равен 10 и цена акции обеспечивает ожидаемую доходность в 10%. Компания принимает решение выкупить половину обыкновенных акций и заменить их долговыми обязательствами на ту же сумму. Предположим, безрисковая процентная ставка по долговым обязательствам равна 5%.
   а) Вычислите:
      1) бету обыкновенных акций после рефинансирования;
      2) бету долговых обязательств;
      3) бету компании (т.е. акций и долговых обязательств вместе).
   б) Вычислите:
      1) требуемую доходность обыкновенных акций до рефинансирования;
      2) требуемую доходность обыкновенных акций после рефинансирования;
      3) требуемую доходность долговых обязательств;
      4) требуемую доходность компании (т.е. акций и долговых обязательств вместе) после рефинансирования.
   в) Допустим, ожидается, что операционная прибыль фирмы В постоянна. Вычислите:
      1) процентный рост прибыли на акцию;
      2) новый коэффициент цена – прибыль для этих акций.

5. Допустим, что компания "Пятновыводители Макбет" выпускает облигации на сумму 2500 дол. и использует полученные средства для выпуска 250 акций.
   а) Переделайте таблицу 17-2 так, чтобы показать, каким образом теперь изменяется величина прибыли на акцию и доходность акций в зависимости от операционной прибыли.
   б) Если бета активов компании равна 0,8 и ее облигации безрисковые, какова может быть бета акций после увеличения объема займа?

6. Верны или неверны следующие утверждения? Кратко объясните ваш ответ.
   а) Акционеры всегда выигрывают от роста стоимости компании.
   б) Правило I ММ предполагает, что действия, которые максимизируют стоимость фирмы, также максимизируют и богатство акционеров.
   в) Причина, по которой займы увеличивают риск, связанный с акциями, состоит в том, что они увеличивают вероятность неплатежеспособности.
   г) Неограниченная ответственность фирмы может увеличить риск для активов.
   д) Неограниченная ответственность фирмы может увеличить риск для акций.
   е) Займы не влияют на доходность акций, если доходность активов фирмы равна процентной ставке.
   ж) Если фирма уверена, что доходность активов превысит процентную ставку, выпуск долговых обязательств делает акционеров богаче.

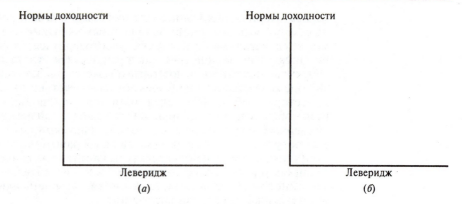

РИСУНОК 17-6
См. вопрос 7.

з) Правило I ММ предполагает, что выпуск облигаций увеличивает ожидаемые прибыли на акцию и приводит к компенсирующему снижению коэффициента цена – прибыль.

и) Правило II ММ предполагает, что возросшие займы не оказывают влияния на процентную ставку по долговым обязательствам фирмы.

к) Займы увеличивают стоимость фирмы, если есть группа инвесторов, имеющих основание предпочитать долговые обязательства.

7. Взгляните на два незаполненных графика на рисунке 17-6. На графике (а) изобразите связь между финансовым левериджем и 1) нормой доходности облигаций и акций, 2) средневзвешенными затратами на капитал при условии правоты ММ. Затем заполните график (б) при условии, что правы традиционалисты.

ВОПРОСЫ И ЗАДАНИЯ

1. Компании А и Б различаются только своими структурами капитала. Финансирование А осуществляется на 30% за счет выпуска облигаций и на 70% за счет выпуска акций; компании Б – на 10% за счет облигаций и на 90% за счет акций. Облигации обеих компаний безрисковые.
   а) Г-н Х владеет 1% обыкновенных акций компании А. Какой другой пакет инвестиций может дать г-ну Х такой же поток денежных средств?
   б) Г-н Y владеет 2% обыкновенных акций компании Б. Какой другой пакет инвестиций может дать г-ну Y аналогичные потоки денежных средств?
   в) Покажите, что ни г-н Х, ни г-н Y не стали бы инвестировать средства в обыкновенные акции компании Б, если бы *совокупная* стоимость компании А была меньше стоимости компании Б.

2. Компания "Хаббард – корма для домашних питомцев" осуществляет финансирование на 80% за счет обыкновенных акций и на 20% за счет долговых обязательств. Ожидаемая доходность обыкновенных акций составляет 12%, а процентная ставка по облигациям равна 6%. Допустим, что оплата облигаций гарантирована. Начертите график, показывающий ожидаемую доходность обыкновенных акций "Хаббарда" (r_E) и ожидаемую доходность пакета обыкновенных акций и облигаций (r_A) при различных коэффициентах долг – собственный капитал.

3. Предлагаем вам лимерик:

> *Некий фермер из штата Айова*
> *Про свою мне поведал корову:*
> *"Вот же вымя у Скифки!*
> *В одном соске — сливки,*
> *А в прочих – обрат... Ну не клево?!"*

ГЛАВА 17. Имеет ли значение политика управления задолженностью? 453

Чем корова Скифка, принадлежащая фермеру из Айовы, похожа на финансовые решения компаний? Что можно было бы сказать о стоимости этой коровы согласно Правилу I ММ? Объясните ваш ответ.

4. "ММ вообще игнорируют тот факт, что, чем больше займов вы делаете, тем более высокий процент должны выплачивать". Дайте точное объяснение, действительно ли это веское возражение.

5. Покажите, в чем ошибка следующих аргументов:
   а) "Когда фирма делает больше займов и долговые обязательства становятся более рисковыми, и держатели облигаций и держатели акций предъявляют более высокие требования к норме доходности. Таким образом, сокращая долю долга, мы тем самым снижаем издержки одновременно и долга и акций, делая всех богаче".
   б) "Умеренные займы не увеличивают в сколько-нибудь существенной степени вероятность финансового бедствия или банкротства. Поэтому умеренные займы не могут увеличить ожидаемую норму доходности, требуемую акционерами".

6. Каждое из следующих утверждений ложно или по крайней мере ошибочно. Объясните почему.
   а) "Инвестиционная возможность, дающая 10%-ную норму доходности дисконтированного потока денежных средств, является привлекательным проектом, если его можно на 100% финансировать за счет выпуска облигаций со ставкой 8%".
   б) "Чем больше долговых обязательств выпускает фирма, тем более высокий процент ей приходится платить. Это одна из важных причин, почему фирме следует придерживаться умеренных объемов долга".

7. Можете ли вы придумать новый вид облигаций, способный привлечь инвесторов? Почему, по вашему мнению, они до сих пор не были выпущены?

8. Одним из неудобств финансирования за счет выпуска обыкновенных акций считают тот факт, что цены на акции имеют тенденцию снижаться в периоды спада, увеличивая тем самым затраты на капитал и сдерживая инвестиции. Обсудите эту точку зрения. Является ли это аргументом в пользу более интенсивного долгового финансирования?

9. Люди часто выражают идею Правила I ММ, приводя различные "магазинные" аналоги, например: "Стоимость пирога не должна зависеть от того, как он делится" или "Стоимость целого цыпленка равна стоимости отдельно купленных двух ножек, двух крылышек, грудки и других частей цыпленка".

   На самом деле Правило I не работает в супермаркете. Вы можете купить целый неразрезанный пирог дешевле, чем отдельно по кусочкам. В супермаркетах разделанный цыпленок стоит дороже.

   Почему? Какие издержки или отклонения от конкурентных условий рынка приводят к тому, что Правило I в супермаркетах не действует? Имеют ли значение такие издержки или отклонения от конкурентных условий рынка для корпораций, выпускающих ценные бумаги, или для мирового рынка капитала? Объясните ваш ответ.

10. На рисунке 17-5 показано, что r_D растет параллельно росту отношения заемного к собственному капиталу. У ММ r_E также растет, но со снижающимся темпом.
    а) Объясните почему?
    б) Переделайте рисунок 17-5 так, чтобы показать, каким образом r_D и r_E изменяются с ростом отношения заемного к собственному капиталу. Может ли величина r_D оказаться больше r_A? Может ли r_E быть меньше определенного отношения заемного к собственному капиталу?

11. Представьте фирму, от которой ожидаются равномерные потоки операционных прибылей. Что произойдет при росте левериджа с:
    а) отношением рыночной стоимости акции к прибыли за вычетом процентов;

б) отношением рыночной стоимости *фирмы* к прибыли до вычета процентов, если *1)* правы ММ, *2)* правы традиционалисты?

12. Компания American Express предложила акционерам обменять 25% своих акций на блоки разнотипных ценных бумаг. Акционер мог бы обменять каждую акцию на пакет из трех видов ценных бумаг:

1. Облигация с процентным доходом на 30 лет номинальной стоимостью 75 дол. Цена акции American Express составляла примерно 28 дол. По облигациям с базовым доходом можно получать текущие для того периода дивиденды в размере 0,84 дол. в год.
2. Депозитная привилегированная акция с нарастающими дивидендами, по которой можно получать прирост дивидендов сверх 0,84 дол.
3. Сертификат на прирост стоимости акции дает его владельцу право приобрести одну акцию American Express за 75 дол., т.е. по номинальной стоимости облигации с базовым процентным доходом. Обмен возможен, но не обязателен. Чтобы купить одну обыкновенную акцию, нужно вернуть одну привилегированную акцию (элемент 2 из блока ценных бумаг).

Блоки разнотипных ценных бумаг не давали права голоса. Однако их можно было обменять обратно на обыкновенные акции в случае поглощения компании American Express.

Конечно, блоки никогда не были выпущены. Но предположим, что были.

а) Меньше или больше стоил бы блок по сравнению с одной акцией?
б) Приняли бы вы предложение обменять акции на блок?
в) Как вы думаете, почему инвесторы не проявили интерес к блокам ценных бумаг?

18
Как много займов следует брать фирме?

В главе 17 мы обнаружили, что политика управления задолженностью редко имеет значение на хорошо функционирующих рынках капитала. Однако совсем немногие финансовые менеджеры воспринимают такой вывод как руководство к практическим действиям. Если политика управления заемным капиталом не имеет значения, о ней не стоит беспокоиться — решения по финансированию можно делегировать "мелким сошкам". Но финансовых менеджеров все же заботит политика управления задолженностью. В данной главе объясняется почему.

Если бы политика управления заемным капиталом была *совершенно* неважна, тогда различия в фактических коэффициентах долговой нагрузки для отдельных фирм и отраслей имели бы случайный характер. Однако почти все авиакомпании, компании коммунального хозяйства, банки и компании по операциям с недвижимостью в значительной степени опираются на заемный капитал в своем финансировании. Так же поступают и многие фирмы в капиталоемких отраслях, таких, как сталелитейная, по производству алюминия, химической продукции, нефтяная и горнодобывающая. С другой стороны, трудно найти компанию, производящую медикаменты, или рекламное агентство, чье финансирование не осуществлялось бы преимущественно за счет собственного капитала. Эффективные "растущие" компании, подобные Genentech, Hewlett-Packard и Merck, редко делают крупные займы, несмотря на быстрое расширение и большие потребности в капитале.

Объяснение этому отчасти связано с некоторыми факторами, которые мы не затрагивали в предыдущей главе. Мы не принимали во внимание налоги. Мы делали допущение, что банкротство не сопряжено с большими затратами, проходит быстро и безболезненно. На самом деле это не так: финансовые затруднения имеют свои издержки, даже если удается избежать официального признания банкротства. Мы не принимали во внимание потенциальное противоречие интересов держателей ценных бумаг фирмы. Например, мы не рассматривали, что происходит со "старыми" кредиторами фирмы, когда выпускаются новые долговые обязательства или когда изменение инвестиционной стратегии приводит фирму в более рискованный бизнес. Мы также не рассматривали возможную *взаимосвязь* инвестиционных решений и решений по финансированию.

Теперь мы вплотную займемся этими вопросами: начнем с налогов, затем рассмотрим издержки, связанные с банкротством и финансовыми трудностями. Это приведет нас к противоречию интересов и к возможной взаимосвязи решений по финансированию и инвестиционных решений. В конечном итоге мы должны будем признать, что политика по управлению долгом все же *имеет* значение.

Однако мы *не* откажемся от теории ММ, которую мы так тщательно разбирали в главе 17. Мы предложим концепцию, включающую в себя положения ММ, но с учетом влияния налогов, издержек банкротства и финансового стресса и других различных осложняющих факторов. Мы не отступим к традиционной точке зрения, основанной на допущении о несовершенстве рынков капитала. Просто мы хотим посмотреть, каким образом хорошо функционирующие рынки *реагируют* на налоги и другие факторы, о которых пойдет речь в этой главе.

Познакомившись с теорией, мы затем обратимся к доказательствам. Мы остановимся на переменных показателях, которые, видимо, объясняют, почему разные компании имеют различные структуры капитала, а усиление финансовой зависимости компаний порой представляется инвесторам благой вестью. И наконец, мы попытаемся, соединяя теорию и доказательства, составить перечень контрольных вопросов, который финансовые менеджеры могут использовать при выборе структуры капитала для своей фирмы.

18-1. КОРПОРАТИВНЫЕ НАЛОГИ

В рамках действующей в Соединенных Штатах системы налогообложения корпораций заемное финансирование дает одно важное преимущество. Выплачиваемые компаниям проценты по задолженности вычитаются из налогооблагаемой прибыли. А дивиденды и нераспределенная прибыль – нет. Таким образом, доход, который получают держатели облигаций, на уровне корпораций освобождается от налогов.

В таблице 18-1 представлены упрощенные формы отчетов о прибыли двух фирм; фирма НЛ не имеет долга, а фирма Л сделала заем в размере 1000 дол. под 8%. Налоговые обязательства фирмы Л на 27,20 дол. меньше обязательств фирмы НЛ. Такая *налоговая защита* возникла благодаря долгу фирмы Л. Правительство фактически оплачивает 34% суммы процентных расходов фирмы Л. Общая прибыль, которую фирма Л распределяет среди держателей облигаций и акционеров, увеличивается на эту величину.

Налоговая защита может оказаться ценным активом. Предположим, что величина долга фирмы Л является постоянной. (То есть компания планирует рефинансировать свои текущие долговые обязательства, когда подойдет срок их погашения, и будет бесконечно "заменять" свои старые долговые обязательства новыми.) В будущем ожидается постоянный поток денежных средств в размере 27,20 дол. в год. Риск, характерный для этого потока, вероятно, бу-

ТАБЛИЦА 18-1
Вычитание процентов из налогооблагаемой базы увеличивает общую прибыль, которая может быть выплачена держателям облигаций и акций.

	Отчет о прибыли фирмы НЛ (в дол.)	Отчет о прибыли фирмы Л (в дол.)
Прибыль до уплаты процентов и налогов	1000	1000,00
Проценты, выплачиваемые держателям облигаций	0	80,00
Доналоговая прибыль	1000	920,00
Налог, ставка 34%	340	312,80
Чистая прибыль акционеров	660	607,20
Общая прибыль акционеров и держателей облигаций	0+660=660	80+607,20=687,20
Налоговая защита по процентным платежам (0,34 × %)	0	27,20

ГЛАВА 18. Как много займов следует брать фирме?

дет меньше риска, свойственного оборотным активам фирмы Л. Величина налоговой защиты зависит только от ставки налога на прибыль корпораций[1] и способностей фирмы Л извлекать доход, достаточный для покрытия процентных выплат. В настоящее время налоговая ставка корпораций довольно стабильна. (Она снизилась с 46 до 34% после принятия в 1986 г. Закона о реформе налоговой системы, но это было первое существенное изменение начиная с 50-х годов.) И способность фирмы Л получить доход, чтобы покрыть свои процентные платежи, также должна быть достаточно надежной — иначе компания не смогла бы взять заем под 8%[2]. Поэтому нам следует дисконтировать налоговую защиту, связанную с процентными выплатами, по относительно низкой ставке.

Но какой должна быть эта ставка? По наиболее общему предположению, налоговой защите присущ такой же риск, как и процентным выплатам, позволяющим использовать налоговую защиту.

Таким образом, мы дисконтируем ее по ставке 8%, т.е. ожидаемой норме доходности, требуемой инвесторами, которые держат долговые обязательства фирмы:

$$Приведенная\ стоимость\ налоговой\ защиты = \frac{27{,}20}{0{,}08} = 340\ дол.$$

Правительство фактически берет на себя 34% от 1000 дол. долговых обязательств фирмы Л.

При таких допущениях приведенная стоимость налоговой защиты не зависит от доходности долговых обязательств r_D. Она равна ставке налога на прибыль корпораций T_c, умноженной на величину займа D:

$$Процентные\ выплаты = доходность\ долговых\ обязательств \times$$
$$\times\ сумма\ займа = r_D \times D.$$

$$Приведенная\ стоимость\ налоговой\ защиты =$$
$$= \frac{ставка\ корпоративного\ налога\ \times\ ожидаемые\ процентные\ выплаты}{ожидаемая\ доходность\ долговых\ обязательств} =$$
$$= \frac{T_c(r_D D)}{r_D} = T_c D.$$

Конечно, приведенная стоимость налоговой защиты будет меньше, если фирма не планирует делать займы постоянно или если она не может использовать налоговую защиту в будущем.

Как налоговая защита увеличивает стоимость капитала акционеров?

Правило I ММ равносильно утверждению, что "стоимость пирога не зависит от того, как он делится". Активы фирмы представляют собой пирог, и делится он на долговые обязательства и собственный капитал. Если размер пирога у нас постоянен, то бóльшая сумма долга в денежном выражении означает меньшую стоимость собственного капитала.

---

[1] Всегда используется не средняя, а предельная ставка налога на прибыль корпораций. Когда писалась эта глава (1990 г.), предельная налоговая ставка для крупных корпораций составляла 34%. Средние ставки часто гораздо меньше из-за ускоренной амортизации и различных других корректировок.

[2] Если доход фирмы Л не покроет процентные платежи в каком-то из будущих лет, возможность воспользоваться налоговой защитой не обязательно будет утрачена. Фирма Л "вспомнит" прошлые убытки и получит возмещение на сумму налогов, выплаченных за предыдущие три года. Если фирма Л несет убытки в течение нескольких лет и, таким образом, не имеет никаких предыдущих налоговых выплат, которые могут быть возмещены, тогда убытки можно перенести на будущий период и использовать для уменьшения налогооблагаемой прибыли в последующие годы.

Но есть еще один претендент на долю пирога — правительство. Взгляните на таблицу 18-2: в левой части *развернутого* баланса показана ожидаемая стоимость активов *до уплаты налогов*, в правой части — стоимость налоговых требований правительства, расцениваемых как обязательства фирмы. ММ сказали бы еще, что общая стоимость пирога — в нашем случае стоимость активов *до уплаты налогов* — не изменяется при делении. Но так или иначе, на самом деле фирмы могут уменьшить кусок, предназначенный для правительства, очевидно, делая тем самым акционеров богаче. Один из способов, которым они могут воспользоваться, — денежные займы, которые снижают их налоговые обязательства и, как мы видели в таблице 18-1, увеличивают поток денежных средств, получаемый держателями долговых обязательств и акций. Стоимость фирмы *после уплаты налогов* (сумма стоимостей ее долговых обязательств и собственного капитала, как показано в обычном балансе в рыночных ценах) повышается на приведенную стоимость налоговой защиты.

Изменение структуры капитала фирмы Merck

Merck & Co. — крупная преуспевающая фирма, которая вообще не имеет никаких долгосрочных долговых обязательств. В таблице 18-3*а* представлены упрощенные балансы фирмы по рыночной оценке и по данным учета на конец 1989 г.

Предположим, что в 1989 г. вы были финансовым менеджером Merck и несли полную ответственность за ее структуру капитала. Вы решили поддерживать постоянный уровень займа в размере 1 млрд дол. и использовать поступления на выкуп акций.

В таблице 18-3*б* представлены новые балансы. В той части, где указана номинальная стоимость, долгосрочные долговые обязательства увеличились на 1000 млн дол., а акционерный капитал уменьшился на 1000 млн дол. Но мы знаем, что активы Merck должны стоить больше, поскольку ее налоговые обязательства сократились на сумму, равную 34% от величины процентных выплат по новому долгу. Другими словами, Merck увеличила приведенную стоимость налоговой защиты, которая равна $T_c D = 0{,}34 \times 1000 = 340$ млн дол. Если теория ММ верна во всем *за исключением налогов*, то стоимость фирмы должна возрасти на 340 млн дол., до 32 313 млн дол. Акции фирмы Merck, таким образом, стоят 29 984 млн дол.

ТАБЛИЦА 18-2
Обычный и развернутый балансы по рыночной оценке. В обычном балансе активы оцениваются после удержания налогов. В развернутом балансе активы оцениваются до удержания налогов, и в правой стороне баланса отражается стоимость налоговых требований правительства. Ценность налоговой защиты по процентным платежам состоит в том, что она снижает налоговые требования правительства.

Обычный баланс (рыночная оценка)	
Стоимость активов (приведенная стоимость *посленалоговых* потоков денежных средств)	Долг
	Собственный капитал
Итого активы	Итого обязательства
Развернутый баланс (рыночная оценка)	
Доналоговая стоимость активов (приведенная стоимость *доналоговых* потоков денежных средств)	Долг
	Требования правительства (приведенная стоимость будущих налогов)
	Собственный капитал
Итого активы до уплаты налогов	Итого обязательства

ГЛАВА 18. Как много займов следует брать фирме?

ТАБЛИЦА 18-3а
Упрощенный баланс фирмы Merck & Co. на 31 декабря 1989 г. (в млн дол.)

Учетные данные			
Чистый оборотный капитал	1503	118	Долгосрочный долг
Долгосрочные активы	3347	1211	Прочие долгосрочные обязательства
		3521	Собственный капитал
Итого активы	4850	4850	Итого обязательства*
Рыночная оценка			
Чистый оборотный капитал	1503	118	Долгосрочный долг
Рыночная стоимость долгосрочных активов	30 470	1211	Прочие долгосрочные обязательства
		30 644	Собственный капитал
Итого активы	31 973	31 973	Итого обязательства

Примечания.
1. Допускается, что рыночная стоимость чистого оборотного капитала, долгосрочного долга и других долгосрочных обязательств равна их балансовой стоимости. Акции оценены по их фактической рыночной стоимости: количество акций, умноженное на цену закрытия (цена при закрытии биржи) на 31 декабря 1989 г. Разница между рыночной и балансовой стоимостями долгосрочных активов равна разнице между рыночной и номинальной стоимостями акций.
2. Рыночная стоимость долгосрочных активов включает налоговую защиту по существующим долговым обязательствам. Налоговая защита составляет $0{,}34 \times 118 = 40$ млн дол.
* В данном контексте собственный капитал рассматривается как обязательство перед акционерами. — *Примеч. науч. ред.*

Теперь вы выкупили акции на 1000 млн дол., но стоимость акционерного капитала Merck снизилась только на 660 млн дол. Следовательно, акционеры Merck должны выиграть на этом 340 млн дол. Неплохой денек[3].

ММ и налоги

Мы только что разработали версию Правила I ММ, "скорректировав" его с учетом налога на прибыль корпорации[4]. Новая версия имеет следующий вид:

Стоимость фирмы = стоимость при финансировании за счет собственного капитала + приведенная стоимость налоговой защиты.

В случае, когда величина долга постоянна,

Стоимость фирмы = стоимость при финансировании за счет собственного капитала + $T_c D$.

Воображаемая нами финансовая хирургия фирмы Merck служит хорошей иллюстрацией проблем, присущих этой "скорректированной" версии. Неожиданные 340 млн дол. приходят слишком легко; кажется, нарушается закон, гласящий, что "не существует такой вещи, как денежный станок". И если акционеры Merck могут стать богаче, имея корпорация 1118 млн дол. долга, по-

---
[3] Отметим, что пока облигации продаются по справедливой цене, все выгоды налоговой защиты достаются акционерам.
[4] В первой статье ММ [*F. Modigliani and M.H. Miller.* The Cost of Capital, Corporation Finance and the Theory of Investment // American Economic Review. 48: 261–297. June. 1958] признается налоговая защита по процентным платежам, но не дается ее правильная оценка. Это сделано в статье 1963 г.: Corporate Income Taxes the Cost of Capital: A Correction // American Economic Review. 53: 433–443. June. 1963.

ТАБЛИЦА 18-3б
Баланс фирмы Merck & Co. при замене акционерного капитала долгосрочными долговыми обязательствами на сумму 1 млрд дол. (в млн дол.)

Учетные данные			
Чистый оборотный капитал	1503	1118	Долгосрочный долг
Долгосрочные активы	3347	1211	Прочие долгосрочные обязательства
		2521	Собственный капитал
Итого активы	4850	4850	Итого обязательства
Рыночная оценка			
Чистый оборотный капитал	1503	1118	Долгосрочный долг
Рыночная стоимость долгосрочных активов	30 470	1211	Прочие долгосрочные обязательства
Приведенная стоимость дополнительной налоговой защиты	340	29 984	Собственный капитал
Итого активы	32 313	32 313	Итого обязательства

Примечания.
1. Данные о чистом оборотном капитале, долгосрочном долге и других долгосрочных обязательствах в таблице 18-3б идентичны данным в таблице 18-3а.
2. Предполагается, что приведенная стоимость налоговой защиты равна произведению ставки подоходного налога на корпорации (34%) и величины дополнительных долговых обязательств.

чему бы тогда не 2236 млн дол. или не 4850 млн дол.[5]? Наша формула предполагает, что стоимость фирмы и богатство акционеров постоянно увеличиваются с ростом D. Отсюда оптимальная политика по управлению долгом выглядит крайне ошеломляющей: всем фирмам следует осуществлять финансирование на 100% за счет долга.

ММ не были настолько фанатичны. Никто не ожидал, что формула будет применяться для крайнего случая со 100% долга. Но это не объясняет, почему фирмы, подобные Merck, не только существуют, но и преуспевают, вообще не прибегая к заимствованию. Трудно предполагать, что руководство Merck просто упускает свои возможности.

Стало быть, мы сами загнали себя в тупик. Из этого положения есть только два выхода.

1. Возможно, более широкое рассмотрение системы налогообложения корпораций и *граждан* США обнаружит налоговые недостатки корпорационных займов, которые сводят на нет приведенную стоимость налоговой защиты корпораций;
2. Возможно, фирмы, осуществляющие займы, несут другие издержки — издержки банкротства, например, — которые сводят на нет приведенную стоимость налоговой защиты.

Сейчас мы исследуем эти два спасительных маршрута.

18-2. НАЛОГИ НА ПРИБЫЛЬ КОРПОРАЦИЙ И ДОХОДЫ ФИЗИЧЕСКИХ ЛИЦ

Как только вводятся налоги на доходы физических лиц, целью фирмы становится не просто минимизация величины корпоративных налогов; фирма должна пытаться снизить до минимума приведенную стоимость всех подоходных налогов,

---

[5] Последняя цифра соответствует 100%-ной доле долга в балансе. Но *рыночная* стоимость Merck все равно составляла бы 33 582 млн дол. согласно нашей формуле стоимости фирмы. Обыкновенные акции Merck имели бы совокупную стоимость 27 521 млн дол.

ГЛАВА 18. Как много займов следует брать фирме?

имеющих отношение к корпорациям. "Все налоги" включают в себя также налоги на доходы держателей облигаций и акционеров, как физических лиц.

На рисунке 18-1 показано, как леверидж влияет на корпоративные налоги и налоги с физических лиц. В зависимости от структуры капитала фирмы часть операционной прибыли будет поступать инвесторам либо в виде процентов по долговым обязательствам, либо в виде прибыли по акциям (дивидендов или приращения капитала), т. е. доллары могут попадать в любой из прямоугольников на рисунке 18-1.

Отметим, что на рисунке 18-1 делается различие между T_p – налоговой ставкой на доход физических лиц в виде процента, и T_{pE} – эффективной ставкой налога на доход физических лиц от прироста курсовой стоимости акций. Эти ставки равны, если доход по акциям полностью состоит из дивидендов. Но T_{pE} может быть меньше T_p, если акции обеспечивают также приращение капитала. До Закона о реформе налоговой системы 1986 г. верхняя ставка налога на прирост капитала составляла 20%, в то время как верхняя ставка налога на дивиденды и доход в виде процента – 50%. Закон установил одинаковую ставку налога как на *реализованное* приращение капитала, так и на дивиденды и проценты – верхняя ставка равна 28%[6].

Однако налоги на приращение капитала можно отсрочить до момента продажи акций, так что верхняя *эффективная* ставка налога на приращение капитала бывает меньше 28%.

Фирмы должны стремиться к формированию такой структуры капитала, которая бы максимизировала посленалоговую прибыль. Из рисунка 18-1 вы можете видеть, что займы корпораций выгодны, если $1 - T_p$ больше, чем $(1 - T_{pE}) \times (1 - T_c)$; в противном случае – нет. *Относительное* преимущество в налогообложении долговых обязательств перед акциями определяется так:

$$\textit{Относительное налоговое преимущество долга} = \frac{1 - T_p}{(1 - T_{pE})(1 - T_c)}.$$

Это предполагает два особых случая. Первый: допустим, что весь доход по акциям исчерпывается дивидендами или что прибыль от приращения капитала реализуется немедленно. Тогда доходы по долговым обязательствам и акциям на уровне физических лиц облагаются по одной и той же эффективной ставке налога. Но при $T_{pE} = T_p$ относительное преимущество зависит только от ставки *корпоративного* налога:

$$\textit{Относительное преимущество} = \frac{1 - T_p}{(1 - T_{pE})(1 - T_c)} = \frac{1}{1 - T_c}.$$

В этом случае мы можем забыть о налогах с физических лиц. Налоговое преимущество займов для корпораций точно соответствует расчетам ММ[7]. Они

---

[6] Для более детального знакомства с вопросом см. главу 16, раздел 16–5. Отметим, что, для упрощения, мы не принимаем во внимание *институциональных* инвесторов, например банки, для которых установлена верхняя ставка на уровне 34%. Безусловно, банки защищают свои процентные доходы, выплачивая проценты кредиторам и вкладчикам.

[7] Конечно, персональные налоги снижают долларовую сумму налоговой защиты по процентам, выплачиваемым корпорациями, но соответствующая ставка дисконта для потоков денежных средств за вычетом налога с физических лиц будет также ниже. Если инвесторы хотят предоставлять ссуды с ожидаемой доходностью *до* удержания персональных налогов r_D, тогда они должны согласиться на доходность после удержания налогов $r_D(1 - T_p)$, где T_p – предельная ставка индивидуального подоходного налога. Таким образом, мы можем посчитать стоимость налоговой защиты для случая постоянного размера долга после удержания налогов с физических лиц:

$$\textit{Приведенная стоимость налоговой защиты} = \frac{T_c \times (r_D D) \times (1 - T_p)}{r_D \times (1 - T_p)} = T_c D.$$

Это возвращает нас к нашей предыдущей формуле стоимости фирмы:

Стоимость фирмы = стоимость при финансировании за счет собственного капитала + $T_c D$.

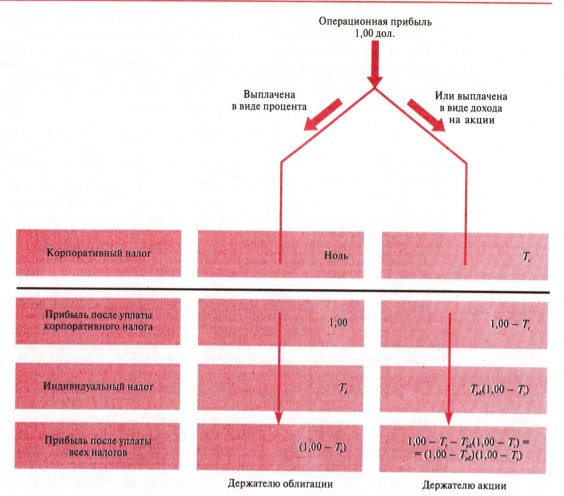

РИСУНОК 18-1
От структуры капитала фирмы зависит, как распределяется операционная прибыль — либо в виде процента, либо в виде дохода по акциям. Проценты облагаются налогом только на уровне физических лиц. Доходы по акциям облагаются и на уровне корпораций и на уровне физических лиц. Однако T_{pE}, ставка налога на доход по акциям, может быть меньше T_p, ставки налога на доход физических лиц в виде процента.

не исключали из своего анализа налоги с физических лиц. Их теория долга и налогов требует только, чтобы доход по долговым обязательствам и акциям облагался налогом по одной и той же ставке.

Второй особый случай возникает, когда отсутствуют и корпоративные налоги, и налоги с физических лиц, что делает политику по управлению долгом незначимой. Это предполагает:

так что:
$$1 - T_p = (1 - T_{pE})(1 - T_c),$$

$$\text{Относительное преимущество} = \frac{1 - T_p}{(1 - T_{pE})(1 - T_c)} = 1.$$

ГЛАВА 18. Как много займов следует брать фирме?

Такой случай может произойти, только если T_c, ставка корпоративного налога, будет меньше ставки персонального налога T_p и если T_{pE}, эффективная ставка налога на доход по акциям, мала.

В любом случае мы, видимо, имеем простой принцип для принятия практических решений. Формируйте структуру капитала фирмы так, чтобы операционная прибыль оказалась на рисунке 18-1 в прямоугольнике с наименьшим налогом. Теперь мы попытаемся понять на примерах, что же означает данный принцип.

Политика управления задолженностью до и после реформы налоговой системы

До Закона о реформе налоговой системы 1986 г. ставка налога на прибыль корпораций составляла 46%, проценты и дивиденды облагались по ставкам до 50%. Верхняя ставка налога на приращение капитала составляла 20%. Эффективная ставка была меньше 20%, поскольку выплату этого налога можно отсрочить до момента продажи акций. Предположим, что весь доход по акции представляет собой нереализованную прибыль от приращения капитала и что T_{pE} оказывается равной нулю. Если T_p — ставка налога на доход в виде процента — равна 0,50, тогда:

	Проценты (в дол.)	Доход по акции (в дол.)
Прибыль до уплаты налога	1,00	1,00
Минус корпоративный налог по ставке $T_c = 0,46$	0	0,46
Прибыль после уплаты корпоративного налога	1,00	0,54
Налог с физических лиц при $T_p = 0,5$ и $T_{pE} = 0$	0,50	0
Прибыль после уплаты всех налогов	0,50	0,54
	Преимущество акций = 0,04	

Здесь *акции* имеют незначительное преимущество; стоит платить корпоративный налог по ставке 46%, чтобы избежать 50%-ного индивидуального налога на доход в виде процента.

Закон о реформе налоговой системы снизил ставку налога на прибыль корпораций до $T_c = 0,34$. Ставка налога на доход в виде процента для самых богатых инвесторов снизилась до $T_p = 0,28$. Если мы внесем эти изменения, то получим:

	Проценты (в дол.)	Доход по акции (в дол.)
Прибыль до уплаты налога	1,00	1,00
Минус корпоративный налог по ставке $T_c = 0,34$	0	0,34
Прибыль после уплаты корпоративного налога	1,00	0,66
Налог с физических лиц при $T_p = 0,28$ и $T_{pE} = 0$	0,28	0
Прибыль после уплаты всех налогов	0,72	0,66
	Преимущество долга = 0,06	

Даже без налога на доход по акциям долговые обязательства имеют преимущества. Так и должно быть, поскольку верхняя ставка индивидуального подоходного налога T_p меньше ставки налога на доходы корпораций T_c.

Кроме того, трудно поверить, что доход по акциям полностью освобождается от налогообложения. Фирмы в конце концов выплачивают дивиденды, и реализованные прибыли от приращения капитала согласно Закону о реформе налоговой системы больше не облагаются налогом по более низкой ставке— они облагаются по той же ставке, что и обычный доход.

Давайте рассмотрим еще один числовой пример. Предположим, что доход по акции состоит наполовину из дивидендов и наполовину из прироста капитала. Прирост капитала не реализуется до тех пор, пока эффективная ставка не уменьшится до половины установленной ставки, то есть до $1/2$ от 28%, или до 14%. Таким образом, эффективная ставка налога на доход по акции представляет собой среднюю от ставок налога на дивиденды и на прирост капитала, или 21%.

	Проценты (в дол.)	Доход по акции (в дол.)
Прибыль до уплаты налога	1,00	1,00
Минус корпоративный налог по ставке T_c=0,34	0	0,34
Прибыль после уплаты корпоративного налога	1,00	0,66
Минус налог с физических лиц при T_p=0,28 и T_{pE}=0,21	0,28	0,139
Прибыль после уплаты всех налогов	0,72	0,521
	Преимущество долга = 0,199	

Преимущество финансирования за счет долга составляет около 20 центов на доллар.

Эти развернутые вычисления показывают некоторый возможный результат, но не указывают финансовому менеджеру, что именно делать, поскольку в реальной жизни не очевидно, какую налоговую ставку следует использовать инвестору. Какова, например, T_{pE}? Группа акционеров крупной корпорации может состоять как из освобожденных от налогообложения инвесторов (например, пенсионных фондов или дотационных фондов университетов), так и из миллионеров. Все возможные налоговые группы будут перемешаны. Та же ситуация и с T_p – ставкой индивидуального налога на доход в виде процентов. "Типичным" держателем облигаций крупной корпорации может быть пенсионный фонд, освобожденный от налогообложения, но и множество облагаемых налогом инвесторов также держат облигации корпораций.

"Долг и налоги" Мертона Миллера

Как структура капитала влияет на стоимость фирмы, когда к разным группам инвесторов применяются различные налоговые ставки? Одна модель может помочь найти ответ. Она была предложена Мертоном Миллером в президентском обращении "Долг и налоги" к Американской финансовой ассоциации в 1976 г.[8]

Миллер сделал обзор политики по управлению долгом до Закона о реформе налоговой системы 1986 г. Он начал с допущения о том, что все доходы по акциям состоят из нереализованного приращения капитала и никто не платит какого-либо налога на доход по акции; T_{pE} равна нулю для всех инвесто-

---
[8] *M.H. Miller.* Debt and Taxes // Journal of Finance. 32: 261–276. May. 1977.

ГЛАВА 18. Как много займов следует брать фирме?

ров. Но ставка налога на доход в виде процентов зависит от того, к какой налоговой группе принадлежит инвестор. Институты, освобожденные от налогообложения, вообще не платят налогов на проценты; для них T_p равна нулю. В другом крайнем случае миллионеры платят налог на процентный доход по облигациям по ставке 50%; для них T_p составляла 0,50. Большая часть инвесторов находится где-то между этими крайними позициями.

Рассмотрим простой мир, где действуют только эти две налоговые ставки. Предположим, что изначально компании осуществляют финансирование полностью за счет собственного капитала. Если финансовые менеджеры деятельны, такая ситуация не может сохраняться всегда. Давайте рассмотрим это, используя рисунок 18-1. Если каждый доллар относится к доходу по акции, физические лица не платят никаких налогов (напомним, что $T_{pE} = 0$). Поэтому финансовый менеджер принимает во внимание только корпоративные налоги, которые, как мы знаем, служат для корпораций сильным стимулом к заимствованию.

Когда компании начинают делать займы, некоторые из инвесторов предпочитают держать облигации, а не обыкновенные акции. Склонность освобожденных от налогов инвесторов к приобретению облигаций не вызывает никаких проблем. Они не платят каких-либо налогов ни по облигациям, ни по акциям. Таким образом, первоначально займы способствуют экономии на корпоративных налогах, а налоги с физических лиц остаются неизменными.

Но когда компании увеличивают масштабы займов, им нужно склонить инвесторов, доход которых облагается налогом, перейти от акций к облигациям. Следовательно, они должны предложить им более высокую процентную ставку по своим облигациям. Компании могут "подкупать" инвесторов до тех пор, пока экономия на корпоративном налоге *превышает* потери от налога с физических лиц. Но компании никоим образом не способны убедить миллионеров держать свои облигации. Экономия на корпоративном налоге не может компенсировать дополнительный индивидуальный налог, который этим миллионерам пришлось бы платить. Таким образом, миграция инвесторов от акций к облигациям прекращается, когда экономия на корпоративном налоге становится равна сумме потерь от индивидуального подоходного налога. Это происходит, когда T_p — ставка персонального налога инвестора-мигранта — равна ставке корпоративного налога T_c.

Давайте приведем несколько цифр. Ставка налога на прибыль корпораций составляла 46%. Мы продолжаем придерживаться предположения, что T_{pE} — эффективная ставка налога на доход по акции — равна нулю для всех инвесторов. В этом случае компании убедят инвесторов, налоговые ставки которых ниже 46%, держать облигации. Но склонять инвесторов с налоговыми ставками, *равными* 46%, держать облигации не имеет смысла, так как это не приносит никаких выгод (или потерь). Для таких инвесторов 1 дол. операционной прибыли даст после уплаты налога доход в размере 0,54 дол. вне зависимости от того, является ли этот доллар доходом в виде процента или доходом по акции:

	Поступления после удержания всех налогов
Доход в виде процентов	$1 - T_p = 1 - 0,46 = 0,54$ дол.
Доход по акции	$(1 - T_{pE})(1 - T_c) = (1 - 0)(1 - 0,46) = 0,54$ дол.

При таком равенстве налоги определяют общую сумму долга всех корпораций, но не объем облигаций, выпускаемых какой-либо отдельной фирмой. Соотношение заемного и собственного капитала для корпораций в целом зависит от ставки налога на прибыль корпораций и объема средств, которыми располагают инвесторы из различных налоговых групп. При повышении ставки налога на прибыль корпораций миграция инвесторов возобновляется, что ведет к увеличению отношения заемного к собственному капиталу для компаний в целом. При повышении ставки налога на доходы физических лиц начинается обратная миграция инвесторов, вызывая уменьшение отношения заемного к собственному капитала. Если и ставка налога с физических лиц и ставка корпоративного налога возрастают на одну и ту же величину – скажем, на 10 процентных пунктов, – миграции не происходит и ничто не меняется. Этим можно объяснить, почему не произошло каких-либо существенных изменений в соотношении заемного и собственного капитала, когда налог на прибыль корпораций сильно вырос в начале второй мировой войны. Одновременно на ту же сумму выросли ставки подоходного налога с граждан.

Компании в нашем примере, которые впервые продали облигации освобожденным от налогообложения инвесторам, могли получить преимущество. Но как только инвесторы с "низким налогом" купили облигации и миграция закончилась, ни одна фирма уже не будет иметь преимуществ от крупных займов или расплачиваться за сокращение займов. Следовательно, *ни для какой* отдельной фирмы не существует оптимального соотношения заемного и собственного капитала. Рынок интересует только *общая* сумма долга. Ни одна отдельная фирма не может повлиять на это.

Одно последнее замечание Миллера о налоговом равновесии: поскольку он допускает освобождение от налога дохода по акциям на уровне физических лиц ($T_{pE} = 0$), инвесторы согласятся на то, чтобы доходность обыкновенных акций с небольшой степенью риска была ниже, чем доходность облигаций. Рассмотрим надежную ($\beta = 0$) акцию. Согласно стандартной модели оценки долгосрочных активов, ожидаемая доходность $r = r_f$, т. е. безрисковой процентной ставке (см. главу 7, раздел 7–4). Но переход инвесторов от акций к облигациям приведет к увеличению r и даст $r_f(1 - T_p)$ – *посленалоговую* процентную ставку. В условиях равновесия мигрирующий инвестор удовлетворяется либо облигациями, либо акциями, так что $r = r_f(1 - T_p)$. Кроме того, T_p этого инвестора равна ставке корпоративного налога T_c. Следовательно, $r = r_f(1 - T_c)$. Если мы в целом согласимся с аргументом Миллера, кривая рынка ценных бумаг должна проходить через точку посленалоговой безрисковой процентной ставки.

*Модель Миллера после Закона о реформе налоговой системы 1986 г.

Модель Миллера не предназначалась для детального описания налоговой системы Соединенных Штатов, а лишь для иллюстрации того, как налоги на прибыль корпораций и доходы граждан могут свести на нет влияние структуры капитала на стоимость фирмы. Тем не менее прогнозы модели состоятельны лишь в том случае, если эффективная ставка на доход по акции значительно ниже ставки налога на доход в виде процента, как это было до Закона о реформе налоговой системы 1986 г. При нынешней налоговой системе трудно сказать, как может работать модель Миллера в ее первоначальном варианте. Даже если до Закона о реформе налоговой системы 1986 г. заимствование не давало преимущества в налогообложении, теперь такое преимущество должно появиться.

Еще до изменения налоговой системы в 1986 г. модель Миллера вызывала некоторые вопросы. Например, если мы буквально воспроизведем его аргумент, освобожденные от налогообложения институты, такие, как пенсионные фонды, должны инвестировать только в облигации, а индивидуумы, выплачивающие высокие налоги, должны инвестировать только в акции. Но мы в явном виде не наблюдаем ничего подобного.

*Возможна ли компромиссная теория?

Большинство финансовых менеджеров и экономистов полагают, что наша налоговая система благоприятствует корпорациям, делающим займы. До статьи Миллера они привычно рассчитывали налоговые преимущества финансового левериджа как $T_c D$ – т. е. приведенную стоимость налоговой защиты, рождаемой постоянным потоком процентных выплат корпораций. Под давлением они признавали, что это только первое приближение, и открыто заявляли о

ГЛАВА 18. Как много займов следует брать фирме?

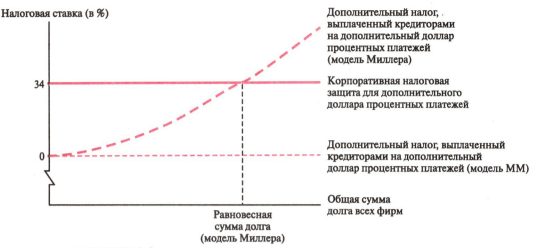

РИСУНОК 18-2
Компаниям стоит делать займы, если экономия на корпоративном налоге превышает дополнительный индивидуальный налог на доход предельного кредитора. ММ и Миллер расходятся только в вопросе о том, как этот дополнительный индивидуальный налог изменяется в зависимости от совокупного объема займов корпораций.

желании учитывать и налоги на доходы физических лиц, если только бы они имели разумную модель, показывающую, как это делать.

Появилась модель Миллера, подразумевающая, что инвесторы облагаются налогом по различным ставкам, но потакающая привычке финансовых менеджеров совершенно забывать о налогах при выборе между облигациями и акциями. Возможно, модель слишком проста и не соответствует теперешнему налоговому законодательству.

Существует компромиссная теория, в которой сделана попытка соединить лучшие положения позиций ММ и Миллера. Мы начнем с рисунка 18-2.

И ММ и Миллер согласились бы, что корпорации, имеющие долг, пользуются налоговой защитой, которая равна 34% от объема их процентных выплат. На рисунке 18-2 налоговая защита корпораций показана сплошной горизонтальной линией. Компаниям стоит выпускать больше облигаций, если налоговая защита корпораций превышает стоимость индивидуального налога для предельного кредитора. Стоимость налога представляет собой разницу между индивидуальным налогом этого кредитора T_p и эффективной ставкой T_{pE}, по которой кредитор платил бы налог на доход по акции.

Расхождение в позициях ММ и Миллера касается дополнительных индивидуальных налогов, которые платят держатели облигаций в отличие от держателей акций. ММ в неявном виде допускают, что индивидуальные подоходные налоги и по облигациям, и по акциям одинаковы. В этом случае налоговая защита корпораций *всегда* превышает дополнительный налог, выплачиваемый предельным кредитором, и компаниям следует делать как можно больше займов.

Миллер допускает, что разные инвесторы подпадают под различные ставки налогов. Следовательно, когда растет объем долга корпораций, нужно убеждать инвесторов, на которых распространяются высокие налоговые ставки, держать облигации. На рисунке 18-2 стоимость налога для предельного кредитора показана *направленной вверх* пунктирной линией[9]. Равновесная величина долга в модели Миллера достигается, когда выгоды корпоративного налога для заемщика равны стоимости индивидуального налога для предельного кредитора. Пока на все компании распространяется одинаковая ставка налога, не имеет значения, какие фирмы предлагают эти долговые обязательства.

---
[9] Мы условно изобразили равномерную кривую. На практике она может иметь ступенчатый вид.

Но каким образом дополнительный налог, выплачиваемый кредиторами, может достичь 34 центов на доллар, когда предельная ставка налога составляет 28% для наиболее состоятельных инвесторов? Представляется, что линия налоговой защиты корпораций должна проходить ниже, чтобы наша компромиссная теория работала.

Может быть, нам следует пересмотреть допущение о том, что налоговая защита корпораций, имеющих долг, постоянно равна 34% вне зависимости от величины займа. На практике очень немногие фирмы могут быть *уверены* в том, что им удастся показывать в будущем налогооблагаемую прибыль. Если фирма показывает убыток и не может списать его за счет прошлых налогов, налоговая защита ее процентных платежей должна быть отложена на будущее, чтобы ее можно было использовать позже. При этом фирма теряет временну́ю стоимость денег. Если трудности, испытываемые фирмой, достаточно серьезны, ожидание может стать постоянным и налоговая защита по процентным платежам будет потеряна навсегда.

Отметим также, что займы – не единственный способ защиты от налогов. Для этой цели фирмы используют также ускоренный метод начисления амортизации на машины и оборудование. Инвестиции в нематериальные активы можно списывать сразу. Так же обстоит дело и с отчислениями в пенсионный фонд фирмы. Чем больше фирма использует подобных способов защиты прибыли, тем ниже ожидаемая налоговая защита, сопровождающая займы[10].

Если есть вероятность, что фирма понесет убытки, *ожидаемая* налоговая защита корпорационных прибылей будет меньше 34%. Чем больше фирма делает займов, тем более высока вероятность убытков и, следовательно, тем ниже ожидаемая налоговая защита[11].

На рисунке 18-3 мы построили кривую налоговой защиты корпораций с учетом этого. Ожидаемая налоговая защита начинается с 34%, но снижается по мере увеличения объемов выпуска облигаций. Дополнительные налоги с физических лиц на проценты по облигациям мы продолжаем представлять направленной вверх кривой, но делаем допущение, что верхняя ее точка составляет 28%, что соответствует максимальной ставке индивидуального подоходного налога. Общий объем облигаций, намеченных к выпуску, снова представлен в точке, в которой выгоды в налогообложении предельного заемщика равны налоговым выплатам предельного кредитора, но это равновесие отличается от равновесия в модели Миллера тремя моментами.

Первый: если у компаний нет уверенности в том, что они смогут воспользоваться всеми преимуществами налоговой защиты корпоративных прибылей, общая сумма выпущенных облигаций будет меньше, чем предсказывает модель Миллера. (Точка пересечения на рисунке 18-3 расположена левее, чем на рисунке 18-2.)

Второй: поскольку компании не могут быть уверены в том, что им удастся воспользоваться выгодами налоговой защиты, они не будут готовы предлагать такую высокую ставку процента по своим облигациям. (Пересечение на рисунке 18-3 расположено ниже, чем на рисунке 18-2.)

Третий: налоговая защита прибылей одним фирмам может стоить дороже, чем другим. Фирмы, располагающие множеством способов налоговой защиты помимо процентных платежей и имеющие неопределенные перспективы на будущее, должны делать меньше займов, чем устойчиво прибыльные фирмы, чьи налогооблагаемые прибыли постоянно нуждаются в защите.

---

[10] О влиянии других способов налоговой защиты на займы компаний см.: *H. DeAngelo and R. Masulis*. Optimal Capital Structure Under Corporate and Personal Taxation // Journal of Financial Economics. 8: 5–29. March. 1980.

[11] Некоторые данные о средней предельной налоговой ставке фирм США см. в статье: *J.J. Cordes and S.M. Sheffrin*. Taxation and the Sectoral Allocation of Capital in the U.S. // National Tax Journal. 34: 419–432. 1981.

РИСУНОК 18-3
Если у компаний нет твердой уверенности в будущих налогооблагаемых прибылях, ожидаемая экономия на корпоративном налоге будет меньше, равно как и объем последующих выпусков облигаций.

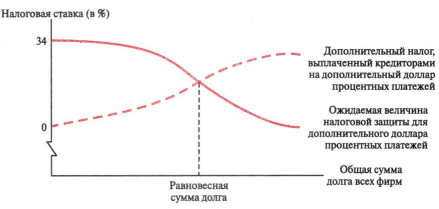

Те же фирмы, у которых имеются крупные накопленные убытки, подлежащие покрытию за счет будущих прибылей, вообще не должны делать займов. На каком основании такие фирмы стали бы "склонять" подлежащих налогообложению инвесторов держать их облигации, если они не в состоянии воспользоваться налоговой защитой по процентным платежам?

Мы не претендуем на то, что полностью исчерпали тему. На наш взгляд, возможна промежуточная позиция, если вы не готовы согласиться либо с ММ, либо с Миллером. С нашей собственной точки зрения, существуют умеренные преимущества в налогообложении для корпораций, делающих займы, по крайней мере для тех, которые обоснованно полагают, что сумеют воспользоваться корпорационной налоговой защитой. В то же время компании, не рассчитывающие на то, что им удастся использовать налоговую защиту, по нашему мнению, находятся в несколько невыгодном положении с точки зрения налогообложения.

18–3. ИЗДЕРЖКИ ФИНАНСОВЫХ ЗАТРУДНЕНИЙ

Финансовые проблемы возникают, когда нарушаются обещания, данные кредиторам, или их выполнение затруднено. Иногда финансовые проблемы приводят к банкротству. А иногда означают всего лишь "скольжение по тонкому льду".

Как мы увидим, финансовые трудности дорогостоящие. Инвесторы знают, что фирмы, прибегающие к заимствованию, могут испытывать финансовые затруднения, и это их беспокоит. Это беспокойство отражается на текущей рыночной стоимости ценных бумаг левериджированных фирм:

$$\text{Стоимость фирмы} = \text{стоимость при финансировании за счет собственного капитала} + \text{приведенная стоимость налоговой защиты} - \text{приведенная стоимость издержек финансовых трудностей.}$$

Издержки финансовых трудностей зависят от вероятности краха и величины издержек, возникающих, если он все-таки происходит.

На рисунке 18-4 показано, как отношение между выгодами, связанными с налогообложением, и издержками финансовых трудностей определяет оптимальную структуру капитала. Приведенная стоимость налоговой защиты сначала увеличивается с ростом объема займов фирмы. При умеренных уровнях долга вероятность финансовых проблем незначительна и поэтому приведенная стоимость издержек финансового затруднения невелика и преимущества в налогообложении доминируют. Но в некоторой точке вероятность возникновения финансовых проблем при дополнительных займах начинает быстро расти, а издержки финансовых трудностей существенно снижают стоимость фирмы. Кроме того, если фирма не может быть твердо уверена в том, что ей удастся

РИСУНОК 18-4
Стоимость фирмы равна ее стоимости при финансировании полностью за счет выпуска акций плюс приведенная стоимость налоговой защиты минус приведенная стоимость издержек финансовых трудностей. Менеджер должен выбрать такой коэффициент долговой нагрузки, который максимизировал бы стоимость фирмы.

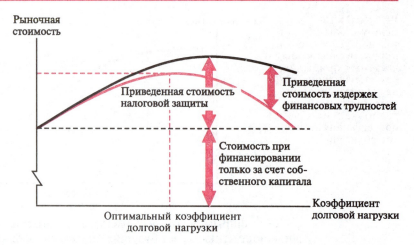

извлечь пользу из корпорационной налоговой защиты, преимущества в налогообложении, которые дает долг, вероятно, уменьшаются и в конечном счете исчезают. Теоретический оптимум достигается, когда приведенная стоимость экономии на налогах благодаря дополнительным займам точно компенсируется ростом приведенной стоимости издержек финансовых затруднений.

Издержки финансовых трудностей включают в себя несколько отдельных статей. Далее мы определим эти издержки и попытаемся понять, чем они вызваны.

Издержки банкротства

Вы редко можете услышать что-нибудь приятное о банкротстве корпораций. Но почти во всем есть что-то хорошее. Банкротство корпорации наступает тогда, когда акционеры используют свое *право на неплатежеспособность (невыполнение обязательств)*. Это ценное право; когда фирма попадает в беду, ограниченная ответственность позволяет акционерам просто покинуть фирму, оставив все проблемы ее кредиторам. Прежние кредиторы становятся новыми акционерами, а старые акционеры остаются ни с чем.

При американской законодательной системе все акционеры корпораций автоматически несут ограниченную ответственность. Но предположим, что это было бы не так. Возьмем для примера две фирмы с одинаковыми активами, занимающиеся одинаковой деятельностью. У каждой фирмы имеются облигации в обращении, и каждая обещала выплатить в следующем году 1000 дол. (основную сумму долга и процентов). Но только одна из фирм пользуется ограниченной ответственностью. Другая же фирма нет; и ее акционеры несут полную личную ответственность за долговые обязательства фирмы.

На рисунке 18-5 сравниваются возможные в следующем году поступления кредиторам и акционерам этих двух фирм. Различия возникают только в том случае, если стоимость активов какой-то из фирм в следующем году окажется меньше 1000 дол. Предположим, что в следующем году активы каждой компании будут стоить только 500 дол. В этом случае компания с ограниченной ответственностью не выполнит свои обязательства. Ее акционеры покинут фирму; их доход будет равен нулю. Кредиторы получат активы стоимостью 500 дол. Но акционеры фирмы с неограниченной ответственностью не могут ее покинуть. Они должны "выжать" из себя 500 дол. — разницу между стоимостью активов и требованиями держателей облигаций. Долг выплачивается в любом случае.

Предположим, что компания с ограниченной ответственностью действительно становится банкротом. Конечно, ее акционеры огорчены, что их фирма стоит так мало, но проблемы текущей деятельности никак не затрагивают их финансы. При плохой текущей деятельности право стать банкротом — пра-

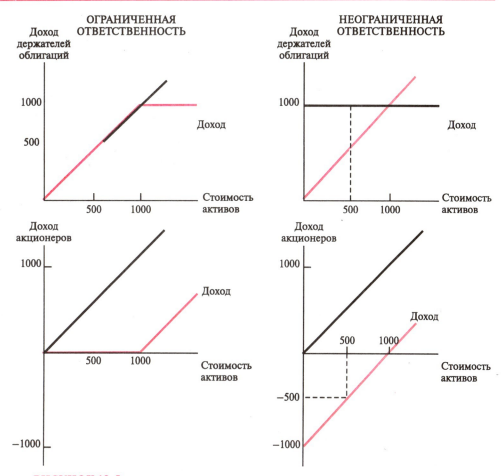

РИСУНОК 18-5
Сравнение ограниченной и неограниченной ответственности двух одинаковых фирм. Если стоимости активов этих фирм меньше 1000 дол., акционеры компании с ограниченной ответственностью не выполняют свои обязательства и держатели облигаций фирмы становятся владельцами ее активов. Активы компании с неограниченной ответственностью остаются в распоряжении ее акционеров, но они должны залезть в свои кошельки, чтобы расплатиться с держателями облигаций. Совокупный доход и акционеров, и держателей облигаций обеих фирм одинаков.

во на неплатежеспособность — становится ценной привилегией. Как показано на рисунке 18-5, акционеры с ограниченной ответственностью находятся в лучшем положении, чем акционеры с неограниченной ответственностью.

Пример показывает, какую ошибку часто допускают люди в оценке издержек банкротства. Банкротства воспринимаются как похороны корпорации. Плакальщики (кредиторы и главным образом акционеры) видят нынешнее отчаянное положение фирмы. Они думают о том, насколько действительно ценными были их ценные бумаги прежде и как мало они стоят теперь. Более того, они рассматривают утраченную стоимость как издержки банкротства. Но это ошибка. Снижение стоимости активов — вот что на самом деле надо оплакивать. Но это совсем не обязательно связано с финансами. Банкротство является всего лишь разрешенным законом способом присвоения кредиторами активов, когда снижение их стоимости грозит невыполнением обязательств. Банкротство не является *причиной* снижения стоимости. Оно всего лишь результат.

РИСУНОК 18-6
Совокупный доход держателей ценных бумаг компании с ограниченной ответственностью. В случае неплатежеспособности издержки банкротства составляют 200 дол. (заштрихованная область на рисунке).

Не путайте причину и следствие. Когда умирает человек, вы не станете рассматривать его похороны как причину смерти.

Мы говорили, что банкротство является узаконенным способом поглощения фирмы кредиторами, когда фирма не выполняет свои обязательства. Издержки банкротства представляют собой издержки использования этого способа. На рисунке 18-5 вообще не показаны никакие издержки банкротства. Заметим, что лишь компания с ограниченной ответственностью имеет возможность не выполнить обязательства и стать банкротом. Но вне зависимости от того, что произойдет со стоимостью активов, *совокупные* доходы держателей облигаций и держателей акций компании с ограниченной ответственностью всегда равны *совокупным* доходам держателей облигаций и акционеров компании с неограниченной ответственностью. Таким образом, общая рыночная стоимость обеих фирм в настоящее время (в этом году) должна быть одинаковой. Конечно, акции первой стоят дороже акций второй благодаря тому, что первая имеет право на невыполнение обязательств. Соответственно ее *долговые обязательства* стоят дешевле.

Мы не претендуем на абсолютную реалистичность нашего примера. Существуют судебные издержки, и юристы не работают бесплатно. Предположим, что в случае неплатежеспособности судебные издержки и плата юристам составят 200 дол. Оплата производится за счет оставшейся стоимости активов фирмы. Таким образом, если стоимость активов составит 500 дол., кредиторам в конечном итоге достанутся только 300 дол. На рисунке 18-6 показаны *совокупные* доходы держателей облигаций и акций в следующем году за вычетом издержек банкротства. Выпуская рисковые облигации, компания с ограниченной ответственностью тем самым дала юристам и судам право предъявлять фирме претензии в случае невыполнения ею своих обязательств. Приведенная рыночная стоимость фирмы уменьшается на величину приведенной стоимости этих претензий.

Легко увидеть, как возросший леверидж влияет на приведенную стоимость издержек финансовых затруднений. Если фирма делает больше займов, то ей приходится больше обещать держателям облигаций. Это ведет к увеличению вероятности невыполнения обязательств и повышению стоимости претензий юристов. Это увеличивает приведенную стоимость издержек финансовых трудностей и снижает приведенную рыночную стоимость компании.

Издержки банкротства оплачиваются из кошельков акционеров. Кредиторы предвидят издержки и предвидят, что *им* придется покрывать эти издержки в случае неплатежеспособности фирмы. За это они заранее требуют компенсацию в виде более высоких доходов в период, когда фирма *платежеспособна*,

ГЛАВА 18. Как много займов следует брать фирме?

т. е. они требуют более высокой обещанной процентной ставки. Это снижает возможные доходы акционеров и снижает приведенную рыночную стоимость их акций.

Реальные издержки банкротства

Издержки банкротства можно подсчитать быстро. Журнал Aviation Week and Space Technolodgy сообщил в 1984 г., что судебные издержки и оплата специалистов при банкротстве Braniff International Corporation составили 12 млн дол.; в случае банкротства компании Continental Airlines судебные издержки достигали примерно 2 млн дол. в месяц[12]. Несмотря на внушительные цифры, издержки не составили сколько-нибудь значительную долю в стоимости *активов* этих авиакомпаний. Например, в 1984 г. *один* самолет Боинг-747 стоил 95 млн дол.

Дж.Б. Уорнер привел данные о судебных и административных издержках банкротства 11 железных дорог[13]. Средняя величина издержек за много лет составила примерно 2 млн дол. (В среднем потребовалось 13 лет, чтобы железные дороги были реорганизованы и избавились от судебных разбирательств по банкротству. У одной железнодорожной компании это заняло 23 года.)

2 млн дол. — не маленькие расходы. Но в среднем на долю издержек приходилось лишь 5,3% оцененной непосредственно перед банкротством общей рыночной стоимости облигаций и акций железнодорожных компаний. А по отношению к рыночной стоимости за 5 лет до банкротства, когда фирмы находились в лучшем положении, эти издержки составили лишь 1,4%. Это очень небольшая величина. Предположим, что вы являетесь финансовым менеджером железнодорожной компании, имеющей 20%-ную вероятность стать банкротом в течение 5 лет[14]. Используя результаты Уорнера, вы следующим образом приблизительно вычислите приведенную стоимость издержек банкротства:

$$\text{Ожидаемые издержки} = \text{вероятность банкротства} \times \text{издержки банкротства как доля текущей рыночной стоимости фирмы} =$$

$$= 0{,}2 \times 0{,}014 \text{ (стоимости фирмы)} = 0{,}0028 \text{ (стоимости фирмы)}.$$

Дисконтируем эту величину на 5 лет назад, скажем, по ставке 8%:

$$\text{Приведенная стоимость издержек банкротства} =$$

$$= \frac{0{,}0028}{(1{,}08)^5} \text{(стоимости фирмы)} = 0{,}0019 \text{ (стоимости фирмы)}.$$

Просто. Конечно, данные Уорнера относятся только к железным дорогам. Судебные и административные издержки могут составить бóльшую долю стоимости фирмы, например для некоторых промышленных фирм[15].

---

[12] Aviation Week and Space Technolodgy. 1984. April 23. P.35.
[13] *J.B. Warnen.* Bankruptcy Costs: Some Evidence // Journal of Finance. 26: 337–348. May. 1977.
[14] Инвесторы не могли бы предсказать банкротство железной дороги за 5 лет до того, как оно произошло. Мы имеем в виду, что у железнодорожных компаний, подобных тем, что рассматривал Уорнер, была 20%-ная вероятность стать банкротом в течение 5 лет. Это одно лишь предположение, но оно подходит для наших целей не хуже любого другого.
[15] Издержки банкротства, вероятно, окажутся выше для *небольших* фирм; банкротствам, как и многим другим экономическим процессам, присущ эффект масштаба, т. е. экономия, обусловленная масштабами деятельности.

Прямые издержки банкротства в сравнении с косвенными

До сих пор мы обсуждали *прямые* (т. е. судебные и административные) издержки банкротства. Но существуют и косвенные издержки, которые практически невозможно оценить. И все же мы приведем реальные доказательства их значимости.

Косвенные издержки отражают трудности функционирования железнодорожной — или любой другой — компании, пока она находилась в положении банкрота. Усилия руководства фирмы предотвратить дальнейшее падение бизнеса часто подрываются проволочками и путаницей в законодательстве о банкротстве.

Фирма Penn Central Railroad разорилась в июне 1970 г. Четыре года спустя, когда дело о банкротстве подходило к концу, еженедельник Business Week опубликовал статью под названием "Почему Penn Central развалилась на части". Вот несколько выдержек.

> *Преследуемая разгневанными кредиторами — некоторые из которых даже хотят ее закрытия, чтобы вернуть свои деньги, — железная дорога вынуждена продолжать функционировать в то время, когда она едва держится без вливания крупных сумм, необходимых для перестройки ее мощностей. Однако эти суммы недосягаемы до тех пор, пока не станет ясно, что железная дорога может быть реорганизована.*

Penn Central могла бы добыть деньги, продав некоторые из своих активов, но ее кредиторы, естественно, были против этого.

> *...Из-за недостатка денег возникло множество других проблем. Для каждого в Penn Central мучительно осознавать, что существует огромный источник капитала, к которому невозможно прикоснуться. Например, почти половина заброшенных шахт Allegheny Mountaine забита старыми машинами Penn Central, которые можно превратить в лом. При сегодняшних ценах на лом они представляют собой потенциальную золотую жилу. Но кредиторы не позволят превратить эти активы в деньги, которые были бы реинвестированы в имущество, так как имущество день за днем приходит в негодность.*

Кредиторы также заинтересованы в разумном использовании мощностей.

> *И проблемы кредиторов на этом не заканчиваются. Между Индианаполисом и Терр-Хот проложены две двухколейные высокоскоростные железнодорожные линии — Пенсильванская и Нью-Йоркская центральная, — отстоящие друг от друга не более чем на три мили. После слияния большая часть перевозок приходилась на старую Нью-Йоркскую, а на втором пути Пенсильванской линии велись восстановительные работы. Тем не менее на старой Пенсильванской линии имеется 11 миль двойных путей, находящихся в идеальном состоянии, которые выдерживают нагрузку в 132 фунта. Они очень нужны старой Нью-Йоркской центральной, где двухстороннее сообщение и запущенное состояние линий сокращают скорость движения на большинстве участков до 10 миль в час.*

Очевидно, что нужно использовать хорошие дороги Penn Central. К сожалению,

> *... дороги принадлежат филиалу Pennsy, который также находится в процессе реорганизации, и кредиторы не позволят передать активы филиалу Нью-Йоркской центральной, иначе как исключительно за "живые деньги", которых, конечно, нет в наличии*[16].

---

[16] С особого разрешения перепечатано из: Business Week. 1974. 12 October. McGraw-Hill., New York, NY 10020. All rights reserved.

ГЛАВА 18. Как много займов следует брать фирме?

Мы не знаем, какова сумма прямых и косвенных издержек банкротства. Мы думаем, они составляют значительную величину, особенно для крупных фирм, для которых судебные разбирательства могут быть долгими и запутанными. Возможно, лучшим доказательством этого служит нежелание кредиторов ускорять банкротство. В принципе для них было бы выгоднее как можно скорее прекратить агонию и завладеть активами. Вместо этого кредиторы часто предпочитают не видеть проблемы в надежде, что фирма переживет трудные времена. Они это делают отчасти для того, чтобы избежать издержек банкротства[17]. Среди финансистов бытует поговорка: "Займите 1000 дол., и вы получите банкира. Займите 10 000 000 дол., и вы получите партнера".

А вот совсем свежие сведения о прямых и косвенных издержках банкротства. 10 апреля 1987 г. фирма Техасо объявила о банкротстве, удивив многих инвесторов и финансовых экспертов. Самым крупным ее кредитором была компания Pennzoil, которой Техасо задолжала 10,5 млрд дол. из-за убытков, понесенных в результате поглощения компанией Техасо в 1984 г. компании Getty Oil[18]. Техасо вела переговоры с Pennzoil, пытаясь снизить стоимость ее претензий — которые Техасо оспаривала, — в обмен на немедленный денежный расчет. Когда переговоры провалились, Техасо обратилась в суд по делам несостоятельных должников.

В таблице 18-4 показано, что цена акции Техасо упала с 31,875 дол. до 28,50 дол. после объявления о банкротстве, и совокупная стоимость ее акций уменьшилась на 817 млн дол. В то же время стоимость акций Pennzoil снизилась на 628 млн дол. Мы не знаем, что именно случилось с другими кредиторами Техасо, но стоимость их активов тоже не могла возрасти. Следовательно, банкротство снизило рыночную стоимость активов Техасо (и требований на них) по крайней мере на 817 + 628 = 1445 млн дол., т.е. приблизительно на 1,5 млрд дол. Мы можем рассматривать эти потери как оценку фондовым рынком приведенной стоимости прямых и косвенных издержек банкротства Техасо.

ТАБЛИЦА 18-4
Когда Техасо объявила о своем банкротстве, цена ее акции упала на 3,375 дол. Крупнейшим кредитором Техасо была компания Pennzoil, цена ее акций тоже упала на 15,125 дол. за акцию. Совокупная рыночная стоимость акций обеих компаний снизилась на 1445 млн дол.

	Цена акции (в дол.)				
	Пятница 10 апреля 1987 г.	Понедельник 13 апреля 1987 г.	Изменение	Количество акций (в млн)	Изменение стоимости (в млн дол.)
Техасо	31,875	28,50	– 3,375	242	– 817
Pennzoil	92,125	77,00	– 15,125	41,5	– 628
Всего					– 1445

[17] Есть и другая причина. Кредиторы не всегда имеют абсолютный приоритет при банкротстве. Абсолютный приоритет означает, что кредиторам должны быть возмещены их инвестиции в полном объеме, до того как акционеры получат хоть цент. Иногда проводятся такие реорганизации, которые дают "каждому по чуть-чуть" даже несмотря на то, что кредиторам *не выплачены* их деньги в полном объеме. Таким образом, кредиторы никогда не могут быть уверены в том, сколько они получат в случае банкротства.

[18] Pennzoil заключила сделку о покупке Getty, когда Техасо предложила более высокую цену. В конце концов Техасо выиграла, но Pennzoil обратилась в суд, считая, что действия Техасо привели к разрыву договора, заключенного между Pennzoil и Getty. Суд согласился с этим и обязал Техасо заплатить 11,1 млрд дол. После апелляции эта сумма была уменьшена, но тем не менее *вместе с процентами* понесенные убытки к апрелю 1987 г. составляли 10,5 млрд дол.

Но как банкротство могло стоить 1,5 *млрд* дол.? У Texaco был здоровый и прибыльный бизнес, и поэтому для нее маловероятно возникновение такого рода проблем, с которыми столкнулась Penn Central. Мы затрудняемся объяснить, какие именно основания позволили фондовому рынку предсказать столь крупные издержки банкротства, какие представлены в таблице 18-4[19].

Финансовые трудности без банкротства

Не каждая фирма, испытывающая финансовые затруднения, становится банкротом. Если фирма в состоянии наскрести достаточно денег, чтобы выплачивать проценты по своим облигациям, она может отсрочить банкротство на многие годы. На самом деле возможна ситуация, когда фирме удается и погасить свои долги, и в то же время избежать банкротства.

Когда фирма попадает в трудное положение, и акционеры и держатели облигаций хотят, чтобы она вышла из него, но в других отношениях их интересы могут противоречить друг другу. Во время финансовых осложнений держатели ценных бумаг подобны многим политическим партиям — едины в общих вопросах, но вздорят между собой по любой частной проблеме.

Финансовые трудности обходятся дорого, когда противоречие интересов касается текущей деятельности, инвестиций и решений по финансированию. Акционеры стремятся отказаться от обычных целей максимизации общей рыночной стоимости фирмы и вместо этого преследуют свои более узкие цели. Они пытаются играть на деньги своих кредиторов. Сейчас мы покажем, как подобные игры могут повлиять на величину издержек финансовых затруднений.

Ниже представлен текущий баланс компании "Циркулярная пила" по учетным данным:

Компания "Циркулярная пила" (балансовая стоимость, в дол.)

Чистый оборотный капитал	20	50	Облигации в обращении
Основные средства	80	50	Обыкновенные акции
Итого активы	100	100	Итого обязательства

Здесь мы сделаем допущение, что в обращении находятся только одна акция и одна облигация. Акционер является также и менеджером. Еще один человек держит облигацию.

Теперь представим баланс по рыночной оценке — явный случай финансовых трудностей, поскольку номинальная стоимость задолженности "Циркулярной пилы" (50 дол.) превышает общую рыночную стоимость фирмы (30 дол.):

Компания "Циркулярная пила" (рыночная стоимость, в дол.)

Чистый оборотный капитал	20	25	Облигации в обращении
Основные средства	10	5	Обыкновенные акции
Итого активы	30	30	Итого обязательства

Если срок погашения облигаций наступает сегодня, владелец "Циркулярной пилы" не сможет выполнить свои обязательства, и фирма становится банкротом. Но предположим, что срок погашения на самом деле наступит через год, что у "Циркулярной пилы" будет достаточно денег, чтобы просуществовать

---

[19] Банкротство Texaco описано в статье: *L. Summers and D.M. Cutler.* The Cost of Conflict and Financial Distress: Evidence from the Texaco-Pennzoil Litigation // RAND Journal of Economics. 19: 157–172. Summer. 1988.

ГЛАВА 18. Как много займов следует брать фирме?

этот год, и что держатель облигации не сможет "задавать вопросы" и ускорить банкротство до того срока.

Один год отсрочки объясняет, почему акция фирмы все еще чего-то стоит. Ее владелец, имея возможность отложить погашение долга, делает ставку на удачу, которая спасет фирму. Эта ставка достаточно рискованная — владелец фирмы выиграет только в том случае, если стоимость фирмы возрастет с 30 дол. до более чем 50 дол.[20] Но владелец фирмы обладает секретным оружием: он контролирует инвестиционную и производственную стратегии.

Перенос риска: игра первая

Предположим, что "Циркулярная пила" имеет 10 дол. наличных денег. Возникает следующая инвестиционная возможность:

Сейчас	Возможные доходы в следующем году
Инвестировать 10 дол.	120 дол. (вероятность 10%) 0 дол. (вероятность 90%)

Это — абсолютно авантюрный и, вероятно, проигрышный проект. Но вы можете понять, почему владелец фирмы во что бы то ни стало попытается его предпринять. Почему не воспользоваться шансом? "Циркулярная пила", вероятно, в любом случае разорится, поэтому владелец фирмы сильно рассчитывает на деньги держателя облигаций. Но владелец получит гораздо больше, если проект окупится.

Допустим, что чистая приведенная стоимость проекта равна –2 дол., но он так или иначе будет осуществлен. Поэтому стоимость фирмы снизится на 2 дол. Новый баланс "Циркулярной пилы" может выглядеть следующим образом:

Компания "Циркулярная пила" (рыночная стоимость, в дол.)

Чистый оборотный капитал	10	20	Облигации в обращении
Основные средства	18	8	Обыкновенные акции
Итого активы	28	28	Итого обязательства

Стоимость фирмы снизилась на 2 дол., но владелец фирмы выиграл 3 дол., поскольку стоимость облигации снизилась на 5 дол.[21] 10 дол. денежных средств, используемых для обеспечения облигаций, замещены очень рискованным активом стоимостью всего лишь 8 дол.

Таким образом, игра была сыграна за счет держателя облигации. Игра иллюстрирует следующее общее положение. Акционеры фирм, осуществляющих займы, выигрывают, когда деловой риск возрастает. Финансовые менеджеры, которые действуют непосредственно в интересах своих акционеров (и *вопреки* интересам кредиторов), отдадут предпочтение более рисковым проектам перед менее рисковыми. Они даже могут предпринимать рисковые проекты с отрицательной чистой приведенной стоимостью.

---

[20] Здесь мы не будем останавливаться на том, как узнать, является ли цена акции в 5 дол. достаточной, чтобы акционер погасил долг. Мы подойдем к этому вопросу в главе 20, когда будем обсуждать оценку опционов.

[21] Это снижение стоимости облигации на 5 дол. получено нами не в результате точного расчета. Мы просто делаем правдоподобное допущение. Инструменты, необходимые для вычисления, приводятся в главе 20.

Такая извращенная стратегия планирования долгосрочных вложений, очевидно, дорого обходится и фирме и экономике в целом. Почему мы проводим здесь связь между издержками и финансовыми проблемами? Потому что искушение сыграть в эту игру особенно велико именно тогда, когда высока вероятность оказаться в неплатежеспособном состоянии. Exxon никогда не вложит деньги в авантюрный проект с отрицательной чистой приведенной стоимостью. Поэтому ее кредиторы неуязвимы в игре такого типа.

Отказ от вложения акционерного капитала: игра вторая

Мы увидели, что акционеры, действуя в своих сиюминутных узких интересах, могут предпринимать проекты, которые снижают общую рыночную стоимость их фирмы. Это ошибки преднамеренные. Однако противоречие интересов акционеров и кредиторов может также вести к случайным ошибкам.

Допустим, что "Циркулярная пила" не в состоянии наскрести ни крохи денег и, следовательно, не может пуститься в авантюры. Но возникает *благоприятная* инвестиционная возможность: относительно надежные активы стоимостью 10 дол. с приведенной стоимостью 15 дол. и чистой приведенной стоимостью +5 дол.

Сам по себе проект не спасет "Циркулярную пилу", но это уже шаг в верном направлении. Мы можем поэтому ожидать, что компания выпустит на 10 дол. новых акций и воспользуется данной благоприятной инвестиционной возможностью. Предположим, что первоначальному владельцу предлагаются две новые акции за 10 дол. с оплатой в денежной форме. Проект осуществляется. Новый баланс будет выглядеть следующим образом:

Компания "Циркулярная пила" (рыночная стоимость, в дол.)

Чистый оборотный капитал	20	33	Облигации в обращении
Основные средства	25	12	Обыкновенные акции
Итого активы	45	45	Итого обязательства

Общая стоимость фирмы увеличивается на 15 дол. (10 дол. нового капитала и 5 дол. чистой приведенной стоимости.) Отметим, что ее облигация теперь стоит не 25 дол., а 33 дол. Держатель облигации получает приращение капитала в размере 8 дол., поскольку к активам фирмы добавились новые надежные активы стоимостью 15 дол. Вероятность неплатежеспособности снижается, а доход держателя облигации, если такое все же случится, увеличивается.

Акционер теряет ровно столько, сколько выигрывает держатель облигации. Стоимость акции повышается не на 15 дол., а на 15 − 8 = 7 дол. Владелец фирмы вкладывает 10 дол. свежего акционерного капитала, но приобретает только 7 дол. рыночной стоимости.

Опять наш пример иллюстрирует общее положение. При неизменном деловом риске любое увеличение стоимости фирмы делится между держателями облигаций и акционерами. Стоимость любой инвестиционной возможности для *акционеров фирмы* снижается, поскольку выгоды от проекта должны быть поделены с держателями облигаций. Таким образом, вложение акционерного капитала может оказаться не в интересах акционеров, даже если это инвестиционная возможность с положительной чистой приведенной стоимостью.

Теоретически с этой проблемой сталкиваются все фирмы, находящиеся в финансовой зависимости, но она становится более острой, когда фирма испытывает финансовые трудности. Чем выше вероятность неплатежеспособности, тем больше должны получать держатели облигаций от инвестиций, которые увеличивают стоимость фирмы.

ГЛАВА 18. Как много займов следует брать фирме? 479

И наконец, вкратце, еще три игры

Как и в других играх, соблазн сыграть особенно силен, когда возникают финансовые проблемы.

1. *Схватить и бежать*. Акционеры неохотно помещают свои деньги в фирму в период финансовых затруднений, но они рады изъять их — в виде денежных дивидендов, например. Рыночная стоимость акций фирмы снижается на сумму меньшую, чем величина выплачиваемых дивидендов, поскольку снижение стоимости *фирмы* делится с кредиторами. Эта игра представляет собой просто обратный случай отказа от вложения акционерного капитала.

2. *Игра на время*. Когда фирма испытывает финансовые затруднения, кредиторы, вероятно, хотят спасти хоть какое-то имущество, заставляя фирму расплачиваться по счетам. Акционеры, естественно, стремятся оттянуть оплату как можно на дольше. Есть множество способов это сделать, например путем изменения методов учета, чтобы скрыть истинные размеры проблемы, поощряя ложные надежды на спонтанное восстановление, или путем ограничения расходов на воспроизводство, исследования и разработки и т. д., чтобы результаты текущей деятельности за данный год выглядели лучше.

3. *Искушение и срыв*. В эту игру не всегда играют во время финансовых трудностей, но это наиболее короткий *путь к ним*. Вы начинаете с консервативной структурой капитала, выпуская ограниченное количество относительно надежных облигаций. Неожиданно вы срываетесь и выпускаете большее количество облигаций. В результате все ваши облигации перемещаются в категорию рисковых, а все потери капитала выпадают на "старых" держателей облигаций. Потери капитала для держателей облигаций одновременно являются приростом капитала для акционеров.

Самый драматичный пример игры по принципу "искушение и срыв" произошел в октябре 1988 г., когда руководство RJR Nabisco заявило о намерении приобрести свою компанию посредством *выкупа за счет займа*. Компания вступила в игру, в которой существующие акции выкупались бы у акционеров и компания "приватизировалась". Расходы, связанные с выкупом, почти полностью были бы покрыты за счет выпуска облигаций. Новая частная компания начала бы свое существование с чрезвычайно высокой долей заемного капитала.

RJR Nabisco имела в обращении облигации, рыночная стоимость которых составляла 2,4 млрд дол. Сообщение о предполагаемом выкупе компании посредством нового займа снизило рыночную стоимость облигации на 298 млн дол.[22]

Какова цена этих игр

Почему кто-то должен осуждать эти игры, если в них играют с разрешения взрослых? Потому что они означают плохие инвестиционные и хозяйственные решения.

Чем больше займов делает фирма, тем сильнее стремление сыграть в игру (при условии, что финансовый менеджер действует в интересах акционеров). Увеличивающаяся нестыковка плохих решений в будущем заставляет инвесторов занижать приведенную рыночную стоимость фирмы. Снижение стоимости сказывается на кошельках акционеров. Потенциальные кредиторы, понимая, что игра пойдет за их счет, защищают себя требованием лучших условий.

Поэтому в конечном счете в интересах самих акционеров прекратить подобные попытки. Наиболее легкий способ – ограничивать займы уровнем, при котором долг фирмы надежен или почти надежен.

---

[22] Мы благодарим за эти данные Пола Аскита. Компания RJR Nabisco в конце концов стала частной, но была приобретена не своим руководством, а другим партнерством, специализирующимся на подобных выкупах. Мы обсудим эту сделку в главе 23.

Но предположим, что преимущества в налогообложении, связанные с долгом, подталкивают фирму к увеличению доли заемного капитала и повышают вероятность невыполнения обязательств или возникновения финансовых трудностей. Существует ли какой-нибудь способ убедить потенциальных кредиторов в том, что никаких игр не будет? Очевидный выход из положения — предоставить кредиторам право накладывать вето на потенциально опасные решения.

Здесь мы сталкиваемся с экономическим обоснованием особых условий, которые оговариваются в соглашениях о займах. Соглашения о выпуске долговых обязательств почти всегда ограничивают дивиденды или эквивалентные выплаты акционерам; например, фирме не позволительно платить больше, чем она зарабатывает. Дополнительные займы почти всегда лимитированы. Например, многие компании, согласно условиям существующих письменных соглашений об эмиссии облигаций, не вправе выпускать какие-либо облигации, если отношение их прибылей к сумме процентных выплат не превышает $2,0$[23].

Иногда фирмы могут продавать активы или осуществлять крупные инвестиции исключительно с разрешения кредиторов. Риски "игры на время" снижаются определением методов учета и доступом кредиторов к бухгалтерским документам и финансовым прогнозам фирмы.

Конечно же, эти особые условия не могут полностью решить проблему для фирм, которые настойчиво стремятся выпускать рисковые долговые обязательства. Особым условиям присущи свои издержки: чтобы сэкономить деньги, вы должны тратить деньги. Кроме того, издержки возникают и при усилении контроля кредиторов за деятельностью фирмы. Кредиторы несут расходы, связанные с контролем, и требуют компенсации за это в виде более высоких процентных ставок; таким образом, в конечном итоге расходы на осуществление такого контроля несут акционеры.

Возможно, бо́льшая часть издержек особых условий связана с их влиянием на хозяйственные и инвестиционные решения. Например, стремление избежать игры в "перенос риска" может также помешать фирме в поиске *хороших* инвестиционных возможностей. Как минимум, это означает, что из-за кредиторов возникают задержки в выявлении важных направлений инвестирования. В некоторых случаях кредиторы могут наложить запрет на высокорисковые инвестиции, даже если их чистая приведенная стоимость положительна. Кредиторы могут оказаться в проигрыше от переноса риска, даже когда общая рыночная стоимость фирмы возрастает. На самом деле кредиторы зачастую играют по своим правилам, заставляя фирму оставаться при деньгах или при активах с низким риском даже ценой отказа от хороших проектов.

Таким образом, кредитные соглашения не в состоянии охватить всех возможных проявлений перечисленных нами игр. Любая попытка сделать это обходится чрезвычайно дорого и в любом случае обречена на неудачу. Не хватит воображения, чтобы учесть все обстоятельства, способные привести к ошибкам. Нас всегда будут подстерегать неожиданности, о которых мы никогда бы и не подумали.

Мы надеемся, что у вас не создалось впечатления, будто менеджеры и акционеры всегда поддаются искушению, если их не сдерживать. Обычно они сдерживаются по собственной воле, не только благодаря стремлению к честной игре, но и по прагматическим соображениям: фирма или индивидуум, которые извлекают сегодня большую прибыль за счет кредиторов, встретят холодный прием, когда придет время делать новый заем. Агрессивные игры ведутся только самыми отъявленными мошенниками или фирмами, которые попали в чрезвычайно затруднительное финансовое положение. Фирмы ограничивают свои займы как раз потому, что не хотят сталкиваться с трудностями и подвергать себя искушению сыграть.

---

[23] Держатели облигаций компании RJR Nabisco могли бы оказаться в лучшем положении, если бы имели действенное соглашение, защищающее их от значительного роста финансовой зависимости. Мы обсудим такие соглашения и остальные особые условия кредитных соглашений в разделе 24—5.

ГЛАВА 18. Как много займов следует брать фирме?

Издержки финансовых трудностей различны при разных типах активов

Предположим, что единственный актив вашей фирмы — крупный отель, расположенный в деловой части города, — полностью заложен. Наступил кризис, плата за проживание упала, и вы не в состоянии платить по закладной. Кредитор вступает во владение отелем и продает его новому владельцу и управляющему. Вы используете сертификаты акций вашей фирмы в качестве обоев.

Каковы издержки банкротства? В этом примере, вероятно, очень небольшие. Стоимость отеля, конечно, оказалась намного меньше, чем вы полагали, но из-за отсутствия постояльцев, а не из-за банкротства. Банкротство не принесло ущерба самому отелю. Прямые издержки банкротства ограничиваются такими статьями, как судебные издержки и плата юристам, комиссия, взимаемая при продаже недвижимости, и время, которое кредитор потратил, разбираясь с делами.

Допустим, ситуация, в которой оказался "Отель разбитых сердец", повторяется для компании "Электронный птенчик". Все то же самое, за исключением основных реальных активов — речь идет не о недвижимости, а о высокотехнологичном действующем предприятии, растущей компании, наиболее ценными активами которой являются технология, благоприятные инвестиционные возможности и используемый ею "человеческий капитал".

Если "Птенчик" попадет в беду, акционеры с неохотой станут вкладывать деньги в расчете на возможности ее роста. Неудачное инвестирование гораздо более вероятно для "Электронного птенчика", чем для "Отеля разбитых сердец".

Если в конце концов "Птенчик" окажется неплатежеспособным по своему долгу, кредитору, вероятно, будет очень трудно получить деньги посредством распродажи активов. Многие из них неосязаемы и имеют стоимость, только будучи частью действующего предприятия.

Сможет ли "Птенчик" удержаться на плаву, преодолев неплатежеспособность и реорганизацию? Наверно, это не настолько безнадежно, как было бы со свадебным тортом, попавшим в стиральную машину, но все же сопряжено с рядом серьезных проблем. Во-первых, вероятность ухода из компании ключевых работников в этом случае выше, чем если бы фирма никогда не сталкивалась с финансовыми трудностями. Возможно, возникнет необходимость в предоставлении особых гарантий потребителям, сомневающимся в способности фирмы по-прежнему обслуживать свою продукцию. Энергичное инвестирование в новые виды продукции и технологию может оказаться затруднено; нужно убедить каждую группу кредиторов в том, что каждая новая инвестиция фирмы в рисковый проект — в их интересах.

Некоторые активы, подобные хорошей коммерческой недвижимости, могут почти безболезненно пережить банкротство и реорганизацию; стоимость других активов, возможно, значительно снизится. Наибольший ущерб наносится нематериальным активам, которые обеспечивают жизнеспособность фирмы как действующего предприятия, например технологиям, "человеческому капиталу", репутации. Возможно, поэтому доля заемного капитала низка в фармацевтической промышленности, где стоимость фирмы определяется постоянными успехами в области исследований и разработок, и в сфере услуг, где стоимость зависит от "человеческого капитала". Мы также можем понять, почему высокорентабельные растущие компании, такие, как Microsoft или Digital Equipment Corporation, осуществляют финансирование главным образом за счет собственного капитала[24].

Мораль этих примеров следующая: *думайте не только о возможных неприятностях, связанных с займами; подумайте также о стоимости, которую можно потерять, если эти неприятности возникнут.*

---

[24] В недавнем эмпирическом исследовании утверждается, что фирмы, обладающие в основном нематериальными активами, меньше прибегают к заимствованию. См.: *M. Long and I. Malitz.* The Investment-Financing Nexus: Some Empirical Evidence // Midland Corporate Finance Journal. 3: 53–59. Fall 1985.

18-4. ОБЪЯСНЕНИЕ ВЫБОРА ПОЛИТИКИ ФИНАНСИРОВАНИЯ

Финансовые менеджеры часто воспринимают решение фирмы о выборе коэффициента "долг – собственный капитал" как компромисс между налоговой защитой по процентным платежам и издержками финансовых трудностей. Конечно, вопрос о том, насколько ценна налоговая защита и какой вид финансовых затруднений представляет наибольшую опасность, спорный. Но это лишь одна из проблем, вызывающих разногласия. Рисунок 18-4 иллюстрирует дилемму, возникающую при выборе коэффициента "долг – собственный капитал".

Теория компромисса в выборе структуры капитала признает, что различные фирмы устанавливают для себя очень разные плановые коэффициенты долговой нагрузки. Компании, имеющие надежные материальные активы и значительные объемы налогооблагаемой прибыли, требующей защиты, должны планировать высокие коэффициенты долговой нагрузки. К сожалению, компаниям, имеющим рисковые нематериальные активы, следует осуществлять финансирование главным образом за счет собственного капитала.

Если бы регулирование структуры капитала не было сопряжено с издержками, каждая фирма всегда придерживалась бы планируемого коэффициента "долг – собственный капитал". Однако такие издержки все же возникают, а следовательно, возникают и трудности в установлении оптимального соотношения заемного и собственного капитала. Фирмы не в силах сразу нейтрализовать случайные события, которые вызывают отклонения от планируемой структуры капитала, поэтому нам приходится наблюдать случайные различия фактических коэффициентов долговой нагрузки среди фирм, планирующих одну и ту же долю заемных средств в совокупном капитале.

В целом теория компромисса в выборе структуры капитала рисует утешительную картину. В отличие от теории ММ, которая, очевидно, гласит, что фирмы должны делать как можно больше долгов, теория компромисса избегает крайностей и дает рациональное объяснение умеренным коэффициентам долговой нагрузки.

Но каковы реальные факты? Может ли теория компромисса в выборе структуры капитала объяснить, как фирмы поступают на самом деле?

Ответ – "и да, и нет". "Да", потому что теория компромисса успешно объясняет, почему структуры капиталов многих отраслей различаются между собой. Высокотехнологичные растущие компании, например с рисковыми, главным образом нематериальными активами, как правило, имеют относительно небольшую величину долга. Авиакомпании могут себе позволить и действительно делают крупные займы, поскольку их активы являются материальными и достаточно надежными[25].

Теория компромисса также помогает понять, какого рода компании "приватизируются" посредством выкупа за счет займа. Это происходит при приобретении открытых акционерных компаний частными инвесторами, которые оплачивают значительную часть продажной цены компании в кредит. Обычно компании, выступающие объектом поглощения этим способом, являются зрелыми "денежными коровами" с хорошо развитыми рынками продукции, но с небольшой чистой приведенной стоимостью перспектив роста, что вполне соответствует теории компромисса, поскольку это и есть тот тип компаний, которым *следует* иметь высокие коэффициенты долговой нагрузки.

---

[25] Мы не имеем в виду, что все *авиакомпании* надежны; многие из них рисковые. Но когда собственно компании не способны обеспечить выплату долга, это могут сделать *самолеты*. Если компания "Ночной полет" обанкротится, принадлежащие ей самолеты не утратят своей стоимости при использовании их другой авиакомпанией. Существует хорошо развитый вторичный рынок самолетов, так что ссуда под обеспечение самолетами имеет солидную гарантию, даже если эта гарантия предоставляется компанией с шатким финансовым положением.

ГЛАВА 18. Как много займов следует брать фирме?

Кроме того, теория компромисса гласит, что компании, обремененные очень большим долгом — настолько большим, что они не способны оплатить его за счет внутренних источников, — должны выпускать акции, ограничивать размер дивидендов или распродавать активы, чтобы получить денежные средства для восстановления структуры капитала. И опять же мы можем найти множество подтверждающих это примеров. В январе 1984 г. Texaco сделала в банковском консорциуме заем в размере 8 млрд дол., чтобы финансировать приобретение компании Getty Petroleum. (Кредит был оформлен и открыт для Texaco в течение двух недель!) К концу 1984 г. Texaco собрала около 1,8 млрд дол. для погашения долга, главным образом за счет распродажи активов и приостановки роста дивидендов. Компания Chrysler, которая в 1983 г. оказалась близка к банкротству, для восстановления консервативной структуры капитала выпустила новые акции на сумму 432 млн дол.[26]

С другой стороны, теория компромисса не может дать объяснение другим явлениям. Она не в состоянии объяснить, почему некоторые из наиболее преуспевающих компаний обходятся небольшой суммой долга. Вспомним компанию Merck, которая, как видно из таблицы 18-3а, осуществляет финансирование главным образом за счет выпуска акций. Мы допустили, что наиболее ценными активами Merck являются нематериальные активы — результат исследований и разработок в области фармакологии. Нам известно, что там, где преобладают нематериальные активы, проявляется тенденция к консервативной структуре капитала. А вот Merck, среди прочих особенностей, имеет очень крупную задолженность по налогу на прибыль (360 млн дол. в 1986 г.) и самый высокий возможный рейтинг кредитоспособности. Она может делать достаточно крупные займы, чтобы сэкономить на налогах десятки миллионов долларов, не заботясь о возможных финансовых проблемах.

На примере компании Merck выявляется необычный факт, касающийся структуры капитала: большинство прибыльных компаний вообще делают минимум займов[27]. Здесь теория компромисса не срабатывает, поскольку предполагает ровно обратное: согласно теории компромисса, высокие прибыли означают большие возможности по обслуживанию долга и большую необходимость налоговой защиты, а следовательно, и более *высокий* плановый коэффициент долговой нагрузки[28].

Теория иерархии

Существует альтернативная теория, которая могла бы объяснить обратную связь между коэффициентами рентабельности и долговой нагрузки[29].

1. Фирмы отдают предпочтение внутренним источникам финансирования.
2. Они устанавливают плановый коэффициент дивидендных выплат в со-

---

[26] Отметим, что Chrysler выпустила акции *после* того, как вышла из финансового тупика. Когда на горизонте замаячила угроза финансового бедствия, она не пыталась *предотвратить* его посредством увеличения акционерного капитала. Почему? Вернитесь к разделу 18–3 (см.: "Отказ от вложения акционерного капитала: игра вторая").

[27] Например, Карл Кестер, исследуя финансовую политику фирм США и Японии, обнаружил, что в обеих странах высокая балансовая рентабельность являлась статистически самой значимой переменной, различающей компании с высокой и низкой долей долга. См.: Capital and Ownership Structure: A Comparison of United and Japanese Manufacturing Corporations // Financial Management. 15: 5–16. Spring. 1986.

[28] Здесь мы рассматриваем долг как часть балансовой, или восстановительной, стоимости активов компании. Прибыльные компании не могут делать займы, составляющие бóльшую часть их рыночной стоимости. Более высокие прибыли предполагают более высокую рыночную стоимость, а также дают более весомые стимулы делать займы.

[29] Данное описание является переложением работы: *S.C. Myers*. The Capital Structure Puzzle // Journal of Finance. 39: 581–582. July. 1984. В основном данный раздел следует аргументации Майерса.

ответствии со своими инвестиционными возможностями и пытаются избегать неожиданных изменений размера дивидендов.
3. Стабильная дивидендная политика в сочетании с непредсказуемыми колебаниями коэффициентов рентабельности и инвестиционных возможностей означает, что потоки денежных средств, получаемые за счет собственных источников, иногда превышают объем капитальных вложений, а иногда и нет. Если потоки денежных средств превышают объем капитальных вложений, то фирмы погашают долг или инвестируют средства в легкореализуемые ценные бумаги. Если нет, фирмы в первую очередь тратят остатки денежных средств или продают свои легкореализуемые ценные бумаги.
4. Если требуется внешнее финансирование, фирмы сначала выпускают наиболее надежные ценные бумаги, т.е. начинают с выпуска облигаций, затем, скорее всего, выпускают "смешанные" ценные бумаги, такие, как конвертируемые облигации, и как крайний случай — акции.

В этом случае нет никакого определенного планового соотношения долга и собственного капитала, поскольку существует два вида собственного капитала — внутренний и внешний, один в верхней части иерархии, другой — в нижней. Коэффициент долговой нагрузки любой фирмы отражает ее кумулятивные потребности во внешнем финансировании.

Теория иерархии объясняет, почему наиболее рентабельные фирмы в целом делают меньше займов — не потому, что они нацелены на низкие коэффициенты долговой нагрузки, а потому, что у них нет потребности в деньгах из внешних источников. Фирмы с более низкими показателями рентабельности выпускают долговые обязательства, поскольку не имеют собственных средств, достаточных для осуществления своих инвестиционных программ, и поскольку долговое финансирование стоит на первом месте в иерархии *внешних* источников финансирования.

В основе теории иерархии лежат: 1) стабильная дивидендная политика, 2) предпочтение внутренних источников средств и 3) антипатия к выпуску акций. Мы не будем снова останавливаться на дивидендной политике, которой посвящена глава 16, но о пунктах 2) и 3) несколько слов сказать стоит.

Некоторые думают, что финансовые менеджеры не стремятся к оптимальным решениям по финансированию, а просто идут по пути наименьшего сопротивления. Если это действительно так, то первый их выбор падет на внутренние средства. Внутренние финансы освобождают финансовых менеджеров от контактов с внешними инвесторами и от "дисциплинирующего влияния рынка ценных бумаг". Если же они вынуждены искать внешние источники финансирования, то следующими на пути наименьшего сопротивления будут долговые обязательства. Кто захочет оказаться "под прицелом гласности и общественного внимания", непременно сопровождающих выпуски акций[30]?

Так или иначе существование иерархии можно объяснить вполне рациональными экономическими причинами, например различиями в расходах на эмиссию ценных бумаг. Разумеется, внутреннее финансирование не связано ни с какими расходами на эмиссию ценных бумаг, но если требуются деньги извне, расходы на эмиссию долговых обязательств меньше, чем расходы на эмиссию акций. Таким образом, имеет смысл использовать нераспределенную прибыль, а не внешний капитал и создавать *финансовый заслон* в виде денежных средств, легко реализуемых рыночных ценных бумаг или неиспользованной кредитоемкости, снижая тем самым опасность вынужденного выпуска акций в будущем.

Кроме того, финансовых менеджеров беспокоит, что выпуск акций подает инвесторам предупреждающий сигнал. Вспомним из главы 15, что выпуск ак-

---

[30] *G.Donaldson.* Corporate Debt Capacity. Division of Research, Graduate School of Business Administration, Harvard University, Cambridge, Mass., 1961. P. 54.

ГЛАВА 18. Как много займов следует брать фирме?   485

ций служит для инвесторов плохой новостью: сообщение о выпуске акций снижает их цену. С другой стороны, выпуск долговых обязательств, видимо, вообще не воспринимается как новость, ну в крайнем случае как мелкая неприятность[31]. Можно понять, почему финансовые менеджеры, которые едва ли захотят пережить падение цен на акции, в иерархии ставят долговые обязательства выше акций[32].

18–5. ВЫБОР ФИРМОЙ КОЭФФИЦИЕНТА "ДОЛГ – СОБСТВЕННЫЙ КАПИТАЛ"

Контрольный лист

Должно быть понятно, как непросто принять решение о выборе структуры капитала. Например, мы не можем сказать, что большой объем долга – это всегда хорошо. В одних случаях долговые обязательства могут быть лучше акций, в других хуже. Тем не менее при рассмотрении структуры капитала мы предлагаем вам использовать следующий контрольный лист, включающий четыре критерия, в числе которых – налоги, риск, тип актива и необходимость финансового заслона.

1. *Налоги*. Если ваша фирма подлежит налогообложению, то увеличение объема займов снижает величину выплачиваемого компанией подоходного налога и увеличивает налог, выплачиваемый инвесторами. Если компания имеет крупные накопленные убытки, увеличение доли займов не может снизить корпорационные налоги, но увеличивает налоги на уровне физических лиц.

   Конечно, вас интересует не только – платит ли компания налоги в настоящее время, но и будет ли она платить их в течение срока обращения долговых обязательств. Фирмы с высоким и стабильным потоком прибылей вероятнее всего останутся на тех же позициях в отношении выплачиваемых налогов, но, может быть, даже и они не смогут воспользоваться всеми преимуществами налоговой защиты по процентным выплатам, если будут делать слишком большие займы; поэтому мы считаем, что займы дают преимущества в налогообложении тем фирмам, которые уверены в своей способности использовать налоговую защиту по процентным выплатам, и наносят ущерб фирмам, которые имеют мало шансов воспользоваться налоговой защитой.

   Помните также, что займы – это не единственный способ защиты прибылей от налогов. Например, использование метода ускоренной амортизации при начислении износа на машины и оборудование может привести к снижению корпоративных налогов.

2. *Риск*. Финансовые затруднения, вне зависимости от того, приводят ли они к банкротству или нет, обходятся дорого. При прочих равных условиях возникновение финансовых трудностей более вероятно для фирм с высоким деловым риском. Вот почему такие фирмы в целом выпускают меньше долговых обязательств.

3. *Тип активов*. По всей видимости, издержки финансовых трудностей выше у тех фирм, стоимость которых зависит от перспектив роста или нематериальных активов. Такие фирмы скорее, чем другие, откажутся от возможности прибыльного вложения капитала, и, если они оказы-

---
[31] Например, см.: *B.E. Eckbo*. Valuation Effects of Corporate Debt Offerings // Journal of Financial Economics. 15: 119–151. January–February. 1986.

[32] Мы не приводим всех теоретических обоснований концепции иерархии. Они не ограничиваются лишь тем аргументом, что "менеджеры едва ли захотят пережить падение цен на акции". Теория была разработана в статье: *S.C. Myers and N.S. Majluf*. Corporate Financing and Investment Decisions When Firms Have Information Investors Do Not Have // Journal of Financial Economics. 13: 187–222. June. 1984.

ваются неплатежеспособными, их активы быстро теряют свою стоимость. Поэтому фирмы с повышенной долей нематериальных активов должны делать в среднем значительно меньше займов, чем фирмы, имеющие активы, которые легко кому-нибудь сбыть.

4. *Финансовый заслон*. В долгосрочной перспективе стоимость компании больше зависит от ее инвестиционных и производственных решений, нежели от ее решений по выбору источников финансирования. Поэтому вы хотите точно знать, что ваша фирма имеет достаточный финансовый заслон, т.е. легкий доступ к финансам при возникновении хороших инвестиционных возможностей. Финансовый заслон представляет особую ценность для тех фирм, которые имеют обширные перспективы роста с положительными чистыми приведенными стоимостями. Это еще одна причина, почему растущие компании, как правило, стремятся к консервативной структуре капитала.

Перспективное планирование

Выпуская долговые обязательства, вы должны убедить кредиторов, что сможете вернуть предоставленные вам займы. Поэтому компании, которые ищут возможность финансирования посредством займов, подготавливают комплект документов, состоящий из прогнозных отчетов о прибыли и балансов. Они являются просто наиболее вероятными оценками прибылей, активов и обязательств компании.

При подготовке отчетов вы можете обнаружить, что потоков денежных средств из внутренних источников скорее всего не хватит для погашения долгов. Этот факт сам по себе не вызывает тревоги — вспомните, что растущие фирмы всегда испытывают недостаток финансов и поэтому постоянно привлекают новый капитал. Но такая ситуация ставит перед вами два вопроса. Первый: "Можно ли отодвинуть срок погашения предполагаемого займа до тех пор, когда вы *будете способны* выплатить его из прибыли?" Второй: "Какова вероятность того, что фирма *будет в состоянии* за счет выпуска облигаций или акций собрать дополнительные средства, которые потребуются для погашения предполагаемого займа?"

Большинство менеджеров интересует не только ожидаемая прибыль; они хотят также знать, что случится, если где-то произойдет срыв. Методы, которые мы использовали в главе 10 для оценки отдельного проекта, подходят и для рассмотрения фирмы в целом. Например, прежде чем фирма приступит к выпуску долговых обязательств на крупную сумму, ее финансовые менеджеры проводят анализ безубыточности. Иначе говоря, они смотрят, на сколько могут упасть объем продаж и прибыли, не подвергая опасности способность фирмы обслуживать долг. Или они смотрят, в каком положении окажется фирма при осуществлении ею альтернативного сценария. Или же они строят модель Монте-Карло, чтобы оценить в целом разброс возможных финансовых последствий.

Решения о выборе структуры капитала нельзя принимать изолированно. Они составляют часть разумного финансового плана, в котором принимаются во внимание будущие инвестиционные возможности, дивидендная политика фирмы и т.д. Вот почему финансовые менеджеры должны учитывать влияние выпуска долговых обязательств или акций на будущие прибыли и баланс компании.

Прогнозные отчеты о прибыли и балансы покажут будущие потребности в финансах. Но они мало что скажут вам о вашей способности собрать необходимые денежные средства. Иначе говоря, они не скажут вам, когда вы станете банкротом. Напомним, что банкротом признается фирма, рыночная стоимость которой меньше величины необходимых выплат по долговым обязательствам. Когда это происходит, акции теряют свою стоимость и акционеры не испытывают никакого желания продолжать вкладывать какой-либо капитал в фирму. Если вы хотите оценить риск банкротства, вам надо получить

ГЛАВА 18. Как много займов следует брать фирме?

распределение значений будущих стоимостей компании. Чтобы оценить вероятность того, что рыночная стоимость компании будет меньше объема выплат, необходимых для погашения долга, вы опять можете прибегнуть к моделированию.

18–6. РЕЗЮМЕ

В этой главе мы ставили целью вывести теорию оптимальной структуры капитала на основе соединения позиций ММ с анализом налогов и финансовых трудностей.

Стоимость фирмы равна:

$$\begin{matrix}\text{Стоимость}\\\text{при финансировании}\\\text{полностью за счет}\\\text{собственного капитала}\end{matrix} + \begin{matrix}\text{приведенная}\\\text{стоимость}\\\text{налоговой}\\\text{защиты}\end{matrix} - \begin{matrix}\text{приведенная}\\\text{стоимость}\\\text{финансовых}\\\text{трудностей}\end{matrix}.$$

Издержки финансовых затруднений можно классифицировать следующим образом:

1. Издержки банкротства:
   а) прямые издержки, например судебные;
   б) косвенные издержки, связанные с трудностями управления компанией, осуществляющей реорганизацию.
2. Издержки финансовых затруднений, грозящих перерасти в банкротство:
   а) противоречие интересов акционеров и держателей облигаций фирмы в период финансовых трудностей может привести к плохим результатам текущей деятельности и плохим инвестиционным решениям; акционеры, действуя в своих интересах, могут наживаться за счет кредиторов, играя в "игры", которые снижают общую стоимость фирмы;
   б) чтобы предотвратить такие игры, в кредитные соглашения включаются особые условия и оговорки, однако это увеличивает затраты, связанные с написанием, проверкой и выполнением кредитного соглашения.

Стоимость налоговой защиты – это более спорный вопрос. Ее легко можно вычислить, если нас интересуют только корпоративные налоги. В этом случае чистая экономия на налогах при привлечении займов просто равна предельной ставке налога на доход корпораций T_c, умноженной на процентные выплаты $r_D D$. Стоимость налоговой защиты обычно определяется дисконтированием по процентной ставке займа r_D. Для отдельного случая, когда величина долга постоянна:

$$\textit{Приведенная стоимость налоговой защиты} = \frac{T_c(r_D D)}{r_D} = T_c D.$$

Большинство экономистов привыкли думать только о преимуществах долга в налогообложении корпораций. Но основная трудность состоит в том, что многие преуспевающие фирмы вообще не имеют долгов, несмотря на существование определенных стимулов делать займы. Миллер предложил альтернативную теорию, которая может дать этому объяснение. Он считает, что чистая экономия на налогах при осуществлении корпорациями займов может оказаться равной нулю, если наряду с корпоративными налогами принять во внимание налоги на доходы физических лиц. Доход в виде процента не облагается налогом на уровне корпораций, но облагается на уровне физических лиц. Доход от акции облагается налогом на уровне корпораций, но его в значительной степени можно избежать на персональном уровне, если доход от акции принимает форму приращения капитала. Таким образом, T_{pE} – эффективная ставка налогообложения дохода по акциям физических лиц, как правило, меньше T_p — обычной ставки налога на доход физических лиц в виде процента. Это уменьшает относительные преимущества в налогообложении, связанные с долгом:

$$Относительное\ преимущество = \frac{1-T_p}{(1-T_{pE})(1-T_c)}.$$

(Отметим, что относительное преимущество составляет $1/(1 - T_c)$, если доход в виде процента и доход по акции облагаются на уровне физических лиц по одной и той же ставке.)

Согласно теории Миллера, предложение корпорационных долговых обязательств растет до тех пор, пока ставка налога на прибыль корпораций превышает ставку налога на доходы инвесторов, принимающих возросшее предложение облигаций. Когда предложение долговых обязательств выравнивает эти две налоговые ставки, устанавливается оптимальное соотношение заемного и собственного капитала для корпораций в целом. Но если совокупное предложение долговых обязательств удовлетворяет потребности инвесторов, любая отдельная фирма, подлежащая налогообложению, должна прийти к заключению, что политика управления задолженностью не имеет значения.

Закон о реформе налоговой системы 1986 г. подорвал аргументы Миллера, снизив высокие налоги на доход физических лиц в виде процентов по сравнению с налогами на доход по акциям (дивиденды и приращение капитала). Но, вероятно, невыгодное обложение доходов с облигаций на уровне физических лиц в некоторой степени все еще компенсируют преимущества в налогообложении, которые дает долг на уровне корпораций.

Мы полагаем, что займы могут иметь смысл для одних фирм и не иметь его для других. Если фирма может быть уверена в получении прибылей, то скорее всего будет иметь место чистая экономия на налогах вследствие займов. Но фирмам, имеющим мало шансов получить прибыли достаточные, чтобы воспользоваться налоговой защитой корпоративной прибыли, займы если и дают чистые преимущества в налогообложении, то весьма незначительные. Для таких фирм чистая экономия на налогах может быть даже отрицательной.

Нет точной формулы, с помощью которой вы могли бы найти оптимальную структуру капитала. Но мы рекомендуем вам использовать приведенный выше контрольный лист, включающий четыре критерия — налоги, риск, тип актива и необходимость финансового заслона. Он дает основание для принятия разумных решений о займах.

Мы представили выбор структуры капитала как компромисс между налоговыми преимуществами займов и издержками финансовых трудностей. Подразумевается, что корпорации планируют формирование такой структуры капитала, которая максимизирует стоимость фирмы. Фирмы с надежными материальными активами и большим объемом налогооблагаемой прибыли, требующей налоговой защиты, должны планировать высокую долю долга в совокупном капитале. Неприбыльным компаниям с рисковыми нематериальными активами следует осуществлять финансирование главным образом за счет выпуска новых акций.

Эта "теория компромисса" в выборе структуры капитала успешно объясняет межотраслевые различия структур капитала, но не объясняет, почему в отраслевых рамках наиболее прибыльные фирмы обычно придерживаются консервативной структуры капитала. (Согласно теории компромисса, высокая рентабельность должна означать большую кредитоемкость *и* сильный налоговый стимул пользоваться ею.)

Существует альтернативная "теория иерархии", согласно которой фирмы используют доступные внутренние источники финансирования, а когда возникает потребность во внешнем финансировании, предпочитают долговые обязательства акциям. Этим можно объяснить, почему низкорентабельные фирмы делают больше займов — не потому, что они ставят целью достичь более высоких коэффициентов долговой нагрузки, а потому, что они испытывают большую потребность в финансировании за счет внешних источников, и потому, что долг является следующим шагом в иерархии источников финансирования, когда собственные средства исчерпаны. Иерархия источников финансирования может отражать стремление менеджеров минимизировать расходы, связанные с эмиссией ценных бумаг, и избежать тревожных сигналов, поступающих инвесторам, когда появляется сообщение о выпуске акций.

Теория иерархии придает большое значение финансовым заслонам. Не имея финансовых заслонов, компания может оказаться в нижней части иерархии и будет вынуждена выбирать между выпуском акций по низкой стоимости и отказом от инвестиционных возможностей с положительными чистыми приведенными стоимостями.

РЕКОМЕНДУЕМАЯ ЛИТЕРАТУРА

Проведенный Модильяни и Миллером анализ приведенной стоимости налоговой защиты по процентным выплатам на уровне корпораций:

F. Modigliani and M.H. Miller. Corporate Income Taxes and the Cost of Capital: A Correction //American Economic Review. 53: 433–443. June. 1963.

F. Modigliani and M.H.Miller. Some Estimates of the Cost of Capital to the Electric Utility Industry, 1954–57 // American Economic Review. 56: 333–391. June. 1966.

Миллер включил в модель ММ наряду с корпоративными налогами еще и налоги на доходы физических лиц. ДеАнжело и Масюлис считают, что фирмы, имеющие возможность использовать налоговую защиту по непроцентным доходам, например по амортизации, должны делать меньшие займы.

M.H. Miller. Debt and Taxes // Journal of Finance. 32: 261–276. May. 1977.

H. DeAngelo and R. Masulis. Optimal Capital Structure under Corporate Taxation // Journal of Financial Economics. 8: 5–29. March. 1980.

Оценка издержек банкротства представлена в статье:

J.B. Warner. Bankruptcy Costs: Some Evidence //Journal of Finance. 32: 337–348. May. 1977.

В следующих четырех статьях анализируется противоречие интересов акционеров и держателей облигаций и влияние этого противоречия на финансовую политику. (Не читайте четвертую статью до тех пор, пока не ознакомитесь с главой 20.)

M.J. Gordon. Towards a Theory of Financial Distress // Journal of Finance. 26: 347–356. May. 1971.

M.C. Jensen and W.H. Meckling. Theory of the Firm: Managerial Behaviour, Agency Costs and Ownership Structure // Journal of Financial Economics. 3: 305–360. October. 1976.

S.C. Myers. Determinants of Corporate Borrowing // Journal of Financial Economics. 5: 146–175. 1977.

D. Galai and R.W. Masulis. The Option Pricing Model and the Risk Factor of Stock // Journal of Financial Economics. 3: 53–82. January–March. 1976.

Интересный обзор дискуссий вокруг структуры капитала смотри:

R.H. Gordon and B.G. Malkiel. Corporation Finance // *H.J. Aaron and J.A.*

Pechman (eds.). How Taxes Affect Economic Behaviour. The Brooking Institution, Washington, 1981.

Доналдсон описал, как корпорации устанавливают целевой уровень займов. Он также предлагает более рациональный способ расчета этого целевого уровня.

G. Donaldson. Corporate Debt Capacity: A Study of Corporate Debt Policy and the Determination of Corporate Debt Capacity. Division of Research, Graduate School of Administration, Harvard University, Cambridge, Mass., 1961.

G. Donaldson. Strategy for Financial Mobility. Division of Research, Graduate School of Business Administration, Harvard University, Cambridge, Mass., 1969.

Майерс описывает теорию иерархии, которая, в свою очередь, основана на работе Майерса и Мэйлафа. Баскин делает обзор некоторых доказательств этой теории.

S.C. Myers. The Capital Structure Puzzle // Journal of Finance. 39: 575–592. July. 1984.

S.C. Myers and N.S. Majluf. Corporate Financing and Investment Decisions When Firms Have Information Investors Do Not Have // Journal of Financial Economics. 13: 187–222. June. 1984.

J. Baskin. An Empirical Investigation of the Pecking Order Hypothesis // Financial Management. 18: 26–35. Spring. 1989.

В выпуске журнала Financial Economics (vol. 15, N1/2) за январь—февраль 1986 г. собрана серия эмпирических исследований влияния цен акций на выпуски облигаций и акций и изменения в структуре капитала.

КОНТРОЛЬНЫЕ ВОПРОСЫ

1. Вычислите приведенную стоимость налоговой защиты по процентным выплатам, обусловленным тремя следующими выпусками облигаций. Рассматривайте только корпоративные налоги. Предельная налоговая ставка $T_c = 0{,}34$.

   а) Заем в размере 1000 дол. сроком на 1 год под 8%;

   б) Заем в размере 1000 дол. сроком на 5 лет под 8%. Предполагается, что основная сумма долга выплачивается по истечении срока;

   в) Бессрочный заем в размере 1000 дол. под 7%.

2. Ниже представлены балансы компании "Общий котел" по учетным данным и по рыночной стоимости.

Учетные данные (в дол.)				Рыночная стоимость (в дол.)			
Чистый оборотный капитал	20	Долговые обязательства	40	Чистый оборотный капитал	20	Долговые обязательства	40
Основные средства	80	Собственный капитал	60	Основные средства	140	Собственный капитал	120
	100		100		160		160

Допустим, что теория ММ верна и с учетом налогов. Компания не растет и ожидается, что величина долга будет постоянно равна 40 дол. Предположим, что ставка корпоративного налога составляет 40%.

   а) Какова стоимость фирмы с учетом налоговой защиты, связанной с долгом?

ГЛАВА 18. Как много займов следует брать фирме?

  б) Насколько богаче станут акционеры "Общего котла", если компания сделает дополнительный заем в размере 20 дол. и использует полученные средства для выкупа акций?

  в) Теперь предположим, что Конгресс принял закон, упраздняющий систему вычитания процентных выплат при определении налогооблагаемой прибыли по прошествии 5-летнего льготного периода. Какова теперь будет стоимость фирмы при неизменных прочих условиях? (Предположим, что ставка процента по займу равна 8%.)

3. Каково относительное преимущество в налогообложении корпорации, имеющей долги, если ставка корпоративного налога $T_c = 0{,}34$, ставка налога с физических лиц $T_p = 0{,}31$, но все доходы по акции представляются как приращение капитала и вовсе не облагаются налогом ($T_{pE} = 0$)? Как изменится относительное преимущество в налогообложении, если компания решит выплатить доходы по акциям в виде денежных дивидендов?

4. Предположим, Конгресс, пытаясь сократить дефицит федерального бюджета, увеличивает верхнюю ставку налога на доход физических лиц в виде процентов и дивидендов до 38%, но сохраняет ставку налога на реализованный прирост капитала на уровне 28%. Ставка подоходного налога на корпорации составляет 34%. Сравните сумму корпоративных и персональных налогов на доход по облигациям и доход по акциям, если: *а)* весь прирост капитала реализуется сразу и *б)* налог на прирост капитала может быть отсрочен на неограниченный срок.

*5. Предположим, что ставка подоходного налога на корпорации снижена до 24%. Какой прогноз сделал бы Миллер относительно: *а)* совокупного предложения корпоративных долговых обязательств и *б)* политики корпораций по управлению долгом?

6. "Фирма не может воспользоваться налоговой защитой по процентным платежам, если не имеет подлежащей налоговой защите (налогооблагаемой) прибыли". Какое отношение имеет данное утверждение к политике управления долгом? Дайте краткое объяснение.

7. Вернемся к балансу компании "Циркулярная пила" по рыночной стоимости (в дол.):

Чистый оборотный капитал	20	25	Облигации в обращении
Основные средства	10	5	Обыкновенные акции
Итого активы	30	30	Итого обязательства

Кто выигрывает и кто проигрывает от следующих действий?

 а) Компании удалось наскрести 5 дол., и она выплачивает их в виде дивидендов.

 б) Компания сворачивает свою деятельность, продает долгосрочные активы и обращает чистый оборотный капитал в 20 дол. денежных средств. К сожалению, за долгосрочные активы на вторичном рынке удалось выручить только 6 дол. Компания инвестирует 26 дол. в казначейские векселя.

 в) У компании появляется благоприятная инвестиционная возможность с чистой приведенной стоимостью, равной 0; требуемые инвестиции составляют 10 дол. Чтобы осуществить инвестиции в проект, компания берет заем. Новые долговые обязательства настолько же надежны, имеют тот же срок погашения и т.п., что и прежние долговые обязательства.

 г) Предположим, что чистая приведенная стоимость нового проекта равна 2 дол. и финансируется он за счет выпуска новых привилегированных акций.

д) Кредиторы согласны увеличить срок погашения предоставленного ими займа с одного до двух лет, чтобы дать компании возможность снова встать на ноги.

8. Для каких фирм банкротство или финансовые трудности будут сопряжены с крупными издержками? Какие фирмы будут нести относительно небольшие издержки? Приведите несколько примеров фирм каждого вида.
9. В соответствии с традиционной теорией оптимальной структуры капитала фирмы ищут компромисс между налоговой защитой процентных выплат по корпоративным облигациям и возможными издержками финансовых трудностей вследствие займов. Какова связь между балансовой рентабельностью и плановым балансовым коэффициентом долговой нагрузки согласно этой теории? Согласуются ли эти теоретические прогнозы с фактами?
10. Каков смысл "теории иерархии" в выборе структуры капитала? Можно ли с помощью этой теории объяснить наблюдаемую связь между коэффициентами рентабельности и коэффициентами долговой нагрузки? Кратко объясните ваш ответ.

ВОПРОСЫ И ЗАДАНИЯ

1. Ожидается, что стоимость активов корпорации "Монморанси", составляющая 100 млн дол., не будет изменяться в реальном выражении. Допустим, реальная процентная ставка равна 5%, ставка корпоративного налога составляет 34%, а проценты по долгу выплачиваются в конце каждого года. Не принимайте во внимание налоги с физических лиц. Если долг составляет 30% стоимости активов фирмы, какова приведенная стоимость налоговой защиты?
   а) Если инфляция не ожидается.
   б) Если ожидаемая инфляция составляет 10% в год.
2. "Беда аргументов ММ в том, что они не учитывают возможность вычитания процентного дохода из общей суммы налогооблагаемого дохода индивидуума". Покажите, что это не является недостатком аргументов ММ. Что изменилось бы, если бы индивидуумы не могли вычитать процентный доход при расчете налогооблагаемой базы?
3. Вернитесь к примеру с компанией Merck в разделе 18–1. Предположим, что Merck увеличила долю задолженности в капитале компании до 40%, выпустив новые долговые обязательства и использовав полученные средства для выкупа акций. Учитывайте только корпоративные налоги. Переделайте таблицу 18-3*б* так, чтобы показать новую структуру капитала. До изменения структуры капитала Merck имела в обращении акции на сумму 395 млн дол. Каковы цены на акции до и после изменения структуры капитала?
4. Вычислите величину налоговой защиты реальной компании США, допуская, что:
   а) размер долга остается неизменным;
   б) ставки налога на доход физических лиц по облигациям и по акциям одинаковы. Как изменилась бы цена акций, если бы завтра компания сообщила о намерении заменить все облигации на акции?
*5. Объясните, как теория структуры капитала Миллера проявляется в политике управления долгом:
   а) компании, выплачивающей корпоративный подоходный налог;
   б) компании, прибыли которой не облагаются налогом;
   в) компании, которая в настоящее время платит налоги, но не уверена, что будет иметь налогооблагаемую прибыль в будущем.

   Используйте налоговые ставки 1985 г.: 46% – для корпораций, до 50% –ставка налога на дивидендный и процентный доходы физических лиц и, скажем, 10% –эффективная ставка налога на приращение капитала для физических лиц.

ГЛАВА 18. Как много займов следует брать фирме? 493

*6. Представьте себе очень простой мир, в котором только три группы инвесторов, облагаемых налогом по следующим ставкам:

Группа	Налоговая ставка (в %)
А	60
Б	40
В	0

Из ценных бумаг они могут выбрать бессрочные муниципальные облигации, бессрочные корпоративные облигации и обыкновенные акции. Муниципальные облигации и обыкновенные акции привлекательны тем, что индивидуальные доходы по ним не облагаются налогом. Доход в виде процента по корпоративным облигациям облагается налогом на уровне физических лиц, но вычитается из налогооблагаемой базы на уровне корпораций. Ставка подоходного налога на корпорации составляет 50%. Процентные выплаты по муниципальным облигациям в целом составляют 20 млн дол. Поток денежных средств (до выплаты процентов и налогов) в целом равен 300 млн дол. Изначально каждая группа инвесторов располагает одинаковым количеством денег. Вне зависимости от того, как изменяется структура капитала, все три группы инвесторов всегда инвестируют одинаковые суммы и требуют от любых ценных бумаг минимальную посленалоговую доходность в размере 10%.

а) Предположим, что сначала компании осуществляют финансирование за счет выпуска акций. Компания *X* решает выделить 1 млн дол. из доналоговых потоков денежных средств на уплату процентов по обязательствам. Какая группа или группы инвесторов купят эти долговые обязательства компании? Какова будет ставка процента? Как это повлияет на стоимость компании *X*?

б) Другие компании последовали примеру компании *X*, и теперь совокупные процентные выплаты составляют 150 млн дол. В это время компания *Y* решает выделить 1 млн дол. на уплату процентов по долгу. Какая группа или группы инвесторов приобретут долговые обязательства компании *Y*? Какова будет ставка процента? Как это повлияет на стоимость компании *Y*?

в) Совокупные процентные выплаты выросли до 250 млн дол. Теперь компания *Z* заменяет облигации на обыкновенные акции, в связи с этим сокращает процентные выплаты на 1 млн дол. Какая группа или группы инвесторов продадут свои облигации компании *Z*? По какой ставке компания *Z* выкупит облигации? Как это повлияет на стоимость компании *Z*?

г) Какова равновесная структура капитала? Какие виды ценных бумаг будут держать разные группы инвесторов? Какова процентная ставка? Какова совокупная стоимость всех компаний? Покажите, что в состоянии равновесия даже нелевериджированные фирмы не имеют стимулов для выпуска облигаций. Аналогично этому покажите, что и компания с левериджем выше среднего не имеет стимулов уменьшать свой долг.

*7. Трудная задача. Как повлияет на равновесие Миллера возможность вычитать из налогооблагаемой базы амортизационные отчисления? Попытайтесь пересчитать равновесные показатели из задачи 6, делая допущение, что компании могут вычитать амортизационные отчисления в размере:
а) 100 млн дол.;
б) 50 млн дол.

*8. Ожидаемая доходность по (безрисковой) акции составляет 14%, и безрисковая процентная ставка равна 20%.

а) Какова предполагаемая ставка налога для предельного кредитора? (Допуская, что доход по акции не облагается налогом на уровне физических лиц.)

б) Компания *А* пользуется значительной налоговой защитой по амортизационным отчислениям и имеет неопределенную прибыль. В результате ожидаемая предельная ставка корпоративного налога для компании *А* составляет 40%, если она осуществляет финансирование полностью за счет выпуска акций. Ожидается, что при увеличении доли долга на 5% предельная ставка налога для компании *А* снижается на 2%. Какой по величине заем следует взять компании *А*?

9. Рассмотрите какие-нибудь реальные компании с разными видами активов. Какие хозяйственные проблемы могут возникнуть у каждой из них в случае финансовых затруднений? Что произойдет со стоимостью их активов?

10. Компания "Склад овощных салатов" (SOS) осуществляет финансирование главным образом за счет выпуска долгосрочных долговых обязательств. Существует большой риск невыполнения обязательств, но компания пока держится на плаву. Объясните:

а) Почему акционеры SOS могли бы потерпеть убытки при инвестировании в проект с положительной чистой приведенной стоимостью, финансируемый за счет выпуска новых акций?

б) Почему акционеры SOS могли бы выиграть от инвестирования в проект с отрицательной чистой приведенной стоимостью, финансируемый за счет имеющихся денежных средств?

в) Почему акционеры SOS могли бы выиграть при выплате крупных денежных дивидендов? Как фирма, придерживаясь планового коэффициента долговой нагрузки, может смягчить некоторые или все описанные выше проблемы?

11. *а)* Кто выигрывает от особых условий в договорах о выпуске облигаций, когда фирма попадает в сложное финансовое состояние? Ответьте одним словом.

б) Кто выигрывает от особых условий при выпуске облигаций? Предположим, фирма может выбрать выпуск 1) облигаций со стандартными ограничениями на выплату дивидендов, дополнительные займы и т. п., 2) облигаций с минимальными ограничениями, но с очень высокой процентной ставкой. Предположим, с точки зрения кредиторов, процентные ставки в обоих случаях справедливы. Выпуск каких облигаций, по вашему мнению, предпочтет фирма? Почему?

12. Объясните, почему цена акции падает, когда оглашается намерение выпустить акции, а не облигации? *Подсказка:* частично вы можете найти ответ в разделе 15—3.

13. "Я был поражен, узнав, что сообщение о выпуске акций приводит к снижению стоимости фирмы-эмитента в среднем на 30% от полученных в результате эмиссии поступлений. Издержки эмиссии включают в себя оплату услуг подписчиков и административные расходы. Это делает выпуски обыкновенных акций чрезмерно дорогостоящими".

а) Вы намереваетесь выпустить акции на 100 млн дол. Исходя из прошлого опыта, вы ожидаете, что сообщение о выпуске снизит цену акций на 3%, а рыночная стоимость вашей фирмы упадет на 30% суммы, которую вы получите от выпуска. С другой стороны, дополнительные средства, полученные за счет выпуска новых акций, необходимы для финансирования инвестиционного проекта, который, как вы полагаете, имеет положительную чистую приведенную стоимость, равную 40 млн дол. Следует ли вам осуществлять выпуск?

б) Относится ли падение рыночной стоимости при сообщении о выпуске акций к издержкам эмиссии в том же смысле, что и оплата услуг подписчиков? Ответ на вопрос *а)* используйте как числовой пример в ответе на вопрос *б)*.

14. Роналд Масюлис[33] проанализировал, как влияют на цену акций *предложения об обмене* облигаций на акции или наоборот, акций на облигации. В таком предложении фирма выражает намерение обменять ценные бумаги нового выпуска на те, которые уже имеются у инвесторов. Таким образом, фирма, желающая увеличить долю долга в совокупном капитале, может предложить обменять находящиеся в обращении акции на вновь выпущенные облигации. Фирма, которая предпочитает иметь консервативную структуру капитала, может предложить обмен обращающихся облигаций на новые акции.

Масюлис обнаружил, что обмен акций на облигации воспринимается как хорошая новость (при сообщении об этом цены на акции возрастают), а обмен облигаций на акции — как плохая.

а) Как это согласуется с теорией "компромисса"?

б) Как это согласуется с фактами, что инвесторы воспринимают сообщения 1) о выпуске акций как плохую новость, 2) о выкупе акций как хорошую новость, 3) о выпуске облигаций вообще никак не воспринимают или относятся как к мелкой неприятности.

в) Как можно объяснить результаты, полученные Масюлисом?

---

[33] *R.W. Masulis.* The Effects of Capital Structure Change on Security Prices: A Study of Exchange Offers // Journal of Financial Economics. 8: 139—177. June. 1980; The Impact of Capital Structure Change on Firm Value // Journal of Finance. 38: 107—126. March. 1983.

19
Взаимосвязь инвестиционных решений и решений по финансированию

Впервые мы столкнулись с проблемами планирования долгосрочных вложений в главе 2. Там мы ничего не говорили о решениях по финансированию, а исходили из наиболее простого допущения о способах финансирования — финансирование полностью за счет выпуска акций. По сути, там мы представили идеальный мир Модильяни — Миллера (ММ), в котором все решения по финансированию не имеют значения. В строгом мире ММ фирмы могут анализировать реальные инвестиции исходя из того, что единственным источником их финансирования должен быть выпуск новых акций; финансовый план является не более чем детализацией, которая должна проводиться позже.

Согласно допущениям ММ, решения о том, как тратить деньги, отделены от решений о том, как их привлечь. В настоящей главе мы снова обратимся к решениям о формировании бюджетов долгосрочных вложений, но уже при условии, что инвестиционные решения и решения по финансированию *взаимосвязаны* и их нельзя принимать независимо друг от друга.

В предыдущих главах вы узнали, как оценить инвестиционные возможности с помощью четырехэтапной процедуры.

1. Спрогнозировать посленалоговый поток денежных средств проекта.
2. Оценить риск, присущий проекту.
3. Определить альтернативные издержки, т. е. ожидаемую норму доходности, предлагаемую инвесторам по обращающимся на рынке инвестициям с эквивалентным риском.
4. Вычислить чистую приведенную стоимость с использованием формулы дисконтированных потоков денежных средств.

По сути, мы представляли любой проект в виде мини-фирмы и задавались вопросом: "Сколько стоила бы эта мини-фирма, если бы мы рассматривали ее как отдельное, финансируемое только за счет выпуска акций, предприятие? Сколько инвесторы согласились бы заплатить за долю участия в проекте?"

Разумеется, эта методика основана на принципе *слагаемости стоимостей*. На хорошо функционирующих рынках капитала рыночная стоимость фирмы представляет собой приведенную стоимость всех имеющихся у фирмы активов[1]. Если бы принцип слагаемости стоимостей *не* работал, стоимость фирмы

---
[1] *Все активы* — значит и материальные, и нематериальные. Например, действующее предприятие стоит обычно дороже, чем бесформенная груда материальных активов. Таким образом, совокупная стоимость материальных активов часто падает ниже их рыночной стоимости. Разница возникает за счет потери стоимости фирмы как действующего предприятия или за счет других нематериальных активов, таких, как накопленные специальные знания и опыт, опытные торговые агенты или значительные возможности роста.

с проектом могла бы быть больше или меньше суммы стоимостей фирмы и проекта по отдельности. Мы не смогли бы определить вклад проекта в стоимость фирмы, оценивая его как отдельную мини-фирму.

В этой главе мы будем придерживаться принципа слагаемости стоимостей, но еще добавим сюда влияние на стоимость фирмы решений по финансированию. Это даст нам простой и прямой подход к анализу взаимосвязи решений по финансированию и инвестиционных решений. Идея состоит в том, что сначала оценивается "базовая" стоимость проекта — как мини-фирмы с финансированием только за счет выпуска акций. Затем "базовая" чистая приведенная стоимость проекта корректируется с учетом влияния проекта на структуру капитала фирмы. Итак:

*Скорректированная чистая приведенная стоимость (APV) =
= базовая чистая приведенная стоимость (NPV) + чистая
приведенная стоимость решений по финансированию проекта.*

Когда вы определите и оцените эффект финансирования проекта, вычисление его скорректированной приведенной стоимости[2] и будет не более чем выполнением действий сложения или вычитания.

Есть другой способ выделить эффект финансирования проекта. Он более широко используется и *выглядит* проще: изменить ставку дисконта для потоков денежных средств проекта. Мы обсудим достоинства и недостатки скорректированной ставки дисконта после того, как вы овладеете методом скорректированной приведенной стоимости.

В конце главы мы опять поставим основной и кажущийся простым вопрос: какова должна быть ставка дисконта для безрисковых проектов? Если мы примем во внимание уменьшение налогооблагаемой прибыли на величину процентов по долгу, то обнаружим, что стоимость всех безрисковых, или *эквивалентных долгу,* потоков денежных средств можно оценить, дисконтируя по *посленалоговой* процентной ставке.

19–1. МЕТОД СКОРРЕКТИРОВАННОЙ ПРИВЕДЕННОЙ СТОИМОСТИ

Метод скорректированной приведенной стоимости легче понять на простом числовом примере. Мы начнем с анализа проекта при базовых допущениях (финансирование за счет выпуска акций) и затем учтем возможный эффект финансирования проекта.

Базовая чистая приведенная стоимость

Метод скорректированной приведенной стоимости начинается с оценки стоимости проекта как мини-фирмы, осуществляющей финансирование исключительно за счет выпуска акций. Рассмотрим проект производства водяных систем отопления на солнечной энергии (далее — отопителей). Для осуществления проекта требуется 10 млн дол. инвестиций. Проект в течение 10 лет будет давать ежегодно равномерный посленалоговый поток денежных средств в размере 1,8 млн. Альтернативные издержки составляют 12%, которые отражают деловой риск проекта. Инвесторы ожидают от инвестиций в акции мини-фирмы доходность в 12%.

Таким образом, базовая приведенная стоимость мини-фирмы равна:

$$NPV = -10 + \sum_{t=1}^{10} \frac{1,8}{(1,12)^t} = 0,17 \text{ млн дол., или } 170\ 000 \text{ дол.}$$

---

[2] Вычисление скорректированной приведенной стоимости иногда называют оценкой *стоимости по компонентам.*

ГЛАВА 19. Взаимосвязь инвестиционных решений и решений по финансированию

Учитывая масштабы проекта, эта цифра почти не отличается от нуля. В чистом мире ММ, в котором решения по финансированию не имеют значения, финансовый менеджер мог бы согласиться с решением принять проект, но и не огорчился бы, если бы проект был отвергнут.

Расходы на эмиссию

Но допустим, фирма действительно должна финансировать 10 млн дол. инвестиций за счет поступлений от выпуска акций (если бы проект был отвергнут, ей не пришлось бы выпускать акции) и что расходы на эмиссию составят 5% общих поступлений от выпуска. Значит, фирма должна выпустить акций на сумму 10 526 000 дол., чтобы получить 10 000 000 дол. в денежной форме. Сумма в 526 000 дол. пойдет на оплату услуг подписчиков, юристов и других лиц, привлеченных к выпуску акций.

Вычитая стоимость расходов на эмиссию из базовой чистой приведенной стоимости, находим скорректированную приведенную стоимость:

Скорректированная приведенная стоимость = базовая чистая приведенная стоимость − расходы на эмиссию = +170 000 − 526 000 = = −356 000 дол.

Фирма должна отказаться от проекта, поскольку скорректированная приведенная стоимость имеет отрицательное значение.

Увеличение кредитоемкости фирмы

Рассмотрим различные сценарии финансирования. Предположим, что фирма установила для себя целевой коэффициент долговой нагрузки на уровне 50%, т. е. она планирует ограничивать долю своего долга 50% от величины активов. Таким образом, если она инвестирует больше, она делает больше займов; в этом смысле инвестиции увеличивают кредитоемкость фирмы[3].

Стоит ли чего-нибудь кредитоемкость? Наиболее распространенный ответ — "да", благодаря налоговой защите процентных платежей по корпорационным займам. (Вы, возможно, захотите вернуться к обсуждению долга и налогов в главе 18.) Например, согласно первоначальной теории ММ стоимость фирмы не зависела бы от структуры ее капитала, *если бы не* приведенная стоимость налоговой защиты по процентам:

Стоимость фирмы = стоимость при финансировании за счет выпуска акций + приведенная стоимость налоговой защиты.

Согласно этой теории, стоимость фирмы оценивается в два этапа. Сначала вычисляется базовая стоимость при условии финансирования полностью за счет выпуска акций, а затем прибавляется приведенная стоимость экономии на налогах вследствие отхода от политики финансирования только за счет выпуска акций. Этот метод подобен вычислению скорректированной приведенной стоимости для фирмы в целом. Мы можем повторить вычисления и для отдельного проекта. Например, предположим, что проект производства отопителей увеличивает активы фирмы на 10 млн дол. и, следовательно, побуждает фирму занять еще 5 млн дол. Для упрощения допустим, что этот заем погашается равными частями, так что сумма займа уменьшается по мере списания балансовой стоимости проекта по производству отопителей. Допустим

---

[3] Термин *кредитоемкость* подразумевает, что фирма ограничивает объем займов 50% величины своих активов, стремясь тем самым к оптимальной структуре капитала. Это не означает абсолютный лимит на сумму займов, которые фирма *способна* сделать. Если б она захотела, она могла бы брать в долг больше денег.

также, что процентная ставка по займу составляет 8%. В таблице 19-1 показано, как вычислить стоимость налоговой защиты по процентным платежам. Она представляет собой стоимость увеличения кредитоемкости фирмы благодаря проекту. Прибавляя приведенную стоимость налоговой защиты к чистой приведенной стоимости проекта, получаем скорректированную приведенную стоимость:

Скорректированная приведенная стоимость = базовая чистая приведенная стоимость + приведенная стоимость налоговой защиты =
= 170 000 + 561 000 = 731 000 дол.

Стоимость налоговой защиты по процентным платежам

В таблице 19-1 мы сделали смелое допущение, что фирма могла бы максимально использовать налоговую защиту по процентным платежам в размере 34 центов на доллар, дисконтированных к настоящему времени. Истинная стоимость налоговой защиты почти наверняка меньше.

1. Вы не можете воспользоваться налоговой защитой, если не платите налогов, и вы не платите налогов, если не делаете денег. Очень немногие фирмы могут быть уверены, что будущая рентабельность будет достаточной, чтобы воспользоваться налоговой защитой по процентным платежам.
2. Правительство дважды "отщипывает куски" от прибыли корпораций: в виде корпоративного налога и налога на доходы держателей облигаций и акций. Корпоративный налог создает благоприятный режим финансирования за счет долга; налог с физических лиц благоприятствует финансированию за счет акций.

ТАБЛИЦА 19-1
Расчет приведенной стоимости налоговой защиты процентных платежей по долгу, обусловленному проектом производства отопителей (в тыс. дол.)

Годы	Имеющийся долг на начало года	Процент	Налоговая защита по процентам	Приведенная стоимость налоговой защиты
1	5000	400	136	126
2	4500	360	122	105
3	4000	320	109	87
4	3500	280	95	70
5	3000	240	82	56
6	2500	200	68	43
7	2000	160	54	32
8	1500	120	41	22
9	1000	80	27	14
10	500	40	14	6
				Итого 561

Допущения.
1. Предельная ставка налога = 0,34; налоговая защита = 0,34 × проценты.
2. Основная сумма долга погашается равными долями по 500 000 дол. в конце каждого года в течение 10 лет.
3. Процентная ставка по долгу составляет 8%.
4. Приведенная стоимость вычисляется дисконтированием по ставке по займу – 8%. Здесь допускается, что налоговой защите присущ такой же риск, как и процентным платежам, на которые она распространяется.

ГЛАВА 19. Взаимосвязь инвестиционных решений и решений по финансированию

В главе 18 мы доказали, что эффективная налоговая защита по процентам (T^*), вероятно, не достигает 34% ($T_c = 0,34$), она несколько ниже и обозначается T^*. Мы не смогли точно установить величину T^*.

Например, предположим, что $T^* = 0,25$. Мы легко можем пересчитать скорректированную приведенную стоимость проекта по производству отопителей: умножаем приведенную стоимость налоговой защиты по процентным платежам на 25/34. Число в нижней строке таблицы 19-1 снижается с 561 000 до 561 000 (25/34) = 413 000 дол. Скорректированная приведенная стоимость уменьшается:

Скорректированная приведенная стоимость = базовая чистая приведенная стоимость + приведенная стоимость налоговой защиты = + 170 000 + 413 000 = 583 000 дол.

Обзор метода скорректированной приведенной стоимости

Если решение инвестировать в капитальный проект оказывает значительный побочный эффект на другие решения фирмы по финансированию, то этот эффект следует учитывать при оценке стоимости проекта.

Идея, лежащая в основе метода скорректированной приведенной стоимости, выражает принцип "разделяй и властвуй". Этот метод не охватывает все побочные эффекты в одном расчете. Делается ряд вычислений приведенных стоимостей. Сначала вычисляется базовая стоимость проекта, т.е. стоимость проекта как отдельной мини-фирмы, осуществляющей финансирование только за счет выпуска акций. Затем вычисляется приведенная стоимость издержек или выгод, которые несут фирме побочные эффекты. И наконец, все приведенные стоимости складываются и оценивается общий вклад проекта в изменение стоимости фирмы. Итак, в общем виде:

Скорректированная приведенная стоимость проекта = базовая чистая приведенная стоимость + сумма приведенных стоимостей побочных эффектов проекта.

Опытный финансовый менеджер захочет узнать не только скорректированную приведенную стоимость, но и откуда она возникнет. Например, предположим, базовая чистая приведенная стоимость положительна, но расходы на эмиссию акций с целью финансирования проекта перекрывают выгоды от самого проекта. Это заставит менеджера оглядеться и посмотреть, может ли альтернативный финансовый план спасти проект.

19–2. СКОРРЕКТИРОВАННАЯ СТАВКА ДИСКОНТА – АЛЬТЕРНАТИВА СКОРРЕКТИРОВАННОЙ ПРИВЕДЕННОЙ СТОИМОСТИ

С точки зрения математики вычисление скорректированной приведенной стоимости не составляет труда, но выявление и измерение побочных эффектов проекта требуют искушенности в вопросах финансов. Многие фирмы пользуются более простым методом. Они корректируют ставку дисконта, а не приведенную стоимость. Это позволяет им делать расчет чистой приведенной стоимости в один прием, а не в два или более, как того требует расчет скорректированной приведенной стоимости. В качестве ставки дисконта для принимаемого проекта они берут *скорректированные затраты на капитал*, которые отражают альтернативные издержки *и* побочные эффекты решений по финансированию проекта.

Пример: геотермальный проект

Мы рассмотрим метод скорректированных затрат на капитал на одном очень простом числовом примере. Проект предусматривает отвод геотермальной энергии для отопления и вентиляции торгового центра. Для осуществления проекта требуется 1 млн дол. инвестиций. Осуществление проекта даст ежегодную экономию в размере 220 000 дол. после удержания налогов. Для упрощения арифметических действий допустим, что экономия будет существовать всегда. Деловой риск этого предприятия требует использовать ставку дисконта, равную 20%, которая представляет собой r, т. е. альтернативные издержки. Базовая чистая приведенная стоимость проекта положительна:

$$Базовая\ чистая\ приведенная\ стоимость = -1\ 000\ 000 + \frac{220\ 000}{0{,}20} =$$

$$= +100\ 000\ дол.$$

Мы предполагаем, что проект имеет один побочный эффект, связанный с финансированием. Он увеличивает кредитоемкость фирмы на 400 000 дол. Проект будет существовать неограниченный период времени, и мы будем расценивать его как обеспечение бессрочных долговых обязательств. Другими словами, предполагается, что фирма под обеспечение проекта сделает заем в размере 400 000 дол. и всегда будет его возобновлять. Если процент по займу составляет 14% и чистая налоговая защита на доллар процентных выплат $T^* = 0{,}34$, проект обусловливает долг, который порождает налоговую защиту по процентам в размере $0{,}34 \times 14 \times 400\ 000 = 19\ 040$ дол. в год на бесконечный период времени. Приведенная стоимость этой налоговой защиты равна $19\ 040/0{,}14 = 136\ 000$. Итак, скорректированная приведенная стоимость проекта отвода геотермальной энергии равна:

$$Скорректированная\ приведенная\ стоимость = базовая\ чистая$$
$$приведенная\ стоимость + приведенная\ стоимость\ налоговой$$
$$защиты = +100\ 000 + 136\ 000 = 236\ 000\ дол.$$

Геотермальный проект выглядит даже лучше, когда учитывается его влияние на кредитоемкость корпорации.

Приведенная стоимость налоговой защиты по процентным платежам равна +136 000 дол. Поэтому геотермальный проект оставался бы приемлемым, даже если бы базовая приведенная стоимость проекта составляла –136 000 дол. Что это значит с точки зрения минимально приемлемого *дохода* от проекта? Чтобы ответить на этот вопрос, мы примем базовую приведенную стоимость за –135 700 дол. и определим годовой доход проекта:

$$Минимально\ приемлемая\ базовая\ чистая\ приведенная\ стоимость =$$
$$= -1\ 000\ 000 + \frac{годовой\ доход}{0{,}20} = -136\ 000\ дол.$$

$$Годовой\ доход = 0{,}2(1\ 000\ 000 - 136\ 000) = 172\ 800\ дол.$$

Итак, минимально приемлемый доход от проекта составляет 172 800 дол. в год и минимально приемлемая внутренняя норма доходности – 172 800/1 000 000 = 0,173, или 17,3%[4]. Это минимальный доход, который фирма захотела бы иметь от проекта, подобного данному; это внутренняя норма доходности, при которой скорректированная чистая приведенная стоимость равна нулю.

Предположим, мы натолкнулись на другую бессрочную ренту. Ее альтернативные издержки также равны $r = 0{,}20$, и она также увеличивает кредитоемкость фирмы на 40% от объема инвестиций. Мы знаем, что если такой проект имеет внутреннюю норму доходности большую, чем 17,3%, то его скорректи-

---

[4] Так как проект дает равномерный поток денежных средств в бесконечности, внутренняя норма доходности равна потоку денежных средств, деленному на инвестиции.

ГЛАВА 19. Взаимосвязь инвестиционных решений и решений по финансированию

рованная приведенная стоимость будет положительной. Поэтому мы могли бы свести анализ к дисконтированию притока денежных средств от проекта по ставке 17,3%[5]. Эту ставку дисконта часто называют *скорректированными затратами на капитал*. Она отражает и деловой риск проекта и его вклад в увеличение кредитоемкости фирмы.

Обозначим скорректированные затраты на капитал через r^*. Чтобы вычислить r^*, определяем минимально приемлемую внутреннюю норму доходности, при которой скорректированная приведенная стоимость равна 0. Правило гласит:

Принимайте проекты, имеющие положительные чистые приведенные стоимости при скорректированных затратах на капитал r^*.

Общее определение скорректированных затрат на капитал

Теперь у нас есть два понятия затрат на капитал:

Концепция 1. Альтернативные издержки (альтернативные затраты на привлечение капитала), r: ожидаемая норма доходности, предлагаемая на рынке капиталов активами с эквивалентным риском. Она зависит от риска денежных потоков проекта.

Концепция 2. Скорректированные затраты на капитал, r^*: скорректированные альтернативные издержки, или предельная норма доходности, в которой учитываются побочные эффекты решений по финансированию инвестиционного проекта.

Некоторые люди говорят просто "затраты на капитал". Иногда из контекста ясно, что под этим подразумевается. В других же случаях непонятно, что имеется в виду, и это может привести к большой путанице.

Когда эффекты финансирования значительны, следует принимать проекты с положительными скорректированными чистыми приведенными стоимостями. Но если известно значение скорректированной ставки дисконта, можно не вычислять скорректированную чистую приведенную стоимость; вы просто находите чистую приведенную стоимость по скорректированной ставке. Если бы существовал простой абсолютно точный метод вычисления r^*, все было бы значительно проще. К сожалению, такого метода нет. Однако есть несколько полезных лаконичных формул.

Формула ММ. Одна из формул для вычисления r^* была предложена Модильяни и Миллером (ММ)[6]. Формула ММ имеет следующий вид:

$$r^* = r(1 - T^*L),$$

где r — альтернативные издержки, а L — предельный вклад проекта в увеличение кредитоемкости фирмы, определяемый как доля приведенной стоимости проекта. Величина L может быть выше или ниже коэффициента общей долговой нагрузки фирмы. Напомним, что T^* отражает чистую экономию на налогах, связанную с будущими процентными выплатами.

---

[5] Напомним, что в прогнозируемых потоках денежных средств проекта не учитывается налоговая защита, порождаемая долгом, который может быть обусловлен проектом. Налоги, связанные с проектом, вычисляются при допущении, что финансирование осуществляется только за счет выпуска акций.

[6] Впервые формула появилась в работе: *F. Modigliani and M.H. Miller.* Corporate Income Taxes and the Cost of Capital: A Correction // American Economic Review. 53: 433–443. June. 1963. Более подробное объяснение ее дается в статье: *F. Modigliani and M.H. Miller.* Some Estimates of the Cost of Capital to the Electric Utility Industry: 1954–1957 // American Economic Review. 56: 333–391. June. 1966. В этих статьях ММ делают допущение, что T^* равна ставке корпоративного налога T_c.

Пример. Геотермальный проект увеличивает кредитоемкость фирмы на 400 000 дол. Следовательно, $L = 0{,}40$. Альтернативные издержки проекта равны $r = 0{,}20$, и мы продолжаем полагать, что $T^* = 0{,}34$. Ранее мы определили, что скорректированные затраты на капитал $r^* = 0{,}173$. Точно такой же результат мы получаем и при использовании формулы ММ:

$$r^* = r\,(1 - T^*L) = 0{,}20\,[1 - 0{,}34(0{,}4)] = 0{,}173, \text{ или } 17{,}3\%.$$

Насколько надежна формула ММ? Формула ММ работает для геотермального проекта, равно как и для любого другого проекта, от которого ожидается 1) поступление равномерного бесконечного потока денежных средств и 2) поддержание постоянного уровня долга. Формула совершенно верна только в том случае, если выполняются оба эти условия. Активы, дающие бесконечный поток денежных средств, подобны наводящему ужас снежному человеку, о котором много говорят, но которого мало кто видел. Однако формула ММ еще достаточно хороша (дает погрешность от 2 до 6%) для проектов с ограниченной продолжительностью жизни или нерегулярными потоками денежных средств[7]. Это не так уж плохо, если учесть, что ошибки в прогнозах потоков денежных средств легко могут привести к отклонению расчетной стоимости проекта на 20% в ту или другую сторону.

Что происходит, когда будущие размеры долга неизвестны

Нам хотелось бы сделать паузу и обратиться к материалу полегче, но совесть не позволяет это сделать. Любой способ формирования бюджета долгосрочных вложений, который предполагает, что размеры долга известны, когда начинается осуществление проекта, является чрезмерно упрощенным. Например, мы делаем допущение, что геотермальный проект увеличивает кредитоемкость фирмы на 400 000 дол. не только когда проект предпринимается, но "начиная с настоящего момента и до бесконечности". Это говорит о том, что будущая стоимость и риск, присущий проекту, не изменятся — на самом деле это очень сильное допущение. А вдруг на следующий год после того, как проект принят, неожиданно резко подскочит цена на нефть? Геотермальный проект дает экономию нефти, значит, его потоки денежных средств и стоимость также возрастут. Предположим, стоимость проекта удваивается. В этом случае не увеличивает ли он кредитоемкость фирмы также в 2 раза, до 800 000 дол.? И наоборот: если цена на нефть резко упадет, проект приведет к снижению кредитоемкости.

Предположим, фирма придерживается не принципа: "Всегда бери в долг 400 000 дол.", а принципа: "Всегда делай займы в размере 40% стоимости геотермального проекта". Тогда, если стоимость проекта возрастает, фирма берет еще займы. Если стоимость проекта снижается, уменьшаются и займы. При такой политике вы не можете дисконтировать будущую налоговую защиту по процентным платежам по ставке займа, поскольку вероятность того, что ею удастся воспользоваться, неясна. Ее величина зависит от суммы фактически сделанного займа и, следовательно, от фактической будущей стоимости проекта.

Когда фирма регулирует величину своих займов, с тем чтобы доля долга оставалась постоянной, задача вычисления скорректированной приведенной стоимости проекта часто может стать изнурительной. К счастью, для решения этой задачи Дж. Майлз и Р. Иззель вывели формулу для расчета скорректированной ставки дисконта[8]:

$$r^* = r - L r_D T^* \left(\frac{1 + r}{1 + r_D} \right),$$

---

[7] См.: *S.C. Myers.* Interaction of Corporate Financing and Investment Decisions — Implications for Capital Budgeting // Journal of Finance. 29: 1–25. March. 1974.

[8] *J. Miles, R. Ezzell.* The Weighted Average Cost of Capital, Perfect Capital Markets, and Project Life: A Clarification // Journal of Financial and Quantitave Analysis. 15: 719–730. September. 1980.

ГЛАВА 19. Взаимосвязь инвестиционных решений и решений по финансированию

где r_D — ставка по займу. Мы можем определить скорректированную ставку дисконта для геотермального проекта:

$$r^* = 0{,}20 - 0{,}4(0{,}14)(0{,}34)\left(\frac{1{,}2}{1{,}14}\right) = 0{,}18, \text{ или } 18\%.$$

Дисконтируя потоки денежных средств проекта по ставке 18%, мы находим, что его чистая приведенная стоимость равна:

$$NPV = -1\,000\,000 + \frac{220\,000}{0{,}18} = +222\,200 \text{ дол.}$$

Формула Майлза—Иззеля верна только для фирм, которые поддерживают постоянный уровень долга, но в этих случаях она верна при любой схеме потоков денежных средств или сроках жизни проекта[9]. Кроме того, этой формулой пользоваться легче, чем методом скорректированной приведенной стоимости.

Насколько полезны формулы скорректированных затрат на капитал?

Теперь у нас есть две формулы скорректированных затрат на капитал. Главное *сущностное* различие между ними лежит в допущениях относительно объема долговых обязательств, которые фирма может выпустить или выпустит под обеспечение проектом. ММ полагают, что этот объем фиксирован. Майлз и Иззель допускают, что он изменяется с изменением приведенной стоимости проекта. Допущение Майлза и Иззеля теоретически более привлекательно, но, с другой стороны, мы должны согласиться, что политика фирмы по управлению долгом требует более пристального внимания. Нет фирм, которые выпускают или изымают из обращения долговые обязательства всякий раз, когда цена акций растет или падает. Так что истина лежит где-то между допущениями ММ и Майлза и Иззеля.

Точное местонахождение истины, возможно, не так уж и важно. Проект по отводу геотермальной энергии и проект по производству отопителей привлекательны вне зависимости от того, какой метод или формулы мы использовали. Это одна из иллюстраций к третьему закону Брейли и Майерса: *Вы можете извлечь гораздо больше денег из левой стороны баланса, чем из правой*, т. е. хорошие инвестиционные решения должны приносить больше выгод, чем удачные финансовые решения.

Тем не менее важно понять допущения, которые лежат в основе формул, и их связь с более общим принципом скорректированной приведенной стоимости. Обе формулы предполагают, что источники финансирования влияют на стоимость фирмы только через налоговую защиту по процентным платежам. Это очень сильное упрощение. Большинство теоретиков и практиков в области финансов согласны, что налоговая защита имеет стоимость (хотя это и спорный вопрос, как мы видели в главе 18). Но практически никто не придерживается мнения, что налоговая защита по процентным платежам является *единственным* фактором, влияющим на решения фирмы по финансированию. Решение принять проект может привести к выпуску акций и расходам на эмиссию; заставить фирму изменить дивидендную политику или дать фирме возможность воспользоваться преимуществами финансового лизинга или финансирования, субсидируемого правительством. Формулы скорректированных затрат на капитал подразумевают, что побочных эффектов, подобных этим, не существует, а если они и существуют, то не имеют значения.

Разумеется, фирмы могут при желании вывести более сложные формулы для расчета скорректированных затрат на капитал для случаев, когда эффекты ре-

---

[9] Напомним, что формула ММ была верна, при условии выполнения их допущений относительно политики управления долгом, только для бессрочных рент.

шений по финансированию действительно имеют значение. Но о таких эффектах редко стоит беспокоиться. Гораздо проще вычислить чистую приведенную стоимость этих эффектов по отдельности и затем найти скорректированную приведенную стоимость[10].

19-3. ФОРМУЛА СРЕДНЕВЗВЕШЕННЫХ ЗАТРАТ НА КАПИТАЛ

Наберитесь терпения: у нас есть еще одна формула. Она не требует оценки *чистых* налоговых преимуществ корпорационных займов (T^*), а только предельной налоговой ставки T_c. К сожалению, эта формула применима к фирме в целом и не всегда — к каждому отдельному проекту.

Мы имеем в виду формулу *средневзвешенных затрат на капитал*. Иногда ее называют *учебной формулой*, поскольку во многих других учебниках ей уделяется наибольшее внимание. Формула имеет следующий вид[11]:

$$r^* = r_D(1 - T_c)\frac{D}{V} + r_E\frac{E}{V},$$

где r^* — скорректированные затраты на капитал;
r_D — текущая ставка по займам фирмы;
T_c — предельная ставка корпоративного подоходного налога (в отличие от эффективной ставки налога T^*, используемой в разделах 19-1 и 19-2);
r_E — ожидаемая норма доходности акций фирмы (которая зависит от делового риска фирмы *и* структуры ее капитала);
D, E — рыночные стоимости имеющихся в настоящий момент соответственно долговых обязательств и акционерного капитала;
$V = (D + E)$ — общая рыночная стоимость фирмы.

Первое, что можно сказать о формуле средневзвешенных затрат на капитал, — все включенные в нее переменные относятся к фирме в целом. Поэтому формула даст верную ставку дисконта только для проектов, характеристики которых подобны характеристикам фирмы, их предпринимающей. Формула работает для "среднего" проекта. Она неверна для проектов, которые более надежны или более рискованны, чем существующие активы фирмы. Она неверна для проектов, которые привели бы к увеличению или снижению коэффициента долговой нагрузки фирмы.

Идея, лежащая в основе формулы средневзвешенных затрат на капитал, проста и интуитивно привлекательна. Если новый проект рентабелен настолько, чтобы выплачивать проценты (после уплаты налога) по долгу, ставшему источником его финансирования, а также обеспечивает очень высокую ожидаемую норму доходности вложенного в него акционерного капитала, он должен быть хорошим проектом. Что значит "очень высокая" норма доходности акционерного капитала? Норма, которая превышает r_E, ожидаемую норму доходности, требуемую инвесторами в акции фирмы. Давайте посмотрим, как эта идея приводит к формуле средневзвешенных затрат на капитал.

---

[10] Конечно, можно воспользоваться формулами ММ или Майлза — Иззеля, чтобы учесть налоговую защиту по процентным платежам и затем прибавить к приведенной стоимости любого другого эффекта финансовых решений.

[11] Если $T_c = 0$, формула средневзвешенных затрат на капитал упрощается:

$$r_D\frac{D}{V} + r_E\frac{E}{V}.$$

Это в точности та формула, которая приводится в главе 17, где мы не принимали во внимание налоги. Там мы указывали, что Правило I ММ предполагает, что величина этой средневзвешенной не зависит от коэффициента долговой нагрузки (D/V). Если правило ММ неверно из-за несовершенства рынка капиталов, фирма может попытаться отыскать такое отношение D/V, которое минимизирует r^* (см. главу 17, раздел 17-3).

ГЛАВА 19. Взаимосвязь инвестиционных решений и решений по финансированию

Предположим, фирма инвестирует в новый проект и ожидает, что он будет приносить ежегодно одинаковый доход в бесконечный период времени. Если фирма сохраняет свою структуру капитала, то величина долга, используемого для финансирования проекта, равна:

Коэффициент долговой нагрузки фирмы $\times$ *инвестиции* $= \dfrac{D}{V} \times$ *инвестиции.*

Аналогично, доля акционерного капитала, используемого для финансирования проекта, равна:

Доля собственного капитала фирмы $\times$ *инвестиции* $= \dfrac{E}{V} \times$ *инвестиции.*

Если проект стоящий, прибыль должна покрывать посленалоговые процентные выплаты и обеспечивать приемлемую доходность держателям акций. Расходы на выплату процентов (после удержания налогов) по дополнительному долгу равны:

Посленалоговая процентная ставка $\times$ *стоимость долга* $= r_D(1-T_c) \times \dfrac{D}{V} \times$ *инвестиции.*

Минимально приемлемая доходность для держателей акций равна:

Ожидаемая доходность акций $\times$ *стоимость собственного капитала* $= r_E \times \dfrac{E}{V} \times$ *инвестиции.*

Следовательно, если проект приемлем, порождаемый им доход *должен превышать*:

$$r_D(1-T_c) \times \dfrac{D}{V} \times инвестиции + r_E \times \dfrac{E}{V} \times инвестиции.$$

Это возвращает нас к формуле средневзвешенных затрат на капитал. Просто разделим обе части на первоначальные инвестиции, тогда *отношение*:

$\dfrac{Доход}{инвестиции}$ должно превышать $r_D(1-T_c)\dfrac{D}{V} + r_E\dfrac{E}{V}$.

Отметим, что отношение годового дохода от проекта к инвестициям представляет собой просто доходность проекта. Следовательно, наша формула дает минимально приемлемую норму доходности проекта.

Мы привели учебную формулу только для фирм и проектов, сулящих бесконечный поток денежных средств. Но Майлз и Иззель показали, что формула работает при любой схеме потоков денежных средств, если фирма регулирует размер своих займов так, чтобы коэффициент долговой нагрузки *(D/V)* оставался постоянным, вне зависимости от того, хорошим или плохим окажется реальное положение дел. Когда фирма отклоняется от своей политики, учебная формула дает лишь приблизительно верный ответ.

Применение учебной формулы к геотермальному проекту

Представьте проект по отводу геотермальной энергии в виде независимой фирмы с одним активом, которая называется "Геотермальная корпорация". В случае осуществления проекта рыночная стоимость "Геотермальной корпорации" будет равна сумме первоначальных инвестиций 1 000 000 дол. и скорректированной приведенной стоимости проекта.

В разделе 19–2 мы вычислили, что если "Геотермальная корпорация" придерживается постоянного коэффициента долговой нагрузки на уровне 40%, то скорректированная приведенная стоимость проекта равна 222 200 дол. Таким образом, баланс "Геотермальной корпорации" должен выглядеть следующим образом:

"Геотермальная корпорация" (рыночная стоимость, в дол.)

Активы	1 222 200	488 900	Долг (*D*)
(первоначальные инвестиции + + скорректированная приведенная стоимость)			(40% стоимости фирмы)
		733 300	Акционерный капитал (*E*)
			(60% стоимости фирмы)
	1 222 200	1 222 200	

Держатели акций ожидают ежегодно получать поток денежных средств от инвестиций в проект (*C*) *минус* процентные выплаты по долгу ($r_D D$) *плюс* налоговая защита по процентным платежам ($T_c r_D D$):

$$\text{Ожидаемый доход по акциям} = C - r_D D + T_c r_D D =$$
$$= 220\,000 - 0{,}14(488\,900) + 0{,}34(0{,}14)(488\,900) = 174\,800 \text{ дол.}$$

Ожидаемая норма доходности акций равна частному от деления ожидаемого дохода по акциям на стоимость акций:

$$\text{Ожидаемая доходность акций} = r_E =$$
$$= \frac{\text{ожидаемый доход по акциям}}{\text{стоимость акций}} = \frac{174\,800}{733\,300} = 0{,}238, \text{ или } 23{,}8\%.$$

Теперь предположим, что "Геотермальная корпорация" неожиданно наталкивается на другую инвестиционную возможность, которая является точной копией по всем показателям рентабельности: ее отличает тот же деловой риск и такая же временная модель потоков денежных средств. Поэтому "Геотермальная корпорация" планирует взять заем в размере 40% стоимости проекта.

Чтобы найти скорректированную ставку дисконта, можно воспользоваться учебной формулой:

$$r^* = r_D(1-T_c)\frac{D}{V} + r_E\frac{E}{V} = 0{,}14(1-0{,}34)(0{,}4) + 0{,}238(0{,}6) = 0{,}18, \text{ или } 18\%.$$

Точно такой же результат мы получили с использованием формулы Майлза и Иззеля.

Использование учебной формулы

Одно из удобств учебной формулы состоит в том, что вы достаточно часто можете пользоваться данными фондового рынка, чтобы получить значение ожидаемой нормы доходности r_E, требуемой инвесторами в акции компаний. Имея значение r_E, не так трудно с помощью учебной формулы вычислить r^*, поскольку ставку по займу r_D и коэффициенты *D/V* и *E/V* можно наблюдать непосредственно или рассчитать без особого труда[12].

---

[12] Бо́льшая часть долговых обязательств корпораций не имеют активных рынков, поэтому их рыночную стоимость нельзя наблюдать непосредственно. Но, как правило, стоимость таких долговых инструментов можно оценить, наблюдая за свободно обращающимися ценными бумагами с приблизительно таким же риском невыполнения обязательств и сроками погашения (см. главу 23).

ГЛАВА 19. Взаимосвязь инвестиционных решений и решений по финансированию

Для процветающих фирм рыночная стоимость долговых обязательств, как правило, не очень отличается от их балансовой стоимости, так что многие менеджеры и аналитики в формуле средневзвешенных затрат на капитал используют значение балансовой стоимости D. Однако для E безопаснее брать значение рыночной, а не балансовой стоимости.

В учебной формуле r^* представляет собой скорректированные затраты *компании* на капитал. Строго говоря, она подходит только для проектов, которые являются точной копией существующих активов компании в том, что касается делового риска и способов финансирования. Часто она используется как исходная ставка дисконта для всей компании; исходная ставка корректируется с повышением для необычно рискованных проектов и с понижением – для необычно надежных проектов.

Вы можете найти значение r^* также и *для отраслей*. Предположим, фармацевтическая компания имеет филиал, где производятся специальные химические препараты. Какая ставка дисконта будет соответствовать проектам филиала в наибольшей степени – r^* компании или средневзвешенные затраты на капитал для портфеля "честно играющих" компаний, специализирующихся на выпуске химической продукции? Последняя ставка лучше и в принципе и на практике, если есть достоверные данные о фирмах, производство и рынки которых подобны производству и рынкам филиала нашей компании.

Применение формулы к железнодорожным компаниям

В середине 1974 г. активы железнодорожной компании Penn Central были поглощены корпорацией Conrail, поддерживаемой федеральным правительством. Так как в 1971 г. Penn Central объявила о банкротстве, то ее активы, поглощенные Conrail, в действительности принадлежали кредиторам компании Central. Конгресс провел специальное судебное разбирательство, чтобы назначить справедливую компенсацию.

Хотя система Penn Central в целом была убыточна, некоторые из ее грузовых линий были потенциально рентабельными. В 1978 г. одного из авторов этой книги попросили рассчитать ставку дисконта для оценки потоков денежных средств, которые эти линии дали бы, если бы Conrail их не поглотила. Его просили сделать допущение, что грузовые линии имеют тот же деловой риск и так же финансируются, как отрасль в целом. Это очень напоминало работу с учебной формулой. Интенсивные исследования в итоге свелись к следующему расчету:

$$r^* \text{ (в середине 1974 г.)} = r_D(1-T_c)\frac{D}{V} + r_E\frac{E}{V} =$$
$$= 0{,}087(1 - 0{,}5)(0{,}45) + 0{,}16(0{,}55) =$$
$$= 0{,}1076, \text{ или} \approx 10\,{}^3\!/_4\%.$$

Компоненты формулы были получены следующим образом:

- $r_D = 0{,}087$ – средневзвешенная процентных доходов по облигациям 10 крупных железных дорог в середине 1974 г.
- $T_c = 0{,}50$. Ставка налога на прибыль корпораций в середине 1974 г. составляла 48%. Чтобы учесть штатные налоги на прибыль корпораций, она была увеличена на 2 процентных пункта.
- $D/V = 0{,}45$ – полученный расчетным путем средний для 10 крупных железных дорог показатель отношения долга к рыночной стоимости компании. Отсюда, $E/V = 0{,}55$.
- $r_E = 0{,}16$. Акции железнодорожных компаний в среднем, видимо, отличал приблизительно тот же риск, что и рыночный портфель. Беты акций в среднем составляли примерно 1,0. Таким образом, $r_E = r_m$. 16% рыночной доходности представляют собой сумму нормы доходности казначейских векселей в середине 1974 г. и премии за риск рыночного портфеля того периода.

Конечно, каждое из этих значений вызвало некоторые споры. Другие эксперты, используя ту же формулу, получали совершенно другие результаты. Любой, кто осмелится публично оценить ставку дисконта, может ожидать возражений.

*Замечание о показателе бета активов и средневзвешенных затратах на капитал

Со средневзвешенными затратами на капитал впервые мы столкнулись в главе 9, где показали, как с помощью модели оценки долгосрочных активов можно определить затраты компании на капитал. Фактически мы предложили два метода оценки:

Метод 1

Шаг 1. Ввести бету акций в формулу оценки долгосрочных активов, чтобы получить ожидаемую доходность акций.

Шаг 2. Вычислить средневзвешенную ожидаемых значений доходности долговых обязательств и акций:

$$r_{активов} = r_{долга}\frac{D}{V} + r_{акций}\frac{E}{V}.$$

Метод 2

Шаг 1. Вычислить среднюю взвешенную бету акций и долга, используя формулу:

$$\beta_{активов} = \beta_{долга}\frac{D}{V} + \beta_{акций}\frac{E}{V}.$$

Шаг 2. Ввести $\beta_{активов}$ в формулу оценки долгосрочных активов, чтобы получить ожидаемую доходность активов фирмы.

Мы показали, что оба метода дают одинаковые результаты. Но это в мире без налогов, где $r_{активов}$, затраты компании на капитал, не зависят от структуры капитала компании. Что нам делать, когда появляются налоги и структура капитала влияет на затраты компании на капитал?

Метод 1 легко видоизменить, заменяя $r_{долга}$ на $r_{долга}(1-T_c)$. Новый шаг 2:

$$r^* = r_D(1-T_c)\frac{D}{V} + r_E\frac{E}{V}.$$

Метод 2 тоже можно модифицировать с учетом налогов, но здесь есть ряд тонкостей. Чтобы получить правильный ответ, вы должны определить T^*, чистые налоговые преимущества корпорационных займов, финансовую политику фирмы[13] без левериджа и наклон линии рынка ценных бумаг[14], а затем соответствующим образом изменить вычисления. Даже эксперты часто приходят в замешательство.

*Пример. Не будем делать перестановки в методе 2, а просто приведем один специальный пример, где все хорошо подобрано.

Последуем первоначальному анализу ММ и рассмотрим только корпоративные налоги. Предполагается, что величина долга, обусловленного проектом, неизменна в течение жизни проекта, как в нашем примере проекта отвода

---

[13] Можно ли сказать, что величина долга, обусловленного проектом, неизменна или регулируется таким образом, чтобы при изменениях стоимости проекта отношение долга к рыночной стоимости оставалось постоянным? От вашего ответа зависит формула для $\beta_{активов}$.

[14] Например, в модели "долг—налоги" Мертона Миллера (раздел18—2) точка пересечения линии рынка ценных бумаг указывает на *посленалоговую* безрисковую ставку, а не на r_f, как стандартная модель оценки долгосрочных активов. Объяснение этому приводится ниже, в конце раздела 19—4.

ГЛАВА 19. Взаимосвязь инвестиционных решений и решений по финансированию

геотермальной энергии. Тогда метод 2 легко преобразовать. Во-первых, умножим $\beta_{долга}$ на $(1 - T_c)$ и заменим V на $(V - T_c D)$:

$$\beta_{активов} = (1-T_c)\beta_{долга}\frac{D}{V-T_c D} + \beta_{акций}\frac{E}{V-T_c D}.$$

Это дает β фирмы при условии осуществления ею финансирования только за счет выпуска акций.

Подставляя $\beta_{активов}$ в модель оценки долгосрочных активов, получаем *альтернативные* издержки *r*. И наконец, используя формулу ММ, получаем *скорректированные* затраты на капитал *r** при условии равенства налоговых преимуществ долга *T** ставке корпорационного налога T_c:

$$r^* = r(1 - T_c L).$$

Так что этот пример подобран точно. Тем не менее напомним, что первоначальный анализ ММ предполагает максимально возможные преимущества в налогообложении корпорационных займов. Если реальные преимущества меньше, а вы хотите получить точный ответ, тогда все три шага в измененном с учетом налогов методе 2 должны быть скорректированы. К сожалению, требуемые изменения беспорядочны и запутанны, и немногие финансовые менеджеры отваживаются их произвести.

Ошибки при использовании формулы средневзвешенных затрат на капитал

Формула средневзвешенных затрат очень полезна, но и опасна. Она искушает людей делать логические ошибки. Например, менеджер *Q*, который ратует за любимый проект, может посмотреть на формулу

$$r^* = r_D(1-T_c)\frac{D}{V} + r_E\frac{E}{V}$$

и подумать: "Ага! Моя фирма имеет хороший рейтинг кредитоспособности. Она, если б захотела, могла бы сделать заем, скажем, в размере 90% от стоимости проекта. Тогда *D/V*=0,9, а *E/V*=0,1. Ставка по займам фирмы r_D составляет 8%, а требуемая доходность акций r_E= 15%. Следовательно,

$$r^* = 0{,}08(1 - 0{,}34)(0{,}9) + 0{,}15(0{,}1) = 0{,}063, \text{ или } 6{,}3\%.$$

Если я применю эту ставку дисконта, мой проект будет выглядеть грандиозно".

Менеджер *Q* ошибся в нескольких расчетах. Во-первых, формула средневзвешенных затрат на капитал работает только для проектов, являющихся точной копией фирмы. А фирма не осуществляет финансирование на 90% за счет долга.

Во-вторых, непосредственный источник средств для финансирования проекта не обязательно связан с минимально приемлемой нормой доходности для проекта. На самом деле имеет значение общее влияние проекта на кредитоемкость фирмы. Доллар, инвестируемый в любимый менеджером *Q* проект, не увеличивает кредитоемкость фирмы на 90 центов. Если фирма сделает заем в размере 90% от стоимости проекта, часть займа она обеспечит существующими активами. Любые преимущества от финансирования нового проекта за счет долга, величина которого выше нормального, должны быть отнесены на счет старых проектов, но не нового.

В-третьих, даже если бы фирма захотела и смогла увеличить уровень долга до 90%, ее затраты на капитал не могли бы снизиться до 6,3% (как наивно предсказал менеджер *Q*). Вы не можете увеличить уровень долга без того, чтобы не создать финансовый риск для акционеров и, следовательно, увеличить ожидаемую норму доходности r_E, которую они требуют от обыкновенных акций фирмы. Увеличение доли долга до 90% определенно вызовет и рост ставки по займам.

19–4. ДИСКОНТИРОВАНИЕ НАДЕЖНОГО НОМИНАЛЬНОГО ПОТОКА ДЕНЕЖНЫХ СРЕДСТВ

Предположим, вы рассматриваете возможность покупки оборудования стоимостью 100 000 дол. Вам предлагают льготную сделку — произвести покупку в кредит на 5 лет под 5% годовых. Банку вы должны были бы платить 13% по займу. Предельная налоговая ставка составляет 30% ($T_c = 0{,}30$).

Сколько стоит такой кредит? Если вы им воспользуетесь, потоки денежных средств будут следующими (в тыс. дол.):

Период	0	1	2	3	4	5
Поток денежных средств	100	−5	−5	−5	−5	−105
Налоговая защита		+1,5	+1,5	+1,5	+1,5	+1,5
Поток денежных средств после уплаты налогов	100	−3,5	−3,5	−3,5	−3,5	−103,5

По какой ставке нужно дисконтировать? Здесь вы дисконтируете *надежные номинальные* потоки денежных средств — надежные, потому что ваша компания должна погасить кредит, если она его возьмет[15], и номинальные, потому что величина выплат зафиксирована и не зависит от инфляции. Далее, верная ставка дисконта для надежных номинальных потоков денежных средств представляет собой *посленалоговую* ставку по *несубсидируемым* займам вашей компании[16]. В этом случае:

$$r^* = r_D(1 - T_c) = 0{,}13(1 - 0{,}3) = 0{,}091.$$

Отсюда:

$$NPV = +100 - \frac{3{,}5}{1{,}091} - \frac{3{,}5}{(1{,}091)^2} - \frac{3{,}5}{(1{,}091)^3} - \frac{3{,}5}{(1{,}091)^4} - \frac{103{,}5}{(1{,}091)^5} =$$
$$= +21{,}73, \text{ или } 21\ 730 \text{ дол.}$$

Производитель по существу снизил продажную цену оборудования с 100 000 дол. до 100 000 − 21 730 = 78 270 дол. Теперь вы можете вернуться назад и пересчитать приведенную стоимость оборудования, используя эту заманчивую цену, или вы можете использовать приведенную стоимость субсидируемого кредита как элемент скорректированной приведенной стоимости оборудования.

Общее правило. Очевидно, мы должны теперь объяснить, почему $r^* = r_D(1 - T_c)$ для надежных номинальных денежных потоков. Неудивительно, что r^* зависит от r_D, ставки по несубсидируемому займу, так как это альтернативные издержки инвесторов — ставка, которую они требовали бы по долговым обязательствам вашей компании. Но почему r_D должна быть посленалоговой?

---

[15] Теоретически "надежный" означает безрисковый, подобно денежному доходу по облигациям казначейства. Практически это означает, что риск невыполнения обязательств или непоступления потока денежных средств мал.

[16] В разделе 13–1 мы вычислили чистую приведенную стоимость субсидируемого финансирования, используя *доналоговую* ставку по займам. Теперь мы видим, что это была ошибка. Применение доналоговой ставки неизбежно определяет величину займа, исходя из доналоговых потоков денежных средств. А это нарушает правило, сформулированное в разделе 6–1: всегда оценивайте потоки денежных средств, опираясь на посленалоговую базу.

Для простоты давайте возьмем субсидируемый кредит в размере 100 000 дол. сроком на 1 *год* со ставкой 5%. Потоки денежных средств (в тыс. дол.) таковы:

Период	0	1
Поток денежных средств	100	–105
Налоговая защита		+1,5
Посленалоговый поток денежных средств	100	–103,5

Теперь поставим вопрос: "Какую максимальную сумму X можно было бы занять сроком на 1 год по обычным каналам, если отложить 103 500 дол. для обслуживания кредита?"

"По обычным каналам" – значит взять заем под 13% до удержания налогов, или под 9,1% после удержания налогов. Следовательно, вам необходимо иметь 109,1% от суммы займа, чтобы погасить основную сумму займа и выплатить проценты после удержания налогов. Если $1,091X = 103\ 500$, то $X = 94\ 867$. Если вы можете заимствовать 100 000 дол. посредством субсидированного кредита и только 94 867 дол. в обычном порядке, разница (5133 дол.) представляет собой деньги в банке, а следовательно, и чистую приведенную стоимость данного субсидированного кредита.

Когда вы дисконтируете надежный номинальный поток денежных средств по посленалоговой ставке по займу, вы тем самым вычисляете *эквивалентный заем*, сумму, которую вы могли бы взять в долг по обычным каналам, используя поток денежных средств для обслуживания долга. Заметим, что

$$\text{Эквивалентный заем} = \text{приведенная стоимость} \begin{pmatrix} \text{потока денежных средств,} \\ \text{предназначенных для} \\ \text{обслуживания долга} \end{pmatrix} =$$

$$= \frac{103\ 500}{1,091} = 94\ 867 \text{ дол.}$$

В некоторых случаях это легче понять, взглянув на эквивалентный заем с позиции кредитора, а не заемщика. Например, у вас мог бы возникнуть вопрос: "Сколько моя компания должна была бы инвестировать сегодня, чтобы обслуживать долг по субсидируемому кредиту в следующем году?" Ответ – 94 867 дол. Если вы ссужаете эту сумму под 13%, вы получите 9,1% после удержания налогов и, следовательно, будете иметь 94 867 (1,091) = 103 500 дол. Этой сделкой мы фактически аннулируем или "сведем на нет" будущие обязательства. Если вы можете взять взаймы 100 000 дол. и отложить только 94 867 дол. для обслуживания кредита, вы, очевидно, можете потратить 5133 дол. как угодно. Эта сумма представляет собой чистую приведенную стоимость субсидированного кредита. Поэтому независимо от того, чью позицию – заемщика или кредитора – легче представить, посленалоговая процентная ставка является верной ставкой дисконта для надежного номинального потока денежных средств[17].

---

[17] Ставки кредитора и заемщика не должны сильно различаться, если потоки денежных средств действительно надежны, т.е. если вероятность невыполнения обязательств мала. Как правило, ваше решение не будет зависеть от используемой ставки. Если это так, задайтесь вопросом, какая из взаимообратных сделок – заимствование или кредитование – кажется наиболее естественной и уместной при данных условиях. И затем используйте соответствующую процентную ставку.

В определенном смысле это очевидный результат ваших размышлений. Компании вольны брать в долг или давать взаймы. Если они *ссужают* деньги, они получают посленалоговую ставку процента на свои инвестиции; если они *берут заем*, они выплачивают посленалоговую ставку процента. Таким образом, альтернативные издержки компаний, инвестирующих средства в эквивалентные долгу потоки денежных средств, равны посленалоговой процентной ставке; это скорректированные затраты на капитал для эквивалентных долгу потоков денежных средств.

Еще несколько примеров

Приведем еще несколько примеров эквивалентных долгу потоков денежных средств.

Фиксированные выплаты по контракту. Предположим, вы заключаете договор на обслуживание с фирмой, предоставляющей автомобили в аренду. Фирма согласна поддерживать ваш автомобиль в хорошем рабочем состоянии в течение следующих двух лет за ежемесячную плату. Такие выплаты представляют собой эквивалентные долгу потоки денежных средств[18].

Налоговая защита по амортизационным отчислениям. Проекты капиталовложений обычно оцениваются путем дисконтирования ожидаемых от них совокупных посленалоговых потоков денежных средств. Налоговая защита по амортизационным отчислениям увеличивает потоки денежных средств проекта, но она не оценивается отдельно; ее трудно вычленить из общего потока денежных средств проекта. Альтернативные издержки проекта отражают средний риск процесса в целом.

Тем не менее предположим, вы все же хотите узнать, сколько стоит налоговая защита по амортизационным отчислениям *сама по себе*. Для фирмы, которая уверена, что будет платить налоги, налоговая защита по амортизационным отчислениям представляет собой надежный номинальный поток. Поэтому дисконтировать ее надо по посленалоговой ставке по займам[19].

Предположим, вы покупаете активы стоимостью 200 000 дол., которые можно самортизировать за 5 лет согласно схеме налоговой амортизации (см. таблицу 6-5). В результате налоговая защита будет следующей:

Период	1	2	3	4	5	6
Процентные отчисления	20	32	19	11,5	11,5	6
Долларовые отчисления (в тыс. дол.)	40	64	38	23	23	12
Налоговая защита при $T_c = 0{,}30$	12	19,2	11,4	6,9	6,9	3,6

Посленалоговая ставка дисконта равна $r_D(1 - T_c) = 0{,}13(1 - 0{,}3) = 0{,}091$. (При условии, что доналоговая ставка по займам составляет 13%, а предельная ставка налога равна 30%.) Приведенная стоимость налоговой защиты:

$$PV = \frac{12}{1{,}091} + \frac{19{,}2}{(1{,}091)^2} + \frac{11{,}4}{(1{,}091)^3} + \frac{6{,}9}{(1{,}091)^4} + \frac{6{,}9}{(1{,}091)^5} + \frac{3{,}6}{(1{,}091)^6} =$$
$$= +47{,}4, \text{ или } 47\,400 \text{ дол.}$$

---

[18] Мы полагаем, вы заключите этот договор. Если расторжение его вами не предусматривает штрафных санкций, вы можете приобрести ценный опцион.

[19] Налоговая защита по амортизационным отчислениям является притоком, а не оттоком денежных средств, подобно оплате по договору или субсидируемому кредиту. В случае надежного номинального притока средств важно знать: "Сколько фирма может позаимствовать сегодня, если она использует приток средств для обслуживания долга?" Или: "Сколько фирма должна дать взаймы сегодня, чтобы получить тот же приток средств в будущем?"

ГЛАВА 19. Взаимосвязь инвестиционных решений и решений по финансированию

*Скорректированная ставка дисконта для эквивалентных долгу потоков денежных средств

Согласуется ли наш метод оценки эквивалентных долгу потоков денежных средств с методом скорректированной ставки дисконта, описанным нами ранее в этой главе? Да, согласуется и теперь мы это продемонстрируем.

Из раздела 18—2 мы помним, что стоимость налоговой защиты процентных платежей по займам корпораций зависит от ставок налога на физических лиц, взимаемого с инвесторов в долговые обязательства и акции. Никто не знает с уверенностью, каковы на самом деле ставки налога на физических лиц. Модильяни и Миллер (ММ), с одной стороны, и Миллер, с другой стороны, придерживаются по этому вопросу противоположных точек зрения. ММ полагают, что доходы инвесторов в акции и облигации облагаются налогами по одной ставке, так что принимать во внимание нужно только корпоративные налоги. В этом случае $T^* = T_c$. Миллер же считает, что инвесторы в облигации платят бóльшие налоги, чем инвесторы в акции; бóльшие настолько, что любые преимущества налоговой защиты по выплачиваемым корпорациям процентам полностью исчезают и $T^* = 0$.

Давайте рассмотрим по одному очень простому числовому примеру для каждой точки зрения. Нашу задача — оценить 1 млн дол. выплат, которые будут получены от одной устойчивой компании в следующем году. После удержания налогов по ставке 34% приток денежных средств составит 660 000 дол. Выплаты зафиксированы в договоре.

Так как договор дает эквивалентный долгу денежный поток, альтернативные издержки равны норме доходности, которую инвесторы потребовали бы от ценных бумаг устойчивой компании со сроком 1 год. Предположим, она равна 8%. Для упрощения мы допускаем, что ставка по займам вашей компании такая же. Согласно нашему принципу оценки эквивалентных долгу денежных потоков, дисконтирование должно проводиться по ставке $r^* = r_D(1 - T_c) = 0{,}8(1 - 0{,}34) = 0{,}53$:

$$PV = \frac{660\ 000}{1{,}053} = 626\ 800 \text{ дол.}$$

Оценка эквивалентных долгу денежных потоков при допущениях ММ. Теперь посмотрим, как ту же задачу решили бы ММ. Альтернативные издержки по-прежнему $r_D = 0{,}8$, или 8%. При $T^* = T_c$ формула скорректированных затрат на капитал ММ имеет вид: $r^* = r_D(1 - T_c L)$.

Что такое L? В разделе 19—2 через L мы обозначили предельный вклад проекта в кредитоемкость фирмы, выраженный как доля стоимости проекта, которая обычно ниже 1. Но кредитоемкость надежного потока денежных средств составляет 100% стоимости, поскольку фирма могла бы свести на нет поток денежных средств, взяв эквивалентный заем с тем же посленалоговым объемом средств, необходимых для обслуживания долга. Таким образом, мы можем расценивать кредитоемкость как замену эквивалентного займа. Так как приведенная стоимость эквивалентного займа в точности равна приведенной стоимости эквивалентного долгу денежного потока, то $L = 1$.

Формула скорректированных затрат на капитал для эквивалентных долгу потоков денежных средств, следовательно, дает ту же посленалоговую ставку по займам, которую мы использовали для дисконтирования притока 660 000 дол.:

$$r^* = r(1 - T_c L) = r_D(1 - T_c) = 0{,}08(1 - 0{,}34) = 0{,}053.$$

Мы получаем тот же результат и при использовании формулы Майлза—Иззеля. При $r = r_D$ и $L = 1$:

$$r^* = r - L r_D T_c \left(\frac{1+r}{1+r_D}\right) = r_D - 1 \times r_D T_c \left(\frac{1+r_D}{1+r_D}\right) = r_D - r_D T_c = r_D(1 - T_c).$$

Давайте также попытаемся вычислить скорректированную приведенную стоимость при допущениях ММ. Вычисление проводится в два приема. Сначала приток 660 000 дол. дисконтируется по ставке, равной альтернативным издержкам, т. е. 8%. Затем мы прибавляем стоимость налоговой защиты процентных платежей по долгу, обусловленному проектом. Так как фирма может сделать заем в размере 100% стоимости потока денежных средств, налоговая защита равна $r_D T_c APV$, а скорректированная приведенная стоимость равна:

$$APV = \frac{660\,000}{1{,}08} + \frac{0{,}08(0{,}34)APV}{1{,}08}.$$

Расчет показывает, что значение скорректированной приведенной стоимости без погрешности, связанной с округлением, равно 626 900[20]. Тот же результат мы получаем, дисконтируя по посленалоговой ставке по займам.

Таким образом, принцип оценки стоимости эквивалентных долгу денежных потоков является особым случаем принципа скорректированной приведенной стоимости при допущениях ММ относительно долга и налогов.

Оценка эквивалентных долгу потоков денежных средств при допущениях Миллера. Но предположим, вы разделяете точку зрения Миллера, согласно которой долг не дает никаких преимуществ в налогообложении, т. е. $T^* = 0$. Это, видимо, предполагает, что эквивалентные долгу потоки денежных средств следует дисконтировать по доналоговой ставке по займам. Например, если бы мы приняли $T^* = 0$ в формуле скорректированных затрат на капитал по ММ, то $r^* = r(1 - T^*L) = r(1 - 0 \times L) = r$, т. е. альтернативным издержкам, которые для эквивалентных долгу денежных потоков мы обычно принимаем за $r = r_D$.

Однако причина, по которой $T^* = 0$ в теории Миллера, заключается в том, что ставка налога на доходы инвесторов в облигации равна ставке налога на прибыль корпораций $T_p = T_c$, в то время как эффективная ставка налога на доход по акциям равна нулю ($T_{pE} = 0$) (см. раздел 18—2). Таким образом, инвесторы в облигации требуют более высокую доналоговую норму доходности от надежных инвестиций, чем инвесторы в акции. Например, если доходность облигаций после удержания налогов с физических лиц составляет 0,08(1 − −0,34) = 0,053, или 5,3%, тогда инвестор будет довольствоваться нормой доходности в размере 5,3% и по надежным, *свободным от налогообложения* инвестициям в акции.

Следовательно, альтернативные издержки инвестора в акции для надежного потока денежных средств равны *посленалоговой* процентной ставке: $r = r_D(1 - T_p) = r_D(1 - T_c)$.

Итак, несмотря на то что в мире Миллера $T^* = 0$, мы в конце концов дисконтируем эквивалентные долгу денежные потоки по ставке $r_D(1 - T_c)$, поскольку такую ставку требуют акционеры фирмы.

19—5. РЕЗЮМЕ

Инвестиционные решения всегда оказывают побочный эффект на финансирование: каждый затрачиваемый доллар должен быть откуда-то получен. Иногда побочный эффект незначителен или, по крайней мере, неважен. В идеальном мире без налогов, операционных издержек или других отклонений от конкурентных условий рынка только инвестиционные решения влияли бы на стоимость фирмы. В таком мире фирмы могли бы анализировать все инве-

---

[20] Посленалоговая ставка по займам на самом деле равна $r^* = 0{,}0528$. Дисконтирование по округленной ставке (0,053) снижает приведенную стоимость с верной цифры 626 900 дол. до 626 800 дол.

ГЛАВА 19. Взаимосвязь инвестиционных решений и решений по финансированию

стиционные возможности при допущении, что финансирование осуществляется только за счет выпуска акций. Фирмы решали бы, какие активы купить, и затем думали бы о получении денег для их оплаты. Но никто бы не думал, откуда деньги могут поступить, поскольку политика по управлению задолженностью, дивидендная политика и все другие финансовые возможности не оказывали бы никакого влияния на богатство акционеров.

В реальной практике нельзя не придавать значения побочным эффектам. Поэтому в данной главе мы показали вам, как их учесть.

Технически это просто. Сначала мы вычисляем приведенную стоимость проекта при условии, что нет никаких побочных эффектов. Затем мы корректируем приведенную стоимость, с тем чтобы определить общее влияние проекта на стоимость фирмы. Правило гласит: принимайте проект, если скорректированная чистая приведенная стоимость положительна:

Принимайте проект, если скорректированная чистая приведенная стоимость = базовая чистая приведенная стоимость + приведенная стоимость побочных финансовых эффектов > 0.

Базовая чистая приведенная стоимость проекта представляет собой чистую приведенную стоимость при условии финансирования только за счет выпуска акций и при совершенных рынках капиталов. При этом стоимость проекта рассматривается как стоимость отдельной мини-фирмы. Вы можете вычислить стоимость мини-фирмы, имея прогнозы ее потоков денежных средств и дисконтируя их по ставке, равной альтернативным издержкам проекта. Потоки денежных средств должны быть очищены от налогов, которые платила бы мини-фирма, осуществляющая финансирование только за счет выпуска акций.

Побочные финансовые эффекты оцениваются отдельно, и их приведенная стоимость прибавляется или отнимается от базовой чистой приведенной стоимости. Мы привели несколько примеров.

1. *Расходы на эмиссию.* Если принятие проекта заставляет фирму выпускать ценные бумаги, тогда приведенная стоимость расходов на эмиссию должна вычитаться из базовой чистой приведенной стоимости.
2. *Налоговая защита по процентным платежам.* Проценты по долгу вычитаются из налогооблагаемой прибыли. Большинство людей полагает, что налоговая защита по процентным платежам увеличивает стоимость фирмы. Таким образом, проект, для осуществления которого фирма должна взять дополнительные займы, порождает дополнительную стоимость. Скорректированная чистая приведенная стоимость проекта увеличивается на величину приведенной стоимости налоговой защиты процентных платежей по долгу, обусловленному проектом.
3. *Особое финансирование.* Иногда с принятием проекта возникает возможность особого финансирования. Например, правительство может предложить субсидии для проектов, имеющих общественную значимость. Вы просто определяете приведенную стоимость этих возможностей финансирования и прибавляете ее к базовой чистой приведенной стоимости.

Не путайте *вклад в кредитоемкость корпораций* с непосредственным источником средств для финансирования инвестиций. Например, фирма может, если ей это удобно, взять заем в размере 1 млн дол. для финансирования исследовательской программы. Но маловероятно, чтобы исследования увеличили кредитоемкость на 1 млн дол.; бóльшая часть этого нового долга будет обеспечена другими активами фирмы.

Кроме того, помните, что *кредитоемкость* не означает абсолютный лимит на величину займов, которые фирма *может* сделать. Этот термин показывает, какое количество займов фирма *решает* привлечь. Обычно оптимальный уровень долга фирмы увеличивается с ростом активов; вот почему мы говорим, что новый проект увеличивает кредитоемкость корпорации.

Вычисление скорректированной чистой приведенной стоимости может потребовать нескольких этапов: один — вычисление базовой чистой приведенной стоимости; и все другие — вычисление приведенной стоимости побочных финансовых эффектов. Многие фирмы пытаются вычислить скорректированную чистую приведенную стоимость за один прием следующим образом. Делается прогноз посленалоговых потоков денежных средств обычным способом, т. е. при условии финансирования проекта исключительно за счет выпуска акций. Но чтобы отразить побочные финансовые эффекты, проводится корректировка ставки дисконта. Если ставка дисконта подобрана верно, находится скорректированная приведенная стоимость:

Чистая приведенная стоимость по скорректированной ставке дисконта = *скорректированная приведенная стоимость* =

= *чистая приведенная стоимость, дисконтированная по альтернативным издержкам* + *приведенная стоимость побочных финансовых эффектов.*

К сожалению, не существует простой и надежной формулы для корректировки ставки дисконта. Однако есть два полезных практических метода. Первый — формула Модильяни — Миллера (ММ):

$$r^* = r\,(1 - T^*L).$$

Здесь r — альтернативные издержки, а r^* — скорректированные затраты на капитал. Величина T^* представляет собой чистую экономию на налогах на доллар выплачиваемых процентов, L — пропорциональный вклад проекта в кредитоемкость фирмы. Формула ММ строго верна только для проектов, дающих равномерный бесконечный поток денежных средств и служащих обеспечением постоянного долга. Но не будет серьезной ошибки применить ее к проектам других типов.

Майлз и Иззель вывели другую формулу:

$$r^* = r - L r_D\, T^* \left(\frac{1+r}{1+r_D}\right).$$

Формула предполагает, что фирма будет регулировать величину своих займов в зависимости от любого изменения в будущей стоимости проекта. Если это допущение правильно, формула верна для проектов с любым сроком или при любой схеме потоков денежных средств.

Скорректированная ставка дисконта по формуле Майлза — Иззеля обычно несколько выше, чем полученная по формуле ММ. Истина, вероятно, находится где-то посередине. Однако обе формулы допускают, что приведенная стоимость дополнительной налоговой защиты по процентным платежам представляет собой *лишь* побочный эффект от проекта.

Чтобы применять формулы ММ и Майлза — Иззеля, вы должны знать значение r, т. е. затраты на капитал для проекта, финансируемого полностью за счет выпуска акций. Если вы не знаете значение r, вы можете вычислить скорректированные затраты на капитал, используя учебную формулу средневзвешенных затрат на капитал:

$$r^* = r_D (1 - T_c)\frac{D}{V} + r_E \frac{E}{V}.$$

Здесь r_D и r_E — ожидаемые нормы доходности, требуемые инвесторами, соответственно от долговых обязательств и акций фирмы. Через D и E обозначены текущие рыночные стоимости долговых обязательств и акционерного капитала и через V — общая рыночная стоимость фирмы ($V = D + E$).

Строго говоря, эта формула верна только для проектов, которые являются точной копией существующей фирмы — проектов, которым присущ тот же деловой риск и финансирование которых осуществляется так, чтобы сохранялся текущий рыночный коэффициент долговой нагрузки фирмы. Но фирмы могут использовать полученную по этой формуле ставку в качестве исходной, повышая ее для особенно рискованных проектов и понижая для надежных проектов.

И наконец, мы предложили простое правило оценки надежных номинальных потоков денежных средств: просто дисконтировать по ставке, равной посленалоговой ставке процента.

Напомним, что каждая формула основана на определенных допущениях. Когда вы сталкиваетесь с проектом, который серьезно нарушает эти допущения, вы должны вернуться к вычислению скорректированной чистой приведенной стоимости.

РЕКОМЕНДУЕМАЯ ЛИТЕРАТУРА

Метод скорректированной приведенной стоимости был изложен в работе:

> *S.C. Myers.* Interactions of Corporate Financing and Investment Decisions — Implications for Capital Budgeting // Journal of Finance. 29: 1–25. March. 1974.

Объяснение формул для расчета скорректированной ставки дисконта дается в работах:

> *F. Modigliani, M.H. Miller.* Corporate Income Taxes and the Cost of Capital: A Correction // American Economic Review. 53: 433–443. June. 1963.
>
> *M.H. Miller, F. Modigliani.* Some Estimates of the Cost of Capital to the Electric Utility Industry: 1954–1957.//American Economic Review. 56: 333–391. June. 1966.
>
> *J. Miles, R. Ezzell.* The Weighted Average Cost of Capital, Perfect Capital Markets and Project Life: A Clarification // Journal of Financial and Quantitative Analysis. 15: 719–730. September. 1980.

Есть множество статей о средневзвешенных затратах на капитал и других проблемах, обсуждаемых в этой главе. Рекомендуем две типичные статьи:

> *M.J. Brennan.* A New Look at the Weighted-Average Cost of Capital // Journal of Business Finance. 5: 24–30. 1973.
>
> *D.R. Chambers, R.S. Harris, J.J. Prigle.* Treatment of Financing Mix in Analyzing Investment Opportunities // Financial Management. 11: 24–41. Summer. 1982.

Принцип оценки стоимости надежных номинальных потоков денежных средств изложен в работе:

> *R.S. Ruback.* Calculation the Market Value of Risk-Free Cash Flows // Journal of Financial Economics. 15: 323–339. March. 1986.

КОНТРОЛЬНЫЕ ВОПРОСЫ

1. Затраты по проекту составляют 1 млн дол., а его базовая чистая приведенная стоимость равна точно нулю ($NPV = 0$). Какова скорректированная приведенная стоимость проекта в следующих случаях?

    а) Для осуществления инвестиций фирме нужно привлечь 500 000 дол. за счет выпуска акций. Расходы на эмиссию составляют 15% чистых поступлений от выпуска.

б) Фирма имеет в наличии достаточно денежных средств. Но, если она их инвестирует, она сможет получить 500 000 дол. посредством долгового финансирования с субсидируемой процентной ставкой. Приведенная стоимость субсидий равна 175 000 дол.

в) Если фирма осуществит инвестиции, ее кредитоемкость увеличится на 500 000 дол. Приведенная стоимость налоговой защиты процентных платежей по этому долгу равна 76 000 дол.

г) Если фирма принимает решение инвестировать, она выпускает акции (как в пункте *а*) и делает заем (как в пункте *в*).

2. Рассмотрим скорректированную приведенную стоимость проекта по производству отопителей, рассчитанную в таблице 19-1. Как она могла бы измениться, если бы чистая налоговая защита на доллар процентных выплат составляла не $T_c = 0{,}34$, а $T^* = 0{,}10$?

3. Рассмотрим проект со сроком 1 год. Первоначальные затраты составляют 1000 дол., а ожидаемый приток денежных средств — 1200 дол. Альтернативные издержки $r = 0{,}20$. Ставка по займам $r_D = 0{,}10$ и чистая налоговая защита на доллар процентных выплат $T^* = 0{,}20$.

а) Какова базовая чистая приведенная стоимость проекта?

б) Какова скорректированная приведенная стоимость, если фирма делает заем в размере 30% от требуемых для проекта инвестиций?

4. Вычислите скорректированные затраты на капитал для проекта со сроком 1 год, описанного в вопросе 3.

а) Сначала используя формулу ММ.

б) Затем используя формулу Майлза — Иззеля.

в) Вычислите чистую приведенную стоимость проекта, используя ставки дисконта, которые вы получили в пунктах *а*) и *б*).

5. Вычислите средневзвешенные затраты на капитал для компании "Соединенные свалки Америки", используя следующую информацию.

- Долг: балансовая стоимость облигаций в обращении —75 000 000 дол. Облигации продаются по цене 90 центов за облигацию. Доходность облигации к погашению составляет 16%.
- Акции: 2 500 000 акций продаются по 42 дол. за акцию. Предположим, ожидаемая норма доходности акций составляет 25%.
- Налоги: предельная ставка налога на прибыль "Свалок" $T_c = 0{,}23$.

6. Учебная формула, видимо, предполагает, что облигации "дешевле" акций, т. е. что фирма с большей величиной долга могла бы использовать более низкую ставку дисконта r^*. Имеет ли это смысл? Дайте краткое объяснение.

7. Вы обдумываете возможность долгосрочной аренды офисных помещений для отдела исследований и разработок сроком на 5 лет. Если лизинговый договор будет заключен, он не может быть расторгнут. По договору ваша фирма обязана сделать шесть годовых платежей по 100 000 дол., первый из которых производится сразу. Какова приведенная стоимость лизинга, если ставка по займам вашей компании составляет 9% и ее налоговая ставка равна 34%? *Примечание:* лизинговые платежи вычитаются из налогооблагаемой прибыли.

ВОПРОСЫ И ЗАДАНИЯ

1. Рассмотрим проект с неограниченным сроком жизни, подобный проекту по отводу геотермальной энергии в разделе 19–2. Первоначальные инвестиции составляют 1 000 000 дол., а ожидаемый приток денежных средств — 85 000 дол. в год в бесконечный период времени. Альтернативные издержки при финансировании за счет выпуска акций составляют 10% и проект позволяет фирме взять дополнительный заем в размере 400 000 дол. под 7%. Допустим, что чистые налоговые преимущества займа составляют 30

ГЛАВА 19. Взаимосвязь инвестиционных решений и решений по финансированию

центов на доллар выплачиваемых процентов ($T^* = 0{,}30$). Какова скорректированная приведенная стоимость проекта?

2. Предположим, проект, описанный в вопросе 1, осуществляется университетом. Источником финансирования проекта служат средства университетского благотворительного фонда, которые инвестируются в широко диверсифицированный портфель акций и облигаций. Кроме того, университет может еще взять заем под 7%.

Предположим, казначей университета предлагает финансировать проект посредством выпуска бессрочных облигаций на сумму 400 000 дол. со ставкой 7% и продажи обыкновенных акций из дотационного фонда на сумму 600 000 дол. Ожидаемая доходность обыкновенных акций равна 10%. Следовательно, казначей предлагает оценить проект с помощью дисконтирования по ставке, равной средневзвешенным затратам на капитал, которая вычисляется следующим образом:

$$r^* = r_D \frac{D}{V} + r_E \frac{E}{V} = 0{,}07 \left(\frac{400\,000}{1\,000\,000} \right) + 0{,}10 \left(\frac{600\,000}{1\,000\,000} \right) = 0{,}088, \text{ или } 8{,}8\%.$$

Верен или ошибочен подход казначея? Следует ли университету инвестировать? Нужно ли брать заем?

3. Компания Digital Organics имеет возможность инвестировать сегодня 1 млн дол. ($t = 0$) и ожидает получить посленалоговый доход 600 000 дол. в году $t = 1$ и 700 000 дол. в году $t = 2$. Проект рассчитан на 2 года. Соответствующие затраты на капитал при финансировании за счет выпуска акций равны 12%, ставка по займам 8%, а планируемый фирмой коэффициент долговой нагрузки для проектов такого типа составляет 0,3. Предположим, чистая стоимость налоговой защиты процентных платежей по долгу составляет 30 центов на доллар выплачиваемых процентов. Вычислите скорректированную приведенную стоимость проекта, используя следующие методы:

   а) метод, представленный в таблице 19-1, где предполагалось, что доля долга в балансовой оценке фиксирована;
   б) формулу Майлза — Иззеля для получения скорректированной ставки;
   в) формулу ММ для получения скорректированной ставки.

4. Вернитесь к вопросу 3 из раздела "Контрольные вопросы" данной главы. Предположим, фирма делает заем в размере 30% от *стоимости* проекта.

   а) Какова скорректированная приведенная стоимость проекта?
   б) Какова минимально приемлемая норма доходности проектов такого типа?
   в) Покажите, что ваш ответ на вопрос *б)* согласуется с формулой Майлза — Иззеля.

5. Перечислите допущения, лежащие в основе формулы скорректированной ставки дисконта ММ. Представьте формулу бессрочного проекта. Затем попытайтесь вывести формулу для проекта со сроком 1 год, наподобие описанного в вопросе 3 раздела "Контрольные вопросы". Сделайте все другие допущения ММ. *Подсказка:* в конечном итоге вы получите формулу Майлза — Иззеля. Другими словами, их формула работает для проектов сроком в 1 год; формула ММ — нет.

6. В настоящее время компания "Газовая химия" достигла планового коэффициента долговой нагрузки, который составляет 40%. Она намерена осуществить программу расширения существующего бизнеса стоимостью 1 млн дол. Ожидается, что расширение производства будет давать приток денежных средств по 130 000 дол. в год в бесконечный период времени.

Компания еще не решила, осуществлять ли ей это расширение и как его финансировать. Есть две возможности — либо выпустить на 1 млн дол.

обыкновенных акций, либо на 1 млн дол. облигаций со сроком 20 лет. Расходы на эмиссию акций составили бы примерно 5% полученной от выпуска суммы, а расходы на эмиссию облигаций – примерно $1^1/_2$%.

Финансовый менеджер "Газовой химии" г-жа Полли Этилен подсчитала, что требуемая доходность акций компании составляет 14%, но расходы на эмиссию акций увеличат затраты по новым акциям до 19%. Учитывая это, проект не кажется ей жизнеспособным.

Однако она отмечает, что компания может получить новый долг под 7%, что сделало бы затраты по новым облигациям равными $8^1/_2$%. Поэтому она рекомендует принять проект и финансировать его посредством выпуска долгосрочных облигаций.

Права ли г-жа Этилен? Как бы вы оценили проект?

*7. Г-н Курт Болотный, главный финансовый директор корпорации "Торфяные материалы", просматривает сделанный консультантом анализ средневзвешенных затрат на капитал корпорации. Консультант предлагает:

$$r^* = (1 - T_c)r_D \frac{D}{V} + r_E \frac{E}{V} =$$

$$= (1 - 0{,}34)(0{,}103)(0{,}55) + 0{,}183(0{,}45) =$$

$$= 0{,}1197, \text{ или} \approx 12\%.$$

Г-н Болотный хочет проверить, насколько этот расчет согласуется с моделью оценки долгосрочных активов. Он рассматривает или оценивает следующие значения:

- Бета: $\beta_{долга} = 0{,}15$, $\beta_{акций} = 1{,}09$.
- Ожидаемая рыночная премия за риск = $r_m - r_f = 0{,}085$.
- Безрисковая ставка процента = $r_f = 9\%$.

Подскажите г-ну Болотному, как вычислить $\beta_{активов}$, $r_{активов}$, альтернативные издержки для активов компании и скорректированную норму доходности r^*. Соответствует ли ваша r^* сделанному консультантом расчету средневзвешенных затрат на капитал? (Возможна некоторая погрешность из-за округлений.)

Примечание: можно упростить вычисления, не принимая во внимание налоги с физических лиц и допуская, что предлагаемая и ожидаемая нормы доходности по облигациям "Торфяные материалы" равны.

8. Допустим, вы хотите определить *альтернативные* издержки (r) для железных дорог в середине 1974 г. Вы нашли значение r^*, скорректированных затрат на капитал: $10^3/_4$%, такое же, как в разделе 19–3. *Подсказка*: есть две формулы, связывающие r и r^*.

9. Предположим, что фирма выпускает не только облигации и акции, но и привилегированные акции. Как это может повлиять на средневзвешенные затраты на капитал? К каким изменениям в формулах ММ и Майлза—Иззеля это может привести?

10. Рассмотрим различные способы финансирования проекта по производству отопителей, который обсуждался в разделе 19–1. Для осуществления проекта требуется 10 млн дол., а базовая чистая приведенная стоимость проекта составляет 170 000 дол. Предположим, что фирма имеет 5 млн дол. в банке, которые она могла бы использовать для финансирования проекта.

Правительство, заинтересованное в использовании солнечной энергии, предлагает помощь в финансировании проекта, предоставляя кредит на сумму 5 млн дол. по льготной ставке 5%. По условиям кредита фирма должна будет выплачивать правительству 647 500 дол. ежегодно в течение 10 лет (эта цифра включает в себя и основную сумму долга и проценты).

а) Какой заем можно взять у правительства под 5%? Допустим, что обычная ставка по займам компании равна 8%, а ставка корпоративного налога — 34%.

б) Предположим, что проводимая обычно компанией политика по управлению долгом позволяет делать займы в размере 50% от балансовой стоимости ее активов. При этом приведенная стоимость налоговой защиты по процентным платежам вычисляется методом, показанным в таблице 19-1, и она включается в скорректированную приведенную стоимость. Следует ли компании поступать так же, учитывая предложение правительства о дешевом финансировании?

в) Теперь предположим, что обычно компания берет займы в размере 30% от рыночной стоимости своих активов. Изменит ли это ваш ответ на вопрос пункта *б*)? *Подсказка:* в этом примере может быть использована формула Майлза—Иззеля.

11. Ниже представлен упрощенный баланс компании "Вест-Индия" на конец 1988 г. (в млн дол.).

Оборотные активы	1418	Текущие обязательства	752
Недвижимость, машины и оборудование (нетто)	1240	Долгосрочные обязательства	257
Инвестиции	278	Отсроченные налоги	199
Прочие активы	204	Прочие обязательства	64
		Неконтрольный пакет акций в дочерних компаниях	47
		Акционерный капитал	1821
Итого	3140		3140

Инвестиции представляют собой ценные бумаги, которые держит дочерняя компания в Пуэрто-Рико. Некапитализированная аренда была незначительной, а пенсионные программы носили внефондовый характер.

Дополнительная информация:
- Количество акций в обращении = N = 184,8 млн.
- Цена акций в конце года = P = 28,50 дол.
- Бета, вычисленная на основе данных о доходах в течение 48 месяцев 1985—1988 гг., в отличие от фондового индекса компании Standard and Poor, = β = 1,14; стандартное отклонение β = 0,20.
- Исторически сложившаяся премия за риск, 1926—1988 гг. = 8,4%.
- Процентные ставки на начало 1989 г.
  Казначейские векселя = 8,2%.
  Облигации Казначейства со сроком 20 лет = 9,25%.
  Ставка нового выпуска "прямых" долгосрочных обязательств "Вест-Индии" = 9,8%.
- Превышение доходности облигаций Казначейства над доходностью векселей, 1926—1988 гг. = 1,1%.
  Предельная налоговая ставка = 34%.

а) Вычислите средневзвешенные затраты на капитал "Вест-Индии". Используйте модель оценки долгосрочных активов и приведенные выше данные. Если необходимо, сделайте дополнительные допущения и приближения.

б) Каковы были бы средневзвешенные затраты на капитал "Вест-Индии", если бы компания изменила и затем *поддерживала* отношение долга к рыночной стоимости (D/V) на уровне 25%? Учитывайте только подоходные налоги корпораций.

Часть VI

ОПЦИОНЫ

20
Обязательства корпораций и оценка стоимости опционов

В 1973 г. в Чикаго была основана опционная биржа. Она имела почти постоянный успех. В течение 5 лет инвесторы заключали опционные сделки на покупку или продажу более чем 10 млн акций ежедневно.

Сегодня опционами торгуют на многих биржах. Кроме срочных сделок на покупку или продажу обыкновенных акций заключаются опционные контракты на фондовые индексы, на облигации, товары и иностранную валюту. Перечень основных видов наиболее распространенных опционов приведен в таблице 20-1.

Торговля опционами является специализированным бизнесом, и его участники пользуются своим особым языком. Они употребляют такие термины, как опционы на покупку (опцион "колл"), на продажу (опцион "пут"), двойной (опцион "стрэддл"), "бабочка", опцион "в деньгах", "голый" опцион. Мы не будем объяснять значение *всех* этих терминов, но к концу этой главы вы познакомитесь с основными видами опционов и способами их оценки.

С какой стати подобные проблемы должны интересовать финансового менеджера промышленной компании? Потому что менеджеры повседневно используют валютные и товарные опционы, опционы на процентные ставки и, кроме того, они сталкиваются с большим разнообразием проблем, связанных с корпоративными инвестициями и финансированием, неотъемлемым элементом которых являются опционы.

Многие инвестиционные предложения содержат опцион на покупку дополнительного оборудования на какую-то дату в будущем. Например, компания может инвестировать средства в патент, который позволит ей использовать новую технологию, или же она может приобрести соседние участки земли, что даст ей возможность расширить производство. В каждом случае компания платит деньги сегодня за возможность осуществить инвестиции в будущем. Или, говоря другими словами, компания приобретает *возможности роста*. Мы обсуждали такие возможности в главе 4, а в главе 10 показали, как вы можете использовать "древо решений" для анализа стоящего перед компанией "Вольный полет" выбора расширить проект или отказаться от него. Мы вернемся к этому примеру в следующей главе, когда будем рассказывать о том, как рассчитать стоимость отказа от проекта, используя теорию оценки опционов.

А вот другой пример скрытого опциона. Вы думаете приобрести участок бесплодных земель, где, как известно, находится месторождение золота. К сожалению, стоимость добычи превышает текущую цену на золото. Означает ли это, что участок почти ничего не стоит? Вовсе нет. Вам необязательно добывать золото, но обладание участком дает вам опцион на добычу. Конечно, если вы знаете, что цена на золото будет оставаться ниже затрат на разработку ме-

ТАБЛИЦА 20-1
Некоторые опционы и биржи, на которых они продаются

Обыкновенные акции США: AMEX, CBOE, NYSE, PSE, PhilSE
Рыночные индексы США: AMEX, CBOE, IMM*, NASDAQ, NYFE*, NYSE, PSE, PhilSE
Казначейские облигации и векселя США: CBT*
Евродолларовые депозиты: IMM*, LIFFE*

Австралийские доллары: SFE*
Канадские доллары: CBOE**, ME, PhilSE, VSE
Немецкие марки: CBOE**, IMM*, EOE, LSEME, PhilSE
Датские гульдены: EOE
ЭКЮ: EOE
Французские франки: CBOE**, PhilSE
Фунты стерлингов: CBOE**, IMM*, EOE, LSE
Швейцарские франки: CBOE**, IMM*, ME, PhilSE
Йены: CBOE**, PhilSE

Золото: COMEX*, EOE, MCE*, ME, VCE
Серебро: CBT*, COMEX*, EOE, TFE, VSE
Индексы цен на золото и серебро: PhilSE

Скот: CME*
Кукуруза: CBT*
Хлопок: NYCE*
Свинина: CME*
Соя: CBT*, MCE*
Сахар: CSCE*
Пшеница: KC*, MCE*, MPLS*

Расшифровка сокращений:
  AMEX – American Stock Exchange (Американская фондовая биржа)
  CBOE – Chicago Board Option Exchange (Чикагская опционная биржа)
  CBT – Chicago Board of Trade (Чикагская торговая биржа)
  CME – Chicago Mercantile Exchange (Чикагская коммерческая биржа)
  COMEX – Commodity Exchange, New York (Нью-Йоркская товарная биржа)
  CSCE – Coffee, Sugar, and Cocoa Exchange, New York (Нью-Йоркская биржа кофе, сахара и какао)
  EOE – European Options Exchange (Европейская опционная биржа)
  IMM – International Monetary Market (в рамках CME) (Международный валютный рынок)
  KC – Kansas City Board of Trade (Торговая биржа Канзас-сити)
  LIFFE – London International Financial Futures Exchange (Лондонская биржа международных финансовых фьючерсов)
  LSE – London Stock Exchange (Лондонская фондовая биржа)
  MCE – MidAmerica Commodity Exchange (Центральноамериканская товарная биржа)
  MPLS – Minneapolis Grain Exchange (Зерновая биржа Миннеаполиса)
  ME – Montreal Exchange (Монреальская биржа)
  NASDAQ – National Association of Securities Dealers Automated Quotations (Национальная ассоциация дилеров по автоматизированным котировкам ценных бумаг)
  NYCE – New York Cotton Exchange (Нью-Йоркская хлопковая биржа)
  NYFE – New York Futures Exchange (Нью-Йоркская фьючерсная биржа)
  NYSE – New York Stock Exchange (Нью-Йоркская фондовая биржа)
  PSE – Pacific Stock Exchange (Тихоокеанская фондовая биржа)
  PhilSE – Philadelphia Stock Exchange (Филадельфийская фондовая биржа)
  SFE – Sydney Futures Exchange (Сиднейская фьючерсная биржа)
  TFE – Toronto Futures Exchange (Фьючерсная биржа Торонто)
  VSE – Vancouver Stock Exchange (Ванкуверская фондовая биржа)

* Фьючерсные опционы.
** Европейские опционы.

Примечание: Фьючерсы – это заказы на покупку активов в будущем. Они описываются в главе 25.

ГЛАВА 20. Обязательства корпораций и оценка стоимости опционов

сторождения, тогда этот опцион не имеет ценности. Но, если будущая цена на золото неизвестна, вы могли бы попытать счастья и разбогатеть[1].

В главах 14 и 15 мы затронули различные опционы, связанные с новыми финансовыми инструментами. Например:

1. варранты и конвертируемые ценные бумаги, которые дают их держателям право (опцион) обменять их на обыкновенные акции по фиксированной цене;
2. опционы "колл" на облигации, дающие компании право выкупить их до наступления срока погашения.

На самом деле во всех случаях, когда компания делает заем, она создает опцион, потому что заемщика нельзя *вынудить* погасить долг по истечении оговоренного срока займа. Если стоимость активов компании меньше величины долга, компания предпочтет не выполнить свои обязательства (поскольку окажется неплатежеспособной), и держатели облигаций получат ее активы. Таким образом, когда компания делает заем, кредитор, по сути, приобретает активы компании, а акционеры получают опцион на их выкуп путем погашения долга. Это чрезвычайно важное соображение. Поэтому все, что мы можем узнать о торговле опционами "колл", относится в равной степени к обязательствам корпорации[2].

Основная цель этой главы — рассказать, как действуют опционы и как оценивать их стоимость. Мы просим вас "инвестировать" в приобретение некоторых важных идей. Отдачу от своих инвестиций вы получите в основном в последующих главах, где эти идеи получат практическое применение при разборе конкретных проблем корпоративных финансов.

20-1. "КОЛЛЫ", "ПУТЫ" И АКЦИИ

В главе 13 мы рассказывали о Луи Башелье, который в 1900 г. впервые предположил, что движение цен на акции носит случайный характер. Башелье также придумал очень удобный способ проиллюстрировать результаты инвестирования в опционы[3]. Давайте воспользуемся этим способом, чтобы сравнить три возможных вида — покупку опциона "колл", покупку опциона "пут" и покупку собственно акций.

Опцион "колл" дает его владельцу право купить акции по особой, именуемой *ценой исполнения*, или *ценой сделки*. В некоторых случаях опцион может быть реализован только в один определенный день, и обычно его называют "*европейский* колл"; в других случаях опцион может быть реализован либо в установленный день, либо до него, и такой опцион называют "*американский* колл". Сначала мы рассмотрим более простой в концептуальном отношении "европейский колл", но почти все наши замечания будут относиться и к его американскому кузену.

Позиционный график на рисунке 20-1*а* показывает возможные значения стоимости опциона "колл" непосредственно до истечения срока его исполнения, цена исполнения опциона равна 100 дол. Если цена акции в это время окажется ниже этой величины, никто не будет платить 100 дол., чтобы получить акции с помощью опциона "колл". В этом случае наш опцион "колл"

---

[1] В главе 11 мы оценили золотоносные копи Цезаря Соломона, вычислив стоимость золота в земле и затем вычтя стоимость затрат на его добычу. Это абсолютно верно, если мы точно *знаем*, что золото будет добываться. В противном случае стоимость копей возрастет на величину, равную стоимости опциона на то, что золото так и останется в земле, если его цена не превысит затрат на добычу.

[2] Эта связь была впервые описана в работе: *Fisher Black and Myron Scholes*. The Pricing of Options and Corporate Liabilities // Journal of Political Economy. 81: 637–654. May–June. 1973.

[3] *L. Bachelier*. Theory de la Speculation. Gauthier-Villars, Paris, 1900. Переиздание на английском языке см.: *P.H. Cootner (ed.)*. The Random Character of Stock Market Prices. M.I.T. Press, Cambridge, Mass., 1964.

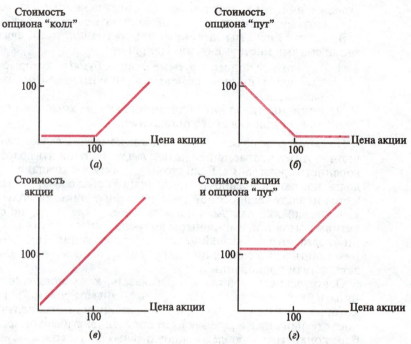

РИСУНОК 20-1
Результаты для владельцев опционов "колл", "пут" и акций (показаны цветными линиями) зависят от цены акции. (*а*) Результат приобретения опциона "колл" при цене исполнения 100 дол. (*б*) Результат приобретения опциона "пут" с ценой исполнения 100 дол. (*в*) Результат покупки акции. (*г*) Результат покупки акции *и* опциона "пут" с ценой исполнения 100 дол.; это все равно что иметь опцион "колл" и 100 дол. в банке.

обесценится и мы им просто не воспользуемся. С другой стороны, если цена акции окажется выше 100 дол., это даст нам возможность воспользоваться своим правом купить акции. В этом случае стоимость опциона будет равна рыночной цене акции за вычетом 100 дол., которые мы должны заплатить, чтобы купить этот опцион.

Теперь давайте рассмотрим **европейский опцион "пут"** с той же ценой исполнения. Если опцион "колл" дает нам право *купить* акцию за 100 дол., то опцион "пут" дает нам право *продать* ее за 100 дол. Поэтому условия, при которых опцион "пут" будет ценен, прямо противоположны условиям, при которых ценным является опцион "колл". Это видно из позиционного графика на рисунке 20-1*б*. Если цена на акцию непосредственно перед сроком исполнения опциона окажется *выше* 100 дол., никто не захочет продавать акцию по этой цене. Наш опцион "пут" теряет стоимость. И наоборот, если цена акции окажется *ниже* 100 дол., будет выгодно купить акцию и затем воспользоваться правом продать ее за 100 дол. В этом случае стоимость опциона "пут" по истечении срока исполнения равна разнице между 100 дол., полученными от продажи, и рыночной ценой акции. Например, если акция стоит 60 дол., "пут" стоит 40 дол.

$$\text{Стоимость опциона "пут" в момент исполнения} =$$
$$= \text{цена исполнения} - \text{рыночная цена акции} = 100 - 60 = 40 \text{ дол.}$$

Наш третий вариант инвестирования связан с приобретением самих акций. Рисунок 20-1*в* выдает мало секретов, показывая, что стоимость этих инвестиций всегда в точности равна рыночной стоимости акций.

ГЛАВА 20. Обязательства корпораций и оценка стоимости опционов

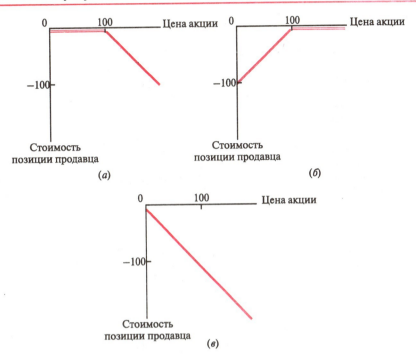

РИСУНОК 20-2
Результаты для продавцов опционов "колл", "пут" и акций (показаны цветными линиями) зависят от цены акции. (*а*) Результат продажи опциона "колл" с ценой исполнения 100 дол. (*б*) Результат продажи опциона "пут" с ценой исполнения 100 дол. (*в*) Результат "короткой" продажи акции.

Продажа "коллов", "путов" и акций

Теперь давайте рассмотрим позицию инвестора, который *продает* эти инвестиции. Тот, кто продает, или "выписывает", "колл", обещает предоставить акции покупателю опциона по его требованию. Другими словами, активы покупателя являются обязательствами продавца. Если на момент исполнения цена на акцию окажется ниже цены исполнения опциона, покупатель не станет исполнять "колл", а продавец освободится от обязательств. Если цена на акцию поднимется выше цены исполнения, покупатель исполнит опцион и продавец передаст ему акцию. Разница между ценой акции и ценой исполнения, уплаченной покупателем, составляет убыток продавца.

Предположим, что цена исполнения равна 100 дол., а цена на акции составила 150 дол. Опцион "колл" будет исполнен. Продавец вынужден продать акции стоимостью 150 дол. всего лишь за 100 дол. и, следовательно, теряет 50 дол. Покупатель, разумеется, выигрывает 50 дол.

В общем, убытки продавца становятся прибылью покупателя, и наоборот. На рисунке 20-2*а* показаны доходы продавца. Заметим, что рисунок 20-2*а* представляет собой просто перевернутый рисунок 20-1*а*.

Точно так же мы можем обрисовать позицию инвестора, который продает, или "выписывает", опцион "пут", перевернув рисунок 20-1*б*. Продавец опциона "пут" согласен заплатить 100 дол. за акцию, если этого потребует покупатель опциона. Очевидно, покупатель будет в безопасности, пока цена акции остается выше 100 дол., но потеряет деньги, если цена упадет ниже этой величины. Худшее, что может произойти, — это если акции совсем обесценятся. Тогда продавец будет обязан заплатить 100 дол. за акцию стоимостью 0 дол. "Стоимость" опциона будет равна −100 дол.

И наконец, на рис 20-2*в* показана позиция тех, кто осуществляет "короткую" продажу акции. При "короткой" продаже продавцы торгуют акциями, которые им еще не принадлежат. Как говорят на Уолл-стрит:

> *Коли чужое ты прóдал кому,*
> *Назад выкупай или топай в тюрьму.*
> *(He who sells what isn't his'n*
> *Buys it back or goes to prison.)*

Поэтому в конце концов продавец с "короткой позицией" должен будет купить акции обратно. "Короткая" продажа приносит прибыль в случае падения цены и приводит к убыткам в случае ее роста[4]. Вы можете видеть, что рисунок 20-2*в* представляет собой перевернутый рисунок 20-1*в*.

20-2. РАЗЛИЧНЫЕ КОМБИНАЦИИ "КОЛЛОВ", "ПУТОВ" И АКЦИЙ

А теперь вернемся к покупателю опционов и посмотрим, что происходит, когда мы соединяем два вида инвестиций вместе. Предположим, например, что наш портфель содержит *и* акцию, *и* опцион "пут" с ценой исполнения 100 дол. Мы можем определить стоимость каждого из компонентов портфеля, используя рисунки 20-1*б* и 20-1*в*.

Заметим, что если цена акции поднимается выше 100 дол., опцион "пут" теряет свою стоимость, и стоимость инвестиций будет равна цене акции. И наоборот, если цена акции падает ниже 100 дол., снижение стоимости акции будет полностью компенсировано ростом стоимости "пута". На рисунке 20-1*г* мы показали общую стоимость владения этими двумя инструментами.

Этот рисунок может сообщить нам кое-что о связи между опционами "колл" и "пут". Вы можете увидеть это, сравнив его с рисунком 20-1*а*. Независимо от того, какова цена акции, конечная стоимость наших комбинированных инвестиций в акцию и опцион "пут" ровно на 100 дол. больше стоимости инвестиций только в опцион "колл". Другими словами, если вы 1) покупаете опцион "колл" и 2) откладываете достаточное количество денег, чтобы уплатить цену исполнения 100 дол. по истечении срока опциона, вы делаете такие же инвестиции, как тот, кто купил акцию и опцион на ее продажу за 100 дол. В момент истечения срока опциона обе стратегии поставят инвестора перед выбором: либо 100 дол. деньгами, либо владение акцией. Поскольку два пакета приносят одинаковые доходы, они должны всегда продаваться по одинаковой цене. Отсюда следует базовое равенство для европейского опциона:

Стоимость опциона "колл" + *приведенная стоимость цены исполнения* =
= *стоимость опциона "пут"* + *цена акции.*

В качестве повторения: это соотношение соблюдается потому, что результат стратегии:

[купи "колл", инвестируй приведенную стоимость цены исполнения в надежные активы][5]

---

[4] "Короткая" продажа не так проста, как мы ее здесь описали. Например, продавец с "короткой позицией", как правило, должен внести брокеру маржу, т. е. гарантийный взнос деньгами или ценными бумагами. Это дает брокеру гарантию, что продавец с "короткой позицией" сможет выкупить акции, когда настанет время это сделать.

[5] Приведенная стоимость вычисляется с использованием *безрисковой процентной ставки*. Это сумма, которую вы должны были бы инвестировать в казначейские векселя сегодня, чтобы реализовать цену исполнения по истечении срока опциона.

ГЛАВА 20. Обязательства корпораций и оценка стоимости опционов

равен результату стратегии:

[купи "пут", купи акцию].

Приведем несколько иной пример. Предположим, вы хотите инвестировать средства в определенную акцию, но у вас нет денег. Однако вы знаете, что через три месяца получите 100 дол. Поэтому вы берете в вашем банке заем в размере приведенной стоимости 100 дол. и инвестируете полученную сумму в акцию. Предположим, этой суммы хватит, чтобы купить одну акцию. Через три месяца вы получите доход, равный цене акции за вычетом 100 дол., которые вы должны банку. Теперь сравним эту стратегию с альтернативной, когда вы *покупаете* трехмесячный опцион "колл" с ценой исполнения 100 дол. и *продаете* трехмесячный опцион "пут" с ценой исполнения 100 дол. Конечная стоимость этого пакета равнялась бы сумме стоимостей на рисунках 20-1а и 20-1б. На рисунке 20-3 показано, что эта сумма всегда равна рыночной цене акции минус 100 дол. Легко увидеть, почему это так. Если цена акции растет, мы можем исполнить наш "колл" и заплатить 100 дол., чтобы получить акцию; если цена падает, другой человек исполнит его и продаст нам акцию за 100 дол. В любом случае мы заплатим 100 дол. и приобретем акцию. Поскольку обе наши стратегии приводят к одинаковым результатам, они должны иметь одну и ту же стоимость. Другими словами, мы преобразуем приведенное ранее равенство следующим образом:

Стоимость опциона "колл" − стоимость опциона "пут" =
= цена акции − приведенная стоимость цены исполнения.

Это преобразованное соотношение соблюдается, потому что стратегия:

[купи "колл", продай "пут"]

равнозначна стратегии

[купи акцию, займи приведенную стоимость цены исполнения][6].

Безусловно, существует много способов представить базовое соотношение между ценой акции, стоимостью опционов "колл" и "пут" и приведенной стоимостью цены исполнения. Все они предполагают наличие двух инвестиционных стратегий, дающих одинаковый результат.

Еще один пример. Преобразуем базовое уравнение так, чтобы определить стоимость опциона "пут":

Стоимость опциона "пут" = стоимость опциона "колл" − стоимость акции + приведенная стоимость цены исполнения.

РИСУНОК 20-3
Результат покупки опциона "колл" и продажи опциона "пут" с одинаковой ценой исполнения 100 дол. Как бы ни изменилась цена акции, вы в конечном итоге платите 100 дол. и приобретаете акцию в день истечения срока опциона. Вы могли бы достичь такого же результата, если бы купили акцию, сделав заем в размере приведенной стоимости 100 дол., который будет погашен в день истечения срока опциона.

---

[6] И вновь приведенная стоимость вычисляется с использованием безрисковой ставки процента. Другими словами, сравнение предполагает, что вы определенно погасите кредит.

Из этого выражения вы можете сделать вывод, что стратегия:

[купи "пут"]

равнозначна стратегии:

[купи "колл", продай акцию, инвестируй приведенную стоимость цены исполнения].

Иначе говоря, если бы опцион "пут" был вам недоступен, вы могли бы создать его, купив опцион "колл", продав акции и отдав деньги взаймы.

Маневры, подобные этим, называются *опционными конверсиями*. Опцион "колл" может быть превращен в опцион "пут", и наоборот, с помощью соответствующих манипуляций с акциями, взятием и предоставлением займа. В результате у нас в этом мире (надеемся, что и на том свете) нет необходимости иметь все инструменты — опционы "колл", "пут", акции — *и* при этом брать или предоставлять займы. Имея любые три из этих инвестиционных возможностей, вы всегда можете создать четвертую.

*Различие между надежными и рисковыми облигациями

В главе 18 мы обсуждали затруднительное положение, в котором оказалась компания "Циркулярная пила", займы которой составили 50 дол. в расчете на акцию. К несчастью, для фирмы наступили трудные времена и рыночная стоимость ее активов снизилась до 30 дол. Цены на ее облигации и акции упали соответственно до 25 и 5 дол. Баланс компании по *рыночной* стоимости теперь принял такой вид:

Компания "Циркуляционная пила" (рыночная стоимость, в дол.)			
Активы	30	25	Облигации
		5	Акции
	30	30	Стоимость фирмы

Если бы компании "Циркулярная пила" пришлось погашать долг сейчас, то она не смогла бы выплатить 50 дол. первоначального займа. Фирма оказалась бы неплатежеспособной, держатели облигаций получили бы активы стоимостью 30 дол. и акционеры остались бы ни с чем. Причина, по которой акции "Циркулярной пилы" все еще стоят 5 дол., состоит в том, что срок погашения долга наступает *не* сегодня, а через год. При удачном стечении обстоятельств стоимость фирмы могла бы возрасти настолько, что она сумела бы полностью расплатиться с держателями облигаций и еще кое-что осталось бы акционерам.

Давайте вернемся к утверждению, которое мы сделали в начале главы. Всякий раз, когда фирма обращается к заимствованию, кредитор фактически приобретает компанию, а акционеры приобретают опцион на выкуп ее обратно путем погашения долга. По сути, акционеры покупают опцион "колл" на активы фирмы. А держатели облигаций продают им этот опцион. Таким образом, баланс "Циркулярной пилы" может быть представлен следующим образом:

Компания "Циркуляционная пила" (рыночная стоимость, в дол.)			
Стоимость активов	30	25	Стоимость облигаций = = стоимость активов – стоимость "колла"
		5	Стоимость акций = стоимость "колла"
	30	30	Стоимость фирмы = стоимость активов

Если вам пока это кажется странным, попытайтесь построить один из позиционных графиков Л.Башелье для компании "Циркулярная пила". Он должен выглядеть как рисунок 20-4. Если будущая стоимость активов будет меньше 50 дол., "Циркулярная пила" не выполнит свои обязательства и акции обесценятся. Если стоимость активов превысит 50 дол., акционеры получат сумму, равную стоимости активов *минус* 50 дол., выплачиваемых держателям облигаций. Позиция, изображенная на рисунке 20-4, идентична позиции с опционом "колл" на активы фирмы с ценой исполнения 50 дол.

Теперь снова вернемся к базовому равенству для опционов "колл" и "пут":

*Стоимость опциона "колл" + приведенная стоимость цены исполнения =
= стоимость опциона "пут" + стоимость акции.*

Чтобы применить это уравнение к компании "Циркулярная пила", мы должны интерпретировать "стоимость акции" как "стоимость актива", поскольку обыкновенная акция представляет собой опцион "колл" на активы фирмы. Кроме того, "приведенная стоимость цены исполнения" представляет собой приведенную стоимость *неукоснительной* выплаты в следующем году обещанных держателям облигаций 50 дол. Отсюда:

*Стоимость опциона "колл" + приведенная стоимость обещанных держателям
облигаций выплат = стоимость опциона "пут" + стоимость активов.*

Теперь мы можем определить стоимость облигаций компании "Циркулярная пила". Она равна стоимости активов фирмы за вычетом стоимости имеющегося у акционеров опциона "колл" на эти активы:

*Стоимость облигации = стоимость активов − стоимость опциона "колл" =
= приведенная стоимость обещанных держателям облигаций выплат −
− стоимость опциона "пут".*

По сути, держатели облигаций компании "Циркулярная пила" 1) купили надежные облигации и 2) дали акционерам компании опцион продать им активы компании за сумму, равную величине долга. Вы можете подумать, что держатели облигаций получают 50 дол. обещанных выплат, но на самом деле они предоставили акционерам опцион вернуть 50 дол. в обмен на активы компании. Если стоимость фирмы окажется меньше обещанных держателям облигаций 50 дол., акционеры исполнят свой опцион "пут".

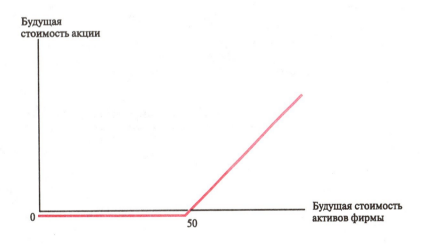

РИСУНОК 20-4
Стоимость обыкновенной акции компании "Циркулярная пила" равна стоимости опциона "колл" на активы фирмы с ценой исполнения 50 дол.

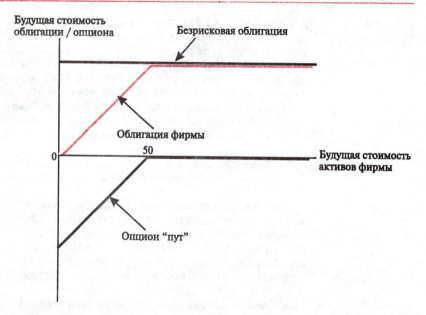

РИСУНОК 20-5
Мы также можем рассматривать облигацию компании "Циркулярная пила" (красная линия) как эквивалент безрисковой облигации (верхняя темная линия) минус опцион "пут" на активы фирмы с ценой исполнения 50 дол. (нижняя темная линия).

Рисковая облигация компании "Циркулярная пила" идентична надежной облигации за вычетом стоимости опциона акционеров на невыполнение обязательств. Чтобы оценить эту рисковую облигацию, нам необходимо определить стоимость надежной облигации и затем вычесть стоимость опциона на неуплату долга. Опцион на невыполнение обязательств эквивалентен опциону "пут" на активы компании.

В случае с компанией "Циркулярная пила" опцион на невыполнение обязательств является чрезвычайно ценным, поскольку неплатежеспособность очень вероятна. В другом крайнем случае не имеет смысла сравнивать стоимость права компании AT&T не выполнить обязательства со стоимостью ее активов. Невыполнение обязательств по облигациям AT&T возможно, но очень маловероятно. Продавцы опционов сказали бы, что для компании "Циркулярная пила" опцион "пут" полностью "в деньгах", поскольку сегодняшняя стоимость активов (30 дол.) гораздо ниже цены исполнения опциона (50 дол.). Для AT&T опцион "пут" совершенно "вне денег", так как стоимость активов AT&T значительно превышает стоимость долга компании.

Мы знаем, что акции "Циркулярной пилы" эквивалентны опциону "колл" на активы фирмы. Это равнозначно также 1) владению активами фирмы, 2) займу в размере приведенной стоимости 50 дол. с обязательным его погашением, но еще и 3) покупке опциона "пут" на активы фирмы с ценой исполнения 50 дол.

Мы можем обобщить эти рассуждения, представив баланс "Циркулярной пилы" в виде стоимости активов, стоимости опциона "пут" и приведенной стоимости обязательной уплаты 50 дол.:

Компания "Циркуляционная пила" (рыночная стоимость, в дол.)			
Стоимость активов	30	25	Стоимость облигаций = приведенная стоимость обещанных выплат − − стоимость опциона "пут"
	__30__	__5__ 30	Стоимость акций = стоимость активов − − приведенная стоимость обещанных выплат + стоимость опциона "пут" Стоимость фирмы = стоимость активов

И опять вы можете проверить это с помощью позиционного графика. Красная линия на рисунке 20-5 показывает результаты для держателей облигаций "Циркулярной пилы". Если стоимость активов фирмы превышает 50 дол., держатели облигаций возвращают свои деньги в полном объеме; если активы стоят меньше 50 дол., фирма не выполняет свои обязательства и держателям облигаций достается стоимость активов. Мы могли бы получить идентичные результаты, купив надежную облигацию (верхняя темная линия) и продав опцион "пут" на активы фирмы (нижняя темная линия).

*Выявление опциона

На опционе редко написано, что это он и есть. Часто наиболее сложная часть проблемы — распознать опцион. Так, мы подозреваем, что, пока мы вам не сообщили, вы и не догадывались, что в каждой рисковой облигации заложен скрытый опцион.

Когда вы не знаете точно, имеете ли вы дело с опционом "пут" или с опционом "колл", или со сложной их комбинацией, очень даже правильно построить позиционный график. Приведем пример.

Корпорация "Утюги и гладильные доски" предлагает своему президенту г-же Хигден следующую систему поощрения. Если в конце года цена акций вырастет минимум на 20% от ее текущего уровня 100 дол., г-жа Хигден получит 100 000 дол. В противном случае она не получит ничего.

Вы можете представить это так, как будто г-жа Хигден имеет 100 000 билетов, по каждому из которых выплачивается 1 дол. в случае, если цена акции превысит 120 дол. На рисунке 20-6 показаны доходы от одного такого билета. Эти доходы отличаются от доходов просто по опционам "пут" и "колл", которые мы изобразили на рисунке 20-1, но можно подобрать такую комбинацию опционов, которая будет почти в точности соответствовать графику на рисунке 20-6. Прежде чем заглянуть в ответ, попробуйте нарисовать его сами (если вы с удовольствием решаете задачки типа "постройте треугольник с помощью двух спичек", для вас это будет легкая победа).

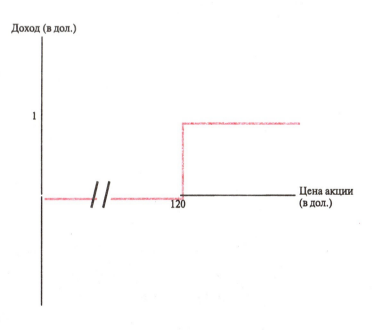

РИСУНОК 20-6
Доход по одному из "билетов" г-жи Хигден зависит от цены на акции "Утюгов".

Ответ дан на рисунке 20-7. Сплошная темная линия иллюстрирует приобретение опциона "колл" с ценой исполнения 119,5 дол., а пунктирная линия — продажу другого опциона "колл" с ценой исполнения 120,5 дол. Красная линия показывает результат при сочетании покупки и продажи опционов — он почти идентичен доходу от любого билета г-жи Хигден.

Таким образом, если мы хотим знать, во сколько обойдется компании система поощрительных мер, нам нужно определить разность между стоимостью 100 000 опционов "колл" с ценой исполнения 119,5 дол. и стоимостью 100 000 опционов "колл" с ценой исполнения 120,5 дол.[7]

Мы могли бы разработать систему стимулирования с гораздо более сложной зависимостью от цены акции. Например, можно было бы платить 100 000 дол. в случае, если цена акции будет находиться в пределах между 120 и 140 дол., а в любом другом случае не платить ничего. (Не спрашивайте, почему кто-то захотел бы предложить такую систему — может быть, это как-то связано с налогами.) Но и эту схему вы по-прежнему могли бы представить в виде комбинации опционов. На самом деле мы можем сформулировать общее правило:

Любой набор обусловленных доходов — т. е. доходов, которые зависят от стоимости каких-то других активов, — можно оценить как комбинацию простых опционов на эти активы.

Например, если вам необходимо оценить инвестиционный проект, который будет приносить доход в размере 2 млн дол. в случае, если цена на медь будет меньше 1500 дол., и только 1 млн дол., если цена на медь будет превышать 1500 дол., вы могли бы это сделать с помощью теории оценки опционов.

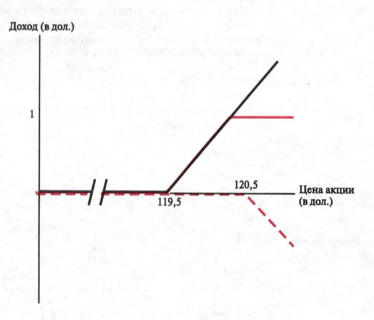

РИСУНОК 20-7
Сплошная темная линия показывает результат покупки опциона "колл" с ценой исполнения 119,5 дол. Пунктирная линия иллюстрирует продажу опциона "колл" с ценой исполнения 120,5 дол. Комбинация покупки и продажи (представлена красной линией) очень похожа на один из "билетов" г-жи Хигден.

---

[7] То, что рисунок 20-7 не совсем идентичен рисунку 20-6, означает, что значения стоимости совпадают не полностью, но мы можем добиться желаемой степени приближения. Например, чтобы получить более точный ответ, мы могли бы вычислить разность между стоимостью 1 млн опционов "колл" с ценой исполнения 119,5 дол. и стоимостью 1 млн опционов "колл" с ценой исполнения 120,5 дол.

ГЛАВА 20. Обязательства корпораций и оценка стоимости опционов

20-3. ЧТО ОПРЕДЕЛЯЕТ СТОИМОСТЬ ОПЦИОНА?

До сих пор мы ничего не сказали о том, как определяется рыночная стоимость опционов. Тем не менее мы знаем, сколько стоит опцион по истечении его срока. Рассмотрим приведенный нами ранее пример с опционом на приобретение акции за 100 дол. Если цена акции на дату исполнения меньше 100 дол., опцион "колл" обесценивается; если цена акции превышает 100 дол., стоимость опциона "колл" будет на 100 дол. меньше стоимости акции. На позиционных графиках Башелье эта связь изображается темной линией (см. рисунок 20-8).

Даже до истечения срока исполнения цена опциона никогда не опускается *ниже* темной линии на рисунке 20-8. Например, если бы цена нашего опциона составляла 50 дол., а цена акции равнялась 200 дол., любой инвестор купил бы опцион, исполнил его ради дополнительных 100 дол., а затем продал бы акции. Это был бы денежный станок, дающий прибыль в 50 дол. Спрос на опционы со стороны инвесторов, использующих денежный станок, быстро поднял бы цену опциона по крайней мере до уровня темной линии. Для опционов, срок исполнения которых пока еще не истек, темная линия является *нижним* пределом их рыночной цены.

Прямая линия на рисунке 20-8 представляет собой *верхний* предел цены опциона. Почему? Потому что акции, как бы то ни было, приносят более высокий совокупный доход. Если на дату исполнения опциона цена акции окажется выше цены исполнения, стоимость опциона равна цене акции *минус* цена исполнения. Если цена акции окажется ниже цены исполнения, то опцион теряет стоимость, но владелец акции по-прежнему располагает ценной бумагой, обладающей стоимостью. Давайте обозначим через P цену акции на дату истечения срока опциона и предположим, что цена исполнения опциона составляет 100 дол. Тогда дополнительные денежные доходы держателей акций равны:

	Доход от акции	Доход по опциону	Дополнительный доход от владения акцией вместо опциона
Исполненный опцион (P больше 100 дол.)	P	$P - 100$	100
Неисполненный по истечении срока опцион (P меньше или равна 100 дол.)	P	0	P

РИСУНОК 20-8
Стоимость опциона "колл" до истечения срока его исполнения (пунктирная линия). Стоимость опциона зависит от цены акции. Он всегда стоит больше, чем стоил бы при немедленном исполнении (темная линия). Стоимость опциона никогда не превышает цену самой акции.

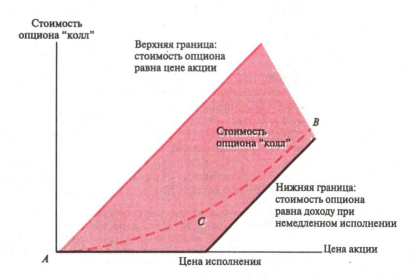

Если акция и опцион имеют одинаковую цену, каждый инвестор будет стремиться продать опцион и купить акцию. Поэтому цена опциона должна находиться где-то в затемненной области на рисунке 20-8. Очевидно, она будет лежать на направленной вверх кривой, подобной той, что изображена на рисунке. Начало кривой расположено в точке пересечения прямых, ограничивающих затемненную область (в точке ноль). Затем она поднимается вверх, постепенно становясь параллельной направленному вверх отрезку нижней линии. Эта кривая открывает нам важный факт относительно стоимости опционов: *стоимость опциона возрастает с ростом цены на акцию* при условии, что цена исполнения остается постоянной.

Это не должно вызывать удивления. Владельцы опционов "колл", очевидно, надеются на рост цены акции, и они счастливы, когда это происходит. Но давайте более внимательно посмотрим на форму и расположение пунктирной линии. На ней проставлены три точки *A*, *B* и *C*. Когда мы дадим пояснение к каждой из этих точек, вы увидите, почему цена опциона будет вести себя так, как указывает пунктирная линия.

Точка *A*. *Когда акция обесценивается, обесценивается и опцион*. Цена акции, равная нулю, означает отсутствие всякой вероятности, что акция когда-либо будет иметь какую-нибудь стоимость[8]. Если так, опцион совершенно точно останется неисполненным по истечении его срока и не приобретет никакой стоимости, и сегодня он также не имеет стоимости.

Точка *B*. *Когда цена акции растет, соответственно цена опциона приближается к цене акции за вычетом приведенной стоимости цены исполнения*. Заметим, что пунктирная линия, показывающая цену опциона на рисунке 20-8, в конечном итоге становится параллельной восходящему участку темной линии, представляющей нижнюю границу цены опциона. Причина состоит в следующем: чем выше цена акции, тем больше вероятность, что опцион будет исполнен. Если цена акции достаточно высока, исполнение опциона фактически предрешено: вероятность, что цена акции упадет ниже цены исполнения до даты истечения опциона, становится очень незначительной.

Если вы *знаете*, что имеющийся у вас опцион будет обменен на акцию, вы, по сути, уже сегодня владеете акцией. Единственное отличие в том, что вы не должны платить за акцию (оплачивая цену исполнения), пока не наступит официальное время исполнения опциона. В этих условиях покупка опциона "колл" равнозначна покупке акции, но финансирование такой покупки осуществляется частично посредством займа. Величина скрытого займа равна приведенной стоимости цены исполнения. Следовательно, стоимость опциона "колл" равна цене акции минус приведенная стоимость цены исполнения.

Это дает нам еще одну важную характеристику опционов. Инвесторы, которые приобретают акцию посредством опциона "колл", покупают ее в рассрочку. Они оплачивают сегодня продажную цену опциона, но они не оплачивают цену исполнения до тех пор, пока фактически не реализуют опцион. Отсрочка оплаты особенно ценна при высоких процентных ставках и длительном сроке опциона. При процентной ставке r_f и сроке исполнения t мы можем ожидать, что стоимость опциона зависит от *произведения*[9] значений r_f и t: *стоимость опциона повышается и с ростом процентной ставки, и с увеличением срока исполнения*.

Точка *C*. *Цена опциона всегда превышает его минимальную стоимость* (исключение составляет случай, когда цена акции равна нулю). Мы видели, что пунктирная и темная линии на рисунке 20-8 пересекаются, когда цена акции

---

[8] Если акция *может* иметь какую-то стоимость в будущем, то инвесторы *что-то* заплатят за нее сегодня, хотя, вероятно, очень немного.

[9] Согласно методу непрерывного начисления процента, приведенная стоимость цены исполнения равна (цена исполнения × $e^{-r_f t}$). Величина коэффициента дисконтирования $e^{-r_f t}$ зависит от произведения r_f на t.

ГЛАВА 20. Обязательства корпораций и оценка стоимости опционов

равна нулю (точка *A*), но в других точках линии расходятся; значит, цена опциона должна превышать его минимальную стоимость, представленную темной линией. Причину этого можно понять, рассматривая точку *C*.

В точке *C* цена акции в точности равна цене исполнения. Следовательно, опцион не имеет стоимости, если срок его исполнения наступает сегодня. Однако предположим, что срок исполнения опциона наступит через 3 месяца. Конечно, мы не знаем, какова будет цена акции по истечении срока опциона. Вероятности того, что цена акции будет выше или ниже цены исполнения, приблизительно одинаковы (50%). Опцион может принести следующие доходы:

Условия	Доходы
Цена акций растет (вероятность 50%)	Цена акции минус цена исполнения (опцион исполняется)
Цена акций падает (вероятность 50%)	Ноль (опцион не исполняется)

Если существует некая вероятность положительного дохода и если наихудшим результатом может быть нулевой доход, то опцион должен обладать ценностью. Это означает, что цена опциона в точке *C* превышает его значение на нижней пограничной линии, которое в точке *C* равно нулю. В целом до истечения срока опциона цены опционов превышают их минимальные стоимости (значения которых представлены нижней пограничной линией).

Одной из наиболее важных характеристик, определяющих *высоту* пунктирной линии (т. е. разницу между фактической и минимально возможной стоимостью), является вероятность существенных изменений в движении цен на

РИСУНОК 20-9

Опционы "колл" на акции *(а)* фирмы X и *б)* фирмы Y. В обоих случаях текущая цена акций равна цене исполнения, так что каждый опцион имеет 50%-ную вероятность в конечном итоге потерять стоимость (если цена акций падает) и такую же вероятность быть "в деньгах" (если цена акций возрастает). Однако шанс получить *большой* доход *выше* для опциона на акции фирмы Y, поскольку цена на акции Y более изменчива и поэтому имеет более высокий "потенциал роста".

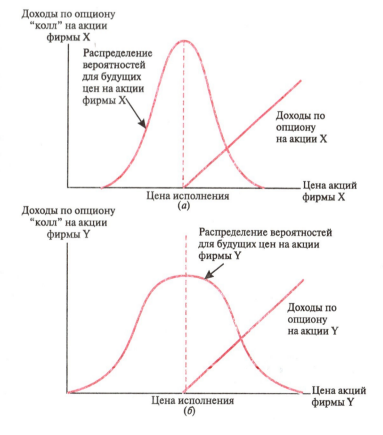

акции. Опцион на акции, изменение цен на которые более чем на 1 или 2% маловероятно, имеет небольшую стоимость; опцион на акции, цена на которые может упасть или вырасти в два раза, имеет очень большую ценность.

Графики *(а)* и *(б)* на рисунке 20-9 поясняют вышесказанное. На них сравниваются доходы при исполнении двух опционов с одинаковыми ценами исполнения и с одинаковой ценой акции. Графики основаны на допущении, что цена акции равна цене исполнения (как в точке *С* на рисунке 20-8), хотя это не обязательное допущение. Единственное отличие состоит в том, что предсказать цену акции Y на дату исполнения опциона по ней (рисунок 20-9*б*) гораздо труднее, чем цену акции X на дату исполнения опциона по ней. Вы можете это видеть при наложении на рисунки кривых распределения вероятностей.

В обоих случаях существует 50%-ная вероятность, что цена акций снизится и опцион потеряет стоимость, но если цены на акции X и Y поднимутся, то, вероятно, цена акций Y вырастет больше, чем цена акций X. Таким образом, существует крупный шанс больших доходов от опциона на акции Y. Поскольку вероятность нулевых доходов от обеих акций одинакова, опцион на акции Y стоит больше, чем опцион на акции X. Рисунок 20-10 иллюстрирует это: кривая, представляющая опцион на акцию Y, расположена выше.

Вероятность крупных изменений цен на акции до истечения срока исполнения опциона зависит от двух вещей: 1) дисперсии (т.е. изменчивости) цен на акции *за один период* и 2) количества периодов до истечения срока опциона. Если до истечения срока опциона осталось *t* периодов, а дисперсия цены за период равна σ^2, то стоимость опциона определяется кумулятивной изменчивостью $\sigma^2 t$.[10] При прочих равных условиях для вас предпочтительнее было бы иметь опцион на акцию с изменчивыми ценами (с высоким значением σ^2). При данной изменчивости для вас предпочтительнее было бы иметь опцион с более длительным сроком исполнения (большое значение *t*). Итак, стоимость опциона возрастает с увеличением *как изменчивости цены акции, так и срока его исполнения.*

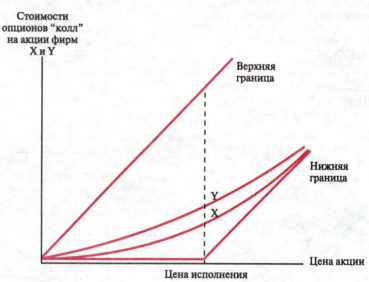

РИСУНОК 20-10
Стоимости опционов "колл" на акции фирм X и Y. Опцион "колл" на акции Y стоит больше, поскольку цена акций фирмы Y более изменчива (см. рисунок 20-9). Верхняя кривая представляет стоимость опциона "колл" на акцию Y; нижняя — стоимость опциона "колл" на акцию X.

---

[10] Интуитивное объяснение. Если цена акции изменяется случайным образом (см. раздел 13—2), последовательные изменения цены статистически независимы. Общее изменение цены до истечения срока исполнения опциона равно сумме *t* случайных переменных. Дисперсия суммы независимых случайных переменных равна сумме дисперсий этих переменных. Итак, если σ^2 является дисперсией ежедневного изменения цены и до истечения срока исполнения осталось *t* дней, дисперсия общего изменения цены равна $\sigma^2 t$.

ГЛАВА 20. Обязательства корпораций и оценка стоимости опционов

ТАБЛИЦА 20-2
От чего зависит цена опциона "колл"

1. Если следующие переменные возрастают:	изменения цены опциона "колл":
Цена акции (P)	положительное
Цена исполнения (EX)	отрицательное
Процентная ставка (r_f)	положительное
Срок исполнения опциона (t)	положительное
Изменчивость цены акции (σ)	положительное

2. Другие характеристики:
   - *а)* Верхняя граница. Цена опциона всегда меньше цены акции.
   - *б)* Нижняя граница. Цена опциона никогда не упадет ниже стоимости немедленного исполнения опциона ($P - EX$ или 0, в зависимости от того, что больше).
   - *в)* При обесценивании акции опцион также теряет стоимость.
   - *г)* По мере возрастания цены акции до очень большой величины цена опциона приближается к цене акции за вычетом приведенной стоимости цены исполнения.

Примечание. Прямое влияние на цену опциона увеличения значений r_f или σ положительно. Но их увеличение может оказывать и *косвенное* влияние. Например, рост r_f может снизить цену акции P. Это, в свою очередь, может снизить цену опциона.

Мало кто способен сразу усвоить все эти особенности при первом прочтении. Поэтому мы в обобщенном виде представили их в таблице 20-2.

20–4. МОДЕЛЬ ОЦЕНКИ СТОИМОСТИ ОПЦИОНОВ

Теперь мы хотели бы вместо качественных характеристик, представленных в таблице 20-2, дать строгую модель оценки стоимости опционов — формулу, в которую мы можем подставить числа и получить определенный ответ. Поиск этой формулы занял многие годы, пока Фишер Блэк и Мирон Шольц не вывели ее. Прежде чем мы покажем, что они обнаружили, мы должны сказать несколько слов о том, почему поиск формулы был сопряжен с такими трудностями.

Почему принцип дисконтированного денежного потока не подходит для оценки опционов

Принятый нами метод оценки, включающий в себя: 1) прогнозирование ожидаемых потоков денежных средств и 2) дисконтирование их по ставке, равной альтернативным издержкам, не подходит для оценки опционов. Первая часть запутанна, но выполнима. Определить же *точную величину* альтернативных издержек невозможно, поскольку риск опциона изменяется при каждом изменении цены акции[11], и мы знаем, что он *будет* меняться случайным образом в течение жизни опциона.

Когда вы покупаете опцион "колл", вы *открываете позицию* с акцией, но тратите своих денег меньше, чем если бы покупали акцию непосредственно. Поэтому опцион всегда сопряжен с бо́льшим риском, чем лежащие в его основе акции. Он имеет более высокую бету и более высокое стандартное отклонение дохода.

Насколько риск опциона выше, зависит от отношения цены акции к цене исполнения. Опцион "в деньгах" (когда цена акции выше цены исполнения) надежнее, чем опцион "вне денег" (цена акции меньше цены исполнения). Таким образом, рост цен на акции увеличивает цену опциона и снижает свойственный ему риск. Когда цена на акции падает, цена опциона также падает,

---
[11] Риск также изменяется со временем, даже если цена акции остается постоянной.

а присущий ему риск возрастает. Поэтому требуемая инвесторами ожидаемая норма доходности опциона изменяется ежедневно или ежечасно, всякий раз, когда меняется цена акции.

Мы повторим общее правило: чем выше цена акции относительно цены исполнения, тем надежнее опцион, хотя опциону всегда сопутствует более высокий риск в сравнении с акциями. Риск опциона меняется каждый раз, когда меняется цена акции.

Создание эквивалентов опциона из обыкновенных акций и займов

Если вы усвоили все, о чем мы говорили до этого, вы можете понять, почему трудно оценить стоимость опциона, используя стандартные формулы дисконтирования потоков денежных средств, и почему экономисты долгие годы не могли найти точных методов оценки опционов. Крупное открытие было ознаменовано восторженным возгласом Блэка и Шольца: "Эврика! Мы нашли ее!"[12] Вся хитрость в том, чтобы создать *эквивалент опциона* из комбинации инвестиций в обыкновенную акцию и получения займа. Чистые затраты на приобретение эквивалента опциона должны равняться стоимости опциона".

Мы покажем вам, как это делается, на простом числовом примере. Мы определим стоимость опциона со сроком 1 год, дающего право на приобретение акций корпорации "Вомбат" по цене исполнения 110 дол. Чтобы упростить задачу, мы сделаем допущение, что с акциями "Вомбата" в предстоящем году могут произойти только две вещи — их стоимость либо снизится со 110 до 80 дол., либо вырастет до 125 дол. Также мы допустим, что краткосрочная процентная ставка равна 10%.

Если цена на акции "Вомбата" упадет до 80 дол., опцион "колл" потеряет стоимость, но если она поднимется до 125 дол., то опцион будет стоить 125 – 110 = 15 дол. Опцион может дать следующие доходы:

	Цена акции = 80 дол.	Цена акции = 125 дол.
Один опцион "колл"	0 дол.	15 дол.

Теперь сравним эти доходы с доходами, которые мы получили бы, купив одну акцию и взяв заем в банке в размере 72,73 дол.:

	Цена акции = 80 дол.	Цена акции = 125 дол.
Одна акция	80 дол.	125 дол.
Погашение основной суммы долга + выплаты процентов	– 80 дол.	– 80 дол.
Итого доходов	0 дол.	45 дол.

Заметим, что доход от инвестиций в акцию с использованием займа идентичен доходам от *трех* опционов "колл". Следовательно, оба вида инвестиций должны иметь одинаковую стоимость:

Стоимость трех опционов "колл" = стоимость акции – банковский заем =
= 100 – 72,73 = 27,27 дол.

Стоимость одного опциона = 9,09 дол.

Гопля! Вот мы и оценили стоимость опциона "колл".

---

[12] Мы, правда, не знаем, сидели ли Блэк и Шольц в тот момент в ваннах, подобно Архимеду.

ГЛАВА 20. Обязательства корпораций и оценка стоимости опционов

Чтобы оценить стоимость опциона на акцию "Вомбата", мы взяли денежный заем и купили акцию таким образом, чтобы доход от этой комбинации точно копировал доход от опциона "колл". Количество акций, необходимых для того чтобы скопировать опцион "колл", часто называют **коэффициентом хеджирования**, или **дельтой опциона**. В нашем примере с корпорацией "Вомбат" позиция с займом и одной акцией эквивалентна трем опционам "колл". Следовательно, дельта опциона равна $1/3$.

Как мы узнали, что опцион "колл" на акцию корпорации "Вомбат" эквивалентен позиции с займом и одной третью акции? Мы использовали простую формулу:

$$Дельта\ опциона = \frac{разброс\ возможных\ цен\ опциона}{разброс\ возможных\ цен\ акции} = \frac{15-0}{125-80} = \frac{1}{3}.$$

Вы узнали не только о том, как оценить стоимость простого опциона. Вы также узнали, что вы можете скопировать инвестиции в опцион с помощью инвестиций с использованием займа (с левериджем) в активы, лежащие в основе опциона. Таким образом, если вы не в состоянии купить или продать опцион на актив, вы можете сами создать этот опцион посредством покупки или продажи дельта акций и давая или беря взаймы оставшиеся средства.

Метод нейтрального отношения к риску

Поясним, почему опцион "колл" на акции корпорации "Вомбат" должен быть продан за 9,09 дол. Если бы цена опциона превышала 9,09 дол., вы вполне могли бы получить прибыль, купив одну акцию, продав три опциона "колл" и сделав заем в размере 27,73 дол. Аналогично, если бы цена опциона была ниже 9,09 дол., вы также могли бы извлечь прибыль, продав акцию, купив три опциона "колл" и ссудив оставшуюся сумму. В каждом случае работал бы денежный станок.

Если существует денежный станок, любой стремится воспользоваться его преимуществами. Итак, когда мы говорили о том, что цена опциона должна равняться 9,09 дол., в противном же случае должен существовать денежный станок, мы ничего не знали об отношении инвесторов к риску. Цена не может зависеть от отношения инвесторов к риску, каким бы оно ни было — резко отрицательным или нейтральным.

Этот вывод подсказывает альтернативный способ оценки стоимости опциона на акцию "Вомбата". Мы сделаем вид, что все инвесторы *равнодушны* к риску. При этом условии вычислим ожидаемую будущую стоимость опциона и затем, чтобы получить его текущую стоимость, дисконтируем будущую стоимость опциона по безрисковой процентной ставке. Давайте проверим, дает ли этот метод тот же результат.

Если инвесторы равнодушны к риску, ожидаемая доходность акций должна быть равна процентной ставке:

Ожидаемая доходность акций "Вомбата" = 10% годовых.

Мы знаем, что цена на акции "Вомбата" может либо вырасти на 25%, до 125 дол., либо снизиться на 20%, до 80 дол. за акцию. Следовательно, мы способны вычислить вероятность роста цены в нашей гипотетической модели с нейтральным отношением инвесторов к риску:

Ожидаемая доходность = (вероятность роста) × 25 +
+ (1 − вероятность роста) × (−20) = 10%.

Отсюда следует:

Вероятность роста = 0,67, или 67%.

Как мы знаем, если цена акции вырастет, опцион "колл" будет стоить 15 дол.; если цена снизится, "колл" не будет стоить ничего. Поэтому ожидаемая стоимость опциона "колл" равна:

(Вероятность роста × 15) + [(1 − вероятность роста) × 0] =
= (0,67 × 15) + (0,33 × 0) = 10 дол.

И текущая стоимость опциона равна:

$$\frac{\textit{Ожидаемая будущая стоимость}}{1 + \textit{процентная ставка}} = \frac{10}{1,10} = 9,09 \text{ дол.}$$

Тот же самый результат, который мы получили ранее!
Теперь мы знаем два способа оценки стоимости опциона.

1. Найти комбинацию из инвестиций в акции и займа, которая копирует инвестиции в опцион. Поскольку две стратегии приводят к одинаковым результатам в будущем, сегодня они должны иметь одну и ту же цену.
2. Допустить, что инвесторы безразличны к риску, и, таким образом, ожидаемая доходность акций равна процентной ставке. Вычислить ожидаемую будущую стоимость опциона при условии нейтрального отношения инвесторов к риску и дисконтировать ее по процентной ставке.

Оценка стоимости опционов со сроком более одного периода

Наш пример с опционом "колл" на акции компании "Вомбат" нереалистичен в одном важном моменте: к концу года цена на акции "Вомбата" может иметь более чем два значения. Мы могли бы сделать пример немного более реалистичным, если бы допустили два возможных изменения цены в каждом периоде по 6 месяцев. Это дало бы более широкий диапазон цен в конце года. И при этом можно было бы снова сконструировать ряд инвестиций с использованием займа в акции, которые имели бы точно такие же перспективы, как и опцион[13].

Нам не обязательно ограничиваться периодами по 6 месяцев. Мы могли бы взять два более коротких интервала и в каждом показать два возможных изменения цен на акции "Вомбата". В конце концов мы пришли бы к ситуации, при которой цена акций "Вомбата" изменяется постоянно и дает бесконечное количество возможных значений в конце года. Мы могли бы по-прежнему копировать опцион "колл" посредством комбинации займа и инвестиций в акции, но нам потребовалось бы постоянно корректировать степень финансовой зависимости в течение года.

Вычисление стоимости этих инвестиций с левериджем может показаться очень утомительным делом, но Блэк и Шольц вывели формулу, которая упрощает расчеты. Эта формула имеет неприглядный вид, но ее можно интерпретировать следующим образом:

Стоимость опциона = [дельта × цена акции] − [банковский заем]
↑ ↑ ↑
где $[N(d_1) \times P] - [N(d_2) \times PV(EX)]$,

$$d_1 = \frac{\log[P/PV(EX)]}{\sigma\sqrt{t}} + \frac{\sigma\sqrt{t}}{2},$$

---
[13] В следующей главе мы рассмотрим пример с двумя периодами.

ГЛАВА 20. Обязательства корпораций и оценка стоимости опционов

$$d_2 = d_1 - \sigma\sqrt{t}$$

N(d) — кумулятивная нормальная вероятность функции плотности[14].
EX — цена исполнения опциона; значение *PV(EX)* рассчитывается путем дисконтирования по безрисковой процентной ставке r_f: $PV(EX) = EXe^{-r_f t}$,
t — количество периодов до срока исполнения опциона,
P — текущая цена акции,
σ — стандартное отклонение доходности акций за период (с непрерывным начислением).

Обратите внимание, от чего зависит и от чего не зависит стоимость опциона. Желание инвесторов взять на себя риск не влияет на стоимость опциона, не оказывает влияния и ожидаемая доходность акций[15]. Стоимость опциона возрастает с ростом цены акции (*P*); она падает при снижении приведенной стоимости цены исполнения (*PV(EX)*), которая, в свою очередь, зависит от процентной ставки и срока исполнения опциона; и стоимость возрастает при умножении количества периодов до срока исполнения на показатель изменчивости цены акций ($\sigma\sqrt{t}$).

Использование формулы Блэка—Шольца

Не кажется ли вам, что фомула Блэка—Шольца для оценки опционов несколько оторвана от реальности? На самом деле это совершенно не так. Каждый день дилеры на опционных биржах применяют эту формулу при совершении огромного количества сделок. В большинстве своем эти дилеры не смогли бы самостоятельно произвести математические вычисления по формуле; они просто используют калькуляторы со специальными программами для оценки опционов или пользуются таблицами для расчета стоимости опционов.

Таблицы 6 и 7 в Приложении помогут вам применить формулу Блэка—Шольца ко многим простым опционам. При использовании таблиц нужно выполнить следующие четыре операции.

Шаг 1. Найти произведение стандартного отклонения пропорциональных изменений стоимости актива и квадратного корня из числа периодов до истечения срока исполнения опциона. Например, предположим, что вы хотите оценить опцион со сроком 4 года на акции корпорации "Полынь" и что стандартное отклонение изменений цены акции с непрерывным начислением сложного процента составляет 40% в год.

$$\textit{Стандартное отклонение} \times \sqrt{\textit{число периодов}} = 0{,}40 \times \sqrt{4} = 0{,}80.$$

Шаг 2. Найти отношение стоимости активов к приведенной стоимости цены исполнения опциона. Например, предположим, что в настоящий момент цена на акции "Полыни" равна 140 дол., цена исполнения опциона — 160 дол., и процентная ставка составляет 12,47%. Тогда:

$$\frac{\textit{Стоимость актива}}{\textit{приведенная стоимость (цены исполнения)}} = 140 : \frac{160}{(1{,}1247)^4} = 1{,}4.$$

Шаг 3. Теперь обратимся к таблице 6 и найдем значение, соответствующее полученным на шагах 1 и 2 числам. Вы можете видеть, что стоимость опцио-

---

[14] То есть *N(d)* представляет собой вероятность того, что случайные переменные $\tilde{x}$ с нормальным распределением будут меньше или равны *d*. $N(d_1)$ в формуле Блэка—Шольца равно дельте опциона. Таким образом, формула говорит нам, что стоимость "колла" равна инвестиции стоимостью $N(d_1)$ в обыкновенную акцию за вычетом займа в размере $N(d_2) \times PV(EX)$.

[15] Хотя ожидаемая доходность оказывает влияние на цену акций, она не влияет на *относительную* стоимость акций и опциона.

на "колл" со сроком 4 года на акции компании "Полынь" составляла бы 43,1% от цены акции, или 60,34 дол.

Если вы хотите узнать стоимость опциона "пут" с той же ценой исполнения, вы можете использовать соотношение, приведенное нами в разделе 20–2:

Стоимость опциона "пут" = стоимость опциона "колл" +
+ приведенная стоимость (цены исполнения) − цена акции =

$$= 60,34 + \frac{160}{(1,1247)^4} - 140 = 20,34 \text{ дол.}$$

Шаг 4. По таблице 7 вы можете определить дельту опциона. Например, если вы посмотрите на те же значения в таблице 7, вы увидите, что дельта опциона "колл" на акции "Полыни" равна 0,79. Это означает, что вместо того чтобы покупать "колл" за 60,34 дол., вы могли бы достичь тех же результатов, купив 0,79 акций (потратив 0,79 × 140 = 110,60 дол.) и взяв заем в размере недостающей суммы (110,60 − 60,34 = 50,26 дол.)[16].

Чтобы найти дельту опциона для "пута", вы просто вычитаете 1 из дельты опциона для "колла", указанной в таблице 7. В нашем примере:

Дельта опциона "пут" = дельта опциона "колл" − 1 = 0,79 − 1 = − 0,21.

Иначе говоря, вместо того чтобы *платить* 20,34 дол. за опцион "пут" на акцию "Полыни", вы могли бы *продать* 0,21 акций (получив 0,21 × 140 = = 29,40 дол. денежных средств) и на имеющуюся сумму (20,34 + 29,40 = = 49,74 дол.) купить казначейские векселя.

20–5. РЕЗЮМЕ

Если вы сумели добраться до этого момента, вам, наверное, нужна передышка и хороший глоток джина с тоником. Так что мы обобщим все, что узнали до этого времени, и вернемся к теме опционов в следующей главе, когда вы передохнете (или промочите горло).

Существует два основных вида опционов. "Американский колл" представляет собой опцион, дающий право на приобретение активов по фиксированной цене исполнения в момент или до истечения срока исполнения опциона. Аналогично "американский пут" дает право продать активы по фиксированной цене на определенную дату или до нее. Опционы "европейский колл" и "европейский пут" представляют собой то же самое за исключением того, что они не могут быть исполнены *ранее* определенной даты. Комбинируя опционы "колл" и "пут", можно получить любую модель доходов.

Что определяет стоимость опциона "колл"? Здравый смысл подсказывает нам, что она должна зависеть от трех вещей.

1. Чтобы исполнить опцион, вы должны заплатить цену исполнения. При прочих равных условиях чем меньше вы обязаны платить, тем лучше. Следовательно, стоимость опциона растет с увеличением отношения цены актива к цене исполнения.
2. Вам не нужно платить цену исполнения до того момента, пока вы не решите реализовать опцион. Следовательно, опцион обеспечивает вам беспроцентный кредит. Чем выше ставка процента и дольше срок исполнения, тем больше стоимость этого кредита. Поэтому стоимость опциона возрастает с ростом произведения процентной ставки на время до истечения срока опциона.

---

[16] Конечно, со временем по мере изменения цен на акции дельта опциона также изменяется. Поэтому вам будет необходимо соответствующим образом изменять свою позицию с займом и акциями "Полыни".

ГЛАВА 20. Обязательства корпораций и оценка стоимости опционов

3. Если цена актива падает ниже цены исполнения, вы не станете реализовывать опцион. Следовательно, вы потеряете 100% своих инвестиций в опцион, неважно, как низко упала цена актива относительно цены исполнения. С другой стороны, чем выше цена актива *относительно* цены исполнения, тем большую прибыль вы получите. Следовательно, держатель опциона ничего не теряет при увеличении изменчивости цены в случае неудачи, но выигрывает, если все складывается удачно. Стоимость опциона растет с ростом произведения дисперсии дохода по акциям за один период и числа периодов до истечения срока исполнения.

Мы показали вам, как оценить стоимость опциона на акцию, когда существует только два возможных изменения цены в каждом подпериоде. К тому же Блэк и Шольц вывели формулу для оценки стоимости опциона при постоянном изменении будущих цен на акции. Таблицы в Приложении позволят вам использовать эту формулу в ряде простых задач оценки опционов.

К сожалению, не все задачи по оценке опционов просты. Поэтому в следующей главе мы рассмотрим некоторые сложные примеры и прорешаем несколько задач средней сложности.

РЕКОМЕНДУЕМАЯ ЛИТЕРАТУРА

Классические статьи по оценке стоимости опционов:

F. *Black* and M. *Scholes.* The Pricing of Options and Corporate Liabilities // Journal of Political Economy. 81: 637–654. May–June. 1973.

R.C. *Merton.* Theory of Rational Option Pricing // Bell Journal of Economics and Management Science. 141–183. Spring. 1973.

Есть также ряд хороших пособий по оценке опционов. Среди них:

J. *Cox* and M. *Rubinstein.* Options Markets. Prentice-Hall, Inc., Englewood Cliffs, N.J., 1985.

J. *Hull.* Option, Futures and Other Derivative Securities. Prentice-Hall, Inc., Englewood Cliffs, N.J., 1989.

R. *Jarrow* and A. *Rudd.* Option Pricing. Dow Jones–Irwin, Inc., Homewood, Ill., 1983.

КОНТРОЛЬНЫЕ ВОПРОСЫ

1. Вставьте пропущенные слова. Опцион _____ дает его владельцу возможность купить акцию по фиксированной цене, которую обычно называют ценой ___. Опцион ___ дает его владельцу возможность продать акцию по фиксированной цене ___.

   Опционы, которые могут быть исполнены только на дату исполнения, называются ___ опционами.

   Обыкновенные акции фирм, использующих займы, представляют собой опцион___ . Держатели акций, по сути, продают ___ фирмы (*кому*) ___, но получают опцион на выкуп _____ обратно. Ценой исполнения является ___.

2. Заполните пропуски:

   а) Фирма, выпускающая варранты, продает опцион _____.

   б) Фирма, которая заключает соглашение о размещении акций, согласно которому подписчик гарантирует выкуп всех невостребованных акций, приобретает опцион ___.

   в) Права акционеров компании на участие в новых выпусках ценных бумаг на льготных условиях являются опционами ___ на выпускаемые фирмой акции.

   г) Нефтяная компания получает право на разработку месторождения серебра. Однако это не обязывает компанию добывать серебро. По сути, компания приобретает опцион ___, цена исполнения которого равна затратам на разработку.

д) Некоторые держатели привилегированных акций имеют право выкупать свои акции по номинальной цене после определенной даты. (Если они передают свои акции, фирма выписывает им чек на сумму номинальной цены акций.) Эти акционеры имеют опцион ___.

е) Должностное лицо, которое отвечает за план выпуска опциона на акции, приобретает опцион ___.

ж) Инвестор, который покупает акции фирмы, прибегающей к заимствованию, приобретает опцион ___ на активы этой фирмы.

з) Фирма покупает стандартное оборудование на вторичном рынке. Вторичный рынок дает фирме опцион ___.

3. Обратитесь к рисункам 20-11*а* и 20-11*б*. Соотнесите каждый рисунок с одной из следующих позиций:
   а) покупатель "колла";
   б) продавец "колла";
   в) покупатель "пута";
   г) продавец "пута".

4. Предположим, что вы имеете одну акцию и опцион на эту акцию. Каков будет доход при исполнении опциона, если:
   а) цена акции ниже цены исполнения;
   б) цена акции выше цены исполнения?

5. Существует другая стратегия с использованием опционов "колл" и взятием или предоставлением займов, которая обеспечивает такие же доходы, как и стратегия, описанная в вопросе 4. В чем состоит эта альтернативная стратегия?

6. Каков нижний предел цены опциона "колл"? Каков ее верхний предел?

7. Сколько стоит опцион "колл", если:
   а) цена акции равна нулю;
   б) цена акции значительно выше цены исполнения?

8. Как, при прочих равных условиях, цена опциона "колл" реагирует на следующие изменения? Цена опциона растет или падает?
   а) Цена акции растет.
   б) Цена исполнения растет.
   в) Безрисковая ставка процента растет.
   г) Увеличивается срок исполнения опциона.
   д) Уменьшаются колебания цены акции.
   е) Остается совсем немного времени до истечения срока исполнения опциона.

9. "Опцион всегда рискованнее акции, на которую он распространяется". Верно или неверно это утверждение? Как изменяется степень риска опциона с изменением цены акции?

10. Почему вы не можете оценить стоимость опциона, используя стандартную формулу дисконтированных потоков денежных средств?

11. Используя таблицу 7 в Приложении, оцените стоимость следующих опционов.
    а) Опцион "колл" на продажу акции по цене 60 дол. за акцию и ценой исполнения 60 дол. Стандартное отклонение цены акции составляет 6% в месяц. Срок исполнения опциона — 3 месяца. Безрисковая процентная ставка — 1% в месяц.
    б) Опцион "пут" на те же акции, в то же время, с той же ценой и сроком исполнения.

    Теперь, используя таблицу 7, найдите для каждого из этих опционов копирующую их комбинацию акции и безрисковых активов.

12. Представьте, что будущая цена акции компании "Вомбат" лежит в пределах от 50 до 200 дол. (см. раздел 20–4). Пересчитайте стоимость опциона

ГЛАВА 20. Обязательства корпораций и оценка стоимости опционов

"колл", используя *а*) метод копирующего портфеля ценных бумаг и *б*) метод нейтрального отношения инвесторов к риску. Объясните, из интуитивных соображений, почему стоимость опциона возрастает.

ВОПРОСЫ И ЗАДАНИЯ

1. Найдите фактические данные об условиях опционов "колл" и "пут" на акции, валюту и т. д. Постройте графики доходов от них по истечении сроков исполнения, используя в качестве образца рисунки 20-1 и 20-2.
2. Объясните, почему стоимость опциона "колл" зависит от:
    а) *произведения* дисперсии цен за период и времени до истечения срока исполнения;
    б) *произведения* безрисковой процентной ставки и времени до истечения срока исполнения.
3. Проследите за ценами фактических сделок с опционами "колл" на акции, чтобы проверить, насколько их поведение соответствует теории, представленной в данной главе. Например:
    а) Проследите за несколькими опционами до достижения ими срока исполнения. Как, по вашим ожиданиям, должны вести себя их цены? Как они на самом деле себя повели?
    б) Сравните два опциона "колл" на одну и ту же акцию, с одним и тем же сроком, но с разными ценами исполнения.
    в) Сравните два опциона "колл" на одну и ту же акцию, с одной и той же ценой, но с разными сроками исполнения.
*4. Как может измениться стоимость обыкновенной акции компании "Циркулярная пила", если:
    а) стоимость активов фирмы растет;
    б) увеличивается срок погашения ее долговых обязательств;
    в) активы становятся более надежными (менее изменчивыми);
    г) растет безрисковая ставка процента (при этом стоимость активов фирмы постоянна)?
5. Компания "Народ" предполагает осуществить выпуск обыкновенных акций для размещения среди существующих акционеров по льготной цене (выпуск прав) и получить от этого 50 млн дол. Подписчик предлагает условия "выжидания" (т. е. гарантирует успешное размещение выпуска обязательством купить любые невостребованные акции по цене выпуска). Плата за услуги подписчика составляет 2 млн дол.
    а) Опцион какого типа приобретет компания, если она согласится на предложение подписчика?

РИСУНОК 20-11

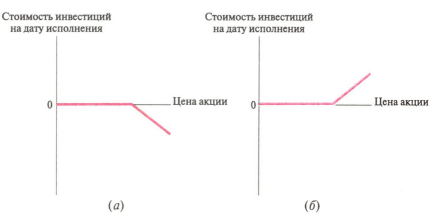

б) Что определяет стоимость опциона?

в) Как вы оцените, насколько справедливо предложение подписчика?

6. Какое из следующих утверждений верно?
   а) Стоимость опциона "пут" + приведенная стоимость цены исполнения= = стоимость опциона "колл" + цена акции.
   б) Стоимость опциона "пут" + цена акции = стоимость опциона "колл"+ + приведенная стоимость цены исполнения.
   в) Стоимость опциона "пут" – цена акции = приведенная стоимость цены исполнения – стоимость опциона "колл".
   г) Стоимость опциона "пут" + стоимость опциона "колл" = цена акции— — приведенная стоимость цены исполнения.
   Правильное утверждение уравнивает стоимости двух инвестиционных стратегий. Постройте графики доходов от каждой стратегии как функции цены на акции. Покажите, что две стратегии дают одинаковые результаты.

7. Цена на акции компании "Лесная химия" 20 января составила 90 дол. за акцию. Продаются три опциона на акцию, один со сроком исполнения 20 апреля, другой – 20 июля, третий – 20 октября. Все три опциона имеют одинаковую цену исполнения – 100 дол. Стандартное отклонение цены на акции компании составляет 42% в год. Годовая безрисковая ставка процента равна 11%. Какова стоимость опционов?

8. Обыкновенная акция компании "Трехгранная пила" продается за 90 дол. Опцион "колл" на акцию компании со сроком 26 недель продается за 8 дол. Цена исполнения опциона составляет 100 дол. Годовая безрисковая ставка процента равна 10%.
   а) Предположим, опцион "пут" на акции компании не продается, но вы хотите приобрести его. Как вы могли бы это сделать?
   б) Предположим, опцион "пут" продается. Сколько может стоить опцион "пут" со сроком 26 недель и с ценой исполнения 100 дол.?

9. Проверьте формулу конверсии опционов, которую вы использовали в ответе на вопрос 8, попытавшись объяснить с ее помощью относительные цены на опционы "колл" и "пут".

10. Обратитесь к балансу компании "Циркулярная пила" в разделе 20–2. Предположим, что правительство США неожиданно предложило гарантировать держателям облигаций 50 дол. основной суммы долга в следующем году, а также гарантировать процентные выплаты в течение следующего года. (Иначе говоря, если стоимость фирмы упадет ниже обещанных выплат основной суммы долга и процентов, правительство возместит разницу.) Такое предложение было для многих неожиданным. Правительство ничего не требовало взамен, и поэтому его предложение с радостью принято.
    а) Предположим, что обещанная по облигациям компании процентная ставка составляет 10%. Ставка по краткосрочным (со сроком 1 год) ценным бумагам правительства США равна 8%. Как гарантия повлияет на стоимость облигаций?
    б) Гарантия *не* влияет на стоимость акций компании. Почему? (*Замечание*: гарантия могла бы оказать некоторое влияние, если позволила фирме избежать издержек финансовых трудностей или банкротства. См. раздел 18–3.)
    в) Как будет изменяться стоимость фирмы (долговые обязательства плюс собственный капитал)?

Теперь предположим, что правительство предлагает такое же гарантийное обеспечение для новых долговых обязательств, выпущенных компанией "Четырехгранная пила". Активы "Четырехгранной пилы" идентичны активам "Циркулярки", но у "Четырехгранной" нет долга. Она принимает предложение и использует поступления в 50 дол. от выпуска облигаций для выкупа или изъятия из обращения акций.

ГЛАВА 20. Обязательства корпораций и оценка стоимости опционов 553

Выиграют ли акционеры "Четырехгранной пилы" от возможности выпуска долговых обязательств с гарантийным обеспечением? Приблизительно сколько? (Не принимайте во внимание налоги.)

11. Как бы вы использовали таблицу 6 Приложения, чтобы определить колебания цен обыкновенных акций, на которые выписан и активно продается опцион "колл"?

12. Покажите, как изменяется дельта опциона с ростом цены на акцию относительно цены исполнения. Опираясь на интуицию, объясните почему. (Что произошло бы с дельтой опциона, если бы цена исполнения опциона стала равна нулю? Что произошло бы, если бы цена исполнения стала бесконечно большой?)

13. Используя либо метод копирующего опцион портфеля ценных бумаг, либо метод нейтрального отношения инвесторов к риску, оцените стоимость опциона "пут" на акции компании "Вомбат" (см. раздел 20–4) с ценой исполнения 110 дол. С помощью формулы конверсии опционов, которую мы привели в разделе 20–2, проверьте ваш ответ.

14. Что более ценно — иметь опцион, дающий право на покупку портфеля акций, или портфель опционов, каждый из которых дает право на приобретение отдельных акций? Кратко объясните почему.

15. Кратко обсудите относительный риск следующих позиций:
    а) покупка акции и опциона "пут" на акцию;
    б) покупка акции;
    в) покупка опциона "колл";
    г) покупка акции и продажа опциона "колл" на акцию;
    д) покупка облигации;
    е) покупка акции, покупка опциона "пут" и продажа опциона "колл";
    ж) продажа опциона "пут".

*16. В разделе 20–2 мы предложили усложненную систему выплаты вознаграждений г-же Хигден (100 000 дол. только в том случае, если цена акции находится в пределах от 120 до 140 дол.).
    а) Постройте позиционный график, показывающий доходы при такой системе.
    б) Покажите, что эта система представляет собой комбинацию простых опционов.
    в) Допустим, что текущая цена акции равна 100 дол., стандартное отклонение цены акции составляет 30% в год, а ставка процента равна 10%. Какова стоимость системы поощрительных мер?

17. Очень трудный вопрос: с помощью формулы конверсии опционов и биномиальной модели с одним периодом покажите, что дельта опциона "пут" равна дельта опциона "колл" минус единица.

18. Продавцы опционов часто упоминают сделки "стрэддл" и "бабочка". Приведем примеры каждой.
    "Стрэддл". Покупка опциона "колл" с ценой исполнения 100 дол. и одновременная покупка опциона "пут" с той же ценой исполнения.
    "Бабочка". Одновременная покупка опциона "колл" с ценой исполнения 100 дол., продажа двух опционов "колл" с ценой исполнения 110 дол. и покупка одного опциона "колл" с ценой исполнения 120 дол.
    а) Постройте позиционный график для "стрэддл" и "бабочки", показывая результаты чистой позиции инвестора. Каждая стратегия делает ставку на изменчивость цен. Объясните кратко суть такой ставки.
    б) Прибыльность сделок "стрэддл" и "бабочка" зависит от того, насколько цена акций изменится к моменту исполнения опциона, а не от того, как она изменяется до этого. Если вы полагаете, что неустойчивость цен в течение жизни опциона будет более высокой, чем ожидается, как вы можете создать "хеджевую" позицию, чтобы воспользоваться преимуществами ваших предположений? А если вы полагаете, что неустойчивость будет ниже, чем ожидается?

19. В 1988 г. австралийская фирма Bond Corporation продала долю в принадлежащем ей участке земли близ Рима за 110 млн дол. и в результате этого увеличила свои прибыли 1988 г. на 47 млн дол. В 1989 г. в телевизионной программе прозвучало сообщение, что покупателю был предоставлен опцион "пут" на продажу его доли земельного участка обратно корпорации Bond за 110 млн дол. и что Bond заплатила 20 млн дол. за опцион "колл", чтобы выкупить свою долю за ту же цену[17].

а) Что произойдет, если стоимость участка земли на дату исполнения опциона превысит 110 млн дол. Что произойдет, если участок будет стоить меньше 110 млн дол.?

б) С помощью позиционного графика покажите чистый эффект от продажи земли и сделок с опционами.

в) Предположим, что срок опционов равен 1 году. Можете ли вы определить величину процентной ставки?

г) В телевизионной программе отмечалось, что было ошибкой указывать в отчетности прибыль от продажи земли. Как думаете вы?

20. *а)* Банк Chase Manhattan предложил своим наиболее состоятельным клиентам необычный вид срочного депозита, известного под названием *гарантированный инвестиционный счет по рыночной процентной ставке*. По этому счету не выплачивается фиксированный процент, но вместо этого счет вкладчика увеличивается пропорционально любому росту индекса Standard and Poor. Как банку следует инвестировать эти деньги, чтобы минимизировать риск?

б) Предположим, что процентная ставка равна 10%, стандартное отклонение дохода по индексу Standard and Poor составляет 20% в год и срок депозита – 3 месяца. Увеличение вклада в какой пропорции к росту индекса мог бы позволить себе банк предложить вкладчикам?

в) Вы также можете открыть в Chase Manhattan депозит, по которому не выплачиваются проценты, если рыночный индекс растет, но осуществляются крупные процентные выплаты в случае падения рыночного индекса. Как банк может защитить себя от риска предложения такого депозита?

21. На рисунке 20-12 показаны графики некоторых сложных позиций. Найдите комбинации акций, облигаций и опционов, которые образуют такие же позиции.

22. *а)* Если вы не в состоянии осуществить "короткую" продажу акции, вы можете в конечном итоге получить те же самые результаты с помощью комбинации облигаций и опционов. Какова эта комбинация?

б) Теперь отыщите комбинацию акций и опционов, которая даст такой же конечный результат, что и предыдущая.

23. Трудный вопрос. Продаются три опциона "колл" на акцию компании Hogswill со сроком 6 месяцев (в дол.):

Цена исполнения	Цена опциона "колл"
90	5
100	11
110	15

Как вы могли бы сделать деньги с помощью опционов на акцию Hogswill?
Подсказка: постройте график в системе координат с ценой акции на оси

---

[17] См.: *Sydney Morning Herald*. 1989. March 14. P. 27. Впоследствии опционные контракты были пересмотрены.

РИСУНОК 20-12

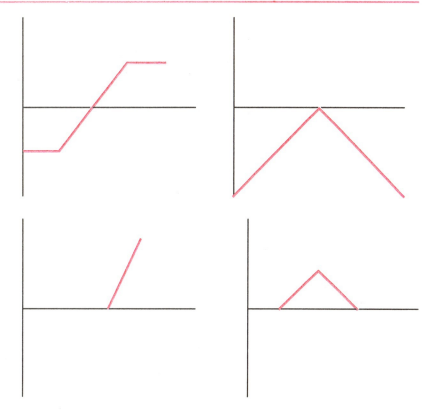

абсцисс и с коэффициентом "цена акции – цена исполнения" на оси ординат. Изобразите на вашем графике три опциона "колл" на акцию Hogswill. Насколько это соответствует вашим представлениям об изменении цены опциона по мере изменения отношения цены акции к цене исполнения? Теперь найдите в газете сведения об опционах с одинаковой датой исполнения, но с разными ценами исполнения. Видите ли вы какую-нибудь возможность сделать деньги?

Применение теории оценки опционов

В этой главе вы получите первую отдачу от ваших инвестиций в изучение опционов. Мы опишем три наиболее распространенных и важных *реальных опциона*, лежащих в основе инвестиционных проектов.

- Опцион на *продолжение* инвестиций, если осуществляемый инвестиционный проект успешен.
- Опцион на отказ от проекта.
- Опцион на выжидание (и изучение ситуации), прежде чем инвестировать.

Реальные опционы, подобные этим, позволяют менеджерам увеличивать стоимость своей фирмы, расширяя ее благоприятные возможности или уменьшая потери. Менеджеры не часто употребляют термин "опцион", чтобы описать эти возможности; например, они скорее сошлются на "нематериальные выгоды", чем на опционы "пут" или "колл". Но когда они рассматривают крупные инвестиционные предложения, такой "нематериальный" опцион часто является ключевым в их решениях.

Мы также поработаем с некоторыми простыми числовыми примерами, чтобы показать, как можно оценить реальные опционы. Однако эти примеры не охватывают многие сложные моменты, которые возникают в практических ситуациях; относитесь к ним как к приблизительным оценкам стоимости более жизненных, но и более сложных реальных опционов.

Эти примеры к тому же дадут возможность более глубоко изучить *технику* оценки стоимости опционов. После того как вы проработаете все примеры этой главы, вы будете знать, как использовать биномиальный метод для оценки опционов на активы продолжительностью более одного периода, как подобрать разумные значения относительного роста и снижения цен и как оценить стоимость опциона на активы, по которым выплачиваются дивиденды.

Почему мы просим вас проработать ряд заданий "вручную", если решение большинства практических задач с опционами возможно только с использованием компьютера? Причина в том, что если вы не усвоите основ оценки стоимости опционов, вы, вероятно, будете делать ошибки при постановке задачи с опционами и не поймете, как интерпретировать ответы компьютера и как объяснять их другим.

21-1. ЦЕННОСТЬ ВОЗМОЖНОСТЕЙ ПОСЛЕДУЮЩЕГО ИНВЕСТИРОВАНИЯ

1982 год. Вы являетесь помощником финансового директора компании "Компьютерный прорыв", учрежденной производителем компьютеров, чей алчущий прибылей взор нацелился на быстро развивающийся рынок персональных компьютеров. Вы помогаете финансовому директору оценить предполагаемое производство новой модели "Прорыва" компьютера Марк I Микро.

Прогнозируемые потоки денежных средств и чистая приведенная стоимость производства модели Марк I представлены в таблице 21-1. К сожалению, проект производства компьютера Марк I не может гарантировать компании ее обычную минимально приемлемую рентабельность в размере 20% и имеет отрицательную чистую приведенную стоимость в сумме 46 млн дол., несмотря на сильное желание высшего руководства компании видеть "Прорыв" на рынке персональных компьютеров.

— С финансовой точки зрения Марк I сейчас нельзя запускать в производство, — говорит финансовый директор, — но мы должны это сделать исходя из стратегических целей. Я рекомендую начинать.

— Но вы упускаете самое важное финансовое преимущество, шеф, — отвечаете вы.

— Не называйте меня шефом. Какое финансовое преимущество?

— Если мы не запустим производство модели Марк I сейчас, то, возможно, потом прорыв на рынок микрокомпьютеров обойдется нам очень дорого, когда Apple, IBM и другие производители там твердо закрепятся. Если же мы начнем сейчас, у нас появится возможность делать последующие инвестиции, которые могли бы стать очень прибыльными. Производство модели Марк I обеспечит не только собственные потоки денежных средств, но и опцион "колл" на производство микрокомпьютера Марк II. Этот опцион "колл" является реальным источником стратегической ценности.

— Значит, теперь это называется стратегической ценностью? Но это ничего не говорит мне о том, сколько стоят инвестиции в Марк II. Инвестиции в Марк II могут оказаться великолепными, а могут и неудачными — мы не имеем об этом никакого представления.

— Но это именно тот случай, когда опцион "колл" обладает максимальной стоимостью, — говорите вы со знанием дела. — "Колл" позволит нам инвестировать в Марк II, если это будет выгодно, и отказаться от него, если инвестиции окажутся неприбыльными.

— Так во что это обойдется?

— Точно сказать трудно, но я сделал предварительные расчеты, по которым ценность опциона на инвестирование в Марк II может более чем компенсировать 46 млн дол. отрицательной чистой приведенной стоимости проекта Марк I. (Расчеты представлены в таблице 21-2.) Если опцион на инвестирование стоит 55 млн дол., то общая стоимость проекта Марк I равна его собственной чистой приведенной стоимости в размере –46 млн дол. плюс 55 млн дол. стоимости связанного с ним опциона, что в итоге дает +9 млн дол.

ТАБЛИЦА 21-1
Потоки денежных средств и финансовый анализ производства микрокомпьютера Марк I (в млн дол.; из-за расходов на исследования и разработки посленалоговый операционный поток денежных средств в 1982 г. отрицателен).

Годы	1982	1983	1984	1985	1986	1987
Посленалоговый операционный поток денежных средств (1)	–200	+110	+159	+295	+185	0
Инвестиции (2)	250	0	0	0	0	0
Прирост оборотного капитала (3)	0	50	100	100	–125	–125
Чистый поток денежных средств (1) – (2) – (3)	–450	+60	+59	+195	+310	+125
Чистая приведенная стоимость при 20% рентабельности = –46,45, или ≈ –46 млн дол.						

ГЛАВА 21. Применение теории оценки опционов

— *Вы наверняка переоцениваете Марк II*, — недовольно бурчит финансовый директор. — *Легко быть оптимистом, когда до осуществления инвестиций еще 3 года.*

— *Нет-нет*, — терпеливо отвечаете вы. — *Возможно, проект Марк II будет не более прибыльным, чем проект Марк I, — просто вдвое крупнее, а потому и вдвое хуже, исходя из расчетов дисконтированного потока денежных средств. Я предполагаю, что он будет иметь отрицательную чистую приведенную стоимость примерно 100 млн дол. Но есть шанс, что проект Марк II окажется чрезвычайно ценным. Опцион "колл" позволит нашей фирме заработать на "перевернутых" результатах. Шанс оказаться при деньгах мог бы стоить 55 млн дол.*

Конечно, 55 млн дол. — это только предварительные расчеты, но они показывают, насколько ценной может стать возможность последующего инвестирования, особенно при высокой степени неопределенности и когда рынок продукции растет быстрыми темпами. Более того, производство модели Марк II даст нам опцион на производство Марк III, которое, в свою очередь, даст опцион на производство Марк IV и т. д. В моих расчетах не учитываются последующие опционы.

— *Кажется, я начинаю кое-что понимать в корпоративной стратегии*, — бормочет финансовый директор.

ТАБЛИЦА 21-2
Расчет возможной стоимости опциона на инвестирование в производство микрокомпьютера Марк II.

Допущения
1. Решение об инвестировании в производство Марк II должно быть принято через 3 года, в 1985г.
2. Объем инвестиций в проект Марк II в два раза превышает объем инвестиций в проект Марк I (отметим ожидаемый быстрый рост отрасли). Объем требуемых инвестиций составляет 900 млн дол. (цена исполнения), что принимается как данное.
3. Прогнозируемые потоки денежных средств от проекта Марк II в два раза превышают потоки денежных средств от проекта Марк I, их приведенная стоимость составляет примерно 800 млн дол. в 1985 г., и $800/(1,2)^3$ = 463 млн дол. в 1982 г.
4. Будущей стоимости потоков денежных средств от проекта Марк II свойственна высокая неопределенность. Поведение этой стоимости подобно поведению цен на акции со стандартным отклонением 35% в год. (Акции многих высокотехнологичных фирм имеют стандартное отклонение более 35%.)

Интерпретация
Возможность инвестировать в проект Марк II представляет собой опцион "колл" сроком 3 года на активы стоимостью 463 млн дол. с ценой исполнения 900 млн дол.
Оценка стоимости
Смотри таблицу 6 в Приложении:

$$\text{Стандартное отклонение} \times \sqrt{\text{время}} = 0{,}35 \times \sqrt{3} = 0{,}61.$$

$$\frac{\text{Стоимость активов}}{\text{приведенная стоимость (цены исполнения)}} = \frac{463}{900/(1{,}1)^3} = 0{,}68.$$

$$\frac{\text{Стоимость опциона "колл"}}{\text{стоимость активов}} = 0{,}119 \text{ (самое близкое значение из таблицы 6 Приложения)}.$$

Стоимость опциона "колл" = $0{,}119 \times 463 = 55{,}1$, или приблизительно 55 млн дол.

Реальные опционы и ценность управления

Принцип дисконтированного потока денежных средств косвенно предполагает, что фирмы держат реальные активы пассивно. В нем не учитываются опционы, заложенные в реальных активах, — опционы, которыми опытные менеджеры могут воспользоваться, чтобы получить преимущества. Иначе говоря, метод дисконтированного потока денежных средств не отражает ценности управления.

Напомним, что сначала этот метод оценки стоимости был разработан для облигаций и акций. Инвесторы в эти ценные бумаги вынуждены быть пассивными: имея только ожидания, подобный инвестор не располагает никакими средствами улучшить процентную ставку или дивиденды, которые он получает. Конечно, облигации или акции можно продать, но это будет лишь замена одного пассивного инвестора на другого.

Опционы и такие ценные бумаги, как конвертируемые облигации, которые содержат опционы, существенно отличаются от акций и обыкновенных облигаций. Инвесторы, владеющие опционами, не должны вести себя пассивно. Они получают право принимать решение, благодаря которому они могут с выгодой воспользоваться удачным стечением обстоятельств или уменьшить потери. Безусловно, такое право в условиях неопределенности обладает стоимостью. Однако расчет этой стоимости не сводится просто к дисконтированию. Теория оценки опционов говорит нам, какова эта стоимость, но необходимые для ее расчета формулы не похожи на формулы дисконтированного потока денежных средств.

Теперь давайте представим фирму как инвестора в *реальные* активы. Руководство может *увеличить стоимость* этих активов, реагируя на изменения условий — используя преимущества удачных стечений обстоятельств или уменьшая потери.

Руководство в состоянии действовать, поскольку многие инвестиционные возможности включают в себя реальные опционы, которые руководство может исполнить, когда фирма в этом заинтересована. Метод дисконтированного потока денежных средств не учитывает такую возможность увеличения стоимости, поскольку он безоговорочно воспринимает фирму как пассивного инвестора.

21–2. ОПЦИОН НА ОТКАЗ ОТ ПРОЕКТА

В случае с компанией "Компьютерный прорыв" нам было необходимо оценить опцион на расширение производства. Иногда приходится сталкиваться с противоположной задачей и оценивать опцион на прекращение бизнеса. Например, предположим, что вы должны выбрать одну из двух технологий производства новой продукции — подвесных лодочных моторов.

1. Технология А предусматривает использование станков с компьютерным управлением, специально предназначенных для производства сложных деталей для моторов в большом объеме и с низкими затратами. Но если моторы не найдут спроса, это оборудование окажется бесполезным.
2. Технология Б предусматривает использование обычных станков, которые требуют очень больших затрат труда, но которые можно продать или найти им другое применение, если моторы не будут пользоваться спросом.

Технология А выглядит лучше при анализе новой продукции на основе принципа дисконтированных потоков денежных средств, поскольку при ее разработке ставилась цель снизить издержки до минимально возможных при планируемом объеме производства. Однако вы можете оценить преимущества гибкости технологии Б, если вы не знаете точно, как новые моторы пойдут на рынке. В таких случаях менеджеры могут не принимать во внимание более высокие значения дисконтированных потоков денежных средств технологии А и выбрать технологию Б за "нематериальное" преимущество ее гибкости.

ГЛАВА 21. Применение теории оценки опционов

Но мы можем конкретизировать стоимость этой гибкости, представив ее в виде опциона "пут".

Для упрощения допустим, что первоначальные капитальные вложения, необходимые для внедрения технологий А и Б, одинаковы. Технология А, предполагающая использование низкозатратных станков особой конструкции, принесет 20 млн дол., если моторы понравятся потребителям (лодочникам), а если нет — 5 млн дол. Представим этот доход как поток денежных средств от проекта в первый год производства плюс приведенная стоимость всех последующих потоков денежных средств. Доходы по технологии Б соответственно составляют 18 млн и 3 млн дол.

	Доходы от производства (в млн дол.)	
	Технология А	Технология Б
Повышенный спрос	20	18
Вялый спрос	5	3

Если вы обязаны продолжать производство вне зависимости от того, насколько нерентабельным окажется проект, тогда технология А явно будет лучшим выбором. Но предположим, что вы можете внедрить технологию Б, потратив 8 млн дол. Если моторы не найдут успеха на рынке, было бы лучше продать машины и оборудование за 8 млн дол., чем продолжать осуществлять проект, приведенная стоимость которого составляет только 3 млн дол. Таким образом, с учетом опциона на продажу активов результаты от внедрения технологии Б изменятся следующим образом:

Повышенный спрос	→	продолжение производства	→	собственный бизнес стоимостью 18 млн дол.
Вялый спрос	→	исполнение опциона на продажу активов	→	получение 8 млн дол.

Опцион "пут" на акции представляет собой страховой полис, по которому выплачивается страховка, когда цена на акции оказывается ниже цены исполнения опциона. Технология Б представляет собой такой же вид страхового полиса: если надежды на продажу моторов не оправдаются, вы можете отказаться от производства и реализовать оборудование по его стоимости, равной 8 млн дол. Этот опцион на отказ представляет собой опцион "пут" с ценой исполнения, равной стоимости продажи оборудования. Общая стоимость проекта по внедрению технологии Б равна величине ее дисконтированных потоков денежных средств при допущении, что компания не отказывается от проекта, *плюс* стоимость опциона на отказ от проекта[1]. Когда вы оцениваете стоимость этого опциона "пут", вы признаете ценность гибкости использования активов.

---

[1] Представьте себе акцию, цена которой составляет либо 3 дол., либо 18 дол. Если вы владеете и акциями и опционом "пут" на акции с ценой исполнения 8 дол., то возможны следующие результаты ваших инвестиций:

Цена акции 18 дол.	→	сохранить акцию	→	владение акцией стоимостью 18 дол.
Цена акции 3 дол.	→	исполнить опцион "пут"	→	получение цены исполнения 8 дол.

Инвестирование в технологию Б равнозначно владению одновременно акцией и опционом "пут".

РИСУНОК 21-1
Возможная отдача от инвестиций компании "Вольный полет" в турбовинтовой самолет. (При условии, что компания продолжает эксплуатировать самолет.)

Примечание.

$$\text{Ожидаемый поток денежных средств} = \left(\begin{array}{c}\text{Вероятность}\\ \text{высокого спроса}\end{array} \times 738\right) + \left(\begin{array}{c}\text{Вероятность}\\ \text{низкого спроса}\end{array} \times 415\right) =$$
$$= (0{,}6 \times 738) + (0{,}4 \times 415) = 609.$$

$$\text{Приведенная стоимость} = \frac{609}{1{,}1} = 553\,000 \text{ дол.}$$

Оценка стоимости опциона "пут" на отказ: пример

В главе 10 мы познакомили вас с госпожой В. Хартией Вольнэсти, новатором в области воздушных сообщений, которая обдумывала покупку турбовинтового самолета для своей новой авиалинии "Вольный полет". На рисунке 21-1 представлены возможные результаты приобретения турбовинтового самолета. Если авиалиния начнет работать успешно и спрос на ее услуги будет высоким, то, по расчетам г-жи Хартии Вольнэсти, к концу первого года ее бизнес будет стоить 738 000 дол. В случае неудачи бизнес будет стоить только 415 000 дол. Г-жа Хартия Вольнэсти считает, что существует 60%-ная вероятность успеха для ее бизнеса, и потому она рассчитывает ожидаемую стоимость в 1-м году как $(0{,}6 \times 738) + (0{,}4 \times 415) = 609$, или 609 000 дол. Она дисконтирует по ставке 10%, равной затратам на капитал, и получает приведенную стоимость $609/1{,}1 = 553\,000$ дол.[2] Отметим, что эти расчеты не допускают возможности отказа от бизнеса. Если бизнес не взлетит в первом же году[3], г-же Хартии Вольнэсти будет лучше продать турбовинтовой самолет за 500 000 дол., нежели продолжать бизнес, стоимость которого составляет только 415 000 дол.

Какова стоимость этого опциона на отказ от бизнеса? В главе 10 мы пытались ответить на этот вопрос, используя стандартный метод дисконтированного потока денежных средств. Но теперь мы знаем, что, когда речь идет об опционе, этот метод использовать нельзя, поскольку ставка дисконта изменяется по мере изменения стоимости лежащих в основе опциона активов. Чтобы оценить стоимость опционов г-жи Хартии Вольнэсти на отказ от бизнеса, нам необходимо определить стоимость опциона "пут" для периода в один год на турбовинтовой самолет с ценой исполнения 500 000 дол.

Чтобы оценить опцион "пут", вам требуется следующая информация (в тыс. дол.):

- Приведенная стоимость бизнеса без опциона на отказ от него = 553.
- Цена исполнения = 500.
- Срок = 1 год.
- Процентная ставка = 5%.
- Будущая стоимость бизнеса при высоком спросе = 738.
- Будущая стоимость при низком спросе = 415.

---
[2] Если вы вернетесь к главе 10, вы увидите, что это не *совокупная* стоимость бизнеса г-жи Хартии Вольнэсти, так как она ожидает получать какую-то прибыль в течение первого года. Эта прибыль не влияет на стоимость опциона на отказ от бизнеса в конце первого года, и потому мы ее здесь не принимаем во внимание.
[3] Каламбур возник невольно.

РИСУНОК 21-2
Возможные значения будущей стоимости авиакомпании "Вольный полёт". Цифры в скобках указывают значения стоимости опциона на продажу активов компании за 500 000 дол.

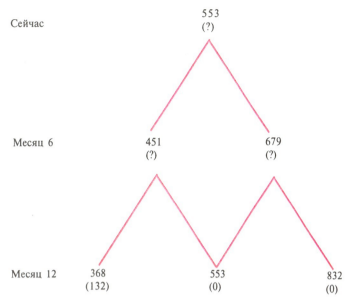

Поскольку г-жа Хартия Вольнэсти может предположить только два результата, эта задача идеально подходит для биномиального метода, который мы использовали в главе 20, чтобы оценить опцион компании "Вомбат". Сейчас у вас есть возможность показать, что вы его не забыли.

Мы начнём с модели нейтрального отношения инвесторов к риску, предположив, что г-жа Хартия Вольнэсти равнодушна к риску. В этом случае её бы устроило, если бы бизнес приносил безрисковую ставку процента, равную 5%. Мы знаем, что стоимость бизнеса либо увеличится на 33% – с 553 000 дол. до 738 000 дол., либо снизится на 25% – до 415 000 дол. Следовательно, мы можем вычислить вероятность увеличения стоимости в нашем гипотетическом примере с нейтральным отношением к риску.

$$\textit{Ожидаемая доходность} = \begin{pmatrix} \textit{вероятность} \\ \textit{роста} \end{pmatrix} \times 33 + \begin{pmatrix} 1 - \textit{вероятность} \\ \textit{роста} \end{pmatrix} \times (-25) = 5\%.$$

Отсюда, *вероятность роста* составляет 52%.

Мы знаем, что если бизнес будет успешным, опцион на отказ от него обесценится. Если же он не будет успешным, г-жа Хартия Вольнэсти продаст турбовинтовой самолёт и сэкономит 500 – 415 = 85, или 85 000 дол. Отсюда, ожидаемая будущая стоимость опциона на отказ от бизнеса равна:

$$\begin{pmatrix} \textit{вероятность} \\ \textit{роста} \end{pmatrix} \times 0 + \begin{pmatrix} 1 - \textit{вероятность} \\ \textit{роста} \end{pmatrix} \times 85 =$$

$$= (0{,}52 \times 0) + (0{,}48 \times 85) = 41, \textit{ или } 41\,000 \textit{ дол.}$$

Следовательно, приведённая стоимость опциона на отказ равна[4]:

$$\frac{\textit{Ожидаемая будущая стоимость}}{1 + \textit{ставка процента}} = \frac{41}{1{,}05} = 39, \textit{ или } 39\,000 \textit{ дол.}$$

---

[4] В разделе 10–3 мы оценили стоимость опциона в 31 000 дол.

Таким образом, стоимость бизнеса г-жи Хартии Вольнэсти с учетом опциона на отказ возрастает на 39 000 дол.:

$$\begin{array}{c}\textit{Стоимость бизнеса}\\ \textit{с опционом на отказ}\end{array} = \begin{array}{c}\textit{стоимость бизнеса}\\ \textit{без опциона на отказ}\end{array} + \begin{array}{c}\textit{стоимость}\\ \textit{опциона}\end{array} =$$

$$= 553 + 39 = 592, \textit{ или } 592\,000 \textit{ дол.}$$

Что произойдет с опционом г-жи Хартии Вольнэсти при более чем двух возможных исходах

Опцион г-жи Хартии Вольнэсти дает хорошую возможность расширить наши представления о биномиальной модели. Напомним, что г-жа Хартия Вольнэсти учитывала только два возможных изменения стоимости ее бизнеса — рост на 33% при высоком спросе и снижение на 25% при низком спросе. В качестве альтернативы предположим, что каждые 6 месяцев стоимость фирмы г-жи Хартии Вольнэсти могла бы либо увеличиваться на 22,6%, либо снижаться на 18,4% (мы вскоре расскажем вам, как мы получили эти цифры). На рисунке 21-2 показаны возможные значения стоимости фирмы к концу года. Вы можете видеть, что теперь вероятны три исхода. Стоимость фирмы может вырасти до 832 000 дол., остаться неизменной или снизиться до 368 000 дол. Такое предположение, видимо, более реалистично, чем первоначальный сценарий "взлета или падения" г-жи Хартии Вольнэсти.

Мы по-прежнему допускаем, что г-жа Хартия Вольнэсти имеет опцион на продажу самолета в конце года за 500 000 дол.: мы показываем соответствующую стоимость этого опциона в скобках под данными о возможных значениях стоимости бизнеса в конце года[5]. Таким образом, если стоимость фирмы окажется равной 832 000 дол., опцион потеряет стоимость; в другом крайнем случае, если стоимость фирмы снизится до 368 000 дол., опцион будет стоить:

$$\textit{Цена исполнения} - \textit{стоимость фирмы} = 500 - 368 = 132,$$
$$\textit{или } 132\,000 \textit{ дол.}$$

Стоимость опциона через 6 месяцев

Чтобы оценить стоимость опциона в конце 6-месячного периода, сначала мы воспользуемся моделью нейтрального отношения к риску. Если инвесторы безразличны к риску, ожидаемая доходность фирмы должна равняться процентной ставке, которая составляет 5% годовых, или 2,5% за 6 месяцев. Итак[6]:

$$\left(\begin{array}{c}\textit{вероятность}\\ \textit{роста}\end{array}\right) \times 22{,}6 + \left(1 - \begin{array}{c}\textit{вероятность}\\ \textit{роста}\end{array}\right) \times (-18{,}4) = 2{,}5.$$

$$\textit{Вероятность роста} = 0{,}51, \textit{ или } 51\%.$$

Предположим, что прошло 6 месяцев и стоимость фирмы равна 456 000 дол. В этом случае вероятность полного обесценения опциона к концу года составляет 51%, а вероятность того, что он будет стоить 132 000 дол., — 49%. Итак:

$$\textit{Ожидаемая стоимость опциона в конце года} = (0{,}51 \times 0) + (0{,}49 \times 132) = 65.$$

---

[5] Мы предполагаем, что самолет не может быть продан в конце 6-месячного периода. Другими словами, мы допускаем, что право на отказ от бизнеса представляет собой "европейский" опцион.

[6] Общая формула для вычисления вероятности роста:

$$p = \frac{\textit{процентная ставка} - \textit{относительное снижение}}{\textit{относительный рост} - \textit{относительное снижение}}.$$

В случае с компанией "Вольный полет":

$$p = \frac{2{,}5 - (-18{,}4)}{22{,}6 - (-18{,}4)} = 0{,}51.$$

ГЛАВА 21. Применение теории оценки опционов 565

При ставке, равной 2,5% за 6-месячный период:

$$\textit{Стоимость через 6 месяцев} = \frac{65}{1,025} = 63.$$

Если стоимость фирмы в конце 6-месячного периода равна 679 000 дол., опцион, безусловно, обесценивается к концу года, и поэтому его стоимость на 6-м месяце равна нулю.

Стоимость опциона на сегодня

Теперь мы можем подставить цифры вместо знаков вопроса на рисунке 21-2. На рисунке 21-3 показано, что если стоимость фирмы в конце 6-го месяца равна 451 000 дол., то стоимость опциона составляет 63 000 дол., а если стоимость фирмы равна 679 000 дол., то стоимость опциона равна нулю. Теперь нам осталось определить стоимость опциона на сегодня.

Ожидаемая стоимость опциона на конец 6-го месяца:

$$\left(\begin{array}{c}\textit{вероятность}\\ \textit{роста}\end{array}\right) \times 0 + \left(1 - \begin{array}{c}\textit{вероятность}\\ \textit{роста}\end{array}\right) \times 63 =$$
$$= (0,51 \times 0) + (0,49 \times 63) = 31.$$

Отсюда, стоимость сегодня равна:

$$\frac{\textit{Ожидаемая стоимость опциона на конец 6-го месяца}}{1 + \textit{процентная ставка}} = \frac{31}{1,025} = 30.$$

В "одноступенчатом" примере мы допустили, что спрос может быть либо только высоким, либо только низким, и получили стоимость опциона, рав-

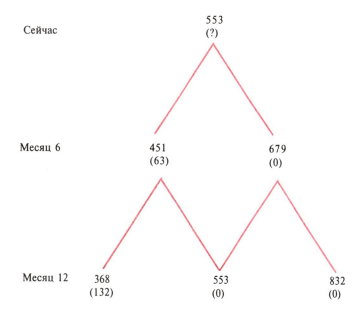

РИСУНОК 21-3
Отталкиваясь от значений стоимости в конце 12-месячного периода, мы рассчитали стоимость опциона на выход из бизнеса компании "Вольный полет" через 6 месяцев.

ную 39 000 дол. Расчет в два этапа позволил нам понять, что в зависимости от спроса стоимость могла бы принять три возможных значения, и это изменило нашу оценку стоимости опциона до 30 000 дол. При расчете в два этапа мы потратили больше времени на оценку стоимости опциона, но принцип остался тот же и не требует более сложных, чем умножение и деление, математических операций.

Общий биномиальный метод

Двухступенчатый расчет стоимости опциона компании "Вольный полет", вероятно, более реалистичен. Но нет причин на этом останавливаться. Мы можем выбирать все более и более короткие интервалы, в течение каждого из которых происходят только два возможных изменения стоимости предприятия. Например, мы могли бы разделить год на 12 периодов, по месяцу каждый. Это дало бы нам 13 возможных значений стоимости в конце года. Мы также могли бы использовать биномиальный метод, чтобы пройтись в обратном направлении, от конечных данных к настоящим. Конечно, было бы утомительно проводить такие вычисления вручную, но на компьютере вы можете быстро просчитать простые опционы с большим количеством периодов изменения стоимости актива.

Поскольку будущая стоимость активов обычно может принимать почти неограниченное число значений, биномиальный метод, видимо, дает более реалистичные и более точные оценки стоимости опциона, когда вы работаете с большим количеством подпериодов. Но в связи с этим возникает один важный вопрос: как мы получаем разумные значения относительного роста и снижения стоимости? Например, почему мы взяли значения 22,6% и −18,4%, когда производили переоценку стоимости фирмы "Вольный полет" с использованием двух подпериодов? К счастью, есть несложная формула, связывающая относительное снижение и увеличение стоимости со стандартным отклонением доходности актива:

$$1 + \text{относительный рост} = u = e^{\sigma\sqrt{h}}$$

$$1 + \text{относительное снижение} = d = \frac{1}{u},$$

где

e — основание натурального логарифма = 2,718;
σ — стандартное отклонение среднегодовой доходности актива (с непрерывным начислением);
h — интервал, как часть года.

Когда г-жа Хартия Вольнэсти утверждала, что стоимость ее бизнеса могла бы увеличиться на 33% или снизиться на 25% в течение одного года, ее цифры соответствовали 28,8% стандартного отклонения среднегодовой доходности бизнеса:

$$1 + \text{относительный рост (период 1 год)} = u = e^{0,288\sqrt{1}} = 1,33.$$

$$1 + \text{относительное снижение} = d = \frac{1}{u} = \frac{1}{1,33} = 0,75.$$

Когда мы разбиваем год на два периода, чтобы найти соответствующие величины относительного роста и снижения стоимости, мы используем ту же формулу:

$$1 + \text{относительный рост (период 6 месяцев)} = u = e^{0,288\sqrt{0,5}} = 1,226.$$

$$1 + \text{относительное снижение} = d = \frac{1}{u} = \frac{1}{1,226} = 0,816.$$

ТАБЛИЦА 21-3

Увеличивая количество периодов времени, мы должны устанавливать пределы возможных изменений цен на акции, чтобы стандартное отклонение оставалось прежним. Но значения стоимости опциона компании "Вольный полет" в ваших расчетах будут все ближе к результатам, которые дает формула Блэка—Шольца. (Отметим, что иногда ваши оценки могут *временно* отклоняться от значений стоимости, полученных по формуле Блэка—Шольца. Например, это происходит, когда вы увеличиваете число периодов с 3 до 4.)

Периоды в году ($1/h$)	Изменения в течение периода (в %)		Оценка стоимости опциона (в тыс. дол.)
	Рост	Снижение	
1	+33,3	−25	39,4
2	+22,6	−18,4	30,2
3	+18,2	−15,3	29,8
4	+15,5	−13,4	30,4
12	+8,7	−8,0	29,1
52	+4,1	−3,9	28,3
	Стоимость по формуле Блэка—Шольца = 28,2		

Примечание. Стандартное отклонение $\sigma = 0{,}288$.

В таблице 21-3 представлены соответствующие значения относительного снижения и роста стоимости фирмы за различные интервалы времени, на которые мы разбиваем год, — месяцы, недели. При увеличении количества пери-

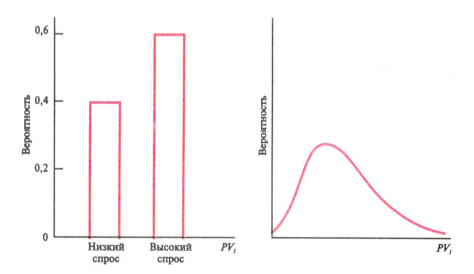

РИСУНОК 21-4

На левой гистограмме мы делаем предположение, что для предприятия г-жи Хартии Вольнэсти возможны только два исхода — высокий спрос или низкий спрос. На гистограмме показана приведенная стоимость в первом году при допущении, что бизнес не останавливается. Логарифмическое нормальное распределение на правом рисунке более реалистично, поскольку подразумевает бесконечный ряд возможных значений приведенной стоимости и учитывает промежуточные результаты. Модель Блэка—Шольца основана на логарифмическом распределении.

одов значения стоимости, которые мы получаем с помощью биномиального метода, все более приближаются к значениям, которые дает формула Блэка—Шольца. По сути, мы можем расценивать формулу Блэка—Шольца как близкую альтернативу биномиального метода с очень большим количеством интервалов. Стоимость опциона компании "Вольный полет" по формуле Блэка—Шольца равна 28 200 дол. В правой колонке таблицы 21-3 показано, что если мы разбиваем год на 52 недели, биномиальный метод дает значение стоимости, очень близкое к значению, полученному по формуле Блэка—Шольца.

Почему значения стоимости опциона изменяются, когда мы разбиваем период на более короткие интервалы времени? Ответ дан на рисунке 21-4. Одноступенчатый биномиальный метод допускает, что возможны только два исхода — очень хороший результат и очень плохой. Формула Блэка—Шольца более реалистична: она предполагает бесконечный ряд исходов. Если формула Блэка—Шольца более точна и требует меньше времени, чем биномиальный метод, стоит ли вообще возиться с биномиальным методом? Ответ состоит в том, что существуют ситуации, когда мы не можем использовать формулу Блэка—Шольца, а с помощью биномиального метода по-прежнему получаем хорошие оценки стоимости опционов. Мы рассмотрим один такой случай в следующем разделе.

21-3. ОПЦИОН НА ВЫБОР ВРЕМЕНИ

Оптимальное время для осуществления инвестиций выбрать легко, когда нет никакой неопределенности. Вы просто вычисляете чистую приведенную стоимость проекта на различные даты инвестирования в будущем и выбираете время, когда приведенная стоимость имеет наивысшее значение[7]. К сожалению, этот простой принцип не срабатывает в условиях неопределенности.

Предположим, что у вас есть проект, который может привести вас либо к крупной победе, либо к крупному проигрышу. Вероятность успеха проекта перевешивает вероятность его неудачи, и если начать осуществление проекта сегодня, его чистая приведенная стоимость положительна. Однако этот проект не подпадает под принцип "сейчас или никогда". Должны ли вы инвестировать немедленно, или вам следует подождать? Трудно сказать: если проект действительно выигрышный, ожидание равнозначно потере или отсрочке его ближайших потоков денежных средств. Но если он окажется проигрышным, ожидание могло бы предотвратить большую ошибку.

В главе 6 мы обошли вниманием проблему выбора оптимального времени для осуществления инвестиций в условиях неопределенности. Теперь мы располагаем инструментами, чтобы взяться за нее, поскольку благоприятная возможность инвестировать в проект с положительной чистой приведенной стоимостью эквивалентна опциону "колл в деньгах". Оптимальное время для осуществления инвестиций равнозначно исполнению этого опциона в наиболее подходящее время.

Пример временно́го опциона

Допустим, что проект, о котором мы рассуждали, предполагает строительство консервного завода по производству маринованной селедки, которое обойдется в 180 млн дол. Как хорошо известно большинству наших читателей, спрос на маринованную селедку сильно колеблется, в зависимости от цены на конкурирующие товары.

Сначала предположим, что строительство завода относится к проектам, на которые распространяется принцип "сейчас или никогда". Это то же самое,

---

[7] См. раздел 6–3.

ГЛАВА 21. Применение теории оценки опционов

РИСУНОК 21-5
Возможность инвестировать в завод по производству маринованной селедки равнозначна опциону "колл". В случае, если инвестиции осуществляются сейчас или никогда, значения стоимости опциона "колл" представлены красной сплошной линией. Если осуществление инвестиций можно отложить, опцион "колл" будет иметь стоимость даже при нулевой или отрицательной чистой приведенной стоимости проекта. Сравните с рисунком 20-8.

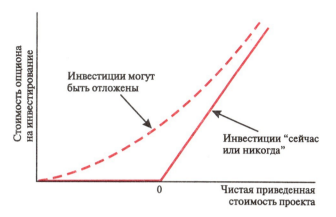

что иметь опцион "колл" на завод с близкой датой исполнения и ценой исполнения, равной 180 млн дол. инвестиций, требуемых для строительства. Если приведенная стоимость прогнозируемых потоков денежных средств проекта превышает 180 млн дол., стоимость опциона "колл" равна чистой приведенной стоимости проекта. Но если чистая приведенная стоимость проекта отрицательна, стоимость опциона "колл" равна нулю, поскольку в этом случае фирма не станет осуществлять инвестиции. Мы изобразили это на рисунке 21-5 сплошной красной линией.

Теперь предположим, что у вас есть возможность отложить строительство завода на 2 года. Даже несмотря на то что чистая приведенная стоимость проекта, если предпринимать его сегодня, может оказаться нулевой или отрицательной, ваш опцион "колл" имеет стоимость, так как есть надежда, что в течение двух лет конъюнктура изменчивого рынка маринованной селедки улучшится. На рисунке 21-5 мы показали возможный спектр значений стоимости опциона кривой пунктирной линией.

Решение начать или отложить осуществление инвестиций в завод по производству маринованной селедки равнозначно решению исполнить опцион "колл" немедленно или подождать и, может быть, исполнить его позже[8]. Естественно, здесь возникает дилемма. Вы не спешите исполнить опцион, поскольку, несмотря на сегодняшний радужный прогноз, инвестиции в завод по производству маринованной селедки могут оказаться ошибкой. Когда вы откажетесь от своего опциона на отсрочку, вы не сумеете больше воспользоваться преимуществами изменчивости будущей стоимости проекта. Напомним, что держатели опционов любят изменчивость, так как она создает повышающий потенциал, а опционный контракт ограничивает потери. С другой стороны, пока проект имеет положительную чистую приведенную стоимость, вы стремитесь исполнить опцион, чтобы получить приток денежных средств. Если потоки денежных средств (и чистая приведенная стоимость) достаточно высоки, вы с радостью исполните ваш "колл" досрочно.

Потоки денежных средств инвестиционного проекта играют такую же роль, как дивидендные выплаты по акциям. Когда по акциям не выплачиваются дивиденды, "живой" "американский колл" всегда стоит больше, чем "мертвый", и никогда не будет исполнен раньше времени. Но выплата дивидендов до наступления срока исполнения опциона снижает цену "акции без дивиденда", как и возможные поступления по опциону "колл" по наступлении срока его исполнения. Представим себе крайний случай: если компания пускает все свои активы на выплату небывалых дивидендов, впоследствии цена акций дол-

---

[8] Здесь мы имеем в виду "американский" опцион. "Европейский" опцион не может быть исполнен досрочно.

жна упасть до нуля и опцион "колл" обесценится. Поэтому любой опцион "колл в деньгах" исполнялся бы непосредственно перед выплатой этих ликвидационных дивидендов.

Дивиденды не всегда провоцируют досрочное исполнение опциона, но если они достаточно большие, владельцы опциона "колл" захватывают их, исполняя опцион до даты, когда акция теряет право на очередные дивиденды. Мы видим, что менеджеры действуют точно так же: когда прогнозируемые потоки денежных средств проекта достаточно велики, менеджеры, немедленно инвестируя, "захватывают" эти потоки денежных средств[9]. Но когда прогнозируемые потоки денежных средств невелики, менеджеры склонны держать свой "колл", нежели инвестировать, даже когда проект имеет положительную чистую приведенную стоимость. Это объясняет, почему менеджеры порой не желают предпринимать проекты с положительной чистой приведенной стоимостью. Такая осторожность обоснованна, пока есть возможность отсрочки исполнения опциона и он достаточно ценен.

Оценка стоимости опциона на маринованную селедку

Мы оснастим некоторыми цифрами проект производства маринованной селедки и затем покажем, как вычислить стоимость опциона, если проект принесет потоки денежных средств. На рисунке 21-6 показаны возможные потоки денежных средств и значения стоимости в конце года для проекта по производству маринованной селедки. Вы можете видеть, что текущая стоимость проекта равна 200 млн дол. Если спрос в первом году окажется низким, поток денежных средств составит только 16 млн дол. и стоимость проекта упадет до 160 млн дол. Но если спрос в первом году будет высоким, поток денежных средств достигнет 25 млн дол. и стоимость возрастет до 250 млн дол. Во втором году низкий спрос может уменьшить поток денежных средств до 12,8 и стоимость проекта снизится до 128 млн дол. и т. д.[10] Хотя срок жизни проекта неограничен, мы предполагаем, что инвестиции не могут быть отложены далее, чем на конец второго года, и поэтому мы показываем потоки денежных средств только первых двух лет и возможные значения стоимости в конце первых двух лет. Заметим, что если вы начнете инвестировать немедленно, вы получите поток денежных средств первого года (16 млн или 25 млн дол.); если же вы отложите инвестирование, то упустите этот поток денежных средств, но тогда вы будете иметь лучшее представление о том, как может повести себя проект.

Если в первом году спрос высокий, завод по производству маринованной селедки принесет поток денежных средств в размере 25 млн дол., и в конце года стоимость его составит 250 млн дол. Совокупная доходность равна (25 + + 250)/200 − 1 = 37,5%. Если спрос низкий, поток денежных средств равен 16 млн дол., а стоимость в конце года составляет 160 млн дол. Совокупная доходность равна (16 + 160)/200 − 1 = − 0,12, или −12%. В мире, где господству-

---

[9] В этом случае стоимость опциона "колл" равна его минимальной стоимости, поскольку он исполняется досрочно: две линии на рисунке 21-5 пересекаются в точке, когда приведенная стоимость проекта достаточно высока, чтобы немедленно начать инвестировать. При таком и еще более высоких значениях приведеной стоимости стоимость опциона "европейский колл", который не может быть исполнен досрочно, была бы ниже стоимости инвестиций, которые должны быть осуществлены сейчас или никогда.

[10] Здесь мы делаем допущение, что для каждого года существует 44%-ная вероятность роста потока денежных средств на 25% и 56%-ная вероятность снижения потока денежных средств на 20%. *Ожидаемое* изменение потока денежных средств равно $(0{,}44 \times 25) + [0{,}56 \times (-20)] = 0$. Поскольку предполагается, что этот поток денежных средств будет бесконечен, мы вычисляем стоимость проекта в любой момент делением на величину затрат на капитал, равную 10%. Так, если поток денежных средств в год 1 равен 16 000 дол., стоимость проекта в конце года составит 16/0,10 =160, или 160 000 дол.

ГЛАВА 21. Применение теории оценки опционов

РИСУНОК 21-6
Возможные потоки денежных средств и значения стоимости в конце первых двух лет осуществления проекта по производству маринованной селедки.

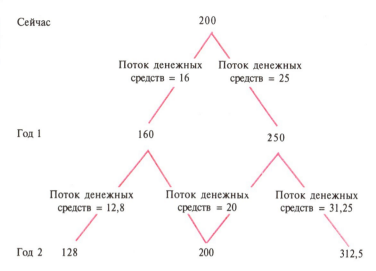

ет *нейтральное отношение к риску*, ожидаемая доходность была бы равна процентной ставке, которая, как мы предположили, составляет 5%.

$$\text{Ожидаемая доходность} = \left(\begin{array}{c}\text{вероятность}\\\text{высокого спроса}\end{array}\times 37{,}5\right) + \left(1 - \begin{array}{c}\text{вероятность}\\\text{низкого спроса}\end{array}\right)\times(-12) =$$
$$= 5\%.$$

Следовательно, вероятность высокого спроса составляет 34,3%.

Мы хотим оценить стоимость опциона "колл" на осуществление проекта по производству маринованной селедки с ценой исполнения 180 млн дол. Как обычно, мы начинаем с конца и идем в обратном направлении. В нижнем ряду на рисунке 21-7 показаны возможные значения стоимости этого опциона в конце года 2. Если стоимость проекта равна 128 млн дол., опцион на осуществление инвестиций обесценивается. В другом крайнем случае, если стоимость проекта равна 312,5 млн дол., стоимость опциона составляет 312,5–180 = 132,5 млн дол.

Чтобы вычислить значения стоимости опциона в году 1, мы определяем ожидаемые значения доходности при условии нейтрального отношения к риску и дисконтируем по ставке 5%. Таким образом, если стоимость проекта в году 1 равна 160 млн дол., стоимость опциона составит:

$$\frac{(0{,}343\times 20)+(0{,}657\times 0)}{1{,}05} = 6{,}5 \text{ млн дол.}$$

Если стоимость проекта в году 1 равна 250 млн дол., то стоимость опциона составит:

$$\frac{(0{,}343\times 132{,}5)+(0{,}657\times 20)}{1{,}05} = 55{,}8 \text{ млн дол.}$$

Но здесь мы должны учесть возможность досрочного исполнения опциона. Опцион стоит 55,8 млн дол., если мы его сохраним, но он будет стоить 250–180 = = 70 млн дол., если мы его исполним. Итак, если спрос в году 1 будет высоким, не имеет смысла откладывать далее осуществление инвестиций. Мы исполним наш опцион на инвестирование в завод для маринованной селедки.

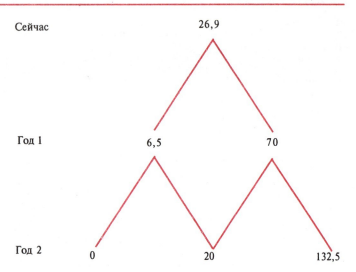

РИСУНОК 21-7
Стоимости опциона на строительство завода по производству маринованной селедки. Стоимость опциона на строительство завода в будущем превышает чистую приведенную стоимость завода, построенного сегодня.

Теперь мы знаем, что, если спрос в году 1 будет низким, опцион в конце года будет стоить 6,5 млн дол., а если спрос будет высоким, опцион будет стоить 70 млн дол. Далее мы пойдем назад к сегодняшней стоимости, определив ожидаемый доход по опциону и дисконтируя по процентной ставке:

$$Стоимость\ опциона\ сегодня = \frac{(0{,}343 \times 70) + (0{,}657 \times 6{,}5)}{1{,}05} = 26{,}9\ млн\ дол.$$

При немедленном исполнении стоимость опциона на инвестирование в производство маринованной селедки равна 200 − 180 = 20 млн дол. Но опцион будет стоить 26,9 млн дол., если мы отложим его исполнение по крайней мере на год. Тот факт, что проект производства маринованной селедки имеет положительную чистую приведенную стоимость, не является достаточным основанием для инвестирования. Есть лучшая стратегия: ждать и наблюдать.

Обратите внимание на то, как мы к этому пришли. Мы, как и раньше, продвигались в обратном направлении, но на каждом шаге проверяли, стоил ли "мертвый" опцион больше, чем "живой", и брали большую из двух стоимостей, как мы делали, идя в обратном направлении по биномиальному древу. Вы можете использовать этот способ для оценки стоимости любого опциона "американский колл" на акции, по которым выплачиваются дивиденды.

Оценка стоимости опциона и "древо решений"

Вычисление стоимости опциона биномиальным методом по существу представляет собой процесс движения по "древу решений". Вы начинаете с какого-то момента в будущем и возвращаетесь по "древу" к настоящему, делая проверку в каждой точке принятия решений, чтобы определить лучшее действие в будущем. В конце концов возможные потоки денежных средств, возникающие вследствие событий и действий в будущем, сводятся к приведенной стоимости.

Является ли биномиальный метод просто другим и способом применения метода "древа решений" — инструмента анализа, о котором мы узнали в главе 10? Нет, по крайней мере, по двум причинам. Во-первых, теория опционов дает нам простую и мощную базу для описания сложных "деревьев решений". Для полного изображения "древа решений" для нашего завода по

ГЛАВА 21. Применение теории оценки опционов

производству маринованной селедки не хватило бы самой большой классной доски. Теперь, когда мы знаем об опционах, мы можем просто представить возможность инвестировать в производство маринованной селедки как опцион "американский колл на бессрочную ренту с постоянной нормой дивидендного дохода". Конечно, не все реальные проблемы имеют такие простые аналоги в виде опционов, но мы часто можем приблизительно представить сложные "деревья решений" в виде некоторого простого пакета активов и опционов. "Древо решений" для соответствующего проекта можно сильно приблизить к "реальности", но, вероятно, это не стоит затрат времени и средств. Большинство мужчин покупает костюмы в универмагах, хотя специально сшитый костюм от Saville Row и сидел и смотрелся бы лучше.

Вторая и более важная причина заключается в том, что теория оценки опционов является неотъемлемой частью процесса дисконтирования внутри "древа решений". Стандартный принцип дисконтированного потока денежных средств не работает применительно к "древу решений" по той же причине, по которой он не работает при оценке опционов "пут" и "колл". Как мы отмечали в разделе 20–4, для опционов не существует единственной постоянной ставки дисконта, поскольку риск опциона изменяется вместе с изменением срока жизни и цены активов, лежащих в основе опциона. Не существует единственной ставки дисконта и внутри "древа решений", так как, если "древо" содержит множество будущих решений, оно содержит и опционы. Рыночную стоимость будущих потоков денежных средств, описываемых с помощью "древа решений", следует вычислять методом оценки опционов.

21–4. КОНТРОЛЬНЫЙ ЛИСТ

Когда в предыдущей главе мы рассказывали об оценке стоимости опционов, мы говорили главным образом об опционах "европейский колл". В этой главе мы столкнулись с "европейскими" и "американскими" опционами "пут" и "колл", опционами на активы, по которым выплачиваются дивиденды и по которым дивиденды не выплачиваются. Возможно, вы найдете для себя полезным следующий контрольный лист, показывающий, каким образом различные комбинации условий влияют на стоимость опциона.

"Американский колл" – без дивидендов

Мы знаем, что при отсутствии дивидендов стоимость опциона "колл" растет с увеличением срока исполнения. Так, если бы вы исполнили "американский колл" досрочно, вы бы только снизили его стоимость. Поскольку "американский колл" не следует исполнять до истечения срока, его стоимость равна стоимости опциона "европейский колл", и формула Блэка–Шольца применима к обоим опционам.

"Европейский пут" – без дивидендов

Если мы хотим оценить стоимость опциона "европейский пут", мы можем использовать формулу, выведенную в главе 20:

Стоимость опциона "пут" = стоимость опциона "колл" –
– стоимость акции + приведенная стоимость (цены исполнения).

"Американский пут" – без дивидендов

Иногда имеет смысл исполнить опцион "американский пут" досрочно, чтобы реинвестировать цену исполнения. Например, предположим, что сразу после того как вы купили "американский пут", цена на акции упала до нуля. В этом случае держание опциона не дает никаких преимуществ, так как он *не может* стать более ценным. Лучше исполнить "пут" и инвестировать полученные от исполнения деньги. Таким образом, "американский пут" всегда имеет более высокую стоимость, чем "европейский пут". В нашем крайнем примере разница стоимостей равна приведенной стоимости процентов, которые можно было бы заработать на цене исполнения. Во всех других случаях эта разница будет меньше.

Поскольку формула Блэка—Шольца не допускает досрочного исполнения, ее нельзя использовать для точной оценки стоимости опциона "американский пут". Но вы можете применить пошаговый биномиальный метод при условии, что вы проверяете на каждом шаге, стоит ли "мертвый" опцион больше "живого", и затем используете наибольшую из двух стоимостей.

"Европейский колл" на акции с дивидендами

Часть стоимости акции составляет приведенная стоимость дивидендов, на которые держатель опциона не имеет права. Поэтому, когда для оценки стоимости опциона "европейский колл" на акции, по которым выплачиваются дивиденды, вы используете модель Блэка—Шольца, вы должны уменьшить цену акций на приведенную стоимость дивидендов, выплачиваемых до срока исполнения опциона[11].

Пример. Дивиденды не всегда выступают в явном виде; так, обратитесь к примерам, когда активы приносят их держателю выгоды, а опцион на эти активы — нет. Например, когда вы покупаете иностранную валюту, вы можете инвестировать ее, чтобы получить проценты; но если вы имеете опцион на покупку иностранной валюты, вы упускаете этот доход.

Предположим, что весной 1990 г. вам предложили опцион на покупку фунтов стерлингов по текущему курсу 1,60 дол. (т. е. 1,60 дол. за 1 фут стерлингов) со сроком 1 год. Вы располагаете следующей информацией:

- Срок исполнения опциона $\qquad t = 1.$
- Цена исполнения $\qquad E = 1{,}60$ дол.
- Текущая цена фунта стерлингов $\qquad P = 1{,}60$ дол.
- Стандартное отклонение обменного курса $\qquad \sigma = 0{,}10.$
- Долларовая процентная ставка $\qquad r_s = 0{,}08.$
- Стерлинговая процентная ставка $\qquad r_£ = 0{,}15.$

Если вы покупаете фунты стерлингов, вы можете инвестировать их и заработать 15% дохода. Покупая опцион на фунты стерлингов, а не их сами, вы тем самым упускаете эти "дивиденды". Поэтому, чтобы оценить стоимость опциона "колл", вы должны сначала вычесть из текущей цены фунта стерлингов величину, равную сумме упущенных процентов[12]:

$$\textit{Скорректированная цена фунта стерлингов} = P^* =$$

$$= \frac{\textit{текущая цена}}{1 + r_£} = \frac{1{,}60}{1{,}15} = 1{,}39.$$

---

[11] В случае реальных опционов под "дивидендами" понимаются потоки денежных средств, генерируемые каким-то реальным активом. Приведенная стоимость потоков денежных средств вычиталась бы из приведенной стоимости актива, если бы вы оценивали стоимость опциона на этот актив. Например, в нашей оценке стоимости опциона компании "Вольный полет" на отказ от турбовинтового самолета не учитывается прибыль, которую самолет мог бы принести в первый год, прежде чем опцион на продажу самолета мог бы быть исполнен.

[12] Отметим, что:

$$\textit{Текущая цена} - \textit{приведенная стоимость} \; (\textit{процентов}) =$$

$$= P - \frac{r_£ P}{1 + r_£} = \frac{P}{1 + r_£}.$$

ГЛАВА 21. Применение теории оценки опционов

Теперь вы можете воспользоваться формулой Блэка—Шольца:

$$\text{Стандартное отклонение} \times \sqrt{\text{время}} = 0{,}10\sqrt{1} = 0{,}10.$$

$$\frac{\text{Цена}}{\text{Приведенная стоимость (цены исполнения)}} = \frac{P^*}{E/(1+r_s)} =$$

$$= \frac{1{,}39}{1{,}60/1{,}08} = 0{,}94.$$

Используя таблицу 6 Приложения для расчета стоимости опциона "колл", получаем:

$$\text{Стоимость опциона "колл"} = 0{,}017 \times P^* = 0{,}017 \times 1{,}39 = 0{,}023,$$

т. е. 2,3 цента за фунт. Опцион на покупку 1 млн фунтов стерлингов на этих условиях стоил бы 23 000 дол.

"Американский колл" на акции с дивидендами

Мы видели, что когда по акциям не выплачиваются дивиденды, "живой" "американский колл" *всегда* стоит дороже, чем "мертвый". При этом вы и имеете открытую опционную позицию, и зарабатываете проценты на деньги, которые нужно заплатить при исполнении опциона. Даже в случае выплаты дивидендов вам не следует исполнять опцион досрочно, если дивиденды, которые вы получаете, меньше процентов, которые вы теряете при досрочной уплате цены исполнения. Тем не менее, если дивиденды достаточно велики, вы, возможно, захотите их получить, исполняя опцион до даты, когда акции теряют право на очередные дивиденды.

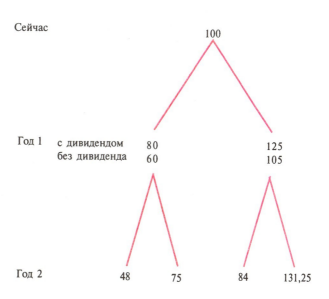

РИСУНОК 21-8
Возможные значения стоимости акций "Свиные туши и потроха".

РИСУНОК 21-9
Стоимость двухгодичного опциона "колл" на акции компании "Свиные туши и потроха". Цена исполнения — 70 дол. Хотя мы показываем значения стоимости опциона во 2-м году, опцион к тому времени уже не будет "живым". Он будет исполнен в году 1.

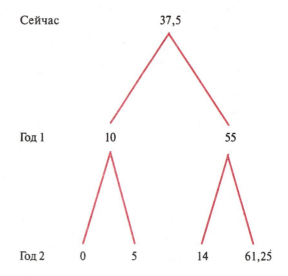

Единственным методом, который можно использовать для оценки стоимости опциона "американский колл" на акции, по которым выплачиваются дивиденды, является пошаговый биномиальный метод. В этом случае на каждом шаге вы должны проверять, имеет ли опцион бо́льшую стоимость, если исполняется до даты, когда акции теряют право на очередные дивиденды, чем если вы сохраняете его, по крайней мере, в течение еще одного периода.

Пример. У вас есть последний шанс попрактиковаться в оценке стоимости опционов, вычислив стоимость опциона "американский колл" на акции, по которым выплачиваются дивиденды. На рисунке 21-8 в общем виде представлены возможные изменения цены на акции компании "Свиные туши и потроха". В настоящее время цена одной акции составляет 100 дол., но через год она может либо упасть на 20% до 80 дол., либо вырасти на 25% до 125 дол. В любом случае компания выплатит регулярные дивиденды в размере 20 дол. Сразу после выплаты дивидендов цена на акции снизится до 80 − 20 = 60 дол. или 125 − 20 = 105 дол. Еще через год цена опять либо упадет на 20% от уровня цены акции, не дающей права на очередные дивиденды, или вырастет на 25%[13].

Предположим, вы хотите оценить двухгодичный опцион "американский колл" на акции компании "Свиные туши и потроха". На рисунке 21-9 в обобщенном виде представлены возможные значения стоимости опциона в каждой точке при допущении, что цена исполнения равна 70 дол., а процентная ставка составляет 12%. Мы не будем проводить все вычисления, стоящие за этими цифрами, а сосредоточимся на стоимости опциона в конце года 1.

Предположим, что цена на акции в первом году упала. Сколько стоит опцион, если вы сохраняете его на следующий период? К настоящему времени вы уже должны уметь справиться с такой задачей. Сначала предполагаем, что инвесторы нейтрально относятся к риску, и вычисляем вероятность того, что цена

---

[13] Отметим, что выплата фиксированных дивидендов в году 1 ведет к четырем возможным ценам в конце года 2. Другими словами, 60 × 1,25 не равно 105 × 0,8. Пусть это вас не пугает. Вы по-прежнему начинаете с конца и делаете последовательно по шагу в обратном направлении, чтобы найти возможные значения стоимости опциона на каждую дату.

ГЛАВА 21. Применение теории оценки опционов

на акции вырастет. Эта вероятность, оказывается, составляет 71%[14]. Теперь вычисляем ожидаемый доход по опциону и дисконтируем его по ставке 12%.

$$\text{Стоимость опциона, если он не исполняется в году 1} = \frac{(0{,}71 \times 5) + (0{,}29 \times 0)}{1{,}12} = 3{,}18.$$

Итак, если вы сохраняете опцион, его стоимость равна 3,18 дол. Однако если вы исполните опцион до даты, после которой акции теряют право на очередной дивиденд, вы платите цену исполнения 70 дол. за акции стоимостью 80 дол. Эти 10 дол., получаемые в случае исполнения опциона, больше 3,18 дол., которые вы имеете, сохраняя опцион. Следовательно, на рисунке 21-9 мы выбираем стоимость опциона, равную 10 дол., если цена на акции в году 1 упадет.

Вы также захотите исполнить опцион, если цена на акции в году 1 *вырастет*. Опцион стоит 42,45 дол., если вы сохраните его, но 55 дол., если вы его исполните. Поэтому на рисунке 21-9 мы выбираем стоимость 55 дол., если цена на акции растет.

Оставшиеся вычисления проводятся в обычном порядке. Рассчитываем ожидаемую отдачу от опциона в 1-м году, дисконтируем по ставке 12% и получаем стоимость опциона сегодня:

$$\text{Стоимость опциона сегодня} = \frac{(0{,}71 \times 55) + (0{,}29 \times 10)}{1{,}12} = 37{,}5 \text{ дол.}$$

21–5. РЕЗЮМЕ

В главе 20 вы познакомились с основами оценки стоимости опционов. В этой главе мы описали три реальных опциона.

1. *Опцион на осуществление последующих инвестиций.* Компании, осуществляя проекты с отрицательной чистой приведенной стоимостью, часто ссылаются на их "стратегическую" значимость. При ближайшем рассмотрении результатов проекта, помимо потоков денежных средств непосредственно от самого проекта, обнаруживается опцион "колл" на последующие проекты. Инвестиции сегодня могут породить благоприятные возможности на завтра.

2. *Опцион на отказ.* Опцион на отказ от проекта в какой-то мере страхует от неудач. Это опцион "пут"; цена исполнения опциона "пут" представляет собой стоимость активов проекта в случае их продажи или более выгодного использования.

3. *Опцион на выжидание (или изучение ситуации) до осуществления инвестиций.* Это равнозначно опциону "колл" на инвестиционный проект. "Колл" исполняется, когда фирма приступает к проекту. Однако зачастую лучше на время отложить проект с положительной чистой приведенной стоимостью, чтобы иметь в своем распоряжении "живой колл". Отсрочка проекта наиболее привлекательна в условиях высокой неопределенности и когда ближайшие потоки денежных средств проекта — которые упускаются или задерживаются в случае отсрочки — невелики.

---

[14] Используя формулу из сноски 6, получаем:

$$p = \frac{r - d}{u - d} = \frac{12 - (-20)}{25 - (-20)} = 0{,}71.$$

Мы должны сделать одно важное предупреждение. Реальные опционы, встречающиеся в реальной практике, как правило, гораздо сложнее тех простых примеров, которые мы рассмотрели в данной главе. Например, вы, возможно, сможете отказаться от проекта в любое время, а не только в единственном случае, как мы допускали в примере с компанией "Вольный полет". Цена, которую вы можете заплатить за отказ от проекта, вероятно, изменяется со временем и редко известна заранее. Кроме того, если вы отказались от проекта, вы, возможно, сможете вернуться к нему, когда ваш бизнес пойдет в гору. Работа с такими сложными опционами обычно требует использования мощного компьютера.

При моделировании задачи также требуется информационная база. Например, когда мы говорили об опционе на отсрочку инвестиций, мы допускали, что она приведет к потере вами потока денежных средств первого года, но вы знали, что этот поток мог бы быть, если бы вы предприняли проект. Так происходит не всегда. Иногда, выжидая, вы можете ничего не узнать, так что к концу года вы оказываетесь в том же положении, что и в начале. Очевидно, от того, сколько вы узнаете, заняв выжидательную позицию, зависит, насколько изменится ваша оценка стоимости опциона.

Эти примеры реальных опционов дали возможность повторить и расширить методы оценки стоимости опционов, приведенные в главе 20.

Биномиальный метод предполагает, что срок до исполнения опциона может быть разделен на ряд периодов, в каждом из которых возможны только два изменения цены. В предыдущей главе мы оценивали стоимость опциона только с одним периодом до исполнения. Преимущество разделения срока жизни опциона на множество подпериодов состоит в том, что это позволяет вам понять, что стоимость активов может иметь множество будущих значений. Вы можете рассматривать формулу Блэка—Шольца как быстрый способ решения, когда ряд таких подпериодов бесконечен, а следовательно, не ограничено и число будущих возможных цен актива.

Если не принимать во внимание количество подпериодов, основная идея биномиального метода состоит в том же. Вы начинаете с момента исполнения опциона и делаете шаг в обратном направлении во времени, чтобы найти начальную стоимость опциона. Но при этом возникает вопрос: как нам подобрать разумные значения относительного роста и снижения стоимости актива? Мы привели формулу, которая позволит вам получить эти значения на основе данного стандартного отклонения доходности актива.

Одно из преимуществ владения активом состоит в том, что вы можете получать дивиденды; держание опциона, как правило, не приносит таких дивидендов. В отсутствие каких бы то ни было дивидендов вы бы никогда не захотели досрочно исполнить опцион "колл". (Даже если бы вы точно *знали*, что на самом деле исполните его, вы предпочли бы заплатить цену исполнения позже, нежели раньше.) Но когда актив приносит дивиденды, возможно, стоит исполнить опцион "колл" досрочно, чтобы получить дивиденды. Вы все так же можете использовать биномиальный метод для оценки стоимости опциона, но на каждом шаге вам нужно проверять, стоит ли "мертвый" опцион дороже, чем "живой".

РЕКОМЕНДУЕМАЯ ЛИТЕРАТУРА

В весеннем выпуске журнала Midland Corporation Finance за 1987 г. содержатся статьи о реальных опционах и инвестиционных решениях. Посмотрите также работу Кестера для обсуждения опционов и стратегии корпораций:

W.C. Kester. Today's Options for Tomorrow's Growth // Harvard Business Review. 62: 153–160. March–April. 1984.

ГЛАВА 21. Применение теории оценки опционов

Мейсон и Мертон делают обзор способов применения опционов в корпоративных финансах:

S.P. Mason and R.C. Merton. The Role of Contingent Claims Analysis in Corporate Finance // *E.I.Altman and M.G.Subrahmanyan (eds.).* Recent Advances in Corporate Finance. Richard D. Irwin, Inc., Homewood, Ill., 1985.

Бреннан и Шварц разработали интересные подходы к оценке инвестиций в природные ресурсы.

M. J. Brennan and E.S. Schwartz. Evaluating Natural Resource Investments // Journal of Business. 58: 135–157. April. 1895.

Работы, приведенные в разделе "Рекомендуемая литература" главы 20, можно использовать для дальнейшего изучения биномиального метода и практических сложностей применения теории оценки опционов.

КОНТРОЛЬНЫЕ ВОПРОСЫ

1. Опишите реальный опцион в каждом из следующих случаев.

   а) Компания "Лесная химия" отложила крупное расширение предприятия. Проект расширения имеет положительную чистую приведенную стоимость, рассчитанную на основе принципа дисконтированных потоков денежных средств, но высшее руководство хочет лучше разобраться в спросе на продукцию, прежде чем начнет осуществление проекта.

   б) Компания "Западные телекоммуникации" взяла на себя обязательства по производству оборудования с цифровым управлением, специально предназначенного для продажи на европейском рынке. Чистая приведенная стоимость проекта, полученная на основе дисконтированного потока денежных средств, отрицательна, но проект оправдан необходимостью занять твердое положение на быстро растущем, потенциально очень прибыльном рынке.

   в) "Западные телекоммуникации" отказались от автономной полностью автоматизированной производственной линии в пользу новой линии с цифровым программным управлением. Она предполагает использование стандартного и менее дорогого оборудования. Исходя из расчетов дисконтированных потоков денежных средств, автоматизированная производственная линия в целом более эффективна.

2. Цена на акции "Лесной химии" изменяется только один раз в месяц: либо она растет на 20%, либо падает на 16,7%. Сейчас цена равна 40 дол. за акцию. Процентная годовая ставка составляет 12,7%, т. е. примерно 1% в месяц.

   а) Какова стоимость опциона "колл" со сроком один месяц и ценой исполнения 40 дол.?

   б) Какова дельта опциона?

   в) Покажите, как доход по такому опциону "колл" можно заменить покупкой акции "Лесной химии" и получением займа.

   г) Какова стоимость двухмесячного опциона "колл" с ценой исполнения 40 дол.?

   д) Какова дельта двухмесячного опциона "колл" в первом месяце?

3. "Формула Блэка–Шольца дает такой же результат, как и биномиальный метод, когда _____". Закончите фразу и дайте краткое объяснение.

4. Какой из следующих опционов, *возможно*, целесообразно исполнить досрочно? Кратко расскажите почему?

   а) "Американский пут" на акции, по которым не выплачиваются дивиденды.

б) "Американский колл", когда дивидендные выплаты составляют 5 дол. в год, цена исполнения — 100 дол., процентная ставка — 10%.

в) "Американский колл", когда процентная ставка — 10%, дивидендные выплаты составляют 5% от будущей цены акций. *Подсказка:* цена на акции может расти или падать.

5. Предположим, что цена акций может вырасти на 15% или снизиться на 13% в течение следующего периода. Вы имеете опцион "пут" на эти акции со сроком один период. Процентная ставка составляет 10%, а текущая цена акции равна 60 дол.
    а) При какой цене исполнения опциона вам будет все равно — сохранить или исполнить его?
    б) Как изменится эта "безубыточная" цена исполнения, если процентная ставка увеличится?

6. Д-р Ливингстон И. Презьюм держит обеспеченные золотом акции Восточноафриканской компании на сумму 600 000 фунтов стерлингов. Играющий на повышение, как причастный к добыче золота, он требует абсолютной гарантии, что по крайней мере 500 000 ф. с. в 6-м месяце будут отпущены на финансирование экспедиции. Опишите два способа, какими д-р Презьюм может достигнуть этой цели. Существует активный рынок опционов "пут" и "колл" на акции Восточноафриканской компании и стерлинговая процентная ставка равна 12,4% в год.

ВОПРОСЫ И ЗАДАНИЯ

1. Опишите каждую из следующих ситуаций на языке опционов.
    а) Права на разработку нефтяных скважин в Южной Калифорнии. Сегодня разработка месторождения и добыча нефти имеет отрицательную чистую приведенную стоимость. (Цена безубыточности нефти составляет 32 дол. за баррель, в то время как цена спот равна 20 дол.) Однако решение о разработке месторождения может быть отложено на 5 лет. Ожидается, что затраты на разработку увеличиваются на 5% в год.
    б) Чистый поток денежных средств ресторана за вычетом всех переменных расходов составляет 700 000 дол. в год. Нет никаких тенденций, увеличивающих или уменьшающих размер потока денежных средств, но он колеблется и его годовое стандартное отклонение составляет 15%. Помещение, принадлежащее ресторану (а не арендуемое), может быть продано за 5 млн дол. Не принимайте во внимание налоги.
    в) Вариант вопроса *б)*. Предположим, постоянные издержки ресторана составляют 300 000 дол. в год, пока ресторан работает. Таким образом:

    Чистый поток денежных средств = доходы за вычетом переменных издержек — постоянные издержки

    700 000 = 1 000 000 – 300 000

    Годовое стандартное отклонение погрешностей в прогнозах доходов за вычетом переменных издержек равно 10,5%. Процентная ставка составляет 10%. Не принимайте во внимание налоги.
    г) Британско-французский договор, предоставляющий концессию на прокладку железнодорожной линии под Ла-Маншем, требует также, чтобы концессионер до 2000 г. запланировал строительство "скоростной линии", если "позволят" технические и экономические условия... и увеличение перевозок не должно уменьшать ожидаемую доходность первой (железнодорожной) линии". Другие компании не имеют разрешения проводить линию до 2000 г.

ГЛАВА 21. Применение теории оценки опционов   581

2. Проведите анализ чувствительности по данным таблицы 21-1. Финансовый директор хотел бы знать, насколько приведенная стоимость опциона на производство модели Марк II зависит от:
   а) степени неопределенности (стандартного отклонения);
   б) прогнозируемой чистой приведенной стоимости производства компьютера Марк II;
   в) темпа роста рынка микрокомпьютеров (который определяет возможный *размер* проекта производства модели Марк II).

3. Вы владеете опционом "колл" со сроком 1 год на участок площадью 1 акр в Лос-Анджелесе, застроенный недвижимостью. Цена исполнения составляет 52 млн дол., а текущая оценочная рыночная стоимость земли равна 1,7 млн дол. В настоящее время на этом участке размещается автостоянка, которая приносит достаточно денег для уплаты налогов на недвижимость. В течение последних 5 лет цена на подобную собственность увеличивалась на 20% в год. Годовое стандартное отклонение составляет 15%, процентная ставка — 12%. Сколько стоит ваш "колл"? Используйте формулу Блэка–Шольца и таблицу 6 Приложения.

4. Вариант вопроса 3. Предположим, на участке расположен склад, приносящий доход в виде арендной платы в размере 150 000 дол. за вычетом налогов на недвижимость и всех других расходов. Стоимость земли и склада по-прежнему составляет 1,7 млн дол. Остальные данные — те же, что и в вопросе 3. Вы имеете опцион "*европейский колл*". Какова его стоимость?

5. Цена акции корпорации "Кряква" равна 100 дол. В течение следующих двух периодов по 6 месяцев цена может либо вырасти на 25%, либо снизиться на 20% (это эквивалентно стандартному отклонению 31,5% в год). За 6 месяцев компания выплатит 20 дол. дивидендов. Процентная ставка составляет 10% за 6 месяцев. Какова стоимость опциона "американский колл" со сроком 1 год и ценой исполнения 80 дол.? Теперь пересчитайте стоимость опциона при допущении, что дивиденды составляют 20% от цены "акций с дивидендом".

6. Цена акции компании "Рогатый скот" равна 220 дол., она может вдвое снижаться или удваиваться в течение каждого шестимесячного периода (эквивалентно годовому стандартному отклонению 98%). Цена исполнения опциона "колл" на акцию компании "Рогатый скот" сроком 1 год равна 165 дол. Годовая процентная ставка составляет 21%.
   а) Какова стоимость опциона "колл" на акцию компании?
   б) Теперь найдите дельту опциона для второго шестимесячного периода, если 1) цена акции вырастет до 440 дол. и 2) цена акции упадет до 110 дол.
   в) Как дельта опциона "колл" изменяется с изменением цены акции. Объясните, почему.
   г) Предположим, что первые 6 месяцев цена акции "Рогатого скота" составляет 110 дол. Каким образом в этот момент вы могли бы скопировать инвестиции в акции с помощью комбинации опциона "колл" и предоставления безрисковых кредитов? Покажите, что ваша стратегия на самом деле обеспечивает такую же доходность, как и инвестиции в акции.

7. Пересчитайте стоимость опциона на акции "Рогатого скота" (см. вопрос 6) при допущении, что это "американский" опцион и в конце первых 6 месяцев компания выплачивает дивиденды в размере 25 дол. на акцию (таким образом, цена в конце года либо удваивается, либо снижается вдвое от уровня цены "акции без дивидендов" в шестимесячный период). Как изменился бы ваш ответ, если бы это был "европейский" опцион?

8. Предположим, вы имеете опцион, который дает вам право продать акцию "Рогатого скота" через 6 месяцев за 165 дол. *или* купить ее через 12 меся-

цев за ту же цену (см. вопрос 6). Какова стоимость этого необычного опциона?

9. Текущая цена акции компании "Северные авиалинии" равна 100 дол. В течение каждого шестимесячного периода она либо растет на 11,1%, либо снижается на 10% (это эквивалентно стандартному отклонению 14,9% в год). Шестимесячная процентная ставка равна 5%.

   а) Вычислите стоимость опциона "европейский пут" на акции компании со сроком 1 год и ценой исполнения 102 дол.

   б) Пересчитайте стоимость опциона при допущении, что это "американский пут".

10. Текущая цена акции Ассоциации угольных шахт равна 200 дол. Стандартное отклонение составляет 23,3% в год, процентная ставка — 21% в год. Цена исполнения опциона "колл" на акцию Ассоциации со сроком 1 год равна 180 дол.

    а) Используя модель Блэка—Шольца, оцените стоимость опциона "колл" на эти акции.

    б) Используйте формулу, приведенную в разделе 21-3, чтобы определить относительное снижение или увеличение стоимости, которые вы использовали бы, если бы оценивали стоимость опциона на акции Ассоциации с помощью биномиального метода с одним периодом. Теперь оцените стоимость опциона, используя биномиальный метод с одним периодом.

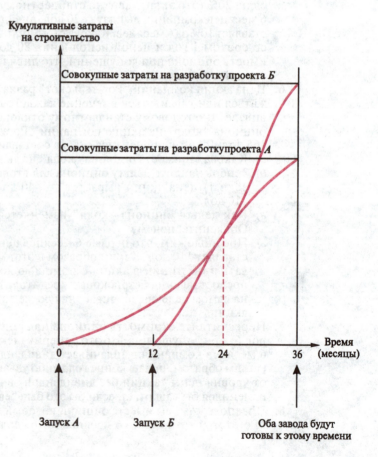

РИСУНОК 21-10
Кумулятивные затраты на строительство завода по двум проектам. По проекту *А* завод строится 36 месяцев, по проекту *Б* — только 24 месяца. Но завод *Б* стоит дороже.

ГЛАВА 21. Применение теории оценки опционов 583

в) Пересчитайте значения относительного снижения и увеличения стоимости и саму стоимость опциона, используя биномиальный метод с двумя периодами.

г) Используя ваш ответ на вопрос *в)*, определите дельту опциона 1) сегодня; 2) в следующем периоде, при условии, что цена акций растет, и 3) в следующем периоде, если цена акций падает. Покажите в каждой точке, как вы могли бы скопировать опцион "колл" с помощью инвестиций с левериджем в акции компании.

11. Опционы имеют различное применение. Они позволяют вам: *а)* занять позицию с левериджем в активах; *б)* быстро продать актив; *в)* застраховать себя от снижения стоимости активов; *г)* минимизировать риск любых изменений стоимости активов и *д)* сделать ставку на изменчивость цены активов. Объясните, как в каждом случае вы можете использовать опционы. Существуют ли другие пути достижения тех же результатов?

12. Предположим, вы производите хеджирование опциона, занимая позицию с левериджем в акциях в соответствии с коэффициентом дельта и продавая один опцион "колл". Если изменится цена на акции, изменяется дельта опциона, и вам будет необходимо скорректировать вашу стратегию хеджирования. Вы можете минимизировать затраты на пересмотр стратегии, если изменение цены оказывает очень небольшое влияние на дельту опциона. Приведите пример, показывающий, в каком случае дельта опциона изменится гораздо больше: когда вы хеджируете с опционом "в деньгах", с нулевой премией, опционом "вне денег".

13. Предположим, вы полагаете, что потребуется 36 месяцев, чтобы новый завод по производству турбоинкабуляторов был готов к выпуску продукции. Если выбирается проект *А*, то строительство необходимо начать немедленно. Проект *Б* более дорогостоящий, но вы можете отложить закладку фундамента на 12 месяцев. На рисунке 21-10 показана кумулятивная приведенная стоимость затрат на строительство по двум проектам до полного завершения строительства через 36 месяцев. Предположим, что осуществление обоих проектов дает одинаковый эффект и ведет к созданию одинаковых производственных мощностей.

По результатам анализа с использованием стандартного принципа дисконтированных потоков денежных средств проект *А* выглядит лучше, чем проект *Б*. Но предположим, что спрос на турбоинкабуляторы упал и новый завод не нужен; тогда, как показано на рисунке 21-6, фирме выгоднее принять проект *Б*, позволяющий отказаться от него до истечения 24 месяцев.

Представьте эту ситуацию как выбор между двумя (сложными) опционами "колл". Затем представьте ту же ситуацию на языке опционов "пут" (сложных), дающих право на отказ от проекта. Оба описания должны подразумевать одинаковые результаты по проектам при условии оптимальных стратегий исполнения.

14. В августе 1986 г. компания Salomon Brothers выпустила четырехгодичные субординированные облигации с индексированной выкупной стоимостью относительно фондового индекса Standard and Poor. Проценты по ним не выплачивались, но по истечении срока погашения инвесторы получали сумму в размере номинальной стоимости плюс возможная премия. Величина премии определялась умножением 1000 дол. на соответствующее повышение рыночного индекса.

а) Сколько стоили бы эти облигации, если бы они были выпущены сегодня?

б) Если бы Salomon Brothers захотела минимизировать риск роста рыночного индекса, что ей следовало бы сделать?

15. При прочих равных условиях, какой из "американских" опционов вы скорее всего захотели бы исполнить досрочно?

а) Опцион "пут" на акции с высокими дивидендами или опцион "колл" на те же акции.
б) Опцион "пут" на акции, которые продаются по цене значительно ниже цены исполнения, или опцион "колл" на те же акции.
в) Опцион "пут", когда процентная ставка высокая, или тот же опцион "пут", когда процентная ставка низка.

Проиллюстрируйте свои ответы, используя двухступенчатый биномиальный метод.

16. В какой момент лучше использовать опцион "колл" — когда акции еще имеют право на очередной дивиденд или когда акции теряют право на очередной дивиденд? А как насчет опциона "пут"? Объясните ваш ответ.

22
Варранты и конвертируемые ценные бумаги

Многие выпуски долговых обязательств компаний представлены либо пакетами облигаций и варрантов, либо конвертируемыми ценными бумагами. Варрант дает право его владельцу покупать другие ценные бумаги компании. Конвертируемые облигации можно обменивать на другие ценные бумаги.

Существуют также конвертируемые привилегированные акции. Они часто используются, например, для финансирования слияний. Конвертируемые привилегированные акции дают их владельцу право обменять их на другие ценные бумаги.

Что представляют собой эти странные гибриды и как их оценивать? Зачем они выпускаются? Мы поочередно дадим ответы на каждый из этих вопросов.

22-1. ЧТО ТАКОЕ ВАРРАНТ?

Значительная часть облигаций частного размещения и очень незначительная часть облигаций публичных выпусков продаются с варрантами. Кроме того, иногда варранты сопровождают выпуск привилегированных акций или передаются в инвестиционные банки как компенсация за услуги по размещению акций[1]. Хотя варранты выпускали и американские компании, главным действующим лицом на рынке варрантов были японские фирмы[2]. В конце 80-х годов они составляли подавляющее большинство эмитентов варрантов и казалось, что японские инвесторы имеют "волчий аппетит" на варранты. Но в начале 90-х годов произошло резкое падение японского фондового рынка: инвесторы обнаружили, что цены на варранты могут быстро снижаться, и рынок варрантов иссяк.

В июле 1983 г. MCI Communication получила рекордную сумму 1 млрд дол., продав пакеты облигаций и варрантов. Каждый пакет, или "единица", состоял из одной субординированной облигации со ставкой 9,5% сроком до 1993 г. и 18 варрантов. Каждый варрант давал право на покупку одной обыкновенной акции за 55 дол. в любое время до августа 1988 г. Так как цена обыкно-

---

[1] Термин *варрант* обычно означает долгосрочный опцион, выпускаемый компанией на собственные акции или облигации, но в последние годы инвестиционные банки и другие финансовые институты стали выпускать варранты на покупку акции другой фирмы. Например, в августе 1989 г. Bankers Trust продал 125 000 покрытых варрантов, каждый из которых давал его владельцу право купить одну акцию компании J.C. Pennery, две акции Toys "R" Us и одну акцию Wal-Mart Stores. Термин *покрытый варрант* показывает, что Bankers Trust покрывает свой риск держанием пакета акций трех других компаний.
[2] Подавляющая часть этих варрантов была связана с выпуском еврооблигаций, и их эмиссия осуществлялась в Лондоне.

венных акций в момент выпуска составляла 42 дол., цена исполнения была на 31% выше первоначальной цены акций. Эмиссионная цена пакета, или "единицы", составляла 1000 дол.

Иногда облигации и варранты продаются и покупаются только в пакете, но варранты MCI были выпущены как самостоятельные ценные бумаги. Это означает, что они могли продаваться и покупаться отдельно, как только выпуск был размещен.

Выпуск MCI имел две особенности. Первая — вместо того чтобы платить 55 дол. при исполнении варранта, держатель его мог предпочесть обменять облигации на акции с номинальной стоимостью 55 дол. Если облигация стоила меньше 1000 дол., было предпочтительнее обменять ее; если она стоила больше 1000 дол., было выгоднее покупать акции за деньги.

Вторая особенность — после 1986 г. компания имела право выкупить все варранты по 17 дол. за каждый, если цена акции превышала 82,50 дол. Сообщая о своем намерении выкупить варранты, компания тем самым фактически подталкивала держателей варрантов к их исполнению[3].

Держатель варранта не имел права голоса или права получать дивиденды. Но цена исполнения варранта корректировалась в соответствии с дивидендами по акциям или при дроблении акций. Например, когда позже MCI взамен одной акции выпустила две, она осуществила и дробление варрантов в пропорции два к одному и снизила цену исполнения варранта до 27,50 дол. (55/2).

В августе 1988 г., когда наступил срок исполнения варрантов, акции MCI продавались за 17 дол., и инвесторам было невыгодно исполнять опционы. Однако компания пошла на уступки и решила выдать одну бесплатную акцию на каждые 36 варрантов.

Оценка стоимости варрантов

Прочитав главу 20, вы, как опытные "охотники" за опционами, вероятно, уже классифицировали варрант MCI как опцион "американский колл" со сроком 5 лет и ценой исполнения 55 дол. Вы можете графически изобразить связь между стоимостью варранта и стоимостью обыкновенных акций с помощью нашего стандартного способа описания опционов, как показано на рисунке 22-1. Жирной линией на рисунке показан нижний предел стоимос-

РИСУНОК 22-1
Соотношение между стоимостью варрантов и ценой акции. Жирной линией представлен нижний предел стоимости варранта. Стоимость варранта снижается до своего нижнего предела непосредственно перед истечением срока исполнения опциона. До этого момента стоимость варранта принимает значения, описанные кривой на этом рисунке.

---

[3] Варрант MCI был вполне стандартным, но время от времени встречаются "странные" варранты. Например, Emerson Electric выпустила варрант, который давал право владельцу получить некоторую сумму денег обратно, если варрант не исполнялся. Кроме того, существуют "доходные" варранты, по которым производятся регулярные процентные выплаты.

ти варранта[4]. Если цена акции MCI меньше 55 дол., то нижний предел цены варранта равен нулю; если цена акции больше 55 дол., нижний предел равен цене акции за вычетом 55 дол. Инвесторы в варранты иногда называют этот нижний предел *теоретической* стоимостью варранта. Этот термин вводит в заблуждение, поскольку и теория и практика говорят нам о том, что до окончательной даты исполнения варранта его стоимость должна находиться *выше* нижнего предела, т. е. лежать на кривой, подобной той, что показана на рисунке 22-1.

Высота подъема этой кривой, как мы объяснили в разделе 20—3, зависит от: 1) дисперсии доходности акции за период (σ^2), умноженной на количество периодов до срока исполнения варранта ($\sigma^2 t$), и 2) произведения ставки процента на продолжительность срока обращения опциона ($r_f t$). Конечно, по мере приближения даты исполнения варранта его цена стремится к нижней границе; в последний день жизни варранта она достигает нижнего предела.

Два осложняющих фактора: дивиденды и разводнение

Если у варранта нет никаких особенностей[5] и по акциям не выплачиваются дивиденды, тогда стоимость опциона может быть определена с помощью формулы Блэка—Шольца, описанной в разделе 20—4.

Но, когда варранты выпускаются под акции, по которым выплачиваются дивиденды, возникает проблема. Владелец варранта не имеет права на дивиденды. По существу, он несет убытки каждый раз, когда выплачиваются дивиденды, поскольку они снижают цену акций и варранта. Возможно, предпочтительнее исполнить варрант досрочно, чтобы получить дополнительный доход[6].

Напомним, что формула Блэка—Шольца предполагает, что по акциям дивиденды не выплачиваются. Она не даст теоретически приемлемую оценку стоимости варранта, выпущенного фирмой, выплачивающей дивиденды. Однако в главе 21 мы показали, как вы можете использовать пошаговый биномиальный метод для оценки стоимости опциона на акции с дивидендами.

Другой осложняющий фактор состоит в том, что исполнение варранта увеличивает количество акций. Следовательно, исполнение варранта означает, что активы и прибыли фирмы распределяются на большее число акций (разводнение). Например, чистая прибыль MCI в 1987 г. составила 64 млн дол., а в обращении находилось 287 млн акций[7]. Таким образом, прибыли на акцию составили 0,22 дол. (64/287). Если бы варранты были исполнены в 1987 г., то в обращении находилось бы 287 + 36 = 323 млн акций. Если бы деньги, полученные при исполнении варрантов, не увеличили чистую прибыль, прибыль на акцию снизилась бы до 0,20 дол. (64/323). В настоящее время от фирм, имеющих в обращении большое количество варрантов или конвертируемых ценных бумаг, требуется указывать прибыли с "полным учетом разводнения".

Проблема *разводнения* никогда не возникает в связи с опционами "колл". Если вы покупаете или продаете опционы на Чикагской опционной бирже, вы никак не повлияете на количество акций в обращении.

---

[4] Вы помните, почему это нижний предел? Что произошло бы, если бы цена варранта случайно оказалась *меньше* разницы между ценой акции и 55 дол.? (см. раздел 20—3).

[5] Мы уже видели, что варрант компании MCI *имеет* некоторые особенности. Держатель варранта может заплатить цену исполнения деньгами или облигациями, а компания владеет опционом на выкуп варрантов. Таким образом, в главном опционе скрыты два мини-опциона.

[6] Это не может иметь смысла, только если дивидендные выплаты не превышают проценты, которые можно заработать на цене исполнения. *Не исполняя* варрант, его держатель сохраняет сумму, равную цене исполнения, и может заставить эти деньги работать.

[7] С учетом дробления акций в пропорции 2:1 в 1983 г.

Пример: оценка стоимости варрантов компании "Универсальный клей"

Компания "Универсальный клей" выпустила пакет облигаций и варрантов стоимостью 2 млн дол. Приведем некоторые основные данные, которые мы можем использовать при оценке стоимости варрантов:

- Количество акций в обращении (N) = 1 млн.
- Текущая цена акции (P) = 12 дол.
- Количество варрантов, выпущенных на одну обращающуюся акцию (q) = 0,10.
- Общее количество выпущенных варрантов (Nq) = 100 000.
- Цена исполнения варрантов (EX) = 10 дол.
- Срок исполнения варрантов (t) = 4 года.
- Годовое стандартное отклонение цены акций (σ) = 0,40.
- Ставка процента (r) = 10%.

Предположим, что без варрантов общая стоимость долговых обязательств составляет 1,5 млн дол. Тогда за варранты инвесторы должны заплатить 0,5 млн дол.

$$\frac{\text{Стоимость}}{\text{варрантов}} = \frac{\text{общая сумма}}{\text{финансирования}} - \frac{\text{стоимость займа}}{\text{без варрантов}}.$$

$$500\,000 = 2\,000\,000 - 1\,500\,000.$$

$$\text{Каждый варрант обходится инвесторам } \frac{500\,000}{100\,000} = 5 \text{ дол}$$

В следующей таблице показаны рыночная стоимость активов и обязательств компании "Универсальный клей" до и после выпуска:

До выпуска:

Баланс (рыночная стоимость, в млн дол.)

Существующие активы	16	4	Существующие займы
		12	Обыкновенные акции (1 млн акций по 12 дол. за акцию)
Итого	16	16	Итого

После выпуска:

Баланс (рыночная стоимость, в млн дол.)

Существующие активы	16	4	Существующие займы
Новые активы, финансируемые за счет долговых обязательств и варрантов	2	1,5	Новый заем без варрантов
		5,5	Итого долг
		0,5	Варранты
		12	Обыкновенные акции
		12,5	Итого собственный капитал
Итого	18	18	Итого

ГЛАВА 22. Варранты и конвертируемые ценные бумаги

Теперь давайте попытаемся проверить, действительно ли варранты стоят 500 000 дол., которые инвесторы платят за них. Напомним, что варрант представляет собой опцион "колл", дающий право купить акции компании "Универсальный клей". Дивиденды по акциям не выплачиваются. Следовательно, чтобы оценить стоимость варранта, мы можем воспользоваться таблицей 6 Приложения для расчета стоимости опциона "колл". Для начала нам потребуются значения двух показателей:

$$\text{Стандартное отклонение} \times \text{корень квадратный из числа периодов} = \sigma\sqrt{t} = 0{,}40\sqrt{4} = 0{,}80.$$

$$\text{Цена акции, деленная на приведенную стоимость (цены исполнения)} = \frac{P}{PV(EX)} = \frac{12}{10/(1{,}1)^4} = 1{,}75.$$

Из таблицы 6 находим:

$$\frac{\text{Стоимость опциона "колл"}}{\text{цена акции}} = \frac{C}{P} = 0{,}511.$$

Отсюда:

$$\text{Стоимость опциона "колл"} = 0{,}511 \times \text{цена акции} = 0{,}511 \times 12 = 6{,}13 \text{ дол.}$$

Таким образом, выпуск варрантов — хорошая сделка для инвесторов, но не для компании "Универсальный клей". Инвесторы платят 5 дол. за варрант стоимостью 6,13 дол.

*Как влияет разводнение на стоимость варрантов компании "Универсальный клей"

Проведенные нами вычисления стоимости варрантов компании "Универсальный клей" не являются исчерпывающими. Напомним, что когда инвесторы исполняют свободно обращающиеся опционы "колл" или "пут", не происходит никаких изменений в стоимости активов компании или количестве обращающихся акций. Но если исполняются варранты компании "Универсальный клей", количество обращающихся акций увеличится на $Nq = 100\,000$. Кроме того, активы вырастут на сумму, полученную от исполнения ($Nq \times EX = 100\,000 \times 10$ дол. $= 1$ млн дол.). Иначе говоря, происходит *разводнение капитала*. Мы должны принимать его во внимание, когда оцениваем стоимость варрантов.

Давайте посмотрим на стоимость капитала (V) компании "Универсальный клей":

$$\text{Стоимость акционерного капитала} = V = \text{стоимость всех активов компании "Универсальный клей"} - \text{стоимость долга}.$$

Если варранты исполняются, стоимость акционерного капитала увеличивается на сумму, полученную от их исполнения: $V + NqEX$. В то же время увеличивается количество акций до $N + Nq$. Так что цена акций после исполнения варрантов составит:

$$\text{Цена акций после исполнения варрантов} = \frac{V + NqEX}{N + Nq}.$$

В момент исполнения варранта его держатель может либо оставить его неисполненным, либо исполнить его и получить сумму, равную цене акции за вычетом цены исполнения. Таким образом, стоимость варранта может равняться либо цене акции за вычетом цены исполнения, либо нулю, в зависимости от того, какое значение будет выше. Это можно записать так:

$$\begin{matrix}\text{Стоимость варранта}\\ \text{на дату исполнения}\end{matrix} = max\left(\begin{matrix}\text{цена}\\ \text{акции}\end{matrix} - \begin{matrix}\text{цена ис-}\\ \text{полнения}\end{matrix}, \text{ноль}\right) =$$

$$= max\left(\frac{V + NqEX}{N + Nq} - EX, 0\right) =$$

$$= max\left(\frac{V/N - EX}{1 + q}, 0\right) =$$

$$= \frac{1}{1+q} max\left(\frac{V}{N} - EX, 0\right).$$

Это показывает нам, какое влияние разводнение оказывает на стоимость варрантов компании "Универсальный клей". Стоимость варранта равна стоимости $1/(1+q)$ опциона "колл" на акции альтернативной фирмы, имеющей такую же стоимость акционерного капитала (V), *но не имеющей обращающихся варрантов*. Цена акции альтернативной фирмы равнялась бы V/N, т. е. общей стоимости акционерного капитала (V) компании "Универсальный клей", деленной на количество акций в обращении (N)[8]. Цена акций альтернативной фирмы более изменчива, чем цена акций компании "Универсальный клей". Поэтому, когда мы оцениваем опцион "колл" на акции альтенативной фирмы, нужно использовать стандартное отклонение изменений величины V/N.

Теперь мы можем пересчитать стоимость варрантов компании "Универсальный клей" с учетом разводнения. Сначала мы находим стоимость одного опциона "колл" на акции альтернативной фирмы, цена которых равна V/N:

$$\begin{matrix}\text{Текущая стоимость}\\ \text{собственного капитала}\\ \text{альтернативной фирмы}\end{matrix} = \begin{matrix}\text{стоимость всех}\\ \text{активов компании}\\ \text{"Универсальный клей"}\end{matrix} - \begin{matrix}\text{стоимость}\\ \text{займов}\end{matrix} =$$

$$= 18 - 5,5 = 12,5 \text{ млн дол.}$$

$$\begin{matrix}\text{Текущая цена акции}\\ \text{альтернативной фирмы}\end{matrix} = \frac{V}{N} = \frac{12,5 \text{ млн дол.}}{1 \text{ млн дол.}} = 12,50 \text{ дол.}$$

Чтобы воспользоваться таблицей для расчета стоимости опционов, мы вычисляем:

$$\begin{matrix}\text{Цена акции, деленная на}\\ \text{приведенную стоимость}\\ \text{(цены исполнения)}\end{matrix} = 12,50 : \frac{10}{(1,1)^4} = 1,83 \text{ дол.}$$

---

[8] Модификации, позволяющие учитывать разводнение при оценке стоимости варрантов, были впервые предложены в работе: *F. Black and M. Scholes.* The Pricing of Options and Corporate Liabilities // Journal of Political Economy. 81:637–654. May–June. 1973. P. 648, 649. В своем изложении мы придерживались дискуссии в работе: *D. Galai and M.I. Schneller.* Pricing of Warrants and the Valuation of the Firm // Journal of Finance. 33: 1333–1342. December 1978.

ГЛАВА 22. Варранты и конвертируемые ценные бумаги

Предположим, что стандартное отклонение изменений цены акций альтернативной фирмы равно: $\sigma^* = 0{,}41$[9]. Тогда:

$$\begin{array}{c}\text{Стандартное}\\ \text{отклонение}\end{array} \times \begin{array}{c}\text{корень квадратный}\\ \text{из числа периодов}\end{array} = \sigma^* \sqrt{t} = 0{,}41 \times \sqrt{4} = 0{,}82.$$

Проводя небольшую интерполяцию данных из таблицы 6 Приложения, находим:

$$\frac{\textit{Стоимость опциона "колл"}}{\textit{цена акции}} = \frac{C}{P} = 0{,}53 \text{ (приблизительно).}$$

Отсюда,

$$\begin{array}{c}\textit{Стоимость опциона "колл"}\\ \textit{альтернативной фирмы}\end{array} = \frac{C}{P} \times \frac{V}{N} = 0{,}53 \times 12{,}50 = 6{,}63 \text{ дол.}$$

Стоимость варрантов компании "Универсальный клей" равна:

$$\frac{1}{1+q} \times \begin{array}{c}\textit{стоимость опциона "колл"}\\ \textit{альтернативной фирмы}\end{array} = \frac{1}{1{,}1} \times 6{,}63 = 6{,}02 \text{ дол.}$$

Эта стоимость несколько ниже, чем при расчете без учета разводнения, но все еще неудовлетворительна для компании "Универсальный клей".

Формула предназначена не для вычисления стоимости варрантов, а для вычисления V, стоимости собственного капитала компании "Универсальный клей" (т. е. акции *плюс* варранты). При данной стоимости собственного капитала формула показывает, как общая стоимость собственного капитала должна распределяться между акциями и варрантами. Итак, допустим, что подписчик компании "Универсальный клей" советует привлечь дополнительно

---

[9] Как практически можно вычислить σ^*? Это было бы легко, если бы мы могли ждать какое-то время, пока варрант свободно обращается. В этом случае σ^* можно вычислить, исходя из доходности пакета *всех* акций и варрантов компании. В настоящем случае необходимо оценить стоимость варранта *до того*, как он поступит в обращение. Мы считаем следующим образом. Стандартное отклонение значений доходности *активов* до выпуска равно стандартному отклонению значений доходности пакета обыкновенных акций и существующих займов. Например, предположим, что долговые обязательства компании безрисковые и что стандартное отклонение значений доходности акций *до* выпуска облигаций и варрантов составляет 38% (несколько ниже, чем стандартное отклонение значений доходности обыкновенных акций после выпуска). Затем мы вычисляем стандартное отклонение для первоначальных активов следующим образом:

$$\begin{array}{c}\textit{Стандартное отклонение}\\ \textit{первоначальных активов}\end{array} = \begin{array}{c}\textit{доля обыкно-}\\ \textit{венных акций}\end{array} \times \begin{array}{c}\textit{стандартное отклонение до-}\\ \textit{ходности обыкновенных акций}\end{array} =$$

$$= \frac{12}{16} \times 38 = 28{,}5\%.$$

Теперь предположим, что после выпуска активы становятся рискованными. Тогда:

$$\begin{array}{c}\textit{Стандартное отклонение}\\ \textit{активов после выпуска}\end{array} = \begin{array}{c}\textit{доля собственного капи-}\\ \textit{тала после выпуска}\end{array} \times \begin{array}{c}\textit{стандартное отклонение}\\ \textit{собственного капитала } (\sigma^*)\end{array}$$

$$28{,}5 = \frac{12{,}5}{18} \times \begin{array}{c}\textit{стандартное отклонение}\\ \textit{собственного капитала } (\sigma^*)\end{array}.$$

Стандартное отклонение собственного капитала $(\sigma^*) = 41\%$.

500 000 дол. посредством выпуска пакета облигаций и варрантов, а не только одних облигаций. Справедлива ли такая цена? Чтобы проверить это, вы можете воспользоваться формулой Блэка—Шольца с поправкой на разводнение.

И в заключение отметим: чтобы использовать формулу Блэка—Шольца для оценки стоимости варрантов, эти поправки необходимы. Они не нужны держателю варранта, который решает, исполнить ли варрант в срок. Если на дату исполнения цена акции превышает цену исполнения варранта, держатель варранта безусловно его исполнит.

Варранты на облигации

Большинство варрантов обменивается на обыкновенные акции, но некоторые компании выпускают варранты на облигации[10]. Например, в 1982 г. Citicorp продала 100 000 варрантов, которые давали право купить в любое время в течение 3 лет облигации Citicorp со ставкой 11% и сроком 7 лет.

Формула оценки опционов Блэка—Шольца предполагает, что цена активов, на которые выпускаются опционы, изменяется случайным образом, так что, чем дальше вы заглядываете в будущее, тем шире спектр возможных цен. Но цена облигации не изменяется случайно; по мере приближения срока погашения цена облигации возвращается к ее номинальной стоимости. Поскольку для облигации всегда устанавливается дата погашения, формула Блэка—Шольца дает лишь приближенную оценку стоимости краткосрочных варрантов на облигации и еще хуже оценивает стоимость долгосрочных варрантов на облигации. В этих случаях вам нужно использовать модель оценки опционов, которая предполагает, что цены облигаций с течением времени меняются[11].

22–2. ЧТО ТАКОЕ КОНВЕРТИРУЕМАЯ ОБЛИГАЦИЯ?

Конвертируемая облигация очень напоминает пакет варрантов и облигаций. Многие компании также предпочитают выпускать конвертируемые привилегированные акции как альтернативу выпуску пакетов привилегированных акций и варрантов. Основное внимание мы уделим конвертируемым облигациям, но почти все, что о них будет сказано, в равной мере относится к конвертируемым привилегированным акциям.

В 1987 г. корпорация Atari выпустила на 5 млн дол. конвертируемых облигаций с процентной ставкой $5^3/_4$% сроком до 2002 г.[12] Они могли быть обменены в любое время на 30,66 обыкновенных акций. Другими словами, владелец облигации имел опцион сроком на 15 лет, дающий право вернуть облигацию Atari и получить взамен 30,66 ее акций. Количество акций, обмениваемых на одну облигацию, называют *конверсионным соотношением* облигации. Конверсионное соотношение для облигации Atari составляло 30,66.

---

[10] Это "опционные варранты", которые дают право выбирать между покупкой акций или покупкой облигаций. Некоторые компании выпускают также варранты, которые дают их держателю право купить какие-то товары.

[11] Более сложные модификации формулы Блэка—Шольца, которые можно использовать для оценки варрантов на облигации, разработали следующие авторы: *G. Courtadon.* The Pricing of Options on Default-Free Bonds // Journal of Financial and Quantitative Analysis. 17: 75–100. March. 1982; *M.J. Brennan and E.S. Schwarz.* Alternative Method for Valuing Debt Options // Finance. 4: 119–137. Oktober. 1983.

[12] Atari выпустила конвертируемые субординированные дебентуры. Термин *субординированные* показывает, что облигации являются "младшими" долговыми обязательствами — их держатели в случае банкротства будут в числе последних кредиторов, претендующих на выполнение взятых перед ними обязательств. *Дебентурой* называют просто необеспеченную облигацию. Это означает, что нет никаких особых резервных активов для расплаты с держателями таких облигаций в случае банкротства. Подробнее об этих терминах см. в разделе 24–3.

ГЛАВА 22. Варранты и конвертируемые ценные бумаги

Для того чтобы получить 30,66 акций Atari, вы должны отказаться от облигации номинальной стоимостью 1000 дол. Следовательно, чтобы получить *одну* акцию, вы должны отказаться от номинальной суммы 1000/30,66 = 32,62 дол. Эту величину называют *ценой конверсии* (или *конверсионной ценой*). Каждый, кто купил облигацию за 1000 дол., чтобы обменять ее на 30,66 акций, платил сумму, эквивалентную 32,62 дол. за акцию.

В момент выпуска цена акции Atari составляла 28 дол. Следовательно, цена конверсии была на 17% выше цены акции.

Конвертируемые облигации, как правило, защищены от дробления акций или дивидендов по акциям. Когда Atari осуществила дробление акций в пропорции 2:1, конверсионное соотношение увеличилось с 30,66 до 61,31. Таким образом, цена конверсии снизилась до 1000/61,31 = 16,31 дол.

Конвертируемые облигации Atari являются вполне типичным видом выпуска, но встречаются, конечно, и более сложные случаи. Часто цена конверсии со временем поднимается. Компания Lition Industries однажды выпустила конвертируемые облигации, цена конверсии которых падала[13]. Кроме того, в последние несколько лет фирмы все чаще стали выпускать конвертируемые облигации, которые можно обменивать на другие облигации. Так называемые облигации с опционом конверсии в акции и обратно в облигации дают инвестору опцион на многоразовый обмен.

Оценка стоимости конвертируемых облигаций

Владелец конвертируемой облигации имеет облигацию и опцион "колл" на активы фирмы, точно так же, как держатель пакета облигаций и варрантов. Безусловно, между ними существуют различия. Наиболее важным является условие, по которому владелец конвертируемой облигации, чтобы исполнить опцион "колл", должен отказаться от облигации, в то время как держатель пакета облигаций и варрантов может (в общем) исполнить варрант за деньги и сохранить облигацию. Так или иначе, понять особенности конвертируемых облигаций легче, если вы анализируете их сначала как облигации, а затем как опцион "колл".

Представьте, что Eastman Kojak выпустила конвертируемые облигации, общая номинальная стоимость которых равна 1 млн дол. и которые в любое время могут быть обменены на 1 млн обыкновенных акций. Цена конвертируемой облигации Kojak зависит от ее *облигационной стоимости* и *конверсионной стоимости*. *Облигационная стоимость* представляет собой цену, по которой продавалась бы облигация, если бы она *не была* конвертируемой. *Конверсионная стоимость* представляет собой цену, за которую облигация была бы продана, если бы конверсия осуществлялась немедленно.

Стоимость на дату погашения На рисунке 22-2*а* показаны возможные значения *облигационной стоимости* конвертируемой облигации Kojak при ее погашении. До тех пор, пока стоимость активов фирмы не упадет ниже 1 млн дол., погашение облигации будет производиться в полном объеме. Но если стоимость фирмы окажется меньше 1 млн дол., то этих средств будет недостаточно, чтобы рассчитаться с держателями облигаций. В крайнем случае, когда активы фирмы обесцениваются, держатели облигаций не получают ничего. На рисунке 22-2*а* горизонтальная линия отражает ситуацию, когда облигации

---

[13] Обычно конвертируемые облигации выпускаются по своей номинальной стоимости, т.е. 100% номинала. Так как выпуск включает облигацию и опцион, лежащие в основе выпуска облигации стоят меньше 100%, и можно ожидать роста стоимости облигации в период между выпуском и погашением. Это означает, что для большинства выпусков конвертируемых облигаций стоимость облигации, от которой нужно отказаться (т. е. цена исполнения опциона), с течением времени увеличивается. Для конвертируемых облигаций с низким купонным доходом такие изменения цены исполнения могут быть весьма значительными.

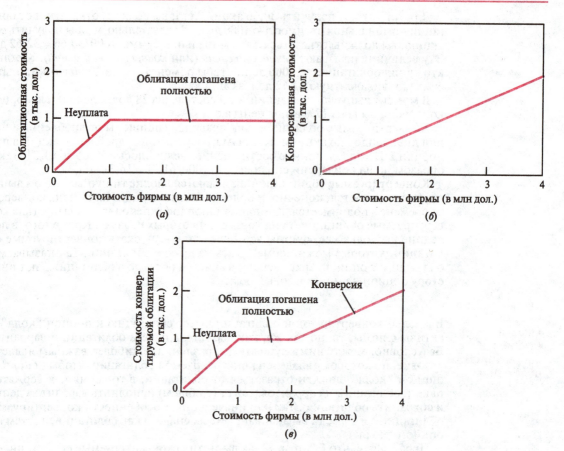

РИСУНОК 22-2

(*а*) Облигационная стоимость конвертируемых облигаций Eastman Kojak при погашении. Если стоимость фирмы равна по крайней мере 1 млн дол., облигации погашаются полностью; если она меньше 1 млн дол., держатели облигаций получают стоимость активов фирмы. (*б*) Конверсионная стоимость на дату погашения. Если облигация конвертируется, то стоимость ее растет пропорционально стоимости активов. (*в*) При наступлении срока погашения держатель конвертируемой облигации может либо получить выплаты в размере основной суммы долга по облигации, либо обменять облигацию на обыкновенные акции. Следовательно, стоимость конвертируемой облигации — это наиболее высокая стоимость из ее облигационной и конверсионной стоимости.

погашаются полностью; наклонная линия показывает ситуацию, когда фирма не выполняет свои обязательства[14].

Вы можете рассматривать облигационную стоимость как нижнюю границу, или "пол", цены конвертируемой облигации. Но помните, если для фирмы наступят тяжелые времена, облигации, возможно, будут стоить не очень много. Так что этот "пол" имеет опасный наклон.

На рисунке 22-2*б* показаны возможные конверсионные стоимости на дату погашения. Мы делаем допущение, что Kojak уже имеет в обращении 1 млн акций,

---

[14] Вы можете представить это как позиционный график для облигации без риска невыполнения обязательств *минус* опцион "пут" на активы с ценой исполнения, равной номинальной стоимости облигации (см. раздел 20—1).

ГЛАВА 22. Варранты и конвертируемые ценные бумаги

так что держатели конвертируемых облигаций получат право на половину стоимости фирмы. Например, если фирма стоит 2 млн дол.[15], 1 млн акций, полученных при конверсии, стоил бы по 1 дол. каждая. Любая конвертируемая облигация может быть обменена на 100 акций, и тогда ее конверсионная стоимость равнялась бы $1000 \times 1 = 1000$ дол.

Кроме того, конвертируемая облигация Kojak не может быть продана за цену меньше ее конверсионной стоимости. Если бы так происходило, ловкие инвесторы покупали бы конвертируемые облигации, быстро обменивали их на акции и продавали акции. Их прибыль равнялась бы разнице между конверсионной стоимостью и ценой конвертируемой облигации.

Следовательно, существуют *две* нижних границы цены конвертируемой облигации: ее облигационная стоимость и ее конверсионная стоимость. Инвесторы не будут осуществлять конверсию, если облигационная стоимость превышает конверсионную стоимость облигации; и будут конвертировать, если конверсионная стоимость облигации превышает ее облигационную стоимость. Иначе говоря, цена конвертируемой облигации на дату погашения представлена растущей прямой (см. рисунок 22-2*а* и *б*). Это демонстрирует рисунок 22-2*в*.

Стоимость до даты погашения. Так же, как мы делали на рисунке 22-2, можно графически изобразить ситуацию, когда еще *не* наступил срок погашения конвертируемых облигаций. Поскольку даже здоровые компании впоследствии могут ослабнуть и не выполнить свои обязательства по облигациям, облигационная стоимость, при прочих равных условиях, будет ниже стоимости, которой обладает облигация в некоторый период до погашения. Так, на рисунке 22-3*а* кривой представлена стоимость облигации до срока ее погашения[16].

На рисунке 22-3*в* показано, что нижняя граница цены конвертируемой облигации до даты погашения опять же ниже ее облигационной и конверсионной стоимостей. Однако до наступления срока погашения *перед держателями конвертируемых облигаций не стоит выбор "сейчас или никогда" при принятии решения за или против конверсии*. Они могут подождать и затем, используя опыт прошлого, выбрать тактику, которая принесет наилучший результат. Таким образом, до наступления срока погашения стоимость конвертируемой облигации всегда превышает ее нижнюю предельную границу. Ее реальная продажная цена будет вести себя так, как показывает верхняя линия на рисунке 22-3*г*. Расстояние между верхней линией и нижней границей представляет собой стоимость опциона "колл" на активы фирмы. Однако напомним, что этот опцион может быть исполнен только посредством отказа от облигации. Другими словами, опцион на конверсию представляет собой опцион "колл" с ценой исполнения, равной стоимости облигации.

Вернемся к разводнению и дивидендам

Если вы хотите оценить стоимость конвертируемой облигации, это проще сделать, разделив задачу на две части. Сначала оценить облигационную стоимость, а затем прибавить к ней стоимость опциона на конверсию.

При оценке опциона на конверсию необходимо обращать внимание на те же моменты, из-за которых оценка варрантов требует больших ухищрений, чем оценка свободно обращающихся опционов. Например, важное значение может иметь разводнение. Если облигации конвертируются, компания экономит на процентных выплатах и фактически освобождается от необходимо-

---

[15] Стоимость фирмы равна стоимости обыкновенных акций Kojak *плюс* стоимость ее конвертируемых облигаций.

[16] Напомним, что стоимость рисковой облигации равна стоимости надежной облигации *за вычетом* стоимости опциона "пут" на активы фирмы. Стоимость этого опциона возрастает с увеличением срока погашения.

сти возвращать заем; с другой стороны, чистая прибыль должна распределяться на большое число акций[17].

Компании обязаны показывать в финансовых отчетах, как конверсия повлияла бы на прибыли[18]. Кроме того, необходимо помнить, что владелец конвертируемой облигации упускает дивиденды по обыкновенным акциям. Если эти дивиденды выше процентов по облигациям, он, возможно, предпочтет конвертировать облигацию до окончательной даты исполнения, чтобы получить дополнительный денежный доход.

Форсирование конверсии

Компании обычно сохраняют опцион на выкуп, или "отзыв", конвертируемой облигации по текущей цене. Если компания досрочно выкупает облигацию, владелец ее в течение короткого периода, обычно около 30 дней, должен конвертировать облигацию или возвратить ее. В случае возвращения облигации инвестор получает денежную сумму в размере цены, по которой облигация может быть досрочно выкуплена.

Досрочный выкуп облигаций очевидно не влияет на общий размер "пирога" компании, но может повлиять на доходы отдельных инвесторов. Другими словами, конверсия не оказывает никакого влияния на общую стоимость активов фирмы, но влияет на то, как стоимость активов *распределяется* между различными держателями ценных бумаг. Следовательно, если вы хотите максимизировать ваш акционерный "кусок пирога", надо свести к минимуму долю держателей конвертируемых облигаций. Это означает, что вы не должны досрочно выкупать облигацию, если она стоит *меньше* цены отзыва, так как это был бы незаслуженный подарок держателям облигаций. Но нельзя также допускать, чтобы облигации оставались неотозванными, если их стоимость *выше* цены отзыва, поскольку это не минимизирует стоимость облигаций. Отсюда правило отзыва облигаций можно сформулировать следующим образом: *отзывайте облигации тогда и только тогда, когда их стоимость достигает цены отзыва*.

Менеджеры – беспокойный народ. Не успеют они выпустить конвертируемые облигации, как тут же хотят от них отделаться. Они часто жалуются на "зависшие" облигации, т. е. облигации, которые еще не конвертированы, – они ограничивают свободу действий. Создается впечатление, что менеджеры только и желают, что выкупить свои конвертируемые облигации. Но на практике происходит ровно наоборот. Фирмы редко отзывают свои конвертируемые облигации до тех пор, пока они не стоят *больше* цены их отзыва. Дж. Ингерсолл, например, наблюдал 124 фирмы, которые выкупали досрочно свои конвертируемые облигации с 1968 по 1975 г. Все фирмы, кроме шести, очень долго откладывали отзыв и обычно ждали до тех пор, пока конверсионная стоимость не становилась на 44% выше цены отзыва[19].

В таблице 22-1 представлено несколько выпусков конвертируемых облигаций, находившихся в обращении в 1990 г. Конверсионная стоимость каждого выпуска была значительно выше текущей цены отзыва. Следовательно, эти

---

[17] На практике инвесторы часто не обращают внимание на разводнение и определяют конверсионную стоимость как цену акции, умноженную на количество акций, на которые облигации могут быть обменены. Конвертируемая облигация фактически дает опцион на приобретение части "нового акционерного капитала" – капитала *после* конверсии. Когда мы вычисляли конверсионную стоимость конвертируемой облигации компании Kojak, мы признавали это обстоятельство, умножая долю обыкновенных акций, которую получили бы держатели конвертируемых облигаций, на общую стоимость активов фирмы (т. е. стоимость обыкновенных акций плюс стоимость конвертируемых облигаций).

[18] В этих "разводненных" прибылях учитываются дополнительные акции, но не учитывается экономия на процентных выплатах.

[19] *J.E. Ingersoll*. An Examination of Corporate Call Policies on Convertible Securities // Journal of Finance. 32: 463–478. May 1977.

ГЛАВА 22. Варранты и конвертируемые ценные бумаги

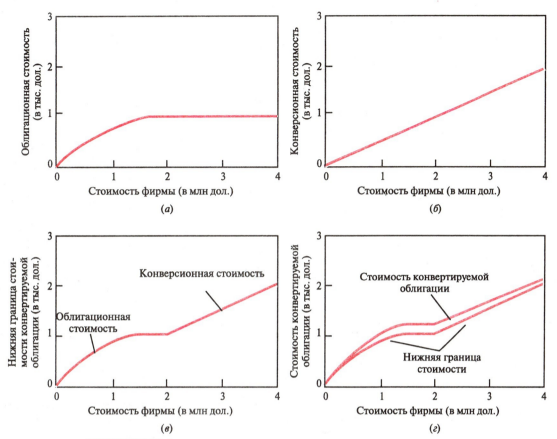

РИСУНОК 22-3

(*а*) До истечения срока погашения облигационная стоимость конвертируемой облигации Eastman Kojak, когда стоимость самой фирмы высока, примерно соответствует стоимости платежеспособной облигации; но она стремительно падает, если стоимость фирмы снижается до очень низкого уровня. (*б*) Конверсионная стоимость в момент погашения. При конверсии стоимость конвертируемой облигации растет в той же пропорции, что и стоимость фирмы. (*в*) Если инвесторы вынуждены принимать немедленное решение "за" или "против" конверсии, то стоимость конвертируемой облигации будет равна наивысшей из облигационной или конверсионной стоимостей. (*г*) Поскольку держателям конвертируемых облигаций не приходится принимать решения до момента погашения, линия на рисунке (*в*) отражает нижний предел стоимости. Стоимость конвертируемой облигации *превышает* как облигационную, так и конверсионную стоимость.

компании могли бы выкупить облигации и ускорить конверсию. Согласно теории финансов, именно так они и должны были поступить. Почему фирмы не пожелали досрочно выкупить конвертируемые облигации, неизвестно[20].

---

[20] Есть одно оригинальное объяснение. Представьте себе две фирмы, каждая из которых имеет конвертируемые облигации, продаваемые по цене выше цены отзыва. Менеджер первой фирмы полагает, что цена акций его фирмы *занижена*. Поэтому он уверен, что облигации в конце концов будут конвертированы, и делает вывод, что потери будут невелики, если не форсировать конверсию сейчас. Менеджер второй фирмы полагает, что цена акций его фирмы *завышена*. Он может помочь своим акционерам, форсируя конверсию, пока цена акций не упала. Конечно, инвесторы поймут, что менеджер фирмы, цена акций которой завышена, имеет сильный стимул ускорить конверсию и снизить цену акций, когда облигации будут отзываться. Менеджеры фирмы, цена акций которой занижена, предпочтут не торопить конверсию, даже если бы в другом случае они так сделали (см.: *M. Harris and A. Raviv*. A Sequential Signalling Model of Convertible Debt Call Police // Journal of Finance. 40: 1263–1282. December 1985).

ТАБЛИЦА 22-1
Конвертируемые облигации с высокими конверсионными стоимостями относительно цен отзыва, находившиеся в обращении в феврале 1990 г.

Фирма-эмитент	Купон	Срок погашения (год)	Цена отзыва	Конверсионная стоимость
Emerson Electric	8,00	2010	104,80	$142^1/_4$
Lousiana Land & Exploration	8,50	2000	103,37	532
McKesson Corp.	9,75	2006	105,85	$166^1/_4$
Pfizer, Inc.	4,00	1997	104,61	$242^3/_8$
State St. Boston Corp.	7,75	2008	104,65	$309^3/_4$
Westinghouse Electric Corp.	9,00	2009	104,50	233
Deere & Co.	5,50	2001	101,65	$200^5/_8$
Equitable Resources, Inc.	9,50	2006	100,95	$227^1/_2$
Melville Corp.	4,88	1996	100,49	$282^3/_4$
J.P.Morgan & Co.	4,75	1998	100,95	180
Union Pacific Corp.	4,75	1999	100,00	$520^3/_8$
Zurn Industries	5,75	1994	100,25	$261^3/_8$

Примечания.
1. Данные за февраль 1990 г. взяты из Moody's Bond Record.
2. Все выпуски состоят из конвертируемых субординированных необеспеченных облигаций.
3. Купонные выплаты, цены отзыва и конверсионные стоимости приведены в процентном отношении к номиналу.

Конечно, приведенные в таблице 22-1 выпуски конвертируемых облигаций выбраны не случайным образом. Для иллюстрации мы отобрали крайние случаи. Можно составить другую таблицу выпусков конвертируемых облигаций, конверсионные стоимости которых значительно *ниже* цен их отзыва.

22–3. РАЗЛИЧИЕ МЕЖДУ ВАРРАНТАМИ И КОНВЕРТИРУЕМЫМИ ОБЛИГАЦИЯМИ

Мы подробно остановились на основном сходстве варрантов и конвертируемых облигаций. Теперь давайте посмотрим на некоторые их различия.

1. *Выпуски варрантов, как правило, размещаются частным образом*. Пакеты, состоящие из облигаций и варрантов или привилегированных акций и варрантов, чаще всего также размещаются частным образом. В отличие от них, выпуски конвертируемых облигаций доступны широкой публике.
2. *Варранты отделимы*. Когда вы покупаете конвертируемую облигацию, облигация и опцион соединены вместе; нельзя продать их по отдельности. Это может быть неудобно. Скажем, ваши налоговые обязательства или отношение к риску делают для вас привлекательными облигации, но не опцион. Иногда варранты также бывают "неотделимыми". Но, как правило, вы можете сохранить облигацию и продать варрант.
3. *Варранты могут выпускаться самостоятельно*. Выпуск варрантов необязательно связан с другими ценными бумагами. Часто варранты служат компенсацией инвестиционным банкам за услуги по размещению ценных бумаг. Кроме того, многие компании предоставляют своим директорам долгосрочные опционы на покупку акций. Эти опционы на акции, как правило, не называют варрантами, но они таковыми являются. Компании также могут, хотя и редко это делают, продавать варранты непосредственно инвесторам.

4. *Варранты исполняются с оплатой в денежной форме.* Когда вы конвертируете облигацию, вы просто обмениваете ее на обыкновенные акции. Когда вы исполняете варрант, вы в большинстве случаев доплачиваете деньги, хотя иногда вы должны или можете отказаться от облигации. Это означает, что пакеты из облигаций и варрантов и конвертируемые облигации в общем оказывают различное влияние на поток денежных средств компании и на структуру ее капитала.
5. *Пакет из облигаций и варрантов может по-разному облагаться налогами.* Существуют некоторые различия в налогообложении варрантов и конвертируемых облигаций. Предположим, вы хотите знать, выпустить ли конвертируемую облигацию за 100 дол. Вы можете рассматривать эту конвертируемую облигацию как пакет "прямой" облигации стоимостью, скажем, 90 дол. и опциона стоимостью 10 дол. Если вы выпустите облигацию и опцион по отдельности, Налоговая служба отметит, что облигации выпущены с дисконтом, и их цена вырастет на 10 пунктов в течение жизни облигаций. Она позволит вам, как эмитенту, распределить это предполагаемое повышение цены на весь период жизни облигации и вычесть его из ваших налогооблагаемых прибылей. Налоговая служба отнесет ожидаемое повышение цены на счет налогооблагаемого дохода держателя облигаций. Таким образом, выпуская пакет облигаций и варрантов вместо конвертируемых облигаций, вы можете снизить налоги компании-эмитета и увеличить налоги, выплачиваемые инвестором[21].

22–4. ПОЧЕМУ КОМПАНИИ ВЫПУСКАЮТ ВАРРАНТЫ И КОНВЕРТИРУЕМЫЕ ОБЛИГАЦИИ?

Вы слышали много доводов в пользу выпуска варрантов и конвертируемых облигаций, но большинство из них можно заменить одной фразой: "Орел – я выигрываю, решка – ты проигрываешь". Например, приведем такой аргумент[22].

Компания, которая хочет успешно продать обыкновенные акции, должна, как правило, предлагать новые акции по цене на 10–20% ниже их рыночной цены[23]. Однако если варранты продаются за деньги, а их цена исполнения на 20–50% выше рыночной цены обыкновенных акций, результат будет эквивалентен продаже обыкновенных акций с премией, а не со скидкой; а если варранты никогда не исполняются, поступления от их продажи становятся явной прибылью для компании.

В подобном аргументе сразу же ощущается что-то подозрительное. Если акционер неизбежно побеждает, то держатель облигации неизбежно проигрывает. Но это лишено смысла. Несомненно, должна быть какая-то цена, делающая покупку варранта выгодной.

Предположим, что акции вашей компании продаются по 100 дол. и вы выпускаете варранты с ценой исполнения 120 дол., полагая, что продадите их по 10 дол. Если впоследствии цена акции не увеличится до 120 дол., варран-

---
[21] См.: *J.D. Finerty.* The Case for Issuing Synthetic Convertible Bonds // Midland Corporate Finance Journal. 4: 73–82. Fall 1986.
[22] См.: *S.T. Kassouf.* Evaluation of Convertible Securities. Analytical Investors. New York, 1966. P.6. Мы спешим добавить, что подобные ошибки не характерны для С. Кассо. Это уважаемый ученый, который внес значительный вклад в теорию финансов.
[23] Здесь преувеличивается значение скидок, связанных с выпусками акций, имеющих активный вторичный рынок (см. раздел 15–3).

ты не будут исполнены. Вы продали варранты за 10 дол. каждый, и они, как вы теперь видите, оказались бесполезными для покупателя. Если цена акции вырастет, скажем, до 130 дол., варранты будут исполнены. Ваша фирма получит первоначальные 10 дол. *плюс* цену исполнения 120 дол. С другой стороны, она выпустит для держателей варрантов акции стоимостью 130 дол. В итоге результат нейтрализуется. Вы получаете платеж в размере 130 дол. в обмен на обязательства на сумму 130 дол.

Теперь давайте представим, что произойдет, если цена акции превысит 130 дол. и вырастет до 200 дол. В этом случае выпуск варрантов в конечном итоге даст убыток в 70 дол. Это не отток денежных средств, это "альтернативные" убытки. Фирма получает 130 дол., но в этом случае она могла бы продавать акции за 200 дол. С другой стороны, держатели варрантов выигрывают 70 дол. Они инвестируют 130 дол. денежных средств, чтобы приобрести акции, но, если захотят, могут продать их за 200 дол.

Наш пример очень упрощен — например, мы ничего не сказали о временно́й стоимости денег и риске, — но он акцентирует внимание на основном моменте. Когда вы продаете варранты, вы продаете опционы и получаете в обмен денежные средства. Опционы являются ценными бумагами, имеющими стоимость. Если они оценены должным образом, это справедливая сделка — другими словами, сделка с нулевой чистой приведенной стоимостью.

Почему приведенная выше цитата вводит в заблуждение? Ссылка в ней на "продажу акций с премией" неявно подразумевает сравнение с сегодняшней рыночной стоимостью акций. А нам важно сравнить с тем, что они могут стоить завтра.

Менеджеры часто используют подобные аргументы, чтобы оправдать продажу конвертируемых облигаций. Несколько исследователей обнаружили два главных мотива этого. Многие менеджеры считают конвертируемые облигации видом "дешевого долга". Еще большее их число рассматривает конвертируемые облигации как отложенную продажу акций по привлекательной цене[24].

Мы видели, что конвертируемая облигация подобна пакету, состоящему из "прямой" облигации и опциона. Разница между рыночной стоимостью конвертируемой облигации и стоимостью "прямой" облигации, следовательно, равна цене, которую инвестор назначает опциону "колл". Конвертируемая облигация является "дешевой" только в том случае, если цена опциона слишком завышена.

А что же насчет других менеджеров, которые рассматривают выпуск конвертируемых облигаций как отложенную продажу обыкновенных акций? Конвертируемая облигация дает право приобрести акцию в обмен на облигацию[25]. Держатели облигаций решают, воспользоваться этим правом или нет. Так что выпуск конвертируемых облигаций *можно* сравнить с отложенным выпуском акций. Но если фирме *необходим* акционерный капитал, выпуск конвертируемых облигаций — ненадежный способ получить его.

Используемые менеджерами аргументы в оправдание продажи конвертируемых облигаций кажутся нелогичными. Конвертируемые облигации не являются ни "дешевым долгом", ни отложенной продажей акций. Но за этими

---

[24] См., например, *E.F. Brigman*. An Analysis of Convertible Debentures: Theory and Some Empirical Evidence // Journal of Finance. 21: 35—54. March 1966.

[25] Это то же самое, что уже иметь акции вместе с правом продать их по цене, равной облигационной стоимости конвертируемой облигации. Другими словами, вместо того чтобы рассматривать конвертируемую облигацию как пакет облигации и опциона "колл", вы можете воспринимать ее как акцию и опцион "пут". Теперь вы видите, почему ошибочно приравнивать конвертируемую облигацию к продаже акции; на самом деле она эквивалентна продаже акции *и* опциона "пут". Если есть хоть какая-то вероятность, что инвестор захочет сохранить облигацию, опцион "пут" будет иметь какую-то стоимость.

простыми формулировками кроются, видимо, какие-то более сложные и более рациональные мотивы.

Заметим, что конвертируемые облигации выпускают в основном фирмы небольшие и занимающиеся главным образом спекулятивными операциями. Эти облигации почти всегда необеспеченные и, как правило, субординированные[26]. Теперь встаньте на место потенциального инвестора. К вам обратилась небольшая фирма — производитель новой неиспытанной продукции, которая хочет сделать заем, выпустив "младшие" необеспеченные долговые обязательства. Если дела фирмы пойдут хорошо, вы вернете ваши деньги, но если фирму постигнет неудача, вы вполне можете остаться ни с чем. Поскольку фирма осваивает новое направление бизнеса, трудно оценить вероятность неудачи. Поэтому вы не знаете, какая ставка процента будет справедливой. Кроме того, вас может беспокоить, что раз уж вы предоставили кредит, руководство будет стремиться пойти на еще больший риск. Оно может сделать дополнительный заем, выпустив "старшие" долговые обязательства, или решит расширить производство и разорит вас. На самом деле, если вы требуете очень высокую ставку процента, вы можете способствовать этому.

Что может предпринять руководство, чтобы обезопасить вас от ошибочной оценки риска и заверить в своих честных намерениях? Оно может взять вас в дело. Вы не будете возражать, если компания пойдет на непредвиденные риски, пока вы разделяете с ней как прибыли, так и убытки[27].

Конвертируемые ценные бумаги и варранты имеют смысл всегда, когда оценка риска долга обходится очень дорого или когда инвесторов беспокоит, что руководство может действовать не в интересах держателей облигаций.

Относительно низкая купонная ставка по конвертируемым облигациям также отвечает интересам быстрорастущих фирм, осуществляющих крупные капитальные затраты. Они могут добровольно отказаться от опциона на конверсию, чтобы снизить сумму ближайших денежных платежей по обслуживанию долга. Без опциона на конверсию кредиторы могут потребовать очень высокие (обещанные) процентные ставки в качестве компенсации за возможность невыполнения обязательств. Это не только заставило бы фирму привлекать еще больше капитала для обслуживания долга, но и увеличило бы риск возникновения финансовых затруднений. Парадоксально, но стремление кредиторов защитить себя от невыполнения фирмой обязательств на самом деле может лишь повысить вероятность финансовых проблем фирмы из-за роста ее бремени по обслуживанию долга[28].

22-5. РЕЗЮМЕ

Вместо выпуска "прямых" облигаций компании могут продавать либо пакеты, состоящие из облигаций и варрантов, либо конвертируемые облигации.

Варрант представляет собой просто долгосрочный опцион "колл", выпущенный компанией. Вы уже много знаете об оценке стоимости опционов "колл". Из главы 20 нам известно, что стоимость опционов "колл" должна,

---

[26] Так, конвертируемые облигации Atari представляли собой субординированные дебентуры (см. сноску 12).

[27] См.: *M.J. Brennan and E. S. Schwarz*. The Case for Convertibles // Journal of Applied Corporate Finance. 1: 55—64. Summer 1988.

[28] Этому факту отводится основное место в литературе о "нормировании кредитов". Кредитор нормирует кредит, если считает нецелесообразным предоставлять фирме дополнительные займы, вне зависимости от того, какую процентную ставку фирма *обещает* платить. Может ли такое происходить на эффективных конкурентных рынках капитала, вопрос спорный. Мы приведем пример нормирования кредитов в главе 32. Чтобы познакомиться с подобной литературой, см.: *E. Baltensperger*. Credit Rationing: Issues and Questions // Journal of Money, Credit and Banking. 10: 170—183. May 1978.

по крайней мере, равняться цене акции за вычетом цены исполнения. Вы знаете, что опцион имеет самую высокую стоимость, когда у него большой срок до исполнения, когда в основе лежат рисковые акции и когда процентная ставка высока.

Оценить стоимость варрантов несколько сложнее, чем стоимость опционов "колл", которые свободно обращаются на опционных биржах. Во-первых, поскольку варранты представляют собой долгосрочные опционы, важно понимать, что держатель варранта не получает каких-либо дивидендов. Во-вторых, следует учитывать разводнение капитала.

Конвертируемая облигация дает ее владельцу право обменять облигацию на обыкновенные акции. Обменный курс обычно определяется *конверсионным соотношением,* т. е. количеством акций, которое инвестор получает в обмен на каждую облигацию. Иногда обменный курс выражают через *цену конверсии* – номинальную стоимость облигации, от которой нужно отказаться, чтобы получить одну акцию.

Конвертируемые облигации подобны пакету, состоящему из облигации и опциона "колл". Когда вы оцениваете опцион на конверсию, вы опять должны помнить, что держатель конвертируемой облигации не получает никаких дивидендов и что конверсия ведет к разводнению обыкновенных акций. Есть еще две вещи, которых нужно остерегаться. 1. Риск невыполнения обязательств: если компания попадает в трудное положение, обесценивается не только ваш опцион на конверсию, но и облигация. 2. Ускорение конверсии путем досрочного выкупа компанией своих облигаций. Она должна была бы выкупать их, как только рыночная цена конвертируемой облигации достигнет цены, по которой она может быть отозвана. Многие компании не выкупают свои облигации даже после этого. Никто не знает почему.

Вы слышали много аргументов в пользу выпуска варрантов и конвертируемых облигаций. Конвертируемые облигации и облигации с варрантами почти всегда являются "младшими" облигациями и часто выпускаются рискованными компаниями. Мы думаем, это кое-что говорит о причинах их выпуска. Допустим, вы предоставляете кредит непроверенной компании. Вас беспокоит, что компания может оказаться более рискованной, чем вы думали, или что она может выпустить еще и "старшие" облигации. Вы можете попытаться защищать себя от таких неожиданностей, накладывая весьма строгие ограничительные условия на выпуск долга. Но вы не будете возражать против дополнительного риска, если сами войдете в дело. Конвертируемая облигация и пакет облигаций и варрантов дают вам возможность разделять как успехи, так и неудачи фирмы. Они уменьшают возможные противоречия между интересами акционеров и держателей облигаций.

РЕКОМЕНДУЕМАЯ ЛИТЕРАТУРА

Работы, приведенные в разделе "Рекомендуемая литература" в главе 20, важны и для данной главы, в часности дискуссия Ф. Блэка и М.Шольца по вопросу оценки стоимости варрантов.

"Шедевром" в оценке стоимости конвертируемых облигаций является работа Дж. Ингерсолла:

    J.E. Ingersoll. A Contingent Claims Valuation of Convertible Securities // Journal of Financial Economics. 4: 289–322. May 1977.

Дж.Ингерсолл также исследует политику отзыва корпорациями конвертируемых облигаций в следующей работе:

    J.E. Ingersoll. An Examination of Corporate Call Policies on Convertible Securities // Journal of Finance. 32: 463–478. May 1977.

ГЛАВА 22. Варранты и конвертируемые ценные бумаги

Статья М. Бреннана и Е. Шварца была написана в то же время, что и статья Дж. Ингерсолла, и в ней сделаны, по сути, те же выводы:
M.J. Brennan and E.S. Schwarz. Convertible Bonds: Valuation and Optimal Strategies for Call and Conversion // Journal of Finance. 32: 1699–1715. December 1977.

Две полезные статьи о варрантах:
E.S. Shwarz. The Valuation of Warrants: Implementing a New Approach // Journal of Financial Economics. 4: 79–93. January 1977;
D. Galai and M.A. Schneller. Pricing of Warrants and the Value of the Firm // Journal of Finance. 33: 1333–1342. December 1978.

Дискуссию (без технических подробностей) по поводу оценки конвертируемых облигаций и причин их использования, смотри:
M.J. Brennan and E.S. Schwarz. The Case for Convertibles // Journal of Applied Corporate Finance. 1: 55–64. Summer 1988.

КОНТРОЛЬНЫЕ ВОПРОСЫ

1. Варранты корпорации "Лоси" дают их владельцу право купить одну акцию за 40 дол.
   а) Какова "теоретическая" стоимость варранта, если цена акций равна:
      1) 20 дол.?
      2) 30 дол.?
      3) 40 дол.?
      4) 50 дол.?
      5) 60 дол.?
   б) Изобразите графически взаимозависимость "теоретической" стоимости варранта и цены акции.
   в) Предположим, что цена акции равна 60 дол., а цена варранта 5 дол. Что бы вам следовало сделать?

2. В 1988 г. компания "Eli Lilly" выпустила 13 млн варрантов. Каждый варрант мог быть исполнен до 1991 г. по цене 76 дол. за акцию. Предположим, что цена акции составляла 60 дол.
   а) Имел ли держатель варранта право голоса?
   б) Получал ли держатель варранта дивиденды?
   в) Если бы было осуществлено дробление акций в отношении 3:1, как изменилась бы цена исполнения?
   г) Допустим, вместо того чтобы после дробления акций 3:1 снизить цену исполнения, компания дала каждому держателю варранта право купить *три* акции по цене 76 дол. за каждую. Результат был бы тем же?
   д) Какова была "теоретическая" стоимость варранта?
   е) До срока погашения цена варранта была меньше или больше его теоретической стоимости?
   ж) При прочих равных условиях имел бы варрант бóльшую или меньшую стоимость, если бы:
      1) компания увеличила коэффициент дивидендных выплат?
      2) процентная ставка снизилась?
      3) акции стали более рисковыми?
      4) компания увеличила срок исполнения?
      5) компания снизила цену исполнения?
   з) Несколько компаний выпускают бессрочные варранты (т.е. у варранта нет окончательной даты исполнения). Предположим, что варранты компании "Eli Lilly" были бессрочными. При каких условиях инвесторам имело смысл исполнить свои варранты?

3. Корпорация "Общие грязи" имеет в обращении 10 млнваррантов, каждый из которых может быть обменен на одну обыкновенную акцию. Допустим, что:

Чистая прибыль = 40 млн дол.
Количество акций в обращении = 20 млн.

а) Вычислите чистую прибыль в расчете на акцию *(EPS)*.
б) Вычислите чистую прибыль на акцию с учетом разводнения капитала.

4. Предположим, что компания "Кленовые крылья" выпустила конвертируемые субординированные дебентуры с процентной ставкой $4^3/_4\%$ сроком до 1998 г. Цена конверсии равна 47,00 дол., а цена отзыва облигаций составляет 102,75 дол. Рыночная цена конвертируемой облигации составляет 91% от номинальной стоимости, цена обыкновенной акции — 41,50 дол. Допустим, что цена неконвертируемой облигации составляет примерно 65% номинальной стоимости.

а) Каково конверсионное соотношение дебентуры?
б) Если бы конверсионное соотношение составляло 50, какова была бы цена конверсии?
в) Какова конверсионная стоимость?
г) При какой цене акций конверсионная стоимость равна облигационной стоимости?
д) Может ли рыночная цена быть меньше конверсионной стоимости?
е) Сколько держатель конвертируемой облигации платит за опцион, дающий право купить одну обыкновенную акцию?
ж) На сколько должна вырасти цена обыкновенных акций к 1998 г., чтобы удовлетворять условиям конверсии?
з) Когда компании следует выкупить облигации?

ВОПРОСЫ И ЗАДАНИЯ

1. Вернитесь снова к варрантам компании MCI, о которых говорилось в разделе 22—1. После эмиссии варрантов в обращении находилось 117 млн акций и 18 млн варрантов MCI. Цена исполнения варрантов составляла 55 дол. Сразу после выпуска MCI осуществила дробление акций в пропорции 2:1, и в соответствии с этим были изменены условия варрантов.

а) Сколько акций и варрантов находилось в обращении после дробления акций?
б) Какова была бы цена исполнения варрантов после дробления акций? Была бы она скорректирована?
в) Предположим, что в момент исполнения варрантов цена акции составляла 35 дол. Какова была бы стоимость варрантов в это время?
г) Допустим, что цена акции за год до исполнения варрантов равнялась 35 дол. Цена варрантов была бы больше или меньше, чем в вашем ответе на вопрос *в)*? Продавались бы они по цене, равной "теоретической" стоимости варрантов? Объясните ваш ответ.
д) В 1984 г. чистая прибыль MCI составляла 59 млн дол. Вычислите чистую прибыль в расчете на акцию с учетом и без учета разводнения.

*2. Как вы можете использовать формулу Блэка—Шольца для вычисления стоимости варрантов MCI сразу после их выпуска, при условии, что цена акции равна 42 дол., а цена варранта 15 дол.? Проведите вычисления без учета разводнения, а затем опишите, как разводнение повлияет на ваши расчеты.

3. Иногда фирмы продлевают срок исполнения варрантов, которые могли бы остаться неисполненными. Во что это обходится фирме?

*4. Этот вопрос касается разводнения. Компания "Электрофагот" имеет в обращении 2000 акций, общая рыночная стоимость которых равна 20 000 дол., и 1000 варрантов с общей рыночной стоимостью 5000 дол. Каждый варрант дает его держателю опцион на одну акцию за 20 дол.

ГЛАВА 22. Варранты и конвертируемые ценные бумаги 605

а) Чтобы оценить варрант, вам нужно сначала оценить опцион "колл" на акцию альтернативной фирмы. Какова текущая цена этой альтернативной акции? Как вы можете вычислить ее стандартное отклонение?

б) Предположим, что стоимость опциона "колл" на акцию альтернативной фирмы составляет 6 дол. Определите, завышена или занижена при этом цена варрантов "Электрофагот"?

5. В 1990 г. компания "Прибавочная стоимость" имела в обращениии конвертируемые облигации общей (номинальной) стоимостью 10 млн дол. Облигации имели следующие характеристики:

- Цена конверсии — 25 дол.
- Текущая цена отзыва — 105 (% от номинала)
- Текущая продажная цена — 130 (% от номинала)
- Срок погашения — 2000 г.
- Текущая цена акций — 30 дол. за акцию
- Ставка процента — 10 (купонная ставка в % от номинала)

а) Какова конверсионная стоимость облигации?
б) Объясните, почему облигации продаются по цене выше конверсионной стоимости?
в) Следует ли компании досрочно выкупать облигации? Что произойдет, если она так поступит?

6. Компания "Высокие технологии" выпустила в обращение субординированные дебентуры со ставкой 10% на сумму 10 млн дол. Предположим:

- Чистая прибыль = 50 млн дол.
- Количество акций в обращении = 2,5 млн
- Конверсионное соотношение = 50
- Ставка налога = 50%

а) Вычислите чистую прибыль в расчете на акцию.
б) Вычислите прибыль на акцию с учетом разводнения.

7. Цена исполнения варрантов корпорации "Лоси" равна 40 дол. Цена акции 50 дол. Дивиденды по акции составляют 3 дол., а процентная ставка равна 10%.

а) Сейчас или позже исполнили бы вы ваши варранты? Расскажите, почему.
б) Если бы дивиденды увеличились до 5 дол., то при низкой изменчивости цены акций было бы предпочтительнее исполнить варранты сейчас, а при высокой изменчивости цены акций стоило бы исполнить варранты позже. Объясните, почему.

8. "Решение компании об эмиссии варрантов должно опираться на прогнозы руководства относительно вероятной доходности акций". Вы согласны?

9. В каждом примере покажите, какая из двух ценных бумаг с наибольшей вероятностью принесет более высокий доход:
а) когда цена акции растет (акция *или* конвертируемая облигация?);
б) когда процентная ставка падает ("прямая" облигация *или* конвертируемая облигация?);
в) когда несистематический риск акции снижается ("прямая" *или* конвертируемая облигация?);
г) когда растут дивиденды по акции (акция *или* конвертируемая облигация?).

10. Корпорация "Городок" выпустила трехлетние варранты, дающие право купить бессрочные необеспеченные облигации со ставкой 12% по цене, составляющей 120% от номинала. Текущая процентная ставка равна 12%, а стандартное отклонение доходности облигации составляет 20%. Используя формулу Блэка–Шольца, найдите приблизительную стоимость варрантов "Городка".

11. Компания "Лесной магазин" имеет в обращении 1 млн обыкновенных акций, общая рыночная стоимость которых составляет 40 млн дол. Сейчас компания сообщает о выпуске 1 млн варрантов по 5 дол. каждый. Варрант дает право его владельцу купить одну акцию "Лесного магазина" за 30 дол. в любое время в течение 5 лет. Компания сообщила, что в течение этого периода дивиденды выплачиваться не будут.

   Стандартное отклонение доходности акционерного капитала "Лесного магазина" составляет 20% в год, процентная ставка равна 8%.

   а) Какова рыночная стоимость варранта?

   б) Какова рыночная стоимость акции после эмиссии варрантов? (*Подсказка:* стоимость акций равна общей стоимости акционерного капитала минус стоимость варрантов.)

12. Обратитесь снова к вопросу 11. Предположим, что теперь "Лесной магазин" прогнозирует выплатить следующие дивиденды на акцию:

Конец года	Дивиденды
1	2,00 дол.
2	3,00 дол.
3	4,00 дол.
4	5,00 дол.
5	6,00 дол.

    Пересчитайте рыночные стоимости акций и варрантов.

13. Иногда говорят, что когда цена акций фирмы занижена, лучше выпускать конвертируемые облигации, а не акции. Допустим, финансовый менеджер мебельной компании "Крепкий орешек" имеет информацию из внутрифирменного источника, показывающую, что цена акций "Орешка" действительно очень низкая. Будущие прибыли "Орешка" будут на самом деле выше, чем ожидают инвесторы. Предположим также, что эта внутренняя информация не может быть разглашена из соображений коммерческой тайны. Очевидно, что продажа акций по текущей низкой цене нанесла бы ущерб существующим акционерам "Орешка". Понесут ли они ущерб, если будут выпущены конвертируемые облигации? Если они нанесут ущерб, будет ли он больше или меньше, чем в случае выпуска обыкновенных акций?

    Теперь предположим, что прогноз инвесторов в отношении прибыли точен, но цена акций все еще занижена из-за того, что они переоценивают реальный деловой риск "Орешка". Изменится ли от этого ваш ответ на вопрос в предыдущем абзаце? Объясните.

14. Банки или страховые компании иногда при предоставлении кредитов заключают с заемщиком договор об участии в его капитале. Фирма выплачивает проценты, а также предоставляет варранты кредитору. Таким образом, кредитор участвует в капитале фирмы (через варранты) и делит с ней вознаграждения, если дела фирмы складываются удачно. Безусловно, в договоре о кредите кредитор всегда оговаривает возможность отказаться от варрантов и потребовать взамен более высокую процентную ставку. Каковы преимущества соглашения "об участии в капитале" по сравнению с такой альтернативой? При каких условиях соглашение "об участии в капитале" может быть наиболее разумным?

15. Руперт Колючинг единственный главный исполнительный директор компании "Колючинг-нефть" утром был найден мертвым в своем офисе. Он был убит выстрелом в голову. Вчера Колючинг решительно отказался от предложения Т. Простофила продать активы своей компании за 1 млн дол. с оплатой в денежной форме, действующего до 1 января 1992 г. После смерти Р. Колючинга предложение Простофила будет сразу принято.

ГЛАВА 22. Варранты и конвертируемые ценные бумаги

Подозрение сразу пало на двух племянниц Колючинга Дорис и Петси и племянника Джона.

Структура капитала "Ключинг- нефти" выглядит следующим образом:

- *Долговые обязательства:* номинальная стоимость 250 млн дол., выпущены в 1956 г., купонная ставка 5%, рыночная стоимость 60% от номинала. Этот долг будет погашен по номиналу в случае принятия предложения Простофила.
- *Акции:* 30 млн акций, цена закрытия которых вчера составляла 10 дол. на акцию.
- *Варранты:* варранты, дающие право на покупку дополнительно 20 млн акций по цене 10 дол. за акцию, срок исполнения 31 декабря 1991 г. В последней сделке варранты продавались по 1 дол. за каждый.

Позиции Дорис, Джона и Петси в "Колючинг-нефти":

	Долговые обязательства (рыночная стоимость)	Акции (количество)	Варранты (количество)
Дорис	6 млн дол.	1 млн	0
Джон	0	0,5 млн	2 млн
Петси	0	1,5 млн	1 млн

Кому было наиболее выгодно (с точки зрения портфеля) убрать старого Колючинга и принять предложение Простофила? Объясните. Сделайте дополнительные допущения, если сочтете необходимым.

ДОЛГОВОЕ ФИНАНСИРОВАНИЕ

23
Оценка рисковых долговых обязательств

Как вы определяете приведенную стоимость облигаций компании? Ответ прост. Вы берете потоки денежных средств и дисконтируете их по ставке, равной альтернативным издержкам инвестирования. Следовательно, если облигация приносит потоки денежных средств по C дол. в год в течение N лет, а в конце срока выплачивается ее номинальная стоимость (1000 дол.), то ее приведенная стоимость равна:

$$PV = \frac{C}{1+r_1} + \frac{C}{(1+r_2)^2} + \cdots + \frac{C}{(1+r_N)^N} + \frac{1000}{(1+r_N)^N},$$

где $r_1, r_2, ..., r_N$ — соответствующие ставки дисконта для потоков денежных средств, которые будут получены владельцем облигации в годах 1, 2, ..., N.

Формула-то верна, однако она ничего не говорит нам о том, что *определяет* ставки дисконта. Например:

1. В 1945 г. векселя Казначейства США обеспечивали доходность 0,4%. В сентябре 1990 г. их доходность составляла 7,8%. Почему одна и та же ценная бумага имеет совершенно разную доходность в разное время?
2. В сентябре 1990 г. Казначейство США могло сделать заем на 1 год с процентной ставкой 8%, но ему пришлось бы платить примерно 20% за займы сроком на 20 лет. Почему по облигациям с разным сроком погашения предлагаются различные ставки процента? Иначе говоря, почему существует *временна́я структура* процентных ставок?
3. В сентябре 1990 г. правительство США могло выпустить долгосрочные облигации со ставкой около 9%. У вас же не было возможности получить заем по такой ставке. Почему? Чем определяется премия, которую вы вынуждены платить?

Эти вопросы наводят на серьезные размышления, которые будут волновать экономистов долгие годы. Но мы можем дать общие ответы и в то же время предложить некоторые основополагающие идеи.

Почему финансового менеджера должны заботить эти идеи? Кому нужно знать, каким образом устанавливаются цены на облигации, пока рынок облигаций активен и эффективен? Эффективные рынки защищают некомпетентного участника торговых сделок. Если возникает необходимость проверить, насколько справедлива цена предполагаемого выпуска облигаций, вы можете посмотреть на цены похожих облигаций. Нет нужды прослеживать исторические тенденции в поведении процентных ставок, думать о временно́й структуре или о других проблемах, обсуждаемых в данной главе.

Но мы не видим в невежестве блага, даже если оно не приносит вреда. По крайней мере, вы должны уметь читать The Wall Street Journal и вести переговоры с инвестиционными банками. Еще более важно то, что вы неоднократно столкнетесь с проблемой определения цен на облигации, до сих пор не имеющие аналогов на рынке. Как вы оцените выпуск с частным размещением и особой схемой погашения, разработанной специально для отдельных инвесторов? А как быть с финансовым лизингом? В главе 26 мы увидим, что лизинговые контракты, по существу, представляют собой кредитные соглашения, но, как правило, чрезвычайно сложные, для которых свободно обращающиеся облигации не являются ближайшими аналогами. Вы обнаружите, что термины, идеи и факты, представленные в этой главе, имеют важное значение для анализа этих и других практических финансовых проблем, о которых говорится в последующих главах.

Поэтому мы начнем с нашего первого вопроса: "Почему общий уровень процентных ставок со временем изменяется?"

23–1. КЛАССИЧЕСКАЯ ТЕОРИЯ ПРОЦЕНТА

Реальные процентные ставки

Предположим, всем известно, что не предвидится никакой инфляции. Если так, то все процентные ставки являются *реальными* — они не включают в себя никакой премии за ожидаемую инфляцию. Что же в этих условиях действительно определяет ставку процента? Ответ на этот вопрос экономиста-классика Ирвинга Фишера заключен в названии его великой книги *"Теория процента, обусловленного желанием тратить доход и возможностью инвестировать его"*[1]. Согласно Фишеру, реальная процентная ставка представляет собой цену, уравновешивающую спрос на капитал и предложение капитала. Предложение определяется желанием людей сберегать — т. е. отложить потребление[2]. Спрос зависит от возможностей результативного инвестирования.

Например, предположим, что инвестиционные возможности в целом улучшаются. Фирмы открывают для себя больше хороших проектов и поэтому желают инвестировать более крупные суммы при любой процентной ставке. Следовательно, ставка должна расти, чтобы побуждать граждан сберегать дополнительные средства, которые фирмы хотят инвестировать[3]. И наоборот, если инвестиционные возможности ухудшаются, реальная процентная ставка падает.

Теория Фишера подчеркивает, что реальная ставка процента определяется реальными явлениями. В общем случае высокая готовность к сбережению может быть связана с такими факторами, как большое совокупное богатство (поскольку состоятельные люди, как правило, сберегают больше), неравномерное распределение богатства (равномерное распределение привело бы к значительному снижению доли богатых людей, которые делают большую часть

---

[1] *I. Fisher.* The Theory of Interest: As Determined by Impatience to Spend Income and Opportunity to Invest it. Augustus M.Kelley, Publishers, New York, 1965; впервые издана в 1930 г.

[2] Некоторые сбережения делаются косвенным путем. Например, если вы имеете 100 акций GM, а чистая прибыль GM составляет 1 дол. на акцию, GM сберегает для вас 100 дол.

[3] Мы допускаем, что инвесторы больше склонны к сбережениям, когда процентные ставки растут. Это не всегда верно. Приведем пример, когда более высокая процентная ставка могла бы привести к *сокращению* сбережений. Предположим, что через 20 лет вам потребуется 10 000 дол., чтобы оплатить обучение ваших детей в колледже. Сколько вы должны отложить сегодня, чтобы выполнить это обязательство? Ответ — приведенная стоимость 10 000 дол. через 20 лет, или $10\,000/(1+r)^{20}$. Чем выше r, тем ниже эта приведенная стоимость и тем меньше вам нужно откладывать денег.

ГЛАВА 23. Оценка рисковых долговых обязательств

сбережений) и преобладание в составе населения людей среднего возраста (молодым нет необходимости делать сбережения, а пожилые не хотят, аргументируя тем, что "с собой ничего не возьмешь"). Соответственно, сильная склонность к инвестированию может быть связана с высоким уровнем деловой активности или значительным техническим прогрессом.

Инфляция и процентные ставки

Теперь давайте разберемся, почему Ирвинг Фишер говорил о влиянии инфляции на процентные ставки. Предположим, что потребители с одинаковой радостью согласились бы получить 100 яблок сегодня или 105 яблок через год. Реальная, или "яблочная", процентная ставка равна 5%. Предположим также, что я знаю о том, что цена на яблоки вырастет за год на 10%. Тогда я расстанусь со 100 дол. сегодня, только если в конце года получу 115 дол. Эти 115 дол. нужны мне, чтобы купить на 5% яблок больше, чем я мог купить на свои 100 дол. сегодня. Другими словами, номинальная, или "денежная", ставка процента должна равняться реальной, или "яблочной", ставке плюс ожидаемый темп инфляции. Изменение на один процентный пункт ожидаемого темпа инфляции приводит к изменению на один процентный пункт номинальной процентной ставки. Теория Фишера гласит: изменение ожидаемого уровня инфляции вызывает точно такое же изменение номинальной процентной ставки[4].

В принципе, верхнего предела роста реальной процентной ставки не существует. Но есть ли какой-то нижний предел? Например, возможна ли отрицательная реальная процентная ставка, когда, например, номинальная ставка составляет 5%, а ожидаемый темп инфляции – 10%? Если бы такое произошло, вы могли бы делать деньги следующим образом. Вы берете взаймы 100 дол. по ставке 5% и тратите их на покупку яблок. Вы храните эти яблоки до конца года и затем продаете за 110 дол., которых вам хватает на погашение займа, так что у вас еще остается 5 дол.

Поскольку легких способов сделать деньги на редкость мало, вы можете прийти к выводу, что если хранение товаров ничего не стоит, то номинальная ставка процента едва ли будет меньше ожидаемого роста цен. Но хранение многих товаров обходится гораздо дороже, чем яблок, а некоторые вообще не хранятся (например, вы не можете сохранить стрижку). Для таких товаров номинальная процентная ставка может оказаться меньше ожидаемого роста цен.

Замечание. Если вы вернетесь к разделу 6–1, где мы рассматривали инфляцию и ставки дисконта, то увидите, что наш пример с яблоками немного упрощен. Если сегодня яблоки стоят 1 дол. за штуку, а в следующем году — 1,10 дол., то в следующем году вам нужно иметь $1{,}10 \times 105 = 115{,}50$ дол., чтобы купить 105 яблок. Номинальная процентная ставка составляет 15,5%, а не 15%.

Точная формула, связывающая реальную и номинальную ставки, имеет следующий вид:

$$1 + r_{ном.} = (1 + r_{реал.})(1 + i),$$

где i — ожидаемый темп инфляции. Таким образом:

$$r_{ном.} = r_{реал.} + i + i(r_{реал.}).$$

---

[4] Пример с яблоками взят из работы: *R. Roll.* Interest Rates on Monetary Assets and Commodity Price Index Changes // Journal of Finance. 27: 251–278. May. 1972.

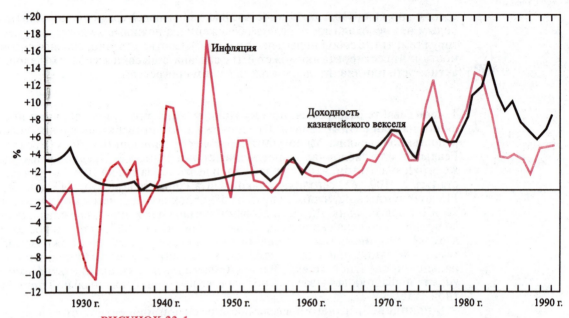

РИСУНОК 23-1
Доходность казначейских векселей и темп инфляции в период 1926—1989 гг. (*Источник*: Ibbotson Assotiates, Stock, Bonds, Bills, and Inflation: 1989 Yearbook. Ibbotson Associates, Chicago, 1989.)

В нашем примере номинальная ставка должна равняться:

$$r_{ном.} = 0,05 + 0,10 + 0,10(0,05) = 0,155.$$

Когда мы говорили, что номинальная ставка должна быть равна 15%, мы не учитывали "перекрестное произведение" $i(r_{реал})$. Обычно так и поступают, поскольку эта величина, как правило, очень мала. Но есть страны, где показатель i принимает большие значения (иногда 100% в год или более). В этих случаях стоит пользоваться полной формулой.

Вернемся к теории Фишера. Не все экономисты согласились бы с Фишером в том, что реальная ставка процента не подвержена влиянию инфляции. Например, если изменение цен связано с изменениями уровня деловой активности в отрасли, тогда в условиях инфляции мне, возможно, захотелось бы иметь через год больше или меньше, чем 105 яблок, чтобы компенсировать потерю для меня 100 дол. сегодня.

Ах, как бы нам хотелось иметь возможность показать вам поведение процентных ставок и *ожидаемой* инфляции в прошлом. Вместо этого мы сделали почти такую же замечательную вещь и построили на рисунке 23-1 график, показывающий доходность казначейских векселей в сравнении с *фактической* инфляцией. Отметим, что в период с 1926 по 1989 г. доходность казначейских векселей отставала от темпа инфляции так же часто, как и обгоняла его. Средняя реальная процентная ставка в течение этого периода составляла 0,5%. Начиная с 1981 г. доходность векселей значительно превышала темп инфляции. Если бы у вас была уверенность, что реальные ставки и дальше останутся положительными, вы могли бы собрать вещички и отбыть на побережье Карибского моря.

Согласно теории Фишера, изменения ожидаемого уровня инфляции вызывают соответствующие изменения ставки процента. Но данные за 1930—1940 гг. мало подтверждают это. В течение этого периода доходность казна-

ГЛАВА 23. Оценка рисковых долговых обязательств

чейских векселей изменялась совсем немного, в то время как колебания инфляции были значительны. Либо изменения уровня инфляции были неожиданными, либо теория Фишера ошибочна. С начала 1950-х годов связь между процентными ставками и темпом инфляции в США кажется более тесной[5]. Поэтому стоит повнимательнее взглянуть, насколько теория Фишера подтверждается данными за последние годы.

Юджин Фама предложил проверить правильность теории Фишера следующим способом: сделать перестановку в формуле, связывающей номинальную и реальную ставки, и посмотреть, можно ли спрогнозировать темп инфляции, вычитая постоянную реальную ставку из наблюдаемой номинальной ставки. Таким образом, если теория Фишера верна, то:

$$\text{Номинальная процентная ставка} = \text{реальная процентная ставка} + \text{прогнозируемый инвесторами темп инфляции}$$

или

$$\text{Прогнозируемый инвесторами темп инфляции} = \text{номинальная процентная ставка} - \text{реальная процентная ставка}.$$

Конечно, инвесторы не могут совершенно точно предсказать фактический темп инфляции — случайные погрешности в прогнозах неизбежны. Но мы надеемся, что в среднем на эффективном рынке прогнозы верны. Поэтому среднее отклонение прогнозных оценок должно быть равно нулю.

Предположим, что мы наблюдаем номинальную доходность казначейских векселей и *фактические* темпы инфляции. На основе этих данных мы составляем следующее уравнение:

$$\text{Фактический темп инфляции} = a + b\,(\text{номинальная процентная ставка}) + \text{случайная погрешность прогнозирования}.$$

Если Фишер прав, коэффициент b должен приближаться к 1,0, а постоянная величина a должна быть равна реальной процентной ставке со знаком минус.

Мы подсчитали, что коэффициент b в период с 1953 по 1989 г. составлял 0,81 — т. е. чуть меньше, чем следовало ожидать, если теория Фишера верна и если реальная процентная ставка постоянна[6].

Прежде чем завершить эту тему, мы должны добавить два замечания. Первое — реальная процентная ставка на самом деле является *ожидаемой* ставкой. Когда вы покупаете казначейские векселя и держите их до срока погашения, вы знаете, что денежный доход вы получите, но относительно *реальной* доходности существует неопределенность, поскольку нельзя совершенно точно спрогнозировать будущий темп инфляции. Поэтому, чтобы быть совершен-

---

[5] Возможно, это связано с проводимой правительством до 1951 г. политикой стабилизации номинальных процентных ставок. "Согласие", достигнутое в 1951 г. между Казначейством и Федеральной резервной системой, сделало возможными более гибкие номинальные процентные ставки после 1951 г.

[6] Фама составил это уравнение на основе поквартальных данных за период с 1953 по 1971 г. По его оценкам, значение b составило 0,98, т. е. оказалось очень близко к предсказанному Фишером. См.: *E.F. Fama.* Short-Term Interest Rates as Predictors of Inflation // American Economic Review. 65: 269—282. June. 1975.

но точными, мы должны определять реальную процентную ставку следующим образом:

$$\begin{array}{c}\text{Реальная}\\\text{процентная}\\\text{ставка}\end{array} = \begin{array}{c}\textbf{\textit{ожидаемая}}\text{ реальная}\\\text{норма доходности}\\\text{казначейских векселей}\end{array} = \begin{array}{c}\text{номинальная}\\\text{норма доходности}\\\text{казначейских векселей}\end{array} - \begin{array}{c}\textbf{\textit{ожидаемый}}\\\textit{темп}\\\textit{инфляции.}\end{array}$$

Второе, Нелсон и Шверт, а также Гесс и Бикслер отмечали, что (ожидаемая) реальная процентная ставка *действительно* изменяется со временем. И в самом деле, мы видели, что реальная ставка оказалась необычно высокой после 1981 г. Если это так, предложенный Фама способ проверки может не подойти[7].

До тех пор, пока эти проблемы не будут решены, мы советуем вам рассматривать теорию Фишера просто как полезный совет, основанный на здравой логике. Так что если ожидаемый темп инфляции изменяется, вам лучше всего ориентироваться на соответствующее изменение процентной ставки.

23–2. ВРЕМЕННА́Я СТРУКТУРА И ДОХОДНОСТЬ К ПОГАШЕНИЮ

Сейчас мы рассмотрим связь между краткосрочными и долгосрочными ставками процента. Предположим, что вы взяли простой кредит, по которому выплачиваете 1 дол. в период 1. Приведенная стоимость этого кредита:

$$PV = \frac{1}{1 + r_1}.$$

Таким образом, мы дисконтируем поток денежных средств по ставке r_1, которая соответствует займу на один период. Эта ставка устанавливается сегодня; ее часто называют сегодняшней **ставкой "спот"** ("точечной" ставкой) для одного периода.

Приведенная стоимость кредита, по которому выплачивается по 1 дол. и в период 1, и в период 2, равна:

$$PV = \frac{1}{1 + r_1} + \frac{1}{(1 + r_2)^2}.$$

Таким образом, поток денежных средств первого периода дисконтируется по ставке, равной сегодняшней ставке "спот" для одного периода, а поток денежных средств второго периода по ставке; равной сегодняшней ставке "спот" для двух периодов. Ряд ставок "спот" — r_1, r_2 и т. д. — является одним из способов отражения **временно́й структуры** процентных ставок.

Доходность к погашению

Вместо того чтобы дисконтировать все выплаты по различным процентным ставкам, мы могли бы найти одну ставку дисконта, которая давала бы ту же приведенную стоимость. Такая ставка называется **доходностью к погашению**, хотя на самом деле это не что иное, как наша старая знакомая — внутренняя норма доходности. Если мы обозначим доходность к погашению через y, мы можем записать приведенную стоимость следующим образом:

$$PV = \frac{1}{1 + y} + \frac{1}{(1 + y)^2}.$$

---

[7] *C.R. Nelson and G .Schwert.* Short-Term Interest Rates as Predictors of Inflation: On Testing the Hypothesis that the Real Rate of Interest Is Constant // American Economic Review. 67: 478–486. June. 1977; *P. Hess and J. Bicksler.* Capital Asset Prices versus Time Series Models as Predictors of Inflation // Journal of Financial Economics. 2: 341–360. December. 1975.

ГЛАВА 23. Оценка рисковых долговых обязательств

Все, что вам надо знать, чтобы вычислить y, это цена облигации, размер годовых выплат по ней и срок ее погашения. Затем вы можете быстро найти доходность с помощью калькулятора со специальной программой или воспользовавшись таблицами для расчета цен облигаций.

Посмотрите на таблицу 23-1, в которой представлены восемь страниц из краткого сборника таблиц для расчета цен облигаций. Каждая страница по-

ТАБЛИЦА 23-1
Каждая страница этого краткого сборника таблиц содержит цены облигаций с различными купонными ставками.

Купонная ставка 5% СТРАНИЦА 1

Доходность (в %)	Годы				
	6	8	10	12	14
6,00	95,02	93,72	92,56	91,53	90,62
7,00	90,34	87,91	85,79	83,94	82,33
8,00	85,92	82,52	79,61	77,13	75,01
9,00	81,76	77,53	73,98	71,01	68,51
10,00	77,84	72,91	68,84	65,50	62,75
11,00	74,14	68,61	64,15	60,54	57,64
12,00	70,66	64,63	59,86	56,07	53,08
13,00	67,37	60,93	55,93	52,04	49,01
14,00	64,26	57,49	52,33	48,39	45,38

Купонная ставка 6% СТРАНИЦА 2

Доходность (в %)	Годы				
	6	8	10	12	14
6,00	100,00	100,00	100,00	100,00	100,00
7,00	95,17	93,95	92,89	91,97	91,17
8,00	90,61	88,35	86,41	84,75	83,34
9,00	86,32	83,15	80,49	78,26	76,39
10,00	82,27	78,32	75,08	72,40	70,20
11,00	78,45	73,84	70,12	67,12	64,70
12,00	74,85	69,68	65,59	62,35	59,78
13,00	71,44	65,81	61,44	58,03	55,39
14,00	68,23	62,21	57,62	54,12	51,45

Купонная ставка 7% СТРАНИЦА 3

Доходность (в %)	Годы				
	6	8	10	12	14
6,00	104,98	106,28	107,44	108,47	109,38
7,00	100,00	100,00	100,00	100,00	100,00
8,00	95,31	94,17	93,20	92,38	91,67
9,00	90,88	88,77	86,99	85,50	84,26
10,00	86,71	83,74	81,31	79,30	77,65
11,00	82,76	79,08	76,10	73,70	71,76
12,00	79,04	74,74	71,33	68,62	66,48
13,00	75,52	70,70	66,94	64,03	61,76
14,00	72,20	66,94	62,92	59,86	57,52

ТАБЛИЦА 23-1 (продолжение)

Купонная ставка 8%

СТРАНИЦА 4

Доходность (в %)	Годы				
	6	8	10	12	14
6,00	109,95	112,56	114,88	116,94	118,76
7,00	104,83	106,05	107,11	108,03	108,83
8,00	100,00	100,00	100,00	100,00	100,00
9,00	95,44	94,38	93,50	92,75	92,13
10,00	91,14	89,16	87,54	86,20	85,10
11,00	87,07	84,31	82,07	80,27	78,82
12,00	83,23	79,79	77,06	74,90	73,19
13,00	79,60	75,58	72,45	70,02	68,13
14,00	76,17	71,66	68,22	65,69	63,59

Купонная ставка 9%

СТРАНИЦА 5

Доходность (в %)	Годы				
	6	8	10	12	14
6,00	114,93	118,84	122,32	125,40	128,15
7,00	109,66	112,09	114,21	116,06	117,67
8,00	104,69	105,83	106,80	107,62	108,33
9,00	100,00	100,00	100,00	100,00	100,00
10,00	95,57	94,58	93,77	93,10	92,55
11,00	91,38	89,54	88,05	86,85	85,88
12,00	87,42	84,84	82,80	81,17	79,89
13,00	83,68	80,46	77,96	76,02	74,51
14,00	80,14	76,38	73,51	71,33	69,66

Купонная ставка 10%

СТРАНИЦА 6

Доходность (в %)	Годы				
	6	8	10	12	14
6,00	119,91	125,12	129,75	133,87	137,53
7,00	114,50	118,14	121,32	124,09	126,50
8,00	109,39	111,65	113,59	115,25	116,66
9,00	104,56	105,62	106,50	107,25	107,87
10,00	100,00	100,00	100,00	100,00	100,00
11,00	95,69	94,77	94,02	93,42	92,94
12,00	91,62	89,89	88,53	87,45	86,59
13,00	87,76	85,35	83,47	82,01	80,88
14,00	84,11	81,11	78,81	77,06	75,73

ТАБЛИЦА 23-1 (ПРОДОЛЖЕНИЕ)

Купонная ставка 11% СТРАНИЦА 7

Доходность (в %)	Годы				
	6	8	10	12	14
6,00	124,89	131,40	137,19	142,34	146,91
7,00	119,33	124,19	128,42	132,12	135,33
8,00	114,08	117,48	120,39	122,87	124,99
9,00	109,12	111,23	113,01	114,50	115,74
10,00	104,43	105,42	106,23	106,90	107,45
11,00	100,00	100,00	100,00	100,00	100,00
12,00	95,81	94,95	94,27	93,72	93,30
13,00	91,84	90,23	88,98	88,01	87,25
14,00	88,09	85,83	84,11	82,80	81,79

Купонная ставка 12% СТРАНИЦА 8

Доходность (в %)	Годы				
	6	8	10	12	14
6,00	129,86	137,68	144,63	150,81	156,29
7,00	124,16	130,24	135,53	140,15	144,17
8,00	118,77	123,30	127,18	130,49	133,33
9,00	113,68	116,85	119,51	121,74	123,61
10,00	108,86	110,84	112,46	113,80	114,90
11,00	104,31	105,23	105,98	106,58	107,06
12,00	100,00	100,00	100,00	100,00	100,00
13,00	95,92	95,12	94,49	94,00	93,63
14,00	92,06	90,55	89,41	88,53	87,86

казывает доходность облигаций с определенной купонной ставкой. Например, предположим, что вы имеете облигацию с купонной ставкой 8%, сроком погашения 10 лет и ценой 85. (Цены облигаций представлены в процентном отношении к их номинальной стоимости.) Посмотрим на четвертую страницу нашего сборника таблиц. На ней указаны значения доходности облигации с купонной ставкой 8%. Если вы посмотрите колонку для десятилетнего срока, вы увидите, что цена облигации с доходностью 10% равна 87,54, а с доходностью 11% — 82,07. Очевидно, доходность вашей облигации составляет примерно 10,5%.

Сборники таблиц для расчета цен облигаций содержат несколько тысяч страниц, в каждой представлены цены облигаций при различных сочетаниях купонной ставки, процентного дохода и срока погашения, но во всем остальном они точно такие же, как наш краткий сборник из таблицы 23-1.

Пример. Доходность к погашению недвусмысленна и легко вычисляется. Это — "орудие" любого дилера в операциях с облигациями. Однако к настоящему времени вы уже должны с подозрением относиться к любой внутренней норме доходности[8]. Чем глубже мы рассматриваем доходность к погашению, тем менее информативным показателем она представляется. Приведем пример.

---

[8] См. раздел 5-5.

На дворе 1993 г. Вы намерены инвестировать средства в облигации Казначейства США. Вы просматриваете следующие котировки двух облигаций:

Облигация	Цена	Доходность к погашению (в %)
"5s of '98"	85,21	8,78
"10s of '98"	105,43	8,62

Выражение "5s of '98" означает, что срок погашения облигации наступает в 1998 г., а выплачиваемый годовой процент составляет 5% от номинальной стоимости облигации. Выплаты процентов называют *купонными* выплатами. Инвесторы в облигации сказали бы, что эти облигации имеют купонную ставку 5%. При наступлении срока погашения в 1998 г. выплачиваются номинал и процент. Цена каждой облигации обозначается в процентном отношении к номинальной стоимости. Поэтому, если бы номинальная стоимость равнялась 1000 дол., вы должны были бы заплатить за облигацию 852,11 дол., и ее доходность составила бы 8,78%. Обозначив 1993 г. как $t = 0$, 1994 г. как $t = 1$ и т. д., мы проводим следующие вычисления дисконтированных потоков денежных средств[9]:

| Облигация | Потоки денежных средств | | | | | | Доходность (в %) |
	C_0	C_1	C_2	C_3	C_4	C_5	
"5s of '98"	−852,11	+50	+50	+50	+50	+1050	8,78
"10s of '98"	−1054,29	+100	+100	+100	+100	+1100	8,62

Хотя обе облигации имеют одинаковый срок погашения, они были выпущены в разное время, "5s" — когда процентные ставки были низкими, а "10s" — когда процентные ставки были высокими.

Лучше ли купить облигацию "5s of '98"? Не делает ли рынок ошибку, установив цены на эти два выпуска, исходя из разных значений доходности? Единственный способ удостовериться в этом — вычислить приведенную стоимость облигаций, используя ставки "спот" r_1 для 1994 г., r_2 для 1995 г. и т. д. Вычисления приведены в таблице 23-2.

Важное допущение в таблице 23-2 состоит в том, что долгосрочные процентные ставки выше краткосрочных. Мы приняли за данное, что процентная ставка 1-го года равна 0,05%, 2-го года — 0,06% и т. д. Когда поток денежных средств каждого года дисконтируется по соответствующей году ставке, мы видим, что

ТАБЛИЦА 23-2
Расчет приведенной стоимости двух облигаций, когда долгосрочные процентные ставки выше краткосрочных.

| Период | Процентная ставка | Расчет приведенной стоимости (в дол.) | | | |
| | | "5s of '98" | | "10s of '98" | |
		C_t	PV при r_t	C_t	PV при r_t
$t = 1$	$r_1 = 0,05$	50	47,62	100	95,24
$t = 2$	$r_2 = 0,06$	50	44,50	100	89,00
$t = 3$	$r_3 = 0,07$	50	40,81	100	81,63
$t = 4$	$r_4 = 0,08$	50	36,75	100	73,50
$t = 5$	$r_5 = 0,09$	1050	682,43	1100	714,92
	Итого	1250	852,11	1500	1054,29

[9] В реальной практике купонные выплаты производятся раз в полгода — владельцы "5s of '98" получали бы по 25 дол. каждые 6 месяцев. Наши расчеты немного отличаются от того, что мы получили бы, используя таблицы для расчета цен облигаций, подобные таблице 23-1. Кроме того, значения доходности округлены, и поэтому не являются точными.

приведенная стоимость каждой облигации в точности равна цене котировки. Таким образом, для каждой облигации установлена *справедливая цена*.

Почему облигация "5s" имеет более высокую доходность? Потому что на каждый доллар, инвестированный в облигацию "5s", вы получаете относительно небольшой приток денег в первые 4 года и относительно большой приток в заключительном году. Следовательно, хотя две облигации имеют одну дату погашения, основная часть потока денежных средств по облигации "5s" приходится на 1998 г. В этом смысле облигация "5s" представляет собой более долгосрочные инвестиции, чем "10s". Более высокая доходность к погашению просто отражает тот факт, что долгосрочные процентные ставки выше краткосрочных.

Проблемы, связанные с доходностью к погашению

Учитывая все вышесказанное, мы можем обобщить проблемы, связанные с доходностью к погашению.

Первая. Когда вычисляется доходность к погашению облигации, используется *одна и та же* ставка для дисконтирования *всех* платежей, поступающих держателю облигации. На самом деле держатель облигации может потребовать разные нормы доходности (r_1, r_2 и т. д.) для разных периодов. Если по двум облигациям предлагаются разные схемы потоков денежных средств, они скорее всего будут иметь различные доходности к погашению. Поэтому определить соответствующую доходность одной облигации, исходя из доходности к погашению другой облигации, можно только приблизительно.

Вторая. Цены облигаций не определяются доходностью к погашению. Наоборот: ставки "спот" r_1, r_2 и т. д. определяются одновременно спросом компаний на капитал и предложением сбережений физическими лицами. Эти ставки затем определяют стоимость любого пакета будущих потоков денежных средств. И наконец, *зная* эту стоимость, мы можем вычислить доходность к погашению. Однако мы не в состоянии определить соответствующую доходность к погашению *без* предварительного расчета стоимости. Мы, например, не можем предположить, что у двух облигаций с одним сроком погашения должна быть одна и та же доходность, если только они случайно не имеют одинаковую купонную ставку.

Доходность к погашению представляет собой сложную среднюю ставок "спот". Предположим, что r_2 больше r_1. Тогда доходность двухгодичной купонной облигации должна находиться между r_1 и r_2. В этом случае доходность двухгодичной облигации дает заниженную ставку "спот" для 2 лет. И конечно, если бы r_2 оказалась меньше r_1, то доходность двухгодичной облигации, наоборот, завышала бы ставку "спот" для 2 лет. Иногда эти расхождения весьма значительны. Например, в Великобритании в 1977 г. ставка "спот" для 20 лет (r_{20}) составляла приблизительно 20%. А доходность облигации с высокой купонной ставкой и со сроком погашения через 20 лет составляла примерно 13%. Причина этого состояла в том, что краткосрочные процентные ставки "спот" были гораздо ниже 20%. Доходность облигации со сроком 20 лет равнялась средней из краткосрочных и долгосрочных ставок[10].

В главе 5 мы заявили, что одна из проблем, связанных с внутренними нормами доходности, заключается в том, что их нельзя суммировать. Другими словами, даже если вы знаете доходность А и Б, вы не можете определить в целом доходность (А+Б). Вот пример. Предположим, ваш портфель случайным образом поделен между двумя облигациями, цены обеих равны 100. Облигация А является одногодичной облигацией с купонной ставкой 10% и, следовательно, доходностью 10%. Облигация Б — это двухгодичная облигация с купонной ставкой 8%, и, таким образом, ее доходность составляет 8%. Со-

---

[10] Чтобы лучше проанализировать связь между доходностью к погашению и процентными ставками "спот", см.: *S.M. Schaefer*. The Problem with Redemption Yields // Financial Analysts Journal. 33: 59–67. July–August. 1977.

чтя, что доходность вашего портфеля равна 9%, вы совершили бы ошибку. На самом деле доходность составляет 8,68%. Иначе говоря,

$$200 = \frac{110+8}{1,0868} + \frac{108}{1,0868^2}.$$

Таким образом, опасно полагаться на доходность к погашению — подобно большинству средних показателей, она скрывает значительную часть интересной информации.

*Оценка временнóй структуры

Если вы просто хотите быстро и приблизительно оценить общую доходность облигации, взгляните на ее доходность к погашению. Но если вы стремитесь понять, почему разные облигации продаются по различным ценам, вам нужно копать глубже и выявить процентные ставки "спот". Но как раз этим современные специалисты по облигациям отнюдь себя не утруждают. Так что вот он, ваш шанс вырваться вперед.

Вернитесь к таблице 23-2, где показано, как инвесторы оценивают стоимость облигаций со ставкой 5% и сроком погашения в 1998 г. За пять лет до погашения каждая облигация подобна пакету из пяти мини-облигаций. В пакет входят одна мини-облигация, по которой выплачивается 50 дол. в году $t=1$, другая мини-облигация, по которой выплачивается еще 50 дол. в году $t=2$, и т. д. до пятой мини-облигации, по которой выплачивается 1050 дол. в году $t=5$.

Чтобы найти процентные ставки "спот", сначала мы определяем цены всех мини-облигаций. Например, в 1993 г. вы могли бы приобрести такие пакеты:

1. Инвестировать 1704,22 дол. на покупку *двух* "5s of '98".
2. Инвестировать 1054,29 дол. на покупку *одной* "10s of '98".

Каждый пакет за четыре года дает поток денежных средств в размере 100 дол. Но при погашении облигаций в году 5 первый пакет приносит $2 \times 1050 = 2100$ дол., а второй $1 \times 1100 = 1100$ дол. Таким образом, единственное преимущество в потоках денежных средств первого пакета возникает в году 5. Покупка первого пакета обходится на 649,93 дол. дороже (1704,22 − 1054,29 = 649,93 дол.), но вы выигрываете 1000 дол. в году 5 (2100 − 1100 = 1000 дол.).

Инвесторы, должно быть, не отдают предпочтение ни одному из двух пакетов — иначе они игнорировали бы одну облигацию и покупали бы другую, и цены на облигации изменились бы. Таким образом, дополнительные 1000 дол., получаемые в году 5, должны стоить сегодня 649,93 дол.:

PV(1000 дол. в году 5) = 649,93 дол.

Но значение приведенной стоимости зависит от ставки "спот" для 5 лет, r_5:

$$PV = \frac{1000}{(1+r_5)^5} = 649,93.$$

Отсюда мы находим, что r_5 равна 0,09, или 9%.

В этом примере мы взяли две облигации с одним сроком погашения —5 лет, но с разными купонными ставками. Это позволило нам найти цену мини-облигации, по которой производятся выплаты только в году 5, и таким образом нашли ставку "спот" для 5 лет. Чтобы установить точные цены на мини-облигации и ставки "спот" для всех других периодов, нам потребовался бы полный ряд соответствующих облигаций. В практических ситуациях нам никогда так не повезет, но если мы располагаем широким диапазоном купонных

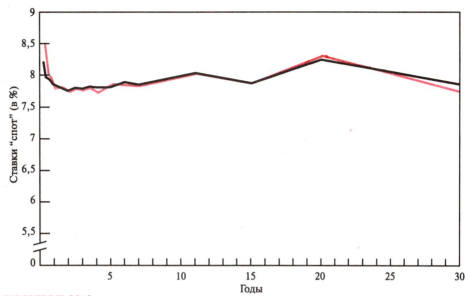

РИСУНОК 23-2
Оценочные значения ставок "спот" по ценным бумагам Казначейства США на июль 1989 г. Красной линией показаны оценки, сделанные BARRA. Черной линией показаны ставки по облигациям "стрип" Казначейства США.

ставок и сроков погашения, мы можем получить вполне удовлетворительные значения ставок "спот"[11]. Например, на рисунке 23-2 красной линией показаны некоторые оценки процентных ставок "спот", проведенные агентством BARRA в июле 1989 г.

В 1982 г. некоторые инвестиционные банки предложили новую идею. Они рассудили, что многие инвесторы были бы рады возможности приобретать отдельные мини-облигации, а не целые пакеты. Так, банки стали скупать казначейские облигации и затем выпускать свои собственные отдельные мини-облигации, по которым производился только один платеж[12]. Если у вас появилась хитроумная идея, будьте уверены, другие незамедлительно "примажутся" к вам. Поэтому вскоре Казначейство стало выпускать свои собственные мини-облигации, получившие название "голые" облигации (облигации "стрип")[13].

Появление таких инструментов дает вам еще один способ оценить процентные ставки "спот". Просто взгляните на процентную ставку по каждой из этих мини-облигаций. Например, черной линией на рисунке 23-2 показаны ставки процента по казначейским облигациям "стрип". Заметим, что эти

---

[11] Вы, вероятно, должны также учесть тот факт, что облигации с низкими купонными ставками, поскольку они продаются со скидкой, имеют налоговые льготы по сравнению с облигациями с высокими купонными ставками. Часть ожидаемой доходности облигации с низким купоном принимает форму приращения капитала, поскольку дисконт со временем уменьшается. Кроме того, для разных облигаций характерны различные условия досрочного выкупа (см. раздел 24—4).

[12] Многие из этих мини-облигаций получили весьма экзотические названия. Выпуски компании Merrill Lynch именуются "тигры" (TIGRs – Treasury Investment Growth Receipts). Выпуски компании Salomon Brothers были названы "кошки" (CATS – Certificates of Accrual on Tresury Securities).

[13] Казначейство по-прежнему продолжало выпускать в продажу обыкновенные купонные облигации, но инвесторы получили возможность обменивать их в Федеральном резервном банке на облигации "стрип".

ставки почти не отличаются от оценок процентных ставок по пакетам казначейских купонных облигаций, полученных BARRA.

*Определение цен на облигации с различными сроками погашения

Вы помните, как мы оценивали стоимость опционов? Прибыль или убыток в сделках с опционами зависит исключительно от того, что происходит с лежащими в основе опционов акциями. Поэтому вы можете создать пакет из безрискового займа и акции, который принесет точно такой же доход, как и опцион. Если оба пакета обеспечивают одинаковый доход, они должны продаваться по одной цене.

Подобную идею мы можем использовать, чтобы проверить закономерность установления цен на облигации с разными сроками погашения. Например, предположим, что цена любой облигации зависит только от поведения краткосрочной ставки процента. Тогда вы могли бы точно воспроизвести результаты владения какой-либо облигацией с помощью комбинации из двух других облигаций. А вы уже знаете, что если инвестиции дают одинаковый результат, они должны иметь и одинаковую цену. Если это не так, вы избавляетесь от дорогих инвестиций и приобретаете дешевые. Позже мы еще поговорим об этих новых теориях.

23–3. ОБЪЯСНЕНИЕ ВРЕМЕННОЙ СТРУКТУРЫ

Временная структура на рисунке 23-2 имеет повышательную тенденцию. Другими словами, долгосрочные ставки процента выше краткосрочных. В большинстве случаев так оно и есть, но иногда краткосрочные ставки превышают долгосрочные. Почему происходят такие изменения временной структуры?

Проблема г-жи Долгой

Давайте рассмотрим простой пример. Г-жа Долгая желает инвестировать 1000 дол. на 2 года. Две доступные ей стратегии описаны в таблице 23-3. Стратегия Д1 состоит в том, чтобы вложить деньги в облигацию со сроком 1 год и процентной ставкой r_1. А в конце года г-жа Долгая должна будет вернуть свои деньги и купить другую облигацию со сроком 1 год. Давайте обозначим ставку процента по ее второй облигации символом $_1r_2$ — т. е. как процентную ставку "спот" в период 1 по займу, погашение которого производится в период 2[14]. Как показано в таблице 23-3, итоговая отдача данной стратегии составит $10\,000(1 + r_1)(1 + {_1r_2})$.

Конечно, г-жа Долгая не может точно знать, какой будет процентная ставка "спот" на один период, $_1r_2$, в следующем году. Предположим, что она *ожидает,* что ставка будет равна 11%, т. е. $E(_1r_2) = 0,11$. Текущая ставка "спот" на один период составляет 10%. В результате она ожидает получить:

$$1000(1 + r_1)[1 + E(_1r_2)] = 1000(1,10)(1,11) = 1221 \text{ дол.}$$

Вместо того чтобы дважды инвестировать отдельные суммы на 1 год, г-жа Долгая могла бы сегодня вложить свои деньги в облигацию, которая погашается во 2-м году (стратегия Д2 в таблице 23-3), т. е. она инвестировала бы по ставке "спот" для *2 лет,* r_2, и в конце получила бы: $1000(1 + r_2)^2$. Если $r_2 = 0,105$, то она получит $1000(1,105)^2 = 1221$ дол.

Теперь давайте взглянем на ту часть таблицы 23-3, что расположена под пунктирной линией. Тут показано, что стратегия Д2 может быть представлена как

---

[14] Не перепутайте ставку $_1r_2$ со ставкой r_2 — процентной ставкой "спот" по двухгодичной облигации, которую держат с периода 0 по период 2. Величина же $_1r_2$ представляет собой ставку "спот" на один год, установленную в период 1.

ГЛАВА 23. Оценка рисковых долговых обязательств

ТАБЛИЦА 23-3
Две инвестиционные стратегии для г-жи Долгой, желающей инвестировать 1000 дол. на 2 года (в дол.).

Стратегия	Сегодня	Год 1	Год 2 (Итоговая отдача)
Д1 Инвестировать в две одногодичные облигации	1000 → Инвестировать в первую облигацию с доходностью r_1	$1000(1 + r_1)$ → Инвестировать во вторую облигацию с доходностью $_1r_2$	$1000(1 + r_1)(1 + {_1r_2})$
Д2 Инвестировать в одну двухгодичную облигацию	1000	Инвестировать в облигацию доходностью r_2	$1000(1 + r_2)^2$
Стратегия Д2 может быть представлена как	1000 → Инвестировать на первый год по ставке r_1	$1000(1 + r_1)$ → Инвестировать на второй год по скрытой форвардной ставке f_2	$1000(1 + r_1)(1 + f_2)$

инвестирование на один год по ставке "спот" r_1 и на второй год по **форвардной ставке** f_2. Форвардная ставка представляет собой дополнительный доход, который г-жа Долгая получает, ссужая деньги на два года, а не на один. Форвардная ставка *неявно* содержится в ставке "спот" для 2 лет, r_2. Кроме того, она *гарантирована*: покупая двухгодичную облигацию, г-жа Долгая может "застолбить" процентную ставку f_2 на второй год.

Предположим, как и ранее, что ставка "спот" для 2 лет составляет 10,5%. Тогда форвардная ставка должна равняться 11%. По определению, эта форвардная ставка представляет собой скрытую процентную ставку второго года по двухгодичному займу:

$$(1 + r_2)^2 = (1 + r_1)(1 + f_2)$$

$$(1{,}105)^2 = (1{,}10)(1 + f_2)$$

$$f_2 = \frac{(1{,}105)^2}{1{,}10} - 1 = 0{,}11,$$

или 11%[15]. Ставка "спот" для 2 лет, равная 10,5%, представляет собой среднюю из 10%-ной ставки "спот" на 1 год и 11%-ной форвардной ставки.

Как следует поступить г-же Долгой? Один из возможных ответов — она должна следовать той стратегии, которая дает наибольший *ожидаемый* доход, т. е. она должна сравнить:

Ожидаемый доход по стратегии Д1	с	(Известным) доходом по стратегии Д2
$1000(1 + r_1)[1 + E(_1r_2)]$	с	$1000(1 + r_2)^2$,
	или с	$1000(1 + r_1)(1 + f_2)$

Стратегия Д1 дает более высокий ожидаемый доход, если $E(_1r_2)$ — ожидаемая будущая ставка "спот" выше форвардной ставки f_2, заключенной в ставке

---

[15] Точнее, 11,002%. Мы дали округленное значение.

ЧАСТЬ VII. Долговое финансирование

"спот" для 2 лет, r_2. В нашем числовом примере, где $r_1 = 0{,}10$, $r_2 = 0{,}105$ и $E(_1r_2) = 0{,}11$, обе стратегии дают одинаковый ожидаемый доход:

Стратегия	Доход
Д1	$1000(1{,}10)(1{,}11) = 1221$ дол. (ожидаемый)
Д2	$1000(1{,}105)^2 = 1221$ дол. (известный)

Проблема г-на Короткого

Теперь давайте рассмотрим проблему, с которой столкнулся г-н Короткий. У него также есть 1000 дол. для инвестирования, но он хочет вернуть их в году 1. Сама собой напрашивается стратегия — инвестировать в облигацию со сроком 1 год. Тогда доход г-на Короткого составит $1000(1 + r_1)$. Это стратегия К1 в таблице 23-4. Вторая стратегия (К2 в таблице) — купить двухгодичную облигацию и продать ее в конце 1-го года. Продажная цена будет равняться приведенной стоимости облигации в 1-м году. К тому времени останется один год до погашения облигации. Ее приведенная стоимость будет равна доходу по ней во втором году $1000(1 + r_2)^2$, дисконтированному по ставке $_1r_2$ — ставке "спот" на один период, доминировавшей в 1-м году:

$$\text{Приведенная стоимость двухгодичной облигации в году } 1 = \frac{1000(1+r_2)^2}{1+{_1r_2}}.$$

Из случая г-жи Долгой мы знаем, что ставка r_2 на 2 периода может быть выражена через ставку "спот" на один период r_1 и форвардную ставку f_2. Итак,

$$\text{Приведенная стоимость двухгодичной облигации в году } 1 = \frac{1000(1+r_1)(1+f_2)}{1+{_1r_2}}.$$

Конечно, г-н Короткий не может предугадать будущую ставку "спот" и поэтому не в состоянии предсказать цену двухгодичной облигации в 1-м году. Но если $r_2 = 0{,}105$ и он ожидает, что ставка "спот" будет равна $_1r_2 = 0{,}11$, тогда ожидаемая цена составит:

$$\frac{1000(1{,}105)^2}{1{,}11} = \frac{1221}{1{,}11} = 1100 \text{ дол.}$$

ТАБЛИЦА 23-4
Две инвестиционные стратегии для г-на Короткого, желающего инвестировать 1000 дол. на 1 год (в дол.).

Стратегия	Сегодня		Год 1 (Итоговая отдача)
К1 Инвестировать в одногодичную облигацию	1000	Инвестировать по ставке r_1	$1000(1 + r_1)$
К2 Инвестировать в двухгодичную облигацию, но продать ее в конце года 1	1000	Инвестировать, продать по цене, равной приведенной стоимости в 1-м году	$\dfrac{1000(1 + r_2)^2}{(1 + {_1r_2})}$

ГЛАВА 23. Оценка рисковых долговых обязательств

Что следует сделать г-ну Короткому? Предположим, что он предпочтет стратегию, дающую наиболее высокий ожидаемый доход. Тогда он должен сравнить[16]:

(Известный) доход по стратегии K1	с	Ожидаемым доходом по стратегии K2
$1000(1 + r_1)$	с	$\dfrac{1000(1+r_2)^2}{1+E(_1r_2)}$,
	или с	$\dfrac{1000(1+r_1)(1+f_2)}{1+E(_1r_2)}$

Стратегия K2 лучше, если форвардная ставка f_2 превышает ожидаемую в будущем ставку "спот" $E(_1r_2)$. Если г-н Короткий столкнется с теми же процентными ставками, что и г-жа Долгая [$r_1 = 0{,}10$, $r_2 = 0{,}105$, $E(_1r_2) = 0{,}11$, $f_2 = 0{,}11$], обе стратегии дадут одинаковый ожидаемый доход:

Стратегия	Доход
K1	$1000(1{,}10) = 1100$ дол. (известный)
K2	$\dfrac{1000(1{,}105)^2}{1{,}11} = \dfrac{1000(1{,}10)(1{,}11)}{1{,}11} = 1100$ дол. (ожидаемый)

Гипотеза ожиданий

Вы видите, что если мир состоит из таких людей, как г-жа Долгая или г-н Короткий, стремящихся максимизировать свои ожидаемые доходы, тогда облигации со сроками 1 и 2 года могут сосуществовать рядом, только если:

$$f_2 = E(_1r_2).$$

Наш числовой пример отвечал этому условию: и f_2, и $E(_1r_2)$ равнялись 11%. Но что происходит, когда форвардная ставка превосходит ожидаемую будущую ставку "спот"? Тогда и Долгая, и Короткий предпочтут инвестировать в

---

[16] Здесь мы делаем приблизительный расчет, поскольку ожидаемый доход по стратегии K2 в году $t = 1$ не точно равен $[1000(1+r_2)^2]/[1+E(_1r_2)]$. Мы должны вычислить ожидаемую цену двухгодичной облигации в году $t = 1$. Обозначим ее через P. По определению,

$$\tilde{P} = \frac{1000(1+r_2)^2}{1+{_1\tilde{r}_2}}$$

и

$$E(\tilde{P}) = E\left[\frac{1000(1+r_2)^2}{1+{_1\tilde{r}_2}}\right],$$

но

$$E\left[\frac{1000(1+r_2)^2}{1+{_1\tilde{r}_2}}\right],$$

только приблизительно равно $\dfrac{1000(1+r_2)^2}{1+E(_1\tilde{r}_2)}$.

Вообще для любой положительной случайной переменной $\tilde{x}$, $E(1/\tilde{x})$ больше $1/E(\tilde{x})$. Это называется *неравенством Йенсена*. Игнорирование этого неравенства может быть опасным, если дисперсия значений $\tilde{x}$ большая.

двухгодичную облигацию. Если бы мир полностью состоял из людей, стремящихся максимизировать свои ожидаемые доходы, и f_2 была бы выше $E(_1r_2)$, то никто бы не захотел держать облигации со сроком 1 год. С другой стороны, если бы форвардная ставка была ниже ожидаемой будущей ставки "спот", никто бы не захотел держать облигации со сроком 2 года. Поскольку на самом деле инвесторы все-таки *держат* и одногодичные, и двухгодичные облигации, отсюда следует, что форвардные процентные ставки, должно быть, равны ожидаемым в будущем ставкам "спот" (при условии, что инвесторов интересует только ожидаемый доход).

Это и есть **гипотеза ожиданий** применительно к временно́й структуре процентных ставок[17]. Согласно этой гипотезе, *единственная* причина, по которой временна́я структура имеет повышательную тенденцию, состоит в том, что инвесторы ожидают, что будущие ставки "спот" будут выше текущих ставок "спот"; *единственная* же причина снижения временно́й структуры заключается в том, что инвесторы ожидают падения ставок "спот" ниже своего текущего уровня. Кроме того, гипотеза ожиданий подразумевает, что инвестирование в краткосрочные облигации (как в стратегиях Д1 и К1) имеет точно такую же доходность, что и инвестирование в долгосрочные облигации (как в стратегиях Д2 и К2).

| **Теория предпочтения ликвидности** | Один из недостатков гипотезы ожиданий заключается в том, что в ней ничего не говорится о риске. Давайте ненадолго вернемся к нашим двум простым примерам. Г-жа Долгая желает инвестировать на два года. Купив двухгодичную облигацию, она уже сегодня может "застолбить" доход, который получит в конце срока. Покупая одногодичную облигацию, она знает, какой доход получит в первый год, но не знает, по какой ставке сможет реинвестировать свои деньги. Если ее не устраивает такая неопределенность, она, вероятно, предпочтет двухгодичную облигацию и приобретет облигацию со сроком 1 год только в том случае, когда $E(_1r_2)$ больше f_2. |

А как насчет г-на Короткого? Он желает инвестировать средства на один год. Инвестируя в одногодичную облигацию, он уже сегодня может "застолбить" свой доход. Покупая же двухгодичную облигацию, он должен будет ее продать в следующем году по неизвестной цене. Если он не готов к такой неопределенности, он предпочтет инвестиции на 1 год и будет держать облигацию со сроком 2 года только при условии, если $E(_1r_2)$ меньше f_2.

На этом основана теория **предпочтения ликвидности** применительно к временно́й структуре[18]. При прочих равных условиях г-жа Долгая предпочтет инвестировать в двухгодичные облигации, а г-н Короткий — в одногодичные облигации. Если компании захотят выпустить больше двухгодичных облигаций, чем г-жи Долгие пожелают держать, им придется предложить премию, чтобы привлечь кого-нибудь из господ Коротких. И наоборот, если компании захотят выпустить больше облигаций сроком 1 год, чем пожелают держать г-да Короткие, тогда они должны будут предложить премию, чтобы привлечь кого-то из г-жей Долгих.

Любая премия представляет собой разницу между форвардными ставками и ожидаемыми в будущем ставками "спот". Эту разницу обычно называют **премией за ликвидность**.

---

[17] Гипотезу ожиданий обычно приписывают Луцам. См.: *F.A. Lutz and V.C. Lutz*. The Theory of Investment in the Firm. Princeton University Press, Princeton, N.J., 1951.

[18] Теорию предпочтения ликвидности обычно связывают с именем Хикса. См.: *J.R. Hicks*. Value and Capital: An Inquiry into Some Fundamental Principles of Economic Theory. 2d ed. Oxford University Press, Oxford, 1946. Дальнейшую разработку теории см. в работе: *R. Roll*. The Behavior of Interest Rates: An Application of the Efficient Market Model to U.S. Tresury Bills. Basic Books, Inc., New York, 1970.

ГЛАВА 23. Оценка рисковых долговых обязательств

Сторонники теории предпочтения ликвидности полагают, что, как правило, не хватает таких кредиторов, как г-жа Долгая. В этом случае премия за ликвидность положительна и форвардная ставка будет превышать ожидаемую ставку "спот". В награду за предоставление денег на длительный срок инвесторы получают положительную премию за ликвидность в форме более высоких долгосрочных ставок процента. Таким образом, если эта точка зрения верна, временная́ структура чаще должна иметь повышательную тенденцию. Конечно, если бы ожидалось, что будущие ставки "спот" упадут, временна́я структура снижалась бы и *все же* вознаграждала бы инвесторов за долгосрочные кредиты. Но по теории предпочтения ликвидности снижение было бы менее значительным, чем согласно гипотезе ожиданий.

Учитывая инфляцию

Ранее мы решили, что г-жа Долгая могла бы "застолбить" свой будущий доход, инвестируя деньги в облигации со сроком 2 года. Что мы имели в виду? Если облигации выпускаются Казначейством США, г-жа Долгая может быть вполне уверена, что ей выплатят обещанную сумму долларов. Но у нее не может быть уверенности в будущей покупательной способности этих денег. Гипотеза ожиданий и теория предпочтения ликвидности исходят из того, что будущие темпы инфляции известны. Давайте рассмотрим обратный случай, в котором единственная неопределенность с процентными ставками проистекает от неопределенности с инфляцией[19].

Допустим, Ирвинг Фишер прав и краткосрочные ставки процента всегда полностью соответствуют мнению рынка об инфляции. Предположим также, что со временем рынок больше узнает о вероятном темпе инфляции в каком-то году. Может быть, сегодня он имеет только очень туманные представления об инфляции во втором году, но есть надежда, что в течение нынешнего года он даст гораздо лучший прогноз.

Поскольку будущие темпы инфляции никогда не известны наверняка, ни г-жа Долгая, ни г-н Короткий не могут осуществить совершенно безрисковые инвестиции. Но поскольку они надеются узнать значительно больше об инфляции во втором году из опыта первого года, то в следующем году они будут гораздо лучше судить о соответствующей ставке во втором году. Поэтому для любого из них более рискованно заранее давать обязательство о кредитовании денег на 2-й год. Даже г-жа Долгая, которая желает инвестировать на 2 года, покупая двухгодичную облигацию, подверглась бы риску неопределенности. Наименее рискованная стратегия для нее — последовательно инвестировать в одногодичные облигации. Она не знает, какова будет ставка реинвестирования, но она по крайней мере знает, что эта ставка будет включать в себя последнюю информацию об инфляции во втором году.

Несомненно, это означает, что заемщики должны каким-то образом стимулировать инвесторов, если хотят, чтобы те предоставляли им деньги на длительный срок. Следовательно, форвардная ставка процента f_2 должна превышать ожидаемую ставку "спот" $E(_1r_2)$ на сумму, которая компенсировала бы инвесторам дополнительный риск инфляции.

Пример. Допустим, что реальная процентная ставка всегда равна 2%. Следовательно, номинальные процентные ставки равны 2% плюс ожидаемый темп инфляции. Предположим, что ожидаемый темп инфляции составляет 8% и в 1-м, и во 2-м году. Однако в году 1 темп инфляции может повыситься до 10%

---

[19] В основе нижеследующих рассуждений лежит работа: *R.A. Brealey and S.M. Schaefer.* Term Structure and Uncertain Inflation // Journal of Finance. 32: 277–290. May, 1977.

или снизиться до 6%. Для упрощения допустим, что фактический темп инфляции первого года сохранится и во втором году:

	Фактическая инфляция в году 1	Фактическая инфляция в году 2
Ожидаемый темп инфляции = 0,08	0,10	0,10
	0,08	0,08
	0,06	0,06

Каждый исход имеет вероятность $1/3$.

Теперь давайте пересмотрим проблему г-жи Долгой. Предположим, что она может ссудить деньги либо на 1 год, либо на 2 года под 10% (реальная ставка 2% плюс ожидаемый темп инфляции 8%). Если она инвестирует в облигацию со сроком 1 год, то в конце первого года она получит $1000 (1,1) = 1100$ дол. Эта сумма реинвестируется, но по какой ставке? Ответ — будущая ставка "спот", $_1r_2$, будет равна 2% плюс фактический темп инфляции в 1-м году, прогнозируемый на 2-й год:

Фактический темп инфляции	Процентная ставка "спот" в году 1
0,10	0,12
0,08	0,10
0,06	0,08

Таким образом, конечная отдача от предоставления займа на короткий срок составит:

	Год 1	Ставка реинвестирования	Конечная отдача в году 2 (в дол.)
Инвестировать на 1 год под $r_1 = 0,10$	1100	$_1r_2 = 0,12$	1232
	1100	$_1r_2 = 0,10$	1210
	1100	$_1r_2 = 0,08$	1188

Заметим, что стратегия дает хорошую отдачу, когда инфляция оказывается высокой.

Далее г-жа Долгая могла бы "застолбить" доход в размере 1210 дол. на второй год, купив облигацию со сроком 2 года и ставкой 10% [$1000 (1 + r_2)^2 = 1000 (1,1)^2 = 1210$ дол.]. Но это не гарантировало бы ее *реальный* доход. В действительности предоставление займа на короткий срок является более *надежной стратегией*, когда конечная отдача переводится в текущие доллары:

Стратегия	Конечная отдача (в дол.)	Темп инфляции	Отдача с учетом инфляции[a] (в дол.)
Покупка двухгодичной облигации	1210	0,10	1000
	1210	0,08	1037
	1210	0,06	1077
Покупка одногодичной облигации	1232	0,10	1018
	1210	0,08	1037
	1188	0,06	1057

[a] Доход с учетом инфляции рассчитывается делением на $(1 + i)^2$. В данном случае i представляет собой фактический темп инфляции.

ГЛАВА 23. Оценка рисковых долговых обязательств

Сравнение теорий временно́й структуры

Мы представили три точки зрения на причины различия долгосрочных и краткосрочных процентных ставок. Первая точка зрения, теория ожиданий, в некотором роде крайняя и не вполне подтверждается фактами. Например, если мы обернемся назад и рассмотрим период 1926–1988 гг., то обнаружим, что среднегодовая доходность долгосрочных казначейских облигаций составляла 4,7%, а краткосрочных казначейских векселей — 3,6%[20]. Возможно, конечно, что рост краткосрочных процентных ставок отставал от ожиданий инвесторов, но вероятнее всего, инвесторы просто хотели получать более высокий доход за держание долгосрочных облигаций, и в среднем они его получали. Если так, то теория ожиданий ошибочна.

Согласно теории ожиданий, если форвардная ставка на 1% выше процентной ставки "спот", то вам следует ожидать, что и ставка "спот" вырастет на 1%. В своем исследовании рынка казначейских векселей в период с 1959 по 1982 г. Юджин Фама обнаружил, что форвардная премия в среднем действительно ведет к росту ставки "спот", но этот рост меньше, чем следовало бы из теории ожиданий[21].

У теории ожиданий мало приверженцев, но исследование Фамы подтверждает, что долгосрочные процентные ставки частично отражают ожидания инвесторов относительно будущих краткосрочных ставок.

Согласно двум другим теориям, долгосрочные облигации должны обеспечивать некоторый дополнительный доход в качестве компенсации за связанный с ними дополнительный риск. Теория предпочтения ликвидности предполагает, что риск возникает исключительно из-за неопределенности базовых реальных ставок. Возможно, это достаточно точное допущение для периода стабильности цен, как это было в 1960-х гг. Теория премии за инфляцию предполагает, что риск возникает исключительно из-за неопределенности темпов инфляции, что вполне соответствует ситуации в периоды колеблющейся инфляции, как в 1970-е гг.

Если краткосрочные процентные ставки значительно ниже долгосрочных, краткосрочные займы кажутся привлекательнее долгосрочных. Но знакомство с теориями временно́й структуры процентных ставок должно уберечь от таких наивных суждений. Одной из причин высоких долгосрочных ставок может быть ожидание роста краткосрочных ставок в будущем. Кроме того, инвесторы, покупающие долгосрочные облигации, возможно, приемлют риски ликвидности и инфляции, за которые справедливо хотят получить компенсацию. Когда временна́я структура имеет повышательную тенденцию, вам следует делать краткосрочные займы только в том случае, если вы чувствуете, что инвесторы *переоценивают* будущий рост процентных ставок или *переоценивают* риски предоставления долгосрочных кредитов.

Если риск инвестиций в облигации возникает главным образом из-за неопределенности реальной ставки, то надежная стратегия для инвесторов — держать облигации, которые соответствуют их собственным обязательствам. Например, пенсионный фонд фирмы в целом имеет долгосрочные обязательства. Поэтому, согласно теории предпочтения ликвидности, пенсионный фонд должен предпочитать инвестиции в долгосрочные облигации. Если риск возникает вследствие неопределенности темпа инфляции, тогда надежной стратегией будет держать краткосрочные облигации. Например, большинство пенсионных фондов имеют реальные обязательства, которые зависят от уровня повышения заработной платы. Согласно теории премии за инфляцию, если пенсионный фонд желает минимизировать риск, он должен отдавать предпочтение инвестициям в краткосрочные облигации.

---

[20] Номинальные нормы доходности см. в: Ibbotson Association. Op.cit.
[21] См.: *E.F. Fama*. The Information in the Term Structure // Journal of Financial Economics. 13: 509–528. December. 1984.

*Некоторые новые теории временной структуры

Рассмотренные теории временнóй структуры процентных ставок являются статическими — они сообщают нам, как можно определить цены облигаций на такую-то дату. Совсем недавно экономисты в области финансов предложили несколько важных теорий, объясняющих, как связаны между собой *изменения* цен на различные облигации.

Основная идея, лежащая в основе этих новых теорий, состоит в том, что значения доходности облигаций с различными сроками погашения имеют тенденцию изменяться одинаково. Например, если краткосрочные процентные ставки высоки, то, вероятно, и долгосрочные ставки тоже окажутся высокими. Если краткосрочные ставки падают, долгосрочные ставки обычно составляют им компанию.

Такая связь между колебанием процентных ставок может кое-что сказать нам о закономерной связи между ценами облигаций. Давайте это поясним[22].

Стрелками на рисунке 23-3 показано, что могло бы произойти с краткосрочной процентной ставкой. В настоящее время ставка равна 8%, а в следующий период мы допускаем, что она могла бы или снизиться наполовину до 4%, или вырасти в 1,5 раза до 12%. Затем в период 2 она могла бы снова либо снизиться наполовину, либо вырасти в 1,5 раза; таким образом, возможные процентные ставки в этот период составляют 2, 6 или 18%.

Теперь посмотрим на цены трех облигаций с нулевыми купонами, представленные на рисунке 23-4. Стрелки на диаграмме показывают, как изменяются цена облигации и ее доходность к погашению в зависимости от того, что происходит с краткосрочной процентной ставкой.

1. Краткосрочная облигация — это облигация со сроком один период, по которой выплачивается 100 дол. в период 1. Предлагаемая по такой облигации процентная ставка за один период равна 8%, и, следовательно, ее цена составляет 100/1,08=92,59 дол.

2. Среднесрочная облигация — это облигация со сроком два периода. Мы знаем, что в следующем периоде процентная ставка будет равна либо 4, либо 12%. Так что в периоде 1 цена среднесрочной облигации будет равна либо 100/1,04 = 96,15, либо 100/1,12 = 89,29 дол. Мы *допускаем* (вскоре вы увидите почему), что сегодня доходность к погашению среднесрочной облигации составляет 8,73% и поэтому ее цена равна $100/1,0873^2 = 84,58$ дол.

3. Долгосрочной является облигация со сроком три периода. Мы знаем, что в периоде 2 ее доходность должна составлять 2, 6 или 18%, и мы допускаем, что: 1) в период 1 доходность составит либо 4,38, либо 13,5% и 2) сегодня ее цена обеспечивает доходность 9,48%.

РИСУНОК 23-3
Текущая процентная ставка для одного периода составляет 8%. Мы предполагаем, что в каждом из будущих периодов она либо вдвое уменьшится, либо повысится в 1,5 раза.

---

[22] Мы благодарим Джона Кокса, у которого мы позаимствовали следующий пример.

ГЛАВА 23. Оценка рисковых долговых обязательств

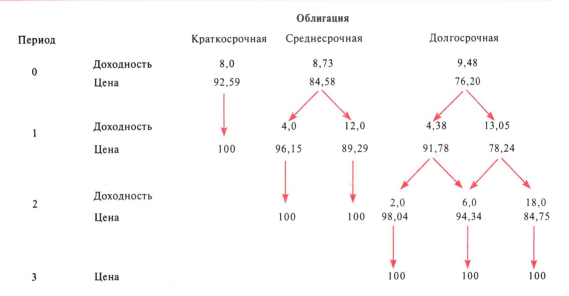

РИСУНОК 23-4
Ниже мы покажем, как доходность к погашению и цены трех облигаций могут изменяться в зависимости от поведения краткосрочной процентной ставки (показанного на рисунке 23-3). Эти цены являются закономерными, т. е. они исключают возможность арбитражных операций.

Теперь рассмотрим две следующие стратегии:

	Поток денежных средств сегодня	Поток денежных средств в период 1	
		Процентная ставка = 4%	Процентная ставка = 12%
Стратегия 1:			
Купить одну среднесрочную облигацию	−84,58	+96,15	+89,29
Стратегия 2:			
Купить 0,4965 краткосрочных облигаций	−45,97	+49,65	+49,65
Купить 0,507 долгосрочных облигаций	−38,61	+46,50	+39,64
Итого	−84,58	+96,15	+89,29

Отметим, что вне зависимости от того, растут или падают процентные ставки, среднесрочная облигация приносит точно такой же доход, что и комбинация краткосрочной и долгосрочной облигаций. Поскольку два вида инвестиций дают один и тот же доход, они должны стоить сегодня одинаково — а именно 84,58 дол. Если бы это было не так, существовала бы возможность для арбитражных операций. Например, если бы доходность к погашению среднесрочной облигации была больше 8,73%, а все другие значения доходности не изменились, вы могли бы сделать деньги, одновременно купив среднесрочную облигацию и продав пакет из краткосрочной и долгосрочной облигаций[23].

---

[23] Если вы читали главу 20, вы поймете, что способ нахождения закономерных цен на облигации почти идентичен биномиальному методу, который мы использовали для оценки стоимости опционов.

На рисунке 23-3 мы показали, что в каждый период процентные ставки могли либо снижаться наполовину, либо увеличиваться в 1,5 раза. Предположим, что эти два исхода имеют одинаковую вероятность. В этом случае ожидаемый результат от держания долгосрочной облигации в течение одного периода составляет (0,5 × 91,78) + (0,5 + 78,24) = 85,01, а ожидаемая доходность за этот период равна (85,01 − 76,20)/76,20 = 0,1156, или 11,56%. Так что долгосрочная облигация является относительно рисковой[24], но по ней предлагается и более высокая ожидаемая доходность. Таким образом, наш ряд закономерных цен предполагает, что инвесторы требуют особую премию за принимаемый риск, связанный с процентными ставками. Но это не единственный ряд закономерных цен на облигации. Например, есть другой ряд цен с возможно более высокой или более низкой премией за риск.

Наш простой пример должен помочь вам в целом понять эти новые теории временнóй структуры процентных ставок. Но вы, возможно, захотите внести некоторые изменения, чтобы сделать этот пример более реалистичным. Во-первых, краткосрочным процентным ставкам присуща бóльшая внутренняя стабильность, чем в наших допущениях. Если они в этом году растут, вполне вероятно, что в следующем году они снизятся обратно до "нормального" уровня. Если в следующем году они упадут, то позже, вероятнее всего, опять поднимутся. Во-вторых, краткосрочные процентные ставки подвержены бóльшим колебаниям, чем долгосрочные. В-третьих, краткосрочные и долгосрочные ставки изменяются не одновременно, как подразумевается в нашем примере. Иногда, например, краткосрочные ставки растут, а разрыв между краткосрочными и долгосрочными ставками уменьшается. В этом случае, возможно, более реалистично предположить, что доходность каждой облигации зависит и от изменения краткосрочных ставок, и от изменения разницы между долгосрочными и краткосрочными ставками. Сделать модель более реалистичной значит и усложнить ее. Но если мы знаем, как могут изменяться процентные ставки и как связаны между собой значения доходности различных облигаций, мы все же можем кое-что сказать о некоторых закономерностях в изменении цен на облигации.

23–4. УЧЕТ РИСКА НЕВЫПОЛНЕНИЯ ОБЯЗАТЕЛЬСТВ

К настоящему времени вы уже должны знать некоторые основные идеи о причинах изменения процентных ставок и отличия краткосрочных ставок от долгосрочных. Осталось только рассмотреть наш третий вопрос: "Почему одним заемщикам приходится платить проценты по более высокой ставке, чем другим?"

Ответ очевиден: "Цены на облигации падают, а процентные ставки растут, когда возрастает вероятность невыполнения обязательств, или неплатежеспособности". Но когда мы говорим "процентные ставки растут", то имеем в виду *обещанные* процентные ставки. Если заемщик неплатежеспособен, *фактическая* процентная ставка, выплачиваемая кредитору, меньше обещанной. *Ожидаемая* процентная ставка может расти с ростом вероятности невыполнения обязательств, но это не есть логическая необходимость.

Это можно пояснить на простом числовом примере. Предположим, что процентная ставка по одногодичной *безрисковой* облигации составляет 9%. Компания "Лесная химия" выпустила векселя со ставкой 9%, номинальной стоимостью 1000 дол. сроком на 1 год. За сколько будут продаваться векселя "Лесной химии"?

---

[24] Доходность долгосрочной облигации в период 1 могла бы равняться *либо* (78,24 − 76,20)/76,20 = 2,7%, *либо* (91,78 − 76,20)/76,20 = 20,5%.

ГЛАВА 23. Оценка рисковых долговых обязательств

Ответ прост — если векселя безрисковые, просто дисконтируем основную сумму займа (1000 дол.) и проценты (90 дол.) по ставке 9%.

$$Приведенная\ стоимость\ векселей = \frac{1000 + 90}{1{,}09} = 1000\ дол.$$

Теперь вместо этого предположим, что существует 20%-ная вероятность неплатежеспособности "Лесной химии". Если это происходит, держатели векселей ничего не получают. В подобном случае возможные поступления держателям векселей таковы:

	Платежи (в дол.)	Вероятность
Полная выплата	1090	0,8
Никаких выплат	0	0,2

Ожидаемые выплаты составляют 0,8(1090 дол.) + 0,2(0) = 872 дол.

Мы можем оценить векселя "Лесной химии" так же, как и любые другие рисковые активы, дисконтируя ожидаемые по ним выплаты (872 дол.) по ставке, равной соответствующим альтернативным издержкам. Мы можем дисконтировать по безрисковой процентной ставке (9%), если возможная неплатежеспособность "Лесной химии" вообще не связана с другими событиями в экономике. В этом случае риск невыполнения обязательств полностью диверсифицируем и бета векселей равна нулю. Векселя продавались бы за:

$$Приведенная\ стоимость\ векселей = \frac{872}{1{,}09} = 800\ дол.$$

Инвесторы, купившие векселя за 800 дол., получили бы *обещанную* доходность около 36%:

$$Обещанная\ доходность = \frac{1090}{800} - 1 = 0{,}363.$$

Таким образом, инвесторы, купившие векселя за 800 дол., заработали бы 36,3%-ную норму доходности, *если бы* "Лесная химия" выполнила свои обязательства. Продавцы долговых обязательств могут сказать, что векселя "Лесной химии" "зарабатывают 36%". Но опытный инвестор понял бы, что *ожидаемая* доходность векселей составляет только 9%, т. е. равна доходности безрисковых облигаций.

Это, конечно, подразумевает, что риск невыполнения обязательств по этим векселям полностью диверсифицируем, т. е. что с ними не связан никакой рыночный риск. В целом рисковым обязательствам на самом деле присущ рыночный риск (т. е. они имеют положительную бету), поскольку невыполнение обязательств более вероятно в периоды снижения деловой активности, когда все бизнесмены становятся беднее. Предположим, что инвесторы требуют премию за риск в размере 2% и ожидаемую норму доходности в размере 11%. Тогда векселя "Лесной химии" будут продаваться за 872/1,11 = 785,59 дол. и их обещанная доходность составит (1090/785,59) − 1 = 0,388, или около 39%.

В свободном обращении вы редко встречаете облигации с 39%-ной доходностью, хотя вскоре мы приведем пример облигаций одной компании, по которым была обещана доходность в размере 50%.

Рейтинг облигаций

Об относительном качестве большинства облигаций, находящихся в свободном обращении, можно судить по их рейтингу, установлением которого занимаются специальные агентства Moody и Standartd and Poor. Например, Moody классифицирует несколько тысяч облигационных выпусков по категориям, приведенным в таблице 23-5.

Облигации с рейтингом **Baa** и выше называются облигациями *инвестиционного качества*. Коммерческим банкам, многим пенсионным фондам и другим финансовым институтам не разрешается инвестировать средства в облигации, не обладающие инвестиционным качеством[25].

По рейтингу облигаций судят о финансовых и деловых перспективах фирм. Рейтинг облигаций не будет установлен, если для этого недостаточно информации. Постоянной формулы для расчета рейтингов не существует. Тем не менее инвестиционные банки, менеджеры по облигационным портфелям и те, кто следит за состоянием рынка облигаций, могут получить вполне хорошее представление о возможном рейтинге облигаций по ряду ключевых показателей, таких, как коэффициент "долг – собственный капитал фирмы", отношение чистой прибыли к сумме процентных выплат и рентабельность активов[26].

Поскольку рейтинги облигаций отражают вероятность невыполнения обязательств, неудивительно, что существует тесная связь между рейтингом облигации и обещанной по ней доходностью. Например, в послевоенный период обещанная доходность облигаций промышленных предприятий класса **Ааа** в среднем была на 0,9% ниже, чем облигаций класса **Ваа**. (В 1932 г. разница составляла 4,3%.)

Если не происходит существенных изменений в финансировании и перспективах компании, за ее облигациями сохраняется рейтинг, однажды установленный агентствами Moody и Standard and Poor. Однако рейтинговые агентства изменяют свое мнение, как только эти условия меняются.

В июле 1965 г. Moody снизило рейтинг дополнительного выпуска облигаций муниципалитета Нью-Йорка на сумму 175 млн дол. с класса **А**, к которому до сих пор относило муниципальные облигации, до класса **Ваа**. В результате городские власти выразили недовольство, обвиняя рейтинговые агентства в том, что "города недополучили тысячи миллионов долларов вследствие необоснованного повышения процентной ставки". Чтобы исправить положение, предлагалось создать федеральное агентство, которое могло бы "более объективно" классифицировать муниципальные облигации. Десять лет спустя, когда Нью-Йорк оказался близок к банкротству, Moody опять подверглось критике — теперь уже за слишком оптимистичные рейтинги. Один из сенаторов сетовал: "Moody продолжало сигнализировать "Все хорошо", даже когда город уже "охватила финансовая лихорадка и он был позаброшен своими банкирами и "денежными магнатами". Да, судьбу рейтингового агентства не назовешь счастливой.

"Мусорные" облигации

Облигации с рейтингом ниже **Ваа** часто называют **"мусорными" облигациями**. До недавнего времени большинство "мусорных" облигаций относилось к "падшим ангелам", т. е. это были облигации компаний, для которых наступили тяжелые времена. Но в 1980-х гг. объемы новых выпусков "мусорных" облигаций увеличились в десятки раз, так как все больше и больше компаний принялись в массовых масштабах выпускать облигации низкого класса для финансирования поглощений или для защиты от них.

---

[25] Как правило, облигации инвестиционного качества фигурируют в бухгалтерском учете банков и страховых компаний по своей номинальной стоимости.
[26] Например, см.: *R.S. Kaplan and G. Urwiz*. Statistical Models of Bond Ratings: A Methodological Inquiry // Journal of Business. 52: 231–261. April. 1979.

ГЛАВА 23. Оценка рисковых долговых обязательств

ТАБЛИЦА 23-5
Характеристики рейтинга облигаций агентства Moody.

Aaa
Облигации с рейтингом **Aaa** считаются облигациями высшего класса. С ними связан наименьший инвестиционный риск, и в целом они относятся к так называемым "золотым" ценным бумагам. Процентные выплаты по ним защищены большой или исключительно стабильной маржой, а погашение основной суммы долга гарантировано. Хотя различные условия защиты со временем изменяются, подобные изменения, очевидно, практически не в состоянии нарушить прочную позицию таких выпусков.

Aa
Облигации с рейтингом **Aa** считаются облигациями высокого класса по всем критериям. Вместе с облигациями класса **Aaa** они составляют группу облигаций, за которыми закреплен высокий рейтинг. Их уровень ниже уровня облигаций высшего класса, поскольку маржи защиты у них не столь велики, как у ценных бумаг класса **Aaa**. Изменения условий защиты порой имеют большую амплитуду или могут возникать другие условия, которые делают долгосрочные риски несколько более высокими, чем у ценных бумаг класса **Aaa**.

A
Облигации с рейтингом **A** в качестве инвестиций имеют много привлекательных свойств и относятся к облигациям класса выше среднего. Условия защиты процентных выплат и основной суммы долга считаются адекватными, но могут включать в себя элементы, чувствительные к ухудшению положения когда-нибудь в будущем.

Baa
Облигации с рейтингом **Baa** считаются облигациями среднего класса, т.е. условия их защиты не очень сильные, но и не плохие. Гарантия процентных выплат и погашения основной суммы долга в настоящее время представляется адекватной, но определенные условия защиты могут отсутствовать или могут стать ненадежными по прошествии достаточно длительного времени. У таких облигаций недостаточно выдающихся инвестиционных качеств, и в общем-то они обладают спекулятивными характеристиками.

Ba
Облигации с рейтингом **Ba** считаются облигациями, которые могут быть использованы в спекулятивных целях; их будущее нельзя признать хорошо гарантированным. Часто защита процентных выплат и основной суммы займа носит очень умеренный характер и поэтому не может служить надежной гарантией и в хорошие, и в плохие времена в будущем. Облигациям этого класса свойственна некоторая неопределенность положения.

B
У облигаций с рейтингом **B** вообще отсутствуют свойства желательных инвестиций. Гарантия процентных выплат и основной суммы долга или выполнение других условий соглашения в течение длительного периода времени может оказаться весьма слабой.

Caa
Облигации с рейтингом **Caa** имеют плохую репутацию. Выпуски таких облигаций сопряжены с высоким риском невыполнения обязательств и могут содержать условия, ставящие под угрозу выплату процентов и основной суммы займа.

Ca
Облигации с рейтингом **Ca** являются в высшей степени спекулятивными. Такие облигации часто не погашаются или имеют другие значительные недостатки.

C
Облигации с рейтингом **C** относятся к самому низкому классу облигаций. Эмиссии с этим рейтингом можно рассматривать как инструменты, имеющие очень мало шансов достичь когда-либо положения реальных инвестиций.

Источник: Moody's Investor Service.

Идея развития такого рынка корпоративных облигаций низкого класса принадлежала главным образом инвестиционной банковской фирме Drexel Burnham Lambert. В результате карликовые корпорации впервые получили возможность контролировать корпорации-гиганты и финансировать эту деятельность посредством выпуска облигаций. Однако коэффициент долговой нагрузки у эмитентов "мусорных" облигаций часто составлял 90–95%. Многие были обеспокоены тем, что такой высокий уровень финансовой зависимости приведет к чрезмерному риску, и настаивали на законодательном запрещении "мусорных" облигаций.

С 1986 по 1988 г. корпорация Campeau создала империю розничной торговли, приобретая сети универсальных магазинов, таких, как Federated Department Stores и Allied Stores. К сожалению, она также накопила долг на 10,9 млн дол., который был обеспечен всего лишь 9 млн дол. балансовой стоимости акционерного капитала компании. Так что, когда в 1989 г. Campeau объявила о трудностях с выплатой процентов по своим обязательствам, рынок "мусорных" облигаций "пошел на дно", и общая озабоченность риском "мусорных" облигаций усилилась. Campeau дошла до того, что обещанная доходность ее облигаций составила примерно 50%. Держатели большого количества "мусорных" облигаций понесли крупные убытки. Среди них была и инициатор выпуска "мусорных" облигаций – компания Drexel Burnham Lambert, которая стала банкротом.

Большинство "мусорных" облигаций не оказались неплатежеспособными, но это не имеет существенного значения, так как в основной своей массе они находились в обращении весьма непродолжительное время. Аскит, Маллинз и Вулф[27] в своем исследовании обнаружили, что почти по одной трети из общего объема "мусорных" облигаций, выпущенных в период с 1977 по 1982 г., обязательства не были выполнены до конца 1988 г. Еще одна треть облигаций была выкуплена досрочно, что лишило их держателей перспектив продолжительного потока высоких купонных выплат. В 1989 г. компании не выполнили обязательства по своим облигациям на сумму 8,1 млрд дол., а в первой половине 1990 г. эта цифра составила 4,8 млрд дол. Неудивительно, что рынок новых облигаций низшего класса значительно сократился.

*Оценка опционов и рисковые долговые обязательства

В разделе 20–2 мы показали, что приобретение корпоративной облигации равнозначно предоставлению денег в кредит без риска невыполнения обязательств, *но* одновременно предоставлению акционерам опциона "пут" на активы фирмы. Когда фирма оказывается неплатежеспособной, ее акционеры фактически исполняют свой "пут". Стоимость опциона "пут" равна стоимости ограниченной ответственности – права акционеров освободиться от долгов фирмы в обмен на передачу активов фирмы ее кредиторам. В общем виде:

$$\text{Стоимость облигации} = \text{стоимость облигации без риска невыполнения обязательств} - \text{стоимость опциона "пут"}.$$

Итак, оценку стоимости облигации следует проводить в два этапа. Первый этап легкий: расчет стоимости облигации при допущении, что невыполне-

---

[27] См.: *P. Asquith, D.W. Mullins and E.D. Wolff.* Original Issue High Yield Bonds: Aging Analyses of Defaults, Exchanges, and Calls // Journal of Finance. 44: 923–952. September. 1989. Эдуард Алтман, по существу, пришел к таким же выводам в работе: *E. Altman.* Measuring Corporate Bond Mortality and Performance // Journal of Finance. 44: 909–922. September. 1989.

ГЛАВА 23. Оценка рисковых долговых обязательств

ние обязательств невозможно. (Дисконтировать обещанные процентные выплаты и основную сумму долга по ставке, равной доходности сравнимых выпусков ценных бумаг правительства США.) На втором этапе вычисляется стоимость опциона "пут" на активы фирмы, где срок исполнения опциона равен сроку погашения облигации, а цена исполнения опциона равна сумме выплат, обещанных держателям облигаций.

Владение корпоративной облигацией *также* эквивалентно владению активами фирмы, *но* одновременно предоставлению акционерам фирмы опциона "колл" на эти активы.

$$\textit{Стоимость облигации} = \textit{стоимость актива} - \frac{\textit{стоимость опциона}}{\textit{"колл" на активы.}}$$

Таким образом, зная стоимость активов фирмы, вы также можете вычислить стоимость облигации, оценив стоимость опциона "колл" на эти активы и вычтя стоимость опциона из стоимости активов. (Стоимость опциона "колл" просто равна стоимости обыкновенных акций фирмы.)

Следовательно, если вы можете оценить опционы "пут" и "колл" на активы фирмы, вы в состоянии оценить стоимость ее долга[28].

На практике это сделать гораздо труднее, чем кажется. Опционы "пут" или "колл", которые вы должны оценивать, как правило, не так просты, как мы описали в главе 20, а гораздо сложнее. Предположим, например, что компания "Лесная химия" выпускает облигации со сроком 10 лет и ежегодными выплатами процента. Мы можем представить акционерный капитал "Лесной химии" как опцион "колл", который исполняется при осуществлении обещанных выплат. Но в данном случае будет произведено 10 выплат, а не одна. Чтобы определить стоимость акций "Лесной химии", мы должны были бы оценить стоимость десяти следующих один за другим опционов "колл". Первый опцион может быть исполнен при наступлении срока первых процентных выплат. Исполняя этот опцион, акционеры получают второй опцион "колл", который может быть исполнен при второй выплате процентов. Вознаграждением акционерам за исполнение этого опциона будет третий опцион "колл" и т. д. И наконец, на 10-м году акционеры могут исполнить десятый опцион. После выплаты основной суммы долга и процентов последнего года акционеры опять вступают в не обремененное долгами владение активами "Лесной химии".

Конечно, если фирма не производит какую-либо из этих выплат в срок, активы переходят к держателям облигаций, а акционеры остаются ни с чем. Другими словами, не исполнив один опцион "колл", акционеры теряют все последующие опционы.

Оценка стоимости акций "Лесной химии", которая выпускает облигации со сроком 10 лет, эквивалентна оценке стоимости первого из 10 опционов "колл". Но вы не в состоянии оценить первый опцион, не оценив 9 остальных[29]. Даже этот пример не дает представления о практических сложностях, поскольку у крупных фирм в обращении порой находится одновременно множество выпусков облигаций с различными процентными ставками и сроками погашения, и прежде чем подойдет срок погашения по существующим облигациям, они могут выпустить еще. Но не падайте духом. Компьютер

---

[28] Однако методы оценки стоимости опционов нельзя использовать для оценки *активов* фирмы. "Пут" и "колл" следует оценивать как часть стоимости активов фирмы. Например, отметим, что для вычисления стоимости опциона "колл" с помощью формулы Блэка—Шольца (раздел 20–4) необходимо знать цену акций.

[29] Другой метод оценки стоимости облигаций "Лесной химии" (посредством вычитания стоимости опциона "пут" из стоимости безрисковых облигаций) ничуть не легче. Аналитику пришлось бы иметь дело не с одним простым опционом "пут", а с пакетом из 10 последовательных опционов.

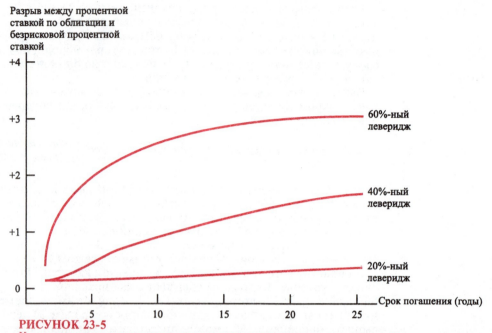

РИСУНОК 23-5
Как изменяется процентная ставка по рисковым корпоративным облигациям с изменением уровня финансовой зависимости (левериджа) и срока погашения. Эти кривые построены с использованием теории оценки опционов при следующих упрощающих допущениях. 1) Безрисковая ставка процента постоянна для всех сроков погашения. 2) Стандартное отклонение доходности активов компании составляет 25% в год. 3) Дивиденды не выплачиваются. 4) Долговые обязательства представляют собой облигации с дисконтом (т. е. единственная выплата осуществляется при погашении). 5) Леверидж представляет собой отношение *рыночной* стоимости долга к *рыночной* стоимости суммы долга и собственного капитала.

позволяет решить эти проблемы в более или менее грубой форме даже при отсутствии простых точных формул для оценки стоимости.

На рисунке 23-5 приведен простой пример. Предполагается, что цифры дадут вам некоторое представление о влиянии риска неплатежеспособности на (обещанную) доходность облигации. Взята компания со средним операционным риском и показано, как процентная ставка должна расти с увеличением количества выпущенных облигаций и срока их погашения. Например, вы можете увидеть, что, если компания на 20% увеличивает свой капитал в виде двадцатилетних облигаций, ставка по ним должна быть на полпроцентных пункта выше, чем по правительственным займам, чтобы компенсировать риск неплатежеспособности. Компании с высоким уровнем финансовой зависимости или с более длительными сроками погашения своих облигаций должны платить более высокие премии[30].

На практике дифференциация процентных ставок больше, чем это показано на рисунке 23-5. Обещанная доходность по высококлассным корпоративным облигациям обычно на один процентный пункт выше, чем по облигациям Казначейства. Означает ли это, что компании платят слишком много за свои долги?

Наверное, нет; вероятно, существуют иные объяснения. Например, отметим, что на рисунке 23-5 сделан ряд искусственных допущений. В частности, что компания не выплачивает дивиденды. Если же на самом деле она регу-

---

[30] Но за пределами определенной точки (она не показана на рисунке 23-5) премии начинают снижаться с увеличением срока погашения.

ГЛАВА 23. Оценка рисковых долговых обязательств 641

лярно выплачивает часть своих активов акционерам, то для защиты держателя облигаций в случае финансовых трудностей может остаться значительно меньше активов. В такой ситуации рынок может иметь все основания требовать более высокую доходность от облигаций компании. Кроме того, в большинстве своем публичные выпуски корпоративных облигаций не так легко реализуемы, как облигации Казначейства, которые продаются каждый день в огромных количествах. Лоуренс Фишер провел важное исследование рынка корпоративных облигаций, в котором пришел к выводу, что различия в степени их реализуемости на рынках ценных бумаг служат основной причиной разницы в процентных ставках[31].

*Оценка правительственных кредитных гарантий

Летом 1971 г. корпорация Lockheed попала в тяжелое положение. Она осталась почти без денег, покрыв значительное превышение запланированных расходов по военным контрактам и одновременно выделив более 800 млн дол.[32] на разработку самолета L1011 TriStar. Запуск TriStar был отложен в связи с неожиданно возникшими проблемами с двигателями Rolls-Royce, и прошло бы много лет, прежде чем компании удалось возместить свои инвестиции в самолет. Lockheed оказалась на грани банкротства. (Компания Rolls-Royce сама была доведена до банкротства затратами на установку мотора. Она была выкуплена британским правительством.)

После месяцев тревожных ожиданий и споров правительство США решает спасти Lockheed, соглашаясь гарантировать 250-миллионные новые банковские кредиты. Если бы Lockheed не выполнила обязательства по этим кредитам, банки могли бы вернуть свои деньги, получив их непосредственно у правительства.

С точки зрения банков эти кредиты были такими же надежными, как казначейские векселя. Таким образом, компании Lockheed была предоставлена возможность занять 250 млн дол. по льготной ставке[33]. Эти гарантии, в свою очередь, убедили банки ссудить Lockheed оставшуюся необходимую ей сумму.

Кредитные гарантии были помощью – субсидией, поддержавшей Lockheed в трудный период. Сколько они стоили? Во что они обошлись правительству?

Эти кредитные гарантии, оказывается, ничего не стоили правительству, поскольку Lockheed уцелела, возродилась и погасила гарантированные правительством кредиты. Означает ли это, что стоимость гарантий для Lockheed тоже равнялась нулю? Означает ли это, что правительство ничем не рисковало, предоставив гарантии в 1971 г., когда еще не было ясно, уцелеет ли Lockheed? Конечно нет. Правительство взяло на себя риск невыполнения обязательств. Очевидно, кредиты банков для Lockheed стоили гораздо больше с гарантиями, чем могли бы стоить без них.

Приведенная стоимость кредитных гарантий равна сумме, которую кредиторы пожелали бы заплатить, чтобы полностью избежать риска невыполнения обязательств по эквивалентному негарантированному кредиту. Это разница между приведенной стоимостью кредита с гарантией и приведенной стоимостью кредита без гарантий. Ясно, что гарантия на крупный кредит может иметь значительную стоимость, когда существует высокая вероятность невыполнения фирмой обязательств.

Оказывается, оценить стоимость кредитных гарантий можно как опцион "пут" на активы фирмы, где срок исполнения опциона равен сроку погаше-

---

[31] *L. Fisher.* Determinations of Risk Premiums on Corporate Bonds // Journal of Political Economy. 67: 212–237. June. 1959.
[32] См.: *U. Reinhardt.* Break-Even Analysis for Lockheed's TriStar: An Application of Financial Theory // Journal of Finance. 28: 821–838. September. 1973.
[33] Lockheed платила по текущей ставке казначейских векселей плюс приблизительно 2% правительству.

ния кредита, а цена исполнения равна выплатам процентов и основной суммы займа, обещанным кредиторам. Мы легко можем показать эквивалентность, начав с определения стоимости гарантии:

$$\text{Стоимость гарантии} = \frac{\text{стоимость гарантированного кредита}}{} - \frac{\text{стоимость кредита без гарантии}}{}$$

Без гарантий кредит становится обычным долговым обязательством фирмы. Из раздела 20-2 мы знаем, что

$$\text{Стоимость обычного кредита} = \frac{\text{стоимость при отсутствии риска неплатежеспособности}}{} - \frac{\text{стоимость опциона "пут"}}{}.$$

Стоимость кредита без риска невыполнения обязательств как раз является стоимостью его гарантии. Таким образом, стоимость опциона "пут" равна разнице между стоимостями гарантированного и обычного кредитов. Это и есть стоимость кредитных гарантий.

Таким образом, теорию оценки опционов следовало бы использовать для расчета фактической стоимости многих правительственных программ по предоставлению кредитных гарантий. Это было бы разумно. Возможные обязательства правительства по существующим программам предоставления гарантий чрезмерны: например, в 1987 г. в рамках программы поддержки судостроительных заводов США по так называемой программе Титул IX были гарантированы кредиты судостроительным заводам на сумму 4 млрд дол.[34] Это только одна программа. До сих пор далеко не осознается истинная стоимость этих программ. Поскольку кредитные гарантии не требуют немедленных расходов, они не включаются в федеральный бюджет. Члены конгресса, поддерживающие программы кредитных гарантий, насколько мы знаем, не имеют сколько-нибудь точного представления о том, сколько стоят эти программы для бизнеса и во сколько они обходятся обществу. Но такое положение может измениться, если теория оценки опционов начнет применяться к оценке стоимости рискового долга.

23-5. РЕЗЮМЕ

Эффективное управление задолженностью предполагает, что вы знаете, как оценивать стоимость облигаций. Это значит, что вам нужно рассмотреть три вопроса.

1. Что определяет общий уровень процентных ставок?
2. Чем определяется разница между долгосрочными и краткосрочными ставками?
3. Чем определяется разница между процентными ставками по долговым обязательствам компании и правительства?

Здесь нужно кое-что вспомнить.

Ставка процента зависит от спроса на сбережения и их предложения. *Спрос* предъявляют фирмы, желающие инвестировать средства в новые машины и оборудование. *Предложение* сбережений исходит от индивидуумов, предпочитающих завтрашнее потребление сегодняшнему. Равновесной ставкой процента является ставка, устанавливающая *равновесие* спроса и предложения.

---

[34] Фактически на 31 марта 1987 г. эта цифра составляла 4 497 365 297,98 дол. Мы округлили.

ГЛАВА 23. Оценка рисковых долговых обязательств

Наиболее известная теория о влиянии инфляции на процентные ставки была предложена Ирвингом Фишером. Он считал, что номинальная, или денежная, ставка процента равна сумме ожидаемой реальной ставки и ожидаемого темпа инфляции. Если ожидаемый темп инфляции растет на 1%, то же самое произойдет и с номинальной ставкой процента. В течение последних 30 лет простая теория Фишера неплохо служила для объяснения изменений краткосрочных процентных ставок в США.

Стоимость любой облигации равна денежным выплатам, дисконтированным по процентной ставке "спот". Например, стоимость облигации с купонной ставкой 5% и сроком 10 лет равна:

$$PV(\text{\% от номинала}) = \frac{5}{1+r_1} + \frac{5}{(1+r_2)^2} + \ldots + \frac{105}{(1+r_{10})^{10}}.$$

Дилеры по операциям с облигациями обычно смотрят на доходность облигации к погашению. Это просто внутренняя норма доходности y, т. е. ставка дисконта, при которой:

$$\text{Цена облигации} = \frac{5}{1+y} + \frac{5}{(1+y)^2} + \ldots + \frac{105}{(1+y)^{10}}.$$

Доходность к погашению представляет собой сложную среднюю процентных ставок "спот" r_1, r_2 и т. д. Как и большинство средних величин, она служит полезным показателем суммарной оценки, но, кроме того, в ней может быть сокрыт огромный объем интересной информации. Нам бы хотелось, чтобы вы использовали некоторые из новых способов оценки процентных ставок "спот".

Ставка "спот" r_1 для одного периода может сильно отличаться от ставки r_2 для двух периодов. Другими словами, инвесторы часто предъявляют разные требования к годовым ставкам процента за предоставление денег на 1 и на 2 года. Почему? Согласно *теории ожиданий*, цены на облигации устанавливаются таким образом, что ожидаемая норма доходности инвестиций в облигации за любой период не зависит от срока погашения облигаций, имеющихся у инвестора. Согласно теории ожиданий, r_2 будет превышать r_1 *только* в том случае, если ожидается рост процентной ставки на один период в *следующем* году.

Теория *предпочтения ликвидности* указывает, что вы не подвергнете себя риску изменения процентных ставок и цен на облигации, если вы покупаете облигацию, срок погашения которой наступает именно тогда, когда вам понадобятся деньги. Однако если вы купите облигацию, срок погашения которой наступает *раньше*, чем вам потребуются деньги вы, возможно, рискуете реинвестировать ваши сбережения по более низкой процентной ставке. А если вы купите облигацию, срок погашения которой наступает *после* того, как вам потребуются деньги, вы рискуете тем, что цена облигации упадет к тому времени, когда вы соберетесь ее продать. Инвесторы не любят риска и, принимая его, они нуждаются в некоторой компенсации. Поэтому, когда вы обнаруживаете, что r_2 в целом выше r_1, это может означать, что инвесторы вкладывают средства в относительно краткосрочные облигации и требуются некоторые стимулы, побуждающие их держать долгосрочные облигации.

Ни одна облигация не является безрисковой в реальном выражении. Если существует неопределенность в темпах инфляции, наиболее надежной стратегией для инвестора будет держать инвестиции в краткосрочных облигациях и надеяться на то, что ставка процента по облигациям будет изменяться с изменением уровня инфляции. Следовательно, другая причина, по которой r_2 может оказаться больше r_1, заключается в том, что инвесторам нужны стимулы, чтобы принять на себя дополнительный риск инфляции.

И наконец мы подошли к нашему последнему вопросу: "Чем определяется разница между процентными ставками по облигациям компании и правительства?" Долговые обязательства компании продаются по более низкой цене, чем правительственные долговые обязательства. Эта скидка представляет собой стоимость опциона компании на невыполнение обязательств. Мы показали, как стоимость этого опциона изменяется в зависимости от уровня левериджа и срока погашения. Агентства Moody и Standard and Poor определяют рейтинги облигаций компаний в соответствии с риском их неплатежеспособности, а цены на облигации тесно связаны с этими рейтингами.

РЕКОМЕНДУЕМАЯ ЛИТЕРАТУРА

Классическая работа по процентным ставкам:

Irving Fisher. The Theory of Interest: As Determined by Impatience to Spend Income and Opportunity to Invest It. Augustus M. Kelley, Publishers, New York, 1965. Впервые опубликована в 1930 г.

К тому же работа Фишера предвосхитила теорию ожиданий временнóй структуры процентных ставок Луца и Луца.

F.A. Lutz and V.C. Lutz. The Theory of Investment in the Firm. Princeton University Press, Princeton, N.J., 1951.

Теория премии за ликвидность принадлежит Хиксу, а наше описание влияния инфляции на временнýю структуру взято у Брейли и Шефера.

J.R. Hicks. Value and Capital: An Inquiry into Some Fundamental Principles of Economic Theory. 2d ed. Oxford University Press, Oxford, 1946.

R.A. Brealey and S.M. Schaefer. Term Structure and Uncertain Inflation // Journal of Finance. 32: 277–290. May. 1977.

Хороший обзор литературы о временнóй структуре можно найти у Нелсона и Ролла.

C.R. Nelson. The Term Structure of Interest Rates: Theories and Evidence // J.L. Bicksler (ed.). Handbooks of Financial Economics. North-Holland Publishing Company, Amsterdam, 1980.

R. Roll. The Behavior of Interest Rates: An Application of the Efficient Market Model to U.S. Tresury Bills. Basic Books, Inc., New York, 1970.

Добсон, Сач и Вандерфорд сделали обзор эмпирических проверок теорий временнóй структуры. Два самых последних теста проведены Фамой.

S. Dobson, R. Such and D. Vanderford. An Evaluation of Alternative Empirical Models of the Term Structure of Interest Rates // Journal of Finance. 31: 1035–1066. September. 1976.

E.F. Fama. The Information in the Term Structure // Journal of Financial Economics. 13: 509–528. December. 1984.

E.F. Fama. Term Premiums in Bond Returns // Journal of Financial Economics. 13: 529–546. December. 1984.

Три статьи, в которых обсуждается измерение временнóй структуры:

W. Carleton and I. Cooper. Estimation and Uses of the Term Structure of Interest Rates // Journal of Finance. 31: 1067–1084. September. 1976.

J. McCulloch. Measuring the Term Structure of Interest Rates // Journal of Business. 44: 19–31. January. 1971.

S.M. Schaefer. Measuring a Tax Specific Term Structure of Interest Rates in the Market for British Government Securities // Economic Journal. 91: 415–438. June. 1981.

В статье Кокса, Ингерсолла и Росса выводится строгая модель временнóй структуры при условии отсутствия возможностей арбитражных операций.

ГЛАВА 23. Оценка рисковых долговых обязательств

Статья Бреннана и Шварца представляет интересное описание модели, которая связывает доходность любой облигации с краткосрочными и долгосрочными процентными ставками и затем выводит закономерные цены облигаций.

> *J.C. Cox, J.E. Ingersoll and S.A. Ross.* A Theory of the Term Structure of Interest Rates // Econometrica. 53: 385–407. May. 1985.
>
> *M.J. Brennan and E.S. Schwartz.* Bond Pricing and Market Efficiency // Financial Analysts Journal. 38: 49–56. September–October. 1982.

Проверки Фамы показывают, что ожидаемая реальная ставка процента была в основном постоянна с 1953 по 1971 г. Однако, если вы прочитаете статью Фамы, вы должны также прочесть ответные статьи Гесса и Бикслера, а также Нелсона и Шверта.

> *E.F. Fama.* Short-Term Interest Rates as Predictors of Inflation // American Economic Review. 65: 269–282. June. 1975.
>
> *P. Hess and J. Bicksler.* Capital Asset Prices versus Time Series Model as Predictors of Inflation // Journal of Financial Economics. 2: 341–360. December. 1975.
>
> *C.R. Nelson and G. Schwert.* Short-Term Interest Rates as Predictors of Inflation: On Testing the Hypothesis That the Real Rate of Interest Is Constant // American Economic Review. 67: 478–486. June. 1977.

Классическое эмпирическое исследование оценки рискового долга сделано Лоуренсом Фишером. Роберт Мертон показал, как теория оценки опционов может быть использована для оценки рискового долга.

> *L. Fisher.* Determinants of Risk Premiums on Corporate Bonds // Journal of Political Economy. 67: 212–237. June. 1959.
>
> *R. Merton.* On the Pricing of Corporate Debt: The Risk Structure of Interest Rates // Journal of Finance. 29: 449–470. May. 1974.

Данные о средней доходности облигаций за длительный период можно найти в:

> Ibbotson Associates: Stocks, Bonds, Bills, and Inflation: 1989 Yearbook. Ibbotson Associates, Chicago, 1989.

КОНТРОЛЬНЫЕ ВОПРОСЫ

1. Реальная процентная ставка зависит от спроса на капитал и его предложения. Постройте график, показывающий, как спрос компаний на капитал и предложение капитала инвесторами изменяются с изменением процентной ставки. Используя этот график, покажите:

   а) Что происходит с объемами инвестиций и сбережений, если инвестиционные перспективы для фирм улучшаются? Как изменяется равновесная процентная ставка?

   б) Что происходит с объемами инвестиций и сбережений, если желание индивидуумов сберегать возрастает при любой возможной процентной ставке? Как изменяется равновесная процентная ставка? Допустим, что инвестиционные возможности фирм не меняются.

2. *а)* Какова формула оценки стоимости двухгодичной облигации со ставкой 5%, выраженная через ставку "спот"?

   б) Какова формула оценки ее стоимости, выраженная через доходность к погашению?

   в) Если ставка "спот" для 2 лет выше ставки для одного года, доходность к погашению будет меньше или больше ставки "спот" для 2 лет?

   г) В каждом следующем предложении выберите верный термин в скобках: "В формуле с использованием (доходности к погашению/ставки "спот") все потоки денежных средств от одной облигации дисконтируются по

одной ставке, даже если они возникают в различные моменты времени". "В формуле с использованием (доходности к погашению/ставки "спот") все потоки денежных средств, поступающие в один момент времени, дисконтируются по одной ставке, даже если это потоки денежных средств от различных облигаций".

3. Используя таблицу 23-1, проверьте ваши ответы на следующие вопросы:
   а) Если процентные ставки растут, увеличиваются или падают цены на облигации?
   б) Если доходность облигации выше купонной ставки, цена облигации больше или меньше 100?
   в) Если цена облигации превышает 100, ее доходность больше или меньше купонной ставки?
   г) Облигации с высоким купонным доходом продаются по более низкой или более высокой цене, чем облигации с низким купонным доходом?

4. Используя таблицу 23-1, ответьте на следующие вопросы:
   а) Какова доходность к погашению облигации со сроком 8 лет, ставкой 7%, продаваемой по цене $74\,^3/_4$?
   б) Какова приблизительно цена облигации со сроком 9 лет, ставкой 5% и доходностью 10%?
   в) Доходность двенадцатилетней облигации со ставкой 9% составляет 14%. Если доходность не изменится, какова будет ее цена через 2 года? Какова будет цена, если доходность снизится до 10%?

5. *а)* Предположим, что процентная ставка "спот" для одного года в период 0 равна 1%, а ставка для 2 лет — 3%. Какова форвардная ставка процента для 2-го года?
   б) Что говорит теория ожиданий о связи между этой форвардной ставкой и ставкой "спот" на один год, устанавливаемой в период 1?
   в) В течение длительного периода времени временнáя структура процентных ставок в США в среднем имела повышательную тенденцию. Подтверждает или опровергает этот факт теорию ожиданий?
   г) Что говорит теория предпочтения ликвидности о связи между форвардной ставкой и ставкой "спот" для одного года, устанавливаемой в период 1?
   д) Если теория предпочтения ликвидности довольно точно отражает действительность и вы должны выполнить долгосрочные обязательства (например, оплатить обучение ваших детей), что надежнее — инвестировать в долгосрочные или краткосрочные облигации? Предположим, что инфляция предсказуема.
   е) Если теория премии за инфляцию отражает действительность и вы должны выполнить долгосрочные реальные обязательства, что надежнее — инвестировать в долгосрочные или краткосрочные облигации?
   ж) Что говорит теория премии за инфляцию о связи между форвардной ставкой и ставкой "спот" на один год, устанавливаемой в период 1?

6. *а)* Перечислите четыре рейтинга агентства Moody, которые обычно называют рейтингами "инвестиционного качества".
   б) При прочих равных условиях вы ожидали бы рост или снижение доходности к погашению корпоративной облигации при изменении:
      1) делового риска компании;
      2) ожидаемого темпа инфляции;
      3) безрисковой ставки процента;
      4) уровня финансовой зависимости?

*7. *а)* Как в принципе вы оценили бы стоимость правительственной кредитной гарантии?
   б) Разница в ценах правительственной облигации и простой корпоративной облигации равна стоимости опциона. Какого опциона и какова его цена исполнения?

ГЛАВА 23. Оценка рисковых долговых обязательств

ВОПРОСЫ И ЗАДАНИЯ

1. В чем может быть неверна теория Фишера об инфляции и процентных ставках?
2. У вас есть следующие оценочные значения процентных ставок "спот":

Год	Ставка "спот" (в %)
1	$r_1 = 5{,}00$
2	$r_2 = 5{,}40$
3	$r_3 = 5{,}70$
4	$r_4 = 5{,}90$
5	$r_5 = 6{,}00$

   а) Каковы коэффициенты дисконтирования для каждого периода (т. е. приведенная стоимость 1 дол., выплачиваемого в году *t*)?
   б) Каковы форвардные ставки для каждого периода?
   в) Вычислите приведенную стоимость следующих казначейских векселей:
      1) двухгодичный вексель со ставкой 5%;
      2) пятилетний вексель со ставкой 5%;
      3) пятилетний вексель со ставкой 10%;
   г) Дайте интуитивное объяснение, почему доходность к погашению облигации со ставкой 10% меньше, чем облигации со ставкой 5%.
3. Взгляните на процентные ставки "спот" в задании 2. Предположим, что кто-то сказал вам, что процентная ставка "спот" на 6 лет составляла 4,80%. Почему вы бы усомнились в этом? Как бы вы могли сделать деньги, если бы это было правдой? Какова минимальная разумная величина ставки "спот" на 6 лет?
4. Еще раз взгляните на процентные ставки "спот", приведенные в задании 2. Что вы можете сказать о процентной ставке "спот" на один год в 4-м году, если:
   а) верна теория ожиданий временно́й структуры ставок;
   б) верна теория предпочтения ликвидности;
   в) временна́я структура включает премию за неопределенность инфляции?
5. Предположим, что временна́я структура процентных ставок имеет повышательную тенденцию. Что бы вы сказали по поводу следующего высказывания: "Нынешняя временна́я структура процентных ставок делает краткосрочные облигации более привлекательными для казначеев корпораций. Фирмам следует избегать новых выпусков долгосрочных облигаций"?
6. Кое-кто утверждает, что теория Фишера — тавтология. Если реальная ставка процента определяется как разница между номинальной ставкой и ожидаемым темпом инфляции, то номинальная ставка *должна* равняться сумме реальной ставки и ожидаемого темпа инфляции. В каком смысле теория Фишера *не является* тавтологией?
7. Найдите информацию о 10 облигациях Казначейства США с различными купонными ставками и сроками погашения. Используя таблицы для расчета цен облигаций, вычислите, как изменились бы их цены, если бы доходность к погашению увеличилась на один процентный пункт. На цены каких облигаций оказывает наибольшее влияние изменение доходности — долгосрочных или краткосрочных? На облигации с высокой или с низкой купонной ставкой?
*8. Найдите информацию о 10 облигациях корпораций с различными купонными ставками и сроками погашения. Обязательно включите в ваш перечень облигации с низким рейтингом. Теперь определите, за какую цену продавались бы эти облигации, если бы правительство США гарантировало их. Вычислите стоимость гарантии для каждой облигации. Можете ли вы объяснить разницу стоимостей гарантий по облигациям 10 компаний?

9. Просмотрите последний выпуск The Wall Street Journal с котировками облигаций Нью-Йоркской фондовой биржи.

   а) Доходность, приведенная в The Wall Street Journal, является текущей доходностью — т.е. это купонный доход, деленный на цену. Вычислите доходность к погашению долгосрочной облигации компании AT&T (при допущении, что процентные выплаты производятся раз в год).

   б) На сколько выше доходность облигации AT&T, чем облигации Казначейства с аналогичным сроком погашения?

   в) Быстро просмотрите перечень облигаций и найдите одну с очень высокой текущей доходностью. Вычислите доходность к погашению этой облигации.

   г) Почему доходность к погашению этой облигации так высока?

   д) Ее ожидаемая доходность больше или меньше, чем доходность к погашению?

10. При каких условиях ожидаемая реальная процентная ставка может быть отрицательной?

11. Рейтинговые агентства, как правило, берут плату с компаний за установление рейтинга на их облигации.

    а) Почему они так поступают, а не берут плату с инвесторов, которые используют эту информацию?

    б) Почему компания предпочитает, чтобы ее облигации имели рейтинг, даже если знает, что агентство скорее всего установит рейтинг ниже среднего?

    в) Некоторые компании не хотят, чтобы на их облигации устанавливался рейтинг. Какой вывод могут сделать инвесторы о качестве этих облигаций?

*12. Шестилетняя облигация со ставкой 6% имеет доходность 12%, а шестилетняя облигация со ставкой 10% имеет доходность 8%. Вычислите ставку "спот" на 6 лет. (При допущении, что купонные выплаты производятся раз в год.)

*13. В июле 1989 г. облигации "стрип" Казначейства США имели следующие цены:

Срок погашения	Цена (в %)
1990 г.	92,8
1991 г.	86,4
1992 г.	80,3
1993 г.	74,6
1994 г.	69,2
1995 г.	64,1
1996 г.	59,3

Облигации "стрип" — это ценные бумаги с "нулевым купоном", по которым производится только одна выплата, при погашении.

а) Определите процентные ставки "спот".

б) Определите форвардные процентные ставки.

в) Если теория ожиданий временно́й структуры ставок верна, какова ожидаемая годовая ставка процента в 1995 г.?

14. При повышательной или при понижательной тенденции временно́й структуры облигации с высокой купонной ставкой обеспечивают более высокую доходность, чем облигации с низкой купонной ставкой?

*15. Вернитесь к первому примеру о компании "Лесная химия" в начале раз-

ГЛАВА 23. Оценка рисковых долговых обязательств

дела 23—4. Предположим, что баланс фирмы имеет следующий вид:

Компания "Лесная химия" (балансовая стоимость)			
Чистый оборотный капитал	400	1000	Обязательства
Остаточная стоимость основных средств	1600	1000	Собственный капитал
Итого активы	2000	2000	Итого обязательства и собственный капитал

Срок погашения облигаций — 1 год, а обещанная процентная ставка 9%. Таким образом, обещанные кредиторам "Лесной химии" выплаты составляют 1090 дол. Рыночная стоимость активов равна 1200 дол., а стандартное отклонение стоимости активов составляет 45% в год. Безрисковая процентная ставка равна 9%. Используя таблицу 6 Приложения, определите стоимость долговых обязательств и собственного капитала "Лесной химии".

*16. Допустим, рисунок 23-3 верно описывает поведение краткосрочных процентных ставок. Цены и доходность трех облигаций, которые мы описали в разделе 23—3, изменились. Доходность к погашению среднесрочной облигации равна 8,18%. Доходность к погашению долгосрочной облигации в настоящее время равна 7,80%. В следующем периоде она снизится до 3,98%, если краткосрочная ставка процента упадет, и вырастет до 11,84%, если краткосрочная ставка вырастет.

а) Эти доходы закономерны или возможна арбитражная прибыль?

б) Как изменился бы ваш ответ, если бы доходность по среднесрочной облигации в настоящее время составляла 7,93%, а остальные значения доходности остались бы неизменными?

в) Предположим, что вероятность роста и снижения краткосрочных ставок одинакова. Что вы можете сказать об ожидаемой доходности трех облигаций и отношении инвесторов к риску?

24
Различные виды заемного капитала

В главе 14 мы уже познакомили вас с различными видами заемного капитала. Например, мы видели, что займы бывают краткосрочными и долгосрочными, они могут быть представлены обычными облигациями и облигациями, конвертируемыми в обыкновенные акции, продаваемыми внутри страны и за рубежом и т. д.

Вам как финансовому менеджеру необходимо выбирать такие виды заемного капитала, которые лучше всего соответствуют особенностям вашей компании. К анализу данной проблемы мы приступим с описания различных форм обыкновенных облигаций. Затем, познакомившись с контрактом на получение займа, мы рассмотрим различия между облигационными займами, обладающими преимущественным правом при погашении, и не наделенными таким правом, а также различия между обеспеченными и необеспеченными облигациями. Далее мы покажем, как происходит погашение облигационных займов с использованием фонда погашения и в каких случаях у заемщика возникает возможность досрочного погашения. И в заключение мы коснемся некоторых ограничений, призванных удержать компании от любых действий, которые могли бы привести к снижению стоимости облигаций.

Мы не только познакомим вас с различными видами задолженности корпораций, но и попытаемся объяснить, *почему* существуют фонды погашения, альтернативные варианты выкупа и т. д. Они не просто являются элементами привычного уклада; как правило, их использование обусловлено вескими экономическими причинами.

Заем может быть получен путем обычной открытой подписки или посредством частного размещения среди ограниченного круга финансовых институтов. Один из важных видов частных займов – банковские ссуды на срок, период погашения которых колеблется от 1 до 8 лет, что меньше, чем срок действия большинства облигаций. Более подробно эти срочные банковские ссуды мы рассмотрим в главе 32, посвященной краткосрочному банковскому кредитованию.

Другая форма частных займов – проектное финансирование, составляющее весьма привлекательную часть рынка заемного капитала. Понятие "проектное финансирование" вызывает в воображении картину многомиллионных займов для разработки полезных ископаемых в экзотических уголках мира. Вы действительно обнаружите в этом виде финансирования нечто экзотическое, однако такое традиционное представление отнюдь не исчерпывает его особенности.

И наконец, существует огромный рынок стандартных долгосрочных облигаций частного размещения, очень схожих с облигациями открытой подписки, о которой пойдет речь в данной главе. Выбор между частным размещением или открытой подпиской отчасти определяется соответствующими расходами на эмиссию, поскольку открытая подписка предполагает более высокие расходы и более низкую ставку процента[1]. Однако ваше решение будет зависеть не только от одних расходов на эмиссию. Существуют три других аспекта, по которым облигация частного размещения отличается от своего собрата, размещенного путем открытой подписки.

Во-первых, для частного размещения займа в одном или двух финансовых институтах может оказаться достаточно выписки простого векселя. Это обычная долговая расписка (IOU — "я вам должен"), налагающая определенные обязательства на заемщика. При открытой же подписке необходимо позаботиться о представительстве интересов облигационеров на переговорах, процедуре выплаты процентов и погашения основной суммы долга. В этом случае оформление контракта бывает значительно сложнее.

Во-вторых, облигации открытой подписки — это высокостандартизированные документы. Так оно и *должно быть*, поскольку инвесторы постоянно их покупают и продают, не проверяя условия сделок в соглашении. Но это совсем не обязательно при частном размещении, когда облигации не продаются на регулярной основе; их покупателями и держателями являются крупные институты, которые имеют все возможности для выявления каких-либо необычных характеристик облигации. Более того, поскольку частное размещение предполагает более низкие постоянные издержки эмиссии, обычно к нему прибегают небольшие компании, т. е. как раз те, кто в наибольшей степени нуждается в заемном капитале специального назначения.

Любое облигационное соглашение призвано защищать интересы кредиторов, поэтому оно налагает на заемщика определенные обязательства. При частном размещении такие ограничения могут быть чрезвычайно строгими. Например, для выпуска дополнительного облигационного займа может потребоваться согласие уже существующих облигационеров. Это легко сделать при частном размещении, когда число заимодателей ограничено одним или двумя. Однако это практически невозможно при публичном. Поэтому открытое размещение займа предполагает менее строгие ограничения.

В этой главе мы не станем особо останавливаться на частном размещении займа, поскольку многое из того, что мы расскажем об открытом размещении, характерно и для частного. Однако следует запомнить следующее:

1. Контракт при частном размещении проще, чем при открытой подписке.
2. Контракт при частном размещении может иметь нестандартные характеристики.
3. Контракт при частном размещении содержит более жесткие условия для заемщика, однако пересмотреть его гораздо проще.

24–1. НАЦИОНАЛЬНЫЕ ОБЛИГАЦИИ, ИНОСТРАННЫЕ ОБЛИГАЦИИ, ЕВРООБЛИГАЦИИ

Заемщик может выпустить облигации в обращение либо на внутреннем рынке, либо за рубежом, например, в виде эмиссии **иностранных облигаций**. В этом случае он размещает облигации на иностранном рынке капитала точно так же, как любая местная компания. Облигации, конечно, должны быть деноминированы в местной валюте, а их эмиссия должна соответствовать национальным правилам. Для американских заемщиков наиболее важное значение в качестве рынков размещения иностранных облигаций приобрели Швейцария и Япония.

Иностранные облигации выпускаются для размещения в конкретной стране и должны отвечать требованиям национального законодательства. Вместе с

---
[1] См. раздел 15–5.

ГЛАВА 24. Различные виды заемного капитала

тем существует международный рынок долгосрочных займов, известный как рынок **еврооблигаций**. Еврооблигациями называют такие облигации, которые международный синдикат подписчиков продает одновременно в нескольких странах. Хотя еврооблигации продаются по всему земному шару, их подписчики и дилеры базируются в Лондоне. В их число входят также лондонские отделения коммерческих и инвестиционных банков США, Европы и Японии.

Обычно еврооблигации выпускаются в относительно стабильной, легко конвертируемой, активно используемой валюте. Наибольшую популярность в этом отношении завоевал американский доллар; за ним следуют японская йена, британский фунт стерлингов и немецкая марка. Растет также рынок облигаций в ЭКЮ. ЭКЮ, или европейская валютная единица, рассчитывается на основе корзины валют и является базовой валютой в Европейской валютной системе[2]. Иногда, если еврооблигации выпущены в слабой валюте, держателю может быть предоставлено право выбора валюты для получения платежа. Существуют также бивалютные операции, по которым проценты выплачиваются в одной валюте, а основной долг погашается в другой.

Рынок еврооблигаций расширился в 60-х годах в связи с введением правительством США уравнительного налога на процентный доход по иностранным ценным бумагам, призванного сдержать экспорт капитала из США. В связи с этим как европейские, так и американские международные компании были вынуждены изыскивать ресурсы на международном рынке капитала. Уравнительный налог был отменен в 1974 г., и с тех пор в США не существует сколько-нибудь строгого контроля над экспортом капитала[3]. Проценты на лондонском и нью-йоркском рынках в настоящее время выровнялись, поскольку американские фирмы теперь вправе выбирать для привлечения займов любой из этих рынков. Тем не менее, поскольку рынок еврооблигаций не подлежит прямому регулированию со стороны американской администрации, финансовому менеджеру следует учитывать незначительные расхождения в затратах на привлечение займа на разных рынках.

24–2. КОНТРАКТ НА ВЫПУСК ОБЛИГАЦИОННОГО ЗАЙМА

Соглашение, или трастовый договор

Контракт на частное размещение может быть оформлен в виде простого векселя, или долговой расписки. Контракт при открытой подписке облигационного займа в США принимает форму **соглашения**, или **трастового договора**, между заемщиком и трастовой компанией, которая, как представитель облигационеров, обязана следить за соблюдением условий соглашения, управлять фондом погашения и отстаивать интересы держателей облигаций в случае неплатежеспособности заемщика.

Экземпляр соглашения о выпуске облигационного займа входит в пакет регистрационных документов, имеет официальный статус и является типичным образцом юридической казуистики[4]. Его основные положения приво-

---

[2] По истечении срока погашения облигации долг заимодателю выплачивается не в разных валютах, а в какой-то одной валюте по его выбору в пересчете по текущему курсу ЭКЮ.
[3] Кроме того, в США до 1984 г. существовал налог на процентный доход, выплачиваемый иностранным инвесторам, которого можно было избежать, покупая еврооблигации, выпущенные в Лондоне, а не в Нью-Йорке.
[4] Например, соглашение о выпуске облигаций J.C. Penny гласит: "Во всех случаях, когда некоторые вопросы требуют подтверждения или суждения какого-либо Лица, нет необходимости, чтобы подтверждение или суждение по всем этим вопросам было получено только от одного подобного Лица или чтобы подтверждение или суждение по этим вопросам было зафиксировано только в одном документе, но одно подобное Лицо может дать подтверждение или высказать суждение по нескольким вопросам, а одно или несколько других подобных Лиц – по прочим вопросам, и любое подобное Лицо может зафиксировать подтверждение или суждение по этим вопросам в одном или нескольких документах". Теперь попробуйте произнести это в три раза быстрее.

дятся в проспекте эмиссии[5]. Чтобы получить представление об этих документах, ознакомьтесь с Приложением к настоящей главе, где подробно описан выпуск облигаций компании Potomac Electric Power (Репсо). Приложение состоит из двух частей. Вторая часть содержит информацию, общую для всех облигационных выпусков Репсо, которые могут быть сделаны компанией в рамках одного и того же соглашения. В первую часть включено дополнение к проспекту эмиссии, где описывается специфичный выпуск облигационного займа. При выпуске второй серии облигационного займа в рамках прежнего соглашения необходимо представить отдельное дополнение к проспекту.

Проспект послужит иллюстрацией некоторых особенностей облигационного контракта. Но просмотр даже такого сокращенного варианта заставляет задуматься — не слишком ли в нем много неясностей и невразумительных положений. Как и большинство юридических документов, он отражает уже имеющиеся условия и содержит гарантии от уже существующих опасностей, но ничто в нем не подскажет вам возможные упущения или особые обстоятельства.

Условия облигационного займа

На первой странице проспекта Репсо помещена таблица с ценами и затратами на эмиссию. Обратите внимание на следующее: во-первых, хотя облигации имеют номинальную стоимость 1000 дол., их цена всегда указывается в процентах от номинала; во-вторых, цена объявляется без учета *начисленных процентов*. Это означает, что покупатель облигаций оплачивает не только объявленную цену, но также и сумму процентов, которые могут быть начислены в будущем. Поскольку предполагаемая дата покупки (13 ноября) наступает почти через 2 недели после первого срока выплаты процентов, начисленный процент составит приблизительно $2/52 \times 11{,}25 = 0{,}43\%$. И покупателю придется заплатить за облигацию по курсу 99,50% плюс 0,43% начисленных процентов[6].

Репсо указывала курс 99,50%, а продавала подписчикам по курсу 99,099%. Разницу составляет комиссия подписчиков, или спред. Из общей полученной суммы компании досталось 74 324 250 дол., а подписчикам —300 750 дол.

Поскольку облигации продавались по курсу 99,50%, инвестор, приобретающий их на весь срок до погашения, за 30 лет получит прирост стоимости капитала в 0,50%. Основная часть дохода такого инвестора приходится на проценты по облигационному займу, установленные на уровне 11,25% годовых, погашаемых двумя равными полугодовыми выплатами ($11{,}25\%/2 = 5{,}625\%$). По аналогичным еврооблигациям выплата процентов осуществляется один раз в год[7].

Иногда облигации продаются со скидкой (дисконтом) по отношению к номинальной стоимости, и инвестор получает значительную выгоду в форме приращения капитала[8]. По облигациям с нулевым купоном проценты не выплачиваются вовсе, и выгода заключается лишь в росте цены[9].

---

[5] При частном размещении займа эта информация публикуется в *меморандуме о размещении* — документе, аналогичном проспекту эмиссии.
[6] Конкретный метод подсчета начисленных процентов зависит от рынка. На некоторых рынках облигаций предполагается, что год равен 12 месяцам, по 30 дней каждый, на других — исчисляется конкретное число дней в каждом месяце.
[7] В таблице 23-1 мы представили подборку показателей доходности к погашению. На эти значения доходности каждые полгода начислялся сложный процент; другими словами, они равны доходности за 6 месяцев, умноженной на 2. Поскольку по еврооблигациям процент выплачивается один раз в году, обычно доходность к погашению еврооблигаций объявляется, исходя из начисления сложного процента *за год*. Помните об этом при сравнении значений доходности.
[8] Облигации с нулевым купоном часто называются *чисто дисконтными облигациями*, а облигации, выпущенные с дисконтом, называются *облигациями с дисконтом при эмиссии*.
[9] Пример из примеров являют собой бессрочные облигации с нулевым купоном, выпускаемые благотворительными обществами.

Для Ререо характерны фиксированные проценты на весь период до срока погашения. Но в некоторых облигационных займах процентная ставка может быть увязана с изменением процентных ставок на рынке, например с процентами по государственным казначейским векселям США или с межбанковской ставкой ЛИБОР (LIBOR – London interbank offered rate), по которой банки кредитуют друг друга на рынке евродолларов. Эта так называемая оговорка о плавающей ставке наиболее распространена на рынке еврооблигаций.

В США оговорка о плавающей ставке применялась крайне редко до 1974 г., когда компания Citycorp выпустила векселя на сумму 850 млн дол. с оговоркой о плавающей процентной ставке. Эти векселя имели для компании особую привлекательность. Поскольку это был долгосрочный заем банковской холдинговой компании, то на условия предложения не распространялось Правило "Q", устанавливающее для банков потолок процентных ставок по срочным депозитам. В конце концов это правило было отменено, но к тому времени банки и промышленные компании обнаружили другие привлекательные черты плавающей процентной ставки[10].

Часто для долговых обязательств с плавающей процентной ставкой указывается минимальная ставка ("пол") или, что реже, оговаривается ее максимальная величина ("потолок")[11]. Встречаются также облигации с "ошейником", т. е. с фиксированным максимумом и минимумом процентной ставки одновременно, а также облигации "со страховкой", означающей, что снижение процентной ставки допускается до определенного уровня, после которого ставка фиксируется до истечения срока погашения облигационного займа.

Регулярная выплата процентов для фирмы является своеобразной "скачкой с препятствиями"[12]. Если компания хоть раз не выплатит проценты по займу, кредитор может потребовать возврата всех денег, не дожидаясь ухудшения ситуации. Таким образом, выплата процентов призвана защитить кредиторов[13].

---

[10] Изменения правил государственного регулирования в 1985 г. побудили Citycorp к новому выпуску обязательств с плавающей процентной ставкой. Комиссия по ценным бумагам и биржам потребовала, чтобы средний срок погашения инвестиций из фондов денежного рынка не превышал 120 дней, определяя его как "период до следующей корректировки процентных ставок". Citycorp в связи с этим пересматривала процентные ставки каждую *неделю*. В соответствии с требованиями Комиссии, фондам денежного рынка следовало покупать долговые обязательства только со сроками погашения, не превышавшими один год. Для векселей Citycorp они составляли 364 дня, но автоматически продлевались каждый квартал, если только инвестор не требовал иного. Таким образом, долговые обязательства могли оставаться в фондах денежного рынка, хотя окончательные платежи могли откладываться бесконечно.

[11] Вместо выпуска обычных "беспотолочных" долговых обязательств с плавающей ставкой компания иногда выпускает их с "потолком", одновременно продавая этот "потолок" другому инвестору. Первый инвестор получает платежи по купону до указанного максимума, а второй – проценты сверх этого.

[12] Существует один вид облигаций, проценты по которым заемщик должен платить только в том случае, если годовой доход их покрывает. Это так называемые *доходные облигации*, широко выпускавшиеся при реорганизации железных дорог. Дискуссию о привлекательности доходных облигаций см. в работе: *J.J. McConnell and G. G. Schlarbaum*. Returns, Risks and Pricing of Income Bonds, 1956–1976 (Does Money Have an Odor?) // Journal of Business. 54: 33–64. January, 1981.

[13] См.: *F. Black and J. Cox*. Valuing Corporate Securities: Some Effects of Bond Indenture Provisions // Journal of Finance. 31: 351–367. May, 1976. Блэк и Кокс отмечают, что выплата процентов была бы "обычной скачкой", если бы компания могла для этого продавать активы. Поэтому такие продажи ограничены.

Именные облигации и облигации на предъявителя

В проспекте Рерсо указывается, что облигации должны быть выпущены с номиналом 1000 дол. и зарегистрированы в именной форме. Это означает, что регистратор внесет в реестр каждого владельца облигации и компания будет платить и проценты, и, при окончательном расчете, 1000 дол. основной суммы долга непосредственно каждому держателю.

Иногда выпускаются облигационные займы с именными купонами. Это означает, что держатель облигации должен каждый раз заявлять свое право на получение процента, предъявляя компании отрывной купон от облигационного сертификата. В других случаях облигации могут быть *на предъявителя*. Это означает, что право собственности удостоверяется в первую очередь сертификатом, и держатель облигации должен посылать компании отрывные купоны для получения процентов и сам сертификат — для получения основной суммы долга. Еврооблигации практически всегда дают их владельцам возможность использовать форму на предъявителя. Однако, поскольку проследить, в чьей собственности находится облигация, в таком случае невозможно, американская Налоговая служба пытается удержать американских граждан от приобретения таких облигаций[14].

24–3. ОБЕСПЕЧЕННОСТЬ И ПРИОРИТЕТНОСТЬ

Почти все долговые обязательства, выпускаемые промышленными и финансовыми компаниями, являются необеспеченными облигациями. Долгосрочные необеспеченные облигационные выпуски обычно называются **дебентурами**[15]; краткосрочные — **векселями**. В ряде случаев другая фирма может выдать гарантию под необеспеченный заем, а многие частные займы размещаются под гарантию руководства компании. Личное благосостояние менеджера в этом случае не имеет значения, гарантия служит важным сигналом уверенности менеджера в перспективах своей фирмы и действует как прекрасный побудительный мотив.

Как и большинство облигационных займов предприятий коммунального хозяйства и железнодорожных компаний, эмиссия облигаций Рерсо является обеспеченной. А это означает, что при неуплате долга кредитор или доверенное лицо получат соответствующую долю активов. Если их окажется недостаточно для удовлетворения претензий, то оставшаяся сумма задолженности будет выплачена в обычном порядке, как по любому необеспеченному займу.

Подавляющее большинство обеспеченных займов состоит из **ипотечных облигаций**, как и в случае Рерсо. Некоторые из таких займов бывают *закрытыми*, что означает, что под данную закладную не может быть выпущено дополнительное количество облигаций. Однако, как правило, не существует особых ограничений на количество облигаций, под которые предоставляется обеспечение (тогда ипотечный заем называется *открытым*); или же устанавливается лимит, который еще не достигнут (в таком случае говорят, что ипотечный заем *лимитирован и открыт*). На последней странице проспекта Рерсо помещена информация о подобном займе.

В некоторых ипотечных облигациях указываются конкретные активы, служащие обеспечением займа, например здание. Но чаще всего, как в случае Рерсо, в качестве обеспечения займа выступает практически все имущество

---

[14] Резиденты в США обычно не имеют права вычитать убытки от уменьшения стоимости облигаций на предъявителя из налогооблагаемого дохода. Кроме того, платежи по таким облигациям не могут быть переведены на банковский счет в США.

[15] Существуют международные различия в терминологии. В Великобритании под термином *debentures* обычно понимают облигации, имеющие *приоритетное* право на активы фирмы.

ГЛАВА 24. Различные виды заемного капитала

компании[16]. Заемщик обязуется застраховать имущество и поддерживать его в хорошем состоянии. В соглашении об эмиссии зачастую указывается фиксированная ежегодная сумма затрат на содержание залогового имущества, неизрасходованные остатки которой используются на выплаты по облигациям. Стоимость залога определяется не только хорошим состоянием имущества, но и возможностью его альтернативного использования. Так, станок для производства кнутов не будет много стоить, если спрос на кнуты упадет.

Обеспеченные трастовые облигации схожи с ипотечными, но обеспечены ценными бумагами, находящимися в собственности фирмы. Обычно такие облигации выпускаются холдинговой компанией, активы которой состоят главным образом из акций дочерних предприятий. Для кредитора проблема заключается в том, что акции дочернего предприятия являются младшими по сравнению со *всеми* другими требованиями на активы дочернего предприятия. Поэтому такие выпуски сопровождаются подробным описанием прав дочернего предприятия по дополнительному выпуску облигаций и привилегированных акций.

Третьей формой обеспеченного займа является **трастовый сертификат на оборудование,** часто используемый для финансирования нового капитала железнодорожных компаний. Эта форма предполагает, что формальным собственником оборудования становится попечитель. Железнодорожная компания делает первоначальный взнос в размере 10—25% стоимости, а остальная часть обеспечивается пакетом трастовых сертификатов с различными сроками погашения, как правило от 1 до 15 лет. Только после погашения всей задолженности железная дорога становится собственником оборудования. Попечитель обладает правом собственности и в случае непогашения долга может воспользоваться им для немедленного получения имущества. Трастовые сертификаты служат надежной защитой прав владельца. Рейтинговые агентства, такие, как Moody, Standard and Poor, обычно присваивают трастовым сертификатам железных дорог чуть более высокий рейтинг в сравнении с обычными долговыми обязательствами железных дорог.

Облигации могут обладать приоритетным правом или, наоборот, занимать подчиненное положение по отношению к приоритетным облигациям или по отношению к *любой* другой задолженности кредиторам[17]. В случае неплатежеспособности фирмы облигации, имеющие приоритетные права, погашаются в первую очередь. Например, компания может выпустить ипотечные облигации первой и второй серии. Ипотечные облигации первой серии будут иметь приоритет в требованиях на активы, и лишь затем будут учитываться требования второй серии.

24-4. УСЛОВИЯ ПОГАШЕНИЯ

Фонды погашения

Многие облигационные займы содержат оговорку о погашении части выпуска на регулярной основе до наступления окончательного срока погашения. Для этого компании необходимо производить регулярные отчисления в *фонд погашения*. Эти отчисления могут производиться либо в денежной форме, либо облигациями, которые компания уже выкупила на рынке. Если отчисления осуществляются в денежной форме, доверенное лицо выбирает

---

[16] Многие ипотечные займы обеспечиваются не только наличной собственностью, но и будущим имуществом. Однако если компания покупает только имущество, которое уже заложено, держатель облигации не получает преимущественного права на такое имущество. Поэтому при облигационных займах с обеспечением будущим имуществом обычно ограничивается уровень, в пределах которого компания может приобретать уже заложенное имущество.

[17] Если в выпуске специально не указывается, что облигации являются "младшими", то можно предположить, что они приоритетные.

облигации на основе лотереи и использует денежные средства для выкупа облигаций по номиналу[18].

Применительно к большинству облигаций публичного выпуска заемщик имеет право *выбора* между выкупом облигаций на открытом рынке и их отзывом по номиналу[19]. Если цена облигаций низкая, фирма выполнит условия фонда погашения, покупая облигации на открытом рынке; если цена высокая — то выкуп осуществляется на основе лотереи. Такой выбор позволяет снизить стоимость облигаций, имеющих фонд погашения.

Обычно устанавливается обязательная часть фонда, которая *должна* отвечать условиям погашения, и часть фонда с правом выбора, которой можно воспользоваться, если этого потребует заемщик. Фонд погашения ипотечных облигаций предприятий коммунального хозяйства первого выпуска часто полностью используется по усмотрению заемщика, а облигационные займы Репсо не имеют фонда погашения совсем. По некоторым облигационным займам частного размещения (особенно в добывающих отраслях) взносы в фонд погашения делаются только в том случае, если чистая прибыль превышает определенный уровень[20].

Большинство фондов погашения начинают действовать спустя 10 лет после выпуска. Отчисления в фонды погашения для облигаций с низким рейтингом, как правило, достаточны для выкупа всего займа равными долями в течение срока выпуска. Напротив, у облигаций с высоким рейтингом требования к фонду погашения не столь строгие, и погашение производится по истечении срока погашения разовым порядком. Обычно облигации выкупаются за счет фонда погашения по номиналу, а в ряде случаев по постепенно снижающимся ценам[21].

Мы уже говорили, что выплата процентов служит постоянной проверкой платежеспособности компании. Отчисления в фонд погашения также являются дополнительным испытанием для фирмы. Если она окажется не в состоянии произвести отчисления в фонд погашения, то кредитор может потребовать возврата займа. Поэтому облигационные займы с низким рейтингом и длительным сроком погашения обычно сопряжены с крупными фондами погашения.

К сожалению, фонд погашения является ненадежной проверкой платежеспособности, *если компании разрешено выкупать облигации на открытом рынке*. Поскольку *рыночная* стоимость долга должна всегда быть ниже стоимости компании, трудности, возникающие у компании, снижают стоимость выкупа долга на рынке. Поэтому фонд погашения подобен барьеру, постепенно снижающемуся по мере усталости прыгуна.

---

[18] Любой инвестор мечтает скупить все облигации, обеспеченные фондом погашения по цене ниже номинала, и затем принудить компании к их выкупу по номиналу. Можно помечтать о том, как "загнать рынок в угол", но реально сделать это сложно. На эту тему см.: *K.B. Dunn and C.S. Spatt*. A Strategic Analysis of Sinking Fund Bonds // Journal of Financial Economics. 13: 399–424. September. 1984.

[19] При частном размещении у компании нет права выкупа облигаций на открытом рынке — она вынуждена отзывать их по номиналу. Точно так же трастовые сертификаты на оборудование состоят из пакета последовательно погашаемых облигаций. Такие облигации называются *серийными* облигациями, т. е. выпускаемыми сериями в разные сроки. Пакет серийных облигаций схож с облигациями, имеющими фонд погашения. И те и другие обеспечивают регулярное погашение долга. Но серийные облигации не дают заемщику права покупать их на открытом рынке — заемщик *должен* производить погашение по номинальной стоимости.

[20] Условия погашения для займов частного размещения проще, чем для займов публичного размещения. Например, поскольку облигации частного размещения нельзя выкупить на свободном рынке, то нет и формальной необходимости создавать фонд погашения.

[21] Некоторые облигационные выпуски имеют *фонд покупки*, создаваемый и используемый для выкупа облигаций на рынке только в том случае, если их цена ниже номинала.

ГЛАВА 24. Различные виды заемного капитала 659

Положения о досрочном выкупе

Ререо имеет опцион на досрочный выкуп, или "отзыв", всего выпуска облигаций. В этом случае ей предстоит выплачивать премию, которая постепенно понижается с 10,75% в первый год до 0 в 2006 г. На использование компанией этого опциона "колл" наложены определенные ограничения. До 1990 г. компания не имеет права досрочного выкупа облигаций с целью их замены новым выпуском с доходностью ниже 11,36% доходности первоначального займа.

Подобные условия выкупа являются характерной чертой долгосрочных займов. Большинство таких выпусков имеет сроки погашения 25 или 30 лет; подлежит отзыву с премией, которая изначально приблизительно равна купонной выплате, и в течение 10—15 лет не подлежит рефинансированию с доходностью "ниже затрат на выплату процентов". Среднесрочные облигационные займы либо вообще не подлежат досрочному выкупу, либо в течение всего срока не подлежат рефинансированию по более низкой ставке, чем затраты на выплату процентов.

Право досрочного выкупа облигаций привлекательно для эмитента. При снижении процентных ставок и росте цен на облигации эмитент получает возможность их выкупить по цене ниже потенциальной стоимости. Например, допустим, что к 2000 г. доходность облигаций инвестиционного рейтинга снизилась до 7%. Облигации с доходностью 11,25% и сроком погашения 15 лет будут стоить 1391 дол., или 139,1% от номинала. Оговорка о досрочном выкупе позволяет приобрести их лишь за 1032,2 дол. Или же компания может принять решение подождать и в надежде на лучшее осуществить выкуп в 2001 г.

Каким образом Ререо определит момент выкупа? Ответ прост. При прочих равных условиях для максимизации стоимости акций нужно минимизировать стоимость облигаций. Поэтому ей не следует выкупать облигации, если их рыночная стоимость ниже цены выкупа. Это было бы просто подарком облигационерам. И напротив, ей *следует* выкупить облигации, если их стоимость *выше* цены выкупа.

Инвесторы, конечно, принимают во внимание оговорку о досрочном выкупе при продаже или покупке облигаций. Они понимают, что, как только стоимость облигаций превысит цену выкупа, компания отзовет облигации. Поэтому вряд ли найдется инвестор, готовый купить облигацию по цене выше выкупной. Рыночная цена на такие облигации может достигать выкупной цены, но вряд ли поднимется выше. Основное правило гласит: "*Облигации следует выкупать тогда и только тогда, когда рыночная цена достигнет цены выкупа*"[22].

Если известно поведение цен на облигации, можно модифицировать нашу базовую модель оценки опционов, изложенную в главе 20, и определить стоимость облигаций досрочного выкупа *при условии*, что инвесторы знают, что выкуп состоится, как только рыночная цена и цена выкупа сравняются. На рисунке 24-1 показано поведение стоимости обычных 8%-ных облигаций со сроком погашения 5 лет и таких же облигаций, но имеющих оговорку о дос-

---

[22] См.: *M.J. Brennan and E.S. Schwartz.* Savings Bonds, Retractable Bonds, and Callable Bonds // Journal of Financial Economics. 5: 67–88. 1977. Все это возможно при допущении, что цены на облигации установлены правильно, что инвесторы действуют рационально и ожидают от *фирмы* таких же рациональных действий. Кроме того, мы здесь не учитываем некоторые сложности. Во-первых, досрочного выкупа может и не быть, если новый выпуск запрещен оговоркой о рефинансировании. Во-вторых, выплачиваемая премия при досрочном выкупе исключается из налогооблагаемой прибыли компании, тогда как облигационеры обязаны уплатить налог на прирост капитала с этих сумм. В-третьих, могут возникнуть некоторые осложнения в налогообложении как компании, так и облигационеров, если купонная ставка по новому выпуску выше, чем по старому. В-четвертых, существуют затраты по выкупу и по новому выпуску займа.

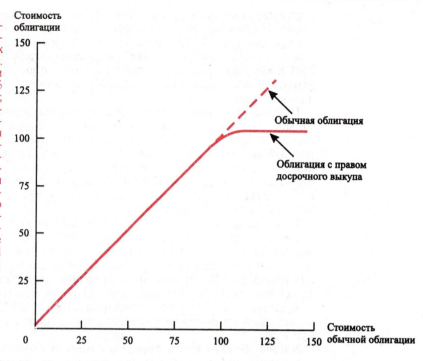

РИСУНОК 24-1
Взаимосвязь между стоимостью отзывных облигаций и стоимостью обычных (безотзывных) облигаций. Условия: 1) обе облигации имеют купонную ставку 8% и срок погашения 5 лет; 2) отзывные облигации могут быть выкуплены в любой момент до истечения срока погашения; 3) процентные ставки по краткосрочным займам изменяются случайным образом и ожидаемая доходность облигаций в течение всего срока одинакова. [*Источник*: Savings Bonds, Retractable Bonds, and Callable Bonds. Journal of Financial Economics. 5: 67–88. 1977.]

рочном выкупе. Допустим, что стоимость обычной облигации очень мала. В этом случае компания едва ли вообще когда-нибудь захочет ее отзывать. (Помните, что компания будет выкупать облигации, только если их стоимость превысит цену отзыва.) Поэтому стоимость облигаций с правом досрочного выкупа будет почти совпадать со стоимостью обычных облигаций. Теперь допустим, что обычная облигация стоит ровно 100. В этом случае существует достаточно высокая вероятность, что компания в какой-то момент захочет отозвать свои облигации. Следовательно, стоимость нашей отзывной облигации окажется несколько ниже стоимости обычной облигации. Если процентные ставки будут снижаться и дальше, цена обычной облигации поднимется выше 100. Однако никто никогда не заплатит *больше* 100 за отзывную облигацию.

Облигации с правом продления и с правом досрочной продажи

Иногда встречаются облигации, предоставляющие *инвестору* возможность выбора вариантов погашения. Облигации с правом продления (пролонгируемые) позволяют продлить срок погашения, облигации с правом досрочной продажи – требовать досрочного погашения. Бельгийское правительство однажды выпустило облигации, представляющие право *и* заемщику, *и* кредитору требовать досрочного погашения займа по номинальной стоимости.

24-5. ОГРАНИЧИТЕЛЬНЫЕ ОГОВОРКИ

Различие между корпоративными облигациями и сопоставимыми казначейскими облигациями заключается в том, что компании имеют опцион на неуплату долга, тогда как правительство вроде бы лишено такой возможности. Это – ценный опцион. Если вы нам не верите, подумайте, что (при прочих равных условиях) для вас лучше – стать акционером компании с ограниченной или неограниченной ответственностью. Конечно, вы бы предпочли забыть о своих долгах. К сожалению, каждая медаль имеет оборотную сторону, и для опциона на неуплату такой оборотной стороной является то, что держатели корпоративных облигаций ожидают компенсации за предоставление такого опциона. Вот почему корпоративные облигации продаются по более низкой цене и обеспечивают более высокую доходность в сравнении с правительственными облигациями[23].

Покупая корпоративные облигации, инвесторы знают о риске невыполнения обязательств, но все же хотят быть уверенными в том, что компания ведет честную игру и не станет напрасно рисковать их деньгами. Поэтому соглашение об эмиссии облигаций может содержать ряд ограничительных оговорок, призванных помешать компании намеренно увеличивать стоимость опциона на неуплату долга[24].

На момент эмиссии облигаций рыночная стоимость компании Pepco составляла 2730 млн дол., а задолженность с приоритетным правом погашения — 1113 млн дол. Отношение задолженности к стоимости активов составляло 41%; иными словами, стоимость компании могла бы снизиться примерно на 59%, прежде чем у Pepco возникло желание отказаться от погашения.

Предположим, вслед за выпуском 11,25%-ных облигаций Pepco объявила о новом займе на 200 млн дол., после которого стоимость компании возросла до 2930 млн дол., долг — до 1313 млн дол., а коэффициент долговой нагрузки увеличился с 41% до 45% стоимости активов. Положение владельцев облигаций предшествующего выпуска несколько ухудшилось; они не стали бы покупать облигации по таким высоким ценам, знай они о следующем выпуске.

Новый выпуск наносит ущерб интересам изначальных облигационеров, увеличивая *долю* "старшего" долга в стоимости компании. Возражений против нового выпуска не было бы при сохранении прежних пропорций, т. е. если бы компания осуществила эмиссию акций. Поэтому в соглашении об эмиссии облигаций часто содержится требование сохранить установленные пропорции между "старшим" долгом и стоимостью компании.

Почему "старшие" заимодатели не выдвигают подобных требований в отношении *субординированного* долга? Ответ заключается в том, что *субординированный* заимодатель не получает *никаких* денег, пока полностью не произведены расчеты с первичным заимодателем[25]. Владельцы облигаций более высокого статуса рассматривают вторичную задолженность компании в большой степени как акционерный капитал: они были бы рады увеличению и того, и другого. В то время как владельцев облигаций, занимающих подчиненное положение, заботит как общая сумма долга, так и его приоритетная доля.

Все облигационеры обеспокоены тем, что компания может осуществить дополнительную эмиссию обеспеченного долга. При эмиссии ипотечных облигаций обычно накладываются ограничения на величину обеспеченного долга. Однако это совсем не обязательно происходит при эмиссии необеспеченных облигаций. Если необеспеченные выпуски защищены в равной степени, то величина заложенных активов не имеет значения. Соглашение об эмиссии облигаций без обеспечения, как правило, содержит **негативную**

---

[23] В главах 20 и 23 говорилось, что опцион на невыполнение обязательств эквивалентен опциону "пут" на активы компании.

[24] В разделе 18–3 рассматривались некоторые "игры", которые менеджеры могут вести за счет облигационеров.

[25] На практике суды не всегда строго соблюдают приоритетность кредиторов при банкротстве. И владельцы облигаций более низкого статуса могут получить *какую-то* часть долга, даже если задолженность владельцам облигаций с преимущественным правом не выплачена полностью.

оговорку о залоге, в которой держатель необеспеченной облигации просто заявляет: "И мне тоже"[26].

В 50—60-х годах многие компании нашли способ обходить такие ограничения посредством получения кредита и использования его для долгосрочной аренды (лизинга) активов, а не для их покупки. Для облигационера подобные операции равносильны выпуску обеспеченных облигаций. И в соглашениях о выпуске облигаций появились оговорки, налагающие ограничения на лизинг.

Лизинг может служить примером скрытого долга. Обжегшись на этом, облигационеры стали ограничивать подобную практику. Но каждый предпочел бы подуть на воду еще *до того*, как обожжется на молоке. Возможно, поэтому кредиторам следовало бы установить ограничения и на другие виды скрытой задолженности, такие, как проектное финансирование, о котором пойдет речь в разделе 24—7, или пенсионные обязательства, которые будут рассмотрены в главе 35.

Мы уже рассматривали ситуации, позволяющие заемщику увеличить стоимость опциона на неуплату долга путем выпуска новых обязательств. Однако это не единственный способ эксплуатации существующих кредиторов. Например, мы знаем, что на стоимость опциона влияют дивидендные выплаты. Если компания выплачивает высокие дивиденды в денежной форме и при этом не возмещает денежные средства посредством дополнительной эмиссии акций, стоимость активов, используемых для покрытия долга, снижается. Поэтому многие облигационные соглашения накладывают ограничения на величину дивидендов, которые компания имеет право выплачивать[27].

Изменения в ограничительных оговорках

До 80-х годов большинство облигационных соглашений содержало оговорки, ограничивающие последующие выпуски облигаций и выплату дивидендов. Однако в дальнейшем крупные финансовые институты ослабили требования к облигационным займам больших акционерных компаний и стали допускать выпуски облигаций без таких оговорок. Так произошло с облигациями гигантской пищевой и табачной корпорации RJR Nabisco, имевшей в 1988 г. 5 млрд дол. первоклассного долга с рейтингом **A**. В этом же году компания была поглощена, и 19 млрд дол. дополнительного долга были заменены собственным капиталом. Немедленно произошло падение стоимости на 12% и снижение рейтинга (до класса **BB**) ранее выпущенных облигаций. Для одного из крупнейших держателей облигаций — компании Metropolitan Life Insurance — это повлекло за собой 40-миллионные убытки. Компания обратилась в суд, утверждая, что наличие оговорки о запрещении финансовых изменений, которые могли ухудшить финансовое положение существующих облигационеров, *подразумевалось*[28]. Тем не менее Metropolitan проиграла дело: суд принимал во внимание только письменные оговорки.

---

[26] "И мне тоже" — жаргонное выражение, и в документах не используется. В соглашении об эмиссии обычно указывается: "Компания не будет выпускать, принимать или гарантировать любые долговые обязательства, обеспеченные имуществом, не предоставив равного обеспечения по уже выпущенным ценным бумагам". Если компания все же впоследствии осуществит выпуск обеспеченного долга, эта негативная оговорка о залоге дает держателям необеспеченных облигаций право требовать выплаты долга. Однако это не делает недействительным обеспечение, предоставленное другим держателям облигаций.

[27] Обычно такие ограничения запрещают выплачивать дивиденды в суммах, превышающих : 1) кумулятивную чистую прибыль, 2) поступления от продажи ценных бумаг или конверсии долга, 3) сумму, приблизительно равную дивидендам за один год.

[28] *Metropolitan Life Insurance Company* (истец) *против RJR Nabisco, Inc., and F. Ross Johnson* (ответчик), Верховный суд штата Нью-Йорк, окружной суд Нью-Йорка, жалоба, 16 ноября 1988 г.

ГЛАВА 24. Различные виды заемного капитала

Постепенно ограничения на дополнительные выпуски облигаций и выплату дивидендов становились все более популярными. Аналитики и юристы стали более внимательно относиться к "рискованным событиям", подобным слиянию за счет заемных средств, которое потрясло Metropolitan. Некоторые компании выработали условие, получившее название "отравленная продажа", в соответствии с которым заемщик обязан погасить облигации в случае приобретения большого числа акций одним инвестором и соответствующего падения рейтинга облигаций.

Смогли бы такие условия оградить компанию Metropolitan и ее облигационеров от убытков? Исследование Пола Аскита и Терри Уизмена дает утвердительный ответ[29]. При отсутствии ограничительной оговорки на дополнительный выпуск облигаций, слияния или выплату дивидендов, поглощения за счет займа приводили к падению стоимости облигаций в среднем на 5,2%. Напротив, при наличии строгих оговорок объявление о поглощении за счет займа приводило к *повышению* стоимости облигаций на 2,6%[30].

Позитивные оговорки

Оговорки, ограничивающие дополнительный выпуск облигаций или выплату дивидендов, удерживают компанию от операций, улучшающих положение акционеров за счет держателей облигаций, но не делают облигации более надежными. Поэтому заимодатели стремятся обезопасить себя различными условиями, позволяющими требовать компенсации при первых признаках беспокойства. Например, предоставление банковской ссуды часто оговаривается правом кредитора востребовать возврат ссуды при "существенном ухудшении дел" клиента, ставящем под сомнение возможность погашения долга[31].

Мы уже познакомились с множеством препятствий, устанавливаемых для компании заимодателем. Наиболее явные из них — регулярная выплата процентов и отчисления в фонд погашения. Если фирма этого не делает, то незамедлительно поступает требование погашения займа. Вот почему компании всегда по возможности стараются производить платежи. Другое препятствие, которое приходится преодолевать компаниям, — погашение прочей задолженности. Некоторые облигационные займы сопровождаются так называемой оговоркой о *перекрестной неплатежеспособности*, в соответствии с которой компания признается неплатежеспособной, если она не погашает долги по любому из займов, что дает право любому другому заимодателю требовать возврата своей ссуды, не дожидаясь сроков ее погашения.

Большинство письменных соглашений об эмиссии содержат так называемые *позитивные* оговорки, накладывающие на заемщика определенные обязательства, значительная часть которых при публичном выпуске необременительна. Например, на компанию может налагаться обязательство

---

[29] *P. Asquith and T. A. Wizman.* Event Risk, Bond Covenants, and the Return to Existing Bondholders in Corporate Buyouts. Неопубликованная статья. Sloan School of Management, M.I.T., Cambridge, Mass., June 1990.

[30] Одной из причин роста цен на облигации при наличии строгих оговорок является следовавший за поглощением отзыв или выкуп облигаций.

[31] Обычно не дается специального определения оговорке "существенное ухудшение", призванной защитить кредитора от неплатежеспособности заемщика в отсутствие каких-либо иных специальных оговорок. Конечно, такая оговорка может стать грозным оружием в руках недальновидного и недобросовестного кредитора, который может сделать вид, что происходит ухудшение положения, и попытаться настаивать на повышении процентов под угрозой требования немедленного возврата долга. К счастью, немногие организации играют в подобные игры, если вообще такие организации имеются. Им мог бы быть предъявлен иск за такую попытку, да и репутация за *неиспользование* нечестных преимуществ перед клиентом расценивается в бизнесе как ценный актив.

предоставлять облигационерам годовой отчет. Если же она этого не делает, то это означает, что она неплатежеспособна по облигациям.

Частное размещение облигаций предполагает более жесткие условия. Наиболее распространено в этом случае обязательство поддерживать определенный уровень оборотного или собственного капитала. Когда оборотный или собственный капитал служит хорошим индикатором стоимости фирмы, заимодателям легко установить предельную сумму своих потенциальных убытков.

Нам бы вовсе не хотелось создать у вас впечатление, что заимодатели только и ждут момента, чтобы уличить компанию в неплатежеспособности и потребовать назад свои деньги. Если компания действительно оказывается неплатежеспособной, заимодатели имеют *право* потребовать возврата ссуды, но далеко не всегда пользуются им. Как правило, в такой ситуации кредиторы или их доверенное лицо стремятся получить от компании подробное объяснение случившегося и затем совместно обсудить возможные изменения в ее текущей политике. И лишь в крайнем случае заимодатели требуют досрочного погашения долга и объявляют компанию банкротом.

24-6. НОВШЕСТВА НА РЫНКЕ ОБЛИГАЦИЙ

Национальные, иностранные облигации и еврооблигации; облигации с фиксированной или плавающей ставкой, с купоном или без него; облигации отзывные, пролонгируемые или с правом досрочной продажи; облигации с обеспечением или без оного; облигации приоритетные и "младшие" — наверняка вы считаете, что рынок облигаций открывает перед вами настолько широкий выбор, какого только можно пожелать. И тем не менее на рынке облигаций почти каждый день появляется новинка. Вот лишь некоторые примеры экзотических облигаций.

Облигации с правом выплат в натуральной форме. По этим облигациям осуществляются регулярные процентные платежи, но в первые годы после выпуска по выбору облигационера проценты могут выплачиваться либо в денежной форме, либо облигациями на эквивалентную сумму по номиналу[32]. Это ценная альтернатива для компании, поскольку при падении цен на облигации она может расплатиться с облигационерами такими обесцененными облигациями, а не наличными деньгами. Многие компании, выпускавшие подобные облигации, были поглощены за счет заемных средств. Они зачастую испытывают нехватку денежных средств в первые годы выпуска и поэтому для них возможность платить проценты в натуральной форме особенно привлекательна. Так, при поглощении фирмой Kohlberg, Kravis and Roberts компании RJR Nabisco акционеры частично получали дивиденд такими облигациями[33].

Нет ничего более запутанного, чем *конвертируемые отзывные облигации с нулевым купоном и правом досрочной продажи*. В августе 1989 г. фирма Chemical Waste Management выпустила такие облигации по цене 30,7% с нулевым купоном и со сроком погашения 20 лет, конвертируемые в фиксированное количество акций в любое время, хотя компания имела возможность вместо этого выплатить эквивалент стоимости акций в денежной форме. В дополнение к этому облигационеры обладали опционом на продажу облигаций самой компании за

---

[32] Описание этого вида облигаций см. в статье: *L.S. Goodman and A.H. Cohen*. Pay-in-Kind Debentures: An Innovations // Journal of Portfolio Management. 15: 9–16. Winter. 1989.

[33] Подобная практика при выкупе за счет заемных средств имеет плохую репутацию. Но Росс Джонсон — президент RJR Nabisco, по сообщению прессы, восхищался возможностями платежей в натуральной форме. "Я считаю, что на Уолл-стрит найдено средство лучшее, чем печатание денег, и никто не понимает значения этого события. Знает ли об этом Мировой банк? Это путь решения проблемы кризиса неплатежей "третьего мира". Это новый вид валюты...". *B. Burrough and J. Helyar*. Barbarians at the Gate: The Fall of RJR Nabisco. Harper & Row, New York, 1990. P. 489.

ГЛАВА 24. Различные виды заемного капитала

деньги, а та, в свою очередь, — опционом на отзыв облигаций за деньги (опционом "колл"). Цена исполнения этих двух опционов росла из года в год[34].

Наиболее экзотический вид облигаций представляют собой еврооблигации[35]. Вот, например, сложносоставные евроиеновые облигации, с трехлетним сроком погашения, выпущенные в 1989 г. двумя сериями (траншами) Норвежским Христианским Банком. По траншу А проценты выплачивались по долгосрочной базисной ставке, но не могли превысить верхнего предела 12,8%. По траншу В проценты составляли 12,8% минус долгосрочная базисная ставка. Таким образом, при повышении общего уровня ставок проценты по траншу В снижались[36], но вместе с тем никогда не достигали нулевой отметки. Это можно проверить. Представьте, что вы приобрели облигации каждого транша на равные суммы, тогда средняя процентная ставка для вас составила бы 6,4%, что намного выше действовавших в то время ставок процента по японским облигациям.

На этом сложности транша В не заканчиваются, поскольку по нему не предусматривалось погашение основной суммы долга на все 100%. Вместо этого сумма погашения уменьшалась при падении индекса японского фондового рынка. Если бы этот индекс упал на 50%, то владельцы облигаций не получили бы ничего в погашение основного долга. Вы можете представить себе инвестора в транш В как покупателя необычной облигации с плавающей ставкой и одновременно как продавца опциона "пут" на японском фондовом рынке. Высокая доходность этих облигаций компенсировалась риском возможных убытков по основному долгу.

В последние годы около 60% евроиеновых облигаций открытого размещения имели подобные черты опционов. Почему? Одна из причин заключается в том, что у японских компаний по страхованию жизни нет возможности перераспределять доходы от прироста капитала в пользу владельцев страховых полисов, и поэтому они изыскивают высокодоходные облигации даже с риском убытков по основному долгу. Христианский Банк платит в целом высокие проценты по выпуску, но в обмен получает опцион "пут". Если он не намерен сохранять такой опцион, он легко может продать его иностранному инвестору, которому может показаться, что цены на акции на японском фондовом рынке завышены, и который поэтому будет стремиться застраховать себя от падения этих цен в перспективе.

Причины новшеств

Зачастую очень трудно предугадать, какие ценные бумаги обретут популярность, а какие так никогда и "не выйдут в люди". Однако Мертон Миллер считает, что важная роль в этом всегда принадлежит правительству. Он срав-

---

[34] В добавление к прочим сложностям компания могла исполнить свой опцион "колл" немедленно, а инвесторы могли исполнить свой опцион "пут" лишь с 1993 г. После чего цены исполнения обоих опционов выравнивались. Однако в первые 2 года компания не имела права досрочного выкупа облигаций, если цена обыкновенных акций была ниже оговоренного минимума. При досрочном выкупе облигаций решение об их конвертации в обыкновенные акции оставалось за инвестором. См.: *J. McConell and E.S. Schwartz*. Taming LYONS // Journal of Finance. 41: 561–567. July. 1986.

[35] Среди всех первенство принадлежит еврооблигациям, выпущенным шведской компанией Electrolux в 1990 г., погашение основной суммы долга по которым ставилось в зависимость от вероятности землетрясения в Японии.

[36] Облигации, проценты по которым меняются в направлении, противоположном общему изменению процентных ставок, называются *облигациями с обратной плавающей ставкой*. Нашим излюбленным примером таких облигаций являются выпущенные в 1986 г. долларовые облигации со сроком погашения 5 лет, плавающей ставкой и варрантами компании Hong Kong Mass Transit Railway. Варранты со сроком погашения 1 год давали право на приобретение гонконгских долларовых облигаций со сроком погашения 5 лет с обратной плавающей процентной ставкой 15,15% *минус* процентная ставка по краткосрочным займам в Гонконге (HIBOR).

ТАБЛИЦА 24-1
Ожидалось, что цена дисконтной облигации компании GMAC будет ежегодно возрастать равными темпами, однако Налоговая служба предоставила компании право каждый год вычитать такую же сумму в *долларах* из налогооблагаемой прибыли.

Годы	(1) Приведенная стоимость на начало года (в дол.)	(2) Изменения приведенной стоимости в течение года (в дол.)	(3) Суммы, разрешенные к списанию из налогов (в дол.)
1	252,2	37,3	74,75
2	289,8	42,8	74,75
3	332,5	49,1	74,75
4	381,6	56,3	74,75
5	437,9	64,6	74,75
6	502,5	74,1	74,75
7	576,6	85,1	74,75
8	661,7	97,6	74,75
9	759,4	112,0	74,75
10	871,4	128,6	74,75
		747,5	747,50

нивает государственное регулирование и налогообложение с работой песчинок, создающих жемчужины, хотя и причиняющих неудобство моллюску[37]. Можно предположить, что появление новых видов ценных бумаг, захлестнувших финансовые рынки в последние годы, стимулируется ужесточением системы регулирования и налогообложения, истоки которого лежат в 30-х и 40-х годах.

Мы уже увидели, что регулирование страховой отрасли в Японии привело к появлению необычных евроиеновых облигаций, увязанных с опционами. Казуистика налогового законодательства США также породила новый вид облигаций.

Пример. В июне 1981 г. компания General Motors Acceptance Corporation (GMAC) выпустила заем сроком на 10 лет с нулевым купоном на сумму 750 млн дол., по цене 252,50 дол. за одну облигацию. В перспективе через 10 лет ожидалось четырехкратное увеличение стоимости облигации, что соответствовало доходности в 14,8% годовых при начислении сложного процента.

В таблице 24-1 приводится ожидаемое ежегодное изменение стоимости облигаций. В первый год произойдет увеличение стоимости на сумму: $0{,}148 \times 252{,}2 = 37{,}3$ дол. В начале второго года стоимость облигации составит: $252{,}5 + 37{,}3 = 289{,}8$ дол., во второй год стоимость возрастет на: $0{,}148 \times 289{,}8 = 42{,}8$ дол. и т. д. За десять лет стоимость облигации увеличится на 747,5 дол. ($1000 - 252{,}5 = 747{,}5$).

Привлекательность облигаций компании обусловлена просчетом Налоговой службы США, справедливо признававшей, что выпуск займа сопряжен с затратами даже в том случае, когда по нему не выплачиваются проценты. Поэтому компании была предоставлена льгота по налогообложению прибыли в виде списания части дисконта на момент эмиссии. Однако при расчетах Налоговая служба использовала простой, а не сложный процент, и компании было позволено вычитать одну и ту же сумму ежегодно, а именно: $747{,}5/10 = 74{,}75$ дол.

---

[37] *M.H. Miller*. Financial Innovation: The Last Twenty Years and the Next//Journal of Financial and Quantitative Analysis. 21: 459—471. December. 1986.

ГЛАВА 24. Различные виды заемного капитала

Сопоставление столбцов 2 и 3 таблицы 24-1 показывает, что в первые годы займа льготы по налогообложению прибыли превышали затраты по долгу. Так, в первый год затраты на одну облигацию составили 37,3 дол., или 14,8% стоимости долга. Однако при расчете налогооблагаемой прибыли GMAC разрешено было списывать 74,75 дол., или 29,6% общей стоимости долга. Соотношение меняется лишь с 7-го года, когда сумма льгот стала меньше затрат по долгу, однако при прочих равных условиях GMAC выиграла дополнительные суммы на налоговой защите в первые годы.

Но это конечно же еще не все. Основываясь на допущении, что компания ежегодно выплачивала проценты на сумму 74,75 дол., Налоговая служба точно так же сделала допущение, что и владельцы облигаций ежегодно получали процент в сумме 74,75 дол. Но поскольку облигации GMAC были раскуплены инвесторами, пользующимися налоговыми льготами, такой подход не лишил их преимуществ[38].

Достоинства беспроцентных облигаций вызвали их шквальное появление в 1981 г. К 1982 г. Налоговая служба, обеспокоенная потерей доходов, стала применять сложный процент для расчета налоговых льгот. С этого момента беспроцентные облигации утратили свои налоговые преимущества. Однако беспроцентные облигации выжили. Компании продолжают их выпускать, хотя и в меньшем объеме[39].

Выгоды от нововведений

Первоначально выгоды от облигаций с нулевым купоном получили те инвестиционные банки, которые их придумали и продвинули на рынок, а также эмитенты, подобные упомянутой выше компании GMAC. Однако следует помнить, что преимущества облигаций с нулевым купоном проявляются только тогда, когда обычный инвестор облагается налогом по более низким ставкам, чем заемщик. Это заставляет вернуться к главе 18, где рассматривались противоречия, связанные со структурой капитала. До тех пор пока лишь немногие компании выпускали беспроцентные облигации, инвесторов, обладавших льготами по налогообложению и потому желавших держать такие облигации, было достаточно. Компании, появившиеся на этом рынке позже, столкнулись с более высокими процентными ставками. Когда же преимущества беспроцентных облигаций стали ясны всем, выгоды от них в виде более высоких процентных ставок смогли получить лишь инвесторы, которые имели налоговые льготы[40].

Урок достаточно прост. Инвестиционные банки и компании могут быть уверены в том, что получат выгоды от новых видов облигаций лишь тогда, когда они первыми выходят на рынок. Как только рынок достигнет равновесия, все выгоды переходят к малочисленным игрокам (в нашем примере — к инвесторам, обладающим налоговыми льготами).

Новшества, выдержавшие испытание временем

Можно считать, что Налоговая служба США субсидировала развитие беспроцентных облигаций. Но и другие значительные и весьма достойные новшества подобны облигациям с нулевым купоном, которые выжили, даже

---

[38] Беспроцентные облигации пользовались популярностью в Японии, поскольку увеличение стоимости облигаций расценивалось как прирост капитала. Это положение было пересмотрено в 1985 г.

[39] Для дополнительного анализа налоговых стимулов беспроцентных дисконтных займов см.: *D. Pyle.* Is Deep Discount Debt Financing a Bargain? // Chase Financial Quarterly. 1: 39–61. 1981.

[40] Возможно, мы слишком упрощаем ситуацию: если инвесторы, пользующиеся налоговыми льготами, предвидят повышение процентных ставок на рынке в связи с увеличением выпуска беспроцентных облигаций, они не будут склонны покупать облигации ранних выпусков с более низкими ставками.

когда субсидии были ликвидированы. Некоторые выдержали испытание временем благодаря снижению затрат. Некоторые идеи зарождались как разовые сделки между продавцом и покупателем. По мере роста спроса единичный продукт вытесняется котирующимися ценными бумагами, обладающими аналогичными свойствами.

На рынках ценных бумаг, как и в других сферах бизнеса, существует экономия, обусловленная масштабами, и это стимулирует нарастающую потребность в стандартизации. В следующей главе мы познакомимся с тем, как неустойчивость процентных ставок и валютных курсов породила операции по хеджированию рисков. Огромный потенциальный объем рынка таких операций позволил стандартизировать фьючерсные контракты и снизить затраты по этим операциям[41].

Новые виды ценных бумаг выжили также потому, что расширили выбор инвестора. Когда экономисты улыбаются во сне, возможно, они мечтают о таком разнообразном рынке ценных бумаг, где их число будет сопоставимо с возможным в будущем количеством стран на земном шаре. Такой рынок дал бы инвестору максимально возможный выбор и позволил сформировать портфель, защищающий от любых финансовых потрясений.

Идеальный рынок — это, конечно, лишь светлая мечта, но устойчивый спрос на новые ценные бумаги, защищающие от новых опасностей на рынке, наблюдается постоянно. Так, в Бразилии и Израиле, для которых характерны высокие постоянные темпы инфляции, инвесторы предпочитают облигации, обеспечивающие определенную величину *реального* дохода, а не просто определенную сумму денег в виде процентов. Вот почему по большинству займов в этих странах производится индексирование по темпу инфляции. Такие индексируемые облигации практически не встречались в США до 1988 г., когда компания Franklin Savings Association вошла в историю, выпустив облигационный заем сроком на 20 лет, проценты по которому (но не основная сумма долга) были привязаны к индексу инфляции. Некоторые другие компании последовали этому примеру[42].

Часто такая привязка делается не к общему индексу инфляции, а к росту цен на определенную группу товаров. Так, компания French Rail увязала облигации с железнодорожными тарифами, сделав их похожими на долгосрочный сезонный проездной билет, который можно передавать другому лицу. Подобным образом поступали и некоторые другие компании в США. Например, в 1986 г. фирма Standard Oil выпустила облигации с нулевым купоном и сроком погашения в 1992 г., по истечении которого инвестор получал по крайней мере номинальную стоимость 1000 дол., а также имел право на получение премии, равной 200-кратной величине, на которую цена одного барреля нефти превысит 25 дол.[43] Эти облигации защищали компанию от капризов ценообразования на рынке нефти. Если бы к 1992 г. произошло снижение цен, уменьшились бы и прибыли компании. Однако это было частично смягчено низкими затратами по привлечению заемного капитала.

---

[41] Анализ причин, по которым новшества на рынке ценных бумаг явились следствием поиска более эффективных способов предоставления финансовых услуг, см. в работе: *I.A. Cooper*. Innovations: New Market Instruments. Oxford Review of Economic Policy. 2: 1–17. 1986.

[42] Franklin Savings Association — не единственная американская компания, увязавшая проценты с индексом инфляции. В 1925 г. фирма Rand Kardex выпустила облигации, привязанные к индексу оптовых цен, которые, впрочем, оказались нежизнеспособными и вскоре были конвертированы.

[43] Тем не менее эта премия по одной облигации не могла быть больше $200 \times 15 = 3000$ дол. В том же месяце Standard Oil выпустила вексель со сроком погашения $4\,^1/_2$ года, премия по которому составляла сумму, равную 170-кратному превышению цены в 25 дол. за 1 баррель нефти.

24-7. ПРОЕКТНОЕ ФИНАНСИРОВАНИЕ

Частные займы обычно представляют собой прямые обязательства материнской компании или одной из ее основных дочерних компаний. В последние годы проявился интерес к новым видам частных займов, тесно увязанных с успешной реализацией конкретного проекта и минимизирующих риски материнской компании. Такие займы получили название *проектное финансирование*, и на их предоставлении специализируются крупные международные банки.

Пример из нефтяной отрасли

Давайте посмотрим, как компания British Petroleum (ВР) осуществляла финансирование нефтяных разработок огромного месторождения Forties Field в Северном море в 1972 г. Поскольку в то время ВР нуждалась в значительных средствах для финансирования крупных затрат в различных регионах мира, руководство компании стремилось максимально обособить финансирование проекта Forties Field от другой деятельности ВР по привлечению источников денежных средств. В идеале следовало бы полностью изолировать остальную деятельность компании от судьбы месторождения в Северном море, но какой банк решился бы взять на себя риск кредитования только лишь под обеспечение месторождением, которое еще ничего не произвело?

Решение ВР иллюстрирует рисунок 24-2. Синдикат из 66 крупнейших банков согласился предоставить ей самый большой для того времени промышленный заем на сумму 945 млн дол. Однако заем представлялся не непосредственно ВР, а контролируемой этими банками компании Norex, которая, в свою очередь, переводила деньги дочернему предприятию ВР – BP Development, отвечавшему за разработку месторождения. Norex осуществляла платежи в авансовой форме под будущие поставки нефти, а не в виде кредита. Другими словами, BP Development обещала расплатиться за получение суммы будущими поставками нефти. Однако банки конечно же меньше всего хотели бы остаться с цистернами нефти у своих дверей. Поэтому была создана другая дочерняя компания ВР – BP Trading, для перекупки нефти у Norex по фиксированным ценам.

Платежи Norex должны были быть исчерпаны в течение 10 лет, но в связи с непредсказуемостью целого ряда факторов скорость их погашения была увязана с темпами разработки месторождения.

РИСУНОК 24-2
Финансирование разработки месторождения Forties Field. Банки выдают заем компании Norex, которая производит авансовые платежи BP Development под будущую поставку нефти. Нефть перепродается BP Trading по согласованным ценам, что позволяет Norex погасить заем. Жирными стрелками показано финансирование со стороны банков, тонкими стрелками – погашение ВР банковского кредита.

Банки согласились разделить между собой риск на случай, если бы запасов нефти оказалось недостаточно для обслуживания долга. Однако они были защищены от трех других рисков. Во-первых, от возможной неспособности BP Development построить необходимые мощности и осуществить разработку. Поэтому соглашение подробно оговаривало план разработки месторождения, выполнение которого дочерним предприятием гарантировала сама BP.

Во-вторых, угрозу представляло также более быстрое по сравнению с прогнозами истощение месторождения. Для страхования погашения займа в этой связи BP гарантировала, что разница между рыночной ценой произведенной нефти и суммой, необходимой для обслуживания долга, ежегодно будет заноситься на "рекламационный счет", которым могла бы воспользоваться фирма Norex, если бы объем поставок нефти существенно упал.

Третью угрозу представляли форсмажорные обстоятельства. Если бы к концу шестого года из-за таких обстоятельств не удалось добыть нефть, но, по оценкам, ее запасов было бы достаточно для погашения займа, Norex имела право требовать погашения займа с реституционного счета, гарантированного BP.

Применение этой сложной финансовой схемы привело к тому, что банки приняли на себя часть рисков, связанных с добычей нефти на месторождении Forties Field. Если бы запасы месторождения оказались недостаточными, то BP не отвечала бы другими своими активами по этому долгу. Еще одна особенность данного займа заключалась в том, что в балансе BP он не фигурировал в виде задолженности. Вместо этого обещания BP Trading перекупить нефть у Norex были оформлены как отсроченные обязательства под будущие поставки нефти.

Кто использует проектное финансирование?

Главное условие проектного финансирования состоит в его обособлении от остальной деятельности фирмы и предоставлении кредитору материальных гарантий. Поскольку необходимые расходы на дополнительные исследования и правовое обеспечение велики, проектное финансирование имеет смысл, когда речь идет о крупных суммах.

Традиционно финансируются проекты по добыче и переработке минеральных ресурсов, часто путем создания совместных предприятий. В США в последнее время очень широкое распространение такое финансирование получило при строительстве электростанций[44]. Например, компании по производству электроэнергии для бытовых нужд часто ведут совместное строительство с промышленными фирмами, с тем чтобы обеспечивать энергией коммунальное хозяйство, а излишками тепла — соседние промышленные предприятия.

Проектное финансирование производства электроэнергии стимулировал закон 1978 г. о производстве энергии для коммунальных нужд, в соответствии с которым коммунальные службы должны закупать энергию у независимых производителей на основе долгосрочных контрактов по фиксированным ценам или с *условием корректировки цен* на нефть, газ, уголь, необходимые для работы предприятия.

Такие контракты служат надежным обеспечением займа. Коммунальные службы "стоят за спиной" проекта и гарантируют приток доходов. При компетентном руководстве по завершении строительства обеспечивается приток денежных средств для погашения долга с риском намного меньшим, чем

---

[44] По оценкам Кинсинджера и Мартина, за период с января 1987 г. по август 1988 г. около 50% ресурсов, или 5,7 млрд дол., в рамках проектного финансирования приходилось на проекты, связанные с производством энергии. *J.W. Kensinger and J.D. Martin.* Project Finance: Raising Money the Old — Fashiond Way // Journal of Applied Corporate Finance. 1: 69—81. Fall. 1988.

ГЛАВА 24. Различные виды заемного капитала

в обычном бизнесе. Вот почему некоторые такие проекты финансируются на 90% за счет заемных ресурсов[45].

Проектное финансирование — некоторые общие особенности

Часто проектное финансирование осуществляется в виде прямого займа. Финансирование компанией BP разработки месторождения Forties Field представляет собой альтернативный вариант, известный как *оплата продукцией*. В этом случае банки не выдают кредит ни материнской, ни дочерней компаниям, а финансируют посредническую подконтрольную им фирму (подобную Norex). Эта фирма использует полученные средства для погашения банковского кредита.

Можно классифицировать проектное финансирование в соответствии с контрактными обязательствами собственников проекта следующим образом. Простейший, но мало распространенный метод финансирования предусматривает, что кредитор не имеет *права регресса* (требования возврата) по отношению к собственнику на любом этапе. Определение "без регресса" ("без обязательства") является не совсем точным, поскольку банки могут потребовать от материнской компании общую гарантию того, что ею будут предприняты все усилия для успешной реализации проекта. Хотя такие удобные условия обычно являются слишком общими для того, чтобы по ним можно было предъявить претензии в судебном порядке, все же они накладывают определенные обязательства на материнскую фирму.

Одну из наиболее широко распространенных угроз успешному погашению займа представляет задержка реализации проекта. Иногда проект может даже оказаться технически несостоятельным. Поэтому вторую категорию займов составляют те, которые обеспечиваются *гарантией завершения*, выдаваемой материнской или страховой компанией в виде *облигационного займа под завершение*.

По большинству займов проектного финансирования кредитору предоставляется больше прав регресса по отношению к материнской компании. Например, мы уже видели, что BP обещала перекупить нефть у Norex по фиксированным ценам. Вот еще три примера ограниченных гарантий, которые может обеспечить материнская компания.

1. *Соглашение о дополнительной загрузке*. Многие займы на строительство нефтепроводов предусматривают соглашение о дополнительной загрузке. Это означает, что если другие компании используют нефтепровод недостаточно, собственники самостоятельно осуществляют дополнительную подачу нефти в целях обеспечения притока денежных средств, необходимых для обслуживания долга.
2. *Соглашение о погашении затрат*. В соответствии с таким соглашением собственники проекта получают результаты проекта бесплатно. В об-

---

[45] Такая высокая доля заемных средств должна основываться на высокой надежности коммунального хозяйства как плательщика. В определенном смысле коммунальное хозяйство получает внебалансовый кредит, поскольку контракт на покупки энергии является фиксированным обязательством, имеет черты долгового финансирования и является долгосрочным. При прочих равных условиях, включая объем внебалансового долга, эти фиксированные обязательства должны оказывать такое же влияние, как финансовая зависимость (леверидж), и увеличивать колебания прибыли коммунального хозяйства и доходов акционеров.

Вместе с тем существуют также интересные особенности регулирования данной сферы. При строительстве тепловой станции коммунальное хозяйство рассчитывает на получение справедливого дохода на свои инвестиции: регулированием предполагается установление таких цен для покупателей, которые обеспечили бы коммунальным предприятиям возможность компенсировать свои затраты на привлечение капитала. К сожалению, затраты на капитал непросто измерить, и этот вопрос часто служит предметом споров в соответствующих ведомствах. Но при заключении контракта затраты на капитал увязываются с ценой контракта и рассматриваются как текущие операционные расходы, что упрощает взаимоотношения с потребителями.

мен они соглашаются оплачивать все текущие расходы, включая расходы по обслуживанию долга. В таких проектах отсутствует чистая прибыль; каждая материнская фирма просто вычитает из своих доходов соответствующую долю расходов по проекту.
3. *Соглашение о дефиците денежных средств.* Собственник проекта обязуется поддерживать определенный уровень оборотного капитала, если у исполнителя не окажется достаточно средств.

В любой форме проектного финансирования сроки погашения долга должны быть как можно теснее увязаны с поступлением денежных средств по проекту. Так, если сроки завершения проекта неясны, то дата первого платежа может быть просто установлена спустя несколько месяцев после завершения проекта. Если заем предусматривает крупную выплату по завершении проекта, обычно применяют условия о *поэтапном погашении*, в соответствии с которыми доля любой дополнительной прибыли направляется на уменьшение финального платежа. В целях страхования кредитора от преждевременного истощения ресурсов для погашения займа может использоваться *пропорциональная* доля доходов, а не фиксированная сумма.

Преимущества проектного финансирования

Проектное финансирование имеет преимущества перед прямым получением кредита материнской компанией. Считается, что проект представляет ценность для материнской компании, если он может быть осуществлен как самостоятельное самофинансирующееся предприятие, в случае успеха которого материнская компания получит прибыль, а в случае провала убытки будут обособлены от ее остальной деятельности. Если посмотреть на реальные займы под проекты, то можно заметить, что материнской фирме редко удается отмежеваться от связанных с ними превратностей, напротив, процент по займу часто напрямую зависит от степени поддержки материнской фирмой данного проекта. Тем не менее проектное финансирование позволяет материнской компании переложить некоторые специфические риски на кредитора. Так, если бы BP получила кредит под разработку нефтяного месторождения в Северном море на обычных условиях, она сама бы несла все риски, связанные с недостаточностью запасов, однако согласно схеме финансирования месторождения Forties Field, рассмотренной ранее, она застрахована от этого. Более того, кредитор принимает на себя риски неблагоприятных мер правительства по финансируемым проектам в странах с неустойчивой политической ситуацией. Многие компании считают, что экспроприация собственности иностранным государством *менее вероятна* при получении денег в рамках проектного финансирования.

Такое финансирование может и не быть показано как задолженность в балансе компании. Так, в рассмотренном примере финансирования BP разработки месторождения Forties Field оно фигурировало как отсроченные обязательства под будущие поставки. В некоторых случаях гарантии собственников вовсе не находят отражения в балансе, а показываются "вне баланса", что очень нравится отдельным финансистам. Однако кредиторы и акционеры обычно легко распознают такую скрытую задолженность.

Иногда стоимость проектного финансирования высока, но получить его оказывается легче, чем прямой кредит. Часто проекты реализуются совместно, и вести переговоры о едином общем займе бывает проще в сравнении с получением займа каждым участником в отдельности. Кроме того, обеспечением страхования проекта для кредитора могут служить как контрактные соглашения, так и реальные активы. Например, гарантия банковского кредита под строительство нефтепровода опирается на соглашение о дополнительной загрузке нефтепровода, а займа под танкер — на чартерное соглашение. В таких случаях наиболее простым решением может быть непосредственная увязка займа с этими контрактами.

ГЛАВА 24. Различные виды заемного капитала

24–8. РЕЗЮМЕ

По прочтении этой главы у вас уже должно сложиться представление о том, во что вы ввязываетесь, решив предпринять публичную эмиссию облигаций. Облигации можно выпустить на внутреннем, европейском или международном рынке. Еврооблигации — это облигации, которые одновременно продаются в нескольких зарубежных странах обычно лондонскими отделениями международных банков и дилерами по операциям с ценными бумагами.

Детали облигационного займа оговариваются в письменном соглашении о выпуске между вашей компанией и доверенным лицом, однако основные условия отражаются в проспекте эмиссии.

В соглашении указывается, имеют ли облигации приоритетность при погашении, обеспечены они или нет. Большинство облигаций представлено необеспеченными дебентурами и векселями, которые являют собой общие требования к компании. Исключение составляют ипотечные облигации предприятий коммунального хозяйства, обеспеченные первыми закладными, обеспеченные трастовые облигации и трастовые сертификаты на оборудование. В случае невыполнения обязательств доверенное лицо получает такие активы в собственность в счет погашения долга.

Большинство облигационных выпусков имеет *фонд погашения*, который формируется за счет ежегодных отчислений и используется для погашения облигаций. Фонд защищает интересы держателей облигаций, сокращает среднюю продолжительность жизни облигаций, служит ежегодной проверкой способности компании погашать текущую задолженность (если компании не позволено выкупать собственные облигации на открытом рынке).

Большинство долгосрочных облигаций может быть досрочно выкуплено с премией, которая изначально равна купонной ставке и постепенно снижается до нуля. Одно общее ограничение этого правила — компаниям не разрешается досрочно выкупать облигации в первые несколько лет, если они собираются заменить их новым выпуском с более низкой процентной ставкой. Право досрочного выкупа облигаций может оказаться стоящим делом: при снижении процентных ставок стоимость облигаций растет, таким образом, можно приобрести облигацию, стоимость которой значительно превышает цену выкупа. Конечно, если инвестор информирован о возможном досрочном выкупе облигаций, то цена выкупа может стать верхней границей рыночной цены. Следовательно, вашей лучшей стратегией в подобных случаях является срочный выкуп облигации, как только ее рыночная цена сравняется с ценой выкупа. И вряд ли вы придумаете что-нибудь лучше.

Письменное соглашение о выпуске облигаций может содержать определенные условия. Вот несколько примеров того, что компания *не должна* делать.

1. Выпуск "старших" облигаций накладывает запрет на дополнительный выпуск "старших" или "младших" облигаций, если отношение "старшего" долга к остаточной стоимости материальных активов превышает установленный максимум.
2. Выпуск субординированного долга может накладывать аналогичный запрет на последующие выпуски "старших" или "младших" облигаций, если соотношение *всей* задолженности к остаточной стоимости материальных активов превышает оговоренный максимум.
3. Выпуск необеспеченных облигаций может сопровождаться *негативной оговоркой об обеспечении*, в соответствии с которой компаниям не разрешается выдавать обеспечение под новые займы без эквивалентного обеспечения уже существующих займов.
4. Многие выпуски облигаций накладывают ограничения на выплату дивидендов.

Условия, требующие от компаний положительных мероприятий по защите прав облигационеров, известны как *позитивные оговорки*. При публичном выпуске такие условия обычно необременительны. Реальное значение имеют те оговорки, которые предоставляют держателям облигаций шанс предъявлять иск и востребовать свои деньги, пока компания еще имеет значимую стоимость. Так, некоторые облигационные займы предусматривают поддержание оборотного и собственного капитала на определенном уровне. Поскольку недостаточный уровень любого из них является убедительным свидетельством финансовой слабости, это условие равносильно предоставлению облигационерам права требовать возврата своих денег, как только возникают проблемы.

Частные облигационные выпуски менее стандартизированы, чем публичные выпуски, и накладывают более строгие обязательства. В остальном они похожи друг на друга.

Существует необычайно большое разнообразие облигаций, новые виды которых появляются почти ежедневно. В соответствии с принципом естественного отбора некоторые новые инструменты становятся популярными и могут даже заместить существующие. Другие являются эфемерными созданиями. Причины успешного существования некоторых не совсем ясны, но можно предположить, что это связано с налогообложением и правительственным регулированием. Те, что уменьшают затраты инвестора и предоставляют ему более широкий выбор, удерживаются на рынке дольше.

ПРИЛОЖЕНИЕ: ИЗВЛЕЧЕНИЯ ИЗ ПРОСПЕКТА ЭМИССИИ ОБЛИГАЦИЙ

Дополнения к проспекту эмиссии

(К проспекту от 9 октября 1985 г.)
75 000 000 долларов
Potomac Electric Power Company
Ипотечные облигации первой серии, $11\frac{1}{4}$ % с погашением в 2015 г.

Срок погашения новых облигаций 1 ноября 2015 г. Проценты по новым облигациям выплачиваются дважды в год, 1 мая и 1 ноября, начиная с 1 мая 1986 г. Облигации могут быть погашены полностью или частично по усмотрению компании через 30 дней после уведомления по оговоренной цене, однако не ранее 1 ноября 1990 г. Такое погашение может производиться для прямого или косвенного финансирования нового выпуска, проценты по которому не должны быть ниже 11,36 % в год. См. ниже "Описание новых облигаций — Погашение новых облигаций".

Будет сделана заявка на котировку новых облигаций на Нью-Йоркской фондовой бирже.

ДАННЫЕ ЦЕННЫЕ БУМАГИ НЕ ПОЛУЧИЛИ ОДОБРЕНИЯ ИЛИ НЕОДОБРЕНИЯ КОМИССИИ ПО ЦЕННЫМ БУМАГАМ И БИРЖАМ, КОМИССИЯ НЕ ДЕЛАЛА КАКИХ-ЛИБО ЗАМЕЧАНИЙ ПО ФОРМЕ И СУТИ ПРОСПЕКТА ЭМИССИИ ИЛИ ЕГО ПРИЛОЖЕНИЯ. ЛЮБОЕ УТВЕРЖДЕНИЕ ОБ ОБРАТНОМ ЯВЛЯЕТСЯ УГОЛОВНЫМ ПРЕСТУПЛЕНИЕМ.

	Цена открытой продажи (1)	Дисконт при подписке	Поступления компании (1) (2)
На одну облигацию	99,500%	0,401%	99,099%
Всего	74 625 000 дол.	300 750 дол.	74 324 250 дол.

(1) Плюс проценты, начисленные с 1 ноября 1985 г. по день поставки.
(2) До вычета платежей компании, оцененных в 490 000 долларов.

Новые предлагаемые облигации являются объектом получения и акцепта Подписчиками, предварительной продажи и права Подписчиков отклонить любой заказ полностью или частично, отозвать, отклонить, изменить предложение без уведомления. Передача новых облигаций будет произведена в офисе компании Salomon Brothers, Inc., по адресу: One New York Plaza, New York, New York или в помещении компании The Depository Trust 13 ноября 1985 г.

Salomon Brothers Inc.

    The First Boston Corporaton

        Kidder, Peabody & Co.
        Incorporated

            Merrill Lynch Capital Markets

                Paine Webber
                Incorporated

                    Prudential – Bache
                    Securities

Дата данного приложения к Проспекту 28 октября 1985 г.

В СООТВЕТСТВИИ С ПРЕДЛОЖЕНИЕМ ПОДПИСЧИКИ МОГУТ ПЕРЕРАСПРЕДЕЛИТЬ ЗАЯВКИ ИЛИ ПОВЛИЯТЬ НА ОПЕРАЦИИ, СТАБИЛИЗИРУЮЩИЕ ИЛИ ПОДДЕРЖИВАЮЩИЕ РЫНОЧНУЮ ЦЕНУ НОВЫХ ОБЛИГАЦИЙ НА УРОВНЕ, ПРЕВЫШАЮЩЕМ СУЩЕСТВОВАВШИЙ ПРЕЖДЕ. ТАКИЕ ОПЕРАЦИИ МОГУТ БЫТЬ ПРОИЗВЕДЕНЫ НА НЬЮ-ЙОРКСКОЙ ФОНДОВОЙ БИРЖЕ ИЛИ ДРУГИМ ОБРАЗОМ. ТАКАЯ СТАБИЛИЗАЦИЯ, ЕСЛИ ОНА НАЧАЛАСЬ, МОЖЕТ БЫТЬ ОСТАНОВЛЕНА В ЛЮБОЕ ВРЕМЯ.

КОРОТКО О ВЫПУСКЕ

Представляет собой краткое изложение соответствующих фактов, представленных описательно и в финансовой отчетности, включенных в Приложение к Проспекту, или в сам Проспект, или в документы, на которые в Проспекте делается ссылка. См. "Включение документов посредством ссылки".

ПРЕДЛОЖЕНИЕ

Компания............................	Potomac Electric Power Company
Ценные бумаги...................	Облигации, обеспеченные первой закладной на 75 000 000 дол., $11\frac{1}{4}$ % сроком погашения в 2015 г.
Даты выплаты процентов..	1 мая, 1 ноября, начиная с 1 мая 1986 г.
Заявка на регистрацию......	Нью-Йоркская фондовая биржа
Погашение.........................	"Выкуп новых облигаций"

КОМПАНИЯ

Сфера деятельности...........	Производство, передача, распределение и реализация электроэнергии в штате Вашингтон
1984 г. Ассортимент топлива	Уголь 89%, нефть 11%

Выборочную финансовую информацию и отношение чистой прибыли к расходам по обслуживанию долга см. в разделах "Выборочная финансовая информация" и "Отношение чистой прибыли к расходам по обслуживанию долга".

ОПИСАНИЕ НОВЫХ ОБЛИГАЦИЙ

Данная терминология, используемая в предлагаемом новом облигационном займе, дополняет общую терминологию и положение нового облигационного займа Проспекта, на что сделаны соответствующие ссылки. См. "Описание облигаций и ипотечного займа".

Общие положения. Предлагаемые здесь новые облигации, сумма основного долга по которым составляет 75 млн дол., имеют срок погашения 1 ноября 2015 г., проценты, указанные на лицевой стороне облигаций, выплачиваются каждые полгода — 1 мая и 1 ноября, начиная с 1 мая 1986 г.

Выкуп новых облигаций. Предлагаемые новые облигации могут быть досрочно выкуплены полностью или частично в любое время по выбору Компании при уведомлении за 30 дней, по выкупной цене (указанной в процентах к номинальной стоимости), представленной в следующей таблице и включающей в каждом отдельном случае проценты, начисленные на дату выкупа; *признается, однако,* что Компания не может осуществить какой-либо досрочный выкуп указанных облигаций до 1 ноября 1990 г., для замены их новым выпуском с эффективной процентной ставкой (рассчитанной в соответствии с общепринятой финансовой практикой) ниже 11,36%, которая представляет собой процентные затраты Компании по новым облигациям.

При выкупе в течение 12 месяцев, заканчивающихся 1 ноября	Выкупная цена в % к номинальной стоимости облигаций	При выкупе в течение 12 месяцев, заканчивающихся 1 ноября	Выкупная цена в % к номинальной стоимости облигаций
1986 г.	110,75	1997 г.	104,84
1987 г.	110,21	1998 г.	104,30
1988 г.	109,67	1999 г.	103,76
1989 г.	109,14	2000 г.	103,22
1990 г.	108,60	2001 г.	102,69
1991 г.	108,06	2002 г.	102,15
1992 г.	107,52	2003 г.	101,61
1993 г.	106,99	2004 г.	101,07
1994 г.	106,45	2005 г.	100,54
1995 г.	105,91	2006 г. и далее	100,00
1996 г.	105,37		

ПОДПИСКА

В соответствии с правилами и условиями Соглашения о Подписке, Компания соглашается продать каждому Подписчику, поименованному ниже, а Подписчики твердо соглашаются купить новые облигации, номинальная стоимость которых указана против соответствующего подписчика:

Подписчики	Номинальная стоимость облигаций в дол.
Salomon Brothers Inc.	12 500 000
The First Boston Corporation	12 500 000
Kidder, Peabody & Co. Incorporated	12 500 000
Merrill Lynch, Pierce, Fenner & Smith Incorporated	12 500 000
Paine Webber Incorporated	12 500 000
Prudential-Bache Securities Inc.	12 500 000
Итого	75 000 000

Соглашение о Подписке предусматривает соблюдение Подписчиками ряда обязательств и условия выкупить все новые облигации, если хоть какие-либо из них будут куплены.

По рекомендации Подписчиков Компания делает предложение для открытой подписки на облигации по цене, указанной на обложке Дополнения к Проспекту, а некоторым биржевым дилерам — по такой же цене за вычетом вознаграждения, не превышающего 0,30% номинальной стоимости новых облигаций. Подписчики могут позволить, а дилеры переуступить реализацию займа другим дилерам за вознаграждение, не превышающее 0,25% номинальной стоимости новых облигаций. В дальнейшем после первоначального публичного предложения изначальная цена открытой подписки и ставка вознаграждения дилерам может быть изменена.

Соглашение о Подписке при определенных обстоятельствах предусматривает гарантии со стороны компании в том, что Подписчики или подконтрольные им лица не будут нести ответственность, предусмотренную, в частности, Законом о ценных бумагах 1933 г., вытекающую из или основанную среди прочего на неправильном толковании или якобы неправильном толковании существенных фактов Регистрационного Положения, Проспекта или Дополнений к нему или документов, на которые даются ссылки, или вытекающую из упущений или якобы упущений, при указании на требуемые и необходимые существенные факты, если подобные ошибки не вызваны недобросовестностью.

КОМПАНИЯ POTOMAC ELECTRIC POWER
ИПОТЕЧНЫЕ ОБЛИГАЦИИ ПЕРВОЙ СЕРИИ

Potomac Electric Power Company (Компания) имеет право периодически выпускать облигации, обеспеченные первой закладной ("новые облигации"), на общую сумму 150 000 000 дол., отдельными сериями, по ценам и на условиях, определяемых рынком на момент продажи. Опубликованная в Проспекте информация об общей номинальной стоимости облигаций, процентах по ним (или методе расчета процентов), сроках выплаты процентов, сроках погашения займа, цене предложения, условиях погашения или других специальных условиях серий новых облигаций дополняется Приложением к Проспекту.

Компания имеет право продать новые облигации определенным ею подписчикам или ограниченному кругу институциональных покупателей через дилеров или агентов. См. "План размещения облигаций". В Приложении к Проспекту указываются имена таких подписчиков, дилеров и агентов, комиссионные или скидки и нетто-поступления от таких продаж.

ДАННЫЕ ЦЕННЫЕ БУМАГИ НЕ ПОЛУЧИЛИ ОДОБРЕНИЯ ИЛИ НЕОДОБРЕНИЯ КОМИССИИ ПО ЦЕННЫМ БУМАГАМ И БИРЖАМ, РАВНО КАК ТЩАТЕЛЬНОСТЬ СОСТАВЛЕНИЯ ИЛИ АДЕКВАТНОСТЬ САМОГО ПРОСПЕКТА. ЛЮБОЕ УТВЕРЖДЕНИЕ ОБ ОБРАТНОМ ЯВЛЯЕТСЯ УГОЛОВНО НАКАЗУЕМЫМ.
Дата Проспекта 9 октября 1985 г.

КОМПАНИЯ

Potomac Electric Power Company (Компания) специализируется на производстве, передаче, распределении и продаже электроэнергии в штате Вашингтон, включая округ Коламбия, большую часть Монтгомери и округа Принца Георга в Мэриленде, а также небольшую часть округа Арлингтон в Вирджинии. Она также является оптовым поставщиком электроэнергии, распределяемой в округах Калверт, Чарлз, Святая Мария в южной части Мэриленда. В 1984 г. приблизительно 53% доходов приходилось на Мэриленд, 45% – на округ Коламбия и 2% – на Вирджинию. Около 17% и 4% выручки приходилось на государственные департаменты США и правительство округа Коламбия соответственно.

Офис Компании расположен по адресу: 1900 Pennsylvania Avenue, N.W., Washington, D.C. 20068, телефон (202) 872-2456.

ИСПОЛЬЗОВАНИЕ ПОСТУПЛЕНИЙ

Поступления от продажи новых облигаций будут использованы для выкупа "старших" ценных бумаг, а именно: для погашения долгосрочного займа, выкупа привилегированных акций и формирования предусмотренного контрактом фонда погашения. Поступления могут быть использованы для погашения краткосрочных кредитов, полученных для финансирования погашения вышеуказанных "старших" ценных бумаг, или могут быть временно размещены как краткосрочные вложения до использования по назначению.

Компания не планирует использовать поступления в целях финансирования текущей программы по строительству, для этого будут привлечены краткосрочные займы и внутренние источники.

ПЛАН РАСПРЕДЕЛЕНИЯ

Компания имеет право продавать новые облигации по трем каналам: 1) подписчикам или дилерам, 2) непосредственно одному или ограниченному кругу институциональных покупателей, 3) агентам. В Дополнении к Проспекту указываются условия продажи новых облигаций, включая имя или имена любого из подписчиков на размещение ценных бумаг, цену покупки и суммы поступлений Компании от продажи этих бумаг, скидку и другие льготы подписчикам, цену предложения, скидки и другие уступки, предусмотренные или выплаченные дилерам, любые биржи ценных бумаг, на которых могут быть зарегистрированы данные новые облигации.

Если покупателями выступают подписчики, то они выкупают новые облигации за свой счет и могут время от времени перепродавать их посредством одной или нескольких операций, включая оговоренные операции, по фиксированной цене предложения или меняющимся ценам, определяемым в момент продажи. Новые облигации могут предлагаться подписчиком или подписчиками непосредственно или их синдикатом, уполномоченным Компанией. Если в Дополнении к Проспекту не говорится о противном, обязательства подписчиков приобрести предлагаемые здесь новые облигации являются предметом определенных ограничений, и подписчик должен приобрести все облигации полностью, если хотя бы одна была куплена. Первоначальная цена предложения, разрешенные или вновь устанавливаемые или выплачиваемые дилерам скидки и льготы могут меняться время от времени.

Новые облигации могут время от времени продаваться непосредственно Компанией через ее уполномоченных агентов. В Дополнении к Проспекту приводятся имена агентов, привлеченных к продаже новых облигаций, указываются выплачиваемые Компанией комиссионные этим агентам.

Если это указано в Дополнении к Проспекту, Компания может уполномочить агентов, дилеров или подписчиков рекламировать новые облигации среди определенных организаций с целью покупки ими новых облигаций по цене публичного предложения, приведенной в Дополнении к Проспекту, с отсрочкой в поставке и на условиях поставки и платежа на определенную дату в будущем. Условия таких контрактов будут оговорены в Дополнении к Проспекту, где также оговаривается комиссия за получение таких контрактов.

Агентам и подписчикам по соглашению с Компанией могут быть предоставлены компенсация или возмещение расходов по некоторым обязательствам, в том числе в соответствии с Законом о ценных бумагах 1933 г. Агенты или подписчики могут являться покупателями Компании, участвовать в операциях Компании или выполнять услуги по поручению Компании в ходе ее текущей хозяйственной деятельности.

ОПИСАНИЕ ОБЛИГАЦИЙ И ИПОТЕКИ

Общие положения. Новые облигации подлежат выпуску в соответствии с Ипотечным и трастовым договором от 1 июля 1936 г. на основании соглашения между Компанией и банком Riggs National округа Вашингтон в качестве Доверенного лица, в соответствии с исправлениями и дополнениями, что должно быть указано в отдельном письменном соглашении об эмиссии облигаций (Дополнительное соглашение) каждый раз при продаже новых облигаций согласно данному Проспекту и Дополнению к Проспекту. Упомянутая ипотека, в соответствии с исправлениями и дополнениями, в документах называется "Ипотека". Копии документов по Ипотеке приложены к Регистрационному документу в качестве Дополнительного соглашения.

В Дополнении к Проспекту сделаны ссылки по терминологии и другой информации, относящейся к новым облигациям, предлагаемым к продаже: 1) определение и общая номинальная стоимость новых облигаций; 2) дата погашения новых облигаций; 3) годовая процентная ставка или метод ее расчета; 4) даты выплаты процентов; 5) условия досрочного выкупа или другие специальные условия выпуска новых облигаций.

Новые облигации будут предлагаться только в именной форме, достоинством в 1000 дол. или кратную величину, без купонов. Выплата номинальной стоимости и процентов по новым облигациям будет производиться агентами Компании — Riggs National Bank (штат Вашингтон) и Bankers Trust Company (Нью-Йорк). Компания не взимает каких-либо платежей за обмен новых облигаций.

Данное Дополнительное соглашение, равно как договор об Ипотеке и все дополнения к письменным соглашениям об эмиссии следующих серий облигаций, не будет содержать оговорок о каких-либо изменениях и фонде погашения, или каких-либо требований к минимальному уровню средств заемщика или их замещению, или ограничений в его дивидендной политике; однако дополнительные письменные соглашения по выпуску некоторых определенных серий облигаций содержат оговорки о фонде погашения.

Следующие положения раскрывают содержание некоторых оговорок договора об Ипотеке, при этом не претендуют на полноту. Они являются краткими ссылками на цитируемые части и статьи договора об Ипотеке. Некоторые термины приводятся так, как они указываются в договоре об Ипотеке.

Обеспечение. Новые облигации, так же как и другие облигации, выпущенные в настоящее время или позже по договору об Ипотеке, будут обеспечены в соответствии с прямым первоочередным правом удержать за долги собственное имущество и франшизы Компании (основная собственность представлена генераторными станциями, электрическими сетями и трансмиссиями, системами распределения электроэнергии), исключая денежные средства, дебиторскую задолженность и другие ликвидные активы, ценные бумаги (включая ценные бумаги, подтверждающие инвестиции в дочерние предприятия Компании), лизинговое имущество, неустановленное оборудование и комплектующие, не являющиеся составной частью основных средств, электроэнергию, материалы, произведенные или закупленные товары для перепродажи, собственного использования или распределения. Неделимая доля Компании в 9,72% в угольных шахтах, паро-электростанция (Conemaugh Generating Station), находящаяся в округе Индиана штата Пенсильвания, и связанные с ней линии передач, находящиеся в совместной собственности с другими восемью владельцами. Значительная часть линий передач Conemaugh и линий распределения, напряжением менее 230 000 вольт, часть линий напряжением 230 000 и 500 000 вольт, а также 13 подстанций, расположены на земле, принадлежащей другим собственникам, или находятся на общественных улицах и шоссе.

Договор об Ипотеке содержит оговорки о собственности, приобретенной позднее, и о праве залога на нее. Залог такой собственности (за исключением собственности в Пенсильвании) определяется приоритетным правом лиц, имеющих "старшее" право на собственность, которое было ими получено до составления или регистрации дополнительного соглашения об эмиссии.

Дополнительный выпуск облигаций. Дополнительные облигации, относящиеся к той же категории, что и новые облигации, могут быть выпущены на общую сумму до 1) 60% остаточной стоимости дополнительной собственности, не являющейся обеспечением предыдущего залога, которая может служить обеспечением этих дополнительных облигационных займов; 2) на сумму денежных депозитов у Доверенного лица (которые могут быть позднее отозваны на тех же условиях, что и дополнительные облигационные займы, выпускаемые в соответствии с пунктами 1) и 3); 3) на сумму погашенных или подлежащих погашению облигаций (погашение которых производится не за счет денежных средств, находящихся у Доверителя, или не за счет фонда погашения или другого аналогичного фонда, использование которого на подобные цели запрещено) (разделы 4, 6, 7, ст. III; раздел 4, ст. VIII).

Дополнительные облигации не могут быть выпущены, если в течение 12 из 15 месяцев, непосредственно предшествующих выпуску, чистая прибыль Компании не превышает в два раза годовую сумму процентов по всем облигациям и облигациям, имеющим обеспечение, и всем другим облигациям, находившимся тогда в обращении или выпускавшимся, или сумму ассигнований для выкупа собственности (имеется в виду чистая прибыль до амортизации, уплаты налога на прибыль и процентов). Или если облигационный заем не выпускается на условиях полной оплаты или подлежит досрочному выкупу или приобретен в течение двух лет на условиях дополнительной собственности, подпадающей под краткосрочный приоритетный заем под залог имущества (одновременно превращающийся в облигационный приоритетный залог) и облигации выпущены в течение двух лет до срока погашения облигаций с приоритетным залогом, являющимся их обеспечением (разделы 3, 4, 7, ст. III). При процентной ставке по новым облигациям 11% годовых (без учета влияния снижения процентов за счет рефинансирования долга) чистая прибыль в течение 12 месяцев по 30 июня 1985 г. примерно в 4,7 раза превысит совокупные проценты, о которых шла речь выше. Такой коэффициент покрытия процентов позволит выпустить облигации, обеспеченные недвижимостью, примерно на 1,25 млрд дол. (в дополнение к новым облигациям) при предполагаемой процентной ставке 11% годовых под обеспечение дополнительной собственностью или денежными депозитами, хотя облигации дополнительного выпуска приблизительно на сумму 540 млн дол. могут быть выпущены в ближайшее время в соответствии с ограничениями ипотечного займа.

Таким образом, пока новые облигации находятся в обращении, дополнительно приобретенная или построенная до 31 декабря 1946 г. собственность не может служить основой для выпуска облигаций, изъятия или сокращения денежных средств, необходимых для платежей Доверенному лицу (раздел 2, часть IV, Дополнительное соглашение).

Приоритетные залоговые облигации, обеспеченные краткосрочным приоритетным займом под залог имущества, могут быть выпущены в соответствии с условиями и ограничениями ипотечного займа (раздел 16, ст. IV).

После выпуска новых облигаций (обеспечением которого является дополнительная собственность), по состоянию на 30 июня 1985 г. остается дополнительной собственности приблизительно на 905 млн дол., которая может служить обеспечением выпуска облигаций в соответствии с условиями ипотечного займа.

Собственность, высвобождаемая из-под залога. Ипотечный заем разрешает высвобождать из-под залога собственность при соблюдении следующих условий. Такие условия обычно предусматривают депозит денежных средств Доверенному лицу на сумму, соответствующую справедливой оценке собственности, высвобождаемой из-под залога. Условия ипотечного займа содержат также объяснения условий изъятия ранее внесенных денежных средств для высвобождения собственности (ст. VII, VIII).

Изменение условий ипотеки. При согласии владельцев 80% стоимости облигаций или 80% каждой серии в условия ипотечного займа могут быть внесены изменения, не затрагивающие погашение основного долга или процентов или доли облигационеров для одобрения каких-либо изменений (раздел 6, ст. XV).

Дополнительное соглашение, тем не менее, предусматривает возможность снижения этой доли до 60% при согласии 80% облигационеров, чьи облигации находятся в обращении. Подразумевается, что покупатели новых облигаций согласны с таким снижением.

Невыполнение обязательств. При невыполнении обязательств по требованию 25% владельцев облигаций (по стоимости) могут быть внесены изменения в сроки погашения облигационного займа или требования использования залога для возмещения ущерба (разделы 11, 4, ст. IX).

Большинство облигационеров может получать поступления от продажи собственности непосредственно или через назначенную организацию (раздел 11, ст. IX).

Невыполнение обязательств означает непогашение основной суммы долга, задержку выплаты процентов на 30 дней, несоблюдение любых улучшений или минимального уровня собственных средств или обязательств по фонду погашения, невыполнение других условий облигационного соглашения, а также банкротство, неплатежеспособность или реорганизацию (раздел 1, ст. IX).

Условия ипотечного займа не предусматривают периодического представления Доверенному лицу подтверждений отсутствия нарушений обязательств или выполнения условий Ипотеки.

РЕКОМЕНДУЕМАЯ ЛИТЕРАТУРА

Бреннан, Шварц и Краус дают общий обзор условий досрочного выкупа облигаций.

M.J. Brennan and E.S. Schwartz. Savings Bonds, Retractable Bonds and Callable Bonds // Journal of Financial Economics. 5: 67–88. 1977.

A. Kraus. An Analysis of Call Provisions and the Corporate Refunding Decision // Midland Corporate Finance Journal. 1: 46–60. Spring. 1983.

Смит и Уорнер дают углубленный обзор и анализ облигационных соглашений.

C.W. Smith and J.B. Warner. On Financial Contracting: An Analysis of Bond Covenants // Journal of Financial Economics. 7: 117–161. June. 1979.

Полезно познакомиться с обобщающей работой по долговым ценным бумагам:

F.J. Fabozzi and I.M. Pollack (eds.). Handbook of Fixed Income Securities. 24 ed. Dow Jones-Irwin, Inc., Homewood, Ill., 1987.

Последние разработки по проектному финансированию содержатся в работе:

J.W. Kensinger and J.D. Martin. Project Finance: Raising Money the Old-Fashioned Way // Journal of Applied Corporate Finance. 1: 69–82. Fall. 1988.

КОНТРОЛЬНЫЕ ВОПРОСЫ

1. Выберите наиболее подходящий термин из предложенного:
   а) Для (облигаций предприятий коммунального хозяйства высокого рейтинга/облигаций промышленных компаний низкого рейтинга) обычно характерны невысокие требования к фонду погашения.
   б) (Краткосрочные векселя/Долгосрочные необеспеченные облигации) часто не обладают правом досрочного погашения.
   в) Обеспеченные трастовые облигации часто выпускаются (предприятиями коммунального хозяйства/промышленными холдинговыми компаниями).
   г) (Облигации предприятий коммунального хозяйства/Промышленные облигации) обычно необеспеченные.
   д) Трастовые сертификаты на оборудование обычно выпускаются (железнодорожными компаниями/финансовыми компаниями).

ГЛАВА 24. Различные виды заемного капитала

2. *а)* При росте процентных ставок цены на какие облигации упадут в большей степени: на отзывные или неотзывные облигации?

   б) Бельгийское правительство выпустило облигации, которые могут быть оплачены после определенной даты по выбору правительства *или* владельца облигаций. Что произойдет после наступления этой даты, если каждая сторона поведет себя рационально?

3. Какой из фондов погашения увеличивает стоимость облигации в момент выпуска?

   а) Добровольно создаваемый фонд погашения с погашением по номиналу.

   б) Обязательный фонд погашения с погашением по номиналу *или* выкупом на свободном рынке.

   в) Обязательный фонд погашения с погашением по номиналу.

4. *а)* Как обладатель "старших" облигаций, одобрите ли вы выпуск компанией "младшего" займа, предпочтете ли вы отказаться от такого выпуска или вам будет безразлично?

   б) Вы являетесь держателем долговых обязательств, обеспеченных собственностью компании. Как вы отнесетесь к выпуску компанией необеспеченного займа — предпочтете, чтобы она это сделала, чтобы не делала этого или вам все равно?

5. Для ответа на следующие вопросы используйте проспект Pepco (а не текст главы).

   а) Кто является главными подписчиками выпуска?

   б) Кто является доверенным лицом облигационного займа?

   в) Сколько денег получит компания по каждой необеспеченной облигации после вычета всех расходов?

   г) Эти необеспеченные облигации — на предъявителя или именные?

   д) Надо ли инвестору посылать купон для регулярного получения процентов?

   е) По какой цене облигации подлежат выкупу в 1989 г.?

   ж) Может ли компания выкупить в 1989 г. обеспеченные облигации и заменить их 5%-ным выпуском необеспеченных облигаций?

6. Воспользуйтесь проспектом Pepco:

   а) Сколько вам придется заплатить за одну облигацию при покупке в конце ноября 1985 г.? Не забудьте о начисленных процентах.

   б) Когда будет произведен первый платеж и какова общая сумма платежа?

   в) Когда наступает срок погашения и какова будет сумма основного долга на эту дату?

   г) Предположим, рыночная цена облигаций поднялась до 102 дол. и далее не менялась. Когда компании следует выкупить заем?

ВОПРОСЫ И ЗАДАНИЯ

1. Новые выпуски облигаций, поступившие в продажу после резкого роста процентных ставок, имеют иную доходность, чем облигации того же качества, уже находившиеся в обращении. Одно из возможных объяснений заключается в разной ценности их досрочного выкупа. Объясните, как это могло произойти?

2. Возьмите какой-нибудь проспект недавней эмиссии облигаций и сравните условия этой эмиссии с условиями эмиссии Pepco.

3. Какие ограничения налагаются на последующие займы компаний? Объясните подробно причины таких ограничений.

4. Объясните, почему в соглашениях о выпуске приоритетных и субординированных облигаций по-разному ограничивается свобода компании по эмиссии новых займов.

5. Облигации с опционом на продажу для инвестора — это облигации, которые могут быть по желанию держателя облигации выкуплены до наступ-

ления срока ее погашения. Постройте график, подобный тому, что изображен на рисунке 24-1, показывающий соотношение между стоимостью облигаций с таким опционом и стоимостью обычных облигаций.

6. Чем определяется стоимость индексируемых облигаций? Процентная ставка по таким облигациям будет выше или ниже ожидаемой реальной процентной ставки по номинальной облигации?

7. Объясните подробно, почему в соглашении о выпуске облигаций ограничиваются следующие действия компании:
    а) продажа активов компании;
    б) выплата дивидендов акционерам;
    в) выпуск новых приоритетных облигационных займов.

8. Рассмотрите облигации, связанные с конкретным товаром (нефтяные облигации Standard Oil или международные золотые облигации обогатительных компаний). Что произойдет с их стоимостью при изменении цен на соответствующие товары? Увеличивают или снижают данные облигации риск для акционеров?

9. Предположим, что GMAC вместо дисконтных облигаций выпустила векселя со сроком погашения 10 лет под 14,80% годовых по цене 100 дол.
    а) Какой должна быть номинальная стоимость таких векселей?
    б) Определите, какой выигрыш получает компания от выпуска дисконтных облигаций по сравнению с выпуском векселей со ставкой 14,80%. (Вы можете основываться либо на теории ММ, либо на теории Миллера о долге и налогах. См. разделы 18–2 и 18–3.)
    в) Покажите, что выигрыш для GMAC исчезает, если ежегодные налоговые вычеты рассчитываются с начислением сложного, а не простого процента.

10. Ущемляет ли интересы держателей "старших" облигаций выпуск "младших" облигаций? Останется ли ваш ответ прежним, если срок погашения "младших" облигаций наступает *раньше*, чем "старших"? Объясните, ваш ответ.

11. Определите стоимость нефтеоблигаций компании Standard Oil (см. раздел 24–6).

12. Укажите как можно более точно условия, при которых опцион на облигации с нулевым купоном и правом досрочного выкупа компании Chemical Waste Management будет исполнен. Каковы верхние и нижние границы цен на такие облигации для каждого года?

13. В разделе 24–6 мы ссылались на экзотические облигации, выпущенные Норвежским Христианским банком. Объясните, как вы оцените транш В. Предположим, что погашение основной суммы долга установлено на уровне 100% от номинала. (*Подсказка*: найдите пакет из других ценных бумаг, который принесет идентичный поток денежных средств.) Что это говорит о рискованностиваррантов Hong Kong Mass Transit Railway?

14. Компания Dorlcote Milling имеет в обращении 3%-ный ипотечный заем со сроком погашения 10 лет на сумму 1 млн дол. Купонная ставка любых новых облигаций компании составляет 10%. Финансовый директор, г-н Талливер, никак не может понять, получит ли компания выгоды в налогообложении при выкупе старых облигаций на рынке и замене их новыми 10%-ными, если их придется выкупать по рыночной цене. Каково ваше мнение? Предположите, что держатели облигаций не платят налоги. Затем используйте теорию Миллера о том, что налогоплательщики, выплачивающие высокие налоги, тяготеют к ценным бумагам, эффективным с точки зрения налогообложения, и тем самым подталкивают их цены вверх.

15. Поищите сведения о какой-нибудь недавней эмиссии необычных облигаций, скажем, в периодических выпусках Euromoney. Почему, по вашему мнению, эти облигации были выпущены? Для каких, на ваш взгляд, инвесторов они будут привлекательны? Как вы оцените их необычные черты?

16. В некоторых странах, например во Франции, объединение фирм для совместного выпуска облигаций не является чем-то необычным. Часть поступлений от продажи таких облигаций вкладывается в надежные правительственные облигации, а остальная часть распределяется между заемщиками, каждый из которых отвечает за свою долю; но, в случае неплатежеспособности любого из них, заимодатель получает компенсацию за счет правительственных облигаций. Считаете ли вы такой заем хорошей идеей и как бы вы его оценили?

17. Некоторые еврооблигации предусматривают выплаты в разных валютах. Так, облигации со сроком погашения 10 лет по цене 101 йена, выпущенные в 1985 г. компанией Anheuser-Busch, предусматривали выплату по купонам в йенах, а погашение основной суммы долга — в долларах по обменному курсу 208 йен за 1 дол. Как бы вы оценили такие облигации?

25
Хеджирование финансового риска

В большинстве случаев мы воспринимаем риск как нечто "богом данное": активы или бизнес имеют свою бету — и все тут. Потоки денежных средств испытывают влияние непредсказуемых изменений цен реализации, затрат на оплату труда, налоговых ставок, технологий и еще массы других переменных. Менеджер ничего не может с этим поделать.

Однако это не совсем так. В какой-то мере менеджер может выбирать риски активов или бизнеса. Некоторые риски можно *хеджировать* (т. е. уравновешивать), используя опционы, фьючерсы и другие финансовые инструменты[1].

Предположим, что ваша компания занимается лесозаготовками и производством строительных материалов. Здесь приведены основные источники риска:

- Цены реализации стандартных продуктов, таких, как *древесина*.
- Обменные курсы, включая *курс доллара США по отношению к доллару Канады*, поскольку одним из ваших основных конкурентов являются канадские фирмы; *курс доллара США по отношению к японской йене*, поскольку Япония представляет собой крупнейший рынок лесопродукции и строительных материалов.
- Новое жилищное строительство в США, которое (среди прочего) зависит от *процентных ставок*.
- Затраты энергии на ваших предприятиях, которые в значительной степени отражают *цены на сырую нефть*.

Все риски, связанные с факторами, которые выделены курсивом, можно хеджировать. Например, вы можете нейтрализовать непредсказуемые колебания продажной цены вашей древесины, заключив фьючерсные контракты. Как показано в таблицах 25-1 и 25-2, существует фьючерсный рынок всех выделенных курсивом переменных и многих других товаров и финансовых инструментов. Для хеджирования рисков вы также можете использовать опционы и другие ценные бумаги.

В этой главе будет показано, *как* фирмы могут хеджировать непредсказуемые колебания многих финансовых и производственных показателей. Но сначала мы укажем некоторые *причины, по которым* они так поступают.

---

[1] Риски можно и *увеличить* посредством торговли перечисленными инструментами, но оперативные менеджеры обычно не участвуют в таких спекулятивных операциях, оставляя это профессиональным торговцам ценными бумагами.

ТАБЛИЦА 25–1
Товарные фьючерсы и биржи, на которых осуществляется их купля-продажа

Фьючерс	Биржа
Ячмень	BFE, WPG
Кукуруза	CBT, MCE
Овес	CBT, WPG
Рожь	WPG
Пшеница	BFE, CBT, KC, MCE, MPLS, WPG
Льняное семя	WPG
Рапсовое семя	WPG
Соевые бобы	CBT, MCE
Соевая мука	BFE, CBT
Соевое масло	CBT
Крупный рогатый скот	CME, MCE
Свиньи	BFE, CME, MCE,
Свиные брюшки	CME
Какао	CSCE, FOX
Кофе	CSCE, FOX
Хлопок	CTN
Лесоматериалы	CME
Апельсиновый сок	CTN
Сахар	CSCE, FOX, PCE
Алюминий	COMEX, LME
Медь	COMEX, LME
Золото	CBT, COMEX
Свинец	LME
Никель	LME
Палладий	NYMEX
Платина	NYMEX
Серебро	CBT, COMEX, MCE
Олово	LME
Цинк	LME
Сырая нефть	IPE, NYMEX
Жидкое топливо	IPE
Горючее	IPE
Масло для обогрева	NYMEX
Неэтилированный газ	NYMEX
Фрахтовые тарифы	BFE

Расшифровка сокращений:
BFE – Baltic Futures Exchange (Балтийская фьючерсная биржа)
CBT – Chicago Board of Trade (Чикагская срочная товарная биржа)
CME – Chicago Mercantile Exchange (Чикагская товарная биржа)
COMEX – Commodity Exchange, New York (Товарная биржа, Нью-Йорк (КОМЕКС)
CSCE – Coffe, Sugar and Cocoa Exchange, New York (Биржа кофе, сахара и какао, Нью-Йорк)
CTN – New York Cotton Exchange (Хлопковая биржа Нью-Йорка)
FOX – London Futures and Options Exchange (Лондонская биржа фьючерсов и опционов)
IPE – International Petroleum Exchange of London (Международная биржа нефти в Лондоне)
KC – Kansas City Boarde of Trade (Товарная биржа Канзаса)
LME – London Metal Exchange (Лондонская биржа металлов)
MCE – MidAmerican Commodity Exchange (Центральноамериканская товарная биржа)
MPLS – Minneapolis Grain Exchange (Биржа зерна Миннеаполиса)
NYMEX – New York Mercantile Exchange (Нью-Йоркская товарная биржа (НИМЕКС)
PCE – Paris Commodity Exchange (Парижская товарная биржа)
WPG – Winnipeg Commodity Exchange (Товарная биржа Виннипега)

ГЛАВА 25. Хеджирование финансового риска

ТАБЛИЦА 25-2
Некоторые финансовые фьючерсные контракты

Фьючерсы	Биржа
Краткосрочные казначейские векселя	IMM, MCE
Среднесрочные казначейские векселя	CBT, FINEX
Казначейские облигации	CBT, LIFFE, MCE
Евродолларовые депозиты	IMM, LIFFE
Облигации, обеспеченные ипотекой	CBT
Индекс муниципальных облигаций США	CBT
Индекс агентства Standard and Poor	IMM
Австралийский доллар	IMM, PhilSE
Канадский доллар	IMM, MCE, PhilSE
Немецкая марка	IMM, LIFFE, MCE, PhilSE
Европейская валютная единица (ЭКЮ)	FINEX, PhilSE
Французский франк	IMM, PhilSE
Фунт стерлингов	IMM, LIFFE, MCE, PhilSE
Швейцарский франк	IMM, LIFFE, MCE, PhilSE
Йена	IMM, LIFFE, MCE, PhilSE

Расшифровка сокращений:

CBT – Chicago Board of Trade (Чикагская товарная биржа)
COMEX – Commodity Exchange, New York (Товарная биржа, Нью-Йорк (КОМЕКС)
FINEX – Financial Instrument Exchange (at the New York Cotton Exchange) (Биржа финансовых инструментов (финансовое подразделение Нью-Йоркской хлопковой биржи)
IMM – International Monetary Market (at the CME) (Международный валютный рынок (на Чикагской товарной бирже)
LIFFE – London International Financial Futures Exchange (Лондонская международная биржа финансовых фьючерсов (ЛИФФЕ)
MCE – MidAmerica Commodity Exchange (Центральноамериканская товарная биржа)
PhiSE – Philadelphia Stock Exchange (Филадельфийская фондовая биржа)

Хеджирование, как и страхование, редко бывает бесплатным. В большинстве случаев к хеджированию бизнеса прибегают для снижения риска, а не ради денег[2].

Зачем тогда обременять себя хеджированием? С одной целью – упростить финансовое планирование и снизить вероятность нехватки денежных средств. Недостаток денег может не только привести к незапланированным займам, но и вызвать финансовый кризис или даже банкротство. Почему же не прибегнуть к хеджированию, чтобы снизить вероятность таких опасных ситуаций?

В некоторых случаях хеджирование также позволяет решить, чего заслуживает менеджер по производству – строгого выговора или одобрения. Предположим, ваш филиал по экспорту лесоматериалов показывает 60%-ное увеличение прибыли в период, когда йена неожиданно подскочила на 12% по отношению к доллару США. Произошло ли увеличение прибыли из-за неожиданного изменения обменного курса или благодаря хорошему руководству? Если обменный курс был хеджирован, то, возможно, заслуга принадлежит

---

[2] Сделки с хеджированием имеют нулевую чистую приведенную стоимость, когда торговые операции не порождают издержек и рынки совершенно эффективны. На практике фирмы несут небольшие торговые издержки. Кроме того, иногда они могут быть хуже информированы, чем профессиональные торговцы, представляющие другую сторону рынка.

руководству фирмы. Если нет, то разобраться в этом можно, ответив на вопрос: "Какова была бы прибыль, если бы курс йены не был хеджирован?"[3]

И наконец, хеджирование риска внешних событий может оградить менеджера по производству от лишнего беспокойства. И хотя нас не должны волновать не подконтрольные нам внешние события, но большинство людей все-таки переживают из-за этого. Наивно полагать, что менеджера лесопильного завода не волнуют цены на лесоматериалы, если от них зависят его заработная плата и премии. Время, которое отнимает это беспокойство, было бы использовано лучше, если бы было проведено хеджирование цен[4].

В этой главе мы расскажем, как осуществлять хеджирование, и познакомим вас с некоторыми основными приемами и инструментами хеджирования, включая форвардные и фьючерсные контракты и свопы.

25—1. ТЕХНИКА ХЕДЖИРОВАНИЯ

В главе 7 мы показали, как можно снизить риск с помощью перекрестной диверсификации ряда ценных бумаг, не имеющих тесной корреляции. Несколько иная идея лежит в основе хеджирования. В идеале мы хотим найти два вида инвестиций с *совершенной корреляцией*. Тогда вы можете купить один и продать другой финансовый инструмент так, что ваша чистая позиция будет абсолютно надежна. На практике корреляция часто не является совершенной, и потому, несмотря на хеджирование, сохраняется некоторый остаточный риск.

Техника хеджирования одинакова и при полной, и при неполной корреляции. Предположим, что у вас уже есть обязательство А. Теперь вы хотите хеджировать это обязательство путем компенсирующей покупки актива Б. Цель этого — минимизировать неопределенность вашей чистой позиции.

Объем ваших инвестиций в Б зависит от того, как связаны стоимости А и Б. Предположим, например, вы считаете, что относительное изменение стоимости А следующим образом связано с относительным изменением стоимости Б:

$$\begin{pmatrix} \text{Ожидаемое изменение} \\ \text{стоимости А} \end{pmatrix} = a + \delta \begin{pmatrix} \text{изменение} \\ \text{стоимости Б} \end{pmatrix}$$

Дельта (δ) измеряет чувствительность А к изменению стоимости Б. Она также равна коэффициенту хеджирования, т. е. количеству единиц Б, которое нужно купить, чтобы минимизировать риск обязательства А. Вы минимизируете риск, если уравновешиваете ваше обязательство покупкой дельта-единиц актива Б[5].

Давайте поясним. Представьте себе, что инвестиционный дилер осуществил "короткую" продажу 10 млн акций компании Walt Disney. Если рынок растет, есть вероятность, что цена акций Walt Disney также вырастает, и дилер теряет

---

[3] Некоторые крупные фирмы минимизируют риск потенциальных убытков производственных подразделений, создавая внутренние воображаемые рынки между подразделениями и финансовым отделом. Торговля на внутренних рынках производится по реальным (внешним) рыночным ценам. Цель этого — освободить менеджера подразделения от риска, который ему неподконтролен. Казначей принимает отдельные решения по поводу хеджирования риска всей фирмы.

[4] Занимающийся нефтебизнесом техасец, который потерял сотни миллионов долларов в различных неудачных сделках, выразился так: "Почему я должен беспокоиться? Беспокойство — удел сильного ума и слабого характера". Поэтому финансовым менеджерам со слабым умом и сильным характером мы особенно рекомендуем прибегать к хеджированию всегда, когда это только возможно.

[5] Отметим, что А — статья, которую вы хотите хеджировать, — является зависимой переменной. Дельта показывает чувствительность А к изменениям Б.

деньги на этой продаже. Он может снизить риск компенсирующей покупкой рыночного портфеля. (На практике, вместо попытки купить рыночный портфель, он купил бы индексный фьючерс. Более подробно об этом мы расскажем позже.) Чтобы решить, сколько инвестировать на рынке, дилер должен сначала определить чувствительность цены акций Walt Disney к изменениям рыночного индекса. По последним данным, эта взаимосвязь имеет следующий вид:

$$\begin{pmatrix} \text{Ожидаемое месячное} \\ \text{изменение стоимости} \\ \text{акций Walt Disney} \end{pmatrix} = a + \delta \begin{pmatrix} \text{месячное изменение} \\ \text{рыночного индекса} \end{pmatrix} =$$

$$= 1{,}86 + 1{,}44 \times \begin{pmatrix} \text{изменение рыночного} \\ \text{индекса} \end{pmatrix}$$

В этом случае чувствительность цены акций Walt Disney идентична нашему старому знакомому, коэффициенту бета. Чтобы минимизировать риск, инвестиционный дилер должен скомбинировать свою "короткую" позицию по акциям Walt Disney с $1{,}44 \times 10 = 14{,}4$ млн дол. компенсирующих инвестиций в рыночный портфель.

Отметим, что мы сказали "минимизировать", а не "исключить" риск. Рыночные изменения объясняют только 59% дисперсии изменений цен на акции Walt Disney[6]. Хеджирование с использованием рыночного индекса не может компенсировать оставшийся 41% индивидуального, или диверсифицируемого, риска акций Walt Disney. Корреляция доходов по рыночному индексу и по диверсифицированному портфелю акций значительно выше, чем только по акциям Walt Disney. Если рыночный индекс используется для хеджирования "короткой" позиции по диверсифицированному портфелю, пропорциональное снижение риска гораздо больше.

Заметим, что наш инвестиционный дилер хеджирует "короткую" позицию, осуществляя 14,4 млн дол. инвестиций в рыночный портфель. Хотя он проводит хеджирование против *изменения* стоимости акций Walt Disney, стоимость его "короткой" позиции по акциям Walt Disney не равна стоимости его инвестиций в рыночный портфель. Чтобы создать *хедж с нулевой стоимостью*, инвестиционному дилеру потребовалось бы занять еще 4,4 млн дол. в банке:

Активы (в млн дол.)		Обязательства (в млн дол.)	
Приведенная стоимость рыночных инвестиций	14,4	Приведенная стоимость акций Disney	10,0
		Приведенная стоимость банковского займа	4,4
	14,4		14,4

Со временем инвестиционный дилер, вероятно, обнаружит, что стоимость его активов больше не равна стоимости его обязательств. Например, предположим, что рыночный индекс упал на 5%, а цена акций Walt Disney выросла на 10%. (Напомним, что хеджирование не является абсолютным. Отношение изменения цены акций Walt Disney к изменению рыночного индекса не всегда равно 1,44.) Теперь стоимость рыночных инвестиций составляет 13,68/11,0 = = 124% стоимости "короткой" позиции по акциям компании Walt Disney, и риск

---

[6] $R^2 = 0{,}59$ (см. главу 9, раздел 9–1).

позиции дилера больше не минимизируется. Он должен инвестировать на рынке еще 2,16 млн дол., чтобы коэффициент хеджирования снова стал равен 1,44.

Таким образом, инвестиционный дилер должен проводить динамичную стратегию хеджирования, покупая или продавая рыночный портфель, чтобы сохранить желаемый коэффициент хеджирования. Позже в этой главе мы рассмотрим случаи, когда коэффициент хеджирования сам изменяется со временем. Здесь тоже требуется динамичная стратегия хеджирования.

*Как инструменты хеджирования позволяют разделять ваши ставки

Когда инвестиционный дилер купил акции Walt Disney, он сделал по крайней мере две ставки: на то, что произойдет с рынком в целом, и на то, как акции Walt Disney поведут себя *относительно* рынка. Одновременно инвестировав в рыночный индекс, он соединил две ставки в одной, поставив на относительную эффективность акций Walt Disney.

Допустим, вы пессимистично смотрите на перспективы акций Walt Disney, но оптимистично воспринимаете перспективы рынка в целом. Вы могли бы сделать ставку на относительную эффективность акций Walt Disney, инвестируя в рыночный индекс и продав акции Walt Disney.

Многие инвестиционные решения включают в себя пакет ставок. Например, когда фирма Porsche решает выпустить модель автомобиля специально для американского рынка, — а это предполагает обязательство на 10—15 лет — она делает ставку на обменный курс доллара и дойчмарки (так как затраты Porsche производятся в дойчмарках, а доходы поступают в долларах). Она также ставит на обменный курс между долларами и фунтами стерлингов (так как он влияет на конкурентное положение компании Jaguar). Может быть, Porsche имеет оптимистичный взгляд на все, кроме краткосрочного обменного курса дойчмарок к доллару — она опасается, что курс дойчмарки будет повышаться, удорожая немецкие автомобили на американском рынке. Должен ли такой пессимизм удержать Porsche от производства новой модели? Возможно, если бы не было способа хеджировать обменный курс. Но Porsche может использовать рынки валютных форвардных контрактов, чтобы сделать отдельную ставку на обменный курс[7]. Поэтому руководство компании должно решить два вопроса.

1. Следует ли начать производство новой модели, если компания посредством хеджирования минимизирует риск изменения валютных курсов?
2. Какие ставки следует сделать, если их вообще нужно сделать, на изменение валютных курсов?

В этом заключается основная идея. Так как инвестиционные решения содержат пакет ставок, важно найти факторы, на которые вы ставите, и понять, почему те или иные инвестиции хорошо выглядят. Может быть, существуют более эффективные способы сделать ставки на эти факторы. Например, предположим, что производственный план фирмы — изготовителя кабеля основан на допущении роста цен на медь. Но производство кабеля — не единственный способ сделать ставку на цену меди; производителю было бы лучше заложить в производственный план "нормальные" цены на медь и, используя фьючерс на медь, сделать ставку на прогнозируемый рост цен.

И последнее: если беспокойство Porsche по поводу обменного курса оправдается, будет ли компания иметь более сильную конкурентную позицию, осуществив хеджирование против изменения валютного курса? Совершенно ясно, что Porsche получит больше денег, если прибегнет к хеджированию. Но есть одно общее правило, согласно которому вы не должны убытки в одной части вашего бизнеса (производство автомобилей) покрывать за счет прибы-

---

[7] Позже мы объясним, как работают такие рынки.

ГЛАВА 25. Хеджирование финансового риска

ли в другой части (хеджирование валютного риска). Если, например, курс дойчмарки поднимается до такого уровня, когда Porsche лучше бы приостановить экспорт автомобилей в США, компания так и должна поступить. Она *не* должна продавать машины в убыток только потому, что получает бо́льшую прибыль по валютной позиции.

25–2. ПРОДОЛЖИТЕЛЬНОСТЬ И ИЗМЕНЧИВОСТЬ

Теперь давайте вернемся к проблеме вычисления коэффициента хеджирования. Когда мы считали коэффициент хеджирования для нашего инвестиционного дилера, мы использовали ретроспективные данные о чувствительности цены на акции компании Walt Disney к изменениям рыночного индекса. Сейчас мы увидим, как немного теории иногда помогает оценить коэффициент хеджирования.

В августе 1989 г. приведенная стоимость казначейской облигации со ставкой $12^5/_8\%$ и сроком погашения в 1994 г. составляла 120,28, а доходность к погашению – 7,6%. В таблице 25-3 показано, откуда взялась эта приведенная стоимость. Отметим, что поток денежных средств в 5-м году составляет только 64,9% приведенной стоимости. Более одной трети стоимости составляют более ранние потоки денежных средств. Поэтому представление облигации, как о пятигодичной облигации, вводит в некоторое заблуждение; средний срок каждого потока денежных средств меньше 5 лет.

Для обозначения среднего срока каждого платежа эксперты по облигациям часто используют термин *продолжительность*. Если через V мы обозначим общую стоимость облигации, тогда продолжительность вычисляется следующим образом[8]:

$$\text{Продолжительность} = \frac{PV(C_1)}{V} \times 1 + \frac{PV(C_2)}{V} \times 2 + ...$$

Для облигации с купонной ставкой $12^5/_8\%$ и сроком погашения в 1994 г.:

$$\text{Продолжительность} = (0{,}098 \times 1) + (0{,}091 \times 2) + (0{,}084 \times 3) + ... = 4{,}091 \text{ года}.$$

ТАБЛИЦА 25-3

В первых четырех столбцах показано, что заключительный поток денежных средств составляет только 64,9% приведенной стоимости облигации со ставкой $12^5/_8\%$ и сроком погашения в 1994 г. В последнем столбце показано, как вычислить средневзвешенный срок для каждого потока денежных средств. Эта средняя величина отражает продолжительность жизни облигации.

Год	C_t	Приведенная стоимость C_t при $r = 7{,}6\%$	Доля в совокупной стоимости $[PV(C_t)/V]$	Доля в совокупной стоимости × время
1	126,25	117,33	0,098	0,098
2	126,25	109,05	0,091	0,181
3	126,25	101,34	0,084	0,253
4	126,25	94,19	0,078	0,313
5	1126,25	780,86	0,649	3,246
		$V = 1202{,}77$	1,000	Продолжительность = = 4,091 года

---

[8] Мы делаем допущение, что купонные выплаты осуществляются раз в год. На самом деле они производятся раз в полгода.

Казначейская облигация со ставкой $8^3/_4\%$ имеет тот же срок погашения, что и облигация со ставкой $12^5/_8\%$, но купонные выплаты первых 4 лет составляют меньшую долю в стоимости облигации. В этом смысле облигация со ставкой $8^3/_4\%$ долгосрочнее облигации со ставкой $12^5/_8\%$. Продолжительность облигации со ставкой $8^3/_4$ равна 4,276 года.

Теперь давайте посмотрим, что происходит с ценами этих двух облигаций при изменении процентных ставок.

	$12^5/_8\%$ до 1994 г.		$8^3/_4\%$ до 1994 г.	
	Новая цена	Прирост	Новая цена	Прирост
Доходность падает на 0,5 %	122,59	+1,93%	106,75	+2,01%
Доходность растет на 0,5 %	118,02	–1,88%	102,59	–1,96%
Разница	4,57	3,80%	4,16	3,97%

Таким образом, отклонение доходности на 1% приводит к изменению цены облигации со ставкой $12^5/_8\%$ на 3,80%. Мы можем сказать, что *изменчивость* этой облигации составляет 3,80%.

Отметим, что облигации со ставкой $8^3/_4$ имеют бо́льшую изменчивость, а также бо́льшую продолжительность. На самом деле изменчивость цены облигации напрямую связана с продолжительностью ее жизни:

$$\text{Изменчивость (в \%)} = \frac{\text{продолжительность}}{1+\text{доходность}}$$

Для облигации со ставкой $12^5/_8\%$:

$$\text{Изменчивость (в \%)} = \frac{4,091}{1,076} = 3,80.$$

Изменчивость цены облигации — полезный обобщающий показатель возможного влияния изменения процентных ставок на портфель облигаций.

Пример и некоторые тонкости

Лизинговая компания "Баклуши-бью" недавно купила какое-то оборудование и договорилась сдать его в аренду за 2 млн дол. в год сроком на 8 лет. При ставке 12% приведенная стоимость дохода "Баклуши-бью" от аренды равна 9,94 млн дол.[9]:

$$PV = \frac{2}{1,12} + \frac{2}{(1,12)^2} + \ldots + \frac{2}{(1,12)^8} = 9,94 \text{ млн дол.}$$

Продолжительность дохода от сдачи в аренду равна 3,9 года:

$$\text{Продолжительность} = \frac{1}{9,94}\left[\left(\frac{2}{1,12}\times 1\right) + \left(\frac{2}{(1,12)^2}\times 2\right) + \ldots + \left(\frac{2}{(1,12)^8}\times 8\right)\right] = 3,9 \text{ года}.$$

"Баклуши-бью" предлагает финансировать сделку посредством выпуска пакета одногодичных облигаций на сумму 1,91 млн дол. и шестигодичных облигаций на сумму 8,03 млн дол. Обе облигации имеют купонную ставку 12%. Представьте новые активы компании (доход от сдачи в аренду) и обязатель-

---

[9] В этом примере мы не принимаем во внимание налоги.

ГЛАВА 25. Хеджирование финансового риска

ства (выпуск облигаций) в виде пакета. Понесет ли "Баклуши-бью" убытки или получит прибыль от этого пакета, если процентные ставки изменятся?

Мы можем ответить на этот вопрос, определив продолжительность новых обязательств "Баклуши-бью". Продолжительность одногодичной облигации равна 1 году, шестигодичной облигации — 4,6 года. Продолжительность пакета из одногодичной и шестигодичной облигаций равна средневзвешенной продолжительности отдельных выпусков:

$$\text{Продолжительность обязательств} =$$

$$= \left(\frac{1{,}91}{9{,}94} \times \begin{array}{c} \text{продолжительность} \\ \text{одногодичной} \\ \text{облигации} \end{array} \right) + \left(\frac{8{,}03}{9{,}94} \times \begin{array}{c} \text{продолжительность} \\ \text{шестигодичной} \\ \text{облигации} \end{array} \right) =$$

$$= (0{,}192 \times 1) + (0{,}808 \times 4{,}6) = 3{,}9 \text{ года}.$$

Таким образом, и актив (аренда), и обязательство (пакет облигаций) имеют продолжительность 3,9 года. Следовательно, оба испытывают одинаковое влияние изменения процентных ставок. Если ставки растут, приведенная стоимость дохода компании "Баклуши-бью" от аренды будет снижаться, но и стоимость ее облигаций снизится на ту же величину. Уравнивая продолжительность активов и обязательств, "Баклуши-бью" вырабатывает *иммунитет* против любого изменения процентных ставок. Кажется, финансовый менеджер "Баклуши-бью" знает кое-что о хеджировании.

Отметим несколько моментов в этом примере. Первое: коэффициент хеджирования определяется отношением продолжительности обязательств к продолжительности активов. Так как и аренда, и пакет облигаций имеют одинаковую продолжительность, коэффициент хеджирования равен 1,0: "Баклуши-бью" минимизирует неопределенность тем, что стоимость выпущенных облигаций равна приведенной стоимости арендных платежей (9,94 млн дол.). Могла бы "Баклуши-бью" произвести хеджирование, просто выпустив шестигодичные облигации? Конечно. Продолжительность аренды составляет 85% от продолжительности шестигодичной облигации:

$$\frac{\text{Продолжительность аренды}}{\text{Продолжительность шестигодичной облигации}} = \frac{3{,}9}{4{,}6} = 0{,}85.$$

Следовательно, "Баклуши-бью" могла бы минимизировать риск изменения процентных ставок, просто выпустив шестигодичные облигации на сумму 0,85 × приведенная стоимость арендной платы = 8,45 млн дол. Если процентные ставки изменяются, изменение стоимости аренды будет равно измене-

ТАБЛИЦА 25-4
Компания "Баклуши-бью" может произвести хеджирование, выпустив облигации, обеспеченные фондом погашения, из которого перечисляется ежегодно 2 млн дол.

Годы	Потоки денежных средств (в млн дол.)							
	1	2	3	4	5	6	7	8
Остаток на начало года	9,94	9,13	8,23	7,22	6,08	4,81	3,39	1,79
Проценты по ставке 12%	1,19	1,10	0,99	0,87	0,73	0,58	0,40	0,21
Платежи из фонда погашения	0,81	0,90	1,01	1,13	1,27	1,42	1,60	1,79
Проценты плюс платежи из фонда погашения	2,00	2,00	2,00	2,00	2,00	2,00	2,00	2,00

нию стоимости выпуска облигаций. Однако в этом случае объем выпуска облигаций не будет равен стоимости арендной платы. Чтобы создать хедж с нулевой стоимостью, "Баклуши-бью" потребовалось бы выпустить еще очень краткосрочные облигации с нулевой продолжительностью на сумму 9,94 − − 8,45 = 1,49 млн дол.

Второе: пакет облигаций защищает фирму только от общего изменения процентных ставок. Например, если краткосрочные и долгосрочные процентные ставки изменялись бы не совсем одинаково, "Баклуши-бью" потребовалось бы рассматривать две оценки изменчивости. Компании нужно было бы удостовериться в том, что активы и обязательства испытывают одинаковое влияние изменений как краткосрочной, так и долгосрочной ставок[10].

Третье: с изменением процентных ставок и с течением времени продолжительность активов "Баклуши-бью" не может оставаться такой же, как продолжительность ее обязательств. Таким образом, чтобы по-прежнему минимизировать риск изменения процентных ставок, "Баклуши-бью" должна быть готова корректировать продолжительность своих облигаций.

Если "Баклуши-бью" не готова следовать такой динамичной стратегии хеджирования, у нее есть альтернатива. Она может придумать такой выпуск облигаций, потоки денежных средств которого точно соответствовали бы доходу от сдачи в аренду. Например, предположим, что она выпускает облигации, обеспеченные фондом погашения, сроком на 8 лет. Объем фонда погашения в первом году составляет 810 000 дол., и платежи вырастают ежегодно на 12%. В таблице 25-4 показано, что выплаты по облигациям (проценты плюс платежи из фонда погашения) ежегодно составляют 2 млн дол.

Так как потоки денежных средств от активов точно соответствуют потокам денежных средств по обязательствам, финансовый менеджер "Баклуши-бью" может теперь не беспокоиться: ежегодно он просто собирает арендную плату в размере 2 млн дол. и передает ее держателям облигаций. Что бы ни произошло с процентными ставками, фирма всегда минимизирует риск полностью.

Почему финансовый менеджер "Баклуши-бью" *не всегда* отдает предпочтение соответствию активов и обязательств? Одна из причин в том, что, возможно, изобретение облигаций со специально приспособленной моделью потоков денежных средств — относительно дорогостоящее занятие. Другая возможная причина состоит в том, что "Баклуши-бью" постоянно заключает новые соглашения об аренде и выпускает новые облигации. В этом случае менеджер никогда не сможет расслабиться: легче поддерживать равную продолжительность активов и обязательств, чем точное соответствие между потоками денежных средств.

25–3. ХЕДЖИРОВАНИЕ С ПОМОЩЬЮ ФЬЮЧЕРСОВ

В нашем примере с компанией Walt Disney дилер осуществляет хеджирование посредством покупки диверсифицированного портфеля акций. В случае с лизинговой компанией "Баклуши-бью" хеджирование производилось посредством продажи облигаций. Теперь мы должны познакомить вас со специально предназначенными для хеджирования инструментами. Это — **фьючерсы, форвардные контракты, свопы** и (наши старые друзья) опционы. Все они относятся к **производным инструментам**, поскольку их стоимость зависит

---

[10] На практике краткосрочные и долгосрочные ставки не идут точно в ногу. Кроме того, краткосрочные ставки более изменчивы, чем долгосрочные. Несмотря на это, с политикой хеджирования, основанной на простой оценке продолжительности, трудно спорить (см.: *J. Nelson and S.M. Schaefer*. Then Dynamics of the Term Structure and Alternative Portfolio Immunization Strategies // *G.O. Bierwag, G.G. Kaufman and A. Toevs (eds.)*. Innovations in Bond Portfolio Management: Duration Analysis and Immunization. JAI Press. Greenwich. Conn. 1983).

ГЛАВА 25. Хеджирование финансового риска

от стоимости других активов. Вы можете воспринимать их как своего рода "групповую ставку" на стоимость лежащих в их основе активов[11].

Мы начнем с самого старого, активно используемого производного инструмента, — фьючерсного контракта. Первоначально фьючерсы возникли на рынках сельскохозяйственной и аналогичной продукции. До сбора урожая фермер, выращивающий пшеницу, не может знать, по какой цене он ее продаст. Если его не устраивает такая неопределенность, он может снизить ее, продав **фьючерс** на пшеницу. В этом случае он обязуется поставить определенное количество бушелей пшеницы в будущем по установленной *сегодня* цене. Не путайте такой фьючерсный контракт с опционом, держатель которого имеет выбор — осуществлять или не осуществлять поставку. Фьючерсный контракт фермера представляет собой обязательство фирмы поставить пшеницу.

Мельник занимает противоположную позицию. Ему нужно *купить* пшеницу после сбора урожая. Если он хочет заранее зафиксировать цену на эту пшеницу, он может сделать это, *купив* фьючерс на пшеницу. Другими словами, он согласен принять поставки пшеницы в будущем по установленной сегодня цене. Мельник также не имеет выбора; если он держит контракт до срока исполнения, от обязан принять поставки.

И фермер, и мельник снижают риск при помощи фьючерсного контракта[12]. Фермер снижает риск, *продавая* фьючерс на пшеницу; это называется *"короткий" хедж*. Мельник снижает риск, *покупая* фьючерс на пшеницу; это называется *"длинный" хедж*.

Хеджерами являются не только покупатели и продавцы фьючерсов. Рынок нуждается и в спекулянтах, которые готовы идти на риск. Например, если наблюдается избыток "коротких" хеджеров, подобных нашему фермеру, цена на фьючерсы будет падать до тех пор, пока не наберется достаточного количества спекулянтов, готовых купить фьючерсы в надежде на прибыль. Если существует избыток "длинных" хеджеров, подобных нашему мельнику, цена на фьючерсы будет расти до тех пор, пока не появится достаточное количество спекулянтов, готовых продать фьючерсы на пшеницу.

Цена на пшеницу в сделке с немедленной поставкой называется *ценой "спот"* ("точечной" ценой). Когда фермер продает свой фьючерс на пшеницу, цена поставки его пшеницы может значительно отличаться от цены "спот". Но с приближением даты поставки фьючерсный контракт становится все более похожим на контракт "спот" и цена по фьючерсному контракту все больше приближается к цене "спот".

Фермер, возможно, решит подождать до срока исполнения его фьючерсного контракта и только затем поставить пшеницу покупателю. На практике такое происходит крайне редко, так как фермеру удобнее выкупить фьючерс на пшеницу до срока исполнения контракта[13]. Если он осуществляет хеджирование правильно, любые потери урожая пшеницы будут в точности возмещены прибылью от продажи и последующим выкупом фьючерса на пшеницу.

---

[11] Выражение "групповая ставка" вызывает образ злостных спекулянтов. Производные инструменты привлекают часть спекулянтов, некоторые из которых могут оказаться злостными, но они используются и здравомыслящими и предусмотрительными бизнесменами, которые просто хотят снизить риск.

[12] Мы слишком упростили пример. Мельник не снизит риск, если цены на хлеб изменяются пропорционально цене пшеницы после сбора урожая. В этом случае мельник оказывается в опасном положении, имея фиксированные издержки, но не фиксированную продажную цену (см.: *A.C. Shapiro and S. Titman*. An Integrated Approach to Corporate Risk Management // Midland Corporate Finance Journal. 3: 41–56. Summer 1985).

[13] В случае некоторых финансовых фьючерсов, описанных ниже, вы не в состоянии поставить актив. В срок исполнения покупатель просто получает (или оплачивает) разницу между ценой "спот" и ценой, по которой он согласился купить актив.

Товарные и финансовые фьючерсы	Фьючерсные контракты продаются и покупаются на организованных фьючерсных биржах. В таблице 25-1 перечислены основные товарные фьючерсные контракты и биржи, на которых они продаются. Заметим, что фермер и мельник — не единственные бизнесмены, которые могут минимизировать риск с помощью товарных фьючерсов. Лесозаготовительная и строительная компании могут снизить риск изменения цен на лесоматериалы, меднодобывающие компании и производители кабеля — на медь, нефтедобывающие и транспортные компании — на бензин, и т. д.[14]
	Для многих фирм колебания процентных ставок и обменных курсов стали таким же источником риска, как и изменение цен на товары. Финансовые фьючерсы, приведенные в таблице 25-2, позволяют фирмам снизить эти риски. Финансовые фьючерсы подобны товарным фьючерсам, но вместо обязательства купить или продать товары в будущем они предписывают купить или продать в будущем финансовые активы.
	Финансовые фьючерсы стали весьма успешным нововведением. Они появились в 1972 г., и за несколько лет объем продаж финансовых фьючерсов значительно превысил объем продаж товарных фьючерсов.
Механизм заключения фьючерсных сделок	Когда вы покупаете или продаете фьючерсный контракт, цены устанавливаются сегодня, но выплаты производятся потом. Однако от вас могут потребовать гарантийный взнос (маржу) в денежной форме или казначейскими векселями, с тем чтобы убедиться, что у вас есть деньги для выполнения своих обязательств по сделке. И пока вы получаете проценты по ценной бумаге, купленной по маржинальному счету у брокера, вы не несете никаких убытков.
	Кроме того, фьючерсные контракты закрываются ежедневно. Это значит, что ведется ежедневный учет прибылей и убытков по контрактам. Например, предположим, что фермер обязуется поставить 100 000 бушелей пшеницы по цене 2,50 дол. за бушель. На следующий день цена фьючерса на пшеницу снизилась до 2,45 дол. за бушель. Теперь фермер имеет прибыль от продажи в размере $100\,000 \times 0{,}05 = 5000$ дол. Клиринговая палата биржи платит фермеру эти 5000 дол. Вы можете представить это так, что фермер каждый день закрывает свою позицию и затем открывает новую. Таким образом, после первого дня фермер получил прибыль в размере 5000 дол. от своей сделки и теперь имеет обязательство поставить пшеницу по цене 2,45 дол. за бушель.
	Безусловно, наш мельник занимает противоположную позицию. Падение фьючерсной цены привело к потере им 5 центов в расчете на бушель. Следовательно, он должен возместить этот убыток клиринговой палате биржи. В результате мельник закрывает свою первоначальную покупку с потерей 5 центов в расчете на бушель и открывает новый контракт на покупку по цене 2,45 дол.
Цены "спот" и фьючерсные цены — финансовые фьючерсы	Если вы хотите купить ценную бумагу, у вас есть выбор. Вы можете купить ее с немедленной поставкой по цене "спот" или заказать более позднюю поставку. В этом случае вы покупаете по фьючерсной цене. Когда вы покупаете финансовый фьючерс, в конце концов вы получаете ту же ценную бумагу, которую вы могли бы купить на рынке "спот". Тем не менее существуют два отличия. Первое: вы не платите за ценную бумагу вперед и поэтому можете зарабатывать проценты на ее цене покупки. Второе: вы упускаете любые дивиденды или проценты, которые выплачиваются по ценной бумаге в проме-

---

[14] К тому времени, когда вы это читаете, список фьючерсных контрактов наверняка устарел. Периодически исчезают не имеющие успеха контракты, а биржи все время ищут новые формы.

ГЛАВА 25. Хеджирование финансового риска

жутке. Это кое-что говорит нам о связи между ценами "спот" и фьючерсными ценами[15]:

$$\frac{\text{Фьючерсная цена}}{(1+r_f)^t} = \text{цена "спот"} - \text{приведенная стоимость упущенных дивидендов или процентов},$$

где r_f — безрисковая ставка процента в период t.

Два примера покажут вам, как и почему работает эта формула.

Пример: фьючерсные контракты на фондовые индексы. Предположим, что шестимесячный фьючерсный контракт на фондовый индекс продается за 320,28, в то время как индекс равен 314. Шестимесячная ставка процента составляет 8,2%, а средняя норма дивидендного дохода по акциям индекса равна 4% в год. Согласуются ли эти цифры?

Предположим, вы купили фьючерсный контракт и отложили деньги, необходимые для его исполнения. При ставке 8,2% годовых вы заработаете примерно 4% дохода в течение следующих шести месяцев. Таким образом, вы инвестируете:

$$\frac{\text{Фьючерсная цена}}{(1+r_f)^t} = \frac{320{,}28}{1{,}04} = 307{,}96.$$

Что вы получите взамен? Купив сегодня индекс по цене "спот", вы могли бы получить все, за исключением дивидендов, выплачиваемых за шесть месяцев. Если для упрощения допустить, что дивиденды за полгода выплачиваются в последний (шестой) месяц (а не равномерно в течение шести месяцев), вы получаете:

$$\text{Цена "спот"} - \text{приведенная стоимость дивидендов} = 314 - \frac{314\,(0{,}02)}{1{,}04} =$$
$$= 307{,}96.$$

Вы получаете то, что заплатили.

*Пример: валютные фьючерсы. Предположим, вы решили купить одногодичный фьючерсный контракт в швейцарских франках, вместо того чтобы покупать франки за наличные. Так как франки вам не поступят в течение года, вы получаете проценты на ваши доллары за этот год. С другой стороны, вы упускаете возможность заработать годовые проценты на франки. Потеря процентов имеет такое же значение, как и потеря дивидендов по контракту на фондовые индексы. Таким образом, если r_s — процентная ставка, то:

$$\frac{\text{Фьючерсная цена швейцарского франка}}{(1+r_s)} = \text{цена "спот"} - \text{приведенная стоимость упущенных процентов на швейцарские франки}.$$

---

[15] Эта связь стабильна, если только убытки и прибыли по контракту не зачитываются на рынке. В другом случае стоимость фьючерса зависит от поведения процентных ставок ко дню поставки. На практике это условие обычно не имеет большого значения (см.: *J. C. Cox, J.E. Ingersoll, and S.A. Ross*. The Relationship between Forward and Futures Prices // Journal of Financial Economics. 9: 321–346. 1981).

Далее, упущенные проценты по ставке швейцарских франков r_{sf}:

$$\begin{array}{c}\textit{Приведенная стоимость}\\ \textit{упущенных процентов}\end{array} = \frac{r_{sf} \times \textit{цена "спот"}}{1 + r_{sf}}.$$

Сделав некоторые преобразования, получаем:

$$\begin{array}{c}\textit{Фьючерсная цена}\\ \textit{швейцарского франка}\end{array} = \textit{цена "спот"} \times \frac{1 + r_{\$}}{1 + r_{sf}}.$$

К этой важной связи между фьючерсными ценами и ценами "спот" на валюту мы вернемся в главе 34 "Международный финансовый менеджмент".

Цены "спот" и фьючерсные цены — товары

Различие между покупкой *товаров* сегодня и *фьючерсов на товары* сложнее. Во-первых, поскольку платежи откладываются, покупатель фьючерсного контракта зарабатывает проценты на свои деньги. Во-вторых, ему не нужно хранить товары и, следовательно, он экономит на издержках хранения, естественной убыли и т. д. С другой стороны, фьючерсный контракт не дает никаких *выгод доступности*, представляющих собой стоимость возможности иметь в распоряжении реальную вещь. Менеджер супермаркета не может использовать для обогрева фьючерсы на топливо при неожиданном похолодании и не может заполнить полки фьючерсами на апельсиновый сок, если запасы его закончатся в час дня в субботу.

$$\frac{\textit{Фьючерсная цена}}{(1+r_f)^t} = \textit{цена "спот"} + \begin{array}{c}\textit{приведенная}\\ \textit{стоимость}\\ \textit{издержек}\\ \textit{хранения}\end{array} - \begin{array}{c}\textit{приведенная}\\ \textit{стоимость}\\ \textit{выгод}\\ \textit{доступности}\end{array}.$$

ТАБЛИЦА 25-5
Разница между ценой "спот" и дисконтированной фьючерсной ценой раскрывает разницу между издержками хранения и выгодами доступности. Цифры получены на основе одногодичных фьючерсных контрактов в середине марта 1990 г.

Товар	Фьючерсная цена	Дисконтированная фьючерсная цена*	Цена "спот"**	Приведенная стоимость издержек хранения минус приведенная стоимость выгод доступности***
Какао, за тонну	113,8	105,37	109,5	−4,13 (−3,8%)
Кофе, за фунт	1,1	1,0185	1,0188	−0,0003 (−0,0%)
Медь, за фунт	1,020	0,944	1,198	−0,254 (−21,2%)
Зерно, за бушель	2,5675	2,3773	2,43	−0,0527 (−2,2%)
Замороженный апельсиновый сок, за фунт	1,7255	1,5977	1,9125	−0,3148 (−16,5%)
Соевое масло, за фунт	0,21	0,1944	0,2212	−0,0268 (−12,1%)

* Предполагается, что процентная ставка равна 8%.
** Предполагается, что цены "спот" равны ценам фьючерсных контрактов со сроком исполнения в марте 1990 г.
*** В скобках указано процентное отношение к ценам "спот".

ГЛАВА 25. Хеджирование финансового риска   701

Никто не захотел бы держать фьючерсный контракт с более высокой фьючерсной ценой или держать товары с более низкой фьючерсной ценой[16]. Вы не можете раздельно наблюдать приведенную стоимость издержек хранения и приведенную стоимость выгод доступности, но вы можете определить разницу между ними, сравнив цену "спот" и дисконтированную фьючерсную цену. Эта операция проделана в таблице 25-5 для полдюжины товаров в марте 1990 г. По меди, апельсиновому соку и соевому маслу выгоды доступности превышали издержки хранения. По какао, кофе и зерну издержки хранения и выгоды доступности были примерно равны.

Эти цифры хотя и интересны, но необязательно типичны. Разница между ценами "спот" на товары и фьючерсными ценами может меняться обратным образом. Например, выгоды доступности для нефти и бензина могут достичь очень высокого уровня, когда события на Среднем Востоке вызывают опасение прекращения поставок нефти.

Процедура фьючерсного хеджирования

Хеджирование по фьючерсным контрактам не отличается от любого другого хеджирования. Допустим, вы фермер, располагающий для продажи в следующем сентябре 100 000 бушелей пшеницы. Вы боитесь, что цены на пшеницу за это время снизятся, и хотите минимизировать риск, продав фьючерсный контракт на поставку пшеницы в сентябре. Контракт зафиксирует цену, по которой вы намерены продать пшеницу.

Рассмотрим вашу позицию. Вы имеете актив (пшеница) и компенсирующее обязательство (продажа фьючерса на пшеницу). Пока актив, которым вы владеете, и актив, который вы обязались поставить, идентичны, вам нет необходимости проводить сложные вычисления, чтобы понять, что цены обоих активов скорее всего будут меняться одинаково. Другими словами, дельта хеджирования равна 1,0:

Ожидаемое изменение стоимости пшеницы, которой вы владеете =
= 1,0 × изменение стоимости пшеницы, которую вы обязались поставить.

Вот почему вы хеджируете ваши 100 000 бушелей пшеницы, продавая фьючерс на 100 000 бушелей пшеницы.

На практике маловероятно, что пшеница, которую вы предполагаете иметь, идентична пшенице, которую вы продали на рынках фьючерсов. Например, если вы продаете фьючерс на пшеницу на срочной товарной бирже Канзаса, вы обязуетесь поставить кормовую озимую пшеницу в Канзас в сентябре. Но, возможно, вы выращиваете северную яровую пшеницу далеко от Канзаса. Если цены на два сорта пшеницы изменяются неодинаково, вам не удастся хеджировать весь ваш риск. Продавцы фьючерсов называют этот сохраняющийся риск *базовым риском*. Если базовый риск значителен, дельта не равна 1,0.

25–4. ФОРВАРДНЫЕ КОНТРАКТЫ

Ежедневно фьючерсные контракты продаются и покупаются на миллиарды долларов. Такая ликвидность возможна только благодаря стандартизации фьючерсных контрактов и тому, что они исполняются лишь ограниченное число дней в году.

К счастью, существует больше, чем один способ "содрать шкуру с финансового кота". Если условия фьючерсных контрактов не отвечают вашим потребностям, вы можете купить или продать **форвардный контракт**. Форвардные кон-

---

[16] Фьючерсная цена могла бы быть меньше, чем дает наша формула, если бы никто не захотел хранить товар, т. е. если бы запасы сократились до нуля или некоторого абсолютного минимума.

тракты представляют собой просто специально составленные фьючерсные контракты. Например, предположим, что вы знаете, что через шесть месяцев вам потребуется сделать трехмесячный заем. Вы можете зафиксировать процентную ставку по этому займу, заключив с банком **соглашение о форвардной процентной ставке**[17]. Например, банк может предложить вам шестимесячное соглашение о ставке ЛИБОР по трехмесячному депозиту в 7%. Если в конце шестимесячного периода ставка ЛИБОР по трехмесячному депозиту будет больше 7%, банк выплатит вам разницу. Если ставка ЛИБОР будет меньше 7%, вы заплатите банку разницу[18].

Оборот по контрактам о форвардной процентной ставке на настоящий момент достиг почти 500 млрд дол. в год, но это почти ничто по сравнению с огромным объемом валютных форвардов. Банки регулярно покупают и продают форвардные контракты на валюту сроком на один предстоящий год, а на главные валюты они все чаще готовы заключить контракты на 5 лет и более.

Исходя из всего этого, может показаться, что форвардные контракты привлекательнее фьючерсных. Тем не менее банки взимают более высокую ставку, если вы хотите купить форвардные валютные контракты на нестандартные суммы или на нестандартные сроки. А если вы измените свое решение и захотите продать ваш форвардный контракт, вы должны перезаключить договор с банком.

"Кустарные" форвардные контракты

Предположим, что вы берете заем в размере 90,91 дол. сроком на один год под 10% и ссужаете 90,91 дол. на два года под 12%. Это процентные ставки по займам, сделанным сегодня; следовательно, это процентные ставки "спот".

Потоки денежных средств по вашим сделкам следующие:

	Годы		
	0	1	2
Получение займа на один год под 10%	+90,91	−100	
Выдача ссуды на два года под 12%	−90,91		+114,04
Чистый поток денежных средств	0	−100	+114,04

Отметим, что сегодня у вас нет никакого чистого оттока денежных средств, но вы обязались выплатить деньги в году 1. Процентная ставка по этому форвардному обязательству составляет 14,04%. Чтобы рассчитать эту форвардную процентную ставку, мы просто определяем доход, получаемый дополнительно за предоставление денег не на один год, а на два:

$$\text{Форвардная процентная ставка} = \frac{(1 + \text{ставка "спот" на два года})^2}{(1 + \text{ставка "спот" на один год})} - 1 = \frac{(1{,}12)^2}{1{,}10} - 1 = 0{,}1404,$$

или 14,04%.

---

[17] Отметим, что сторона, которая получает прибыль в случае роста ставок, называется "покупателем". В нашем примере вы бы сказали, что покупаете деньги "6 против 9 месяцев", что означает, что форвардное соглашение заключается для трехмесячного займа на шесть месяцев вперед.

[18] В отличие от фьючерсных контрактов, форвардные контракты не зачитываются на рынке ежедневно. Таким образом, прибыли или убытки определяются в момент исполнения контракта.

ГЛАВА 25. Хеджирование финансового риска

В нашем примере вы создали форвардный заем, взяв заем на короткий срок и ссудив деньги на долгий. Но вы можете поступить и обратным образом. Если вы хотите зафиксировать сегодня ставку, по которой вы сделаете заем в следующем году, вы берете заем на длительный срок, а ссужаете деньги на короткий.

Вы также можете и сами создать форвардный контракт, покупая или продавая иностранную валюту. Например, предположим, что вы хотите сегодня разместить заказ на покупку швейцарских франков в году 1. Текущий (или "спот") обменный курс 1 франк = 0,50 дол., долларовая процентная ставка для одного года составляет 6%, франковая процентная ставка — 4%. Сегодня вы делаете заем в размере 50 дол. на 1 год, переводите эти доллары в франки и ссужаете франки на 1 год. Ваши потоки денежных средств следующие:

	Сегодня		Через 1 год	
	Дол.	Франки	Дол.	Франки
Долларовый заем под 6%	+50		−53	
Перевод долларов в франки	−50	+100		
Выдача франков в кредит под 4 %		−100		+104
Чистый поток денежных средств	0	0	−53	+104

Ваш чистый поток денежных средств сегодня равен нулю, но вы должны выплатить 53 дол. в конце года и получить 104 франка. Таким образом, вы самостоятельно создали форвардный контракт, купив швейцарские франки по обменному курсу 1 франк = 53/104 = 0,51 дол.

В разделе 25–3 мы установили, что фьючерсная цена швейцарского франка для одного года равна:

$$\text{Цена "спот" франка} \times \frac{1 + \text{долларовая процентная ставка}}{1 + \text{франковая процентная ставка}}.$$

Хорошо бы это оказалось равно 0,51 дол., цене нашего "кустарного" форвардного контакта. Так и есть:

$$\text{Фьючерсная цена франка} = 0{,}50 \times \frac{1{,}06}{1{,}04} = 0{,}51 \text{ дол.}$$

Что произошло бы, окажись цена фьючерса выше? Любой сумел бы обогатиться, продав фьючерс, сделав долларовый заем и ссудив франки. Если бы фьючерсная цена оказалась ниже, все было бы наоборот. Наблюдательные арбитражеры, имеющие на иждивении семью, постоянно следят за такими отклонениями цен.

Если вы в состоянии изготавливать свои собственные форвардные контракты с процентными ставками и валютами, почему кто-то утруждает себя торговлей на биржах финансовых фьючерсов? Ответ: удобство и издержки. Наиболее популярными фьючерсными контрактами являются процентные и валютные фьючерсные контракты, сроки исполнения которых очень близки. В принципе их легче всего скопировать, но огромный объем сделок на рынках финансовых фьючерсов делает их очень низкозатратным инструментом хеджирования (или спекуляций).

25–5. СВОПЫ

Предположим, что компания "Опоссум" хочет сделать заем в дойчмарках (ДМ) для финансирования своих операций в Европе. Так как "Опоссум" лучше известна в США, финансовый менеджер надеется, что компания сможет добиться более привлекательных условий по займу в долларах, чем в дойчмарках. Поэтому компания выпускает пятилетние облигации со ставкой 12%

на сумму 10 млн дол. в США. В то же время "Опоссум" совместно с банком организует **своп**, по которому обменивает свои будущие обязательства в долларах на дойчмарки. Согласно этому соглашению, банк обязуется платить "Опоссуму" сумму в долларах, достаточную для обслуживания долларового займа. "Опоссум", в свою очередь, обязуется осуществить серию годовых платежей банку в дойчмарках.

Потоки денежных средств "Опоссума" (в млн дол.):

	Год 0		Годы 1–4		Год 5	
	Дол.	ДМ	Дол.	ДМ	Дол.	ДМ
1. Выпуск долларового займа	+10		–1,2		–11,2	
2. Обмен долларов на дойчмарки	–10	+20	+1,2	–1,6	+11,2	–21,6
3. Чистый поток денежных средств	0	+20	0	–1,6	0	–21,6

Общий результат от двух операций "Опоссума" (строка 3) — перевод долларового займа под 12% в заем в дойчмарках под 8%. И это стало возможным благодаря валютному свопу. Вы можете рассматривать потоки денежных средств в результате обмена (строка 2) как ряд фордвардных валютных контрактов. Ежегодно в течение четырех лет "Опоссум" обязуется покупать 1,2 млн дол., затрачивая на это 1,6 млн дойчмарок. В 5-м году она обязуется купить 11,2 млн дол., заплатив за это 21,6 млн дойчмарок[19].

Потоки денежных средств банка по свопу противоположны потокам денежных средств "Опоссума". Он обязуется выплачивать в будущем доллары, а получать дойчмарки. Поскольку банк сегодня рискует тем, что позиция дойчмарки по отношению к доллару неожиданно ухудшится, он стремится минимизировать этот риск рядом фьючерсных или форвардных контрактов или обменом дойчмарок на доллары с другим партнером. Пока "Опоссум" и другой партнер банка честно выполняют свои обязательства, банк полностью защищен от риска. Для менеджеров по свопам настоящим кошмаром будет, если одна из сторон не выполнит своих обязательств, лишая банк равновесия.

Свопы — не новое явление. В течение многих лет британское правительство ограничивало покупку иностранной валюты для инвестирования за границу. Такие ограничения заставили многие фирмы заключать соглашения о так называемых компенсационных кредитах. Фирма могла предоставить кредит в фунтах стерлингов компании США и одновременно получить у нее долларовый заем для осуществления иностранных инвестиций. Беря компенсационный кредит, британская фирма соглашалась производить будущие выплаты в долларах в обмен на получение дохода в фунтах стерлингов.

В 1979 г. ограничения на зарубежные инвестиции были сняты и британские фирмы перестали нуждаться в компенсационных кредитах. Однако в 80-х годах банки рассредоточили операции с компенсационными кредитами и преобразовали их в свопы. Свопы пользуются большой популярностью у клиентов-корпораций. В последние годы около 70% выпусков долларовых еврооблигаций сопровождались свопами[20].

---

[19] Обычно при валютном свопе две стороны делают друг другу первоначальные выплаты (т. е. "Опоссум" платит банку 10 млн дол. и получает 20 млн дойчмарок). Однако это не обязательное условие, и в случае процентных свопов *в одной и той же* валюте первоначальные платежи не производятся и нет заключительного погашения основной суммы займа. О процентных свопах говорится ниже.

[20] См.: Euromoney Corporate Finance. May 1987. P. 70.

Свопы не ограничиваются обменом валюты в будущем. Например, фирмы часто обменивают займы с фиксированной процентной ставкой на займы с плавающей ставкой. В этом случае одна сторона обязуется произвести ряд фиксированных годовых выплат в обмен на получение выплат, размер которых зависит от уровня краткосрочных процентных ставок. Кроме того, иногда свопы используются для обмена займами с плавающими ставками, имеющими разную базу. Например, фирма может пожелать обменять ряд выплат, связанных с базисной ставкой, на выплаты, связанные со ставкой по казначейским векселям. Возможны даже товарные свопы. В этом случае вам не нужно поставлять товары; вы просто возмещаете разницу их стоимостей. Например, нефтедобывающая компания может зафиксировать продажную цену на нефть, обязуясь выплачивать сумму, размер которой связан с индексом цен на нефть, в то время как другая сторона перечисляет нефтяной компании фиксированный объем платежей. И наоборот, авиакомпания могла бы зафиксировать цену покупки нефти, перечисляя фиксированные платежи, в то время как другая сторона выплачивала бы сумму в зависимости от цен на нефть[21].

25–6. ХЕДЖИРОВАНИЕ С ПОМОЩЬЮ ОПЦИОНОВ

В главе 20 мы детально рассмотрели опционы. Они дают вам право, но не обязывают купить или продать актив. Опционы представляют собой еще один пример производных инструментов, т. е. их стоимость зависит только от того, что происходит с лежащими в их основе активами.

Дельта опциона показывает связь между опционом и активом. Например, если вы имеете опцион на покупку акций компании Walt Disney, стоимость ваших инвестиций изменялась бы так же, как если бы вы держали дельту акций компании.

Поскольку цена опциона связана с ценой актива, опционы можно использовать для снижения риска. Итак, если вы имеете опцион на покупку акций Walt Disney и в то же время продаете дельту акций этой компании, любое изменение стоимости вашей позиции в акциях будет точно компенсировано изменением стоимости вашей позиции в опционе. Другими словами, вы полностью минимизируете риск.

Пример. Представьте себе, что вы получили контракт на осуществление крупного строительного проекта во Франции. Платежи будут производиться в франках, но многие статьи ваших затрат будут в долларах США. Следовательно, если стоимость франка падает, вы можете понести большие убытки.

Есть несколько способов снизить валютный риск:

- Продать фьючерс на франки.
- Продать форвардный контракт на франки.
- Приобрести опцион на продажу франков по сегодняшней цене.

Если для снижения валютного риска вы используете опционы, нужно иметь в виду две вещи. Во-первых, как мы показали в главе 20, дельта опциона зависит от изменчивости актива. Если вы неправильно оцените изменчивость, вы не купите верное количество опционов и не сможете соответствующим образом минимизировать риск. Во-вторых, со временем и с изменением обменного курса изменяется и дельта опциона. Поэтому вы должны постоянно корректировать ваши вложения, чтобы поддерживать хеджирование.

---

[21] Вы можете встретить также форвардные свопы, опционные свопы (или "свопционы"), "коллообразные" свопы и "путообразные" свопы.

Из-за этого может показаться, что опционы менее удачный инструмент управления риском, но в некоторых случаях проще использовать опционы, чем фьючерсные и форвардные контракты. Рассмотрим следующую проблему. Предположим, вы только что сделали заявку на выполнение строительного контракта и лишь через несколько месяцев узна́ете, принято ли ваше предложение. За это время стоимость франка может упасть, и контракт станет неприбыльным.

В такой ситуации нет прямого способа *полностью* избежать валютного риска, поскольку вы не в состоянии хеджировать риск, связанный с неопределенностью получения контракта. Например, *продав* фьючерс, но не получив контракт, вы потеряете деньги, если стоимость франка *возрастет*.

В таких крайних случаях компании, чтобы обезопасить себя, часто используют опционы. В нашем примере вы могли бы приобрести опцион на продажу франков. Если вы получаете контракт и стоимость франка падает, прибыль от опциона компенсирует снижение стоимости контракта. Если вы *не* получаете контракт, вы имеете опцион, который может оказаться очень ценным, если стоимость франка упадет.

Конечно, страхование не дается даром; цена, которую вы платите за опцион, является страховой премией. Если стоимость франка вырастет, ваши затраты на страхование окажутся бесполезными.

25-7. РЕЗЮМЕ

Как менеджеру, вам приходится идти на риски, но не на любые риски. Некоторые риски представляют собой лишь неудачную ставку в игре, другие же могут угрожать успеху вашей фирмы. В этих случаях вы должны искать способы минимизировать риск.

Идея, лежащая в основе хеджирования, проста: вы находите два тесно связанных актива, покупаете один и продаете другой в соотношении, которое минимизирует риск вашей чистой позиции. Если активы характеризуются *полной* корреляцией, вы можете сделать вашу чистую позицию безрисковой.

Вся хитрость в том, чтобы найти коэффициент хеджирования, или дельту, т. е. количество единиц одного актива, необходимое для компенсации изменения стоимости другого актива. Иногда лучше всего посмотреть на изменение цен двух активов относительно друг друга в прошлом. Например, предположим, что изменение стоимости актива Б на 1% сопровождается изменением стоимости актива А в среднем на 2%. Тогда дельта равна 2,0. Чтобы хеджировать каждый доллар, инвестированный в актив А, вы должны продать на 2 дол. актива Б.

В других случаях найти дельту может помочь знание теории. Например, мы показали, как средний срок потока фиксированных доходов может быть измерен его продолжительностью. Если вы покупаете облигацию, чтобы минимизировать риск фиксированной суммы денежной задолженности, дельта зависит от относительной продолжительности обязательства и облигации.

Если стоимость актива *равна* стоимости обязательств, чистые инвестиции в минимизацию риска равны нулю. Мы назвали это хеджем *с нулевой стоимостью*. Вы всегда можете обратить любой хедж в хедж с нулевой стоимостью. Если стоимость активов *меньше* стоимости обязательств, вы помещаете разницу на банковский депозит. Если стоимость активов *превышает* стоимость обязательств, вы можете перейти к хеджу с нулевой стоимостью, сделав заем в банке.

Некоторые стратегии хеджирования являются статическими. Однажды осуществив хеджирование, вы можете взять длительный отпуск, сохраняя уверенность в том, что фирма хорошо защищена. Но большинство стратегий хеджирования являются динамическими. Со временем и в связи с изменением цен вам, возможно, потребуется пересмотреть вашу позицию, чтобы сохранить хедж.

ГЛАВА 25. Хеджирование финансового риска

Фирмы используют ряд инструментов для хеджирования.

1. Фьючерсные контракты представляют собой срочные заказы на покупку или продажу актива. Цена устанавливается сегодня, но заключительный платеж не производится до дня поставки. Фьючерсные рынки позволяют фирмам делать срочные заказы на множество различных товаров, ценных бумаг и валют.
2. Фьючерсные контракты являются высокостандартизированным продуктом и продаются в огромных количествах на фьючерсных биржах. Вместо того чтобы покупать или продавать фьючерсные контракты, вы можете заключить с банком договор, условия которого будут отвечать вашим потребностям. Такие фьючерсные контракты, приспособленные к потребностям клиентов, обычно называют форвардными контрактами. Фирмы сами защищают себя от риска изменения обменных курсов, систематически покупая и продавая форвардные валютные контракты.
3. Кроме того, иногда можно создать форвардный контракт самостоятельно. Например, вместо того чтобы покупать форвардный валютный контракт, можно сделать долларовый заем, обменять его на иностранную валюту и ссудить эту валюту на необходимый срок. Эта стратегия дала бы впоследствии такие же потоки денежных средств, что и форвардный валютный контракт.
4. В последние годы фирмы стали заключать разнообразные соглашения о свопах. Например, вы можете договориться с банком об осуществлении им всех будущих платежей по вашему долларовому займу в обмен на оплату банку стоимости обслуживания займа в дойчмарках. Свопы подобны пакетам форвардных контрактов.
5. Если у вас есть опцион, вы имеете право купить или продать актив, но вовсе не обязаны делать это. Стоимость опциона связана через дельту опциона со стоимостью лежащих в его основе активов. Поэтому вы можете хеджировать риск, заняв компенсирующие позиции в опционе и в дельте единиц лежащего в основе опциона актива. Вместо того чтобы пытаться полностью устранить весь риск, менеджеры также могут использовать опционы, чтобы застраховать себя от чрезвычайных случаев.

РЕКОМЕНДУЕМАЯ ЛИТЕРАТУРА

Ниже приведены статьи общего характера об управлении риском:

R.W. Anderson and J.P. Danthine. Cross Hedging // Journal of Political Economy. 89: 1182–1196. 1981.

A.C. Shapiro and S. Titman. An Integrated Approach to Corporate Risk Management // Midland Corporate Finance Journal. 3: 41–56. Summer. 1985.

C.W. Smith and R.M. Stultz. The Determinants of Firms' Hedging Policies // Journal of Financial and Quantitative Analysis. 20: 391–405. December. 1985.

Следующая книга представляет собой общее исследование новых рыночных инструментов, но содержит и очень интересный материал о свопах, соглашениях о форвардной процентной ставке и т. д.

Bank for International Settlements: Recent Innovations in International Banking. Basel. April 1986.

В статье Ходжеса и Шефера приводится пример того, как хеджировать риск изменения процентных ставок с помощью точно подобранных портфелей. В статье Шефера дается полезный обзор использования показателей продолжительности для защиты фиксированных обязательств:

S.D. Hodges and S.M. Schaefer. A Model for Bond Portfolio Improvement // Journal of Financial and Quantitative Analysis. 12: 243–260. 1977.

S.M. Schaefer. Immunisation and Duration: A Review of Theory, Performance and Applications // Midland Corporate Finance Journal. 3: 41—58. Autumn. 1984.

О фьючерсах и свопах см.:

S. Figlewski, K. John and J. Merrick. Hedging with Financial Futures for Institutional Investors: From Theory to Practice. Ballinger Publishing Company, Cambridge, Mass. 1986.

D. Duffie. Futures Markets. Prentice-Hall, Englewood Cliffs, N.Y., 1988.

C.W. Smit, C.W. Smithson and L.M. Wakeman. The Evolving Market for Swaps // Midland Corporate Finance Journal. 3: 20—32. Winter. 1986.

S.K. Henderson and J.A.M. Price. Currency and Interest Rate Swaps. Butterworths & Co., London, 1984.

КОНТРОЛЬНЫЕ ВОПРОСЫ

1. Верны или неверны следующие утверждения?
   а) Для совершенного хеджирования актива А требуется актив В, который полностью коррелирует с активом А.
   б) Чистая приведенная стоимость хеджирования на активном фьючерсном рынке равна нулю или немногим меньше.
   в) Облигации с более длительным сроком погашения непременно имеют и бо́льшую продолжительность.
   г) Чем больше продолжительность облигации, тем ниже ее изменчивость.
   д) Когда вы покупаете фьючерсный контракт, вы платите сегодня за будущие поставки.
   е) Держатель фьючерсного контракта получает выгоды доступности лежащих в основе контракта товаров.
   ж) Держатель финансового фьючерса не получает каких-либо дивидендов или процентов по лежащим в основе контракта ценным бумагам.

2. Вы владеете портфелем акций авиакосмической компании, бета которых составляет 1,2. Вы оптимистично настроены относительно перспектив компании, но не уверены в перспективах фондового рынка в целом. Объясните, как вы могли бы хеджировать ваш рыночный риск посредством "короткой" продажи рыночного портфеля. Сколько вы продали бы? Как на практике вы могли бы осуществить "продажу рыночного портфеля"?

3. Вычислите продолжительность и изменчивость ценных бумаг А, Б и В. Потоки денежных средств по ним приведены ниже. Процентная ставка равна 8%.

	Периоды		
	1	2	3
А	40	40	40
Б	20	20	120
В	10	10	110

4. Предположим, что вы дали обязательство выплатить 100 дол. в третьем году. Объясните, как вы могли бы хеджировать приведенную стоимость этого обязательства, инвестируя в ценную бумагу А из вопроса 3. Могли бы вы также хеджировать риск, купив ценные бумаги Б и В?

5. Вычислите стоимость шестимесячного фьючерсного контракта на казначейские облигации. Вы располагаете следующей информацией:

   - Шестимесячная процентная ставка = 10% годовых, или 4,9% за 6 месяцев.
   - Цена "спот" облигации = 95.
   - Приведенная стоимость купонных выплат по облигации за 6 следующих месяцев = 4.

ГЛАВА 25. Хеджирование финансового риска

6. Рассчитайте приведенную стоимость выгод доступности для магниевой стружки, исходя из следующей информации:

   - Цена "спот" = 2550 дол. за тонну
   - Фьючерсная цена = 2408 дол. для одногодичного контракта
   - Процентная ставка = 12%
   - Приведенная стоимость издержек хранения = 100 дол. в год

7. Что такое валютный своп? Процентный своп? Приведите по одному примеру их использования.

ВОПРОСЫ И ЗАДАНИЯ

1. Г-н Колено Алмаззи владеет акциями из индекса 500 взаимного фонда "Передовик", который привязан к фондовому индексу Standard and Poor. На 15 июля стоимость акций составила 1 млн дол. Он хочет сегодня же обратить их в наличные, но его бухгалтер советует ему подождать шесть месяцев, чтобы избежать крупного налога на прирост капитала. Объясните г-ну Алмаззи, как ему использовать фьючерсный контракт на фондовый индекс, чтобы хеджировать свою позицию против рыночных изменений в течение следующих шести месяцев. Мог бы г-н Алмаззи "быть при деньгах", не продавая свои акции? Объясните ваш ответ.

2. Вернитесь к вопросу 1. Предположим, что срок исполнения ближайшего индексного фьючерса наступает через 7, а не через 6 месяцев. Покажите, как еще может г-н Колено Алмаззи использовать индексный фьючерс для хеджирования своей позиции. Как срок исполнения контракта повлиял бы на коэффициент хеджирования?

3. Изменения цен акций двух золотодобывающих компаний имеют строго положительную корреляцию. По данным за прошлые годы, их отношение имеет следующий вид:

   Среднее процентное изменение цены А =
   = 0,001 + 0,75 (процентное изменение цены Б).

   Изменение цены Б объясняет 60% дисперсии изменений цены А ($R^2 = 0,6$).

   а) Допустим, у вас имеются акции А на сумму 100 000 дол. Сколько акций Б вам следует продать, чтобы минимизировать риск вашей чистой позиции?

   б) Каков коэффициент хеджирования?

   в) Как бы вы создали хедж с нулевой стоимостью?

   г) По данным за прошлые годы, связь между ценой А и ценами на золото выглядит следующим образом:

   Среднее процентное изменение цены А =
   = –0,002 + 1,2 (процентное изменение цены на золото).

   Если $R^2 = 0,5$, можете ли вы снизить риск вашей чистой позиции, хеджируя с золотом (или с фьючерсом на золото), а не с акциями Б? Объясните ваш ответ.

4. В разделе 25–2 мы утверждали, что продолжительность облигации со ставкой $8^3/_4$ и сроком погашения в 1994 г. составляла 4,276 года. Постройте таблицу, подобную таблице 25-3, чтобы показать это.

5. В разделе 25–2 мы говорили, что продолжительность аренды лизинговой компании "Баклуши-бью" равна продолжительности ее долга.

   а) Покажите, что это так.

   б) Теперь предположим, что процентная ставка снизилась до 3%. Покажите, какое теперь влияние оказывает 0,5%-ное снижение или рост процентной ставки на стоимость аренды и пакета долговых обязательств.

Что потребовалось бы компании "Баклуши-бью", чтобы создать новый хедж для снижения риска процентных ставок?

6. В строке 1 нижеследующей таблицы показаны оттоки денежных средств, которые ваша компания сейчас обязуется перечислить. Ниже приведены потоки денежных средств по первоклассным облигациям компании. Процентная ставка равна 10%. Если компания захочет, она может сделать заем по этой ставке.

	Годы			
	1	2	3	4
Обязательства (в млн дол.)	0	0	−20	−20
Платежи по облигациям (в % от номинала)	12	12	12	112

а) Вычислите продолжительность обязательств и облигаций.
б) Сколько вы должны инвестировать в облигации, чтобы снизить риск невыполнения обязательств?
в) Как бы вы создали хедж с нулевой стоимостью?
г) Защищал бы этот хедж вашу компанию по-прежнему, если бы:
   1) процентные ставки снизились на 3%;
   2) краткосрочные процентные ставки колебались, а долгосрочные в основном оставались постоянными;
   3) процентные ставки остались прежними, но прошло 2 года.
д) Можете ли вы составить "хеджевый" портфель, который позволил бы финансовому менеджеру не беспокоиться о событиях, перечисленных в пункте *г)*? Опишите такой портфель.

7. Укажите основные различия между форвардными и фьючерсными контрактами, в том числе по иностранной валюте.

8. В марте 1990 г. шестимесячный фьючерс на основе составного индекса Нью-Йоркской биржи продавался по цене 189,75. Цена "спот" составляла 185,77. Предположим, что процентная ставка равна 8,5%. Какова была приведенная стоимость среднего дивидендного дохода по акциям индекса?

9. В таблице 25-6 представлены цены "спот" и цены шестимесячных фьючерсов на некоторые товары и финансовые инструменты. Вероятно, существуют возможности сделать деньги. Проверьте, сумеете ли вы найти эти возможности, и объясните, как бы вы ими воспользовались. Процентная ставка составляет 14,5%, или 7% за шесть месяцев срока контрактов.

10. В нижеследующей таблице приведены фьючерсные цены на золото для контрактов с разными сроками. Золото является в первую очередь хорошим инвестиционным, а не промышленным товаром. Инвесторы держат золото, поскольку оно диверсифицирует их портфели и они надеются на рост цен на него. Они держат золото не за его выгоды доступности.

Вычислите процентные ставки, с которыми имеют дело торговцы фьючерсами на золото, для всех контрактных сроков, приведенных ниже. Цена "спот" равна 456,90 дол. за унцию.

	Сроки контрактов (месяцы)				
	1	3	9	15	21
Фьючерсная цена	458,90	464,50	483,30	503,90	525,70

ГЛАВА 25. Хеджирование финансового риска

ТАБЛИЦА 25-6
Цены "спот" и цены шестимесячных фьючерсов на выборочные товары и ценные бумаги (в дол.)

Товар	Цена "спот"	Фьючерсная цена	Примечания
Магний, за тонну	25 550	2728,50	Приведенная стоимость издержек хранения = приведенная стоимость выгод доступности
Замороженное тесто, за фунт	0,50	0,514	Приведенная стоимость издержек хранения = 0,10 на фунт Приведенная стоимость выгод доступности = 0,05 на фунт
Облигация Nevada Hydro, ставка 8%, срок 2002 год	77	78,39	Полугодовые купонные выплаты 4% непосредственно перед исполнением фьючерсного контракта
Костагуанский пулгас (валюта), пулгас на доллар	9300	6900	Костагуанская процентная ставка 95% годовых
Обыкновенные акции Establishment Industries	95	97,54	Establishment выплачивает дивиденды в размере 2 дол. на акцию в квартал. Следующие дивиденды будут выплачены через 2 месяца
Дешевое белое вино, за цистерну емкостью 10 000 галлонов	12 500	14 200	Приведенная стоимость выгод доступности = 250 на цистерну. У вашей компании неожиданно появились свободные хранилища, и вы можете без затрат хранить 50 000 галлонов

11. Комиссия по торговле товарами и фьючерсами должна быть уверена, что новые фьючерсные контракты служат интересам публики. Один из используемых комиссией тестов — контракт должен способствовать выявлению цен на свободных биржевых торгах, т. е. фьючерсные цены должны нести публике новую информацию о прогнозах инвесторов относительно изменений цен "спот". В оправдание своих предложений о торговле индексными фьючерсами биржи доказывали, что индексные фьючерсы обеспечивают информацию о мнении инвесторов о будущих ценах. Дайте оценку этому утверждению.

12. Выпуская облигации с фиксированной ставкой сроком на 5 лет в долларах США и швейцарских франках, фирмы А и Б сталкиваются со следующими ставками по займам:

	Доллары США	Швейцарские франки
Фирма А	10%	7%
Фирма Б	8%	6%

Предположим, что фирма А желает взять заем в долларах США, а фирма Б — в швейцарских франках. Покажите, как с помощью свопа можно снизить издержки по займам обеих компаний. Допустим, что обменный курс "спот" составляет 2 франка за 1 доллар.

13. "В прошлом году мы получили значительный доход в фунтах стерлингов, который хеджировали продажей форвардного контракта на фунты стерлингов. В результате фунт стерлингов вырос, и наше решение продать форвардный контракт обошлось нам в огромную сумму. Я думаю, в будущем нам следует либо не производить хеджирование нашей валюты, либо производить хеджирование только тогда, когда мы считаем, что стоимость фунта стерлингов завышена". Будь вы финансовым менеджером, как бы вы ответили на это заявление исполнительного директора?

14. "Спекулянты заинтересованы в установлении неверных цен на фьючерсные контракты; хеджеры хотят обратного". Почему?

15. Корпорация "Удод" желает сделать заем в долларах США на сумму 100 млн дол. по фиксированной ставке сроком на 5 лет. Она считает, что может предпринять выпуск еврооблигаций на следующих условиях:

- Проценты $10\,5/8\%$, выплачиваемых ежегодно
- Срок погашения   5 лет
- Комиссионный сбор $1\,1/8\%$
- Плата за агентские услуги   0,15% по купонам
  0,075% по основной сумме займа
- Эмиссионные издержки   0,2%

Банк предложил "Удоду" сделать выпуск в швейцарских франках в комбинации с валютным свопом в долларах США. Предложенные условия выпуска в швейцарских франках:

- Сумма   200 млн швейцарских франков
- Проценты $5\,3/8\%$ годовых
- Срок погашения   5 лет
- Комиссионный сбор   2,8%
- Плата за агентские услуги   0,75% по купонам
  0,30% по основной сумме займа
- Эмиссионные издержки   0,2%

Противоположная сторона в свопе получала бы фиксированную сумму долларов на следующих условиях:

- Сумма   100 млн дол. США (эквивалентно 200 млн швейцарских франков)
- Проценты $10\,5/8\%$ годовых
- Срок погашения   5 лет
- Комиссионный сбор   1,8%
- Плата за агентские услуги   0,15% по купонам
  0,075% по основной сумме займа
- Эмиссионные издержки   0,2%

Противоположная сторона удовлетворилась бы 6,4%, включая все издержки в швейцарских франках.

а) Какой из альтернативных вариантов следует принять "Удоду"? (Не учитывайте кредитный риск в вашем анализе.)

б) Предположим, что вы финансовый менеджер корпорации "Удод". Обсудите проблемы кредитных рисков альтернативных вариантов выпусков.

16. Если вы покупаете 9-месячный фьючерсный контракт на казначейский вексель, вы обязуетесь купить 3-месячный казначейский вексель через 9 месяцев. Предположим, что в настоящее время по казначейским векселям предлагается следующая текущая доходность:

Месяцев до погашения	Годовая доходность (в %)
3	6
6	6,5
9	7
12	8

Какова стоимость 9-месячного фьючерса на вексель?

ГЛАВА 25. Хеджирование финансового риска

17. В 1985 г. германская корпорация купила на 250 млн дол. форвардных контрактов, чтобы покрыть покупку в будущем товаров из США. Однако впоследствии стоимость доллара снизилась, и компания обнаружила, что если бы она подождала и затем купила бы доллары по цене "спот", она потратила бы на 225 млн дойчмарок меньше. Один финансовый менеджер отметил, что компания могла бы повременить с покупкой долларов и вместе с тем покрыть риск потенциальных убытков, используя опцион. В этом случае она сэкономила бы 225 млн дойчмарок и потеряла бы только стоимость опциона — приблизительно 20 млн дойчмарок[22]. Дайте оценку решения корпорации и критики финансового менеджера.

---

[22] Пример взят из книги: Managing Risks and Costs through Financial Innovation. Business International Corporation. New York, 1987.

26
Лизинг

Многим из нас когда-нибудь да доводилось брать напрокат, скажем, автомобиль, велосипед или лодку. Такие услуги населению предоставляются чаще всего на короткий срок — на день или неделю. Но в корпоративных финансах подобный "прокат" обычно оформляется на длительные сроки. Соглашение об аренде длительностью год или более, предусматривающее серии фиксированных выплат, называется **лизингом**.

Фирмы прибегают к лизингу как к альтернативе покупке оборудования с длительными сроками службы. Арендовано может быть любое имущество, включая электростанции, атомное топливо, железнодорожные вагоны, грузовики, самолеты и суда, гандбольные площадки, компьютеры, а также животных из зоопарков[1].

В 80-х годах объем лизинга увеличивался почти на 15% в год. В конце десятилетия около $1/3$ нового промышленного оборудования использовалось на условиях аренды. Любая лизинговая сделка предполагает наличие двух сторон. Пользователь имущества называется *арендатором*. Собственник имущества, называемый *арендодателем*, получает от арендатора периодические платежи. Например, если вы подписываете соглашение об аренде квартиры на год, то вы являетесь арендатором, а ее владелец — арендодателем.

Часто можно встретить упоминание о *лизинговой отрасли*. Это относится к арендодателям. (Почти все фирмы являются арендаторами, хотя бы до некоторой степени.) Кто же такие арендодатели?

Некоторые крупнейшие арендодатели являются производителями оборудования. Например, компания GATX — крупнейший арендодатель железнодорожных вагонов (в конце 1989 г. она сдала в аренду около 55 000 вагонов), IBM — крупнейший арендодатель компьютеров, XEROX — арендодатель копировальных машин.

Две другие основные группы арендодателей представлены банками и независимыми лизинговыми компаниями, предлагающими разнообразные услуги. Некоторые действуют как арендные брокеры (устраивая арендные сделки), а также и как арендодатели. Другие специализируются на сдаче в аренду легковых автомобилей, грузовиков и стандартного промышленного оборудования. Они добиваются успеха, потому что могут покупать оборудование крупными партиями, эффективно обслуживать его и в случае необходимости перепродавать за хорошую цену. Независимые компании по лизингу компьютеров, например, появились потому, что арендная плата, взимаемая IBM,

---

[1] В 1988 г. компьютеры составляли более 20%, а самолеты 15% новых операций по лизингу. О животных из зоопарков у нас данных нет (см.: American Association of Equipment Lessors, 1988 // Suvey of Industry Activity).

была слишком высокой. Они покупали оборудование, в основном у той же IBM, и сдавали его пользователям компьютеров в аренду дешевле, чем IBM.

26-1. ЧТО ТАКОЕ ЛИЗИНГ?

Лизинг существует во многих формах, но во всех случаях арендатор (пользователь) обещает производить периодические выплаты арендодателю (собственнику). Лизинговый контракт определяет ежемесячные либо полугодовые выплаты, обычно начиная сразу же после подписания контракта. По времени выплаты могут быть приспособлены к нуждам пользователя. Например, производитель сдает в аренду станок для производства нового сложного изделия. Потребуется год "раскрутки", прежде чем производство выйдет на предусмотренную мощность. В этом случае возможно соглашение о более низких платежах в течение первого года аренды.

Когда лизинговый контракт завершается, арендованное имущество возвращается арендодателю. Однако часто лизинговое соглашение дает пользователю возможность выкупить оборудование или заключить новое лизинговое соглашение.

Некоторые виды лизинга являются краткосрочными и могут быть расторгнуты арендатором в период действия контракта; такой лизинг называется *операционным*. Другие виды лизинговых соглашений заключаются на большую часть предполагаемой экономической жизни имущества и не могут быть расторгнуты либо предусматривают возмещение убытков арендодателю при расторжении. Такой лизинг называется *капитальным, финансовым*, или *лизингом с полной выплатой*[2].

Финансовый лизинг является *источником финансирования*. Подписание контракта на финансовый лизинг схоже с займом — происходит немедленный приток наличных денежных средств, так как арендатор освобожден от необходимости оплачивать имущество. Но он берет на себя обязательство осуществлять платежи, определенные в контракте о лизинге. С таким же успехом пользователь мог бы получить кредит на полную стоимость имущества, принимая обязательство выплатить основной долг и проценты. Таким образом, денежные потоки по лизингу и по займу похожи. В обоих случаях фирма получает денежные средства сразу и выплачивает их позже. Значительная часть этой главы будет посвящена сравнению лизинга и займа как альтернативных способов финансирования.

Лизинг различается также и по видам услуг, предоставляемых арендодателями. В лизинговом соглашении о *полном обслуживании*, или *аренде*, арендодатель обещает обслуживать и страховать оборудование и выплачивать все налоги по нему. При *чистом лизинге* арендатор соглашается обслуживать и страховать активы и выплачивать налоги на имущество. Большинство видов финансового лизинга — это чистый лизинг. Бо́льшая часть финансового лизинга распространяется на новое оборудование. Арендатор выбирает оборудование, договаривается с лизинговой компанией о его покупке у производителя и подписывает контракт с лизинговой компанией. Это называется *прямым* лизингом. В других случаях фирма продает принадлежащее ей имущество и снова арендует его у покупателя. Такие соглашения типа *продажа с последующим лизингом* распространены в операциях с недвижимостью. Например, фирма Х может получить деньги, продав фабрику лизинговой компании, и одновременно продолжать использовать ее, подписав долгосрочный лизинговый контракт. Юридически фабрика переходит в собственность лизинговой компании, но право пользоваться ею остается у фирмы Х.

---

[2] В судоходстве финансовый лизинг называется *чартером пустого корабля*, или *мертвым прокатом*.

ГЛАВА 26. Лизинг   717

Встречается также лизинг *за счет займа*. Это такой тип финансового лизинга, при котором арендодатель получает кредит на часть стоимости имущества, используя лизинговый контракт в качестве залога под кредит. Такие лизинговые сделки сложны, так что мы отложим обсуждение их до конца этой главы.

26-2. ЗАЧЕМ НУЖЕН ЛИЗИНГ?

Существует много аргументов в пользу лизинга оборудования по сравнению с его покупкой. Давайте обратимся сначала к бесспорным доводам в пользу лизинга, а затем к четырем более спорным.

Разумные доводы в пользу лизинга

Краткосрочный лизинг удобен. Предположим, вам необходим автомобиль на неделю. Вы можете, конечно, купить машину и через 7 дней продать ее, но это глупо. Вы потратите время, выбирая машину, договариваясь о покупке и страховке, регистрируя машину. Затем в конце недели вы должны заняться перепродажей и отменить регистрацию и страховку. Итак, если вы нуждаетесь в машине только на короткое время, разумнее взять ее напрокат. Это избавляет вас от проблем, связанных с регистрацией собственности и позволяет точно рассчитать совокупные затраты. Точно так же и компании выгодно арендовать оборудование, необходимое только на короткое время. Конечно, это всегда операционный лизинг.

Иногда стоимость краткосрочного лизинга может показаться недоступно высокой или вы считаете неразумным арендовать, не считаясь с затратами. Так обычно происходит с имуществом, легко повреждающимся при неосторожном обращении. Владелец знает, что временные пользователи вряд ли будут заботиться о нем, как о своем собственном. Когда опасность повреждения становится слишком высокой, рынок краткосрочной аренды не выживает. Так, довольно легко купить автомобиль Maserati Bora, если у вас "тугой карман", но почти невозможно взять его напрокат.

Возможность расторжения лизингового контракта. Краткосрочный лизинговый контракт с возможностью его расторжения часто заключают при аренде компьютеров. Достаточно сложно определить, насколько быстро такое оборудование устаревает, так как компьютерная технология развивается стремительно и непредсказуемо. Лизинг с опционом на отказ перекладывает риск преждевременного морального старения компьютеров с пользователя на арендодателя, который, как правило, является производителем этого оборудования либо специалистом в области лизинга компьютерной техники и, следовательно, более осведомлен о риске морального старения, более подготовлен к нему, чем пользователь. Пользователю имеет смысл заплатить арендодателю за опцион на отказ. Оплата этого опциона принимает форму более высоких лизинговых платежей. Некоторые виды лизинга, *выглядящие* дорогостоящими, на самом деле, с учетом возможности отказа от аренды, имеют справедливую цену.

Предоставление обслуживания. По лизинговому договору о полном обслуживании пользователь получает все необходимые услуги. Многие арендодатели имеют хорошую базу для оказания услуг. Однако не забывайте, что все эти достоинства отразятся в более высокой арендной плате.

Стандартизация лизинговых контрактов снижает административные и операционные издержки. Предположим, вы руководите лизинговой компанией, специализирующейся на финансовом лизинге грузовиков. Вы эффективно предоставляете кредиты большому количеству фирм (арендаторов), которые могут существенно различаться между собой. Но так как активы, которые являются основой этих операций, идентичны — во всех случаях это один и тот же продаваемый товар (грузовик), вы можете без риска "одолжить" деньги (сдать в аренду грузовик), без проведения детального анализа деятельности каждой фирмы, заключив простой, стандартный лизинговый контракт. Такая стандартизация позволяет "кредитовать" в небольших размерах без крупных исследовательских, административных и юридических издержек. Таким образом, лизинг часто является относительно дешевым источником денежных средств для небольшой компании. Он обеспечивает долговременное финансирование на гибкой, поэтапной основе, с издержками более низкими, чем при частном или публичном выпуске облигаций или акций.

Использование налогового щита. Арендодатель владеет арендованным имуществом и вычитает его амортизацию из облагаемой налогом прибыли. Если арендодатель способен лучше использовать налоговый щит по амортизации, чем пользователь имущества, то для лизинговой компании может быть выгодно, оставаясь собственником оборудования, передать арендатору некоторые налоговые льготы в форме низких арендных платежей. Мы увидим, как это происходит, в следующем разделе.

Уклонение от альтернативного минимального налога. Энергичные финансовые менеджеры хотят заработать много денег для акционеров, но при этом *показать в отчетности* низкие доходы для налоговой инспекции. Закон о налогообложении позволяет это сделать. Фирма может использовать прямолинейный метод начисления амортизации при подготовке ежегодной отчетности, но начислять ускоренную амортизацию (и использовать кратчайшие возможные сроки использования имущества) для налоговой инспекции. Этим и другими абсолютно законными и этичными действиями компании, получающие прибыль, иногда умудряются избежать уплаты налогов вообще. Почти все компании платят налогов меньше, чем можно предположить по их публикуемым отчетам[3].

Но для компаний, которые имеют слишком высокий налоговый щит, Закон о налоговой реформе 1986 г. содержит ловушку: альтернативный минимальный налог. Корпорации должны платить альтернативный минимальный налог в тех случаях, когда он выше, чем их налог, рассчитанный обычным путем. Это требует повторного вычисления облагаемой прибыли, при котором льготы от ускоренной амортизации и другие налогопонижающие льготы частично прибавляются обратно[4]. Альтернативный минимальный налог составляет 20% от полученного результата.

---

[3] Каждый год различия в расходах на налоги, указанных в отчетах, и реально уплаченных суммах объясняются в примечаниях к финансовой отчетности. Общая разница указывается в балансе по статье "отсроченная задолженность по налогам". (Обратите внимание, что ускоренная амортизация *дает отсрочку* в уплате налогов, но не освобождает от них.)

[4] К таким льготам относятся вычет процентных выплат по освобожденным от налога муниципальным ценным бумагам и отсрочка налоговых платежей благодаря методу учета "по завершении контракта". (Этот метод позволяет производителю не показывать налогооблагаемую прибыль до тех пор, пока не истек срок производственного контракта. А поскольку контракты порой длятся по нескольку лет, у такой отсрочки может быть положительная чистая приведенная стоимость.) Перечень налоговых льгот также включает в себя "прибыли, не отраженные в балансе", которые определяются разницей между прибылью, указываемой для налоговой службы, и доналоговой *балансовой* прибылью, показываемой акционерам. С помощью консервативных методов финансовой отчетности можно ограничить свою подверженность альтернативному минимальному налогу.

ГЛАВА 26. Лизинг

Предположим, компания "Ай-да-техника" имеет 10 млн дол. облагаемой налогом прибыли, но для уплаты альтернативного минимального налога придется добавить 9 млн дол. налоговых льгот:

	Обычный налог	Альтернативный минимальный налог
Прибыль	10 дол.	10 + 9 = 19 дол.
Ставка налога	0,34	0,20
Налог	3,4 дол.	3,8 дол.

"Ай-да-техника" должна заплатить 3,8 млн, а не 3,4 млн дол.[5]

Как можно избежать этого болезненного платежа? Использовав лизинг. Арендные выплаты *не входят* в список льгот, добавляемых обратно при вычислении альтернативного минимального налога. Если вы арендуете, а не покупаете, налоговая амортизация меньше и альтернативный минимальный налог меньше.

Здесь мы имеем чистый выигрыш, если *арендодатель* не попадает под альтернативный минимальный налог и может передать налоговый щит по амортизации в форме более низких арендных платежей.

Некоторые сомнительные аргументы в пользу лизинга

Лизинг ограничивает контроль за капиталовложениями. Во многих компаниях лизинговые предложения изучаются с таким же вниманием, как и предложения по капиталовложениям, но в некоторых случаях финансовый менеджер компании может избежать сложных процедур утверждения решений, необходимых при покупке активов. Несмотря на то что это сомнительный довод в пользу аренды, его можно считать важным, особенно в общественном секторе. Например, городские больницы иногда усматривают политические преимущества в том, чтобы арендовать медицинское оборудование, а не просить городские власти о выделении средств на его покупку. Другой пример — Военно-морской флот Соединенных Штатов арендовал новые танкеры и вспомогательные суда, и ему не пришлось запрашивать деньги на их покупку у конгресса.

Лизинг сохраняет капитал. Лизинговые компании предоставляют "100%-ное финансирование" — авансируют полную стоимость арендованного имущества. Следовательно, аренда сохраняет капитал, позволяя фирме оставить денежные средства для других нужд. Однако фирма может "сохранить капитал" также и с помощью займа. Если, например, компания пассажирских перевозок "Автобусные маршруты Сивка-бурка" арендует автобус стоимостью 100 000 дол., а не покупает его, она сохраняет эти 100 000 дол. Но она может также: 1) купить автобус с немедленной оплатой и 2) взять заем в 100 000 дол. под залог автобуса. Остатки денежных средств на ее счете в банке будут прежними, независимо от того, арендует она или покупает за счет займа. Компания в обоих случаях получает автобус и навлекает на себя обязательство выплатить 100 000 дол. Что такого особого в лизинге?

Лизинг может служить внебалансовым источником финансирования. До конца 1976 г. финансовый лизинг являлся *внебалансовым источником финансирования*, т.е. фирма могла купить имущество, финансировать его посредством финансового лизинга и не указывать ни имущество, ни лизинговый контракт в балансе. Фирма была обязана только добавить к своей отчетности краткие

---

[5] Однако "Ай-да-техника" может перенести разницу в 0,4 млн дол. на следующие периоды. Если в следующие годы альтернативный минимальный налог окажется *ниже* обычных налогов, разница может использоваться как налоговый кредит. Предположим, альтернативный минимальный налог в следующем году составит 4 млн дол., а обычный налог — 5 млн дол. Тогда компания платит лишь 5 − 0,4 = 4,6 млн дол.

примечания, касающиеся обязательств по лизингу. В настоящее время стандарты бухгалтерского учета требуют, чтобы весь *капитальный* (финансовый) лизинг был *капитализирован*[6], т. е. приведенная стоимость лизинговых платежей должна быть вычислена и показана вместе с другой задолженностью в правой части баланса. Такая же сумма должна быть показана как актив в левой части баланса[7].

Для введения этого нового требования Управление по стандартам финансового учета было вынуждено предложить объективные правила, позволяющие различать операционный и капитальный (финансовый) лизинг. В соответствии с этими правилами финансовый лизинг определяется как аренда, удовлетворяющая *хотя бы одному* из следующих условий.

1. Право собственности по лизинговому соглашению передается арендатору до окончания срока лизинга.
2. Арендатор может приобрести имущество по договорной цене по окончании срока лизинга.
3. Срок аренды составляет не менее 75% срока предполагаемой экономической жизни имущества.
4. Приведенная стоимость лизинговых платежей составляет не менее 90% стоимости имущества.

Все остальные виды лизинга с точки зрения бухгалтерского учета относятся к операционному лизингу.

Многие финансовые менеджеры пытались извлечь выгоду из этого произвольного разделения лизинга на операционный и финансовый. Предположим, вы хотите финансировать приобретение оборудования с компьютеризированной системой управления ценой 1 млн дол. Оборудование предположительно будет функционировать 12 лет. Вы можете подписать лизинговый контракт на 8 лет и 11 месяцев (избегая условия 3) с арендными платежами, приведенная стоимость которых составляет 899 000 дол. (избегая условия 4).

Вы можете также позаботиться о том, чтобы контракт не подпадал под условия 1 и 2. Результат? Финансирование вне баланса. Эта аренда не должна быть капитализирована, хотя это бесспорно долговременное, фиксированное обязательство.

Теперь мы подходим к вопросу стоимостью 64 000 дол. Какая разница, отражается ли финансирование в балансе или на внебалансовых счетах? Разве не должен финансовый менеджер заботиться о сущности, а не о форме?

Когда фирма прибегает к внебалансовому финансированию, обычные показатели финансового положения, такие, например, как коэффициент "долг–собственный капитал" компании, преуменьшают действительный уровень ее финансовой зависимости. Некоторые отмечают, что аналитики не всегда обращают внимание на внебалансовые арендные обязательства (которые указываются в примечаниях) или на усиливающееся непостоянство прибылей, связанное с фиксированными арендными выплатами. Возможно, те, кто так считает, и правы, но мы бы не стали утверждать, что такие недостатки анализа широко распространены.

Когда компания пользуется кредитом, ей обычно приходится соглашаться на определенные ограничения будущих займов. Первые письменные соглашения об эмиссии облигаций не содержали ограничений на финансовый лизинг. Следовательно, он рассматривался как средство обхода ограничений на дополнительную эмиссию долговых обязательств. Такие обходные пути легко перекрываются, и большинство соглашений сейчас включают ограничения на лизинг.

---

[6] См.: Accounting for Leases // Statement of Financial Accounting Standard. N 13. Financial Accounting Standard Board, Stamford, Conn. 1976.
[7] Данный "актив" амортизируется в течение срока лизинга. Амортизация вычитается из балансовой прибыли, подобно тому как вычитается амортизация купленных активов.

ГЛАВА 26. Лизинг

Лизинговые обязательства должны рассматриваться как долг, независимо от того, как они отражены в балансе. Финансовые аналитики могут просмотреть умеренную арендную активность, как они пропускают мелкие долги. Но крупные арендные обязательства обычно распознаются и принимаются во внимание.

В мае 1979 г. газета Business Week описала финансовую проблему, стоящую перед компанией San Diego Gas and Electric Company (SDG&E). Нехватка денежных средств в компании привела к сделке типа "продажа с последующей арендой":

> В марте компания продала новую генераторную станцию за 132 млн дол. группе банков, возглавляемой Bank of America, и затем арендовала станцию. Это не влияет на краткосрочную динамику прибыли. Но в конечном счете эта сделка уберет огромные по стоимости активы из базы расчета коэффициентов, соответственно понижая потенциальные прибыли и ослабляя рейтинг облигаций SDG&E. "Рейтинговые агентства рассматривают обязательство в 132 млн дол. как долгосрочный долг", — объясняет Роберт Е. Моррис, президент компании[8].

Лизинг влияет на бухгалтерскую прибыль. Баланс фирмы и отчет о прибыли могут *выглядеть* лучше с лизингом, поскольку он либо увеличивает бухгалтерскую прибыль, либо уменьшает балансовую стоимость имущества, либо и то и другое вместе.

Лизинг, квалифицируемый как внебалансовый источник финансирования, влияет на бухгалтерскую прибыль только одним путем: арендные выплаты — это расходы. Если фирма не арендует, а покупает активы, финансируя эти операции за счет займа, выплата процентов и амортизация вычитаются из прибыли. Лизинг обычно оформляется так, что платежи в первые годы меньше, чем сумма амортизации и процентных платежей в случае покупки и займа. Следовательно, лизинг увеличивает бухгалтерскую прибыль в первые годы жизни актива. Бухгалтерский коэффициент рентабельности активов может возрасти даже в большей степени, так как бухгалтерская стоимость активов (знаменатель в данном коэффициенте) занижена, если арендованное имущество не отражается в балансе фирмы.

Воздействие лизинга на бухгалтерскую прибыль само по себе не должно влиять на стоимость фирмы. На эффективных рынках капитала инвесторы будут смотреть сквозь бухгалтерские результаты деятельности фирмы на реальную стоимость активов и обязательств, взятых для их финансирования.

26-3. ОЦЕНКА ФИНАНСОВОГО ЛИЗИНГА

Лизинг дает особые преимущества некоторым фирмам в некоторых ситуациях. Однако нет смысла обсуждать эти преимущества, пока вы не научитесь оценивать контракты на финансовый лизинг.

Пример финансового лизинга

Представьте себя Томасом Пирсом III, президентом компании "Автомобильные маршруты Сивка-бурка". Она была основана вашим дедом, который быстро обогатился на растущем спросе на транспортные услуги между Виддикомбом и близлежащими городками. Компания являлась собственником всех своих транспортных средств со времени основания; сейчас вы пересматриваете эту политику. Ваш менеджер хочет купить новый автобус ценой 100 000 дол., который будет служить только 5 лет перед отправкой на свалку. Вы убеждены, что вложение средств в дополнительное оборудование окупится. Тем временем представитель производителя указала, что ее фирма согласна также сдать автобус вам в аренду на условиях 6 равных ежегодных плате-

---

[8] Перепечатано по специальному разрешению из: Business Week. May 28. 1979. P 110. © 1979 by McGraw-Hill, Inc., New York, NY 10020. All rights reserved.

ТАБЛИЦА 26-1
Денежные потоки по лизинговому контракту компании "Сивка-бурка" (в тыс. дол.)

	ГОДЫ					
	0	1	2	3	4	5
Стоимость нового автобуса	+100					
Стоимость упущенной налоговой защиты по амортизации	−6,8	−10,88	−6,53	−3,92	−3,92	−1,96
Арендные платежи	−20,6	−20,6	−20,6	−20,6	−20,6	−20,6
Налоговая защита по аренде	+7,0	+7,0	+7,0	+7,0	+7,0	+7,0
Потоки денежных средств по годам аренды	+79,60	−24,48	−20,13	−17,52	−17,52	−15,56

жей по 20 600 дол. каждый. "Сивка-бурка" остается ответственной за все обслуживание, страхование и текущие расходы.

Таблица 26-1 показывает прямые последствия подписания лизингового контракта для потоков денежных средств. (Важные косвенные эффекты обсуждаются позже.) Последствия следующие:

1. "Сивка-бурка" не обязана платить за автобус. Это эквивалентно притоку денежных средств в размере 100 000 дол.
2. "Сивка-бурка" не является собственником автобуса и не может начислять на него амортизацию, т.е. лишается ценного налогового амортизационного щита. В таблице 26-1 показано, что амортизация будет начисляться по 5-летней налоговой схеме (см. таблицу 6-5).
3. "Сивка-бурка" должна платить арендодателю 20 600 дол. ежегодно в течение 6 лет. Первый платеж должен поступить немедленно.
4. Арендные платежи полностью вычитаются при расчете налогооблагаемой прибыли. При 34%-ной предельной ставке налога арендные платежи обеспечивают налоговый щит 7000 дол. в год. Стоимость арендного платежа в посленалоговом выражении составляет 20 600 − 7000 = = 13 600 дол.

Мы должны обратить внимание на то, что "Сивка-бурка" будет платить налог по полной ставке 34%. Если бы фирма была уверена, что потеряет деньги и, следовательно, не будет платить налогов, строки 2 и 4 в таблице 26-1 были бы пустыми. Амортизационный налоговый щит не стоит ничего для фирмы, которая не платит налогов.

Таблица 26-1 также показывает, что автобус будет бесполезен после отправки на свалку в конце пятого года. Иначе в таблице имелась бы статья для утраченной остаточной стоимости.

Кто является действительным собственником арендованного имущества?

Юристу или налоговому бухгалтеру такой вопрос показался бы странным. Ясно, что *законным* собственником имущества, сданного в аренду, является арендодатель. Вот почему именно он вычитает амортизационные отчисления из облагаемой налогом прибыли.

С *экономической* точки зрения реальным владельцем является *пользователь*, так как при *финансовом* лизинге именно пользователь берет на себя риск и получает выгоду от владения. Если новый автобус окажется безнадежно дорогим и неподходящим для маршрутов "Сивки-бурки", это будет проблемой "Сивки-бурки", а не арендодателя. Если это обернется большим успехом, прибыль пойдет "Сивке-бурке", не арендодателю. Успех или неудача деловых операций фирмы не зависит от того, финансируется ли приобретение автобусов посредством лизинга либо с помощью других финансовых инструментов.

ГЛАВА 26. Лизинг

Во многих отношениях финансовый лизинг подобен обеспеченному займу. Арендатор должен делать фиксированные платежи, а если он окажется на это не способен, арендодатель может взять имущество обратно. Значит, мы можем представить баланс следующим образом:

"Автобусные маршруты Сивка-бурка" (в тыс. дол.)

Автобус	100	100	Заем, обеспеченный автобусом
Прочие активы	1000	450	Прочие займы
		550	Собственный капитал
Итого активы	1100	1100	Итого обязательства и собственный капитал

В экономическом смысле это эквивалентно следующему балансу:

"Автобусные маршруты Сивка-бурка" (в тыс. дол.)

Автобус	100	100	Финансовый лизинг автобуса
Прочие активы	1000	450	Прочие займы
		550	Собственный капитал
Итого активы	1100	1100	Итого обязательства и собственный капитал

Сказав это, мы должны немедленно добавить два замечания. Первое: право собственности может иметь большое значение по окончании финансового лизинга, так как арендодатель получает имущество по остаточной стоимости. После того как обеспеченный заем выплачен, пользователь получает имущество в собственность полностью.

Второе: арендодатели и кредиторы имеют разные права в случае банкротства пользователя. Если компания-пользователь задержит арендный платеж, вы можете подумать, что арендодатель заберет арендованное имущество и уйдет. Однако если суд по делам банкротства решит, что имущество является существенным для бизнеса арендатора, он "подтвердит" аренду. Фирма-банкрот в этом случае продолжает пользоваться имуществом, при условии выплаты арендных платежей. Таким образом, арендодатель получает деньги, пока остальные кредиторы ожидают. Даже кредиторы под обеспечение не получают ничего в ожидании соответствующего этапа процесса банкротства.

Если аренда не подтверждена, а "отменена", арендодатель, конечно, может получить арендованное имущество. Если его стоимость меньше, чем будущие платежи, обещанные арендатором, арендодатель попытается получить возмещение убытка. Но в этом случае он должен встать в очередь вместе с кредиторами без обеспечения.

Конечно, ни арендодатель, ни кредитор с обеспечением не могут быть уверены в полном возврате. Мы хотели лишь сказать, что арендодатели и кредиторы с обеспечением имеют разные права в случае возникновения проблем у пользователя актива.

Лизинг и Налоговая служба

Мы уже заметили, что арендатор теряет амортизационный налоговый щит по арендованному имуществу, но может полностью вычесть из налогооблагаемой прибыли арендные платежи. *Арендодатель*, как юридический собственник, использует налоговый щит по амортизации, но должен указать поступления арендных платежей как облагаемую налогом прибыль.

Однако Налоговая служба подозрительна по своей природе и не позволит арендатору вычесть полностью арендный платеж, пока не удостоверится, что соглашение является чистым лизингом, а не скрытой покупкой в рассрочку или кредитным соглашением с обеспечением. Вот примеры арендных положений, которые могут вызвать ее подозрения:

1. Определение любой части арендного платежа как "процент".
2. Предоставление возможности арендатору купить имущество, скажем, за 1 дол. по окончании аренды. Такое положение по существу передаст остаточную стоимость имущества арендатору.
3. Такой график выплат, в соответствии с которым арендатор выплачивает большую часть стоимости в короткий период, а затем может пользоваться активом за чисто номинальную сумму арендной платы.
4. Включение пункта "что бы ни случилось", обязывающего арендатора перечислять платежи независимо от того, что произойдет с арендодателем или оборудованием.
5. Ограничение права арендатора на привлечение заемного капитала либо выплату дивидендов, пока действует лизинг.
6. Лизинг имущества "ограниченного пользования", например производственного оборудования, специализированного для деятельности арендатора, которое будет иметь ограниченную ценность для последующих пользователей.

Некоторые лизинговые контракты заключаются таким образом, чтобы *не быть* квалифицированными в качестве лизинга с точки зрения налогообложения. Предположим, промышленник находит удобным арендовать новый компьютер, но хочет сохранить налоговый щит по амортизации. Это легко достигается предоставлением ему возможности приобрести компьютер за 1 дол. по окончании аренды. В этом случае Налоговая служба расценивает аренду как продажу в рассрочку, и бизнесмен может вычесть амортизацию и процентную компоненту арендного платежа при расчете налогооблагаемой прибыли. Но лизинг все же остается лизингом для других целей.

Первый шаг в оценке лизингового контракта

Когда мы покинули Томаса Пирса III, президента компании "Сивка-бурка", он только приступил к рассмотрению потоков денежных средств по финансовому лизингу (таблица 26-1), предложенному производителем автобусов. Обычно такие потоки считаются столь же надежными, как и платежи процентов и основной суммы долга по обеспеченным облигациям, выпущенным арендатором. Подобная параллель вполне уместна для арендных платежей, поскольку арендодатель практически предоставляет заем арендатору. Но различные варианты налоговой защиты могут содержать в себе достаточно высокий уровень риска, заслуживая более высокой ставки дисконта. Например, "Сивка-бурка" может быть уверена, что выплатит аренду, но не уверена в получении достаточно высокой прибыли для использования налогового щита. В таком случае потоки денежных средств, обусловленные налоговым щитом, следует, вероятно, дисконтировать по более высокой ставке дисконта, чем ставка по займу, использованная для арендных выплат.

Арендатор может, в принципе, использовать различные ставки дисконта для каждой строки таблицы 26-1 — соответственно риску потока денежных средств данной строки. Но устойчивые, прибыльные фирмы обычно разумно упрощают дисконтирование различных потоков, показанных в таблице 26-1, принимая единую ставку, привязанную к проценту, который фирме пришлось бы платить при получении займа, а не использовании лизинга. Предположим, что процент по займу для компании "Сивка-бурка" равен 10%.

Здесь необходимо вернуться к рассмотренным в главе 19 эквивалентным долгу потокам денежных средств. Когда компания дает деньги взаймы, она

ГЛАВА 26. Лизинг

платит налоги с получаемых процентов. Отдача для нее определяется процентной ставкой в посленалоговом выражении. Когда компания занимает деньги, она может *вычесть* процентные выплаты из налогооблагаемой прибыли. Чистые затраты по займу — это процентная ставка в посленалоговом выражении.

Таким образом, посленалоговая ставка процента является эффективной ставкой процента, по которой компания может перенести эквивалентные долгу потоки из одного временно́го периода в другой. Следовательно, для оценки дополнительных потоков денежных средств, обусловленных лизинговым договором, их необходимо дисконтировать по посленалоговой ставке процента.

Так как "Сивка-бурка" может получать заем под 10%, следует дисконтировать лизинговые потоки денежных средств по ставке $r^* = 0{,}10 \times (1 - 0{,}34) = 0{,}066$, или 6,6%. Это дает следующий результат:

$$\text{Чистая приведенная стоимость лизинга} = +79{,}60 - \frac{24{,}48}{1{,}066} - \frac{20{,}13}{(1{,}066)^2} - \frac{17{,}52}{(1{,}066)^3} - \frac{17{,}52}{(1{,}066)^4} - \frac{15{,}56}{(1{,}066)^5} =$$

$$= -0{,}41, \text{ или } -410 \text{ дол.}$$

Так как лизинг имеет отрицательную чистую приведенную стоимость, "Сивке-бурке" лучше купить автобус.

Почему лизинг поставил акционеров компании "Сивка-бурка" в затруднительное положение?

Положительная или отрицательная чистая приведенная стоимость — это не абстрактная концепция; акционеры "Сивки-бурки" действительно становятся беднее на 410 дол. в случае использования лизинга. Давайте проверим, как это получается. Посмотрим еще раз на таблицу 26-1. Потоки денежных средств по лизингу выглядят следующим образом:

	Годы					
	0	1	2	3	4	5
Потоки денежных средств (в тыс. дол.)	+79,60	−24,48	−20,13	−17,52	−17,52	−15,56

Лизинговые платежи являются контрактными обязательствами, подобно платежам процентов и основной суммы долга по обеспеченным займам. Значит, можно рассматривать потоки денежных средств с 1-го по 5-й годы аренды как "обслуживание долга" по лизингу. Таблица 26-2 показывает заем *с точно* такими же расходами по обслуживанию долга, как и по лизингу. Первоначальный размер займа 80,01 тыс. дол. Если "Сивка-бурка" получит эту сумму

ТАБЛИЦА 26-2
Условия займа, эквивалентного лизингу, для компании "Сивка-бурка" (в тыс. дол.)

	Годы					
	0	1	2	3	4	5
Сумма займа в конце года	80,01	60,81	44,70	30,13	14,60	0
Годовая процентная ставка 10%		−8,00	−6,08	−4,47	−3,01	−1,46
Налоговая защита по процентным платежам, 34%		+2,72	+2,07	+1,52	+1,02	+0,50
Проценты, после уплаты налогов		−5,28	−4,01	−2,95	−1,99	−0,96
Возврат основной суммы долга		−19,20	−16,11	−14,57	−15,53	−14,60
Чистый денежный поток по эквивалентному займу	+80,01	−24,48	−20,12[a]	−17,52	−17,52	−15,56

[a] Из-за округления эта цифра на 0,01 меньше, чем потоки, приведенные в таблице 26-1.

в долг, то выплатит в первый год процент на сумму 0,10 × 80,01 = 8,00 дол. и *получит* налоговый щит по процентам на сумму 0,34 × 8,00 = 2,72. Затем "Сивка-бурка" сможет выплатить 19,20 тыс. дол. долга, и чистый отток денежных средств будет 24,74 тыс. дол. (точно таким же, как и при лизинге) в первый год, а остающийся долг на начало года 2 составит 60,81 тыс. дол.

Данные таблицы 26-2 показывают, что обслуживание займа, обеспечивающего немедленно приток 80,01 тыс. дол. стоит столько же, сколько и обслуживание лизинга, приносящего только 79,60 тыс. дол. Вот почему мы говорим, что чистая приведенная стоимость лизинга равна 79,60 – 80,01 = = –0,41, или –410 дол. Если "Сивка-бурка" арендует автобус, вместо получения займа на эквивалентную сумму ее банковский счет будет меньше на 410 дол[9].

Наш пример иллюстрирует две общие точки зрения на лизинг и эквивалентные займы. Первое: вы способны разработать такую стратегию заимствования, которая обеспечивает такой же поток денежных средств в каждом будущем периоде, что и лизинг, но более высокий немедленный поток, то вы не должны арендовать. Если, однако, эквивалентный заем приносит такие же будущие оттоки денежных средств, что и лизинг, но более низкий немедленный приток, то лизинг является лучшим выбором.

Второе: наш пример предлагает два пути оценки лизинга.

1. *Сложный путь:* постройте таблицу, показывающую результаты эквивалентного займа, подобную таблице 26-2.
2. *Легкий путь:* дисконтируйте лизинговые потоки денежных средств по *посленалоговой* ставке процента, которую фирма будет платить по эквивалентному займу. Оба метода дают одинаковый ответ — в нашем случае чистая приведенная стоимость равна –410 дол.

Продолжение темы

Мы пришли в выводу, что лизинговый контракт, предложенный компании "Сивка-бурка", не является привлекательным — он дает на 410 дол. меньше, чем эквивалентный заем. Основной принцип здесь следующий: финансовый лизинг является предпочтительнее покупки или получения займа, если финансирование, обусловленное лизингом, превосходит финансирование вследствие эквивалентного займа. Принцип описывается формулой:

$$\text{Чистая стоимость лизинга} = \text{первоначальное финансирование} - \sum_{t=1}^{N} \frac{LCF_t}{[1+r(1-T_c)]^t},$$

где LCF_t – отток денежных средств по лизингу в период t и N – срок аренды. Первоначальное финансирование равняется стоимости арендованного актива минус все немедленные арендные выплаты, либо другой отток денежных средств, относящийся к лизингу.

Заметьте, что под стоимостью лизинга понимается приращение стоимости относительно заимствования посредством эквивалентного займа. Положительное значение стоимости лизинга означает, что *если* вы приобретете актив, то лизинговое финансирование предпочтительно. Это не означает, что вы должны его приобрести.

Тем не менее иногда благоприятные условия лизинга спасают инвестиционный проект. Предположим, что "Сивка-бурка" *отказалась* от покупки

---

[9] Когда мы сравниваем лизинг с эквивалентным займом, то не считаем, что только автобусы являются обеспечением этого займа. Часть займа может быть обеспечена другими активами "Сивки-бурки", так же, как и какая-либо часть лизинга скорее всего будет обеспечена другими активами.

автобуса, так как чистая приведенная стоимость 100 000 дол. инвестиций составляла —5000 дол. при нормальном финансировании. Производитель автобусов может спасти дело, предложив лизинг стоимостью, скажем, в +8000 дол. Предлагая это, производитель в действительности снизит цену автобуса до 92 000 дол., обеспечивая аренде автобуса положительное значение чистой приведенной стоимости. Мы можем выразить это более формально, представляя чистую приведенную стоимость лизинга как благоприятный побочный эффект финансирования, который добавляется к скорректированному значению чистой приведенной стоимости проекта[10]:

$$\begin{matrix} \text{Скорректированная} \\ \text{чистая приведенная} \\ \text{стоимость} \end{matrix} = \begin{matrix} \text{чистая} \\ \text{приведенная} \\ \text{стоимость} \\ \text{проекта} \end{matrix} + \begin{matrix} \text{чистая} \\ \text{приведенная} \\ \text{стоимость} \\ \text{лизинга} \end{matrix} = -5000 + 8000 = +3000 \text{ дол.}$$

Заметьте также, что наша формула относится к чистому финансовому лизингу. Любая страховка, текущее обслуживание и другие операционные издержки, которые несет арендодатель, должны быть рассмотрены отдельно и добавлены к стоимости лизинга. Если актив имеет остаточную стоимость в конце срока лизинга, это также должно быть учтено.

Предположим, например, что производитель автобусов предлагает предоставить текущее обслуживание, которое в ином случае обошлось бы в 3000 дол. в год в посленалоговом выражении. Однако г-н Пирс решает, что автобус, вероятно, будет стоить 10 000 дол. через 5 лет (раньше он считал его бесполезным в конце аренды). В этом случае стоимость лизинга возрастает на величину приведенной стоимости обслуживания и уменьшается на величину приведенной стоимости остаточной стоимости.

Стоимость обслуживания и остаточную стоимость сложнее предсказать, чем потоки денежных средств, показанные в таблице 26-1, поэтому они заслуживают более высокой ставки дисконта. Предположим, что г-н Пирс использует 12%. Тогда обслуживание стоит:

$$\sum_{t=0}^{5} \frac{3000}{(1,12)^t} = 13\,800 \text{ дол.}$$

Упущенная остаточная стоимость составляет $10\,000/(1,12)^5 = 5700$ дол.[11] Помните, что вычисленная прежде стоимость лизинга была равна —410 дол. Пересмотренное значение составляет —410 + 13 800 — 5700 = 7690 дол. Теперь лизинг выглядит хорошей сделкой.

26–4. КОГДА ЛИЗИНГ ВЫГОДЕН?

Мы проанализировали лизинг с точки зрения арендатора. Однако критерий арендодателя является прямо противоположным. До тех пор пока арендатор и арендодатель находятся в одной налоговой группе, каждый отток денежных средств от арендатора является притоком арендодателю, и наоборот. В нашем числовом примере производитель автобусов будет прогнозировать потоки как в таблице 26-1, но с обратными знаками. Стоимость аренды для производителя автобусов будет:

$$\begin{matrix} \text{Стоимость} \\ \text{лизинга для} \\ \text{арендодателя} \end{matrix} = -79,60 + \frac{24,48}{1,066} + \frac{20,13}{(1,066)^2} + \frac{17,52}{(1,066)^3} + \frac{17,52}{(1,066)^4} + \frac{15,56}{(1,066)^5} =$$

$$= +0,41, \text{ или } 410 \text{ дол.}$$

---
[10] См. раздел 19–1.
[11] Для простоты подразумевается, что эксплуатационные расходы были оплачены в начале года и остаточная стоимость оценивается в конце 5-го года.

В этом случае значения стоимости лизинга для арендодателя и арендатора точно компенсируются (−410 дол. + 410 дол. = 0). Арендодатель может выиграть только за счет арендатора.

Но арендодатель и арендатор оба могут оказаться в выигрыше, если их налоговые ставки различны. Предположим, что "Сивка-бурка" не платит налогов ($T_c = 0$). Тогда потоки денежных средств от лизинга будут следующими:

	Годы					
	0	1	2	3	4	5
Стоимость нового автобуса	+100					
Арендные платежи	−20,6	−20,6	−20,6	−20,6	−20,6	−20,6

Эти потоки будут дисконтированы по ставке 10%, так как $r_D(1 − T_c) = r_D$, когда $T_c = 0$. Стоимость лизинга:

$$\text{Стоимость лизинга} = +100 - \sum_{t=0}^{5} \frac{20{,}6}{(1{,}10)^t} = 100 - 98{,}69 = +1{,}31, \text{ или } 1310 \text{ дол.}$$

В этом случае имеется чистая выгода для арендодателя в размере 410 дол. (который платит 34% налогов) *и* чистая выгода в размере 1310 дол. для арендатора (не платящего налогов). Эта обоюдная выгода достигается за счет правительства. С одной стороны, правительство выигрывает за счет лизингового контракта, так как может обложить налогом арендные платежи. С другой стороны, контракт позволяет арендодателю получить выгоду от налоговой защиты по амортизации и процентам, не имеющим ценности для арендатора. Однако так как используется ускоренная амортизация и ставка процента положительна, то правительство терпит чистый убыток по приведенной стоимости налоговых поступлений как следствие лизинга.

Сейчас вы должны начать понимать обстоятельства, при которых правительство терпит убытки от лизинга, а две другие стороны выигрывают. При прочих равных условиях потенциальный выигрыш арендатора и арендодателя наибольший, когда:

1. Налоговая ставка для арендодателя существенно выше, чем для арендатора.
2. Амортизационная налоговая защита получена в начале лизингового периода.
3. Лизинговый период долог, и арендные платежи больше сконцентрированы в конце периода.
4. Ставка процента r_D высока; если бы она равнялась 0, отсрочка в уплате налога, выраженная в приведенной стоимости, не давала бы выигрыша.

26–5. ОЦЕНКА КРУПНОГО ЛИЗИНГА С ИСПОЛЬЗОВАНИЕМ ЗАЕМНОГО КАПИТАЛА

Теперь давайте попытаемся, используя наши новые познания, оценить крупную арендную сделку. В 1971 г. компания Anaconda начала строительство фабрики по переработке алюминия стоимостью 138 млн дол. в Себри, штат Кентукки. Компания первоначально намеревалась финансировать проект в основном посредством частного размещения займа, но прежде чем она успела это сделать, правительство Альенде конфисковало чилийские медные рудники Anaconda, т.е. нанесла компании 356 млн дол. убытка, вычитаемого при расчете налогооблагаемой базы.

Было ясно, что Anaconda не будет платить налогов в течение ряда лет. Если бы она пошла на покупку фабрики, она бы не смогла немедленно воспользоваться налоговой защитой по амортизации или 7%-ным инвестиционным налоговым кредитом, который предоставлялся в то время. Но, заключив лизинговый кон-

ГЛАВА 26. Лизинг

РИСУНОК 26-1
Как Anaconda организовала лизинг алюминиевой фабрики. Это лизинг с левериджем, так как часть стоимости фабрики оплачивалась за счет заемных средств.

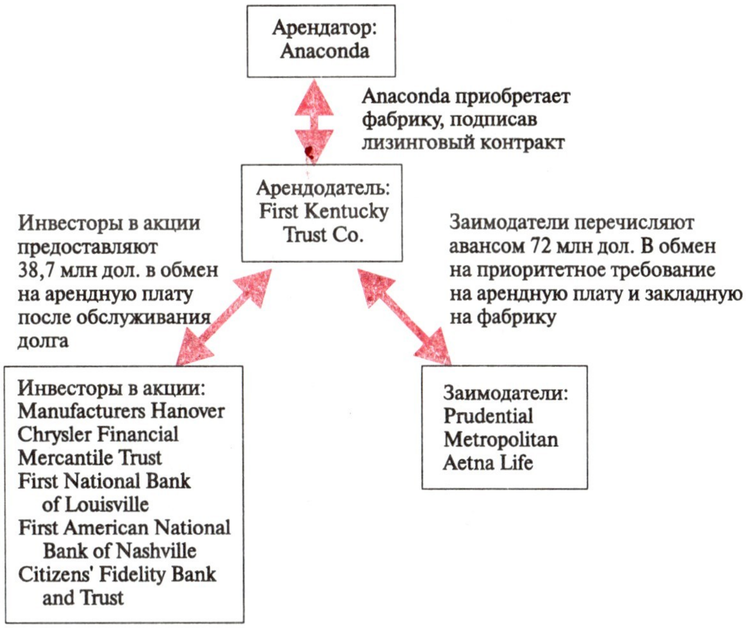

```
                    Арендатор:
                    Anaconda
                        ↕
                              Anaconda приобретает
                              фабрику, подписав
                              лизинговый контракт
                    Арендодатель:
Инвесторы в акции   First Kentucky      Заимодатели перечисляют
предоставляют       Trust Co.           авансом 72 млн дол. В обмен
38,7 млн дол. в обмен                   на приоритетное требование
на арендную плату                       на арендную плату и закладную
после обслуживания                      на фабрику
долга

Инвесторы в акции:              Заимодатели:
Manufacturers Hanover           Prudential
Chrysler Financial              Metropolitan
Mercantile Trust                Aetna Life
First National Bank
  of Louisville
First American National
  Bank of Nashville
Citizens' Fidelity Bank
  and Trust
```

тракт на фабрику, Anaconda передавала эти льготы арендатору, который мог бы ими воспользоваться[12]. Таким образом, она решила приобрести только недвижимое имущество в Себри и заплатить 1,1 млн дол. арендному брокеру компании U.S. Leasing International за организацию сделки стоимостью в 110,7 млн дол. по аренде фабрики и оборудования с использованием займа. Рисунок 26-1 показывает, как это было сделано. Компания First Kentucky Trust выпустила акции на сумму 39 млн дол. для группы банков и финансовых компаний и долговые обязательства на 72 млн дол. для группы страховых компаний. Затем эти деньги использовались на покупку фабрики и сдачу ее в аренду компании Anaconda. Anaconda согласилась выплачивать 40 арендных платежей раз в полугодие в течение 20 лет. Первые 21 платеж были согласованы по 3,99 млн дол. каждый, а следующие 19 платежей – по 5,46 млн дол.

Заем в 72 млн дол. был обеспечен первоочередностью требований на арендные платежи компании Anaconda и закладной на фабрику. Он *не* был гарантирован компанией First Kentucky Trust либо собственниками капитала. Это был заём *без регресса*: если бы Anaconda не справилась с арендными платежами, защитой страховых компаний была бы только стоимость фабрики и общее требование на компанию Anaconda.

Такая аренда называется лизингом с *левериджем*, так как часть стоимости фабрики покрывалась за счет займа, обеспеченного активом и арендными платежами. Арендодатель, First Kentucky Trust Company, в действительности служил посредником, получая арендную плату от компании Anaconda, обслуживая долг и распределяя остатки между инвесторами в акции. Компания First Kentucky Trust в действительности финансировала лизинговый контракт, продав требования заемщиков и акционеров на этот контракт.

---

[12] Лизинг компании Anaconda описывается в книге: *P. Vanderwicken*. Powerful Logic of the Leasing Boom // Fortune. 87: 132–161. November. 1973. Наш анализ его приведенной стоимости взят из работ: *S.C. Myers, D.A. Dill, and A.J. Bautista*. Valuation of Financial Lease Contracts // Journal of Finance. 31: 799–819. June. 1976; *J.R. Franks and S.D. Hodges*. Valuation of Financial Lease Contracts: A Note // Journal of Finance. 33: 647–699. May. 1978.

ТАБЛИЦА 26-3
Стоимость лизинговой операции компании Anaconda для арендодателя (в млн дол.)

Статья	Приведенная стоимость
1. Цена	−110,7
2. Инвестиционный налоговый кредит	+7,7
3. Амортизационный налоговый щит	+44,3
4. Арендные платежи после уплаты налогов	+60,8
5. Остаточная стоимость	+0,9
Полная стоимость для арендодателя	+3,0

Примечания.

1. Подразумевается, что налоговая ставка $T_c = 0,5$.
2. Скорректированная ставка дисконта по строкам 3 и 4 равна 4,5625%. (Приведенная стоимость рассчитывается, исходя из полугодовых потоков денежных средств и эквивалентной полугодовой ставки дисконта.)
3. Ставка дисконта по строке 5 составляет 15%, подразумевается среднее значение затрат на капитал для активов компании Anaconda.
4. Амортизационная схема основана на 11-летнем сроке амортизации и 5%-ной остаточной балансовой стоимости. В первые 2 года применялась ускоренная амортизация по методу двойного сокращения остатка, а затем метод суммы чисел. Это наиболее быстрый возможный метод списания, согласно правилам 1973 г.
5. Арендодатель оценил остаточную стоимость фабрики в посленалоговом выражении в 10,9 млн дол. Это не голословное утверждение; эти расчеты основаны на другой информации.
6. В принципе наличие остаточной стоимости может также создать кредитоемкость. Мы не учитывали чистую приведенную стоимость этого фактора для арендодателя. В любом случае это незначительная величина.

Источник: *S.C. Myers, D.A. Dill, and A.J. Bautista*. Valuation of Financial Lease Contracts // Journal of Finance. 31: 799–819. June. 1976. Table 1. P. 809.

Но давайте посмотрим на лизинговый контракт с точки зрения арендодателя. Начальная раскладка была такой: 110,7 млн дол. минус налоговый инвестиционный кредит в 7,75 млн дол. и авансовый начальный арендный платеж. Последующие основные притоки денежных средств состояли из 39 полугодовых арендных платежей, налоговой защиты по амортизации и остаточной стоимости к 1993 г.

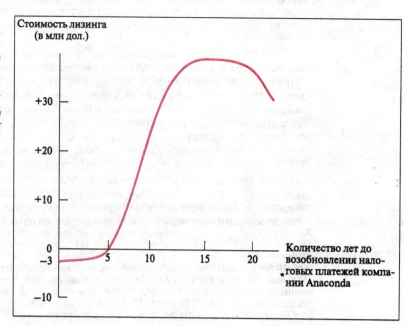

РИСУНОК 26-2
Стоимость алюминиевой фабрики для компании Anaconda быстро возрастает по мере продления "налоговых каникул". Если они продлеваются до 15 лет, стоимость лизинга возрастает до 36 млн дол. [*Источник*: *J. R. Franks and S. D. Hodges*. Valuation of Financial Lease Contracts: A Note// Journal of Finance. 33:667. May. 1978. Table 3.]

ГЛАВА 26. Лизинг

Как часто случается в финансовом анализе, наиболее трудная проблема — это выбрать верную ставку дисконта. Вот один способ выбора. Процентная ставка по займу страховых компаний составила 9,125%. Вследствие того что этот заем также защищен акциями арендодателя, арендная плата должна быть более *рисковой*, чем заем. С другой стороны, амортизационный налоговый щит должен быть более *надежным*, чем арендная плата, так как с момента подписания контракта его размер не зависит от компании Anaconda. Так как наша формула нуждается в одной и той же ставке дисконта для посленалоговых арендных платежей и для налоговой защиты по амортизации, мы согласимся на ставку 9,125%. Скорректированная ставка дисконта составляет 4,5625% (предельная налоговая ставка в то время была около 50%).

Расчеты приведенной стоимости представлены в таблице 26-3 вместе с перечнем других допущений, которые мы сделали. Вы можете видеть, что для арендодателя лизинг был умеренно прибыльным: его чистая стоимость составляла около 3% стоимости фабрики[13].

Не так легко оценить лизинг с позиций компании Anaconda, так как мы не знаем, когда она предполагает возобновить выплату налогов. Но мы можем вычислить, насколько лизинг выгоден компании Anaconda при различных предположениях об ее будущей налоговой позиции. Результаты представлены на рисунке 26-2. Заметьте, что если бы Anaconda платила налоги немедленно, она потеряла бы ровно 3,0 млн дол., выигранные арендодателем. Безубыточность достигается только после 3 лет, и с тех пор прибыльность лизингового соглашения быстро увеличивается до максимума около 35 млн дол. Представляется, что для компании Anaconda сделка была действительно удачной.

26–6. РЕЗЮМЕ

Лизинг — это просто расширенное соглашение об аренде. Собственник оборудования *(арендодатель)* предоставляет пользователю *(арендатору)* возможность эксплуатировать оборудование в обмен на регулярные арендные платежи.

Существует большое разнообразие лизинговых соглашений. Краткосрочная, отменяемая аренда известна как *операционный* лизинг: в этих случаях арендодатель несет риск устаревания активов. Долгосрочная, неотменяемая аренда *с полной выплатой* называется *финансовым,* или *капитальным,* лизингом: в этом случае арендатор берет на себя риск устаревания активов. Операционный лизинг целесообразен, когда вы хотите использовать оборудование в течение короткого периода времени или если арендодатель имеет некоторое представление о темпах износа. Финансовая аренда является *источником финансирования* активов, которые фирма собирается приобрести и использовать в течение продолжительного времени.

---

[13] В расчетах чистой приведенной стоимости в таблице 26-3 не учтены 72 млн дол. частичного финансирования покупки арендодателем фабрики компании Anaconda. Здесь не рассматриваются источники получения этих необходимых арендодателю денег, а рассматривается лишь альтернативное использование их: аренда сравнивается с *эквивалентным займом для компании Anaconda*.

Для арендодателя метод эквивалентного займа позволяет сравнить лизинг и предоставление ссуды. Предположим, мы добавим посленалоговые денежные потоки предполагаемого лизинга, включая арендные выплаты, амортизационные налоговые щиты, инвестиционный налоговый кредит и остаточную стоимость. Какую сумму долга может обеспечить этот денежный поток? Таблица 26-3 отвечает: на 3 млн дол. больше, чем стоимость фабрики (110,7 млн дол.). Вот почему мы говорим, что чистая приведенная стоимость лизинга для арендодателя составляет 3 млн дол.

Может ли заем в 72 млн дол. добавить что-нибудь к чистой приведенной стоимости? Нет, если только он не предоставлен по специальной благоприятной ставке. (При ставке дисконта 9,125 чистая приведенная стоимость = 0.) Если заем каким-либо образом увеличит стоимость, мы просто добавим ее к 3 млн дол. чистой приведенной стоимости, данным в таблице 26-3.

Многие виды аренды транспортных средств и офисного оборудования предусматривают их страхование и обслуживание арендодателем. Это называется лизинг с *полным обслуживанием*. Если ответственность за страхование и обслуживание имущества несет сам арендатор, то это *чистый лизинг*.

Арендодатель часто приобретает имущество непосредственно у производителя. Это *прямой* лизинг. Иногда арендодатель приобретает имущество у пользователя и затем сдаёт его в аренду пользователю. Это *продажа с последующим лизингом*.

Большинство видов лизинга предполагают наличие только арендатора и арендодателя. Но, если имущество очень дорогое, то удобнее осуществить лизинг *с левериджем*, в котором стоимость арендованного имущества финансируется за счет займа и выпуска акций под обеспечение активами и будущей арендной платой.

Много причин обусловливают предпочтительность для компании лизинга перед покупкой. Например, могут быть веские налоговые причины. Если фирма не в состоянии использовать амортизационный налоговый щит, то разумнее продать оборудование кому-либо, кто может воспользоваться этим налоговым щитом. Арендодатель может также оказаться более подготовленным к тому, чтобы нести риск устаревания оборудования или к тому, чтобы перепродать имущество, бывшее в употреблении. Арендодатель может быть способен предложить очень хорошие условия обслуживания. В конце концов, может быть намного легче с точки зрения времени и сил договориться о простом лизинговом контракте на стандартный тип оборудования, чем договориться об обычном займе.

Финансовый лизинг похож на обеспеченные облигации. Если фирма инвестирует в облигации, она зарабатывает процент в посленалоговом выражении; если она выпускает облигации, она выплачивает процент на долг в посленалоговом выражении. Следовательно, альтернативные издержки финансового лизинга — это посленалоговая ставка процента на облигации фирмы. Для оценки лизинга мы должны дисконтировать дополнительные потоки денежных средств от лизинга по посленалоговой ставке процента.

Эквивалентный лизингу заем — этой такой заем, который обязывает фирму к точно таким же потокам денежных средств в будущем. Когда мы вычисляем чистую приведенную стоимость лизинга, то измеряем разницу между объемом финансирования, обусловленным лизингом, и объемом финансирования, обеспечиваемым эквивалентным займом:

$$\text{Стоимость лизинга} = \text{финансирование, обусловленное лизингом} + \text{стоимость эквивалентного займа}.$$

Мы можем также анализировать лизинг с позиции арендодателя, используя те же подходы, что и для арендатора. Если арендодатель и арендатор находятся в одной налоговой нише, они получат одни и те же потоки денежных средств, но с обратными знаками, т.е. арендодатель может выиграть только за счет арендатора, и наоборот. Однако если налоговая ставка арендатора ниже, чем у арендодателя, тогда оба могут выиграть за счет федерального правительства.

Хотя эта глава была в основном посвящена финансовому лизингу, мы включили несколько указаний для анализа операционного лизинга. Помните, что многие виды операционного лизинга содержат в себе ценные возможности, например право продления лизинга по заранее оговоренной ставке либо право приобретения имущества за оговоренную цену.

ГЛАВА 26. Лизинг

РЕКОМЕНДУЕМАЯ ЛИТЕРАТУРА

Подход к оценке лизинга, представленный в данной главе, основан на следующих работах:

S.C. Myers, D.A. Dill, and A.J. Bautista. Valuation of Financial Lease Contracts // Journal of Finance. 31: 799—819. June. 1976.

J.R. Franks and S.D. Hodges. Valuation of Financial Lease Contracts: A Note // Journal of Finance. 33: 647—669. May. 1978.

В число весьма полезных работ входят книга Невитта и Фабоцци, теоретические дискуссии Миллера и Аптона, а также Льюиллена, Лонга и Макконнелла:

P.K. Nevitt and F.J. Fabozzi. Equipment Leasing. 3d ed. Dow Jones-Irwin, Inc. Homewood, Ll. 1988.

M.H. Miller and C.W. Upton. Leasing, Buying and the Cost of Capital Services// Journal of Finance. 31: 761—786. June. 1976.

W.G. Lewellen, M.S. Long, and J.J. McConnell. Asset Leasing in Competitive Capital Markets // Journal of Finance. 31: 787—798. June. 1976.

Гаролд Бирман предлагает подробную оценку лизинга и минимального альтернативного налога в работе:

H. Bierman. Buy versus Lease with an Alternative Minimum Tax // Financial Management. 17: 87—92. Winter. 1988.

Опционы, скрытые в некоторых лизинговых контрактах, рассматриваются в работах:

T.E. Copeland and J.F. Weston. A Note on the Evaluation of Cancellable Operating Leases // Financial Management. 11: 68—72. Summer. 1982.

J.J. McConnell and J.S. Schallheim. Valuation of Asset Leasing Contracts // Journal of Financial Economics. 12: 237—261. August. 1983.

КОНТРОЛЬНЫЕ ВОПРОСЫ

1. Для обозначения видов лизинга используются следующие термины:

   а) прямой;

   б) с полным обслуживанием;

   в) операционный;

   г) финансовый;

   д) арендный;

   е) чистый;

   ж) с левериджем;

   з) продажа с последующим лизингом;

   и) с полной выплатой.

   Какому (или каким) из указанных терминов соответствуют следующие определения:

   А) срок лизинга короче срока экономической жизни активов;

   Б) срок лизинга достаточен для возмещения арендодателю стоимости активов;

   В) арендодатель обеспечивает обслуживание и страховку;

   Г) арендатор обеспечивает обслуживание и страховку;

   Д) арендодатель покупает оборудование у производителя;

   Е) арендодатель покупает оборудование у будущего арендатора;

   Ж) арендодатель финансирует лизинговый контракт за счет выпуска требований на него в виде облигационных займов и акций.

2. Некоторые из перечисленных причин лизинговых операций являются рациональными. Другие — нерациональны или предполагают несовершенные

или неэффективные рынки капиталов. Какие из перечисленных причин рациональны?
  а) Арендатор испытывает лишь временную потребность в активах.
  б) Специализированные арендодатели лучше справляются с риском морального старения оборудования.
  в) Лизинг обеспечивает стопроцентное финансирование и таким образом сохраняет капитал.
  г) Лизинг позволяет фирмам с низкими налоговыми ставками как бы "продавать" амортизационную налоговую защиту.
  д) Лизинг увеличивает показатель прибыли на одну акцию.
  е) Лизинг снижает операционные издержки привлечения внешних источников финансирования.
  ж) Лизинг позволяет обойти ограничения на капиталовложения.
  з) Лизинг может снизить альтернативный минимальный налог.
3. Верны или неверны следующие утверждения?
  а) Лизинговые платежи обычно производятся в начале каждого периода. Первый платеж делается, как только контракт подписан.
  б) Финансовый лизинг представляет собой внебалансовый источник финансирования.
  в) Затраты на привлечение капитала для финансирования лизинговых операций равны ставке процента, который компания платила бы за получение кредита в банке.
  г) Основная сумма эквивалентного займа плюс посленалоговые процентные платежи по нему точно соответствуют денежному потоку при лизинге после уплаты налогов.
  д) Финансовым лизингом не следует пользоваться, если только он не обеспечивает финансирование в большем объеме, чем эквивалентный заем.
  е) Для фирмы, которая освобождена от налогов, имеет смысл арендовать на условиях финансового лизинга у компании, которая налоги платит.
  ж) При прочих равных условиях с ростом номинальных процентных ставок чистые налоговые преимущества лизинга увеличиваются.
4. Предположим, компания получила возможность инвестировать средства в оборудование на условиях лизинга с четырехлетним сроком. Она построила для себя таблицу, подобную нашей таблице 26-1. В нижней строке ее таблицы представлены денежные потоки по лизингу:

	Годы			
	0	1	2	3
Денежный поток	+62 000	–26 800	–22 200	–17 600

Эти денежные потоки отражают стоимость оборудования, величину амортизационного налогового щита, посленалоговые лизинговые платежи. Остаточная стоимость не принимается во внимание. Предположим также, что компания может получить заем на условиях 10% годовых и платит налоги по ставке 34%.
  а) Какова стоимость эквивалентного займа?
  б) Какова стоимость лизинга?
  в) Если при нормальных условиях финансирования чистая приведенная стоимость оборудования равна –5000 дол., следует ли компании инвестировать, следует ли подписывать лизинговый контракт?

ВОПРОСЫ И ЗАДАНИЯ

1. Вернитесь снова к примеру с арендой автобуса, описанному в разделе 26–1 и таблице 26-1.

ГЛАВА 26. Лизинг

  а) Какова стоимость лизинга при ставке налога $T_c = 20\%$?
  б) Какова стоимость лизинга, если в целях налогообложения компания будет пользоваться методом прямого равномерного начисления амортизации?

2. В разделе 26—3 мы показали, что чистая приведенная стоимость лизинга имеет положительное значение +1310 дол. для компании "Сивка-бурка", если она не платит налогов, и *также* положительное значение +410 дол. для арендодателя, который платит налог по ставке 34%. На какую минимальную арендную плату может согласиться арендодатель при таких условиях? Какую максимальную сумму может заплатить арендатор?

3. Пересчитайте стоимость лизинга для "Сивки-бурки" при условии, что компания не платит налогов в течение 3 лет. Пересчитайте денежные потоки, изменив таблицу 26-1. Не забудьте, что посленалоговые ставки по займам для периодов 1 и 2 отличаются от ставок в периоды с 3 по 5.

4. Авиационная компания предполагает взять в аренду самолет стоимостью 10 млн дол. на следующих условиях: 6 ежегодных лизинговых платежей по 1,65 млн дол. в порядке предоплаты. Компания платит налоги по ставке 34%, и при покупке самолета она могла бы списать его за 5 лет. Процентная ставка 10%. Постройте таблицу денежных потоков компании, аналогичную таблице 26-1. Какова сумма эквивалентного займа? Как он будет меняться в течение лизингового соглашения?

  Предположим, остаточная стоимость самолета по истечении 6 лет равна 4 млн дол. и требуемая отдача для инвестора составляет 15%. Следует ли компании соглашаться на такие условия?

5. Колледжу необходим новый компьютер, который можно купить за 250 000 дол. или взять в аренду на условиях финансового лизинга. По условиям лизингового договора за компьютер предстоит платить шестью равными платежами по 62 000 дол. каждый в начале периода. Колледж не платит налогов. Арендодатель платит налог по ставке 34% и в целях налогообложения может списать компьютер в течение 5 лет. В конце 5-го года у компьютера не будет остаточной стоимости. Процентная ставка равна 8%.
  а) Какова чистая приведенная стоимость лизинга для арендатора?
  б) Какова чистая приведенная стоимость для арендодателя?
  в) Какова общая выгода от лизинга?

6. Многие компании вычисляют внутреннюю норму доходности приростных денежных потоков по лизингу. Какие при этом возникают проблемы? С чем необходимо сопоставлять внутреннюю норму доходности?

7. Общий выигрыш от лизинга складывается из стоимости лизинга для арендатора и его стоимости для арендодателя. Дайте простые числовые примеры, иллюстрирующие, как на величину этого выигрыша влияют следующие факторы:
  а) процентные ставки;
  б) методы начисления и сроки амортизации;
  в) различия в налогообложении арендатора и арендодателя;
  г) сроки лизингового контракта.

8. Обсудите следующие противоположные утверждения. Какое из них имеет больше смысла?
  а) "Лизинг является способом уклонения от уплаты налогов, и в налоговое законодательство необходимо внести соответствующие изменения".
  б) "Лизинг демонстрирует жизненность правительственной политики по стимулированию инвестиций, поскольку позволяет компаниям, освобожденным от уплаты налогов, воспользоваться амортизационными скидками".

9. Фирма, выпускающая бритвенные принадлежности, имеет убытки, подлежащие списанию в течение нескольких лет, и освобождена от уплаты налогов на 10 лет. Она намеревается взять в аренду на условиях финансо-

вого лизинга новое оборудование на сумму 100 000 дол. Условия лизингового контракта — восемь равных платежей в начале каждого периода. Арендодатель может списать оборудование в течение 7 лет по графику, указанному в таблице 6-5. Оборудование не имеет остаточной стоимости. Ставка налога на прибыль — 34%, а процентная ставка — 10%. Президент компании хочет выяснить, какую максимальную арендную плату его компания может себе позволить и на какую минимальную плату согласится арендодатель. Помогите ему. Как изменится ваш ответ, если арендодатель будет использовать метод прямого равномерного начисления амортизации?

10. Этот вопрос очень непростой. Мертон Миллер считает, что компаниям, платящим подоходный налог, все равно — привлекать ли заем или выпускать акции (см. раздел 18—2). Предположим, что так оно и есть. Тогда компании, освобожденные от уплаты налога на прибыль, должны предпочитать выпуску акции, а не облигации. Они также должны отдавать предпочтение лизингу, а не займу. Означает ли это, что для них нет разницы между лизингом и выпуском акций?

11. В разделе 26—4 были перечислены четыре обстоятельства, при которых лизинг приносит потенциальную выгоду. Проверьте это, проведя анализ чувствительности лизинговой сделки компании "Сивка-бурка" при условии, что она освобождена от уплаты налогов. Что произойдет при изменении следующих условий: *а)* налог на прибыль арендодателя 50%, а не 34%; *б)* амортизация 100% в год 0, а не прямое равномерное списание в течение 5 лет; *в)* срок лизинга 3 года (а не 5 лет) с четырьмя годовыми платежами; *г)* процентная ставка 20%, а не 10%. В каждом случае определите минимальную арендную плату, удовлетворяющую арендодателя, и чистую приведенную стоимость для арендатора.

12. В разделе 26—4 говорилось, что при нулевом уровне процентной ставки отсрочка в уплате налогов не дает преимуществ и, следовательно, не дает преимуществ лизинг. Определите стоимость лизинга для автобусной компании "Сивка-бурка" при нулевой процентной ставке. (Предположите, что компания освобождена от налогов.) Можете ли вы разработать такие условия лизинга, которые удовлетворяли бы и арендатора, и арендодателя? (Если вам это по силам, мы были бы счастливы услышать ваши соображения.)

13. Лизинг с изменяющимся графиком арендных платежей называется *структурированным лизингом*. Попытайтесь структурировать лизинговую сделку "Сивки-бурки" так, чтобы ее стоимость для арендатора возросла, а для арендодателя осталась на прежнем уровне. (Предположите, что компания освобождена от налогов.) *Примечание*: на практике налоговые службы разрешают структурирование платежей, но их могут не устроить некоторые из предложенных вами схем.

Часть VIII

ФИНАНСОВОЕ ПЛАНИРОВАНИЕ

27

Анализ финансовой деятельности

"Разделяй и властвуй" — вот единственная стратегия для такого сложного вида деятельности, каковым является финансовый менеджмент. Мы разбили работу финансового менеджера на ряд четко определенных, но узких областей, как-то: планирование долгосрочных расходов, дивидендная политика, эмиссия акций, управление заемным капиталом, лизинг. В конечном итоге финансовый менеджер должен оценить общее влияние этих решений на фирму как единое целое.

В данной главе мы рассмотрим, как можно использовать финансовые показатели для анализа деятельности предприятия в целом и оценки его текущего финансового положения. Например, вам может потребоваться проверка того, насколько деятельность вашей компании соответствует отраслевым стандартам. Либо вы можете заинтересоваться финансовым положением конкурента или же финансовым здоровьем клиента.

Понимание прошлого является необходимым условием созидания будущего. Поэтому другие главы восьмой части посвящены финансовому планированию. В главе 28 показано, как управляющие используют долгосрочные финансовые планы для установления конкретных целей и для предотвращения сюрпризов. В главе 29 обсуждаются вопросы краткосрочного планирования, основная задача которого — обеспечить, чтобы у фирмы было достаточно денежных средств для оплаты выставленных ей счетов и чтобы остатки свободных денежных средств использовались эффективно. Кроме того, глава 29 служит своего рода введением к девятой части, где рассматривается управление краткосрочными активами и обязательствами компании.

Но обо всем этом позже. Сейчас же нам предстоит заняться анализом финансовой деятельности. Начнем мы с признанного временем анализа финансовых коэффициентов. Мы рассмотрим, как они используются, а также отметим ограниченность данных бухгалтерского учета, на основе которых рассчитывается большинство этих коэффициентов.

27—1. ФИНАНСОВЫЕ КОЭФФИЦИЕНТЫ

Мы все слышали рассказы о финансовых ассах, которые в считанные минуты могут расчленить счета компании на части и раскрыть ее глубинные секреты с помощью финансовых коэффициентов. Правда, однако, заключается в том, что финансовые коэффициенты не заменяют собой магический хрустальный шар для гадания. Они просто служат удобным средством обобщения огромного объема финансовых данных и инструментом сравнительного анализа деятельности компании. Коэффициенты помогают вам задать правильные вопросы; однако они редко дают ответы на них.

Мы рассмотрим и рассчитаем четыре типа финансовых коэффициентов.

- **Коэффициенты финансовой зависимости** показывают, в какой степени компания использует заемный капитал.
- **Коэффициенты ликвидности** показывают, насколько доступны компании ее денежные средства.
- **Коэффициенты рентабельности** используются для оценки эффективности использования компанией ее активов.
- **Коэффициенты рыночной активности** показывают, насколько высоко ценят компанию инвесторы.

В таблице 27-1 представлена основная информация, которая вам необходима для расчета таких коэффициентов для компании International Paper. Отчет о прибыли показывает сумму, которую компания заработала в 1989 г. После вычета себестоимости реализованной продукции и других расходов общая сумма прибыли International Paper до уплаты налогов и процентов составила 1610 млн дол. Из этой суммы 205 млн дол. было использовано для выплаты процентов по долгу (помните, что процент выплачивается из прибыли до налогообложения), а 541 млн дол. был отложен для уплаты налогов. Дивиденды по привилегированным акциям составили небольшую часть прибыли после выплаты налога, и остаток поступил в распоряжение держателей обыкновенных акций. Однако International Paper не стала выплачивать всю прибыль акционерам; 677 млн дол. было реинвестированно в развитие бизнеса[1].

Баланс, представленный в таблице 27-1, является как бы моментальным снимком активов и обязательств International Paper по состоянию на конец 1989 г. Как активы, так и обязательства представлены в балансе по степени убывания их ликвидности. Так, вы видите, что бухгалтер на первое место поставил активы, которые с наибольшей вероятностью могут быть превращены в денежные средства в ближайшем будущем. Сюда входят собственно денежные средства, краткосрочные ценные бумаги, дебиторская задолженность, или счета к получению (т.е. счета, не оплаченные клиентами фирмы), а также запасы сырья и материалов, незавершенного производства и готовой продукции. Эти активы называются *оборотными активами*. Следующая основная группа активов состоит из долгосрочных активов, таких, как фабрики по производству бумаги, административные здания, лесные угодья. Заметьте, что в балансе не показана *текущая* стоимость этих активов. Напротив, бухгалтер отразил суммы изначальной стоимости каждой статьи активов, а затем, в случае зданий и оборудования, вычел ежегодную сумму амортизации.

Обязательства International Paper также сгруппированы в две категории — краткосрочные и долгосрочные. Краткосрочные обязательства — это счета, которые компания должна оплатить в ближайшем будущем. К ним относятся долги, которые подлежат погашению в течение следующего года, а также кредиторская задолженность, или счета к оплате (т.е. суммы, которые компания задолжала своим поставщикам). В дополнение к этим краткосрочным обязательствам International Paper выпустила облигации и имеет лизинговый контракт, которые не нужно оплачивать в течение многих лет. Эти статьи отражены в группе долгосрочных обязательств. Все то, что останется после оплаты этих обязательств и небольшой части привилегированных акций, является собственностью акционеров. Собственный капитал держателей обыкновенных акций — это просто общая стоимость активов минус краткосрочные и долгосрочные обязательства и привилегированные акции. Он также равен стоимости обыкновенных акций плюс нераспределенная прибыль, т. е. чистой стоимости, которую компания получила от акционеров или реинвестировала от их имени.

Таблица 27-1 содержит также некоторую другую финансовую информацию о компании International Paper. Например, в ней показана рыночная цена обыкновенной акции. Часто бывает полезно сопоставить *балансовую* стои-

---

[1] Это в дополнение к денежному потоку в 599 млн дол. в виде амортизации.

ГЛАВА 27. Анализ финансовой деятельности

ТАБЛИЦА 27-1
Основные показатели финансовой отчетности International Paper (в млн дол.)

	1989 г.	1988 г.
Отчет о прибыли[a]		
Чистая выручка от реализации	11 378	9587
Себестоимость реализованной продукции	7918	6717
Прочие расходы	1291	1033
Амортизация	559	474
Прибыль до уплаты процентов и налогов	1610	1363
Чистый процент	205	165
Налог	541	444
Чистая прибыль	864	754
Дивиденды по привилегированным акциям	19	21
Прибыль для распределения среди держателей обыкновенных акций	845	733
Баланс		
Денежные средства и краткосрочные ценные бумаги	102	122
Дебиторская задолженность	1517	1153
Запасы	1355	971
Прочие оборотные активы	122	97
Итого оборотные активы	3096	2343
Лесные угодья, здания и оборудование	7002	6228
Прочие долгосрочные активы	1484	891
Итого активы	11 582	9462
Займы к погашению	1017	252
Счета к оплате	934	672
Прочие краткосрочные обязательства	779	638
Итого краткосрочные обязательства	2730	1562
Долгосрочные займы и капитальный лизинг	2324	1853
Прочие долгосрочные обязательства	1379	1168
Привилегированные акции	2	322
Капитал обыкновенных акционеров	5147	4557
Итого обязательства	11 582	9462
Прочая финансовая информация		
Рыночная стоимость собственного капитала	6142	
Среднее количество акций (в млн)	108,7	
Прибыль на акцию (в дол.)	7,72[б]	
Дивиденд на акцию (в дол.)	1,53	
Цена акции (в дол.)	56,50	

[a] Итог столбцов может не сходиться из-за округлений.
[б] Рассчитывается исходя из среднего количества акций в обращении в течение года.

мость собственного капитала (показанную в отчетности компании) с *рыночной* стоимостью, сложившейся на рынке капитала.

Коэффициенты финансовой зависимости

Когда фирма берет деньги взаймы, она обещает сделать серию фиксированных платежей. Поскольку акционеры получают то, что остается после выплат заимодателям, говорят, что долг приводит к возникновению *финансовой зависимости (финансового левериджа)*. Наша первая группа коэффициентов измеряет эту зависимость.

Коэффициент долговой нагрузки. Обычно финансовая зависимость измеряется отношением долгосрочного долга к общей стоимости основного капитала. Поскольку долгосрочное лизинговое соглашение также обязывает фирму к финансовым платежам, имеет смысл включить и стоимость долгосрочных обязательств по лизингу в группу долгосрочного долга. Таким образом, для International Paper это означает следующее:

$$\text{Коэффициент долговой нагрузки} = \frac{\text{долгосрочный долг} + \text{стоимость лизинга}}{\text{долгосрочный долг} + \text{стоимость лизинга} + \text{собственный капитал}} =$$

$$= \frac{2324}{2324 + 5147} = 0{,}31.$$

Леверидж можно представить также посредством коэффициента "долг–собственный капитал":

$$\text{Коэффициент "долг – собственный капитал"} = \frac{\text{долгосрочный долг} + \text{стоимость лизинга}}{\text{собственный капитал}} = \frac{2324}{5147} = 0{,}45.$$

Заметьте, что оба эти коэффициента основаны на использовании бухгалтерских, а не рыночных показателей[2]. В конечном итоге, получат ли заимодатели свои деньги обратно, определяется стоимостью компании, поэтому вы вправе ожидать, что внимание аналитиков привлечет отношение номинальной стоимости долга к рыночной стоимости долга и собственного капитала. Главная причина, по которой этого не происходит, заключается в том, что рыночные значения этих показателей не всегда легко доступны. Важно ли это? Возможно, нет. В конце концов, рыночная стоимость включает в себя и стоимость нематериальных активов, к возникновению которых привели расходы на НИОКР, рекламу, подготовку кадров и др. Эти активы не относятся к быстро реализуемым, и если компания попадает в тяжелую полосу, стоимость этих активов может быстро испариться. В некоторых случаях, возможно, имеет смысл просто следовать за бухгалтером и полностью игнорировать эти нематериальные активы.

Заметьте также, что этот показатель финансовой зависимости учитывает только долгосрочные долговые обязательства. Кроме того, управляющие иногда определяют долг, исключая из совокупных обязательств стоимость собственного капитала:

$$\frac{\text{Совокупные обязательства} - \text{собственный капитал}}{\text{Совокупные обязательства}} = \frac{11\,582 - 5147}{11\,582} = 0{,}56.$$

---

[2] Для случаев с арендованными активами бухгалтер обычно пытается рассчитать приведенную стоимость обязательств по лизингу. В случае долгосрочного долга он или она просто указывают номинальную стоимость, которая иногда может очень сильно отличаться от приведенной стоимости. Например, приведенная стоимость долга с низкой купонной ставкой может быть только частью его номинальной стоимости.

ГЛАВА 27. Анализ финансовой деятельности

Коэффициент покрытия процента. Другим измерителем финансовой зависимости служит уровень покрытия процента прибылью до уплаты процентов и налогов плюс амортизация. Для International Paper этот показатель составляет[3]:

$$\text{Коэффициент покрытия процента} = \frac{\text{прибыль до уплаты процентов и налогов} + \text{амортизация}}{\text{процент}} = \frac{1610+559}{205} = 10{,}58.$$

Регулярная выплата процентов — это барьер, через который компании приходится постоянно прыгать, чтобы избежать неплатежеспособности. Коэффициент покрытия процента показывает, какое остается расстояние между барьером и тем, кто его преодолевает. Однако вы должны всё время помнить, что такие общие измерители всегда раскрывают только часть картины. Например, имело бы смысл включить сюда и другие фиксированные платежи, такие, как регулярные выплаты по существующим займам или платежи по лизингу[4].

Коэффициенты ликвидности

Если вы предоставляете кредит или выдаете ссуду компании на короткий срок, вас будет интересовать не только общее покрытие долга активами. Вам будет также важно, есть ли у компании деньги, которые она сможет без проблем использовать для того, чтобы погасить свою задолженность вам. По этой причине кредитные аналитики и банкиры рассчитывают несколько показателей *ликвидности*.

Другая причина, по которой менеджеры придают такое значение ликвидным активам, состоит в более высокой надежности этих показателей. Бухгалтерская стоимость каталитического расщепителя, возможно, мало что говорит о его истинной рыночной стоимости, но по крайней мере вы знаете, чего стоят деньги на банковском счете.

Коэффициенты ликвидности имеют также некоторые *менее* желательные свойства. Поскольку величина краткосрочных активов и обязательств быстро меняется, измерители ликвидности порой отражают устаревшие данные. Вы можете не знать, сколько в действительности стоит каталитический расщепитель, но вы можете быть уверены, что он не исчезнет за одну ночь. Кроме того, компании часто выбирают какой-нибудь вялый период в качестве окончания своего финансового года. Например, предприятия розничной торговли могут закончить год в январе после рождественского бума. В такие моменты компании скорее всего будут иметь больше денежных средств и меньше краткосрочных обязательств, чем в более оживленные периоды деятельности.

---

[3] Числитель коэффициента покрытия процента можно определить различными способами. Иногда амортизация не учитывается. Иногда это просто чистая прибыль плюс проценты, т. е. прибыль до выплаты процентов, но *после уплаты налогов*. Это последнее определение представляется нам забавным, поскольку цель расчета коэффициента покрытия процента заключается в том, чтобы оценить возможность возникновения ситуации, когда у фирмы не будет достаточно денег для выплаты процента. Если значение прибыли до уплаты процентов и налогов падает ниже суммы обязательств по выплате процентов, фирма может не беспокоиться о налогах. Процент выплачивается прежде, чем фирма платит подоходный налог.

[4] В 1989 г. International Paper выплатила 843 млн дол. по долгосрочным займам. Отсюда:

$$\frac{\text{Прибыль до уплаты процентов и налогов} + \text{амортизация}}{\text{Процент} + \text{выплаты по долгосрочным займам}} = \frac{1610+559}{205+843} = 2{,}1.$$

Отношение чистого оборотного капитала к общей стоимости активов. Оборотные активы — это такие активы, которые компания собирается превратить в денежные средства в ближайшем будущем; краткосрочные обязательства — это обязательства, которые она собирается погасить в ближайшем будущем. Разность между оборотными активами и краткосрочными обязательствами называется *чистым оборотным капиталом*. Этот показатель приближенно отражает потенциальный резерв денежных средств компании. Менеджеры часто выражают чистый оборотный капитал как долю в суммарной стоимости активов:

$$\frac{\textit{Чистый оборотный капитал}}{\textit{Общая стоимость активов}} = \frac{3096 - 2730}{11\,582} = 0{,}03.$$

Коэффициент текущей ликвидности. Еще один измеритель, который используется с той же целью, — коэффициент текущей ликвидности:

$$\textit{Коэффициент текущей ликвидности} = \frac{\textit{оборотные активы}}{\textit{краткосрочные обязательства}} = \frac{3096}{2730} = 1{,}13.$$

Изменения коэффициента текущей ликвидности могут ввести в заблуждение. Например, допустим, что компания занимает большую сумму в банке и инвестирует ее в краткосрочные ценные бумаги. Если другие условия остаются неизменными, величина чистого оборотного капитала останется прежней, однако коэффициент текущей ликвидности изменится. По этой причине, вероятно, имеет смысл не учитывать краткосрочные инвестиции и краткосрочные займы при расчете коэффициента текущей ликвидности.

Коэффициент срочной ликвидности (или "лакмусовая бумажка"). Одни активы ближе к денежным средствам, чем другие. Если наступают неприятности, запасы может оказаться трудно продать дороже, чем обычно бывает в "пожарных" обстоятельствах. (Как правило, неприятности приходят именно *потому*, что компания не в состоянии продать готовую продукцию по цене выше ее производственной себестоимости.) Поэтому менеджеров часто интересуют только денежные средства, рыночные ценные бумаги и счета, еще не оплаченные клиентами:

$$\textit{Коэффициент срочной ликвидности} = \frac{\textit{денежные средства} + \textit{рыночные ценные бумаги} + \textit{дебиторская задолженность}}{\textit{краткосрочные обязательства}} =$$

$$= \frac{102 + 1517}{2730} = 0{,}59.$$

Коэффициент абсолютной ликвидности. Наиболее ликвидными активами компании являются денежные средства и рыночные ценные бумаги. Поэтому финансовые аналитики анализируют также показатель абсолютной ликвидности:

$$\textit{Коэффициент абсолютной ликвидности} = \frac{\textit{денежные средства} + \textit{рыночные ценные бумаги}}{\textit{краткосрочные обязательства}} = \frac{102}{2730} = 0{,}04.$$

ГЛАВА 27. Анализ финансовой деятельности

Конечно же, недостаток денежных средств может не иметь значения, если у компании есть возможности быстро взять деньги взаймы. Кому интересно, получила ли компания только что кредит в банке, или у нее есть постоянная гарантированная кредитная линия, которая позволяет ей в любой момент брать в долг? Ни один из стандартных измерителей ликвидности не учитывает "резерв кредитоемкости" компании.

Измеритель интервала. Вместо того чтобы анализировать отношение оборотных активов к краткосрочным обязательствам, может оказаться полезно рассчитать, насколько велики оборотные активы по сравнению с обычными оттоками денежных средств компании. Одним из показателей служит так называемый измеритель продолжительности интервала:

$$\text{Интервал} = \frac{\text{денежные средства} + \text{рыночные ценные бумаги} + \text{дебиторская задолженность}}{\text{среднедневные операционные расходы}} =$$

$$= \frac{102 + 1517}{(7918 + 1291)/365} = 64 \text{ дня}.$$

Таким образом, у International Paper достаточно ликвидных активов для финансирования своей деятельности в течение 64 дней, даже если за это время к ней не поступит больше никаких денежных средств.

Коэффициенты рентабельности или эффективности

Финансовые аналитики используют еще одну группу коэффициентов для оценки эффективности использования компанией своих ресурсов. Как мы увидим, в этих показателях заложена высокая степень неопределенности. Например, мы вполне обоснованно можем быть уверены, что безопаснее предоставлять кредит компании, у которой ниже степень финансовой зависимости и больше ликвидных активов. Но как заимодатель должен относиться к тому, что компания имеет высокий уровень валовой прибыли от реализации (высокую норму прибыли)? Возможно, речь идет о бизнесе, отличающемся небольшими объемами реализации и высокими ценами. (В ювелирном деле обычно уровень рентабельности выше, чем в пищевой промышленности, однако это вовсе не обязательно означает, что ювелирный бизнес более безопасный.) Или, возможно, для какой-то компании характерна бо́льшая вертикальная интеграция, чем для ее конкурентов. Опять же это не обязательно более безопасно. Возможно, она устанавливает высокие цены, что может служить плохим знаком, если компания собирается расширять сбыт. Или, возможно, у нее низкие издержки производства, что является хорошим знаком. Мы считаем, что вы должны использовать коэффициенты рентабельности, чтобы с их помощью *задавать* правильные вопросы и, *возможно*, отвечать на них.

Коэффициент оборачиваемости активов. Этот коэффициент (отношение выручки от реализации к активам) показывает, насколько трудно компании пустить в оборот свои активы.

$$\frac{\text{Выручка от реализации}}{\text{Средняя стоимость активов}} = \frac{11\,378}{(11\,582 + 9462)/2} = 1{,}1.$$

Высокий коэффициент оборачиваемости скорее всего свидетельствует о том, что компания работает почти на полную мощность. Для нее может оказаться сложно развивать дело дальше без дополнительных капиталовложений.

Заметьте, что, поскольку обычно величина активов меняется в течение года, мы используем *среднюю* стоимость активов, исходя из стоимости активов на начало и на конец года. Усредненные данные обычно применяют в тех случаях, когда нужно сравнить динамические данные (в данном случае *выручка от реализации*) со статическим показателем (*совокупная стоимость активов*).

Коэффициент оборачиваемости чистого оборотного капитала (отношение выручки от реализации к чистому оборотному капиталу). Чистый оборотный капитал поддается более точному измерению, чем другие активы. Кроме того, уровень чистого оборотного капитала можно быстрее скорректировать в зависимости от временны́х колебаний выручки от реализации продукции. Поэтому менеджеры иногда обращают внимание на то, насколько трудно компании задействовать свой оборотный капитал.

$$\frac{\text{Выручка от реализации}}{\text{Средняя стоимость чистого оборотного капитала}} = \frac{11\,378}{(366+781)/2} = 19{,}8.$$

Чистая норма прибыли (рентабельность реализации). Если вы хотите знать, какая доля выручки от реализации проявилась в прибыли, вы можете рассчитать норму прибыли:

$$\text{Чистая норма прибыли} = \frac{\text{прибыль до уплаты процентов и налогов} - \text{налог}}{\text{выручка от реализации}} = \frac{1610 - 541}{11\,378} = 0{,}094, \text{ или } 9{,}4\%.$$

Оборачиваемость запасов. Менеджеры иногда анализируют скорость, с которой компании оборачивают свои запасы. Для International Paper:

$$\text{Оборачиваемость запасов} = \frac{\text{себестоимость реализованной продукции}}{\text{средняя стоимость запасов}} =$$

$$= \frac{7918}{(1355+971)/2} = 6{,}8.$$

Высокая оборачиваемость запасов часто считается признаком высокой эффективности. Однако не торопитесь с выводами — это может просто означать, что компания едва сводит концы с концами.

Средняя продолжительность оплаты дебиторской задолженности. Средний период оплаты дебиторской задолженности отражает скорость, с которой покупатели расплачиваются по счетам:

$$\frac{\text{Средняя продолжительность оплаты дебиторской задолжности}}{} = \frac{\text{средняя сумма дебиторской задолженности}}{\text{среднедневная выручка от реализации}} =$$

$$= \frac{(1517+1153)/2}{11\,378/365} = 43 \text{ дня}.$$

Низкий уровень этого показателя также считается свидетельством эффективной работы отдела по сбору денег с дебиторов, однако иногда это является следствием слишком строгой кредитной политики[5].

---

[5] Если такие данные имеются, лучше делить среднюю дебиторскую задолженность на среднедневную реализацию в *кредит*. Иначе низкий коэффициент может просто означать, что только небольшая часть реализованной продукции была продана в кредит.

ГЛАВА 27. Анализ финансовой деятельности

Рентабельность активов. Менеджеры часто оценивают деятельность компании с помощью отношения прибыли к активам. Прибыль обычно определяется как прибыль до выплаты процента, но после уплаты налога[6].

$$\text{Рентабельность активов} = \frac{\text{прибыль до уплаты процентов и налогов} - \text{налог}}{\text{средняя стоимость активов}} =$$

$$= \frac{1610 - 541}{(11\,582 + 9462)/2} = 0{,}102, \text{ или } 10{,}2\,\%.$$

Другой показатель позволяет определить рентабельность собственного капитала фирмы:

$$\text{Рентабельность собственного капитала} = \frac{\text{прибыль на обыкновенные акции}}{\text{средняя стоимость собственного капитала}} =$$

$$= \frac{845}{(5147 + 4557)/2} = 0{,}174, \text{ или } 17{,}4\,\%.$$

Иногда полезно анализировать некоторые показатели рентабельности и эффективности использования ресурсов во взаимосвязи. Например, рентабельность активов зависит от оборачиваемости активов и нормы прибыли:

$$\frac{\text{Прибыль}}{\text{Активы}} = \frac{\text{выручка от реализации}}{\text{активы}} \times \frac{\text{прибыль}}{\text{выручка от реализации}}.$$

Все фирмы стремятся добиться как можно более высокой рентабельности активов, но их возможности в этом деле ограничиваются конкуренцией. Если под воздействием конкуренции ожидаемая рентабельность активов принимает фиксированное значение, фирме приходится выбирать между оборачиваемостью активов и нормой прибыли. В результате мы обнаруживаем, что се-

---

[6] Этот показатель иногда приводит к неверным выводам, если сравниваются фирмы с различными структурами капитала. Причина заключается в том, что компании, которые выплачивают больше денег в виде процентов, платят меньше налогов. Таким образом, этот показатель отражает различия в степени финансовой зависимости, а не только различия в эффективности хозяйственной деятельности. Если вы хотите оценить эффективность хозяйственной деятельности изолированно, мы предлагаем вам скорректировать показатель на налоги посредством прибавления налогового щита по процентным платежам (расходы по выплате процентов × предельная налоговая ставка). Это даст нам величину налогов при условии финансирования полностью за счет собственного капитала. Следовательно, используя налоговую ставку 1989 г., равную 34%, получим:

$$\text{Рентабельность активов} = \frac{\text{прибыль до уплаты процентов и налогов} - \left(\text{налог} + \text{налоговый щит по процентам}\right)}{\text{средняя стоимость активов}} =$$

$$= \frac{1610 - (541 + 0{,}34 \times 205)}{(11\,582 + 9462)/2} = 0{,}095, \text{ или } 9{,}5\,\%.$$

Мы можем использовать данный показатель для сравнения эффективности деятельности двух фирм, даже если они имеют совершенно различные коэффициенты долговой нагрузки.

Иногда в числитель закладывают чистую прибыль после уплаты процентов и налогов. Это странный показатель: прибыль на собственный капитал следует сравнивать с величиной собственного капитала, а не с суммарной стоимостью активов.

тям ресторанов быстрого обслуживания, которые отличаются высокой оборачиваемостью капитала, свойственна также низкая норма прибыли. Для гостиниц же характерна относительно низкая оборачиваемость активов, но обычно это компенсируется более высокой нормой прибыли.

Зачастую фирмы пытаются повысить норму прибыли посредством усиления вертикальной интеграции – например, путем поглощения поставщика или одного из своих партнеров по сбыту. К сожалению, если у них нет специальных знаний в области управления данным бизнесом, они скорее всего обнаружат, что любой выигрыш в норме прибыли нивелируется снижением коэффициента оборачиваемости активов.

Коэффициент дивидендных выплат. Коэффициент дивидендных выплат показывает, какая доля чистой прибыли выплачена в виде дивидендов:

$$\frac{\textit{Коэффициент}}{\textit{дивидендных выплат}} = \frac{\textit{дивиденды}}{\textit{прибыль на акцию}} = \frac{1{,}53}{7{,}72} = 0{,}20.$$

В разделе 16–2 мы уже говорили о том, что менеджеры не любят урезать дивиденды из-за снижения прибыли. Следовательно, если прибыль компании подвержена сильным колебаниям, менеджеры для подстраховки скорее всего установят низкий коэффициент дивидендных выплат.

Когда прибыль падает неожиданно, коэффициент дивидендных выплат скорее всего временно увеличивается. Кроме того, если ожидается, что прибыль на следующий год возрастет, менеджерам может показаться, что они в состоянии выплатить несколько более щедрые дивиденды, чем при других обстоятельствах.

Прибыль, которая не выплачивается в виде дивидендов, реинвестируется в бизнес.

$$\textit{Доля реинвестированной прибыли} = 1 - \textit{коэффициент дивидендных выплат} =$$
$$= \frac{\textit{прибыль} - \textit{дивиденды}}{\textit{прибыль}}.$$

Если данное выражение умножить на рентабельность собственного капитала, можно увидеть, как быстро возрастает стоимость инвестиций акционеров вследствие реинвестирования прибыли. Для International Paper это выглядит следующим образом:

$$\frac{\textit{Увеличение собственного капитала}}{\textit{вследствие реинвестирования}} = \frac{\textit{прибыль} - \textit{дивиденды}}{\textit{прибыль}} \times$$
$$\times \frac{\textit{прибыль}}{\textit{собственный капитал}} = 0{,}80 \times 0{,}174 = 0{,}139, \textit{ или } 13{,}9\,\%.$$

Если у International Paper сохранится возможность по-прежнему получать 17,4% прибыли в расчете на балансовую стоимость собственного капитала и реинвестировать 80% прибыли, то и прибыль, и собственный капитал будут расти на 13,9% в год[7].

Обоснован ли этот прогноз? Судя по прошлому опыту, вероятно, нет. Рентабельность собственного капитала International Paper с 1980 г. колебалась между 3% и 17%. Поэтому вам едва ли стоит делать ставку на то, что рентабельность собственного капитала сохранится впоследствии на уровне 1989г.

---

[7] Аналитики иногда называют этот показатель *устойчивым темпом роста*.

ГЛАВА 27. Анализ финансовой деятельности

Коэффициенты рыночной активности

Нет такого закона, который бы запрещал менеджерам пользоваться данными, которые не отражены в бухгалтерском учете. Например, если бы вы анализировали деятельность сталелитейной компании, вам, возможно, захотелось бы знать величину затрат в расчете на тонну произведенной стали или объем реализованной продукции в расчете на одного работника. Менеджеры часто считают полезным сочетать бухгалтерские данные и данные фондового рынка. Ниже представлены четыре таких коэффициента, основанных на рыночных данных.

Коэффициент цена–прибыль. Коэффициент цена–прибыль является распространенным измерителем отношения инвесторов к данной компании. Для International Paper он составляет[8]:

$$\text{Коэффициент цена} - \text{прибыль} = \frac{\text{цена акции}}{\text{прибыль на одну акцию}} = \frac{56{,}5}{7{,}72} = 7{,}3.$$

Что означает тот факт, что акция компании продается с низким или высоким коэффициентом цена–прибыль? Для ответа на этот вопрос полезно вернуться к формуле, рассмотренной нами в главе 4. Если ожидается, что дивиденды компании будут расти постоянными темпами, тогда текущая цена акции (P_0) составит:

$$P_0 = \frac{DIV_1}{r-g}.$$

В этой формуле DIV_1 — это ожидаемый дивиденд следующего года, r — доходность, которую требуют инвесторы от аналогичных инвестиций, g — ожидаемые темпы роста дивидендов. Для того что бы найти коэффициент цена–прибыль, просто нужно разделить обе части формулы на величину прибыли на одну акцию:

$$\frac{P_0}{EPS_1} = \frac{DIV_1}{EPS_1} \times \frac{1}{r-g}.$$

Таким образом, высокий коэффициент цена–прибыль может означать, что: 1) инвесторы ожидают высоких темпов роста дивидендов (g); или 2) акциям присуща небольшая степень риска, и поэтому акционеры согласны на перспективу невысокой отдачи (r); или 3) ожидается, что компания достигнет средних темпов роста, выплачивая при этом высокую долю прибыли в виде дивидендов (DIV_1/EPS_1).

Норма дивидендного дохода. Норма дивидендного дохода на акцию — это просто ожидаемый дивиденд как часть цены акции. Для International Paper:

$$\text{Норма дивидендного дохода} = \frac{\text{дивиденд на одну акцию}}{\text{цена акции}} = \frac{1{,}53}{56{,}5} = 0{,}027,\ \text{или } 2{,}7\%.$$

---

[8] Мы взяли чистую прибыль в расчете на одну акцию за 1989 г. и цену акции на конец 1989 г. Поскольку акционеры всегда смотрят вперед, а не назад, было бы лучше использовать прибыль, прогнозируемую на 1990 г. См. раздел 4–4.

Опять же полезно рассмотреть компанию с постоянными темпами роста дивидендов. В таком случае:

$$\text{Норма дивидендного дохода} = \frac{DIV_1}{P_0} = r - g.$$

Таким образом, высокая норма дивидендного дохода может означать, что инвесторы ожидают низких темпов роста дивидендов или что инвесторы требуют высокой доходности.

Коэффициент "рыночная–балансовая стоимость". Коэффициент "рыночная–балансовая стоимость" представляет собой отношение цены акции к балансовой стоимости одной акции. Для International Paper:

$$\text{Коэффициент "рыночная–балансовая стоимость"} = \frac{\text{цена акции}}{\text{балансовая стоимость одной акции}} = \frac{56,5}{5147/108,7} = 1,19.$$

Балансовая стоимость одной акции — это просто балансовая стоимость собственного капитала акционеров, разделенная на количество акций в обращении. Балансовая стоимость собственного капитала равна стоимости обыкновенных акций плюс нераспределенная прибыль, т. е. чистой стоимости того, что фирма получила от акционеров или реинвестировала от их имени[9]. Таким образом, коэффициент "рыночная–балансовая стоимость" International Paper, равный 1,19, показывает, что компания стоит на 19% больше, чем вложили в нее нынешние и прежние акционеры.

Коэффициент "q Тобина". Отношение рыночной стоимости заемного и собственного капитала к текущей восстановительной стоимости активов известно как коэффициент "q Тобина", получивший свое название по имени экономиста Джеймса Тобина[10]:

$$q = \frac{\text{рыночная стоимость активов}}{\text{оценочная восстановительная стоимость}}.$$

Этот коэффициент похож на коэффициент "рыночная–балансовая стоимость", однако между ними имеется несколько важных различий. Числитель q включает в себя стоимость всех долговых обязательств и акций компании, а не только стоимость ее обыкновенных акций. Знаменатель — стоимость всех активов, а не только стоимость собственного капитала фирмы. Кроме того, эти активы учитываются не по первоначальной стоимости, как это делается на счетах учета, а по той стоимости, по которой они могут быть замещены на данный момент. Поскольку инфляция поднимает восстановительную стоимость большей части активов намного выше их первоначальной стоимости, Управление по стандартам финансового учета разработало рекомендации по учету влияния инфляции. До 1985 г. крупным компаниям вменялось в обязанность отчитываться о таких корректировках "текущей стоимости". С тех пор компаниям разреше-

---

[9] Нераспределенная прибыль рассчитывается за вычетом амортизации. Этот показатель отражает новые инвестиции акционеров в компанию сверх той суммы, которая необходима для поддержания существующих активов.

[10] *J. Tobin.* A General Equilibrium Approach to Monetary Theory // Journal of Money, Credit, and Banking. 1: 15–29. February. 1969.

Оценки q см. в работах: *R.H. Gordon and D. F. Bradford.* Taxation and the Stock Market Valuation of Capital Gains and Dividends: Theory and Empirical Results // Journal of Public Economics.14. October. 1980; *G. von Furstenberg.* Corporate Investment: Does Market Valuation Really Matter? // Brookings Papers on Economic Activity. 2: 347–397. 1977; *E.B. Lindberg and S.A. Ross.* Tobin's q Ratio and Industrial Organization // Journal of Business. 54: 1–33. January.1981.

ТАБЛИЦА 27-2
Средние значения "q Тобина", 1960 — 1977 гг.

Высокие q		Низкие q	
Avon Products	8,53	Cone Mills	0,45
Polaroid	6,42	Holly Sugar	0,50
Xerox	5,52	Federal Paper Board	0,52
Searle	5,27	National Steel	0,53
MMM	4,87	Graniteville	0,55
Schering-Plough	4,30	Publicker Industries	0,59
IBM	4,21	Medusa Corp.	0,60
Coca-Cola	4,21	Lowenstein	0,61
Smith Kline	4,19	U.S. Steel	0,62
Eli Lilly	4,02	Dan River	0,67

Источник: E.B. Lindberg and S.A. Ross. Tobin's q Ratio and Industrial Organisation // Journal of Business. 54: 1–33. January. 1981.

но включать данную информацию в свою финансовую отчетность на добровольных началах. Поскольку International Paper больше не показывает данные о текущей оценке своих активов, вам потребуется сначала проиндексировать историческую стоимость активов с учетом инфляции, прежде чем вы сможете рассчитать q.

Тобин утверждал, что у компаний появляется стимул к инвестициям, когда q превышает 1 (т. е. когда долгосрочное оборудование стоит дороже, чем стоимость его замены), и что они перестают инвестировать, только когда q меньше 1 (т. е. когда стоимость оборудования меньше стоимости замены). Когда q меньше 1, может оказаться дешевле приобрести активы посредством слияния, а не покупки новых активов. В такие моменты инвесторы шутят, что самым дешевым местом покупки активов для компании становится Уолл-стрит.

Конечно, можно найти примеры, когда существующие активы реально стоят гораздо дороже, чем их замена, однако при этом отсутствуют возможности для дальнейшего прибыльного инвестирования. Тем не менее высокая рыночная стоимость обычно свидетельствует о том, что инвесторы видят хорошие перспективы в вашем бизнесе.

Обратное также верно. Тот факт, что актив стоит *меньше*, чем стоил бы при покупке сегодня, вовсе не обязательно означает, что ему можно найти иное, лучшее применение. Однако компаниям, активы которых ценятся ниже их восстановительной стоимости, следует быть настороже и внимательно следить за тем, не грозит ли им поглощение с целью перевода их активов в другую сферу деятельности. Справедливо также ожидать, что q будет выше у фирм, обладающих сильными конкурентными преимуществами. Это показано в таблице 27-2. Компании с наиболее высокими коэффициентами q обычно имеют известные торговые знаки или сильную лицензионную защиту. Компании с наиболее низкими q обычно встречаются в высококонкурентных отраслях или в свертывающихся отраслях.

Бухгалтерские показатели

Много лет назад президент одного британского банка заметил, данные учета не только совершенно правильно отражают финансовое положение банка, но на самом деле оно даже лучше[11]. С того времени стандарты бухгалтерского учета стали значительно совершеннее, однако компании по-прежнему пользуются значительной свободой при расчете прибыли и определении балансо-

---

[11] Речь президента London and County Bank на ежегодном собрании, февраль 1901. Опубликовано в: Economist. 1901. P. 204, цитируется по: *C. A. E. Goodhart.* The Business of Banking 1891–1914. Weidenfeld (George) and Nicholson, Ltd., London, 1972. P. 15.

вых показателей. Поэтому, рассчитывая финансовые коэффициенты, вы должны заглядывать глубже и понимать, какие бухгалтерские решения стоят за тем или иным показателем.

Вот несколько примеров того, что следует учитывать при интерпретации финансовых коэффициентов International Paper.

1. Вместо того чтобы отражать в отчете о прибыли проценты полученные и проценты выплаченные, International Paper просто показывает чистые расходы по выплате процентов за вычетом доходов в виде полученных процентов. В этом нет ничего плохого, однако это следует учитывать при сравнении данного показателя с расходами по выплате процентов других компаний.

2. Прибыль, показанная International Paper в финансовой отчетности, выше, чем прибыль, показанная для целей налогообложения. Основная причина этого в том, что при составлении финансовой отчетности International Paper использует метод прямого равномерного списания, в то время как при расчете налогооблагаемой прибыли Налоговая служба разрешает использовать ускоренную амортизацию. Вследствие этого только часть из 541 млн дол., которые в отчете о прибыли вычитаются при расчете налогооблагаемой прибыли, представляют собой немедленные обязательства компании по уплате налога. Остаток в 96 млн дол. показан как отсроченные обязательства по выплате налогов на основании того, что, поскольку ускоренная амортизация просто отодвигает сроки выплаты налогов, эти 96 млн дол. со временем также должны быть выплачены. Таким образом, отсроченные налоги International Paper уменьшили чистую прибыль и собственный капитал акционеров.

3. Статья "прочие долгосрочные активы", показанная в балансе International Paper, включает в себя деловую репутацию фирмы стоимостью 469 млн дол. Это разница между ценой, которую заплатила International Paper при покупке нескольких компаний, и балансовой стоимостью их активов. International Paper ежегодно списывает $2^1/_2$% этой суммы из своей прибыли. Мы не хотим здесь вдаваться в дискуссию о том, является ли деловая репутация фирмы активом. Мы просто хотим предупредить вас об опасности сравнения фирм, чья деловая репутация обладает значительной стоимостью, находящей отражение в балансе, с теми, у которых таковая отсутствует.

4. Не все активы и обязательства получают отражение в балансе. Например, пенсионные обязательства фирмы перед своими работниками имеют характер задолженности. Для выплаты этих будущих пенсий компании делают взносы в пенсионный фонд. Портфель пенсионных фондов является одним из наиболее важных активов компании, однако он не представлен в ее балансе.

В случае International Paper пенсионная программа обеспечена 780 млн дол. покрытия, т. е. активы компании стоят больше, чем обещанные пенсионные выплаты. Если бы пенсионная программа International Paper была дефицитной, дефицит был бы показан в балансе как обязательство. Однако компаниям не разрешается показывать положительный баланс пенсионных программ.

Для накопления средств для будущих пенсионных выплат International Paper делает регулярные отчисления в пенсионный фонд, но эти взносы не вычитаются из прибыли компании. Вместо этого компания рассчитывает разницу между отдачей от инвестиций пенсионного фонда и ежегодными затратами по пенсионной программе. В 1989 г. отдача по пенсионному фонду на 67 млн дол. *превышала* затраты, поэтому считалось, что компания получила прибыль по пенсионной программе, и эта прибыль была прибавлена к общей прибыли компании. Иногда крупные изменения в прибыли возникают просто потому, что компа-

ГЛАВА 27. Анализ финансовой деятельности

ния меняет свои допущения относительно ежегодных затрат по пенсионной программе. Если вы хотите получить данные о стабильном уровне прибыли компании, вы должны изолировать влияние этих временных колебаний в пенсионных затратах.

Выбор базы

Мы показали вам, как рассчитывать основные финансовые коэффициенты International Paper. Однако вам необходимо также знать, как определить — высокий коэффициент или низкий.

Для начала хорошо сопоставить коэффициенты за 1989 г. с аналогичными показателями International Paper предшествующих лет[12]. Например, из первых двух столбцов таблицы 27-3 видно, что в 1989 г. International Paper имела более низкий уровень оборотного капитала и более высокую рентабельность капитала.

ТАБЛИЦА 27-3
Финансовые коэффициенты International Paper и выборка 16 других предприятий целлюлозно-бумажной и лесной отраслей промышленности

	International Paper		Другие предприятия целлюлозно-бумажной и лесной отраслей
	1989 г.	1984–1988 гг.	1989 г.
Коэффициенты финансовой зависимости			
Коэффициент долговой нагрузки	0,31	0,29	0,38
Совокупные обязательства − собственный капитал / совокупные обязательства	0,56	0,50	0,55
Коэффициент покрытия процента	10,58	7,94	10,97
Коэффициенты ликвидности			
Отношение чистого оборотного капитала к общей стоимости активов	0,03	0,07	0,11
Коэффициент текущей ликвидности	1,13	1,50	1,83
Коэффициент срочной ликвидности	0,59	0,86	1,00
Коэффициент абсолютной ликвидности	0,04	0,24	0,27
Продолжительность интервала (в днях)	64	63	65
Коэффициенты рентабельности (или эффективности)			
Коэффициент оборачиваемости активов	1,1	0,9	1,0
Коэффициент оборачиваемости чистого оборотного капитала	19,8	12,8	10,2
Чистая норма прибыли (в %)	9,4	6,7	10,5
Оборачиваемость запасов	6,8	7,8	7,3
Средняя продолжительность оплаты дебиторской задолженности (в днях)	43	37	38
Рентабельность активов (в %)	10,2	6,0	10,2
Рентабельность собственного капитала (в %)	17,4	8,3	18,3
Коэффициенты рыночной активности			
Коэффициент цена–прибыль	7,3	16,8	8,7
Норма дивидендного дохода	2,7	3,6	3,1
Коэффициент "рыночная–балансовая стоимость"	1,19	1,04	1,45

---

[12] Усредненные финансовые коэффициенты иногда выглядят странно. Например, не будете же вы рассматривать среднее значение коэффициента цена–прибыль для компании с отрицательным значением прибыли.

ТАБЛИЦА 27-4
Финансовые коэффициенты крупнейших отраслевых групп, четвертый квартал 1989 г.

	Все обрабатывающие компании	Пищевая и родственные отрасли	Полиграфия и книгоиздание	Химическая и сопутствующие отрасли	Нефтяная и угольная отрасли	Машиностроение за исключением электрооборудования	Производство электро- и электронного оборудования	Розничная торговля
Коэффициент долговой нагрузки[a]	0,37	0,52	0,47	0,33	0,34	0,28	0,27	0,55
Отношение чистого оборотного капитала к общей стоимости активов	0,12	0,06	0,13	0,08	0,00	0,21	0,15	0,15
Коэффициент текущей ликвидности	1,47	1,25	1,67	1,30	1,00	1,85	1,47	1,50
Коэффициент срочной ликвидности	0,76	0,58	1,13	0,68	0,63	0,92	0,76	0,57
Коэффициент оборачиваемости активов	1,13	1,33	1,05	0,98	0,82	1,04	1,13	1,92
Чистая норма прибыли (в %)[б]	4,0	5,8	4,0	5,9	5,8	2,4	4,0	2,5
Оборачиваемость запасов	7,5	9,9	15,6	7,9	15,0	5,9	5,7	7,6
Рентабельность активов (в %)[б]	4,6	7,7	4,2	5,8	4,8	2,5	4,5	4,8
Рентабельность собственного капитала (в %)[в]	11,7	16,2	10,2	19,3	14,1	7,7	11,1	8,2
Коэффициент дивидендных выплат	0,56	0,55	0,49	0,44	0,75	0,58	0,47	0,64

[a] Долгосрочный долг включает капитальную аренду, а также отсроченные обязательства по налогам.
[б] Отражает только операционную прибыль.
[в] Отражает как неоперационную, так и операционную прибыль.

Источник: United States Department of Commerce. Quarterly Financial Report for Manufacturing. Mining and Trade Corporations, Firts Quarter, 1990.

Проводя сравнения подобного рода, помните наше предостережение о необходимости смотреть глубже. Например, обратите внимание, что улучшение во многих случаях является следствием повышения нормы прибыли. Стало ли это результатом повышения эффективности или изменения номенклатуры продукции? Вы можете получить кое-какую информацию посредством сравнения данных по сегментам, которые позволяют оценить рентабельность отдельных видов продукции и сфер деятельности. Имеются ли какие-нибудь свидетельства того, что эти улучшения носят временный характер? Более тщательный анализ себестоимости реализованной продукции может помочь найти ответ.

Полезно также сопоставить результаты деятельности International Paper с показателями других компаний. Однако вы не можете ожидать, что компании различных отраслей будут иметь одинаковые финансовые коэффициенты. Например, целлюлозно-бумажная компания вряд ли будет иметь такую же норму прибыли, как и ювелирная компания, или такой же уровень финансовой зависимости, как и финансовая компания. Поэтому логично ограничить сравнение деятельности разных компаний рамками одной отрасли. Третий столбец таблицы 27-3 показывает средние значения финансовых коэффициентов для других предприятий целлюлозно-бумажной и лесной промышленности. Вы видите, что International Paper менее ликвидна, чем ее конкуренты, но в остальном финансовые коэффициенты замечательно одинаковы.

Отраслевые финансовые коэффициенты публикуются Управлением коммерции США, агентствами Dun and Bradstreet, Robert Morris Associates и др.

ГЛАВА 27. Анализ финансовой деятельности

ТАБЛИЦА 27-5
Корреляция между различными финансовыми коэффициентами по всем отраслям, 1975 г.

	Коэффициент "долгосрочный долг – собственный капитал"	Коэффициент "долг – собственный капитал"	Коэффициент покрытия процента	Коэффициент текущей ликвидности	Коэффициент срочной ликвидности	Продолжительность интервала	Рентабельность активов	Рентабельность собственного капитала	Оборачиваемость запасов
Коэффициент "долгосрочный долг – собственный капитал"	1,0								
Коэффициент "долг – собственный капитал"	0,8	1,0							
Коэффициент покрытия процента	–0,6	–0,6	1,0						
Коэффициент текущей ликвидности	–0,4	–0,6	0,3	1,0					
Коэффициент срочной ликвидности	–0,3	–0,5	0,3	0,7	1,0				
Продолжительность интервала	–0,1	–0,2	0,1	0,2	0,5	1,0			
Рентабельность активов	–0,3	–0,4	0,9	0,2	0,3	0,1	1,0		
Рентабельность собственного капитала	–0,1	–0,1	0,6	0,0	0,1	0,1	0,8	1,0	
Оборачиваемость запасов	0,1	0,1	0,2	–0,4	0,0	–0,2	0,2	0,3	1,0

Источник: G. Foster. Financial Statement Analysis. 1st ed. Prentice-Hall, Inc., Englewood Cliffs, N.J., 1978.

В таблице 27-4 представлены наиболее важные среднеотраслевые коэффициенты. Это дает вам общее представление о различиях между отраслями.

Выбор финансовых коэффициентов

Будьте разборчивы в выборе финансовых коэффициентов, поскольку многие коэффициенты говорят вам об одном и том же. Например, в таблице 27-5 показана корреляция между девятью финансовыми коэффициентами[13].

Заметьте, что корреляция между коэффициентом "долг–собственный капитал" и коэффициентом "долгосрочный долг–собственный капитал" составляет 0,8. Это говорит о том, что вам не нужно рассчитывать оба показателя — достаточно одного. И напротив, между коэффициентом общей ликвидности и рентабельностью собственного капитала нет почти никакой корреляции. Анализируя оба эти коэффициента, вы получите дополнительную информацию.

27–2. ДИНАМИКА ПРИБЫЛИ

На рисунке 27-1 представлена динамика прибыли International Paper за последние 10 лет. Для интерпретации этого графика вы должны учесть, что происходило с другими компаниями. Это необходимо потому, что деятельность International Paper находится под влиянием экономики страны в целом, равно

---

[13] Эта корреляция отражает корреляцию рангов, другими словами, показывает, соответствует ли ранг предприятия согласно одному коэффициенту рангу этого же предприятия по другому коэффициенту.

как и под влиянием отрасли. Значение этого внешнего влияния на прибыль компании показано в таблице 27-6. В среднем 17% ежегодных изменений прибыли является следствием изменения совокупной прибыли вообще всех компаний. Другие 26% объясняются изменениями в отраслевой прибыли.

Рисунок 27-1 также показывает средние показатели прибыли других компаний целлюлозно-бумажной и лесной отраслей. Обратите внимание, что динамика прибылей International Paper очень точно копирует динамику прибылей конкурентов. Если мы хотим разобраться в причинах роста прибыли International Paper, нам, возможно, потребуется изучить факты, повлиявшие на состояние всей отрасли.

Является ли данный рост прибыли признаком светлого будущего? Не обязательно. Статистики, изучавшие динамику прибылей компаний, пришли к выводу, что прибыли ведут себя во многом подобно акциям, т.е. изменяются случайным образом[14]. Нет почти никакой связи между ростом прибыли компании в одном периоде и ростом в другом периоде. Поэтому не экстраполируйте рост механически. Компания с темпом роста выше среднего может и дальше поддерживать его, но так же вероятно, что уровень ее прибылей упадет ниже среднего.

Поскольку изменения прибыли в разные периоды не связаны между собой, наилучшей оценкой прошлого роста будет простое усреднение темпов роста за прошлые годы. Бессмысленно выстраивать точную схему движения прибылей в прошлом, и, кроме того, эта схема мало что скажет вам об их движении в будущем.

Конечно, существует множество источников информации, которые помогут вам сделать прогнозы прибыли. Например, когда фирма имеет высокий коэффициент цена—прибыль несмотря на отсутствие прибылей, это говорит о том, что инвесторы ожидают роста прибыли. Или, допустим, фирма объявляет о важном технологическом прорыве на фоне конкурентов; не нужно иметь докторской степени, чтобы понять, какое влияние это окажет на ее прибыли.

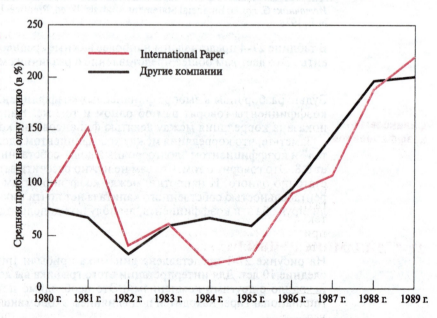

РИСУНОК 27-1
Прибыль в расчете на одну акцию компании International Paper и 16 других компаний целлюлозно-бумажной и лесной отраслей промышленности, 1980—1989 гг.

---
[14] См., например: *R. Ball and R. Watts.* Some Time Series Properties of Accounting Income // Journal of Finance. 27: 663—682. June.1972.

ГЛАВА 27. Анализ финансовой деятельности

ТАБЛИЦА 27-6
Доля макроэкономического и отраслевого влияния в изменении величины чистой прибыли (для 315 фирм, 1964—1983 гг.)

	Макроэкономическое влияние (в %)	Отраслевое влияние (в %)
Добыча нефти и природного газа	14	21
Бумажная промышленность	49	12
Фармацевтическая промышленность	14	26
Очистка нефти	37	23
Доменное производство	35	23
Общее промышленное машиностроение	23	21
Производство радио- и телекоммуникационного оборудования	14	15
Производство электронных компонентов	32	12
Грузоперевозки	21	27
Воздушные перевозки	12	13
Электроэнергетика	8	39
Доставка природного газа	13	8
Энергетический комплекс	6	45
Продовольственные магазины розничной торговли	9	17
Государственные банки, Федеральная резервная система	5	25
В среднем	17	26

Источник: G. Foster. Financial Statement Analysis. 2d ed. Prentice-Hall, Inc., Englewood Cliffs, N. J., 1986.

*Смысл бухгалтерской прибыли

Экономисты часто определяют прибыль как денежные потоки плюс изменения стоимости активов компании. Но мы знаем из наблюдений за поведением цен на акции, что изменения стоимости активов непредсказуемы. Представляется, что публикуемые компаниями показатели прибыли имеют значительно более сглаженную динамику, чем экономические прибыли.

Бухгалтеры на самом деле и не пытаются отслеживать динамику экономических прибылей из года в год. Кажется, что они больше заинтересованы в отражении долгосрочной средней рентабельности активов компании[15]. Однако и этой цели они достигают не часто.

Мы рассказывали о двусмысленности бухгалтерских оценок рентабельности в главе 12. Здесь мы должны добавить еще несколько слов, поскольку бухгалтеры поставляют основную информацию для расчета финансовых коэффициентов.

Как рассчитываются бухгалтерские прибыли. В главе 6 мы уже подчеркивали, что бухгалтерская прибыль отличается по величине от денежного потока. Бухгалтеры начинают с денежного потока, затем разделяют его на две категории — текущие и капитальные расходы. Текущие расходы сразу же вычитаются из прибыли[16]. Капитальные расходы капитализируются, а затем амортизируются в течение последующих лет.

---

[15] Фишер Блэк выразил свою точку зрения в экстремальной и очень интересной манере в статье: *Black F.* The Magic in Earnings: Economic Earnings versus Accounting Earnings // Financial Analysts Journal. 36: 3—8. November—December. 1980.

[16] Это конечно же упрощение. Бухгалтеры также стремятся записывать прибыль в том году, в котором она возникла, а не когда оплачены счета.

Какие оттоки должны быть капитализированы? Когда компания строит новый завод, происходит отток средств, однако акционеры также приобретают активы, которые могут принести крупные притоки денежных средств в будущем. Поэтому бухгалтеры готовы отнести такие расходы в долгосрочные инвестиции. Но как быть с расходами на НИОКР, подготовку персонала или новой рекламной компании? Эти расходы также представляют собой инвестиции в будущее, но бухгалтеры отказываются признавать инвестиции в нематериальные активы. Поэтому они вычитают такие расходы из текущих прибылей[17].

Если высокотехнологичная компания инвестирует крупные суммы в НИОКР, то реальная прибыль в финансовой отчетности скорее всего будет занижена. Но инвесторы осознают, что некоторые из таких расходов на самом деле — инвестиции в будущее. Поэтому акции продаются по более высокой цене в сопоставлении с опубликованными прибылями. Соответственно, когда инвестиции в НИОКР начинают давать отдачу, опубликованные прибыли скорее всего начнут быстро расти. Однако инвесторам понятно, что компания истощает свой капитал; поэтому цена на акции отныне будет больше соответствовать динамике показателей прибыли[18].

Отчет о прибыли компании отражает фактический денежный поток от хозяйственной деятельности, но не показывает фактических изменений в стоимости активов. Вместо этого бухгалтеры заранее разрабатывают схему амортизации и, за редким исключением, следуют этой схеме. Поэтому отчет о прибыли компании частично отражает то, что уже произошло (денежный поток от хозяйственной деятельности), а частично то, что является еще только прогнозом (амортизация стоимости активов).

Заранее разрабатывая схему амортизации, бухгалтеры не делают детальных прогнозов о том, как будет изменяться стоимость каждого актива. Вместо этого они полагаются на ряд стандартных правил, таких, как метод прямого равномерного списания. Если до того момента, пока инвестиции начнут давать полную отдачу, должно пройти несколько лет, то метод равномерного списания в первые годы скорее всего будет завышать вероятное падение стоимости инвестиций, а в последние годы – занижать его. Например, допустим, производитель бумаги открывает новый завод. Новые крупные предприятия по производству бумаги обычно требуют продолжительного времени до достижения максимальной эффективности. Поэтому, если компания списывает стоимость активов по методу прямой равномерной амортизации, финансовая отчетность изначально занизит реальную прибыль и акции будут продаваться по более высокой цене относительно опубликованной прибыли[19].

Конечно, решения по выбору объектов капитализации и методов амортизации — не единственная причина искажения показателей прибыли. Однако мы хотели донести до вас одну общую идею: если вы намерены руководствоваться прибылью компании для определения ее стоимости, вы должны "нормализовать" значение прибыли, устранив ее временные искажения вследствие специфических методов бухгалтерского учета.

*Как инфляция влияет на бухгалтерскую доходность

Мы не будем заниматься "учетом инфляции", поскольку эта проблема с большим трудом поддается практическому решению. Мы просто напомним вам, как инфляция влияет на обычную бухгалтерскую прибыль.

---

[17] Бухгалтеры предпочитают активы, которые вы можете выбросить. Поскольку нематериальные активы нельзя пощупать, как *удостовериться* в их существовании?
[18] Когда цена на акции не реагирует на рост прибыли, менеджерам иногда кажется, что инвесторы ведут себя иррационально или неблагодарно. Они забывают, что *реальный* рост прибыли произошел несколько лет назад.
[19] Однако International Paper капитализирует некоторые из своих организационных расходов и затем списывает их в течение последующих лет.

ГЛАВА 27. Анализ финансовой деятельности

Во-первых, инфляция увеличивает номинальную стоимость незавершенного производства и готовой продукции. Допустим, вы производитель одежды. В январе вы сшили 1000 мужских костюмов по 300 дол. каждый, но не продаете костюмы до июня. В течение этого времени ваши конкуренты повысили цены на 6%, а ваши костюмы пользуются большим спросом, поэтому они проданы в конечном итоге за 300 × 1,06 = 318 дол. Часть вашей прибыли получена за счет инфляции в течение периода, когда ваши костюмы лежали на складе. Вы получили прибыль на запасы в размере 18 дол. за костюм.

Прибыль на запасы — это тоже прибыль. Лучше ее иметь, чем не иметь. Она правильно включена в номинальную прибыль. Однако эта прибыль не является частью реальной прибыли, разве что в той степени, в какой рост стоимости запасов опережает общее повышение цен.

А вот вторая проблема. По мере роста инфляции остаточная стоимость основных средств все более и более отстает от жизни, т. е. балансовая стоимость занижает текущую стоимость или стоимость замещения. Поэтому схемы амортизации, основанные на балансовой стоимости, могут исказить картину изменений текущей стоимости активов.

Инфляция еще и по-другому влияет на фирмы, которые используют заемный капитал. Заимодатели получают выплаты в инфляционных будущих долларах, поэтому они требуют более высокой ставки процента для компенсации снижения реальной стоимости их ссуд. Часть процентной ставки, которая является компенсацией за ожидаемую инфляцию, называется *инфляционной премией*.

Процентные платежи полностью, включая инфляционную премию, вычитаются из чистой бухгалтерской прибыли компании. Но бухгалтерская прибыль не отражает компенсационный выигрыш, который акционеры получают за счет заимодателей. Помните, что заимодатели выигрывают за счет инфляционной премии, но проигрывают по мере того, как инфляция снижает реальную стоимость их активов. Акционеры теряют, выплачивая инфляционную премию, но выигрывают, поскольку инфляция уменьшает реальную стоимость их обязательств. Бухгалтерская прибыль отражает потерю акционеров, но не отражает компенсирующую ее прибыль[20].

27-3. ТЕХНИКА ФИНАНСОВОГО АНАЛИЗА

Мы рассмотрели, как рассчитывать и интерпретировать обобщающие показатели финансового положения компании. Мы завершим данную главу кратким обзором того, как эти показатели могут помочь финансовому менеджеру.

Допустим, вы являетесь специалистом по выдаче кредитов или работником кредитного отдела банка и в ваши функции входит оценка кредитоспособности заемщика. Что вы можете почерпнуть из финансовой отчетности компании?

Для ответа на этот вопрос Уильям Бивер сравнил финансовые коэффициенты 79 обанкротившихся фирм с показателями деятельности 79 компаний, сохранивших конкурентоспособность[21]. Выбранные Бивером разорившиеся фирмы вели себя именно так, как и следовало ожидать. У них было больше долгов, чем у выживших фирм, и более низкая рентабельность активов и реализации. У них было меньше свободных денежных средств и больше дебитор-

---

[20] Дискуссию о влиянии инфляции на искажение бухгалтерской прибыли см. в работе: *F. Modigliani and R.A. Cohn.* Inflation, Rational Valuation and the Market // Financial Analysts Journal. 35: 24—44. March—April. 1979.

[21] См.: *W.H. Beaver.* Financial Ratios and Predictors of Failure // Empirical Research in Accounting: Selected Studies. Supplement to Journal of Accounting Research. 1966. 77—111. Несколько более поздних исследований дали такие же (но менее иллюстративные) результаты. Обзор этих исследований см. в работе: *G. Foster.* Financial Statement Analysis 2d ed. Prentice-Hall, Inc., Englewood Cliffs, N.J., 1986.

ской задолженности. В результате у них был более низкий коэффициент текущей ликвидности и значительно более низкий коэффициент абсолютной ликвидности. Вопреки расхожему мнению эти фирмы имели меньше, а не больше, запасов.

Рисунок 27-2 дает некоторое представление о возможностях перспективного анализа на основе финансовых коэффициентов. Вы видите, что еще за 5 лет до краха группа обанкротившихся фирм выказывала признаки постоянного нездоровья. По мере нашего продвижения к точке краха разница между двумя группами компаний все более заметна.

Вместо того чтобы наблюдать за отдельными показателями, полезнее скомбинировать разные кусочки информации в единый индикатор вероятности банкротства. В главе 30 мы рассмотрим, как компании конструируют такой универсальный измеритель.

Использование финансовых коэффициентов для оценки рыночного риска

В главе 9 мы рассматривали вопрос о том, как доходность, которую требуют инвесторы от акций компании, зависит от рыночного риска, или от показателя бета компании. Если вы располагаете достаточным количеством данных о прошлой динамике цен на акции, вы можете определить бету, посмотрев, в какой степени цена была подвержена влиянию рыночных изменений.

Поскольку такие данные о ценах на акции не всегда имеются в наличии, финансисты пытались определить, насколько для этих целей подходят данные бухгалтерского учета. Первопроходческое исследование было проделано Бивером, Кеттлером и Шольцем[22]. Помимо расчета обычных финансовых коэффициентов Бивер, Кеттлер и Шольц рассчитали "бухгалтерскую бету". Другими словами, они рассчитали чувствительность изменений прибыли каждой компании к изменениям совокупных прибылей всех компаний. Бухгалтерская бета меньше 1,0 означает, что в среднем прибыли компании изменялись менее чем на 1% в расчете на каждый процент изменений совокупных прибылей. Наоборот, бухгалтерская бета больше 1,0 означает, что прибыли компании изменялись более чем на 1% в расчете на каждый процент изменений совокупных прибылей.

В таблице 27-7 обобщены результаты этих исследований. Представляется, что не только бухгалтерская бета, но также финансовая зависимость компании и коэффициент дивидендных выплат дают ценную информацию о рыночном риске.

Вместо того чтобы анализировать финансовые коэффициенты по отдельности, Розенберг и Марат рассмотрели комбинацию показателей и получили оценку беты, которая оказалась настолько точна, насколько можно рас-

ТАБЛИЦА 27-7
Корреляция между бетой фондового рынка и финансовыми коэффициентами

	1947–1956 гг.	1957–1965 гг.
Бухгалтерская бета	0,44	0,23
Финансовая зависимость	0,23	0,22
Средний коэффициент дивидендных выплат	–0,49	–0,29
Величина активов	–0,06	–0,16
Рост активов	0,27	0,01
Ликвидность	–0,13	0,05

Источник: W.H. Beaver, P. Kettler, and M. Scholes. The Association between Market-Determined and Accounting-Determined Risk Measures // The Accounting Review. 45: 654–682. October. 1970.

---

[22] *W.H. Beaver, P. Kettler, and M. Scholes.* The Association between Market-Determined and Accountig-Determined Risk Measures // The Accounting Review. 45: 654–682. October. 1970.

ГЛАВА 27. Анализ финансовой деятельности

РИСУНОК 27-2
Исследования Бивера показали, что финансовые коэффициенты компаний, которые впоследствии обанкротились, отличаются от коэффициентов выживших фирм. Заметьте, что на горизонтальной оси показаны годы *до* банкротства: таким образом, двигаясь справа налево, мы *приближаемся* к моменту банкротства. (*Источник: W.H. Beaver.* Financial Ratios and Predictors of Failure // Empirical Research in Accounting: Selected Studies. Supplement to Journal of Accounting Research. 1966. P. 77—111. Fig. 1. P. 82)

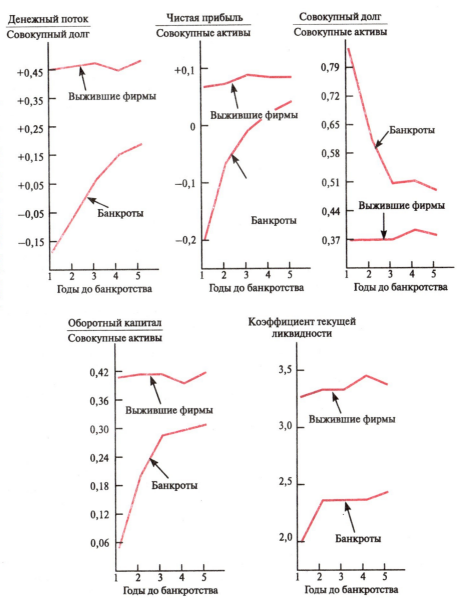

считывать на точность, работая с данными о ценах на акции[23]. Они считают, что можно получить даже лучшую оценку риска, принимая во внимание как бухгалтерские данные, так и цены на акции.

Использование финансовых коэффициентов для прогнозирования рейтинга облигаций

Рейтинги облигаций агентства Moody широко используются для определения качества облигаций. Они показывают, какие инвесторы скорее всего захотят купить ваши облигации и какую норму доходности они будут требовать от вас. Финансовые менеджеры уделяют большое внимание рейтингу своих облигаций и

---

[23] См.: *B. Rosenberg and V. Marathe.* The Prediction of Systematic and Residual Risk // Proceedings of the Seminar on the Analysis of Security Prices. Graduate School of Business, University of Chicago. November 1975.

ТАБЛИЦА 27-8
Рейтинг облигаций агентства Moody для выборки новых эмитентов был идентичен прогнозным рейтингам (например, для 46 облигаций предполагался рейтинг A, и из них 33 действительно получили рейтинг A)

Фактический рейтинг	Прогнозный рейтинг						
	Aaa	Aa	A	Baa	Ba	B	Итого
Aaa	2						2
Aa	2	2	5				9
A		1	33	2			36
Baa			8	7			15
Ba				1			1
B						1	1
Итого	4	3	46	10		1	64

Источник: R.S. Kaplan and G. Urwitz. Statistical Models of Bonds Ratings: A Methodological Inquiry // Journal of Business. 52: 231–261. April. 1979.

хотят знать заранее, какой рейтинг будут иметь новые выпуски облигаций и как изменение ситуации повлияет на рейтинг уже выпущенных ценных бумаг.

Каплан и Урвиц выявили, что эмитенты облигаций с более высоким рейтингом обычно имеют более низкий коэффициент долговой нагрузки, более высокий коэффициент покрытия процентов и более высокую рентабельность активов[24]. Обычно это приоритетные облигации крупных компаний с более низким рыночным и индивидуальным риском.

Каплан и Урвиц также соединили эти переменные в единый измеритель качества облигаций и проверили, насколько хорошо он позволяет предвидеть рейтинг Moody для выборки вновь выпущенных облигаций. Таблица 27-8 показывает, что их прогноз совпадает в $2/3$ случаев и никогда не был ошибочным больше, чем на одну категорию.

27-4. РЕЗЮМЕ

Если вы анализируете финансовую отчетность компании, существует опасность, что вы утонете в море информации. Вот почему менеджеры используют незначительное число коэффициентов для обобщенной оценки уровня финансовой зависимости компании, ликвидности, рентабельности и рыночной активности. Мы описали некоторые наиболее распространенные коэффициенты.

При использовании этих коэффициентов советуем помнить следующее.

1. Финансовые коэффициенты редко дают ответы, но они помогают задавать правильные вопросы.
2. Для финансовых коэффициентов не существует международных стандартов. Немного раздумий и здравого смысла стоит намного больше, чем слепое использование формул.
3. Будьте разборчивы при выборе финансовых коэффициентов. Различные показатели зачастую дают вам одну и ту же информацию.
4. Для оценки финансового положения компании вам нужна база сравнения. Обычно финансовые коэффициенты компании сравнивают с теми же данными за предшествующие годы и с показателями деятельности других компаний той же отрасли.

Определенную информацию о том, почему изменилась величина прибыли компании, вы можете получить, сравнивая динамику прибыли данной компании с аналогичными данными для других предприятий. Но будьте осторожны при экстраполяции прошлых темпов роста на будущие периоды: прибыли обычно изменяются почти случайным образом.

---

[24] *R.S. Kaplan and G. Urwitz.* Statistical Models of Bonds Ratings: A Methodological Inquiry // Journal of Business. 52: 231–261. April. 1979.

ГЛАВА 27. Анализ финансовой деятельности

Бухгалтерская прибыль не учитывает изменений в стоимости активов компании, которые происходят из года в год. Вместо этого бухгалтеры стремятся показать картину долгосрочного стабильного роста прибыли. Поэтому вы можете получить некоторое представление о стоимости компании, умножив ее прибыли на стандартный коэффициент цена—прибыль. Иногда методы, используемые бухгалтерами, могут временно занизить показатель прибыли. Например, обычно бухгалтеры вычитают капитальные вложения в нематериальные активы из текущей прибыли. Кроме того, если требуется время для достижений инвестициями максимальной рентабельности, метод прямого равномерного списания приведет к занижению прибыли в первые годы. В этих случаях прибыль следует капитализировать по более высокой ставке.

Анализ финансовой отчетности помогает понять, что держит компанию на плаву. Мы дали краткий обзор трех конкретных случаев. Во-первых, здоровые фирмы имеют иные финансовые коэффициенты, чем фирмы, близкие к банкротству. Во-вторых, финансовые коэффициенты дают ценную информацию о рыночном риске компании. И наконец, мы видели, что финансовые коэффициенты можно использовать для прогнозирования рейтинга новых выпусков облигаций.

РЕКОМЕНДУЕМАЯ ЛИТЕРАТУРА

Существуют хорошие общеупотребимые пособия по анализу финансовой отчетности. Например, см.:

G. Foster. Financial Statement Analysis. 2d ed. Prentice-Hall, Inc., Englewood Cliffs, N.J., 1986.

B. Lev. Financial Statement Analysis: A New Approach. Prentice-Hall, Inc., Englewood Cliffs, N.J., 1978.

В своей дискуссионной статье Фишер Блэк утверждает, что целью бухгалтерского учета является получение такого значения прибыли, которое дает максимальное приближение к стоимости компании:

F. Black. The Magic in Earnings: Economic Earnings versus Accounting Earnings // Financial Analysis Journal. 36: 3—8. November—December. 1980.

Три классические статьи по конкретному применению финансовых коэффициентов:

W.H. Beaver. Financial Ratios and Predictors of Failure // Empirical Research in Accounting: Selected Studies. Supplement to Journal of Accounting Research, 1966. 77—111.

W.H. Beaver, P. Kettler, and M. Scholes. The Association between Market-Determined and Accounting-Determined Risk Measures // The Accounting Review. 45: 654—682. October. 1970.

J.O. Horrigan. The Determination of Long Term Credit Standing with Financial Ratios // Empirical Research in Accounting: Selected Studies. Supplement to Journal of Accounting Research. 1966. 44—62.

КОНТРОЛЬНЫЕ ВОПРОСЫ

1. В таблице 27-9 представлены сокращенный баланс и отчет о прибыли компании Georgia Pacific. Рассчитайте следующие финансовые коэффициенты:
   а) коэффициент долговой нагрузки;
   б) коэффициент покрытия процента;
   в) текущую ликвидность;
   г) срочную ликвидность;
   д) чистую норму прибыли;
   е) оборачиваемость запросов;

ТАБЛИЦА 27-9
Отчет о прибыли и баланс компании Georgia Pacific Corp., 1989 г. (в млн дол.)

Отчет о прибыли		
Чистая выручка от реализации	10 171	
Себестоимость реализованной продукции	7621	
Прочие расходы	689	
Амортизация	514	
Прибыль до уплаты процентов и налогов	1347	
Чистый процент	260	
Налоги	426	
Прибыль	661	
Дивиденды	130	
	Конец года	Начало года
Баланс		
Денежные средства и краткосрочные ценные бумаги	62	23
Счета к получению	905	890
Запасы	892	876
Прочие оборотные активы	33	40
Итого оборотные активы	1892	1829
Лесные угодья, здания и оборудование	5012	4937
Прочие долгосрочные активы	211	290
Итого активы	7115	7056
Займы к погашению	210	318
Счета к оплате	404	394
Прочие краткосрочные обязательства	399	212
Итого краткосрочные обязательства	1013	924
Долгосрочные займы и капитальный лизинг	2514	2336
Прочие долгосрочные обязательства	953	1079
Обычные акции	2635	2717
Итого обязательства	7115	7056

ж) рентабельность собственного капитала;
з) коэффициент дивидендных выплат.

2. Хотя универсального определения финансовых коэффициентов не существует, но какие-то следующие пять из перечня, приведенного ниже, вообще не имеют смысла. Замените их правильными показателями.

а) $\text{Коэффициент "долг} - \text{собственный капитал"} = \dfrac{\text{долгосрочный долг} + \text{стоимость лизинга}}{\text{долгосрочный долг} + \text{стоимость лизинга} + \text{собственный капитал}}$;

б) $\text{Рентабельность собственного капитала} = \dfrac{\text{прибыль до уплаты процентов и налогов} - \text{налог}}{\text{средняя стоимость капитала}}$;

в) $\text{Коэффициент дивидендных выплат} = \dfrac{\text{дивиденды}}{\text{цена акции}}$;

ГЛАВА 27. Анализ финансовой деятельности

г) $\text{Норма прибыли} = \dfrac{\text{прибыль до уплаты процентов и налогов} - \text{налог}}{\text{выручка от реализации}};$

д) $\text{Оборачиваемость запасов} = \dfrac{\text{выручка от реализации}}{\text{средняя величина запасов}};$

е) $\text{Коэффициент текущей ликвидности} = \dfrac{\text{текущие обязательства}}{\text{оборотные активы}};$

ж) $\text{Коэффициент оборачиваемости чистого оборотного капитала} = \dfrac{\text{средняя выручка от реализации}}{\text{чистый оборотный капитал}};$

з) $\text{Интервал} = \dfrac{\text{оборотные активы} - \text{запасы}}{\text{среднедневные операционные расходы}};$

и) $\text{Средняя продолжительность оплаты дебиторской задолженности} = \dfrac{\text{выручка от реализации}}{\text{средняя сумма дебиторской задолженности}} / 365;$

к) $\text{Коэффициент срочной ликвидности} = \dfrac{\text{оборотные активы} - \text{запасы}}{\text{краткосрочные обязательства}}$

л) $\text{"q Тобина"} = \dfrac{\text{рыночная стоимость активов}}{\text{восстановительная стоимость активов}}.$

3. Верны или неверны следующие утверждения?
   а) Соотношение долга и собственного капитала компании всегда меньше 1.
   б) Коэффициент срочной ликвидности всегда меньше коэффициента текущей ликвидности.
   в) Рентабельность собственного капитала всегда меньше рентабельности активов.
   г) Последовательные значения прибыли не связаны между собой.
   д) Последовательные изменения прибыли не связаны между собой.
   е) Прибыли изменяются случайным образом. Это означает, что, если прибыли оказались больше ожидаемого уровня, вам следует пересмотреть свой прогноз в отношении будущих прибылей в такой же пропорции.
   ж) Бухгалтерские прибыли изменяются менее плавно, чем экономические прибыли.
   з) Если проект медленно достигает полной рентабельности, метод прямого равномерного списания скорее всего приведет к завышению прибыли в первые годы.

и) Активная новая рекламная кампания косметической фирмы скорее всего приведет к сокращению прибыли и продаже акций с низким коэффициентом цена—прибыль.

4. Для каждого из нижеследующих случаев кратко объясните, какая из двух компаний скорее всего будет иметь более высокие коэффициенты.
   а) Коэффициент "долг—собственный капитал": морские перевозки или программное обеспечение.
   б) Коэффициент дивидендных выплат: продукты питания или компьютерная графика.
   в) Оборачиваемость активов: интегрированное целлюлозно-бумажное производство или бумажная фабрика.
   г) Средняя продолжительность оплаты дебиторской задолженности: сеть супермаркетов или компания почтовых переводов.
   д) Коэффициент цена—прибыль: компании "Ассенизатор" или "Электронный Птенчик".
   е) Коэффициент "q Тобина": металлургическая фирма или фармацевтическая компания с сильной патентной защитой.

ВОПРОСЫ И ЗАДАНИЯ

1. Рассмотрите альтернативные измерители финансовой зависимости. Какой показатель собственного капитала следует использовать: по рыночной или балансовой стоимости? Что лучше использовать: рыночную стоимость долга, балансовую стоимость или балансовую стоимость, дисконтированную по безрисковой процентной ставке? Как нужно относиться к внебалансовым обязательствам, таким, как пенсионные обязательства? Как вы будете поступать с привилегированными акциями, резервами по отложенным налогам, долей меньшинства?

2. Как вы можете видеть, кто-то заляпал чернилами некоторые статьи баланса и отчета о прибыли компании Transylvania Railroad (таблица 27-10). Можете ли вы использовать следующую информацию для заполнения недостающих данных?

   - Финансовая зависимость = 0,4
   - Коэффициент покрытия процента = 8
   - Текущая ликвидность = 1,4
   - Срочная ликвидность = 1,0
   - Абсолютная ликвидность = 0,2
   - Рентабельность активов = 0,18
   - Рентабельность собственного капитала = 0,41
   - Оборачиваемость запасов = 5,0
   - Период оплаты дебиторской задолженности = 71,2 дня

*4. Прочтите и обсудите статью Фишера Блэка "Магия прибыли" (*Fisher Black. The Magic in Earnings*).

5. Опишите некоторые варианты использования методов бухгалтерского учета, которые могут привести к временному занижению или завышению прибыли.

6. Допустим, что на конец 1989 г. у компании International Paper осталась неиспользованная кредитная линия на сумму 300 млн дол. Допустим далее, что она воспользовалась этой кредитной линией для привлечения краткосрочных займов на 300 млн дол. и инвестировала полученные деньги в краткосрочные ценные бумаги. Что в этом случае произойдет с компанией:
   а) повысится или снизится ликвидность; *б)* усилится или уменьшится степень ее финансовой зависимости? Рассчитайте соответствующие коэффициенты.

ГЛАВА 27. Анализ финансовой деятельности

ТАБЛИЦА 27-10
Баланс и отчет о прибыли компании Transylvania Railroad (в млн дол.)

	Декабрь 1991 г.	Декабрь 1990 г.
Баланс		
Основные средства — нетто	...	25
Денежные средства	...	20
Счета к получению	...	34
Запасы	...	26
Итого оборотные активы	...	80
Итого	...	105
Собственный капитал	...	30
Долгосрочный заемный капитал	...	20
Векселя к оплате	30	35
Счета к оплате	25	20
Итого краткосрочные обязательства	...	55
Итого	115	105
Отчет о прибыли		
Выручка от реализации	...	
Себестоимость реализованной продукции	...	
Расходы по сбыту, общие и административные расходы	10	
Амортизация	20	
Прибыль до уплаты процентов и налогов	...	
Процент	...	
Прибыль до уплаты налога	...	
Налог	...	
Прибыль на обыкновенные акции	...	

7. Пересчитайте финансовые коэффициенты International Paper на конец 1990 г. Какие возникают проблемы с тем, чтобы обеспечить сопоставимость данных с данными 1989 г.?
8. Ниже представлены некоторые показатели пяти компаний в производстве кастрюль.

	Код компании				
	А	Б	В	Г	Д
Чистая прибыль (в млн дол.)	10	0,5	6,67	−1	6,67
Балансовая стоимость активов (в млн дол.)	300	30	120	50	120
Акции в обращении (в млн)	3	4	2	5	10
Цена акции (в дол.)	100	5	50	8	10

Вас попросили рассчитать какой-либо отраслевой коэффициент цена—прибыль. Обсудите возможные варианты расчета такого измерителя. Окажет ли изменение метода расчета существенное влияние на окончательный результат?

9. "Рассчитывая коэффициент покрытия процента, мы усредняем прибыль за последние пять лет. Это лучше отражает величину прибыли, характерную для данной компании".

"Для упрощения мы просто делим прибыль отчетного года на расходы по выплате процентов".

"Мы уточняем значение прибыли, исходя из прежних показателей, и затем рассчитываем коэффициент покрытия процента, используя текущее значение согласно тенденции".

"Мы точно так же уточняем значение прибыли, исходя из прежних показателей, и затем используем эту тенденцию для прогноза прибыли. Потом мы рассчитываем коэффициент покрытия процента с использованием прогнозной прибыли. В конце концов любого аналитика по выплате кредитов беспокоит не прошлое, а будущее".

Какие допущения сделаны в каждом из высказываний? Если бы вы хотели определить кредитоспособность предприятия, каков был бы лучший метод расчета коэффициента покрытия процента (возможно, существуют и альтернативы, не упомянутые ни в одном из суждений)?

10. Посмотрите на статьи отчета International Paper за 1990 г. по сегментам рынка. Рассчитайте три показателя рентабельности: оборачиваемость активов, норму прибыли, рентабельность активов для различных сегментов. Какие сферы бизнеса являются наиболее рентабельными? Сегменты с высоким уровнем оборачиваемости активов обычно имеют высокую или низкую норму прибыли. Почему?

28
Подходы к финансовому планированию

Иногда кажется, что верблюд похож на животное, проектированием которого занимался некий комитет. Так и в бизнесе: если компания принимала финансовые решения по частям, разрозненно, это неизбежно приведет к рождению "финансового верблюда". Поэтому толковые финансовые менеджеры всегда рассматривают последствия и своих инвестиционных решений, и решений по финансированию в комплексе. Такой процесс именуется *финансовым планированием,* а его результат есть не что иное, как *финансовый план*.

Финансовое планирование необходимо потому, что инвестиционные и финансовые решения объективно взаимосвязаны, а значит, их нельзя принимать порознь. Иными словами, общий результат может оказаться больше или меньше суммы его составных частей. Финансовое планирование необходимо еще и для того, чтобы помочь финансовым менеджерам избежать неожиданностей и продумать наперед, как им следует реагировать на те из них, которых избежать просто *невозможно*. Еще в главе 10 подчеркивалось, что финансовые менеджеры не хотят рассматривать инвестиционные проекты как разновидность черного ящика. Они настойчиво стремятся к пониманию тех факторов, которые способствуют реализации проекта, и выявлению факторов, которые, напротив, препятствуют успешному его осуществлению. Они также пытаются прослеживать потенциальное влияние сегодняшних решений на возможности компании в ближайшем будущем. Аналогичный подход следует применять и тогда, когда финансовые и инвестиционные решения рассматриваются во взаимосвязи. Отказываясь от финансового планирования, компания сама превращается в тот самый черный ящик.

Наконец, финансовое планирование способствует и постановке совершенно конкретных целей, которые служат способом мотивации работы менеджеров и позволяют установить критерий оценки их деятельности.

Планирование нельзя рассматривать как исключительную прерогативу узкой группы специалистов. До тех пор, пока менеджмент в целом не примет активного участия в этом процессе, планирование не будет успешным. Финансовые планы должны быть тесно связаны с бизнес-планами компании. Никакие финансовые прогнозы не обретут практическую ценность до тех пор, пока не проработаны производственные и маркетинговые решения, которые требуются для воплощения прогноза в жизнь.

Довольно трудно писать на тему финансового планирования, не впадая, с одной стороны, в слишком общие рассуждения, а с другой — в мелкие детали. Полная картина, воспроизводящая весь процесс финансового планирования, выходит за рамки данной книги и, вероятно, даже за пределы возможностей авторов. Однако все же есть несколько полезных советов, которые мы можем дать. Прежде всего, рассмотрим основные составляющие этого процесса. Далее познакомимся с содержанием типичного завершенного финансового плана. И наконец, обсудим возможности использования *финансовых моделей* в планировании.

28-1. ЧТО ТАКОЕ ФИНАНСОВОЕ ПЛАНИРОВАНИЕ?

Финансовое планирование — это *процесс,* состоящий из:

1. анализа инвестиционных возможностей и возможностей финансирования, которыми располагает компания;
2. прогнозирования последствий текущих решений, чтобы избежать неожиданностей и понять связь между текущим и будущими решениями;
3. обоснования выбранного варианта из ряда возможных решений (этот вариант и будет представлен в окончательной редакции плана);
4. оценки результатов, достигнутых компанией, в сравнении с целями, установленными в финансовом плане.

Конечно, существуют разные виды планирования. Краткосрочное финансовое планирование будет рассмотрено в следующей главе. В этом варианте *горизонт планирования* редко превышает последующие 12 месяцев. Фирма просто хочет быть уверена, что у нее достаточно денежных средств для оплаты текущих счетов, а выданные и полученные ссуды как нельзя более выгодны для компании.

В данной главе внимание сосредоточено на долгосрочном планировании, типичный горизонт которого, как правило, составляет 5 лет, хотя некоторые компании применяют и 10-летний период и даже более. К примеру, энергетической компании требуется по крайней мере 10 лет, чтобы разработать проект новой электростанции, утвердить его, построить и оценить результаты.

Финансовое планирование базируется на агрегатных показателях

Разработчики финансового плана стремятся рассматривать сводные, или агрегатные, инвестиционные показатели по каждому виду деятельности, вместо того чтобы погружаться во всевозможные детали. Они сводят воедино многочисленные мелкие инвестиционные проекты и затем рассматривают их практически как единый проект.

Например, на начальном этапе планирования руководство компании может потребовать у каждого подразделения представить три альтернативных бизнес-плана на следующие 5 лет.

1. План *агрессивного роста* компании, включающий крупные капиталовложения и развитие новых видов продукции, увеличение доли уже освоенных рынков или проникновение на новые рынки.
2. План *нормального роста,* при котором подразделение компании развивается параллельно росту рынков сбыта его продукции, а не за счет наступления на конкурентов.
3. План сокращения расходов и специализации, в котором стоит задача свести к минимуму требуемые капиталовложения, что сможет вызвать даже постепенное сворачивание операций подразделения.

Наконец, может рассматриваться и четвертый вариант плана.

4. *Расформирование,* продажа или ликвидация подразделения.

Каждая альтернатива связана с определенным прогнозом потоков денежных средств. Значит, эти варианты можно рассматривать как четыре взаимоисключающих проекта инвестиций.

Специалисты в области финансового планирования обычно воздерживаются от разработки планов капиталовложений для отдельных проектов. Они рассматривают инвестиционные проекты в более крупном масштабе. Безусловно, встречаются отдельные проекты, стоимость которых достаточна для

ГЛАВА 28. Подходы к финансовому планированию 771

того, чтобы анализировать их обособленно. Например, когда в 1978 г. компания Boeing выделила *3 млрд дол.* на создание двух новых самолетов (моделей 757 и 767), вы спокойно могли заключать пари о том, что оба эти проекта по раздельности были тщательно изучены в контексте долгосрочного финансового плана компании в целом.

Финансовое планирование — это не просто прогнозирование

Прогнозирование сосредоточено на наиболее *вероятных* событиях и результатах. Разрабатывая финансовые планы, специалисты заняты не только прогнозированием, ведь они должны предусмотреть и те ситуации, которые кажутся менее реалистичными. Если вы представите наперед, что может пойти не так, как надо, тогда гораздо менее вероятно, что вы упустите из виду опасные симптомы, а значит, вы сумеете быстрее реагировать на неприятности.

Кроме того, финансовое планирование не призвано минимизировать риски. Напротив, это процесс принятия решений о том, какие риски следует принимать, а какие принимать не стоит.

Для этого компании разработали несколько способов ответов на вопросы "а что, если". Одни составляют план и прогнозируют его последствия, исходя из наиболее вероятного сочетания условий, а затем уточняют свои ответы, изменяя принятые ими допущения по одному. Например, они могут задаться вопросом, насколько пострадает компания, если стратегия агрессивного роста совпадет с общим периодом спада. Другие менеджеры рассматривают последствия каждого варианта плана при нескольких наиболее вероятных сценариях[1]. Например, один сценарий может предусматривать высокие процентные ставки, которые приведут к замедлению роста мировой экономики и снижению цен на товары. В основу второго сценария могут быть заложены нарастающий спад в экономике страны, высокая инфляция и слабая национальная валюта.

28-2. СОДЕРЖАНИЕ ПОЛНОГО ФИНАНСОВОГО ПЛАНА

Полный финансовый план крупной компании представляет собой объемный документ. Для более мелкой корпорации план будет состоять из тех же элементов, но содержать значительно меньше деталей и вспомогательных документов. А в молодых, недавно созданных компаниях финансовый план может даже и не существовать в оформленном виде как документ, его носителем выступает сам финансовый менеджер. Но тем не менее основные компоненты едины в любом финансовом плане, независимо от размеров компании.

План должен содержать прогнозные формы баланса, отчета о прибылях и убытках, отчета об источниках и использовании денежных средств, поскольку эти формы отчетности отражают финансовые цели компании. Возможно, они окажутся и не вполне точными. Данные о прибыли в финансовом плане могут быть чем-то средним между объективным прогнозом и предположительными суммами, которые менеджеры попросту надеются получить.

План также покажет размеры капиталовложений, обычно с разбивкой по категориям (например, капиталовложения для замены активов, для расширения деятельности, для развития новых продуктов, обязательные инвестиции в оборудование для защиты и контроля за состоянием окружающей среды), по подразделениям или видам деятельности. Будет дано краткое обоснование объемов этих инвестиций и описание стратегий компании, которые необходимо применить для достижения этих финансовых целей. Описание стратегий может включать в себя такие параметры, как научные иссле-

---

[1] Описание различных сценариев планирования в группе Royal Dutch/Shell можно найти в работах: *P. Wack.* Scenarios: Uncharted Waters Ahead // Harvard Business Review. 63. September–October 1985; Scenarios: Shooting the Rapids // Harvard Business Review. 63. November–December 1985.

дования и разработки, меры повышения эффективности, разработка новых продуктов и программы их маркетинга, ценовые стратегии и т. д.

Записанные на бумаге, эти планы отражают результаты дискуссий и переговоров между оперативными менеджерами, рядовыми работниками компании и высшим руководством. Благодаря этому каждый, кто участвует в реализации плана, четко понимает, что должно быть сделано[2].

Планирование источников финансирования

Большинство планов содержит обобщенную информацию об источниках финансирования вместе с подробным обоснованием их выбора. Эта часть финансового плана должна непременно включать в себя обсуждение дивидендной политики, поскольку чем больше средств компания выплачивает акционерам, тем больше капитала для финансирования проектов ей требуется привлекать из всех остальных источников помимо нераспределенной прибыли.

Сложность и роль этого раздела плана существенно различаются от компании к компании. Компания, которая располагает ограниченными инвестиционными возможностями на своем рынке и обильным притоком денежных средств, а политику дивидендов которой отличает достаточно скромный коэффициент дивидендных выплат, постепенно впадает в своего рода состояние "финансовой вялости", выражающееся в наличии ликвидных активов и невостребованной кредитоспособности. У финансовых менеджеров таких компаний относительно спокойная жизнь, и их финансовые планы обычно рутинны. Безусловно, совершенно другое дело — отвечает ли такая легкая жизнь финансовых менеджеров интересам акционеров их компаний.

Компании другой категории вынуждены привлекать капитал, выпуская ценные бумаги. Конечно, они придают большое значение тому, какие виды ценных бумаг и когда выпускать. Подобные компании, как правило, отличаются тем, что в какой-то момент их планы финансирования сталкиваются с рядом ограничений, обусловленных предшествующими эмиссиями долговых ценных бумаг. Например, в электроэнергетическом комплексе при выпуске облигаций корпорациям запрещается осуществлять дополнительные эмиссии долговых ценных бумаг, если коэффициенты покрытия процентных платежей эмитента падают ниже некоторого установленного уровня. Обычно в качестве такого порогового значения используется величина прибыли, двукратно превышающая сумму процентных выплат.

Компании коммунального хозяйства отличает изрядный аппетит на капитал и относительно щедрые дивидендные выплаты. В условиях стабильности они в состоянии осуществлять эмиссии новых облигаций практически ежегодно, с точностью часового механизма. Но в периоды падения прибылей, как, например, в середине 70-х годов, им приходится разрабатывать альтернативные планы финансирования. В это время обычной практикой стало более активное использование краткосрочных банковских кредитов в сочетании с более частыми, чем хотелось бы компаниям отрасли, эмиссиями их акций. Но какими бы ни были эти ответные шаги, финансовые менеджеры таких компаний пережили напряженные времена.

Три условия эффективного планирования

Условия, от которых зависит эффективность финансового планирования, вытекают из самих целей этого процесса и требуемого конечного результата. Основное внимание следует уделять трем моментам.

---

[2] Менеджеры предлагают лучшие стратегии, если они вынуждены официально выступать с этим вопросом и выслушивать соответствующую критику. Разве вы сами не сталкивались с ситуацией, когда вам не удавалось полностью разобраться в проблеме до тех пор, пока не возникала нужда объяснить ее кому-то еще?

Прогнозирование. Первое условие можно сформулировать как способность составлять точные и обоснованные прогнозы. Полная точность недостижима: если бы это было возможно, то потребность в планировании существенно сократилась бы. Но тем не менее компании должны стремиться к максимальному результату.

Неверно сводить прогнозирование к некоему техническому упражнению. Наивная экстраполяция или подгон тенденций под прошлые факты и данные ничего не стоят. Это связано с тем, что будущее *вовсе не обязательно* воссоздает прошлые картины, что было бы весьма удобно для планирования.

Чтобы обосновать свое мнение, специалисты по прогнозированию опираются на разнообразные источники информации и методы прогнозирования. К примеру, прогнозы макроэкономического и отраслевого масштаба порой требуют применения эконометрических моделей, в которых учитывается взаимодействие многих экономических переменных. В других случаях специалист может использовать статистические модели для анализа и прогнозирования динамических рядов. Прогнозы спроса будут отчасти опираться на прогнозы состояния макроэкономической среды; они также могут основываться на формальных моделях, которые специалисты по маркетингу разработали для предсказания поведения потребителей, или на последних опросах потребителей, которые оказались в распоряжении менеджеров компании[3].

Поскольку информация и опыт могут оказаться рассеянными по всей компании, для достижения эффективности в планировании необходима административная процедура их сбора, чтобы никакие полезная информация и опыт не оказались упущенными. Многие менеджеры, занимающиеся финансовым планированием, обращаются за помощью к третьим лицам. Существует растущая отрасль бизнеса, представителями которой являются, например, компании Data Resources, Inc. и Chase Econometrics, специализирующиеся на подготовке макроэкономических и отраслевых прогнозов для корпораций-заказчиков.

Заманчиво заниматься планированием в вакууме, игнорируя тот факт, что конкуренты тоже готовят свои планы. Но ваша способность реализовывать план агрессивного роста и увеличения рыночной доли зависит от того, на что способны конкуренты. Уместно было бы повторить замечание, которое было сделано в главе 11. *Когда на утверждение представлен набор прогнозов развития корпорации, не следует принимать их с первого взгляда. Необходимо вникнуть поглубже, чтобы понять, какая экономическая модель лежит в их основе.*

Для менеджеров, разрабатывающих план, потенциальную проблему представляет несогласованность прогнозов, поскольку информацию они черпают из многих источников. Так, прогноз сбыта может оказаться суммой отдельных прогнозов, сделанных менеджерами различных хозяйственных подразделений. Предоставленные сами себе в разработке прогноза для своего подразделения, эти менеджеры могут опираться в своих рассуждениях на разные предположения о темпе инфляции, росте национальной экономики, наличии сырьевых ресурсов и т. д. Наиболее трудно добиться согласованности прогнозов в компаниях, имеющих вертикально интегрированную структуру, где сырье для одного подразделения служит продуктом производства другого подразделения. Например, нефтеперерабатывающее подразделение компании может запланировать производство бензина в объемах, превышающих плановые объемы его сбыта, которые разрабатывает отдел маркетинга. Менеджеры должны выявлять такие несоответствия и координировать показатели планов разных хозяйственных единиц компании.

---

[3] Один из интересных примеров организации прогнозирования в компании содержится в работе: *R.N. Dino, R.E. Riley, P.G. Yatrakis.* The Role of Forecasting in Corporate Strategy: The Xerox Experience // Journal of Forecasting. 1: 335–348. October–December 1982.

Менеджеры часто приходят к выводу о том, что подготовка согласованного сводного прогноза, в котором обобщены результаты прогнозирования сбыта, потоков денежных средств, прибылей и других показателей компании, — сложное и весьма трудоемкое дело. Однако значительная часть расчетов может быть автоматизирована благодаря использованию моделей планирования. Позже мы рассмотрим такие модели.

Поиск оптимального финансового плана. В конце концов финансовому менеджеру предстоит определить, какой финансовый план лучше. Мы хотели бы предложить менеджеру модель или теорию, которая с полной определенностью указала бы правильный выбор, но мы не можем этого сделать. До сих пор не существует никакой модели или процедуры, в которых были бы учтены все сложности и невидимые препятствия, возникающие в процессе финансового планирования.

На самом деле такие модели никогда не появятся. Это смелое заявление основано на третьем законе Брейли и Майерса[4].

- *Аксиома*. Набор нерешенных проблем бесконечен.
- *Аксиома*. Количество нерешенных проблем, которые отдельный человек способен держать в голове в каждый данный момент, ограничено десятью.
- *Закон*. Следовательно, в любой области всегда будут существовать некие 10 проблем, которые можно обсуждать, но которые не имеют формального решения.

Обратите внимание, что последняя глава этой книги полностью посвящена описанию десяти нерешенных проблем в сфере корпоративных финансов.

Однако финансовым менеджерам, которые занимаются планированием, приходится сталкиваться с нерешенными проблемами вплотную, поэтому от них требуется максимум усилий для выработки своего мнения. Возьмем, например, дивидендную политику. Заканчивая главу 16, мы так и не сумели ответить определенно на вопрос о том, хорошо это или плохо — платить дивиденды. И тем не менее разработчикам финансового плана необходимо *принимать решения* о дивидендной политике.

Иногда можно услышать, как менеджеры формулируют корпоративные цели на языке бухгалтерских показателей. Например, цель может быть поставлена в следующем виде: "Задача компании — достичь 20%-ного темпа роста ежегодных объемов продаж". Или: "Необходимо добиться повышения нормы доходности собственного капитала до 25%, а нормы прибыли – до 10%".

Кажется, что подобные установки не имеют никакого смысла. Акционеры хотят стать богаче, а не радоваться 10% нормы прибыли. Кроме того, цели, сформулированные на языке бухгалтерских показателей, не действенны до тех пор, пока не станет ясно, что они означают для хозяйственных решений. Например, что конкретно может означать задача достижения 10%-ной нормы прибыли? Более высокие цены, снижение себестоимости, переход на новую, более рентабельную продукцию или усиление процессов вертикальной интеграции?

Так почему же менеджеры определяют цели таким образом? Отчасти в этих цифрах находит воплощение всеобщий призыв работать более интенсивно, как, например, и в исполнении гимна компании перед началом рабочего дня. Но мы подозреваем, что цифры рассматриваются менеджерами как некий условный код в сообщении друг другу о своих опасениях. Например, цель быстро увеличить объемы продаж, возможно, отражает убеждение менеджеров в том, что расширение рыночной доли необходимо для достижения экономии, обусловленной масштабами выпуска продукции, а желаемая норма прибыли

---

[4] Второй закон рассматривался в разделе 12—2.

ГЛАВА 28. Подходы к финансовому планированию

может означать, что в недавнем прошлом рост объемов сбыта был достигнут в ущерб рентабельности.

Опасность состоит лишь в том, что все могут просто забыть об этой символической роли бухгалтерских показателей и будут воспринимать их как подлинную цель компании.

Контроль за воплощением финансового плана в жизнь. Долгосрочные планы имеют жуткую привычку устаревать практически в момент их подготовки. Часто их судьба — собирать пыль среди других бумаг. Конечно, всегда можно начать весь процесс планирования сначала, но это окажется полезным только в том случае, если вы заранее знаете, как именно необходимо пересмотреть прогноз в свете неожиданных обстоятельств. Например, представьте себе, что норма прибыли в первые 6 месяцев оказалась на 10% ниже прогнозного уровня. Прибыли в целом подвержены случайному блужданию, поэтому им не свойственна тенденция к обязательному возрастанию после падения. Значит, если у вас нет особой информации, подтверждающей обратное, вам необходимо в этой ситуации пересмотреть прогноз в сторону снижения показателей прибыли на 10%.

Уже отмечалось, что показатели долгосрочных планов используются как некая база для оценки последующей деятельности. Но подобные оценки состояния компании бессмысленны, если вы не учитываете того фона, на котором были достигнуты текущие показатели. Только если вы представляете себе, как именно падение экономической конъюнктуры повлияет на ваше отклонение от плана, вы будете располагать базой для оценки вашей деятельности в условиях такого падения.

Финансовое планирование как управление портфелем опционов

Еще одна проблема финансового планирования связана с зависимостью будущих инвестиционных возможностей компании от ее текущих инвестиционных решений. Часто складываются ситуации, в которых компании начинают осваивать новые рынки, исходя из стратегических соображений, т. е. не потому, что текущие капиталовложения сразу же обеспечат положительную чистую приведенную стоимость, а потому, что они укрепляют позиции компании на рынках и создают *возможности* для будущих инвестиций.

Иначе говоря, это означает двухуровневый процесс принятия решений. На втором уровне (последующие проекты) менеджер сталкивается со стандартной проблемой планирования долгосрочных вложений. Но на первом уровне проекты могут представлять определенную ценность для компании прежде всего из-за тех возможностей, которые они способны открыть в будущем. Финансовый менеджер мог бы оценивать эффективность проектов первого уровня и их "стратегическую стоимость", используя теорию оценки опционов[5].

Иногда принятие решений распадается на три или более уровней. Представьте себе процесс технологических нововведений от начала проведения базовых исследований до разработки нового продукта, пилотного проекта его производства, маркетинговых испытаний и, наконец, полномасштабного коммерческого выпуска этого продукта. Решение о производстве в коммерческих масштабах — это стандартная проблема планирования долгосрочных вложений. Решение о начале пилотного проекта по производству продукта и его рыночных испытаний подобно покупке опциона на производство и рыночные испытания на коммерческой основе. А капиталовложения в разработку продукта можно рассматривать как покупку опциона на организацию пилотного производства и рыночных испытаний: компания приобретает опцион на покупку другого опциона. Соответственно капиталовложения в ис-

---

[5] См. пример с компанией "Компьютерный прорыв" в разделе 21—1.

следования на первых этапах цепи похожи на покупку опциона, дающего право покупки другого опциона на покупку еще одного опциона.

Мы готовы головы дать на отсечение, что теория оценки опционов будет все шире применяться в анализе последовательно идущих друг за другом инвестиционных проектов, похожих на те, что показаны выше. Финансовое планирование будет со временем рассматриваться не как поиск какого-то одного плана инвестирования, а как управление портфелем опционов, которыми располагает компания[6]. Поэтому финансовое планирование отчасти можно представить в следующем виде.

- Приобретение реальных опционов.
- Поддержание этих реальных опционов, так как в отличие от финансовых опционов они основаны на технологиях, новой концепции продукта или иных высококонкурентных характеристиках, которые, как правило, утрачиваются, когда такие опционы попадают на пыльные полки и о них забывают.
- Реализация выгодных реальных опционов в нужный момент.
- Избавление от опционов, которые слишком "выходят за рамки бюджета" и требуют слишком высоких затрат на их поддержание.

Напомним, что с реальными опционами и их особенностями читатель познакомился в главе 21.

28-3. МОДЕЛИ ФИНАНСОВОГО ПЛАНИРОВАНИЯ

Большинство финансовых моделей, которые применяются менеджерами корпораций, представляют собой имитационные модели, предназначенные для прогнозирования последствий альтернативных финансовых стратегий при разных исходных допущениях о будущих событиях. К подобным моделям относятся как модели общего характера, практически не намного сложнее той, которая будет рассмотрена несколько ниже, так и модели, содержащие сотни уравнений и взаимосвязанных переменных.

Большинство крупных компаний применяют или имеют в распоряжении только одну финансовую модель, хотя иногда можно встретить компании, использующие несколько моделей: например, развернутую модель, интегрирующую планирование инвестиций и оперативное планирование, и более простую модель, сфокусированную на анализе последствий финансовой стратегии, а также модель, специально предназначенную для анализа слияний.

Причина популярности именно таких моделей заключается в их простоте и практичности. Они помогают менеджерам разрабатывать прогнозные формы финансовой отчетности, облегчая и существенно удешевляя эту процедуру. Модели автоматизируют значительную часть их работы, которая обычно бывает наиболее утомительной, трудоемкой и требует много времени.

Разработка программного обеспечения для таких моделей осуществляется командами высококвалифицированных и талантливых программистов. В настоящее время для решения достаточно сложных вопросов, возникающих в финансовом планировании, используются стандартные программы, основанные на работе пользователя с электронными таблицами, как, например, LOTUS 1-2-3[7].

---

[6] Концепция реальных опционов была впервые представлена в работе: *S.C.Myers*. Determinants of Corporate Borrowing // Journal of Financial Economics. 5: 147—175. November 1977. Важность реальных опционов для принятия стратегических решений показана в работе: *S.C.Myers*. Finance Theory and Financial Strategy // Interfaces. 14: 126—137. January—February 1984.

[7] Модель планирования компании "Важный фрукт", которая описана в данном разделе, может быть составлена с помощью компьютерного приложения *PCF Toolkit*.

ГЛАВА 28. Подходы к финансовому планированию

Финансовая модель компании "Важный фрукт"

В таблице 28-1 представлена текущая финансовая отчетность компании "Важный фрукт" (на конец 1989 г.). Судя по представленным данным, эта компания совершенно типична во всех отношениях. Ее прибыли до выплаты процентов и налогов составили 10% от выручки за реализацию. Чистая прибыль равна 90 000 дол., и у компании сохраняются долгосрочные обязательства по займу в размере 400 000 дол., полученному под 9% годовых. Компания распределила в виде дивидендов 60% чистой прибыли.

Поток денежных средств от текущих операций компании "Важный фрукт" был недостаточным для выплаты дивидендов, инвестирования и увеличения

ТАБЛИЦА 28-1
Финансовая отчетность компании "Важный фрукт" за 1989 г. (в тыс. дол.)

ОТЧЕТ О ПРИБЫЛИ	
Выручка от реализации (REV)	2160
Себестоимость реализованной продукции (CGS)	1944
Прибыль до уплаты налогов и процентов	216
Расходы по выплате процентов (INT)[а]	36
Прибыль до уплаты налогов	180
Налоги по ставке 50% (TAX)	90
Чистая прибыль (NET)	90

ИСТОЧНИКИ И ИСПОЛЬЗОВАНИЕ ФОНДОВ	
Источники	
Чистая прибыль (NET)	90
Амортизация (DEP)[б]	80
Денежные потоки от основной деятельности	170
Займы (ΔD)	0
Эмиссии акций (SI)	64
Итого источники	234
Использование	
Прирост чистого оборотного капитала (ΔNWC)	40
Инвестиции (INV)	140
Дивиденды (DIV)	54
Итого использование	234

БАЛАНС			
	1988 г.	1989 г.	Динамика
Активы			
Чистый оборотный капитал (NWC)[в]	200	160	+40
Основные средства (FA)	800	740	+60[г]
Итого активы	1000	900	+100
Обязательства			
Займы (D)	400	400	0
Собственный капитал (E)	600	500	+100[д]
Итого обязательства	1000	900	+100

[а] Расходы по выплате процентов из расчета 9% на 400 дол. заемного капитала.
[б] Амортизация является неденежной статьей расходов. Поэтому мы прибавляем ее обратно к чистой прибыли для определения потока денежных средств от основной деятельности.
[в] Чистый оборотный капитал определяется как оборотные активы минус краткосрочные обязательства.
[г] Увеличение балансовой стоимости основных средств равно инвестиции минус амортизация = 140 − 80 = 60.
[д] Собственный капитал увеличивается вследствие прироста нераспределенной прибыли минус дивиденды плюс эмиссии акций = 90 − 54 + 64 = 100.

оборотного капитала. Поэтому в обращение были выпущены обыкновенные акции на сумму 64 000 дол. К концу отчетного года заемные средства компании составили 40% от всех долгосрочных источников финансирования.

Допустим, вас попросили подготовить прогнозную финансовую отчетность компании на 1990 г. и перед вами поставлена задача исходить из сложившихся хозяйственных условий, *кроме следующих*: 1) объем продаж и операционные издержки возрастут на 30% по сравнению с 1989 г.; 2) новый выпуск обыкновенных акций не планируется. Под сложившимися условиями понимается следующее: 1) процентные ставки останутся на уровне 9%; 2) компания продолжает придерживаться традиционного коэффициента дивидендных выплат, составляющего 60%; 3) собственный оборотный капитал и основные средства увеличатся на 30%, чтобы обеспечить возросший объем реализации.

Построенные на этих допущениях прогнозные формы финансовой отчетности приведены в таблице 28-2. Отметим, что прогнозная чистая прибыль возросла на 23% и составила 111 000 дол., что выглядит весьма привлекательно. Одного взгляда на отчет об источниках и использовании капитала достаточно, чтобы заметить потребность в привлечении 404 000 дол. как для финансирования оборотного капитала, так и для замены и увеличения основных средств[8]. Решение компании о сохранении высокого коэффициента дивидендных выплат и решение отказаться от нового выпуска акций означают, что 255 600 дол. должны быть получены в форме займов. В результате коэффициент долговой нагрузки на активы возрастет до 50%, а коэффициент покрытия процентных платежей упадет до 4,8 (прибыль до выплаты налогов и процентов, деленная на расходы по выплате процентов, или 281/59=4,8).

Мы не утруждали читателя проведением расчетов для прогнозных финансовых отчетов: все необходимые данные уже представлены в таблице 28-2. Эти расчеты не занимают больше нескольких минут в таком простом случае, как с компанией "Важный фрукт", *если быть уверенным*, что порядок этих расчетов установлен правильно и никаких арифметических ошибок не допущено. Если подобные расчеты кажутся вам простыми и тривиальными, не забудьте, что на самом деле вам надо будет рассмотреть по меньшей мере четыре аналогичных финансовых отчета для 1990 и 1991 гг. Возможно, вас также попросят составить прогноз для альтернативных условий, т. е. при различных допущениях (например, для 25% темпов роста реализации вместо 30%) или различных финансовых стратегиях (например, замораживания дивидендов на уровне 1989 г., когда было выплачено 54 000 дол.). А это уже значительно увеличит затраты времени на расчеты. Построив модель и заставив компьютер считать вместо себя, вы существенно увеличите привлекательность такой работы.

В таблице 28-3 приведен пример такой модели, состоящей из 15 уравнений, для компании "Важный фрукт". Для расчета каждого переменного параметра используется одно уравнение, а все они нужны для построения прогнозных форм финансовой отчетности компании. Среди них шесть уравнений тождественны бухгалтерским расчетам, подтверждающим, что в отчете о прибыли все сходится, актив баланса соответствует пассиву, а источники капитала — их использованию. Назначение уравнений можно описать следующим образом: (1) и (8) определяют объем реализации и сумму выпуска акций, исходя из стоимостных параметров, установленных пользователем модели.

---

[8] Предполагается, что амортизация по основным средствам компании "Важный фрукт" в 1989 г. составит 104 000 дол. Поэтому придется инвестировать 104 000 дол. только для того, чтобы сохранить величину балансовой стоимости основных средств. Полная сумма инвестиций составит 104 000 дол. плюс прирост основных средств по остаточной стоимости, которого требует рост объемов реализации. Очевидно, что допущение о том, что балансовая стоимость основных средств растет теми же темпами, как и объем реализации, достаточно спорно и, вероятно, даже не реалистично. Мы внесли его в этом случае только для того, чтобы упростить все расчеты.

ГЛАВА 28. Подходы к финансовому планированию

ТАБЛИЦА 28-2
Прогнозные формы финансовой отчетности компании "Важный фрукт" на 1990 г. (в тыс. дол.)

ОТЧЕТ О ПРИБЫЛИ

Выручка от реализации (REV)	2808	} (+30%)
Себестоимость реализованной продукции (CGS)	2527	
Прибыль до уплаты налогов и процентов	281	
Расходы по выплате процентов (INT)	59	
Прибыль до уплаты налогов	222	
Налоги (TAX)	111	
Чистая прибыль (NET)	111	(+23%)

ИСТОЧНИКИ И ИСПОЛЬЗОВАНИЕ ФОНДОВ

Источники		
Чистая прибыль (NET)	111	
Амортизация (DEP)	104	
Денежные потоки от основной деятельности	215	
Займы (ΔD)	255,6	
Эмиссии акций (SI)	0	
Итого источники	470,6	
Использование		
Прирост чистого оборотного капитала (ΔNWC)	60	(+30%)
Инвестиции (INV)	344	
Дивиденды (DIV)	66,6	
Итого использование	470,6	

БАЛАНС

	1990 г.	1989 г.	Динамика
Активы			
Чистый оборотный капитал (NWC)	260	200	+60
Основные средства (FA)	1040	800	+240
Итого активы	1300	1000	+300
Обязательства			
Займы (D)	655,6	400	+255,6
Собственный капитал (E)	644,4	600	+44,4
Итого обязательства	1300	1000	+300,0

Условия:
Себестоимость реализованной продукции остается на уровне 90% выручки от реализации.
Расходы по выплате процентов составляют 9% от заемного капитала. Предполагается, что все новые займы будут выбраны в начале 1990 г., т. е. проценты должны быть выплачены на полную сумму за год.
Налоговая ставка остается на уровне 50%.
Амортизационные начисления остаются на уровне 10% от стоимости основных средств капитала. Предполагается, что все новые инвестиции осуществляются в начале 1990 г., так что амортизация начисляется из расчета за год.
Займы – это балансирующая статья. "Важный фрукт" должна взять в долг 255,6 дол. для покрытия запланированных вложений.
Руководство "Важного фрукта" решило не выпускать акции в 1990 г., так что статья *эмиссии* равна нулю.
Чистый оборотный капитал увеличивается пропорционально увеличению *выручки от реализации*.
Требуемый объем *основных средств* увеличивается пропорционально росту реализации. Таким образом, инвестиции должны покрыть амортизацию плюс прирост основных средств.
Коэффициент дивидендных выплат остается на уровне 60% от чистой прибыли.
Увеличение стоимости собственного капитала складывается из нераспределенной прибыли (*чистая прибыль – дивиденды*) плюс *выпуск акций* = 111 – 66,6 + 0 = 44,4.

ТАБЛИЦА 28-3
Финансовая модель для компании "Важный фрукт"

УРАВНЕНИЯ ПО ОТЧЕТУ О ПРИБЫЛИ

(1) REV = прогноз пользователя модели	
(2) CGS = a_1REV	
(3) INT = a_2D	(a_2 = ставка процента)
(4) TAX = a_3(REV – CGS – INT)	(a_3 = ставка налога)
(5) NET = REV – CGS – INT – TAX	(данные бухгалтерского учета)

УРАВНЕНИЯ ПО ОТЧЕТУ ОБ ИСТОЧНИКАХ И ИСПОЛЬЗОВАНИИ ФОНДОВ

(6) DEP = a_4FA	
(7) ΔD = ΔNWC + INV + DIV – NET – DEP – SI	(данные бухгалтерского учета)
(8) SI = устанавливается пользователем модели	
(9) ΔNWC = NWC – NWC (–1)	(данные бухгалтерского учета)
(10) INV = DEP + FA – FA (–1)	(данные бухгалтерского учета)
(11) DIV = a_5NET	(a_5 = коэффициент дивидендных выплат)

УРАВНЕНИЯ ПО БАЛАНСУ

(12) NWC = a_6REV	
(13) FA = a_7REV	
(14) D = ΔD + D (–1)	(данные бухгалтерского учета)
(15) E = E (–1) + NET – DIV + SI	(данные бухгалтерского учета)

Примечание: (–1) означает данные, взятые из баланса предыдущего года. Эти данные являются постоянными, а не переменными величинами.

Уравнения (2), (12) и (13) представляют себестоимость реализованной продукции, собственный оборотный капитал и основные средства в постоянной пропорции от достигнутого объема реализации. Остальные уравнения увязывают затраты на выплату процентов с непогашенной суммой долга (3), налоги с прибылью (4), начисленную амортизацию с суммой основных средств (6) и дивиденды с величиной чистой прибыли (11).

На *вводе* в этой модели девять параметров: прогноз сбыта (REV), решение о величине выпуска акций (SI) и, наконец, 7 коэффициентов, от a_1 до a_7, увязывающих себестоимость реализованной продукции с объемом реализации, затраты на выплату процентов с величиной долга и т. д. Например, возьмем коэффициент a_5. Рассчитывая данные таблицы 28-2, мы исходили из предположения о том, что коэффициент дивидендных выплат равен 60% (чистой прибыли). В модели это выглядит так: $a_5 = 0{,}6$.

Характер модели подробнее показан в таблице 28-4. В нее введены значения REV, SI, а также параметров от a_1 до a_7, которые соответствуют допущениям таблицы 28-2. И в итоге получаем верные ответы, подтверждающие, что модель может быть использована для прогнозирования финансовых результатов компании "Важный фрукт". Все, что требуется теперь от менеджера, — это ввести в компьютер девять параметров, дать ему команду решить 15 уравнений и распечатать результат в виде таблицы 28-2.

Недостатки моделей

Рассмотренная модель чрезвычайно упрощена с точки зрения практики финансового управления. Читатель, возможно, уже успел обдумать способы ее улучшения, например за счет учета таких данных, как количество акций в обращении, прибыль на одну акцию и дивиденды на акцию. Или можно было бы провести различие между краткосрочными кредитами, предоставленными компанией "Важный фрукт", и краткосрочными займами, которые она сама получила, что в данной модели скрыто в статье "собственный оборот-

ГЛАВА 28. Подходы к финансовому планированию

ТАБЛИЦА 28-4
Модель прогноза по данным таблицы 28-2

	ОТЧЕТ О ПРИБЫЛИ	
(1)	REV = прогноз = 2808	
(2)	CGS = 0,9REV = 0,9 (2808) = 2527	($a_1 = 0,9$)
(3)	INT = 0,09D = 0,09(655,6) = 59	($a_2 = 0,09$)
(4)	TAX = 0,5(REV − CGS − INT) = = 0,5(2808 − 2527 − 59) = 111	($a_3 = 0,5$)
(5)	NET = REV − CGS − INT − TAX = = 2808 − 2527 − 59 − 111 = 111	

	ОТЧЕТ ОБ ИСТОЧНИКАХ И ИСПОЛЬЗОВАНИИ ФОНДОВ	
(6)	DEP = 0,1FA = 0,1(1040) = 104	($a_4 = 0,1$)
(7)	ΔD = ΔNWC + INV + DIV − NET − DEP − SI = = 60 + 344 + 66,6 − 111 − 104 − 0 = 255,6	
(8)	SI = принято за ноль	
(9)	ΔNWC = NWC − NWC (−1) = 260 − 200 = 60	
(10)	INV = DEP + FA − FA (−1) = = 104 + 1040 − 800 = 344	
(11)	DIV = 0,6NET = 0,6(111) = 66,6	($a_5 = 0,6$)

	БАЛАНС	
(12)	NWC = 0,093REV = 0,093(2808) = 260	($a_6 = 0,093$)
(13)	FA = 0,37REV = 0,37(2808) = 1040	($a_7 = 0,37$)
(14)	D = ΔD + D (−1) = 255,6 + 400 = 655,6	
(15)	E = E (−1) + NET − DIV + SI = = 600 + 111 − 66,6 − 0 = 644,4	

ный капитал". Однако надо опасаться традиционного стремления сделать любую модель более объемной и детальной. Если вовремя не остановиться, то можно получить громоздкую модель, слишком неудобную для повседневного применения.

Конечно, стремление ввести большое количество деталей связано с самой целью, стоящей перед моделями корпоративного планирования, а именно — прогнозированием финансовых последствий разных стратегий и разных предположений. Увлеченность деталями, если ей поддаться, отвлекает внимание от критических моментов и решений, таких, например, как выпуски акций и дивидендная политика или распределение капитала компании между разными видами деятельности. Иногда такие принципиальные решения просто механически встраиваются в модель, как это было в примере с компанией "Важный фрукт", когда дивиденды были произвольно приняты за постоянную долю в чистой прибыли.

В моделях корпоративных финансов финансы отсутствуют

Почему мы говорим, что в моделях корпоративных финансов отсутствуют финансы? Первая причина заключается в том, что в большинстве моделей заложено бухгалтерское видение мира. Они задуманы для прогнозирования финансовой отчетности, и уравнения, лежащие в их основе, отражают особенности учетной политики корпорации. Следовательно, в моделях отсутствуют такие инструменты финансового анализа, как приростные потоки денежных средств, приведенная стоимость, рыночный риск и т. д.[9]

---

[9] Безусловно, нет причин считать, что менеджер не сможет использовать результаты, полученные с помощью модели, для расчета приведенной стоимости компании (при наличии допущений о темпах роста за пределами планируемого периода), и менеджеры действительно иногда это делают.

Вторая причина — модели финансового планирования не дают никаких сигналов, указывающих на оптимальные финансовые решения. Они даже не показывают, какая именно альтернатива заслуживает более подробного изучения. Все это остается на усмотрение пользователя модели.

Согласно третьему закону Брейли и Майерса, ни одна из моделей не способна выявить наилучшую финансовую стратегию. Однако можно построить модель на основе принципов линейного программирования, которая поможет в поиске такой наилучшей финансовой стратегии в зависимости от установленных параметров и ограничений. Эти "умные" модели финансового планирования дают возможность применять более гибкие инструменты в анализе чувствительности и более эффективны для анализа альтернативных финансовых стратегий. В идеале они способны предложить такие стратегии, которые не придут в голову менеджеру, не вооруженному подобными методами анализа.

В приложении к данной главе описывается модель, основанная на приемах линейного программирования и современной теории финансов, принципы которой излагаются в этой книге.

28–4. РЕЗЮМЕ

Большинство компаний относится к финансовому планированию серьезно и выделяет значительные ресурсы на эти цели. Что же они получают в обмен на свои усилия?

Материальный продукт данного процесса — финансовый план, описывающий финансовую стратегию компании и прогнозирующий ее результаты с помощью прогнозных форм финансовой отчетности: баланса, отчета о прибылях, отчета об источниках и использовании капитала. План формулирует финансовые цели и критерии оценки деятельности компании. Обычно он также дает обоснование выбранной стратегии и объяснение того, как достичь поставленных целей.

План — это конечный результат. Однако процесс его разработки ценен сам по себе. Во-первых, планирование вынуждает финансового менеджера рассматривать совокупный эффект инвестиционных решений и решений по финансированию. Это крайне важно, так как эти решения взаимосвязаны и их нельзя принимать порознь.

Во-вторых, планирование, если оно осуществляется корректно, заставляет финансового менеджера изучать события, которые могут помешать успеху компании, и запасаться стратегиями, которые рассматриваются в качестве вспомогательного средства реагирования в случае появления неожиданных обстоятельств. Планирование, как вид деятельности, гораздо шире, чем прогнозирование, так как последнее имеет дело лишь с наиболее вероятными событиями. Занимаясь планированием, необходимо принимать во внимание и те события, которые возможны, но маловероятны.

Таким образом, финансовое планирование — это *процесс*, состоящий из:

1. изучения взаимовлияния финансовых и инвестиционных возможностей, доступных компании;
2. прогнозирования будущих последствий принятых текущих решений, чтобы избегать неожиданностей и отчетливо видеть связь текущих и будущих решений;
3. выбора определенного варианта из ряда альтернатив (именно это решение и будет отражено в окончательном варианте плана);
4. оценки положения компании в сравнении с целями, определенными в финансовом плане.

В этой главе рассматривались проблемы долгосрочного или "стратегического" планирования, в котором горизонт планирования обычно простирает-

ГЛАВА 28. Подходы к финансовому планированию

ся на 5 и более лет. Этот вид планирования связан с ключевыми решениями: например, приходится изучать возможность и целесообразность крупных капиталовложений в какое-либо подразделение компании для его роста, а не вопрос выбора между станком А или Б для этого подразделения. На деле специалисты по долгосрочному планированию должны опасаться увлечения многочисленными деталями, так как погружение в эти подробности может отвлечь от ключевых вопросов, таких, например, как инвестиционная стратегия, политика займов и выбор целевого коэффициента дивидендных выплат.

Не существует ни теории, ни модели, которые непосредственно обеспечивали бы выбор *оптимальной* финансовой стратегии. Следовательно, финансовое планирование осуществляется методом проб и ошибок. Множество различных стратегий будет просчитано при разных допущениях о будущих условиях, прежде чем в конце концов выбор падет на одну из них.

Продвигаясь вперед методом проб и ошибок, необходимо подготовить дюжины прогнозов, что требует множества расчетов и большого объема документов. Поэтому компании выработали противоядие в виде моделей планирования для прогнозирования финансовых последствий разных стратегий и ситуаций будущего. Эти модели достаточно эффективны и широко применяются. Но надо помнить, что в них не так много собственно финансового подхода. Их первоочередная задача все-таки состоит в подготовке бухгалтерской отчетности. Модели не выявляют лучшую стратегию, а лишь прослеживают результаты стратегии, выбранной пользователем.

Один из наиболее сложных аспектов в принятии решений о стратегиях, которые заслуживают наиболее пристального внимания, заключается в том, что оптимальной стратегией может оказаться вовсе не та, которая представляется очевидной. В приложении к данной главе показана модель линейного программирования, построенная на финансовой теории, а не на бухгалтерском подходе, и поэтому способная помочь финансовому менеджеру в поиске самого лучшего финансового плана.

ПРИЛОЖЕНИЕ: МОДЕЛЬ LONGER

Этот материал — краткое введение в модель LONGER, построенную Майерсом и Погом на базе линейного программирования специально для принятия решений в области финансового планирования[10]. Информацию о других видах моделей линейного программирования для данной области можно найти в источниках, приведенных в списке "Рекомендуемая литература" к данной главе.

LONGER отличается от типовых финансовых моделей, представленных в этой главе, двумя важными особенностями. Во-первых, она оптимизирует решение: она рассчитывает *наиболее* удачный финансовый план в рамках заданных допущений и ограничений. Типичная же финансовая модель всего лишь прогнозирует последствия финансовой стратегии, которую избрал пользователь модели. Во-вторых, модель построена на теоретических концепциях корпоративных финансов, а не на бухгалтерском подходе. Она исходит из наличия отлаженного механизма функционирования рынка капиталов. Следовательно, ее цель — максимизация чистой приведенной стоимости компании. Она опирается на принцип слагаемости стоимостей и концепцию Модильяни — Миллера, в соответствии с которой основным преимуществом долга является налоговый щит, создаваемый процентными выплатами на заемный капитал.

Модель LONGER будет показана на простом числовом примере. Затем мы рассмотрим возможные варианты расширения границ применения модели.

---

[10] См.: *S.C.Myers and G.A.Pogue*. A Programming Approach to Corporate Financial Management // Journal of Finance. 29: 579–599. May 1974.

Наконец, мы покажем, как анализировать теневые цены, которые являются составной частью решения, предлагаемого моделью. Эти теневые цены упрощают понимание показателя "скорректированная приведенная стоимость", которым измеряется стоимость инвестиционного проекта, требующего важных решений в выборе финансовых источников. Понятие "скорректированная приведенная стоимость" и его применение уже рассматривались в главе 19. В данном приложении этот метод будет показан более детально.

Пример[11]

Допустим, в компании рассматривается вопрос о сумме инвестиций и сумме необходимых займов в наступающем году. Тогда примем за x новые инвестиции в млн дол. (в целях простоты изложения предположим, что компания осуществляет только один проект), а за y – новые займы в млн дол. Сделаем также следующие допущения.

1. Имеющиеся инвестиционные возможности компании не превышают 1 млн дол. Инвестиции принесут постоянные потоки денежных средств (после уплаты налогов). Пусть ожидаемая величина этих потоков равна C. Тогда $C = 0{,}09x$ и внутренняя норма доходности проекта равна 9%.
2. Рыночная норма капитализации доходов составляет $r = 10\%$. Значит, если компания использует только собственные источники финансирования проекта, связанные с ним активы создадут чистую приведенную стоимость, равную –0,10 дол. на каждый вложенный доллар ($-x + 0{,}09x/0{,}10 = -0{,}1x$).
3. Политика компании такова, что новые займы не должны превышать 40% новых инвестиций.
4. У компании имеется 800 000 дол. денежных средств.
5. Избыточные денежные средства выплачиваются в виде дивидендов.
6. Ожидается, что поступления заемных и собственных средств для финансирования проекта будут происходить постоянно.

В целях упрощения мы начнем с формулы оценки стоимости фирмы Модильяни—Миллера[12]. Если компания ничего не предпринимает (x и y равны 0), тогда ее стоимость (V) равна:

$$V = V_o + T_c D,$$

где: V_o – рыночная стоимость *имеющихся* активов компании, если все они финансируются только за счет собственного капитала;
T_c – предельная ставка налога на прибыль (0,5 в данном примере);
D – объем *уже имеющейся* у компании задолженности, исключая займы для нового проекта.

Величина $T_c D$ представляет собой приведенную стоимость всех налоговых щитов, возникающих в связи с привлечением заемного капитала, при условии, что займы используются постоянно. В нашем примере:

$$V = V_o + 0{,}5D - 0{,}1x + 0{,}5y.$$

Величины V_o и D постоянны, а следовательно, не зависят от выбора значений x и y. Значит, мы можем найти максимальное решение выражения $(-0{,}1x + 0{,}5y)$, в котором предусмотрены ограничения на сумму инвестиций ($x \le 1$) и на сумму займов ($y \le 0{,}4x$), а соотношение источников и использования капитала выглядит как ($x \le y + 0{,}8$).

---

[11] Этот пример построен на данных из работы Майерса и Пога, упомянутой выше.
[12] См. раздел 18–1.

ГЛАВА 28. Подходы к финансовому планированию

РИСУНОК 28-1
В этом примере фирма в лучшем случае может инвестировать 1 млн дол. и взять заем в размере 40% от новых инвестиций. Источниками новых инвестиций должны служить имеющиеся денежные средства (0,8 млн дол.) или новые займы. Эти инвестиции сами по себе не являются привлекательными (их чистая приведенная стоимость равна −0,1x дол.), однако фирма хочет их осуществить ради привлечения заемного капитала, поскольку налоговый щит, создаваемый вследствие этого займа, перекрывает чистый убыток приведенной стоимости новых инвестиций.

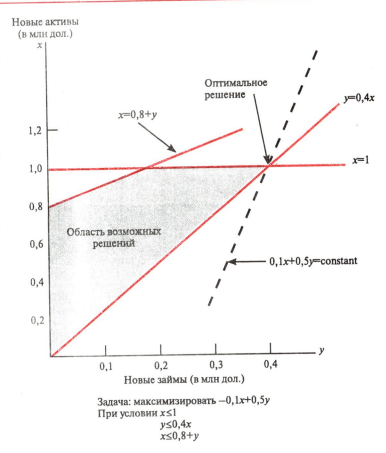

Задача: максимизировать $-0,1x + 0,5y$
При условии $x \leq 1$
$y \leq 0,4x$
$x \leq 0,8 + y$

Решение. Это — задача линейного программирования, описанная на рисунке 28-1. Заштрихованная зона включает в себя все возможные решения этой задачи. Эта зона расположена ниже прямой $x = 1$, так как инвестиционные возможности компании ограничены 1 млн дол. Она расположена также ниже кривой $x = 0,8 + y$, так как инвестиции ограничены имеющимися денежными средствами (800 000 дол.) и дополнительными займами. Эта зона размещается над кривой $y = 0,4x$, поскольку новые заемные средства ограничены суммой 40% инвестиций.

Компанию не привлекает данная инвестиция, так как ее чистая приведенная стоимость отрицательна и равна −0,10 дол. на каждый вложенный доллар. Однако компания стремится получить заем, и для этого она все же вынуждена осуществлять проект. Таким образом, стоимость компании достигает максимума при $x = 1$, $y = 0,4$. Компания инвестирует капитал и получает в долг столько, сколько может.

Однако заметим, что ограничение $x \leq 0,8 + y$ не связано с оптимальным решением. Компания получает заемных средств на 200 000 дол. больше, чем ей необходимо для инвестиций. Поэтому у нее имеется 200 000 дол. для распределения в виде дивидендов.

Почему оптимальное решение в данном случае требует осуществления проекта с отрицательной чистой приведенной стоимостью? Причина заключается в том, что внедрение проекта позволяет компании получить дополнительные заемные средства, и экономия на налоге на прибыль, возникающая вследствие выплаты процентов по долгу, превышает низкую отдачу самого проекта. (На самом деле оптимальное решение по-прежнему будет состоять в $x = 1$ и $y = 0,4$, пока проект приносит более чем $-0,20$ дол. на каждый инвестированный доллар. Если проект дает меньше, например, $-0,30$ дол., тогда решение равно $x = y = 0$.) Таким образом, ограничения кредитоемкости делают инвестиционные решения и решения по финансированию взаимозависимыми. И поэтому взаимозависимость между инвестиционными решениями и решениями по финансированию специально не вводилась.

Влияние дивидендной политики. В приведенном примере ограничения на источники и использование ресурсов не увязаны между собой. Однако что произойдет, если они окажутся взаимосвязаны? Что, если у компании будет, скажем, только 500 000 дол.?

На первый взгляд, это приведет к изменениям ограничений на источники и использование средств, которые получат новое значение $x \le 0,5 + y$, что приведет к оптимальному решению $x = {}^5\!/_6$, $y = {}^1\!/_3$. Однако если учитывать политику дивидендов, тогда необходимо рассмотреть и возможность нового выпуска акций. Значит, ограничение на самом деле будет выглядеть так:

$$x + DIV \le 0,5 + y + SI,$$

где DIV – это выплаченные дивиденды и SI – это выпуски акций в млн дол. Если дивидендная политика не играет роли, тогда DIV и SI не оказывают никакого влияния на целевую функцию. И ограничение само по себе не имеет значения. Оптимальное решение остается прежним $x = 1$, $y = 0,4$. Компания должна сделать дополнительный выпуск акций на сумму 100 000 дол., но уже после того, как инвестиционные и финансовые решения приняты.

Однако в реальной практике возникнут еще операционные издержки, связанные с выпуском новых ценных бумаг. Эти затраты необходимо учесть в нашем примере и вычесть из целевой функции, тогда ограничения на источники и использование ресурсов станут взаимоувязанными и соотносимыми. Решения для x и y будут действительно иными, если операционные издержки достаточно велики.

Таким образом, ограничения на источники и использование капитала становятся существенными только в том случае, если появляются операционные издержки, связанные с выпуском в обращение ценных бумаг, либо влиянием дивидендной политики на поведение инвесторов или с какими-то другими причинами.

Расширение модели	Пример, который мы приводили, опирался только на две переменные, так как мы хотели представить его графически в двух измерениях. Но для решения задач линейного программирования на компьютере нет необходимости в двухмерном графике. Поэтому мы можем расширить модель LONGER для усиления ее практической применимости за счет введения дополнительных переменных и ограничений.

Мы уже ссылались на одно из вероятных расширений. Допустим, что компания может платить дивиденды или выпускать новые обыкновенные акции, но ее денежные средства ограничены суммой 0,5 млн дол. Тогда задача линейного программирования принимает следующий вид:

- максимизировать — $0,1x + 0,5y + aDIV + bSI$
- при условии $x \le 1$
  $y \le 0,4x$
  $x + DIV \le 0,5 + y + SI$.

Если дивидендная политика не имеет значения, тогда коэффициенты a и b равны 0. Но на самом деле коэффициент b должен быть отрицательным числом, поскольку отражает операционные издержки по выпуску новых акций в

ГЛАВА 28. Подходы к финансовому планированию

обращение. А коэффициент *а* мог бы иметь положительное либо отрицательное значения или равняться 0 в зависимости от того, какую точку зрения по вопросу о дивидендной политике вы разделяете (см. главу 16).

Теперь предположим, что компания располагает еще одной возможностью инвестирования в проект, который требует 2 млн дол. и обеспечивает 0,12 дол. чистой приведенной стоимости на каждый вложенный доллар. Однако динамика событий по проекту 2 менее предсказуема, чем по проекту 1, и поэтому компания планирует получить заем только на сумму 20% от объема инвестиций проекта 2. Тогда модель принимает следующий вид:

- максимизировать $\quad -0{,}1x_1 + 0{,}12x_2 + 0{,}5y + aDIV + bSI$
- при условии $\quad x_1 \leq 1$
  $x_2 \leq 2$
  $y \leq 0{,}4x_1 + 0{,}2x_2$
  $x_1 + x_2 + DIV \leq 0{,}5 + y + SI.$

Поскольку действует правило слагаемости приведенных стоимостей, то мы можем включать в данную задачу сколько угодно проектов, не нарушая линейной формы ее целевой функции. Более того, вовсе не обязательно, чтобы все проекты, которые мы включим в задачу, имели одинаковую степень риска или одинаковый характер распределения во времени потоков денежных средств. Нет ничего плохого в строительстве здания одновременно с разработкой нефтяной скважины, если в обоих случаях чистая приведенная стоимость положительна.

Если мы введем в задачу проекты с нерегулярными потоками денежных средств, мы, естественно, должны считать, что объемы займов в разные периоды будут меняться. Допустим, что горизонт планирования у компании составляет 5 лет. Тогда мы можем заменить переменную *у*, которая показывает заемный капитал, на ряд переменных $y_1, y_2, \ldots, y_5$, где y_t — это совокупный плановый объем заемного капитала для года *t*. Это, в свою очередь, требует уточнить, что размеры дивидендов и выпусков акций также изменяются в разные периоды. Поэтому функция примет вид:

- максимизировать $\quad -0{,}1x_1 + 0{,}12x_2 +$
  $+ c_1y_1 + c_2y_2 + \ldots + c_5y_5 +$
  $+ a_1DIV_1 + a_2DIV_2 + \ldots + a_5DIV_5 +$
  $+ b_1SI_1 + b_2SI_2 + \ldots + b_5SI_5.$

Кроме того, нам потребуется ввести 12 ограничений: два из них ограничивают объемы инвестиций в каждый проект, пять описывают объемы заемных средств по периодам в соответствии с финансовым планом, и еще пять ограничений направлены на то, чтобы планируемое использование капиталов не превышало планируемых источников для каждого из периодов.

Можно было бы ввести и другие ограничения. Например, финансовый менеджер хотел бы попытаться избежать снижения уровня дивидендов в плане. Но тогда понадобится еще пять ограничений:

- $DIV_1 \geq$ дивидендов в период 0
- $DIV_2 \geq DIV_1$
- $DIV_3 \geq DIV_2$
- $DIV_4 \geq DIV_3$
- $DIV_5 \geq DIV_4.$

В некоторых компаниях устанавливаются требования к росту прибыли, показанной в отчетности. Допустим, желаемый темп роста равен *g*. Тогда придется ввести еще пять ограничений, например, $Z_t \geq (1 + g)Z_{t-1}$, где Z_t представляет прогнозные прибыли в году *t*. Переменная Z_t будет определяться, исходя из других переменных, включенных в модель.

Однако сразу необходимо учесть следующее предостережение: любое ограничение приемлемой суммы бухгалтерской прибыли по сравнению с экономической прибылью ставит ряд трудноразрешимых вопросов. Должна ли компания принести в жертву показатель чистой приведенной стоимости, добиваясь соответствующего темпа роста бухгалтерской прибыли? Если рынки капиталов эффективны, тогда инвесторы должны быть способны правильно оценивать подлинную стоимость компании несмотря на любые краткосрочные колебания прибыли. Но если это предположение верно, тогда любые ограничения на бухгалтерскую прибыль в лучшем случае излишни.

Ограничения на темп роста бухгалтерской прибыли, вероятно, полезны для того, чтобы наблюдать, как показатели приведенной стоимости влияют на бухгалтерскую прибыль. Но может случиться так, что финансовый план будет изменен только для того, чтобы получить благополучную динамику показателя бухгалтерской прибыли. Если существует противоречие между стоимостью компании и ее бухгалтерской прибылью, тогда сопоставление решений, полученных с учетом ограничений на бухгалтерскую прибыль и без них, заставит финансового менеджера по крайней мере задуматься о цене красивых показателей бухгалтерской прибыли[13].

Есть еще целый ряд инструментов, которые можно было бы учесть в модели LONGER, однако они выходят за рамки данной работы. Эти приемы подробно рассмотрены в работах Майерса и Пога, а также в других изданиях, перечисленных в конце главы.

Модель LONGER в сравнении с типовыми моделями корпоративного планирования

Модель, построенная на линейном программировании и охватывающая полный набор параметров финансового планирования, превратилась бы в довольно замысловатую конструкцию, однако не более чем любая имитационная модель[14]. Обе модели, примененные к одной и той же компании, имели бы одинаковое количество переменных, и число ограничений, введенных в LONGER, примерно соответствовало бы количеству уравнений в имитационной модели. Но требования к вводимым в модель LONGER параметрам были бы более высокими, так как в ней должна быть сформулирована целевая функция. Но вместе с тем LONGER позволяет отслеживать все возможные варианты финансовых стратегий, автоматически отвергая наименее удачные, и определять наилучшую стратегию, отвечающую принятым допущениям и ограничениям.

Однако не следует забывать, что модели линейного программирования не предлагают оптимальных *решений*, которых требует финансовый план. Ни одна из моделей не сможет предусмотреть всех тех деталей, с которыми приходится сталкиваться финансовому менеджеру. Ни одна из них также не сможет заменить собой метод проб и ошибок, который приходится применять в финансовом планировании. Модели позволяют лишь сделать процесс более эффективным. Оптимальный вариант, который предлагает модель LONGER, — не более чем отражение тех допущений и ограничений, которые разработал и задал сам пользователь, который перепробует множество комбинаций этих параметров, прежде чем принять решение[15].

---

[13] Противоречие между краткосрочной прибылью и рыночной стоимостью рассмотрено в работе: *E. Lerner, A. Rappaport.* Limit DCF in Capital Budgeting // Harvard Business Review. 46: 133–139. September–October 1968.

[14] Вспомните о нашем предупреждении по поводу излишних деталей и подробностей в разделе 28–3.

[15] Глубокое и оригинальное исследование вопроса о различиях в сути и использовании моделей двух типов, а также аргументы в пользу оптимизационной модели содержится в работе: *W.T. Carleton, C.L .Dick, Jr., and D.H.Downes.* Financial Policy Models: Theory and Practice // Journal of Financial and Quantitative Analysis. 8: 691–709. December 1973.

ГЛАВА 28. Подходы к финансовому планированию

Теневые цены, или предельные издержки

Решение любой задачи линейного программирования включает теневые цены, или предельные издержки, для каждого из введенных в модель ограничений. В примере, который рассматривался в начале этого приложения, содержатся три ограничения, а значит, и три теневые цены:

Ограничения	Теневые цены	Объяснения
На инвестиции ($x \leq 1$)	0,1	Чистая приведенная стоимость проекта равна $-0,1x$. Но вводится заемный капитал в размере $0,4x$, цена которого — 0,5 дол. на 1 дол. кредита. $-0,1x + 0,4(0,5x) = +0,1x$
На заемный капитал ($y \leq 0,4x$)	0,5	1 дол. дополнительных заемных средств экономит 0,5 дол. на налоге на прибыль.
На денежные средства, имеющиеся у компании ($x \leq 0,8+y$)	0	При оптимальном решении компания имеет избыточные средства. Чистая приведенная стоимость дополнительных денежных средств равна 0.

Под теневыми ценами имеются в виду изменения в целевой функции на единицу изменений в ограничениях[16]. В нашем примере целевая функция состоит в увеличении чистой приведенной стоимости. Следовательно, теневая цена 0,1 предельной суммы инвестиций означает, что если бы компания могла вложить 1 000 001 дол. вместо 1 млн дол., чистая приведенная стоимость возросла бы на 10 центов. Теневая цена заемного капитала в 0,5 означает, что если бы компания могла получить кредит на сумму 400 001 дол. вместо 400 000 дол. при условии неизменности суммы инвестиций (1 млн дол.), чистая приведенная стоимость возросла бы на 50 центов.

Ограничения на денежные средства, имеющиеся в распоряжении компании, не связаны с оптимальным решением. Компания получает на 200 000 дол. больше заемного капитала, чем ей необходимо, и поэтому теневая цена этого ограничения равна нулю. Иначе говоря, избыточные денежные средства, полученные компанией, будут иметь чистую приведенную стоимость, равную нулю.

Приведем еще один, более сложный пример. Пусть денежные средства, которыми располагает компания, будут ограничены суммой 500 000 дол. Допускается эмиссия новых акций и выплата дивидендов, но операционные издержки выпуска ценных бумаг поглощают 10% полученных от этого средств. Тогда задача линейного программирования примет вид:

- максимизировать $-0,1x + 0,5y + (0)DIV - 0,1SI$
- при условии $x \leq 1$
  $y \leq 0,4x$
  $x + DIV \leq 0,5 + y + SI$.

Решение этой задачи: $x = 1$, $y = 0,4$, $DIV = 0$, $SI = 0,1$. Компания инвестирует и занимает средства как и прежде, но должна выпустить в обращение акции на сумму 100 000 дол., чтобы получить достаточную сумму денежных средств для инвестиций.

---

[16] Теневые цены имеют значение лишь при условии предельных изменений в ограничениях. Однако критерий отнесения данных сдвигов в ограничениях к предельным меняется в зависимости от каждой конкретной проблемы.

Теневые цены при такой постановке проблемы следующие:

Ограничения	Теневые цены	Объяснения
На инвестиции ($x \leq 1$)	0,04	Смотри ниже
На заемный капитал ($y \leq 0,4x$)	0,6	Дополнительный 1 дол. заемных средств дает экономию на налоге на прибыль в размере 0,5 дол. и также уменьшает эмиссию акций на 1 дол., сберегая 0,1 дол. расходов на эмиссию.
На имеющиеся денежные средства ($x + DIV \leq 0,5 + y + SI$)	0,1	Избыточные денежные средства сокращают размер эмиссии акций и сберегают 0,1 дол. на каждый 1 дол.

Теневые цены инвестиционного проекта снижаются на 0,06 — с 0,10 до 0,04 дол. на каждый вложенный доллар. Это происходит потому, что дополнительные инвестиции можно финансировать заемными средствами только на 40%. Остальные ресурсы должны быть получены за счет выпуска акций. Поэтому стоимость возможности инвестировать дополнительный доллар снижается на $0,6 \times 0,1 = 0,06$.

Теневые цены инвестиционных ограничений особенно интересны, так как именно они показывают предельный вклад проекта в величину рыночной стоимости компании, когда учтены все побочные последствия выбранных способов финансирования проекта. В данном случае предельный вклад проекта составляет 4 цента на каждый вложенный доллар. Напомним, что проект имеет отрицательную чистую приведенную стоимость, когда рассматривается изолированно. Однако у него есть один благоприятный побочный эффект (инвестиции позволяют компании получить заемный капитал) и один неблагоприятный побочный эффект (инвестиции требуют дополнительного выпуска акций и обусловливают расходы на эмиссию).

Теневая цена проекта может быть рассчитана, если за точку отсчета принять начальное значение чистой приведенной стоимости проекта −0,1, добавить стоимость предельного вклада проекта в привлечение кредита и вычесть предельные издержки, возникающие при выпуске акций, которые необходимы для его финансирования:

Чистый вклад в стоимость компании = *базовое значение чистой приведенной стоимости* + *стоимость предельного вклада проекта в кредитоемкость* − *предельные издержки нового выпуска акций для финансирования проекта*.

Инвестирование каждого более эффективного доллара смягчает ограничения на привлечение заемного капитала на 0,40 дол. и ужесточает ограничения на имеющиеся денежные средства на 1 дол. Таким образом, мы можем выделить побочный эффект каждого из способов финансирования компании, учитывая теневые цены обоих ограничений. Дополнительная кредитоемкость может быть оценена в 60 центов на каждый вложенный доллар, а использованные денежные средства компании стоят 10 центов на каждый вложенный в проект доллар. Следовательно:

Чистый вклад в стоимость компании = $-0,1 + 0,40(0,6) - (1,00)(0,1) = 0,04$.

Понятие "чистый вклад в стоимость компании" — это не что иное, как *скорректированная приведенная стоимость*. В модели LONGER она рассчитывается автоматически, как побочный результат. Но, как мы уже видели в гла-

ГЛАВА 28. Подходы к финансовому планированию

ве 19, для простых ситуаций можно рассчитывать скорректированную приведенную стоимость вручную. Этот показатель необходим, поскольку, как правило, является единственным надежным методом планирования долгосрочных вложений в случаях, когда инвестиционные решения оказывают существенное побочное влияние на методы финансирования.

РЕКОМЕНДУЕМАЯ ЛИТЕРАТУРА

По корпоративному планированию имеется обширная литература. Предлагаем несколько хороших книг и статей:

    G. Donaldson. Financial Goals and Strategic Consequences // Harvard Business Review. 63: 57–66. May–June. 1985.

    G. Donaldson. Strategy for Financial Mobility. Harvard Business School Press, Boston, 1986.

    A.C. Hax and N.S. Majluf. Strategic Management: An Integrative Perspective. Prentice-Hall, Inc., Englewood Cliffs, N.J., 1984.

    P. Lorange and R.F. Vancil. Strategic Planning Systems. Prentice-Hall, Inc., Englewood Cliffs, N.J., 1977.

На наше представление о том, что такое планирование, повлияла работа:

    P. Drucker. Long-Range Planning: Challenge to Management Science // Management Science. 5: 238–249. April. 1959.

Связь между капитальными вложениями, стратегией и финансовым планированием обсуждается в статье:

    S.C. Myers. Finance Theory and Financial Strategy // Interfaces. 14: 126–137. January–February. 1984.

А вот три ссылки на корпоративные модели:

    W.T. Carleton, C.L. Dick, Jr., and D.H. Downes. Financial Policy Models: Theory and Practice // Journal of Financial and Quantitative Analysis. 8: 691–709. December. 1973.

    W.T. Carleton and J.M. McInnes. Theory, Models and Implementation in Financial Management // Management Science. 28: 957–978. September. 1982.

    T.H. Naylor and H. Schauland. A Survey of Users of Corporate Planning Models // Management Science. 22: 927–937. May. 1976.

Модель LONGER рассматривается в работе:

    S.C. Myers and G.A. Pogue. A Programming Approach to Corporate Financial Management // Journal of Finance. 29: 579–599. May. 1974.

КОНТРОЛЬНЫЕ ВОПРОСЫ

1. Верны или неверны следующие утверждения?
   а) Финансовое планирование должно быть направлено на минимизацию рисков.
   б) Первостепенная задача финансового планирования состоит в получении наиболее качественного прогноза будущих потоков денежных средств и прибылей.
   в) Финансовое планирование необходимо потому, что выбор способа финансирования и инвестиционные решения взаимосвязаны и их нельзя принимать отдельно друг от друга.
   г) Горизонт планирования компании редко выходит за пределы 3 лет.
   д) В финансовом планировании не рассматриваются отдельные инвестиционные проекты, если только они не относятся к категории крупных.

е) Финансовое планирование требует точных и согласованных прогнозов.

ж) Модели финансового планирования должны охватывать как можно больше различных деталей.

2. Перечислите главные элементы полного финансового плана.
3. "В моделях финансового планирования отсутствует финансовый подход". Объясните, что имеется в виду.

ВОПРОСЫ И ЗАДАНИЯ

1. Каковы трудности и слабые стороны применения финансовых моделей? Обсудите.
2. Следует ли рассматривать финансовый план как точный прогноз будущих потоков денежных средств, прибылей и других финансовых переменных? Почему?
3. Как изменилась бы финансовая модель для компании "Важный фрукт", если бы в 1990 г. не выплачивались дивиденды? Используйте пересмотренную финансовую модель для разработки финансового плана на 1990 г. Покажите, какие изменения произошли бы в финансовой отчетности компании, представленной в таблице 28-2. Является ли новый план улучшенным вариантом по сравнению с предыдущим?
4. Балансирующей статьей в модели планирования для компании "Важный фрукт" является заемный капитал. Что обозначает термин *балансирующая статья*? Как изменилась бы модель, если бы в качестве балансирующей статьи рассматривались дивиденды? В этом последнем случае как можно было бы определить плановый объем заемного финансирования?
5. Постройте новую модель для компании "Важный фрукт", основанную на вашем ответе на вопрос 4. Дает ли новая модель возможность разработать приемлемый финансовый план на 1990 г.? (*Подсказка*: если нет, тогда можно было бы ввести в нее новый выпуск акций.)
6. Финансовый менеджер компании "Важный фрукт" уверен, что доходы в 1990 г. могут возрасти максимум на 50% и минимум на 10%. Пересчитайте параметры прогнозных форм финансовой отчетности с учетом этих предположений. Как влияет темп роста доходов на потребность компании в заемном капитале?
7. *а)* Используйте модель компании "Важный фрукт" (табл. 28-2) для подготовки прогнозного отчета о прибылях, баланса и отчета об источниках и использовании фондов на 1991 и 1992 гг. Исходите из допущений, что условия бизнеса для компании традиционны, за исключением того, что объем реализации и себестоимость реализованной продукции растут на 30% в год и параллельно с ними меняются размеры собственного оборотного капитала и основных средств. Процентная ставка остается на уровне 9% годовых, а выпуски акций исключены. Компания также планирует удерживать коэффициент дивидендных выплат на уровне 60%. (*Подсказка*: затраты на выплату процентов зависят от дополнительно привлеченного заемного капитала, который, в свою очередь, связан с уровнем прибыли после выплаты процентов и налогов. Поэтому может быть полезно изменить формулы и сначала подсчитать проценты.)

б) Каков коэффициент долговой нагрузки компании и коэффициент покрытия процентных платежей при таком варианте финансового плана?

в) Может ли компания продолжать финансировать расширение деятельности за счет заемного капитала?

8. Обсудите относительные преимущества описательных финансовых моделей, таких, как модель для "Важного фрукта", и оптимизационных моделей, таких, как LONGER. Описательные модели более типичны для практики финансового управления. Как вы считаете, почему?

ГЛАВА 28. Подходы к финансовому планированию

9. В таблице 28-5 представлены финансовые отчеты компании "Сыр надутый". Годовая амортизация составляет 10% стоимости основных средств на начало года и 10% новых инвестиций в основные средства. Компания планирует и дальше инвестировать по 200 дол. в год в течение 5 лет, и прогнозное отношение выручки от реализации к совокупной стоимости активов в начале каждого года остается на уровне 1,75. Постоянные издержки должны остаться на уровне 53 дол., а переменные издержки составят 80% объема реализации. Компания придерживается политики дивидендных выплат в размере $2/3$ чистой прибыли и поддерживает бухгалтерский коэффициент долговой нагрузки на уровне 20%.

   а) Подготовьте модель для компании "Сыр надутый", аналогичную модели из таблицы 28-3.

   б) На основе вашей модели составьте прогнозные формы финансовой отчетности компании за 1991 г.

10. Наша модель для компании "Важный фрукт" представляет пример планирования по принципу "сверху вниз". Некоторые компании предпочи-

ТАБЛИЦА 28-5
Финансовая отчетность компании "Сыр надутый" (в тыс. дол.)

ОТЧЕТ О ПРИБЫЛЯХ ЗА 1990 г.	
Выручка от реализации	1785
Постоянные издержки	53
Переменные издержки (80% выручки от реализации)	1428
Амортизация	80
Расходы на выплату процентов (ставка 8%)	24
Налоги на прибыль (ставка 40%)	80
Чистая прибыль	120

ОТЧЕТ ОБ ИСТОЧНИКАХ И ИСПОЛЬЗОВАНИИ ФОНДОВ ЗА 1990 г.	
Источники	
Поток денежных средств от основной деятельности	200
Займы	36
Выпуск акций	104
Итого источники	340
Использование	
Прирост оборотного капитала	60
Инвестиции	200
Дивиденды	80
Итого использование	340

БАЛАНС НА КОНЕЦ ГОДА		
Активы	*1990 г.*	*1989 г.*
Чистый оборотный капитал	400	340
Основные средства	800	680
Итого активы	1200	1020
Обязательства		
Займы	240	204
Собственный капитал	960	816
Итого обязательства	1200	1020

тают использовать принцип "снизу вверх", который предполагает прогнозы сбыта и себестоимости реализованной продукции для конкретных продуктов, планы рекламных кампаний, оценку основных инвестиционных проектов и т. д. В чем вы видите преимущества и недостатки моделей обоих типов? Какой тип компаний, на ваш взгляд, применяет каждый из названных выше подходов к финансовому планированию? Для каких целей они применяют эти подходы?

11. Корпоративные финансовые планы часто используют как основу для последующей оценки финансовой деятельности компании. Какие выводы можно сделать из таких сравнений? Какие проблемы скорее всего возникнут при таких сопоставлениях и как можно их решить?

12. Какие трудности возникают, когда необходимо обновлять информацию финансового плана?

29 Краткосрочное финансовое планирование

Основная часть этой книги посвящена долгосрочным решениям, таким, например, как планирование долгосрочных вложений или выбор структуры капитала. Подобные решения называют *долгосрочными* по двум причинам. Во-первых, они связаны с активами и обязательствами, которые относятся к категории долгосрочных. Во-вторых, их не так легко пересмотреть, и поэтому они могут на длительное время вовлечь компанию в определенную последовательность действий.

Краткосрочные финансовые решения, как правило, связаны с оборотными активами и текущими обязательствами, и обычно они достаточно легко *могут быть* изменены. Например, сравните заем в 50 млн дол., полученный в банке на 60 дней, с выпуском облигаций на 50 млн дол. сроком на 20 лет. Получение банковского кредита безусловно относится к категории краткосрочных решений. Компания может погасить его два месяца спустя и вновь оказаться в начале пути принятия краткосрочных решений. Компания может также в январе осуществить выпуск в обращение облигаций, рассчитанных на 20 лет, а в марте погасить его, но такое решение крайне неразумно и обойдется очень дорого. В действительности подобный выпуск облигаций относится к категории долгосрочных решений не только потому, что облигации имеют 20-летний срок погашения, но также в связи с тем, что решения о выпуске облигаций невозможно быстро приостановить и изменить.

Финансовый менеджер, отвечающий за краткосрочные финансовые решения, не должен заглядывать далеко вперед. Его решение о 60-дневном займе в банке может быть основано всего лишь на двухмесячном прогнозе потока денежных средств. Но решение о выпуске акций обычно требует прогноза потоков денежных средств на 5, 10 и более лет.

Менеджеры, занятые краткосрочным финансовым планированием, могут избежать многих сложных концептуальных вопросов, которые рассмотрены в данной книге. В определенном смысле краткосрочные финансовые решения даются легче, чем долгосрочные, однако это не означает, что они менее важны. Компания может выявить весьма многообещающие инвестиционные возможности, определить оптимальное соотношение заемного и собственного капиталов, разработать совершенную дивидендную политику и тем не менее не достичь успеха, потому что никто не позаботился о том, чтобы у нее было достаточно денежных средств для оплаты текущих счетов. Отсюда и вытекает необходимость краткосрочного финансового планирования.

В этой главе будут рассмотрены основные группы оборотных активов и текущих обязательств, последствия и влияние долгосрочных финансовых решений на конкретные проблемы краткосрочного финансового планирования, а также способы, с помощью которых финансовые менеджеры контролируют изменения объемов денежных средств и оборотного капитала компании. Будут также рассмотрены способы и приемы оценки ежемесячной потребности в денежных средствах и их излишков, и на этой основе показаны методы разработки краткосрочных и инвестиционных стратегий и стратегий финансирования.

IX часть данной книги посвящена детальному исследованию проблем управления оборотным капиталом компании. В главе 30 основное внимание уделено решениям о расширении кредита, предоставляемого компанией ее клиентам. В главе 31 рассматриваются решения о хранении определенной суммы денежных средств в виде наличности вместо их инвестирования в инструменты, приносящие определенный процентный доход, а также взаимоотношения компаний и коммерческих банков. В главе 32 рассмотрены те многие каналы, которые компания может использовать для инвестирования или финансирования на краткосрочную перспективу.

29–1. ЭЛЕМЕНТЫ ОБОРОТНОГО КАПИТАЛА

Краткосрочные, или *оборотные*, активы и текущие обязательства известны в совокупности как **оборотный капитал** компании. В таблице 29-1 представлена структура оборотного капитала всех производственных компаний США в 1988 г. Отметим, что совокупные краткосрочные, или оборотные, активы составили 888,9 млрд дол., а краткосрочные обязательства — 574,4 млрд дол. Таким образом, **чистый оборотный капитал** (оборотные активы минус текущие обязательства) равен 313,5 млрд дол.

Одним из важных видов оборотных активов является *дебиторская задолженность*. Когда одна компания продает другой компании или государственному органу продукцию, она, как правило, не ожидает немедленных платежей. Эти неоплаченные счета, или *коммерческий кредит*, составляют основную часть дебиторской задолженности. Компании также продают часть своей продукции в кредит и конечному потребителю. Тогда речь идет о *потребительском кредите*, и он составляет остальную часть дебиторской задолженности (счетов дебиторов)[1]. Мы рассмотрим управление дебиторской задолженностью в главе 30. В ней будет показано, как определить, какой потребитель надежен, а с каким связаны высокие кредитные риски и в каких ситуациях имеет смысл предоставлять кредит.

Второй важный вид оборотных активов — это *товарно-материальные запасы*. Запасы могут состоять из сырья и материалов, незавершенного производства, а также готовой продукции, которая ожидает отгрузки и доставки к потребителю.

Компании осуществляют *инвестиции* в запасы. В стоимость, или издержки, хранения запасов входят не только затраты на собственно складирование и хранение и цена риска порчи или старения, но и альтернативные издержки, т. е. норма доходности, которую может обеспечить капитал, если инвестировать его не в запасы, а в другие объекты, аналогичные по уровню риска[2]. Выгоды от хране-

---

[1] Реализованная продукция всех корпораций перерабатывающей промышленности за 12 месяцев составляла 2490 млрд дол. на конец 1988 г. Как показано в таблице 29-1, на дебиторскую задолженность пришлось 342,1 млрд дол., т.е. около 14% годового объема реализации. Это соответствует $0,14 \times 52 = 7$ неделям. Если такое соотношение дебиторской задолженности и объема реализованной продукции будет сохраняться, величина дебиторской задолженности всегда будет отражать реализацию последних семи недель.
[2] Какая степень риска присуща запасам? Очень сложно делать обобщения. Многие фирмы просто основываются на допущении, что запасы рискованны в той же степени, что и любые долгосрочные вложения, и поэтому рассчитывают затраты по связыванию средств в запасах на основе средних альтернативных издержек. Однако можно привести много исключений из этого общего правила. Например, в некоторых электронных компонентах применяются золотые соединения. Должны ли компании в электронной промышленности применять средние альтернативные затраты по отношению к запасам золота? (См. раздел 11–3.)

ГЛАВА 29. Краткосрочное финансовое планирование

ТАБЛИЦА 29-1
Оборотные активы и текущие обязательства промышленных корпораций США, второй квартал 1988 г. (в млрд дол.)

Оборотные активы[a]		Текущие обязательства[a]	
Денежные средства	64,1	Краткосрочные ссуды	91,3
Легкореализуемые ценные бумаги	61,8	Счета к оплате	176,7
Дебиторская задолженность	342,1	Накопленный подоходный налог	32,6
Товарно-материальные запасы	349,5	Текущие платежи по долгосрочной задолженности	34,9
Прочие	71,4	Прочие	239,8
Итого	888,9	Итого	575,4

[a] Чистый оборотный капитал (оборотные активы – текущие обязательства) равен 888,9 – 575,4 = 313,5 млн дол.

Источник: U.S. Department of Commerce. Quarterly Financial Report for Manufacturing, Mining and Trade Corporations. Second quarter 1988. P. 4.

ния запасов обычно имеют косвенный характер. Например, крупный запас готовой продукции (крупный в сравнении с ожидаемым уровнем реализации) снижает вероятность того, что компания окажется неспособна быстро отреагировать на неожиданный рост спроса. Производитель, который держит небольшой запас готовой продукции, скорее столкнется с затруднениями и не сумеет выполнить заказы потребителей вовремя. Аналогично, крупные материальные запасы уменьшают возможность попасть в трудное положение в связи с неожиданными сбоями в поставках, которые вызовут падение выпуска продукции или вынудят использовать более дорогие материалы и сырье.

Крупные заказы на поставку сырья, хотя они и ведут к увеличению запасов, оправданны, если компания получит от поставщика скидки (речь идет о скидках за оптовые закупки). По аналогичным причинам компании часто стремятся иметь крупные запасы готовой продукции, которые обеспечивают продолжительную стоимость проектов и способствуют экономии. По существу, управляющий производством делает своей фирме скидки за количество.

Задача управляющего запасами состоит в том, чтобы оценить эти выгоды и издержки, а затем найти некоторый баланс между ними. В производственных компаниях эту задачу поручают управляющему производством. Поскольку финансовый менеджер обычно не вовлечен непосредственно в планирование запасов, мы не будем подробно рассматривать эту проблему.

Остальные оборотные активы представлены денежными средствами и высоколиквидными ценными бумагами. Денежные средства состоят из наличности, вкладов до востребования (средств, хранимых на текущих счетах, позволяющих использовать чековую книжку) и срочных вкладов (средств на сберегательных счетах в банке). Основной вид высоколиквидных ценных бумаг — это коммерческие векселя (краткосрочные, необеспеченные долговые расписки, выпущенные другой компанией). Кроме того, сюда входят казначейские векселя, а также государственные ценные бумаги и ценные бумаги местных органов управления.

Выбирая между денежными средствами и высоколиквидными ценными бумагами, финансовый менеджер сталкивается с задачей, аналогичной той, которую решает управляющий производством. Крупный "запас" денежных средств обычно выгоден, так как он снижает риск дефицита денежных средств и необходимости их срочного восполнения. Но, с другой стороны, хранение крупных сумм в виде свободных денежных средств вместо инвестирования их в легкореализуемые ценные бумаги сопряжено с определенными издержками. В главе 31 мы расскажем о том, как финансовые менеджеры собирают и расходуют денежные средства, а также рассмотрим решения о поддержании оптимальных остатков денежных средств.

Как мы уже отмечали, основной вид оборотных активов компании представлен неоплаченными счетами потребителя. Кредит, предоставленный одной компании, является дебиторской задолженностью для другой. Значит, вовсе не удивительно, что основным видом текущих обязательств компании выступают ее *счета к оплате,* т. е. задолженность перед другими компаниями (кредиторская задолженность).

Для финансирования вложений в оборотные активы компания может прибегнуть к разнообразным краткосрочным займам. Наиболее крупным источником таких займов служат коммерческие банки, но промышленные компании порой получают ссуды и из других источников. Другой способ получения кредита состоит в продаже векселей.

Многие виды краткосрочных займов не обеспечены активами компании, но иногда заемщик может использовать свои товарно-материальные запасы или дебиторскую задолженность в качестве обеспечения своих краткосрочных займов. Например, компания принимает решение о привлечении краткосрочного займа, обеспеченного ее дебиторской задолженностью. Когда клиенты этой компании оплатят свои счета, она сможет направить полученные денежные средства для погашения такого займа. Альтернативный механизм обеспечения состоит в *продаже* дебиторской задолженности какому-нибудь финансовому институту, который сам осуществит сбор средств. Иначе говоря, некоторые компании решают свои финансовые проблемы за счет получения займов, опирающихся на качество их оборотных активов; другие, напротив, — за счет продажи оборотных активов. В главе 32 мы более подробно рассмотрим методы финансирования оборотных активов.

29-2. СВЯЗЬ МЕЖДУ КРАТКОСРОЧНЫМИ И ДОЛГОСРОЧНЫМИ ФИНАНСОВЫМИ РЕШЕНИЯМИ

Все виды компаний нуждаются в капитале, т. е. в деньгах, воплощенных в зданиях, машинах и оборудовании, в запасах, дебиторской задолженности и других активах, необходимых компании для эффективного ведения любого бизнеса. Как правило, все эти активы не приобретаются сразу, а формируются постепенно в течение некоторого периода времени. Назовем совокупные затраты компании на эти активы *кумулятивной (нарастающей) потребностью в капитале.*

В большинстве компаний кумулятивная потребность в капитале нарастает неравномерно, а скорее волнообразно, как это показано на рисунке 29-1. Эта кривая потребности в капитале имеет отчетливо выраженный положительный наклон по мере роста компании. Однако наблюдаются и определенные сезонные колебания, и поэтому на графике кривая кумулятивной потребности в капитале достигает самых высоких значений в конце хозяйственного периода. Наконец, иногда возникают и непредсказуемые заранее ежемесячные или еженедельные колебания, но они не показаны на данном рисунке.

Кумулятивная потребность в капитале может быть удовлетворена за счет краткосрочных и долгосрочных источников финансирования. Когда долгосрочное финансирование не покрывает всех потребностей в капитале, компании приходится прибегать к краткосрочному финансированию для мобилизации недостающих средств. Когда объем долгосрочных финансовых ресурсов, полученных компанией, превышает ее кумулятивную потребность в капитале, тогда у компании возникает избыток денежных средств, который она может использовать для краткосрочного инвестирования. Таким образом, при данной кумулятивной потребности в капитале объем долгосрочного финансирования, привлеченного компанией, определяет, кем является компания в краткосрочной перспективе — заемщиком или кредитором.

ГЛАВА 29. Краткосрочное финансовое планирование

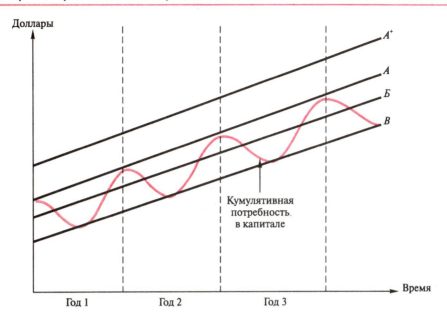

РИСУНОК 29-1
Кумулятивная потребность компании в капитале (цветная кривая) — это ее нарастающие инвестиции в здания, оборудование, запасы и другие активы, необходимые для ведения бизнеса. В этом случае потребность в капитале нарастает из года в год, однако в пределах каждого года она подвержена сезонным колебаниям. Потребность в краткосрочном финансировании — это разность между объемом долгосрочного финансирования (прямые $А^+$, $А$, $Б$, $В$) и кумулятивной потребностью в капитале. Если долгосрочное финансирование представлено прямой $В$, то компания *всегда* нуждается в краткосрочном финансировании. Если же тенденции долгосрочного финансирования отражает прямая $Б$, то потребность в краткосрочном финансировании носит сезонный характер. Наконец, если развитие долгосрочного финансирования соответствует прямым $А^+$ или $А$, то компании никогда не потребуется краткосрочное финансирование. В этом последнем случае она всегда располагает избыточными денежными средствами для инвестирования.

Прямые $А$, $Б$ и $В$ на рисунке 29-1 иллюстрируют эту зависимость. Каждая из них отражает различную стратегию долгосрочного финансирования. Стратегия $А$ ориентирована на то, чтобы компания всегда располагала избытком денежных средств. Стратегия $В$ предполагает постоянную потребность в краткосрочных заемных источниках финансирования. В соответствии со стратегией $Б$, которая, вероятно, наиболее распространена среди компаний, компания выступает как кредитор в течение одной части года и как заемщик в течение остальной части года.

Какой уровень долгосрочного финансирования является *наилучшим* с точки зрения кумулятивной потребности в капитале? На этот вопрос вряд ли можно однозначно ответить. Не существует убедительных теоретических подходов к этой проблеме. Однако мы можем сделать несколько практических замечаний.

Принцип соответствия
Многие финансовые менеджеры стремятся соблюдать принцип "соответствия сроков" активов и обязательств. Это значит, что для финансирования долгосрочных активов они используют долгосрочные займы и собственный капитал.

ЧАСТЬ VIII. Финансовое планирование

Постоянная потребность в оборотном капитале

Многие менеджеры осуществляют постоянные инвестиции в чистый оборотный капитал (оборотные активы за вычетом текущих обязательств). Такую постоянную потребность в оборотном капитале они финансируют за счет долгосрочных источников[3].

Удобство избытка денежных средств

Значительная часть финансовых менеджеров отдает предпочтение стратегии *A*, а не стратегии *B*. Еще удобнее для них стратегия A^+ (наиболее высоко расположенная прямая на рисунке 29-1). Компания, имеющая избыток денежных средств, никогда не столкнется с затруднениями при оплате счетов в следующем месяце. Но приносит ли это удобство какую-либо отдачу финансовому менеджеру? Компании, как правило, инвестируют избыточные денежные средства в казначейские векселя и другие легкореализуемые ценные бумаги. А для фирм, подлежащих налогообложению, это инвестиции в лучшем случае с нулевой чистой приведенной стоимостью[4]. Поэтому мы считаем, что компаниям с *постоянным* избытком денежных средств следовало бы "сесть на диету", погашая долгосрочные ценные бумаги, чтобы снизить объем долгосрочного финансирования до уровня кумулятивной потребности в капитале или ниже. Это означает, что, если стратегия компании в данный момент соответствует прямой A^+, ее нужно сместить на прямую *A* или, может быть, еще ниже.

29–3. КОНТРОЛЬ ЗА ИЗМЕНЕНИЯМИ В ОБЪЕМАХ ДЕНЕЖНЫХ СРЕДСТВ И ОБОРОТНОГО КАПИТАЛА

В таблице 29-2 приводятся балансовые отчеты компании "Матрас-самоход" на конец 1989 и 1990 гг. В таблице 29-3 представлен ее отчет о прибылях и убытках за 1990 г. Отметим, что за 1990 г. остатки денежных средств у компании возросли на 1 млн дол. Что обусловило этот рост? Как получила компания эти избыточные денежные средства — за счет долгосрочных займов, за счет реинвестирования своей нераспределенной прибыли, за счет высвобождения денежных средств в связи с продажей части запасов или за счет расширения покупок в кредит у своих поставщиков? (Отметим, что сумма счетов к оплате у нее действительно возросла.)

Правильный ответ: из всех перечисленных выше источников, так же как и от других операций, которые были осуществлены компанией в 1990 г. Сейчас мы можем сказать только одно: *привлечение* денежных средств из различных источников превысило их *использование* в разнообразных целях на 1 млн дол.

Финансовые аналитики часто обобщают источники и направления использования денежных средств в отчете, подобном тому, что представлен в таблице 29-4. Отчет показывает, что компания привлекала денежные средства из следующих источников:

1) она выпустила в обращение долгосрочные обязательства на сумму 7 млн дол.;
2) она сократила объем запасов, высвободив 1 млн дол.;

---

[3] В каком-то смысле это положение верно просто по определению. Если величина чистого оборотного капитала (оборотные активы минус краткосрочные обязательства) положительна, его следует финансировать за счет долгосрочного заемного или собственного капитала. Наша идея заключается в том, что в своем финансовом *планировании* фирмы опираются именно на такой принцип.

[4] Однако какова чистая приведенная стоимость казначейских векселей? Ответ зависит от вашей позиции по поводу комбинации "долг–налоги", которая обсуждалась в разделе 18–2. Если долговому финансированию присущи налоговые преимущества, как считают многие, то при предоставлении займов должны возникать соответствующие *отрицательные* налоговые последствия, и инвестиции в казначейские векселя должны иметь отрицательную приведенную стоимость.

ГЛАВА 29. Краткосрочное финансовое планирование

ТАБЛИЦА 29-2
Балансовые отчеты компании "Матрас-самоход" на конец 1989 и 1990 гг. (в млн дол.)

	1989 г.	1990 г.
Оборотные активы		
Денежные средства	4	5
Легкореализуемые ценные бумаги	0	5
Товарно-материальные запасы	26	25
Дебиторская задолженность	25	30
Итого оборотные активы	55	65
Основные средства		
Инвестиции	56	70
Минус амортизация	−16	−20
Нетто-основные средства	40	50
Итого активы	95	115
Текущие обязательства		
Банковские ссуды	5	0
Счета к оплате	20	27
Итого текущие обязательства	25	27
Долгосрочные обязательства	5	12
Собственный капитал	65	76
Итого обязательства и собственный капитал	95	115

3) она увеличила сумму своих счетов к оплате, т.е. получила кредит от своих поставщиков на 7 млн дол.;

4) наконец, наиболее крупный источник денежных средств обеспечила основная деятельность компании, которая принесла 16 млн дол.

Взгляните на таблицу 29-3 и убедитесь: в величине чистой прибыли в 12 млн дол. сумма потока денежных средств занижена, так как при расчете чистой прибыли вычтены затраты на амортизацию. Но в действительности они не являются оттоком денежных средств. Поэтому, чтобы получить данные о реальном потоке денежных средств от основной деятельности компании, амортизационные расходы необходимо прибавить к сумме чистой прибыли.

Компания *использовала* денежные средства для следующих целей:

1) были выплачены дивиденды на сумму 1 млн дол. (отметим, что рост собственного капитала вызван приростом нераспределенной прибыли компании: из 12 млн дол. чистой прибыли надо вычесть 1 млн дол., использованный на выплату дивидендов);

ТАБЛИЦА 29-3
Отчет о прибылях компании "Матрас-самоход" за 1990 г. (в млн дол.)

Выручка от реализации продукции	350
Операционные издержки	−321
	29
Амортизация	−4
Прибыль до уплаты процентов и налогов	25
Расходы на выплату процентов	−1
Прибыль до уплаты налогов	24
Налог на прибыль (50%)	−12
Чистая прибыль	12

Примечания:
Дивиденды = 1 млн дол.
Нераспределенная прибыль = 11 млн дол.

ТАБЛИЦА 29-4
Отчет об источниках и использовании денежных средств компании "Матрас-самоход" за 1990 г. (в млн дол.)

Источники	
Долгосрочные обязательства	7
Сокращение товарно-материальных запасов	1
Увеличение счетов к оплате	7
Денежные средства от основной деятельности:	
Чистая прибыль	12
Амортизация	4
Итого источники	31
Использование	
Погашение краткосрочных банковских ссуд	5
Инвестиции в основные средства	14
Приобретение легкореализуемых ценных бумаг	5
Рост дебиторской задолженности	5
Выплата дивидендов	1
Итого использование	30
Увеличение остатков денежных средств	1

2) компания погасила краткосрочную задолженность в размере 5 млн дол.[5];
3) были осуществлены инвестиции на сумму 14 млн дол.: это можно увидеть в статье "основной капитал" баланса (таблица 29-2);
4) были приобретены легкореализуемые ценные бумаги на сумму 5 млн дол.;
5) возросла дебиторская задолженность компании на сумму 5 млн дол.: это означает, что компания одолжила дополнительную сумму своим клиентам.

Контроль за изменениями чистого оборотного капитала

Финансовые аналитики часто находят полезным сведение оборотных активов и краткосрочных обязательств в единый показатель оборотного капитала. Для компании "Матрас-самоход" эти данные выглядят следующим образом (в млн дол.).

Годы	Оборотные активы	минус	Текущие обязательства	равно	Чистый оборотный капитал
1989	55	–	25	=	30
1990	65	–	27	=	38

В таблице 29-5 представлены балансовые отчеты компании, в которых показана сумма чистого оборотного капитала без разбивки на отдельные элементы оборотных активов и текущих обязательств.

Отчет об источниках и использовании денежных средств можно упростить, определив источники как те операции, которые увеличивают чистый оборотный капитал, а использование денежных средств – как операции, уменьшающие чистый оборотный капитал. В таком контексте термин "оборотный капитал" часто заменяют термином *"фонды"*, и тогда весь отчет называется *отчетом об источниках и использовании фондов*.

В 1989 г. следующие операции компании "Матрас-самоход" увеличили объем чистого оборотного капитала:

---

[5] Это выплата основной суммы долга, а не процентов. Иногда выплата процентов рассматривается как использование фондов. Если бы это было так, потоки денежных средств от основной деятельности определялись бы в допроцентном исчислении, т.е. чистая прибыль плюс проценты плюс налоги.

ГЛАВА 29. Краткосрочное финансовое планирование

ТАБЛИЦА 29-5
Сокращенные балансовые отчеты компании "Матрас-самоход" на конец 1989 и 1990 гг. (в млн дол.)

	1989 г.	1990 г.
Чистый оборотный капитал	30	38
Основные средства		
Инвестиции	56	70
Минус амортизация	−16	−20
Нетто-основные средства	40	50
Итого активы	70	88
Долгосрочные обязательства	5	12
Собственный капитал	65	76
Долгосрочные обязательства и собственный капитал[a]	70	88

[a] Когда в балансе показывают только чистый оборотный капитал, сумму долгосрочных обязательств и собственного капитала часто называют *совокупной капитализацией*.

1) выпуск в обращение долгосрочных обязательств на сумму 7 млн дол.;
2) основная деятельность компании, которая принесла 16 млн дол.

Компания использовала свой оборотный капитал на:

1) инвестиции на сумму 14 млн дол.;
2) выплату дивидендов в размере 1 млн дол.

Изменения объема чистого оборотного капитала компании показаны в обобщенном виде в "Отчете об источниках и использовании фондов", который представлен в таблице 29-6.

Прибыли и потоки денежных средств

Вернемся вновь к таблице 29-4, в которой показаны источники и использование *денежных средств*. Полезно учесть два замечания по поводу статьи *"денежные средства от основной деятельности"*. Эта статья порой не отражает реальные деньги — деньги, на которые можно было бы купить, скажем, пиво.

Во-первых, амортизация может оказаться не единственным видом затрат, не принимающих денежную форму, но вычитаемых при расчете чистой прибыли. К примеру, во многих компаниях применяют разные методы учета при подготовке отчетности для налоговых органов и для акционеров. Назначение смешанных счетов налогового учета заключается в минимизации текущей налогооблагаемой прибыли. А отчетность, подготовленная для акционеров, преувеличивает текущие обязательства компании, связанные с налогом на при-

ТАБЛИЦА 29-6
Источники и использование фондов (чистого оборотного капитала) компании "Матрас-самоход" за 1990 г. (в млн дол.)

Источники	
Выпуск долговых обязательств	7
Денежные средства от основной деятельности	
Чистая прибыль	12
Амортизация	4
	23
Использование	
Инвестиции в основные средства	14
Выплата дивидендов	1
	15
Рост чистого оборотного капитала	8

быль, который выплачивают в денежной форме[6], а значит, поток денежных средств от основной деятельности за вычетом налогов оказывается заниженным.

Во-вторых, в отчете о прибылях реализация товаров отражается в момент ее осуществления (как правило, при отгрузке товаров. — *Примеч. пер.*), а не в момент получения денег за продукцию от потребителя. Представим, что происходит, если компания "Матрас-самоход" продает свою продукцию в кредит. Компания отражает прибыль в момент осуществления реализации; однако до того, как счета за отгруженную продукцию не будут оплачены, не будет и реального притока денежных средств в компанию. Поскольку притока денежных средств не происходит, не происходит и изменений в остатках денежных средств, хотя увеличивается чистый оборотный капитал компании за счет роста дебиторской задолженности. В этом случае отчет "Об источниках и использовании" не показывает чистого прироста денежных средств, как можно увидеть в таблице 29-4. Прирост денежных средств от основной деятельности нивелируется увеличением дебиторской задолженности.

Позднее, когда счета будут оплачены потребителем, остатки на счете денежных средств также возрастут. Однако на этот момент никакой новой прибыли не получено, и потому не происходит прироста чистого оборотного капитала. Увеличение остатков по статье денежных средств полностью соответствует сокращению суммы дебиторской задолженности.

Отсюда вытекают интересные свойства оборотного капитала. Представим себе компанию, ведущую очень простой бизнес. Она приобретает сырье с немедленной оплатой, перерабатывает его и производит готовую продукцию, а затем продает эту продукцию в кредит. Весь цикл выглядит следующим образом:

Если составить баланс на начало этого процесса, то вы увидите в нем денежные средства. Если же составить баланс на более поздний момент, то обнаружите, что статью "денежные средства" заместила другая статья — "запасы сырья и материалов", а еще позднее вместо денежных средств в балансе появится статья "запасы готовой продукции". Когда продукция продана, статья "запасы готовой продукции" сменяется статьей "дебиторская задолженность" (счета к получению), и наконец, когда покупатель оплачивает свою покупку, компания восстанавливает остатки в статье "денежные средства".

---

[6] Разница в налогах, показанных в отчетности, и реально выплаченных Налоговой службе, отражается в балансе как увеличившаяся отсроченная задолженность по налогу. Причина появления в отчетности такой задолженности заключается в том, что ускоренная амортизация и другие инструменты уменьшения налогооблагаемой прибыли не устраняют налоги, а только откладывают их выплату на более поздний срок. Конечно, это снижает приведенную стоимость задолженности по налогу компании, однако все равно задолженность должна быть отражена. В отчете об "Источниках и использовании" увеличение отсроченной задолженности по налогам будет рассматриваться как источник фондов. В примере с компанией "Матрас-самоход" мы опустили отсроченные налоги.

ГЛАВА 29. Краткосрочное финансовое планирование

Во всем этом процессе есть только одна постоянная величина: оборотный капитал. Его составные части непрерывно изменялись. Это одна из причин, почему расчет чистого оборотного капитала — это полезный обобщающий измеритель оборотных активов и текущих обязательств.

Несомненным преимуществом этого измерителя является тот факт, что он не подвержен сезонным или иным временны́м колебаниям, свойственным оборотным активам и текущим обязательствам. Однако в этой его сильной стороне одновременно кроется и его слабость как измерителя, поскольку показатель "чистый оборотный капитал" скрывает много интересной информации об операциях компании. В приведенном примере денежные средства были преобразованы в запасы, затем в дебиторскую задолженность и вновь в денежные средства. Но эти активы отличаются разными уровнями риска и ликвидности. Вы не можете оплачивать ваши счета запасами или дебиторской задолженностью, для этого вам нужны именно денежные средства.

29-4. ПЛАНИРОВАНИЕ ПОТОКОВ ДЕНЕЖНЫХ СРЕДСТВ

Прошлое интересует нас только с точки зрения тех уроков, которые можно из него почерпнуть. Проблема финансового менеджера — предвидеть *будущие* источники и направления использования денежных средств. Такие прогнозы используют ради двух целей. Во-первых, они помогают финансовому менеджеру определить потребности в денежных средствах в будущем. Во-вторых, данные прогнозы служат нормативом или планом, в сравнении с которым оцениваются последующие события.

Подготовка бюджета денежных средств: приток

Существует множество разных способов подготовки квартального бюджета денежных средств. Некоторые крупные компании даже разработали для этого "корпоративные модели", другие используют программу LOTUS 1-2-3 для планирования потребности в денежных средствах. В мелких компаниях процедуры такого планирования не столь формализованы. Однако существует ряд общих проблем, с которыми сталкиваются компании в процессе прогнозирования. Эти общие вопросы мы опять рассмотрим на примере компании "Матрас-самоход".

Основная часть притока денежных средств этой компании поступает от продажи матрасов. Поэтому начнем с квартального[7] прогноза сбыта матрасов на 1991 г.:

	Кварталы			
	I	II	III	IV
Объем реализации (в млн дол.)	87,5	78,5	116	131

Реализация сначала превращается в дебиторскую задолженность, прежде чем принимает форму денежных средств. Поток денежных средств возникает при *оплате* дебиторской задолженности.

Большинство компаний контролирует время, которое требуется ее покупателям для оплаты счетов. На основе этих данных можно прогнозировать, какую долю объема реализации в каждом квартале потребитель оплатит именно в этом квартале, а какую долю он оплатит в следующем квартале, и потому она в текущем квартале отражается в статье дебиторской задолженности. Допустим, что 80% реализованной продукции данного квартала оплачивается в этом

---

[7] Многие фирмы делают месячные, а не квартальные прогнозы. Иногда делаются еженедельные и даже ежедневные прогнозы. Однако если рассматривать месячный прогноз, то нам придется утроить количество записей в таблице 29-7 и в последующих таблицах. Мы же хотели в максимальной степени упростить наш пример.

ТАБЛИЦА 29-7
Для составления прогноза поступлений по дебиторской задолженности компании "Матрас-самоход" вы должны иметь прогнозные значения реализации и ее оплаты (в млн дол.)

	I квартал	II квартал	III квартал	IV квартал
1. Дебиторская задолженность, начало периода	30	32,5	30,7	38,2
2. Объем реализации	87,5	78,5	116,0	131,0
3. Поступления:				
За продукцию данного периода (80%)	70,0	62,8	92,8	104,8
За продукцию предшествующего периода (20%)	15,0[a]	17,5	15,7	23,2
Итого поступления	85,0	80,3	108,5	128,0
4. Дебиторская задолженность, конец периода 4=1+2−3	32,5	30,7	38,2	41,2

[a] Объем реализации в IV квартале предыдущего года составил 75 млн дол.

же квартале, а 20% — только в следующем. В таблице 29-7 показаны прогнозы поступления денежных средств от покупателя при данных условиях.

В первом квартале, например, поступление денежных средств за текущую реализацию составит 80% от 87,5 млн дол., или 70 млн дол. Но в этом квартале компания получает еще и 20% выручки за реализацию прошлого периода, или $0,2 \times 75 = 15$ млн дол. Значит, всего в данном квартале поступление денег составит $70 + 15 = 85$ млн дол.

Компания "Матрас-самоход" начала первый квартал, имея 30 млн дол. дебиторской задолженности. Объем реализации первого квартала в размере 87,5 млн дол. сперва *дополнил* дебиторскую задолженность, а затем из него были *вычтены* 85 млн дол. полученных денежных средств. Следовательно, как показывает таблица 29-7, "Матрас-самоход" закончила данный квартал с дебиторской задолженностью на сумму $30 + 87,5 - 85 = 32,5$ млн дол. Общая формула такова:

Дебиторская задолженность на конец периода = дебиторская задолженность на начало периода + объем реализации − оплата.

В верхней части таблицы 29-8 представлены прогнозные источники денежных средств компании "Матрас-самоход". Поступления от покупателей составляют главный источник, но не единственный. Вероятно, компания планирует продать часть земли, которой она владеет, или же ожидает компенсации по налогу или же поступлений по страховому полису. Все подобные источники включены в строку "прочие источники". Возможно также, что компания планирует привлечь дополнительные займы или осуществить выпуск акций, но в данный момент мы не хотим предвосхищать события. Поэтому на время допустим, что "Матрас-самоход" не будет расширять объемы долгосрочного финансирования.

Подготовка бюджета денежных средств: отток

Итак, притоки денежных средств рассмотрены. Перейдем к оттоку денежных средств компании. Всегда кажется, что направлений использования денежных средств больше, чем источников. В целях упрощения сгруппируем все направления использования денежных средств, как это показано в таблице 29-8.

1. *Оплата счетов поставщиков.* Необходимо оплачивать счета за сырье, комплектующие, электроэнергию и т. д. Прогноз потоков денежных

ГЛАВА 29. Краткосрочное финансовое планирование

средств исходит из предположения, что все эти счета оплачиваются вовремя, хотя компания "Матрас-самоход" может и отложить оплату на некоторое время. Такую отсрочку иногда называют *растягиванием оплаты задолженности*. Затягивание выплат по счетам поставщиков служит одним из источников краткосрочного финансирования, но для большинства компаний это очень дорогой источник, так как при отсрочке платежа они теряют возможность получения скидок за быструю оплату. Эта проблема более подробно рассматривается в разделе 30–1.

2. *Оплата труда, управленческие и другие расходы.* В эту категорию входят все остальные текущие затраты компании.
3. *Расходы на капиталовложения.* Отметим, что компания "Матрас-самоход" планирует крупные капиталовложения в первом квартале.
4. *Налоги на прибыль, выплата процентов и дивидендов.* Эта группа включает в себя проценты по долгосрочной задолженности, уже имеющейся у компании, но не включает никаких процентов по дополнительно полученным кредитам для удовлетворения потребности компании в денежных средствах в 1991 г. На этом этапе анализа компании еще не известно, сколько заемных средств ей понадобится и понадобятся ли они вообще.

Прогнозный чистый поток денежных средств (источники минус использование) показан в таблице 29-8 в рамке. Отметим крупное отрицательное зна-

ТАБЛИЦА 29-8
Бюджет денежных средств компании "Матрас-самоход" на 1991 г. (в млн дол.)

	I квартал	II квартал	III квартал	IV квартал
Источники денежных средств				
Поступления по дебиторской задолженности	85,0	80,3	108,5	128,0
Прочие	0	0	12,5	0
Итого источников	85,0	80,3	121,0	128,0
Использование денежных средств				
Оплата счетов поставщиков	65,0	60,0	55,0	50,0
Оплата труда, управленческие и другие расходы	30,0	30,0	30,0	30,0
Капиталовложения	32,5	1,3	5,5	8,0
Налоги, проценты и дивиденды	4,0	4,0	4,5	5,0
Итого использование	131,5	95,3	95,0	93,0
Источники минус использование	**−46,5**	**−15,0**	**+26,0**	**+35,0**
Расчет потребности в краткосрочном финансировании				
1. Денежные средства, начало периода	5,0	−41,5	−56,5	−30,5
2. Изменения в остатках денежных средств (источники минус использование)	−46,5	−15,0	+26,0	+35,0
3. Денежные средства, конец периода[a], 1+2=3	−41,5	−56,5	−30,5	+4,5
4. Минимальный текущий остаток денежных средств	5,0	5,0	5,0	5,0
5. Кумулятивная потребность в краткосрочном финансировании[b], 5=4−3	46,5	61,5	35,5	0,5

[a] Конечно, компания не может иметь в прямом смысле слова отрицательное сальдо денежных средств. Эти цифры показывают суммы, которые надо получить дополнительно, чтобы оплачивать текущие счета.
[b] Отрицательный знак показал бы *избыток* денежных средств. Но в данном случае компании необходимо привлекать дополнительные источники во всех кварталах.

чение в первом квартале: 46,5 млн дол. — это прогнозный *отток* денежных средств. Во втором квартале возникает меньший отток, а затем во второй половине года крупные притоки денежных средств.

В нижней части таблицы 29-8 сразу под рамкой представлен расчет потребности в краткосрочном финансировании при условии, что прогноз потоков денежных средств составлен верно. Компания начинает год с остатком на счете денежных средств в размере 5 млн дол. В первом квартале года ожидается крупный отток денежных средств и отрицательное значение потока денежных средств, поэтому компании понадобится привлечь по крайней мере 46,5 − 5 = 41,5 млн дол. дополнительного финансирования. Это создаст ситуацию, в которой компания подойдет к началу второго квартала с нулевым сальдо счета денежных средств.

Многие финансовые менеджеры считают подобное плановое нулевое сальдо слишком близким приближением к краю пропасти. Поэтому они устанавливают так называемый *минимум текущего остатка денежных средств*, за счет которого покрывались бы непредвиденные оттоки и который восполнялся бы непредвиденными притоками денежных средств. Как правило, банки также требуют минимального остатка на счете компании в качестве компенсации за свои услуги, и об этом подробнее можно прочитать в главе 31. Мы будем исходить из предположения, что минимальный остаток на счете денежных средств компании "Матрас-самоход" установлен на уровне 5 млн дол. Это означает, что ей необходимо дополнительно привлечь 46,5 млн дол., чтобы покрыть образовавшийся в первом квартале отток денежных средств, и еще на 15 млн дол. больше во втором квартале. Таким образом, во втором квартале кумулятивная потребность в финансировании составляет 61,5 млн дол. К счастью, это наиболее высокое значение, так как потом накопившаяся потребность в финансировании снижается в третьем квартале на 26 млн дол., достигая 31,5 млн дол. В последнем квартале "Матрас-самоход" уже почти выбралась из трясины: остаток денежных средств составляет 4,5 млн дол., что всего лишь на 0,5 млн дол. ниже минимального остатка, установленного в компании.

Следующий шаг — это подготовка плана краткосрочного финансирования, в котором выявляется наиболее экономичный способ удовлетворения установленной потребности в финансировании. Мы рассмотрим этот вопрос после двух предварительных замечаний.

1. Крупный отток денежных средств в первых двух кварталах вовсе не обязательно означает крупную проблему для компании. Отчасти этот показатель отражает осуществленные в первом квартале капиталовложения: компания расходует 32,5 млн дол., однако эти средства использованы на приобретение активов такой же или более высокой стоимости. Отчасти отток денежных средств отражает и низкие объемы реализации в первой половине года: выручка за реализованную продукцию возрастет только во второй половине года[8]. Если такая динамика выручки от реализации продукции имеет сезонный предсказуемый характер, тогда компанию не должно смущать получение займа для того, чтобы справиться с трудностями вялых месяцев.

2. Данные таблицы 29-8 — всего лишь догадка о будущих потоках денежных средств. Неплохо было бы учесть *фактор неопределенности* в подобных прогнозных оценках. Например, можно предпринять анализ чувствительности и посмотреть, как на потребности компании в денежных средствах отразятся снижение объемов продаж или задержка с оплатой. Главная проблема анализа чувствительности состоит в том, что,

---

[8] Возможно, люди покупают больше матрасов в конце года, когда ночи становятся длиннее.

ГЛАВА 29. Краткосрочное финансовое планирование

осуществляя его, аналитик последовательно изменяет лишь один показатель, в то время как на практике может произойти общее ухудшение макроэкономической ситуации, что повлияет *и* на объемы продаж, *и* на сроки оплаты дебиторской задолженности. Альтернативное решение состоит в разработке модели бюджета денежных средств, чтобы затем использовать ее для определения вероятности существенных отклонений потребности в денежных средствах в ту или иную сторону от прогнозного уровня, отраженного в таблице 29-8[9]. Если потребность в денежных средствах предсказать трудно, то финансовый менеджер предпочтет иметь в своем распоряжении дополнительный минимальный остаток денежных средств или портфель легкореализуемых ценных бумаг, чтобы с их помощью покрывать непредвиденные оттоки денежных средств.

29–5. ПЛАН КРАТКОСРОЧНОГО ФИНАНСИРОВАНИЯ

Подготовка бюджета денежных средств компании "Матрас-самоход" помогла определить проблему: ее финансовый менеджер должен найти дополнительные источники финансирования, чтобы покрыть прогнозные потребности в денежных средствах. Таких возможных источников много, но для упрощения мы будем исходить только из двух вариантов.

Варианты краткосрочного финансирования

1. *Необеспеченная банковская ссуда.* У компании "Матрас-самоход" заключен договор с банком, по которому она может получить ссуду на максимальную сумму 41 млн дол. под 11,5% годовых, или 2,875% в квартал. По договору компания вправе брать кредит в любой момент, когда ей это необходимо, пока не достигнет установленного лимита. От компании не требуется специального залога в виде каких-либо активов для обеспечения возвратности ссуды. Подобного типа договоры называют **кредитной линией**[10].

   Когда компания получает кредит по такому соглашению, она, как правило, обязана держать в банке **компенсационный остаток** денежных средств в виде депозита. В нашем примере компания "Матрас-самоход" обязана поддерживать остаток в размере 20% от суммы займа. Иначе говоря, если компании нужны 100 дол., то на самом деле она вынуждена брать в долг 125 дол., так как 25 дол. (20% от 125 дол.) должны храниться в банке как вклад.

2. *Растягивание оплаты задолженности.* Компания может получить дополнительные источники финансирования, откладывая оплату своих счетов. Финансовый менеджер убежден, что компания может отсрочить оплату поставщикам следующим образом:

	Кварталы			
	I	II	III	IV
Отложенные суммы (в млн дол.)	52,0	48,0	44,0	40,0

Это означает, что в первом квартале можно сэкономить 52 млн дол., не выплатив их по счетам задолженности поставщикам. (Таблица 29-8 основана на предпосылке оплаты этих счетов в первом квартале.) Если в первом квартале выплата этой суммы отсрочена, то во втором квартале компания *обязана* покрыть эту задолженность. Аналогично выплата 48 млн дол. из счетов к оплате второго квартала может быть отсрочена до третьего квартала и т. д.

---

[9] Другими словами, вы можете использовать имитационную модель Монте-Карло (см. раздел 10—2).
[10] Кредитные линии более подробно рассматриваются в главе 32.

Отсроченная задолженность часто дорого обходится компании, даже если не возникает никаких осложнений с ее покрытием. Причина состоит в том, что поставщики часто предлагают скидки за незамедлительную оплату. Компания потеряет эту возможность, если не оплатит счета в срок. В данном примере "Матрас-самоход", по нашему предположению, теряет скидку, равную 5% суммы отсроченных платежей. Иначе говоря, если просрочена оплата 100 дол., то компания должна выплатить в следующем квартале 105 дол.

Первый вариант плана финансирования

При заданных выше условиях стратегия финансирования компании выглядит очевидной: сначала надо использовать возможности кредитной линии, при необходимости до исчерпания установленного лимита кредитования в 41 млн дол. Но если потребности в денежных средствах все же превысят возможности кредитной линии, то надо растянуть оплату задолженности поставщикам.

Вытекающий из этих условий план финансирования приведен в таблице 29-9. В первом квартале план предусматривает получение займа в рамках кредитной линии на всю требуемую сумму (41 млн дол.) и отсрочку задолженности на сумму 3,6 млн дол. (строки 1 и 2 в таблице). В дополнение к этому компания продает легкореализуемые ценные бумаги на сумму 5 млн дол. (строка 8). Следовательно, по данному плану в первом квартале компания получит 49,6 млн дол. (строка 10).

Почему данный план предусматривает получение 49,6 млн дол., хотя потребность в денежных средствах составляет всего 46,5 млн дол.? Главная причина состоит в том, что согласно условиям займа в 41 млн дол. по кредитной линии компании придется поддерживать остаток денежных средств в размере 20% от этой суммы, или 8,2 млн дол. Компания может обеспечить часть этого компенсационного остатка за счет 5 млн дол. установленного ею минимального текущего остатка на счете денежных средств, но все равно ей нужно дополнительно получить еще 3,2 млн дол. (строка 15).

Во втором квартале план предлагает поддерживать заимствования по кредитной линии на максимально возможном уровне и, кроме того, оттянуть платежи поставщикам на сумму 20 млн дол. Тогда за счет этой процедуры в качестве кредита от поставщиков компания получит 16,4 млн дол., так как оставшаяся от первого квартала задолженность в размере 3,6 млн дол. должна быть погашена.

И вновь сумма денежных средств, которую компания получит по этому плану, превысит ее потребность в денежных средствах (16,4 млн дол. против 15 млн дол.). Но в данном случае эта разность обусловлена необходимостью выплаты процентов за финансовые ресурсы, привлеченные в первом квартале: 1,2 млн дол. по кредитной линии и 2 млн дол. за отсроченные платежи (строки 11 и 12)[11].

В третьем и четвертом кварталах план финансирования предусматривает погашение долга. В свою очередь, это ведет к высвобождению денежных средств, которые были связаны с требованиями компенсационного остатка по кредитной линии.

Оценка первого варианта плана финансирования. Решает ли план, представленный в таблице 29-9, проблемы краткосрочного финансирования компании "Матрас-самоход"? Нет: план допустимый, но компания могла бы найти более удачный вариант. Самым слабым местом данного варианта, несомненно,

---

[11] Процентная ставка по кредитной линии составляет 11,5% годовых, или 11,5/4= 2,875% за квартал. Таким образом, процент к уплате составляет $0,02875 \times 41 = 1,2$, или 1,2 млн дол. Затраты по "проценту" в связи с отсрочкой платежа поставщикам практически выражаются в потере 5%-ного дисконта, который был бы получен при немедленной оплате. Пять процентов от 3,6 млн дол. – это 180 000 дол., или около 0,2 млн дол.

ГЛАВА 29. Краткосрочное финансовое планирование

ТАБЛИЦА 29-9
Первый вариант плана финансирования компании "Матрас-самоход" (в млн дол.)

	I квартал	II квартал	III квартал	IV квартал
Новые займы				
1. Кредитная линия	41,0	0	0	0
2. Отсроченные платежи	3,6	20,0	0	0
3. Итого	44,6	20,0	0	0
Выплаты				
4. По кредитной линии	0	0	4,8	36,2
5. По отсроченным платежам	0	3,6	20,0	0
6. Итого	0	3,6	24,8	36,2
7. Новые займы — нетто	44,6	16,4	−24,8	−36,2
8. Плюс продажа ценных бумаг	5,0[a]	0	0	0
9. Минус покупка ценных бумаг	0	0	0	0
10. Итого приток денежных средств	49,6	16,4	−24,8	−36,2
Выплата процентов				
11. По кредитной линии	0	1,2	1,2	1,0
12. По отсроченным платежам	0	0,2	1,0	0
13. Минус процентный доход по ценным бумагам	−0,1[a]	0	0	0
14. Выплаченные проценты — нетто	−0,1	1,4	2,2	1,0
15. Дополнительные средства для пополнения компенсационного остатка[б]	3,2	0	−1,0	−2,2
16. Денежные средства для текущей деятельности[в]	46,5	15,0	−26,0	−35,0
17. Итого потребность в денежных средствах	49,6	16,4	−24,8	−36,2

[a] Компания имеет в конце 1990 г. 5 млн дол. в виде легкореализуемых ценных бумаг. Доходность оценивается в 2,4% в квартал.
[б] 20% от суммы займа по кредитной линии, превышающей 25 млн дол. Компания имеет 5 млн дол. минимального остатка на счете денежных средств, которые используются в качестве компенсационного остатка для займов в пределах 25 млн дол.
[в] Из таблицы 29—8.

является его ориентация на отсрочку платежей, что означает использование чрезвычайно дорогого финансового инструмента. Вспомните, что его применение обходится компании в 5% в квартал, или в 20% годовых при условии начисления простого процента. Первый вариант плана должен подтолкнуть менеджера к поиску более дешевых краткосрочных источников заемных средств. Например, можно увеличить лимит кредитования сверх 41 млн дол.

Финансовый менеджер должен также задать себе еще ряд вопросов. Например:

1. Нуждается ли компания "Матрас-самоход" в увеличении резерва денежных средств или легкореализуемых ценных бумаг, чтобы защищаться, скажем, от отсрочки платежей ее собственного потребителя (что ведет к замедлению поступления денежных средств по дебиторской задолженности)?
2. Обеспечивает ли данный план удовлетворительные коэффициенты текущей и срочной ликвидности[12]? Ухудшение этих показателей может обеспокоить банкиров[13]?

---

[12] Эти коэффициенты обсуждались в главе 27.
[13] Мы не рассматриваем подробно эти коэффициенты, но из таблицы 29-9 понятно, что они будут нормальными на конец года, однако относительно низкими в середине года, когда уровень заемного финансирования компании "Матрас-самоход" высок.

3. Возникают ли неявные издержки от отсрочки оплаты поставщикам? Будут ли теперь поставщики подвергать сомнению краткосрочную платежеспособность компании?
4. Обеспечивает ли план 1991 г. устойчивое финансовое положение в следующем году? (В данном случае ответ положительный, так как к концу года компания погасит свои краткосрочные обязательства.)
5. Должна ли компания предпринять шаги по привлечению долгосрочных финансовых ресурсов для капиталовложений в первом квартале? Это выглядело бы обоснованным, если следовать правилу финансирования, по которому долгосрочные активы финансируются за счет долгосрочных источников. Это привело бы к резкому снижению потребности в краткосрочных заемных источниках. Однако в качестве контраргумента можно сказать, что компания привлекает краткосрочные источники для финансирования капиталовложений только *временно*. К концу года эти инвестиции оплачиваются за счет денежных средств, поступивших от основной деятельности компании. Таким образом, решение компании не привлекать долгосрочные источники финансирования капиталовложений может отражать стремление финансировать инвестиции за счет нераспределенной прибыли.
6. Вероятно, можно было бы скорректировать производственные и инвестиционные планы компании, чтобы облегчить решение проблем краткосрочного финансирования. Существует ли какой-то легкодоступный путь отсрочить крупный отток денежных средств первого квартала? В частности, если этот отток вызван инвестициями в оборудование для набивки матрасов, которое нужно приобрести и установить в первом полугодии? Это оборудование не предполагается пустить на полную мощность раньше августа. Наверное, можно было бы договориться с производителем оборудования об оплате только 60% покупки при поставке и 40%, когда оно будет установлено и начнет нормально работать.

Краткосрочные планы финансирования разрабатываются методом проб и ошибок. Вы составляете один план, анализируете его, затем разрабатываете еще один при иных допущениях об условиях финансирования и инвестиций. Вы продолжаете до тех пор, пока не обнаружите возможности для улучшения.

Такой перебор вариантов важен для менеджера, так как позволяет понять суть проблем, с которыми сталкивается компания. В данном случае полезна аналогия между *процессом* планирования и содержанием главы 10 "Проект — это не черный ящик". В ней был описан анализ чувствительности и другие инструменты, которыми пользуются компании, чтобы определить, что именно дает импульс инвестиционному проекту и что может ему повредить. Финансовые менеджеры компании "Матрас-самоход" в этом случае столкнулись с аналогичной задачей: не только выбрать план финансирования, но и понять, что может препятствовать его выполнению, а также что следует предпринять, если условия неожиданно изменятся[14].

Конечно, мы не можем описать каждую возможную попытку, которую предпримут финансовые менеджеры компании при подготовке краткосрочного плана. Читатель и так уже, вероятно, устал от обилия цифр. Поэтому перейдем ко второму варианту плана.

Второй вариант плана финансирования

Второй вариант плана, представленный в таблице 29-10, отражает два существенных изменения в допущениях.

---

[14] Это соображение еще более важно в *долгосрочном* финансовом планировании. См. главу 28.

ТАБЛИЦА 29-10
Второй вариант плана финансирования компании "Матрас-самоход" (в млн дол.)

	I квартал	II квартал	III квартал	IV квартал
Новые займы				
1. Кредитная линия	41,0	0	0	0
2. Обеспеченные ссуды (под залог счетов дебиторов)	6,1	16,4	0	0
3. Итого	47,1	16,4	0	0
Выплаты				
4. По кредитной линии	0	0	2,0	36,7
5. По обеспеченным ссудам	0	0	22,4	0
6. Итого	0	0	24,4	36,7
7. Новые займы — нетто	47,1	16,4	−24,4	−36,7
8. Плюс продажа ценных бумаг	2,5[а]	0	0	0
9. Минус покупка ценных бумаг	0	0	0	0
10. Итого приток денежных средств	49,6	16,4	−24,4	−36,7
Выплата процентов				
11. По кредитной линии	0	1,2	1,2	1,1
12. По обеспеченным ссудам	0	0,2	0,8	0
13. Минус проценты по ценным бумагам	−0,1[а]	−0,1	−0,1	−0,1
14. Выплаченные проценты — нетто	−0,1	1,3	2,0	1,0
15. Дополнительные средства для пополнения компенсационного остатка[б]	3,2	0	−0,4	−2,8
16. Денежные средства для текущей деятельности[в]	46,5	15,0	−26,0	−35,0
17. Итого потребность в денежных средствах	49,6	16,4	−24,4	−36,7

[а] Компания имела на конец 1990 г. 5 млн дол. в виде легкореализуемых ценных бумаг.
[б] 20% от суммы займа по кредитной линии, превышающей 25 млн дол. Компания имеет 5 млн дол. минимального остатка на счете денежных средств, которые используются как компенсационный остаток для займов в пределах 25 млн дол.
[в] Из таблицы 29-8.

Примечание. В таблице имеются некоторые числовые несоответствия из-за округлений.

1. Коммерческая финансовая компания[15] предлагает компании "Матрас-самоход" заем в размере 80% от суммы дебиторской задолженности под 15% годовых, или 3,75% в квартальном исчислении. В свою очередь, "Матрас-самоход" должна использовать счета к получению в качестве обеспечения займа. Это, безусловно, дешевле, чем растягивание платежей поставщикам. Такой вариант выглядит дороже, чем кредитная линия, открытая банком, но при этом надо помнить, что кредитная линия требует компенсационного остатка, тогда как каждый доллар, полученный под залог счетов дебиторов, может быть свободно использован.

---

[15] Коммерческие финансовые компании — это небанковские финансовые организации, которые специализируются на кредитовании предпринимательства.

2. Финансовый менеджер испытывает некоторое неудобство с первым вариантом плана, так как он не предусматривает никакой "подушки" в виде легкореализуемых ценных бумаг. Второй вариант, напротив, основан на поддержании портфеля легкореализуемых ценных бумаг на сумму 2,5 млн дол. в течение года.

Сопоставление таблиц 29-9 и 29-10 показывает, что второй план во многом похож на первый; разница лишь в том, что займы в нем, полученные под залог счетов дебиторов, заменяют отсроченную задолженность и, кроме того, компания имеет портфель ликвидных ценных бумаг на сумму 2,5 млн дол. Помимо этого, второй план дешевле первого. Это можно обнаружить, сравнивая выплаченные проценты (нетто) в этих двух вариантах (строка 14).

	Кварталы				
	I	II	III	IV	Итого
Первый план	−0,1	1,4	2,2	1,0	4,5
Второй план	−0,1	1,3	2,0	1,0	4,2

В течение года второй план экономит на выплате процентов до 4,5−4,2 = 0,3 млн дол., или около 300 000 дол.[16]

Замечание о моделях краткосрочного финансового планирования

Разработка качественного финансового плана требует подробных расчетов[17]. Значительную часть из них можно доверить компьютеру. Многие крупные компании используют для этого *модели краткосрочного финансового планирования*. Мелкие компании, подобные "Матрасу-самоходу", не сталкиваются со столь объемными расчетами, и поэтому им проще применять электронные таблицы. Но в любом случае задача финансового менеджера — определить потребность в денежных средствах или их избыток, уровни процентных ставок, лимиты кредитования и т. д., а на основе этих предпосылок модель рассчитает план, подобный тем, что были представлены в таблицах 29-9 и 29-10. Компьютер также составляет баланс, отчет о прибылях и любые другие финансовые отчеты, которые могут понадобиться менеджеру.

Мелкие компании, у которых не возникает необходимости в адаптации модели к их специфическим особенностям, могут арендовать модели, разработанные для общих ситуаций банками, бухгалтерскими фирмами, консультационными или специализированными компаниями, продающими программные продукты.

Основная часть этих моделей — *имитационные программы*[18]. Они просто рассчитывают последствия допущений и различных вариантов политики, параметры которых задают менеджеры.

---

[16] Это цифры в доналоговом исчислении. Мы упростили данный пример, игнорируя тот факт, что каждый доллар уплаченного процента относится к расходам, уменьшающим налогооблагаемую прибыль.

[17] Если вы в этом сомневаетесь, вновь взгляните на таблицу 29-9 или 29-10. Заметьте, что потребности в денежных средствах в каждом квартале зависят от полученных кредитов в предшествующем квартале, поскольку получение кредитов обусловливает обязательства по уплате процентов. Кроме того, получение кредитов может повлечь за собой требование компенсационного остатка: в таком случае это означает еще больший долг и еще более крупные расходы по выплате процентов в следующем квартале. Более того, проблема была бы в три раза сложнее, если бы мы рассматривали не квартальный, а месячный прогноз.

[18] Это имитационные модели такого же типа, как и описанные в разделе 10−2, за исключением того, что в моделях краткосрочного планирования редко специально учитывается фактор неопределенности. Модели, о которых здесь идет речь, построены и применяются так же, как и модели долгосрочного финансового планирования, описанные в разделе 28-3.

Оптимизационные модели также ценны для краткосрочного финансового планирования. Обычно эти модели основаны на методах линейного программирования. Они ищут *лучший* план из альтернатив, предложенных финансовым менеджером.

В примере с компанией "Матрас-самоход" была использована модель линейного программирования, разработанная Погом и Бассардом[19]. Конечно, в этом простом примере для определения лучшей стратегии едва ли была нужда именно в линейном программировании: ведь очевидно, что "Матрасу-самоходу" следует прежде всего использовать кредитную линию и обращаться к другой, наилучшей альтернативной возможности (отсрочке платежей или займу под залог счетов дебиторов) лишь после исчерпания лимита кредитования. Тем не менее модель Пога—Бассарда рассчитывает всю арифметическую часть задачи очень просто и быстро.

Оптимизационные модели полезны, когда компания сталкивается со сложными проблемами, в которых заключено несколько альтернатив и ограничений и применение к которым простого метода проб и ошибок поэтому никогда не даст ответа на вопрос о *лучшем* варианте.

Безусловно, наилучший план для одной системы допущений может привести к разрушительным результатам, если эти допущения ложны. Поэтому финансовому менеджеру необходимо полагаться на разные варианты допущений о будущих потоках денежных средств, процентных ставках и других условиях. Линейное программирование может помочь определить разумные стратегии, но даже оптимизационные модели находят финансовый план методом перебора.

29–6. РЕЗЮМЕ

Краткосрочное финансовое планирование связано с краткосрочными, или *оборотными*, активами компании и ее текущими обязательствами. К числу наиболее важных оборотных активов относят денежные средства, легкореализуемые ценные бумаги, товарно-материальные запасы и дебиторскую задолженность. В свою очередь, к наиболее важным текущим обязательствам следует отнести полученные банковские ссуды и счета к оплате. Разность между величиной оборотных активов и суммой текущих обязательств называется *чистым оборотным капиталом* компании.

Текущие активы и обязательства оборачиваются гораздо быстрее, чем другие статьи баланса. Краткосрочные финансовые и инвестиционные решения проще поддаются пересмотру, чем долгосрочные решения компании. Следовательно, финансовому менеджеру нет необходимости заглядывать в отдаленное будущее компании при принятии этих решений.

Характер проблем краткосрочного финансового планирования операций компании предопределяется долгосрочными источниками финансирования. Компания, которая выпускает в обращение большие объемы долговых ценных бумаг или акций, или компания, в которой значительная часть полученной прибыли накапливается, может столкнуться с хроническим избытком денежных средств. В такой ситуации у нее не возникает никаких затруднений с погашением краткосрочных обязательств и оплатой счетов, а краткосрочное финансовое планирование сводится, по существу, к управлению портфелем ликвидных ценных бумаг. На наш взгляд, компании с хроническим избытком наличности должны возвращать эти денежные средства акционерам.

Многие компании привлекают относительно небольшие объемы долгосрочных капиталов и хронически находятся в положении краткосрочных дебиторов. Большинство фирм стремится найти некую золотую середину, финансируя все основные средства и часть оборотных активов из собственного

---
[19] *G.A.Pogue and R.N.Bussard.* A Linear Programming Model for Short-Term Financial Planning under Uncertainty // Sloan Management Review. 13:69–99. Spring. 1972.

капитала и долгосрочного долга. Такие компании могут инвестировать избыточные денежные средства в течение какой-то части хозяйственного года и заимствовать ресурсы в остальные периоды.

Отправным моментом для краткосрочного финансового планирования является определение источников и направлений использования денежных средств[20]. Менеджеры разрабатывают прогнозы потребности в денежных средствах на основе прогнозов нетто-поступлений по счетам дебиторов, прибавляя к этим суммам все остальные притоки денежных средств и вычитая из них все оттоки, которые можно предвидеть.

Если прогнозная сумма денежных средств *недостаточна* для осуществления текущих операций компании и обеспечения некоторого резерва для непредвиденных обстоятельств, необходимо находить дополнительные финансовые ресурсы. Оправданно использовать долгосрочное финансирование, если этот дефицит имеет устойчивый характер и относительно высокий уровень. В других ситуациях скорее стоит прибегнуть к разнообразным источникам краткосрочного финансирования. Например, вы могли бы получить заем в банке по кредитной линии, не требующей от компании специального обеспечения, или, наоборот, получить ссуду под залог запасов или счетов дебиторов, или, наконец, можно было бы финансировать образовавшийся дефицит за счет отсроченных платежей поставщикам. В дополнение к явным издержкам финансирования в виде процентов по заемным средствам в таких случаях часто возникают и неявные издержки. Например, компания может столкнуться с необходимостью держать определенный компенсационный остаток в виде депозита в банке или, прибегнув к отсрочке платежей поставщикам, потерять репутацию надежного клиента. Финансовый менеджер должен выбрать такой комплекс инструментов, который обеспечивает наиболее низкие издержки финансирования (как явные, так и неявные), а также создает для компании определенный запас гибкости для преодоления непредвиденных обстоятельств.

Поиск наиболее удачного плана краткосрочного финансирования неизбежно связан с процессом перебора методом проб и ошибок. Финансовый менеджер должен проверить несколько вариантов допущений о потребности в денежных средствах, процентных ставках, лимитах финансирования из конкретных источников и проанализировать последствия каждого из них. Все в большей мере компании используют компьютерные модели для облегчения процесса финансового планирования. Эти модели представлены электронными таблицами, которые предназначены для упрощения собственно арифметической части этой деятельности, и моделями линейного программирования, которые помогают определить лучший финансовый план.

РЕКОМЕНДУЕМАЯ ЛИТЕРАТУРА

Ниже представлены основные учебные пособия по управлению оборотным капиталом:

G.W. Gallinger and P.B. Healey. Liquidity Analysis and Management. Addison-Wesley Publishing Company, Inc., Reading, Mass., 1987.

K.V. Smith. Readings on the Management of Working Capital. 2d ed. West Publishing Company, New York, 1980.

---

[20] Мы отмечали в разделе 29—3, что источники и направления использования чаще рассматриваются применительно к *фондам*, чем к денежным средствам. Все, что увеличивает оборотный капитал, называется *источниками фондов*, все, что уменьшает оборотный капитал, называется *использованием фондов*. Отчет об "Источниках и использовании фондов" относительно прост, поскольку многие статьи источников и использования денежных средств скрыты в изменениях оборотного капитала. Однако в прогнозировании акцент делается на денежные потоки: свои счета вы оплачиваете деньгами, а не оборотным капиталом.

ГЛАВА 29. Краткосрочное финансовое планирование

J.H. Vander Weide and S.F. Maier. Managing Corporate Liquidity: An Introduction to Working Capital Management. John Wiley & Sons, Inc., New York, 1985.

J.D. Wilson and J.F. Duston. Financial Information Systems Manual. Warren, Gorham and Lamont, Inc., Boston, 1986.

Пог и Бассард предлагают модель линейного программирования для краткосрочного финансового планирования:

G.A. Pogue and R.N. Bussard. A Linear Programming Model for Short-Term Financial Planning under Uncertainty // Sloan Management Review. 13: 69–99. Spring. 1972.

КОНТРОЛЬНЫЕ ВОПРОСЫ

1. Ниже перечислены 6 операций компании "Матрас-самоход". Скажите, как каждая из них повлияет на следующие статьи баланса:
   а) денежные средства;
   б) оборотный капитал.
   Операции:
   1) Выплата 2 млн дол. денежных дивидендов.
   2) Потребитель выплачивает 2500 дол. за продукцию, проданную ему ранее.
   3) Компания "Матрас-самоход" оплачивает задолженность своему поставщику на 5000 дол.
   4) Получен долгосрочный заем на 1 млн дол., и эти средства инвестированы в приобретение запасов.
   5) Получен краткосрочный заем на 1 млн дол., и эти средства инвестированы в приобретение запасов.
   6) Проданы легкореализуемые ценные бумаги на 5 млн дол. с немедленной оплатой.

2. Ниже дан прогноз продаж компании National Bromide на первые 4 месяца 1992 г. (в тыс. дол.):

	Месяцы			
	1-й	2-й	3-й	4-й
Реализация продукции с немедленной оплатой	15	24	18	14
Реализация в кредит	100	120	90	70

   В среднем 50% выручки за продукцию, проданную в кредит, оплачивается в текущем месяце, 30% — в следующем месяце, а остальная часть — через месяц после предыдущей оплаты. Какие потоки денежных средств от текущих операций ожидаются в третьем и четвертом месяцах?

3. Заполните пропуски в следующих формулировках.
   а) Компания имеет избыток денежных средств, когда ее _____ превосходит ее _____. Избыточные денежные средства обычно инвестируют в _____.
   б) Разрабатывая краткосрочный финансовый план, менеджер начинает с бюджета _____ на следующий год. Этот бюджет показывает _____, созданные или потребленные в процессе операций компании, а также минимальный _____, который необходим для обеспечения этих операций. Финансовый менеджер может также вкладывать деньги в _____, рассматривая их как ре-

зерв для удовлетворения непредвиденных потребностей в денежных средствах.

в) Разработкой краткосрочных финансовых планов занимаются методом _____ и _____, часто используя компьютерные _____.

4. Определите, как каждое из перечисленных ниже событий влияет на баланс компании. Установите также, относятся ли эти события к источникам или использованию денежных средств либо фондов.

а) Производитель автомобилей увеличивает выпуск продукции в соответствии с прогнозом о росте спроса. Но спрос так и не возрастает.
б) Конкуренция вынуждает компанию продлевать сроки оплаты счетов, которые она устанавливает для своих потребителей.
в) Инфляция ведет к росту стоимости сырья на 20%.
г) Компания продает участок земли за 100 000 дол. Земля была куплена 5 лет назад за 200 000 дол.
д) Компания выкупает собственные акции из обращения.
е) Компания в два раза увеличивает дивиденды за квартал.
ж) Компания выпускает в обращение долгосрочные долговые ценные бумаги и использует полученные средства для погашения краткосрочного банковского кредита.

ВОПРОСЫ И ЗАДАНИЯ

1. В таблице 29-11 представлен баланс компании "Матрас-самоход" на конец 1988 г., а в таблице 29-12 — ее отчет о прибылях за 1989 г. Составьте отчеты об источниках и использовании денежных средств, источниках и использовании фондов за 1989 г.
2. Разработайте краткосрочный финансовый план для компании "Матрас-самоход", учитывая, что лимит по кредитной линии повышен до 50 млн дол. Все остальные условия те же, что указаны в таблице 29-10.
3. Проанализируйте еще раз второй финансовый план компании "Матрас-самоход". Обратите внимание, что кредитная линия обходится дешевле, чем получение займа под залог счетов дебиторов. Так ли это в реальной действительности? Объясните ваш ответ.
4. Допустим, что банк предлагает компании "Матрас-самоход" отказаться от компенсационного остатка при условии повышения процентной ставки до

ТАБЛИЦА 29-11
Баланс на конец 1988 г. (в млн дол.)

Оборотные активы		Текущие обязательства	
Денежные средства	4	Банковские ссуды	4
Ликвидные ценные бумаги	2	Счета к оплате	15
Запасы	20	Итого текущие обязательства	19
Дебиторская задолженность	22		
Итого оборотные активы	48	Долгосрочная задолженность	5
		Собственный капитал и нераспределенная прибыль	60
Основные средства		Итого обязательства и собственный капитал	84
Валовые инвестиции в основные средства	50		
Минус амортизация	−14		
Основные средства – нетто	36		
Итого активы	84		

ГЛАВА 29. Краткосрочное финансовое планирование 819

ТАБЛИЦА 29-12
Отчет о прибылях за 1989 г. (в млн дол.)

Валовая выручка от реализации	300
Операционные издержки	−285
	15
Амортизация	−2
Прибыль до выплаты процентов и налогов	13
Затраты на выплату процентов	−1
Прибыль до выплаты процентов	12
Налог на прибыль (ставка 50%)	−6
Чистая прибыль	6

Примечания.
Дивиденды составляют 1 млн дол.
Нераспределенная прибыль равна 5 млн дол.

3,375% в квартал. Следует ли компании принять это предложение? Объясните ваш ответ. (Все остальные условия остаются неизменными и соответствуют данным таблицы 29-10.) Изменится ли ваш ответ, если потребность компании в денежных средствах в первом и втором кварталах окажется существенно ниже, например, только 20 и 10 млн дол. соответственно?

5. В некоторых странах спрос на корпоративные долгосрочные ценные бумаги ограничен, и для финансирования долгосрочных инвестиций в здания и оборудование компании обращаются к краткосрочным банковским ссудам. Когда приходит время погашать краткосрочный долг, его замещают следующим краткосрочным займом, поэтому компания всегда является дебитором. В чем состоят недостатки такого способа? Есть ли у него какие-то преимущества? (*Подсказка*: см. раздел 23–3, особенно параграф "Учитывая инфляцию".)

6. Допустим, у компании имеется избыток денежных средств, но она *не платит* налоги. Порекомендуете ли вы инвестировать эти избыточные средства в казначейские векселя или иные надежные ценные бумаги? Что вы думаете об инвестициях в привилегированные или обыкновенные акции других компаний применительно к этому случаю? (*Подсказка*: см. комбинацию "долг–налоги" в разделе 18–2. Ваш ответ будет зависеть от вашей позиции по этому вопросу.)

Часть IX

КРАТКОСРОЧНЫЕ ФИНАНСОВЫЕ РЕШЕНИЯ

30 Управление дебиторской задолженностью

В главе 29 мы в общем виде познакомились с содержанием краткосрочного управления финансами. Теперь пора перейти к деталям.

Когда компании продают свою продукцию, иногда они требуют предоплаты или оплаты в момент поставки, однако в большинстве случаев они допускают определенную отсрочку платежа. Если вернуться к балансу, представленному в таблице 29-1, можно увидеть, что счета дебиторов в среднем составляют $1/3$ оборотных активов фирмы. Такая дебиторская задолженность включает в себя как коммерческие, так и потребительские кредиты. Первые намного крупнее и, соответственно, им будет уделено основное внимание в данной главе.

Управление поставками в кредит можно разбить на 5 основных шагов:

1. Во-первых, вы должны определить условия, на которых предполагаете продавать товары. Сколько времени вы собираетесь давать своим покупателям для оплаты их счетов? Готовы ли вы предложить скидку, если оплата будет произведена своевременно?
2. Во-вторых, вы должны решить, какие свидетельства платежеспособности вам необходимы. Предложите ли вы покупателю просто подписать счет или станете настаивать на каких-то более формальных подтверждениях задолженности?
3. В-третьих, вы должны определить, какие покупатели вероятнее всего оплатят свои счета. Будете ли вы судить об этом на основании прошлых записей, относящихся к этому покупателю, или прошлых финансовых отчетов? Или вы будете полагаться на подтверждение банка?
4. В-четвертых, вы должны решить, какой по величине кредит вы готовы предоставить каждому покупателю. Предпочтете ли вы надежность, отвергая любое предложение, вызывающее сомнение? Или вы возьмете на себя риск появления некоторых сомнительных долгов в качестве издержек создания обширной постоянной клиентуры?
5. И наконец, после того как вы предоставили кредит, у вас появляется проблема взыскания денег по истечении его срока. Как вы будете отслеживать платежи? Какие меры вы станете предпринимать по отношению к тем, кто платит с задержкой?

Рассмотрим последовательно каждый шаг.

30–1. УСЛОВИЯ ПРОДАЖ

Не все деловые операции осуществляются на условиях отсрочки платежа. Например, если вы производите продукцию по специальному заказу покупателя или несете существенные затраты по доставке товаров, в этом случае разумно потребовать предоплату до поставки. Если вы поставляете продукцию широкому кругу непостоянных покупателей, то, возможно, имеет смысл требовать оплату в момент поставки.

Если ваш товар дорогой и изготовлен на заказ, подписывается формальный договор о продаже. Часто такие договоры предусматривают **поэтапную оплату** по мере выполнения работы. Например, большой, крупный консалтинговый контракт может содержать требование 30%-ной оплаты по завершении этапа исследований и разработок, оплаты следующих 30% — по предоставлении предварительного отчета и оставшихся 40% — после окончательного завершения проекта.

Когда мы рассматриваем сделки с отсрочкой платежа, мы сталкиваемся со множеством вариантов соглашений и значительным числом специальных терминов. Фактически оказывается, что каждая отрасль экономики имеет собственные особые обычаи в отношении условий оплаты. Эти правила подчиняются простой логике. Продавец, естественно, будет требовать более ранней оплаты, если его покупателем является высокорисковое предприятие, или если у покупателей немного средств на счетах, или если продукция скоропортящаяся или предназначена для быстрой перепродажи.

Чтобы побудить покупателя оплатить счета до истечения срока оплаты, часто предлагаются "скидки за своевременную оплату", которые предоставляются при выполнении определенных условий оплаты[1]. Например, производитель может требовать оплаты в течение 30 дней, но предлагать 5%-ную скидку тем покупателям, которые платят в течение 10 дней. Эти условия обычно обозначают как "*5/10, чистые 30*". Если фирма продает свои товары на условиях "*2/30, чистые 60*", это означает, что покупатель получает 2%-ную скидку при оплате в течение 30 дней и должен полностью расплатиться в течение 60 дней.

Скидки за своевременную оплату часто достигают довольно больших размеров. Например, клиент, покупающий на условиях "*5/10, чистые 30*", может решить не получать скидку и заплатить на тридцатый день. Это означает, что покупатель получает дополнительный 20-дневный кредит, но платит за товары на 5% больше. Это эквивалентно займу по ставке 155% годовых[2]. Конечно, любая фирма, допускающая просрочку платежа, получает более дешевый кредит, но наносит этим ущерб своей репутации.

Вы можете представить себе условия продажи как назначение одновременно цены для покупателя с немедленной оплатой и ставки процента за предоставление кредита. Например, предположим, что фирма снижает скидку за немедленную оплату с 5 до 4%. Это будет означать *повышение* цены для покупателя с немедленной оплатой на 1%, и *снижение* предполагаемой ставки процента для покупателя с отсрочкой платежа просто с 5% за 20 дней до 4% за 20 дней.

От постоянного покупателя крупных партий товаров неудобно требовать отдельной оплаты каждой поставки. Обычно в подобных ситуациях принимают такое решение: все продажи за месяц считать произведенными в конце месяца. Такие товары могут быть проданы на условиях "*8/10, EOM, чистые 60*". Это означает, что покупатель получает 8%-ную скидку за немедленную оплату, если он оплачивает счета в течение 10 дней после окончания месяца (EOM — end of month); в противном случае он должен произвести полную

---

[1] В дополнение к этому многие компании предлагают "досрочную ставку". Это скидка, которая рассчитывается как ставка процента и предоставляется тем покупателям, которые упустили скидку за своевременную оплату, но оплатили счета до истечения срока платежа. Кроме того, некоторые фирмы добавляют к цене "плату за обслуживание" в случае поздней оплаты.

[2] Скидка за немедленную оплату означает, что вы платите 95, а не 100 дол. Если вы не пользуетесь скидкой, вы получаете 20-дневный кредит, но вы платите за ваши товары на 5/95 дороже. Год состоит из 365/20 = 18,25 20-дневных периодов. Доллар, инвестированный под 5,26% за период, в течение 18,25 периодов вырастает до $(1{,}0526)^{18,25} =$ $= 2{,}55$ дол., т. е. приносит 155%-ную отдачу на первоначальные инвестиции.

оплату в течение 60 дней со дня выписки счета[3]. Если закупки подвержены сезонным колебаниям, производители часто стимулируют покупателей приобретать товары раньше путем предоставления им отсрочки платежа до времени обычных сезонных заказов. Такая практика известна как "сезонная датировка".

30–2. ИНСТРУМЕНТЫ КОММЕРЧЕСКОГО КРЕДИТА

Условия продажи определяют размер кредита, но не определяют сути контракта. Повторяющиеся продажи покупателям на внутреннем рынке почти всегда осуществляются по **открытому счету** и основаны на негласном договоре. Это просто запись в бухгалтерских книгах продавца и счет, подписанный покупателем.

Если заказ большой и не предполагает сложной системы скидок за немедленную оплату, продавец может попросить покупателя подписать **простой вексель**.

Это просто долговая расписка, оформленная следующим образом:

Нью-Йорк
1 апреля, 1991 г.
Через шестьдесят дней после указанной даты я обязуюсь заплатить по требованию компании XYZ одну тысячу долларов (1000,00$) за полученные ценности.
Подпись.

Такая форма не имеет широкого распространения, однако у нее есть два преимущества. Во-первых, поскольку это обязательство уплаты "по требованию" или "на предъявителя", держатель такого векселя может продать его или использовать в качестве обеспечения займа. Во-вторых, вексель исключает возможность любых последующих споров о существовании задолженности; покупатель знает, что он или она могут быть немедленно привлечены к суду в случае отказа уплатить в день погашения.

Если вам необходимо четкое обязательство покупателя, полезно получить его до того, как вы доставите товары. В этом случае самое простое — оформить сделку **коммерческим векселем**[4]. Он действует следующим образом. Продавец составляет вексель, обязующий покупателя оплатить товар, и посылает его в банк покупателя вместе с документами об отгрузке. Если требуется немедленный платеж, то такой вексель определяется как **предъявительский переводной вексель**, оплачиваемый немедленно по предъявлении. В противном случае он определяется как **срочный переводной вексель**, оплачиваемый через определенное время. В зависимости от того, является ли вексель предъявительским или срочным, покупатель либо платит, либо признает задолженность, добавляя слово *акцептовано* (принято) и свою подпись. Банк затем передает отгрузочные документы покупателю, а деньги или **акцептованный торговый вексель** — продавцу[5]. Последний может держать акцептованный торговый вексель до даты погашения или использовать его в качестве обеспечения займа.

Если есть какое-либо сомнение в кредитоспособности покупателя, продавец может попросить покупателя о том, чтобы его (ее) банк акцептовал переводной срочный вексель. В этом случае банк выступает гарантом задолженности покупателя. Такие **банковские акцепты** (акцептованные банком векселя) часто

---

[3] Условия "*8/10, prox, чистые 60*" означают, что покупатель может получить скидку, если счет будет оплачен в течение 10 дней после окончания следующего (*proximo*) месяца.

[4] Коммерческий вексель известен также как *переводной вексель*.

[5] Очень часто можно встретить условия продажи "*SD-BL*". Это означает, что банк передаст транспортную накладную (BL — bill of landing) в обмен на платеж по предъявительскому переводному векселю (SD — sight draft).

используются во внешнеторговых операциях; они имеют больший вес и более высокую степень защищенности, чем акцептованные торговые векселя.

Экспортер, которому необходима более высокая степень уверенности в платежеспособности покупателя, может попросить его самого или его банк оформить **безотзывной аккредитив**. В данном случае банк покупателя посылает экспортеру письменное уведомление о том, что в его пользу открыт кредит в банке в США. Затем экспортер составляет переводной вексель на банк покупателя и представляет его в банк США вместе с аккредитивом и отгрузочными документами. Банк в США организует акцептование векселя или выплату денег и пересылает документы в банк покупателя.

Если вы продали товары покупателю, который оказался неспособным заплатить за них, вы не сможете их получить обратно. Вы просто становитесь обычным кредитором компании вместе с другими такими же "невезучими". Этой ситуации можно избежать путем *условной продажи*, при которой право собственности на товары остается у продавца до того момента, как они будут полностью оплачены. В Европе условная продажа является общепринятой практикой. В США она используется только при покупке товаров в рассрочку. В этом случае если покупатель не в состоянии сделать оговоренное количество платежей, то оборудование может быть немедленно возвращено продавцу.

30–3. КРЕДИТНЫЙ АНАЛИЗ

Фирмам не разрешается ущемлять права и интересы отдельных покупателей, устанавливая для них различные цены. Также не разрешено при одинаковых ценах устанавливать различные условия кредита[6]. Вы *можете* предлагать различные условия продажи различным *классам* покупателей. Вы можете предложить, например, оптовые скидки или скидки покупателям, желающим заключить долгосрочный контракт на закупку товаров. Но, как правило, даже если у вас есть покупатель с сомнительным положением, вы придерживаетесь с ним обычных для этого класса покупателей условий продаж. А защищаете себя путем ограничения объема товаров, которые этот покупатель может приобрести в кредит.

Существует несколько способов, с помощью которых вы можете выяснить, заплатят ли покупатели свои долги. Наиболее очевидный показатель — платили ли они должным образом в прошлом. Как правило, платеж в срок — это хороший знак, но помните о покупателе, который может получить крупную линию на основании серии небольших платежей, а затем исчезнуть, оставив вас с крупным неоплаченным счетом.

Если вы имеете дело с новым покупателем, возможно, вы обратитесь для проверки в кредитное агентство. Dun and Bradstreet — одно из самых крупных агентств подобного рода: его регулярно выпускаемая *Справочная книга* содержит кредитные рейтинги примерно 3 млн национальных и иностранных фирм. На рисунке 30-1 показано, как интерпретировать такие рейтинги. В дополнение к рейтинговым услугам фирма Dun and Bradstreet составляет на заказ полный отчет о кредитной истории потенциального покупателя.

Кредитные агентства обычно основывают свой отчет на опыте других фирм, которые имели дело с вашим покупателем. Вы также можете получить эту информацию путем непосредственных контактов с данными фирмами или через кредитное бюро. Служба кредитных обменов Национальной ассоциации управления кредитами снабжает организации такой информацией.

Ваш банк также может проверить кредитоспособность покупателя. Он свяжется с банком покупателя и запросит информацию о среднем остатке на счете покупателя в банке, о его доступе к банковскому кредиту и репутации в целом.

---

[6] Ценовая дискриминация, к которой, по определению, относится и дискриминация в области кредитов, запрещена законом Робинсона—Пэтмэна.

ГЛАВА 30. Управление дебиторской задолженностью

РИСУНОК 30-1
Расшифровка рейтингов агентства Dun and Bradstreet.

РАСШИФРОВКА РЕЙТИНГА

Оценка финансовых возможностей		Общая оценка кредитоспособности			
		Хорошая	Высокая	Средняя	Ограниченная
5A	50 000 000 дол. и выше	1	2	3	4
4A	10 000 000 — 49 999 999 дол.	1	2	3	4
3A	1 000 000 — 9 999 999 дол.	1	2	3	4
2A	750 000 — 999 999 дол.	1	2	3	4
1A	500 000 — 749 999 дол.	1	2	3	4
BA	300 000 — 499 999 дол.	1	2	3	4
BB	200 000 — 299 999 дол.	1	2	3	4
CB	125 000 — 199 999 дол.	1	2	3	4
CC	75 000 — 124 999 дол.	1	2	3	4
DC	50 000 — 74 999 дол.	1	2	3	4
DD	35 000 — 49 999 дол.	1	2	3	4
EE	20 000 — 34 999 дол.	1	2	3	4
FF	10 000 — 19 999 дол.	1	2	3	4
GG	5 000 — 9 999 дол.	1	2	3	4
HH	до 4 999 дол.	1	2	3	4

Общая классификация

Оценка финансовых возможностей		Общая оценка кредитоспособности		
		Хорошая	Средняя	Ограниченная
1R	125 000 — дол. и выше	2	3	4
2R	50 000 — 124 999 дол.	2	3	4

Объяснение.

Обозначения "1R" или "2R" с соответствующими оценками 2, 3 или 4 показывают, что предполагаемая оценка финансовых возможностей, хотя и не жестко классифицированная, попадает в обозначенный долларовый промежуток, а предполагаемая общая оценка кредитоспособности, хотя и не может быть определена точно, попадает в общие обозначенные категории.

Значок "INV" на месте рейтинговой оценки показывает, что на момент опубликования отчетность находится в процессе изучения. Больше это ничего не значит.

"FB" (иностранное подразделение). Это означает, что головной офис данной компании находится в иностранном государстве (включая Канаду). Письменный отчет содержит описание местоположения головного офиса.

Отсутствие рейтинговой оценки, обозначенное двумя дефисами (- -), нельзя трактовать как негативное, но это означает, что существуют обстоятельства, обусловившие сложности классификации в соответствии с такими сжатыми рейтинговыми обозначениями. Предполагается, что для получения дополнительной информации необходимо запросить отчет.

Указатель групп компаний по количеству занятых в отчетах по компаниям, не зарегистрированным в Справочнике

	Шифры	Указатель групп компаний по количеству занятых	
Некоторые компании не сообщают свои данные для рейтинга Dun and Bradstreet и не зарегистрированы в Справочнике. Информация о названиях этих компаний, однако, хранится и обновляется в файле информации B&D. По этим компаниям возможно получение отчетов, в которых вместо рейтинга будет содержаться Указатель групп компаний по количеству занятых, в котором указаны размеры с точки зрения количества занятых. Никакой другой значимой информации он не содержит.	ER1	1000 или более	занятых
	ER2	500 — 999	занятых
	ER3	100 — 499	занятых
	ER4	50 — 99	занятых
	ER5	20 — 49	занятых
	ER6	10 — 19	занятых
	ER7	5 — 9	занятых
	ER8	1 — 4	занятых
	ERN		нет данных

В дополнение к проверке в банке покупателя, возможно, имеет смысл проверить, что думают все остальные члены финансового сообщества о кредитоспособности вашего покупателя. Разве это дорого? Нет, если ваш покупатель является акционерным обществом открытого типа. Вы просто просмотрите рейтинги Moody или Standard and Poor по выпущенным облигациям вашего покупателя[7]. Вы также можете сравнить цены этих облигаций с ценами облигаций других фирм. (Естественно, нужно сравнить облигации с аналогичными сроками погашения, номиналом и т.п.) И наконец, вы можете посмотреть на поведение рыночных цен на акции покупателя в последнее время. Резкое падение цены не означает, что компания находится в трудном положении, но все же наводит на мысль, что перспективы ее на самом деле менее благоприятны, чем они были в прошлом.

Анализ финансовых коэффициентов

Мы предложили несколько способов проверки того, насколько рискованны ваши отношения с покупателем. Вы можете получить информацию у своего менеджера по управлению дебиторской задолженностью, у специализированного кредитного агентства, у кредитного бюро, в банке или у финансового сообщества в целом. Но если вам не нравится полагаться на мнение других, вы можете сами выполнить домашнее задание. В идеале эта работа включает детальный анализ деловых перспектив компании и ее финансов, однако обычно это чересчур дорого. Поэтому кредитные аналитики концентрируют свое внимание на финансовой отчетности компании, используя приближенные эмпирические оценки для выводов о кредитном риске, связанном с компанией-покупателем. Эти эмпирические оценки основаны на *финансовых коэффициентах*. В главе 27 описано, как подобные коэффициенты рассчитывать и интерпретировать.

Количественная кредитная оценка

Анализ кредитных рисков напоминает детективную работу полиции: вы располагаете множеством улик: одни – важные, другие – нет, некоторые укладываются в схему, какие-то противоречат ей. Вы должны "взвесить" всю эту информацию и сделать обобщающее заключение. В маленькой деревне местная полиция, как правило, может полагаться на опыт и знание местной специфики. Личная оценка решает все. В большом городе полиция не может действовать подобным образом. Ей необходим систематизированный подход к сбору и обработке информации, которая поступает в центральное полицейское управление. Точно так же, когда у фирмы небольшая постоянная клиентура, менеджер по кредиту может легко провести неформальное расследование. Но когда компания работает напрямую с потребителями (розничными покупателями) или с большим количеством мелких торговых счетов, необходим более строгий подход. В этих случаях, вероятно, имеет смысл пользоваться балльной системой подсчетов для общей оценки заявок на кредит.

Если вы подаете заявку на получение кредитной карточки или банковского займа, вас попросят ответить на различные вопросы о вашей работе, доме и финансовом состоянии. Один средних размеров банк требовал от каждого обращающегося за кредитом заполнения стандартной анкеты, краткая версия которой показана в таблице 30-1[8]. Установлено, что в целом только 1,2% таких займов впоследствии не возвращаются. Однако, как оказалось, некоторым категориям заемщиков присущ гораздо более высокий кредитный риск, чем другим. В правом столбце таблицы 30-1 мы добавили фактические данные о доле неплательщиков в каждой категории заемщиков. Например, вы

---

[7] См. раздел 23—4.
[8] См.: *P.F. Smith*. Measuring Risk on Consumer Installment Credit // Management Science. 11: 327—340. November. 1964.

ГЛАВА 30. Управление дебиторской задолженностью

ТАБЛИЦА 30-1
Краткая версия анкеты, используемой банками в качестве формы заявок на получение персонального кредита. Мы добавили в скобках процент заемщиков по каждой категории, которые впоследствии не выполнили своих обязательств.

1. Есть ли у вас:
   - 1 или более телефонов? (0,7)
   - Нет телефона (7,0)
2. Являетесь ли вы:
   - Владельцем собственного дома? (0,7)
   - Арендатором дома? (2,2)
   - Арендатором квартиры? (3,3)
   - Арендатором комнаты? (7,3)
3. Имеете ли вы:
   - 1 или более банковских счетов? (0,8)
   - Нет банковского счета? (2,6)
4. Является ли целью займа:
   - Покупка автомобиля? (0,8)
   - Покупка товаров для дома? (0,6)
   - Оплата медицинских расходов? (2,5)
   - Другие цели? (1,3)
5. Сколько времени вы прожили на вашем последнем месте жительства:
   - 6 месяцев или менее? (3,1)
   - От 7 до 60 месяцев? (1,4)
   - Более 60 месяцев? (0,8)
6. Сколько времени вы работаете на последнем месте работы:
   - 6 месяцев? (3,2)
   - От 7 до 60 месяцев? (1,5)
   - Более 60 месяцев? (0,9)
7. Каков ваш семейный статус:
   - Не женаты (не замужем)? (1,6)
   - Женаты (замужем)? (1,0)
   - Разведены? (2,9)
8. Какая у вас почтовая зона? (от 0,1 до 11,4)
9. На какой срок вы просите заем:
   - 12 месяцев или менее? (1,6)
   - Более 12 месяцев? (1,0)
10. Какова ваша профессия? (от 0,4 до 3,5)
11. Каков ваш ежемесячный доход:
    - 200 дол. или менее? (2,3)
    - От 200 до 1000 дол.? (1,1)
    - Более 1000? (0,7)
12. Сколько вам лет:
    - До 25? (1,5)
    - От 25 до 30? (1,8)
    - Более 30? (1,0)
13. Сколько человек в вашей семье:
    - Один? (1,6)
    - От двух до семи? (1,1)
    - Восемь и более? (2,6)

Источник: Перепечатано с разрешения из: *P.F. Smith.* Measuring Risk on Consumer Installment Credit // Management Science. 11: 327–340. November. 1964. Copyright 1964. The Institute of Management Science.

можете увидеть, что 7,0% заемщиков, у которых нет телефона, впоследствии не возвращают кредит. Точно так же для заемщиков, которые живут в арендованных комнатах, не имеют банковского счета, просят заем для оплаты медицинских счетов и т.д., характерен кредитный риск гораздо выше среднего.

Учитывая этот опыт, для банка может иметь смысл рассчитывать обобщающий индекс риска для каждого просителя[9]. Например, вы можете составить сносный индекс просто путем суммирования всех вероятностей из таблицы 30-1. Бедняга, который дал наиболее неблагоприятные ответы на все вопросы, получит следующий индекс риска:

$$7{,}0 + 7{,}3 + 2{,}6 + \ldots + 2{,}6 = 51{,}8.$$

Как будто у него (или у нее) и без того мало неприятностей!

Вопросник из таблицы 30-1, конечно, устарел — едва ли среди обращающихся за кредитами много таких, у кого месячный доход меньше 200 дол.! Нам бы очень хотелось дать по возможности реальный пример из текущего дня, но все это большой секрет: банк, располагающий великолепным методом определения хороших и плохих заемщиков, имеет значительное преимущество в конкурентной борьбе.

Создание более совершенных индексов риска

Многие заимодатели, использующие системы кредитной оценки, применяют специальные формулы. Вы должны уметь делать это лучше, чем они.

Простое сложение отдельных вероятностей, как в нашем примере с банком, не дает нужного ответа, поскольку при этом не учитывается взаимодействие между различными факторами. Гораздо бо́льшую настороженность, вероятно, вызовет обращающийся за ссудой холостяк, имеющий семью из восьми человек, чем женатый человек в аналогичном положении. С другой стороны, вас может не слишком беспокоить факт, что холостяк, обращающийся за ссудой, живет в арендованной комнате (конечно, если только у него нет семьи из восьми человек).

Предположим, вы возьмете только два фактора — время проживания в последнем месте жительства и время работы на последнем месте. Затем вы составляете диаграмму, как на рисунке 30-2. "Крестиками" (×) обозначены покупатели, которые впоследствии заплатили свои долги, "ноликами" (о) —

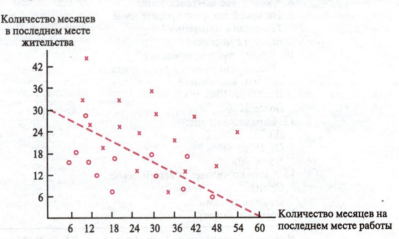

РИСУНОК 30-2
"Крестиками" (×) представлена гипотетическая группа заемщиков банка, которые впоследствии возвратили свои займы, "ноликами" (о) — группа тех, кто не выполнил своих обязательств. Пунктирная линия разделяет две группы на основе данных о времени проживания в последнем месте жительства и времени работы на последнем месте работы. Линия отражает равенство: $Z = 2$ (месяцы на последнем месте жительства) + 1 (месяцы на последней работе) = 60. Индекс Z у заемщиков, расположенных над линией, больше 60.

---

[9] Существуют некоторые показатели, которые вы *не можете* использовать при расчете этого индекса риска или в любых других кредитных оценках: например, пол или расовую принадлежность обращающегося.

покупатели, не выполнившие своих обязательств. Теперь попытайтесь провести прямую разделительную линию между двумя группами. Вы не можете полностью отделить их одна от другой, однако линия на нашей диаграмме представляет максимально возможное разделение двух групп. (Заметьте, что только три "×" находятся ниже линии и три "о" — над ней.) Эта линия говорит нам, что если мы хотим *различать* высокий и низкий риски, то стабильности работы мы должны уделять в два раза меньше внимания, чем стабильности проживания ("вес" стабильности работы составляет $1/2$ "веса" стабильности проживания). Индекс кредитоспособности составляет:

Индекс кредитоспособности = Z = 2 (месяцы на последнем месте жительства) + + 1(месяцы на последнем месте работы).

Вы минимизируете ошибку классификации, если заранее предположите, что обращающиеся за кредитом, чей индекс Z больше 60, заплатят по своим счетам, а те, чей индекс Z меньше 60, — не заплатят[10].

На практике нам не нужно ограничивать наше внимание только двумя переменными, так же как и оценивать равенство "на глазок". *Мульти-дискриминантный анализ* (МДА) служит наиболее подходящим статистическим методом для расчета "весов" каждой переменной в целях отделения зерен от плевел[11].

Эдвард Алтман использовал МДА для прогнозирования высокого делового риска. Алтман поставил себе задачу определить, насколько хорошо финансовые коэффициенты позволяют выявить фирмы, обанкротившиеся в период 1946–1965 гг. Благодаря МДА он получил следующий индекс кредитоспособности[12]:

$$Z = 3{,}3 \frac{\text{прибыль до выплаты процентов и налогов}}{\text{совокупные активы}} + 1{,}0 \frac{\text{выручка от реализации}}{\text{совокупные активы}} +$$

$$+ 0{,}6 \frac{\text{рыночная стоимость собственного капитала}}{\text{балансовая стоимость долга}} + 1{,}4 \frac{\text{нераспределенная прибыль}}{\text{совокупные активы}} + 1{,}2 \frac{\text{оборотный капитал}}{\text{совокупные активы}}.$$

Это уравнение служит эффективным инструментом отделения банкротов от небанкротов. Что касается первых, то 94% из тех, у кого показатель Z был *меньше* 2,7, годом позже обанкротились. Для сравнения, у 97% необанкротившихся фирм показатель Z был *выше* этого уровня[13].

Системы кредитной оценки должны нести в себе сигнал опасности. Когда вы конструируете индекс риска, соблазнительно поэкспериментировать со множеством переменных в различных комбинациях до тех пор, пока вы не найдете уравнение, которое бы наилучшим образом работало в прошлом. К сожалению, добывая данные таким образом, вы, вероятно, обнаружите, что

---

[10] Число 60 выбрано произвольно. С тем же успехом мы могли бы использовать 6. В этом случае Z рассчитывалось бы как:

$Z = 0{,}2$ *(месяцы на последнем месте жительства) + 0,1 (месяцы на последней работе).*

[11] МДА — не единственный статистический метод, который вы можете использовать в тех же целях. Два других перспективных метода — "пробит" и "лоджит". В соответствии с ними вероятность какого-либо события, в т. ч. банкротства, рассчитывается как функция наблюдаемых факторов.

[12] E.I. Altman. Financial Ratios, Discriminant Analysis and Prediction of Corporate Bankruptcy // Journal of Finance. 23: 589–609. September. 1968.

[13] Это уравнение основано на прошлой информации. С несколько меньшей эффективностью уравнение позволило *предсказать* банкротства после 1965 г.

система менее эффективно работает в будущем, чем в прошлом. Если вы введены в заблуждение этими прошлыми успехами, слишком полагаясь на вашу модель, вы можете отказать в кредите некоторым перспективным покупателям. Прибыль, которую вы теряете, отказывая покупателям, может намного перекрыть выгоды, которые вы получаете, избегая нескольких "тухлых яиц". В результате вы рискуете оказаться в худшем положении, чем если бы вы притворились, что не способны отличить одного покупателя от другого, и предоставляли кредит всем.

Значит ли это, что вы не должны прибегать к кредитной оценке? Конечно нет. Это просто означает, что недостаточно иметь хорошую систему кредитной оценки; вам также необходимо знать, в какой степени на нее можно полагаться. Это тема следующего параграфа.

30—4. РЕШЕНИЕ О ПРЕДОСТАВЛЕНИИ КРЕДИТА

Давайте предположим, что вы уже сделали первые три шага по направлению к эффективной кредитной операции. Другими словами, вы определили ваши условия продаж, решили, пользоваться ли при продаже открытым счетом или просить ваших покупателей подписывать долговые обязательства, выработали процедуру, позволяющую оценить, с какой вероятностью каждый покупатель расплатится по счету. Ваш следующий шаг — принять решение, кому из этих покупателей предоставлять кредит.

Если не существует вероятности повторения заказа, то принять такое решение относительно просто. Рисунок 30-3 обобщает возможности вашего выбора. С одной стороны, вы можете отказать в предоставлении кредита. В этом случае вы не получите прибыли, но и не понесете убытка. Другой вариант — предложить кредит. Обозначим вероятность того, что покупатель заплатит, символом p. Если покупатель действительно заплатит, вы получаете дополнительную выручку (REV) и несете дополнительные затраты ($COST$); ваш чистый доход — это приведенная стоимость (PV) величины ($REV - COST$). К сожалению, вы не можете быть уверены, что покупатель заплатит. Существует вероятность невыполнения обязательств, равная ($1 - p$). Невыполнение обязательств означает, что вы ничего не получаете и несете дополнительные издержки. *Ожидаемая прибыль* от двух вариантов действий составляет, следовательно:

	Ожидаемая прибыль
Отказать в кредите	0
Предоставить кредит	$pPV(REV - COST) - (1 - p)PV(COST)$

РИСУНОК 30-3
Если вы отказываете в кредите, вы не получите прибыли и не понесете убытка. Если вы предоставите кредит, существует вероятность p, что покупатель заплатит, и вы получите $REV - COST$; но также существует вероятность ($1 - p$), что покупатель не заплатит и вы потеряете сумму, равную $COST$.

ГЛАВА 30. Управление дебиторской задолженностью

Вам следует предоставить кредит, если ожидаемая от этого прибыль превышает ожидаемую прибыль от отказа в кредите.

Рассмотрим, например, случай с компанией "Чугунное литье". От каждой продажи компания получает выручку, приведенная стоимость которой равна 1200 дол., и несет издержки с приведенной стоимостью 1000 дол. Следовательно, ожидаемая прибыль компании, если она предоставит кредит, будет равна:

$$pPV(REV - COST) - (1-p)PV(COST) = p \times 200 - (1-p) \times 1000.$$

Если вероятность оплаты составляет $5/6$, то компания "Чугунное литье" может рассчитывать на безубыточность:

$$\text{Ожидаемая прибыль} = \frac{5}{6} \times 200 - \left(1 - \frac{5}{6}\right) \times 1000 = 0.$$

Следовательно, политикой компании "Чугунное литье" должно быть предоставление кредита, когда вероятность оплаты выше, чем 5 к 6.

*Когда остановиться в поиске "ключей"

Мы говорили с вами раньше о том, когда начинать искать "ключи", свидетельствующие о кредитоспособности покупателя, но мы ничего не говорили о том, когда нужно *остановиться*. Теперь мы можем поработать над вопросом, как будет влиять на вашу прибыль более детальный кредитный анализ.

Предположим, что кредитный отдел "Чугунного литья" проводит анализ для определения того, какие покупатели вероятнее всего не заплатят по счетам. Оказывается, что 95% покупателей компании платили должным образом, а 5% платили медленно. С другой стороны, покупатели с медленной оплатой с гораздо большей вероятностью не расплатятся за следующий заказ, чем плательщики в срок. В среднем 20% "медлительных" плательщиков впоследствии не выполняют своих обязательств, тогда как для обязательных плательщиков эта доля равна 2%.

Другими словами, если мы рассмотрим выборку из 1000 покупателей, никто из которых еще не отказался от своих обязательств, то обнаружим, что 950 из них платят в срок и 50 — с задержкой. На основе прошлого опыта компания "Чугунное литье" может ожидать, что 19 плательщиков в срок и 10 медлительных плательщиков не выполнят своих обязательств в будущем:

Категория	Количество покупателей	Вероятность невыполнения обязательств	Ожидаемое количество неплатежеспособных покупателей
Плательщики в срок	950	0,02	19
"Медлительные" плательщики	50	0,20	10
Всего покупателей	1000	0,029	29

Теперь менеджеру по кредиту предстоит принять следующее решение: следует ли компании отказать в кредите тем покупателям, которые медленно платили в прошлом?

Если вы знаете, что покупатель платил медленно, правильный ответ, очевидно, "да". Для каждой продажи "медлительному" покупателю вероятность оплаты составляет лишь 80% ($p = 0,8$). Продажа *"медлительному"* плательщику, следовательно, дает ожидаемый *убыток* 40 дол.:

$$\text{Ожидаемая прибыль} = pPV(REV - COST) - (1-p)PV(COST) =$$
$$= 0,8(200) - 0,2(1000) = -40 \text{ дол.}$$

Но предположим, что анализ записей компании "Чугунное литье", призванный выявить обязательных и медлительных покупателей, требует затрат в 10 дол. Стоит ли тогда это делать? Ожидаемая выгода от такой проверки составляет:

Ожидаемая выгода от кредитной проверки = (вероятность идентификации медлительного плательщика × выгода от непредоставления кредита) − затраты на кредитную проверку =
= (0,05 × 40) − 10 = − 8 дол.

В этом случае проверка не стоит того. Вы платите 10 дол., чтобы в 5% случаев избежать убытка, равного 40 дол. Но предположим, что покупатель заказал 10 единиц одновременно. Тогда проверка имеет смысл, так как вы платите 10 дол., чтобы в 5% случаев избежать убытка в 400 дол.:

Ожидаемая выгода от кредитной проверки = (0,05 × 400) − 10 = 10 дол.

Менеджер по кредиту соответственно решит проверить записи прошлых платежей покупателя только в том случае, если заказ состоит из более чем 5 единиц. Вы сами можете удостовериться в том, что кредитная проверка заказов из 5 единиц только окупает затраты на ее проведение.

Наша иллюстрация является упрощенной, но вы, вероятно, поняли суть. Вы не захотите подвергать каждый заказ одинаковому кредитному анализу. Вы стремитесь сконцентрировать свои усилия на крупных и сомнительных заказах.

*Решения о предоставлении кредита для повторяющихся заказов

До сих пор мы игнорировали возможность повторяющихся заказов. Но одна из причин предложения кредита сегодня заключается в том, что это позволяет получить надежного, постоянного покупателя.

Рисунок 30-4 иллюстрирует эту проблему[14]. Компания "Чугунное литье" получила заявку на предоставление кредита новому покупателю. Вы можете найти немного информации об этой фирме и считаете, что вероятность оплаты не превышает 0,8. Если вы предоставите кредит, то ожидаемая прибыль от этого заказа будет:

Ожидаемая прибыль от первоначального заказа =
= p_1PV(REV − COST) − (1 − p_1)PV(COST) =
= (0,8 × 200) − (0,2 × 1000) = −40 дол.

Вы принимаете решение отказать в кредите.

Это правильное решение, если не существует никакой вероятности повторного заказа. Но посмотрите еще раз на пример, показанный в "древе решений" (рис. 30-4). Если покупатель все-таки заплатит, в следующем году от него поступит повторный заказ. Поскольку покупатель заплатил один раз, вы на 95% можете быть уверены, что он или она заплатит опять. По этой причине любой повторный заказ является очень прибыльным:

Ожидаемая прибыль следующего года от повторного заказа =
= p_2PV(REV_2 − $COST_2$) − (1 − p_2)PV($COST_2$) =
= (0,95 × 200) − (0,05 × 1000) = 140 дол.

---

[14] Наш пример взят из работы: *H. Bierman, Jr. and W.H. Hausman.* The Credit Granting Decision // Management Science. 16: B519—B532. April.1970.

ГЛАВА 30. Управление дебиторской задолженностью

РИСУНОК 30-4
В этом примере вероятность того, что ваш покупатель заплатит в период 1, составляет всего лишь 0,8; но если он заплатит, то сделает еще один заказ в период 2. Вероятность того, что покупатель оплатит второй заказ, равна 0,95. Возможность этого хорошего повторного заказа более чем компенсирует ожидаемый убыток в период 1.

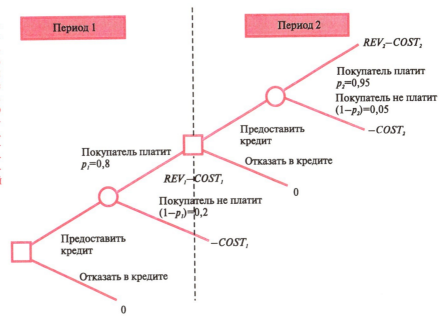

Теперь вы можете переосмыслить сегодняшнее кредитное решение. Предоставив кредит сегодня, вы получите ожидаемую прибыль по первоначальному заказу *плюс* возможность продать в кредит в следующем году:

Общая ожидаемая прибыль = ожидаемая прибыль по первоначальному заказу + вероятность платежа и повторения заказа × приведенная стоимость (ожидаемой прибыли следующего года от повторного заказа) $= -40 + 0{,}08 \times PV(140)$.

Вам следует предоставить кредит при любой приемлемой ставке дисконта. Например, если ставка дисконта равна 20%, то:

Общая ожидаемая прибыль (приведенная стоимость) =

$$= -40 + \frac{0{,}8(140)}{1{,}2} = 53{,}33 \text{ дол.}$$

В этом примере вам следует предоставить кредит, даже если вы ожидаете понести убытки по данному заказу. Ожидаемый убыток с лихвой перекрывается возможностью получения надежного и постоянного покупателя.

Некоторые общие принципы

Иногда менеджер по кредиту сталкивается с четко разграниченными вариантами выбора. В этих обстоятельствах вполне возможно довольно точно оценить последствия более либеральной или более строгой кредитной политики. Но реальные жизненные ситуации обычно гораздо сложнее наших простых примеров. Покупатели не все хорошие и не все плохие. Многие из них постоянно задерживают платеж; вы получаете ваши деньги, но их сбор обходится дороже, и вы теряете возможные проценты. Затем существует вопрос риска. Может быть, вы в состоянии измерить доходы и затраты, но по какой ставке вы будете дисконтировать их?

Как почти все финансовые решения, согласие предоставить кредит основано в большой степени на личной оценке. Наши примеры — это лишь напоминание о существующих проблемах, а не готовые рецепты из поваренной книги. Вот какие основные моменты вы должны помнить.

1. *Максимизировать прибыль.* Ваша работа в качестве менеджера по управлению дебиторской задолженностью (кредитами) заключается не в том, чтобы минимизировать количество сомнительных дебиторов, а в том, чтобы максимизировать прибыль. Однако вы должны осознавать, что ваша работа основана на компромиссах. Лучшее, что может случиться, — покупатель заплатит в срок, худшее — он не выполнит своих обязательств по оплате. В первом случае фирма целиком получает дополнительную выручку от продажи за вычетом дополнительных издержек; во втором случае она ничего не получает и теряет затраченные средства. Вам следует взвесить вероятности этих альтернативных исходов. Если чистая прибыль высока, то ваша либеральная кредитная политика оправданна; если низка, вы не можете допустить большого количества сомнительных долгов.

2. *Концентрировать внимание на опасных счетах.* Вам не нужно тратить одинаковые усилия на анализ всех кредитных заявок. Если податель заявки — маленькая или известная фирма, то вы, как правило, должны принять решение в рабочем порядке; если же это крупная или сомнительная фирма, вам лучше перейти прямо к детальной кредитной оценке. Большинство менеджеров по управлению дебиторской задолженностью не принимают решения о предоставлении кредита по мере поступления заказов. Вместо этого они устанавливают кредитный лимит для каждого покупателя. Торговый представитель должен обращаться за разрешением на исполнение заказа в кредит только в том случае, если покупатель превышает свой лимит.

3. *Видеть дальше текущего заказа.* Кредитное решение представляет собой динамическую проблему. Вы не можете заглядывать только в ближайшее будущее. Иногда, наверное, имеет смысл принять на себя относительно высокий риск, поскольку существует вероятность, что покупатель превратится в постоянного и надежного клиента. Однако новые фирмы должны быть готовы к большому количеству сомнительных долгов, чем давно основанные компании. Это часть затрат, необходимых для создания хорошей клиентуры.

30–5. ПОЛИТИКА СБОРА ДЕНЕГ

Было бы прекрасно, если бы покупатели оплачивали свои счета к установленной дате. Но так не происходит, и, поскольку вы тоже иногда позволяете себе "тянуть" с оплатой ваших обязательств, вы не можете в общем-то осуждать других.

Менеджер по управлению дебиторской задолженностью ведет записи, отражающие историю оплаты счетов по каждому покупателю. Менеджер знает, что компания А всегда получает скидку за оплату в срок, а компания Z обычно платит медленно — в течение 90 дней. Кроме того, менеджер следит за просроченными платежами, составляя для этого таблицу, в которой дебиторская задолженность группируется в зависимости от количества просроченных дней. Она может выглядеть примерно так же, как таблица 30-2.

Когда покупатель пропускает срок платежа, ему обычно посылают выписку из счета, а затем регулярно обращаются со все более настойчивыми письмами, телексами, факсами или телефонными звонками. Если ни один из этих способов не даст результата, большинство компаний передает такую задолженность агентству по сбору долгов или адвокату. Плата за подобные услуги составляет, как правило, от 15 до 40% суммы долга, который необходимо получить. Неплатежеспособный покупатель может пытаться облегчить свою

ГЛАВА 30. Управление дебиторской задолженностью

ТАБЛИЦА 30-2
Классификация дебиторской задолженности в зависимости от количества дней задержки оплаты (в дол.)

Название компании	Задолженность, срок оплаты которой еще не наступил	1 месяц просрочки	2 месяца просрочки	Более 2 месяцев просрочки	Общая сумма долга
A	10 000	—	—	—	10 000
.	.	.	.	.	.
.	.	.	.	.	.
.	.	.	.	.	.
Z	5000	4000	6000	15 000	30 000
Всего	200 000	40 000	15 000	43 000	265 000

участь, подав заявление о банкротстве. В Приложении к главе мы описываем, что происходит, когда человек или фирма становится банкротом.

Всегда существует потенциальный конфликт интересов между отделом по взиманию задолженности и отделом продаж. Торговые представители обычно жалуются, что они не в силах завоевывать новых клиентов, если отдел по взиманию задолженности запугивает покупателей угрожающими письмами. С другой стороны, менеджер по сбору денег горюет о том, что агенты отдела продаж заботятся только о получении заказов и их не волнует, будут ли товары впоследствии оплачены.

Вместе с тем мы знаем немало примеров сотрудничества между менеджерами по продажам и финансовыми менеджерами, которые заботятся о поступлении денег. Например, специализированное химическое подразделение одной из ведущих фармацевтических фирм фактически предоставило кредит важному покупателю, финансирование которого неожиданно было перекрыто его банком. Фармацевтическая компания поручилась за то, что знает своего покупателя лучше, чем его банк, — и компания оказалась права. Покупатель организовал финансирование через другой банк, возвратил деньги фармацевтической фирме и стал еще более верным клиентом. Это хороший пример поддержки отдела продаж финансовыми менеджерами.

Факторинг и страхование кредитов

У крупных фирм есть некоторые преимущества в управлении дебиторской задолженностью. Во-первых, их подразделения имеют возможность объединять информацию о кредитоспособности покупателей. Во-вторых, для них возможна потенциальная экономия, обусловленная масштабами деятельности, в ведении записей, выписке счетов и т. п., особенно если этот процесс компьютеризирован. В-третьих, процесс взимания долгов — это специализированный бизнес, который требует особых опыта и знаний. Маленькая фирма может оказаться не способной нанять или подготовить специализированного менеджера по управлению дебиторской задолженностью. Однако можно получить некоторые из этих преимуществ, передав часть работы **факторинговой компании**.

Факторинг состоит в следующем. Факторинговая компания и клиент подписывают соглашение о предельной величине кредита для каждого покупателя и среднем периоде оплаты задолженности. Клиент затем извещает каждого покупателя о том, что его задолженность приобрела факторинговая компания. Затем при любой продаже клиент факторинговой компании посылает ей копию счета; покупатель платит напрямую факторинговой компании, а факторинговая компания платит своему клиенту на основе согласованного среднего периода погашения дебиторской задолженности вне зависимости от того, заплатил покупатель или нет. Конечно, подобные операции сопряжены с издержками, и факторинговая компания, как правило, берет плату в размере 1—2% от стоимости счета[15]. Такое соглашение о факторинге, именуемое *"зрелый" факторинг*, обеспечивает помощь по взиманию задолженности и страхованию от сомнительных долгов. В дополнение к этим услугам факторинговые компании обычно предлагают авансовые платежи в размере 70—80% от стоимости счета по процентной ставке на 2 или 3% выше базисной. Факторинг, который обеспечивает сбор, страхование и финансирование дебиторской задолженности, обычно называют *"старомодным" факторингом*[16].

Если вам не нужна помощь по взиманию задолженности, но вы хотите защитить себя от сомнительных долгов, вы можете получить кредитную страховку. Компания, занимающаяся страхованием кредитов, очевидно, захочет удостовериться в том, что вы осторожны и не склонны предоставлять безграничные кредиты по спекулятивным счетам. Следовательно, компания по страхованию кредитов обычно оговаривает максимальную сумму задолженности, которую она покроет по счетам с определенным кредитным рейтингом. Так, она может согласиться страховать до 100 000 дол. продаж покупателям с наивысшим рейтингом Dun and Bradstreet, до 50 000 дол. — покупателям со следующим за наивысшим рейтингом и т.д. Вы можете предъявлять свои требования не только в случае, когда покупатель действительно становится банкротом, но и в случае просрочки платежа по счету. Такие неоплаченные счета затем передаются страховой компании, которая прилагает все усилия к взиманию по ним денег.

30—6. РЕЗЮМЕ

Кредитная политика складывается из пяти последовательных этапов. Первая задача — установить нормальные условия продаж. Это означает, что вы должны решить, каковы будут продолжительность периода оплаты и величина скидки за оплату в срок. В большинстве отраслей эти условия стандартизированы.

Ваш второй шаг — определение формы контракта с вашим покупателем. Большинство продаж на внутреннем рынке делается по открытому счету. В этом случае единственным свидетельством того, что покупатель должен вам деньги, является запись в ваших бухгалтерских книгах и счет, подписанный покупателем. Вы можете потребовать и более формального контракта, в особенности в случае сделки с иностранным покупателем. Мы рассмотрели три таких возможности — обычный вексель, акцептованный торговый вексель и аккредитив.

Третья задача — оценить кредитоспособность каждого покупателя. Существует множество различных источников информации — ваш собственный опыт общения с покупателем, опыт других заимодавцев, оценки кредитного агентства, проверка в банке покупателя, рыночная цена на ценные бумаги покупателя, анализ финансовой отчетности покупателя. Фирмы, имеющие дело с большими объемами кредитной информации, обычно сводят различные источники воедино, пользуясь для этого формальными системами кредитной оценки, которые помогают отделить пограничные случаи от очевидных. Мы показали, как вы можете использовать статистические методы, такие, как

---

[15] Многие факторинговые компании являются дочерними предприятиями банков. Их типичный клиент — относительно небольшая производственная фирма, продающая свои товары на повторяющейся основе большому числу промышленных или розничных покупателей. Факторинг особенно распространен в отраслях, связанных с производством одежды.

[16] По соглашению, именуемому *вспомогательный факторинг,* компания сама несет обязательства по всем неоплаченным счетам. В этом случае факторинговая фирма обеспечивает сбор, но не обеспечивает страхование задолженности.

ГЛАВА 30. Управление дебиторской задолженностью

мульти-дискриминантный анализ, чтобы получить эффективный измеритель риска невыполнения обязательств.

После того как вы оценили кредитоспособность покупателя, вы можете установить "чувствительные" лимиты кредита. Работа менеджера по управлению дебиторской задолженностью состоит не в том, чтобы минимизировать количество сомнительных долгов, а в том, чтобы максимизировать прибыль. Это означает, что вы должны увеличивать лимит кредита покупателя до тех пор, пока вероятность оплаты, умноженная на ожидаемую прибыль, превышает вероятность неоплаты, умноженную на себестоимость товаров. Помните, что вы должны заглядывать не только в ближайшее будущее при подсчете ожидаемой прибыли. Часто имеет смысл принять "пограничного" подателя заявки на кредит, если есть вероятность, что он может стать постоянным и надежным покупателем.

И наконец, вы должны *собрать деньги*. Это требует такта и умения. Вы должны проявлять твердость с неплательщиками, но не нужно обижать хорошего покупателя, посылая ему требовательные письма только потому, что чек задержался по вине почты. Вы поймете, что легче выделять "опасные" счета, если вести аккуратные записи, группирующие дебиторскую задолженность в зависимости от просроченных дней оплаты.

Эти пять шагов взаимосвязаны. Например, вы можете допустить более либеральные условия продажи, если вы очень осторожны в выборе того, кому предоставлять кредит. Вы можете иметь дело с высокорисковыми покупателями, если вы очень активны в преследовании любых покупателей, задерживающих платеж. Хорошая кредитная политика составляет одну из важнейших частей хорошего целого.

ПРИЛОЖЕНИЕ: ПРОЦЕДУРЫ БАНКРОТСТВА

Каждый год около 500 000 человек и 100 000 компаний становятся банкротами. Мы уверены, что никто из читателей этой книги не станет банкротом. Но тем не менее может случиться, что вам придется столкнуться с банкротами. В этом приложении мы описываем процедуры, связанные с банкротством.

Персональные банкротства

Если частное лицо не в состоянии оплатить задолженность, его или ее кредиторы могут предъявить иск в суд штата; закон штата предлагает разнообразные меры. В случае обеспеченной задолженности кредитор может получить право собственности на предмет залога и продать его. В большинстве штатов кредитор также может сделать запрос о наложении ареста на имущество дебитора, в соответствии с которым из заработной платы должника будут делаться вычеты и передаваться кредитору.

Такой запрос служит сильным стимулом для должников, побуждающим их искать другие решения для своих проблем. Один из таких простых, эффективных и законных методов состоит в достижении неформального соглашения между дебитором и кредитором. Например, кредиторы могут согласиться продлить период платежа или принять оплату долга по частям.

Некоторые штаты выработали формальный порядок платежей, который требует, чтобы должник посылал свою заработную плату доверенному лицу, назначаемому местным судом. В других случаях долги могут быть объединены, и часть дохода должника выплачивается агенту, который пропорционально распределяет эту сумму между кредиторами. Поскольку объединение долгов сопряжено со значительными злоупотреблениями, такая процедура во многих штатах запрещена.

Вместо того чтобы добиваться удовлетворения в суде штата, дебитор может положиться на федеральную систему банкротства. Принципиальной основой этой системы является Закон о реформе процедуры банкротства 1978 г., который в значительной степени изменил прежний порядок, установленный Законом о банкротстве 1898 г. и Законом о мелкой торговле 1938 г.

Частное лицо может либо зарегистрировать ходатайство о прямом банкротстве (в соответствии с главой 7 закона), либо добиваться отсрочки в соответствии с главами 11 или 13 закона. Поскольку большинство выбирает первый вариант, мы сначала рассмотрим его.

Если должник совершил определенные "действия банкротства", такие, как письменное признание банкротства или сокрытие собственности, кредиторы вправе зарегистрировать его или ее как признанного банкрота. Однако около 99% ходатайств о прямом банкротстве являются добровольными. В таких случаях дебитор автоматически объявляется банкротом и любые другие действия против дебитора или его собственности приостанавливаются. Затем начинается этап ликвидации активов дебитора. Обычно судья, занимающийся банкротством, созывает встречу кредиторов для рассмотрения персоны банкрота и выбора доверенного лица, которое будет заниматься продажей его или ее активов и распределять среди кредиторов полученную выручку. В редких случаях судья назначает "казначея" для защиты интересов кредиторов до тех пор, пока доверенное лицо не сможет приступить к работе.

Поскольку цель закона о банкротстве — предоставить дебитору возможность начать все заново, часть собственности должника защищена[17]. Например, по закону штата Флорида дом дебитора защищен, каким бы роскошным он ни был; а в штате Аляска дебитор вправе сохранить, наряду с другими вещами, двух северных оленей и шесть собак. Дебиторы также могут защищать свои активы (свое имущество) в соответствии с федеральным законом, который позволяет дебитору сохранить, например, 7500 дол. собственности в виде дома, 1200 — в виде автомобиля, 750 дол. собственности — в виде книг и инструментов, необходимых для профессии дебитора. Естественно, дебитор выберет список активов, исключаемых из процедуры банкротства, из федерального закона, если он более выгодный, чем список, применяемый в штате[18].

Не все долги освобождаются от оплаты в случае банкротства. Например, вы не можете избежать обязательств по уплате налогов или алиментов. Дебитору может быть запрещено освобождение от любых долгов, если он или она уже были банкротом в течение последних 6 лет, совершили преступление или были небрежны в сохранении соответствующих бухгалтерских записей. Также нельзя избежать действительных требований на собственность, отданную под залог, например, по закладной на дом дебитора. "Обеспеченные" кредиторы соответствующим образом получают полностью стоимость объекта залога; и если этого недостаточно, чтобы удовлетворить их требования, оставшаяся часть обязательства трактуется как необеспеченный долг[19].

---

[17] Дебитор также защищен от давления с целью переутверждения (согласия оплатить) долгов *после* того, как долги были аннулированы в соответствии с процедурой банкротства. В Законе о реформе процедуры банкротства 1978 г. записано, что переутверждение возможно только в том случае, если суд по банкротству сочтет, что это не нанесет чрезмерного ущерба и будет либо в интересах дебитора, либо результатом честных переговоров для решения спорного вопроса о том, должен ли быть оплачен данный конкретный долг. До закона 1978 г. некоторые кредиторы изнуряли обанкротившихся людей требованиями оплаты долгов, хотя у должников не было юридических обязательств делать это.

[18] Однако штат может принять закон, запрещающий резидентам использовать уступки федерального закона. Например, Флорида и Вирджиния сделали это.

[19] Закон о реформе процедуры банкротства 1978 г. дает дебитору право сохранять заложенную собственность, если он отдает реальную рыночную стоимость этого имущества "обеспеченному" кредитору. Если такой платеж недостаточен для удовлетворения требований кредитора, оставшаяся сумма трактуется как *необеспеченное* требование на имущество дебитора.

ГЛАВА 30. Управление дебиторской задолженностью

Поскольку предполагается, что система банкротства должна окупаться, то Казначейству США выплачивается определенный процент от стоимости имущества дебитора, и все должностные лица суда получают оплату непосредственно из "состояния" — т. е. из активов дебитора. Доверенные лица оплачиваются по-разному; отчасти это зависит от размера имущества. Затем идут налоги. И наконец, то, что останется, делится между основными кредиторами.

В большинстве случаев прямого персонального банкротства после оплаты административных расходов активов не остается. Неудивительно, что после регистрации ходатайства о персональном банкротстве кредиторы редко идут на большие расходы, связанные с посещением встреч или предъявлением своих требований.

Вместо регистрации ходатайства о банкротстве частное лицо может выбрать процедуру в соответствии с главой 13[20]. В этом случае дебитор встречается со своими кредиторами, чтобы предложить им план оплаты. Этот план должен быть одобрен большинством "необеспеченных" кредиторов и каждым "обеспеченным" кредитором. Если он также одобрен судьей по банкротству, доверенное лицо, назначенное судьей, получает деньги от дебитора и выплачивает их кредиторам. Если план оплаты успешно завершается, долги погашаются.

Банкротства компаний

Банкротства компаний составляют около 15% общего числа банкротств, но по стоимости на их долю приходится около половины требований. Как и индивидуальный дебитор, корпорация может добиваться отсрочки в соответствии с законом штата. Существует несколько санкционированных штатом процедур. Например, фирма может вести переговоры о *продлении*, т.е. о соглашении со своими кредиторами об отсрочке оплаты процентов и основной суммы долга. С другой стороны, фирма может вести переговоры о *компромиссном соглашении*, когда фирма делает денежные платежи своим кредиторам в обмен на освобождение от долгов.

Если компания "скорее мертва, чем жива" и, следовательно, должна быть ликвидирована, может быть организована *переуступка имущества*. Фирма передает свои активы доверенному лицу, которое продает их и распределяет выручку между кредиторами, таким образом погашая долги фирмы[21].

Эти процедуры разрешают финансовый кризис фирмы путем переговоров. Преимущество этого в том, что удается избежать затрат и задержек, связанных с формальным банкротством или реорганизацией. Однако чем крупнее фирма и чем сложнее структура ее капитала, тем менее вероятно, что можно достичь решения путем переговоров. (Например, фирма Wickes Corp. пыталась достичь решения путем переговоров со своими 250 000 кредиторами, и ей это не удалось.) Большинство крупных, сложных банкротств и реорганизаций проводится в соответствии с федеральным законом.

По федеральному законодательству на фирму распространяются те же положения, что и на частное лицо. Во-первых, руководство фирмы должно решить, будет ли оно подавать ходатайство о прямом банкротстве (ликвидации) или добиваться реорганизации обязательств фирмы, чтобы поддержать фирму в действующем состоянии. Первое решение — обычно добровольное, хотя иногда и нет — принимается в двух третях случаев. Судопроизводство прямого банкротства для компаний — существенно более сложная версия этих процедур, применяемых к физическим лицам. Обычно в случае банкротства компании судья назначает казначея, который затем продолжает действовать как

---

[20] Он также может воспользоваться главой 11, описанной ниже.
[21] Распределение выручки не означает автоматического аннулирования долгов. Кредиторы должны согласиться погасить долги вследствие принятия платежа.

доверенное лицо. Часто казначею приходится добиваться запрещающих распоряжений, чтобы предотвратить попытки некоторых кредиторов получить деньги до завершения судопроизводства, или взыскивать собственность, которую кредитор только недавно получил обратно в свое владение.

Как и в случае с персональным банкротством, существует определенный порядок для "необеспеченных" кредиторов. Казначейство США, должностные лица суда и доверенное лицо получают деньги первыми. Налоговые органы имеют следующий приоритет, наряду с некоторыми правительственными агентствами, такими, как Управление малым бизнесом и Корпорация пенсионного обеспечения. Затем, опережая другие требования, идет задолженность по заработной плате (до 2000 дол. на каждого работающего).

Вместо того чтобы регистрировать прямое банкротство, компания может попытаться восстановить бизнес. Как правило, это в интересах акционеров: им нечего терять, если дела будут ухудшаться, однако они получат все, если фирма возродится.

Компании, пытающиеся провести реорганизацию, "ищут защиты" в главе 11 Закона о реформе процедуры банкротства. (Кроме того, кредиторы фирмы могут принудить ее воспользоваться этой главой, подав ходатайства в суд.) Глава 11 призвана сохранить фирму "живой" и действующей и защитить стоимость ее активов[22], пока не будет выработан план реорганизации. В течение этого периода любое судопроизводство против фирмы приостанавливается и компания действует под управлением существующих менеджеров как "дебитор в собственности" или под управлением назначенного судом доверенного лица.

Ответственность за разработку плана может быть возложена на фирму-должника. Если не назначено доверенное лицо, фирма должна предоставить кредиторам план в течение 120 дней. Если она укладывается в этот срок, ей дается еще 60 дней на его одобрение. Если же фирма *не* укладывается в эти сроки или если назначено доверенное лицо, любой может предложить такой план — например, доверенное лицо или комитет кредиторов.

План начинает действовать, если он принят кредиторами и утвержден судом. Принятие требует одобрения по крайней мере половиной голосующих кредиторов; кроме того, на долю кредиторов, голосующих "за", должно приходиться две трети общей суммы требований кредиторов к фирме. План также должен быть одобрен двумя третями акционеров. Когда план принят, суд обычно одобряет его при условии, что его одобрила каждая категория кредиторов и что положение кредиторов будет лучше, если этот план будет выполняться, чем если активы фирмы будут ликвидированы и распределены. При определенных условиях суд может утвердить план, даже если одна или несколько категорий кредиторов проголосовали против него[23], но правила для такого "пропихивания" очень сложны, и мы не будем пытаться рассматривать их здесь.

План реорганизации — это в основном положение о том, кто и что получает; каждая категория кредиторов отказывается от своих требований в обмен на новые акции. (Иногда кредиторы также получают и деньги.) Проблема состоит в разработке новой структуры капитала для фирмы, которая:

---

[22] Эти две цели иногда противоречат друг другу. Например, чтобы сохранить жизнеспособность фирмы, может быть необходимо продолжить использование активов, которые были отданы как залог, но тогда "обеспеченные" кредиторы лишаются доступа к этому залогу. Чтобы разрешить эту проблему, Закон о реформе процедуры банкротства позволяет фирмам, действующим в соответствии с главой 11, использовать эти активы до тех пор, пока кредиторы, имеющие право на эти активы, получают компенсацию за любое снижение их стоимости. Таким образом, фирма может платить деньги "обеспеченным" кредиторам для покрытия экономического износа этих активов.

[23] Однако хотя бы одна категория кредиторов должна проголосовать за план — иначе суд не вправе его одобрить.

ГЛАВА 30. Управление дебиторской задолженностью

1) удовлетворит кредиторов и 2) позволит фирме разрешить *хозяйственные* проблемы, которые в первую очередь поставили фирму в тяжелое положение. Иногда удовлетворение этих двух условий требует плана, по сложности сопоставимого со стилем "барокко". Когда компания Penn Central Corporation была наконец реорганизована в 1978 г. (через 7 лет после самого крупного банкротства в истории железных дорог), более десятка новых ценных бумаг были созданы и распределены между 15 категориями кредиторов.

Значительную роль во многих реорганизациях, особенно крупных компаний, продающих свои акции на открытом рынке, играет Комиссия по ценным бумагам и биржам. Ее задача – обеспечить кредиторов всей существенной и относящейся к делу информацией прежде, чем они будут голосовать за предложенный план реорганизации. Например, Комиссия может участвовать в слушаниях до того, как суд одобрит план.

Выбор между ликвидацией и реорганизацией

Мы предлагаем вам краткий обзор простого решения о банкротстве. Когда наступает срок платежа кредиторам, руководство фирмы проверяет стоимость собственного капитала. Если величина стоимости положительная, фирма платит своим кредиторам (при необходимости привлекая деньги за счет выпуска акций). Если капитал обесценен, фирма не в состоянии оплатить свои долги и подает ходатайство о банкротстве. Если активы фирмы-банкрота могут быть где-либо использованы с большей пользой, фирма ликвидируется и выручка от ликвидации идет на оплату требований кредиторов. В противном случае кредиторы просто становятся новыми владельцами и фирма продолжает функционировать[24].

На практике редко все бывает так просто. Мы наблюдаем, например, что фирмы зачастую подают ходатайство о банкротстве, даже если стоимость их капитала положительна. Или фирмы часто реорганизуются даже в том случае, когда их активы могут быть более эффективно использованы где-либо еще. Вот описание некоторых причин.

1. Хотя реорганизованная фирма является новым юридическим лицом, она принимает на себя все убытки, "перенесенные на будущие периоды" в целях налогообложения, принадлежавшие старой фирме. Если фирма ликвидируется, а не реорганизуется, убытки, "перенесенные на будущие периоды" в целях налогообложения, исчезают. Таким образом, существует стимул продолжить деятельность фирмы.
2. Если активы фирмы распродаются, легко определить, какая сумма может быть распределена между кредиторами. Однако, когда фирма реорганизуется, необходимо сохранить деньги настолько долго, насколько это возможно. Следовательно, требования кредиторов обычно оплачиваются смешанным образом: деньгами и ценными бумагами. Из-за этого труднее понять, получили ли они то, что им причитается. Например, каждому держателю облигации может быть предложено 300 дол. в денежной форме и 700 дол. в виде новой облигации, по которой в первые 2 года не выплачиваются проценты, а впоследствии выплачиваются по низкой ставке. Такая облигация компании, которая борется за выживание, возможно, не имеет большой стоимости, но суд по банкротству обычно смотрит на номинальную стоимость новой об-

---

[24] Если существует несколько категорий кредиторов, первоначально "младшие" кредиторы становятся владельцами компании и несут ответственность за выплату долгов "старшим" кредиторам. Теперь перед ними стоят те же самые проблемы, что были и у первоначальных владельцев. Если их капитал обесценен, они также не смогут оплатить долги и передадут право собственности на компанию следующей категории кредиторов.

лигации и, следовательно, считает, что владельцу облигации заплатили полностью.

"Старшие" кредиторы, которые знают, что в случае реорганизации они скорее всего получат незначительные суммы, будут, вероятно, настаивать на ликвидации. Акционеры и "младшие" кредиторы предпочитают реорганизацию. Они надеются, что суд не будет настаивать на слишком жестком порядке оплаты и им перепадет "несколько крошек"[25].

3. Хотя требования акционеров и "младших" кредиторов оплачиваются в последнюю очередь, у них есть секретное оружие — время работает на них. Процедура банкротства обычно занимает несколько лет, прежде чем план будет представлен в суд и согласован с каждой категорией кредиторов. (Судопроизводство банкротства компании Missouri Pacific Railroad заняло в целом 22 года.) Полагаясь на тактику затягивания, "младшие" кредиторы делают ставку на то, что удача повернется к ним лицом и спасет их инвестиции. С другой стороны, "старшие" кредиторы знают, что время работает против них, поэтому они порой соглашаются на меньшую оплату как часть цены за принятие плана. Длительные банкротства требуют также бо́льших затрат. (Юридические и административные расходы в случае с компанией Wickes составили 250 млн дол.) "Старшие" кредиторы видят, как их деньги перетекают в карманы адвокатов, и поэтому стремятся к быстрому решению.

4. После того как план реорганизации разработан, компании, вероятно, понадобится дополнительный оборотный капитал. Поэтому ей разрешается покупать товары в кредит и занимать деньги. Кредиторы, появившиеся в этот период, имеют приоритет по сравнению со "старшими" кредиторами, и задолженность им может даже быть обеспечена активами, которые уже выступают залогом для существующих кредиторов. Это также дает стимул существующим кредиторам к принятию быстрого решения, пока их притязания на активы не растворились в новых долгах.

5. Иногда прибыльные компании прибегают к банкротству в соответствии с главой 11, как к средству защиты от "тягот"[26]. Так, например, компания Continental Airlines, обремененная трудовым договором, предусматривающим высокую заработную плату, в 1982 г. воспользовалась главой 11 и немедленно урезала оплату труда до 50%. В 1983 г. компании Manville Corp. угрожало 16 000 судебных дел об ущербе от асбеста, который был нанесен людям в результате деятельности компании. Manville Corp. зарегистрировала банкротство в соответствии с главой 11, и судья по банкротству согласился закрыть судебные дела об ущербе. Нет необходимости говорить, что юристы и законодатели обеспокоены тем, что такие действия противоречат первоначальным целям законов о банкротстве.

РЕКОМЕНДУЕМАЯ ЛИТЕРАТУРА

Два обычных учебника, посвященных практике и институциональным основам управления дебиторской задолженностью:

T.N. Beckman and R.S. Foster. Credits and Collections: Management and Theory. 8th ed. McGraw-Hill Book Company. New York, 1969.

R.H. Cole. Consumer and Commercial Credit Management. 8th ed. Richard D. Irwin, Inc., Homewood, Ill., 1987.

---

[25] Фрэнкс и Торус выяснили, что акционеры получают некоторую компенсацию — обычно в виде ценных бумаг — в двух третях случаев реорганизации в соответствии с главой 11.

[26] См., например: *A. Cifelli.* Management by Bankruptcy // Fortune. October. 1983. P. 69–73.

ГЛАВА 30. Управление дебиторской задолженностью

Гораздо более глубокий анализ проблем, связанных с предоставлением кредита, содержится в работах:

H. Bierman, Jr. and W.H. Hausman. The Credit Granting Decision // Management Science. 16: B519–B532. April. 1970.

D.R. Mehta. Working Capital Management. Prentice-Hall, Inc., Englewood Cliffs, N.S., 1974.

Публикация Алтмана является классической работой по вопросу о количественной кредитной оценке:

E.I. Altman. Financial Ratios, Discriminant Analysis and Prediction of Corporate Bankruptcy // Journal of Finance. 23: 589–609. September. 1968.

В книге Алтмана дан общий обзор решений, связанных с банкротством. Три других исследования, представленных ниже, в основном посвящены анализу конфликта интересов владельцев различных ценных бумаг, а также издержкам и последствиям реорганизации.

E.I. Altman. Corporate Financial Distress: A Complete Guide to Predicting, Avoiding and Dealing with Bankruptcy. John Wiley and Sons, New York, 1983.

M. Waite. The Corporate Bankruptcy Decision // Journal of Economic Perspectives. 3: 129–152. Spring. 1989.

J.R. Franks and W.N. Torous. An Empiricial Investigation of US Firms in Reorganization // Journal of Finance. 44: 747–770. July. 1989.

J.B. Warner. Bankruptcy, Absolute Priority, and the Pricing of Risky Debt Claims // Journal of Financial Economics. 4: 239–276. May. 1977.

КОНТРОЛЬНЫЕ ВОПРОСЫ

1. Компания X продает товары на условиях *"1/30, чистые 60"*. Компания Y покупает товары на сумму 1000 дол.

   а) Какую сумму компания Y может вычесть из счета, если она платит на 30-й день?

   б) Какова эффективная годовая ставка процента, если Y платит в оговоренный день, а не на 30-й день?

   в) Что, по вашему мнению, будет делать компания X: требовать более быстрого или более долгого платежа в каждой из следующих ситуаций:
      1) товары подвержены порче;
      2) товары не подлежат быстрой перепродаже;
      3) товары продаются высокорисковой фирме.

2. Разрыв во времени между датой покупки и датой своевременного поступления платежа называется "временной лаг". Разрыв во времени между датой своевременного платежа и датой, когда покупатель фактически заплатил деньги, называется "просроченный лаг", а разрыв во времени между покупкой и датой фактической оплаты – это "платежный лаг". Таким образом,

   Платежный лаг = временной лаг + просроченный лаг.

   Определите, как, по вашему мнению, повлияют следующие события на каждый тип лага.

   а) Компания взимает с плательщиков, задерживающих платеж, дополнительную плату за услуги.

   б) Из-за экономического спада у покупателя образуется недостаток денежных средств.

   в) Компания изменяет свои условия с "чистых 10", на "чистые 20".

3. Заполните следующие пропуски, выбрав соответствующий термин из следующего списка (некоторые термины могут быть использованы несколько раз): *акцепт; открытый; коммерческий; торговый; его или ее собствен-*

ный; вексель; переводной; счет; простой; банк; покупателя; аккредитив; документы об отгрузке.

Большинство товаров продается по _____ _____ .В этом случае единственным свидетельством задолженности является запись в бухгалтерских книгах продавца и подписанный счет. Когда заказ очень крупный, покупателя могут попросить подписать _____ _____, который представляет собой просто долговую расписку. Альтернативой для продавца является оформление сделки _____ _____, обязывающим покупателя оплатить товар. Чтобы получить _____ _____, покупатель должен подтвердить этот заказ и подписать документ. Такое подписанное подтверждение называется _____ _____. Иногда продавец может также попросить банк _____ подписать документ. В этом случае процедура известна под названием _____ _____ . Четвертая форма контракта в основном используется в экспортной торговле. Банк покупателя посылает экспортеру _____, уведомляющий его о том, что в его пользу открыт кредит в банке США. Затем экспортер составляет переводной вексель на банк _____ и представляет его в _____ банк вместе с письмом об _____ и _____. Банк затем организует акцептование векселя и передает _____ в банк покупателя.

4. Компания "Булатная сталь" продает производимые ею утюги оптом по 50 дол. за штуку. Производственная себестоимость одного утюга — 40 дол. Существует 25%-ная вероятность того, что оптовый покупатель Q обанкротится в течение следующего года. Q заказывает 1000 утюгов и просит о 6-месячном кредите. Следует ли вам принять заказ? Предполагается, что ставка дисконта — 10% в год; не существует вероятности повторного заказа; Q или заплатит всю сумму, или не заплатит совсем.

*5. Вернитесь к разделу 30—4. Затраты компании "Чугунное литье" увеличилась с 1000 до 1050 дол. Предполагая, что не существует вероятности повторного заказа, ответьте на следующие вопросы.
   а) В каком случае компания "Чугунное литье" должна предоставить кредит, а в каком отказать в нем?
   б) Если затраты на определение того, является ли покупатель "своевременным" или "медлительным" плательщиком, составляют 12 дол., при каком объеме заказа компании "Чугунное литье" следует предпринять такую проверку?

*6. Вернитесь к разделу 30—4, где рассматривались вопросы о решениях по предоставлению кредита в случае повторных заказов. Если $p_1=0{,}8$, каков минимальный уровень p_2, при котором для компании "Чугунное литье" оправдано предоставление кредита?

7. Верны или неверны следующие утверждения?
   а) Экспортеры, которым необходима большая уверенность в оплате, представляют покупателям подписанную транспортную накладную в обмен на подписание переводного векселя.
   б) Мульти-дискриминантный анализ часто используется для построения индекса кредитоспособности. Этот индекс обычно называют "Z- оценкой".
   в) Работу менеджера по управлению дебиторской задолженностью имеет смысл оценивать на основании доли сомнительных долгов.
   г) Если покупатель отказывается платить, несмотря на повторяющиеся требования, компания обычно передает задолженность факторинговой компании или адвокату.
   д) Ассоциация по страхованию иностранных кредитов страхует экспортные кредиты.

8. (Этот вопрос относится к Приложению.) Верны или неверны следующие утверждения?
   а) Частное лицо может зарегистрировать прямое банкротство (в соот-

ГЛАВА 30. Управление дебиторской задолженностью

ветствии с главой 7 Закона) или выбрать процедуру, предусмотренную главой 13. В последнем случае разрабатывается план выплат, который одобряется кредиторами.

- *б)* Когда компания становится банкротом, обычно интересам акционеров отвечает ликвидация, а не реорганизация.
- *в)* План реорганизации должен быть представлен на одобрение каждой категории кредиторов.
- *г)* Налоговое управление США имеет первое по приоритету право на активы компании в случае банкротства.
- *д)* В случае реорганизации кредиторы могут получить оплату в смешанном виде: деньгами и ценными бумагами.
- *е)* Когда компания ликвидируется, часто один из наиболее ценных активов, который можно продать, — убыток, перенесенный на будущие периоды для целей налогообложения.

ВОПРОСЫ И ЗАДАНИЯ

1. Перед вами некоторые из наиболее распространенных условий продаж. Могли бы вы объяснить, что они означают?
   - *а)* "*2/30, чистые 60*".
   - *б)* "*чистые 10*".
   - *в)* "*2/5, чистые 30, EOM*".
   - *г)* "*2/10 prox, чистые 60*".

2. Некоторые пункты вопроса 1 связаны с понятием "скидка за своевременную оплату". Рассчитайте ставку процента, уплачиваемую покупателем, который производит оплату в оговоренный в контракте срок, вместо того чтобы получить такую скидку.

3. Казначей корпорации "Универсальное ложе" Аристотель Прокрустус обеспокоен долей сомнительных долгов, которая составляет 6%. Он считает, что проведение более строгой кредитной политики может снизить объем продаж на 5% и уменьшить долю сомнительных долгов до 4%. Если себестоимость проданных товаров составляет 80% продажной цены, следует ли господину Прокрустусу принять более строгую кредитную политику?

4. Джим Хана, менеджер по кредиту компании "Седла и уздечки", пересматривает кредитную политику компании. Компания торгует на условиях "*чистые 30*". Себестоимость реализованных товаров составляет 85% от продажной цены, а постоянные издержки — еще 5% от продажной цены. Компания классифицирует своих покупателей по шкале от 1 до 4. Имеются следующие данные о поступлении денег за последние 5 лет:

Классификация	Доля неоплаченных счетов в общем объеме продаж	Средний период получения по счетам в днях для покупателей, оплачивающих счета
1	0,0	45
2	2,0	42
3	10,0	50
4	20,0	80

Средняя процентная ставка — 15%.

Какие выводы (если таковые имеются) вы можете сделать о кредитной политике компании "Седла и уздечки"? Какие другие факторы должны быть приняты во внимание до изменения кредитной политики?

*5. Вернитесь к вопросу 4. Предположите, что: *а)* для классификации каждого нового обращающегося за кредитом необходимо затратить 95 дол.; *б)* почти равные доли новых обращающихся попадают под каждую из четырех категорий. При каких обстоятельствах господину Хана не имеет смысла предпринимать кредитную проверку?

6. До недавнего времени компания "Авгиева чистка" продавала свою продукцию на условиях "*чистые 60*", со средним периодом получения платежей 75 дней. Чтобы побудить покупателей платить более аккуратно, она изменила условия на "*2/10, EOM, чистые 60*". Первоначальный эффект от изменения условий выглядит следующим образом:

Процент продаж со скидкой за оплату в срок	Средний период оплаты в днях	
	Скидки за оплату в срок	Чистые
60	30[a]	80

[a] Некоторые покупатели получают эту скидку, даже если они платят после установленной даты.

Рассчитайте эффект от изменения условий, полагая, что эти изменения не повлияли на объем продаж. Предположите, что:
а) процентная ставка составляет 12%;
б) неоплаченных счетов не существует;
в) себестоимость реализованной продукции составляет 80% от цены.

7. Вернитесь к вопросу 6. Предположим, что изменение кредитных условий привело к увеличению продаж на 2%. Рассчитайте в этом случае эффект от изменения кредитных условий.

8. Финансовые коэффициенты были описаны в главе 27. Если бы вы были менеджером по управлению дебиторской задолженностью, каким финансовым коэффициентам вы уделили бы наибольшее внимание? Какие из них, по вашему мнению, наименее информативны?

9. Обсудите, в каком смысле решения, принимаемые в реальной жизни, более сложны, чем решения, проиллюстрированные на рисунке 30-4. Как вы думаете, должны ли эти различия повлиять на решения о предоставлении кредита?

10. Обсудите проблемы, которые возникают при разработке системы количественных кредитных оценок для персональных займов.

11. Если у компании происходит неожиданное снижение объема продаж, группировка задолженности в зависимости от просроченных дней оплаты в таблице 30-2 будет показывать ненормально высокую долю просроченных платежей. Объясните, почему это происходит. Можете ли вы предложить альтернативный метод, который позволит проще распознавать изменения в порядке оплаты товаров покупателями?

12. Почему фирмы предоставляют "бесплатный" кредит? Не будет ли более эффективным осуществлять все продажи с немедленной оплатой, а с "поздних" плательщиков брать процент?

13. Иногда компания продает свою задолженность "пленной финансовой компании", находящейся в полной ее собственности. "Пленная финансовая компания" финансируется частично за счет материнской, но также она выпускает существенное количество долговых обязательств. Каковы возможные преимущества такого решения?

14. Объясните, почему иногда компании подают ходатайство о банкротстве, даже когда собственный капитал может иногда иметь положительную стоимость?

15. К компании "Надежные зонты" обратилась торговая компания из Невады "Магазины Всякая всячина", которая выразила заинтересованность в первоначальной покупке 5000 зонтов по 10 дол. каждый на стандартных условиях компании "Надежные зонты" — "*2/30, чистые 60*". По оценкам "Всякой всячины", если зонты окажутся популярными, ее закупки могли бы составить примерно 30 000 зонтов в год. После вычета переменных из-

держек это обеспечило бы дополнительные 47 000 дол. к прибыли компании "Надежные зонты".

Одно время компания "Надежные зонты" пыталась пробиться на прибыльный рынок Невады, однако у ее менеджера по дебиторской задолженности есть некоторые сомнения по поводу "Всякой всячины". В течение последних 5 лет компания "Магазины Всякая всячина" проводила агрессивную политику расширения сети универсальных магазинов. В 1991 г., однако, дела пошли хуже. Спад в экономике вместе с жестокой ценовой конкуренцией привели к недостатку денежных средств. "Всякая всячина" уволила часть работников, закрыла один магазин и отложила открытие других магазинов. В рейтинге Dun and Bradstreet она получила лишь среднюю оценку, а проверка среди других поставщиков "Всякой всячины" показала, что хотя традиционно она получала скидки за оплату в срок, в последнее время она стала платить медленнее на 30 дней. Проверка через банк "Надежных зонтов" показала, что у "Всякой всячины" есть неиспользованная кредитная линия в 350 000 дол., но она начала переговоры с банком об обновлении кредита в размере 1 500 000 дол., срок которого истекает в конце года.

Таблица 30-3 обобщает информацию последних финансовых отчетов "Всякой всячины".

В качестве менеджера по дебиторской задолженности компании "Надежных зонтов", как вы относитесь к предоставлению кредита компании "Всякая всячина"?

16. Корпорация "Гален" является оптовым продавцом фармацевтических продуктов. Ее норма прибыли до вычета любых убытков от сомнительных долгов составляет 5%. Уже долгое время фирма использует систему количественной кредитной оценки, основанную на небольшом количестве ключевых коэффициентов. В результате этого коэффициент сомнительных долгов составил 1%.

Корпорация "Гален" недавно провела детальное статистическое исследование бухгалтерских записей об оплате товаров покупателями за последние 8 лет и опытным путем выбрала 5 переменных, которые могут сформировать основу новой системы кредитной оценки. На основе последних

ТАБЛИЦА 30-3
"Магазины Всякая всячина": обобщение финансовой отчетности (в млн дол.)

	1991г.	1990г.		1991г.	1990г.
Денежные средства	1,0	1,2	Счета к оплате	2,3	2,5
Дебиторская задолженность	1,5	1,6	Краткосрочные займы	3,9	1,9
Запасы	10,9	11,6	Долгосрочная задолженность	1,8	2,6
Основные средства	5,1	4,3	Собственный капитал	10,5	11,7
Итого активов	18,5	18,7	Итого обязательств	18,5	18,7

	1991г.	1990г.
Выручка от реализации	55,0	59,0
Себестоимость реализованной продукции	32,6	35,9
Коммерческие, общие и административные расходы	20,8	20,2
Проценты	0,5	0,3
Налоги	0,5	1,3
Чистая прибыль	0,6	1,3

8 лет компания "Гален" рассчитала, что на каждые 10 000 счетов она получила бы следующие показатели неоплаты:

Кредитная оценка в соответствии с предложенной системой	Количество счетов		
	Неоплаченные	Оплаченные	Всего
Меньше 80	60	9100	9160
Больше 80	40	800	840
Всего	100	9900	10 000

Отказывая в кредите фирмам с низкой кредитной оценкой (меньше 80), компания "Гален" рассчитывает, что снизит долю сомнительных долгов до 60/9160, или чуть ниже 0,7%. Хотя это может показаться не очень большим достижением, менеджер по дебиторской задолженности компании считает, что это эквивалентно снижению доли сомнительных долгов на одну треть и будет выражаться в значительном улучшении показателя нормы прибыли.

а) Какова текущая норма прибыли компании "Гален", принимая в расчет сомнительные долги?

б) Если фирма правильно оценила нормы неоплаты, как новая система кредитной оценки повлияет на прибыль?

в) Что дает вам основания подозревать, что оценки неоплаты компании не будут реализованы на практике? Каковы вероятные последствия переоценки надежности такой системы кредитной оценки?

г) Предположите, что одной из переменных в предложенной новой системе оценки является то, что у покупателя уже имеется счет по операциям с компанией "Гален" (новые покупатели с большей вероятностью не оплачивают счета). Как это повлияет на вашу оценку этого предложения?

31

Управление денежными средствами

В конце 1989 г. население и компании в США владели приблизительно 780 млрд дол. в виде денежных средств. Эта цифра включала около 220 млрд дол. в валюте и 560 млрд дол. на текущих счетах в коммерческих банках. Свободные деньги не приносят процентов. Почему же тогда люди хранят их в таких больших количествах? Почему, например, вы не возьмете все ваши деньги и не вложите в ценные бумаги? Конечно, ответ в том, что деньги обеспечивают вам бо́льшую *ликвидность*, чем ценные бумаги. Вы можете использовать их для покупки вещей. Довольно сложно получить сдачу с 20-долларовой банкноты у таксиста в Нью-Йорке, но попробуйте попросить его дать сдачу с казначейского векселя!

В состоянии равновесия все активы одинаковой категории риска оцениваются с одинаковой ожидаемой предельной выгодой. Выгода от владения казначейским векселем состоит в получении процентов по нему; выгода от владения денежными средствами состоит в том, что у вас есть удобный "запас" ликвидности. В равновесии предельная стоимость этой ликвидности равна предельной стоимости процентов на эквивалентные инвестиции в казначейский вексель. Другими словами, инвестиции в казначейские векселя — это инвестиции с нулевой чистой приведенной стоимостью, это справедливая стоимость по отношению к денежным средствам.

Значит ли это, что количество денег, которыми вы владеете, не имеет значения? Конечно нет. Предельная стоимость ликвидности снижается с увеличением количества денежных средств, которыми вы располагаете. Когда лишь небольшая доля ваших активов существует в виде денежных средств, некоторое прибавление денег очень полезно; если же у вас много денег, любое добавление ликвидности не много стоит. Следовательно, как финансовый менеджер, вы будете стремиться к тому, чтобы остатки денежных средств держались на уровне, когда предельная стоимость ликвидности равна стоимости упущенных процентов.

Если кажется, что это легче сказать, чем сделать, вам будет приятно узнать, что производственным менеджерам приходится делать аналогичный выбор. Спросите себя, почему они держат запасы сырья? Они не обязаны это делать, а могут просто покупать материалы изо дня в день, по мере необходимости. Но тогда им придется делать закупки мелкими партиями по более высоким ценам, и им будет угрожать риск задержки производственного процесса, если материалы не поступят вовремя. Вот почему они заказывают больше, чем диктует текущая потребность фирмы[1].

Однако содержание запасов требует затрат. На деньги, связанные в виде запасов, не может быть получен процент, кроме того, необходимо платить за складские помещения, часто происходят порчи и потери. Следовательно, производственные менеджеры пытаются поддерживать разумную величину запасов.

То же самое, по нашему мнению, вы должны делать с денежными средствами. Денежные средства — это просто еще один вид сырья, который вам необходим для поддержания производства. Если вы храните слишком мало средств в банке, вам необходимо повторять продажу ценных бумаг каждый раз, когда надо оплатить счета. С другой стороны, если вы храните избыточное количество денег в банке, вы теряете проценты. Задача состоит в том, чтобы достичь оптимального баланса.

Компромисс между выгодами от ликвидности и затратами на ликвидность является одним из основных вопросов управления денежными средствами. Другая важная составная часть этого процесса — обеспечение максимальной эффективности сбора и расходования денег. Чтобы это понять, необходимо более детально рассмотреть отношения между фирмами и их банками. Вторая половина этой главы в основном посвящена механизму взимания и уплаты денег и услугам, которые предоставляют банки для оказания помощи фирмам в управлении денежными средствами.

31–1. ТОВАРНО-МАТЕРИАЛЬНЫЕ ЗАПАСЫ И ОСТАТКИ ДЕНЕЖНЫХ СРЕДСТВ

Давайте рассмотрим, что говорят экономисты о правильном управлении запасами, поскольку некоторые из этих правил помогут нам в управлении остатками денежных средств. Перед вами простая задача, касающаяся запасов.

Управляющий книжным магазином "Книги для всех" по опыту знает, что существует постоянный спрос на книгу "Принципы корпоративных финансов". Предположим, что книжный магазин продает 100 экземпляров книги в год, и заказывает каждый раз Q книг у издателей. Тогда необходимо сделать $100/Q$ заказов в год:

$$\textit{Количество заказов в год} = \frac{\textit{Объем продаж}}{Q} = \frac{100}{Q}.$$

Непосредственно перед каждой поставкой у магазина вообще не остается запасов этой книги. Сразу после каждой поставки запасы составляют Q книг. Следовательно, *средняя величина* запасов фирмы находится посередине, между 0 и Q.

$$\textit{Средняя величина запасов} = \frac{Q}{2} \textit{ книг.}$$

Например, если магазин увеличит свой регулярный заказ на одну книгу, средняя величина запасов увеличится на $1/2$ книги.

Существуют два типа затрат на содержание этих запасов. Во-первых, это затраты на хранение. Они включают в себя стоимость капитала, связанного в виде запасов, затраты на полки для хранения и т. д. Давайте предположим, что затраты составляют 1 дол. на книгу в год. Следовательно, добавление еще

---

[1] Однако на большинстве производств запасы не намного больше. Комбинированные системы "точно вовремя" обеспечивают постоянный поток комплектующих, запасом не больше чем на 2 или 3 часа. Аналогично, финансовые менеджеры борются за системы "точно вовремя" для управления денежными средствами, при которых в компании не существует свободных денежных средств. Этот идеал никогда не достигается в достаточной степени из-за затрат и задержек, которые будут обсуждаться в этой главе. Крупные корпорации, однако, подходят к нему наиболее близко.

ГЛАВА 31. Управление денежными средствами

ТАБЛИЦА 31-1
Как изменяются затраты на заказ в зависимости от величины заказа

Величина заказа (количество книг)	Количество заказов в год	Общая величина затрат на заказ (в дол.)
1	100	200
2	50	100
3	33	66
4	25	50
10	10	20
100	1	2

одной книги к каждому заказу увеличит среднюю величину запасов на $1/2$ книги и затраты на хранение на $1/2 \times 1{,}00$ дол. $= 0{,}50$ дол. Таким образом, предельные затраты на хранение — это постоянная величина 0,50 дол.:

$$\text{Предельные затраты на хранение} = \frac{\text{затраты на хранение 1 книги}}{2} = 0{,}50 \text{ дол.}$$

Второй тип затрат — это затраты на заказ. Представьте, что каждый заказ издателю требует фиксированных канцелярских расходов и расходов на оформление, равных 2 дол. Таблица 31-1 иллюстрирует, что происходит с затратами на заказ, если вы увеличиваете размер заказа. Вы можете увидеть, что книжный магазин получает большое снижение затрат, если он заказывает две книги одновременно вместо одной, но затем экономия от увеличения размера заказа постоянно уменьшается. Фактически, *предельное* уменьшение затрат на заказ зависит от *квадрата* величины заказа[2]:

$$\text{Предельное снижение затрат на заказ} = \frac{\text{объем продаж} \times \text{затраты на один заказ}}{Q^2} = \frac{200 \text{ дол.}}{Q^2}.$$

В этом заключается суть проблемы запасов. Если книжный магазин увеличивает размер заказа, то количество заказов уменьшается, но средняя величина запасов увеличивается. Затраты, относящиеся к количеству заказов, снижаются, а затраты, связанные с объемом запасов, увеличиваются. Имеет смысл увеличивать размер заказа до тех пор, пока снижение затрат на заказ перевешивает увеличение затрат на хранение. Оптимальный размер заказа — это точка, в которой эти два результата абсолютно компенсируют друг друга. В нашем примере это происходит, когда $Q = 20$:

$$\text{Предельное снижение затрат на заказ} = \frac{\text{объем продаж} \times \text{затраты на один заказ}}{Q^2} = \frac{200 \text{ дол.}}{20^2} = 0{,}50 \text{ дол.}$$

$$\text{Предельные затраты на хранение} = \frac{\text{затраты на хранение 1 книги}}{2} = 0{,}50 \text{ дол.}$$

---

[2] Если T — общие затраты на заказ, S — объем продаж за год, C — затраты на один заказ, тогда:
$$T = SC/Q.$$
Продифференцируем по Q:
$$dT/dQ = -SC/Q^2.$$
Таким образом, *увеличение dQ снижает T на SC/Q^2.*

Оптимальный размер заказа равен 20 книгам. Пять раз в год книжный магазин должен делать заказ на 20 книг, и эти запасы необходимо продать в течение следующих 10 недель. Динамику запасов книги *"Принципы корпоративных финансов"*, таким образом, можно представить в виде зигзагообразного графика (см. рис. 31-1).

Оптимальный размер заказа рассчитывается путем приравнивания предельного снижения затрат на заказ и предельных затрат на хранение и решения этого уравнения относительно Q.

Предельное снижение затрат на заказ = предельные затраты на хранение.

$$\frac{\text{Объем продаж} \times \text{затраты на один заказ}}{Q^2} = \frac{\text{затраты на хранение}}{2}.$$

$$Q^2 = \frac{2 \times \text{объем продаж} \times \text{затраты на один заказ}}{\text{затраты на хранение}}.$$

$$Q = \sqrt{\frac{2 \times \text{объем продаж} \times \text{затраты на один заказ}}{\text{затраты на хранение}}}.$$

В нашем примере:

$$Q = \sqrt{\frac{2 \times 100 \times 2}{1}} = \sqrt{400} = 20.$$

Распространение изложенных правил на остатки денежных средств

Уильям Бомол первым заметил, что такая простая модель запасов может рассказать кое-что об управлении остатками денежных средств[3]. Предположим, что вы держите резерв денежных средств, которые постоянно расходуете на оплату счетов. Когда деньги заканчиваются, вы пополняете остатки путем продажи казначейских векселей. Основные издержки на содержание этих денежных средств — это проценты, которые вы теряете. "Затраты на заказ", как в случае с управлением запасами, — это фиксированные административные расходы на каждую продажу казначейских векселей. При таких условиях ваши запасы денежных средств ведут себя так же, как показано на зигзагообразном графике рисунка 31-1.

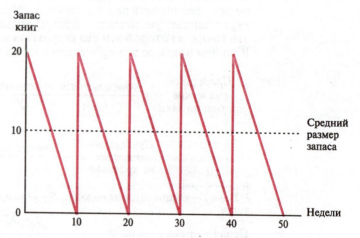

РИСУНОК 31-1
Книжный магазин "Книги для всех" минимизирует затраты на содержание запасов, заказывая 5 раз в год по 20 книг. Это означает, что фирма делает заказ примерно раз в 10 недель.

---

[3] *W.J. Baumol.* The Transaction Demand for Cash: An Inventory Theoretic Approach // Quarterly Journal of Economics. 66: 545–566. November 1952.

ГЛАВА 31. Управление денежными средствами

Другими словами, ваша проблема управления денежными средствами абсолютно аналогична проблеме оптимального размера заказа, которая была у магазина "Книги для всех". Вы просто должны переименовать переменные. Вместо количества книг в одном заказе Q теперь становится количеством казначейских векселей, продаваемых каждый раз для пополнения остатка денежных средств. Затраты на один заказ становятся затратами на одну продажу казначейских векселей. Затраты на хранение — это просто процентная ставка. Общее количество израсходованных денег занимает место количества проданных книг. Оптимальное Q рассчитывается как:

$$Q = \sqrt{\frac{2 \times \text{ежегодные расходы денежных средств} \times \text{затраты на одну продажу казначейских векселей}}{\text{ставка процента}}}.$$

Предположим, что процентная ставка по казначейским векселям равна 8%, а каждая продажа векселей обходится вам в 20 дол. Ваша фирма тратит деньги из расчета 105 000 дол. ежемесячно, т. е. 1 260 000 дол. в год. Следовательно, оптимальное Q:

$$Q = \sqrt{\frac{2 \times 1\,260\,000 \times 20}{0{,}08}} = 25\,100 \text{ дол., или около } 25\,000 \text{ дол.}$$

Таким образом, ваша фирма должна продавать казначейские векселя примерно на 25 000 дол. четыре раза в месяц примерно раз в неделю. Средняя величина ее остатка денежных средств будет 25 000 дол./2, или 12 500 дол.

В модели Бомола более высокая ставка процента предполагает более низкое значение Q[4]. Как правило, когда ставка процента высока, вы стремитесь к хранению небольших средних остатков денежных средств. С другой стороны, если вы используете большие количества денежных средств или если затраты на продажу ценных бумаг высоки, вы стремитесь к хранению бо́льших средних остатков денежных средств. Подумайте об этом чуть-чуть. *Возможно, вы держите слишком мало денежных средств*. Многие финансовые менеджеры с гордостью указывают на жесткий контроль, которого они добились над денежными средствами, и на дополнительные проценты, которые они получают. Эти преимущества достаточно наглядны. Затраты менее видны, а они могут быть очень высоки. Если принять во внимание время, которое тратит менеджер на постоянный контроль за остатками денежных средств, то, может, имеет смысл отказаться от части дополнительных процентов.

Модель Миллера–Орра

Модель Бомола хорошо работает до тех пор, пока фирма постоянно использует свои запасы денежных средств. Однако обычно этого не происходит. В одни недели фирма может получать деньги по некоторым крупным неоплаченным счетам и, следовательно, иметь чистый *приток* денежных средств. В другие недели она может платить своим поставщикам и, следовательно, иметь чистый *отток* денежных средств.

Экономисты и ученые, занимающиеся проблемами управления, разработали более сложные и реалистичные модели, которые учитывают возможность как притока, так и оттока денежных средств. Давайте вкратце рассмотрим модель, разработанную Миллером и Орром[5]. Она представляет собой хороший компромисс между простотой и реализмом.

---

[4] Ставка процента — это знаменатель формулы для расчета оптимального Q. Следовательно, увеличение ставки процента снижает оптимальное Q.

[5] *M.H. Miller and D. Orr*. A Model of the Demand for Money by Firms // Quarterly Journal of Economics. 80: 413–435. August 1966.

Миллер и Орр рассчитали, как фирма должна управлять своими остатками денежных средств, если она не может прогнозировать их ежедневные притоки и оттоки (см. рисунок 31-2). Вы можете видеть, что кривая остатка денежных средств изгибается непредсказуемо, пока не достигнет верхнего предела. В этой точке фирма *покупает* достаточное количество ценных бумаг, чтобы вернуть остаток денежных средств к нормальному уровню. И снова кривая остатка денежных средств может изгибаться, пока на этот раз не достигнет нижнего предела. Когда это происходит, фирма *продает* достаточное количество ценных бумаг, чтобы восстановить остаток до нормального уровня. Таким образом, правило заключается в том, чтобы позволить величине денежных средств "свободно гулять", пока она не достигнет верхнего или нижнего предела. Когда это происходит, фирма покупает или продает ценные бумаги, чтобы достичь желаемой величины остатка.

Насколько свободно фирма может позволить "гулять" своему остатку денежных средств? Миллер и Орр показывают, что ответ зависит от трех факторов. Если ежедневные колебания денежных потоков велики или если фиксированные затраты на куплю-продажу ценных бумаг высоки, тогда фирма должна расположить контрольные пределы далеко друг от друга. И наоборот, если высока ставка процента, контрольные пределы надо расположить ближе друг к другу. Формула расчета расстояния между пределами следующая[6]:

$$\text{Разрыв между верхним и нижним пределами остатка денежных средств} = 3\left(\frac{3}{4} \times \frac{\text{операционные издержки} \times \text{дисперсия денежных потоков}}{\text{ставка процента}}\right)^{1/3}.$$

Заметили ли вы одну странную вещь на рисунке 31-2? Фирма возвращается не к точке, находящейся посередине между нижним и верхним пределом.

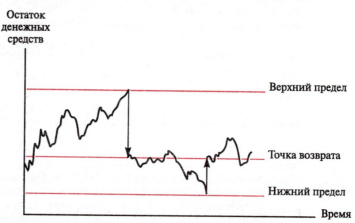

РИСУНОК 31-2

В модели Миллера и Орра кривая остатка денежных средств свободно изгибается, пока не достигнет верхнего или нижнего предела. В этой точке фирма покупает или продает ценные бумаги, чтобы восстановить остаток до точки возврата, которая соответствует сумме нижнего предела и одной трети расстояния между верхним и нижним пределами.

---

[6] Формула основана на допущении, что ожидаемое ежедневное изменение остатка денежных средств равняется нулю. Таким образом, предполагается отсутствие систематических понижательных или повышательных тенденций в остатках денежных средств. Если формула Миллера—Орра применима, вам необходимо знать лишь дисперсию ежедневных денежных потоков, т. е. дисперсию ежедневных *изменений* остатков денежных средств.

ГЛАВА 31. Управление денежными средствами

Фирма всегда возвращается к точке, находящейся на одной трети расстояния от нижней до верхней точки. Другими словами, точка возврата равна:

$$Точка\ возврата = нижний\ предел + \frac{разрыв}{3}.$$

Это означает, что, начиная всегда с точки возврата, фирма чаще достигает нижнего предела, чем верхнего. Это не минимизирует количество операций — для этого необходимо всегда начинать точно с середины расстояния. Однако если всегда начинать с середины, то это будет означать бо́льшую среднюю величину остатка денежных средств и бо́льшие расходы на выплату процентов. Точка возврата Миллера и Орра минимизирует сумму операционных издержек и расходов на выплату процентов.

Использование модели Миллера–Орра

Модель Миллера–Орра легко использовать. Первый шаг — установить нижний предел остатка денежных средств. Это может быть ноль, некоторая минимально безопасная предельная величина больше нуля или остаток, который необходим, чтобы банк был удовлетворен (более подробно о требованиях банка будет рассказано далее в этой главе). Второй шаг — оценка дисперсии денежных потоков. Например, вы можете записывать чистые притоки и оттоки денежных средств за каждый из последних 100 дней, а затем рассчитать

ТАБЛИЦА 31-2
Числовой пример использования модели Миллера–Орра

А. *Допущения*
1. Минимальный остаток денежных средств = 10 000 дол.
2. Дисперсия ежедневных денежных потоков = 6 250 000 (эквивалентно стандартному отклонению 2500 дол. в день)
3. Процентная ставка = 0,025% в день
4. Операционные издержки по каждой продаже или покупке ценных бумаг = = 20 дол.

Б. *Расчет расстояния между верхним и нижним пределами остатка денежных средств*

$$Разрыв = 3\left(\frac{3}{4} \times \frac{операционные\ издержки \times дисперсия\ денежных\ потоков}{ставка\ процента}\right)^{1/3} =$$

$$= 3\left(\frac{3/4 \times 20 \times 6\ 250\ 000}{0{,}00025}\right)^{1/3} = 21\ 634,\ или\ около\ 21\ 600\ дол.$$

В. *Расчет верхнего предела и точки возврата*

$$Верхний\ предел = нижний\ предел + 21\ 600 = 31\ 600\ дол.$$

$$Точка\ возврата = нижний\ предел + \frac{разрыв}{3} = 10\ 000 + \frac{21\ 600}{3} = 17\ 200\ дол.$$

Г. *Правило решения*

Если остаток денежных средств увеличивается до 31 600 дол., инвестируйте 31 600 дол. − 17 200 дол. = 14 400 дол. в рыночные ценные бумаги; если остаток денежных средств уменьшается до 10 000 дол., продайте рыночные ценные бумаги на 7200 дол. и восстановите денежные средства в нужном объеме.

дисперсию на основе этой выборки из 100 наблюдений. Более сложные методы измерения можно было бы использовать, если бы, скажем, существовали сезонные колебания в изменениях денежных потоков. Третьим шагом является рассмотрение ставки процента и операционных издержек по каждой покупке или продаже ценных бумаг. И заключительный шаг — расчет верхнего предела и точки возврата, передача этой информации клерку с инструкциями следовать стратегии "контрольных пределов", основанной на модели Миллера–Орра. В таблице 31-2 представлен числовой пример.

Практическая полезность этой модели ограничена допущениями, на которых она построена. Например, лишь немногие менеджеры согласятся, что притоки и оттоки денежных средств полностью непредсказуемы, как предполагает модель Миллера и Орра. Менеджер магазина игрушек знает, что перед Рождеством будет значительный приток денежных средств. Финансовые менеджеры знают, когда будут выплачиваться дивиденды и когда наступает срок уплаты налога на прибыль. В главе 29 мы описывали, как фирмы прогнозируют притоки и оттоки денежных средств и как их краткосрочные инвестиции и решения по финансированию поддерживают величину денежных средств, когда это необходимо, или ведут к вложению денег для получения процентов, когда в денежных средствах нет необходимости.

Такой вид краткосрочного финансового плана обычно разрабатывается, чтобы получить устойчивый нижний предел остатка денежных средств. Но всегда существуют колебания, особенно ежедневные, которые финансовые менеджеры не могут спланировать. Вы можете считать результаты исследований Миллера–Орра ответом на проблему денежных притоков и оттоков, которые нельзя или не *стоит* прогнозировать. Попытка спрогнозировать *все* денежные потоки "съела" бы огромное количество времени менеджеров.

Модель Миллера–Орра была проверена на данных о ежедневных денежных потоках нескольких фирм. Результаты получены аналогичные или лучше тех, которые достигались интуитивными действиями менеджеров. Однако модель не обеспечивает безусловный успех; в частности, простые эмпирические правила работают так же хорошо[7]. Модель Миллера–Орра может помочь нашему *пониманию* проблемы управления денежными средствами, но она не имеет больших преимуществ по сравнению с методами, основанными на суждениях менеджеров, при условии, конечно, что менеджеры понимают те проблемы, которые мы обсуждали.

Привлечение денежных средств путем займов

До сих пор мы предполагали, что излишек денежных средств инвестируется в ценные бумаги, такие, как казначейские векселя, а недостаток денежных средств пополняется при необходимости путем продажи этих ценных бумаг. Альтернативой этому может быть пополнение денежных средств путем займа, например посредством использования кредитной линии в банке.

С займами связана другая проблема. Ставка, по которой вы платите процент банку, скорее всего будет выше той, по которой вы получаете процент на ценные бумаги. Таким образом, перед вами, как финансовым менеджером, встает необходимость выбора. Чтобы получить максимальные проценты на ваши средства, вы стремитесь держать небольшие остатки денежных средств, но это означает, что вам с высокой вероятностью придется занимать деньги, чтобы покрыть неожиданные оттоки денежных средств. Например, предположим, что вы или можете держать денежные средства, которые не дают процентов, или можете инвестировать в ценные бумаги, которые приносят 10%.

---

[7] Обзор результатов проверки модели Миллера–Орра см. в работе: *D. Mullins and R. Homonoff.* Applications of Inventory Cash Management Models // *S.C.Myers (ed.).* Modern Developments in Financial Management. Frederic A.Praeger, Inc., New York, 1976.

ГЛАВА 31. Управление денежными средствами

Затраты на владение остатками денежных средств — это проценты, которые вы теряете, не инвестируя деньги в ценные бумаги.

Затраты на остатки денежных средств = 10%.

Если вам необходимо больше денег в короткий срок, а продавать ценные бумаги сложно или дорого, вы можете взять заем в банке под 12%. В этом случае существует простое правило для максимизации ожидаемой отдачи: регулировать остатки денежных средств до тех пор, пока вероятность потребности в займе не будет равна[8]:

$$\frac{\text{Затраты на остатки денежных средств}}{\text{Затраты по займу}} = \frac{10}{12} = 0{,}83.$$

Когда мы смотрим на проблему с этой точки зрения, наилучший по величине остаток денежных средств зависит от затрат по займу и степени неопределенности будущих денежных потоков. Если затраты по займу высоки по сравнению со ставкой процента на ценные бумаги, вы должны быть уверены, что необходимости в займе скорее всего не возникнет. Если существует большая неопределенность будущих денежных потоков, вам надо держать большой остаток денежных средств, чтобы быть уверенным, что заем не понадобится. Если вы достаточно уверены в своих денежных потоках, вы можете держать меньший остаток денежных средств.

Управление денежными средствами в крупнейших корпорациях

Для очень крупных фирм операционные издержки по купле-продаже ценных бумаг становятся неважны, по сравнению с альтернативными издержками хранения свободных остатков денежных средств.

Предположим, что ставка процента равна 8% в год или приблизительно $8/365 = 0{,}22\%$ в день. Тогда проценты, полученные в день на 1 млн дол., равны $0{,}00022 \times 1\,000\,000 = 220$ дол. Даже если затраты составляют огромную сумму 50 дол. на операцию, фирма лучше заплатит их, чтобы купить казначейские векселя сегодня и продать завтра, чем будет сутки держать 1 млн дол. в виде свободных денег.

У корпорации с ежегодным объемом продаж 1 млрд дол. средний ежедневный денежный поток составляет $1\,000\,000\,000$ дол./365, т. е. около 2,7 млн дол. Фирмы такого размера заключают сделки по купле-продаже ценных бумаг один раз в день ежедневно, кроме тех редких случаев, когда у них остается небольшой положительный остаток денежных средств в конце дня.

---

[8] См., например: *J.H.W. Gosling*. One-Period Optimal Cash Balances (Scheviningen, Holland, 1981), неопубликованную работу, представленную Европейской финансовой ассоциацией. Вместо того чтобы держать деньги, вы можете вложить их в высоколиквидные ценные бумаги, которые легко продать, но на которые платится лишь небольшая процентная ставка. Модель работает и в этом случае. Например, предположим, что процентная ставка по этим ликвидным бумагам — 4%. Тогда затраты по инвестированию в ликвидные бумаги — это проценты, которые вы теряете, не инвестируя в менее ликвидные рыночные ценные бумаги:

Затраты на ликвидные бумаги = 10 − 4 = 6%.

Затраты по займу — это разница между процентами, которые вы платите по займу, и ставкой, которую вы получаете по ликвидным бумагам:

Затраты по займу = 12 − 4 = 8%.

Наше правило гласит, что вы должны регулировать ликвидные бумаги до тех пор, пока вероятность необходимости займа не будет равна:

$$\frac{\text{Затраты на ликвидные бумаги}}{\text{Затраты по займу}} = \frac{6}{8} = 0{,}75.$$

Почему же такие фирмы все-таки держат некоторые значительные суммы в виде денежных средств? В основном по двум причинам. Во-первых, они могут оставить денежные средства на банковском счете, по которому не начисляются проценты, в качестве компенсации за услуги, предоставляемые банком. Во-вторых, большие корпорации могут иметь сотни счетов в десятках различных банков. Часто лучше оставить свободные деньги на некоторых из этих счетов, чем ежедневно контролировать каждый счет и делать ежедневные переводы между ними.

Одной из главных причин роста количества банковских счетов является децентрализация управления. Вы не можете дать филиалу автономию, не дав менеджерам права тратить и получать денежные средства.

Тем не менее хорошее управление денежными средствами предполагает некоторую степень централизации. Вы не сможете поддерживать требуемые запасы денежных средств, если все филиалы в группе будут нести ответственность за свои частные доли денежных средств. И, конечно, вы захотите избежать ситуаций, в которых один филиал инвестирует свои свободные денежные средства под 8%, а другой занимает их под 10%. Поэтому не удивительно, что даже в высокодецентрализованных компаниях обычно существует централизованный контроль над остатками денежных средств и отношениями с банком.

31–2. СИСТЕМЫ СБОРА И РАСХОДОВАНИЯ ДЕНЕГ

Мы поговорили в общем об остатках денежных средств фирмы, теперь настало время более определенно рассмотреть, как денежные средства попадают в корпорацию и покидают ее и как рассчитывается остаток денежных средств, имеющийся в наличии. И первый необходимый шаг — рассмотреть *денежные средства в пути*.

Денежные средства в пути

Предположим, что компания United Carbon имеет 1 млн дол. на своем текущем счете в банке. Сейчас она платит одному из своих поставщиков, выписывая и посылая по почте чек на 200 000 дол. В бухгалтерских книгах компании немедленно делается запись, показывающая остаток денежных средств, равный 800 000 дол. Но банк компании ничего не будет знать об этом чеке до тех пор, пока он не будет получен поставщиком, помещен в банк поставщика и, наконец, представлен к оплате в банк компании United Carbon[9]. В течение этого времени банк компании United Carbon будет показывать в своих бухгалтерских записях остаток 1 млн дол. Компания получает преимущество в виде дополнительных 200 000 дол. в банке, пока по чеку производится расчет. Эту сумму часто называют *денежные средства (платеж) в пути*.

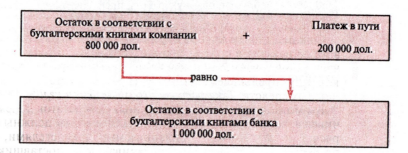

---

[9] Чеки, предъявленные в банке, проводятся через Федеральную резервную клиринговую систему, через корреспондентский банк или через клиринговый отдел местного банка.

Платеж в пути кажется чудесным изобретением, однако, к сожалению, он может работать и в обратную сторону. Предположим, что в дополнение к выплате своему поставщику United Carbon *получает* подписанный чек на 100 000 дол. от своего покупателя. Она предъявляет чек, и как компания, так и банк увеличивают остаток в бухгалтерских книгах на 100 000 дол.

Однако эти деньги пока недоступны компании. У банка реально нет этих денег, пока он не отправит чек и не получит оплату от банка покупателя.

Поскольку банк должен ждать, он заставляет ждать и компанию United Carbon — обычно это 1 или 2 рабочих дня. Между тем банк покажет на счету компании United Carbon *доступный остаток* — 1 млн дол. и *колебание доступности* — 100 000 дол.

Отметьте, что компания выигрывает в результате платежа в пути и теряет в результате колебания доступности. Разницу часто называют *чистый остаток в пути*. В нашем примере чистый остаток в пути равен 100 000 дол. Следовательно, доступный компании остаток на 100 000 дол. превышает остаток, показанный в бухгалтерских книгах.

Финансовый менеджер компании должен заботиться о доступном остатке, а не об остатке в соответствии с бухгалтерскими книгами. Если вы знаете, что пройдет, возможно, неделя или две до того, как некоторые из ваших чеков будут предъявлены к оплате, то сможете обойтись меньшим остатком денежных средств. Такая игра часто называется *игрой с остатком в пути*.

Вы можете увеличивать доступный вам остаток денежных средств, увеличивая ваш чистый остаток в пути. Для этого вы должны обеспечить быстрый расчет по вашим чекам, оплачиваемым покупателями, и медленный расчет по чекам, по которым вы расплачиваетесь с поставщиками. Возможно, это звучит как пустяк, но подумайте, что это может значить для такой компании, как Ford. Средний ежедневный объем продаж компании Ford составляет около 250 млн дол. Следовательно, если фирма сможет ускорить процесс получе-

РИСУНОК 31-3
Отсрочки ведут к возникновению денег в пути. Каждая жирная стрелка обозначает источник отсрочки. Получатели пытаются уменьшить отсрочки, чтобы быстрее получить в свое распоряжение денежные средства. Плательщики заинтересованы в отсрочках, поскольку благодаря им дольше могут использовать свои денежные средства. *Замечание:* отсрочки, вызывающие колебания доступности и колебания наличности, в среднем равны, но могут различаться в отдельных случаях.

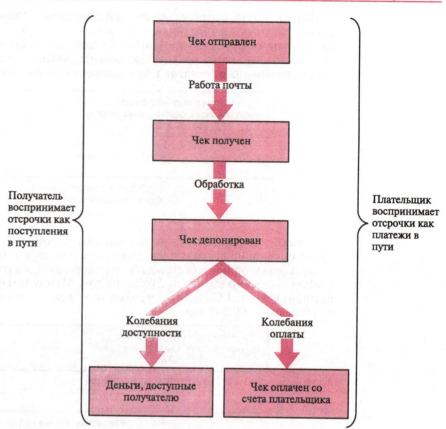

ния денег на 1 день, она высвободит более 250 млн дол., которые сможет потратить на инвестиции или выплаты акционерам.

Некоторые финансовые менеджеры стали с чересчур большим энтузиазмом относиться к управлению денежными средствами в пути. В 1985 г. Е.Ф. Хаттон признал себя виновным в 2000 случаев обмана, связанных с почтовыми и телеграфными переводами. Хаттон признал, что было создано около 1 млрд дол. денежных средств в пути посредством перемещения средств между отделениями компании, через различные счета в разных банках. Эта деятельность стоила компании 2 млн дол. штрафов и согласия оплатить банкам любые убытки, которые они могли понести.

Управление денежными средствами в пути

Денежные средства в пути — это дитя отсрочки. Фактически существует несколько видов отсрочки, и люди, занимающиеся управлением денежных средств, называют несколько видов денежных средств в пути. Рисунок 31-3 обобщает эту информацию.

Конечно, отсрочки, которые помогают плательщику, вредят получателю. Получатели пытаются ускорить получение. Плательщики пытаются замедлить выплаты.

Ускорение сбора денег

Одним из путей ускорения получения денежных средств по счетам является метод, известный как **концентрация банковских операций**. В этом случае покупатели в определенном регионе платят в местное отделение, а не в головной офис компании. Затем местное отделение помещает чек на счет в местный

ГЛАВА 31. Управление денежными средствами

банк. Дополнительные средства периодически переводятся на концентрирующий счет в одном из основных банков компании.

Концентрация банковских операций позволяет собрать вместе множество мелких остатков в один большой центральный остаток, который путем одной операции может быть инвестирован в активы, приносящие проценты. Концентрация банковских операций также сокращает денежные средства в пути двумя способами. Во-первых, поскольку местное отделение ближе к покупателю, уменьшается время на почтовое отправление. Во-вторых, поскольку чек покупателя скорее всего выписан на местный банк, уменьшается время обработки чека. К сожалению, концентрация банковских операций также требует дополнительных затрат. Во-первых, компания будет нести административные затраты. Во-вторых, местный банк компании должен быть вознагражден за свои услуги. В-третьих, потребуются затраты на перевод средств в концентрирующий банк. Наиболее быстрый, но и наиболее дорогой способ — это *телеграфный перевод*. Более медленный, но более дешевый — *депозитарный переводной чек*[10].

Часто концентрация банковских операций комбинируется с **системой местных почтовых ящиков**, когда вы платите местному банку за административную работу. Эта система функционирует следующим образом. Компания арендует местный почтовый ящик в каждом важном регионе. Все покупатели этого региона получают инструкции посылать свои платежи на данный почтовый ящик. Местный банк, в качестве агента компании, регулярно опорожняет этот ящик и помещает чеки на местный счет компании. Дополнительные средства периодически переводятся в один из основных банков компании.

Сколько точек сбора денег вам необходимо, если вы используете систему местных почтовых ящиков или прибегаете к концентрации банковских операций? Ответ зависит от того, где находятся ваши покупатели и с какой скоростью работает почта США. Например, предположим, что вы раздумываете над открытием местного почтового ящика. Местный банк показывает вам временную карту доставки почты. Исходя из этого, а также из информации о расположении ваших покупателей, вы делаете следующий расчет.

- Среднее количество ежедневных платежей в местный почтовый ящик = 150
- Средний размер платежа = 1200 дол.
- Ставка процента *в день* = 0,02%
- Экономия на времени почтовой доставки = 1,2 дня
- Экономия на времени обработки = 0,8 дня

На этой основе использование местного почтового ящика увеличит ваш собираемый остаток на:

$$150 \text{ событий в день} \times 1200 \text{ дол. на событие} \times (1,2 + 0,8) \text{ сэкономленных дней} = 360\,000 \text{ дол.}$$

Инвестированные под 0,02% в день, они дадут ежедневный доход:

$$0,0002 \times 360\,000 \text{ дол.} = 72,00 \text{ дол.}$$

Плата, взимаемая банком за работу с системой местных почтовых ящиков, зависит от количества обрабатываемых чеков. Предположим, что банк взи-

---

[10] Депозитарный переводной чек выписывается непосредственно местным банком на определенный счет компании в концентрирующем банке (см.: *Bernell K. Stone and Ned C. Hill.* Alternative Cash Transfer Mechanisms and Methods: Evaluation Frameworks // Journal of Bank Research. 3: 7—16. Spring 1982.

мает по 0,26 дол. за чек. При расчете получается: 150 × 0,26 = 39,00 дол. в день. У вас есть дополнительно 72,00 дол. − 39,00 дол. = 33,00 дол. в день, плюс то, что ваша фирма сэкономит, не обрабатывая чеки сама.

Наш пример предполагает, что у компании есть только два варианта выбора: либо ничего не делать, либо оперировать с местным почтовым ящиком. Но, может быть, существуют другие местные почтовые ящики, расположенные в иных местах, или некоторый смешанный вариант, который может оказаться более эффективным. Все возможные комбинации проще всего проработать методом линейного программирования. Многие банки предлагают модели линейного программирования для решения проблемы выбора месторасположения местных почтовых ящиков[11].

Контроль за выплатами

Ускорение сбора денег — это не единственный способ увеличения чистого остатка денежных средств в пути. Этого можно добиться, замедляя выплаты. Один из соблазнительных методов — увеличение времени на почтовую доставку. Например, United Carbon могла бы платить своим нью-йоркским поставщикам чеками, отправленными почтой из Ноума в штате Аляска, а поставщикам из Лос-Анджелеса — чеками, отправленными из Вены в штате Мэн.

Но немного поразмыслив, вы поймете, что такого рода почтовые трюки дадут лишь краткосрочный результат. Предположим, что вы обещали заплатить поставщику из Нью-Йорка 29 февраля. Какая разница, отправите вы чек из Аляски 26 февраля или из Нью-Йорка 28-го? Конечно, вы можете сослаться на отдаленный почтовый адрес в качестве причины позднего платежа, но такие уловки легко проследить. Если вы собираетесь задержать платеж, вы и отправлять по почте его будете позже.

Однако существуют эффективные способы увеличения времени расчетов. Например, предположим, что United Carbon платит своим поставщикам чеками, выписанными на New York City Bank. С момента, когда чек был предъявлен в банк поставщиком, пройдет некоторое время, в среднем чуть больше дня, пока он будет представлен к оплате в банк компании United Carbon. Альтернативой для United Carbon является следующий метод: она платит своим поставщикам чеками, которые отправляет по почте так, чтобы они *прибыли* вовремя, но которые выписывает на банк в Хелене (Монтана), или в Мидланде (Техас), или в Виллингтоне (Делавер). В этих случаях до того как каждый чек будет представлен к оплате, может пройти 3 или 4 дня. Следовательно, United Carbon выигрывает несколько дополнительных дней платежа в пути[12].

Некоторые фирмы даже содержат счета для выплат в различных частях страны. Компьютер, куда заложен почтовый индекс каждого поставщика, автоматически выдает чек, выписанный на наиболее отдаленный банк.

Поставщики не будут возражать против этих махинаций, поскольку Федеральная резервная система гарантирует, что максимальное время обработки и зачета чеков не должно превышать 2 дней. Однако именно она пытается предотвратить отдаленные выплаты.

New York City Bank по нескольку раз в день получает чеки из Федеральной резервной системы наряду с чеками, которые приходят напрямую из других банков или через местные клиринговые дома. Таким образом, если United Carbon использует New York City Bank для уплаты своим поставщикам, она не будет знать в начале дня, сколько чеков будет представлено к оплате в этот день. Поэтому компания должна или держать большой остаток денежных

---

[11] См., например: *A. Kraus, C. Janssen and A. McAdams.* The Lock-Box Location Problem // Journal of Bank Research. 1: 50–58. Autumn 1970.

[12] Отдаленные счета для выплат описаны в работе: *I. Ross.* The Race Is to the Slow Payer // Fortune. 75–80. April 1983.

ГЛАВА 31. Управление денежными средствами

средств на случай непредвиденных обстоятельств, или быть готова занимать деньги. Однако вместо того чтобы иметь счет для выплат, скажем, в Morgan Guaranty Trust в Нью-Йорке, United Carbon могла бы открыть счет *с нулевым остатком* в филиале банка Morgan в Виллингтоне (Делавер), поскольку это не основной банковский центр. Этот филиал банка получает практически все чеки не за несколько доставок, а за один раз, рано утром из Федерального резерва. Это, следовательно, позволяет менеджеру по денежным средствам United Carbon рано утром точно знать, сколько денег будет выплачено в данный день. Менеджер по денежным средствам затем организует перевод этой суммы с концентрирующего счета на счет для выплат. Таким образом, в конце дня (или в начале следующего) счет для выплат United Carbon имеет нулевой остаток.

Счет United Carbon в Виллингтоне имеет два преимущества. Первое: выбрав отдаленное месторасположение, компания выиграла несколько дней на денежных средствах в пути. Второе: поскольку банк рано утром может спрогнозировать, сколько денег будет выплачено, United Carbon нет необходимости держать дополнительные денежные средства на счете, чтобы покрыть непредвиденные расходы.

31-3. ОТНОШЕНИЯ С БАНКАМИ

Большая часть работы менеджера по денежным средствам — обработка чеков, перевод средств, управление местными почтовыми ящиками, помощь в отслеживании счетов компании — выполняется банками. Кроме того, банки предоставляют многие другие услуги, не так прямо связанные с управлением денежными средствами: проведение выплат и получение платежей в иностранной валюте, покупка или продажа казначейских векселей или хранение ценных бумаг. Конечно, банки также дают взаймы деньги или предоставляют фирме *возможность* занять деньги по *кредитной линии*[13].

Все эти услуги должны быть оплачены. Банк требует плату за обработку чеков, операции с местными почтовыми ящиками или за готовность одолжить деньги. Эта плата может быть прямой — в виде месячных платежей за реально предоставленные услуги, или косвенной — хранение денег на банковском счете, не приносящем процентов.

Банкам выгодно иметь как можно больше текущих счетов (депозитов до востребования). После перечисления части денег с этих депозитов на резервный счет Федерального резервного банка, они могут повторно ссудить деньги и получить на них проценты. Поэтому банки были бы готовы платить проценты, чтобы привлечь новые текущие счета, но это запрещено законом.

И хотя правительство не дает банкам юридической возможности предлагать проценты в качестве платежа за открытие текущего счета, оно не может запретить им предлагать услуги для привлечения текущих счетов. Следовательно, если фирма держит достаточно большой остаток в банке, банк будет бесплатно обрабатывать чеки фирмы, управлять местными почтовыми ящиками — он будет предоставлять фирме любые виды консультаций и услуг.

Таким образом, фирма может оплачивать услуги банка, держа беспроцентный депозит до востребования. Эти текущие счета генерируют *доходные кредиты*, которые используются для платы банку за его услуги. Доходные кредиты — это проценты под другим именем[14].

---

[13] См. раздел 32-3.
[14] При такой системе косвенных вознаграждений банк будет настаивать, чтобы вы поддерживали оговоренную среднюю величину остатка на счете в течение месяца. Следовательно, вы не позволите своим запасам денежных средств упасть до нуля, прежде чем возмещать их.

Депозиты, предназначенные для оплаты услуг банка, называются *компенсационными остатками*. Существует устойчивая тенденция к прямой оплате банковских услуг вместо компенсационных остатков. Но некоторые банки все еще требуют их в обмен на кредитную линию. В некоторых случаях *вы* вправе потребовать их. Предположим, у вас есть иные причины иметь оборотный остаток в определенном банке, скажем, для поддержки местных операций. Эти деньги могут также служить компенсационным остатком. Другими словами, иногда более эффективно держать деньги в банке и производить доходные кредиты, чем оплачивать частые операции по купле-продаже ценных бумаг, приносящих проценты.

Что происходит, когда деньги приносят процент?

Запрет на выплату процентов по депозитам до востребования ослабевает. США приближается к другим странам, в которых на текущие счета корпораций проценты платятся обычным образом[15]. Но даже там, где текущие счета, приносящие проценты, получили широкое распространение, фирмы и частные лица тем не менее стоят перед выбором между ликвидностью и упущенными процентами, поскольку текущие счета имеют более низкую ставку процента, чем прямые инвестиции в ценные бумаги. (В противном случае банк теряет деньги; и в длительной перспективе они не могут предлагать услуги, которые ведут к потере денег.) Таким образом, чем меньше денег вы держите на текущем счете, тем больше процентов вы зарабатываете. Кроме того, небольшие остатки на текущих счетах означают частые продажи или покупки ценных бумаг, а следовательно, частые операционные издержки. А это — та же проблема, с которой мы начали главу.

31-4. РЕЗЮМЕ

Денежные средства ликвидны, но не приносят процентов. Ценные бумаги приносят проценты, но вы не можете использовать их для покупки вещей. Финансовый менеджер стремится к тому, чтобы денежные средства в его распоряжении не превышали точку, где предельные затраты на ликвидность равны процентам, которые можно получить на ценные бумаги.

Денежные средства — это лишь один из видов сырья, которое вам необходимо для ведения бизнеса. Очень дорого держать капитал связанным, в виде больших запасов "сырья", тогда как он мог бы приносить проценты. Почему вообще вы держите запасы? Почему не заказываете их лишь тогда, когда вам это необходимо? Потому что постоянно делать маленькие заказы дорого. Вы должны найти баланс между хранением слишком больших запасов денежных средств (теряя проценты на эти деньги) и слишком частым обновлением слишком мелких запасов (неся дополнительные административные затраты). Если ставка процента высока, вы стремитесь держать относительно небольшие запасы денежных средств. Если ваши потребности в денежных средствах варьируют и административные затраты велики, вы стремитесь держать относительно крупные запасы.

Если ценные бумаги нелегко продать, у вас есть альтернатива: получить заем для покрытия дефицита денежных средств. И опять вы стоите перед выбором. С одной стороны, банки берут высокую ставку процента за кредит, и вы стремитесь держать достаточно большие ликвидные резервы, чтобы не было необходимости занимать деньги. С другой стороны, держа большие ликвидные остатки, вы не получаете максимального дохода на ваши денежные средства.

Денежные средства, отраженные в бухгалтерских книгах компании, не равны имеющемуся в распоряжении остатку на вашем счете в банке. Разница —

---

[15] В этих странах услуги банков почти всегда оплачиваются прямо, а не косвенно, путем компенсационных остатков.

это чистый остаток денежных средств в пути. Если вы выписали большое количество чеков, ждущих обработки, доступный вам остаток будет больше, чем остаток в соответствии с бухгалтерскими книгами. Если вы только представили к оплате большое количество чеков, по которым банком еще не были получены деньги, доступный вам остаток будет меньше. Если вы можете спрогнозировать, сколько времени займет обработка чеков, вы, вероятно, сможете *играть остатком денежных средств в пути* и достичь меньшего остатка денежных средств.

Вы также можете *управлять денежными средствами в пути*, ускоряя получение денег и замедляя платежи. Один из способов ускорения получения денег — концентрация банковских операций. Покупатели осуществляют платежи в региональный офис, который затем оплачивает чеки через счет в местном банке. Дополнительные средства переводятся с местного счета в концентрирующий банк. Альтернативным методом являются *банковские операции через местные почтовые ящики*, куда покупатели посылают свои платежи. Местный банк регулярно обрабатывает накопившиеся в ящике чеки. Концентрация банковских операций и банковские операции через местные почтовые ящики уменьшают время на отправку по почте и время на обработку чеков.

Банки предоставляют различные услуги. Они обрабатывают чеки, управляют местными почтовыми ящиками, дают консультации, рекомендации и т. д. Фирмы или напрямую платят деньги за эти услуги, или держат некоторый остаток денежных средств на беспроцентном счете в банке.

Во многих случаях вы будете стремиться держать несколько большие остатки, чем вам необходимо для оплаты реальных банковских услуг, поскольку банк может быть ценным источником идей и деловых контактов, а также источником краткосрочных ссуд. Размещение свободных денежных средств в вашем банке может быть неявной компенсацией за готовность банка предоставить вам кредит, когда это необходимо. Большой остаток денежных средств, следовательно, может быть хорошей страховкой на "черный день".

РЕКОМЕНДУЕМАЯ ЛИТЕРАТУРА

Бомол, Миллер и Орр были пионерами в использовании моделей запасов в управлении денежными средствами.

W.J. Baumol. The Transaction Demand for Cash: An Inventory Theoretic Approach // Quarterly Journal of Economics. 66: 545–566. November 1952.

M.H. Miller and D. Orr. A Model of the Demand for Money by Firms // Quarterly Journal of Economics. 80: 413–435. August 1966.

Маллинз и Гомонофф сделали обзор ряда испытаний моделей запасов применительно к управлению денежными средствами.

D. Mullins and R. Homonoff. Applications of Inventory Cash Management Models // *S.C. Myers (ed.)* Modern Developments in Financial Management. Frederic A. Praeger, Inc., New York, 1976.

Следующие три статьи анализируют структуру банковских операций с местными почтовыми ящиками и концентрацию банковских операций. Четвертая статья, Бернелла Стоуна, дает обзор управления банковскими операциями и денежными средствами.

A. Kraus, C. Janssen, and A. McAdams. The Lock-Box Location Problem // Journal of Bank Research. 1: 50–58. Autumn 1970.

G. Cornuejols, M.L. Fisher, and G.L. Nemhauser. Location of Bank Accounts to Optimize Float: An Analytic Study of Exact and Approximate Algorithms // Management Science. 23: 789–810. April 1977.

S.F. Maier and J.H. Van der Weide. What Lock-Box and Disbursement Models Really Do // Journal of Finance. 37: 361–371. May 1983.

B.K. Stone. The Design of a Company's Banking System // Journal of Finance. 37: 373–385. May 1983.

Journal of Cash Management — издание Национальной ассоциации по корпоративному управлению денежными средствами — содержит последние разработки по этим проблемам:

J.G. Kallberg, K.L. Parkinson, and J.R. Ochs (ed.). Essentials of Cash Management. National Corporate Cash Management Association, Newtown, CT, 1989.

N.C. Hill and W.L. Sartoris. Short-Term Financial Management. Macmillian Publishing Company, New York, 1988.

J. Van der Weide and S.F. Maier. Managing Corporate Liquidity: An Introduction to Working Capital Management. John Wiley & Sons, Inc., New York, 1985.

КОНТРОЛЬНЫЕ ВОПРОСЫ

1. В книжном магазине "Книги для всех" вырос спрос на книгу *"Принципы корпоративных финансов"*. Теперь ежегодно можно будет продавать по 200 книг. К сожалению, затраты на хранение запасов увеличились до 2 дол. на книгу в год, тогда как затраты на заказ остались постоянными — 2 дол. за заказ.
    а) Каковы предельные затраты на хранение (для возросшего количества единиц в заказе)?
    б) В какой точке предельные затраты на хранение равны предельному снижению затрат на заказ?
    в) Какое количество заказов в год должен делать магазин?
    г) Какова оптимальная средняя величина запасов?

2. Магазин "Книги для всех" использует денежные средства стабильно по 20 000 дол. в год. Процентная ставка — 2%, а затраты на каждую продажу ценных бумаг — 2 дол.
    а) Каковы предельные затраты на хранение денежных средств (для увеличения на 1 дол. размера заказа)?
    б) В какой точке предельные затраты на хранение денежных средств равны предельному снижению затрат на заказ?
    в) Сколько раз в год магазин должен продавать ценные бумаги?
    г) Какова средняя величина остатка денежных средств?

3. Согласно модели Миллера и Орра, остаток денежных средств фирмы может колебаться в определенных пределах.
    а) Какие три фактора определяют разрыв между пределами?
    б) На сколько фирма должна корректировать остаток денежных средств, когда он достигает верхнего или нижнего предела?
    в) Почему она не восстанавливает остаток денежных средств до точки, соответствующей середине расстояния между верхним и нижним пределами?

4. Предположим, что вы можете держать денежные средства, которые не приносят процентов, или инвестировать в ценные бумаги с процентной ставкой 8%. Ценные бумаги нельзя легко продать в короткий срок, следовательно, вы должны восполнять любой дефицит денежных средств, открывая кредитную линию в банке, который берет за кредит 10%. Больше или меньше вам следует инвестировать в ценные бумаги, если:
    а) вы не уверены в будущих потоках денежных средств;
    б) процентная ставка по банковским займам поднимется до 11%;
    в) процентная ставка на ценные бумаги и процентная ставка по банковским займам увеличиваются одинаково;
    г) вы пересмотрели свой прогноз потребностей в денежных средствах и решили, что они уменьшатся?

5. У компании имеются следующие остатки денежных средств:
    Остаток в соответствии с бухгалтерскими книгами компании=600 000 дол.

ГЛАВА 31. Управление денежными средствами

Остаток в соответствии с бухгалтерскими книгами банка = 625 000 дол. Доступный остаток = 550 000 дол.

   а) Рассчитайте платеж в пути и колебание доступности.
   б) Почему компания выигрывает от платежа в пути?
   в) Предположим, что компания одобряет политику выписки чеков на отдаленный банк. Как это вероятнее всего отразится на трех показателях остатка денежных средств?

6. Анна Тик, финансовый менеджер фирмы по производству мебели, принимает решение действовать с помощью системы местных почтовых ящиков. Она прогнозирует 300 платежей в день, средний размер платежа — 1500 дол. Банк взимает плату за операции с местными почтовыми ящиками: *или* 0,40 дол. за чек, *или* компенсационный остаток в размере 800 000 дол.

   а) Если процентная ставка равна 9%, то какой метод оплаты дешевле?
   б) На сколько необходимо сократить время сбора и обработки каждого чека, чтобы оправдать использование системы местных почтовых ящиков?

7. Объясните, почему компании используют счета с нулевым остатком для выплат?

8. Заполните следующие пропуски, выбрав соответствующий термин из следующего списка: *банковские операции через местные почтовые ящики, телеграфный перевод, платеж в пути, концентрация банковских операций, колебание доступности, чистый остаток, депозитарный переводной чек.*

Имеющийся в распоряжении фирмы остаток денежных средств равен ее остатку в соответствии с бухгалтерскими книгами плюс ____ и минус ____. Разницу между доступным остатком и остатком в соответствии с бухгалтерскими книгами часто называют ____. Фирмы могут увеличить свои ресурсы денежных средств, ускоряя получение (сбор) денег путем организации платежей в региональный офис, который оплачивает чеки в местном банке. Такая система известна как ____. Дополнительные средства затем переводятся из местного банка в один из основных банков компании. Перевод может быть осуществлен быстрым, но дорогим ____, или более медленным, но дешевым ____. Другой способ — организовать, чтобы местный банк собирал чеки непосредственно из почтового ящика. Эта система известна как ____.

ВОПРОСЫ И ЗАДАНИЯ

1. Как будет реагировать остаток денежных средств фирмы на следующие изменения?
   а) Ставка процента увеличивается.
   б) Дисперсия ежедневных денежных потоков уменьшается.
   в) Затраты на операции по купле-продаже ценных бумаг увеличиваются.

2. Фирма содержит отдельный счет для выплат денежных средств. Общие выплаты составляют 100 000 дол. в месяц и равномерно распределены в течение месяца. Административные и операционные затраты по переводу денежных средств на счет выплат равны 10 дол. за перевод. Рыночные ценные бумаги приносят 1% в месяц. Определите размер и количество переводов, которые будут минимизировать затраты на содержание специального счета.

3. Вернитесь к таблице 31-2. Рассчитайте оптимальную стратегию при следующих альтернативных предположениях:

Минимальный остаток денежных средств = 20 000 дол.
Стандартное отклонение ежедневных денежных потоков = 5000 дол.
Процентная ставка = 0,03% в день.
Операционные издержки по каждой купле-продаже ценных бумаг = 25 дол.

4. Предположим, что инфляция увеличивается с 5 до 10% в год. Будут ли остатки денежных средств фирмы увеличиваться или уменьшаться по отношению к объему продаж? Объясните.

5. Материнская компания собирает остатки по счетам покупателей своих филиалов один раз в неделю. (Каждую неделю она переводит остатки на этих счетах на один центральных счет.) Стоимость телеграфного перевода — 10 дол. Депозитарный переводной чек стоит 0,80 дол. Денежные средства, переводимые телеграфом, доступны в тот же день, а обработка депозитарного переводного чека длится 3 дня. Денежные средства могут быть инвестированы под 12% в год. Сколько денег должно быть на счетах покупателей, для того чтобы имело смысл использовать телеграфный перевод?

6. Финансовый менеджер компании JAC Cosmetics решает открыть местный почтовый ящик в Питтсбурге. Чеки, обрабатываемые через местный почтовый ящик, дают в сумме 300 000 дол. в месяц. Использование местного почтового ящика позволит компании иметь доступные денежные средства на 3 дня раньше.

    а) Предположим, что банк предлагает управление местным почтовым ящиком за наличие компенсационного остатка в 20 000 дол. Стоит ли использовать местный почтовый ящик?

    б) Предположим, что банк предлагает управление местным почтовым ящиком за плату в 0,10 дол. за каждый обрабатываемый чек вместо компенсационного остатка. Каким должен быть средний размер чека, чтобы такая альтернатива была выгодна компании? Предположите, что ставка процента равна 6% в год.

    в) Почему необходимо знать ставку процента при ответе на вопрос *б)*, и не необходимо — для ответа на вопрос *а)*?

7. 25 января компания "Коростель" имела 250 000 дол. на счете в местном банке. 27 января компания выписывает и отправляет чеки на 20 000 дол. и 60 000 дол. поставщикам. В конце месяца финансовый менеджер "Коростели" кладет на счет чек на 45 000 дол., полученный от покупателя утренней почтой, и получает выписку со счета на конец месяца из банка. Менеджер отмечает, что только платеж 20 000 дол. от 27-го прошел через банк. Каковы остаток в соответствии с бухгалтерскими книгами компании и платеж в пути? Какова величина чистого остатка денежных средств в пути?

8. Компания Knob, Inc. является общенациональным дистрибьютором мебельной фурнитуры. В настоящий момент компания использует централизованную систему выписки счетов для продаж в кредит, объемом 180 млн дол. ежегодно. First National — основной банк корпорации Knob — предлагает установить новую систему концентрации банковских операций за фиксированную плату 100 000 дол. в год. Банк оценивает, что время на почтовую отправку и сбор денег может быть сокращено на 3 дня. На сколько будет снижено колебание доступности для компании Knob при новой системе? Сколько дополнительного дохода в виде процентов даст новая система, если дополнительные средства используются для уменьшения займа по кредитной линии Knob в First National Bank? Предположите, что процентная ставка по займу равна 12%. И наконец, следует ли Knob принять предложение банка, если затраты на получение (сбор) денег при старой системе составляют 40 000 дол. в год?

9. Несколько лет назад компания Merrill Lynch увеличивала свои денежные средства в пути, отправляя чеки, выписанные на банки западного побережья, клиентам на восточном, а чеки, выписанные на банки восточного побережья, — клиентам на западном. Последующий суд против Merrill Lynch выяснил, что за 28 месяцев, с сентября 1976 г., Merrill Lynch выплатила 1,25 млрд дол. в 365 000 чеках только клиентам штата Нью-Йорк. Адвокат

ГЛАВА 31. Управление денежными средствами   871

истцов рассчитал, что, используя отдаленный банк, Merrill Lynch увеличила свой средний платеж в пути на 1,5 дня[16].

а) Сколько Merrill Lynch выплачивала в день клиентам в штате Нью-Йорк?
б) Каков был общий доход Merrill Lynch за 28 месяцев, предполагая ставку процента 8%?
в) Какова была приведенная стоимость увеличения денежных средств в пути, если ожидалось, что доходы будут постоянными?
г) Предположим, что использование отдаленных банков повлекло дополнительные расходы для Merrill Lynch. Каковы были бы максимальные дополнительные затраты на чек, которые Merrill Lynch готова была бы платить?

---

[16] См., например: *I. Ross.* The Rase Is to the Slow Payer.

Краткосрочное кредитование и заимствование

Если у компании образуется временный излишек денежных средств, она может инвестировать их в краткосрочные ценные бумаги. В случае же временной нехватки денег у компании есть возможность пополнить свой запас, продав ценные бумаги или взяв краткосрочный кредит. Из главы 31 вы почерпнули некоторую информацию о том, когда нужно идти на подобные изменения. Однако вам необходимо знать больше. Существует тщательно разработанное "меню" краткосрочных ценных бумаг; и вы должны хорошо ориентироваться в наиболее известных "блюдах". Точно так же существует много видов краткосрочных задолженностей, и вам следует знать их отличительные особенности. Именно поэтому в книгу включена данная глава о краткосрочном кредитовании и заимствовании. Вам предстоит познакомиться с новой теорией, и вас также ждет добрая порция интересного учебного материала.

32–1. КРАТКОСРОЧНОЕ КРЕДИТОВАНИЕ

Денежный рынок

Рынок краткосрочных инвестиций обычно называется **денежным рынком.** Денежный рынок не имеет определенного местоположения в пространстве. Он состоит из разрозненных банков и дилеров, связанных между собой посредством телексов, телефонов и компьютеров. При этом на денежном рынке обращается огромное количество ценных бумаг и конкуренция весьма сильна.

Наиболее крупные корпорации сами управляют своими вложениями на денежном рынке, совершая покупки и продажи через банки или дилеров. Мелким компаниям удобнее помещать деньги в инвестиционные фонды денежного рынка. Подобные взаимные фонды вкладывают средства только в краткосрочные ценные бумаги денежного рынка. За определенную плату инвестиционные фонды денежного рынка обеспечивают профессиональное управление средствами и диверсификацию портфеля высококачественных краткосрочных ценных бумаг. Такие фонды денежного рынка описывались нами в разделе 17–4.

В главе 24 мы обращали внимание на то, что для облигаций существуют два основных рынка. Это внутренний рынок в Соединенных Штатах и международный рынок еврооблигаций. Из этой главы станет понятно, что и для краткосрочных евродолларовых инвестиций в дополнение к внутреннему денежному рынку также существует международный рынок.

Евродоллар не есть некая странная банкнота; это просто долларовый депозит в банке за пределами Соединенных Штатов. Представьте себе, например, что американская нефтяная компания покупает у арабского шейха неочищенную нефть и расплачивается чеком банка Morgan Guaranty на 1 млн дол. Затем шейх депонирует чек на свой счет, в Лондонском отделении банка Barclays. В результате Barclays имеет в активе кредит на 1 млн дол. от Morgan Guaranty. Он также имеет уравновешивающее обязательство в форме долларового депозита. Доллары размещены за пределами Соединенных Штатов, следовательно, это евродолларовый депозит.

В этой главе будут описаны основные внутристрановые и евродолларовые инвестиции, однако следует помнить, что существует рынок инвестиций и в других евровалютах. Например, если корпорация в Соединенных Штатах намерена осуществить краткосрочные инвестиции в немецких марках, она может сделать это либо на денежном рынке во Франкфурте, либо на международном рынке евровалют.

Если бы мы жили в мире, где отсутствуют регулирование и налогообложение, процентная ставка на евродолларовый кредит должна была бы быть такой же, как и на эквивалентный долларовый кредит на внутреннем рынке, процентная ставка на евростерлинговый кредит — такой же, как и стерлинговый кредит на внутреннем рынке, и т. д. Однако рынки евровалют существуют только благодаря попыткам отдельных правительств регулировать банковское кредитование на внутреннем рынке. Например, в период между 1963 и 1974 г. правительство Соединенных Штатов контролировало вывоз корпоративного капитала, предназначенного для инвестиций. Вследствие этого компаниям, желавшим выйти на международный уровень, приходилось обращаться на рынок евродолларов. Такой дополнительный спрос на евродолларовые кредиты привел к тому, что евродолларовая процентная ставка превысила внутристрановой уровень. В то же время правительство США ограничило пределы роста процентной ставки, выплачиваемой банками в Соединенных Штатах по внутренним депозитам; это также способствовало поддержанию процентной ставки по евродолларам на более высоком уровне, чем в США. В начале 1974 г. ограничения на экспорт капитала были сняты и потолок процентных ставок для крупных кредитов также был отменен. В результате разрыв между национальным и евродолларовым уровнями процентных ставок сузился. Однако он не исчез окончательно, поскольку банковские операции с евродолларовыми депозитами не являются объектом регулирования Федеральной резервной системы и банки не обязаны страховать такие депозиты в Федеральной корпорации по страхованию депозитов. С другой стороны, вкладчики оказывались незащищенными перед возможными, пусть и маловероятными, действиями зарубежных правительственных органов, в чьей власти было запретить выплаты по евродолларовым депозитам. В силу этих причин ставки по евродолларовым инвестициям продолжали оставаться чуть выше внутристранового уровня по долларовым депозитам.

Термин *евродоллар* свидетельствует о том, что бо́льшая часть деловых контактов осуществляется в Европе и особенно в Лондоне. Кроме того, растет рынок долларовых депозитов в Азии. Правительство Соединенных Штатов испытывает усиливающееся беспокойство по поводу того, что одним из последствий регулирования стало перемещение банковской деятельности за океан в иностранные банки и в зарубежные отделения американских банков. В попытке вернуть часть банковской деятельности в Штаты, правительство в 1981 г. позволило американским и иностранным банкам создавать так называемые *банковские отделения для международной деятельности*, которые представляют собой финансовый аналог зон свободной торговли; физически они находятся на территории Соединенных Штатов, однако поскольку ведут операции только для зарубежных клиентов, отпадает необходимость держать резервы в Федеральном резервном банке, и их депозиты не облагаются никакими налогами США.

ГЛАВА 32. Краткосрочное кредитование и заимствование

ТАБЛИЦА 32—1
Инвестиции денежного рынка

Инвестиции	Заемщик	Срок погашения на момент эмиссии	Реализуемость	База для расчета процента	Комментарии
Казначейские векселя	Правительство США	90, 180, или 360 дней	Отличный вторичный рынок	Дисконт	90- и 180-дневные векселя продаются на аукционных торгах еженедельно; 360-дневные векселя продаются на аукционных торгах ежемесячно
Векселя федеральных ведомств	FHLB, "Fannie Mae", "Sallie Mae", FHLMC и др.	От 5 дней до 1 года	Хороший вторичный рынок	Обычно дисконт	
Краткосрочные ценные бумаги, не подлежащие налогообложению	Штаты, муниципалитеты, местные организации, ведающие муниципальным жильем, ведомства по обновлению городского хозяйства	От 7 дней до 1 года	Хороший вторичный рынок	Обычно процент, выплачиваемый при погашении	Векселя с ожиданием налогов, векселя с ожиданием облигаций, векселя с ожиданием доходов, проектные векселя, 7-дневные векселя до востребования
Переуступаемые депозитные сертификаты	Коммерческие банки, сберегательные и кредитные организации	Обычно от 30 дней до 3 месяцев; также 6—12-месячные сертификаты с переменной ставкой	Хороший вторичный рынок	Обычно процент; на депозитный сертификат с фиксированной ставкой процент, выплачиваемый при погашении	Расписка для срочного депозита в коммерческом банке
Евродолларовые депозиты	Лондонские отделения международных банков	От 1 дня до 1 года	Нет вторичного рынка	Процент при погашении	
Переуступаемые лондонские долларовые депозитные сертификаты	Лондонские отделения международных банков	Обычно от 30 дней до 1 года; также сертификаты с переменной ставкой до 5 лет	Не такой хороший рынок, как для депозитных сертификатов внутреннего рынка	Обычно процент; для депозитных сертификатов с фиксированной ставкой, выплата ежегодно или при погашении	Расписка для срочных депозитов в заграничных банках
Коммерческие бумаги прямого размещения	Около 70 крупных финансовых компаний и банковские холдинговые компании	Максимум 270 дней	Нет вторичного рынка; обычно компании соглашаются выкупать бумаги до погашения	Дисконт или процент	Необеспеченные простые векселя, размещаемые непосредственно среди инвесторов
Коммерческие бумаги дилеров	Промышленные фирмы и небольшие финансовые компании	Максимум 270 дней	Нет вторичного рынка; с дилером могут заключаться соглашения об обратном выкупе	Дисконт или процент	Необеспеченные простые векселя, размещаемые среди дилеров; также евродолларовые бумаги дилеров
Банковские акцепты	Крупные коммерческие банки	От 1 до 6 месяцев	Хороший вторичный рынок	Дисконт	Требования об уплате, акцептованные банком
Соглашения о продаже с обратной покупкой	Дилеры по правительственным ценным бумагам	От одной ночи до 3 месяцев также постоянный контракт (открытые соглашения)	Нет вторичного рынка	Цена перекупки выше цены продажи	Продажа дилером правительственных ценных бумаг с одновременным соглашением о перекупке

Оценка инвестиций денежного рынка

Оценивая долгосрочный долг, важно принимать во внимание риск невыполнения обязательств. За 30 лет может произойти все, что угодно; даже наиболее представительные на сегодняшний день компании могут в конечном счете попасть в беду. Это основная причина, почему корпоративные облигации обеспечивают более высокий доход, нежели долгосрочные облигации Казначейства США.

Краткосрочная задолженность также не свободна от рисков. Когда рухнул банк Penn Central, он владел краткосрочными коммерческими бумагами на 82 млн дол. Пережив подобный удар, вкладчики стали более дифференцированно подходить к приобретению коммерческих бумаг, и разрыв между процентными ставками по высоко- и низкокачественным бумагам резко увеличился.

Подобные примеры банкротства и есть те исключения, которые подтверждают правило: обычно риск неплатежеспособности по ценным бумагам денежного рынка, выпущенным корпорациями, ниже, чем по корпоративным облигациям. Тому существуют две причины. Во-первых, у краткосрочных инвестиций меньше амплитуда вероятных исходов. Даже если учесть, что отдаленное будущее, как правило, скрыто за облаками, в способности к выживанию отдельной конкретной компании обычно можно быть уверенным хотя бы в течение нескольких следующих месяцев. Во-вторых, только устойчивая компания сумеет получить кредит на денежном рынке. Если вы собираетесь дать деньги только на один день, вы не можете позволить себе затратить много времени на оценку займа. Поэтому вы будете иметь дело только с высококлассными заемщиками.

Несмотря на высокое качество инвестиций на денежном рынке, доходность корпоративных обязательств зачастую значительно отличается от доходности ценных бумаг правительства Соединенных Штатов. Например, в марте 1990 г. процентные ставки по 3-месячным коммерческим бумагам превышали ставки по казначейским обязательствам на 0,3 процентных пункта. Почему? Одной из причин является риск неплатежа по коммерческим бумагам. Другая заключается в том, что инвестиции обладают различной степенью ликвидности, или "денежности". Вкладчики предпочитают казначейские векселя, которые легче обратить в деньги в краткие сроки. Ценные бумаги, конвертируемые в деньги быстро и дешево, имеют относительно низкую доходность.

Исчисление доходности инвестиций денежного рынка

Многие инвестиции денежного рынка являются чисто дисконтными ценными бумагами. Это означает, что по ним не выплачиваются проценты: доход состоит из разницы между суммой покупки и суммой, которую вы получаете при погашении. К сожалению, попытки убедить Налоговую службу США в том, что данная разница представляет собой приращение капитала, не имеют успеха. Налоговая служба проявляет мудрость в данном вопросе и облагает вашу выручку налогом как обыкновенный доход.

Две особенности превращают исчисление дохода по ценным бумагам денежного рынка в трудоемкое занятие. Первая та, что они зачастую котируются на дисконтной основе; вторая же заключается в обычае принимать за котировочную базу 360-дневный год. Например, в сентябре 1989 г. были выпущены казначейские векселя сроком на 91 день с дисконтом 7,64%. Довольно сложным представляется объявление цены 91-дневного казначейского векселя в виде формулы $100 - 91/360 \times 7{,}64 = 98{,}07$ дол. За каждые 98,07 дол., вложенных вами в сентябре, правительство согласно заплатить 100 дол. через 91 день. Следовательно, через 91 день доходность составила $(100 - 98{,}07)/98{,}07 = 1{,}969\%$, что эквивалентно 7,9% в течение 365-дневного года при начислении простого процента и 8,14%

ГЛАВА 32. Краткосрочное кредитование и заимствование 877

при начислении сложного процента[1]. Заметьте, что норма доходности выше, чем дисконт. Когда вы читаете, что казначейские векселя имеют дисконт в 7,64%, очень легко впасть в ошибку, решив, что их доходность составляет 7,64%.

Векселя Казначейства США

Таблица 32-1 суммирует характеристики основных инвестиций денежного рынка. Первым пунктом в нашем списке стоят векселя Казначейства США. Срок их погашения варьирует от 90 и 180 до 360 дней[2]. 90-дневные и 180-дневные векселя выпускаются каждую неделю, а 360-дневные векселя обычно выпускаются ежемесячно. Продажи производятся на аукционе. Вы можете сделать конкурентное предложение о покупке и использовать свой шанс приобрести выделенный для продажи лот по предложенной вами цене. В качестве альтернативного варианта, если вы хотите быть уверенными в приобретении своих векселей, вы можете внести неконкурентное предложение о покупке. Неконкурентное предложение делается по *средней* цене успешных конкурентных предложений. Вам необязательно участвовать в аукционе для вложения денег в казначейские векселя. Существует также прекрасный вторичный рынок, где ежедневно происходит купля-продажа векселей на миллиарды долларов.

Ведомственные ценные бумаги

Ведомства федерального правительства, такие, как Федеральный банк по кредитованию жилищного строительства или Федеральная национальная ипотечная ассоциация (Fannie Маr), занимают деньги и на короткий и на продолжительный сроки. Держателями значительной части краткосрочных облигаций выступают корпорации. У этих бумаг имеется активно действующий рынок, и они обеспечивают чуть более высокий доход по сравнению с сопоставимыми казначейскими ценными бумагами. Одна из причин этой незначительной разницы в доходах заключается в том, что ведомственные бумаги обладают меньшей ликвидностью, чем казначейские эмиссии. Другая причина в том, что ведомственный долг обеспечен не "всем достоянием" правительства Соединенных Штатов, а лишь активами ведомства-эмитента. Вполне возможен вариант, при котором правительство позволит одному из своих ведомств отказаться от уплаты долга, однако большинство вкладчиков расценивает данный риск как довольно незначительный.

Освобожденные от налога краткосрочные ценные бумаги

Штаты, муниципалитеты, местные жилищные и городские ведомства выпускают краткосрочные векселя[3]. Им присущи немного более высокие риски, нежели казначейским векселям, и их труднее купить или продать. Тем не менее они обладают определенной привлекательностью – процентный доход по ним не подпадает под обложение федеральным подоходным налогом. Доходность свободных от налогообложения ценных бумаг значительно ниже, чем доходность до уплаты налогов сопоставимых ценных бумаг, облагаемых налогом. Однако, если ваша компания платит стандартный корпоративный налог по 34%-ной ставке, то меньшая валовая доходность муниципальных ценных бумаг может оказаться выше того, что вы экономите на налогах.

---

[1] Дилеры денежного рынка исчисляют доходность векселей на 6 или менее месяцев на основе простого процента, используя либо 360-, либо 365-дневный год. Другими словами, они умножают доходность 91-дневного векселя или на 360/91, или на 365/91. Этот способ подсчета часто сбивает с толку, да еще и в принципе неверен. Лучше использовать сложную ставку: $(1,01969)^{365/91} - 1 = 0,814$, или 8,14%.

[2] Так называемые 90-дневные векселя обычно гасятся на 91-й день после выпуска, 180-дневные — на 182-й день после выпуска и т. д.

[3] Выпуски жилищных и городских ведомств обеспечены всем достоянием Соединенных Штатов. Их обычно называют *проектными векселями*.

Банковские срочные депозиты и депозитные сертификаты

Банки предлагают кредиторам большое разнообразие срочных депозитов, приносящих проценты. Одним из наиболее популярных является обычный сберегательный счет. Вы можете внести любую сумму по выбору на сберегательный счет. Банки вправе настаивать на предварительном предупреждении об изъятии депозита за 30 дней, однако на практике они всегда готовы выплатить деньги по требованию. Сберегательные счета являются поэтому высоколиквидными; и хотя они обеспечивают сравнительно низкую ставку процента, частные лица и небольшие компании широко пользуются ими.

Сберегательные счета представляют собой инвестиции на неопределенный период. Другими словами, вы можете изъять деньги в любой момент, когда будете в них нуждаться. Альтернативной формой срочного депозита является депозит с фиксированным сроком. В этом случае вы ссужаете деньги на определенный период. Если вам вдруг понадобятся деньги до истечения этого срока, банк обычно не станет возражать против их досрочного изъятия, но подвергнет вас штрафу в виде урезания процентной ставки.

Депозиты с фиксированным сроком похожи на краткосрочную задолженность. Компания "одалживает" банку определенную сумму долларов; взамен банк обязуется вернуть деньги с процентами в конце оговоренного периода. Для привлечения крупных кредитов с фиксированной датой погашения банки постоянно продают **депозитные сертификаты**. Депозитные сертификаты являются банковским обязательством вернуть долг. Большинство внутренних депозитных сертификатов имеют срок погашения от 30 дней до 6 месяцев, однако банки выпускают также долгосрочные депозитные сертификаты с переменной ставкой процента.

Одной из привлекательных черт депозитных сертификатов является возможность их переуступки. Таким образом, если вы решите, что нуждаетесь в деньгах до истечения срока погашения, вам не придется обращаться в банк: вы просто продадите свой депозитный сертификат другому инвестору. При наступлении срока погашения займа новый владелец депозитного сертификата предъявляет его в банк и получает плату. Депозитные сертификаты выпускаются номиналом 100 000 дол., но более распространен минимальный уровень 1 млн дол.

Существует активный рынок обращения депозитных сертификатов, выпущенных основными коммерческими банками. Конвертация подобных сертификатов в денежную форму происходит быстро и обходится сравнительно недорого.

Не в пример внутренним банкам евровалютные банки больше занимаются оптовым бизнесом, нежели розничным. Их клиентами являются корпорации и правительства — и никаких частных лиц. Их не интересуют чековые (текущие) счета; они желают получать проценты на свои деньги. Таким образом, все банковские депозиты в евродолларах либо имеют фиксированную дату погашения, которая может варьировать от 1 дня до нескольких лет, либо это депозиты без определенного срока погашения и могут быть отозваны после предупреждения за 1 день. Такие депозиты с фиксированным сроком представляют собой более важный источник средств для евробанков, чем для национальных банков Соединенных Штатов. Однако лондонские отделения крупнейших национальных банков также выпускают депозитные сертификаты в евродолларах, срок погашения которых зачастую удлинен по сравнению с подобными выпусками в США.

Коммерческие бумаги и среднесрочные векселя

Банк является посредником, который берет краткосрочные займы у одних фирм или частных лиц и ссужает ими других. Его прибыль возникает из разницы между платой заемщика и ставкой процента, которую предлагает кредитор.

Иногда очень удобно иметь банк в качестве посредника. Он спасает заимодателей от необходимости искать заемщиков и оценивать их платежеспособность; он также избавляет заемщиков от необходимости разыскивать кредиторов. Вкладчикам абсолютно неважно, кого прокредитовал банк: они только должны быть уверены, что банк в целом сродни сейфу.

Но бывают случаи, когда не стоит платить банку за выполнение им посреднических функций. Крупные, надежные, хорошо известные компании могут миновать банковскую систему путем выпуска собственных краткосрочных необеспеченных ценных бумаг. Такие ценные бумаги известны как **коммерческие бумаги**.

Финансовые институты, такие, как банковские холдинги[4] и финансовые компании, также выпускают коммерческие бумаги, иногда с очень большим номиналом: 1 млрд дол. в месяц – вовсе не редкость. Зачастую подобные фирмы учреждают собственный коммерческий отдел и продают выпуски коммерческих бумаг напрямую инвесторам. Другие компании делают это через дилеров, получающих комиссионное вознаграждение, или *спред*. Постоянный вторичный рынок для коммерческих бумаг отсутствует, однако дилерская компания, занимающаяся их продажей, всегда готова выкупить их у инвестора до истечения срока погашения.

Максимальный срок погашения коммерческих бумаг составляет 9 месяцев[5], однако часть компаний наряду с коммерческими бумагами постоянно предлагает *среднесрочные векселя*[6], срок погашения которых колеблется от 1 года до 10 лет.

Только компании с общенациональной известностью в состоянии найти рынок для своих коммерческих бумаг, но даже и в этом случае дилеры неохотно имеют дело с бумагами компании, если у них есть хоть малейшая неуверенность относительно их финансового положения[7]. Компании обычно выкупают свои выпуски коммерческих бумаг, договариваясь для этого с банком об открытии специальной "страховочной" кредитной линии. Это гарантирует, что они смогут найти деньги для выкупа бумаг. Таким образом, риск невыполнения обязательств очень мал.

Отсекая посредника, большинство компаний получает возможность брать кредиты по ставкам на 1–1,5% ниже базисной ставки, устанавливаемой банками. Даже после отчисления комиссионных дилеру и платы за открытие "страховочной" кредитной линии это дает существенную экономию. Банки, испытывая конкуренцию со стороны коммерческих бумаг, приготовились снизить ставки для первоклассных клиентов. В результате термин "базисная ставка" перестает отражать свой первоначальный смысл. Он использовался обычно для обозначения ставки, выплачиваемой банками своим наиболее кредитоспособным клиентам. В настоящее время первоклассные клиенты часто платят меньше базисной ставки.

---

[4] Банковский холдинг — это фирма, владеющая банком и небанковскими дочерними компаниями. Так, банковский холдинг может владеть банком (контролируя большую часть его деловой активности), а также лизинговой компанией, консалтинговой фирмой и т. д. Финансовая компания — это фирма, специализирующаяся на кредитовании бизнеса и частных лиц. В своей деятельности в качестве заимодателей они конкурируют с банками. Однако они аккумулируют средства не путем привлечения депозитов, как банки, а путем выпуска коммерческих бумаг и других, более долгосрочных, ценных бумаг.

[5] Компаниям, выпускающим эти ценные бумаги, не требуется заполнять регистрационное заявление для Комиссии по ценным бумагам и биржам, поскольку срок их погашения не достигает 270 дней.

[6] Большинство среднесрочных векселей выпускается в обращение через дилеров, но некоторые компании делают это напрямую.

[7] Агентства Moody и Standard and Poor публикуют квалификационный рейтинг коммерческих бумаг. Так, Moody различает три уровня таких бумаг — от P-1 (Prime-1, означающей высшую категорию) до P-3. Инвесторы полагаются на эту оценку в сочетании с другой информацией при сравнении качества бумаг различных фирм. Большинство неохотно покупает бумаги с низким рейтингом.

В последние годы получили развитие два новых рынка коммерческих бумаг. Во-первых, это новый рынок муниципальных коммерческих бумаг, освобожденных от налога; во-вторых, это растущий рынок еврокоммерческих бумаг[8].

Банковские акцепты

Акцептованный банком вексель начинает свое существование в виде письменного требования к банку заплатить некую сумму в определенный день в будущем. Затем банк соглашается с данным требованием, подписывая под ним "принято". Однажды акцептованный вексель становится банковской долговой распиской и представляет собой передаваемую ценную бумагу. Такая ценная бумага может быть куплена или продана с несколько большим дисконтом, чем установлен для казначейских векселей с тем же сроком погашения. У банковских акцептов есть два источника происхождения. Как мы уже видели в главе 30, банковские акцепты могут появиться при покупке компанией товаров в кредит. Позже в этой главе мы увидим, что банковские акцепты также изредка используются для финансирования запасов[9].

Акцепты крупных банков в США обычно погашаются в срок от одного до шести месяцев и известны как *первоклассные акцепты* (векселя). Дилеры денежного рынка формируют хороший вторичный рынок для первоклассных векселей[10].

Соглашения о продаже с обратной покупкой

Соглашения о продаже с последующим выкупом, перекупка и обратная покупка — все это различные наименования одного и того же явления — обеспеченных займов для дилеров по правительственным ценным бумагам. Действуют они следующим образом. Инвестор покупает у дилера часть имеющихся у него казначейских ценных бумаг и одновременно договаривается об их обратной продаже в более поздний срок по более высокой цене.

Контракты на обратную покупку иногда имеют хождение в течение нескольких месяцев, но чаще они являются соглашениями "на одну ночь" (24 часа). Никакие другие инвестиции на внутреннем рынке не способны обеспечить такой ликвидности. Корпорации могут оперировать подобными "суточными" контрактами почти так же, как если бы это были процентные депозиты до востребования.

Представьте себе, что вы решили вложить средства в соглашение об обратной покупке на несколько дней или недель и при этом не хотите ежедневно пересматривать условия контракта. Одним из решений проблемы может служить соглашение о "непрерывном контракте" с дилером по ценным бумагам. В этом случае у соглашения отсутствует фиксированная дата истечения; любая сторона имеет право расторгнуть договор с предупреждением за день. Альтернативой данному решению может стать соглашение с вашим банком об автоматическом переводе любых временно свободных средств в соглашение об обратной покупке[11]. В течение многих лет соглашения о продаже с обратной покупкой служили не только на редкость ликвидным инвестиционным инструментом, но также инструментом сбережения. Подобная репутация

---

[8] Обзор коммерческих бумаг см. в работах: *R. Felix (ed.)*. Commercial paper. Euromoney Publications, London, 1987; Bank of England. Commercial Paper Market: An International Survey// Bank of England Quarterly Bulletin. 27: 26–53. 1987.

[9] Банковские акцепты применяются для финансирования специфических операций. Термины *акцепт на оборотный капитал* и *финансовый вексель* используются для обозначения векселей, акцептованных некоторыми банками с целью общего финансирования. Встречаются нечасто.

[10] Для получения дополнительной информации см.: Bankers' Acceptances//Federal Reserve Bank of New York Quarterly Review. 5: 39–55. Summer. 1981; Recent Developments in the Bankers' Acceptance Market// Federal Reserve Bulletin. 72: 1–12. January. 1986.

[11] См.: Federal Funds and Repurchase Agreements//Federal Reserve Bank of New York Quarterly Review. 2: 33–48. Summer. 1977.

ГЛАВА 32. Краткосрочное кредитование и заимствование

пошатнулась в 1982 г., когда два дилера денежного рынка объявили себя банкротами. Каждый из них всерьез занимался контрактами на перекупку или обратными контрактами на перекупку (представляющими собой покупку ценных бумаг с обещанием обратной продажи). Одна дилерская компания, Drysdale Securities, просуществовала всего три месяца и обладала капиталом в 20 млн дол. Тем не менее она обанкротилась, задолжав банку Chase 250 млн дол. Довольно сложно за столь короткое время наделать столько долгов, но Drysdale это удалось.

После банкротства компании Drysdale юристы старались выработать юридический статус соглашений о покупке с обратной продажей. То ли это, как следует из названия, обещание выкупить ценные бумаги по согласованной цене, то ли, как спорят некоторые юристы, заем, обеспеченный облигациями.

32-2.*ПРИВИЛЕГИРОВАННЫЕ АКЦИИ С ПЛАВАЮЩЕЙ СТАВКОЙ — АЛЬТЕРНАТИВА ИНВЕСТИЦИЯМ ДЕНЕЖНОГО РЫНКА

Не существует закона, способного удержать фирмы от краткосрочных вложений в долгосрочные ценные бумаги. Если фирма вынуждена отложить 1 млн дол. на уплату подоходного налога, она может 1 января купить на эти деньги долгосрочные облигации, а 15 апреля, когда нужно платить налог, продать их. Однако у этой стратегии есть серьезный изъян: что случится, если цена этих облигаций с января до апреля упадет на 10%? И вот вы оказываетесь в Налоговой службе в США с миллионной задолженностью и облигациями стоимостью только 900 000 дол. Конечно, цена облигаций может также и подняться, но зачем рисковать? Казначеи корпораций, занимающиеся размещением временно свободных денежных средств в краткосрочные инвестиции, весьма неодобрительно относятся к колебаниям цен на долгосрочные облигации.

Вам может показаться, что обычные и привилегированные акции равным образом непривлекательны в качестве инструмента краткосрочных вложений временно свободных денежных средств; однако это не совсем верно, поскольку эти ценные бумаги предоставляют корпорациям весьма интересные преимущества при уплате налогов.

Если фирма инвестирует дополнительные средства в кратко- или долгосрочные обязательства, она должна заплатить налог с полученных процентов. Так, с 1 дол. процентных выплат фирме остается лишь 66 центов, а 34% суммы попадают под категорию предельного налога. Однако по дивидендам, полученным от других корпораций, фирмы выплачивают только 30% налога. Таким образом, с 1 дол. полученных дивидендов фирме остается $1 - 0{,}30 \times 0{,}34 = 0{,}90$ дол. Эффективная ставка налогообложения составляет лишь около 10%.

Представьте себе, что вы решили вложить этот 1 000 000 дол. в привилегированные акции другой корпорации[12]. 10%-ная ставка налога очень соблазнительна. С другой стороны, хотя дивиденды по привилегированным акциям представляют собой фиксированную величину, цены на привилегированные акции меняются при изменении долгосрочных процентных ставок. Вложенный в привилегированные акции 1 млн дол.15 апреля, когда придет пора платить налоги, может стоить всего 900 000 дол. Разве не лучше было бы, если бы кто-нибудь сумел изобрести привилегированную акцию, не зависящую от скачков процентной ставки?

---

[12] Для корпораций привилегированные акции обычно являются лучшим краткосрочным капиталовложением, чем обыкновенные. Ожидаемые доходы по привилегированным акциям фактически представлены только дивидендами; по большинству обыкновенных акций также предполагается приращение капитала. Корпоративный налог на прирост капитала обычно составляет 34%. У корпораций, таким образом, есть все основания любить дивиденды и не любить доходы от прироста курсовой стоимости акций.

Да, такие ценные бумаги существуют — это так называемые *привилегированные акции с плавающей ставкой*, дивиденды по которым возрастают и падают в соответствии со средним уровнем процентных ставок[13]. Цена этих ценных бумаг менее изменчива, чем цена привилегированных акций с фиксированным доходом, и для временно свободных средств фирм они представляют собой бронированное хранилище.

Почему у фирм может возникнуть желание *выпускать* привилегированные акции с плавающей ставкой? Дивиденды должны быть выплачены из прибыли *после уплаты налога*, а проценты выплачиваются из прибыли *до уплаты налога*. Таким образом, если платящая налоги фирма хочет выпустить ценные бумаги с плавающей ставкой, она, естественно, выберет выпуск облигаций с плавающей ставкой для того, чтобы обеспечить себе налоговый щит.

Однако существует много фирм, которые не платят налогов. Эти фирмы не могут воспользоваться налоговым щитом, но они могут выпускать привилегированные акции с плавающей ставкой и доходностью *ниже* той, которую им пришлось бы обеспечивать при эмиссии долговых обязательств с плавающей ставкой. (Корпорации, покупающие привилегированные акции, довольствуются этой низкой доходностью, поскольку 70% дивидендов они получают, обходя налог.)

Привилегированные акции с плавающей ставкой впервые появились в Канаде в середине 70-х, когда они были эмитированы на несколько миллиардов долларов, прежде чем канадские налоговые органы перекрыли им рынок, сохранив налоговые льготы на дивиденды лишь для нескольких типов выпусков с плавающей ставкой. Они вновь возродились в США в мае 1982 г., когда нью-йоркская Chemical Corporation, холдинговая компания банка Chemical, выпустила заем на 200 млн дол. Эти ценные бумаги приобрели столь широкую популярность, что следующей весной их было выпущено более чем на 4 млрд дол. Затем очарование новизны прошло, и новые выпуски стали появляться реже. Деловая жизнь пошла как прежде, за одним важным исключением: менеджеры корпораций получили в свое распоряжение еще один новый пункт в "меню" инвестиционных инструментов.

Когда занимающиеся инвестиционной деятельностью банкиры "зацикливаются" на хорошей идее, они не в силах остановиться. В 1984 г. American Express выпустил привилегированные акции со ставкой, определяемой в процессе торгов. В этом случае дивиденд меняется каждые 49 дней по методу открытого для всех инвесторов "Голландского" аукциона (где аукционист называет цену, постепенно снижая ее, пока не найдется покупатель). Держатель акций может принять участие в аукционе, остановившись на той минимальной сумме дивиденда, на которую он или она готовы согласиться; если оказывается, что эта сумма выше ставки, необходимой для продажи выпуска, акционер продает акцию новому инвестору по номиналу. В качестве альтернативного варианта акционер может подать неконкурентную заявку, сохранив свои акции и получив некий дивиденд, определенный прочими претендентами. С той поры как привилегированные акции со ставкой, определяемой путем торгов, продемонстрировали способность перепродаваться по номиналу каждые 49 дней, корпорации увидели в них популярное временное приложение денег[14].

---

[13] Обычно существуют максимальный и минимальный пределы дивидендов, которые могут быть выплачены. Так, если ставка процента взлетает до 100%, дивиденды по привилегированным акциям достигают "потолка", скажем, в 15%. Если процентная ставка падает до 1%, дивиденды по привилегированным акциям достигают "пола", скажем, в 5%.

[14] Норма дивидендного дохода на прямые привилегированные акции с плавающей ставкой обычно привязана к долгосрочной ставке процента и меняется каждые 13 недель. В результате цена этих акций склонна колебаться чаще цен на привилегированные акции со ставкой, определяемой в результате торгов. См.: *M.J. Alderson, K.C.Brown, and S.L.Lummer.* Dutch Auction Rate Preferred Stock// Financial Management. 16: 68—73. Summer. 1987.

32-3. КРАТКОСРОЧНОЕ ЗАИМСТВОВАНИЕ

Теперь вы знаете, куда вкладывать избыточные денежные средства. Однако представьте себе, что у вас обратная проблема, и вы столкнулись со временной нехваткой денег. Где вы сможете найти краткосрочный заем?

Отчасти мы уже ответили на этот вопрос. Вспомните, что все инструменты денежного рынка, которые мы обсуждали выше, должны быть кем-то выпущены. Таким образом, ваша фирма может получить краткосрочный заем путем выпуска коммерческих бумаг или учета банковских акцептов или (если это банк) выпуска депозитных сертификатов. Однако существуют также другие возможные источники средств, которые до сих пор не обсуждались. В частности, вы можете получить заем у банка или финансовой компании.

Очевидно, если вы обращаетесь в банк за ссудой, банковский кредитный служащий вероятнее всего захочет задать наводящие вопросы о финансовом положении вашей фирмы и ее планах на будущее. Кроме того, банк, очевидно, выкажет желание проследить за последующими достижениями фирмы. С одной стороны, это хорошо. Другим инвесторам известно, что банки не склонны быстро давать согласие на предоставление займа, и, таким образом, когда компания объявляет о получении доступа к крупным банковским средствам, может возникнуть тенденция к росту цен на ее акции[15].

Нормирование кредита

Прежде чем обсуждать различные типы банковских кредитов, нам следует сделать интересное общее замечание. Чем больше вы берете взаймы у банка, тем выше ставка процента, которую вам придется уплатить. Однако может наступить момент, когда банк откажет вам в дальнейшем кредитовании вне зависимости от того, насколько высокий процент вы готовы платить.

Это возвращает нас к предмету обсуждения главы 18 – к играм, в которые могут играть заемщики с заимодателями. Представьте, что Генриетта Кетчуп является многообещающим предпринимателем, имеющим две инвестиционные возможности, сулящие следующую отдачу:

	Инвестиции	Отдача	Вероятность отдачи
Проект 1	–12	+15	1,0
Проект 2	–12	+24	0,5
		0	0,5

Проект 1 – надежный и очень прибыльный, проект 2 – рисковый и гнилой. Далее мисс Кетчуп обращается в свой банк и просит одолжить ей сумму, равную приведенной стоимости 10 дол. (остальные деньги она найдет в своем кармане). Банк подсчитывает, что прибыль будет распределена следующим образом:

	Ожидаемая отдача для банка	Ожидаемая отдача для г-жи Кетчуп
Проект 1	+10	+5
Проект 2	$(0{,}5 \times 10) + (0{,}5 \times 10) = +5$	$0{,}5 \times (24 - 10) = +7$

Если мисс Кетчуп предпримет проект 1, долг банку будет выплачен полностью и в срок, если же она выберет проект 2, вероятность возвращения де-

---
[15] См.: *C. James.* Some Evidence on the Uniqueness of Banc Loans// Journal of Financial Economics. 19: 217–235. 1987.

нег снизится до 50%, а ожидаемая прибыль для банка составит только 5 дол. К сожалению, мисс Кетчуп предпочтет проект 2, ибо если дела пойдут хорошо, она получит львиную долю прибыли, а если пойдут плохо, бо́льшая тяжесть потерь ляжет на банк. Поскольку у банка нет возможности диктовать, какой проект лучше предпочесть, он не даст мисс Кетчуп требуемую сумму — 10 дол. Представьте себе, что банк согласится одолжить хотя бы только 5 дол. Тогда распределение отдачи будет выглядеть следующим образом:

	Ожидаемая отдача для банка	Ожидаемая отдача для г-жи Кетчуп
Проект 1	+5	+10
Проект 2	$(0{,}5 \times 5) + (0{,}5 \times 0) = +2{,}5$	$0{,}5 \times (24 - 5) = +9{,}5$

Необеспеченные займы

В результате уменьшения кредита для мисс Кетчуп банк уже сейчас уверен, что она не соблазнится на спекуляцию банковскими средствами[16].

До сих пор мы рассматривали банковские кредиты, как будто это некий стандартный товар, однако практика показывает, что они имеют самые разнообразные формы. Наиболее простое и стандартное решение — это договор со своим банком о выдаче необеспеченной ссуды. Например, многие компании полагаются на необеспеченные банковские займы для финансирования временного увеличения запасов. Такие займы называются *самоликвидирующимися* — другими словами, продажа товаров обеспечивает деньги для погашения кредита. Другой популярной формой банковских займов является организация финансовых "мостов". В этом случае ссуды служат для промежуточного финансирования до завершения проекта, до того момента, когда откроется долгосрочное финансирование[17].

Компании, которым часто требуются краткосрочные банковские займы, обычно просят свой банк об открытии кредитной линии. Это позволяет им занимать деньги в любой момент в пределах установленного лимита. Кредитная линия обычно открывается на год и становится объектом пристального внимания со стороны банковского кредитного комитета. Банки тревожатся, если компании не используют кредитную линию для покрытия своих потребностей в долгосрочном финансировании. Так, они часто требуют у компаний "подчищать" свои краткосрочные задолженности банку по крайней мере за 1 месяц в течение года.

Ставка процента по кредитной линии обычно привязана либо к банковской базисной ставке, либо к ставке по депозитным сертификатам, т. е. к ставке, по которой банки привлекают дополнительные ресурсы. В дополнение к процентному платежу банки часто настаивают на том, чтобы фирма поместила в банк беспроцентный депозит до востребования в обмен на открытие кредитной линии. Например, фирму могут попросить о внесении минималь-

---

[16] Вы можете подумать, что если у банка появятся подозрения в том, что мисс Кетчуп собирается заняться проектом 2, он поднимет ставку процента на свой кредит. В этом случае мисс Кетчуп, вероятно, не захочет браться за проект 2 (они не могут *оба* удовлетвориться неинтересным проектом). Однако мисс Кетчуп также не захочет платить настолько высокую ставку процента, если она собирается взяться за проект 1 (она лучше постарается занять меньшую сумму по безрисковой ставке). Итак, простое поднятие процентной ставки не решает проблему. Если вам покажется это удивительным, представьте, что вы предложили кому-либо кредит на огромную сумму под 100%. Когда вы будете счастливее — если он примет ваше предложение или если откажется?

[17] Общую информацию о тенденциях в банковском кредитовании см. в работе: Changes in Loan Pricing and Business Lending at Commercial Banks// Federal Reserve Bulletin. 71: 1–13. January, 1985.

ного среднего компенсационного остатка, равного 10% от суммы, потенциально предоставляемой в ее распоряжение по кредитной линии, плюс 10% от действительно взятой в долг суммы. Если в результате фирма поддерживает бóльшие остатки денежных средств, чем она делала бы в ином случае, проценты, упущенные из-за этого дополнительного депозита, становятся дополнительными затратами на привлечение кредита.

Ранее в этой главе мы отметили, что крупные компании иногда выпускают свои собственные краткосрочные необеспеченные обязательства, другими словами, коммерческие бумаги, минуя банковскую систему. Даже после покрытия затрат на выпуск и издержек, связанных со страховочной кредитной линией, коммерческие бумаги, как правило, обходятся дешевле банковского кредита. Необходимо, однако, помнить, что в тяжелые времена при нехватке денег банк отдаст предпочтение своим постоянным клиентам. Поэтому лишь немногие фирмы постоянно обходят банки стороной, даже в хорошие времена, когда коммерческие бумаги дешевы и легко продаются.

Займы, обеспеченные дебиторской задолженностью

Банки часто просят фирмы предоставить обеспечение под заем. Если банки ссужают деньги на краткосрочной основе, обеспечением обычно служат ликвидные активы, такие, как дебиторская задолженность, запасы или ценные бумаги. Иногда банк принимает "изменчивый залог" в виде дебиторской задолженности или запасов. Это дает ему право предъявлять общее требование на эти активы, однако данное условие не оговаривается в деталях, банки лишь устанавливают определенные ограничения на то, что компания может делать с этими активами. Но чаще всего банки требуют специального обеспечения долга.

Если банк удовлетворен кредитоспособностью ваших клиентов и надежностью ваших товаров, он может согласиться одолжить вам до 80% от суммы вашей текущей дебиторской задолженности. В обмен на это вы закладываете банку свою дебиторскую задолженность в качестве обеспечения займа. Если вы не в состоянии заплатить долг, банк сам взимает деньги с ваших клиентов и использует их для погашения вашей задолженности. Если собранных средств окажется недостаточно, ответственность за все нехватки остается за вами. В такой ситуации говорят, что это *заем с регрессом*.

Когда вы закладываете дебиторскую задолженность, вы должны держать банк в курсе дела по поводу предоставленных вами кредитов и полученных сумм. Когда вы поставляете товары клиентам, то посылаете в банк копию счета-фактуры, вместе с формой, дающей банку право на деньги, которые клиент должен вам. Затем ваша фирма может получить заем в оговоренной пропорции от суммы залога.

Ежедневно при совершении новых продаж величина вашего залога изменяется, и вы получаете возможность занять больше денег. Каждый день клиенты платят по счетам. Эти деньги помещаются на специальный залоговый счет, находящийся под контролем банка и периодически используемый для списания части долга. Следовательно, в соответствии с колебаниями деловой активности изменяются и величина залога и сумма вашего долга.

Некоторые займы под дебиторскую задолженность выдаются с уведомлением (нотификацией). В этом случае банк информирует вашего клиента о наличии кредитного соглашения и просит его переводить деньги прямо в банк. Фирмы обычно не очень любят ставить своих клиентов в известность о том, что они залезли в долги, и, следовательно, подобные займы чаще всего оформляются без уведомления.

Займы под дебиторскую задолженность предоставляют не только коммерческие банки, но также и финансовые компании, которые специализируются на кредитовании бизнеса.

Кредиты под дебиторскую задолженность весьма эластичны и обеспечивают непрекращающийся источник средств. Кроме того, банки больше предпочитают кредитовать фирмы с залогом, чем без оного. Однако и для заемщика, и для кредитора может оказаться одинаково накладно следить за изменениями величины залога и учитывать их. Таким образом, ставка процента по финансированию под залог дебиторской задолженности обычно высока, и может возникнуть необходимость в дополнительной плате за обслуживание кредита.

В главе 30 мы говорили о факторинге. Не путайте факторинг с кредитованием под дебиторскую задолженность. Факторинговые компании *покупают* вашу дебиторскую задолженность и, если вы хотите, дают вам авансом некоторую сумму денег. Они, следовательно, отвечают за сбор задолженности и несут все убытки, если клиенты не платят по счетам. Если же вы закладываете свою дебиторскую задолженность в качестве обеспечения кредита, *вы сами* продолжаете нести ответственность за сбор долгов и *вы сами* пострадаете, если клиент окажется неплатежеспособным.

Если дела не застыли на мертвой точке, банкир-инвестор постарается превратить это в ценную бумагу. В последние годы возникла тенденция к "перемещению" дебиторской задолженности в ценные бумаги. Например, в 1986 г. First Boston Corporation учредила для специальных целей дочернюю компанию, которая выкупила 367 000 долгов автовладельцев у General Motors Acceptance Corporation (GMAC). Затем она скомплектовала эти задолженности в три "пакета", каждый со своим сроком погашения, и перепродала эти "пакеты" инвесторам в форме векселей на огромную сумму 4 млрд дол. GMAC обеспечивала ограниченную гарантию этих векселей, но если бы большинство покупателей автомашин не сумели расплатиться по своим счетам, держатели таких векселей крепко пострадали бы.

Векселя GMAC называют *сертификатами автомобильной задолженности*. Другие компании комплектовали огромное количество обязательств по кредитным картам и также продавали эти пакеты инвесторам. Как вы можете догадаться, такие пакеты получили название *сертификаты амортизируемой возвратной задолженности*.

Займы, обеспеченные запасами

Банки и финансовые компании также ссужают деньги под залог запасов, но они очень разборчивы в том, что принимать в качестве обеспечения. Они хотят убедиться, что смогут правильно оценить и продать запасы, если вы окажетесь неплатежеспособны. Автомобили и прочие стандартизированные, не подверженные порче предметы потребления являются хорошим обеспечением ссуды; полуфабрикаты или выдержанный камамбер — плохим.

Процедура выдачи кредита под запасы может зависеть от их местоположения. Если вы поместили товары на частном товарном складе, управляющая им компания выдает вам **складское свидетельство** и будет отпускать товары только по распоряжению владельца свидетельства. Поскольку владелец свидетельства контролирует движение товарных запасов, сам документ может использоваться в качестве обеспечения залога. Заметьте тем не менее, что в складском свидетельстве указано только название товара и его местоположение. Оно не гарантирует качество товара, ничего не говорит о ваших претензиях к нему, не гарантирует наличие страховки от пожара и других случайностей. Следовательно, вам потребуется предоставить кредитору гарантии и на все подобные случаи.

Кредиторы хотят быть уверенными в том, что товар не реализован без их разрешения. Исходя из этого, закон гласит, что складское свидетельство вправе выдавать только добросовестная складская компания, не зависимая от владельца товаров. Это очень хорошо, если вы намерены разместить ваши товары в крупном общественном хранилище,— но что вы будете делать, если вам хочется хранить товар в ваших собственных помещениях? В таком случае решением стала бы организация **складской зоны**. Другими словами, вы обращаетесь к складской компании с предложением арендовать ваш склад или складскую площадку. Складская компания помещает объявление, гласящее, что складская зона функционирует. Затем она принимает на себя ответственность за хранение заложенных вами товаров и реализует их только по предъявлении складского свидетельства.

Когда вы берете взаймы у банка, вы обычно подписываете долговую расписку, и банк вручает вам деньги. Иногда складские ссуды сопряжены с более сложными условиями договора. В обмен на вашу расписку банк подписывает банковский акцепт, срок действия которого совпадает со сроком расписки. Иначе говоря, в обмен на вашу расписку банк дает вам не деньги, а *собственную* расписку. Преимущество этой странной процедуры состоит в том, что банковский акцепт легко реализуем, тогда как ваш вексель — нет. Следовательно, вы можете продать свой акцепт банку, когда вам понадобятся деньги, а банк может, если ему этого захочется, перепродать его другому учреждению.

Важной особенностью ссуд, обеспеченных складским свидетельством, является то, что вы физически отделяетесь от товара, который находится под контролем независимой складской компании. Представьте себе, однако, что вы дилер по торговле автомобилями, которому нужно профинансировать закупку партии новых машин. Вы не сможете поместить машины на склад; вам нужно держать их в демонстрационном зале под своим контролем. Стандартное решение в этом случае — договор о **минимальном плановом уровне.** Согласно этому договору финансовая компания покупает автомашины у производителя, а вы распоряжаетесь ими по доверенности в интересах финансовой компании. В подтверждение этому вы подписываете *трастовый сертификат,* который идентифицирует охваченные договором автомобили. Вы можете спокойно продавать машины, но, когда вы это делаете, выручка идет на погашение трастового сертификата. Чтобы убедиться, что залогу обеспечено качественное обслуживание, финансовая компания осуществляет периодические инспекции запасов.

Тот факт, что ликвидные активы легко реализуемы, еще не означает, что они всегда являются хорошим залогом. Помимо прочего это значит, что кредитору постоянно нужно следить, не продал ли заемщик внезапно активы и не сбежал ли с деньгами. Если вы не хотите потом рвать на себе волосы, почитайте историю аферы с салатным маслом. Пятьдесят один кредитор – банки и компании — выдали ссуду почти на 200 млн дол. корпорации Allied Crude Vegetable Oil Refining. В качестве гарантии было принято складское свидетельство, выданное независимой фирмой. К сожалению, поверхностная проверка, проведенная работниками складской зоны, не смогла обнаружить тот факт, что танкеры Allied вместо салатного масла заполнены в основном мыльной пеной, морской водой и с трудом поддающейся идентификации грязью. Когда мошенничество раскрылось, президент Allied сел в тюрьму, складская компания обанкротилась, а пятьдесят один заимодатель остались в дураках, пытаясь отыскать свои 200 млн дол. После этого кредиторы стали более осмотрительны, но нет сомнения, что рано или поздно они опять попадут впросак.

32–4. СРОЧНЫЕ ССУДЫ

Основным видом среднесрочного кредитования являются **срочные ссуды.** Большинство таких ссуд выдаются банками на срок от 1 до 8 лет. Страховые компании часто предоставляют срочные ссуды на более длительные сроки, а какие-то ссуды выдают и банки, и страховые компании.

По срочным ссудам обычно расплачиваются равномерно в течение срока действия кредита, хотя часто это может быть и крупная последняя выплата типа "воздушный шар" или даже единичный "выстрел" — один платеж в конце срока.

Зачастую банки приспосабливают структуру платежей к предполагаемым денежным потокам фирмы-заемщика. Например, первая выплата по основной сумме долга может быть отсрочена на год в ожидании пуска в эксплуатацию новой фабрики. Часто условия контракта по срочным ссудам пересматриваются на промежуточном этапе, т. е. до истечения срока погашения. Банки обычно готовы пойти на это, если фирма-заемщик является надежным кредитоспособным клиентом и у нее есть достаточно веские деловые основания для подобного изменения.

Иногда по срочным ссудам устанавливается фиксированная процентная ставка на весь срок. Но обычно она бывает привязана к базисной ставке. Так, если ставка устанавливается на уровне "1% к базисной", то заемщик может заплатить 5% в первый год, когда базисная ставка равна 4%, и 5,5% на следующий год, когда базисная ставка равна 4,5% и т. д. Порой оговаривается плавающая ставка с "ошейником", в пределах которого и происходят изменения ставки, или с "потолком", лимитирующим только верхний ее предел.

Часто в дополнение к процентному платежу заемщик обязан держать в банке беспроцентный депозит до востребования. Этот компенсационный остаток средств составляет от 10 до 20% общей суммы долга, так что реальная ставка процента, исчисленная исходя из той суммы, которая действительно попадает в распоряжение фирмы, может оказаться существенно выше назначенной.

Срочные ссуды, как правило, выдаются без обеспечения. Условия их предоставления очень схожи с условиями выпуска большинства необеспеченных облигаций. На них обычно не распространяются наиболее ограничительные "негативные" оговорки, характерные для облигаций частного размещения, но при предоставлении ссуд также оговаривается минимальный уровень собственного и оборотного капитала. Поскольку получателями срочных ссуд в основном выступают малые фирмы, условия получения таких займов зачастую затрагивают высшее руководство компании. Так, банк может потребовать, чтобы компания застраховала жизнь ее высших руководителей, наложить ограничения на размер и условия оплаты труда управляющих или запросить персональные гарантии под ссуду.

Одна из разновидностей прямой ссуды — *автоматически возобновляемый ("револьверный") кредит*, т. е. официально гарантированная кредитная линия со сроком погашения до 3 лет. В конце этого периода заемщик вправе обратить такой кредит в прямую срочную ссуду. Гораздо реже встречается *"вечнозеленый" кредит,* представляющий собой автоматически возобновляемый кредит без срока погашения, который сам *банк* вправе перевести в прямую срочную ссуду в любом году. По обоим этим видам кредита компания выплачивает процент на всю сумму долга и "страховую премию" в размере примерно $1/2$% неиспользованного остатка, а кроме того, держит в банке компенсационный остаток.

Соглашения об автоматически возобновляемом кредите стоят значительно дороже, чем прямая кредитная линия или краткосрочные банковские ссуды. Но в обмен на высокую цену фирмы получают стоящую возможность: у них появляется гарантированный доступ к банковским средствам с фиксированной величиной надбавки к базисной ставке. Надбавка соответствует опциону "пут", поскольку фирма может продать задолженность банку на фиксированных условиях, даже если ее кредитоспособность снизилась.

Долевое участие в выдаче ссуд и переуступка прав собственности

Крупные банковские компании денежного рынка получают больше заявок на предоставление займа, чем в состоянии удовлетворить; у более мелких банков дело обстоит как раз наоборот. В результате для лидирующих банков стало традицией договариваться о выдаче займов и затем продавать большую их часть другим финансовым институтам. Это приводит к повышению активности на вторичном рынке банковских кредитов.

ГЛАВА 32. Краткосрочное кредитование и заимствование

Такая продажа кредитов обычно принимает одну из двух форм – *переуступки* или *долевого участия*. В первом случае часть кредитов передается по согласованию с заемщиком новому заимодателю. Во втором случае лидирующий банк обеспечивает "сертификат участия", который гласит, что он берет на себя обязательство выплатить часть ссуды. В таких случаях заемщик может и не знать о том, что произошла продажа.

О долевых ссудах писали все газеты в 1982 г., когда рухнул банк Penn Square National. Одной из причин всеобщего ужаса было то, что Penn Square продал часть своего ссудного портфеля на сумму свыше 200 млн дол. банку Chase. Но что еще хуже – заемщики держали депозиты в Penn Square, и ликвидатор имущества заявил, что потери по этим депозитам должны быть вычтены из задолженности заемщиков. Это сократило денежные потоки, предназначенные для выплаты банку Chase. С момента падения Penn Square банки и их юристы стали более осмотрительны при долевом участии в ссудах.

| Евродолларовые кредиты | Крупнейшие международные банки также выдают необеспеченные ссуды в евродолларах на кратко- и среднесрочной основе. Ставка процента по таким ссудам обычно привязана к ставке ЛИБОР – лондонской межбанковской ставке, под которую банки одалживают евродоллары друг другу. Когда задействованы слишком крупные суммы, такие ссуды в евродолларах выдаются банковскими синдикатами. Кредитование, осуществляемое синдикатами, отличается от описанного выше долевого участия; в этом виде кредитования каждый банк заключает отдельное кредитное соглашение с заемщиком[18]. |

Вместо попыток организовать синдикатный евродолларовый кредит многие фирмы в 80-х гг. обращались к более "рыночным" видам кредита. Этот процесс известен как *секьюритизация*.

Секьюритизация на евродолларовом рынке проходила в двух основных формах. Некоторые компании, которые прежде получали синдикатные кредиты, предпочли вместо этого выпустить на евродолларовый рынок облигации с плавающей ставкой (мы рассматривали эти облигации в разделе 24–2).

Другие фирмы предпочли получать деньги с помощью системы **эмиссии векселей**[19]. В 80-е годы это был наиболее быстро растущий банковский продукт. Система эмиссии векселей представляет собой кредитную линию, позволяющую заемщику выпускать серии краткосрочных еврооблигаций на срок от 5 до 7 лет. Эти облигации продаются от имени фирмы одним или несколькими банками или инвестиционными банками. Для того чтобы убедиться, что фирма получит свои деньги, группа банков (возможно, разных) подписывается на очередной выпуск ценных бумаг, обещая принять все непроданные векселя. В обмен на подобную систему фирма обычно платит первый взнос и годовой взнос за подписку[20].

Большинство еврооблигаций, выпущенных по системе эмиссии векселей, имеют сроки погашения 3 и 6 месяцев, но иногда компаниям предоставляется

---

[18] Иногда банки хотят продать свою долю в синдикатном кредите. Они могут сделать это посредством привлечения другого банка к "участию" в своей доле, но мы уже видели опасность такого подхода. Поэтому кредитные соглашения иногда предусматривают возможность для каждого банка передать свою долю кредита. Переуступаемые синдикатные кредиты являются реакцией банков на тенденцию отхода от банковского кредитования к рыночным ценным бумагам.

[19] Другие подобные системы называются *системы револьверной подписки* или системы покупки векселей. Программы выпуска еврокоммерческих бумаг иногда называют неподписными вексельными эмиссиями. Это значит, что банк соглашается продавать краткосрочные обязательства фирмы, но не берет на себя покупку непроданных бумаг.

[20] См.: Recent Innovations in International Banking. Bank for International Settlements. Basel. April, 1986.

широкий выбор сроков погашения и валюты любого эмитируемого долга. Многие фирмы в Соединенных Штатах не пользуются своим правом на выпуск евровекселей, но взамен используют вексельные эмиссии либо как чрезвычайный источник средств, либо как подстраховочную кредитную линию для своих программ по выпуску коммерческих векселей в Соединенных Штатах.

32–5. РЕЗЮМЕ

Если у вас больше денег, чем необходимо в данный момент, вы можете инвестировать излишек в денежный рынок. Основными инвестиционными инструментами денежного рынка Соединенных Штатов являются:

- векселя Казначейства США;
- краткосрочные ценные бумаги, освобожденные от налогообложения;
- депозитные сертификаты;
- коммерческие бумаги;
- банковские акцепты;
- соглашения о продаже с обратной покупкой.

Если ни один из них не отвечает вашим вкусам, вы можете вложить деньги в краткосрочные евровалютные инвестиции, такие, как евродолларовый срочный депозит или лондонский долларовый депозитный сертификат.

Ни одна из этих ценных бумаг не похожа на другую. Если вы хотите использовать свои деньги максимально эффективно, вы должны быть осведомлены о различиях в их ликвидности, степени риска и доходности. Таблица 32-1 суммирует основные характерные черты инвестиций денежного рынка. Рисунок 32-1 показывает ставки денежного рынка согласно отчету The Wall Street Journal на 15 сентября 1989 г.

Большинство корпораций, осуществляющих краткосрочные инвестиции временно свободных денежных средств, приобретают один или несколько инструментов денежного рынка, описанных в таблице 32-1. Однако у всех перечисленных инструментов существуют альтернативы, например, привилегированные акции с плавающей ставкой. Эти ценные бумаги привлекательны по двум причинам. Во-первых, корпорации платят налог только в размере 30% от полученных дивидендов. Во-вторых, дивиденды растут и падают вместе с изменениями процентной ставки, т. е. цены на привилегированные акции более-менее стабильны.

Для многих фирм излишек денег не составляет проблемы; проблема заключается как раз в их временной нехватке. Одним из основных источников краткосрочного финансирования являются необеспеченные банковские ссуды. Чаще всего к банку обращаются с просьбой об открытии кредитной линии, которая позволяет фирме занимать деньги в пределах установленного лимита. Ставка процента, которую банки устанавливают на необеспеченные ссуды, должна быть достаточной для покрытия не только альтернативных затрат на привлечение заемного капитала, но также затрат на управление кредитным отделом банка. В результате крупные постоянные заемщики приходят к выводу, что дешевле действовать, минуя банковскую систему, и выпускать собственные краткосрочные необеспеченные обязательства. Эти обязательства известны как *коммерческие бумаги*.

Банковские ссуды со сроком погашения, превышающим 1 год, называются *срочными ссудами*. Фирма согласна платить процент, опирающийся на банковскую базисную ставку, и погашать основную сумму задолженности регулярными взносами. Тем не менее в соответствии с особыми запросами компании может быть составлен специальный график платежей для погашения основного долга до оговоренного срока. Часто требуется также наличие компенсационного остатка.

ГЛАВА 32. Краткосрочное кредитование и заимствование

Другой формой краткосрочного банковского финансирования является *"револьверный"* кредит, который гарантирует фирме доступ к кредитной линии. Зачастую "револьверные" кредиты могут быть обращены в обычные срочные ссуды.

Международные банки также выдают кредиты в евродолларах. Ставка по этим кредитам обычно привязана к ставке ЛИБОР. Иногда группа банков открывает кредитную линию, которая позволяет заемщику выпустить еврооблигации в установленных пределах. Такие кредитные линии обычно называются *системами эмиссии векселей*.

Если вы просите у своего банка в Соединенных Штатах все больше и больше денег взаймы, у вас со временем потребуют обеспечения займа. Иногда это обеспечение выглядит как "изменчивый" залог в виде дебиторской задолженности или запасов, но обычно у вас попросят в залог специфические активы. Банк или финансовая компания примут меры предосторожности, чтобы удостовериться в реальной идентификации залога и его нахождении под контролем. Например, когда вы занимаете под дебиторскую задолженность, вы обязаны информировать банк обо всех продажах товара, и итоговые счета дебиторов должны быть заложены в банк. Когда клиенты платят по счетам, деньги уходят на специальный залоговый счет, находящийся под банковским контролем. Точно так же, когда вы занимаете деньги под запасы сырья, банк будет настаивать на их хранении в независимой складской компании. Пока у банка на руках находится складское свидетельство на товары, они не могут быть реализованы без банковского разрешения. Ссуды, обеспеченные готовым товаром, обычно выдаются под договоренность о минимальном плановом уровне. В этом случае вы обязаны подписать доверительный сертификат о том, что вы только держите определенные товары в интересах заимодателя, и заимодатель будет совершать периодические инспекции, чтобы убедиться, что вы выполняете свое обещание.

Вы также могли обнаружить, что приходит момент, когда банк перестает возобновлять кредитование, вне зависимости от того, насколько высокую ставку процента вы готовы платить. Банки знают, что чем больше вы займете, тем больше им придется поддерживать вас в авантюрах с их деньгами. Ваши цели и банковские совпадут быстрее в том случае, если ваш заем останется на приемлемом уровне.

РЕКОМЕНДУЕМАЯ ЛИТЕРАТУРА

Детальное описание денежного рынка и возможностей краткосрочного кредитования см. в работе:

> *M.Stigum.* The Money Market: Myth, Reality and Practice. 2d ed. Richard D.Irwin, Inc., Homewood, Ill., 1983.

Вашему вниманию предлагается практическое специализированное издание по источникам кратко- и среднесрочного финансирования:

> *W.J.Korsuik and C.O.Maiburg.* The Loan Officer's Handbook. Dow Jones-Irwin, Homewood, Ill., 1986.

КОНТРОЛЬНЫЕ ВОПРОСЫ

1. Выберите тип инвестиций, наилучшим образом соответствующий следующему описанию.

    а) Срок действия часто "одна ночь": соглашение о продаже с обратной покупкой или банковский акцепт?

    б) Срок погашения никогда не превышает 270 дней: бумаги, свободные от налогообложения, или коммерческие бумаги?

в) Срок погашения никогда не меньше 30 дней: евродолларовый депозит или депозитный сертификат США?

г) Обычно напрямую размещаются: коммерческие бумаги финансовых компаний или коммерческие бумаги промышленных фирм?

д) Вторичный рынок отсутствует у: банковских акцептов или коммерческих бумаг промышленных фирм?

е) Выпускаются Казначейством США: ценные бумаги, не облагаемые налогом, или 360-дневные векселя?

ж) Назначение цены происходит на дисконтной основе: депозитные сертификаты или казначейские векселя?

з) Продаются на аукционах: не облагаемые налогом ценные бумаги или казначейские векселя?

2. 14 сентября 1989 г. были выпущены 6-месячные казначейские векселя с дисконтной ставкой 7,64% (см. рисунок 32-1). Какова их годовая доходность?

3. Заполните следующие пропуски, подобрав наиболее подходящие термины из следующего списка: *"изменчивый" залог, складская зона, условие "подчистить", коммерческие бумаги, минимальный плановый уровень, кредитная линия, базисная ставка, общественный склад, компенсационный остаток, трастовый сертификат, складское свидетельство, залог с регрессом.*

Компании с меняющейся величиной капитала часто нуждаются в договоре со своим банком о _____. Чтобы убедиться, что предоставленные средства не используются для долгосрочного финансирования, банк обычно налагает _____. Проценты по любым займам привязаны к банковской _____. В дополнение к этому банк обычно требует от компании держать на счете в банке _____. Некоторые крупные компании минуют банковскую систему и выпускают собственные краткосрочные обязательства. Они называются _____.

Обеспеченные краткосрочные ссуды иногда обеспечиваются _____ всей дебиторской задолженности и запасов. Обычно, однако, заемщик закладывает специфический вид активов, такой, как _____. Если этих активов недостаточно для выплат по задолженности, заемщик становится ответственным за покрытие дефицита. Поэтому о таких ссудах говорят, что они _____. "Складские" ссуды являются примером обеспеченного краткосрочного займа. Товары могут храниться на _____ или на _____, создаваемой складской компанией в помещениях заемщика. Складская компания выдает _____ заимодателю и отпускает товары только по его распоряжению. Ссуды автомобильным дилерам обычно выдаются на иной основе. Дилер держит запасы от имени кредитора и выпускает _____. Подобное соглашение известно как договор о _____.

*4. Сравните три вида ценных бумаг:

а) облигация с плавающей ставкой;

б) привилегированная акция с выплатой фиксированного дивиденда;

в) привилегированная акция с плавающей ставкой.

Управляющий финансами, отвечающий за краткосрочные инвестиции временно свободных денежных средств, скорее всего отдаст предпочтение привилегированным акциям с плавающей ставкой перед двумя другими видами ценных бумаг. Почему? Вкратце объясните свой ответ.

5. Перед вами 6 вопросов по срочным ссудам.

а) Каков обычный минимальный срок погашения срочной ссуды?

б) Требуется ли наличие компенсационного остатка?

в) Являются ли обычно срочные ссуды обеспеченными? Необходим ли для их получения специальный залог?

ГЛАВА 32. Краткосрочное кредитование и заимствование

Ключевые годовые процентные ставки США и зарубежных рынков, приведенные ниже, характеризуют общий уровень, но далеко не всегда отражают реальное положение дел.

Базисная ставка: $10^1/_2$%. Базовая ставка по ссудам для корпораций в крупнейших коммерческих банках США.

Федеральные фонды: 9% высшая, $8^7/_8$% низшая, $9^3/_8$% перед последним предложением; $8^{15}/_{16}$% предложенная. Резервы, продаваемые коммерческим банкам на сутки в сумме 1 млн дол. или более. Источник: Fulton Prebon (USA),Inc.

Дисконтная ставка: 7%. Процент по ссудам Нью-Йоркского федерального резервного банка для депозитарных учреждений.

Деньги до востребования: от $9^3/_4$% до 10%. Процент по ссудам для брокеров с биржевым залогом.

Коммерческие векселя General Motors Acceptance Corp. прямого размещения: 8,70% — 19 — 44 дней; 8,60% — 45 — 59 дней; 8,575% — 60 — 89 дней; 8,375% — 90 — 119 дней; 8,25% — 120 — 149 дней; 8,125% — 150 — 179 дней, 7,75% — 180 — 270 дней.

Коммерческие бумаги: высококачественные необеспеченные векселя, продаваемые через дилеров крупнейшими корпорациями с номиналом 1000 дол.: 8,80% — 30 дней, 8,79% — 60 дней, 8,625% — 90 дней.

Депозитные сертификаты: 8,28% — 1 мес., 8,31% — 2 мес., 8,30% — 3 мес., 8,25% — 6 мес., 8,26% — 1 год. Средние из максимальных ставок, заплаченные крупнейшими банками Нью-Йорка по первоклассным новым выпускам переуступаемых депозитных сертификатов, обычно на сумму 1 млн дол. или более. Минимальная номинация 100 000 дол. Стандартные ставки для вторичного рынка: 8,80% на одномесячные, 8,75% на трехмесячные, 8,75% на шестимесячные.

Банковские акцепты: 8,72% — 30 дней, 8,60% — 60 дней, 8,50% — 90 дней, 8,45% — 120 дней, 8,33% — 150 дней, 8,25% — 180 дней. Переуступаемые кредитные инструменты, гарантированные банком, обычно финансируют импортный заказ.

Лондонская ставка по евродолларам: от $8^{15}/_{16}$% до $8^{13}/_{16}$% — 1 мес., от $8^7/_8$% до $8^3/_4$% — 2 мес., от $8^7/_8$% до $8^3/_4$% — 3 мес., от $8^{15}/_{16}$% до $8^{13}/_{16}$% — 4 мес., от $8^7/_8$% до $8^3/_4$% — 5 мес., от $8^{13}/_{16}$% до $8^{11}/_{16}$% — 6 мес.

Лондонская межбанковская ставка (ЛИБОР): $8^{15}/_{16}$% — 1 мес., $8^7/_8$% — 3 мес., $8^7/_8$% — 6 мес., $8^{13}/_{16}$% — 1 год. Средние банковские ставки по долларовым депозитам на лондонском рынке основаны на котировках пяти крупнейших банков.

Зарубежные базисные ставки: 13,50% — Канада, 8,50% — Германия, 4,875% — Япония, 8,50% — Швейцария, 14% — Великобритания. Эти ставки нельзя сравнивать напрямую: кредитная деятельность в разных странах существенно различается.

Казначейские векселя: результатом состоявшегося в понедельник 14 сентября 1989 г. аукциона краткосрочных правительственных векселей, продаваемых с дисконтом, стала продажа пакетов векселей стоимостью от 10 тыс. дол. до 1 млн дол.: 7,64% — 13 недель, 7,64% — 26 недель.

Федеральная ипотечная корпорация (Freddie Mae): доходность по срочным сделкам в течение 30 дней с 30-летними закладными обязательствами. Стандартная договорная фиксированная ставка по закладным — 9,97%; ставка, покрывающая одногодичные корректируемые ставки по закладным, — 8,25%, 2%. Источник: Telerate Systems Inc.

Федеральная национальная ипотечная ассоциация (Fannie Mae): доходность по срочным сделкам в течение 30 дней с 30-летними закладными обязательствами (цены по номиналу): стандартная договорная фиксированная ставка по закладным — 9,92%; ставка, перекрывающая одногодичные корректируемые ставки по закладным, — 8,80%, $6/_2$%. Источник: Telerate Systems Inc.

Траст готовых активов Merrill Lynch: 8,19%. Среднегодовая норма доходности после вычета расходов за последние 30 дней; не может использоваться в качестве прогноза будущих доходов.

РИСУНОК 32-1
Ставки денежного рынка на 15 сентября 1989 г. (*Источник*: The Wall Street Journal. ©Dow Jones & Company, Inc., 1989. All rights reserved.)

г) Как обычно определяется процентная ставка?
д) Что такое платеж "воздушный шар"?
е) Что такое "револьверный" кредит?

ВОПРОСЫ И ЗАДАНИЯ

1. Просмотрите текущие ставки процента, предлагаемые по различным видам краткосрочных инвестиций. Предположим, что ваша фирма располагает 1 млн дол. временно свободных денежных средств для вложения их в течение ближайших 2 месяцев. Как вы будете инвестировать эти времен-

но свободные средства? Как бы вы ответили на этот вопрос, имея в своем распоряжении 5000 дол., 20 000 дол., 100 000 дол. или 100 млн дол.?

2. В марте 1990 г. 5-летние казначейские векселя продавались с доходностью 8,56%, в то время как по освобожденным от налога ценным бумагам с тем же сроком погашения выплачивался 15%-ный аннуитет. Не беря во внимание другие факторы, определите величину максимальной ставки налогообложения для инвестора, не делающего различий между казначейскими векселями и ценными бумагами, освобожденными от налога. Какие другие факторы могут повлиять на выбор инвестора между этими двумя ценными бумагами?

3. Процентные ставки на банковские ссуды превышают ставки по коммерческим бумагам. Почему все фирмы не выпускают коммерческие бумаги вместо того, чтобы брать в долг у банков?

4. Как вы думаете, сумели бы вы заработать деньги, учредив фирму, которая бы *а)* выпускала коммерческие бумаги и *б)* ссужала полученные таким образом средства по ставке чуть выше, чем ставка по коммерческим бумагам, но всегда ниже, чем ставка, установленная банком?

5. Компании Roy's Toys срочно необходим 1 млн дол. в октябре для создания запасов к рождественскому сезону. Банк First National предлагает кредит под 9% с 20%-ным компенсационным остатком от величины ссуды. Hometown Trust предлагает ссуду под 11% без дополнительных условий. Какой банк предлагает лучшие условия? Почему? Как изменится ваш ответ, если у Roy's Toys уже есть оборотные остатки на счетах First National на сумму 100 тыс. дол.? (Допустите в этом случае, что оборотные остатки могут быть использованы для покрытия части компенсационного остатка.)

6. Казначей корпорации "Основная химия" предвидит миллионный дефицит денежных средств на ближайший квартал. Однако вероятность такого дефицита составляет лишь 50%. Согласно прогнозу существует 20%-ная вероятность того, что у компании вообще не будет дефицита, и 30%-ная вероятность, что ей понадобится 2 млн дол. на краткосрочное финансирование. Компания может либо получить 90-дневную необеспеченную ссуду под 1% в месяц, либо открыть кредитную линию, уплачивая по 1% в месяц от взятой суммы плюс обязательный сбор в размере 20 тыс. дол. Любой из способов предполагает обязательное помещение компенсационного остатка в размере 20% для поддержания ссуды. Если временно свободные средства можно реинвестировать под 9%, какой из источников средств является наиболее дешевым?

7. Представьте, что вы банкир, отвечающий за выдачу кредитов корпорациям. 9 фирм обратились с просьбой о предоставлении обеспеченной ссуды. В качестве обеспечения они предлагают следующие активы.

а) фирма А, дистрибьютор нефти, предлагает танкер с грузом нефти, идущий с Ближнего Востока.

б) фирма Б, оптовый торговец вином, предлагает 1000 емкостей "Божоле-Нуво", хранящихся в складской зоне.

в) фирма В, торгующая канцелярскими товарами, предлагает дебиторскую задолженность за офисные принадлежности, проданные городским учреждениям Нью-Йорка.

г) фирма Г, книжный магазин, предлагает свой внутренний запас, состоящий из 15 000 подержанных книг.

д) фирма Д, оптовый торговец продуктами, предлагает товарный вагон бананов.

е) фирма Е, дилер по оборудованию, предлагает запас электрических пишущих машинок.

ж) фирма Ж предлагает 100 унций золота.

з) фирма З, дилер по правительственным ценным бумагам, предлагает свой портфель казначейских векселей.

и) Фирма И, судостроитель, предлагает наполовину законченную роскошную яхту. Для завершения постройки потребуется 4 месяца.

Какие из этих активов более предпочтительны в качестве хорошего залога? Какие являются недостаточным обеспечением? Поясните ваш ответ.

8. Любой из активов, упомянутых в предыдущем вопросе, *может быть* приемлемым залогом при определенных обстоятельствах, если будут приняты соответствующие меры предосторожности. При каких обстоятельствах? Какие предосторожности? Объясните ваш ответ.

*9. Первые привилегированные акции с плавающей ставкой были успешно выпущены с первоначальной нормой дивидендного дохода *ниже* уровня доходности казначейских векселей. Привилегированные акции явно сопряжены с большим риском, чем векселя. Могли бы вы предсказать *долгосрочные* тенденции соотношения доходности векселей и привилегированных акций с плавающей ставкой? (Мы сказали "долгосрочные", поскольку фирмам, у которых есть желание выпускать привилегированные акции с плавающей ставкой, нужно время, чтобы выпустить их в достаточном количестве.)

*10. Большинство привилегированных акций с плавающей ставкой имеют и "пол" и "потолок" нормы дивидендного дохода (см. раздел 32–2, сноску 13). Как могут эти ограничения повлиять на колебания курсов этих ценных бумаг при изменении процентных ставок? Почему, на ваш взгляд, компании-эмитенты придают этим ограничениям первоочередное значение?

11. По срочным ссудам фирмам обычно приходится платить процент по изменчивой ставке. Например, процентная ставка может быть назначена на условиях "1% выше базисной". Базисная ставка иногда отклоняется на несколько процентных пунктов за несколько лет. Представьте себе, что ваша фирма решила занять 40 млн дол. на 5 лет. У вас есть следующие возможности.

а) Занять в банке по базисной ставке, равной примерно 10%. Предстоящий кредитный договор не предполагает выплату основной суммы долга до истечения срока погашения – 5 лет.

б) Выпустить 26-недельные коммерческие бумаги с текущей доходностью 9%. Поскольку средства требуются на 5-летний период, а коммерческие бумаги оборачиваются за полгода, то финансирование в размере 40 млн дол. на 5 лет предполагает 10 удачных размещений коммерческих бумаг.

в) Занять деньги у страховой компании по фиксированной ставке 11%. Как и в случае с банковской ссудой, выплата основного долга не производится до истечения 5-летнего срока. На какие факторы вы обратили бы внимание при оценке этих возможностей? При каких обстоятельствах вы выберете вариант *а)*? При каких обстоятельствах вы выберете варианты *б)* и *в)*? (*Подсказка:* не забывайте, о чем говорилось в главе 23.)

12. Налоговая служба запрещает компаниям использовать заемные средства для покупки освобожденных от налога ценных бумаг и при этом вычитать процентные платежи по долгу из прибыли до налогообложения. Следует ли Налоговой службе так поступать? В противном случае посоветуете ли вы компании взять ссуду для покупки ценных бумаг, освобожденных от налогообложения?

Часть X

СЛИЯНИЯ, МЕЖДУНАРОДНЫЕ ФИНАНСЫ, ПЕНСИИ

Слияния

Масштабы и темпы слияний в экономике США весьма значительны. Данные о некоторых наиболее важных слияниях, происходивших в 80-е годы, представлены в таблице 33-1. Из таблицы очевидно, что в этих операциях участвовали очень крупные капиталы. В периоды наиболее активных слияний финансовые менеджеры посвящают много времени либо поиску потенциальных объектов слияния, либо, напротив, защите от фирм-агрессоров, выступающих инициаторами поглощения их компании.

Покупая другую компанию, вы инвестируете средства и, следовательно, можете применять основные принципы принятия решений о долгосрочных вложениях. Такую покупку следует предпринимать, если эта операция увеличит благосостояние акционеров. Однако слияния зачастую с трудом поддаются оценке. Во-первых, необходимо тщательно определить выгоды и издержки. Во-вторых, покупка компании существенно сложнее покупки новой машины, так как при слиянии возникают особые налоговые, правовые и бухгалтерские проблемы. В-третьих, надо принимать во внимание тактические приемы наступления и защиты, которые часто применяются при враждебных поглощениях, т. е. когда участникам не удается осуществить сделку на добровольных началах. Наконец, необходимо разбираться как в причинах слияния, так и в том, кто из участников вероятнее всего извлечет из него прибыли, а кто понесет убытки.

Мы прежде всего рассмотрим возможные выгоды и издержки, возникающие при слиянии, а затем проанализируем также правовые, налоговые и бухгалтерские проблемы, которые сопутствуют объединению двух фирм.

Многие слияния происходят добровольно, но бывает и так, что компания осуществляет враждебный захват. Поэтому мы рассмотрим основные приемы ведения войны участниками поглощений, а поскольку такие недружелюбные действия стимулировали перестройку корпоративных структур и **выкупы с использованием заемных средств**, мы разберем и эти операции, а также попытаемся выяснить, почему они приносят такие высокие прибыли инвесторам.

В конце главы мы обсудим социальные проблемы, порожденные недавним всплеском операций по выкупу компаний с использованием займов и активным привлечением заемного капитала к реструктуризации корпорации.

33–1. АНАЛИЗ ЭКОНОМИЧЕСКИХ ВЫГОД И ИЗДЕРЖЕК СЛИЯНИЙ[1]

Допустим, вы являетесь финансовым менеджером компании А и хотите проанализировать возможную покупку компании Б. Тогда первое, о чем

---

[1] Определения и трактовки выгод и издержек взяты из работы: *S.C.Myers*. A Framework for Evaluating Mergers // *S.C.Myers (ed.).* Modern Developments in Financial Management. Frederick A. Praeger, Inc., New York, 1976.

ТАБЛИЦА 33-1
Некоторые крупнейшие слияния 80-х годов.

Год	Продаваемая компания	Покупающая компания	Платежи (в млрд дол.)
1980	Kraft / Dart	Dart and Kraft[a]	2,5
1980	Texas Pacific Oil	Sun Company	2,0
1981	Conoco	Du Pont	6,8
1981	Texasgulf	Elf Aquitaine	2,7
1982	Marathon Oil	U.S.Steel (сейчас USX)	6,2
1982	Connecticut General / INA	CIGNA[a]	4,3
1982	Santa Fe Industries / Southern Pacific	Santa Fe Southern Pacific[a]	2,3
1983	Bendix	Allied	1,8
1984	Gulf Oil	Chevron	13,3
1984	Getty Oil	Texaco	10,1
1985	Shell Oil (U.S.)	Royal Dutch / Shell[б]	5,7
1985	General Foods	Philip Morris	5,6
1986	Beatrice	Kohlberg Kravis Roberts[в]	6,3
1986	RCA	General Electric	6,1
1987	Sohio	British Petroleum[б]	7,6
1987	Borg Warner	Private group[в]	4,4
1988	Kraft[г]	Philip Morris	12,6
1988	Federal Department Stores	Campeau[в]	6,5
1989	RJR Nabisco	Kohlberg Kravis Roberts[в]	24,7
1989	Bristol Myers / Squibb	Bristol Myers Squibb[a]	12,5

[a] Слияние; новая или выжившая компания обозначена как покупатель.
[б] Покупка меньшей доли.
[в] Выкуп с использованием заемного капитала.
[г] Компании Kraft и Dart, осуществившие в 1980 г. слияние, вновь разделились в 1986 г.
Источник: The Best and Worst Deals of the '80s // Business Week. January 15. 1990. P. 52–62.

вам надо подумать, — это *экономические выгоды* слияния. Подобные выгоды возникнут *только при условии, что рыночная стоимость компании, созданной в результате слияния, выше, чем сумма стоимостей образующих ее фирм до их объединения*. Например, если вы считаете, что образовавшаяся после поглощения компания имеет рыночную стоимость $PV_{АБ}$ и что стоимости компаний до их объединения равны $PV_А$ и $PV_Б$ соответственно, тогда:

$$Выгоды = PV_{АБ} - (PV_А + PV_Б).$$

Если эта разность положительна, тогда слияние экономически оправдано. Но вам также нужно подумать и об *издержках*, обусловленных поглощением фирмы Б. Для упрощения возьмем случай покупки компании Б с немедленной оплатой. Тогда издержки приобретения компании Б можно определить как разность между уплаченными за нее денежными средствами и стоимостью компании Б как отдельной хозяйственной единицы. Таким образом, можно записать:

$$Издержки = денежные\ средства - PV_Б.$$

Чистая приведенная стоимость для владельцев компании А, возникающая от поглощения компании Б, измеряется разностью между выгодами и издержками. Следовательно, поглощение целесообразно проводить, если чистая приведенная стоимость этой операции, которую можно записать таким образом:

$$NPV = выгоды - издержки = PV_{АБ} - (PV_А + PV_Б) - (денежные\ средства - PV_Б),$$

имеет положительное значение.

Такой способ определения и записи критерия целесообразности слияния удобен потому, что в нем учитываются два важных момента. Когда вы оцениваете преимущества слияния или поглощения, ваше внимание сконцентрировано на тех выгодах, которые вы могли бы получить от его осуществления. Анализируя же издержки поглощения, вы рассматриваете, как эти выгоды распределяются между участвующими компаниями.

Рассмотрим пример. Пусть рыночная стоимость компании А равна 100 млн дол., а стоимость компании Б — 50 млн дол. Допустим, что поглощение компании Б приведет к экономии на издержках, приведенная стоимость которой составит 25 млн дол. Величина этой экономии и образует выигрыш от поглощения. Тогда сказанное можно записать следующим образом (в млн дол.):

$$PV_А = 100,$$
$$PV_Б = 50,$$
$$Выигрыш = +25$$
$$PV_{АБ} = 175.$$

Допустим, компанию Б покупают за 65 млн дол. с немедленной оплатой. Тогда издержки поглощения равны:

$$Издержки = денежные\ средства - PV_Б =$$
$$= 65 - 50 = 15\ млн\ дол.$$

Заметьте, что акционеры компании Б, представляющие вторую сторону сделки, получили на 15 млн дол. больше в сравнении с рыночной стоимостью их компании. Но то, что для них является выигрышем, для вас составляет издержки[2]. Значит, они получили 15 млн дол. из 25 млн дол. экономической выгоды от поглощения. Поэтому, когда мы записываем уравнение чистой приведенной стоимости поглощения с позиции компании А, мы на самом рассчитываем ту часть выигрыша, которую получат акционеры компании А.

---

[2] На деле выигрыш для компании Б может быть *ниже*, чем издержки компании А, так как определенные суммы выплачены инвестиционным банкам, адвокатам, бухгалтерам. Например, выкуп компании Beatrice, осуществленный в 1986 г. компанией Kohlberg Kravis Roberts, потребовал затрат на гонорары консультантам в размере 45 млн дол. и оплаты услуг юристов и бухгалтеров в размере 46 млн дол. Выкуп компании RJR Nabisco (описанный в разделе 33–8) представляет собой наиболее драматичный пример. Совокупные гонорары коммерческим и инвестиционным банкам, адвокатам и бухгалтерам составили примерно 1,1 млрд дол. из 25 млрд дол., в которые обошлась покупка.

Таким образом, чистая приведенная стоимость этой сделки для акционеров компании А равна разности между всем выигрышем и той его частью, которую получат акционеры компании Б.

$$NPV = 25 - 15 = +10 \text{ млн дол.}$$

Подтвердим еще раз, что акционеры компании А получат выигрыш в 10 млн дол. Они предприняли сделку, владея компанией стоимостью 100 млн дол., и уплатили акционерам компании Б 65 млн. Вместе с тем в результате сделки стоимость их компании составила 175 млн дол. Значит, их чистый выигрыш равен:

Чистая приведенная стоимость =
= стоимость после поглощения – стоимость до поглощения =
= ($PV_{АБ}$ – денежные средства) – PV_A =
= (175 – 65) – 100 = +10 млн дол.

Допустим, инвесторы, действующие на фондовом рынке, не предвидят поглощения компанией А компании Б. Объявление о предстоящем поглощении приведет к росту стоимости акций компании Б с 50 млн дол. до 65 млн дол., т. е. на 30%. А если окажется, что инвесторы разделяют мнение менеджеров компании А о возможных выгодах предстоящего поглощения, тогда рыночная стоимость акций компании А возрастет на 10 млн дол., или всего на 5%.

Поэтому представляется рациональным в анализе поглощений оценивать возможную реакцию инвесторов. Если курс акций компании А упадет после объявления о предстоящем поглощении, это будет означать, что инвесторы, по существу, подают ее менеджерам сигнал о том, что, по их мнению, выгоды поглощения сомнительны или что менеджеры компании А собираются уплатить за компанию Б дороже, чем требуется.

| **Верные и неверные способы оценки выгод слияния** | Менеджеры некоторых компаний начинают анализ слияния или поглощения с прогноза будущих потоков денежных средств компании, которую собираются присоединить. В такой прогноз включают любое увеличение доходов либо снижение затрат, обусловленное поглощением, и затем дисконтируют эти суммы и сравнивают полученный результат с ценой покупки. |

$$\text{Ожидаемая чистая выгода} = \text{дисконтированный поток денежных средств приобретаемой компании, включая выгоды поглощения} - \text{денежные средства, необходимые для поглощения.}$$

Такой подход довольно опасен. Даже наиболее талантливый и хорошо подготовленный аналитик может допустить серьезную ошибку в оценке стоимости компании. Ожидаемая чистая выгода может оказаться положительной, но вовсе не потому, что данное слияние действительно эффективно, а лишь из-за того, что аналитик слишком оптимистично оценивает будущие потоки денежных средств компании, которую предстоит присоединить. С другой стороны, действительно целесообразное слияние может и не состояться, если аналитик недооценит потенциал интересующей его независимой компании.

Наш подход к анализу *начинается* с информации о рыночной стоимости отдельной компании ($PV_Б$) и затем уже сосредоточивается *на изменениях* в потоке денежных средств, которые будут обусловлены слиянием. *Необходимо по-*

нять, *почему две компании, объединившись, будут стоить дороже, чем по отдельности.*

Аналогичный совет применим и к анализу операции *по продаже* части бизнеса. Вам не следует убеждать себя таким аргументом: "Этот бизнес не приносит прибыли и поэтому его необходимо продать". Если покупатель не способен управлять этим бизнесом более эффективно, чем это удавалось вам, то в полученной вами цене отразится эта неутешительная перспектива.

В практике финансового управления иногда можно столкнуться с убежденностью менеджеров в том, что существуют простые правила для определения эффективности и привлекательности слияния. Например, они порой полагают, что достаточно приобрести компанию из растущей отрасли или купить компанию по цене ниже ее балансовой стоимости. Однако и при покупке компании следует применять те же критерии правильно обоснованного инвестиционного решения, которые были рассмотрены еще в главе 11. В результате вашего инвестиционного решения стоимость компании возрастет только в том случае, если возникнут экономические выгоды, такие конкурентные преимущества, которых не в состоянии достичь другие фирмы и в том числе менеджеры компании — объекта потенциального слияния.

Наконец, необходимо иметь в виду, что в процессе покупки компании фирмы-покупатели часто конкурируют друг с другом. Возникает ситуация, похожая на аукцион. В таких случаях нужно определить, действительно ли искомая компания для вас, как покупателя, ценнее, чем для других фирм. Если ответ отрицателен, следует быть очень осмотрительными, принимая решение об участии в таком "аукционе". Победа в нем может обойтись дороже, чем поражение. Если вы проиграете, значит, вы просто потеряли время; если же вы победили, то, вполне возможно, вы заплатили за купленную компанию слишком дорого.

33-2. РАЗУМНЫЕ МОТИВЫ СЛИЯНИЙ

Слияния часто подразделяют на *горизонтальные, вертикальные* и *конгломератные*. К горизонтальным относят такие, которые происходят между фирмами одной отрасли; большинство слияний на рубеже нашего века осуществлялись именно по этому принципу. Случаи современных горизонтальных слияний можно найти в авиации: например, компания Northwest в 1986 г. поглотила фирму Republic.

Вертикальные слияния преобладали в 20-е годы. К этому типу относят слияния, в которых компания-покупатель расширяет свою деятельность либо на предыдущие производственные стадии, вплоть до источников сырья, либо на последующие — до конечного потребителя.

Конгломерат образуется при объединении компаний из практически не связанных отраслей. Такие слияния получили наибольшее распространение в 60-е и 70-е годы. По оценке Федеральной торговой комиссии, с 1965 по 1975 г. 80% слияний привели к образованию конгломератов[3]. (Однако в 80-е годы удельный вес слияний этого типа сократился. Более того, в этот период создание новых объединений сопровождалось разрушением конгломератов, возникших 10—20 лет назад.)

С учетом этих различий рассмотрим мотивы слияний, т.е. причины, по которым две компании, объединившись, стоят дороже, чем порознь. Но сперва одно предостережение. Конечно, было бы замечательно, если бы мы могли утверждать, что какие-то типы слияний обычно приносят хорошие результаты, а какие-то нет. Но, к сожалению, мы знаем, что все не так просто. Многие слияния, которые казались экономически обоснованными, потерпели не-

---
[3] Federal Trade Commission. Statistical Report on Mergers and Acquisitions, 1977. P. 106, Table 19.

удачу из-за ошибок, допущенных в процессе их осуществления. Другие оказались неудачными, так как менеджеры компаний-покупателей неверно оценили активы интересующих их компаний или их обязательства. Например, покупатель мог слишком высоко оценить стоимость запасов и неправильно рассчитать издержки, сопряженные с модернизацией оборудования в этой компании, или не обратил внимания на ее обязательства по гарантийному обслуживанию бракованной продукции. Особенно внимательно нужно анализировать обязательства покупаемой компании по охране окружающей среды. Если операции этой компании приводят к загрязнению среды или образованию ядовитых отходов, все затраты на очистку, скорее всего, будут возложены на плечи покупателя этой компании.

В других случаях провалы слияний были вызваны тем, что менеджеры не смогли справиться с трудностями, обусловленными интегрированием двух фирм с различными особенностями производственного процесса, бухгалтерского учета, корпоративной культуры. Более того, ценность многих компаний прямо зависит от таких специфических активов, как *человеческие ресурсы*, — профессионализма менеджеров, квалификации рабочих, инженеров, исследователей. Если эти специалисты не будут чувствовать себя удовлетворенными своим положением в новой компании, образованной после слияния, лучшие из них уйдут из нее. Не экономьте на активах, которые в конце каждого рабочего дня направляются к лифту, а потом на автостоянку.

Экономия за счет масштабов деятельности

Совершенно так же, как многие люди считают, что они непременно были бы более счастливы, стань они немного богаче, многие менеджеры верят, что их компания обладала бы более высокой конкурентоспособностью, если бы была немного крупнее.

Экономия, обусловленная масштабами деятельности[4], — естественная цель горизонтальных слияний. Но и в случае образования конгломератов такая цель также ставится. Организаторы подобных слияний добиваются экономии, обусловленной масштабами, за счет централизации ряда услуг, таких, как управление офисом, бухгалтерский учет, финансовый контроль, повышение квалификации персонала и общее стратегическое управление компанией.

Можно привести многочисленные примеры экономии за счет масштаба. Но слияния — это далеко не всегда лучший путь для ее достижения. Всегда гораздо легче купить самостоятельную компанию, чем интегрировать ее в уже действующую структуру. Именно поэтому некоторые компании, которые объединились, стремясь достичь экономии благодаря масштабам, продолжают функционировать как совокупность отдельных и иногда даже конкурирующих подразделений, имеющих разную производственную инфраструктуру, исследовательские и маркетинговые службы. Даже экономия за счет объединения центральных служб может оказаться иллюзорной. Сложная структура конгломерата может, наоборот, привести к увеличению численности административного персонала. И, наконец, высшие управляющие могут обнаружить, что их общая квалификация не всегда легко применима к решению специфических проблем отдельных филиалов.

Экономия за счет вертикальной интеграции

В слияниях вертикального типа обычно стремятся достичь экономии за счет вертикальной экономической интеграции. Крупные промышленные компании ставят задачу расширить контроль над производственным процессом как

---

[4] Экономия, обусловленная масштабами, достигается, когда средняя величина издержек на единицу продукции снижается по мере расширения объема выпуска продукции. Один из источников такой экономии заключается в распределении постоянных издержек на большее число единиц выпускаемой продукции.

ГЛАВА 33. Слияния   905

можно шире, охватывая, с одной стороны, источники сырья, а с другой стороны — конечного потребителя. Один из путей достижения такой экономии — это слияния с поставщиками или покупателями.

Одна из причин вертикальной интеграции состоит в том, что она облегчает управление и координацию. Это можно проиллюстрировать на следующем условном примере. Допустим, некая авиакомпания не имеет собственных самолетов. Если она планирует организовать регулярный рейс из Бостона в Сан-Франциско, то ей нужно продать билеты, а затем арендовать самолеты у другой независимой компании. Такая стратегия, возможно, и сработает при небольшом масштабе операций, но она превратится в настоящий кошмар для управляющих, если им придется ежедневно координировать сотни договоров об аренде. Из-за подобных трудностей менеджеры многих авиакомпаний осуществили интеграцию "вниз" по технологической цепи, приобретая самолеты, а не по направлению к своему "потребителю", приобретая контроль над компаниями, сдающими им самолеты в аренду.

Однако нельзя считать, что, чем выше степень вертикальной интеграции, тем лучше. Доведенная до крайних степеней, вертикальная интеграция становится абсолютно неэффективной, как это было в случае с польской государственной авиакомпанией LOT, которая в конце 80-х годов создала собственное производство по выращиванию свиней, поставив задачу улучшения снабжения и питания ее персонала. (Конечно, в централизованно управляемой экономике, вероятно, необходимо создавать подобные подразделения, так как здесь нет никакой уверенности в том, что в условиях дефицита мясо можно будет купить всегда.)

Комбинирование взаимодополняющих ресурсов

Мелкие компании часто становятся объектом поглощения со стороны более крупных, так как способны обеспечивать недостающие компоненты для их успешной рыночной стратегии. Мелкие фирмы создают подчас уникальные продукты, но испытывают недостаток в инженерных и сбытовых структурах для организации крупномасштабного производства и реализации этих продуктов. Крупные компании, вероятно, сами в состоянии создать необходимые им компоненты, но часто бывает гораздо дешевле и быстрее получить к ним доступ, осуществив слияние с компанией, которая их уже производит. Таким образом, обе компании располагают взаимодополняющими ресурсами — каждая имеет то, что необходимо для другой, — и поэтому их слияние может оказаться целесообразным. Обе компании после объединения будут стоить дороже по сравнению с суммой их стоимостей до объединения, так как каждая приобретает то, чего она не имела, причем получает эти ресурсы дешевле, чем они обошлись бы ей, если бы пришлось их создавать самостоятельно. Кроме того, слияние таких компаний может открыть для них новые рыночные возможности, которые были бы недоступны им без объединения.

Конечно, это касается не только мелких, но и крупных фирм: две крупные компании также могут провести слияние, чтобы получить взаимодополняющие ресурсы. Пример тому — слияние в 1989 г. электротехнических компаний Utah Power & Light и PacifiCorp, обслуживающих потребителей в Калифорнии. Пик спроса на кондиционеры — продукцию компании Utah Power — приходится на лето, а на обогревательные приборы, по которым специализируется PacifiCorp, спрос поднимается до высшей отметки зимой. По оценке, экономия, достигнутая при слиянии этих компаний, в 1990 г. составила 45 млн дол.

Неиспользованные налоговые щиты

Случается, что у компании имеется потенциальная возможность экономить на налоговых платежах в бюджет, благодаря налоговому щиту, но уровень ее прибылей недостаточен, чтобы реально воспользоваться этим преимуществом.

Примером может служить компания Penn Central, которая после банкротства и соответствующей реорганизации пользовалась правом переноса понесенных ею многомиллиардных убытков на облагаемую налогом прибыль будущих периодов. Впоследствии она приобрела Buckeye Pipeline и еще несколько зрелых, облагаемых налогом компаний и в результате такого слияния смогла реально воспользоваться возможностью переноса убытков на будущие периоды ради уменьшения налогооблагаемой прибыли[5].

Возможность использования избыточных ресурсов

Мотивом для слияния может стать появление у компании временно свободных ресурсов. Допустим, ваша компания действует в отрасли, находящейся на стадии зрелости. Компания поэтому создает крупные потоки денежных средств, но располагает незначительным выбором привлекательных инвестиционных возможностей. Теоретически эта компания должна бы использовать имеющийся избыток денежных средств для повышения дивидендов акционерам или выкупа части собственных акций. Но в реальной жизни энергичные финансовые менеджеры скорее всего будут сопротивляться такому развитию событий.

Итак, если компания не принимает решение о выкупе собственных акций, тогда она может купить чужие акции. Поэтому часто компании, подобные рассмотренной выше, используют образовавшиеся излишки денежных средств на фоне слабых инвестиционных перспектив для проведения слияний, чтобы таким способом осуществить вложение капитала.

Иногда компании, располагающие избытком денежных средств, не используют их ни для выплаты акционерам, ни для финансирования слияния. Такие компании часто становятся объектами поглощения другими фирмами, которые сами находят применение этим денежным средствам вместо них[6]. Так, во время энергетического кризиса начала 80-х годов многие нефтедобывающие компании оказались под угрозой поглощения. Компании — инициаторы поглощений пришли к такому решению не потому, что имеющиеся у нефтедобывающих компаний свободные денежные средства представляли собой уникальные активы. Фирмы-покупатели стремились овладеть потоками денежных средств, так как не хотели допустить того, чтобы эти капиталы были растрачены на новые проекты разведки нефтеносных районов, чистая приведенная стоимость которых, как правило, отрицательна. Позднее мы вновь вернемся к *свободным потокам денежных средств* как причине и мотиву слияний.

Устранение неэффективности

Денежные средства — это далеко не единственный актив, которым плохие менеджеры пользуются нерационально. Всегда легко найти компании, в которых возможности снижения затрат и повышения прибылей, а также объемов продаж остаются не до конца использованными. Такие компании стано-

---

[5] Слияния, предпринятые *исключительно* ради использования права переноса убытков на будущие периоды для снижения налогов в будущем, Налоговая служба США расценивает как сомнительные, и применительно к ним принцип переноса убытков может быть отменен. Допустим, вы владеете прибыльной компанией. Вы подбираете другую компанию, имеющую крупные убытки за ряд отчетных периодов. Если вы купите эту компанию, а затем ликвидируете ее активы, Налоговая служба также ликвидирует и возможность переноса убытков на будущие периоды и не позволит использовать их при расчете вашей налогооблагаемой прибыли.

[6] Поглощения в такой ситуации часто принимают форму выкупа компании, финансируемого за счет заемного капитала. В 1988 г. в 214 подобных сделках среди акционеров компаний — объектов выкупа было распределено 77 млрд дол. Это составило 71% всех дивидендов, выплаченных корпорациями в том году. См: *M.C.Jensen*. The Eclipse of the Public Corporation // Harvard Business Review. 67: 61—74. September—October. 1989.

вятся естественными кандидатами на поглощение со стороны фирм, имеющих более эффективные системы управления. В некоторых случаях "более эффективное управление" может означать просто необходимость болезненного сокращения персонала или реорганизации деятельности компании.

Если описанный выше мотив слияний действительно важен, то можно предположить, что компании с *плохими* экономическими показателями как правило оказываются объектами поглощений. Такой вывод в общем подтверждается практикой. По данным исследования К.Палепу, занимавшегося принципами прогнозирования потенциальных слияний, в поглощенных компаниях фактические нормы доходности были относительно низкими в течение нескольких лет до их присоединения к другим фирмам[7]. Как выяснилось в ходе исследования, многие из таких компаний в периоды спада на рынках сбыта потеряли свои позиции и затем были реорганизованы в результате поглощения.

Безусловно, слияния не следует считать единственным средством совершенствования методов управления. Тем не менее в некоторых ситуациях именно эти процедуры представляют собой наиболее простой и рациональный способ повышения качества управления. Дело в том, что менеджеры, конечно же, не станут принимать решения об увольнении или понижении в должности самих себя за неэффективное управление, а акционеры крупных корпораций не всегда имеют *непосредственное* влияние на решение вопросов о том, как и кто именно будет управлять корпорацией[8].

Конечно, легче искать чужие ошибки в методах управления, чем совершенствовать собственные подходы. Нередко бывает так, что "самозванцы-бичеватели" чужих ошибок в управлении сами оказываются еще менее компетентными, чем команда менеджеров, которую они вытеснили. Вот как об этом пишет Уоррен Баффит, президент Berkshire Hathaway в записке к Годовому отчету этой корпорации[9]:

> Очевидно, многие менеджеры до сих пор находятся под впечатлением знакомого всем с детства сказочного сюжета о том, как прекрасный принц, которого колдунья превратила в гадкую жабу, был освобожден от злых чар, когда его поцеловала прекрасная принцесса. Поэтому они все еще уверены, что "поцелуй" менеджера способен сотворить чудо с прибылями компании, которую предстоит присоединить. Именно этот оптимизм часто составляет основу сделки. Чем еще, кроме этого взгляда сквозь "розовые очки", можно объяснить стремление акционеров компании А получить свою долю в капитале компании Б, платя за поглощение двойную цену по сравнению с той, которую пришлось бы уплатить каждому акционеру за акции компании Б в случае прямой, самостоятельной покупки их на фондовом рынке. Другими словами, инвесторы всегда имеют возможность приобрести свою "жабу" по текущей рыночной цене. Если инвесторы все же оказываются в роли принцессы, которая сама пожелала заплатить вдвое больше за право поцеловать жабу, тогда лучше бы эти поцелуи были наполнены чрезвычайной животворной энергией. А ведь как много мы видим таких "поцелуев", но сколь мало подлинных чудес. И несмотря на это многие "принцессы"-менеджеры сохраняют прежнюю безмятежную самонадеянность по поводу

---

[7] *K.Palepu.* Predicting Takeover Targets: A Methodological and Empirical Analysis // Journal of Accounting and Economics. 8: 3—36. March. 1986.

[8] Собрать достаточно представительную группу акционеров, которая могла бы эффективно противостоять менеджерам и совету директоров, трудно. Однако акционеры порой способны оказывать очень сильное косвенное влияние. Их разочарования отражаются в динамике курса акций компании. Низкий курс акций может вдохновить другую фирму внести предложение о захвате.

[9] Berkshire Hathaway 1981 Annual Report. Цит. по: *G.Foster.* Comments on M&A Analysis and the Role of Investment Bankers // Midland Corporate Finance Journal. 1: 36—38 Winter. 1983.

будущих результатов их "поцелуев" даже тогда, когда их корпорации уже полностью погрязли в "жабах", не поддающихся чуду.

33–3. НЕКОТОРЫЕ СОМНИТЕЛЬНЫЕ МОТИВЫ СЛИЯНИЙ

Те преимущества слияний, о которых мы говорили выше, экономически обоснованы. Но некоторые другие аргументы, к которым порой прибегают для обоснования слияний, более сомнительны. Рассмотрим несколько из них.

Диверсификация Мы уже высказывали предположение, что менеджеры компаний, располагающих свободными денежными средствами, могут предпочесть использовать их на покупку других компаний, а не для того, чтобы выплатить дополнительные дивиденды акционерам. Именно поэтому часто можно наблюдать, как компании из отраслей, пребывающих в застое, осуществляя слияния, прокладывают себе дорогу в "свежие леса и на новые пастбища".

А какую роль играет в процессах слияний диверсификация как таковая? Широко известно, что диверсификация снижает риск. Может быть, именно диверсификация и представляет собой основное преимущество слияний?

Однако слабость этого аргумента состоит как раз в том, что диверсификацию проще и дешевле осуществить отдельному акционеру, чем целой корпорации. Ни исследования, ни факты не подтверждают, что инвесторы приплачивают премии к курсу акций диверсифицированной компании: в действительности гораздо более типичны скидки, а не премии. Например, в 1977 г. компания Kaiser Industries перестала существовать как холдинговая структура, так как осуществленная при слиянии диверсификация привела к очевидному *снижению* ее рыночной стоимости. Главные активы Kaiser Industries были представлены акциями компаний Kaiser Steel, Kaiser Aluminium и Kaiser Cement. Но акции самого холдинга продавались по курсу, который был существенно ниже стоимости инвестиций холдинга в перечисленные компании. Эта скидка с цены исчезла, когда Kaiser Industries обнародовала свой план продажи и расформирования холдинга, который был связан с распределением полученных средств между акционерами.

Причина скидки с курса акций холдинга как единого целого остается загадкой. Однако приведенный пример по крайней мере показывает, что диверсификация сама по себе *не ведет к росту стоимости* компании. С достаточно простым доказательством того, что диверсификация в условиях совершенного рынка не влияет на рыночную стоимость компании до тех пор, пока возможности ее осуществления не ограничены для отдельных инвесторов, можно познакомиться в Приложении к настоящей главе. Этот вывод опирается *на принцип слагаемости стоимостей,* введенный еще в главе 7.

Надо отметить, что на самом деле возможны отдельные исключения, когда диверсификация может обойтись дороже индивидуальному инвестору, чем целой корпорации в результате слияния. Представим себе ситуацию, в которой инвестор является президентом и одновременно основным собственником корпорации, акции которой не продаются публично. Такой инвестор может быть состоятелен или даже богат, но все его средства находятся в одной корпоративной "корзине". Конечно, инвестор может продать существенную часть своих акций, чтобы осуществить диверсификацию, но такая продажа приведет к приращению капитала, которое подлежит налогообложению. Поэтому может оказаться более выгодным осуществить слияние с компанией из другой отрасли и вложить деньги в ее акции. Тогда, если вся сделка проведена грамотно, можно отсрочить выплату налога на прирост капитала и в то же время распределить "все яйца по двум корзинам" вместо одной.

ГЛАВА 33. Слияния

Игра "стартовый запуск": слияние и прибыль на одну акцию[10]

В 1960-е годы компании-конгломераты осуществляли поглощения, которые не приносили очевидных немедленных выгод. Тем не менее такая агрессивная стратегия вела к росту показателя прибыли в расчете на одну акцию в течение нескольких следующих лет. Чтобы понять, почему это происходило, рассмотрим пример поглощения компании Muck and Slurry хорошо известным конгломератом World Enterprises.

Первые два столбца таблицы 33-2 дают представление о положении компаний до поглощения. Поскольку компания Muck and Slurry не имела благоприятных перспектив роста прибылей, для ее акций был характерен более низкий коэффициент "цена–прибыль", чем для конгломерата World Enterprises (строка 3). Допустим, что слияние не приносит экономических выгод, и поэтому стоимость объединенной компании будет равна сумме стоимостей этих компаний до их слияния. Иными словами, рыночная стоимость World Enterprises после слияния должна быть равна сумме стоимостей Muck and Slurry и самой World Enterprises до объединения (строка 6).

Так как акции World Enterprises к моменту слияния стоили вдвое дороже акций компании Muck and Slurry (строка 2), корпорация World смогла поглотить Muck, обменяв 50 000 своих акций на 100 000 акций Muck and Slurry. Поэтому после поглощения у корпорации World Enterprises в обращении находится уже 150 000 акций.

ТАБЛИЦА 33-2
Влияние слияния на рыночную стоимость и прибыль в расчете на акцию компании World Enterprises (в дол.)

	World Enterprises (до слияния)	Muck and Slurry	World Enterprises (после поглощения Muck and Slurry)
1. Прибыль на одну акцию	2,00	2,00	2,67
2. Курс акций	40,00	20,00	40,00
3. Коэффициент "цена–прибыль"	20	10	15
4. Количество акций	100 000	100 000	150 000
5. Совокупная прибыль	200 000	200 000	400 000
6. Совокупная рыночная стоимость	4 000 000	2 000 000	6 000 000
7. Текущая прибыль в расчете на один инвестированный доллар (строка 1/строка 2)	0,05	0,10	0,067

Примечания.
При покупке Muck and Slurry компания World Enterprises не получила выигрышей, поэтому совокупная прибыль (строка 5) и совокупная рыночная стоимость (строка 6) не показывают дополнительного эффекта. Но прибыль *на акцию* возросла. World Enterprises выпустила только 50 000 акций (по курсу 40 дол.) для приобретения 100 000 акций Muck and Slurry (по курсу 20 дол.).

---

[10] Разбор эффекта "стартового запуска" взят из работы: *S.C.Myers*. A Framework for Evaluating Mergers. Op. cit.

Совокупная прибыль в результате поглощения выросла вдвое, но количество акций в обращении возросло только на 50%. Поэтому прибыль в расчете на *одну акцию* возросла с 2 дол. до 2,67 дол. Это можно назвать *"эффектом стартового запуска"*, так как никаких подлинных экономических выигрышей в этом поглощении не возникло, а значит, стоимость компании после объединения не возросла. Поскольку курс акций новой компании не изменился, коэффициент "цена–прибыль" снизился (строка 3).

Рисунок 33-1 иллюстрирует приведенные выше выводы. До слияния 1 дол. инвестиций в ации корпорации World Enterprises приносил 5 центов текущей прибыли и перспективы быстрого роста. С другой стороны, 1 дол. инвестиций в акции компании Muck and Slurry приносил 10 центов текущих прибылей, но темп их роста был ниже. Если *совокупная* рыночная стоимость в результате поглощения не изменилась, тогда 1 дол. инвестиций в акции объединенной компании должен приносить 6,7 цента прибыли с ожидаемым пониженным темпом роста, а акционеры компании Muck and Slurry, как это следует из рисунка, потеряли на первом показателе, но выиграли на темпах роста прибыли. В этом примере, очевидно, ни одна из сторон не проигрывает, но и не выигрывает.

Финансовые манипуляторы иногда пытаются сбить с толку участников рынка. Допустим, инвесторы одурачены обильными и цветистыми выступлениями президента World Enterprises и планами внедрения современных методов менеджмента в Earth Sciences Division (прежде известной как Muck and Slurry). Они легко могут принять 33%-ный рост показателя прибыли на акцию после слияния этих компаний за признак реального роста. А если такая ошибка действительно случится, курс акций World Enterprises вырастет под влиянием их ожиданий, и акционеры обеих компаний получат от ситуации на рынке выигрыш, не предлагая рынку ничего реального взамен.

Посмотрим, как на практике играют в эту игру. Предположим, что вы являетесь менеджером компании с высоким коэффициентом "цена–прибыль". Причина, по которой данный показатель у компании высокий, состоит в том, что инвесторы предчувствуют быстрый рост прибылей в будущем. Однако вы, как менеджер, добились такого положения вовсе не за счет капиталовложений, совершенствования продукта или даже повышения эффективности операций, а благодаря покупке компаний, имеющих низкие коэффициенты "цена–прибыль" и небольшие темпы роста. Конечно, в долгосрочной перспективе ваша компания столкнется с неизбежным снижением коэффициента "цена–прибыль" и замедлением темпов роста, но в ближайшем будущем прибыли в расчете на одну акцию у компании вырастут. Если этот краткосрочный эффект способен ввести инвестора в заблуждение, то вполне вероятно, что вам удастся добиться повышения показателя прибыли на акцию, избежав в то же время снижения коэффициента "цена–прибыль", поскольку под воздействием ожиданий инвесторов курс акций компании будет расти. Но для того чтобы *продолжать* успешно подогревать иллюзии инвесторов, вам придется неуклонно усиливать активность слияний. Совершенно очевидно, что вы не сумеете осуществлять слияния бесконечно; однажды экспансия вашей компании замедлится или совсем прекратится. В результате показатель прибыли на акцию перестанет расти, и ваш карточный домик развалится.

В настоящее время подобные игры встречаются редко, поскольку инвесторы приобрели некоторый горький опыт участия в них еще в 60-е годы. Но все же мнение о том, что не следует покупать компании с более высокими показателями "цена–прибыль", чем у вас, по-прежнему широко распространено среди менеджеров. Абсолютно ясно, что акции с низкими показателями "цена–прибыль" дешевы, а акции с высокими показателями – дороги. Но если бы жизнь и бизнес были столь же просты, как этот очевидный тезис, мы все уже сегодня были бы богаты. Остерегайтесь псевдопророков, которые предлагают оценивать и анализировать слияния, исходя из его немедленного влияния на показатель прибыли на акцию.

ГЛАВА 33. Слияния

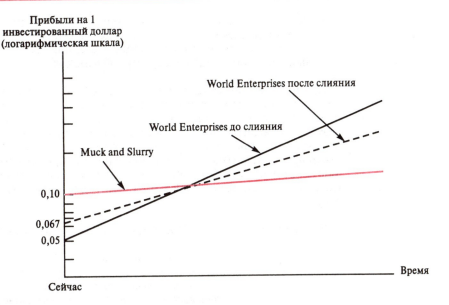

РИСУНОК 33-1
Воздействие слияния на рост прибылей
В результате слияния с компанией Muck and Slurry корпорация World Enterprises добилась повышения текущих прибылей, но ей пришлось смириться с замедлением темпов их роста в будущем. Акционеры корпорации ничего не выиграли, но и не пострадали, если не считать того, что инвесторов ввел в заблуждение "эффект стартового запуска". (*Источник: S.C.Mayers*. A Framework for Evaluating Mergers // *S.C.Mayers (ed.)*. Modern Developments in Financial Management. Frederick A. Praeger, Inc., New York, 1976. Fig. 1. P. 639.)

Снижение затрат на финансирование

Часто можно встретить и такой аргумент: привлечение заемных средств обходится объединившимся компаниям дешевле, чем каждой из них до слияния. Отчасти это верно. Как мы уже видели в главе 15, возможен значительный эффект экономии за счет масштаба при выпуске новых корпоративных ценных бумаг. Поэтому, если компании удастся благодаря слиянию с другой компанией осуществлять более масштабные, но более редкие выпуски ценных бумаг, она действительно сможет достичь определенной экономии.

Однако когда говорят, что слияния ведут к снижению затрат на привлечение новых заемных средств, то имеют в виду нечто большее, чем расходы на эмиссию. Под этим аргументом подразумевают, что после слияния компании удается получить заем под более низкие процентные ставки, чем каждой из компаний порознь. Это только на первый взгляд похоже на то, что действительно должно происходить на хорошо организованном рынке облигаций. Пока каждая из компаний действует как отдельная единица, отсутствует гарантия выполнения обязательств; если одна из них окажется неплатежеспособной, владельцы облигаций не смогут предъявить требования к другой компании. Но после слияния каждое подразделение новой компании взаимно гарантирует выполнение обязательств: если в этой ситуации одно из них станет неплатежеспособным, владельцы облигаций смогут получить деньги от другого подразделения. Поскольку эти взаимные гарантии снижают уровень риска, кредиторы удовлетворяются более низкими процентными ставками.

Однако можно ли рассматривать более низкие процентные ставки как чистый выигрыш, полученный благодаря слиянию? Вовсе не всегда. Сравните две разные ситуации.

1. *Независимые выпуски* корпоративных бумаг: фирма А и фирма Б выпускают облигации на сумму 50 млн дол. каждая.
2. *Единый выпуск*: фирма А и фирма Б сливаются, и новая компания АБ выпускает облигации на сумму 100 млн дол.

При прочих равных условиях компания АБ будет платить более низкие проценты по долгу. Но только для того, чтобы получить заем под более низкие проценты, нет необходимости проводить слияние. Акционеры компании АБ, безусловно, выигрывают от более низких процентных ставок, но одновременно проигрывают, так как теперь они должны обеспечивать и гарантии обязательствам друг друга. Иначе говоря, более низкие процентные ставки для них являются результатом более благоприятных условий, которые они создали для владельцев облигаций своей компании. Таким образом, *чистая* выгода отсутствует.

В главах 20 (раздел 20–2) и 23 (раздел 23–4) было показано, что:

Стоимость облигаций =
= стоимость облигаций (при отсутствии риска
невыполнения обязательств) –
– стоимость опциона "пут" для акционеров
на невыполнение обязательств.

Значит, слияния ведут к росту стоимости облигаций (или, что то же самое, сокращают процентные платежи *при неизменной* стоимости облигации) только посредством снижения стоимости опциона "пут" для акционеров на невыполнение обязательств. Другими словами, стоимость опциона "пут" на невыполнение обязательств применительно к эмиссии компании АБ на сумму 100 млн дол. ниже, чем сумма стоимостей двух таких опционов для акционеров компаний А и Б в отдельности на выпуски по 50 млн дол. каждый.

Теперь предположим, что обе компании А и Б выпустили займы по 50 млн дол. каждая, а затем осуществили слияние. Если слияние произошло неожиданно, то для владельцев облигаций это будет приятной новостью. Облигации, о которых им было известно, что платежи по ним гарантируются одной компанией, превратились в долговые ценные бумаги с одновременной гарантией двух компаний. Но акционеры этих компаний А и Б при прочих равных условиях проиграли, так как они обеспечивают теперь более высокую защиту интересов владельцев облигаций, а сами ничего не получили взамен.

Надо отметить, что в одном случае слияния могут привести к росту стоимости новой компании в результате увеличения надежности займов. В разделе 18–3 мы описывали выбор оптимального коэффициента долговой нагрузки как поиск равновесия между стоимостью налогового щита, возникающего в связи с выплатой процентов по займам, и приведенной стоимостью потенциальных издержек финансовых затруднений, которые могут возникнуть из-за чрезмерного долгового финансирования. При прочих равных условиях слияния снижают вероятность банкротства. Поэтому с ростом доли заемных средств и увеличением стоимости налогового щита могут возникать чистые выигрыши, обусловленные слиянием компаний[11].

---

[11] Впервые такое обоснование слияний и поглощений было предложено в работе: *W.G.Lewellen*. A Pure Financial Rationale for the Conglomerate Merger // Journal of Finance. 26: 521–537. May. 1971. По следам этой публикации развернулась дискуссия, о которой лучше всего судить по работам: *R.C.Higgins and L.D.Schall*. Corporate Bankruptcy and Conglomerate Merger // Journal of Finance. 30: 93–114. March. 1975; *D.Galai and R.W.Masulis*. The Option Pricing Model and the Risk Factor of Stock // Journal of Financial Economics. 3: 53–81. January–March. 1976.

ГЛАВА 33. Слияния

33-4. ОЦЕНКА ИЗДЕРЖЕК СЛИЯНИЙ

Запомним: слияние следует проводить, если выгоды выше издержек. Выгоды — это разность между стоимостью новой объединенной компании и суммой стоимостей компаний до слияния, как независимых единиц.

$$Выгоды = PV_{АБ} - (PV_А + PV_Б).$$

Причины возможных выгод и способы их анализа мы рассмотрели в начале главы. Теперь рассмотрим подробнее издержки слияния.

Оценка издержек слияния, финансируемого за счет свободных денежных средств

Издержки, возникшие в процессе слияния, представляют собой премию, или надбавку, которую покупатель платит за компанию сверх ее стоимости как отдельной экономической единицы. Проблема определения издержек в случае слияния с оплатой в денежной форме, а не в обмен на акции, решается просто. Однако надо иметь в виду, что если инвестор *предвидит* намерение компании А приобрести компанию Б, то рыночная стоимость акций компании Б не может служить адекватной мерой ее стоимости как независимой хозяйственной единицы. Поэтому, учитывая это обстоятельство, удобнее несколько изменить приводившуюся формулу определения издержек слияния:

Издержки = (денежные средства − рыночная стоимость компании Б) +
+ (рыночная стоимость компании Б − приведенная стоимость компании Б) =
= премия к рыночной стоимости компании Б +
+ разность между рыночной стоимостью компании Б и ее стоимостью
до слияния как отдельной единицы.

Приведенные выше формулы вновь возвращают читателя к проблеме разграничения таких понятий, как рыночная стоимость и подлинная, или "внутренняя", стоимость компании как отдельной хозяйственной единицы (приведенная стоимость). Эта проблема состоит отнюдь не в том, рыночная стоимость — это ложная оценка, а в том, что она может не показывать стоимость компании как отдельной единицы. Поясним это примером. Потенциальный инвестор, оценивая акции компании Б, будет рассматривать два возможных результата и две оценки стоимости.

Ситуации	Стоимость акций Б
1. Слияние не происходит	Приведенная стоимость выражает стоимость компании Б как отдельной единицы
2. Слияние происходит	Приведенная стоимость Б, как в первом случае, *плюс* некоторая часть выгод слияния

Если слияние происходит, то рыночная стоимость компании Б будет выше, чем ее приведенная стоимость. Именно так *должно быть* в условиях конкуренции на рынке капитала. Однако эта естественная реакция рынка осложняет задачу финансового менеджера, который оценивает слияние.

Это можно проиллюстрировать таким примером. Допустим, что перед объявлением о слиянии у компаний А и Б сложилась следующая ситуация:

	Компания А	Компания Б
Рыночная цена одной акции	75 дол.	15 дол.
Количество акций	1 млн	600 тыс.
Рыночная стоимость компании	75 млн дол.	9 млн дол.

Компания А планирует уплатить в денежной форме 12 млн дол. за компанию Б. Если рыночный курс отражает лишь подлинную стоимость компании Б как независимой единицы, то:

Издержки = (денежные средства – рыночная стоимость компании Б) +
+ (рыночная стоимость компании Б – приведенная стоимость компании Б) =
= (12 – 9) + (9 – 9) = 3 млн дол.

Однако предположим, что курс акций компании Б уже поднялся на 2 дол. под воздействием информации о предстоящем выгодном для акционеров компании Б слиянии с компанией А. Это будет означать, что рыночная стоимость окажется выше приведенной стоимости компании Б на сумму, равную 2 × 600 000, или 1,2 млн дол. Значит, подлинная стоимость компании Б равна только 7,8 млн дол. Тогда издержки слияния можно определить как:

Издержки = (денежные средства – рыночная стоимость компании Б) +
+ (рыночная стоимость компании Б – приведенная стоимость компании Б) =
= (12 – 9) + (9 – 7,8) = 4,2 млн дол.

Отметим, что если инвесторы допустили в своей оценке рыночной стоимости компании ошибку и она оказалась *ниже* ее подлинной стоимости, издержки слияния окажутся отрицательной величиной. Иными словами, приобретение компании Б является находкой для А, и эта сделка выгодна с точки зрения акционеров компании А даже при условии, что стоимость объединенной компании АБ не выше, чем сумма стоимостей этих компаний как отдельных единиц. Безусловно, выигрыш акционеров компании А в этой ситуации оборачивается проигрышем для акционеров компании Б, поскольку их компания будет продана дешевле ее подлинной стоимости.

Многие менеджеры проводят поглощения и слияния, именно побуждаемые уверенностью в том, что им удалось распознать компании, подлинные стоимости которых недооценены фондовым рынком. Однако мы имеем свидетельства, что на эффективном рынке "дешевые" акции часто оказываются весьма дорогими. Дело в том, что для любого аутсайдера, будь то частный инвестор либо финансовый менеджер, вовсе не так легко отыскать компании, стоимость которых на самом деле недооценена рынком. (Конечно, в нашем примере, где акции компании Б получили спорную оценку на рынке, для акционеров компании А нет прямой необходимости проводить слияние, чтобы извлечь выгоды из информации о недооценке подлинной стоимости акций Б, которой они располагают. Они могут поступить гораздо проще, купив акции компании Б на открытом рынке и пассивно ожидая, пока их стоимость будет оценена верно[12].)

Если менеджеры компании А рассуждают профессионально, они не станут осуществлять слияния в ситуации, когда издержки превосходят выгоды. Наоборот, менеджеры компании Б не согласятся на слияние, если, по их мнению, издержки слияния — это величина отрицательная, так как отрицательные издержки для компании А означают, что выигрыш от слияния для компании Б также является отрицательной величиной. Поэтому возникает почва для переговоров по поводу суммы денег, которую надо уплатить за компанию Б, чтобы слияние произошло. В какую сторону, к верхней или нижней границе, будет тяготеть данная сумма, зависит от относительной прочности позиции каждого из участников переговоров. Например, если для компании А слияние — это средство, позволяющее ей при расчете налогов

---

[12] Однако трудно приобрести значительное количество акций, не обнаружив себя. Если покупка составляет более 5% от общего числа акций, находящихся в обращении, необходимо заявить об этом по схеме 13D в соответствии с требованиями Комиссии по ценным бумагам и биржам.

ГЛАВА 33. Слияния

перенести убытки на будущие периоды, чтобы снизить налоговые платежи в будущем, тогда ей все равно, с какой конкретной компанией проводить слияние — Б, В, или Г; следовательно, у компании Б нет никаких особых аргументов в переговорах, и ее менеджеры не имеют возможности настаивать на увеличении цены за свою компанию за счет части выигрыша их партнера по сделке. В подобной ситуации издержки слияния для компании А будут относительно низкими.

Оценка издержек слияния, финансируемого за счет выпуска акций

Если слияние проводится на основе обмена акциями между компаниями-участницами, издержки определить сложнее. Допустим, что компания А предлагает за компанию Б 160 000 акций вместо 12 млн дол. в денежной форме. Так как курс акций компании А до объявления слияния составлял 75 дол., а рыночная стоимость компании Б — 9 млн дол.[13], то издержки *оцениваются* как:

$$\textit{Возможные издержки} = 160\,000 \times 75 - 9\,000\,000 = 3\,000\,000\text{ дол.}$$

Однако реальные издержки могут и не совпасть с возможными издержками слияния. И в самом деле, стоят ли акции компании А 75 дол.?

Вероятно, эти акции и стоили 75 дол. до объявления о предстоящем слиянии, но вряд ли они будут стоить столько же после этого объявления. Допустим, что, по оценкам финансовых менеджеров, слияние приведет к образованию экономии на затратах в сумме 4,75 млн дол.

$$\textit{Выгоды} = PV_{АБ} - (PV_А + PV_Б) = 88{,}75 - (75 + 9) = 4{,}75 \text{ млн дол.}$$

Исходя из этого предложения, мы можем рассчитать курс акции и рыночную стоимость, которые сложатся после проведения переговоров и объявления о слиянии. Новая компания будет иметь в обращении уже 1 160 000 акций. Значит:

$$\textit{Новый курс акции} = P_{АБ} = 88\,750\,000 / 1\,160\,000 = 76{,}50 \text{ дол.}$$

Тогда подлинные издержки слияния равны:

$$\textit{Издержки} = (160\,000 \times 76{,}50) - 9\,000\,000 = 3\,240\,000 \text{ дол.}$$

Возможен и другой способ определения издержек слияния. Их можно установить путем оценки и расчета выигрыша акционеров компании Б. Они становятся акционерами новой компании АБ, имея 160 000 акций, или 13,8% капитала вновь образованной компании. Поэтому их выигрыш равен:

$$0{,}138 \times 88\,750\,000 - 9\,000\,000 = 3\,240\,000 \text{ дол.}$$

Обобщим смысл второго способа определения издержек слияния: если в новой объединенной компании акционеры компании Б получают долю x в ее акционерном капитале, то:

$$\textit{Издержки} = x\,PV_{АБ} - PV_Б.$$

Теперь мы можем сформулировать первое существенное отличие разных способов проведения слияния — покупки компании с оплатой деньгами или акциями. Если выбран первый способ, издержки слияния не зависят от величины экономических выигрышей в этой сделке. Если же выбрано финансирование

---

[13] В данном случае мы делаем допущение о том, что рыночная стоимость компании Б отражает только ее стоимость как независимой единицы.

акциями, тогда, напротив, издержки слияния зависят от выигрыша, так как последний проявляется в рыночном курсе акций, который образуется после слияния.

Особенность второго способа состоит еще и в том, что он смягчает эффект недооценки, а также и переоценки стоимости любой компании. Допустим, что менеджеры компании А переоценили стоимость компании Б как независимой единицы, например, потому, что они не придали должного значения ее скрытым обязательствам. В этом случае менеджеры компании А предлагают излишне благородные условия слияния. При прочих равных условиях для акционеров компании А было бы лучше в такой ситуации осуществлять слияние, за счет выпуска акций, а не путем покупки компании Б с оплатой в денежной форме. В случае финансирования акциями за ошибку, допущенную менеджерами компании А в оценке стоимости компании Б, частично расплатятся и акционеры компании Б.

Асимметричность информации

Существует еще одно важное отличие финансирования слияния посредством выпуска акций от оплаты в денежной форме. Надо иметь в виду, что менеджеры компании А — инициатора слияния — располагают информацией о перспективах развития их компании, которой, конечно же, не обладают другие участники рынка. Такое явление экономисты называют *асимметричностью информации*, или неравным доступом к информации.

Предположим, что менеджеры компании А оценивают ее перспективы гораздо более оптимистично, чем все инвесторы-аутсайдеры. Например, они могут считать, что цена акции их компании после слияния составит 80, а не 76,5 дол., т. е. не будет равна курсу, который мы рассчитали выше. Если они окажутся правы, тогда действительные издержки слияния, финансируемого посредством обмена акциями, равны:

Издержки $= 160\,000 \times 80 - 9\,000\,000 = 3\,800\,000$ *дол.*

Акционеры компании Б в такой ситуации получили бы бесплатно в качестве подарка по 3,50 дол. за каждую акцию компании А, которая будет им передана при слиянии, или в целом все акционеры компании Б получат общий дополнительный выигрыш в размере 560 000 дол. ($3,50 \times 160\,000$).

Конечно, если бы менеджеры компании А были на самом деле столь оптимистично настроены, они должны были бы предпочесть другой метод финансирования слияния — покупку компании с оплатой в денежной форме. Слияние на основе обмена акциями было бы как раз в интересах *пессимистично* настроенных менеджеров, которые считают, что акции их компании оценены *слишком высоко*.

Не означает ли все это беспроигрышный вариант для компании А: просто выпускай себе акции, если они переоценены, и плати деньги — в противоположном случае? К сожалению, столь простых рецептов в жизни не бывает, поскольку и акционеры компании Б, и остальные инвесторы, как правило, хорошо разбираются в происходящих процессах. Приведем еще один пример. Допустим, вы ведете переговоры о слиянии от имени компании Б. Вы обнаруживаете, что менеджеры компании А настаивают на финансировании акциями, отвергая расчет деньгами. Анализируя ход переговоров, вы быстро распознаете их пессимизм, корректируете свою оценку стоимости акций компании А и выдвигаете более твердые условия. Инвесторы, которые могли бы заплатить 76,50 дол. за акции компании А, после достижения договоренности о проведении слияния с оплатой деньгами оценили бы ее акции, скажем, только по 74 дол., если менеджеры компании А настаивают на обмене акциями. Но тогда менеджерам компании А пришлось бы выпустить в обращение уже больше, чем 160 000, акций для обмена на акции компании Б.

ГЛАВА 33. Слияния

Этот феномен асимметричности информации объясняет, почему курс акций компаний—инициаторов слияния обычно снижается, когда становится известно, что слияние будет осуществлено на основе обмена акциями. По оценке П. Аскита, Р. Брунера и Д. Маллинза, за период с 1973 по 1983 г. среднее падение курса акций в подобных случаях составляло 2,5%. Напротив, по их наблюдениям, после объявления о проведении слияния с оплатой деньгами курс акций компаний—инициаторов сделки *рос* в среднем на 0,8%[14].

33-5. МЕХАНИЗМ СЛИЯНИЙ

Как уже подчеркивалось выше, покупка компании — это гораздо более серьезная сделка, чем приобретение нового оборудования. В этом разделе будут рассмотрены типичные проблемы, возникающие в сделках по слиянию. Как следует из практики таких сделок, эти проблемы часто *чрезвычайно* сложны, поэтому требуют консультаций узких специалистов. Эта книга не ставит задачу заменить собою подобные консультации; она лишь призвана дать систематизированное представление о многочисленных правовых, налоговых и бухгалтерских аспектах таких сделок.

Слияния и антимонопольное законодательство

Слияния могут буквально увязнуть в трясине федерального антимонопольного законодательства. Эти документы сохраняют преемственность трех принципиальных нормативных актов. Первый — Антитрестовский закон Шермана 1890 г. — устанавливает, что "любой договор, комбинация ... или сговор, приводящие к ограничению коммерции" является незаконным и что "любое лицо, предпринимающее попытки монополизировать ... любую долю коммерческих операций" действует незаконно. Второй акт — Закон о Федеральной торговой комиссии 1914 г. — запрещает "несправедливые методы конкурентной борьбы" и (в поправках к закону) "несправедливые или вводящие в заблуждение действия или практику". Третий и наиболее важный акт — это Закон Клэйтона 1914 г. Раздел 7 этого закона, а также поправки к Закону Селлера—Кефовера 1950 г. содержат запрет на приобретение активов или акций, которое "в любой отрасли коммерции или любом регионе страны" порождает "*возможное* существенное ограничение конкуренции или *тенденцию* создания монополии". Подчеркнем, что в соответствии с Законом Шермана контракт не должен ограничивать коммерческую деятельность. Закон Клэйтона идет дальше, так как содержит запрет на *потенциальное* ограничение коммерческой деятельности. Поэтому раздел 7 Закона Клэйтона превратился в главное оружие в крестовом походе против людоеда-монополиста.

Федеральное правительство может претворять в жизнь антимонопольное законодательство двумя путями: через гражданское ходатайство Министерства юстиции или через процедуру слушаний в Федеральной торговой комиссии[15]. В соответствии с Антимонопольным законом Харта—Скотта—Родино 1976 г., эти органы должны быть информированы обо всех приобретениях акций на сумму выше 15 млн дол., или 15% акций компании, которую приобретают в процессе слияния (по наименьшему из критериев). Благодаря этому положению все крупные слияния и поглощения подвергаются контролю уже на самых ранних этапах[16]. И Министерство юстиции, и Федеральная торговая ко-

---

[14] *P.Asquith, R.F.Bruner, D.W.Mullins.* Merger Returns and the Form of Financing // Working Paper, MIT Sloan School of Management. August. 1990. Table 4.

[15] Конкуренты или третьи лица, которые считают, что они будут затронуты поглощением, также вправе подавать антимонопольные иски.

[16] Компания-мишень также должна быть выявлена и названа, и она, в свою очередь, информирует инвесторов. Таким образом, Закон Харта—Скотта—Родино действительно вынуждает компанию—инициатора слияния открыть общественности свое предложение о приобретении другой компании.

миссия наделены правом требовать постановления суда, приостанавливающего слияние.

За последние годы только некоторые слияния были отменены на основе антимонопольного законодательства, но такая угроза существует постоянно. Например, в 1977 г. компания Carter Hawley Hale — группа универсальных магазинов в Техасе — выступила с предложением о покупке компании Marshall Field. В свою очередь Marshall Field предприняла ответные меры, купив другую группу техасских универмагов Liberty Hous и тем самым подвергнув Carter Hawley Hale риску попасть под действие антимонопольного законодательства. Этого риска оказалось достаточно, чтобы заставить Carter Hawley Hale отказаться от своего предложения[17].

Формы слияний

Допустим, после консультации со специалистами вы убеждены, что покупка компании Б не будет запрещена антимонопольным законодательством. Поэтому ваш следующий шаг — это выбор организационной формы сделки.

Одна из возможных форм — *объединение* двух компаний, которое предполагает, что одна из участниц сделки принимает на свой баланс все активы и все обязательства другой компании. Для применения такой формы необходимо добиться одобрения сделки не менее чем 50% акционеров обеих компаний[18].

Другой путь — это просто покупка акций компании либо с оплатой в денежной форме, либо в обмен на акции или иные ценные бумаги компании-инициатора сделки. Избрав этот путь, покупатель может вести переговоры с акционерами интересующей его компании на индивидуальной основе. Менеджеры компании-мишени в этом случае могут вообще оказаться не охваченными переговорами. Обычно покупатель надеется на их одобрение и поддержку сделки, однако, столкнувшись с их сопротивлением, он будет пытаться приобрести эффективное большинство акций этой компании, минуя дальнейшие контакты с ее менеджерами. Если покупателю удается осуществить запланированное, он получает контроль над компанией, проводит слияние и может избавиться от упрямых менеджеров.

Наконец, третий возможный путь — это покупка некоторых или всех активов компании. Эта ситуация отличается от предыдущей тем, что в ней необходима передача прав собственности на активы, и деньги должны быть выплачены самой компании как хозяйственной единице, а не непосредственно ее акционерам.

Особенности бухгалтерского учета слияний

Слияния иногда порождают немало сложных проблем ведения бухгалтерского учета. Одна из них — это вопрос трактовки слияния либо как *покупки активов*, либо как *пула интересов*. В условиях эффективного рынка капитала не имеет значения, какая трактовка будет выбрана, но тем не менее менеджеры и бухгалтеры уделяют этому вопросу повышенное внимание.

Главные различия данных трактовок иллюстрирует таблица 33-3. В ней показано, что происходит, когда корпорация А покупает корпорацию Б, образуя новую корпорацию АБ. В верхней части таблицы представлены исходные балансы корпораций. Среднюю часть таблицы занимает баланс новой корпорации АБ, созданной по принципу пула интересов. Заметьте, что этот баланс получен простым суммированием статей двух предыдущих балансов.

---

[17] Впоследствии группа акционеров компании Marshall Field безуспешно пыталась привлечь свой совет директоров к ответственности по суду за нарушение им своего служебного долга.
[18] Уставы корпораций и законы штатов иногда устанавливают более высокую долю голосов, необходимых для одобрения сделки.

ГЛАВА 33. Слияния

В нижней части таблицы показано, каким образом изменяется баланс, если применяется бухгалтерская трактовка сделки как покупки активов. В таблице сделано допущение о приобретении корпорации Б за 1,8 млн дол., что составляет 180% балансовой стоимости ее активов.

Почему корпорация А уплатила премию к балансовой стоимости компании Б в размере 800 000 дол.? Возможны две причины. Во-первых, подлинная стоимость *реальных* активов компании Б — ее оборотного капитала, зда-

ТАБЛИЦА 33-3
Сравнение учетных трактовок слияния: покупка активов и пул интересов (все данные в млн дол.)

ИСХОДНЫЕ БАЛАНСЫ КОРПОРАЦИЙ

Корпорация А

Оборотный капитал (нетто)	2,0	3,0	Долгосрочные обязательства
Основные средства (нетто)	8,0	7,0	Акционерный капитал
	10,0	10,0	

Корпорация Б

Оборотный капитал (нетто)	0,1	0	Долгосрочные обязательства
Основные средства (нетто)	0,9	0,9	Акционерный капитал
	1,0	1,0	

БАЛАНСЫ КОРПОРАЦИИ АБ

Пул интересов

Корпорация АБ

Оборотный капитал (нетто)	2,1	3,0	Долгосрочные обязательства
Основные средства (нетто)	8,9	8,0	Акционерный капитал
	11,0	11,0	

Покупка активов
(при условии, что корпорация А заплатила за корпорацию Б 1,8 млн дол.)

Корпорация АБ

Оборотный капитал (нетто)	2,1	3,0	Долгосрочные обязательства
Основные средства (нетто)	8,9	8,8	Акционерный капитал
Репутация компании	0,8		
	11,8	11,8	

ний и оборудования — может на самом деле оказаться выше, чем 1 млн дол. Допустим, что в данном случае причина не в этом, т.е. активы корпорации Б в балансе оценены правильно[19]. Во-вторых, корпорация А могла заплатить за *нематериальные* активы корпорации Б, которые не отражены в ее балансе. К таким нематериальным активам можно отнести, например, новую технологию, разработанную в корпорации Б, или ее новый перспективный продукт. Или это может быть просто доля корпорации Б в экономическом выигрыше от слияния.

В случае трактовки данного слияния как покупки активов компании Б, бухгалтер считает корпорацию А покупателем активов на сумму 1,8 млн дол. — что так и есть. Проблема бухгалтерского учета в этом варианте состоит в том, как отразить эту сумму в активе баланса корпорации АБ. Реальные активы корпорации Б, по данным баланса, стоят лишь 1 млн дол. Таким образом, остаются еще 0,8 млн дол. Бухгалтер корпорации А должен ввести в ее баланс новый вид активов, который называют *репутацией фирмы*, и оценить этот актив в 0,8 млн дол.

Этот момент считается спорным, хотя в нем безусловно есть рациональное зерно. Нематериальные активы в самом деле обладают стоимостью, и поэтому нет причин, по которым их нельзя отразить в балансе, когда компания их приобретает.

Тем не менее многие менеджеры предпочитают в тех ситуациях, где это возможно, вторую форму — пул интересов. Это объясняется тем, что на репутацию компании необходимо начислять амортизацию в течение периода не более 40 лет, а значит, годовые суммы амортизации будут уменьшать величину прибыли в финансовой отчетности. Таким образом, отчетная прибыль корпорации АБ будет снижена по крайней мере на 20 000 дол. (800 000 дол./40) ежегодно. В случае трактовки слияния как пула такой актив, как репутация, не появится в балансе новой компании, и поэтому годовая отчетная прибыль будет по меньшей мере на 20 000 дол. выше.

Однако все эти подробности не влияют на движение денежных средств. Известно, что амортизация *не* является оттоком денежных средств и не относится к категории расходов, уменьшающих налогооблагаемую прибыль, как, например, проценты по займам. Поэтому выбор бухгалтерской трактовки слияния не должен влиять на стоимость объединившихся компаний.

Х. Хонг, Г. Менделкер и Р. Каплан проверили это предположение на примере 159 слияний, проведенных в период 1954—1964 гг., когда ограничений на применение трактовки "пул" было значительно меньше, чем в настоящее время[20]. Они не обнаружили никаких свидетельств того, что акционеры компаний, в которых была применена концепция пула, получили от этого какие-либо выгоды по сравнению с теми, в чьих компаниях использовалась трактовка покупки активов.

---

[19] Если применяется учетная трактовка "покупка компании" и если активы компании Б стоят дороже их первоначальной балансовой стоимости, то они будут переоценены и войдут в баланс корпорации АБ по текущей стоимости. Стоимость актива "репутация компании" (см. ниже) снизится на величину разности между новой оценкой реальных активов и их балансовой стоимостью.

[20] H.Hong, G.Mandelker, R.S.Kaplan. Pooling vs. Purchase: The Effects of Accounting for Mergers on Stock Prices // Accounting Review. 53: 31—47. January. 1978. В 1970 г. Управление по стандартам финансового учета Американского института дипломированных независимых бухгалтеров ужесточило требования к определению слияния как пула интересов. Эти требования изложены в Мнениях 16 и 17, принятых управлением. В них определено, что акционеры компании-продавца должны оставаться акционерами новой компании и что покупатель должен финансировать слияние путем обмена своих обыкновенных акций на минимум 90% акций продавца.

ГЛАВА 33. Слияния

Несколько замечаний о налогах

Поглощение компании может оказаться сделкой как подлежащей налогообложению, так и освобожденной от налогов. В первом случае налоговые органы рассматривают акционеров поглощаемой компании как *продавцов* акций, которые в силу этого должны платить налог на приращение капитала. Во втором случае акционеров поглощаемой компании, напротив, рассматривают как лиц, *обменивающих* старые акции на такие же новые; ни прирост, ни потери капитала в этом варианте не принимаются во внимание.

Налоговый статус данной сделки оказывает влияние и на величину налогов, которые компания платит уже после поглощения. В случае признания самой сделки не подлежащей налогообложению компания, которая образуется в результате поглощения, рассматривается так, как если бы обе слившиеся компании существовали вместе вечно, поэтому сама сделка уже ничего не меняет в применении к ним налогового механизма. Во втором случае, т. е. при признании сделки налогооблагаемой, происходит переоценка активов присоединенной компании, и возникающее повышение или понижение их стоимости рассматривается как прибыль или убыток, подлежащие налогообложению, поэтому налоговая амортизация рассчитывается с учетом результатов переоценки активов поглощенной компании.

Эти различия можно проиллюстрировать очень простым примером. В 1980 г. капитан Немо основал корпорацию "Море", которая приобрела рыболовецкое судно за 300 000 дол. Для упрощения нашего примера допустим, что износ на это судно начислялся методом прямого равномерного списания в течение 20 лет (без остаточной стоимости). Значит, годовая амортизация равна 300 000/20 = 15 000 дол., и поэтому в 1990 г. чистая балансовая стоимость этого актива составила 150 000 дол.

Но в том же 1990 г. капитан Немо обнаружил, что благодаря тщательному техническому обслуживанию, инфляционному росту цен и благоприятной рыночной конъюнктуре в отрасли реальная стоимость судна достигла 280 000 дол. Кроме того, к этому моменту корпорация "Море" владела легко реализуемыми ценными бумагами на сумму 50 000 дол.

ТАБЛИЦА 33-4
Возможные налоговые последствия сделки, в которой "Тихая гавань" приобретает "Море" за 330 000 дол. Первоначальные инвестиции капитана Немо в "Море" составили 300 000 дол. Непосредственно перед слиянием активы "Моря" состояли из краткосрочных ценных бумаг стоимостью 50 000 дол. и судна, балансовая стоимость которого равнялась 150 000 дол., хотя рыночная стоимость составляла 280 000 дол.

	Налогооблагаемая сделка	Не облагаемая налогами сделка
Последствия для капитана Немо	Капитан Немо должен признать приращение капитала в размере 30 000 дол.	Приращение капитала может быть отсрочено до того момента, когда капитан Немо продаст акции корпорации "Тихая гавань"
Последствия для "Тихой гавани"	Судно переоценено в 280 000 дол. "Тихая гавань" должна заплатить налог на 130 000 дол. прироста стоимости; однако налоговая амортизация увеличится до 280 000 / 10 = 28 000 дол. в год (при условии, что оставшийся срок эксплуатации составляет 10 лет)	Судно оценивается в 150 000 дол., налоговая амортизация остается на уровне 15 000 дол. в год

А теперь представим себе, что капитан Немо продает свою компанию корпорации "Тихая гавань" за 330 000 дол. Возможные результаты этой сделки с точки зрения налогообложения показаны в таблице 33-4. Как следует из таблицы, капитану Немо более выгодна вторая ситуация, в которой сделка освобождена от налогов, поскольку начисление налога на приращение капитала может быть отсрочено. "Тихую гавань" этот вариант также, вероятно, больше устроит; компания хотя и жаждет получить дополнительный налоговый щит в размере 13 000 дол. ежегодно, который ей может обеспечить налогооблагаемая сделка, но в то же время этот дополнительный налоговый щит никак не оправдывает неизбежную в этом случае выплату налога на 130 000 дол. прироста стоимости[21].

33-6. ТАКТИКА СЛИЯНИЙ

Во многих случаях слияния проводятся по взаимному согласованию между менеджерами обеих компаний. Однако нередки ситуации, когда компания—инициатор слияния в обход менеджеров компании-мишени обращается непосредственно к акционерам. Существует два способа такого обращения. Первый — это попытка найти поддержку среди определенной части акционеров компании-мишени на очередном ежегодном акционерном собрании. Этот способ называют *борьбой за доверенности*, поскольку право голосования чужими акциями называется доверенностью[22].

Ведение таких боев за доверенности обходится дорого, и из них трудно выйти победителем. Альтернативой этому способу служит *тендерное предложение*, или *прямое предложение о покупке контрольного пакета* акционерам компании-мишени. Менеджмент этой компании может рекомендовать акционерам принять предложение либо, напротив, попытаться провалить его.

Сражения в процессе таких торгов напоминают собой сложную игру в покер. Правила этой игры установлены, главным образом, Законом Уильяма 1968 г. и судебной практикой. Мы вернемся к правилам ведения этих специфических торгов после обзора одного из классических состязаний.

Сражение за компанию Cities Service[23]

Настоящее сражение за компанию Cities началось в мае 1982 г., когда Бун Пикинз, председатель правления компании Mesa Petroleum, стал скупать акции Cities в качестве подготовительного шага к поглощению. Предвидя последствия, менеджеры Cities выпустили в обращение новые акции, что привело к разводнению доли Mesa в капитале Cities, а затем отомстили компании Mesa ответным предложением о ее поглощении[24]. Затем в течение нескольких месяцев противостояния этих компаний предложение менеджеров Mesa изменялось один раз, и условия, выдвинутые компанией Cities в ее публичном предложении о приобретении контрольного пакета акций, пересматривались дважды, прежде чем оба участника пришли к соглашению снять свои

---

[21] До Закона о реформе налоговой системы 1986 г. активы купленной компании можно было переоценивать без признания положительной или отрицательной разницы в их стоимости, как источника налогооблагаемого дохода. Этот устаревший принцип превратил бы слияние по варианту налогооблагаемой сделки в наиболее привлекательный путь для "Тихой гавани", которая могла бы предложить капитану Немо премию, чтобы склонить его к данному варианту.

[22] Подробное описание и анализ феномена борьбы за доверенности содержится в работе: *P.Dodd, J.Warner*. On Corporate Governance: A Study of Proxy Contexts // Journal of Financial Economics. 2: 401—438. April. 1985.

[23] Поглощение компании Cities Service описано в работе: *R.S.Ruback*. The Cities Service Takeover: A Case Study // Journal of Finance. 38: 319—330. May. 1983.

[24] Практика обороны против поглощения, основанная на внесении встречного предложения о приобретении контрольного пакета акций компании-захватчика, называется защитой Пэкмена.

ГЛАВА 33. Слияния

взаимные предложения о поглощении. В результате они договорились о том, что Cities выкупает свои акции у компании Mesa с премией 80 млн дол., а в обмен на этот выигрыш Mesa согласилась не предпринимать враждебных шагов по поглощению Cities в течение следующих пяти лет.

Главной причиной прекращения враждебных действий между Cities и Mesa на самом деле послужило объявление о том, что Cities нашла более подходящего и близкого по духу партнера в лице компании Gulf Oil. Эта компания была готова уплатить за акции Cities существенно больше, чем предлагала Mesa. Но, к сожалению, эта сделка была приостановлена Федеральной торговой комиссией (ФТК), которая издала указ о временном ограничении действий обеих компаний. Вскоре после этого указа Gulf сняла свое предложение о слиянии с Cities.

Но в ответ на это Cities предъявила компании Gulf судебный иск на сумму 3 млрд дол., обвинив компанию в том, что ее руководство не предприняло попыток разрешить конфликт, возникший из-за претензий ФТК. В то же самое время Cities начала поиск нового "благородного рыцаря", который бы осуществил с ней слияние. Единственным заинтересованным поклонником оказалась компания Occidental Petroleum. В первоначальное предложение Occidental о слиянии с Cities дважды вносились изменения, и в конце концов оно было принято. Итак, сражение за Cities продолжалось 3 месяца, и в нем было выдвинуто в целом девять предложений от четырех различных компаний.

Многие из внесенных предложений представляли собой так называемые "двухуровневые соглашения". Например, последнее предложение Occidental о слиянии с Cities включало в себя публичное предложение о приобретении контрольного пакета в размере 45% ее акционерного капитала при условии уплаты 55 дол. за акцию и одновременного обмена остальных акций Cities на пакет ценных бумаг с фиксированным доходом, исходя из пропорции 40 дол. за одну оставшуюся не выкупленной акцию. На деле компания Occidental как бы заявляла акционерам Cities, что "именно тот, кто уходит последним, убирает за собой мусор", ведь гораздо выгоднее продать акции за деньги, чем ждать предложенные в обмен ценные бумаги. Этот двухуровневый план Occidental сработал эффективно, поскольку почти все акционеры Cities буквально ринулись продавать свои акции за деньги, чтобы воспользоваться заложенным в этой части предложения преимуществом, и в итоге Occidental добилась полного контроля над Cities.

В нескольких случаях компании, вносившие предложения, использовали одновременно "кнут и пряник". К примеру, Occidental вслед за первым дружеским предложением о приобретении контроля над Cities внесла другое, враждебное, и лишь затем оба партнера наконец достигли взаимосогласованного договора.

Предложения компании Gulf о слиянии с Cities могли бы принести акционерам Cities в общей сложности почти 80% прибыли, но из-за провала этой сделки и недостатка других поклонников компании Cities курс ее акций утратил всю свою прежнюю привлекательность. Начиная с этого момента Cities оказалась в относительно слабом для ведения переговоров положении, и поэтому предложение Occidental дало акционерам Cities лишь 12% прибыли. Слияние фактически не повлияло на курс акций Occidental, что позволяет сделать вывод о том, что инвесторы оценивали чистую приведенную стоимость этого проекта на уровне нуля. Акционерам компании Gulf пришлось довольствоваться худшим. Выдвижение ее предложения о приобретении контроля над Cities, которое содержало высокую оценку акций этой компании, привело к падению курса акций самой Gulf на 14%. И хотя это предложение, как мы уже видели, было затем снято, перспектива быть втянутой в дорогостоящие судебные тяжбы не позволила курсу акций Gulf вновь возрасти.

Как и во многих житейских историях, у этих событий есть свой эпилог. Год спустя после поражения в сражении за Cities компания Gulf сама оказалась мишенью поглощения, когда Mesa Petroleum предложила приобрести ее акции, чтобы получить возможность реорганизовать эту компанию и распродать ее впоследствии по частям. В этот момент на поле битвы появилась компания Chevron и купила Gulf за 13,2 млрд дол., что было в два раза дороже ее стоимости еще 6 месяцев назад. Эта сделка, проведенная Chevron, принесла компании Mesa 760 млн дол. курсовых прибылей на купленных ею прежде акциях Gulf. По поводу этих сражений в своем интервью господин Пикинз дал такой комментарий: "Черт возьми, видно, мы потерпели еще одну неудачу".

Что лучше – продавать или покупать?

Хотя акционеры компании Cities получили выигрыш "только" в 12%, все равно их результат оказался лучше, чем у акционеров Occidental или Gulf. Означает ли это, что с точки зрения акционеров, участвующих в слиянии, выгоднее продавать компанию, а не наоборот, покупать чужую?

Вообще-то да. Рисунок 33-2 обобщает результаты исследования П. Аскита, в котором были изучены около 200 слияний за период 1962–1976 гг. Исследование выявляет аномальные прибыли акционеров в интервале примерно 120 дней, сконцентрированном вокруг даты первого объявления о слиянии. Вы видите, что акционеры компаний, которые выступали продавцами в этих сделках, получили весьма существенные выгоды. (Заметьте также, какая значительная доля этих выгод приходится на период до даты объявления. Инвесторы реагируют на предстоящее объявление и ожидают, что оно принесет хорошие известия.) С другой стороны, акционеры компании-покупателя выиграли гораздо меньше. В среднем напрашивается вывод, что инвесторы ожидают от компаний-покупателей практически нулевых прибылей как до, так и после объявления о слиянии[25].

Анализ П. Аскита – это всего лишь одно из десятков исследований выгод, которые получают фирмы-покупатели и фирмы-мишени в сражении за контроль над корпорацией. М. Йенсен и Р. Рубэк в своем обзоре таких исследований[26] выявили положительную тенденцию прироста цен на акции компаний-покупателей всего на 4% в случае прямого публичного предложения акционерам о приобретении контрольного пакета акций компании-мишени и никакого повышения цен в слияниях, проведенных на основе постепенного взаимного согласования позиций менеджерами компаний-участниц. Напротив, акционеры компаний-мишеней, по данным этих авторов, в случае прямого предложения о выкупе контрольного пакета выигрывали до 30% на росте цен, а при втором варианте слияния – около 20%. (Безусловно, приведенные данные – это средние показатели; иногда относительный выигрыш значительно выше. Например, когда в 1982 г. Du Pont поглотила компанию Conoco, ей пришлось уплатить за акции Conoco премию в размере 82%, или 3 млрд дол.[27])

---

[25] Небольшой первоначальный выигрыш акционеров компании-покупателя статистически не значим, хотя многие исследователи приводят данные о небольшом приросте доходности.

[26] *M.C.Jensen, R.S.Ruback*. The Market for Corporate Control: The Scientific Evidence // Journal of Financial Economics. 11: 5–50. April. 1983.

[27] По-видимому, Du Pont предвидела выигрыш более чем в 3 млрд дол., но отнюдь не легко определить источник его происхождения. Обе компании принадлежали к разным отраслям, и Du Pont не планировала менять состав управляющих Conoco или объединяться с каким-либо ее подразделением. Слияние привело к падению стоимости акций Du Pont на 800 млн дол., хотя инвесторы, вероятно, ожидали, что слияние приведет к росту стоимости компании на 2 млрд дол. Интересные расчеты по данным слияния Du Pont – Conoco можно найти в работе: *R.S.Ruback*. The Conoco Takeover and Stockholders Returns // Sloan Management Review. 23: 13–33. Winter. 1982.

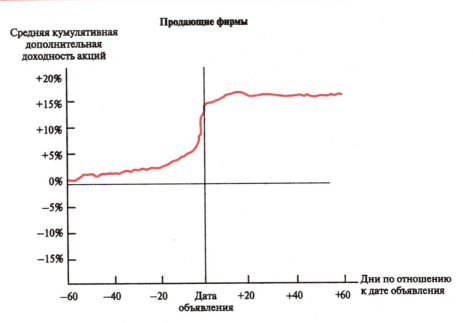

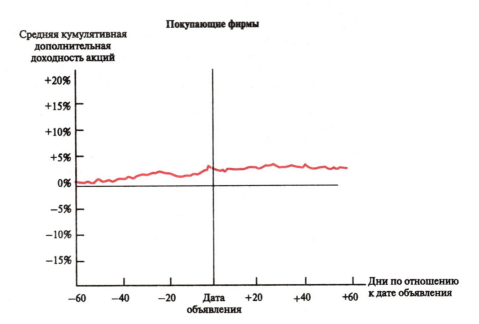

РИСУНОК 33-2
Согласно исследованию Аскита, продающие фирмы получают существенные премии, в то время как покупающие фирмы едва удерживаются на грани безубыточности. *Замечание*: совокупные прибыли соответствуют колебаниям цен, очищенным от влияния конъюнктуры фондового рынка в целом (*Источник: P. Asquith.* Merger Bids, Uncertainty, and Stockholder Returns // Journal of Financial Economics. 11: 51–83. April. 1983. Fig 1,2. P. 62–63).

Почему же все-таки акционеры компаний—мишеней поглощения получают более высокие прибыли? Это можно объяснить двумя причинами. Прежде всего, это вызвано тем, что компании-покупатели, как правило, всегда крупнее, чем компании-продавцы. Во многих случаях они настолько крупнее, что даже существенные и значительные чистые выгоды, которые получает компания-покупатель, не находят отчетливого отражения в курсе ее акций. Допустим, что компания А приобретает компанию Б, которая в 10 раз меньше. Пусть также чистые выгоды слияния в долларовом выражении распределены равномерно между двумя компаниями[28]. Тогда акционеры каждой компании получат одинаковые прибыли в *абсолютном* исчислении, но в *относительном*, или *процентном*, выражении прибыли акционеров компании Б окажутся в 10 раз выше.

Вторая и, пожалуй, более важная причина – это конкуренция между покупателями. Как только первый из них начнет игру с компанией—мишенью слияния, так остальные поклонники этой компании стремительно вступают в начатую игру, иногда в роли "благородного рыцаря", которого призвали менеджеры компании-мишени. Каждый раз, когда следующий поклонник стремится превзойти условия, выдвинутые предыдущим, все большая часть выигрыша от предстоящей сделки слияния переходит к акционерам компании – объекта сделки. В то же время менеджеры последней могут, в свою очередь, предпринять разнообразные меры контрнаступления законодательного или финансового характера, добиваясь, чтобы капитуляция их компании, если она и наступит, произошла при самой высокой из возможных в данных условиях цене.

Конечно, компании-покупатели и компании-мишени – не единственные победители в этих битвах. Покупателей, проигравших сделку, на самом деле часто также следует отнести к победителям в сражении, поскольку им удается продать свои доли участия в компаниях-мишенях со значительной выгодой. Эти доли могут быть проданы на открытом рынке либо непосредственно компании – объекту поглощения, как вариант так называемой операции *зеленый шантаж*. Кроме того, проигравший покупатель может продать свою долю акций и компании, оказавшейся в роли удачливого поклонника. Мы уже видели, как компания Mesa Petroleum заработала 80 млн дол. на продаже компании Cities Service своей доли ее акций (которую она приобрела прежде, готовясь к слиянию) и 760 млн дол. на продаже имевшихся у нее акций Gulf компании Chevron, которая стала формальным победителем в сражении за Gulf.

В когорту победителей в битвах за слияния входят и инвестиционные банки, и консультанты в области права и бухгалтерского учета, а также в некоторых случаях спекулянты фондового рынка, которые проводят рисковые операции с акциями участников поглощений[29].

"Спекуляция", как вид деятельности, имеет некоторый негативный оттенок, но она может быть общественно полезной услугой. Предложение о приобретении контрольного пакета акций способно создать определенные затруднения для акционеров. Должны ли они его принимать, или им следует дожидаться более выгодного варианта предложения, или, может быть, они должны продать свои акции на фондовом рынке? Именно эти проблемы, которые встают перед акционерами, создают для спекулянта возможности заработать. Другими словами, спекулянты покупают акции у акционеров компании—мишени поглощения и принимают на себя риск, связанный с тем, что поглощение может и не произойти.

---

[28] Иначе говоря, *издержки* слияния для компании А равны $^1/_2$ выигрыша $\Delta PV_{АБ}$.

[29] Строго говоря, спекулянт — это инвестор, который, осуществляя операции арбитража, занимает позицию, полностью застрахованную, или хеджированную, от риска. В битвах за слияния такой спекулянт на самом деле часто принимает на себя очень крупный риск. Деятельность спекулянтов в этих операциях иногда рассматривают как "арбитраж риска".

ГЛАВА 33. Слияния

Конечно, спекулянты, как это показал И.Боэски, могут заработать гораздо больше, если они узнают о готовящемся слиянии еще *до того*, как о нем объявят публично. Поскольку спекулянты способны сосредоточить в своих руках большие количества акций, они в состоянии повлиять на то, состоится ли слияние в принципе, а значит, компания-покупатель или представляющий ее интересы инвестиционный банк может захотеть склонить арбитражеров на свою сторону. Этот момент является вехой, за которой общественно полезная и законная деятельность превращается в противозаконную и вредную для общества.

Защита от поглощения

Пример поглощения Cities Service наглядно иллюстрирует несколько приемов, которые применяют менеджеры, чтобы противостоять поглощениям. Чаще всего они не дожидаются подобного публичного предложения, чтобы начать оборонные мероприятия. Вместо пассивного ожидания они начинают отпугивать потенциального агрессора, либо пуская в ход так называемые *ядовитые пилюли*, которые делают их компанию непривлекательной, либо пытаясь убедить своих акционеров пойти на внесение в устав корпорации изменений, выполняющих функцию "акульего репеллента". Главные средства обороны, которые применимы как до публичного предложения о приобретении контрольного пакета, так и после него, представлены в таблице 33-5.

Почему же менеджеры сопротивляются поглощениям? Одна из причин кроется в стремлении вынудить покупателя предложить более высокую цену. Вторая возможная причина состоит в том, что они понимают: в новой компании им не удастся сохранить свой статус или даже работу. В этом втором случае менеджеры не пытаются торговаться о цене покупки их компании, они преследуют цель предотвратить поглощение в принципе.

В некоторых компаниях для смягчения подобных противоречий интересов менеджерам предоставляют так называемые *золотые парашюты*, т.е. изрядные выходные пособия на случай потери ими работы в результате поглощения. Иногда такие пособия могут быть очень крупными; например, акционеры фирмы Revlon предложили президенту компании 35 млн дол. На первый взгляд это кажется весьма эксцентричным методом — вознаграждать менеджеров за то, чтобы они не мешали поглощению со стороны другой компании. Однако если такие отступные преодолевают их сопротивление, то и 35 млн дол. могут оказаться весьма низкой ценой[30].

Любая команда менеджеров, намеренная применить новое, усовершенствованное оборонительное оружие, должна быть готова к судебным разбирательствам. В начале 80-х годов в таких разбирательствах прослеживалась тенденция к поддержке права менеджеров высказывать сомнение и свое профессиональное суждение о том, следует ли сопротивляться предложениям о поглощении. Однако отношение судебных органов к битвам вокруг поглощений меняется. Например, они установили правила, направленные против некоторых "ядовитых пилюль", обосновывая это тем, что подобные средства означают дискриминацию большинства акционеров. Суды также вынудили директоров компаний, являющихся мишенями поглощений, "искать способы, устанавливать и добиваться максимальной ценности слияния для акционеров"[31]. Поэтому в итоге многие менеджеры стали более тщательно при-

---

[30] Безусловно, слишком щедрые "парашюты" могут создать противоположный эффект, подтолкнув менеджеров к добровольной капитуляции перед любым претендентом.

[31] Этот пункт содержится в неопубликованных материалах разбирательства Edelman против Fruehauf Corporation, 1986, N 86CV71332 DT. В 1985 г. трепет охватил многие советы директоров после того, как руководители Trans Union Corporation были признаны лично ответственными за слишком поспешное принятие условий поглощения их компании. Изменения в правовой трактовке оборонительных мер при поглощениях исследованы в работе: *L.Herzel, R.W.Shepro.* Bidders and Targets: Mergers and Acquisitions in the U.S. Basil Blackwell, Inc., Cambridge, Mass., 1990.

ТАБЛИЦА 33-5
Краткое описание видов защиты от поглощения

Тип защиты	Описание
Защита до предложения	
"Противоакульи" поправки к уставу:	
Разделенный совет	Совет делится на три равные группы. Каждый год избирается только одна группа. Поэтому захватчик не может получить контроль над мишенью сразу же после получения большинства голосов.
Супербольшинство	Высокий процент акций, необходимый для одобрения слияния, обычно 80 %.
Справедливая цена	Ограничивает слияния акционерами, владеющими более, чем определенной долей акций в обращении, если не платится справедливая цена (определяемая формулой или процедурой оценки).
Прочие:	
"Ядовитая пилюля"	Для существующих акционеров выпускаются права, которые в случае покупки значительной доли акций захватчиком могут быть использованы для приобретения обыкновенных акций компании по низкой цене, обычно по половине рыночной цены. В случае слияния права могут быть использованы для приобретения акций покупающей компании.
Рекапитализация высшего класса	Распространение обыкновенных акций нового класса с более высокими правами голоса. Позволяет менеджерам компании-мишени получить большинство голосов без владения большей долей акций
Защита после предложения	
Защита Пэкмена	Контрнападение на акции захватчика.
Тяжба	Возбуждается судебное разбирательство против захватчика за нарушение антитрестовского закона или закона о ценных бумагах
Реструктуризация активов	Покупка активов, которые не понравятся захватчику или которые создадут антитрестовские проблемы. Продажа "бриллиантов короны", т. е. активов, которые нравятся захватчику.
Реструктуризация обязательств	Выпуск акций для дружественной третьей стороны или увеличение числа акционеров. Выкуп акций с премией у существующих акционеров.

Источник: R.S. *Ruback.* An Overview of Takeover Defences // Working Paper No. 1836-86. Sloan School of Management, MIT. September. 1986. Tab. 1 and 2. См. также: *L. Herzel* and *R.W. Shepro.* Bidders and Targets: Mergers and Acquisitions in the U.S. Basil Blackwell, Inc., Cambridge, Mass., 1990., Chap. 8.

менять оборонительные меры, а не бросаться слепо в объятия любого "рыцаря".

В то же время надо отметить, что правительства штатов разработали и некоторые новые средства обороны. В 1987 г. Верховный суд поддержал закон штата, разрешающий компании лишать инвестора права голоса в случае, если его доля в акционерном капитале компании превосходит определенный уровень. С тех пор местные законы, направленные на поддержку защиты от поглощений, стали быстро распространяться. Многие из них разрешают советам директоров на несколько лет блокировать сделки поглощения, содержащие враждебные для компании-мишени условия, и при этом требуют, чтобы, принимая такое решение, менеджеры учитывали интересы персонала, потребителей, поставщиков и их организаций.

Новые законы и механизмы защиты от поглощений будут возникать и в дальнейшем. Все, что надо сказать в этом случае, можно выразить следующей фразой: "Продолжайте приспосабливаться". Однако необходимо рассмотреть и еще один оборонительный инструмент, который пока остался за кадром. Его удачно иллюстрирует история реструктуризации баланса компании Phillips Petroleum, предпринятой ею во имя защиты своей независимости.

Phillips Petroleum реорганизовалась, чтобы избежать поглощения

Главный герой этой истории — вы угадали — опять господин Бун Пикинз из Mesa Petroleum. Еще в 1982 г. Mesa участвовала в сражении за корпорацию General American Oil (GAO), но отказалась от своей идеи после того, как GAO приняла решение о слиянии с Phillips Petroleum. Через два года Mesa приобрела 6% акций Phillips в среднем по 38 дол. за акцию, а затем предложила выкупить еще 15% по 60 дол. за акцию.

Компания Phillips ответила на эти предложения тремя мерами[32]. Во-первых, она согласилась выкупить долю Mesa в своем акционерном капитале с общей премией в 89 млн дол.[33] Во-вторых, на 25% были увеличены дивиденды на акцию, сокращены капиталовложения и оглашена программа продажи активов на сумму 2 млрд дол. В-третьих, компания приняла решение выкупить почти 50% своих акций и взамен выпустить облигации на сумму 4,5 млрд дол. В таблице 33-6 можно видеть, как этот выкуп акций, осуществленный на основе займа, изменил структуру баланса компании Phillips. Коэффициент долговой нагрузки достиг 80%, а балансовая стоимость собственного капитала снизилась с 5 млрд до 1,6 млрд дол.

Такое тяжелое долговое бремя вынудило компанию "сесть на жесткую денежную диету". Ей пришлось продать часть активов и экономить буквально на всем. Капиталовложения были урезаны с 1065 млн дол. в 1985 г. до 646 млн дол. в 1986 г. За этот же период численность занятых сократилась с 25 300 до 21 800 человек.

Этот аскетизм в расходовании средств продолжался до конца 80-х годов. К концу десятилетия объем долгосрочной задолженности уменьшился до 3,9 млрд дол., и компания Phillips вновь получила инвестиционную категорию надежности у рейтинговых агентств. Занятость была устойчивой, а капиталовложения стали постепенно возрастать, хотя и не достигли уровня начала 1980-х годов. Phillips завершила это десятилетие в буквальном смысле слова похудевшей, но по-прежнему здоровой и независимой.

Как же эта реорганизация защитила компанию от перспективы поглощения? Безусловно, не тем, что создала ситуацию, когда покупка компании стала обходиться дороже. Наоборот, изменения в балансе привели к значительному снижению совокупной рыночной стоимости акций компании, обращающихся на фондовом рынке, а значит, и к уменьшению возможных затрат на выкуп акций у приверженных компании акционеров.

---

[32] А кроме того, Phillips приготовила "ядовитую пилюлю", призванную умерить аппетит будущих "налетчиков" на компанию. Эта "пилюля" заключалась в представлении акционерам права обменять их акции на векселя в соотношении 62 дол. за акцию в том случае, если кто-либо приобретет не менее 30% акций Phillips. (Покупатель, пустивший в ход этот механизм, не смог бы получить ни одного векселя.)

[33] Предложения Phillips о выкупе своих акций у компании Mesa с премией — это еще один пример "зеленого шантажа". Но увлечение подобными операциями может стать опасным, как в этом вскоре убедилась Phillips. Через 6 недель другая группа, которую возглавил еще один "налетчик", Карл Айкэн, приобрела 5% акций Phillips и сделала предложение о покупке остальных. Phillips ответила второй операцией "зеленого шантажа": она выкупила свои акции у группы Айкэна, обеспечив им почти 35 млн дол. прибыли.

ТАБЛИЦА 33-6
Баланс компании Phillips претерпел драматичные изменения после выкупа акций с использованием заемного капитала (в млрд дол.)

	1985г.	1984г.		1985г.	1984г.
Оборотные активы	3,1	4,6	Текущие обязательства	3,1	5,3
Основные средства	10,3	11,2	Долгосрочный долг	6,5	2,8
Прочие активы	0,6	1,2	Прочие долгосрочные обязательства	2,8	2,3
			Собственный капитал	1,6	6,6
Итого активы	14,0	17,0	Итого обязательства и капитал	14,0	17,0

Однако эта реорганизация затронула главный *мотив* возможного поглощения, который состоял в том, чтобы вынудить Phillips генерировать и выплачивать больше денежных средств инвесторам. До реконструкции инвесторы понимали, что Phillips не испытывает серьезных сложностей, и беспокоились, что ее руководство будет использовать обильный поток денежных средств, созданный текущими операциями компании, для капиталовложений или сомнительно подготовленного расширения деловой активности. Инвесторы хотели, чтобы свободный поток денежных средств от текущих операций Phillips шел на выплату дивидендов, а не погряз в организационной структуре компании или в экономически неэффективных инвестиционных проектах. Следовательно, курс акций Phillips не отражал потенциальную стоимость ее активов. Именно *это обстоятельство* и породило условия для поглощения компании. Возможно, размышления потенциального захватчика корпорации могли бы звучать так:

Что из того, что за поглощение компании Phillips мне придется заплатить на 30 или 40% дороже, чем стоят ее акции? Я могу взять в долг бóльшую часть суммы, необходимой для покупки компании, а затем расплатиться с долгами, продав часть лишних активов, урезав бюджеты капиталовложений и устранив расхлябанность в организации. Мне придется быть жестким в течение нескольких лет, но если хирургическое вмешательство необходимо, я мог бы провести соответствующее лечение и получить за это вознаграждение.

Менеджеры Phillips не разделяли мнения о том, что компания чересчур разболтана или излишне увлечена инвестиционными проектами. И тем не менее они отреагировали на давление фондового рынка и сами предприняли хирургическое лечение. Им пришлось отдать миллиарды на выкуп акций своей компании и обслуживание долгосрочного займа. Они продали активы, сократили капиталовложения и посадили компанию на диету, которой, по существу, и хотели инвесторы.

В тех случаях, когда мотивом поглощения является повышение эффективности или распределение между инвесторами свободных денежных средств, наилучшая тактика защиты компании-мишени — это делать именно то, что сделал бы захватчик после поглощения, и тем самым избежать затрат и неприятностей, связанных с поглощением.

Отделение структурных подразделений компании

Компании не только присоединяют другие фирмы и сферы бизнеса, но также и продают их. За последние годы количество сделок по дроблению бизнеса держалось на уровне примерно одной трети от числа слияний за этот же период. Причем во многих случаях дробление стало результатом осуществленных слияний; в остальных оно проводилось под угрозой поглощения. К примеру, когда компания Brunswick оказалась мишенью возможного захвата со стороны Whittaker, ее руководство ответило тем, что продало подразделение Sherwood Medical компании American Home Products, и потом использовало вырученные деньги для выплаты дивидендов акционерам. А поскольку главной задачей компании Whittaker было приобретение именно Sherwood, ей пришлось отказаться от своего намерения.

Вместо того чтобы продавать какую-то часть бизнеса другой фирме, компании часто выделяют из своего состава структурные подразделения и создают на их основе самостоятельные акционерные общества в виде филиала, распределив его акции среди акционеров материнской фирмы. Некоторые из таких операций имеют налоговые или иные преимущества. Другие расширяют выбор инвесторов, позволяя им вкладывать деньги непосредственно только в одну область бизнеса. Однако, пожалуй, наиболее распространенный мотив для проведения подобных операций выделения структурных подразделений — это повышение эффективности. Иногда компании считают, что отдельные виды их деятельности плохо сочетаются с остальным бизнесом. Выделяя структурные подразделения и превращая их в самостоятельные акционерные общества, руководство материнской компании может сконцентрировать свое внимание на главных видах деятельности. Поскольку в этом случае каждый вид бизнеса должен опираться на собственные финансовые ресурсы, исчезает риск того, что средства будут перекачиваться из одного подразделения в другое для латания дыр. Более того, если две части компании становятся независимыми, то тогда довольно просто определить стоимость каждой из них и соответственно этому вознаграждать менеджеров.

Временами такие реорганизации корпоративной структуры приводят к существенным изменениям в правовом статусе бизнеса. Например, некоторые выделенные подразделения были учреждены как товарищества с ограниченной ответственностью с фиксированным сроком функционирования. (Многие подобные товарищества можно наблюдать в нефтяной промышленности.) При таком варианте преобразований акционеры превращаются в партнеров, а доходы и расходы компании заносят непосредственно на индивидуальные счета партнеров в соответствии с определенной формулой. Иногда доли участия партнеров, или так называемые единицы участия, продают и покупают, как и обыкновенные акции; в этом случае партнерство называют *квалифицированное товарищество с ограниченной ответственностью*.

Если говорить о корпорации, то ее руководство имеет значительную свободу действий в вопросе выплаты прибыли в виде дивидендов или ее реинвестирования в компанию. В товариществах с ограниченной ответственностью такой свободы действий нет: основная часть прибылей должна быть распределена между партнерами. Таким образом, если вас беспокоит проблема излишних инвестиционных проектов, которые внедряются менеджерами какой-то компании, то, как партнер товарищества с ограниченной ответственностью, вы будете чувствовать себя более удовлетворенным.

Надо иметь в виду также и возможные налоговые преимущества товариществ. Акционеры корпорации, по существу, платят налоги дважды: первый раз на уровне самой корпорации, второй — на индивидуальном уровне. Члены товарищества, зарегистрированного в Налоговой службе, платят налог только один раз, когда им необходимо заполнить индивидуальные налоговые декларации.

33-7. ВЫКУП КОМПАНИИ ЗА СЧЕТ ЗАЕМНОГО КАПИТАЛА

Выкуп компании с использованием заемного капитала отличается от обычных сделок по приобретению компании двумя признаками. Во-первых, большая доля покупной цены финансируется за счет заемных средств. Частично, а иногда и полностью, это так называемые мусорные обязательства, т. е. имеющие рейтинг ниже инвестиционного. Второе отличие заключается в том, что акции компании, которую выкупают таким способом, больше не продаются свободно на фондовом рынке[34]. Собственный капитал в таких компаниях принадлежит небольшой группе инвесторов (в основном, институциональных), как в акционерных обществах закрытого типа. Если при выкупе компании эту группу возглавляют ее менеджеры, то такую сделку называют **выкуп компании менеджерами**.

На протяжении 70-х и 80-х годов многие сделки по выкупу менеджерами были нацелены на подразделения крупных, диверсифицированных компаний, от которых те хотели избавиться. Мелкие подразделения, не относящиеся к главным сферам деятельности компаний, как правило, не интересовали высшее руководство, и менеджеры этих подразделений страдали от корпоративной бюрократии. Выделившись из компании в результате сделок по выкупу, многие из этих подразделений начинали процветать. Их менеджеры, испытывая после выкупа потребность в денежных средствах для выполнения обязательств по долгу и вдохновляясь значительной личной приверженностью к бизнесу, смогли найти способы снижения издержек и пути более эффективного участия в конкуренции.

В 80-е годы такие сделки подняли мощную волну выкупов целых компаний, включая крупные, хорошо известные корпорации открытого типа. Рассмотрим наиболее крупную и одновременно наиболее драматичную сделку выкупа в долг, разносторонне описанную в различных документальных источниках: приобретение в 1988 г. компании RJR Nabisco компанией Kohlberg, Kravis and Roberts (KKR) за 25 млрд дол. Этот случай хорошо демонстрирует тактику, замыслы основных игроков и противоречия сделок по выкупу за счет заемного капитала.

RJR Nabisco

28 октября 1988 г. совет директоров RJR Nabisco обнаружил, что господин Росс Джонсон, президент компании, сформировал группу инвесторов, готовых купить все ее акции по 75 дол. и тем самым приватизировать корпорацию. Группа Джонсона опиралась на консультативные и другие услуги инвестиционного банка Shearson Lehman Hutton, филиала American Express.

Курс акций RJR Nabisco немедленно поднялся почти до 75 дол., обеспечив акционерам прибыль в 36% на росте курса по сравнению с предыдущим днем, когда акции стоили 56 дол. В то же время курс облигаций RJR упал, так как стало ясно, что нынешние держатели облигаций корпорации вскоре получат пополнение[35].

Предложение группы Джонсона превратило корпорацию RJR в объект аукционных торгов. Поскольку корпорация вступила в игру, ее совет директоров был вынужден рассматривать и другие предложения, которые не замедлили поступить. Уже через четыре дня KKR внесла публичное предложение о приобретении акций по 90 дол., включая 79 дол. в денежной форме плюс привилегированные акции с оплатой в натуральной форме, оцененные в 11 дол. за

---
[34] В некоторых случаях небольшой пакет акций сохраняют открытым для третьих инвесторов, и эта часть акций продолжает обращаться на рынке.

[35] Данные о необычно высоких прибылях по ценным бумагам RJR Nabisco приводятся в работе: *N. Mohan, C. R. Chen.* A Review of the RJR Nabisco Buyout // Journal of Applied Corporate Finance. 3: 102—108. Summer. 1990.

акцию. Оплата в натуральной форме означает, что дивиденды по привилегированным акциям выплачиваются не деньгами, а дополнительными привилегированными акциями[36].

Ход торгов, развернувшихся после этих предложений, был столь же неожиданным и прихотливым, как и романы Диккенса. Совет директоров RJR сформировал Комитет независимых директоров, который совместно с консультантами инвестиционного банка Lazard Freres должен был выработать правила торгов. Финансовые прогнозы операций компании RJR были предоставлены компании KKR, а также другой группе участников торгов, сформированной силами банка First Boston.

Торги были официально закончены 30 ноября, т.е. спустя 32 дня после того, как было обнародовано первое предложение о приобретении корпорации. К их концу основное соперничество развернулось между группой Джонсона и KKR. Компания KKR предлагала 109 дол. за акцию, добавив последний доллар на каждую акцию (всего около 230 млн дол.) в последний час торгов[37]. Предложение KKR включало: за каждую акцию 81 дол. деньгами, конвертируемая субординированная необеспеченная облигация стоимостью около 10 дол. и привилегированная акция с натуральной оплатой по 18 дол. Группа Джонсона предлагала 112 дол., включая денежную оплату и ценные бумаги.

Но совет директоров RJR предпочел условия KKR. Правда, группа Джонсона предлагала за акцию на 3 дол. больше, но их оценка стоимости ценных бумаг рассматривалась как более мягкая и, вероятно, завышенная. Еще одно различие двух групп состояло в том, что KKR планировала менее значительную продажу активов; возможно также, их планы ведения бизнеса вызвали более высокое доверие. Наконец, в пакет предложений группы Джонсона входили планы вознаграждения менеджеров, которые казались излишне щедрыми и вызвали лавину отрицательных откликов в прессе.

Но откуда же взялись эти выгоды слияния? Что могло бы оправдать предлагаемый курс в 109 дол. за акцию, или 25 млн дол. в целом за компанию, акции которой всего лишь 33 дня назад продавались по курсу 56 дол.?

KKR и ее конкуренты, по существу, делали ставку на два фактора. Во-первых, они предполагали добиться многомиллиардного потока денежных средств за счет экономии на налогах, связанной с выплатой процентов по займу, за счет снижения расходов на инвестиции, а также за счет продажи непрофильных активов RJR. Планировалось, что только продажа активов принесет около 5 млрд дол. Во-вторых, они рассчитывали повысить эффективность основных видов бизнеса RJR, в основном путем сокращения издержек и управленческого аппарата. Очевидно, что в корпорации действительно было много областей деятельности, от которых не мешало избавиться, включая, например, принадлежащую ей компанию Air Force, в которой в какой-то момент насчитывалось десять реактивных самолетов корпорации.

Через год после того как KKR приобрела корпорацию, новое руководство осуществило планы продажи активов, сокращения текущих расходов и капиталовложений. Одновременно были проведены увольнения части персонала. Как и предвидели победители сражения за RJR, высокие проценты по займам привели к чистому убытку в 976 млн дол. в 1989 г., но прибыль от текущих операций корпорации в доналоговом исчислении действительно возросла, несмотря на интенсивную продажу активов, в том числе и продажу европейского отделения RJR по производству продуктов питания.

Внутренние процессы в корпорации протекали благополучно. Но на фондовом рынке наступило смятение, и курс "мусорных" облигаций быстро падал, что приводило к ужесточению условий любых новых займов для RJR и неизбежному росту в

---

[36] См. раздел 24–6.
[37] Полная картина представлена в работе: *B.Burrough, J.Helyar.* Barbarians at the Gate: The Fall of RJR Nabisco. Harper & Row, New York, 1990. Chap. 18.

будущем процентных платежей по долгам. В середине 1990 г. KKR осуществила новый выпуск акций, а в декабре 1990 г. объявила об обмене облигаций на сумму 753 млн дол. на деньги и новые акции. Финансовый директор RJR писал об этом обмене как "об еще одном шаге в сторону снижения уровня финансовой зависимости корпорации"[38]. Итак, для случая RJR — крупнейшей в мире операции по выкупу корпорации с использованием заемного капитала — высокий уровень долга оказался временным, а не постоянным явлением.

Варвары у ворот? Операция по выкупу RJR сформировала позиции по отношению к выкупам в долг, "мусорным" облигациям и поглощениям. Для многих она стала воплощением всего дурного в финансах 80-х годов, особенно стремления "налетчиков" опустошать стабильные компании, оставляя их под гнетом заимодателей и в основном преследуя цели быстрого обогащения.

В выкупах компаний за счет займов проявилось много неразумных действий, ошибок, алчности. Далеко не все те, кто в них активно участвовал, были приятными и достойными людьми. Но с другой стороны, эти сделки привели к существенному росту рыночной стоимости компаний, и поэтому основная часть выигрыша досталась акционерам компаний — мишеней поглощения, а не "захватчикам корпораций". Так, в приводившемся уже примере RJR самыми крупными победителями стали акционеры компании.

Прежде чем высказать окончательное мнение о выкупах в долг, необходимо рассмотреть источники выгоды этой формы поглощения.

Рынок "мусорных" облигаций. Стимулы для выкупа за счет займов могли исходить от "мусорных" облигаций, служивших крупным источником неестественно дешевого капитала. Вникнув в этот вопрос, можно увидеть, что инвесторы, покупавшие "мусорные" облигации, недооценивали риски невыполнения обязательств по ним. В 1989 и 1990 гг. такие случаи неплатежеспособности эмитентов участились; как подсчитал Э.Алтман, за первое полугодие 1990 г. неспособность погасить обязательства по таким выпускам измерялась суммой 4,8 млрд дол.[39] Кроме того, рынок "мусорных" облигаций стал куда менее ликвидным после исчезновения главного "создателя рынка" — банка Drexel Burnham. Нормы доходности этих облигаций значительно выросли, и поэтому сократилось количество новых выпусков "мусорных" облигаций. Неожиданно выкупы, финансируемые "мусорными" облигациями, стали такой же редкостью, как и удачные свидания вслепую.

Если бы еще в 1985 г. инвесторы на рынке "мусорных" облигаций могли оценить риск событий, определивших затем картину 90-х годов, такой способ финансирования корпораций обходился бы заемщикам дороже. Это сократило бы объем операций по выкупу за счет займов, а также других операций, построенных на высокой финансовой зависимости.

Финансовая зависимость и налоги. Как показано в главе 18, заимствование ведет к экономии на налоговых выплатах. Тем не менее налоговый фактор едва ли послужил основной движущей силой выкупов в долг. Стоимость налогового щита по выплате процентов была недостаточно высокой, чтобы объяснить столь высокий рост рыночных доходов[40]. Например, Ричард Рубэк оценил приве-

---

[38] *G.Andress.* RJR Swallows Hard, Offers $5-a-Share Stock // The Wall Street Journal. December 18. 1990. P. C1—C2.

[39] *E.I.Altman.* Setting the Record Straight on Junk Bonds: A Review of Research on Default Rates and Returns // Journal of Applied Corporate Finance. 3: 82—95. Summer. 1990. См. также раздел 23—4.

[40] Более того, операции по выкупу компаний, финансируемому за счет заемного капитала, сопряжены с некоторыми налоговыми издержками. Например, акционеры компании—объекта выкупа получают приращение капитала и платят налоги с этой суммы, которые в ином случае были бы отсрочены.

денную стоимость дополнительных налоговых щитов, возникших при выкупе за счет займа компании RJR, в 1,8 млрд дол.[41] Но прирост рыночной стоимости компании, составивший выигрыш для акционеров RJR, достиг примерно 8 млрд дол.

Конечно, если бы эти налоговые щиты по процентным платежам служили основным мотивом крупных займов для выкупа компаний в долг, тогда менеджеры, осуществляющие такие выкупы, не заботились бы так о погашении долга. Но очевидно, что именно погашение долга было одной из первоочередных задач новых менеджеров компании RJR Nabisco, как, впрочем, и руководства компании Phillips Petroleum после ее выкупа с использованием заемных средств.

Другие заинтересованные стороны. Чтобы сделать правильные выводы, необходимо проанализировать выигрыши всех инвесторов, участвовавших в сделке выкупа за счет займа, а не только акционеров компании-мишени. Вероятно, их выигрыш — это одновременно чьи-то убытки, и поэтому в целом роста стоимости не происходит.

К числу тех, кто несет потери в таких сделках, скорее всего относятся держатели облигаций. Долговые ценные бумаги, которые они считали надежными, могут быстро превратиться в "мусорные", если компания-эмитент становится объектом выкупа в долг. Мы уже отмечали, как резко снизилась рыночная стоимость облигаций RJR Nabisco, когда Росс Джонсон впервые сделал предложение о выкупе в долг. Однако опять же эти потери в стоимости облигаций, которые несут их держатели при выкупе за счет займа, далеко не столь велики, чтобы они могли объяснить прирост стоимости для акционеров. Например, Моган и Чен[42] оценили убытки владельцев облигаций RJR Nabisco максимум в 575 млн дол., т. е. суммой, болезненной для держателей облигаций, но значительно уступающей выигрышу, полученному акционерами.

Финансовая зависимость и стимулы. Менеджеры и другие работники, участвующие в выкупе за счет займа, обычно работают много и, как правило, с большой самоотдачей. Ведь им предстоит обеспечить достаточный поток денежных средств от основной деятельности компании, чтобы погасить долг. Более того, персональная судьба менеджеров находится в прямой зависимости от успеха этой операции. После выкупа они становятся владельцами компании, а не просто частью ее организационной структуры.

Безусловно, достаточно сложно измерить воздействие подобных стимулов, но можно с уверенностью говорить о повышении эффективности компании после выкупа. Исследовав 48 случаев выкупа компаний менеджерами за период с 1980 по 1986 г., Каплан обнаружил, что в среднем прибыли от текущих операций компаний возрастали на 24% за 3 года после выкупа. Отношения операционной прибыли и чистого потока денежных средств к активам и объему продаж значительно возрастали. Каплан нашел также, что в этих компаниях были существенно урезаны капиталовложения, но не уровень занятости. Поэтому он сделал вывод о том, что "эти перемены в эффективности деятельности компании вызваны совершенствованием системы мотивации, а не увольнениями или давлением на акционеров с помощью информации для внутреннего пользования[43].

Свободный поток денежных средств. Концепция свободного потока денежных средств в контексте поглощений гласит, что компании с избытком де-

---

[41] *R.S.Ruback.* RJR Nabisco. Case Study, Harvard Business School, Cambridge, Mass., 1989.
[42] Op.cit. P. 843.
[43] *S.Kaplan.* The Effects of Management Buyouts on Operating Performance and Value // Journal of Financial Economics. 24: 217–254. October. 1989.

нежных средств имеют тенденцию к расточительству. Этот тезис противоречит общему принципу современной финансовой теории, где утверждается, что фирмы, имеющие больше денежных средств, чем этого требуют эффективные инвестиционные проекты с положительными значениями чистой приведенной стоимости, должны распределять избыточные денежные средства между инвесторами в форме дивидендов, выкупа акций компании или в других формах. Однако в реальной жизни мы наблюдали корпорацию RJR Nabisco, тратившую деньги на корпоративные излишества и сомнительные проекты капиталовложений. Одно из преимуществ выкупа за счет займа как раз и состоит в том, чтобы посадить компанию на жесткую диету в расходовании денежных средств и вынудить ее использовать их на погашение долга.

Концепция "свободного потока денежных средств" предсказывает, что зрелые компании, эти "золотые тельцы", скорее всего станут объектами выкупа за счет заемного капитала. В реальной практике можно найти многочисленные примеры, подтверждающие эту концепцию, включая случай с RJR Nabisco. В соответствии с этой концепцией прирост рыночной стоимости вследствие выкупа в долг, в частности, представляет собой приведенную стоимость будущих потоков денежных средств, которые были бы недоступны инвесторам, если бы компания не прошла через эту сделку[44].

Однако не следует рассматривать эту концепцию свободного потока денежных средств как единственное, исключительное объяснение преимуществ выкупа за счет займа. Мы уже упоминали несколько иных рациональных причин, и очевидно, что участники подавляющего числа таких операций руководствовались в своих действиях целым набором мотивов. Не следует также делать вывод и о том, что выкуп за счет заемного капитала — это всегда абсолютное благо. Напротив, в этих операциях совершают много ошибок, и даже самые обоснованные из них остаются опасными, как это убедительно доказывают банкротства Campeau, Revco, National Gypsum и многих других компаний, допустивших высокий уровень финансовой зависимости. Однако нельзя согласиться и с теми, кто рисует участников этих операций как варваров с Уолл-стрит, разрушающих традиционные устои корпоративной Америки. Во многих случаях выкуп компаний на основе чужих заемных денег создал подлинные выгоды для его участников.

Теперь предстоит подвести итоги и оценить долгосрочное влияние слияний, включая и выкупы в долг, на экономику Соединенных Штатов Америки. Но безусловно, не существует однозначных ответов на эти вопросы. Поэтому наша оценка этого явления будет смешанной и незавершенной.

33–8. СЛИЯНИЯ И ЭКОНОМИКА В ЦЕЛОМ

Волны слияний

Слияния происходят волнами. Первая волна интенсивных слияний наступила на рубеже веков, а вторая пришлась на 20-е годы. Затем с 1967 по 1969 г. произошел еще один бум, и наконец — волна слияний 80-х годов. Все эпизоды истории слияний совпали с повышательной тенденцией курсов акций, хотя в каждом из них можно заметить существенные различия типов компаний, участвовавших в слияниях, и способов, которые были применены.

На самом деле до сих пор не ясно, почему процессы в области слияний столь изменчивы. Если допустить, что слияния диктуются экономическими причинами, тогда по крайней мере одна из них должна быть такой, что "сегодня есть, а завтра нет", и эта причина должна быть каким-то образом свя-

---

[44] Основной сторонник концепции свободного потока денежных средств — это Майкл Йенсен. Его позиция изложена в статьях: *Michael Jensen*. The Eclipse of the Public Corporation. Op. cit.; The Agency Costs of Free Cash Flow, Corporate Finance and Takeovers // American Economic Review. 76: 323–329. May. 1986.

зана с высокими курсами акций. Но ни один из тех экономических мотивов, которые были рассмотрены в данной главе, не связан с общим уровнем конъюнктуры фондового рынка. Более того, ни один из них не проявился ни в 1967 г., ни в 1970 г., на один не повторился на протяжении большей части десятилетия в 80-е годы.

Некоторые слияния могут осуществляться вследствие ошибочных оценок стоимости акций со стороны фондового рынка. Иными словами, покупатель может верить в то, что инвесторы явно недооценили стоимость продаваемой компании, или он может надеяться, что инвесторы очень высоко *оценят* стоимость компании после слияния. Но более пристально взглянув на факты, мы видим, что ошибки допускаются как на рынке "медведей", так и на рынке "быков". Но почему же мы не наблюдаем большого числа охотников купить компании по дешевке, когда конъюнктура рынка падает? Возможно потому, что "простофили рождаются ежеминутно", но трудно поверить в то, что плоды их глупости пожинает только "бычий" рынок.

Компании не являются единственными активными покупателями и продавцами на рынке "быков". Индивидуальные инвесторы также более активно ведут операции с ценными бумагами, когда курсы акций растут. И вновь никто пока не дал убедительного объяснения. Возможно, ответ лежит вовсе не в плоскости экономики. Возможно, бумы слияний и рост активности в операциях с акциями — это явления, которые нужно изучать с точки зрения поведения человека, ведь люди, как и животные, более активны, когда стоит солнечная погода.

Хотя мы пока и не можем объяснить периодизацию волн слияний, мы в состоянии добиться большего успеха в понимании недавних событий. Как мы уже наблюдали, в 80-е годы корпорации из таких отраслей, как нефтяная, табачная и деревообрабатывающая, оказались в ситуации, когда они располагали крупными потоками денежных средств от текущих операций и в то же время ограниченными возможностями для инвестиций в рамках их основного бизнеса в связи с состоянием спроса. Многие из них использовали свои свободные денежные средства для приобретения компаний из других областей бизнеса. Однако они сами превратились в мишени для поглощения со стороны других компаний, ставящих задачу перераспределить эти денежные средства.

В течение бума слияний 80-х ни одна компания, за исключением самых крупных, не могла считаться неуязвимой для нападения со стороны конкурирующей команды менеджеров. Например, в 1985 г. небольшая сеть универсамов Pantry Pride, которая совсем недавно выбралась из состояния банкротства, выступила с предложением о приобретении компании по производству косметики Revlon. По объему активов компания Revlon была в пять раз крупнее, чем Pantry Pride. Предложение о покупке Revlon оказалось не только возможным, но и успешным, благодаря займу в 2,1 млрд дол., которым воспользовалась компания Pantry Pride, чтобы осуществить это поглощение. Нарастание темпов сделок по выкупу компаний в долг, наблюдавшееся в течение 80-х годов, стало возможным благодаря рынку "мусорных" облигаций, который позволял размещать новые выпуски облигаций с низким рейтингом быстро и в больших объемах[45].

К концу декады условия для осуществления слияний изменились. Многие компании, которые были очевидными мишенями слияний, исчезли, и сражения за такие компании, как RJR Nabisco, высветило растущие издержки победы в поглощении. Институциональные инвесторы не стремились увеличивать долю "мусорных" облигаций в своих инвестиционных портфелях. Более

---

[45] Поскольку при проведении поглощений скорость операций имеет существенное значение, большинство выпусков спекулятивных облигаций при выкупе компаний, финансируемом заемным капиталом, размещались по закрытой подписке. Публичное размещение спекулятивных облигаций Pantry Pride было скорее исключением.

того, рынок этой категории облигаций в значительной степени зависел от одного лица — Майкла Милкена из инвестиционного банка Drexel Burnham. К концу 80-х годов Милкен и его работодатели попали в отчаянное положение. Милкен был обвинен федеральным судом присяжных по статье 98, приговорен к тюремному заключению на срок 10 лет и штрафу в 600 млн дол. Инвестиционный банк Drexel признал себя виновным по шести статьям обвинения и уплатил штраф в 650 млн дол. В начале 90-х годов Drexel попал под статью 11 Закона о банкротстве, но к этому времени рынок "мусорных" облигаций уже тихо отмирал, и финансирование выкупа компаний за счет крупных займов существенно осложнилось[46]. В конце концов, встав на пути волны избыточных слияний, законодатели штатов и суды начали наступление на поглощения.

Создают ли слияния чистые выгоды?

В жизни, несомненно, встречаются как удачные, так и неблагополучные слияния, но экономисты никак не могут прийти к согласию по вопросу о том, плодотворны ли поглощения *в среднем*. Ясно лишь, что поглощения создают значительные выигрыши для акционеров компаний, которые стали объектом захвата[47].

Поскольку покупатели по крайней мере покрывают издержки слияния, а продавцы получают существенные выгоды, видимо, можно делать вывод о положительных совокупных результатах слияний[48]. Но так считают не все. Некоторые полагают, что инвесторы, анализирующие слияния, слишком много внимания уделяют краткосрочным выгодам, и поэтому не замечают, что эти краткосрочные прибыли достигаются в ущерб долгосрочным перспективам[49].

Поскольку мы не можем наблюдать, как развивались бы компании, если бы слияние не было проведено, то довольно трудно измерить его влияние на прибыльность компании. Например, Равенскрофт и Шерер, исследовавшие слияния 1960-х и начала 1970-х годов, доказывают, что производительность компании после слияний снижалась[50]. Но исследования более современных

---

[46] Роль Милкена в развитии рынка спекулятивных облигаций анализируется в работе: *C.Bruck*. The Predators' Ball: The Junk Bonds Raiders and the Man Who Staked Them. Simon and Schuster, New York, 1988.

[47] См. раздел 33—6, а также: *Jensen and Ruback.* Op. cit.; *J.R.Franks, R.S.Harris.* Shareholder Wealth Effects of Corporate Takeover: The UK Experience, 1955—1985 // Journal of Financial Economics. 23: 225—250. 1989.

[48] Йенсен и Рубэк на основе анализа обширного фактического материала пришли к выводу, что "поглощения создают положительные выигрыши" (op. cit., P. 47). Ричард Ролл, изучая те же факты, считает, что "выгоды поглощений, если они вообще имеют место, вероятно, слишком высоко оценены" (Journal of Business. 59: 198—216. April. 1986).

[49] Специалисты не один раз пытались понять, насколько слепы инвесторы. Например, Макконнелл и Маскарелла изучали поведение курсов акций после объявления о планах капиталовложений. Если бы инвесторы были заинтересованы лишь в краткосрочных прибылях, которые, как правило, снижаются при осуществлении крупных инвестиционных проектов, то такие объявления должны были бы приводить к падению курсов. Но ученые обнаружили, что эти объявления сопровождались *ростом* курсов акций, а вот заявления о сокращении инвестиций — *падением* курсов. Точно так же, по наблюдениям Джаррелла, Лена и Марра, объявления об увеличении расходов на исследования и разработки вызвали *рост* курсов акций. См.: *J.McConnell, C.Muscarella.* Corporate Capital Expenditure Decisions and the Market Value of the Firm // Journal of Financial Economics. 14: 399—422. July. 1985; *G.Jarrell, K.Lehn, W.Marr.* Institutional Ownership, Tender Offers, and Long-Term Investments // The Office of Chief Economist, Securities and Exchange Comission. April. 1985.

[50] См.: *D.J.Ravenscroft, F.M.Scherer.* Mergers and Managerial Performance // *J.C.Coffee, Jr., L.Lowenstein, S.Rose-Ackerman (eds.).* Knights, Raiders, and Targets: The Impact of the Hostile Takeover. Oxford University Press, New York, 1988.

слияний показывают, что они в действительности вели к росту производительности. Так, Пол Хейли, Кришна Палепу, Ричард Рубэк изучили 50 крупных слияний с 1979 по 1983 г. и обнаружили, что в среднем прибыли компаний до уплаты налогов выросли на 2,4 процентных пункта[51]. По их мнению, этот результат вызван ростом объемов продаж при той же стоимости активов. В изученных случаях компании не превращали свое будущее в заложника сиюминутных потребностей сокращения расходов на капитальные вложения; расходы на оборудование и опытно-конструкторские разработки оставались на среднем для отрасли уровне[52].

Если оценивать общественную реакцию на слияния, то нельзя рассматривать лишь влияние этих операций на интересы акционеров компаний-участниц. К примеру, в случае с RJR Nabisco некоторая часть выигрыша акционеров была достигнута за счет потерь держателей облигаций и за счет определенного ущемления интересов Налоговой службы (поскольку возросла величина налоговых щитов). Кроме того, акционеры компании-покупателя могли получить свой выигрыш за счет персонала компании — объекта поглощения, так как в некоторых случаях за поглощением следовали увольнения либо персонал был поставлен перед фактом снижения зарплаты. Анализ Андрея Шлейфера и Лоуренса Саммерса показывает, что такие действия нередко приводят к потере доверия между работниками и работодателями, которое может получить широкое распространение в обществе в целом[53].

Многие озабочены тем, что волна слияний 80-х годов породила чрезмерную финансовую зависимость компаний и ослабила их способность к выживанию в условиях общего экономического спада. Вызывают тревогу также крупные инвестиции в "мусорные" облигации корпораций, которые были сделаны рядом финансовых институтов, таких, как сберегательные общества и крупные страховые компании. Неплатежеспособность эмитентов по этим облигациям угрожала их собственной финансовой устойчивости, а иногда и полностью подрывала ее.

Вероятно, наиболее значительные последствия слияний ощущают менеджеры компаний, которые остались *непоглощенными*. Одно из воздействий выкупов за счет займов состояло в том, что даже менеджеры очень крупных компаний не чувствуют себя в безопасности от подобных предложений. Возможно, что угроза поглощений подхлестнула всю корпоративную Америку трудиться еще более интенсивно. К сожалению, неизвестно только, на что именно слияния повлияли более всего — на активную деятельность в течение рабочего дня или на бессонные ночи.

---

[51] См.: *P.Healy, K.Palepu, R.Ruback.* Does Corporate Performance Improve after Mergers? // NBER Working Paper N. 3348, 1990. Здесь рассматривается динамика доналоговых прибылей компаний, осуществивших слияние, по сравнению со среднеотраслевыми показателями. Анализ Лихтенберга и Сигала приводит к такому же выводу. До поглощения компании — объекты имели более низкие показатели прибыльности, чем другие компании отрасли, но через 7 лет после слияния $^2/_3$ этого разрыва в показателях было преодолено. См.: *F.Lichtenberg, D.Siegel.* The Effect of Control Changes on the Productivity of U.S.Manufacturing Plants // Journal of Applied Corporate Finance. 2: 60–67. Summer. 1989.

[52] Случаи, когда уровень капиталовложений и расходов на исследования и разработки оставался неизменным, также были изучены Лихтенбергом и Сигалом. См. также: *B.H.Hall.* The Effect of Takeover Activity on Corporate Research and Development // *A.J.Auerbach (ed.).* Corporate Takeover: Causes and Consequences. University of Chicago Press, Chicago, 1988.

[53] *A.Shleifer, L.H.Summers.* Breach of Trust in Corporate Takeover // *A.J.Auerbach (ed.).* Op.cit. Однако Лихтенберг и Сигал не обнаружили доказательств того, что в среднем смена контроля и собственности при слияниях ведет к увольнениям и снижению зарплаты персонала.

Нельзя не отметить, что операции по слиянию требуют крупных затрат. Например, в выкупе RJR Nabisco сумма гонораров, выплаченных консультантам инвестиционных банков, адвокатам и бухгалтерам, составила почти 1 млрд дол. Phillips Petroleum потратила, по оценкам, 150 млн дол. на собственную защиту. И эта сумма не включает оценку времени, которое менеджерам компании пришлось потратить на оборонительные меры вместо выполнения традиционных обязанностей по управлению компанией.

Но даже если и допустить, что общественные выигрыши от слияний превышают издержки, все равно остается открытым вопрос, нельзя ли было получить эти преимущества более дешевым способом. Например, этот вопрос мог бы звучать более определенно следующим образом: является ли выкуп компаний необходимым средством повышения эффективности работы менеджеров? Возможно, корни проблемы лежат в области поощрений и наказаний, которые применяют многие корпорации. Майкл Йенсен и Кевин Мерфи подсчитали, что в 250 крупных корпорациях рост рыночной стоимости компании на 1000 дол. сопровождался изменением зарплаты и премий высших менеджеров всего на 6,7 цента в течение 2 лет[54]. Наверное, многие выгоды, которые достигаются при поглощениях, могли бы быть получены компанией, если бы вознаграждение менеджеров было более тесно связано с динамикой результатов компании.

33-9. РЕЗЮМЕ

Слияние создает экономические выгоды, если две компании после объединения стоят больше, чем обе они по отдельности. Пусть фирмы А и Б провели слияние, и возникла новая фирма АБ. Тогда выгоды слияния равны:

$$Выгоды = PV_{АБ} - (PV_А + PV_Б).$$

В этих выгодах могут проявляться экономия за счет масштабов деятельности, экономия за счет вертикальной интеграции, рост эффективности, более полное использование налоговых щитов, комбинация взаимодополняющих ресурсов, более привлекательное для инвесторов использование свободных денежных средств. Неясно, насколько общими являются эти преимущества, но все перечисленное выше экономически обосновано. Иногда слияния предпринимают, чтобы снизить затраты на привлечение заемного капитала, диверсифицировать риски или поучаствовать в игре "стартовый запуск". Эти мотивы слияний вызывают сомнения.

Слияние следует осуществлять, если выгоды превосходят издержки слияния. Под издержками понимают надбавку, или премию, которую покупателю приходится платить за компанию сверх ее стоимости, как отдельной независимой единицы. Издержки слияния легко определить в случае оплаты слияния в денежной форме. Тогда:

$$Издержки = денежные\ средства - PV_Б.$$

Когда сделка финансируется выпуском дополнительных акций, издержки этой сделки, естественно, зависят от того, какова стоимость этих акций пос-

---

[54] *M.C.Jensen, K.J.Murphy.* CEO Incentives – It's Not How Much You Pay, But How// Harvard Business Review. 68: 138–149. May–June. 1990.

ле слияния. Если слияние оказывается успешным, акционеры компании Б получат часть выигрыша.

Механизм покупки компании сложнее, чем покупки оборудования. Прежде всего, надо убедиться, что приобретение данной компании не будет противоречить антимонопольному законодательству. Далее, вам надо выбрать саму процедуру: можно присоединить все активы и все обязательства покупаемой компании к активам и обязательствам вашей фирмы, либо можно оформить это приобретение как покупку акций, а не компании в целом, либо как покупку отдельных активов этой компании. Наконец, необходимо учитывать и налоговый фактор. Если слияние происходит как не подлежащая налогообложению сделка, сумма налогов, которые платят корпорация и индивидуальные акционеры, не изменится. В случае налогооблагаемой сделки компания-покупатель имеет возможность полностью амортизировать реальные активы, приобретенные при слиянии, но нужно платить налог на любое повышение налогооблагаемой стоимости активов, а акционеры продающей компании облагаются налогом на любой прирост стоимости капитала.

Часто слияния осуществляются в результате дружественных переговоров менеджеров одной компании с советом директоров другой. Но если со стороны продавца возникает сопротивление, то компания-покупатель может принять решение о публичных торгах или начать борьбу за доверенности. Мы рассмотрели некоторые наступательные и оборонительные меры, которые предпринимают участники битв за слияния. Мы также видели, что, когда компания-мишень проигрывает сражение, ее акционеры, как правило, получают существенные выигрыши: доходность их акций значительно выше обычной, в среднем на 20% при слияниях и на 30% в случае публичных торгов. Акционеры компаний-покупателей практически "остаются при своих". Типичная сделка слияния создает потенциальные выгоды для инвесторов, но конкуренция между покупателями, дополненная активной оборонительной политикой менеджеров компании—мишени поглощения, ведет к тому, что подавляющая часть выигрыша достается акционерам компании-продавца.

Угроза враждебного захвата подстегнула процессы реорганизации корпораций, которые обычно опирались на привлечение дополнительных заемных капиталов, продажу или отделение структурных подразделений компании и превращение их в самостоятельные единицы, а также выкуп самими корпорациями своих обыкновенных акций у инвесторов. В случае выкупа компании ее менеджерами или выкупа за счет займов все акции распределяются между ограниченным числом владельцев, и компания становится закрытой для остальных инвесторов. Такие операции выкупа компаний наиболее часто затрагивают корпорации, достигшие стадии зрелости в своем деловом цикле, имеющие крупные денежные потоки и ограниченные варианты инвестирования прибылей в рамках их отрасли.

Выкуп в долг и другие формы поглощений, связанные с ростом финансовой зависимости, обычно основаны на комплексе причин, включая стоимость налоговых щитов по выплате процентов; переход стоимости от заимодателей, которые порой наблюдают падение рыночной стоимости своих ценных бумаг по мере увеличения долга фирмы-заемщика; возможность совершенствования системы стимулов для менеджеров и остального персонала, для которых это означает рост финансовой заинтересованности в делах компании и одновременно — более интенсивный рабочий день, чтобы обеспечить погашение долга. Многие сделки поглощения, проведенные в таких формах, были спланированы для того, чтобы вынудить компании распределить свободные денежные средства между акционерами, а не оставлять их для реинвестирования. Инвесторы опасались, что эти компании будут тратить свободные денежные средства на бесперспективные инвестиционные проекты с отрицательной чистой приведенной стоимостью.

Видимо, слияния создают чистые выгоды для экономики в целом, но в то же время они связаны с большими издержками. Инвестиционные банки, адвокаты, спекулянты фондового рынка процветали в период бума слияний и выкупов в долг 80-х годов. Многие компании оказались под тяжелым долговым бременем и были вынуждены распродавать активы или предпринимать решительные меры по повышению эффективности, чтобы сохранить платежеспособность. К концу 1990 г. возможности размещения новых выпусков спекулятивных долговых ценных бумаг иссякли, и корпоративные площадки для рыцарских турниров опустели. Волна слияний 80-х закончилась, и инвесторы и менеджеры уже приступили к обдумыванию размеров, очертаний и возможных сроков следующей.

РЕКОМЕНДУЕМАЯ ЛИТЕРАТУРА

Подход к анализу слияний, на котором основана данная глава, взят из работы:
> *S. C. Myers.* A Framework for Evaluating Mergers // *S. C. Myers* (ed.). Modern Developments in Financial Management. Frederick A. Praeger, Inc., New York, 1976.

Йенсен и Рубэк сделали обзор крупного эмпирического обследования слияний. Тот же выпуск Journal of Financial Economics содержит и другие важные эмпирические обследования слияний:
> *M. C. Jensen and R. S. Ruback.* The Market for Corporate Control: The Scientific Evidence // Journal of Financial Economics. 11: 5—50. April. 1983.

А вот полезные книги о поглощениях, вышедшие не так давно:
> *J. F. Weston, K. S. Chung, and S. E. Hoag.* Mergers, Restructuring, and Corporate Control. Prentice-Hall, Inc., Englewood Cliffs, N.J., 1990.
> *L. Herzel and R. Shepro.* Bidders and Targets: Mergers and Acquisitions in the U. S. Basil Blackwell, Inc., Cambridge, Mass., 1990.

Каплан представил данные о приобретениях компаний за счет заемного капитала в 80-х годах. Йенсен, основной защитник теории поглощений, обусловленных свободным потоком денежных средств, приводит вдохновенные и противоречивые доводы в пользу выкупов с использованием займов:
> *S. Kaplan.* The Effects of Management Buyouts on Operating Performance and Value // Journal of Financial Economics. 24: 217—254. October. 1989.
> *M. C. Jensen.* The Eclipse of the Public Corporation // Harvard Business Review. 67: 61—74. September—October. 1989.

Наконец, некоторые информативные описания конкретных хозяйственных ситуаций:
> *R. S. Ruback.* The Conoco Takeover and Shareholder Returns // Sloan Management Review. 23: 13—33. Winter. 1982.
> *R. S. Ruback.* The Cities Service Takeover: A Case Study // Journal of Finance. 38: 319—330. May. 1983.
> *B. Burrough and J. Helyar.* Barbarians at the Gate: The Fall of RJR Nabisco. Harper & Row, New York, 1990.

КОНТРОЛЬНЫЕ ВОПРОСЫ

1. К какому типу относятся следующие гипотетические слияния: вертикальному, горизонтальному или конгломератному?
   а) IBM приобретает компанию Control Data.

ГЛАВА 33. Слияния

б) Control Data покупает Stop & Shop.
в) Stop & Shop приобретает General Mills.
г) General Mills приобретает IBM.

2. Компания "Седла и уздечки" рассматривает возможность поглощения корпорации "Лыжные палки Пого". Стоимость компаний как независимых единиц равна 20 млн дол. и 10 млн дол. соответственно. По оценке компании "Седла и уздечки", слияние компаний приведет к сокращению расходов на маркетинг и общее управление на 500 000 дол. в год в течение длительного, неограниченного периода времени. Компания "Седла и уздечки" может либо купить "Пого" за 14 млн дол. с оплатой в денежной форме, либо предложить в обмен на акции "Пого" 50% своих собственных акций. Если альтернативные издержки равны 10%, то:
   а) каковы выгоды данного поглощения;
   б) каковы издержки поглощения, если оно осуществляется с оплатой в денежной форме;
   в) каковы издержки поглощения в случае обмена акциями;
   г) какова чистая приведенная стоимость сделки при условии оплаты в денежной форме;
   д) чему равна чистая приведенная стоимость при поглощении путем обмена акциями?

3. Какие из перечисленных ниже слияний не *относятся* к сделкам, свободным от налогообложения?
   а) Слияние, которое предпринято только для того, чтобы воспользоваться преимуществами переноса убытков на будущие периоды с целью снижения налоговых платежей в будущем.
   б) Покупка активов компании.
   в) Приобретение компании, которое полностью оплачивается акциями с правом голоса.
   г) Фирма А покупает все акции компании Б с прямой оплатой в денежной форме.

4. Верны или неверны следующие утверждения?
   а) Продавцы практически всегда выигрывают в слияниях.
   б) Покупатели практически всегда выигрывают в слияниях.
   в) Наиболее вероятные мишени для поглощения — это компании, которые имеют необычно высокие показатели деятельности.
   г) Процессы слияний в США существенно меняются из года год.
   д) В среднем слияния создают значительные экономические выгоды.
   е) Публичное предложение о приобретении акций требует одобрения его менеджерами компании-продавца.
   ж) Если сделка слияния в бухгалтерском учете может рассматриваться как объединение, или пул интересов участников, а не как покупка активов компании, тогда прибыли, показанные в финансовой отчетности, окажутся выше.
   з) Издержки слияния всегда независимы от его экономических выгод.
   и) Издержки слияния для покупателя равны выигрышу продавца.

5. Какие из перечисленных мотивов слияния экономически обоснованы?
   а) Экономия за счет масштабов деятельности.
   б) Снижение риска путем диверсификации, которая достигается при слиянии.
   в) Стремление использовать свободный поток денежных средств компании, имеющей высокие прибыли, но скудные возможности для роста.
   г) Использование возможности переноса убытков на будущие периоды с целью снижения налогооблагаемой прибыли в будущем.
   д) Рост показателя прибыли в расчете на одну акцию.

6. Подберите каждому термину правильное определение из приведенных ниже.

- *Выкуп компании, финансируемый заемным капиталом*
- *Квалифицированное товарищество с ограниченной ответственностью*
- *"Ядовитая пилюля"*
- *Прямое (тендерное) предложение*
- *"Зеленый шантаж"*
- *"Золотой парашют"*
- *"Битва за доверенности"*

- Выплаты менеджерам компании-мишени, увольняемым после поглощения.
- Попытка получить контроль над компанией путем привлечения голосов акционеров.
- Предложение о покупке акций компании-мишени непосредственно у акционеров.
- Компания-мишень выкупает у акционеров собственные акции под угрозой поглощения по цене, превышающей их текущий рыночный курс.
- Выпуск компанией-мишенью "прав" акционеров на специальных условиях; "права" могут быть предназначены для прямого выкупа компанией —инициатором поглощения либо использованы для приобретения акций компании-инициатора.
- Покупка компании или ее подразделения группой частных инвесторов с привлечением высокой доли заемных средств.
- Паи товарищества обращаются так же, как и обыкновенные акции.

7. Верны или неверны следующие утверждения?

а) Одна из первоочередных задач финансового менеджера компании, выкупленной с использованием заемных средств, состоит в погашении долга.

б) Акционеры компаний, участвующих в публичных торгах за компанию-мишень поглощения, получают очень высокие выигрыши, когда поглощение происходит путем обмена акциями, а не путем покупки компании с оплатой в денежной форме.

в) Сделки поглощения являются объектом регулирования со стороны Комиссии по ценным бумагам и других федеральных органов. Местные власти практически не влияют на такие операции.

г) Объектами выкупа, финансируемого заемным капиталом, в 80-е годы были главным образом компании в отраслях, достигших стадии зрелости делового цикла и имевших ограниченные возможности для инвестиций.

д) Операции типа "зеленый шантаж" были признаны незаконными Комиссией по ценным бумагам после поглощения компании Gulf Oil.

ВОПРОСЫ И ЗАДАНИЯ

1. Изучите фактические данные о нескольких недавних слияниях и определите, какие главные мотивы действовали в каждой сделке.

2. Рассмотрите слияние, которое проводилось на основе обмена акциями, и оцените величину выгод и издержек этого слияния, используя данные о курсе акций.

3. Поглощение компании Muck and Slury компанией World Enterprises (раздел 33–3) потерпело неудачу, но тем не менее World Enterprises показывает в своих отчетах прибыль на акцию в размере 2,67 дол. Теперь она приобретает компанию Wheelrim and Axle Company. В этой сделке вновь не возникает никаких выигрышей. Обменивая свои акции на акции Wheelrim and Axle, компания World Enterprises выпускает в обращение ровно столько акций, сколько необходимо, чтобы обеспечить прежний уровень показателя прибыли на акцию — 2,67 дол.

а) Дополните представленную ниже таблицу данными о новой компании, образовавшейся в результате этого слияния.

б) Сколько акций World Enterprises использовано для обмена на одну акцию Wheelrim?

в) Определите издержки слияния для World Enterprises.

г) Как изменилась рыночная стоимость акций World Enterprises, которые находились в обращении до этого слияния?

	World Enterprises	Wheelrim and Axle	Новая фирма
Прибыль на акцию (в дол.)	2,00	2,50	2,67
Курс акций (в дол.)	40,00	25,00	?
Коэффициент цена–прибыль	20	10	?
Количество акций	100 000	200 000	?
Совокупная прибыль (в дол.)	200 000	500 000	?
Совокупная рыночная стоимость (в дол.)	4 000 000	5 000 000	?

4. Объясните, в чем состоит различие между слиянием, являющимся объектом налогообложения, и слиянием, свободным от налогов. При каких условиях, на ваш взгляд, оба участника слияния согласятся на сделку, подлежащую налогообложению?

5. Определите, какие компании из числа открытых акционерных обществ не являются подходящим объектом для выкупа за счет заемного капитала. Определите, какие из них могут стать объектами данных операций. Почему стоимость компаний, попавших во вторую группу, могла бы возрасти после выкупа?

6. Допустим, что вы финансовый менеджер корпорации "Товары для отдыха" и вы изучаете возможность приобретения компании "Пластиковые игрушки". Вы считаете, что в настоящее время инвесторы ожидают постоянный рост прибыли и дивидендов "Игрушек" на 6%. Если состав менеджеров поменяется, то и прибыли и дивиденды будут расти на 8% в год, и при этом никаких дополнительных капиталовложений не потребуется.

	"Товары для отдыха"	"Пластиковые игрушки"
Прибыль на акцию (в дол.)	5,00	1,50
Дивиденд на акцию (в дол.)	3,00	0,80
Акции в обращении	1 000 000	600 000
Курс акций (в дол.)	90,00	20,00

а) Определите выигрыш от покупки компании "Пластиковые игрушки".

б) Каковы издержки слияния, если "Товары для отдыха" платит по 25 дол. за акцию "Игрушек" в денежной форме?

в) Определите издержки слияния при условии, что "Товары для отдыха" обменивает свои акции на акции "Игрушек" в пропорции 1:3.

г) Как изменились бы издержки слияния в этих двух формах, если бы ожидаемый рост "Игрушек" не зависел от слияния?

7. Вернитесь к таблице 33-3. Допустим, что основные средства корпорации Б подверглись переоценке и их стоимость равна 1,2 млн дол. вместо 0,9 млн дол. Как этот результат переоценки будет отражен в балансе корпорации АБ в случае трактовки "покупка активов"? Как изменится стоимость корпорации АБ? Зависит ли ваш ответ от того, является ли это слияние налогооблагаемой сделкой?

8. Чем можно объяснить сильные колебания активности в области слияний и явную связь между слияниями и динамикой курсов акций?

9. Что общего между реорганизацией Phillips Petroleum и выкупом в долг компании RJR Nabisco? Почему высокая финансовая зависимость оказалась неизбежной в обеих ситуациях?

10. Объясните, почему снижение стоимости облигаций RJR Nabisco в ходе операции выкупа компании в долг принесло выгоды *акционерам*, участвовавшим в ней. (*Подсказка*: см. раздел 18–3).

11. Прочтите работу "Barbarians at the Gate" (см. раздел "Рекомендуемая литература"). Подтверждает ли этот рассказ теорию Майкла Йенсена о свободных денежных потоках в контексте слияний?

12. Какие издержки и риски породила волна операций по выкупу компаний за счет займов, наблюдавшаяся в 80-е годы? Поддержите ли вы меры государственного регулирования, направленные на ограничение подобных операций в 90-е годы? Можете ли вы предложить другие способы, с помощью которых компании сумели бы добиться тех целей, которые они ставили перед собой в операциях выкупа, но не прибегая к финансированию с такой высокой долей заемных капиталов?

13. Какую политику в области слияний вы бы проводили, если бы вас назначили председателем Федеральной торговой комиссии?

ПРИЛОЖЕНИЕ: КОНГЛОМЕРАТНЫЕ СЛИЯНИЯ И ПРИНЦИП СЛАГАЕМОСТИ СТОИМОСТЕЙ

Слияние компаний в форме конгломерата как таковое не влияет на эффективность текущих операций и на рентабельность фирм-участниц. Образование конгломерата может наглядно продемонстрировать определенные преимущества, если акционеры заинтересованы в диверсификации операций корпорации. Но если приведенные стоимости компаний суммируются, слияние этого типа не приведет к изменению богатства акционеров.

Этот принцип будет более тщательно рассмотрен в данном приложении. Очевидно, что стоимости *действительно* суммируются, если рынки капиталов совершенны и возможности инвесторов диверсифицировать свои вложения неограниченны.

Пусть компании А и Б осуществляют слияние. Принцип слагаемости стоимостей выражается следующим уравнением:

$$PV_{АБ} = PV_А + PV_Б,$$

где $PV_{АБ}$ – рыночная стоимость новой компании АБ после слияния;

$PV_А$ и $PV_Б$ – стоимости компаний А и Б до слияния.

Допустим, например, что

$PV_А$ = 100 000 млн дол. (200 дол. за акцию умножить на 500 000 акций в обращении);

$PV_Б$ = 200 000 млн дол. (200 дол. за акцию умножить на 1 000 000 акций в обращении).

ГЛАВА 33. Слияния

Пусть эти компании объединились в компанию АБ на условиях обмена одной акции каждой компании на одну акцию новой. Значит, в обращение выпущено 1 500 000 акций АБ. *Если* принцип слагаемости стоимостей действует, тогда стоимость новой компании АБ ($PV_{АБ}$) должна быть равна сумме стоимостей обеих компаний до слияния, т. е. 300 млн дол. Тогда курс акций новой компании составит 200 дол.

Но заметим, что акции АБ представляют собой портфель активов компаний А и Б. До слияния инвесторы могли бы купить 1 акцию А и 2 акции Б за 600 дол. После слияния, купив три акции АБ, они имели бы право предъявлять требования на *абсолютно те же* реальные активы.

Пусть начальный курс акций АБ сразу после слияния равен 200 дол., и поэтому уравнение $PV_{АБ} = PV_А + PV_Б$ выполняется. Наша задача состоит в том, чтобы установить, является ли этот курс ценой равновесия, иначе говоря, можно ли обнаружить избыточный спрос или избыточное предложение при данной цене.

Если избыточный спрос существует, то это означает, что где-то есть инвесторы, которые хотели бы *в результате слияния* увеличить свои доли участия в компаниях А и Б. Кто мог бы быть таким инвестором? Нужно учитывать, что единственное изменение, которое произошло в результате слияния, состоит в диверсификации, но те инвесторы, кто действительно хотел иметь *портфель* из акций А и Б, должны были бы купить их еще до слияния. Таким образом, диверсификация в данном случае бесполезна и, следовательно, не привлечет новых инвесторов.

Существует ли в этой ситуации избыточное предложение? Очевидно, да. Например, среди акционеров компании А может оказаться несколько инвесторов, которые раньше не вкладывали деньги в акции Б. Но после слияния они не могут инвестировать свои капиталы только в акции А, их средства теперь вложены в некую устойчивую комбинацию акций А и Б. Вероятно, акции АБ представляют для этой группы инвесторов менее привлекательный вариант, чем вложения только в акции А, поэтому они могут продать часть своих акций АБ. На самом деле единственными не будут стремиться продавать новые акции АБ только те акционеры, кому уже до слияния удалось составить свой портфель этих акций как раз в сочетании 1:2 (А к Б).

Итак, поскольку избыточного спроса не существует, но зато вероятно избыточное предложение, постольку:

$$PV_{АБ} \leq PV_А + PV_Б.$$

Значит, корпоративная диверсификация не помогает инвестору, а ущемляет его интересы, ограничивая доступные ему типы портфелей. Но это еще не все. Если стоимость компании АБ падает ниже суммы стоимостей компаний А и Б, дополнительный спрос на акции новой компании АБ может быть привлечен из других источников. Чтобы проиллюстрировать сказанное, введем еще две другие фирмы А* и Б*, которые оцениваются инвесторами как компании, имеющие тот же уровень риска, что и А и Б соответственно. Тогда до слияния:

$$r_А = r_{А^*} \text{ и } r_Б = r_{Б^*},$$

где r — это ожидаемая норма доходности инвестиций. Пусть $r_А = r_{А^*} = 0{,}08$ и $r_Б = r_{Б^*} = 0{,}20$.

Рассмотрим портфель, в котором $1/3$ средств вложена в акции А* и $2/3$ в акции Б*. Тогда ожидаемая доходность инвестиций в портфель составит 16%:

$$r = x_{А^*} r_{А^*} + x_{Б^*} r_{Б^*} = 1/3\,(0{,}08) + 2/3\,(0{,}20) = 0{,}16.$$

Портфель, составленный до слияния из акций А и Б в тех же пропорциях, также имеет доходность 16%.

Как уже отмечалось, новая компания АБ представляет собой, по существу, портфель фирм А и Б с удельными весами $^1/_3$ и $^2/_3$ соответственно. Поэтому по уровню риска эта компания идентична портфелю из акций А* и Б*. Поэтому курс акций новой компании АБ должен быть таким, чтобы доходность этих акций составляла 16%.

Но поскольку стоимость компании АБ может оказаться ниже суммы стоимостей компаний А и Б до слияния, курс акций АБ может упасть ниже 200 дол. Что произойдет тогда? Поскольку активы и прибыли компаний А и Б остались теми же, снижение курса будет означать, что ожидаемая доходность инвестиций в акции АБ ($r_{АБ}$) поднимается выше доходности, которую обеспечивает портфель из акций А* и Б*, т. е. если $r_{АБ}$ превышает $^1/_3 r_А + ^2/_3 r_Б$, тогда $r_{АБ}$ должна быть выше $^1/_3 r_А + ^2/_3 r_Б$. Но этот результат неустойчив: инвесторы компаний А* и Б* могли бы продать часть этих акций (в пропорции 1:2), купить акции АБ и получить более высокую доходность, не увеличивая при этом степень риска.

С другой стороны, если стоимость компании АБ ($PV_{АБ}$) поднимется выше, чем сумма стоимостей $PV_А + PV_Б$, ожидаемая доходность акций АБ будет ниже, чем доходность портфеля, составленного из А* и Б*. Инвесторы начнут избавляться от акций АБ, и их курс будет снижаться.

Единственным стабильным вариантом курса акций АБ остается уровень в 200 дол. Таким образом, принцип слагаемости стоимостей полностью соблюдается в ситуации полного рыночного равновесия, если существуют полноценные заменители активов компаний А и Б. Если акции А и Б наделены уникальными (индивидуальными) рисками, в этом случае $PV_{АБ}$ упадет ниже суммы $PV_А + PV_Б$. Причина такого снижения состоит в том, что слияние ограничит выбор инвестора и его возможности составить инвестиционный портфель в соответствии со своими потребностями и предпочтениями. Это ухудшит положение инвестора, уменьшая привлекательность владения акциями новой компании АБ.

В целом условием действия принципа слагаемости стоимостей служит свобода выбора инвестором инвестиционных возможностей — т. е. спектра рисков, которые он может принять на себя путем комбинирования состава портфеля, — полностью не зависимых от конкретного портфеля реальных активов компании. В условиях совершенного рынка ценных бумаг диверсификация как таковая никогда не в состоянии расширить возможности инвестора. Корпоративная диверсификация может даже ограничить набор доступных инвестору вариантов, но только в том случае, если среди обращающихся ценных бумаг и портфелей активов не существует заменителей реальных активов корпораций.

В очень немногих случаях компания способна расширить выбор вариантов инвестирования. Это может произойти, если ей удается найти уникальные возможности инвестирования — реальные активы с уникальными параметрами риска, которые могут повторяться только у ограниченного числа финансовых активов или не повторяются вообще. Однако в этом удачном случае фирма не должна прибегать к диверсификации. Ей следовало бы выделить этот уникальный актив в отдельную компанию, чтобы в максимальной степени расширить возможности выбора для инвестора. Так, если бы фирма Gallo случайно обнаружила, что небольшая часть ее винных заводов произвела вино, сравнимое с "Шато Марго", она ведь не слила бы это вино в одну бочку с "Харти Бургунди".

34. Международный финансовый менеджмент

До сих пор мы говорили о бизнесе, который осуществляется в рамках национальных хозяйств. Однако интересы многих компаний простираются за рубеж. При этом цели международного финансового менеджмента остаются прежними: мы хотим, чтобы наши активы стоили *больше*, чем мы за них заплатили, и чтобы при этом мы платили за них посредством выпуска обязательств меньше, чем они стоят на самом деле. Применение этих критериев к международному бизнесу сопряжено с рядом дополнительных проблем.

Специфической чертой международного управления финансами является то обстоятельство, что приходится иметь дело с более чем одной валютой. Поэтому мы рассмотрим, как функционируют международные валютные рынки, почему изменяются валютные курсы и что необходимо сделать, дабы защититься от валютных рисков.

Финансовый менеджер должен также учитывать страновые различия в уровне процентных ставок. Например, весной 1990 г. процентная ставка в США составляла около 8%, в Великобритании — 15, а в Бразилии — 40 000%. Мы намерены рассмотреть причины этих различий в процентных ставках и то, как они отражаются на международных финансовых операциях. Следует ли материнской компании предоставлять деньги, или ей нужно попытаться профинансировать операцию, опираясь на местные ресурсы? А может быть, лучше "глотать" мир, как устриц, и занимать деньги везде, где предлагают самые низкие проценты?

Помимо этого мы рассмотрим, как международные компании принимают инвестиционные решения. Как они выбирают ставку дисконта. И как метод финансирования влияет на выбор проекта. Мы обнаружим, что основные принципы инвестирования остаются прежними, но что все же есть ряд особенностей, к которым нужно относиться осмотрительно.

34–1. МЕЖДУНАРОДНЫЙ ВАЛЮТНЫЙ РЫНОК

Американская компания, которая импортирует товары из Швейцарии, для расчетов с продавцом покупает швейцарские франки. А американская компания, экспортирующая товары в Швейцарию, получает франки, которые затем продает за доллары. Обе компании прибегают к услугам международного валютного рынка[1].

---

[1] Возможен и иной вариант, когда расчеты в торговле ведутся в долларах. В этом случае американские импортеры оплачивают товары в долларах, а швейцарские экспортеры продают эти доллары за франки. Подобно этому, американские экспортеры могут потребовать оплату в долларах; тогда швейцарский импортер должен продать франки, чтобы купить необходимые ему доллары.

За исключением нескольких европейских валютных центров, международный валютный рынок не имеет определенного местоположения. Все операции осуществляются по телефону или по факсу. Главными дилерами на нем выступают крупные коммерческие и центральные банки. Любая компания, покупающая или продающая валюту, проводит эти операции через коммерческий банк. Оборот валютных рынков огромен. В Лондоне ежедневный объем таких операций достигает примерно 200 млрд дол., в Токио и в Нью-Йорке — по 100 млрд дол.

Валютные курсы в США обычно устанавливаются в количестве единиц иностранной валюты, необходимой для покупки одного доллара. Валютный курс 1,3545 шв.фр./дол. означает, что для покупки одного доллара необходимо иметь 1,3545 шв.франков. Или, выражаясь иначе, для покупки одного швейцарского франка потребуется 0,7383 дол. США[2].

Таблица 34-1 воспроизводит таблицу валютных курсов, которая публикуется в газете The Wall Street Journal. В таблице приводятся цены на валюту с немедленной поставкой, известные как **валютный курс "спот"**. Можно видеть, что "спот"-курс для швейцарского франка составляет 1,3545 шв. франка за доллар США.

Термин *немедленная поставка* – условен, так как покупка валюты на условиях "спот" обычно осуществляется в течение двух поставочных дней. Например, предположим, что вам нужны 100 000 шв.франков для оплаты импорта из Швейцарии. В понедельник вы звоните в свой банк в Нью-Йорке и договариваетесь купить 100 000 франков по курсу 1,3545 шв.фр./дол. При этом банк не вручает вам через окошко пачку банкнот. Вместо этого вы поручаете своему банку-корреспонденту в Нью-Йорке перевести в понедельник 100 000 шв. франков на счет швейцарского поставщика. Банк дебетует ваш счет на сумму 73,828 дол. (100 000:1,3545) или в понедельник, или же в среду, если вы хороший клиент.

В дополнение к рынкам с немедленной поставкой существуют рынки с продажей валюты на срок — *форвардные рынки*. На форвардном рынке осуществляется купля-продажа валюты с поставкой в будущем, как правило, через 1, 3 или 6 месяцев — хотя крупные банки готовы продавать и покупать валюту со сроком поставки и через 10 лет. Если вы знаете, что вам придется продавать или покупать валюту в будущем, вы можете застраховаться от возможных потерь, заключив форвардный контракт на ее покупку или продажу. Так, если вам потребуется 100 000 франков через 6 месяцев, можно заключить *форвардный контракт* на их поставку через 6 месяцев. *Форвардный курс* по такому контракту — это цена, по которой вы договариваетесь купить 100 000 франков через 6 месяцев, т. е. к моменту поставки.

Вернемся к таблице 34-1. Форвардный курс швейцарского франка с поставкой через 6 месяцев составляет 1,3618 шв.фр./дол. Если вы покупаете франки с поставкой через 6 месяцев, то получите бо́льшую сумму на ваши доллары, чем при покупке с немедленной поставкой. В этом случае говорят, что франк продается *с дисконтом* по отношению к доллару, поскольку франки с поставкой в будущем продаются дешевле франков с немедленной поставкой. В пересчете на годовую ставку форвардный дисконт составляет:

$$2 \times \frac{1,3618 - 1,3545}{1,3618} \times 100 = 1,07\%.$$

Можно также сказать, что доллар продается *с форвардной премией*, равной 1,07%.

Форвардной покупке или продаже присущи особые индивидуальные условия сделки между вами и банком. Они могут затрагивать вид валюты, сумму сделки или дату поставки. Существует также организованный валютный рынок с поставкой валюты в будущем, известный как *фьючерсный рынок*. Фью-

---

[2] Исключение составляет британский фунт стерлингов, курс которого обычно устанавливается в количестве долларов, необходимых для покупки 1 фунта стерлингов.

ГЛАВА 34. Международный финансовый менеджмент

ТАБЛИЦА 34-1
Таблица валютных курсов из газеты *The Wall Street Journal*

ВАЛЮТНЫЕ КУРСЫ

Среда, 1 августа 1990 г.

Курс продаж на Нью-Йоркской валютной бирже в межбанковских торгах с суммами свыше 1 млн дол. по котировкам Банковской трастовой корпорации на 15.00 часов восточного времени. В розничных сделках за доллар предлагается на несколько единиц валюты меньше.

Страна	Эквивалент в дол. США Среда	Эквивалент в дол. США Четверг	Национальная валюта за 1 дол. США Среда	Национальная валюта за 1 дол. США Четверг
Аргентина (Аустраль)	0,0001799	0,0001799	5560,19	5560,19
Австралия (Доллар)	0,7943	0,7947	1,2590	1,2583
Австрия (Шиллинг)	0,08939	0,08961	11,19	11,16
Бахрейн (Динар)	2,6522	2,6522	0,3771	0,3771
Бельгия (Франк)				
коммерческий курс	0,03063	0,03068	32,65	32,60
Бразилия (Крузейро)	0,01461	0,01464	68,43	68,33
Британия (Фунт)	1,8565	1,8650	0,5386	0,5362
30-дневный форвард	1,8453	1,8535	0,5419	0,5395
90-дневный форвард	1,8244	1,8335	0,5481	0,5454
180-дневный форвард	1,7963	1,8046	0,5567	0,5541
Канада (Доллар)	0,8675	0,8681	1,1527	1,1520
30-дневный форвард	0,8632	0,8638	1,1585	1,1577
90-дневный форвард	0,8564	0,8570	1,1677	1,1668
180-дневный форвард	0,8477	0,8482	1,1797	1,1790
Чили (Учетная ставка)	0,003474	0,003474	287,87	287,87
Китай (Юань)	0,211752	0,211752	4,7225	4,7225
Колумбия (Песо)	0,002060	0,002060	485,50	485,50
Дания (Крона)	0,1649	0,1653	6,0645	6,0500
Эквадор (Сукре)				
плавающий курс	0,001098	0,001098	910,51	910,51
Финляндия (Марка)	0,26742	0,26795	3,7395	3,7320
Франция (Франк)	0,18783	0,18843	5,3240	5,3070
30-дневный форвард	0,18752	0,18814	5,3327	5,3153
90-дневный форвард	0,18694	0,18756	5,3493	5,3315
180-дневный форвард	0,18605	0,18669	5,3750	5,3565
Греция (Драхма)	0,006402	0,006427	156,20	155,60
Гонконг (Доллар)	0,12880	0,12881	7,7640	7,7635
Индия (Индийская рупия)	0,05767	0,05767	17,34	17,34
Индонезия (Индонезийская рупия)	0,0005400	0,0005400	1852,02	1852,02
Ирландия (Фунт)	1,6837	1,6840	0,5939	0,5938
Израиль (Шекель)	0,4865	0,4865	2,0556	2,0556
Италия (Лира)	0,0008598	0,0008615	1163,01	1160,75
Япония (Йена)	0,006796	0,006859	147,15	145,80
30-дневный форвард	0,006799	0,006862	147,09	145,74
90-дневный форвард	0,006799	0,006861	147,09	145,75
180-дневный форвард	0,006798	0,006859	147,10	145,79
Иордания (Динар)	1,5221	1,5221	0,6570	0,6570
Кувейт (Динар)	3,4572	3,4572	0,2893	0,2893
Ливан (Фунт)	0,001488	0,001488	672,00	672,00
Малайзия (Рингит)	0,3710	0,3709	2,6955	2,6960
Мальта (Лира)	3,1847	3,1847	0,3140	0,3140
Мексика (Песо)				
плавающий курс	0,0003490	0,0003490	2865,00	2865,00
Голландия (Гульден)	0,5587	0,5598	1,7900	1,7865
Новая Зеландия (Доллар)	0,5950	0,5925	1,6807	1,6878
Норвегия (Крона)	0,1626	0,1629	6,1500	6,1380
Пакистан (Пакистанская рупия)	0,0463	0,0463	21,60	21,60
Перу (Инти)	0,00000812	0,00000812	123137,54	123137,54
Филиппины (Песо)	0,04320	0,04320	23,15	23,15
Португалия (Эскудо)	0,007069	0,007069	141,46	141,46
Саудовская Аравия (Риял)	0,26681	0,26681	3,7480	3,7480
Сингапур (Доллар)	0,5542	0,5537	1,8045	1,8060
Южная Африка (Рэнд)				
коммерческий курс	0,3859	0,3859	2,5913	2,5913
финансовый курс	0,2587	0,2591	3,8655	3,8595
Южная Корея (Вон)	0,0013976	0,0013976	715,50	715,50
Испания (Песета)	0,010235	0,010246	97,70	97,60
Швеция (Крона)	0,1719	0,1722	5,8180	5,8070
Швейцария (Франк)	0,7383	0,7438	1,3545	1,3445
30-дневный форвард	0,7376	0,7431	1,3557	1,3457
90-дневный форвард	0,7364	0,7418	1,3580	1,3480
180-дневный форвард	0,7343	0,7400	1,3618	1,3514
Тайвань (Доллар)	0,037313	0,037341	26,80	26,78
Таиланд (Бат)	0,03915	0,03915	25,54	25,54
Турция (Лира)	0,0003794	0,0003784	2635,74	2643,01
Объединенные Арабские Эмираты (Дирхем)	0,2723	0,2723	3,6725	3,6725
Уругвай (Новый песо)				
финансовый курс	0,000808	0,000808	1238,00	1238,00
Венесуэла (Боливар)				
плавающий курс	0,02123	0,02123	47,10	47,10
Западная Германия (Марка)	0,6293	0,6306	1,5890	1,5857
30-дневный форвард	0,6292	0,6305	1,5894	1,5861
90-дневный форвард	0,6287	0,6300	1,5905	1,5872
180-дневный форвард	0,6275	0,6289	1,5935	1,5900
СДР	1,36876	1,36564	0,73059	0,73226
ЭКЮ	1,29949	1,29657	....	....

Специальные права заимствования (СДР) основаны на обменных курсах валют США, Западной Германии, Британии, Франции и Японии. *Источник:* Международный валютный фонд.

Европейская валютная единица (ЭКЮ) основана на корзине валют стран-участниц. *Источник:* Комиссия Европейского Союза.

Источник: Перепечатано с разрешения The Wall Street Journal, © Dow Jones & Company, Inc., 1990. All rights reserved.

черсные контракты высокостандартизованы: они действуют только для основных валют; суммы в них точно означены, а выбор дня поставки — ограничен. Преимуществом такой стандартизации является высокая ликвидность фьючерсного валютного рынка. Огромное количество контрактов ежегодно продается и покупается на фьючерсных биржах[3].

При покупке фьючерсных или форвардных контрактов возникает обязательство поставить валюту. В качестве альтернативы можно выкупить *опцион* на по-

---
[3] См. главу 25, в которой обсуждается разница между фьючерсными и форвардными контрактами, и таблицу 25-1, где приводится список валютных фьючерсов. В главе 25 также рассматриваются свопы, являющиеся неотъемлемой частью форвардных контрактов.

купку или продажу валюты в будущем по цене, установленной в настоящий момент времени. Валютные опционы можно приобрести у крупных банков, а стандартные опционные контракты — на опционной бирже[4].

Кроме того, можно договориться с банком о покупке валюты в будущем по любому установившемуся "спот"-курсу, *ограниченному максимальной и минимальной ценами*. Если стоимость валюты стремительно повышается, можно покупать по согласованному верхнему уровню, если понижается — то по нижнему[5].

34-2. НЕСКОЛЬКО БАЗОВЫХ СООТНОШЕНИЙ

Без понимания причин того, почему существуют различия в валютных курсах и процентных ставках, невозможно выработать финансовую политику на международных рынках. Поэтому давайте разберем следующие четыре вопроса:
- *Вопрос 1*. Почему процентные ставки в долларах (r_s) отличаются, скажем, от процентных ставок в итальянских лирах (r_L)?
- *Вопрос 2*. Почему форвардный валютный курс ($f_{L/s}$) отличается от курса "спот" ($s_{L/s}$)?
- *Вопрос 3*. Что определяет величину ожидаемого в следующем году "спот"-курса доллара к лире $\left[E\left(s_{L/s}\right) \right]$?
- *Вопрос 4*. Какова взаимосвязь между темпами инфляции в США (i_s) и темпами инфляции в Италии (i_L)?

Предположим, что вас не заботит риск, а в международной торговле не существует барьеров и издержек. Тогда зависимость между ставками "спот", форвардными обменными ставками, процентными ставками и темпами инфляции будет выглядеть следующим образом:

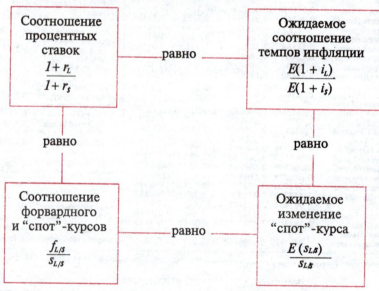

Почему так происходит?

---

[4] Перечень валютных опционов приводится в таблице 20-1. Некоторые инвестиционные банки осуществляли единовременный выпуск валютныхваррантов (т. е. долгосрочных опционов на покупку валюты).

[5] Такой контракт равнозначен форвардной покупке валюты, покупке валютного опциона "пут" с ценой исполнения на уровне низшей цены, продаже валютного опциона "колл" с ценой исполнения на уровне высшей цены. Воспользуйтесь возможностью освежить ваши знания об опционах, проверив себя по позиционным графикам (см. разделы 20-1 и 20-2).

ГЛАВА 34. Международный финансовый менеджмент

Процентные ставки и валютные курсы

Предположим, вы можете инвестировать 1 млн дол. на один год. Как лучше это сделать: предоставить заем в долларах или в итальянских лирах? Давайте разберем числовой пример.

- *Долларовый кредит.* Процентная ставка по долларовым депозитам сроком на один год составляет 8,125%. Таким образом, к концу года вы получаете: 1 000 000 × 1,08125 = 1 081 250 дол.
- *Кредит в итальянских лирах.* Текущий курс обмена валют составляет 1163 $L/\$$. И на 1 млн дол. вы сможете купить 1 × 1163 = 1163 млн итальянских лир. Процентная ставка по депозитам в лирах сроком на один год составляет 11,375%, что обеспечит получение в конце года 1163 × × 1,11375 = 1295 млн лир. Обменный курс на конец года не известен, что не имеет особого значения, поскольку цену продажи лиры в будущем можно зафиксировать сегодня. Если годовой форвардный курс составляет 1198 $L/\$$, то, осуществляя форвардную продажу, вы можете быть уверены, что в конце года получите 1295/1198 = 1,081, или 1 081 000 дол.

Таким образом, и тот и другой вид инвестиций обеспечивают почти одинаковую норму доходности. Да так оно и должно быть, ведь оба они являются безрисковыми. Если бы процентные ставки на внутреннем рынке отличались от "защищенного" валютного курса, то в ваших руках был бы "денежный станок".

При предоставлении займа в лирах вы выигрываете, так как получаете более высокую процентную ставку. Но вы также и теряете, поскольку вы осуществляете форвардную продажу лир по цене ниже той, которую вам приходится платить за них сегодня.

Соотношение процентных ставок определяется следующей формулой:

$$\frac{1+r_L}{1+r_S}.$$

Соотношение форвардного и "спот" валютных курсов:

$$\frac{f_{L/\$}}{s_{L/\$}}.$$

Согласно теории *паритета процентных ставок*, соотношение процентных ставок должно быть равно соотношению форвардного и "спот"-курсов.

В нашем примере:

$$\frac{1,11375}{1,08125} = \frac{1198}{1163}.$$

Форвардная премия и изменение "спот"-курса

Давайте подумаем, как форвардная премия влияет на изменения валютного курса "спот". Если не принимать во внимание риск, то форвардный валютный курс будет зависеть только от того, какой ожидается курс "спот". Так, если форвардный валютный курс лиры на 1 год равен 1198 $L/\$$, то это только потому, что валютный курс "спот" через год ожидается на уровне 1198 $L/\$$. А если ожидается, что курс "спот" будет выше этой величины, то желающих продавать лиры по указанному форвардному валютному курсу не найдется.

В соответствии с *теорией ожиданий* процентное соотношение форвардного валютного курса и валютного курса "спот" на текущую дату равно ожидаемому изменению валютного курса "спот":

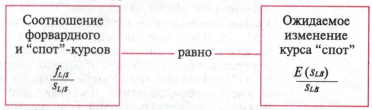

Согласно теории ожиданий мы полагали, что участников торговли валютой не заботил риск. Если же риск принимать во внимание, то форвардный курс может оказаться выше или ниже ожидаемого "спот"- курса. Предположим, что по контракту вам предстоит получить 100 млн лир через 3 месяца. Вы можете ждать до срока получения денег и затем обменять их на доллары. Но в этом случае вы открыты риску потерь, если за эти три месяца лира обесценится. Но вы можете поступить иначе, предприняв форвардную *продажу* лир. В этом случае цена, по которой вы реально продадите ваши лиры в будущем, фиксируется в текущий момент времени. Поскольку таким образом удается избежать риска, естественно предположить, что форвардная цена лиры будет несколько *ниже* ожидаемого курса "спот".

Другие компании могут оказаться в противоположной ситуации, т. е. иметь контракты на платежи в лирах через 3 месяца. При этом купить лиры можно в конце периода, подвергнувшись риску повышения курса. Для таких компаний избежать повышения курса лиры позволит фиксирование ее цены уже сегодня посредством *покупки* форвардного контракта. Поэтому такие компании, наверное, с готовностью купят лиры по форварду, даже если форвардный курс лиры будет несколько *выше* ожидаемой цены "спот".

Таким образом, для одних компаний более безопасна *продажа* форвардных контрактов, а для других — их *покупка*. Если доминирует первая группа, форвардная цена лиры будет немного ниже ожидаемой цены "спот". Если доминирует вторая группа, форвардная цена, вероятно, окажется выше ожидаемой цены "спот".

Изменения валютного курса и темпы инфляции

Рассмотрим третий элемент нашего четвертого равенства — взаимосвязь между валютным курсом "спот" и темпами инфляции. Предположим, серебро можно купить в Нью-Йорке по цене 8,50 дол. за тройскую унцию и продать в Милане по цене 11 200 лир, что выглядит привлекательно. Вы решили купить серебро по 8,50 дол. США и для начала переправить его в Милан, где продадите его за 11 200 лир. Затем меняем лиры на доллары и получаем 11 200/1163=9,63 дол. В результате вы получили валовую прибыль в размере 1,13 дол. на унцию. Конечно, из этой суммы необходимо оплатить транспортные расходы, страховку, но все равно что-то останется.

"Денежного станка" в природе не существует, во всяком случае на длительный срок. Как только различие между ценами на серебро в Нью-Йорке и Милане будет замечено, они начнут падать в Милане и расти в Нью-Йорке. Практика арбитража гарантирует, что цены на серебро в двух странах будут примерно одинаковыми.

Серебро — это легкотранспортируемый товар, но в какой-то степени подобного поведения можно ожидать и от других товаров. Товары можно закупить по более низкой цене за границей и импортировать, что приведет к снижению цен на товары внутреннего производства. В то же время товары, производство которых в США обходится дешевле, будут экспортированы, что приведет к снижению цен на зарубежные товары.

Это называется *законом единой цены,* или, в более широком смысле, — *паритетом покупательной способности*[6]. Подобно тому как цены в магазинах Safeway должны быть почти такими же, что и в A&P, так и цены на товары в Италии, пересчитанные в доллары, должны быть приблизительно такими же, что и в США.

Закон единой цены подразумевает, что любые расхождения в темпах инфляции будут компенсироваться изменениями валютного курса. Например, при темпах инфляции в Италии 8,1%, а в США — 5%, для выравнивания цен на товары в двух странах, валютный курс лиры должен снизиться примерно на 3% [(1,081/1,05)−1=0,03]. В соответствии с этим правилом, для определения изменений валютного курса "спот" необходимо определить соотношение темпов инфляции[7]:

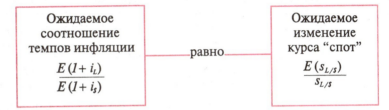

В нашем примере это выглядит так:

Текущий валютный курс "спот" × *ожидаемое соотношение темпов инфляции* = *ожидаемый курс "спот".*
1163 × 1,081/1,05=1198.

Процентные ставки и темпы инфляции

Наконец, последняя часть равенства. Подобно тому как вода всегда течет с холма вниз, капитал течет туда, где выше доход. В среднем *реальная* доходность инвестируемого капитала в разных странах одинакова.

Но облигации обеспечивают не фиксированную *реальную* доходность, а фиксированную сумму *денег*. Поэтому необходимо учитывать, как номинальные процентные ставки в каждой стране соотносятся с реальными процентными ставками. Один из ответов на этот вопрос был дан И. Фишером, который утверждал, что номинальные процентные ставки отражают ожидаемую инфляцию[8]. В этом случае как в США, так и в Италии ожидаемые *реальные* процентные ставки будут одинаковыми, а соотношение номинальных процентных ставок будет равно ожидаемому соотношению темпов инфляции:

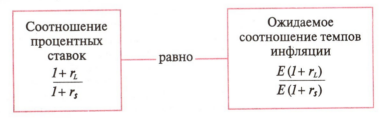

---

[6] Экономисты используют термин *закон единой цены,* когда речь идет о цене на какой-то один товар. Термин *паритет покупательной способности* используется, когда речь идет об общем равенстве уровней цен в двух странах.

[7] Здесь предполагается, что *ожидаемое* соотношение темпов инфляции равно *ожидаемому* соотношению валютных курсов. Обратите внимание, однако, что в соответствии с законом единой цены *фактическое* соотношение темпов инфляции всегда равно *фактическому* соотношению валютных курсов.

[8] Эффект Фишера мы разбирали в разделе 23—1.

Другими словами, равновесие на рынке капиталов требует, чтобы *реальные* процентные ставки в двух странах были равны. В Италии реальная процентная ставка составляет 3%.

$$r_L(\text{реальная}) = \frac{1+r_L}{E(1+i_L)} - 1 = \frac{1{,}11375}{1{,}081} - 1 = 0{,}03.$$

И соответственно в США:

$$r_S(\text{реальная}) = \frac{1+r_S}{E(1+i_S)} - 1 = \frac{1{,}08125}{1{,}05} - 1 = 0{,}03.$$

Так ли все просто в реальной жизни?

Выше мы описали четыре простые теории, объясняющие взаимосвязи между процентными ставками, форвардными и "спот"- курсами валют, а также темпами инфляции. Заметим, что при соблюдении трех равенств четвертое равенство также должно выполняться. И напротив, если одно из равенств не выполняется, то по крайней мере еще одно также будет нарушено.

Конечно, ни одна экономическая теория не дает точного описания реальной экономической жизни. Необходимо уточнить, насколько эти упрощенные ориентиры помогают предсказать реальное поведение.

1. *Теория паритета процентных ставок.* Согласно данной теории, процентные ставки в лирах, защищенные от валютных рисков, должны быть такими же, как и процентные ставки в долларах. В приведенных выше примерах использовались процентные ставки по евродолларовым и евролировым депозитам. Рынок евровалюты является международным рынком, который наиболее свободен от правительственного и налогового регулирования. Поскольку деньги могут практически беспрепятственно перемещаться между различными евродепозитами, паритет процентных ставок практически всегда соблюдается[9]. На самом деле дилеры устанавливают форвардную ставку в лирах, используя информацию о различиях в процентных ставках евролиры и евродоллара.

   Данное соотношение не соблюдается столь строго на внутреннем рынке. В этом случае налогообложение и правительственное регулирование иногда препятствуют жителям одной страны использовать национальные банковские депозиты для защиты валютных рисков на форвардном рынке.

2. *Теория ожиданий форвардных курсов.* Данная теория не подразумевает, что прогнозы менеджеров всегда идеальны. Иногда *фактический* будущий валютный курс "спот" подскакивает выше прежних форвардных курсов, а иногда бывает ниже. Но если теория справедлива, то *в среднем* форвардный валютный курс должен быть равен будущему "спот"-курсу. Теория с триумфом выдерживает этот простой тест[10]. Знать об этом очень важно для финансового менеджера, поскольку сие означает, что компания, которая всегда выполняет свои обязательства по валюте, не должна тратить дополнительные средства на ее страхование.

   Хотя *в среднем* форвардные валютные курсы равны валютным курсам "спот", не стоит придавать чрезмерное значение оценке вероятных изменений валютного курса "спот". Зачастую, когда, казалось бы, должно произойти резкое повышение валютного курса "спот" вслед за форвардным

---

[9] См., например: *T. Agmon and S. Bronfield.* The International Mobility of Short-Term Covered Arbitrage Capital // Journal of Business Finance and Accounting. 2:269–278. Summer 1975.; *J. A. Frenkel and R. M. Levich.* Transactions Costs and Interest Arbitrage: Tranquil versus Turbulent Periods // Journal of Political Economy. 85:1209–1225. November–December 1975.

[10] О некоторых расхождениях между форвардным и "спот" валютными курсами см.: *B. Cornell.* Spot Rates, Forward Rates, and Market Efficiency// Journal of Financial Economics. 5:55–65. 1977.

ГЛАВА 34. Международный финансовый менеджмент

валютным курсом, реальный рост оказывается ниже. И напротив, снижение оказывается не таким сильным. Эти результаты *не* совпадают с постулатами теории ожиданий. Наоборот, иногда складывается впечатление, что компании готовы пожертвовать частью доходов либо для приобретения, либо для продажи форвардного валютного контракта[11].

Следует также иметь в виду, что обычно форвардные валютные курсы мало что говорят о валютных курсах "спот". Это не означает, что форвардные валютные курсы являются плохим мерилом прогнозов менеджера, это просто означает, что валютные курсы трудно предсказать. Многие банки и консалтинговые фирмы составляют прогнозы изменений валютных курсов. Но Ричард Левич считает, что форвардные валютные курсы в качестве инструмента прогнозирования не более надежны, чем обычные экспертные оценки[12].

3. *Закон единой цены*. Вряд ли этому закону поверят те, кто сравнивал цены в иностранных и отечественных магазинах. Посмотрите на первый столбец таблицы 34-2, где указаны цены на "Биг-Мак" в различных странах. Обратите внимание, что на 2400 корейских вон можно купить столько же "Биг-Маков", сколько на 2,02 дол. США. Можно сказать, что "биг-маковый", или *реальный*, валютный курс равен 2400 вон=2,02 дол. США, или соответственно 1188 вон=1 дол. США[13]. Это ожидаемый валютный курс, если закон единой цены справедлив для "Биг-Мака", но

ТАБЛИЦА 34-2
Цены на гамбургеры "Биг-Мак" в разных странах

	Цены в национальной валюте	"Биг-маковый", или "реальный", валютный курс	Действительный валютный курс
Австралия	2,10 австрал. дол.	1,04	1,24
Бельгия	90 бельг. франков	45	39,5
Великобритания	1,26 ф.ст.	0,62	0,59
Германия	4,30 нем. марок	2,13	1,89
Голландия	5,10 гульденов	2,52	2,13
Гонконг	7,60 гонконг. дол.	3,76	7,78
Дания	24,75 датск. крон	12,3	7,33
Ирландия	1,30 ирл. ф. ст.	0,64	0,71
Испания	280 песет	139	117
Италия	3300 лир	1634	1382
Канада	2,14 канад. дол.	1,06	1,19
Корея	2400 вон	1188	666
Сингапур	2,80 синг. дол.	1,39	1,96
США	2,02 дол.	—	—
Франция	17,70 франков	8,76	6,37
Швеция	21 шв. крон	10,4	6,41
Югославия	7000 динар	3465	9000
Япония	370 йен	183	133

Источник: The Hamburger Standard // The Economist. April 15–21. 1989. P.122.

---

[11] Примеры, подтверждающие наличие в форвардном валютном курсе положительной или отрицательной премии за риск, см., например, в работе: *E. F. Fama*. Forward and Spot Exchange Rates// Journal of Monetary Economics. 14:319–338. 1984.

[12] См.: *R. M. Levich*. How to Compare Chance with Forecasting Expertise// Euromoney. 61–78 August 1981.

[13] Реальный валютный курс измеряется, конечно, не в "Биг-Маках", а в количестве валюты, необходимой для покупки представительной *корзины* товаров и услуг.

в действительности валютный курс равен 666 вонам за доллар. По этому курсу "Биг-Мак" в Корее стоит почти вдвое дороже, чем в США.

На этом можно быстро "наварить зеленые". Почему бы не купить гамбургеры в США за 2,02 дол. и не переправить их для продажи в Корею, где долларовая цена составляет 2400/666=3,60 дол.? Ответ, очевидно, в том, что получаемая при этом прибыль не перекрывает затрат. Один и тот же товар продается в различных странах и по разным ценам, поскольку транспортировка стоит довольно дорого и доставляет массу неудобств[14].

С другой стороны, очевидна определенная взаимосвязь между инфляцией и валютными курсами. Например, в Боливии в 1988 г. цены были почти в 8800 раз выше уровня 1983 г. Или, иначе говоря, покупательная способность боливиано по отношению к валютам других стран упала почти на 99,99%. Без корректировки валютного курса боливийские экспортеры не могли бы продавать свою продукцию. Но, конечно, валютный курс скорректировали. Теперь в среднем на 1 боливиано можно купить на 99,99% меньше иностранной валюты, чем прежде. Тем самым снижение относительной покупательной способности боливиано на 99,99% было компенсировано снижением стоимости боливийской валюты на те же 99,99%.

Пример с Боливией экстраординарен, но рисунок 34-1 демонстрирует общую зависимость относительного валютного курса от относительной покупательной способности валют разных стран. Боливия помещена в ниж-

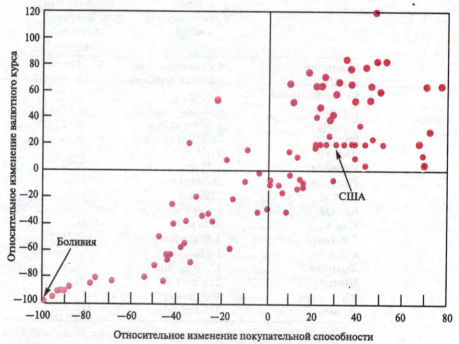

РИСУНОК 34-1
Падение покупательной способности валюты и понижение валютного курса идут рука об руку. На этом рисунке позиции различных стран в период с 1983 по 1988 г. представлены в виде точек. На вертикальной оси отражены изменения курса иностранных валют относительно среднего уровня. По горизонтальной оси показаны изменения покупательной способности валют относительно среднего уровня.

---

[14] Более того, даже в пределах одной страны может быть значительный разброс в ценах.

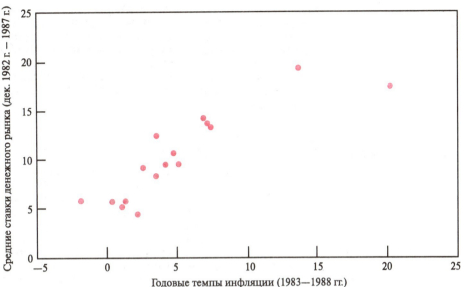

РИСУНОК 34-2
В странах, где процентные ставки выше, обычно вслед за ними повышаются и темпы инфляции. На этом рисунке каждая точка отражает позицию соответствующей страны в период между 1983 и 1988 гг. (*Источник:* Morgan Guaranty Bank, World Financial Markets.)

ний левый угол, США находятся выше справа. Можно видеть, что, хотя соотношения не совсем точны, тем не менее большая разница в темпах инфляции обычно сопровождается противоположным изменением валютного курса.

Строго говоря, закон единой цены гласит, что разница в темпах инфляции всегда идентична изменениям валютного курса. Но нам нет необходимости заходить так далеко. Нам вполне достаточно, если *ожидаемая* разница в темпах *ожидаемому* изменению валютного "спот"-курса. Это третий вывод из тех четырех, о которых мы ведем речь. Чтобы его проверить, Ричард Ролл просмотрел валютные курсы в 23 странах за период с 1957 по 1976 г.[15] Он заметил, что в среднем текущий валютный курс служит лучшей оценкой для валютного курса, скорректированного на инфляцию.

Иными словами, ваша оценка разницы в темпах инфляции также служит лучшей оценкой изменений валютных курсов.

4. *Равновесие рынка капитала*. Наконец, мы подошли к рассмотрению соотношения между процентными ставками разных стран. Существует ли единый мировой рынок капитала с одинаковыми *реальными* ставками процента во всех странах? Можно расширить вопрос: существует ли единый мировой рынок рискового капитала, на котором реальные альтернативные издержки рисковых инвестиций одинаковы во всех странах? Идея заманчива, но, к сожалению, фактов для такого утверждения недостаточно.

Поскольку правительства не могут напрямую регулировать валютные курсы на евровалютных рынках, то можно ожидать, что различия между ожидаемыми реальными ставками процента будут незначительными. Что касается национальных процентных ставок, то у правительств больше возможностей регулировать их, по крайней мере в краткосрочной перспективе. Поэтому вполне вероятно, что на национальном рынке какой-то страны установилась реальная процентная ставка, которая ниже реальных процентных ставок в других странах. Однако такое положение трудно поддерживать долгое время. Компании и отдельные лица

---

[15] См.: *R. Roll.* Violations of the "Law of One Price" and Their Implications for Differentially Denominated Assets // *M. Sarnat and G. Szego (eds.).* International Finance and Trade. Ballinger Press, Cambridge, Mass., 1979.

проявляют большую изобретательность, переводя свои деньги из стран с низкими процентными ставками в страны, где реальные ставки высоки.

Мы не можем показать соотношение между процентными ставками и *ожидаемыми* темпами инфляции, но на рисунке 34-2 отражена зависимость средних процентных ставок в 16 странах от реального уровня инфляции в них. Можно увидеть, что обычно страны, где процентные ставки выше, имеют и более высокие темпы инфляции. Страновые различия реальных ставок процента много меньше различий между номинальными ставками.

34–3. СТРАХОВАНИЕ ВАЛЮТНЫХ РИСКОВ

Хеджировать или не хеджировать риск? Компания Laker Airlines обанкротилась, так как не страховала свои валютные риски. Она прибегала к крупномасштабным долларовым займам, тогда как большая часть доходов формировалась в фунтах стерлингов. И когда в начале 80-х годов курс доллара стремительно упал, Laker не смогла оплатить свои долговые обязательства.

Памятуя о подобных бедах, большинство компаний хеджируют риски, или, по крайней мере, стараются как можно меньше подвергать себя валютным рискам. Так, в 1989 г. другая английская компания, Enterprise Oil, закупила у американской Texas Eastern нефтяные разработки на сумму 400 млн дол. Поскольку платеж был отсрочен на два месяца, то Enterprise посчитала, что в случае усиления позиций доллара за этот период она попросту останется "раздетой". Поэтому, чтобы покрыть риск возможных потерь, Enterprise заняла фунты, по цене "спот" купила на них доллары и поместила их на краткосрочный депозит до дня платежа[16].

В то же самое время Enterprise Oil согласилась купить у Texas Eastern нефтяные активы в Северном море на сумму 1,03 млрд дол., но на сей раз с неопределенным сроком платежа. Enterprise приняла решение заранее "застолбить" минимальный уровень долларовой цены, заплатив 26 млн дол. за 90-дневный опцион "колл" на покупку требуемой суммы 1,03 млрд дол. Цена исполнения опциона, естественно, была установлена в фунтах стерлингов.

British Petroleum (BP) использовала интересное сочетание хеджирования и распределения риска[17]:

> BP сочла, что наилучшим решением будет превратить международные валютные операции в центр извлечения прибыли. Основная идея заключается в том, что все подразделения [BP] должны любыми доступными способами выявлять и анализировать свою подверженность валютным рискам и стремиться, насколько это возможно, минимизировать эти риски. Оставшиеся же риски должны быть проданы дочерней компании BPFI [British Petroleum Finance International], которая будет иметь дело с остальными подразделениями как с внешними клиентами. "И это обеспечит им "прикрытие" и защиту от риска, который мы берем на себя и которым затем управляем на чисто банковских принципах".

"Управление на чисто банковских принципах" предполагает десятки торговых агентов, оборот примерно в 60 млрд дол. и прибыли до налогообложения на уровне 20 млн дол. в 1985 г. Другими словами, BP достаточно крупная и, несомненно, опытная компания, чтобы "делать деньги" в международном банковском бизнесе не хуже, чем в нефтяном.

Но пример с BP вряд ли можно назвать типичным. Теперь же обратимся к типичной американской компании Outland Steel и рассмотрим ее валютные проблемы.

---

[16] См.: Enterprise Oil's Mega Forex Option // Corporate Finance. 53:13. April. 1989.
[17] См.: Dealing in Foreign Exchange Markets// Приложение к журналу: Corporate Finance. July. 1986. P. 30–31.

Пример. Outland Steel ведет небольшой, но довольно прибыльный экспорт. Контракты предусматривают значительную по времени отсрочку платежей, но поскольку компания придерживается политики оплаты контрактов непременно в долларах, то она полностью защищена от риска изменения валютных курсов. Не так давно подобная практика перестала удовлетворять экспортный отдел, поскольку он пришел к выводу, что компания теряет ценных клиентов в лице японских и немецких фирм, которые хотели бы рассчитываться за поставки в своей национальной валюте.

Положим, вы согласны с этими доводами и тем не менее обеспокоены тем, какие цены фирма должна заложить в долгосрочный экспортный контракт, если платежи по нему осуществляются в иностранной валюте. Если к моменту оплаты контракта стоимость валюты понизится, компания может понести большие убытки. С одной стороны, хотелось бы учесть валютный риск при расчете стоимости контракта, но с другой — хочется также дать свободу действий торговым отделениям фирмы.

Отметим, что можно застраховаться от такого валютного риска, осуществляя форвардную продажу иностранной валюты[18]. Тем самым вы как бы отделяете вопросы, касающиеся условий контракта, от проблем управления валютным риском. Торговые представительства фирмы могут допустить возникновение валютных рисков, оценивая контракты на базе форвардного курса. А вам, как финансовому менеджеру, предстоит решить, *следует* ли компании страховать этот риск.

Из чего складываются затраты на страхование? Иногда можно услышать от менеджеров, что они равны разнице между форвардным курсом и *текущим* курсом "спот". Это неправильно. Если Outland не страхуется от риска, она получит валюту по курсу "спот" в день, когда клиент оплатит поставку стали. Следовательно, затраты на страхование риска представляют собой разницу между форвардным курсом и ожидаемым курсом "спот" на дату получения платежа.

Страховать или спекулировать? Мы обычно отдаем предпочтение страхованию. Во-первых, оно делает жизнь фирмы спокойнее и позволяет ей сосредоточиться на основной деятельности[19]. Во-вторых, его стоимость не слишком велика (на самом деле, по теории ожиданий, стоимость хеджирования равна нулю, если форвардный курс равен ожидаемому "спот"-курсу). В-третьих, международные валютные рынки демонстрируют завидную эффективность, по крайней мере для основных валют. Спекуляция же приносит нулевую чистую приведенную стоимость, если только менеджеры не получают информацию раньше профессиональных "создателей рынка".

Есть ли какие-нибудь другие способы, которыми Outland может защититься от валютных потерь? Конечно. Она может занять иностранную валюту на сумму ожидаемых в будущем платежей, затем продать иностранную валюту за доллары по цене "спот" и разместить вырученную сумму на депозит в США. Согласно теории паритета процентных ставок, на свободных рынках разница при продажах по форварду и "спот"-курсу должна быть точно равна разнице в процентах, которые вы выплачиваете за рубежом и на национальном денежном рынке. Однако в странах, где рынки капиталов подвергаются сильному регулированию, возможно, дешевле окажется взять взаймы иностранную валюту, чем использовать форвардное покрытие[20].

Далеко не всегда просто застраховать экспортные операции от колебаний валютных курсов. Предположим, что Outland приняла участие в торгах на выполнение крупного экспортного заказа. И в течение нескольких недель она не знает, получит ли она этот заказ. Если фирма предпримет форвардную продажу валю-

---

[18] Конечно, если вы не знаете точной даты платежа, вы не сможете с уверенностью определить и соответствующую дату поставки валюты по форвардному контракту. Банки готовы заключать форвардные контракты, дающие компаниям некоторую свободу выбора сроков поставки, но это скорее не правило, а исключение.

[19] Оно также избавляет акционеров от боязни потерь при покупке акций компании.

[20] Иногда и сами правительства препятствуют валютным спекуляциям, ограничивая круг компаний, которые вправе заключать форвардные сделки.

ты, но заказ к ней так и не поступит, то в случае роста курса иностранной валюты она понесет убытки. Если же она не будет продавать валюту, но все же *получит* заказ, она все равно может понести убытки в случае падения курса иностранной валюты. Сталкиваясь с подобной дилеммой, многие финансовые менеджеры пытаются хотя бы отчасти оградить себя от подобных двойных рисков потерь, покупая опционы на продажу иностранной валюты по согласованной цене. В этом случае они знают, что максимальные убытки, которые они могут при этом понести, равны цене опциона[21].

Наш пример из экспортной деятельности компании Outland демонстрирует три возможных проявления тех несложных теорий, о которых речь шла выше, применительно к форвардным курсам. Во-первых, форвардные курсы позволяют определить, какой валютный риск заложен в ваших контрактных ценах. Во-вторых, согласно теории ожиданий, страхование валютных рисков — обычно дело стоящее. В-третьих, теория паритета процентных ставок напоминает, что застраховать себя от рисков вы можете, либо предприняв форвардную продажу валюты, либо взяв заем в иностранной валюте с последующей продажей ее по курсу "спот".

Можно добавить и четвертый вывод. Размер форвардного покрытия риска не есть разница между форвардным курсом и *текущим* курсом "спот". Это разница между форвардным курсом и ожидаемым "спот"-курсом, т. е. курсом, который сложится на момент исполнения форвардного контракта. Таковы основные выводы. Вам не удастся извлечь прибыль, просто покупая валюту, стоимость которой растет, и продавая валюту, курс которой падает. Если инвесторы предчувствуют изменение валютных курсов, то это, в свою очередь, проявляется в изменении процентных ставок. Поэтому то, что мы выигрываем на изменении валютного курса, мы проиграем на процентных доходах. Извлечь прибыль из валютной спекуляции можно только в том случае, если удастся предугадать, как изменятся валютные курсы — в большей или меньшей степени по сравнению с процентными ставками. Другими словами, вы должны предугадать, будут ли реальные изменения валютных курсов больше или меньше, чем форвардная премия или скидка.

34-4. МЕЖДУНАРОДНЫЕ ИНВЕСТИЦИОННЫЕ РЕШЕНИЯ

Объем экспорта Outland Steel достиг таких размеров, что появился смысл учредить в Голландии дочернюю фирму, которая занималась бы хранением товарных запасов стали. Решение Outland о зарубежном инвестировании должно опираться на те же критерии, что и внутреннее инвестиционное решение, а именно: компании следует определить величину притоков денежных средств, дисконтировать их по ставке, соответствующей альтернативным издержкам, и принимать те проекты, чистая приведенная стоимость которых имеет положительное значение.

Существуют два метода, с помощью которых Outland может рассчитать чистую приведенную стоимость создания дочерней голландской фирмы.

- *Метод 1.* Outland может последовать примеру многих международных компаний, осуществив все расчеты по составлению бюджета капиталовложений в долларах. В этом случае необходимо денежные потоки от операций в Голландии сначала оценить в гульденах, а затем пересчитать их в доллары по прогнозируемому валютному курсу. Этот долларовый денежный поток необходимо продисконтировать по ставке, равной долларовым затратам на привлечение капитала, с тем чтобы получить чистую приведенную стоимость инвестиций в долларовом выражении.
- *Метод 2.* Чтобы не использовать прогнозный валютный курс, Outland может просто рассчитать чистую приведенную стоимость проекта в гульденах, а затем перевести полученную сумму в доллары по текущему валютному курсу.

---

[21] Можно даже приобрести опцион на опцион. В этом случае Outland должна была бы заплатить незначительную сумму за опцион, который позволит ей приобрести другой опцион, как только будут известны результаты торгов.

ГЛАВА 34. Международный финансовый менеджмент

Каждый метод состоит из трех этапов, но последовательность этапов 2 и 3 в них различна.

	Метод 1	Метод 2
Этап 1	Оцениваем будущий денежный поток в гульденах	Оцениваем будущий денежный поток в гульденах
Этап 2	Пересчитываем его в доллары (по прогнозному валютному курсу)	Рассчитываем приведенную стоимость (используем ставку дисконта в гульденах)
Этап 3	Рассчитываем приведенную стоимость (используем долларовую ставку дисконта)	Пересчитываем в доллары (используем "спот"-курс)

Предположим, что Outland пользуется методом 1. Как ей получить прогнозный валютный курс? Было бы глупо принимать несостоятельный проект лишь потому, что менеджеры слишком оптимистично настроены по отношению к гульдену. Если Outland намерена спекулировать на этом, то она может просто осуществить форвардную покупку гульденов. Равно справедливо и обратное: было бы глупо отклонить хороший проект из-за пессимистичных прогнозов относительно гульдена. Для компании было бы лучше принять проект и осуществить форвардную продажу гульденов. Тем самым она сможет добиться наилучших результатов в обоих случаях.

Пока компании удается приспосабливаться к валютным рискам, ее международные инвестиционные решения *не должны* зависеть от мнения менеджера о том, насколько правильно рынок оценивает стоимость валюты. Вместо того чтобы опираться на собственные прогнозные оценки валютного курса, Outland следует основывать свои инвестиционные решения на согласованных прогнозах международных валютных рынков.

Чтобы определить этот прогнозный курс, Outland может использовать те простые соотношения, которые были рассмотрены выше в этой главе. Если инвесторы вовлечены в финансовые игры, они учитывают, что ожидаемые изменения валютных курсов равны разнице в процентных ставках двух стран.

Какой бы из двух рассмотренных нами методов ни использовала Outland, на ее инвестиционные решения сильное влияние оказывают прогнозы темпов инфляции в Голландии. И хотя финансовый менеджер Outland может иметь свою точку зрения на инфляцию в Голландии, но и в этом случае было бы глупо позволить его мнению влиять на инвестиционные решения. В конце концов, существуют куда более эффективные способы спекуляции на разнице в уровнях инфляции, чем строительство (или отказ от строительства) складских помещений для сталелитейной продукции[22]. Поэтому финансовый менеджер Outland поступит совершенно правильно, если будет исходить из того, что на эффективных рынках капитала различие процентных ставок в Голландии и Америке вероятнее всего отражает различие темпов инфляции[23].

---

[22] К примеру, если менеджер полагает, что инвесторы недооценили темпы инфляции в Голландии, то ему следует выпустить долгосрочные облигации в гульденах и инвестировать средства в краткосрочные векселя также в гульденах.

[23] Это общее соображение относится не только к международным инвестиционным проектам. Всякий раз, когда ваши инвестиции сопряжены с получением положительной чистой приведенной стоимости, вам приходится принимать решение, стоит ли рисковать и если да, то лучший ли вы выбрали для этого способ? Например, если добыча меди кажется вам делом прибыльным только потому, что вы слишком оптимистично воспринимаете цены на медь, тогда, возможно, вам лучше приобрести фьючерсные контракты на медь, чем покупать медный рудник.

Имеет ли значение, какой из двух методов использует Outland для оценки своих инвестиций? Да, если Outland опирается на собственные прогнозы валютного курса и темпов инфляции. Но поскольку Outland исходит в своих прогнозах из известных нам простых соотношений между процентными ставками, валютными курсами и инфляцией, то оба метода дают одинаковый результат.

Пример. Обратимся к простому примеру. Предположим, что от дочерней компании Outland, размещенной в Голландии, ожидаются следующие денежные потоки в гульденах:

	Годы				
	1	2	3	4	5
Денежный поток (в тыс. гульденов)	400	450	510	575	650

Сколько же стоит этот денежный поток сегодня, если на свои инвестиции в Голландии Outland желает получить долларовую отдачу в размере 16%?

Финансовый менеджер Outland обращается к газетной информации и обнаруживает, что безрисковая процентная ставка равна 8% в США (r_s=0,08) и 9% в Голландии ($r_л$=0,09). Из этого он делает вывод, что если ожидаемые реальные процентные ставки будут одинаковыми в обеих странах, то прогнозный темп инфляции в Голландии ($i_л$) должен оказаться примерно на 1% выше темпов инфляции в США (i_s). К примеру, если ожидаемый темп инфляции в США составит 5%, тогда реальная процентная ставка и ожидаемый темп инфляции в Голландии рассчитываются следующим образом:

	(1 + номинальная процентная ставка)	=	(1 + реальная процентная ставка)	×	(1+ ожидаемый темп инфляции)
В долларах	1,08	=	1,029	×	1,05
В гульденах	1,09	=	1,029	×	1,06

Финансовый менеджер поэтому проверяет, чтобы ожидаемый денежный поток в гульденах был скорректирован на темпы инфляции.

Предположим, что текущий "спот"-курс составляет 2,00 гульдена за доллар. Поскольку ожидаемые темпы инфляции в Голландии выше, чем в США, то гульден, вероятнее всего, будет обесцениваться по отношению к доллару:

$$\text{Ожидаемый курс "спот" на конец года} = \text{курс "спот" на начало года} \times \text{соотношение темпов инфляции}$$

$$E(s_{fl/\$}) = s_{fl/\$} \times \frac{E(1+i_{fl})}{E(1+i_\$)}.$$

Например,

$$\text{Ожидаемый курс "спот" в году 1} = 2{,}00 \times \frac{1{,}06}{1{,}05} = 2{,}02 \text{ гульдена за доллар.}$$

ГЛАВА 34. Международный финансовый менеджмент

Финансовый менеджер может использовать эти предполагаемые валютные курсы для прогнозирования будущих денежных потоков в *долларах*:

	Годы				
	1	2	3	4	5
Денежный поток (в гульденах)	400	450	510	575	650
Прогноз "спот"-курса	2,02	2,04	2,06	2,08	2,10
Денежный поток (в долларах)	198	221	248	276	310

Теперь воспользуемся методом 1 и продисконтируем этот *долларовый* денежный поток по ставке, равной *долларовым* затратам на капитал.

$$PV = \frac{198}{1,16} + \frac{221}{1,16^2} + \frac{248}{1,16^3} + \frac{276}{1,16^4} + \frac{310}{1,16^5} = 794\,000 \text{ дол.}$$

Заметим, что ставка дисконта равна 16%, а не ставке национального денежного рынка 8%. Денежный поток — рисковый, а потому необходимо применять процентную ставку с поправкой на риск.

Для контроля финансовый менеджер испробует метод 2. Так как процентная ставка в гульденах выше процентной ставки в долларах, то и ставка дисконта с поправкой на риск должна быть соответственно выше:

	(1 + ставка дисконта с поправкой на риск)	=	(1+ номинальная процентная ставка)	×	(1 + премия за риск)
В долларах	1,16	=	1,08	×	1,074
В гульденах	1,171	=	1,09	×	1,074

Применяя метод 2, менеджер дисконтирует денежный поток, выраженный в гульденах, по ставке дисконта для гульденов:

$$PV = \frac{400}{1,171} + \frac{450}{1,171^2} + \frac{510}{1,171^3} + \frac{575}{1,171^4} + \frac{650}{1,171^5} =$$

$$= 1588, \text{ или } 1\,588\,000 \text{ гульденов}.$$

Теперь переведем эту сумму в доллары по "спот"-курсу 2,0 fl/$:

$$NPV = \frac{1588}{2,0} = 794, \text{ или } 794\,000 \text{ дол.}$$

34-5. ЗАТРАТЫ НА ПРИВЛЕЧЕНИЕ КАПИТАЛА ДЛЯ ИНОСТРАННЫХ ИНВЕСТИЦИЙ

Теперь нам нужно более тщательно рассмотреть вопрос о риске инвестирования за границей и награде, которую инвесторы требуют за подобный риск. К сожалению, это именно тот вопрос, по которому среди экономистов согласия нет[24].

---

[24] Почему? В основном потому, что экономисты никак не могут сойтись во мнении о том, что же отличает одну страну от другой. Может быть, то, что они имеют разные валюты? Или то, что у их граждан разные вкусы? Или то, что у них разные законы и налоги? Ответ затрагивает взаимоотношение цен на акции в разных странах. См., например: *F.L.A. Grauer, R.H. Litzenberger, and R.E. Stehle*. Sharing Rules and Equilibrium in an International Capital Market Under Uncertainty// Journal of Financial Economics. 3:233–256. June 1976; *B.H. Solnik*. An Equilibrium Model of the International Capital Market// Journal of Economic Theory. 8:500–524. 1974; *F. Black*. International Capital Market Equilibrium with Investment Barriers// Journal of Financial Economics. 1:337–352. December. 1974.

Помните, что инвестиционный риск нельзя рассматривать изолированно; он зависит от ценных бумаг, которые инвестор держит в своем портфеле. Например, мы можем представить себе единый мировой рынок капитала, где инвесторы из каждой страны имеют хорошо диверсифицированные международные портфели. В таком случае Outland может измерить степень риска своего голландского предприятия с помощью беты проекта относительно *мирового* рыночного портфеля. Поскольку Outland столкнется с совершенно таким же риском своего голландского проекта, как и национальная голландская сталелитейная компания, ей потребуется совершенно такая же отдача от инвестиций.

В другом крайнем случае мы можем представить себе мир, в котором рынки капиталов полностью сегментированы, так что американские инвесторы держат только американские акции, а голландские инвесторы — только голландские акции. В таких условиях Outland и голландская компания несут не одинаковый риск. Outland может измерить риск, присущий проекту, через его бету относительно *американского* рынка, в то время как голландская компания будет измерять его риск относительно *голландского* рынка. Акционеры Outland, которые держат только американские акции, возможно, воспримут инвестиции в голландскую сталелитейную отрасль как относительно менее рисковые, в то время как голландской компании, акционеры которой уже достаточно натерпелись от колебаний голландского рынка, такие инвестиции могут показаться относительно высокорисковыми. В таком случае Outland удовлетворится более низкой доходностью проекта, чем голландская компания.

Ниже вкратце представлены эти два сценария:

Единый мировой рынок капитала	Полностью сегментированный рынок капитала
Физические лица делают международные инвестиции	Физические лица делают инвестиции только внутри страны
Риск измеряется относительно индекса мирового рынка	Риск измеряется относительно национального индекса
Больше нет никаких прибылей от международной диверсификации	Крупные прибыли от международной диверсификации
Затраты на привлечение капитала для голландской дочерней компании Outland и местной голландской компании одинаковы	Затраты на привлечение капитала для голландской дочерней компании Outland ниже, чем для местной голландской компании

Похоже, что истина кроется где-то ближе к правой колонке. Американцы могут свободно покупать иностранные акции, однако обычно они вкладывают только незначительные суммы в заграничные инвестиции. Это предполагает, что существуют еще не использованные возможности инвестирования за границей для уменьшения риска посредством диверсификации. Поэтому инвесторы, возможно, удовлетворятся *меньшей* доходностью международных инвестиций по сравнению с национальными.

Никто не знает, почему инвесторы неохотно покупают иностранные акции — возможно, это связано с дополнительными затратами по выявлению того, какие акции покупать. Или, может быть, инвесторы беспокоятся, что иностранные правительства экспроприируют их акции, ограничат выплаты дивидендов или перехватят их посредством законов о налогообложении. Однако мир меняется. Крупные американские финансовые институты существенно увеличили объемы своих иностранных инвестиций, а для физических лиц, желающих вкладывать средства за рубежом, созданы буквально десятки взаимных фондов. Например, те-

ГЛАВА 34. Международный финансовый менеджмент

перь вы можете покупать акции фондов, которые специализируются на инвестициях на небольших рынках, таких, как Чили, Индия, Таиланд и Венгрия.

Купер и Капланис пытались определить издержки зарубежных инвестиций, выясняя, сколько они должны стоить, чтобы инвестирование за границей имело смысл для американских держателей акций. По их расчетам, инвесторы в США ведут себя так, *как если бы* дополнительные затраты по инвестированию в иностранные акции превышали 3% в год[25].

Оценки Купера и Капланиса предлагают стандарт для американских корпораций, вкладывающих средства за границей. Если американцы готовы платить чуть больше за инвестирование в иностранные акции, они будут рады видеть, что американские компании осуществляют зарубежные инвестиции, даже если они и ожидают получить чуть меньше, чем от компаний внутри страны.

Правда ли, что в Японии затраты на привлечение капитала ниже?

Если зарубежные инвестиции сопряжены с издержками, то, должно быть, затраты на привлечение капитала в разных странах не идентичны. Например, часто приходится слышать, что японским компаниям привлечение капитала обходится дешевле, чем их американским конкурентам, и что эта разница проявляется в более низком коэффициенте прибыль—цена японских акций[26].

Этот довод на две трети состоит из возможного недоразумения и лишь на одну треть — из вероятной истины. Что общего между коэффициентом прибыль—цена и затратами на капитал? Вспомним раздел 4—4, где мы показали, что этот коэффициент EPS_1/P_0 зависит от затрат на привлечение акционерного капитала r и приведенной стоимости перспектив роста ($PVGO$):

$$\frac{EPS_1}{P_0} = r\left(1 - \frac{PVGO}{P_0}\right).$$

Когда мы видим более низкий коэффициент прибыль—цена японских акций, это может означать три вещи[27]:

1. Японские бухгалтеры измеряют прибыль более консервативными методами, чем их американские собратья[28]. Поскольку инвесторы, глядя на балансовую прибыль, видят сквозь нее истинную экономическую прибыль, цена акции от этого не зависит. Поэтому отношение отчетной прибыли к цене в Японии ниже.
2. Приведенная стоимость перспектив роста выше, т. е. японские фирмы имеют больше возможностей для роста.

---

[25] См.: *I. Cooper and E. Kaplanis.* What Explains the Home Bias in Portfolio Investment?// Working Paper, London Business School, September 1990.

[26] На конец 1989 г. коэффициент цена—прибыль для фондового рынка Японии был равен примерно 1,9 по сравнению с 6,7 в США. Идея о том, что разница в коэффициенте цена—прибыль отражает более низкие затраты на капитал для Японии, выдвинута в работе: *R. N. McCauley and S. A. Zimmer.* Explaining International Differences in the Cost of Capital// Federal Reserve Bank of New York Quarterly Review. 14:7–28. Summer 1989. Замечание: Макколи и Циммер при расчете коэффициентов сделали поправку на различия в методах бухгалтерского учета.

[27] Разбор этих возможных объяснений см. в работе: *K. R. French and J. M. Poterba.* Are Japanese Stock Prices Too High?// Working Paper № 547. Department of Economics, Massachusetts Institute of Technology, Cambridge, Mass., February 1990.

[28] Например, японские компании используют ускоренную налоговую амортизацию в своих отчетах акционерам. Такая практика уменьшает их отчетный показатель прибыли в расчете на одну акцию по сравнению с американскими фирмами, большинство из которых использует метод прямого равномерного списания. Конечно, выбор метода амортизации не влияет на этот показатель при отсутствии роста — хотя, как было показано в разделе 12—4, он очень даже влияет на бухгалтерскую норму доходности. Однако большинство фирм растет. А многие японские компании растут быстро.

3. Затраты на привлечение акционерного капитала, r, ниже, т. е. инвесторов удовлетворяет более низкая норма доходности японских компаний.

Сам по себе коэффициент прибыль—цена ничего не скажет нам о том, действительно ли у японских компаний более низкие затраты на привлечение капитала. Однако объяснение 3 — а именно тот факт, что значение r и в самом деле ниже, — все же можно принять. Вспомните о затратах на зарубежное инвестирование. Япония располагает существенными избыточными сбережениями, которые японская промышленность не в состоянии поглотить полностью и которые поэтому приходится вкладывать за границей. Но японских инвесторов никто *не принуждает* инвестировать за границей: их нужно соблазнить на это. Если покупка иностранных акций сопряжена с издержками, то относительная цена японских акций должна подняться, а ожидаемая доходность — упасть до того уровня, когда японские инвесторы будут рады держать иностранные акции.

Здесь заложена некая важная мысль. Если инвесторы располагают большим избытком денежных средств, которые нужно инвестировать за границей, или если вывоз денег сопряжен с необычно высокими издержками, затраты на привлечение капитала внутри страны скорее всего вынужденно упадут.

Как избежать надуманных факторов в международных инвестиционных решениях

Мы, конечно, не претендуем на то, чтобы точно определить затраты на капитал для иностранных инвестиций. Но вы понимаете, что мы не согласны с распространенной практикой, когда при расчете затрат на иностранные инвестиции просто автоматически *увеличивают* затраты на капитал внутри страны. Мы подозреваем, что менеджеры повышают требования к норме доходности иностранных инвестиций, чтобы покрыть риск экспроприации, ограничений на валютные операции или нежелательных изменений в налогообложении. Ложный фактор добавляется к коэффициенту дисконтирования для компенсации этих затрат.

Мы думаем, что менеджеры должны оставить коэффициент дисконтирования в покое и вместо этого уменьшить ожидаемые потоки денежных средств. Например, допустим, что компания Outland предполагает заработать 450 000 гульденов в первый год, если *на операции иностранных фирм не будет наложено никаких взысканий*. Допустим также, что имеется 10%-ная вероятность, что предприятия Outland будут экспроприированы без компенсации[29]. Величина *ожидаемых* денежных потоков в этом случае составляет не 450 000 гульденов, а $0.9 \times 450 = 405\,000$ гульденов.

Конечный результат может оказаться таким же, как и при добавлении ложного фактора к ставке дисконта. В любом случае корректировка величины денежных потоков вскрывает опасения менеджеров по поводу "политических рисков" и позволяет учесть этот фактор при анализе чувствительности.

34–6. ФИНАНСИРОВАНИЕ ЗАРУБЕЖНЫХ ОПЕРАЦИЙ

Outland может профинансировать создание своей голландской фирмы тремя способами. Она может экспортировать капитал из США, может прибегнуть к займу в голландских гульденах или же осуществить заимствование на любом рынке, где процентные ставки самые низкие.

Заметим, что в случае обесценения гульдена при прочих равных условиях активы голландской компании в пересчете на доллары также подешевеют. Outland может защитить себя от подобного валютного риска, заимствуя гульдены. Тогда в гульденах будут выражены как ее активы, так и ее обязательства. В случае

---

[29] Наш пример — чистая фантазия. Большинство критериев оценки политических рисков характеризуют Голландию как одну из наиболее стабильных стран с точки зрения инвестиционного климата.

обесценения гульдена долларовая стоимость активов все равно уменьшится, однако это уменьшение будет компенсировано тем, что теперь Outland потребуется меньше долларов для обслуживания долга, выраженного в гульденах.

К сожалению, оговорка "при прочих равных условиях" редко воплощается в реальной жизни и обесценение гульдена вполне может сопровождаться снижением стоимости активов Outland, выраженной в гульденах. Вспомним, что согласно закону единой цены, любое изменение в курсе гульдена обязательно компенсируется обратными изменениями относительных цен на голландские товары. Конечно, не стоит воспринимать эту теорию буквально, однако не будет большой ошибкой применить ее к такой экспортной продукции, как запасы стали. Иначе говоря, даже при обесценении гульдена большая часть активов дочерней складской компании Outland может сохранить свою стоимость в долларовом выражении. Поэтому чем финансировать все предприятия полностью за счет займа в гульденах, было бы безопаснее финансировать его как гульденами, так и долларами.

Некоторые зарубежные инвестиции почти не несут в себе валютного риска. Например, поскольку цены на нефть фиксированы в долларах, то инвестиции Exxon в британские североморские месторождения нефти в основном безразличны к обесценению фунта стерлингов. Поэтому стратегия Exxon в отношении риска, связанного с инвестициями в Северное море, — осуществлять финансирование в долларах, а не в фунтах стерлингов. Другие фирмы, напротив, подвержены риску, даже если их бизнес осуществляется на территории США. Например, поскольку обесценение йены, вероятно, вызовет снижение долларовых цен на японские автомобили, то дилерская компания Ford в Техасе подвержена риску потерь из-за изменения курса йены и может защитить себя, осуществляя финансирование частично и в йенах.

И последний пример. Предположим, что ваша компания размещает завод по производству видеотехники на Тайване. Закон единой цены предсказывает, что более высокие темпы инфляции на Тайване вызовут обратный сдвиг в валютном курсе. А поэтому *денежные потоки в долларах США,* поступающие с тайваньского завода, не будут подвержены влиянию инфляции на Тайване.

Проблемы возникают, если закон единой цены *не* действует. Предположим, к примеру, что относительно высоким темпам инфляции на Тайване сопутствует увеличение стоимости тайваньского доллара. В такой ситуации возрастут и *реальный* курс тайваньского доллара, и одновременно, при прочих равных условиях, потоки денежных средств предприятия, выраженные в долларах США.

Следует обратить внимание и еще на несколько факторов. Поскольку в настоящее время издержки производства на Тайване увеличились, предприятию станет труднее конкурировать на экспортных рынках, а норма прибыли, скорее всего, понизится. Это повлечет за собой *сокращение* денежных потоков предприятия в пересчете на доллары США. И до тех пор, пока вы не выясните, выигрывает или теряет ваша фирма от повышения курса тайваньского доллара, вам не удастся определить, каким образом лучше хеджировать ваш валютный риск[30].

Вместо того чтобы заботиться о снижении степени риска, почему бы компании Outland не избрать третий путь — брать займы там, где самые низкие процентные ставки? К примеру, вместо того чтобы прибегать к займам в Голландии или США, возможно, Outland стоило бы осуществить заем в Швейцарии, где уровень процентной ставки предположительно составляет 5%. Однако необходимо задаться вопросом: а *почему* в Швейцарии процентная ставка столь низка? Если не знать, что правительство Швейцарии намеренно поддерживает низкий

---

[30] Обратите внимание, что хеджировать вам предстоит изменение *реального* валютного курса. Другими словами, на стоимость вашего тайваньского предприятия в равной мере влияют как повышение валютного курса, так и увеличение темпов инфляции на Тайване. К сожалению, значительно легче застраховаться от изменений *номинального* валютного курса, чем от изменений *реального* курса.

уровень учетной ставки путем ограничений экспорта капитала, то можно предположить, что реальные затраты на привлечение капитала в Швейцарии примерно такие же, как и в любом другом месте. Номинальная же ставка низка только потому, что инвесторы ожидают низких темпов инфляции и усиления национальной валюты. Поэтому выгоды от низкой процентной ставки скорее всего перекроются тем, что при погашении долга за каждый франк придется платить больше долларов, чем прежде[31].

Думается, что фирме имеет смысл придерживаться "пассивной" или "нормальной" финансовой политики. Но порой может представиться возможность, когда действительно выгоднее отойти от нормальной политики и осуществлять финансирование в одной конкретной стране. Например, вот как описана экономическая политика, разработанная канадской фирмой Massey-Ferguson, производящей сельскохозяйственное оборудование, в научном докладе Доналда Лессарда и Алана Шапиро[32]:

> Ключевой аспект политики компании Massey-Ferguson — рассматривать страны, в которых размещены ее заводы, не только как рынки сбыта, но и как потенциальные источники финансирования экспорта в третьи страны. Например, в начале 1970 г. Massey-Ferguson имела возможность поставить в Турцию 7200 тракторов на сумму 53 млн дол., но не захотела принять на себя риск, связанный с неконвертируемостью турецкой валюты. Турция к этому времени уже задолжала 2 млрд дол. разным иностранным кредиторам, и было не ясно, окажется ли она способна расплатиться с ними (особенно учитывая, что ее резервы были почти на нулях).
>
> Massey-Ferguson решила эту проблему тем, что произвела эти трактора на своей дочерней фирме в Бразилии — Massey-Ferguson do Brasil. Та затем продала их бразильской фирме Interbras, являющейся торговым подразделением национальной нефтяной компании Petrobas. Interbras, в свою очередь, заключила соглашение о продаже тракторов в Турцию, а Massey-Ferguson получила в оплату крузейро. Перечисление крузейро для Interbras осуществил банк Сасех — отделение Центрального банка Бразилии, который курирует внешнюю торговлю страны. Сасех занимается страхованием всех политических, коммерческих и валютных рисков, что отражает намерения бразильского правительства содействовать развитию экспорта. Прежде чем выбрать Бразилию в качестве своей "сбытовой базы", Massey-Ferguson открыла в этом районе торговую точку, с тем чтобы обеспечить наилучшие условия для кредитования своего экспорта.

Налоги и способы финансирования

Выбор компанией Outland способа первоначального финансирования может также зависеть от того, как она планирует использовать прибыли своей дочерней голландской фирмы. В первые годы фирма, вероятно, будет испытывать постоянный дефицит, но Outland надеется, что со временем она станет прибыльной. И необходимо подумать, как лучше репатриировать эти прибыли.

Зарубежные филиалы осуществляют следующие выплаты своей материнской компании:

- дивиденды;
- процентные выплаты и возврат долга материнской компании;
- платежи за использование торговой марки и патентов;

---

[31] В 1989 г. австралийские банки, убедившие своих клиентов в целесообразности займов в Швейцарии под низкий процент, неожиданно для себя подверглись критике и преследованию с их стороны за то, что в свое время не предупредили их об опасности повышения курса швейцарского франка. Конечно, заимствование на конкретном рынке капитала вовсе не означает, что вы должны принимать на себя риск, связанный именно с этой конкретной валютой. Вы можете пойти другим путем: осуществить финансирование на конкретном рынке, а затем перевести вашу задолженность в несколько разных валют, т. е. прибегнуть к валютному "свопу" (см. раздел 25—5). Более детальный обзор методов финансирования см. в работе: *D.R.Lessard and A.C.Shapiro*. Guidelines for Global Financing Choices// Midland Corporate Financial Journal. 1:68—80. Winter. 1983.

[32] Цитата взята из рабочего варианта доклада: Guidelines for Global Financing Choices. M.I.T. Sloan School of Management, Cambridge, Mass. October 1982. P. 17.

ГЛАВА 34. Международный финансовый менеджмент

- комиссионные за управленческие услуги, оказываемые центральными службами;
- платежи за товары, поставляемые материнской компанией.

Важное значение имеет форма платежа, так как она влияет на величину выплачиваемых налогов. Доходы компаний обычно облагаются местными налогами. Поэтому голландская дочерняя фирма компании Outland будет платить налоги в Голландии на все заработанные ею прибыли. Помимо этого она обязана уплатить США корпоративный налог на дивиденды, переводимые в США[33].

Многие страны (включая Голландию) имеют с США соглашения о двойном налогообложении. Это означает, что уплатой местных налогов компания может перекрыть свои налоговые обязательства перед США по переводимым туда дивидендам. Предположим, что дочерняя фирма компании Outland уплачивает в Голландии подоходный налог в размере 35%, в который включен 5%-ный налог на дивиденды, который переводится в США. Левая часть таблицы 34-3 показывает, что Outland поэтому освобождена от любых дополнительных налогов на эти дивиденды. Правая часть таблицы показывает, что произойдет, если налоговая ставка в Голландии понизится до 30%. В этом случае Outland вправе требовать освобождения от двойного налогообложения и выплатить лишь ту сумму налога, которую необходимо уплатить в Голландии.

Если дочерняя компания функционирует в стране с высоким налогообложением, то при наличии соглашения о двойном налогообложении она не будет подвергаться дополнительному обложению в США. С другой стороны, в этом случае лучше было бы предоставить заем дочерней компании. Материнской фирме тогда придется платить в США налог на процентные доходы, но зарубежное дочернее предприятие сможет удержать эти процентные платежи из доходов до уплаты местных налогов. Другой способ увода доходов из зон высокого налогообложения в зоны с низкими налогами — это взимание гонораров или управленческих комиссионных с дочерней компании. Или же можно изменить трансфертные цены на продаваемые товары внутри корпорации. Нет нужды говорить о том, что налоговые и таможенные органы хорошо осведомлены о мотивах, побуждающих компании уменьшать налоговые выплаты, и они настаивают на том, чтобы все внутрифирменные платежи подобных международных компаний были обоснованы.

ТАБЛИЦА 34-3
Как рассчитать размер налога США на дивиденды, уплачиваемые голландским дочерним предприятием компании Outland Steel (цифры в дол.)

	Корпоративная налоговая ставка в Голландии = =35%	Корпоративная налоговая ставка в Голландии = =30%
Прибыль до налогообложения	100	100
Подоходный налог фирмы в Голландии	35	30
Чистая прибыль	65	70
Подоходный налог в США	34	34
Минус освобождение от двойного налогообложения (максимум 34)	34	30
Налог, уплачиваемый в США	0	4
Оставшиеся дивиденды	65	66

---

[33] Если бы голландское предприятие Outland было ее филиалом, а не дочерней компанией, то налоговые органы США рассматривали бы его прибыли как часть доходов материнской фирмы и облагали бы их налогом сразу по получении, не дожидаясь их репатриации. Это обычно ставит компанию в *невыгодное* положение, если она демонстрирует прибыли, но дает *преимущества,* если она несет убытки.

34-7. ПОЛИТИЧЕСКИЕ РИСКИ

Давайте подумаем, что же представляет собой политический риск для иностранных инвестиций. Прежде всего — это угроза того, что иностранное правительство изменит правила игры, т. е. нарушит обещания или соглашения *после* того, как инвестиции уже осуществлены. Но большинство успешно функционирующих многонациональных компаний строят свой бизнес так, чтобы снизить политические риски.

Иностранные правительства едва ли станут экспроприировать местные предприятия, если те не смогут функционировать без поддержки материнской компании. Например, зарубежные филиалы американских компьютерных или фармацевтических фирм будут представлять сравнительно малую ценность, если их отсечь от "ноу-хау" материнских компаний. И маловероятно, чтобы такие предприятия подверглись экспроприации в отличие, скажем, от горнодобывающих предприятий, которые способны функционировать самостоятельно.

Мы отнюдь не рекомендуем серебряный рудник превращать в фармацевтическую компанию, но у вас должна быть возможность планировать свою зарубежную производственную деятельность так, чтобы укрепить свои рыночные позиции в глазах иностранных правительств. Например, компания Ford так скомбинировала свою зарубежную деятельность, что производство отдельных узлов, комплектующих деталей и сборка автомобилей рассредоточены по заводам в ряде стран. Ни один из этих заводов не представляет собой ценность сам по себе, и Ford сможет переместить производство с одного завода на другой, если политический климат в одной из стран ухудшится.

Многонациональные корпорации разработали также финансовые соглашения, которые "помогают" иностранным правительствам оставаться честными. Например, предположим, что ваша фирма намеревается вложить 500 млн дол. в разработку серебряного рудника Сан-Томе в Костагуане, оборудовав его современными машинами, плавильным оборудованием и погрузочными средствами[34]. Правительство Костагуаны согласилось вложить средства в строительство дорог и других объектов инфраструктуры, а в счет налоговых платежей получать 20% произведенного серебра. Срок действия соглашения — 25 лет.

Чистая приведенная стоимость проекта, исходя из этих условий, выглядит довольно привлекательно. Но что произойдет, если через 5 лет к власти придет новое правительство, которое введет 50%-ный налог на любые драгоценные металлы, подлежащие вывозу из республики Костагуана? Или же доля продукции, забираемой правительством, повысится с 20% до 50%? Или же власти просто экспроприируют рудник "с достаточной компенсацией, которая будет определяться Министерством природных ресурсов республики Костагуана"?

Любое соглашение совершенно бессильно перед мощью суверенитета. Но можно организовать финансирование проекта таким образом, чтобы сделать подобные меры как можно более болезненными для самого иностранного правительства[35]. Например, можно открыть шахту в качестве дочерней корпорации, которая затем заимствует значительную часть требуемых инвестиций у консорциума крупнейших международных банков. Если ваша фирма гарантирует возврат ссуды, добейтесь, чтобы эта гарантия считалась действительной только в том случае, если правительство Костагуаны будет соблюдать условия контракта. И правительство не захочет разрывать контракт, если это вызовет невозврат займа и тем самым подорвет кредитные позиции страны в международной банковской системе.

Если возможно, то финансируйте часть проекта за счет займа у Мирового банка (или одного из его отделений). Включите в договор статью о перекрестном невыполнении обязательств, согласно которой нарушение обязательств

---

[34] Первоначальная история Сан-Томе́ описана в романе английского писателя Джозефа Конрада "Ностромо" (1904).

[35] Мы рассматривали проектное финансирование в разделе 24—7.

перед любым кредитором автоматически влечет за собой нарушение обязательств перед Мировым банком. Мало найдется правительств, способных противостоять Мировому банку.

А вот другой вариант той же ситуации. Возьмите заем, скажем, в размере 450 млн дол. у Комитета национального развития Костагуаны. Иначе говоря, Комитет заимствует средства на международных рынках капитала и затем ссужает их шахте Сан-Томé. Ваша фирма согласна обеспечить возврат ссуды, если правительство будет держать *свои* обещания. Если оно держит их, то возврат ссуды — ваше обязательство. Если нет — то это их обязательство.

Такие соглашения дают эффект. В конце 1960 г. компания Kennecott Cooper финансировала значительный рост добычи меди в Чили, используя соглашения, подобные тем, которые только что были описаны. В 1970 г. к власти пришло новое правительство, возглавляемое Сальвадором Альенде, который поклялся экспроприировать все иностранные предприятия, не дав взамен "ни цента". Рудники же Kennecott не тронули.

Политические риски не ограничиваются только риском экспроприации. Многонациональные компании часто подвергаются критике за то, что они выкачивают ресурсы из стран, где осуществляют свой бизнес. Поэтому правительства испытывают соблазн ограничить их свободу в репатриации прибылей. Вероятнее всего это может случиться там, где существует большая неопределенность в отношении валютных курсов, которая, кстати, обычно возникает именно тогда, когда вы намереваетесь перевести ваши деньги из страны инвестирования.

Здесь вновь может помочь некоторая предусмотрительность. Например, чаще более строгие ограничения касаются дивидендных выплат материнской компании, чем выплаты процентов и основной суммы долга. Поэтому материнской компании, вероятно, лучше осуществить часть финансирования в форме ссуды.

Лицензионные платежи и комиссионные за управленческие услуги в меньшей степени чувствительны к политическим факторам, нежели дивиденды, в особенности если они распределены поровну между всеми зарубежными предприятиями. Компания может также в определенных пределах изменять цену на товары в рамках внутрифирменной торговли, а это может потребовать более или менее быстрых платежей за эти поставки.

34–8. ВЗАИМОСВЯЗЬ ИНВЕСТИЦИОННЫХ РЕШЕНИЙ И РЕШЕНИЙ ПО ФИНАНСИРОВАНИЮ

Вы не можете полностью отделить ценность международного проекта от источников его финансирования. Например, сумма налогов, которую платит сталелитейное голландское предприятие компании Outland, зависит от того, в какой форме оно переводит прибыли в США. Если дочернее предприятие получает деньги в форме ссуды от материнской компании, а не в форме собственного капитала, фирма в целом будет платить больше налогов в США, чем в Голландии.

Большинство международных проектов, как правило, имеет столько побочных эффектов, связанных с финансированием, что было бы глупо пытаться ограничить анализ проекта одной лишь оценкой потока денежных средств или скорректированной ставки дисконта. Необходимо использовать правило скорректированной приведенной стоимости, которое мы впервые рассмотрели в главе 19. Помните, что скорректированная приведенная стоимость определяется как: 1) базовая чистая приведенная стоимость плюс 2) сумма приведенных стоимостей побочных эффектов финансирования проекта.

Базовая чистая приведенная стоимость международного проекта обычно рассчитывается при допущении, что финансирование происходит полностью за счет собственного капитала головной компании и вся прибыль при первой же возможности выплачивается обратно в качестве дивидендов.

Следующий шаг — оценка побочных эффектов финансирования. Если проект частично финансируется посредством займа от головной компании, а не собственным капиталом, нужно рассчитать стоимость любой обусловленной этим экономии на налогах. И если проект позволяет фирме *в целом*[36] получать больше займов, вы также должны отдельно рассчитать стоимость любой налоговой защиты по этому долгу.

Когда вы рассчитывали базовую чистую приведенную стоимость своего проекта, вы полагали, что все средства на финансирование экспортируются из США и вся прибыль переводится обратно в как можно более короткие сроки. Однако, наверное, большей эффективности можно было бы добиться путем привлечения местных средств. Или, возможно, у вас уже есть избыток денежных средств за границей, которые вам не разрешено репатриировать, или вы просто не хотите этого делать из налоговых соображений. Вместо перевода прибыли по обычным каналам вы, может быть, сумели бы сделать это с большей отдачей в форме роялти или в форме оплаты управленческих услуг, или же вы предпочитаете держать деньги за границей для дальнейшего расширения деятельности. Такие выгоды также следует оценивать по отдельности[37].

Есть и много других побочных эффектов финансирования. Один из примеров — субсидированное финансирование Бразилией компании Massey-Ferguson. Поэтому для учета всех факторов оценивайте отдельно каждое побочное влияние и суммируйте все стоимости для получения скорректированной приведенной стоимости.

34—9. РЕЗЮМЕ

Менеджеру по международным финансам приходится управляться с различными валютами, процентными ставками и темпами инфляции, и он должен быть хорошо осведомлен о различиях на рынках капитала и в налоговых системах разных стран. Самое большое, что мы надеялись сделать на этих страницах,— это возбудить ваш интерес к теме.

Для приведения хаоса в порядок менеджеру по международным финансам нужны некоторые модели взаимосвязей между валютными курсами, процентными ставками и темпами инфляции. Мы описали четыре простых, но полезных теории.

Теория паритета процентных ставок гласит, что разница в процентных ставках двух стран должна быть равна разнице между форвардным валютным курсом и курсом "спот". На международных рынках это соотношение почти всегда выдерживается благодаря арбитражным сделкам. Существуют два способа хеджирования валютного риска: первый — осуществить форвардное покрытие, другой — занять или ссудить деньги за рубежом. Согласно теории паритета процентных ставок стоимость обоих методов одинакова.

В соответствии с теорией ожиданий, форвардный курс равен ожидаемому курсу "спот". Если вы доверяете теории ожиданий, то будете страховаться от валютных рисков.

Согласно строгой формулировке закона единой цены, покупательная способность доллара одинакова в любой стране. Однако это не вполне соответствует действительности. Различия в темпах инфляции не связаны всецело с

---

[36] Не путайте долг иностранной дочерней компании с ее вкладом в *общую* кредитоемкость компании. Например, мы говорили о займе 80—90% от стоимости шахты Сан-Томé, равной 500 млн дол., но мы не предполагали, что шахта будет сама обслуживать этот долг. Наоборот, мы полагали, что фирма могла бы использовать относительно большую часть своей общей кредитоемкости в Костагуане и меньшую — в США. Она могла бы финансировать проект за счет своей кредитоемкости вместо собственных денежных средств.

[37] См., например: *D.R.Lessard*. Evaluating Foreign Projects — An Adjusted Present Value Approach// *D.Lessard (ed.)*. International Financial Management: Theory and Applications. 2d ed. John Wiley and Sons, New York, 1986.

изменениями валютных курсов. Это означает, что при ведении бизнеса за рубежом могут возникнуть собственно валютные риски. С другой стороны, разница в темпах инфляции может быть как больше, так и меньше изменений валютного курса.

Наконец, мы выяснили, что реальные ставки процента на интегрированном международном рынке капитала должны быть одинаковыми. В действительности же государственное регулирование и налоги могут вызвать различия реальных процентных ставок. Но не следует занимать деньги только там, где процентные ставки самые низкие. В этих странах, вероятнее всего, и самая низкая инфляция и самая сильная валюта.

С учетом этих соображений мы рассмотрели три общие проблемы международных финансов. Во-первых, мы показали, как можно использовать форвардные рынки или рынки ссудных капиталов для того, чтобы оценивать или страховать долгосрочные экспортные контракты.

Во-вторых, мы рассмотрели проблему оценки эффективности международных инвестиций. Мы предостерегли от необоснованных инвестиционных решений, которые принимаются только исходя из предположений о разнице валютных курсов. При этом не имеет значения, какую валюту вы используете в своих расчетах, до тех пор, пока вы полагаете, что цены, процентные ставки и валютные курсы соотносятся друг с другом в соответствии с простыми теориями, которые были рассмотрены выше. Основная трудность состоит в выборе правильной ставки дисконта. На свободном рынке капитала ставка дисконта по проекту — это доходность инвестиций в иностранные ценные бумаги, которую ожидают инвесторы. Эту ставку трудно определить, но мы против того, чтобы просто накидывать премию за повышенный риск международных инвестиций.

В заключение мы рассмотрели проблему финансирования зарубежных дочерних компаний. По крайней мере, следует помнить о трех выводах. При прочих равных условиях для защиты от валютных рисков часть денег следует заимствовать в местной валюте. Во-вторых, следует помнить о налогах: например, можно сократить налоги, получая кредиты в странах с высоким уровнем налогообложения и ссужая их в странах с низкими налогами. В-третьих, вы должны обдумать, как можно изменить структуру финансирования, если правительство поменяет правила игры. Денежные потоки, получаемые материнской компанией от своих зарубежных операций, зависят от способа их финансирования. Поэтому для анализа предложений по международному инвестированию необходимо использовать концепцию скорректированной приведенной стоимости.

РЕКОМЕНДУЕМАЯ ЛИТЕРАТУРА

Есть ряд полезных учебников по международным финансам. Вот несколько из них:

R.Z.Aliber (ed.). Handbook of International Financial Management. Dow Jones-Irwin. Homewood, Ill., 1989.

D.K.Eiteman and A.I.Stonehill. Multinational Business Finance. 5th ed. Addison-Wesley Publishing Company, Inc., Reading, Mass., 1989.

R.Rodriguez and E.Carter. International Financial Management. 3d ed. Prentice-Hall, Inc., Englewood Cliffs, New Jersey, 1984.

A.C.Shapiro. Multinational Financial Management. 3d ed. Allyn and Bacon, Inc., Boston, 1989.

Стоит также полистать журналы Euromoney и Euromoney Corporate Finance, из которых можно получить информацию о текущих событиях и тенденциях в международных финансах.

Вот несколько основных дискуссионных материалов, посвященных международным инвестиционным решениям и связанным с ними валютным рискам:

A.C.Shapiro. International Capital Budgeting // Midland Corporate Finance Journal. 1:26–45. Spring. 1983.

ЧАСТЬ X. Слияния, международные финансы, пенсии

B.Cornell and A.C.Shapiro. Managing Foreign Exchange Risks // Midland Corporate Finance Journal. 1:16—31. Fall 1983.

E.Flood and D.Lessard. On the Measurement of Operating Exposure to Exchange Rates: A Conceptual Approach // Financial Management. 15:25—36. Spring. 1986.

Предлагаем вам также подборку статей о соотношениях между процентными ставками, валютными курсами и темпами инфляции:

Форвардные курсы и курсы "спот"

B.Cornell. Spot Rates, Forward Rates and Exchange Market Efficiency // Journal of Financial Economics. 5:55—65. 1977.

R.M.Levich. Tests of Forecasting Models and Market Efficiency in the International Money Market // J.A.Frenkel and H.G.Johnson (eds.). The Economics of Exchange Rates; Selected Studies. Addison-Wesley Publishing Company, Inc., Reading, Mass., 1978.

E.F.Fama. Forward and Spot Exchange Rates // Journal of Monetary Economics. 14:319—338. 1984.

C.P.Wolff. Foreign Exchange Rates, Expected Spot Rates and Premia: A Signal Extractional Approach // Journal of Finance. 42: 395—406. June. 1987.

Паритет процентных ставок

K.Clinton. Transaction Costs and Covered Interest Advantage: Theory and Evidence / Journal of Political Economy. 96: 358—370. April. 1988.

J.A.Frenkel and R.M.Levich. Covered Interest Arbitrage: Unexploited Profits?// Journal of Political Economy. 83: 325—338. April. 1975.

Закон единой цены

N.Abuaf and P.Jorian. Purchasing Power Parity in the Long Run // Journal of Finance. 45: 157—174. March. 1990.

M.Adler and B.Lehmann. Deviations from Purchasing Power Parity in the Long Run // Journal of Finance. 38: 1471—1487. December. 1983.

L.H.Officer. The Purchasing Power Theory of Exchange Rates: A Review Article // IMF Staff Papers. March. 1976.

R.Roll. Violations of the 'Law of One Price' and Their Implications for Differentially Denominated Assets // M.Sarnat and G.Szego (eds.). International Finance and Trade. Ballinger Press, Cambridge, Mass., 1979.

Равновесие международного рынка капитала

F.Black. International Capital Market Equilibrium and Investment Barriers // Journal of Financial Economics. 1: 337—352. December. 1974.

F.L.A.Grauer, R.H.Litzenberger, and R.E.Stehle. Sharing Rules and Equilibrium in an International Capital Market Under Uncertainty // Journal of Financial Economics. 3: 233—256. June. 1976.

B.H.Solnik. An Equilibrium Model of the International Capital Market // Journal of Economic Theory. 8: 500—524. 1974.

R.M.Stultz. A Model of International Asset Pricing // Journal of Financial Economics. 9: 383—406. December. 1981.

КОНТРОЛЬНЫЕ ВОПРОСЫ

1. Взгляните на таблицу 34-1.
    - *а)* Сколько фунтов стерлингов вы получите за 1 дол.?
    - *б)* Какова 6-месячная форвардная ставка по фунту стерлингов?
    - *в)* Как котируется доллар к фунту: с премией или с дисконтом?
    - *г)* Рассчитайте процент дисконта или премии по фунту.
    - *д)* Если 6-месячная процентная ставка в долларах равна 8% годовых, какова 6-месячная процентная ставка в евростерлингах?

ГЛАВА 34. Международный финансовый менеджмент

  е) Какой ожидается курс "спот" по 6-месячному форвардному контракту согласно теории ожиданий?

  ж) Какая ожидается разница в темпах инфляции в США и в Великобритании, если верен закон единой цены?

2. Определите каждую из следующих теорий одним предложением или простым уравнением:
   а) теория паритета процентных ставок;
   б) теория ожиданий форвардных курсов;
   в) закон единой цены;
   г) равновесие международного рынка капитала (соотношение реальных и номинальных процентных ставок в различных странах).

3. В таблице приведены данные о процентных ставках и валютных курсах по американскому доллару и французскому франку. Курс "спот" — 7,05 фр. франка за доллар. Заполните пропущенные строки:

	3 месяца	6 месяцев	1 год
Евродолларовая процентная ставка (начисляемая ежегодно по методу сложного процента)	$11\frac{1}{2}\%$	$12\frac{1}{4}\%$	?
Еврофранковая процентная ставка (начисляемая ежегодно по методу сложного процента)	$19\frac{1}{2}\%$	?	20%
Форвардный курс франка к доллару	?	?	7,5200
Форвардный дисконт по франку (в % годовых)	?	–6,3%	?

4. Американский импортер ожидает поставки шелковых шарфов из Италии через 6 месяцев. Цена установлена в лирах. Какая из следующих сделок могла бы устранить валютный риск импортера?
   а) Продать 6-месячный опцион "колл" на лиры.
   б) Купить форвардный контракт на лиры.
   в) Продать форвардный контракт на лиры.
   г) Взять в долг лиры, купить доллары по курсу "спот".
   д) Продать лиры по курсу "спот", взять взаймы доллары.

5. В таблице 34-1 вы можете увидеть, что форвардный и "спот"-курсы фунта стерлингов к доллару составляют соответственно 1,8565 и 1,7963. Предположим, что компания обязалась уплатить английской фирме 10 млн немецких марок через 180 дней. Какова приведенная стоимость покрытия этого обязательства путем форвардной покупки фунтов стерлингов? Процентная ставка по фунтам стерлингов составляет 14,5% годовых. Вкратце объясните ваш ответ.

6. Американская фирма ожидает получить платеж в размере 1 млн немецких марок через 8 лет. Хотелось бы защититься от снижения стоимости немецкой марки, но использовать форвардное покрытие на столь длительный срок довольно сложно. Есть ли какой-нибудь иной способ защитить себя от риска?

7. *а)* Какие из следующих данных вам понадобятся, если все расчеты при планировании инвестиций будут осуществляться в национальной валюте?
   1) Прогнозы будущих валютных курсов.
   2) Прогнозы темпов инфляции в других странах.
   3) Прогнозы национальных темпов инфляции.
   4) Иностранные процентные ставки.
   5) Процентные ставки на внутреннем рынке.

   б) Какие из перечисленных выше данных вам понадобятся, если все расчеты при планировании инвестиций будут осуществляться в иностранной валюте?

8. Компания A имеет два филиала в странах X и Y. Налог на прибыль корпораций составляет в США – 50%, в стране X – 60, а в стране Y – 40%. Обе страны имеют с США соглашение о двойном налогообложении. Предположим, что в обеих странах компания получает прибыль до вычета налогов в сумме 100 дол.
   а) Какие налоги будут уплачены в США и за рубежом, если компания переводит всю чистую прибыль в форме дивидендов?
   б) Какие налоги будут уплачены, если она переводит всю чистую прибыль в виде процентов?

ВОПРОСЫ И ЗАДАНИЯ

1. Ознакомьтесь с таблицей валютных курсов в свежем выпуске газеты The Wall Street Journal.
   а) Сколько стоит сегодня канадский доллар в американских долларах?
   б) Сколько стоит сегодня американский доллар в канадских долларах?
   в) Предположим, что сегодня вы договариваетесь купить канадские доллары через 180 дней. Сколько канадских долларов вы сможете купить на один американский доллар?
   г) Если форвардные курсы просто отражают рыночные ожидания, то каким будет курс "спот" по французскому франку через 90 дней?
   д) Найдите в The Wall Street Journal таблицу процентных ставок денежного рынка. Какова 3-месячная процентная ставка по евродоллару?
   е) Сможете ли вы вывести вероятную 3-месячную евровалютную процентную ставку для французского франка?
   ж) Вы можете также купить валюту для будущей поставки на фьючерсный финансовый рынок. Найдите в газете таблицу фьючерсных котировок. Каков курс по контрактам на канадские доллары с их поставкой примерно через 6 месяцев?

2. В таблице 34-1 приведены 180-дневные форвардные курсы по немецкой марке.
   а) Как котируется доллар против марки: с дисконтом или с премией?
   б) Каков ежегодный *процент* дисконта или премии?
   в) Если вы не располагаете никакой другой информацией по двум валютам, как вам лучше предугадать, какой будет курс "спот" по марке 6 месяцев спустя?
   г) Предположим, что вы ожидаете получить через 6 месяцев 100 000 марок. Сколько это будет в долларах?

3. Посмотрите на таблицу 34-1. Если 3-месячная процентная ставка по евродолларам равна 8,063%, то какой, по вашему мнению, будет 3-месячная евростерлинговая процентная ставка? Поясните, почему ставка могла бы оказаться существенно выше указанной вами.

4. Обратитесь к The Wall Street Journal. Сколько франков можно купить на 1 доллар? Сколько можно купить немецких марок? Как вы думаете, какой курс будет котировать немецкий банк при скупке или продаже французских франков? Объясните, почему банк мог бы котировать курс существенно выше рассчитанного вами?

5. Какую взаимозависимость между процентными ставками и ожидаемыми изменениями валютных курсов двух стран подразумевают четыре базовых соотношения? Поясните, почему можно или почему нельзя полагаться на эти зависимости.

6. Заведующая финансовым отделом корпорации International Reprint заметила, что процентные ставки в Швейцарии ниже, чем ставки в большинстве других стран. Поэтому она предположила, что компании следовало бы выпустить облигации, деноминированные в швейцарских франках. Какие соображения ей следовало бы в первую очередь принять во внимание?

ГЛАВА 34. Международный финансовый менеджмент

7. Какие соображения необходимо принять во внимание американским компаниям, когда они принимают решение о методах финансирования своих зарубежных дочерних компаний?

8. Американская фирма оценивает инвестиции в Швейцарии. Затраты по проекту составляют 20 млн швейцарских франков и ожидаются поступления в течение последующих 10 лет по 3 млн франков ежегодно (в неизменных ценах). Прогнозные темпы инфляции в Швейцарии — 6% в год, и фирма подсчитала, что подходящей для проекта была бы ставка дисконта, которая примерно на 8% выше безрисковой ставки. Подсчитайте чистую приведенную стоимость проекта в долларах, используя оба метода, описанные в этой главе. Валютные курсы приводятся в таблице 34-1. Процентная ставка в Швейцарии около 9%, а в США — $7^7/_8$ %.

9. "Обеспечение доллара превращает предприятия химической промышленности США в привлекательный объект для захвата европейскими компаниями". Обсудите это утверждение.

10. Предположим, что вы управляющий финансами компании Lufthansa. Как на стоимость компании влияют изменения валютного курса? Какую политику вы разработаете, чтобы снизить валютный риск?

11. Предположим, что при оценке возможных зарубежных инвестиций вы опираетесь на собственные представления о темпах инфляции и валютных курсах. Предположим теперь, что вы уверены в том, что темпы инфляции будут 2% в Голландии и 5% в США, а валютный курс останется неизменным. Просчитайте чистую приведенную стоимость проекта компании Outland, используя оба известных вам метода. Каждый показатель чистой приведенной стоимости подразумевает и различную финансовую политику. В чем она состоит в каждом случае?

12. Компании подвержены влиянию изменений либо номинального валютного курса, либо реального валютного курса. Объясните, как это происходит? Какой из рисков проще хеджировать?

13. Мы предполагали, что дилеры компании Ford в США могут оказаться подвержены риску обесценения йены, если оно приведет к снижению цен на японские автомобили. Предположим, что, по оценке дилера, снижение стоимости йены на 1% вызовет устойчивое снижение его прибылей на 5%. Как можно хеджировать этот риск и как рассчитать размер страховой позиции?

14. Вам предложили осуществить экспортный заказ, который обеспечит денежные поступления в размере 1 млн немецких марок через 6 месяцев. "Спот"-курс марки к доллару — 1,8, а 6-месячный форвардный курс равен 1,7 марки за доллар. Есть два источника неопределенности:1) немецкая марка может быть недооценена или переоценена и 2) вы можете получить экспортный заказ, а можете не получить. Проиллюстрируйте, прибыли или убытки вы получите, если:
   а) осуществите форвардную продажу 1 млн немецких марок;
   б) купите 6-месячный опцион "пут" на немецкие марки по цене исполнения 1,7 немецких марки за доллар.

35

Пенсионные программы

К концу 1988 г. персонал компании Bethlehem Steel, включая тех, кто работал на нее в прошлом, имел право на получение частной (от компании) пенсии, общая стоимость которой оценивалась суммой 4 млрд дол. Для выполнения этих обязательств в компании был создан пенсионный фонд в размере 2,8 млрд дол., т. е. с дефицитом 1,2 млрд. дол.[1]

Такие обязательства по пенсионному обеспечению представляют собой долг, который компании однажды предстоит погасить. Практически для Bethlehem Steel это самая большая статья обязательств, которая в 5 раз больше общей суммы долгосрочных займов, отраженных в ее балансе. Пенсионный фонд стал также и одним из наиболее крупных ее активов, так как его величина равна 40% балансовой стоимости ее зданий и оборудования.

Пенсионная программа компании — это одна из важных сфер вашей деятельности как финансового менеджера. Вы всегда можете получить консультацию у актуария, инвестиционного менеджера, специалиста по пенсионному обеспечению, но деньги (или их отсутствие) — это ваша проблема. Следовательно, вы должны хорошо понимать аргументы, на которые будут опираться все эти консультанты, и предвидеть их последствия для политики компании. Поэтому проблемы пенсионного фонда включены в данную книгу.

Во-первых, кратко будут рассмотрены пенсионные пособия, которые предлагают компании персоналу. Во-вторых, мы посмотрим, как актуарии рассчитывают стоимость этих пособий при составлении баланса пенсионного фонда. Баланс пенсионного фонда влияет на сумму денежных средств, которые компания должна отчислять ежегодно в этот фонд. Наконец, мы увидим, как финансовый менеджер участвует в выработке стратегии пенсионного фонда и текущем контроле за его операциями.

35–1. ТИПЫ ПЕНСИОННЫХ ПРОГРАММ

При выходе на пенсию большинство занятых получает две пенсии. Одна пенсия — социальная — обеспечивается правительством, главным образом за счет взносов на социальное страхование. Другая — частная, которую платит компания. Для категории низкооплачиваемых работников социальная пенсия обычно бывает выше, чем пенсия, которую оплачивает компания; для категории высокооплачиваемых — наоборот.

---

[1] Мы привели в пример Bethlehem Steel, так как у этой компании были необычайно высокие внефондовые обязательства. Большинство крупных компаний в 1988 г. имели пенсионные программы с избыточными фондами, т. е. активы пенсионного фонда превышали обязательства.

В данной главе рассматриваются пенсионные программы, которые создаются и оплачиваются компанией. Лица, которые "обеспечивают свою занятость самостоятельно", и владельцы малых фирм, не зарегистрированных как акционерные общества, могут создавать так называемый план Коха, на который распространяются такие же налоговые льготы, как и на пенсионные программы компаний. Кроме того, любой человек может иметь свою индивидуальную пенсионную программу, которая известна как *индивидуальный пенсионный счет*.

Часто можно услышать, что в жизни существует по крайней мере столько же разных типов пенсионных программ, сколько компаний в экономике США. Вероятно, это замечание справедливо, но все же можно выделить несколько общих категорий.

Почти к половине всех занятых, участвующих в системах частного пенсионного обеспечения, применяется принцип *заранее определенных пенсионных взносов*. В этом случае компания берет обязательство инвестировать установленную сумму каждый год от имени своего работника. Если эти инвестиции эффективны, тогда работник получает большую пенсию; если инвестиции осуществляются неудачно, работник несет потери.

Второй тип пенсионной системы — это программа с *заранее определенными пенсионными выплатами*. При таком варианте компания берет обязательство платить работнику ежемесячно после выхода на пенсию определенную сумму или установленную долю от зарплаты, которую он получает перед выходом на пенсию. Поэтому, принимая этот вариант, компания берет на себя все риски инвестирования.

Некоторые пенсионные программы второго типа предусматривают переговоры компании и профсоюза. Обычно достигнутые путем этих переговоров условия предусматривают равномерные ежегодные выплаты, скажем, 400 дол. за каждый год работы, но в некоторых случаях выплаты ставят в зависимость от двух факторов — стажа работы и зарплаты работника.

Размер выплат в пенсионных программах, разрабатываемых в процессе переговоров с профсоюзами, регулярно меняется с учетом изменений общего уровня зарплаты. Но программы, охватывающие работников с повременной зарплатой, или тех, кто не является членом профсоюза, не пересматриваются таким образом. По отношению к этой группе работников равномерное ежегодное вознаграждение после выхода на пенсию, как правило, привязывается непосредственно к заработной плате. Для этого применяется два разных метода. Метод *средний заработок за всю карьеру* связывает расчет пенсионных выплат со средней зарплатой за срок участия в пенсионной программе. Например, компания могла бы установить пенсию на уровне 2% зарплаты работника за каждый год членства в пенсионной программе.

Поскольку метод среднего заработка за всю карьеру дает относительно низкую степень защиты работника в периоды растущей инфляции, компании все чаще стали переходить к методу *среднего заработка за последний период*, когда размер пенсии связывают со средним вознаграждением работника за последние 5 лет.

Обычно пенсионные программы не предусматривают увеличение размера выплат после того, когда работник уходит на пенсию, но многие компании все же предлагают спонтанные надбавки в периоды высокой инфляции. Некоторые пенсионные системы содержат специальные оговорки о частичной *индексации пенсии в соответствии с показателем стоимости жизни*[2].

Если профессиональная подготовка данной категории работников требовала больших затрат от компании, тогда по отношению к тем, кто уходит из компании раньше срока, компания может пытаться применить своеобразный

---

[2] Планы пенсионного обеспечения государственных служащих предусматривают полную индексацию по показателю стоимости жизни.

штраф путем сокращения пенсионных выплат. Однако законодательство требует, чтобы для любого работника, который увольняется, имея *по крайней мере пятилетний стаж* работы в данной компании, была обеспечена полная сумма пенсионных выплат, которые он заработал за это время. Это право известно как *вестирование*.

В дополнение к основной сумме самой пенсии пенсионные программы обычно предусматривают и другие виды компенсации. Например, в них включают погребальное пособие, которое выплачивают, если смерть работника наступила как до, так и после выхода на пенсию, или могут быть предусмотрены специальные условия для тех, кто увольняется в результате наступления нетрудоспособности.

35-2. УЧАСТИЕ РАБОТНИКОВ В АКЦИОНЕРНОЙ СОБСТВЕННОСТИ И ДРУГИЕ ФОРМЫ ПОСОБИЙ

Пенсии — это не единственный способ поддержки работников компании, вышедших на пенсию. Многие фирмы предлагают медицинские пособия для пенсионеров. В отличие от пенсий, для таких медицинских пособий, как правило, фонд не создается. Их оплачивают из текущих прибылей. Стоимость медицинских пособий не столь велика, как сумма пенсий, но все же они составляют значительную часть небалансовых обязательств компании[3]. В Управлении по стандартам финансового учета планируют включать эти обязательства в баланс компаний.

Компании могут также делать взносы в *программы участия работников в акционерной собственности*. Эти деньги используются для покупки акций компании от имени ее работников. Акции остаются в распоряжении компании до ухода работника на пенсию, а потом либо передаются ему, либо зачисляются на его индивидуальный пенсионный счет.

Может показаться, что программы участия в акционерном капитале построены так же, как и пенсионные системы с заранее определенными взносами. Действительно, компании принимают решение платить определенную сумму денег, а пособие, которое работник получает, в конце концов зависит от курса акций компании.

Тем не менее они *отличаются* от пенсионной программы с определенным заранее взносом по двум важным пунктам. Во-первых, деньги в этом случае вложены в ценные бумаги данной компании, а не в диверсифицированный портфель[4]. Во-вторых, у компании сохраняется гибкость в выборе способов финансирования программ участия работников в собственности. Вместо того чтобы вносить деньги, компания может выпустить новые акции и сделать взнос в форме акций. Кроме того, под программу участия в акционерном капитале можно получить заем для покупки акций компании. Этот заем будет погашаться компанией за счет будущих денежных взносов. (На рисунке 35-1 схематично представлена последовательность платежей для программы, привлекающей займы, и для программы, не привлекающей займы.)

---

[3] Одна из оценок медицинских пособий — 169 млрд дол., что равно 8% совокупного акционерного капитала корпораций (см.: *K.P. Ambachtsheer.* Fixing the Accounting Standards for Pension and Health Care Benefits: Advice for FASB// *F.J. Fabozzi (ed.).* Pension Fund Management from the Sponsor's Perspective. Probus Publishing Company, Chicago, 1989).

[4] В рамках программы участия работников в акционерной собственности средства могут быть инвестированы в обыкновенные или в конвертируемые привилегированные акции компании. Работники могут диверсифицировать до 25% своей доли в программе, если им 55 лет и они являются участниками программы в течение 10 лет, либо у них есть возможность диверсифицировать 50% доли, если им 60 лет.

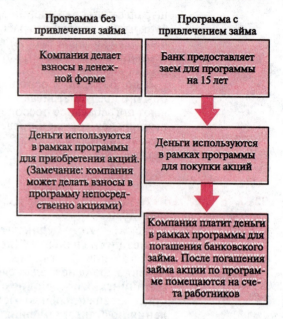

РИСУНОК 35-1
Последствия операций в рамках программ участия работников в акционерной собственности с привлечением и без привлечения займа.

Существует по крайней мере три важных налоговых последствия для программ участия работников в акционерной собственности:

- Взносы компании в такую программу уменьшают налогооблагаемую прибыль точно так же, как и ее взносы в пенсионный фонд. Если принимается решение о выпуске акций для такой программы вместо денежных взносов, у компании есть право вычитать рыночную стоимость этих акций из налогооблагаемой прибыли.
- Компания имеет право уменьшать налогооблагаемую прибыль на сумму дивидендов, выплаченных на акции, внесенные в программу участия работников в акционерной собственности, при условии, что эти дивиденды использованы для погашения займа или выплачены в денежной форме участникам этой программы.
- Для некоторых программ участия, использующих займы, существуют дополнительные налоговые преимущества. Если программа участия работников в акционерной собственности является держателем более половины обыкновенных акций компании, то банки и страховые компании платят налоги только с половины процентов, которые они получают от этой программы. Поэтому они стремятся ссужать таким программам от 80 до 90% средств по статьям, полностью подлежащим налогообложению[5].

Число программ участия в акционерной собственности возрастает очень быстро, и сейчас почти каждый десятый работник — член такой программы своей компании. Луис Келсо, основатель программы участия, называет ее "способом спасения человечества".

Действие этих программ имеет по крайней мере четыре следствия, и у читателя есть возможность самому определить, какое же именно призвано спасти человечество. Первое, как мы уже видели, состоит в том, что программа, как разновидность пенсионной системы, позволяет работникам получать прибыль (в доналоговом исчислении) на их сбережения. Второе следствие: уча-

---

[5] См.: *M. J. Scholes, M. Wolfson*. Empoyee Stock Ownership Plans and Corporate Restructuring: Myths and Realities// Financial Management. 19: 21—28. Spring. 1990.

ствуя в этой программе, работник становится совладельцем компании, а это стимул к более интенсивной и производительной работе. Эффект стимулирования оказывается наиболее значительным, когда успех компании зависит от индивидуального вклада. Но есть здесь и противоречия. Работники, имеющие крупные доли в такой программе, одновременно являются держателями недиверсифицированных портфелей, поэтому они зависят от динамики показателей компании не только как работники, но и как инвесторы. Они могут предпочесть прямую прибавку к их оплате, вместо того чтобы принимать на себя этот дополнительный риск.

Третье следствие такой программы, действующей с привлечением займов, состоит в том, что она дает возможность быстро приобретать крупные пакеты акций. Это позволяет работникам выкупить часть компании (компания Avis *полностью* выкуплена работниками через программу участия), или наличие такой программы может стать средством защиты против поглощения. Например, в декабре 1989 г. газета The Wall Street Journal писала:

> *Корпорация Chevron, объект вероятного поглощения, разработала программу участия работников в акционерной собственности. Участники программы приобретают новый выпуск акций на сумму 1 млрд дол., увеличивая долю работников в капитале до уровня более 15%...*
>
> *Chevron заявила, что новая программа участия получит банковский кредит на 1 млрд дол. для приобретения акций...*
>
> *Инициаторы поглощения компании и эксперты по программам участия считают, что задуманное увеличение доли работников в капитале Chevron выше 15% предназначено для того, чтобы воспользоваться законом Делавэра, который дает владельцам пакета обыкновенных акций в 15% и выше право блокировать любое враждебное поглощение на 3 года*[6].

Это вновь возвращает нас к проблемам, которые обсуждались в главе 33. Привела ли программа участия в акционерном капитале компанию Chevron к снижению ее стоимости и ослаблению позиций на рынке ценных бумаг, поскольку менеджеры и работники оказались изолированными от здорового механизма рынка капиталов? Или этот шаг придал ее менеджерам дополнительную силу для ведения переговоров об условиях поглощения от имени акционеров, чтобы добиться максимально высокой оценки акций Chevron? И каковы были издержки, связанные с созданием программы участия? Преподнесла ли Chevron своему персоналу 1 млрд дол. просто в подарок, или, наоборот, компания сама получила от них 1 млрд дол. в виде дополнительной стоимости?

Четвертое следствие действия программы — это снижение сумм налогов, которые платит компания, так как взносы в программу участия вычитаются из налогооблагаемой прибыли.

Однако проблема в этом случае состоит в правильном определении базы для сравнения. Как мы уже видели, программа участия похожа на пенсионную программу с заранее определенным взносом. Если для программы участия не используются кредиты, тогда налоговые последствия для нее и для пенсионной программы идентичны. В обоих случаях взносы компании вычитаются из прибыли при расчете налогов, и, кроме того, доходы, полученные от инвестиций, осуществленных в рамках этих программ, освобождены от налогов.

Ситуация выглядит сложнее, если программа участия работников в акционерном капитале компании привлекает кредиты. Допустим, корпорация

---

[6] Chevron Creates ESOP to Buy $1 Billion Stake// The Wall Street Journal. December 6. 1989. P. 13.

"Брамс" учреждает программу участия, которая получает заем в размере 200 млн дол. на 10 лет под 10% годовых, и инвестирует эти деньги в покупку акций "Брамс". Каждый год компания должна вносить $0{,}10 \times 200 = 20$ млн дол. в программу участия, чтобы платить проценты по займу.

Эти ежегодные суммы вычитаются из прибыли при расчете налога на прибыль. Поэтому ежегодно в течение 10 лет "Брамс" имеет экономию на налоге на прибыль, или "налоговый щит", в размере $0{,}34 \times 20 = 6{,}8$ млн дол., приведенная стоимость которого за весь период равна 41,8 млн дол. В последнем году "Брамс" делает взнос 200 млн дол., который используется для погашения основной суммы долга[7]. Этот последний взнос также создает "налоговый щит", равный $0{,}34 \times 200 = 68$ млн дол., приведенная стоимость которого — 26,2 млн дол. Общая сумма экономии на налогах, возникшей благодаря программе участия, равна:

	Приведенная стоимость (в млн дол.)
Взносы на покрытие процентов	41,8
Взносы на погашение основной суммы долга	26,2
Итого	68,0

У компании "Брамс" возникли долгосрочные обязательства перед программой участия на сумму 200 млн дол. Таким образом, привлечение займа для программы участия работников в акционерном капитале снизило кредитоемкость самой компании. Вместо создания программы с привлечением кредита компания "Шуберт" использует тот же потенциал кредитоемкости непосредственно путем получения займа в банке на сумму 200 млн дол. Получив эти деньги, компания вносит их в пенсионную программу с заранее определенными взносами. Так как подобные взносы вычитаются при расчете налогооблагаемой прибыли, компания "Шуберт" сразу же получает экономию на налоге на прибыль, равную $0{,}34 \times 200 = 68$ млн дол. Ежегодно в течение 10 лет компания платит процент по займу $0{,}10 \times 200 = 20$ млн дол., который ведет к образованию "налогового щита" за весь период, приведенная стоимость которого — 41,8 млн дол. Наконец, в конце 10 года "Шуберт" погашает долг. Общая стоимость "налогового щита" для компании "Шуберт", созданного выплатой процента и пенсионными взносами, составляет:

	Приведенная стоимость (в млн дол.)
Выплата процента	41,8
Взнос в пенсионную программу	68,0
Итого	109,8

Итак, программа участия с привлечением кредита, созданная компанией "Брамс", действительно дала экономию на налоге на прибыль, но стоимость полученного "налогового щита" ниже, чем в случае получения компанией "Шуберт" займа, предназначенного для финансирования ее пенсионной программы. Эти результаты обобщены в таблице.

---

[7] Взносы на погашение основной суммы долга вычитаются из прибыли до налогообложения только в пределах 25% общей суммы пособий. На практике заем для программы участия обычно погашается частями. Мы исходим из предположения о разовой сумме погашения только для упрощения расчетов в примере.

ГЛАВА 35. Пенсионные программы

Потоки денежных средств компаний (в млн дол.)					
"Брамс" — программа участия работников в акционерной собственности с привлечением займа			"Шуберт" — получение займа для финансирования пенсионной программы		
	До налогов	После налогов		До налогов	После налогов
Год 0			Заем	+200	+200
			Пенсионный взнос	−200	−132
			Итого	0	+64
Годы 1—10					
Взнос по программе	−20	−13,2	Выплата процентов	−20	−13,2
Год 10			Погашение основной		
Взнос по программе	−200	−132	суммы займа	−200	−200

Как видно из таблицы, ежегодные потоки денежных средств до уплаты налогов у компаний одинаковы, но "Шуберт" имеет возможность вычесть 200 млн дол. сразу же, в году 0, в то время как взнос компании "Брамс" на ту же сумму повлияет на налоговые выплаты только на 10-й год[8].

Каков же вывод? Речь идет не о том, что программа участия не хороша с точки зрения экономии на налогах, а о том, что пенсионные программы в некоторых случаях лучше[9]. В действительности и пенсионные программы, и программы участия в акционерном капитале обладают важными преимуществами с точки зрения налогообложения, которые будут рассмотрены в разделе 35—4.

Более того, правила расчета налогов для программы участия необычайно усложнены даже по меркам Налоговой службы, и наши расчеты — это еще не конец. Например, дивиденды, которые платит компания на акции, находящиеся в программе участия, вычитаются из налогооблагаемой прибыли, если эти дивиденды использованы для погашения займа или распределены между работниками. Иначе говоря, эта программа позволяет этой категории акционеров избежать двойного налогообложения дивидендов[10]. В некоторых случаях эта особенность программы участия может склонить чашу весов в их пользу, а не в сторону пенсионных программ, привлекающих заемный капитал[11].

---

[8] Отметьте, что работникам компаний "Брамс" и "Шуберт" причитаются абсолютно одинаковые суммы. Возможно, компании вернут часть этих денег, сэкономив на снижении зарплаты в будущем, так как дополнительные взносы приведут к росту пенсионных пособий.

[9] Наши расчеты "налоговых щитов" строятся на формуле ММ скорректированной на налоговый фактор (см. раздел 18—1). Это может привести к переоценке налоговых преимуществ использования заемного капитала. Однако, пересчитав наш пример с учетом более низких налоговых преимуществ, мы увидим, что "Шуберт" все равно опережает "Брамс".

[10] Многие компании не пользуются преимуществами, вытекающими из этого правила (см.: S. Chaplinsky, G. Niehaus. The Tax and Distributional Effects of Leveraged ESOPs // Financial Management. 19: 29—38. Spring. 1990.

[11] Существуют и другие особые налоговые преимущества. Если программа участия компании "Брамс" увеличивается настолько, что охватывает свыше 50% акций компании, банк может избежать 50% налогов на проценты, полученные на программу участия, привлекавшую заем, и может передать часть этой экономии компании в форме сверхнизкой процентной ставки. "Брамс" может оценить стоимость такого займа (следуя процедурам, рассмотренным в начале раздела 19—4) и затем вычесть его чистую приведенную стоимость из общей величины затрат на программу участия работников в акционерной собственности.

35—3. БАЛАНС ПЕНСИОННОЙ ПРОГРАММЫ

Оценка пенсионных обязательств

Вернемся к проблемам пенсионных программ. Обязательства пенсионной программы состоят из общей суммы пенсий персоналу, в настоящее время занятому в компании, и ее работникам, уже ушедшим на пенсию. Со всеми этими работниками может произойти и происходит много разных событий. Некоторые уходят из компании и поэтому получат только вестированные пенсионные пособия. Кто-то может умереть, и тогда их наследники получат пособие по случаю смерти до ухода на пенсию. Многие работники продолжат свою карьеру в этой компании вплоть до выхода на пенсию и будут получать свои пенсионные пособия до смерти. И так далее. Поэтому задача актуария состоит в анализе структуры занятости в компании и определении вероятного количества работников каждой категории, а также в оценке размеров пособий, которые с учетом вероятных тенденций занятости в компании они могут от нее получить. Затем эти будущие суммы пособий дисконтируются, чтобы определить их приведенную стоимость для компании, которую она должна откладывать, чтобы выполнить свои обязательства перед каждым членом пенсионной программы, т. е. ее совокупные пенсионные обязательства.

Правая сторона таблицы 35-1 показывает структуру и состав обязательств пенсионной программы компании "Восточный дом". Стоимость пенсий, которые нынешние и бывшие работники компании заработали к настоящему времени в соответствии со своим трудовым вкладом, является *текущими обязательствами пенсионной программы*. Например, госпожа Черняк отработала в компании 10 лет и в настоящее время получает 30 000 дол. в год. Для расчета пособия используем принцип, по которому она при уходе на пенсию получит ежегодно по $1/60$ ее зарплаты за каждый год работы в компании. Значит, к настоящему времени госпожа Черняк имеет право на годовое пенсионное пособие, равное $10/60$ от 30 000 дол., или 5000 дол. Приведенная стоимость этой обещанной суммы пенсии в 5000 дол. будет записана как часть текущих обязательств пенсионной программы, которые в целом равны 80 млн дол.

Предположим, что если госпожа Черняк и дальше будет работать в этой компании, ее зарплата возрастет до 72 000 дол. в год к моменту ухода на пенсию. В этом случае пенсия, которую она получила бы за работу в течение 10 лет, теперь должна быть оценена не в 5000 дол., а в 12 000 дол. ($10/60$ от 72 000). Приведенная стоимость будущей дополнительной части в 7000 дол. в год вошла бы в состав 40 млн дол., которые показывают в балансе обязательства пенсионной программы, связанные с будущим ростом зарплаты.

Суммы текущих обязательств и обязательств в связи с будущим ростом зарплаты образуют *начисленные обязательства за прошлые услуги*. Для компании "Восточный дом" начисленные обязательства по пенсиям составляют 80 + 40 = 120 млн дол.

ТАБЛИЦА 35-1
Баланс пенсионной программы компании "Восточный дом" (в млн дол.)

Активы		Пассивы	
Пенсионный фонд	110	Текущие обязательства	80
Внефондовые обязательства	10	Обязательства, связанные с будущим ростом зарплаты	40
		Начисленные обязательства за прошлые услуги	120
Приведенная стоимость взносов за будущие услуги	60	Обязательства, связанные с будущими услугами	60
Итого активы	180	Итого обязательства	180

ГЛАВА 35. Пенсионные программы

Наконец, актуарий должен учитывать, что госпожа Черняк и ее коллеги с определенной вероятностью продолжат работать на компанию, а значит, будут иметь право на дополнительные пенсионные выплаты, общая сумма которых, или *обязательства компании, связанные с будущими услугами персонала*, для "Восточного дома" составят 60 млн дол.

Оценка активов пенсионной программы

Проанализируем теперь актив баланса пенсионной программы. Первая статья актива — это **пенсионный фонд**. Он возник из прошлых взносов компании. Как правило, эти взносы компания платит в трастовый фонд, и он их инвестирует в диверсифицированный портфель ценных бумаг. Когда актуарии рассчитывают баланс пенсионной программы, они иногда включают в пенсионный фонд активы по рыночной стоимости. Но все же чаще используется метод, который позволяет сгладить колебания рыночной стоимости.

Пенсионный фонд компании "Восточный дом" оценен в 110 млн дол. Если пенсионная программа сегодня перестанет действовать, у компании будет достаточно средств для покрытия ее текущих обязательств в сумме 80 млн дол. Однако активы, из которых состоит пенсионный фонд, недостаточны для оплаты дополнительной стоимости обязательств, связанных с будущим ростом зарплаты. Этот дефицит называется *внефондовые обязательства*. Для компании "Восточный дом" это выглядит так:

$$\text{Внефондовые обязательства} = \text{начисленные обязательства за прошлые услуги} - \text{активы пенсионного фонда} =$$

$$= 120 - 110 = 10.$$

Вторая статья актива пенсионной программы — это взносы, которые компания должна сделать, чтобы иметь возможность покрыть обязательства по пенсиям, связанные с будущими услугами персонала. Не кажется ли странным, что взносы, которые еще предстоит сделать когда-то в будущем, рассматриваются как актив? Для облегчения понимания этого кажущегося противоречия можно представить эти будущие взносы как долг, который компания начала выплачивать. Право пенсионной программы на будущие взносы является для нее активом в той же мере, как и инвестиции в облигации компании.

Определение пенсионных взносов

Баланс пенсионной программы обеспечивает актуария основными данными, необходимыми для расчетов потребности компании во взносах в пенсионный фонд.

Допустим, что активов пенсионного фонда достаточно, чтобы покрыть начисленные обязательства за прошлые услуги. Тогда в балансе не присутствовали бы внефондовые обязательства, и компании нужно было бы просто вносить в пенсионный фонд ежегодно стоимость дополнительных пенсий, которые заработаны в течение года. Такие регулярные взносы называются *нормальными затратами*.

Актуарии используют несколько методов для оценки нормальных затрат. Один из них заключается в том, чтобы определить, сколько нужно было бы инвестировать сегодня, чтобы обеспечить пособия, заработанные в течение данного года[12]. Когда речь идет о молодых работниках, то надо учитывать, что у компании больше времени для начисления процентов на такие инвестиции, и поэтому сумма, которую ей надо внести, достаточно мала. Однако по мере

---

[12] Этот метод известен как метод *затрат по начисленным пособиям*.

приближения работников к пенсионному возрасту компании необходимо делать растущие ежегодные взносы.

Вместо принципа *растущих* годовых взносов по мере приближения работников к пенсионному возрасту многие актуарии используют метод, который направлен на выравнивание сумм ежегодных взносов. При расчетах по методу *равномерных затрат* компания должна вносить ежегодно равные суммы для каждого работника или равные доли от годового фонда зарплаты.

По мере роста начисленных обязательств компания делает соответствующие взносы в пенсионный фонд. Таким образом, если все идет нормально, стоимость инвестиций в пенсионный фонд должна соответствовать величине начисленных обязательств. Однако в реальной жизни события редко происходят по заданной схеме, и поэтому стоимость пенсионного фонда может оказаться ниже суммы начисленных обязательств. В этой ситуации о пенсионной программе говорят, что она *является внефондовой* (не обеспеченной фондами). В случае с компанией "Восточный дом" программа была не обеспечена фондами на 10 млн дол.

Возможны несколько причин, которые ведут к такой ситуации:

1. Произошло снижение рыночной стоимости ценных бумаг, входящих в портфель пенсионного фонда.
2. Актуарий завысил свои оценки темпа роста зарплаты.
3. Профсоюзы на переговорах с предпринимателями добились повышения уровня пенсионных пособий[13].

Конечно, возможны и приятные неожиданности. Например, если инвестиции обеспечивают более высокую доходность, чем ожидалось, стоимость пенсионного фонда будет выше, чем начисленные обязательства. Такая пенсионная программа считается *сверхфондовой*.

Правительство США относится к этим двум типам пенсионных программ — внефондовым и сверхфондовым — с повышенным вниманием. Если программа не обеспечена фондами, правительство обеспокоено тем, что у компании может не хватить средств для выплаты пенсий, когда наступит срок платежей. Поэтому от таких компаний требуют постепенно восполнять этот дефицит. Если же программа обеспечена фондами с избытком, правительство озабочено тем, что компании используют пенсионные фонды как средство отсрочить налоги (пенсионные взносы вычитаются при определении налогооблагаемой прибыли). Следовательно, таким компаниям не разрешается делать дальнейшие взносы до тех пор, пока этот избыток не исчезнет.

О некоторых допущениях в актуарных расчетах

Когда вы изучаете баланс пенсионной программы, полезно помнить, что данные о его активах и пассивах являются следствием целого ряда рассуждений. Две наиболее трудные проблемы расчетов состоят в прогнозировании темпов роста номинальной зарплаты и выборе ставки дисконтирования прогнозных сумм пенсионных выплат. В некоторых пенсионных программах применяют ставку дисконта *ниже* прогнозного темпа роста зарплаты, в других, наоборот, ставка дисконта берется на 5% *выше*, чем прогнозный темп роста зарплаты. Выбор ставки дисконта существенно влияет на оценку стоимости обязательств пенсионной программы.

Многие компании пришли к выводу, что изменения в допущениях, которые применяют в анализе актуарии, могут буквально творить чудеса в оценке прибылей компании. Увеличивая ставку дисконта, вы уменьшаете приведен-

---

[13] Эти три причины обычно называют соответственно: *потери от падения рыночной стоимости ценных бумаг, потери от изменения допущений и дополнительные обязательства*.

ГЛАВА 35. Пенсионные программы

ную стоимость обязательств пенсионной программы, снижаете ежегодные взносы в пенсионный фонд и, следовательно, увеличиваете прибыли, показанные в финансовой отчетности компании. Ставки дисконта в пенсионных расчетах всегда несколько "вязки": они не возрастают резко, даже когда рыночные процентные ставки взлетают очень высоко. Во многих пенсионных программах актуариям "развязывают руки": выделяют долю пенсионного фонда, которая требуется для покрытия постоянных сумм пенсионных выплат, инвестируя затем эти деньги в "специальный" портфель облигаций, который генерирует потоки денежных средств, в точности покрывающие постоянные обязательства[14]. В 1984 г. компания Bethlehem Steel связала таким образом 45% своего инвестиционного портфеля, вложив 1,3 млрд дол. в облигации с доходностью 14,25%. В результате сумма обязательств, которые были обеспечены этим портфелем облигаций, дисконтировалась по ставке 14,25%, а не по 8%, как другие обязательства пенсионной программы.

Закон о пенсионном обеспечении работников, взносы в пенсионный фонд и страхование пенсий

Представим себе пенсионную систему, в которой пенсионные программы не обеспечиваются фондами. Компания ничего не откладывает. Она просто ожидает момента, когда необходимо начать выплату конкретных пенсий, и платит их из текущей прибыли. Эта система успешно функционирует, если компания растет и процветает; но если наступят тяжелые времена, у нее не будет денег, чтобы выплачивать пособия пенсионерам.

Законодательство пытается предотвратить такое положение двумя способами. Во-первых, устанавливается требование минимального взноса в пенсионный фонд и, во-вторых, обеспечиваются гарантии того, что пенсии будут выплачены.

До 1974 г. правила формирования пенсионных фондов были достаточно небрежными. Некоторые компании предлагали значительные надбавки к текущим пенсионным пособиям, но не осуществляли никаких взносов для покрытия дополнительных обязательств. В результате стоимость их пенсионных фондов оказывалась существенно ниже обязательств. Закон о пенсионном обеспечении работников ввел более строгие правила. Компании теперь обязаны покрывать величину нормальных затрат, т. е. делать регулярные взносы, и амортизировать любые дополнительные обязательства.

В 1964 г. компания Studebaker закрыла свой завод в штате Индиана, и действие ее пенсионной программы завершилось. Все занятые на этом заводе получили право на пенсионные пособия в размере всех начисленных обязательств. Но у компании в ее пенсионном фонде не было достаточной суммы денег, чтобы покрыть эти обязательства, и поэтому многие работники не получили обещанной пенсии. Чтобы не допустить подобных провалов, в соответствии с Законом о пенсионном обеспечении работников создана Корпорация по гарантиям пенсионных пособий. Если пенсионная программа заканчивается, а ее средств недостаточно, чтобы удовлетворить требования по пенсиям, эта Корпорация покроет основную часть дефицита. Однако Конгресс не преследовал тем самым цель создать компании условия для уклонения от их обязательств по пенсиям. Закон о пенсиях предусматривает для Корпорации по гарантиям покрытие дефицита за счет самой компании. Требования Корпорации на активы компании (в пределах до 30% ее акционерного капитала) относятся к той же категории, что и требования налоговых ин-

---

[14] Инвестиционный менеджер старается найти наименее дорогой пакет облигаций, который в точности хеджирует эти пенсионные обязательства (см. главу 25). Эта проблема может быть решена методами линейного программирования (см.: *S.D. Hodges, S.M. Schaefer*. A Model for Bond Portfolio Improvement// Journal of Finance and Quantitative Analysis. 12: 243—260. June. 1977).

кассаторов, т. е. являются *первоочередными по отношению к кредиторам, предоставившим необеспеченные займы*. Если же требование превышает 30% акционерного капитала компании, то сумма сверх этих 30% будет рассматриваться как часть общего необеспеченного долга компании.

Особо отметим большое значение этих изменений, внесенных законом. Раньше пенсионные программы представляли собой, по существу, "бумажные" обещания — компания могла прервать их действие в любой момент. Если пенсионный фонд был слишком мал, от этого страдали работники компании. Со времени вступления в действие закона пенсии персонала эффективно защищены. Внефондовые пенсионные обязательства компании относят к категории суперпервоочередных долгов. Поэтому когда финансовый аналитик готовит рейтинг облигаций компании или когда банк принимает решение о предоставлении ей ссуды, тщательно изучаются не только обязательства компании, показанные в ее балансе, но ее потенциально большой долг перед Корпорацией по гарантиям пенсионных пособий[15].

Прекращение действия пенсионной программы

Как мы уже видели, актуарий определяет приведенную стоимость обязательств, дисконтируя прогнозные суммы пенсионных выплат. Высокая процентная ставка приводит к снижению приведенной стоимости, а низкая, наоборот, увеличивает приведенную стоимость обязательств. Конечно, уровень процентных ставок влияет и на стоимость облигаций и акций, которые входят в пенсионный фонд, но в меньшей степени. Если использовать терминологию главы 25, мы должны сказать, что активы пенсионной программы имеют меньшую продолжительность жизни, чем ее обязательства. Таким образом, когда процентные ставки растут, пенсионные программы могут иметь избыточные активы, а когда процентные ставки снижаются, пенсионные программы, как правило, имеют недостаточно активов для покрытия обязательств.

Высокие процентные ставки и бурный рост цен на акции, которые наблюдались в первой половине 80-х годов, привели к появлению избыточных активов у многих пенсионных программ. Компании в ряде случаев пытались использовать эти избыточные активы в интересах своих акционеров. Они аргументировали это тем, что если Закон о пенсионном обеспечении налагает на их акционеров ответственность за недостаток средств в пенсионном фонде, то именно акционеры и должны пользоваться преимуществами избыточных активов. Единственный способ, который мог позволить им это сделать, — это прекращение действия прежней пенсионной программы и учреждение новой. Многие компании применили этот прием. Например, в 1986 г. Exxon изъяла более 1 млрд дол. избыточных фондов из пенсионной программы[16]. Руководство компании было также обеспокоено, что другие фирмы могут попытаться поглотить ее, чтобы прекратить действие пенсионной программы и использовать ее избыточные активы. Ответной реакцией на подобные действия у ряда компаний стало либо использование избыточных активов своих

---

[15] По вопросу о том, как в рейтинге облигаций агентства Moody отражаются пенсионные обязательства, см.: ERISA — A Bond Rater's View// Moody's Bond Servey. February. 1978. Конечно, крупные внефондовые пенсионные обязательства влияют не только на заимодателей. М. Фелдштейн и Р. Морк собрали доказательства того, что в ценах на акции также отражаются пенсионные обязательства (см.: *M. Feldstein and R. Morck.* Pension Funding Decisions, Interest Rate Assumptions and Share Prices// *Z.Bodie, J. Shoven (eds.).* Financial Aspects of the United States Pension System. University of Chicago Press, Chicago, 1983).

[16] Взносы в программу вычитаются из налогооблагаемой прибыли, а изъятия подлежат налогообложению. На самом деле Конгресс в целях уменьшения изъятий ввел на них 10%-ный дополнительный налог. Однако в 1986 г. компания Exxon понесла существенные убытки на выплате налога, которые она смогла использовать для уменьшения своих налоговых обязательств (в 1988 г. этот дополнительный налог был повышен до 15%).

ГЛАВА 35. Пенсионные программы

пенсионных программ[17], либо достижение соглашения с участниками пенсионных программ, что в случае предложения о поглощении персонал компании получит этот избыток.

Может показаться, что раз пенсионные программы находятся в таком благополучном положении, то Корпорация по гарантиям пенсионных пособий могла бы прекратить свою деятельность. Однако были случаи и крупных неплатежей, которые угрожали платежеспособности самой Корпорации. В 1985 г. прекращение действия пенсионных программ компаний Allis-Chalmers и Wheeling-Pittsburg Steel стоили Корпорации 650 млн дол. Но это еще были лишь "цветочки" по сравнению с результатами банкротства компании LTV, которое обошлось Корпорации в 2 млрд дол.

Как реагировала Корпорация по гарантиям на эти огромные расходы? Во-первых, она добилась внесения изменений в закон, препятствующих компаниям прекращать действие своих пенсионных программ до тех пор, пока компания не объявлена банкротом, или до тех пор, пока она не способна обслуживать пенсионную программу.

Во-вторых, Корпорации по гарантиям пенсионных пособий удалось добиться увеличения базовой страховой премии, требуемой от компаний, до 16 дол. на одного члена пенсионной программы. Она также отстаивала тезис о том, что одинаковая страховая премия ведет к ситуации, в которой надежные компании платят за ошибки своих менее осторожных собратьев. Конгресс предоставил Корпорации право взимать более высокие страховые премии с компаний, имеющих внефондовые пенсионные программы.

Бухгалтерский учет пенсионной программы

В течение многих лет компании должны были отражать активы и пассивы пенсионных программ только в примечаниях к отчетности. Этот порядок был изменен Управлением по стандартам финансового учета, и теперь компании обязаны отражать пенсионные обязательства в своих балансах.

Чтобы определить наличие такого обязательства, бухгалтер должен сравнить стоимость активов пенсионного фонда с приведенной стоимостью пенсий, которые персонал компании заработал своим прошлым трудом к данному моменту. Актуарий назвал бы эту стоимость обязательств *текущими обязательствами пенсионной программы*. На языке бухгалтера эта сумма называется *начисленные обязательства по пенсионным пособиям*. Если активы пенсионного фонда превышают начисленные обязательства по пенсиям, в балансе компании не будут отражены никакие пенсионные обязательства. Но если активы пенсионного фонда *ниже* начисленных обязательств, эта разница должна быть отражена как обязательство в балансе компании.

Если инвестиционный климат был неблагоприятным для пенсионного фонда в течение данного отчетного года или если стоимость начисленных обязательств по пенсиям возросла, обязательства по пенсиям могут неожиданно появиться в балансе компании (либо уже отраженное в нем обязательство существенно возрастет). Такая перспектива беспокоит многих финансовых менеджеров. Для смягчения подобных ситуаций существует два механизма. Первый дает возможность распределить отрицательную разность между активами пенсионного фонда и начисленными обязательствами на несколько лет. Второй основан на признании Управлением по стандартам финансового учета стимулирующей роли пенсионных пособий и их влияния на производительность труда. В соответствии с этим, если рост стоимости пенсионных обязательств ведет к росту

---

[17] Заявление фирмы о том, что она собирается использовать свой пенсионный избыток, как правило, приводит к необычно резкому росту цен на акции (см., например, *M.J. Alderson, K.C. Chen*. The Stockholder Consequences of Terminating the Pension Fund// Midland Corporate Finance Journal. 4: 55–61. Winter. 1987).

дефицита, компании разрешено показать в балансе уравновешивающий нематериальный актив, который отражает потенциальный выигрыш от роста производительности труда персонала. На этот нематериальный актив может затем в течение нескольких лет начисляться амортизация — до тех пор, пока не ослабеет память о полученных ранее дополнительных выгодах и работники не начнут интересоваться: "А что вы для нас сделали за последнее время?" Правда ведь, бухгалтерский учет — замечательная штука?

Управление по стандартам финансового учета в стандарте 87 также устанавливает порядок расчета затрат на пенсионное обеспечение, которые вычитаются из отчетной прибыли. Они состоят из четырех компонентов:

1. *Затраты по выплате процентов.* Компания начинает отчетный год, имея пенсионные обязательства, похожие на долг. Стоимость такого "долга" для компании равна процентной ставке, умноженной на обязательства по пенсиям[18].
2. *Стоимость услуг.* В течение года работники компании зарабатывают дополнительные суммы к своим пенсионным пособиям. Затраты компании, вызванные этим приростом пенсионных пособий, называются *стоимостью услуг.*
3. *Амортизация дефицита.* Если у компании имеется накопленная отрицательная разность между стоимостью пенсионных фондов и стоимостью начисленных обязательств по пенсиям, ей придется оплатить ее со временем.
4. *Ожидаемая доходность инвестиций.* Затраты, возникшие у компании по пунктам 1, 2 и 3, частично перекрываются доходами, которые компания ожидает получить от активов, входящих в пенсионный фонд.

Затраты - нетто равны:
```
  (1) Затраты по процентам
+ (2) Стоимость услуг
+ (3) Амортизация дефицита
− (4) Ожидаемый доход от инвестиций
─────────────────────────────────────
= Затраты на пенсионное обеспечение (нетто).
```

Затраты на пенсионное обеспечение (нетто) могут оказаться ниже или выше, чем действительная сумма денежных средств, которые компания перечислила в пенсионный фонд в отчетном году.

Изменение, внесенное стандартом 87 в бухучет пенсионных программ, заставило компании включать свои пенсионные обязательства в баланс, и в результате мозаичный набор подходов, которые компании использовали раньше, был заменен принципом логичной последовательности. Однако некоторые оппоненты новых правил считают, что возможность распределять дефицит пенсионных фондов на ряд лет и тем сглаживать его влияние на самом деле ничего не меняет. Казначеи корпораций озабочены, что влияние пенсионных программ на баланс и отчет о прибылях может оказаться болезненным для компаний. Они считают, что показатели долговой нагрузки ухудшатся, и это приведет к ужесточению условий кредитных договоров. Высказывается также мнение, что прибыли компании в результате новых правил подготовки финансовой отчетности все менее отражают основные перспективы данного бизнеса.

---

[18] При расчете расходов на выплату процентов бухгалтер учитывает как обязательства по уже заработанным пенсиям, так и обязательства в связи с будущими повышениями заработной платы. Бухгалтеры называют это обязательством по прогнозным платежам. Актуарий сказал бы, что он умножает ставку процента на *накопленные обязательства.*

ГЛАВА 35. Пенсионные программы

35-4. УПРАВЛЕНИЕ ПЕНСИОННЫМ ФОНДОМ

Существует два способа финансирования пенсионной программы. Работодатель может заключить договор со страховой компанией, по которому он платит пенсионные взносы страховой компании, а она гарантирует определенный уровень пенсионных пособий. Наиболее распространенной процедурой, охватывающей до 70% суммы пенсионных взносов, стал второй способ: деньги передаются трастовому фонду.

В некоторых компаниях назначают собственного инвестиционного менеджера для управления трастовым фондом, но в подавляющем большинстве случаев управление трастовым фондом поручается одному или одновременно нескольким банкам или инвестиционным компаниям. Однако финансовый менеджер компании по-прежнему несет ответственность за планирование стратегии развития фонда и осуществляет текущий контроль за деятельностью менеджера по инвестициям. Рассмотрим кратко эти обязанности.

Риск и политика пенсионного фонда

Некоторые менеджеры придерживаются мнения, что можно сократить затраты на пенсионные системы, инвестируя средства пенсионного фонда в ценные бумаги с повышенным риском и более высокой ожидаемой доходностью. Однако если ценные бумаги оценены верно, невозможно увеличить *приведенную стоимость* пенсионного фонда, меняя его структуру.

Хотя структура пенсионного фонда не способна изменить размер всего "пирога", при некоторых обстоятельствах он может влиять на величину отдельных его кусков. Например, до введения Закона о пенсионном обеспечении работников не существовало гарантий по пенсионным пособиям: если доходы пенсионного фонда были недостаточны, работники теряли пенсии. Но если инвестиции в активы пенсионного фонда приносили больше, чем ожидалось, работники получали не более того, что им было обещано, и тогда акционеры могли использовать это неожиданное вознаграждение в форме сниженных отчислений на взносы в пенсионный фонд. Таким образом, работники компании несли часть инвестиционного риска, но никаких дополнительных вознаграждений за риск не получали[19].

Благодаря Корпорации по гарантиям пенсионных пособий работники в настоящее время защищены от последствий рискованной инвестиционной политики. Однако Корпорация часто вынуждена искать "лекарство", когда управление пенсионным фондом неудовлетворительно. Компании, близкие к банкротству, имеют стимул вносить минимальные суммы в фонд и инвестировать его средства в относительно рискованные ценные бумаги[20].

---

[19] Оппортунистическая компания выигрывала на стоимости своего опциона на невыплату обещанных пенсий. Увеличивая риск фонда, менеджеры повышают стоимость опциона на невыплату пенсий. Как мы объяснили в главе 20, опцион на невыплату является нижней границей опциона "пут". Подробнее о пенсионном опционе "пут" см.: *W. Bagehot (pseud.).* Risk and Reward in Corporate Pension Funds// Financial Analysts Journal. 28: 80—84. January—February. 1972; *J.L.Treynor, W. Priest, P.Regan.* The Financial Reality of Pension Funding under ERISA. Dow Jones-Irwin, Inc., Homewood, Ill., 1976.

[20] Однако мы не хотели бы создать у вас впечатление, что можно все. Мы уже знаем, что Закон о пенсионном обеспечении устанавливает минимальный уровень для отчислений в фонды, который обязывает инвестиционных менеджеров к соблюдению осторожности. Компании с недостаточно фондированными программами должны также платить более высокую страховую премию в Корпорацию по гарантиям, но поскольку плата является одинаковой для всех внефондовых программ, то компании может показаться, что "где нет проблем с пенни, там будет все нормально и с фунтом".

Налоги и политика пенсионного фонда

Гарантии, которые предоставляет Корпорация, подталкивают компании к дефицитному финансированию их пенсионных программ и инвестированию средств в рисковые ценные бумаги. Но существует серьезный налоговый эффект, который действует в противоположном направлении и вдохновляет финансовых менеджеров на финансирование пенсионной программы с *избытком* активов и инвестированию средств фонда в облигации.

Взносы компании в пенсионный фонд, как уже отмечалось, уменьшают налогооблагаемую прибыль и в этом отношении похожи на затраты на оплату труда. С другой стороны, физические лица платят налог с пенсий так же, как они платят налоги с зарплаты. Однако пенсионные программы действительно обладают одним преимуществом: инвестиционные доходы пенсионных программ не облагаются налогами, и поэтому компания имеет возможность получить на сбережения, отчисленные в пенсионный фонд, норму доходности в доналоговом исчислении. Фишер Блэк и Ирвин Теппер высказали мнение о том, что эти налоговые льготы оказывают серьезное влияние на инвестиционную политику компаний[21].

Допустим, компании нужно платить пенсии в размере P долларов ежегодно в течение неопределенного времени, но она не создавала никакого пенсионного фонда. Компания платит пенсии из текущих прибылей по мере наступления срока платежей. Так как пенсионные расходы уменьшают налогооблагаемую прибыль, то чистые годовые затраты компании на пенсионные выплаты составят $(1-T_c)P$.

Альтернативная стратегия пенсионных накоплений показана в таблице 35-2. Вместо того чтобы дожидаться момента пенсионных выплат, компания может получить заем на сумму P/r и внести эти деньги в пенсионный фонд. Так как взносы в пенсионный фонд вычитаются из прибыли при налогообложении, компания получит мгновенную экономию на налоге на прибыль, равную $T_c P/r$. Если средства пенсионного фонда вложены в корпоративные облигации, то ежегодно эти инвестиции дают доход, равный $r \times (P/r) = P$, которого как раз достаточно для выплаты будущих пенсий. Кроме того, компании нужно платить проценты по займу, которые в посленалоговом выражении составят:

$$(1-T_c)r \times \frac{P}{r} = (1-T_c)P$$

Обе стратегии связаны с предстоящими в будущем оттоками денег на сумму $(1-T_c)P$, но вторая стратегия обеспечивает немедленную экономию денежных средств, равную $T_c P/r$. Следовательно, выгоднее взять деньги в долг и передать эти средства в пенсионный фонд, чтобы инвестировать их в облигации.

Кажется, что преимущества второй стратегии вытекают из самого факта принятия решения о создании специального фонда для финансирования пенсионной программы, но это не так. Создание такого фонда само по себе не дает преимуществ. Выигрыш возникает только потому, что компания получает заем, по которому ей надо платить процентную ставку в *посленалоговом* выражении, и получает процент на облигации в портфеле по ставке в доналоговом выражении[22]. Общий вывод таков: чем больше сумма, которую компания может вне-

---

[21] См.: *F. Black.* The Tax Consequences of Long-Run Pension Policy// Financial Analysts Journal. 36: 1–28. July–August. 1980; *I. Tepper.* Taxation and Corporate Pension Policy// Journal of Finance. 36: 1–14. March. 1981.

[22] Допустим, что прибыль пенсионного фонда облагается налогом по ставке T. Тогда согласно стратегии 2 фирма должна будет перечислить в пенсионный фонд $P/r(1-T_c)$. Посленалоговые затраты составят $(1-T_c)[P/r(1-T_c)] = P/r$, что в точности соответствует сумме займа. Таким образом, стратегия 2 не принесет преимуществ с позиций денежного потока по сравнению со стратегией 1. Постарайтесь переделать таблицу 35-3 с учетом этого допущения.

ГЛАВА 35. Пенсионные программы

ТАБЛИЦА 35-2
Две стратегии пенсионных выплат в размере P дол. в год, в форме бессрочной ренты

	Текущие потоки денежных средств	Будущие потоки денежных средств
Стратегия 1:		
Выплата пенсий в момент наступления срока платежа	—	$-(1-T_c)P$
Стратегия 2:		
1. Заем в размере P/r	$+P/r$	$-(1-T_c)r \times (P/r) = -(1-T_c)P$
2. Взнос в размере P/r в фонд	$-(1-T_c)P/r$	—
3. Инвестирование фонда в корпоративные облигации	—	$r \times (P/r) = +P$
4. Выплата пенсий из прибыли пенсионного фонда	—	$-P$
Итого денежные потоки по стратегии 2	$+T_cP/r$	$-(1-T_c)P$
Преимущество денежного потока по стратегии 2 по сравнению со стратегией 1	$+T_cP/r$	—

сти в пенсионный фонд сейчас, тем больше выигрыш от этой операции налогового арбитража.

Пример. Теперь используем конкретные данные. Допустим, ваша компания планирует отчислять в фонд 10 млн дол. в год в течение неопределенного времени для финансирования пенсионных пособий. Поскольку в этом случае отчисления уменьшают налогооблагаемую прибыль и ведут к экономии на налоге на прибыль, отток денежных средств должен быть показан в посленалоговом исчислении: $(1-0{,}34)10 = 6{,}6$ млн дол. в год. Именно эта сумма должна быть проставлена в первой строке таблицы 35-3.

Вторая часть таблицы 35-3 показывает, что произойдет, если следовать рекомендациям Блэка и Теппера. Вы получаете заем на сумму 100 млн дол. под 10% годовых. Каждый год по этому долгу надо платить проценты на сумму $(1-0{,}34)10 = 6{,}6$ млн дол., т. е. как раз такую сумму, которую вам надо выплачивать в виде пенсий (в посленалоговом выражении). Полученные в кредит деньги направляются в пенсионный фонд, и его менеджер инвестирует их в облигации с доходностью 10%. Значит, каждый год пенсионный фонд создает доходы на сумму $0{,}10 \times 100 = 10$ млн дол., которые достаточны для выплаты пенсионных пособий. Таким образом, один вид постоянных издержек в 6,6 млн дол. в год (проценты по займу) замещается другим (затраты на пенсии). Все будущие потоки денежных средств остались без изменений. Но надо иметь в виду, что, вложив 100 млн дол. в пенсионный фонд сегодня, вы получили уже в этом году "налоговый щит", равный $0{,}34 \times 100 = 34$ млн дол. Таким образом, стратегия Блэка и Теппера сделала ваших акционеров на 34 млн дол. богаче.

Ваша компания выпустила в обращение дополнительно облигаций на 100 млн дол., но одновременно компания *владеет* облигациями других корпораций на те же 100 млн дол. через инвестиционный портфель пенсионного фонда. Значит, *агрегатный*, или *сводный*, показатель финансовой зависимости компании не изменился[23].

---

[23] А что, если пенсионный фонд инвестирует в акции, а не в облигации? В этом случае агрегатный показатель финансовой зависимости увеличится. Если компания до выпуска облигаций имела оптимальное соотношение заемного и собственного капитала, то после выпуска этого уже не будет.

ТАБЛИЦА 35-3
Две стратегии пенсионных выплат по 10 млн дол. в год в форме бессрочной ренты

	Текущие потоки денежных средств (в дол.)	Будущие потоки денежных средств (в дол.)
Стратегия 1:		
Выплата пенсий в момент наступления срока платежа	—	–(1–0,34)10= –6,60
Стратегия 2:		
1. Заем в размере 10/0,10=100 дол.	+100	–(1–0,34)10= –6,60
2. Взнос в размере 100 дол. в пенсионный фонд	–(1–0,34)100= –66	—
3. Инвестирование фонда в корпоративные облигации	—	+(0,10×100) = +10
4. Выплата пенсий из прибыли пенсионного фонда	—	–10
Итого денежные потоки по стратегии 2	+34	–6,60
Преимущество денежного потока согласно стратегии 2 по сравнению со стратегией 1	+34	—

Учитывая такие выигрыши, мы могли бы предположить, что пенсионные фонды налогоплатящих компаний полностью инвестированы в облигации корпораций, но на самом деле только один из 10 фондов имеет такие портфели, и конечно неясно, являются ли их менеджеры поклонниками Блэка и Теппера. Политика других пенсионных фондов построена иначе, и более 500 млрд дол. вложены в акции, а также значительные суммы инвестированы в недвижимость и другие активы, как, например, венчурные партнерства.

Если пенсионные фонды инвестировали 500 млрд дол. в обыкновенные акции, тогда идея Блэка и Теппера потенциально стоит 0,34 × 500=170 млрд дол. Некоторые считают, что в это трудно поверить. Те же, кто верит в концепцию Блэка и Теппера, считают, что выигрыш возникает только потому, что пенсионный фонд финансируется за счет выпуска займа и что нет никакой разницы, вложены ли эти деньги в облигации или акции. Точка зрения третьей группы состоит в том, что долговой характер финансирования пенсионного фонда не имеет значения, если его средства вложены в облигации[24].

Постановка целей

Можно предположить, что финансовая и инвестиционная политика пенсионных фондов ориентирована на две крайности. Так как Корпорация гарантирует выплату пенсий, компании, имеющие финансовые проблемы, стремятся применять дефицитное финансирование пенсионных программ и осуществлять рисковую политику инвестиций. Наоборот, рентабельные ком-

---

[24] Вопрос о том, откуда получен выигрыш, зависит от вашей позиции по проблеме долг–налоги (см. раздел 18–2). Если теория Миллера о долге и налогах верна, доналоговая доходность заемного капитала выше, чем собственного (безрискового) капитала, и чтобы воспользоваться этими налоговыми преимуществами, необходимо инвестировать деньги пенсионного фонда в облигации. Если правы ММ, фонд приносит одинаковый доналоговый доход независимо от того, вложены ли средства в акции или в облигации. Однако компании потребуется финансировать свои отчисления в пенсионный фонд за счет выпуска облигаций, для того чтобы получить "налоговый щит".

ГЛАВА 35. Пенсионные программы   999

пании, платящие налоги на прибыль, предпочтут финансировать пенсионные программы за счет займов, чтобы добиться избытка активов пенсионной программы, и инвестировать средства пенсионных фондов в облигации. В реальной жизни компании, похоже, действительно поступают примерно по такой схеме[25].

Нет смысла увлекаться этими крайностями. Правительство взимает штрафы с компаний, которые не поддерживают минимальный и максимальный уровни фондового обеспечения пенсионных программ. Компании, которые приблизились к данным границам, понимают, что им необходимо внести серьезные коррективы в финансовую политику пенсионных программ, чтобы избежать этих штрафов. Менеджеры многих компаний прежде всего заботятся о том, как выглядят пенсионные обязательства в балансе, и о том, как это влияет на показатель прибыли на акцию. Политика, имеющая преимущества в других отношениях, не всегда творит чудеса с отчетной прибылью.

Ни один финансовый менеджер не любит неожиданностей, поэтому инвестиционные компании и консультанты разработали набор инструментов, с помощью которых менеджер может изучить последствия той или иной инвестиционной стратегии. Например, в главе 10 мы показывали, как компании применяют модель Монте-Карло для более глубокой проработки решений о долгосрочных вложениях[26].

Практически таким же образом финансовые менеджеры действуют, используя имитационные модели как метод анализа пенсионных программ. Модели не дают ответа на вопрос об оптимальном фондовом обеспечении или инвестиционной политике пенсионной программы, но с их помощью гораздо удобнее предвидеть вероятные последствия разных вариантов политики.

35–5. ОЦЕНКА ЭФФЕКТИВНОСТИ ПЕНСИОННОГО ФОНДА

Для управления пенсионным фондом часто нанимают инвестиционную компанию и платят ей за услуги управляющего значительное вознаграждение. Финансовый менеджер компании-владельца пенсионной программы должен уметь оценивать результаты работы этого управляющего. Потребность в такой оценке вызвала к жизни целую отрасль консультирования и анализа.

Первый шаг в оценке эффективности — это определение нормы доходности пенсионного фонда. Здесь необходимо учитывать *совокупные* доходы на инвестиции. Поэтому в расчеты надо включить как дивиденды, так и прирост капитала. Вас должна интересовать только рыночная стоимость, поэтому понадобятся данные о рыночных курсах, а балансовая стоимость ценных бумаг фонда в расчет не принимается.

Один из способов вычисления нормы доходности фонда состоит в том, что аналитик, во-первых, рассчитывает чистые потоки денежных средств за каждый год и стоимость фонда в последнем году, а во-вторых, определяет ставку дисконта, которая позволяет уравнять дисконтированную сумму всех потоков и конечной стоимости фонда с первоначальной стоимостью фонда:

$$\text{Первоначальная стоимость фонда} = \frac{\text{денежный поток в году 1}}{(1+y)} + \frac{\text{денежный поток в году 2}}{(1+y)^2} + \ldots + \frac{\text{стоимость фонда в году } N}{(1+y)^N}.$$

---
[25] См.: *Z. Bodie, J.O. Light, R. Morck, and R.A. Taggart, Jr.* Corporate Pension Policy: An Empirical Investigation// Financial Analysts Journal. 41:10–16. September–October. 1985.
[26] См. раздел 10–2. Имитационный подход к пенсионным программам расматривается в статье: *Irwin Tepper.* Risk vs. Return in Persion Fund Investment // Harward Business Review. 55:100–107. March–April 1977.

Величина *у* в этой формуле — это наша старая приятельница, внутренняя норма доходности.

К сожалению, внутренняя норма доходности не является адекватным инструментом для измерения эффективности фонда, так как на нее влияет период, в котором поступают потоки денежных средств и который может оказаться вне пределов контроля менеджера. Например, у вас работают два менеджера, каждый из которых следует стратегии инвестирования всего фонда в ценные бумаги рыночного индекса. Оба менеджера начинают действовать, располагая каждый по 10 млн дол. За первый год рыночный индекс падает на 50%, и у менеджеров остается по 5 млн дол. стоимости инвестиций. В этот момент компания А делает дополнительный взнос в размере 1 млн дол. в пенсионный фонд, а компания Б изымает 1 млн дол. из своего фонда. Значит, менеджер компании А располагает 6 млн для инвестирования, а менеджер компании Б имеет 4 млн дол. В течение года 2 рыночный индекс поднимается вновь до первоначального уровня, что означает, что стоимость пенсионного фонда компании А равна 12 млн дол., а компании Б — 8 млн дол. Для определения внутренней нормы доходности возьмем потоки денежных средств и стоимость фондов в последнем году, дисконтированные по ставке *у*. Надо решить полученные уравнения и найти *у*:

$$\text{Фонд А: } 10 = \frac{-1}{1+y} + \frac{12}{(1+y)^2}; \qquad y = +4{,}7\%$$

$$\text{Фонд Б: } 10 = \frac{+1}{1+y} + \frac{8}{(1+y)^2}; \qquad y = -5{,}4\%$$

Отметим, что менеджеру фонда А повезло, поскольку он получил *приток* денежных средств, когда рынок ценных бумаг находился в состоянии спада, и поэтому фонд А получил положительную норму доходности. Менеджер фонда Б, к сожалению, в этот же период имел *отток* денежных средств, и в конце концов его фонд получил отрицательный показатель доходности. Но из этого не следует, что менеджер А проявил более высокую квалификацию, чем менеджер Б, выбирая акции для портфеля фонда.

Дело в том, что внутренняя норма доходности не случайно еще называется **долларовзвешенной нормой доходности**. Этот показатель придает одинаковый вес каждому вложенному доллару. Но в оценке эффективности пенсионного фонда необходимо такое измерение доходности, в котором одинаковый вес придается каждой единице времени. Известный образец **взвешенной по фактору времени нормы доходности** — это доходность акций взаимного фонда. Стоимость *вашей* доли инвестиций во взаимном фонде не находится под прямым влиянием инвестирования средств в фонд другими людьми или изъятия ими их денег из фонда.

Поэтому, когда вы анализируете результаты деятельности пенсионного фонда, представьте себе, что имеете дело со взаимным фондом, и рассматривайте динамику одной акции фонда. В нашем примере это легко. Независимо от того, купили ли вы акции в фонде А или фонде Б, стоимость ваших инвестиций сократилась наполовину в первый год и удвоилась во второй. Значит, к концу второго года ваши инвестиции вновь вернулись к первоначальному уровню. Доходность, взвешенная по фактору времени, остается той же самой для обоих фондов.

Чтобы рассчитать доходность, взвешенную по фактору времени, надо прежде всего определить, какая часть прироста стоимости фонда связана с притоком новых денежных средств. Сделать это корректно можно только в том случае, если у вас есть данные о времени поступления каждого притока денежных средств, а также рыночной стоимости фонда на тот момент. Оценка стоимос-

ГЛАВА 35. Пенсионные программы

ти портфелей взаимных фондов производится ежедневно, но пенсионных фондов — нет, и в некоторых случаях разрыв во времени между моментами таких оценок составляет целый квартал. Специалисты Института банковского управления совместно с Университетом Чикаго подготовили исследование способов анализа эффективности фондов, в котором, помимо прочего, предлагается два возможных инструмента определения доходности, взвешенной по фактору времени, когда отсутствуют достаточно частые оценки стоимости портфелей. Это исследование было проведено весьма тщательно и квалифицированно, поэтому его рекомендации превратились в некий стандарт для измерения эффективности фондов во всем мире.

Выбор критериев оценки

Допустим, мы уже получили показатель доходности пенсионного фонда, взвешенный по фактору времени. Но сам по себе этот показатель еще ничего не скажет о том, эффективно ли работал менеджер фонда. Может быть, средний показатель доходности фонда был высоким, поскольку процентные ставки были высокими, или на рынке акций господствовала повышательная конъюнктура, а может быть, это объясняется тем, что менеджер подобрал особенно рисковые акции с сильными колебаниями курсов.

Цель анализа эффективности управления портфелем состоит в том, чтобы выявить, какую роль в достигнутой фондом доходности играли тенденции самого рынка ценных бумаг и какой вклад в этот результат внес менеджер фонда.

Шаг 1. Если менеджер инвестировал средства пенсионного фонда в государственные казначейские векселя, он с уверенностью может рассчитывать на получение безрисковой ставки процента. Если деньги будут вложены в рисковые ценные бумаги, доходность этих активов может оказаться и выше, и ниже безрисковой ставки. Значит, премия, которую получит фонд за риск инвестиций, будет равна разности доходности фонда и безрисковой ставки процента[27].

$$\begin{matrix}\textit{Премия за риск} \\ \textit{инвестиций} \\ \textit{фонда}\end{matrix} = \begin{matrix}\textit{средняя} \\ \textit{доходность} \\ \textit{фонда}\end{matrix} - \begin{matrix}\textit{средняя} \\ \textit{безрисковая} \\ \textit{ставка}\end{matrix} = r - r_f.$$

Шаг 2. Премия за риск, полученная фондом, может быть положительной либо потому, что рынок в целом был на подъеме, либо потому, что менеджер удачно выбрал акции. Премия может быть и отрицательной, потому что рынок находился в это время в состоянии застоя или менеджер выбрал неподходящие активы. Значит, мы можем разложить премию на два компонента: премия, которую мог получить *любой* участник рынка, и премия, которую получил именно ваш менеджер.

Допустим, менеджер инвестировал средства фонда в портфель, имеющий бету (β) 0,8. Любой может сформировать портфель с бетой 0,8, просто поместив 80% портфеля в рыночный индекс и остальную часть — в казначейские векселя. Премия за риск у этого "контрольного" портфеля была бы равна:

$$\begin{matrix}\textit{Премия за риск} \\ \textit{"контрольного"} \\ \textit{портфеля}\end{matrix} = 0{,}8 \times \begin{matrix}\textit{премия за} \\ \textit{рыночный} \\ \textit{риск}\end{matrix} = \beta(r_m - r_f).$$

---

[27] Обратите внимание, что при оценке деятельности вы используете *арифметическую* среднюю значений доходности.

Выражение $\beta(r_m - r_f)$ измеряет премию за риск, полученную на портфель активов, который не был объектом управления, но имеет такой же показатель рыночного риска. Это та часть премии, которую мог получить любой инвестор. Значит, разница значений между рисковой премией, полученной конкретным фондом, и рисковой премией "контрольного" портфеля возникла благодаря персональному вкладу менеджера и его успеху в подборе акций для пенсионного фонда. Этот выигрыш, который проистекает из выбора ценных бумаг, обычно называют альфой (α)[28].

$$\alpha = \textit{выигрыш от подбора акций} =$$
$$= \textit{премия за риск фонда} - \textit{премия за риск "контрольного" портфеля} =$$
$$= (r - r_f) - \beta(r_m - r_f).$$

Шаг 3. К сожалению, менеджер, который осуществляет подбор акций для портфеля, не в состоянии одновременно включить в его состав все акции рынка. Следовательно, некоторая часть доходов, которые будут получены в результате подбора, будет компенсацией за индивидуальный риск.

Осуществляя второй шаг, мы измеряли выигрыш от подбора акций, сравнивая вознаграждение, полученное конкретным фондом, с вознаграждением "контрольного" портфеля, который не являлся объектом управления. Конкретный фонд имел такой же уровень рыночного риска, как и "контрольный" портфель, но ему, кроме того, присущ и индивидуальный риск. Следовательно, его *совокупный риск* выше.

Введем в наш анализ еще один "контрольный" портфель, который составлен таким образом, чтобы он имел тот же *совокупный* риск, как и наш фонд. Если мы обозначим совокупный риск фонда через сигму (σ), а совокупный рыночный риск — σ_m, тогда этот второй "контрольный" портфель будет состоять из доли средств σ/σ_m, вложенной в рыночный индекс, и остальной части средств, инвестированной в казначейские векселя. Премия за риск этого портфеля будет выглядеть так:

$$\frac{\sigma}{\sigma_m}(r_m - r_f).$$

Теперь мы можем измерить *чистый* выигрыш, полученный благодаря подбору акций менеджером:

$$\begin{pmatrix}\text{Чистый} \\ \text{выигрыш от} \\ \text{подбора акций}\end{pmatrix} = \begin{pmatrix}\text{премия} \\ \text{за риск} \\ \text{фонда}\end{pmatrix} - \begin{pmatrix}\text{премия за риск} \\ \text{"контрольного"} \\ \text{портфеля с} \\ \text{одинаковой } \sigma\end{pmatrix} = (r - r_f) - \frac{\sigma}{\sigma_m}(r_m - r_f).$$

Разность между выигрышем, с одной стороны, и чистым выигрышем от подбора акций, с другой стороны, соответствует дополнительной доходности,

---

[28] Шаг 2 равнозначен измерению разницы между фактической доходностью и доходностью, получаемой согласно модели оценки долгосрочных активов. Поэтому шаг 2 может быть особенно важным, если мы уверены в правильности модели оценки долгосрочных активов и в том, что мы оценили истинный рыночный портфель. Поскольку мы не можем быть в этом уверены, то мы не знаем, является ли условный портфель *лучшей из возможных* стратегий. Однако условный портфель достаточно правдоподобен и представляет собой удобный инструмент адаптации к колебаниям рынка.

ГЛАВА 35. Пенсионные программы

которая необходима для компенсации дополнительного индивидуального риска вложений[29].

Пример измерения эффективности

Технику измерения, представленную в этом параграфе, можно рассматривать как своего рода бесплатную консультацию. Такой подход целесообразно применять для оценки эффективности вашего собственного портфеля обыкновенных акций. Рассмотрим все шаги на примере.

Таблица 35-4 содержит всю необходимую информацию. Она показывает нормы доходности безрисковых активов и годовые нормы доходности вашего портфеля и рыночного индекса. В конце таблицы мы подсчитали три показателя: среднюю доходность, рыночный риск (β) и совокупный риск (σ).

Теперь проделаем все необходимые шаги, чтобы проанализировать среднюю доходность вашего портфеля.

Шаг 1. Вкладывая деньги в казначейские векселя, вы могли бы получить среднюю доходность $r_f = 8{,}7\%$. Вместо этого вы выбрали более рисковый способ и были вознаграждены за это средней доходностью $r = 14{,}9\%$, значит, премия составляет 6,2%:

$$r - r_f = 14{,}9 - 8{,}7 = 6{,}2\%.$$

Шаг 2. Ваш портфель имеет бету 0,80. Любой инвестор мог бы составить такой же портфель с коэффициентом бета 0,80, если бы он 80% всех средств раз-

ТАБЛИЦА 35—4
Данные для измерения эффективности вашего портфеля

Годы	Ваш портфель	Составной индекс Standard and Poor
1981	+2	−5
1982	+20	+21
1983	+19	+23
1984	+11	+6
1985	+31	+32
1986	+21	+18
1987	+1	+5
1988	+14	+17
Средняя доходность (в %)	$r = 14{,}9$	$r_m = 14{,}6$
Бета	$\beta = 0{,}80$	$\beta_m = 1{,}00$
Стандартное отклонение (в %)	$\sigma = 9{,}5$	$\sigma_m = 11{,}1$

Примечание: средняя норма доходности казначейского векселя с 1978 по 1986 г. была 8,7%.

---

[29] Наши измерители выгоды, полученной от подбора акций, и чистой выгоды от подбора акций впервые были предложены в работе: *M.C. Jensen.* The Performance of Mutual Funds in the Period 1945—1964// Journal of Finance. 23: 389—416. May 1968, а также в несколько иной форме в работе: *W.F. Sharpe.* Mutual Fund Performance// Journal of Business. 39: 119—138. January. 1966. Наш подход к этим измерителям основан на работе: *E.F. Fama.* Components of Investment Performance// Journal of Finance. 27: 551—568. June. 1972.

местил в акции рыночного портфеля, а остальные средства — в казначейские векселя. Премия за риск у этого портфеля, который так легко составить, равна:

$$\beta(r_m - r_f) = 0,80 \times (14,6 - 8,7) = 4,7\%.$$

Вы получили среднюю премию за риск 6,2%. Следовательно, ваш выигрыш, обусловленный подбором акций, был равен:

$$\alpha = (r - r_f) - \beta(r_m - r_f) = 6,2 - 4,7 = 1,5\%.$$

Шаг 3. Если вы для своего портфеля подбирали именно акции, вы должны были бы столкнуться с ситуацией, когда невозможно полностью диверсифицировать портфель. Значит, ваши инвестиции являются носителями некоторой доли индивидуального риска активов. Ваш портфель имел совокупный риск $\sigma = 9,5\%$. Причем любой инвестор мог бы составить портфель, имеющий такой же совокупный риск, как ваш, если бы вложил $\sigma/\sigma_m = 0,85$, или 85%, в акции, представляющие рыночный портфель, а остальное — в казначейские векселя. Премия за риск вложения в этот второй "контрольный" портфель была равна:

$$\frac{\sigma}{\sigma_m}(r_m - r_f) = 0,85(14,6 - 8,7) = 5,0\%.$$

Таким образом, *чистый* выигрыш от ваших усилий равен:

$$(r - r_f) = \frac{\sigma}{\sigma_m}(r_m - r_f) = 6,2 - 5,0 = 1,2\%.$$

Если вам удастся и впредь поддерживать такой чистый выигрыш, вы сможете одержать победу над большинством профессиональных менеджеров.

Некоторые предостережения по поводу оценок

Следовало бы иметь в виду три основных момента, касающихся анализа эффективности портфеля. Во-первых, инвестиционный менеджмент — это высококонкурентная сфера бизнеса, поэтому в ней невозможно найти менеджеров, которые проводят в жизнь простенькие стратегии с крупными суммами денег. Вы лишь случайно можете обнаружить портфели, которые явно ниже по уровню эффективности, чем "контрольный" портфель. Тогда главная ценность анализа эффективности портфеля будет действительно состоять в выявлении общей некомпетентности менеджера. Но помните также, что очень многие аспекты работы менеджера не были измерены вами в этом анализе, например такие, как выбор подходящего уровня риска или выполнение административных функций.

Второе замечание касается тщательности сравнений, которые вам придется проводить, поскольку вы сопоставляете относительно небольшие различия в фактической эффективности.

В-третьих, надо помнить, что всякое необычное поведение доходности портфеля в каком-либо одном году, как правило, связано со случайными событиями, а не с мастерством менеджера. Чтобы разграничить мастерство и случай, надо бы проанализировать эффективность за несколько лет. А пока вы ждете информации, не следует придавать слишком большое статистическое значение скромным различиям в эффективности.

ГЛАВА 35. Пенсионные программы

35-6. РЕЗЮМЕ

Сложилась традиция, согласно которой учебники по финансам обходят вопросы пенсионных программ корпораций. Однако финансовый менеджер компании тратит много времени на эту деятельность. Обязательства по пенсионным пособиям, не покрытые пенсионными фондами, часто гораздо выше, чем долгосрочный долг, который показан в балансе компании. Поэтому краткий обзор методов оценки затрат пенсионной программы и результатов управления пенсионным фондом включен в нашу книгу.

Во многих крупных компаниях существует несколько пенсионных программ. Какие-то из них являются объектами регулярных переговоров с профсоюзами, и они обычно предлагают работникам однотипные пособия, основанные на стаже работы в компании. Другие пенсионные программы предназначены для работников, не являющихся членами профсоюзов. Такие программы, как правило, предлагают пособия, основанные и на стаже, и на уровне зарплаты за последние годы работы. Причем пенсионная программа — не единственный путь сбережений на старость, который компания предоставляет работникам. Во многих случаях фирмы создают программы участия в акционерной собственности, которые инвестируют выделенные средства в акции компании от имени ее работников.

Баланс пенсионной программы готовит актуарий. Обязательства пенсионной программы состоят из тех пособий, которые компания должна будет выплатить участникам программы: пенсионные пособия, которые уже начислены по результатам прошлой работы, и пособия, которые будут расти, т.е. начисляются в связи с будущими услугами работников. Чтобы выполнять эти обязательства, пенсионная программа содержит два главных актива: стоимость пенсионного фонда и приведенная стоимость планируемых взносов. Если этих активов недостаточно для выполнения обязательств, то образуется дефицит, и компания должна его ликвидировать.

До принятия Закона о пенсионном обеспечении работники могли быть уверены в том, что они получат свои пенсии, только если пенсионный фонд обладал достаточной суммой активов. С момента принятия закона пенсионные пособия работников страхуются Корпорацией по гарантиям пенсионных пособий, которой дана возможность взимать с компаний все, что необходимо для выплаты пенсий. Поэтому пенсионные обязательства являются первоочередными долгосрочными обязательствами компании.

Компании могут делать пенсионные отчисления в страховую компанию, которая и будет обеспечивать выплаты пенсионных пособий. Однако чаще компании делают взносы в трастовые фонды, управление которыми осуществляют банки или инвестиционные компании. Финансовый директор компании, имеющей пенсионные программы, остается ответственным за координацию политики компании вместе с менеджером пенсионного фонда, и поэтому перед ним возникают по крайней мере две проблемы: выбор стратегии развития пенсионного фонда и текущий контроль за деятельностью менеджера фонда.

Нет смысла стремиться к оптимальной рисковой стратегии для пенсионного фонда. В ситуации эффективного рынка все ценные бумаги являются инвестициями с нулевой чистой приведенной стоимостью. Значит, вряд ли удастся найти такую комбинацию облигаций и акций, которая сделает ваш портфель оптимальным. Но так как Корпорация по гарантиям пенсионных пособий включается в проблему, когда у компании нет возможности выплатить пособия в полном объеме, у многих фирм возникает стимул к дефицитному финансированию пенсионного фонда и инвестициям в рисковые активы. Это выручает акционеров фирмы, но только за счет Корпорации по гарантиям.

Так как доходы пенсионного фонда не облагаются налогами, средства, вложенные в него, обеспечивают доналоговую норму доходности. А это, в свою очередь, создает для компании стимулы к получению займов для избыточного финансирования пенсионного фонда, с тем чтобы излишек средств инвестировать в облигации.

Таким образом, эффект перераспределения риска подталкивает компании к недостаточному фондовому обеспечению пенсионных программ и инвестированию средств пенсионного фонда в активы повышенного риска. А налоговые льготы стимулируют к избыточным взносам в фонд и инвестированию в облигации с высоким уровнем надежности. Однако правительство установило минимум и максимум фондового обеспечения, чтобы предотвратить подобные злоупотребления. Если компании все же вступают на этот путь, то вскоре у них возникает необходимость вносить серьезные изменения в политику взносов в фонд, чтобы избежать крупных налоговых штрафов.

Чтобы измерить эффективность пенсионного фонда, надо определить его доходность. Нет смысла применять внутреннюю норму доходности инвестиций, так как она сильно зависит от того, в какой момент времени были сделаны дополнительные взносы в фонд. Рациональнее рассматривать пенсионный фонд как взаимный фонд, как если бы взносы в пенсионный фонд были использованы на покупку дополнительных акций взаимного фонда. Затем нужно рассчитать среднюю норму доходности одной акции. В сфере пенсионных фондов аналитики называют такую норму доходности взвешенной по фактору времени.

В анализе эффективности всегда требуется некая величина, с которой сопоставляются данные по пенсионному фонду. Доходность пенсионного фонда целесообразно сравнивать с доходностью "контрольного" портфеля, которому присущ тот же риск, что и фонду, но который может быть составлен любым инвестором.

РЕКОМЕНДУЕМАЯ ЛИТЕРАТУРА

Книги Боди, Шовена и Вайса полезны, так как в них представлены последние исследования по пенсионным проблемам:

Z. *Bodie, J. B. Shoven, and D. A. Wise (eds.)*. Pensions in the U. S. Economy. University of Chicago Press, Chicago, 1988.

Z. *Bodie, J. B. Shoven, and D. A. Wise (eds.)*. Issues in Pension Economics. University of Chicago Press, Chicago, 1987.

В весеннем выпуске журнала Applied Corporate Finance за 1988 г. и в весеннем выпуске журнала Financial Management за 1990 г. имеются полезные статьи, посвященные программам участия работников в акционерной собственности. О влиянии налогов на такие программы см.:

M. S. Scholes and M. A. Wolfson. Employee Stock Ownership Plans and Corporate Restructuring Myths and Realities // Financial Management. 19:12—28. Spring 1990.

Статья Бейгота (которая была написана до принятия Закона о пенсионном обеспечении работников) говорит о том, что пенсионные обязательства компаний напоминают рисковый долг. Стоимость этого долга уменьшается, если пенсионная программа является внефондовой или если пенсионные фонды вложены в рисковые ценные бумаги. Исследования Шарпа, а также Трейнора, Приста и Ригана показывают, как повлиял упомянутый закон на фондовую политику:

W. Bagehot (pseud.). Risk and Reward in Corporate Pension Funds // Financial Analysts Journal. 28: 80—84. January—February. 1972.

W. F. Sharpe. Corporate Pension Funding Policy // Journal of Financial Economics. 3:183—193. June. 1976.

J. L. Treynor, W. Priest, and P. Regan. The Financial Reality of Pension Funding under ERISA. Dow Jones-Irwin, Inc., Homewood, Ill., 1976.

ГЛАВА 35. Пенсионные программы

В следующих статьях обсуждается вопрос о том, как освобождение пенсионных фондов от налогообложения влияет на фондовую политику и инвестиционные решения:

F. Black. The Tax Consequences of Long-Run Pension Policy // Financial Analysts Journal. 1—28. July—August. 1980.

A. F. Ehrbar. How to Slash Your Company's Tax Bill // Fortune. 122—124. February 23. 1981.

I. Tepper. Taxation and Corporate Pension Policy // Journal of Finance. 36: 1—14. March. 1981.

Институт банковской администрации представляет стандартную справку по оценке деятельности пенсионного фонда. В статьях Йенсена, Шарпа и Фама рассматриваются вопросы корректировки оценки деятельности фонда на риск. В статье Ролла представлена противоположная точка зрения и критикуется современная теория оценки деятельности.

Measuring the Investment Performance of Pension Funds. Bank Administration Institute, Park Ridge, Ill., 1968.

M. C. Jensen. The Performance of Mutual Funds in the Period 1945—1964 // Journal of Finance. 23: 389—416. May. 1968.

W. F. Sharpe. Mutual Fund Performance // Journal of Business. 39: 119—138. January. 1966.

E. F. Fama. Components of Investment Performance // Journal of Finance. 27: 551—568. June. 1972.

R. Roll. Ambiguity When Performance is Measured by the Securities Market Line // Journal of Finance. 33: 1051—1069. September. 1978.

КОНТРОЛЬНЫЕ ВОПРОСЫ

1. Верны или неверны следующие утверждения?
   а) Доходность, взвешенная по фактору времени, зависит от момента, когда фонд получил приток или отток денежных средств.
   б) Долларовзвешенная доходность в условиях повышательной конъюнктуры рынка выше, чем внутренняя норма доходности.
   в) Вестированные пенсионные пособия — это те средства, которые инвестированы от имени работника или пенсионера.
   г) Если пенсионная программа не обеспечивает средства для запланированных пособий, тогда Корпорация по гарантиям пенсионных пособий восполнит бóльшую часть образовавшегося дефицита.
   д) Требования Корпорации по гарантиям пенсионных пособий к активам компании ограничены 50% собственного капитала компании.
   е) Бухгалтеры должны показывать сумму дефицита пенсионной программы в сносках к финансовым отчетам компании.
   ж) Подавляющая часть пенсий привязана к последней зарплате работника.
   з) Блэк и Теппер рекомендовали, чтобы компании брали больше средств в долг и инвестировали деньги пенсионного фонда в облигации.
2. Объясните, в чем состоят различия пенсионной программы с заранее определенной величиной пособия и программы с заранее определенной величиной взносов в пенсионный фонд.
3. Верны или неверны следующие утверждения:
   а) Программа участия работников в акционерной собственности компании инвестирует существенную часть средств в акции этой компании.
   б) Программа участия в акционерной собственности стимулирует работников к более напряженному труду и одновременно позволяет им распределять их инвестиционные риски.
   в) Взносы компании в программы участия в акционерной собственности вычитаются из прибыли при расчете налога на прибыль.

г) В случае программы участия в акционерной собственности с использованием займа, взносы компании в эту программу для выплаты процентов по долгу вычитаются из налогооблагаемой прибыли, но взносы на погашение самой суммы долга — нет.

д) Банки не платят налоги с процентных доходов, которые они получают по кредитам, предоставленным программам участия в акционерной собственности, и поэтому они готовы предлагать привлекательные ставки процента заемщику.

е) Программы участия в акционерной собственности часто создаются компаниями, над которыми нависла угроза враждебного поглощения, чтобы сосредоточить акции у дружески настроенных инвесторов.

4. В таблице 35-5 показан баланс пенсионной программы. Покажите, в какие статьи баланса вы бы включили перечисленные ниже суммы:

а) 5000 акций IBM, которые переданы трасту для участников пенсионной системы;

б) пенсия в размере 10 000 дол. в год, которую в настоящее время выплачивают госпоже Смит;

в) пенсия в размере 25 000 дол. в год, которую вам придется платить госпоже Браун. Ей сейчас 25 лет и она недавно поступила на работу в компанию;

г) сумма, равная 5% зарплаты госпожи Браун, которую компания должна вносить ежемесячно, чтобы платить ей пенсию в будущем;

д) общая сумма в размере 600 млн дол., которую компания должна выделить на пенсионные пособия;

е) дополнительная сумма пособий в размере 50 млн дол., которая только что определилась в переговорах компании с профсоюзами.

5. В таблице 35-6 представлен баланс пенсионной программы компании Mealy and Briars, Inc.

а) объясните значение каждой позиции таблицы (вам придется вернуться к сноске 13);

б) определите внефондовые обязательства;

в) если нормальные затраты неизменны, покажите, как изменится баланс при:

1) снижении стоимости ценных бумаг в пенсионном фонде на 50 млн дол.;

2) увеличении пенсионных пособий на 80 млн дол., достигнутом в переговорах с профсоюзами.

6. Если пенсионному фонду необходимо осуществить крупные денежные выплаты в период, когда рынок ценных бумаг находится в состоянии депрессии, что произойдет с доходностью фонда, взвешенной по фактору времени:

а) останется без изменения;

б) повысится по сравнению с внутренней нормой доходности;

в) понизится по сравнению с внутренней нормой доходности.

ТАБЛИЦА 35-5

Активы	Пассивы
Пенсионный фонд	Начисленные обязательства за прошлые услуги
Внефондовые обязательства	
Приведенная стоимость взносов на обеспечение будущих услуг	Обязательства за будущие услуги
Итого активы	Итого обязательства

ТАБЛИЦА 35-6
(в млн дол.)

Активы		Пассивы	
Пенсионный фонд	720	Начисленные обязательства за прошлые услуги	760
Неамортизированные убытки	90		
Неамортизированные дополнительные обязательства	100		
Потери от изменения допущений актуария	150		
Приведенная стоимость взносов на обеспечение будущих услуг	600	Обязательства за будущие услуги	900
Итого активы	1660	Итого обязательства	1660

7. Финансовый менеджер компании "Старые веревки" выяснил, что средняя доходность обыкновенных акций составляла 10%, средняя доходность казначейских векселей — 5%, а пенсионного фонда компании — 11%. Рыночный портфель имел стандартное отклонение годовой доходности 20%, а пенсионный фонд — 16% и коэффициент бета 0,6:

   а) какой была премия за риск инвестиций пенсионного фонда?

   б) каков общий выигрыш от такого подбора акций для фонда?

   в) каков чистый выигрыш от такого подбора акций?

8. Пенсионный фонд начинает новый отчетный год с 50 млн дол. К середине года стоимость фонда возросла до 60 млн дол., и в этот момент были выплачены пенсии на сумму 20 млн дол. Во второй половине года стоимость фонда вновь возросла на 50%.

   а) Чему равна норма доходности фонда, взвешенная по фактору времени?

   б) Выберите значения долларовзвешенной нормы доходности:
      1) 21,7%;
      2) 72,5%;
      3) 8%.

   в) Пусть в середине года в фонд поступили 20 млн дол. вместо оттока денежных средств, о котором речь шла в условии. Как это повлияет на норму доходности, взвешенной по фактору времени?

   г) Как условие пункта *в)* повлияет на долларовзвешенную норму доходности?

ВОПРОСЫ И ЗАДАНИЯ

1. Объясните суть изменений, внесенных Законом о пенсионном обеспечении работников. Как они влияют на работников, работодателей и пенсионный фонд?

2. Согласны ли вы с утверждением: "Нет ничего особенного в том, что взносы в пенсионные фонды или в программы участия в акционерной собственности вычитаются из прибыли при расчете налогов. Все виды вознаграждения работников относятся к такой же категории вычитаемых при определении налога на прибыль. Уникально лишь то, что пенсионные программы и программы участия в акционерной собственности позволяют работникам получать норму доходности на их сбережения в доналоговом исчислении".

3. Пусть вам необходимо привлечь 50 млн дол. капитала. Вы учреждаете программу участия работников в акционерной собственности компании, под которую затем берете взаймы 50 млн дол. в банке и передаете эти деньги компании в обмен на ее акции. В течение следующих лет вам надо найти деньги для фонда, чтобы рассчитываться по долгу, и, так как под программу участия вы сумели получить заем на более благоприятных условиях, эта сумма обслуживания долга ниже, чем если бы компания получила кредит непосредственно. В этой ситуации все удовлетворены: банк доволен, вы получили дешевый кредит, а персонал получил долю в бизнесе. Оправданно ли такое заключение?

4. Найдите американскую компанию с внефондовыми пенсионными обязательствами и дефицитом, отраженным в балансе пенсионного фонда. Внимательно прочитайте сноски в финансовой отчетности этой компании, относящейся к ее пенсионной программе. Какой взнос в пенсионный фонд нужно внести компании, чтобы покрыть этот балансовый дефицит?

5. Допустим, компания должна платить пенсии по 30 млн дол. ежегодно в течение неопределенного времени. Процентная ставка равна 8% и ставка налога на прибыль — 40%.
   а) Если компания не создает пенсионный фонд, то чему равны ежегодные затраты компании на выплату этих пенсий?
   б) Если компания создала фонд, то ей удастся снизить этот будущий ежегодный отток денежных средств. Поэтому она сможет увеличить свою кредитоемкость. На сколько больше сможет компания взять в долг в этом случае?
   в) Сколько средств нужно вложить пенсионному фонду в облигации, чтобы обеспечить ежегодные выплаты пенсионных пособий?
   г) Каковы чистые издержки компании, связанные с передачей денег в пенсионный фонд?
   д) Если компания финансирует свою пенсионную программу именно этим способом, насколько возрастет стоимость компании для ее акционеров?

6. Чтобы проиллюстрировать стратегию Блэка—Теппера, мы анализировали компанию, имеющую постоянные пенсионные обязательства на неопределенное время. Но на самом деле их стратегия не предполагает бессрочную ренту. Переделайте таблицу 35-2 для ситуации, в которой компания платит пенсии в течение ограниченного периода *t*.

7. В разделе 35—4 приводился пример стратегии Блэка—Теппера для компании, которая платит 10 млн дол. пенсий в год. Допустим, у этой компании активы составляют 200 млн дол. и она не имеет долгов. Составьте баланс компании по состоянию до и после применения стратегии Блэка—Теппера. Затем составьте расширенный баланс, в котором учтены активы и пассивы пенсионной программы.

8. Ведет ли стратегия Блэка—Теппера к росту риска: *а)* для владельцев облигаций; *б)* для акционеров; *в)* для Корпорации по гарантиям? Изменится ли риск, если компания осуществит новый выпуск акций, средства которого были бы размещены в пенсионный фонд и инвестированы в обыкновенные акции?

9. Согласны ли вы с тезисом: "Стратегия Блэка-Теппера основана на "нало-

ГЛАВА 35. Пенсионные программы

говом щите". Если статья Миллера "Долг и налоги" верна, то стратегия не будет работать".

10. Фондирование пенсионных фондов приводит к излишним издержкам для экономики. Нам придется перейти к системе "платежи на момент вашего увольнения". Что имеется в виду в таком заявлении? Справедливо ли оно?

11. В течение последней декады два пенсионных фонда имели одинаковые притоки и оттоки денежных средств и равную внутреннюю норму доходности. Однако они имели разную доходность, взвешенную по фактору времени. Почему это возможно?

12. Вас попросили оценить эффективность пенсионного фонда за последние 5 лет. Вы составили следующее уравнение за 60 месяцев:

$$r = \alpha + \beta(r_m - r_f),$$

где r — доходность портфеля фонда;
r_m — доходность рыночного портфеля;
r_f — безрисковая процентная ставка.

Вы определили, что $\alpha = 0,45\%$ в месяц и $\beta = 0,64$. Другие данные:
1) средняя ставка доходности вашего портфеля 0,3%;
2) средняя доходность рыночного портфеля 0,14%;
3) средняя безрисковая процентная ставка 0,38%;
4) отношение стандартного отклонения значений r к стандартному отклонению значений r_m=0,90.

Определите, успешно ли менеджер управлял пенсионным фондом?

13. Эта задача сложнее: должна ли текущая инвестиционная политика пенсионного фонда зависеть от планов компании по найму сотрудников в будущем?

14. Почему компании создают пенсионные программы? Не лучше ли предоставить человеку самому осуществлять свои накопления на старость?

Часть XI

ЗАКЛЮЧЕНИЕ

36. Выводы: что мы знаем и чего не знаем о финансах

Мы поведали вам, что хотели, а теперь пора и честь знать. Но прежде чем закончить, давайте задумаемся над тем, что мы знаем и чего еще не знаем о финансах.

36—1. ЧТО МЫ ЗНАЕМ: ШЕСТЬ ВАЖНЕЙШИХ ФИНАНСОВЫХ КОНЦЕПЦИЙ

Что вы ответили бы, если бы вас попросили назвать шесть наиболее важных концепций теории финансов? Вот наш список.

1. Чистая приведенная стоимость

Когда вам необходимо определить, какова стоимость подержанной машины, вы поинтересуетесь ценами на подобные машины на рынке подержанных автомобилей. Точно так же, когда вам необходимо определить стоимость будущих потоков денежных средств, вы обратитесь к информации о котировках на рынке ценных бумаг, где осуществляется торговля требованиями на будущие потоки денежных средств (помните, что все эти высокооплачиваемые банкиры из инвестиционных банков — всего лишь обычные дилеры, торгующие "подержанными" потоками денежных средств). Значит, когда вам необходимо определить стоимость будущих потоков денежных средств, вы можете воспользоваться котировками рынка ценных бумаг. Если у вас есть возможность приобрести потоки денежных средств для ваших акционеров по цене дешевле той, которую им самим пришлось бы заплатить при покупке ценных бумаг, значит, вам удалось увеличить стоимость их инвестиций.

Вот в этом и состоит простая идея *чистой приведенной стоимости*. Когда мы вычисляем чистую приведенную стоимость проекта, мы, по существу, определяем, стоит ли проект больше, чем затраты, которых он требует от нас. Мы оцениваем его стоимость, рассчитывая, сколько стоят потоки денежных средств, которые он генерирует, если требования на них будут предложены инвесторам отдельно и станут объектом торгов на рынке ценных бумаг.

Именно поэтому, рассчитывая чистую приведенную стоимость, мы дисконтируем потоки денежных средств по ставке, равной альтернативным издержкам инвестирования, т. е. ожидаемой норме доходности ценных бумаг, несущих тот же риск, что и наш проект. На развитых рынках капиталов все активы, одинаковые с точки зрения уровня рисков, оценены так, что по ним складывается одинаковая ожидаемая инвесторами норма доходности. Дисконтируя потоки денежных средств по ставке, равной альтернативным издержкам, мы рассчитываем цену, при которой инвесторы, участвующие в данном проекте, ожидают получить эту самую норму доходности их вложений.

Как и все остальные продуктивные идеи, концепция чистой приведенной стоимости "становится совершенно ясна, стоит только над ней задуматься". Но обратите внимание, насколько это важная концепция. Расчет чистой приведенной стоимости позволяет тысячам акционеров, которые имеют совершенно различный уровень благосостояния и степень расположенности к риску, участвовать в одной компании и поручать ведение ее операций профессиональным менеджерам. Для этого необходимо всего лишь поставить перед ними задачу максимизировать приведенную стоимость.

2. Модель оценки долгосрочных активов

Некоторые специалисты считают, что вся современная теория финансов сконцентрирована в модели оценки для долгосрочных активов. Однако это полнейшая чепуха. Если бы эта модель так и не была никогда обнаружена, наши рекомендации финансовым менеджерам остались бы ровно теми же самыми. Привлекательность модели состоит в том, что она дает нам четкий метод поиска требуемой нормы доходности инвестиций данного уровня риска.

И вновь перед нами идея, привлекательная своей простотой. Существует два вида рисков: те, что инвестор имеет возможность диверсифицировать, и те, что диверсифицировать невозможно. Можно измерить *недиверсифицируемый*, или *рыночный*, риск инвестиций через степень, в которой стоимость наших инвестиций следует за изменениями *совокупной* стоимости всех активов в данной экономике. Этот измеритель называют *коэффициентом бета* данных инвестиций. Единственная категория рисков, о которой инвесторы должны беспокоиться, — это недиверсифицируемые риски проекта, т. е. те, от которых им не удается избавиться. Поэтому требуемая норма доходности инвестиций растет по мере роста коэффициента бета.

Многие инвесторы обеспокоены рядом довольно серьезных допущений, на которых основана данная модель, или, точнее, они задумываются над трудностями, возникающими при оценке беты проекта. И в этом они несомненно правы. Вероятно, через 10—20 лет у нас появятся более совершенные концепции, чем те, что мы имеем сегодня. Но будет весьма странно, если авторы этих будущих концепций не станут принципиально настаивать на необходимости разделять риски на диверсифицируемые и недиверсифицируемые, а ведь именно в этом разграничении и состоит главный смысл модели оценки долгосрочных активов компании.

3. Эффективные рынки капиталов

Третья фундаментальная концепция в области финансов заключается в том, что курсы ценных бумаг точно отражают имеющуюся информацию об эмитентах и быстро реагируют на любую новую информацию, как только она становится доступной. Эту теорию *эффективного рынка* можно рассматривать в трех различных аспектах, соответствующих разным определениям "доступной информации". Так называемая слабая форма эффективности (или теория "случайного блуждания") выражается в том, что цены отражают всю имеющуюся информацию в уже установленных в прошлом курсах ценных бумаг. Вторая разновидность, или так называемая средняя форма эффективности рынка, означает, что цены отражают всю опубликованную информацию; и, наконец, так называемая сильная форма эффективности означает, что цены отражают всю информацию, которую вообще возможно получить.

Хотелось бы предостеречь от неверного понимания концепции эффективного рынка. Она вовсе не отрицает существования налогов или издержек; она не отрицает также и того, что люди бывают умные, а бывают глупые. Эта концепция всего лишь подчеркивает, что конкуренция на рынке капиталов на самом деле очень жесткая: на нем не существует "денежного станка", и поэтому курсы ценных бумаг отражают действительные стоимости лежащих в их основе активов.

ГЛАВА 36. Выводы: что мы знаем и чего не знаем о финансах

4. Слагаемость стоимостей и закон сохранения стоимости

Согласно принципу слагаемости стоимостей, стоимость целостной единицы равна сумме стоимостей ее частей. Иногда это правило называют еще *законом сохранения стоимости*.

Когда мы делаем оценку проекта, в котором возникают потоки денежных средств, мы всегда исходим из того, что стоимости этих потоков можно складывать. Иначе говоря, мы утверждаем:

$$PV(проекта) = PV(C_1) + PV(C_2) + \ldots PV(C_t) =$$
$$= \frac{C_1}{1+r} + \frac{C_2}{(1+r)^2} + \ldots + \frac{C_t}{(1+r)^t} + \ldots$$

Точно так же мы предполагаем, что сумма приведенных стоимостей проектов А и Б равна приведенной стоимости совокупного проекта АБ, состоящего из двух этих проектов[1]. Но принцип слагаемости стоимостей также означает, что нельзя увеличить рыночную стоимость компании, объединив две разные компании, если вы при этом не увеличите их совокупный поток денежных средств. Другими словами, выигрыш от слияний не есть просто следствие диверсификации. И, наконец, если правило верно для сложения, оно верно и для вычитания. Следовательно, решения о финансировании, которые ведут лишь к делению того же самого потока денежных средств компании на отдельные части, меняют только их внешнюю форму: такие решения не ведут к росту рыночной стоимости компании. В этом заключается главная мысль известной статьи Модильяни и Миллера. При прочих равных условиях изменения в структуре капитала не изменяют стоимость компании. До тех пор пока *совокупный* поток денежных средств, созданный активами компании и ее операциями, не изменяется в связи с решениями о структуре ее капитала, стоимость компании не зависит от этих решений. Стоимость целого пирога не зависит от того, каким способом его разрезали на отдельные куски[2].

5. Теория опционов

В повседневной жизни мы часто используем термин *опцион* в значении *возможность*, *выбор* или *альтернатива*; следовательно, мы имеем в виду кого-то, кто располагает *набором опционов*. В области финансов этот термин используется для обозначения возможности продать или купить что-либо в будущем на условиях, которые зафиксированы сегодня. Толковые финансовые менеджеры знают, что часто имеет смысл сегодня заплатить за опцион на покупку или продажу актива завтра.

Если опционы столь важны, финансовый менеджер должен знать, как оценить их стоимость. Финансовые эксперты некоторое время пользовались для этого несколькими относительными переменными — цена исполнения опциона, дата исполнения, риск активов, на которые заключен данный контракт, ставка процента. Блэк и Шольц первыми показали, как эти переменные должны быть связаны в единой формуле расчета стоимости опциона.

Формула Блэка — Шольца была разработана для простых опционов типа "колл". Она не может быть напрямую применена к более сложным опционным контрактам, с которыми часто встречается финансовый менеджер кор-

---

[1] Т. е. если

$$PV(A) = PV[C_1(A)] + PV[C_2(A)] + \ldots + PV[C_t(A)] + \ldots$$
$$PV(Б) = PV[C_1(Б)] + PV[C_2(Б)] + \ldots + PV[C_t(Б)] + \ldots$$

и если для каждого периода t $C_t(AБ) = C_t(A) + C_t(Б)$, тогда $PV(AБ) = PV(A) + PV(Б)$.

[2] Если вы *начнете* с денежного потока $C_t(AБ)$ и разделите на две части, $C_t(A)$ и $C_t(Б)$, тогда его общая стоимость останется неизменной, т. е. $PV[C_t(A)] + PV[C_t(Б)] = PV[C_t(AБ)]$. См. сноску 1.

порации. Именно поэтому одна из наиболее актуальных сфер исследований — это развитие и распространение данных базовых принципов оценки стоимости опционов на более сложные ситуации.

6. Агентская теория

Современная корпорация представляет собой команду специалистов, в которую входят управляющие, служащие и работники, акционеры и держатели облигаций. Члены этой корпоративной команды связаны друг с другом формальными и неформальными соглашениями, нацеленными на одну общую задачу.

В течение длительного периода времени экономисты привыкли считать, что все участники этой команды играют ради одной общей цели, но за последние 20 лет у экономистов появилось достаточно много фактов, чтобы поставить вопрос о конфликтах интересов участников и о том, как компаниям преодолевать такие конфликты. Все эти идеи в целом известны как *теория агентских отношений*.

В данной книге мы посвятили по крайней мере по одной главе анализу каждой из перечисленных здесь важных концепций теории финансов. Однако мы не рассматривали специально агентскую теорию, хотя она и помогла нам найти ответы на следующие вопросы.

- Как может предприниматель убедить владельца венчурного капитала участвовать в его компании?
- Каковы причины включения различных оговорок в соглашения о выпуске облигаций?
- Почему иногда банкир не хочет больше предоставлять компании кредит, даже на любых условиях?
- Надо ли рассматривать выкуп компании с привлечением заемного капитала лишь как средство вытеснения из игры остальных ее участников, или такие операции изменяют стимулы менеджеров к увеличению рыночной стоимости компании?

Являются ли перечисленные шесть концепций высокими теориями, или же они просто исходят из обыкновенного здравого смысла? Их можно называть как угодно, но они в любом случае составляют основу работы финансового менеджера. Если после знакомства с данной книгой вы вникли в эти принципы и поняли, как их надо применять, то можно считать, что вы многому научились.

36–2. ЧЕГО МЫ НЕ ЗНАЕМ: ДЕСЯТЬ НЕРЕШЕННЫХ ПОБЛЕМ ТЕОРИИ ФИНАНСОВ

Так как неизвестность неисчерпаема, перечень того, чего мы еще не знаем о финансах корпорации, можно продолжать бесконечно. Однако, следуя третьему закону Брейли и Майерса (см. раздел 28—1), мы остановимся на десяти нерешенных проблемах, которые кажутся нам наиболее перспективными для дальнейших исследований.

1. Как принимать важные финансовые решения?

Еще в 1964 г. Арнолд Сáмец заметил: "Мы знаем слишком мало о том, как принимаются крупные неординарные финансовые решения"[3]. Сегодня это замечание не менее актуально. Мы знаем еще очень немного о стоимости активов, но мы знаем еще меньше о тех решениях, которые обусловили именно такую стоимость. Что же собою представляет сам процесс, в котором одна ком-

---

[3] *A. W. Sametz.* Trends in the Volume and Composition of Equity Finance // Journal of Finance. 19: 450–469. September 1964. P. 469.

ГЛАВА 36. Выводы: что мы знаем и чего не знаем о финансах

пания принимает решение о крупных инвестициях в данные активы, а другая, напротив, отвергает данный вариант? Почему одна компания принимает решение о выпуске долговых ценных бумаг, а другая, напротив, о выпуске акций? Если бы мы знали, почему компании принимают те или иные конкретные решения, тогда у нас было бы больше возможностей помочь финансовым менеджерам принять удачные решения.

Наша неосведомленность в этой области становится наиболее существенной, когда речь заходит о *стратегических* решениях. В разделе 12—2 было показано содержание стратегического планирования как "планирования капиталовложений особенно крупного масштаба". Стратегическое планирование направлено на выявление тех направлений бизнеса, в которых данная компания имеет наиболее длительные и устойчивые возможности, а также на развитие плана действий, необходимого для достижения определенных успехов на этих направлениях. Однако достаточно трудно рассчитать чистую приведенную стоимость многих стратегических решений. Например, если мы обратимся к компании, которая занимается дизайном и изготовлением элементов компьютерной памяти. Это и в самом деле связано с долгосрочными усилиями, которые потребуют капиталовложений, рассчитанных на многие годы. Компания не может до конца выявить все будущие проекты, с которыми придется иметь дело, а еще меньше она может определить их чистые приведенные стоимости. Вместо этого в компании может быть принято решение продолжать двигаться в том же направлении, поскольку компьютерный бизнес развивается быстро, поскольку фирмы, уже оперирующие в этой сфере, имеют хорошие результаты и еще потому, что данная компания имеет нематериальные активы в виде, скажем, специальной технологии, которая, по оценке ее менеджеров, может позволить ей вырваться вперед по сравнению с конкурентами.

Стратегическое планирование требует подхода к планированию капиталовложений по принципу *сверху вниз*: вы выбираете виды бизнеса, в которых целесообразно вести операции, а затем осуществляете инвестиции, необходимые для достижения успеха. Совершенно естественно и логично подходить к планированию инвестиций именно таким образом *в дополнение* к подходу *снизу вверх*. Проблема же состоит в том, что мы понимаем подход "снизу вверх" в планировании капиталовложений гораздо лучше, чем подход "сверху вниз".

Подходы "сверху вниз" и "снизу вверх" не должны рассматриваться как конкурирующие по отношению друг к другу в планировании капиталовложений. Их необходимо применять как два аспекта одного и того же процесса. Однако не все компании успешно совмещают оба этих подхода. Безусловно, какие-то компании осуществляют эту интеграцию весьма успешно, но мы пока не знаем точно, как именно.

В разделе 28—2 мы предположили, что теория оценки опционов могла бы помочь снять покров тайны с некоторых проблем стратегического планирования. Очевидно, придется немного подождать, чтобы увидеть, действительно ли это так.

2. Что определяет риск и приведенную стоимость проекта?

Удачные инвестиции — это те, что дают положительную чистую приведенную стоимость. Мы подробно рассмотрели, как рассчитывать чистую приведенную стоимость, но совсем мало остановились на том, как найти проекты, которые принесут положительную чистую приведенную стоимость. Только в разделе 11—2 было показано, что проекты инвестиций имеют положительную чистую приведенную стоимость, если приносят компании экономическую ренту. Но почему некоторые компании получают экономическую ренту, в то время как другие компании этой же отрасли — нет? Является ли эта экономическая рента просто случайным выигрышем, или ее появление можно подготовить и спланировать? В чем состоит источник экономической ренты, и как долго эти источники сохраняются у компании, прежде чем конкуренция их разрушит? Нам пока слишком мало известно об этих очень важных для бизнеса вопросах.

Еще один вопрос, тесно связанный с данной группой проблем: почему одни реальные активы сопряжены с высоким уровнем риска, а другие относятся к категории относительно надежных? В разделе 9—3 уже были показаны несколько причин, объясняющих различия в бете проектов: например, различия *в операционном левередже* или степени эластичности, с которой потоки денежных средств проекта реагируют на процессы в национальной экономике. Это, безусловно, полезные ключи для ответа, однако мы до сих пор не имеем обобщенной процедуры оценки и измерения беты проектов. Таким образом, оценка риска проекта остается пока в значительной мере случайной.

3. Риск и доходность: не упустили ли мы что-нибудь?

В 1848 г. Джон Стюарт Милль написал: "Слава богу, в познании законов стоимости не осталось ничего для современных и будущих поколений авторов, что они могли бы прояснить точнее; теория полностью завершена". Сегодня экономисты совсем не уверены в этом. Например, модель оценки долгосрочных активов компании представляет собой огромный шаг вперед в понимании воздействия рисков на стоимость активов, однако до сих пор осталось много загадок, часть из которых относятся к статистике, а другая часть — к теории финансов.

Статистические проблемы возникают потому, что модель оценки долгосрочных активов компании трудно обосновать статистически, но так же трудно и опровергнуть. Выявлено, что нормы доходности инвестиций в акции с низкими значениями бета слишком высоки (т. е. выше, чем этого следовало ожидать в соответствии с моделью), а доходность акций с высокими коэффициентами бета слишком низкая. Но это может объясняться тем, каким способом применялась модель, а не моделью как таковой[4]. Кроме того, некоторые тесты, подготовленные специалистами для испытания данной модели, указывают, что средние нормы доходности связаны как с диверсифицируемым риском, так и с показателем бета[5]. Это, безусловно, не отвечает концептуальной основе модели, в соответствии с которой диверсифицируемый риск не должен быть предметом вознаграждения инвестора, а поэтому не влияет на ожидаемые или средние нормы доходности инвестиций. Конечно, эти статистические результаты могут быть искусственными, т.е. случайными итогами неадекватной процедуры испытания модели. Но если они верны, то задают исследователю загадку: если индивидуальные инвесторы вознаграждаются за диверсифицируемый риск, тогда корпорации должны быть способны наращивать собственную стоимость только за счет диверсификации. Однако столь же очевидно, что инвесторы *не платят* более высокую цену за акции компаний, которые всего лишь осуществили диверсификацию. Да и трудно понять, зачем бы им платить больше, ведь индивидуальные инвесторы обычно способны диверсифицировать свои вложения дешевле и эффективнее, чем компании. Может быть, диверсифицируемый риск только *представляется* важным фактором, поскольку он оказался в состоянии корреляции с другой переменной *x*, которая наряду с коэффициентом бета на самом деле определяет ожидаемые инвестором нормы доходности. Это разрешило бы данную загадку, но мы не можем пока определить этот параметр *x* и доказать, что он действительно влияет на вознаграждение за риск.

---

[4] См.: *R. Roll.* A Critique of the Asset Pricing Theory's Test; Part 1: On Past and Potential Testability of the Theory // Journal of Financial Economics. 4: 129—176. March 1977; а критику этой критики см.: *D. Mayers and E.M. Rice.* Measuring Portfolio Performance and the Empirical Content of Asset Pricing Models // Journal of Financial Economics. 7: 3—28. March 1979.

[5] Например, см.: *I. Friend, R. Westerfeld, and M. Granito.* New Evidence on the Capital Asset Pricing Model // Journal of Finance. 33:903—916. June 1978.

ГЛАВА 36. Выводы: что мы знаем и чего не знаем о финансах

Тем временем теоретики продолжают работать над этими проблемами, анализируя простые допущения, на которых основана модель оценки долгосрочных активов компании. Мы рассматривали эти вопросы в разделе 8—5. Но просто забавы ради приведем еще один пример. Допустим, что вы любите хорошее вино. Поэтому для вас может оказаться целесообразным купить акции компании, производящей вина, даже если такая покупка отвлечет крупные личные средства и заставит вас держать относительно недиверсифицированный портфель. Однако вы *застрахованы* против роста цены на вино: ваше хобби будет обходиться вам дороже в случае роста цен на рынке вина, но в то же время вы являетесь акционером и эта доля участия приведет соответственно к росту вашего благосостояния. Таким образом, вы имеете относительно недиверсифицированный портфель, руководствуясь достойной причиной. Мы не думаем, что вы будете требовать премию за недиверсифицируемый риск такого инвестиционного портфеля.

В целом если два человека имеют разные вкусы, им целесообразно формировать разные инвестиционные портфели. Вы можете хеджировать ваши потребности, вкладывая капитал в виноделие, в то время как кто-то другой предпочтет инвестиции в компанию *Baskin and Robbins*. Однако модель оценки долгосрочных активов компании не дает объяснения таким событиям. Она исходит из предположения, что все инвесторы имеют одинаковые вкусы. "Мотив" хеджирования не учитывается, и поэтому согласно модели инвесторы держат одинаковые портфели рисковых активов.

Мертон расширил границы этой модели, чтобы учесть влияние приведенного выше "мотива" хеджирования[6]. Если достаточное количество инвесторов пытается хеджировать против одного и того же фактора, тогда их модель предполагает более сложные взаимосвязи "риск—доходность". Однако пока еще остается неясным, кто и против чего пытается страховать себя, и поэтому модель трудно проверить.

4. Существуют ли важные исключения из теории эффективного рынка?

Теория эффективного рынка капиталов весьма достоверна, но ни одна теоретическая схема не является совершенной, всегда есть некие исключения. Каковы же исключения в данном случае и насколько они очевидны?

В разделе 13—2 отмечались самые наглядные исключения. Например, мы видели, что среди компаний, имеющих сопоставимые коэффициенты бета, акции мелких компаний обеспечивают более высокие средние нормы доходности, чем акции крупных компаний. Таким образом, каким бы ни был фактор бета, сознательно выбранный для всего портфеля инвестиций, вы сможете получить более высокие нормы доходности, если приобретете акции мелких компаний.

Это может означать одну из следующих возможностей.

1. Рынок акций неэффективен и постоянно приводит к недооценке акций мелких компаний.
2. Разница показателей доходности акций мелких и крупных компаний — это всего лишь случайное стечение обстоятельств. (Чем глубже исследователи пытаются изучать поведение курсов акций, тем больше странных случайностей они обнаруживают.)
3. Размер компании оказывается связанным линейной зависимостью с параметром x, т. е. той пока таинственной переменной, выражающей второй вид риска, который учитывают инвесторы, принимая решения об оценке курсов акций.

---

[6] См.: *R. Merton*. An Intertemporal Capital Asset Pricing Model // Econometrica. 41: 867—887. 1973.

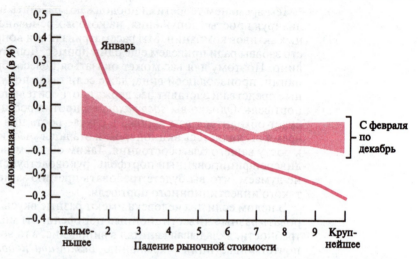

РИСУНОК 36-1
Взаимосвязь размера компании и средних ежедневных значений нормы доходности, 1963—1979 гг. [*Источник: D.B.Keim.* Size-Related Anomalies and Stock Return Seasonality: Further Empirical Evidence // Journal of Financial Economics. 12:21. June 1983. Figure 2.]

Пытаясь найти объяснения феномену акций мелких компаний, исследователи натолкнулись и на другие загадки. Например, если посмотреть на рисунок 36-1, то очевидно, что необычно высокие нормы доходности акций мелких фирм по сравнению с крупными имели место в каждом месяце. Вы видите, что почти вся сверхдоходность акций малых компаний сконцентрирована в январе. Это усугубляет таинственность взаимосвязей доходности акций и размера компании. Является ли именно конец года ключом к разгадке, или это всего лишь ложный след? Выяснение того, что же на самом деле здесь происходит, потребует времени и усилий.

Если акции оценены верно, тогда не должно быть простых путей получения высоких доходов. Поэтому значительная часть проверочных исследований в области эффективного рынка капиталов была направлена на то, чтобы выяснить, существуют ли простые правила получения дохода на инвестиции выше среднего уровня. К сожалению, обратное утверждение *не верно*: курсы акций могут существенно отклоняться от их подлинной стоимости, и все равно при этом будет трудно получать высокие прибыли.

Например, допустим, курс акций корпорации IBM всегда остается на уровне, равном половине подлинной стоимости этих акций. Так как эти акции *всегда недооценены,* прирост курсовой стоимости в процентах точно такой же, как был бы, если бы эти акции продавались по курсу, равному их подлинной стоимости. Конечно, если акции IBM недооценены, вы получите относительно более высокие будущие дивиденды на вложенные деньги, но в случае акций с низкой доходностью это не сильно повлияет на ваш совокупный доход. Таким образом, поскольку факты показывают, что трудно получить высокие нормы доходности, необходимо осторожно относиться к допущению о том, что акции *обязательно* оценены верно.

5. Является ли менеджмент внебалансовым обязательством компании?

Закрытые фонды представляют собой компании, единственный актив которых — это портфель обыкновенных акций. Поэтому кто-то может подумать, что если мы знаем стоимость акций этого портфеля, мы знаем и стоимость компании. Однако это не верно. Акции самого фонда часто продаются существенно дешевле, чем стоит портфель его инвестиций[7].

---

[7] Количество закрытых фондов относительно невелико. Большинство взаимных фондов являются *открытыми.* Это означает, что они всегда готовы продать или купить дополнительные акции по цене, равной чистой стоимости активов фонда в расчете на одну акцию. Поэтому цена акции открытого фонда всегда равна чистой стоимости активов.

ГЛАВА 36. Выводы: что мы знаем и чего не знаем о финансах

Все это может не иметь большого значения, если эти факты не есть лишь верхушка айсберга. Например, акции банков продаются по курсу ниже, чем рыночная стоимость нетто-активов банка, то же самое касается и акций компании по операциям с недвижимостью. В конце 1970-х и начале 1980-х гг. рыночная стоимость нефтедобывающих компаний была ниже, чем стоимость их запасов нефти. Аналитики в то время шутили: на Уолл-стрит можно купить нефть дешевле, чем в западном Техасе.

Приведенные выше случаи относятся к ситуациям, в которых достаточно просто можно сравнить рыночную стоимость целой компании с рыночной стоимостью ее отдельных активов. Но если бы мы могли так же просто сравнить рыночную стоимость других компаний со стоимостью их отдельно взятых активов, мы, вероятно, обнаружили бы, что стоимость компании всегда ниже, чем сумма стоимостей ее отдельных активов.

Пока мы еще не знаем, почему акции закрытых инвестиционных фондов или других компаний продаются со скидкой по сравнению с рыночной стоимостью их активов. Одно из возможных объяснений состоит в том, что стоимость, которую добавляют менеджеры компании, осуществляя управление ее операциями, ниже, чем затраты на управление. Именно поэтому мы назвали менеджмент внебалансовым обязательством компании. Например, объясняя различия стоимости нефтедобывающей компании по сравнению со стоимостью ее запасов нефти, можно предположить, что инвесторы ожидали, что часть ее потенциальных прибылей от добычи нефти будет похоронена в неэффективных инвестиционных проектах компании или бюрократическом механизме ее управления. Иначе говоря, приведенная стоимость перспектив ее роста оценивалась ими отрицательно!

Когда финансовый менеджер рассчитывает чистую приведенную стоимость проекта, он исходит из допущения, что она равна сумме приведенных стоимостей потоков денежных средств каждого года. Несколько раньше мы уже упоминали об этом в данной главе как о законе сохранения стоимости. Если бы мы не могли применять этот закон, верхушка айсберга, о которой мы говорили в начале данного раздела, могла бы оказаться обжигающе горячим картофелем.

6. Как объяснить успех новых ценных бумаг и новых рынков?

В конце 20-х годов компании и фондовые биржи создали огромное количество новых видов ценных бумаг — опционов, фьючерсов, опционных контрактов на фьючерсы; облигаций с нулевым купоном, облигаций с плавающей процентной ставкой; облигаций "с ошейником", "с потолком", со страховкой; облигаций, деноминированных в двух валютах; облигаций с валютными опционами и т. п. — этот список бесконечен. В некоторых случаях легко объяснить успех новых рынков и ценных бумаг — возможно, они позволяют инвесторам застраховаться от новых рисков, или они обусловлены изменениями в налоговом или ином законодательстве. Иногда новые рынки развиваются благодаря изменениям издержек, связанных с выпуском и обращением ценных бумаг. Но есть много успешных инноваций, которые так просто не объяснить. Действительно ли мы улучшаем свое благосостояние за счет возможности продавать и покупать опционы на акции, а не только сами акции? Почему инвестиционные банки продолжают создавать и успешно продавать новые сложные инструменты фондового рынка, определить стоимость которых порой выше наших возможностей? Правда такова, что мы не понимаем, почему некоторые новшества на рынках имеют успех, а некоторые так и не находят своего покупателя.

7. Как объяснить структуру капитала?

Модильяни и Миллер в своем исследовании структуры капитала подчеркивали, что стоимость корпорации определяется реальными переменными: товары, которые она производит, цены, которые она устанавливает, и издержки, которые несет. Решения в области финансирования вряд ли влияют на то, каким образом складываются потоки денежных средств для дальнейшего распределения между инвесторами. Гораздо большее значение имеют сами денежные потоки.

Но на самом ли деле не имеет значения, сколько ваша фирма заимствует? Мы уже знаем несколько причин, по которым это *может* иметь значение. Налоги — одна из них. Заимствование обеспечивает корпорации защиту от налогов, и такая защита может более чем компенсировать рост индивидуальных налогов, которые инвестор должен платить с процента по долговым инструментам. Возможно, менеджеры обеспокоены потенциальными издержками банкротства или они используют структуру капитала в качестве сигнала для своих акционеров[8]. Возможно, различия в структуре капитала отражают различия в перспективах роста. До сих пор ни одна из этих возможностей не была ни доказана, ни опровергнута.

Суть в том, что до сих пор нет какой-либо общепризнанной стройной теории структуры капитала.

8. Как разрешить проблему дивидендов?

Мы целиком посвятили главу 16 дивидендной политике, но так и не разрешили эту проблему. Многие верят в то, что дивиденды — это хорошо, другие считают, что дивиденды — это плохо, а третьи вообще не придают им значения. Мы находимся где-то в золотой середине, но не догматизируем свою точку зрения.

Мы не отрицаем существующих доводов и исследований, более того, считаем большинство из них резонными. Изменят ли будущие исследования чью-либо точку зрения — вот вопрос. В 1979 г. Джоел Стерн опубликовал статью на страницах газеты The Wall Street Journal с доводами в пользу низких дивидендов и привел статистические доказательства в поддержку своей точки зрения[9]. Эта статья вызвала несколько резких критических откликов. Один менеджер написал: "Пока г-н Стерн резвится, прыгая с одной башенки на другую в королевстве высокой теории, мы, финансовые менеджеры, в поте лица пробираемся сквозь дебри реальности"[10].

9. Сколько стоит ликвидность?

В отличие от казначейских векселей денежные средства не приносят процента, но обеспечивают большую ликвидность по сравнению с векселями. Люди, хранящие деньги, должно быть, верят, что дополнительный запас ликвидности компенсирует потерю процента. В состоянии равновесия предельная стоимость дополнительной ликвидности равна процентной ставке по векселям.

А что мы можем сказать о хранении денежных средств корпорациями? Неверно игнорировать выгоды ликвидности и говорить, что издержки хранения денежных средств — это упущенный процент. Это означало бы, что денежные средства всегда имеют *отрицательную* чистую приведенную стоимость. Столь же неверно утверждать, что поскольку предельная стоимость ликвидности равна упущенному проценту, не имеет значения, сколько денежных средств держат корпорации. Это означало бы, что денежные средства всегда имеют *нулевую* чистую приведенную стоимость.

Мы знаем, что предельная стоимость денежных средств для держателя сокращается по мере увеличения ее суммы, но мы на самом деле не представляем, как оценить преимущества ликвидности при хранении денежных средств.

---

[8] См.: *S. Ross*. The Determination of Financial Structure: The Incentive — Signaling Approach // Bell Journal of Economics. 8:23—40. Spring 1977.
[9] *Joel Stern*. The Dividend Question // Wall Street Journal. July 16. 1973. P. 13.
[10] Wall Street Journal. August 20. 1979. P. 16. Письмо было от А. Дж. Сэндблюта, первого вице-президента Minnesota Light and Power Company.

ГЛАВА 36. Выводы: что мы знаем и чего не знаем о финансах

В наших главах по управлению оборотным капиталом мы упрощали проблему, предлагая слишком простые модели[11] или расплывчато рассуждая о необходимости создания достаточного ликвидного запаса. Но до тех пор пока не будет создано стройной теории ликвидности, мы не сможем успешно рассматривать проблему оборотного капитала.

Проблема в том, что ликвидность — это вопрос меры. Казначейский вексель менее ликвиден, чем наличность, но он все же высоколиквидная бумага, так как легко может быть продан и превращен в наличность[12]. Корпоративные облигации менее ликвидны, чем казначейские векселя, грузовики менее ликвидны, чем корпоративные облигации, специализированное оборудование менее ликвидно, чем грузовики, и т. д.[13] Но даже специализированное оборудование можно превратить в денежные средства, если вы готовы принять некоторую отсрочку платежа и издержки. Таким образом, вопрос в следующем: как, при прочих равных условиях, фирма должна распределить свои вложения между более ликвидными и менее ликвидными активами. На этот вопрос очень сложно дать ответ. Естественно, каждая фирма должна быть в состоянии быстро раздобыть деньги, но нет хорошей теории, объясняющей, каков достаточный уровень денежных средств и как быстро фирма должна их получить. Вопрос усложняется тем, что деньги могут быть быстро получены в виде кредита, посредством продажи ценных бумаг или продажи активов. Финансовый менеджер, обеспечивший корпорации 1 млн дол. в форме кредитной линии, может спать так же спокойно, как и менеджер, чья фирма держит 1 млн дол. в рыночных ценных бумагах.

10. Как объяснить волны слияний?

В 1968 г., в пик послевоенных слияний, Джоел Сигал отметил: "Нет ни одной гипотезы, одновременно достойной и всеобъемлющей, которая сулила бы надежду на объяснение происходящих слияний. А раз так, то вернее всего сказать, что о слияниях ничего не известно; нет никаких полезных обобщений"[14]. Конечно, есть очень много достойных причин, по которым две фирмы могут слиться воедино. Если рассматривать *определенное* слияние, то всегда можно найти причину, по которой слияние имеет смысл. Но это дает нам объяснение лишь каждого отдельного слияния. А нам нужна *общая* теория, объясняющая волны слияний. Например, казалось, что все сливались в 1968 г. и никто пятью годами позже. Почему так?

Мы можем вспомнить и другие примеры финансовой моды. Время от времени случаются жаркие периоды новых выпусков, когда возникает нескончаемое предложение спекулятивных новых выпусков и ненасытный спрос на них. В последние годы экономисты занимаются разработкой новых теорий спекулятивных "пузырей". Возможно, им удастся объяснить эти мистические финансовые увлечения.

---

[11] Например, модели, основанные только на операционных издержках обмена денег на активы, приносящие проценты (см. раздел 29–1).

[12] Вы можете получить истинную экономическую стоимость актива в результате быстрой продажи. Ликвидность означает, что вы не обязаны соглашаться на скидку в цене, если стремитесь к немедленной продаже.

[13] Случается также, что актив ликвиден до того момента, когда вы захотите его продать. В лучшие времена рынка "мусорных" облигаций компании имели возможность торговать этими облигациями в количествах, которые практически не оказывали влияния на цены. Но когда Майкл Милкен, основатель рынка "мусорных" облигаций, был обвинен в махинациях с ценными бумагами, его наниматель — банк Drexel Burnham Lambert обанкротился, а многие эмитенты "мусорных" облигаций оказались неплатежеспособными. Результат: многие инвесторы (включая Drexel) оказались связанными "мусорными" облигациями, которые невозможно было продать практически ни по какой цене.

[14] *J. Segall*. Merging for Fun and Profit // Industrial Management Review. 9:17–30. Winter 1968.

36—3. ЗАКЛЮЧИТЕЛЬНОЕ СЛОВО

Мы завершили наш список нерешенных проблем, представив десяток, на наш взгляд, наиболее острых. Если появятся другие, которые вы сочтете более интересными, составьте список и начните его обдумывать.

Пройдут годы, пока наши 10 проблем будут решены и заменены новыми. А пока мы призываем вас продолжать изучение того, что *уже* известно о финансах, а также применять те знания, которые вы почерпнули из этой книги.

Теперь, когда книга закончена, мы сошлемся на заключительные слова Геккельберри Финна:

Итак, больше не о чем писать, и я чертовски этому рад, поскольку если бы я знал наперед, как тяжко написать книгу, я бы и не взялся за это, и никогда больше не возьмусь.

Приложение

ТАБЛИЦЫ ПРИВЕДЕННОЙ СТОИМОСТИ

ПРИЛОЖЕНИЕ, ТАБЛИЦА 1

Коэффициенты дисконтирования: Приведенная стоимость 1 дол., который будет получен через t лет = $1/(1+r)^t$

Годы	\multicolumn{15}{c}{Годовая процентная ставка}

Годы	1%	2%	3%	4%	5%	6%	7%	8%	9%	10%	11%	12%	13%	14%	15%
1	0,990	0,980	0,971	0,962	0,952	0,943	0,935	0,926	0,917	0,909	0,901	0,893	0,885	0,877	0,870
2	0,980	0,961	0,943	0,925	0,907	0,890	0,873	0,857	0,842	0,826	0,812	0,797	0,783	0,769	0,756
3	0,971	0,942	0,915	0,889	0,864	0,840	0,816	0,794	0,772	0,751	0,731	0,712	0,693	0,675	0,658
4	0,961	0,924	0,888	0,855	0,823	0,792	0,763	0,735	0,708	0,683	0,659	0,636	0,613	0,592	0,572
5	0,951	0,906	0,863	0,822	0,784	0,747	0,713	0,681	0,650	0,621	0,593	0,567	0,543	0,519	0,497
6	0,942	0,888	0,837	0,790	0,746	0,705	0,666	0,630	0,596	0,564	0,535	0,507	0,480	0,456	0,432
7	0,933	0,871	0,813	0,760	0,711	0,665	0,623	0,583	0,547	0,513	0,482	0,452	0,425	0,400	0,376
8	0,923	0,853	0,789	0,731	0,677	0,627	0,582	0,540	0,502	0,467	0,434	0,404	0,376	0,351	0,327
9	0,914	0,837	0,766	0,703	0,645	0,592	0,544	0,500	0,460	0,424	0,391	0,361	0,333	0,308	0,284
10	0,905	0,820	0,744	0,676	0,614	0,558	0,508	0,463	0,422	0,386	0,352	0,322	0,295	0,270	0,247
11	0,896	0,804	0,722	0,650	0,585	0,527	0,475	0,429	0,388	0,350	0,317	0,287	0,261	0,237	0,215
12	0,887	0,788	0,701	0,625	0,557	0,497	0,444	0,397	0,356	0,319	0,286	0,257	0,231	0,208	0,187
13	0,879	0,773	0,681	0,601	0,530	0,469	0,415	0,368	0,326	0,290	0,258	0,229	0,204	0,182	0,163
14	0,870	0,758	0,661	0,577	0,505	0,442	0,388	0,340	0,299	0,263	0,232	0,205	0,181	0,160	0,141
15	0,861	0,743	0,642	0,555	0,481	0,417	0,362	0,315	0,275	0,239	0,209	0,183	0,160	0,140	0,123
16	0,853	0,728	0,623	0,534	0,458	0,394	0,339	0,292	0,252	0,218	0,188	0,163	0,141	0,123	0,107
17	0,844	0,714	0,605	0,513	0,436	0,371	0,317	0,270	0,231	0,198	0,170	0,146	0,125	0,108	0,093
18	0,836	0,700	0,587	0,494	0,416	0,350	0,296	0,250	0,212	0,180	0,153	0,130	0,111	0,095	0,081
19	0,828	0,686	0,570	0,475	0,396	0,331	0,277	0,232	0,194	0,164	0,138	0,116	0,098	0,083	0,070
20	0,820	0,673	0,554	0,456	0,377	0,312	0,258	0,215	0,178	0,149	0,124	0,104	0,087	0,073	0,061
25	0,780	0,610	0,478	0,375	0,295	0,233	0,184	0,146	0,116	0,092	0,074	0,059	0,047	0,038	0,030
30	0,742	0,552	0,412	0,308	0,231	0,174	0,131	0,099	0,075	0,057	0,044	0,033	0,026	0,020	0,015

ПРИЛОЖЕНИЕ, ТАБЛИЦА 1 (продолжение)

Годы	16%	17%	18%	19%	20%	21%	22%	23%	24%	25%	26%	27%	28%	29%	30%
1	0,862	0,855	0,847	0,840	0,833	0,826	0,820	0,813	0,806	0,800	0,794	0,787	0,781	0,775	0,769
2	0,743	0,731	0,718	0,705	0,694	0,683	0,672	0,661	0,650	0,640	0,630	0,620	0,610	0,601	0,592
3	0,641	0,624	0,609	0,593	0,579	0,564	0,551	0,537	0,524	0,512	0,500	0,488	0,477	0,466	0,455
4	0,552	0,534	0,516	0,499	0,482	0,467	0,451	0,437	0,423	0,410	0,397	0,384	0,373	0,361	0,350
5	0,476	0,456	0,437	0,419	0,402	0,386	0,370	0,355	0,341	0,328	0,315	0,303	0,291	0,280	0,269
6	0,410	0,390	0,370	0,352	0,335	0,319	0,303	0,289	0,275	0,262	0,250	0,238	0,227	0,217	0,207
7	0,354	0,333	0,314	0,296	0,279	0,263	0,249	0,235	0,222	0,210	0,198	0,188	0,178	0,168	0,159
8	0,305	0,285	0,266	0,249	0,233	0,218	0,204	0,191	0,179	0,168	0,157	0,148	0,139	0,130	0,123
9	0,263	0,243	0,225	0,209	0,194	0,180	0,167	0,155	0,144	0,134	0,125	0,116	0,108	0,101	0,094
10	0,227	0,208	0,191	0,176	0,162	0,149	0,137	0,126	0,116	0,107	0,099	0,092	0,085	0,078	0,073
11	0,195	0,178	0,162	0,148	0,135	0,123	0,112	0,103	0,094	0,086	0,079	0,072	0,066	0,061	0,056
12	0,168	0,152	0,137	0,124	0,112	0,102	0,092	0,083	0,076	0,069	0,062	0,057	0,052	0,047	0,043
13	0,145	0,130	0,116	0,104	0,093	0,084	0,075	0,068	0,061	0,055	0,050	0,045	0,040	0,037	0,033
14	0,125	0,111	0,099	0,088	0,078	0,069	0,062	0,055	0,049	0,044	0,039	0,035	0,032	0,028	0,025
15	0,108	0,095	0,084	0,074	0,065	0,057	0,051	0,045	0,040	0,035	0,031	0,028	0,025	0,022	0,020
16	0,093	0,081	0,071	0,062	0,054	0,047	0,042	0,036	0,032	0,028	0,025	0,022	0,019	0,017	0,015
17	0,080	0,069	0,060	0,052	0,045	0,039	0,034	0,030	0,026	0,023	0,020	0,017	0,015	0,013	0,012
18	0,069	0,059	0,051	0,044	0,038	0,032	0,028	0,024	0,021	0,018	0,016	0,014	0,012	0,010	0,009
19	0,060	0,051	0,043	0,037	0,031	0,027	0,023	0,020	0,017	0,014	0,012	0,011	0,009	0,008	0,007
20	0,051	0,043	0,037	0,031	0,026	0,022	0,019	0,016	0,014	0,012	0,010	0,008	0,007	0,006	0,005
25	0,024	0,020	0,016	0,013	0,010	0,009	0,007	0,006	0,005	0,004	0,003	0,003	0,002	0,002	0,001
30	0,012	0,009	0,007	0,005	0,004	0,003	0,003	0,002	0,002	0,001	0,001	0,001	0,001	0,000	0,000

Пояснение. Если процентная ставка равна 10% в год, приведенная стоимость 1 дол., который должен быть получен через пять лет, составит 0,621 дол.

ПРИЛОЖЕНИЕ. ТАБЛИЦА 2
Будущая стоимость 1 дол. через t лет $= 1/(1+r)^t$

Годы	1%	2%	3%	4%	5%	6%	7%	8%	9%	10%	11%	12%	13%	14%	15%
								Годовая процентная ставка							
1	1,010	1,020	1,030	1,040	1,050	1,060	1,070	1,080	1,090	1,100	1,110	1,120	1,130	1,140	1,150
2	1,020	1,040	1,061	1,082	1,102	1,124	1,145	1,166	1,188	1,210	1,232	1,254	1,277	1,300	1,323
3	1,030	1,061	1,093	1,125	1,158	1,191	1,225	1,260	1,295	1,331	1,368	1,405	1,443	1,482	1,521
4	1,041	1,082	1,126	1,170	1,216	1,262	1,311	1,360	1,412	1,464	1,518	1,574	1,630	1,689	1,749
5	1,051	1,104	1,159	1,217	1,276	1,338	1,403	1,469	1,539	1,611	1,685	1,762	1,842	1,925	2,011
6	1,062	1,126	1,194	1,265	1,340	1,419	1,501	1,587	1,677	1,772	1,870	1,974	2,082	2,195	2,313
7	1,072	1,149	1,230	1,316	1,407	1,504	1,606	1,714	1,828	1,949	2,076	2,211	2,353	2,502	2,660
8	1,083	1,172	1,267	1,369	1,477	1,594	1,718	1,851	1,993	2,144	2,305	2,476	2,658	2,853	3,059
9	1,094	1,195	1,305	1,423	1,551	1,689	1,838	1,999	2,172	2,358	2,558	2,773	3,004	3,252	3,518
10	1,105	1,219	1,344	1,480	1,629	1,791	1,967	2,159	2,367	2,594	2,839	3,106	3,395	3,707	4,046
11	1,116	1,243	1,384	1,539	1,710	1,898	2,105	2,332	2,580	2,853	3,152	3,479	3,836	4,226	4,652
12	1,127	1,268	1,426	1,601	1,796	2,012	2,252	2,518	2,813	3,135	3,498	3,896	4,335	4,818	5,350
13	1,138	1,294	1,469	1,665	1,886	2,133	2,410	2,720	3,066	3,452	3,883	4,363	4,898	5,492	6,153
14	1,149	1,319	1,513	1,732	1,980	2,261	2,579	2,937	3,342	3,797	4,310	4,887	5,535	6,261	7,076
15	1,161	1,346	1,558	1,801	2,079	2,397	2,759	3,172	3,642	4,177	4,785	5,474	6,254	7,138	8,137
16	1,173	1,373	1,605	1,873	2,183	2,540	2,952	3,426	3,970	4,595	5,311	6,130	7,067	8,137	9,358
17	1,184	1,400	1,653	1,948	2,292	2,693	3,159	3,700	4,328	5,054	5,895	6,866	7,986	9,276	10,76
18	1,196	1,428	1,702	2,026	2,407	2,854	3,380	3,996	4,717	5,560	6,544	7,690	9,024	10,58	12,38
19	1,208	1,457	1,754	2,107	2,527	3,026	3,617	4,316	5,142	6,116	7,263	8,613	10,20	12,06	14,23
20	1,220	1,486	1,806	2,191	2,653	3,207	3,870	4,661	5,604	6,727	8,062	9,646	11,52	13,74	16,37
25	1,282	1,641	2,094	2,666	3,386	4,292	5,427	6,848	8,623	10,83	13,59	17,00	21,23	26,46	32,92
30	1,348	1,811	2,427	3,243	4,322	5,743	7,612	10,06	13,27	17,45	22,89	29,96	39,12	50,95	66,21

ПРИЛОЖЕНИЕ. Таблицы приведенной стоимости

ПРИЛОЖЕНИЕ, ТАБЛИЦА 2 (продолжение)

Годы	\multicolumn{15}{c}{Годовая процентная ставка}
	16%	17%	18%	19%	20%	21%	22%	23%	24%	25%	26%	27%	28%	29%	30%
1	1,160	1,170	1,180	1,190	1,200	1,210	1,220	1,230	1,240	1,250	1,260	1,270	1,280	1,290	1,300
2	1,346	1,369	1,392	1,416	1,440	1,464	1,488	1,513	1,538	1,563	1,588	1,613	1,638	1,664	1,690
3	1,561	1,602	1,643	1,685	1,728	1,772	1,816	1,861	1,907	1,953	2,000	2,048	2,097	2,147	2,197
4	1,811	1,874	1,939	2,005	2,074	2,144	2,215	2,289	2,364	2,441	2,520	2,601	2,684	2,769	2,856
5	2,100	2,192	2,288	2,386	2,488	2,594	2,703	2,815	2,932	3,052	3,176	3,304	3,436	3,572	3,713
6	2,436	2,565	2,700	2,840	2,986	3,138	3,297	3,463	3,635	3,815	4,002	4,196	4,398	4,608	4,827
7	2,826	3,001	3,185	3,379	3,583	3,797	4,023	4,259	4,508	4,768	5,042	5,329	5,629	5,945	6,275
8	3,278	3,511	3,759	4,021	4,300	4,595	4,908	5,239	5,590	5,960	6,353	6,768	7,206	7,669	8,157
9	3,803	4,108	4,435	4,785	5,160	5,560	5,987	6,444	6,931	7,451	8,005	8,595	9,223	9,893	10,60
10	4,411	4,807	5,234	5,695	6,192	6,728	7,305	7,926	8,594	9,313	10,09	10,92	11,81	12,76	13,79
11	5,117	5,624	6,176	6,777	7,430	8,140	8,912	9,749	10,66	11,64	12,71	13,86	15,11	16,46	17,92
12	5,936	6,580	7,288	8,064	8,916	9,850	10,87	11,99	13,21	14,55	16,01	17,61	19,34	21,24	23,30
13	6,886	7,699	8,599	9,596	10,70	11,92	13,26	14,75	16,39	18,19	20,18	22,36	24,76	27,39	30,29
14	7,988	9,007	10,15	11,42	12,84	14,42	16,18	18,14	20,32	22,74	25,42	28,40	31,69	35,34	39,37
15	9,266	10,54	11,97	13,59	15,41	17,45	19,74	22,31	25,20	28,42	32,03	36,06	40,56	45,59	51,19
16	10,75	12,33	14,13	16,17	18,49	21,11	24,09	27,45	31,24	35,53	40,36	45,80	51,92	58,81	66,54
17	12,47	14,43	16,67	19,24	22,19	25,55	29,38	33,76	38,74	44,41	50,85	58,17	66,46	75,86	86,50
18	14,46	16,88	19,67	22,90	26,62	30,91	35,85	41,52	48,04	55,51	64,07	73,87	85,07	97,86	112,5
19	16,78	19,75	23,21	27,25	31,95	37,40	43,74	51,07	59,57	69,39	80,73	93,81	108,9	126,2	146,2
20	19,46	23,11	27,39	32,43	38,34	45,26	53,36	62,82	73,86	86,74	101,7	119,1	139,4	162,9	190,0
25	40,87	50,66	62,67	77,39	95,40	117,4	144,2	176,9	216,5	264,7	323,0	393,6	478,9	581,8	705,6
30	85,85	111,1	143,4	184,7	237,4	304,5	389,8	497,9	634,8	807,8	1026	1301	1646	2078	2620

Пояснение. Если процентная ставка равна 10% в год, то 1 дол., инвестированный сегодня, через 5 лет будет стоить 1,611 дол.

ПРИЛОЖЕНИЕ, ТАБЛИЦА 3
Таблица аннуитета: приведенная стоимость 1 дол. *в год* для каждого из *t* лет = $1/r - 1/[r(1+r)^t]$

Годы	\multicolumn{15}{c}{Годовая процентная ставка}
	1%	2%	3%	4%	5%	6%	7%	8%	9%	10%	11%	12%	13%	14%	15%
1	0,990	0,980	0,971	0,962	0,952	0,943	0,935	0,926	0,917	0,909	0,901	0,893	0,885	0,877	0,870
2	1,970	1,942	1,913	1,886	1,859	1,833	1,808	1,783	1,759	1,736	1,713	1,690	1,668	1,647	1,626
3	2,941	2,884	2,829	2,775	2,723	2,673	2,624	2,577	2,531	2,487	2,444	2,402	2,361	2,322	2,283
4	3,902	3,808	3,717	3,630	3,546	3,465	3,387	3,312	3,240	3,170	3,102	3,037	2,974	2,914	2,855
5	4,853	4,713	4,580	4,452	4,329	4,212	4,100	3,993	3,890	3,791	3,696	3,605	3,517	3,433	3,352
6	5,795	5,601	5,417	5,242	5,076	4,917	4,767	4,623	4,486	4,355	4,231	4,111	3,998	3,889	3,784
7	6,728	6,472	6,230	6,002	5,786	5,582	5,389	5,206	5,033	4,868	4,712	4,564	4,423	4,288	4,160
8	7,652	7,325	7,020	6,733	6,463	6,210	5,971	5,747	5,535	5,335	5,146	4,968	4,799	4,639	4,487
9	8,566	8,162	7,786	7,435	7,108	6,802	6,515	6,247	5,995	5,759	5,537	5,328	5,132	4,946	4,772
10	9,471	8,983	8,530	8,111	7,722	7,360	7,024	6,710	6,418	6,145	5,889	5,650	5,426	5,216	5,019
11	10,37	9,787	9,253	8,760	8,306	7,887	7,499	7,139	6,805	6,495	6,207	5,938	5,687	5,453	5,234
12	11,26	10,58	9,954	9,385	8,863	8,384	7,943	7,536	7,161	6,814	6,492	6,194	5,918	5,660	5,421
13	12,13	11,35	10,63	9,986	9,394	8,853	8,358	7,904	7,487	7,103	6,750	6,424	6,122	5,842	5,583
14	13,00	12,11	11,30	10,56	9,899	9,295	8,745	8,244	7,786	7,367	6,982	6,628	6,302	6,002	5,724
15	13,87	12,85	11,94	11,12	10,38	9,712	9,108	8,559	8,061	7,606	7,191	6,811	6,462	6,142	5,847
16	14,72	13,58	12,56	11,65	10,84	10,11	9,447	8,851	8,313	7,824	7,379	6,974	6,604	6,265	5,954
17	15,56	14,29	13,17	12,17	11,27	10,48	9,763	9,122	8,544	8,022	7,549	7,120	6,729	6,373	6,047
18	16,40	14,99	13,75	12,66	11,69	10,83	10,06	9,372	8,756	8,201	7,702	7,250	6,840	6,467	6,128
19	17,23	15,68	14,32	13,13	12,09	11,16	10,34	9,604	8,950	8,365	7,839	7,366	6,938	6,550	6,198
20	18,05	16,35	14,88	13,59	12,46	11,47	10,59	9,818	9,129	8,514	7,963	7,469	7,025	6,623	6,259
25	22,02	19,52	17,41	15,62	14,09	12,78	11,65	10,67	9,823	9,077	8,422	7,843	7,330	6,873	6,464
30	25,81	22,40	19,60	17,29	15,37	13,76	12,41	11,26	10,27	9,427	8,694	8,055	7,496	7,003	6,566

ПРИЛОЖЕНИЕ, ТАБЛИЦА 3 (продолжение)

Годы	\multicolumn{15}{c}{Годовая процентная ставка}
	16%	17%	18%	19%	20%	21%	22%	23%	24%	25%	26%	27%	28%	29%	30%
1	0,862	0,855	0,847	0,840	0,833	0,826	0,820	0,813	0,806	0,800	0,794	0,787	0,781	0,775	0,769
2	1,605	1,585	1,566	1,547	1,528	1,509	1,492	1,474	1,457	1,440	1,424	1,407	1,392	1,376	1,361
3	2,246	2,210	2,174	2,140	2,106	2,074	2,042	2,011	1,981	1,952	1,923	1,896	1,868	1,842	1,816
4	2,798	2,743	2,690	2,639	2,589	2,540	2,494	2,448	2,404	2,362	2,320	2,280	2,241	2,203	2,166
5	3,274	3,199	3,127	3,058	2,991	2,926	2,864	2,803	2,745	2,689	2,635	2,583	2,532	2,483	2,436
6	3,685	3,589	3,498	3,410	3,326	3,245	3,167	3,092	3,020	2,951	2,885	2,821	2,759	2,700	2,643
7	4,039	3,922	3,812	3,706	3,605	3,508	3,416	3,327	3,242	3,161	3,083	3,009	2,937	2,868	2,802
8	4,344	4,207	4,078	3,954	3,837	3,726	3,619	3,518	3,421	3,329	3,241	3,156	3,076	2,999	2,925
9	4,607	4,451	4,303	4,163	4,031	3,905	3,786	3,673	3,566	3,463	3,366	3,273	3,184	3,100	3,019
10	4,833	4,659	4,494	4,339	4,192	4,054	3,923	3,799	3,682	3,571	3,465	3,364	3,269	3,178	3,092
11	5,029	4,836	4,656	4,486	4,327	4,177	4,035	3,902	3,776	3,656	3,543	3,437	3,335	3,239	3,147
12	5,197	4,988	4,793	4,611	4,439	4,278	4,127	3,985	3,851	3,725	3,606	3,493	3,387	3,286	3,190
13	5,342	5,118	4,910	4,715	4,533	4,362	4,203	4,053	3,912	3,780	3,656	3,538	3,427	3,322	3,223
14	5,468	5,229	5,008	4,802	4,611	4,432	4,265	4,108	3,962	3,824	3,695	3,573	3,459	3,351	3,249
15	5,575	5,324	5,092	4,876	4,675	4,489	4,315	4,153	4,001	3,859	3,726	3,601	3,483	3,373	3,268
16	5,668	5,405	5,162	4,938	4,730	4,536	4,357	4,189	4,033	3,887	3,751	3,623	3,503	3,390	3,283
17	5,749	5,475	5,222	4,990	4,775	4,576	4,391	4,219	4,059	3,910	3,771	3,640	3,518	3,403	3,295
18	5,818	5,534	5,273	5,033	4,812	4,608	4,419	4,243	4,080	3,928	3,786	3,654	3,529	3,413	3,304
19	5,877	5,584	5,316	5,070	4,843	4,635	4,442	4,263	4,097	3,942	3,799	3,664	3,539	3,421	3,311
20	5,929	5,628	5,353	5,101	4,870	4,657	4,460	4,279	4,110	3,954	3,808	3,673	3,546	3,427	3,316
25	6,097	5,766	5,467	5,195	4,948	4,721	4,514	4,323	4,147	3,985	3,834	3,694	3,564	3,442	3,329
30	6,177	5,829	5,517	5,235	4,979	4,746	4,534	4,339	4,160	3,995	3,842	3,701	3,569	3,447	3,332

Пояснение. Если процентная ставка равна 10% в год, приведенная стоимость 1 дол., получаемого каждый год в течение последующих пяти лет, составляет 3,791 дол.

ПРИЛОЖЕНИЕ, ТАБЛИЦА 4
Стоимость e^{rt}: будущая стоимость 1 дол., инвестированного под сложный процент с непрерывным начислением r в течение t лет

rt	0	0,01	0,02	0,03	0,04	0,05	0,06	0,07	0,08	0,09
0,00	1,000	1,010	1,020	1,030	1,041	1,051	1,062	1,073	1,083	1,094
0,10	1,105	1,116	1,127	1,139	1,150	1,162	1,174	1,185	1,197	1,209
0,20	1,221	1,234	1,246	1,259	1,271	1,284	1,297	1,310	1,323	1,336
0,30	1,350	1,363	1,377	1,391	1,405	1,419	1,433	1,448	1,462	1,477
0,40	1,492	1,507	1,522	1,537	1,553	1,568	1,584	1,600	1,616	1,632
0,50	1,649	1,665	1,682	1,699	1,716	1,733	1,751	1,768	1,786	1,804
0,60	1,822	1,840	1,859	1,878	1,896	1,916	1,935	1,954	1,974	1,994
0,70	2,014	2,034	2,054	2,075	2,096	2,117	2,138	2,160	2,181	2,203
0,80	2,226	2,248	2,271	2,293	2,316	2,340	2,363	2,387	2,411	2,435
0,90	2,460	2,484	2,509	2,535	2,560	2,586	2,612	2,638	2,664	2,691
1,00	2,718	2,746	2,773	2,801	2,829	2,858	2,886	2,915	2,945	2,974
1,10	3,004	3,034	3,065	3,096	3,127	3,158	3,190	3,222	3,254	3,287
1,20	3,320	3,353	3,387	3,421	3,456	3,490	3,525	3,561	3,597	3,633
1,30	3,669	3,706	3,743	3,781	3,819	3,857	3,896	3,935	3,975	4,015
1,40	4,055	4,096	4,137	4,179	4,221	4,263	4,306	4,349	4,393	4,437
1,50	4,482	4,527	4,572	4,618	4,665	4,711	4,759	4,807	4,855	4,904
1,60	4,953	5,003	5,053	5,104	5,155	5,207	5,259	5,312	5,366	5,419
1,70	5,474	5,529	5,585	5,641	5,697	5,755	5,812	5,871	5,930	5,989
1,80	6,050	6,110	6,172	6,234	6,297	6,360	6,424	6,488	6,553	6,619
1,90	6,686	6,753	6,821	6,890	6,959	7,029	7,099	7,171	7,243	7,316

ПРИЛОЖЕНИЕ. Таблицы приведенной стоимости

ПРИЛОЖЕНИЕ, ТАБЛИЦА 4 (продолжение)

rt	0,00	0,01	0,02	0,03	0,04	0,05	0,06	0,07	0,08	0,09
2,00	7,389	7,463	7,538	7,614	7,691	7,768	7,846	7,925	8,004	8,085
2,10	8,166	8,248	8,331	8,415	8,499	8,585	8,671	8,758	8,846	8,935
2,20	9,025	9,116	9,207	9,300	9,393	9,488	9,583	9,679	9,777	9,875
2,30	9,974	10,07	10,18	10,28	10,38	10,49	10,59	10,70	10,80	10,91
2,40	11,02	11,13	11,25	11,36	11,47	11,59	11,70	11,82	11,94	12,06
2,50	12,18	12,30	12,43	12,55	12,68	12,81	12,94	13,07	13,20	13,33
2,60	13,46	13,60	13,74	13,87	14,01	14,15	14,30	14,44	14,59	14,73
2,70	14,88	15,03	15,18	15,33	15,49	15,64	15,80	15,96	16,12	16,28
2,80	16,44	16,61	16,78	16,95	17,12	17,29	17,46	17,64	17,81	17,99
2,90	18,17	18,36	18,54	18,73	18,92	19,11	19,30	19,49	19,69	19,89
3,00	20,09	20,29	20,49	20,70	20,91	21,12	21,33	21,54	21,76	21,98
3,10	22,20	22,42	22,65	22,87	23,10	23,34	23,57	23,81	24,05	24,29
3,20	24,53	24,78	25,03	25,28	25,53	25,79	26,05	26,31	26,58	26,84
3,30	27,11	27,39	27,66	27,94	28,22	28,50	28,79	29,08	29,37	29,67
3,40	29,96	30,27	30,57	30,88	31,19	31,50	31,82	32,14	32,46	32,79
3,50	33,12	33,45	33,78	34,12	34,47	34,81	35,16	35,52	35,87	36,23
3,60	36,60	36,97	37,34	37,71	38,09	38,47	38,86	39,25	39,65	40,04
3,70	40,45	40,85	41,26	41,68	42,10	42,52	42,95	43,38	43,82	44,26
3,80	44,70	45,15	45,60	46,06	46,53	46,99	47,47	47,94	48,42	48,91
3,90	49,40	49,90	50,40	50,91	51,42	51,94	52,46	52,98	53,52	54,05

Пояснение. Если ставка непрерывно начисляемого сложного процента равна 10% в год, 1 дол., инвестированный сегодня, будет стоить 1,105 дол. в году 1 и 1,221 дол. в году 2.

ПРИЛОЖЕНИЕ, ТАБЛИЦА 5
Приведенная стоимость 1 дол., получаемого непрерывно в каждый из *t* лет (дисконтированная по *непрерывно начисляемому сложному проценту r*) = {1 − 1/(1+*r*)^t}/{*ln*(1+*r*)}

						Годовая процентная ставка								
Годы	1%	2%	3%	4%	5%	6%	7%	8%	9%	10%	11%	12%	13%	14%	15%
1	0,995	0,990	0,985	0,981	0,976	0,971	0,967	0,962	0,958	0,954	0,950	0,945	0,941	0,937	0,933
2	1,980	1,961	1,942	1,924	1,906	1,888	1,871	1,854	1,837	1,821	1,805	1,790	1,774	1,759	1,745
3	2,956	2,913	2,871	2,830	2,791	2,752	2,715	2,679	2,644	2,609	2,576	2,543	2,512	2,481	2,450
4	3,922	3,846	3,773	3,702	3,634	3,568	3,504	3,443	3,383	3,326	3,270	3,216	3,164	3,113	3,064
5	4,878	4,760	4,648	4,540	4,437	4,337	4,242	4,150	4,062	3,977	3,896	3,817	3,741	3,668	3,598
6	5,825	5,657	5,498	5,346	5,202	5,063	4,931	4,805	4,695	4,570	4,459	4,353	4,252	4,155	4,062
7	6,712	6,536	6,323	6,121	5,930	5,748	5,576	5,412	5,256	5,108	4,967	4,832	4,704	4,582	4,465
8	7,690	7,198	7,124	6,867	6,623	6,394	6,178	5,974	5,780	5,597	5,424	5,260	5,104	4,956	4,816
9	8,609	8,243	7,902	7,583	7,284	7,004	6,741	6,494	6,261	6,042	5,836	5,642	5,458	5,285	5,121
10	9,519	9,072	8,657	8,272	7,911	7,579	7,267	6,975	6,702	6,447	6,208	5,981	5,772	5,573	5,386
11	10,42	9,884	9,391	8,935	8,512	8,121	7,758	7,421	7,107	6,815	6,542	6,287	6,049	5,824	5,617
12	11,31	10,68	10,10	9,572	9,083	8,633	8,218	7,834	7,478	7,149	6,843	6,559	6,294	6,048	5,818
13	12,19	11,46	10,79	10,18	9,627	9,116	8,647	8,216	7,819	7,453	7,115	6,802	6,512	6,242	5,992
14	13,07	12,23	11,46	10,77	10,14	9,571	9,048	8,570	8,131	7,729	7,159	7,018	6,704	6,413	6,144
15	13,93	12,98	12,12	11,34	10,64	10,00	9,423	8,897	8,418	7,980	7,579	7,212	6,874	6,563	6,276
16	14,79	13,71	12,75	11,88	11,11	10,41	9,774	9,201	8,681	8,209	7,778	7,365	7,024	6,694	6,390
17	15,64	14,43	13,36	12,41	11,55	10,79	10,10	9,482	6,923	8,416	7,957	7,539	7,158	6,809	6,490
18	16,48	15,14	13,96	12,91	11,98	11,15	10,41	9,742	9,144	8,605	8,118	7,676	7,275	6,910	6,577
19	17,31	15,83	14,54	13,39	12,39	11,49	10,69	9,983	9,347	8,777	8,263	7,799	7,390	6,999	6,652
20	16,14	16,51	15,10	13,86	12,77	11,81	10,96	10,21	9,533	8,932	6,394	7,909	7,472	7,077	6,718
25	22,13	19,72	17,67	15,93	14,44	13,16	12,06	11,10	10,26	9,524	8,877	8,305	7,797	7,344	6,938
30	25,94	22,62	19,69	17,64	15,75	14,17	12,94	11,70	10,73	9,891	9,164	8,529	7,973	7,482	7,047

ПРИЛОЖЕНИЕ, ТАБЛИЦА 5 (продолжение)

	Годовая процентная ставка														
Годы	16%	17%	18%	19%	20%	21%	22%	23%	24%	25%	26%	27%	28%	29%	30%
1	0,929	0,925	0,922	0,918	0,914	0,910	0,907	0,903	0,900	0,896	0,893	0,889	0,886	0,883	0,880
2	1,730	1,716	1,703	1,689	1,676	1,663	1,650	1,638	1,625	1,613	1,601	1,590	1,578	1,567	1,556
3	2,421	2,392	2,365	2,337	2,311	2,285	2,259	2,235	2,211	2,187	2,164	2,141	2,119	2,098	2,077
4	3,016	2,970	2,925	2,882	2,840	2,799	2,759	2,720	2,682	2,646	2,610	2,576	2,542	2,509	2,477
5	3,530	3,464	3,401	3,340	3,281	3,223	3,168	3,115	3,063	3,013	2,964	2,917	2,872	2,828	2,785
6	3,972	3,886	3,804	3,724	3,648	3,574	3,504	3,436	3,370	3,307	3,246	3,187	3,130	3,075	3,022
7	4,354	4,247	4,145	4,048	3,954	3,865	3,779	3,696	3,617	3,542	3,469	3,399	3,331	3,266	3,204
8	4,682	4,555	4,434	4,319	4,209	4,104	4,004	3,909	3,817	3,730	3,646	3,566	3,489	3,415	3,344
9	4,966	4,519	4,680	4,517	4,422	4,302	4,189	4,081	3,978	3,880	3,786	3,697	3,612	3,530	3,452
10	5,110	5,044	4,887	4,739	4,599	4,466	4,340	4,221	4,108	4,000	3,898	3,801	3,708	3,619	3,535
11	5,421	5,237	5,063	4,900	4,747	4,602	4,465	4,335	4,213	4,096	3,986	3,881	3,783	3,689	3,599
12	5,603	5,401	5,213	5,036	4,870	4,713	4,566	4,428	4,297	4,173	4,057	3,946	3,841	3,742	3,648
13	5,759	5,542	5,339	5,150	4,972	4,806	4,650	4,503	4,365	4,235	4,112	3,997	3,887	3,784	3,686
14	5,894	5,662	5,446	5,245	5,058	4,882	4,718	4,564	4,420	4,284	4,157	4,036	3,923	3,816	3,715
15	6,010	5,765	5,537	5,326	5,129	4,945	4,774	4,614	4,464	4,324	4,192	4,068	3,951	3,841	3,737
16	6,111	5,853	5,614	5,393	5,188	4,998	4,820	4,655	4,500	4,355	4,220	4,092	3,973	3,860	3,754
17	6,197	5,928	5,679	5,450	5,238	5,041	4,858	4,687	4,529	4,381	4,242	4,112	3,990	3,875	3,767
18	6,272	5,992	5,735	5,498	5,279	5,076	4,889	4,714	4,552	4,401	4,259	4,127	4,003	3,887	3,778
19	6,336	6,047	5,781	5,538	5,313	5,106	4,914	4,736	4,571	4,417	4,273	4,139	4,014	3,896	3,785
20	6,391	6,094	5,821	5,571	5,342	5,130	4,935	4,754	4,586	4,430	4,284	4,149	4,022	3,903	3,791
25	6,573	6,244	5,945	5,674	5,427	5,201	4,994	4,803	4,627	4,464	4,314	4,173	4,042	3,920	3,806
30	6,659	6,312	6,000	5,718	5,462	5,229	5,016	4,821	4,641	4,476	4,323	4,181	4,048	3,925	3,810

Пояснение. Если процентная ставка равна 10% в год, то непрерывный денежный поток в размере 1 дол. в год в течение каждого из последующих пяти лет стоит 3,977 дол. Непрерывный поток в размере 1 дол. только в году 5 стоит 3,977 – 3,326 = 0,651 дол.

ПРИЛОЖЕНИЕ, ТАБЛИЦА 6
Стоимость опциона "колл" (в % к цене акции)

	Цена акции, деленная на приведенную стоимость цены исполнения																		
	0,40	0,45	0,50	0,55	0,60	0,65	0,70	0,75	0,80	0,82	0,84	0,86	0,88	0,90	0,92	0,94	0,96	0,98	1,00
0,05	0,0	0,0	0,0	0,0	0,0	0,0	0,0	0,0	0,0	0,0	0,0	0,0	0,0	0,0	0,1	0,3	0,6	1,2	2,0
0,10	0,0	0,0	0,0	0,0	0,0	0,0	0,0	0,0	0,0	0,1	0,2	0,3	0,5	0,8	1,2	1,7	2,3	3,1	4,0
0,15	0,0	0,0	0,0	0,0	0,0	0,0	0,1	0,2	0,5	0,7	1,0	1,3	1,7	2,2	2,8	3,5	4,2	5,1	6,0
0,20	0,0	0,0	0,0	0,0	0,0	0,1	0,4	0,8	1,5	1,9	2,3	2,8	3,4	4,0	4,7	5,4	6,2	7,1	8,0
0,25	0,0	0,0	0,0	0,1	0,2	0,5	1,0	1,8	2,8	3,3	3,9	4,5	5,2	5,9	6,6	7,4	8,2	9,1	9,9
0,30	0,0	0,1	0,1	0,3	0,7	1,2	2,0	3,1	4,4	5,0	5,7	6,3	7,0	7,8	8,6	9,4	10,2	11,1	11,9
0,35	0,1	0,2	0,4	0,8	1,4	2,3	3,3	4,6	6,2	6,8	7,5	8,2	9,0	9,8	10,6	11,4	12,2	13,0	13,9
0,40	0,2	0,5	0,9	1,6	2,4	3,5	4,8	6,3	8,0	8,7	9,4	10,2	11,0	11,7	12,5	13,4	14,2	15,0	15,9
0,45	0,5	1,0	1,7	2,6	3,7	5,0	6,5	8,1	9,9	10,6	11,4	12,2	12,9	13,7	14,5	15,3	16,2	17,0	17,8
0,50	1,0	1,7	2,6	3,7	5,1	6,6	8,2	10,0	11,8	12,6	13,4	14,2	14,9	15,7	16,5	17,3	18,1	18,9	19,7
0,55	1,7	2,6	3,8	5,1	6,6	8,3	10,0	11,9	13,8	14,6	15,4	16,1	16,9	17,7	18,5	19,3	20,1	20,9	21,7
0,60	2,5	3,7	5,1	6,6	8,3	10,1	11,9	13,8	15,8	16,6	17,4	18,1	18,9	19,7	20,5	21,3	22,0	22,8	23,6
0,65	3,6	4,9	6,5	8,2	10,0	11,9	13,8	15,8	17,8	18,6	19,3	20,1	20,9	21,7	22,5	23,2	24,0	24,7	25,5
0,70	4,7	6,3	8,1	9,9	11,9	13,8	15,8	17,8	19,8	20,6	21,3	22,1	22,9	23,6	24,4	25,2	25,9	26,6	27,4
0,75	6,1	7,9	9,8	11,7	13,7	15,8	17,8	19,8	21,8	22,5	23,3	24,1	24,8	25,6	26,3	27,1	27,8	28,5	29,2
0,80	7,5	9,5	11,5	13,6	15,7	17,7	19,8	21,8	23,7	24,5	25,3	26,0	26,8	27,5	28,3	29,0	29,7	30,4	31,1
0,85	9,1	11,2	13,3	15,5	17,6	19,7	21,8	23,8	25,7	26,5	27,2	28,0	28,7	29,4	30,2	30,9	31,6	32,2	32,9
0,90	10,7	13,0	15,2	17,4	19,6	21,7	23,8	25,8	27,7	28,4	29,2	29,9	30,6	31,3	32,0	32,7	33,4	34,1	34,7
0,95	12,5	14,8	17,1	19,4	21,6	23,7	25,7	27,7	29,6	30,4	31,1	31,8	32,5	33,2	33,9	34,6	35,2	35,9	36,5
1,00	14,3	16,7	19,1	21,4	23,6	25,7	27,7	29,7	31,6	32,3	33,0	33,7	34,4	35,1	35,7	36,4	37,0	37,7	38,3
1,05	16,1	18,6	21,0	23,3	25,6	27,7	29,7	31,6	33,5	34,2	34,9	35,6	36,2	36,9	37,6	38,2	38,8	39,4	40,0
1,10	18,0	20,6	23,0	25,3	27,5	29,6	31,6	33,5	35,4	36,1	36,7	37,4	38,1	38,7	39,3	40,0	40,6	41,2	41,8
1,15	20,0	22,5	25,0	27,3	29,5	31,6	33,6	35,4	37,2	37,9	38,6	39,2	39,9	40,5	41,1	41,7	42,3	42,9	43,5
1,20	21,9	24,5	27,0	29,3	31,5	33,6	35,5	37,3	39,1	39,7	40,4	41,0	41,7	42,3	42,9	43,5	44,0	44,6	45,1
1,25	23,9	26,5	29,0	31,3	33,5	35,5	37,4	39,2	40,9	41,5	42,2	42,8	43,4	44,0	44,6	45,2	45,7	46,3	46,8
1,30	25,9	28,5	31,0	33,3	35,4	37,4	39,3	41,0	42,7	43,3	43,9	44,5	45,1	45,7	46,3	46,8	47,4	47,9	48,4
1,35	27,9	30,5	33,0	35,2	37,3	39,3	41,1	42,8	44,4	45,1	45,7	46,3	46,8	47,4	47,9	48,5	49,0	49,5	50,0
1,40	29,9	32,5	34,9	37,1	39,2	41,1	42,9	44,6	46,2	46,8	47,4	47,9	48,5	49,0	49,6	50,1	50,6	51,1	51,6
1,45	31,9	34,5	36,9	39,1	41,1	43,0	44,7	46,4	47,9	48,5	49,0	49,6	50,1	50,7	51,2	51,7	52,2	52,7	53,2
1,50	33,8	36,4	38,8	40,9	42,9	44,8	46,5	48,1	49,6	50,1	50,7	51,2	51,8	52,3	52,3	53,3	53,7	54,2	54,7
1,55	35,8	38,4	40,7	42,8	44,5	46,6	48,2	49,8	51,2	51,8	52,3	52,8	53,3	53,8	54,3	54,3	55,3	55,7	56,2
1,60	37,8	40,3	42,6	44,6	46,5	48,3	49,9	51,4	52,8	53,4	53,9	54,4	54,9	55,4	55,9	56,3	56,8	57,2	57,6
1,65	39,7	42,2	44,4	46,4	48,3	50,0	51,6	53,1	54,4	54,9	55,4	55,9	56,4	56,9	57,3	57,8	58,2	58,6	59,1
1,70	41,6	44,0	46,2	48,2	50,0	51,7	53,2	54,7	56,0	56,5	57,0	57,5	57,9	58,4	58,8	59,2	59,7	60,1	60,5
1,75	43,5	45,9	48,0	50,0	51,7	53,4	54,8	56,2	57,5	58,0	58,5	58,9	59,4	59,8	60,2	60,7	61,1	61,5	61,8
2,00	52,5	54,6	56,5	58,2	59,7	61,1	62,4	63,6	64,6	65,0	65,4	65,8	66,2	66,6	66,9	67,3	67,6	67,9	68,3
2,25	60,7	62,5	64,1	65,6	66,8	68,0	69,1	70,0	70,9	71,3	71,6	71,9	72,2	72,5	72,8	73,1	73,4	73,7	73,9
2,50	67,9	69,4	70,8	72,0	73,1	74,0	74,9	75,7	76,4	76,7	77,0	77,2	77,5	77,7	78,0	78,2	78,4	78,7	78,9
2,75	74,2	75,4	76,6	77,5	78,4	79,2	79,9	80,5	81,1	81,4	81,6	81,8	82,0	82,2	82,4	82,6	82,7	82,9	83,1
3,00	79,5	80,5	81,4	82,2	82,9	83,5	84,1	84,6	85,1	85,3	85,4	85,6	85,8	85,9	86,1	86,2	86,4	86,5	86,6
3,50	87,6	88,3	88,8	89,3	89,7	90,1	90,5	90,8	91,1	91,2	91,3	91,4	91,5	91,6	91,6	91,7	91,8	91,9	92,0
4,00	92,9	93,3	93,6	93,9	94,2	94,4	94,6	94,8	94,9	95,0	95,0	95,1	95,2	95,2	95,3	95,3	95,4	95,4	95,4
4,50	96,2	96,4	96,6	96,7	96,9	97,0	97,1	97,2	97,3	97,3	97,3	97,4	97,4	97,4	97,5	97,5	97,5	97,5	97,6
5,00	98,1	98,2	98,3	98,3	98,4	98,5	98,5	98,6	98,6	98,6	98,6	98,7	98,7	98,7	98,7	98,7	98,7	98,7	98,8

Стандартное отклонение, умноженное на квадратный корень из времени

Примечание. Основано на модели Блэка–Шольца. Для получения соответствующей стоимости европейского опциона "пут" прибавить приведенную стоимость цены исполнения и вычесть цену акции.

ПРИЛОЖЕНИЕ, ТАБЛИЦА 6 (продолжение)
Цена акции, деленная на приведенную стоимость цены исполнения

1,02	1,04	1,06	1,08	1,10	1,12	1,14	1,16	1,18	1,20	1,25	1,30	1,35	1,40	1,45	1,50	1,75	2,00	2,50	
	3,1	4,5	6,0	7,5	9,1	10,7	12,3	13,8	15,3	16,7	20,0	23,1	25,9	28,6	31,0	33,3	42,9	50,0	60,0	0,05
5,0	6,1	7,3	8,6	10,0	11,3	12,7	14,1	15,4	16,8	20,0	23,1	25,9	28,6	31,0	33,3	42,9	50,0	60,0	0,10
7,0	8,0	9,1	10,2	11,4	12,6	13,8	15,0	16,2	17,4	20,4	23,3	26,0	28,6	31,1	33,3	42,9	50,0	60,0	0,15
8,9	9,9	10,9	11,9	13,0	14,1	15,2	16,3	17,4	18,5	21,2	23,9	26,4	28,9	31,2	33,5	42,9	50,0	60,0	0,20
10,9	11,8	12,8	13,7	14,7	15,7	16,7	17,7	18,7	19,8	22,3	24,7	27,1	29,4	31,7	33,8	42,9	50,0	60,0	0,25
12,8	13,7	14,6	15,6	16,5	17,4	18,4	19,3	20,3	21,2	23,5	25,8	28,1	30,2	32,3	34,3	43,1	50,1	60,0	0,30
14,8	15,6	16,5	17,4	18,3	19,2	20,1	21,0	21,9	22,7	24,9	27,1	29,2	31,2	33,2	35,1	43,5	50,2	60,0	0,35
16,7	17,5	18,4	19,2	20,1	20,9	21,8	22,6	23,5	24,3	26,4	28,4	30,4	32,3	34,2	36,0	44,0	50,5	60,1	0,40
18,6	19,4	20,3	21,1	21,9	22,7	23,5	24,3	25,1	25,9	27,9	29,8	31,7	33,5	35,3	37,0	44,6	50,8	60,2	0,45
20,5	21,3	22,1	22,9	23,7	24,5	25,3	26,1	28,8	27,6	29,5	31,3	33,1	34,8	36,4	38,1	45,3	51,3	60,4	0,50
22,4	23,2	24,0	24,8	25,5	26,3	27,0	27,8	28,5	29,2	31,0	32,8	34,5	36,1	37,7	39,2	46,1	51,9	60,7	0,55
24,3	25,1	25,8	26,6	27,3	28,1	28,8	29,5	30,2	30,9	32,6	34,3	35,9	37,5	39,0	40,4	47,0	52,5	61,0	0,60
26,2	27,0	27,7	28,4	29,1	29,8	30,5	31,2	31,9	32,6	34,2	35,8	37,4	38,9	40,3	41,7	48,0	53,3	61,4	0,65
28,1	28,8	29,5	30,2	30,9	31,6	32,3	32,9	33,6	34,2	35,8	37,3	38,8	40,3	41,6	43,0	49,0	54,0	61,9	0,70
29,9	30,6	31,3	32,0	32,7	33,3	34,0	34,6	35,3	35,9	37,4	38,9	40,3	41,7	43,0	44,3	50,0	54,9	62,4	0,75
31,8	32,4	33,1	33,8	34,4	35,1	35,7	36,3	36,9	37,5	39,0	40,4	41,8	43,1	44,4	45,6	51,1	55,8	63,0	0,80
33,6	34,2	34,9	35,5	36,2	36,8	37,4	38,0	38,6	39,2	40,6	41,9	43,3	44,5	45,8	46,9	52,2	56,7	63,6	0,85
35,4	36,0	36,6	37,3	37,9	38,5	39,1	39,6	40,2	40,8	42,1	43,5	44,7	46,0	47,1	48,3	53,3	57,6	64,3	0,90
37,2	37,8	38,4	39,0	39,6	40,1	40,7	41,3	41,8	42,4	43,7	45,0	46,2	47,4	48,5	49,6	54,5	58,6	65,0	0,95
38,9	39,5	40,1	40,7	41,2	41,8	42,4	42,9	43,4	44,0	45,2	46,5	47,6	48,8	49,9	50,9	55,6	59,5	65,7	1,00
40,6	41,2	41,8	42,4	42,9	43,5	44,0	44,5	45,0	45,5	46,8	48,0	49,1	50,2	51,2	52,2	56,7	60,5	66,5	1,05
42,3	42,9	43,5	44,0	44,5	45,1	45,6	46,1	46,6	47,1	48,3	49,4	50,5	51,6	52,6	53,5	57,9	61,5	67,2	1,10
44,0	44,6	45,1	45,6	46,2	46,7	47,2	47,7	48,2	48,6	49,8	50,9	51,9	52,9	53,9	54,9	59,0	62,5	68,0	1,15
45,7	46,2	46,7	47,3	47,8	48,3	48,7	49,2	49,7	50,1	51,3	52,3	53,3	54,3	55,2	56,1	60,2	63,5	68,8	1,20
47,3	47,8	48,4	48,8	49,3	49,8	50,3	50,7	51,2	51,6	52,7	53,7	54,7	55,7	56,6	57,4	61,3	64,5	69,6	1,25
48,9	49,4	49,9	50,4	50,9	51,3	51,8	52,2	52,7	53,1	54,1	55,1	56,1	57,0	57,9	58,7	62,4	65,5	70,4	1,30
50,5	51,0	51,5	52,0	52,4	52,9	53,3	53,7	54,1	54,6	55,6	56,5	57,4	58,3	59,1	59,9	63,5	66,5	71,1	1,35
52,1	52,6	53,0	53,5	53,9	54,3	54,8	55,2	55,6	56,0	56,9	57,9	58,7	59,6	60,4	61,2	64,6	67,5	71,9	1,40
53,6	54,1	54,5	55,0	55,4	55,8	56,2	56,6	57,0	57,4	58,3	59,2	60,0	60,9	61,6	62,4	65,7	68,4	72,7	1,45
55,1	55,6	56,0	56,4	56,8	57,2	57,6	58,0	58,4	58,8	59,7	60,5	61,3	62,1	62,9	63,6	66,8	69,4	73,5	1,50
56,6	57,0	57,4	57,8	58,2	58,6	59,0	59,4	59,7	60,1	61,0	61,8	62,6	63,3	64,1	64,8	67,8	70,3	74,3	1,55
58,0	58,5	58,9	59,2	59,6	60,0	60,4	60,7	61,1	61,4	62,3	63,1	63,8	64,5	65,2	65,9	68,8	71,3	75,1	1,60
59,5	59,9	60,2	60,6	61,0	61,4	61,7	62,1	62,4	62,7	63,5	64,3	65,0	65,7	66,4	67,0	69,9	72,2	75,9	1,65
60,9	61,2	61,6	62,0	62,3	62,7	63,0	63,4	63,7	64,0	64,8	65,5	66,2	66,9	67,5	68,2	70,9	73,1	76,6	1,70
62,2	62,6	62,9	63,3	63,6	64,0	64,3	64,6	64,9	65,3	66,0	66,7	67,4	68,0	68,7	69,2	71,9	74,0	77,4	1,75
68,6	68,9	69,2	69,5	69,8	70,0	70,3	70,6	70,8	71,1	71,7	72,3	72,9	73,4	73,9	74,4	76,5	78,3	81,0	2,00
74,2	74,4	74,7	74,9	75,2	75,4	75,6	75,8	76,0	76,3	76,8	77,2	77,7	78,1	78,5	78,9	80,6	82,1	84,3	2,25
79,1	79,3	79,5	79,7	79,9	80,0	80,2	80,4	80,6	80,7	81,1	81,5	81,9	82,2	82,6	82,9	84,3	85,4	87,2	2,50
83,3	83,4	83,6	83,7	83,9	84,0	84,2	84,3	84,4	84,6	84,9	85,2	85,5	85,8	86,0	86,3	87,4	88,3	89,7	2,75
86,8	86,9	87,0	87,1	87,3	87,4	87,5	87,6	87,7	87,8	88,1	88,3	88,5	88,8	89,0	89,2	90,0	90,7	91,8	3,00
92,1	92,1	92,2	92,3	92,4	92,4	92,5	92,6	92,6	92,7	92,8	93,0	93,1	93,3	93,4	93,5	94,0	94,4	95,1	3,50
95,5	95,5	95,6	95,6	95,7	95,7	95,7	95,8	95,8	95,8	95,9	96,0	96,1	96,2	96,2	96,3	96,6	96,8	97,2	4,00
97,8	97,6	97,6	97,6	97,7	97,7	97,7	97,7	97,8	97,8	97,8	97,9	97,9	97,9	98,0	98,0	98,2	98,3	98,5	4,50
98,8	98,8	98,8	98,8	98,8	98,8	98,8	98,8	98,9	98,9	98,9	98,9	98,9	98,9	99,0	99,0	99,0	99,1	99,2	5,00

Стандартное отклонение, умноженное на квадратный корень из времени

ПРИЛОЖЕНИЕ, ТАБЛИЦА 7
Коэффициенты хеджирования для опционов "колл" (в % к цене акции)

Цена акции, деленная на приведенную стоимость цены исполнения

	0,40	0,45	0,50	0,55	0,60	0,65	0,70	0,75	0,80	0,82	0,84	0,86	0,88	0,90	0,92	0,94	0,96	0,98	1,00
0,05	0,0	0,0	0,0	0,0	0,0	0,0	0,0	0,0	0,0	0,0	0,0	0,1	0,6	1,9	5,0	11,3	21,4	35,2	51,0
0,10	0,0	0,0	0,0	0,0	0,0	0,0	0,0	0,2	1,5	2,7	4,5	7,2	11,0	15,8	21,7	28,5	36,0	44,0	52,0
0,15	0,0	0,0	0,0	0,0	0,0	0,3	1,1	3,3	7,9	10,6	13,8	17,6	21,9	26,5	31,5	36,8	42,2	47,6	53,0
0,20	0,0	0,0	0,0	0,2	0,7	2,0	4,6	9,0	15,5	18,6	22,0	25,7	29,5	33,5	37,6	41,7	45,9	50,0	54,0
0,25	0,0	0,1	0,4	1,2	2,8	5,5	9,7	15,3	22,1	25,2	28,4	31,6	35,0	38,3	41,7	45,1	48,5	51,8	55,0
0,30	0,2	0,6	1,5	3,3	6,0	9,9	14,9	20,9	27,6	30,4	33,3	36,2	39,1	42,0	44,9	47,8	50,6	53,3	56,0
0,35	0,7	1,8	3,6	6,3	9,9	14,6	19,9	25,9	32,2	34,8	37,3	39,9	42,5	45,0	47,5	49,9	52,3	54,7	56,9
0,40	1,8	3,6	6,3	9,8	14,1	19,0	24,5	30,2	36,0	38,4	40,7	43,0	45,2	47,5	49,7	51,8	53,9	55,9	57,9
0,45	3,5	6,1	9,4	13,5	18,1	23,2	28,5	33,9	39,3	41,4	43,5	45,6	47,6	49,6	51,6	53,5	55,3	57,1	58,9
0,50	5,7	8,9	12,8	17,2	22,0	27,0	32,2	37,2	42,2	44,2	46,1	47,9	49,8	51,6	53,3	55,0	56,7	58,3	59,9
0,55	8,2	12,0	16,2	20,8	25,7	30,6	35,4	40,2	44,8	46,6	48,3	50,0	51,7	53,3	54,9	56,5	58,0	59,4	60,8
0,60	11,0	15,1	19,6	24,3	29,1	33,8	38,4	42,9	47,1	48,8	50,4	51,9	53,5	55,0	56,4	57,8	59,2	60,5	61,8
0,65	13,9	18,3	22,9	27,6	32,2	36,8	41,1	45,3	49,3	50,8	52,3	53,7	55,1	56,5	57,8	59,1	60,3	61,6	62,7
0,70	16,9	21,5	26,1	30,7	35,2	39,5	43,7	47,6	51,2	52,7	54,0	55,4	56,6	57,9	59,1	60,3	61,5	62,6	63,7
0,75	19,9	24,5	29,1	33,6	38,0	42,1	46,0	49,7	53,1	54,4	55,7	56,9	58,1	59,3	60,4	61,5	62,6	63,6	64,6
0,80	22,8	27,5	32,0	36,4	40,6	44,5	48,2	51,6	54,8	56,0	57,2	58,4	59,5	60,6	61,6	62,7	63,6	64,6	65,5
0,85	25,7	30,3	34,8	39,0	43,0	46,7	50,2	53,4	56,5	57,6	58,7	59,8	60,8	61,8	62,8	63,8	64,7	65,6	66,5
0,90	28,5	33,1	37,4	41,5	45,3	48,9	52,1	55,2	58,0	59,1	60,1	61,1	62,1	63,0	64,0	64,8	65,7	66,6	67,4
0,95	31,2	35,7	40,0	43,9	47,5	50,9	54,0	56,8	59,5	60,5	61,5	62,4	63,3	64,2	65,1	65,9	66,7	67,5	68,3
1,00	33,9	38,3	42,3	46,1	49,6	52,8	55,7	58,4	60,9	61,9	62,8	63,7	64,5	65,3	66,2	66,9	67,7	68,4	69,1
1,05	36,4	40,7	44,6	48,1	51,5	54,6	57,4	59,9	62,3	63,2	64,0	64,9	65,7	66,4	67,2	67,9	68,7	69,3	70,0
1,10	38,9	43,0	46,8	50,3	53,4	56,3	58,9	61,4	63,6	64,4	65,2	66,0	66,8	67,5	68,2	68,9	69,6	70,3	70,9
1,15	41,2	45,2	48,9	52,2	55,2	57,9	60,4	62,7	64,8	65,6	66,4	67,1	67,9	68,6	69,2	69,9	70,5	71,1	71,7
1,20	43,5	47,4	50,9	54,1	56,9	59,5	61,9	64,1	66,1	66,8	67,5	68,2	68,9	69,6	70,2	70,8	71,4	72,0	72,6
1,25	45,7	49,4	52,8	55,8	58,6	61,0	63,3	65,4	67,2	67,9	68,6	69,3	69,9	70,6	71,2	71,8	72,3	72,9	73,4
1,30	47,8	51,4	54,6	57,5	60,1	62,5	64,6	66,6	68,4	69,1	69,7	70,3	70,9	71,5	72,1	72,7	73,2	73,7	74,2
1,35	49,9	53,3	56,4	59,2	61,7	63,9	65,9	67,8	69,5	70,1	70,7	71,3	71,9	72,5	73,0	73,5	74,0	74,5	75,0
1,40	51,8	55,2	58,1	60,8	63,1	65,3	67,2	69,0	70,6	71,2	71,8	72,3	72,9	73,4	73,9	74,4	74,9	75,4	75,8
1,45	53,7	56,9	59,8	62,3	64,5	66,6	68,4	70,1	71,6	72,2	72,7	73,3	73,8	74,3	74,8	75,2	75,7	76,1	76,6
1,50	55,5	58,6	61,3	63,7	65,9	67,8	69,7	71,2	72,6	73,2	73,7	74,2	74,7	75,2	75,6	76,1	76,5	76,9	77,3
1,55	57,3	60,3	62,8	65,1	67,2	69,0	70,7	72,2	73,6	74,1	74,6	75,1	75,6	76,0	76,5	76,9	77,3	77,7	78,1
1,60	59,0	61,8	64,3	66,5	68,5	70,2	71,8	73,2	74,6	75,0	75,5	76,0	76,4	76,9	77,3	77,7	78,1	78,4	78,8
1,65	60,6	63,3	65,7	67,8	69,7	71,4	72,9	74,3	75,5	76,0	76,4	76,8	77,3	77,7	78,1	78,5	78,8	79,2	79,5
1,70	62,2	64,8	67,1	69,1	70,9	72,5	73,9	75,2	76,4	76,8	77,3	77,7	78,1	78,5	78,8	79,2	79,6	79,9	80,2
1,75	63,7	66,2	68,4	70,3	72,0	73,5	74,9	76,1	77,3	77,7	78,1	78,5	78,9	79,2	79,6	79,9	80,3	80,6	80,9
2,00	70,6	72,6	74,3	75,8	77,2	78,4	79,4	80,4	81,3	81,6	81,9	82,2	82,5	82,8	83,1	83,4	83,6	83,9	84,1
2,25	76,4	77,9	79,3	80,5	81,5	82,5	83,3	84,1	84,8	85,0	85,3	85,5	85,7	86,0	86,2	86,4	86,6	86,8	87,0
2,50	81,2	82,4	83,5	84,4	85,2	85,9	86,6	87,2	87,7	87,9	88,1	88,3	88,5	88,6	88,8	89,0	89,1	89,3	89,4
2,75	85,1	86,1	86,9	87,6	88,3	88,8	89,3	89,8	90,2	90,4	90,5	90,7	90,8	90,9	91,1	91,2	91,3	91,4	91,5
3,00	88,4	89,1	89,8	90,3	90,8	91,3	91,6	92,0	92,3	92,4	92,5	92,6	92,7	92,9	93,0	93,1	93,1	93,2	93,3
3,50	93,2	93,6	94,0	94,3	94,6	94,8	95,0	95,2	95,4	95,5	95,5	95,6	95,7	95,7	95,8	95,8	95,9	95,9	96,0
4,00	96,2	96,4	96,6	96,8	96,9	97,1	97,2	97,3	97,4	97,5	97,5	97,5	97,6	97,6	97,6	97,7	97,7	97,7	97,7
4,50	98,0	98,1	98,2	98,3	98,4	98,4	98,5	98,6	98,6	98,6	98,6	98,7	98,7	98,7	98,7	98,7	98,7	98,8	98,8
5,00	99,0	99,0	99,1	99,1	99,2	99,2	99,3	99,3	99,3	99,3	99,3	99,3	99,3	99,3	99,3	99,3	99,4	99,4	99,4

Стандартное отклонение, умноженное на квадратный корень из времени

Примечание. Основано на модели Блэка—Шольца. Вычесть 1,0 для получения соответствующих коэффициентов хеджирования для европейских опционов "пут".

ПРИЛОЖЕНИЕ, ТАБЛИЦА 7 (продолжение)
Цена акции, деленная на приведенную стоимость цены исполнения

1,02	1,04	1,06	1,08	1,10	1,12	1,14	1,16	1,18	1,20	1,25	1,30	1,35	1,40	1,45	1,50	1,75	2,00	2,50	
66,3	79,1	88,3	94,1	97,3	98,9	99,6	99,9	100,0	100,0	100,0	100,0	100,0	100,0	100,0	100,0	100,0	100,0	100,0	0,05
59,8	67,1	73,7	79,4	84,2	88,2	91,3	93,8	95,6	96,9	98,9	99,6	99,9	100,0	100,0	100,0	100,0	100,0	100,0	0,10
58,2	63,2	67,8	72,2	76,1	79,7	82,9	85,6	88,1	90,2	94,1	96,6	98,1	99,0	99,5	99,7	100,0	100,0	100,0	0,15
57,9	61,6	65,2	68,6	71,8	74,8	77,5	80,0	82,3	84,4	88,8	92,1	94,5	96,3	97,5	98,3	99,8	100,0	100,0	0,20
58,1	61,1	64,0	66,7	69,4	71,8	74,2	76,4	78,4	80,4	84,6	88,0	90,7	92,9	94,6	96,0	99,1	99,8	100,0	0,25
58,6	61,1	63,5	65,8	68,0	70,1	72,1	74,0	75,9	77,6	81,4	84,7	87,5	89,8	91,8	93,3	97,8	99,3	99,9	0,30
59,2	61,3	63,4	65,4	67,3	69,1	70,9	72,5	74,1	75,7	79,2	82,2	84,9	87,2	89,2	90,9	96,2	98,4	99,7	0,35
59,9	61,7	63,5	65,3	66,9	68,6	70,1	71,6	73,0	74,4	77,6	80,4	82,9	85,1	87,1	88,8	94,5	97,3	99,4	0,40
60,6	62,3	63,9	65,4	66,9	68,3	69,7	71,0	72,3	73,6	76,5	79,0	81,4	83,5	85,3	87,0	92,9	96,1	98,8	0,45
61,4	62,9	64,3	65,7	67,0	68,3	69,6	70,8	71,9	73,1	75,7	78,1	80,2	82,2	84,0	85,6	91,5	94,9	98,1	0,50
62,2	63,5	64,8	66,1	67,3	68,5	69,6	70,7	71,8	72,8	75,2	77,4	79,4	81,2	82,9	84,4	90,2	93,8	97,4	0,55
63,0	64,3	65,4	66,6	67,7	68,8	69,8	70,8	71,8	72,7	74,9	77,0	78,8	80,5	82,1	83,5	89,1	92,7	96,6	0,60
63,9	65,0	66,1	67,1	68,1	69,1	70,1	71,0	71,9	72,8	74,8	76,7	78,4	80,0	81,5	82,9	88,2	91,8	95,9	0,65
64,7	65,8	86,8	67,7	68,7	69,6	70,4	71,3	72,1	72,9	74,8	76,6	78,2	79,7	81,1	82,4	87,5	91,0	95,1	0,70
65,6	66,5	67,5	68,4	69,2	70,1	70,9	71,7	72,4	73,2	74,9	76,6	78,1	79,5	80,8	82,0	86,9	90,3	94,5	0,75
66,4	67,3	68,2	69,0	69,8	70,6	71,4	72,1	72,8	73,5	75,1	76,7	78,1	79,4	80,6	81,8	86,4	89,7	93,9	0,80
67,3	68,1	68,9	69,7	70,4	71,2	71,9	72,6	73,2	73,9	75,4	76,8	78,2	79,4	80,6	81,6	86,1	89,3	93,4	0,85
68,2	68,9	69,7	70,4	71,1	71,8	72,4	73,1	73,7	74,3	75,7	77,1	78,3	79,5	80,6	81,6	85,8	88,9	92,9	0,90
69,0	69,7	70,4	71,1	71,7	72,4	73,0	73,6	74,2	74,8	76,1	77,4	78,5	79,6	80,7	81,6	85,6	88,6	92,5	0,95
69,8	70,5	71,2	71,8	72,4	73,0	73,6	74,2	74,7	75,2	78,5	77,7	78,8	79,9	80,8	81,7	85,5	88,4	92,2	1,00
70,7	71,3	71,9	72,5	73,1	73,7	74,2	74,7	75,3	75,8	77,0	78,1	79,1	80,1	81,0	81,9	85,5	88,2	91,9	1,05
71,5	72,1	72,7	73,2	73,8	74,3	74,8	75,3	75,8	76,3	77,4	78,5	79,5	80,4	81,3	82,1	85,5	88,1	91,7	1,10
72,3	72,9	73,4	74,0	74,5	75,0	75,5	75,9	76,4	76,8	77,9	78,9	79,8	80,7	81,5	82,3	85,6	88,1	91,5	1,15
73,1	73,7	74,2	74,7	75,2	75,6	76,1	76,5	77,0	77,4	78,4	79,4	80,2	81,1	81,8	82,6	85,7	88,1	91,4	1,20
73,9	74,4	74,9	75,4	75,8	76,3	76,7	77,1	77,6	78,0	78,9	79,8	80,7	81,4	82,2	82,9	85,8	88,1	91,3	1,25
74,7	75,2	75,6	76,1	76,5	76,9	77,4	77,8	78,2	78,5	79,4	80,3	81,1	81,8	82,5	83,2	86,0	88,2	91,2	1,30
75,5	75,9	76,4	76,8	77,2	77,6	78,0	78,4	78,7	79,1	80,0	80,8	81,5	82,2	82,9	83,5	86,2	88,3	91,2	1,35
76,2	76,7	77,1	77,5	77,9	78,3	78,6	79,0	79,3	79,7	80,5	81,3	82,0	82,6	83,3	83,9	86,4	88,4	91,2	1,40
77,0	77,4	77,8	78,2	78,5	78,9	79,3	79,6	79,9	80,3	81,0	81,8	82,4	83,1	83,7	84,2	86,7	88,6	91,3	1,45
77,7	78,1	78,5	78,9	79,2	79,5	79,9	80,2	80,5	80,8	81,6	82,2	82,9	83,5	84,1	84,6	86,9	88,7	91,3	1,50
78,5	78,8	79,2	79,5	79,9	80,2	80,5	80,8	81,1	81,4	82,1	82,7	83,4	83,9	84,5	85,0	87,2	88,9	91,4	1,55
79,2	79,5	79,9	80,2	80,5	80,8	81,1	81,4	81,7	82,0	82,6	83,2	83,8	84,4	84,9	85,4	87,5	89,1	91,5	1,60
79,9	80,2	80,5	80,8	81,1	81,4	81,7	82,0	82,3	82,5	83,2	83,7	84,3	84,8	85,3	85,8	87,8	89,3	91,6	1,65
80,6	80,9	81,2	81,5	81,8	82,0	82,3	82,6	82,8	83,1	83,7	84,2	84,8	85,3	85,7	86,2	88,1	89,6	91,8	1,70
81,2	81,5	81,8	82,1	82,4	82,6	82,9	83,1	83,4	83,6	84,2	94,7	85,2	85,7	86,2	86,6	88,4	89,8	91,9	1,75
84,4	84,6	84,8	85,0	85,3	85,5	85,7	85,9	86,1	86,2	86,7	87,1	87,5	87,9	88,2	88,5	90,0	91,1	92,8	2,00
87,2	87,3	87,5	87,7	87,8	88,0	88,2	88,3	88,5	88,6	89,0	89,3	89,6	89,9	90,1	90,4	91,5	92,4	93,7	2,25
89,6	89,7	89,9	90,0	90,1	90,2	90,4	90,5	90,6	90,7	91,0	91,2	91,5	91,7	91,9	92,1	93,0	93,7	94,7	2,50
91,7	91,8	91,9	92,0	92,1	92,2	92,3	92,3	92,4	92,5	92,7	92,9	93,1	93,3	93,4	93,6	94,3	94,8	95,6	2,75
93,4	93,5	93,6	93,6	93,7	93,8	93,9	93,9	94,0	94,1	94,2	94,4	94,5	94,7	94,8	94,9	95,4	95,8	96,4	3,00
96,0	96,1	96,1	96,2	96,2	96,3	96,3	96,3	96,4	96,4	96,5	96,6	96,7	96,8	96,8	96,9	97,2	97,4	97,8	3,50
97,8	97,8	97,8	97,8	97,9	97,9	97,9	97,9	97,9	98,0	98,0	98,1	98,1	98,1	98,2	98,2	99,4	98,5	98,7	4,00
98,8	98,8	98,8	98,8	98,8	98,9	98,9	98,9	98,9	98,9	98,9	99,0	99,0	99,0	99,0	99,0	99,1	99,2	99,3	4,50
99,4	99,4	99,4	99,4	99,4	99,4	99,4	99,4	99,4	99,4	99,5	99,5	99,5	99,5	99,5	99,5	99,5	99,6	99,6	5,00

Стандартное отклонение, умноженное на квадратный корень из времени

ОТВЕТЫ НА КОНТРОЛЬНЫЕ ВОПРОСЫ

Глава 1

1. *а)* реальные
   б) служебные самолеты
   в) торговые марки
   г) финансовые
   д) облигации
   е) инвестиционные
   ж) планирование долгосрочных вложений
   з) финансирование
2. *а)*, *в)* и *г)*.
3. *б)*, *в)*, *г)* и *е)* реальные активы. Остальные — финансовые.

Глава 2

1. *а)* отрицательное
   б) $PV = \dfrac{C_1}{1+r}$
   в) $NPV = C_0 + \dfrac{C_1}{1+r}$
   г) Это доход, упущенный вследствие вложений в проект, а не в рынок капитала
   д) Значение r равно доходности казначейских векселей, не подверженных риску неуплаты долга.
2. $DF_1 = 0{,}867$, ставка дисконта $= 0{,}154$, или 15,4%
3. *а)* 0,909
   б) 0,833
   в) 0,769
4. *а)* Доходность $= \dfrac{\text{прибыль}}{\text{инвестиции}} = \dfrac{132-100}{100} = 0{,}32$, или 32%.
   б) Отрицательную (если процентная ставка r равна 32%, $NPV = 0$)
   в) $PV = \dfrac{132}{1{,}10} = 120$, или 120 000 дол.
   г) $NPV = -100 + 120 = 20$, или 20 000 дол.
5. Правило чистой приведенной стоимости: инвестировать, если чистая приведенная стоимость имеет положительное значение. Правило нормы доходности: инвестировать, если норма доходности превышает альтернативные издержки инвестирования. Оба правила дают одинаковый ответ.
6. *а)* $1+r = 5/4$. Поэтому $r = 0{,}25$, или 25%
   б) $2{,}6 - 1{,}6 = 1$ млн дол.
   в) 3 млн дол.
   г) Доходность $= (3-1)/1 = 2{,}0$, или 200%
   д) Предельная доходность $=$ ставка процента $= 25\%$
   е) $PV = 4 - 1{,}6 = 2{,}4$ млн дол.
   ж) $NPV = -1{,}0 + 2{,}4 = 1{,}4$ млн дол.
   з) 4 млн дол. (2,6 млн дол. денег + NPV)
   и) 1 млн дол.
   к) 3,75 млн дол.
7. Они проголосуют только за вариант *а)*. Остальные задачи могут быть решены самими акционерами так же эффективно.

Глава 3

1. 1,00 дол.
2. $125/139 = 0{,}899$
3. $596 \times 0{,}285 = 170$ дол.
4. $\dfrac{374}{1{,}09^9} = 172$ дол.
5. $PV = \dfrac{432}{1{,}15} + \dfrac{137}{1{,}15^2} + \dfrac{797}{1{,}15^3} = 376 + 104 + 524 = 1004$
6. $100 \times (1{,}15)^8 = 305{,}90$ дол.
7. $232 \times (1+r)^2 = 312{,}18$. Значит, $r = 0{,}16$, или 16%
8. $NPV = -1548 + \dfrac{138}{0{,}09} = -14{,}67$ дол.
9. Надо найти такое значение g, при котором $NPV = 0$

$$NPV = -2590 + \frac{220}{0,12-g}, \text{ значит,}$$

$$g = 0,035, \text{ или } 3,5\%$$

10. $PV = \dfrac{4}{0,14-0,04} = 40$ дол.

11. PV 502 дол., при $t = 1, 2, \ldots 9$ и при ставке 13% = 502 × 5,132 = 2576. *Будущая стоимость* = 2576 × $(1,13)^9$ = 7738 дол.

12. а) Допустим, S_t — заработная плата в году t, тогда:

$$PV = \sum_{t=1}^{30} \frac{S_t}{(1,08)^t} = \sum_{t=1}^{30} \frac{20\,000(1,05)^{t-1}}{(1,08)^t} =$$

$$= \sum_{t=1}^{30} \frac{20\,000/1,05}{(1,08/1,05)^t} = \sum_{t=1}^{30} \frac{19\,048}{(1,029)^t} =$$

$$= 19\,048 \left[\frac{1}{0,029} - \frac{1}{0,029(1,029)^{30}} \right] = 378\,222$$

б) PV (заработной платы) × 0,5 = 18 911
Будущая стоимость = 18 911 × $(1,08)^{30}$ = = 190 295

в) Ежегодные выплаты = первоначальная стоимость/коэффициент аннуитета;
коэффициент аннуитета для 20 лет при ставке 8% = 9,818;
ежегодные выплаты = 190 295 / 9,818 = = 19 382.

13.

Период	Коэффициент дисконтирования	Денежный поток	Приведенная стоимость
0	1,0	–400 000	–400 000
1	0,893	+100 000	+ 89 300
2	0,797	+200 000	+159 400
3	0,712	+300 000	+213 600
		Итого = NPV =	62 300 дол.

14. а) $PV = 1/0,10 = 10$ дол.

б) $PV = \dfrac{1}{0,10(1,10)^7} = \dfrac{10}{2} \approx 5$ дол.

в) $PV = 10 - 5 \approx 5$ дол.

г) $PV = \dfrac{c}{r-g} = \dfrac{10\,000}{0,10-0,5} = 200\,000$ дол.

15. а) Из таблицы 1 Приложения следует: $1/(1,05)^5 = 0,784$. Таким образом, вам нужно отложить 10 000 × 0,784 = 7840 дол.

б) Из таблицы 3 Приложения: приведенная стоимость 1 дол. в год для 6 лет при ставке 8% равна 4,623 дол. Поэтому вам нужно отложить 12 000 × 4,623 = 55 476 дол.

в) Из таблицы 2 Приложения: $1,08^6 = 1,587$. Поэтому в конце года 6 вы имели бы 1,587× ×(60 476 – 55 476) = 7935 дол.

г) Из таблицы 2 Приложения: 1 дол. вырастает до 1,762 дол. к году 5 при ежегодном начислении сложного процента по ставке 12%. Из таблицы 4 Приложения: 1 дол. вырастает до 1,762 дол., к концу года 5 при непрерывном начислении сложного процента по ставке, приблизительно равной 11,4%.

Глава 4

1. $PV_A = \dfrac{1060}{1,08} = 981,48$

$PV_Б = \dfrac{60}{1,08} + \dfrac{1060}{1,08^2} = 964,33$

$PV_В = \sum_{t=1}^{3} \dfrac{60}{1,08^t} + \dfrac{1060}{1,08^4} = 933,76$

$PV_Г = \dfrac{100}{1,08} + \dfrac{1100}{1,08^2} = 1035,67$

$PV_Д = \sum_{t=1}^{3} \dfrac{100}{1,08^t} + \dfrac{1100}{1,08^4} = 1066,24$

2. Увеличившаяся доходность оказала наибольшее влияние на долгосрочные облигации.

$PV_A = \dfrac{1060}{1,10} = 963,64$

$PV_Б = \dfrac{60}{1,10} + \dfrac{1060}{1,10^2} = 930,58$

$PV_В = \sum_{t=1}^{3} \dfrac{60}{1,10^t} + \dfrac{1060}{1,10^4} = 873,21$

$PV_Г = \dfrac{100}{1,10} + \dfrac{1100}{1,10^2} = 1000$

$PV_Д = \sum_{t=1}^{3} \dfrac{100}{1,10^t} + \dfrac{1100}{1,10^4} = 1000$

3. $P_0 = \dfrac{10+110}{1,10} = 109,09$ дол.

4. $r = \dfrac{5}{40} = 0,125$

5. $P_0 = \dfrac{10}{0,08-0,05} = 333,33$ дол.

6. $\dfrac{15}{0,08} + PVGO = 333,33$ дол.;

тогда $PVGO = 145,83$ дол.

7. б) и в); а) не учитывает затраты на инвестирование, необходимые для получения прибылей.

8. Если приведенная стоимость перспектив роста (*PVGO*) равна нулю.

Глава 5

1. Альтернативные издержки — это ожидаемая норма доходности, которую могут получить инвесторы при данном уровне риска.

Ответы на контрольные вопросы

2. *а)* А — 3 года, Б — 2 года, В — 3 года
   б) Б
   в) А, Б и В
   г) Б и В ($NPV_Б$ = 3378 дол., $NPV_В$ = 2405 дол.).
   д) Неверно
   е) Верно

3. $\dfrac{1000}{4000} = 0{,}25$, или 25%

4. *а)* Верно
   б) Неверно

5. *а)* 15 750 дол.; 4250 дол.; 0 дол.
   б) 100%

6. *а)* (1) Оба (внутренняя норма доходности выше, чем альтернативные издержки); (2) *Приростные* потоки для проекта Б: −2000, +1100, +1210. Внутренняя норма доходности этих приростных потоков 10%. Поскольку это больше альтернативных издержек, дополнительные инвестиции в проект А выгодны.
   б) NPV *приростных потоков* = 690 − 657 = = 33 дол.

7. *а)* А — 2000/1600 = 1,25; Б — 2400/2100 = 1,14
   б) (1) Оба; (2) Приростные потоки для Б: − 500, +240, +288. Коэффициент рентабельности для приростных потоков 400 / 500 = 0,8. Поэтому принимайте проект А.

8. В (если оба проекта имеют NPV = 0 при одинаковой дисконтной ставке, проект с более поздними денежными потоками должен иметь более высокую чистую приведенную стоимость, если мы используем более низкую ставку дисконта).

9. Нет (вы реально "берете в долг" по ставке процента выше альтернативных издержек).

Глава 6

1. *а), б), г), ж)* и *з)*
2. *Реальный денежный поток* = 100 000/1,1 = = 90 909
   Реальная ставка дисконта = (1,15/1,1) − 1= = 0,0455
   $PV = \dfrac{90{,}909}{1{,}0455} = 86\,953$, не хватает 4 франка из-за округления.
3. *а)* $NPV_А$ = 100 000 дол.; $NPV_Б$ = 180 000 дол.
   б) равномерный поток денежных средств для А = 100 000/1,736 = 57 604 дол., равномерный поток денежных средств для Б = 180 000/2,487 = 72 376 дол.
   в) Б
4. Заменить в конце 5-го года (80 000 дол. > 72 376 дол.)
5. 1, 2, 4 и 6.
6. Мягкое нормирование означает временные ограничения на капитал, наложенные менеджерами в целях финансового контроля. Это не означает, что нельзя получить дополнительное финансирование, если это понадобится. Фирмы, испытывающие жесткое нормирование, не могут получать финансовые ресурсы на рынках капиталов.

Глава 7

1. *а)* Около 12%
   б) 8–9%
   в) 0–1%
   г) Около 21% (меньше в последние годы)
   д) Меньше (диверсификация уменьшает риск)

2. "стандартным отклонением", "коррелируют", "меньше", "индивидуальным риском", "рыночным".

3. *а)* Неверно
   б) Верно
   в) Верно
   г) Верно
   д) Неверно

4. А: 1,0; Б: 2,0; В: 1,5; Г: 0; Д: −1,0

5. *а)* 26%
   б) ноль
   в) 0,75%
   г) Меньше 1,0 (риск портфеля такой же, как и рыночный, но часть этого риска является индивидуальным риском).

6. 1,3 (диверсификация не влияет на рыночный риск).

7. $\sigma^2 = 330$; $\sigma = 18{,}2\%$

8. *г)*

9.

$x_1^2\sigma_1^2$	$x_1x_2\sigma_{12}$	$x_1x_3\sigma_{13}$
$x_1x_2\sigma_{12}$	$x_2^2\sigma_2^2$	$x_2x_3\sigma_{23}$
$x_1x_3\sigma_{13}$	$x_2x_3\sigma_{23}$	$x_3^2\sigma_3^2$

Глава 8

1. *а)* График на рисунке 8-14: диверсификация уменьшает риск (т. е. риск комбинации портфелей А и Б будет меньше, чем средняя из рисков А и Б по отдельности).
   б) Линия АБ на рисунке 8-13.
   в) см. рисунок 1.

2. *а)* Портфель А (более высокая ожидаемая доходность, риск такой же).
   б) Нельзя сказать (зависит от отношения инвестора к риску).
   в) Портфель Е (более низкий риск, ожидаемая доходность такая же).

3. *а), б)*

4. *а)* см. рисунок 2.
   б) А, Г, Ж
   в) Е
   г) 15%, портфель В
   д) Инвестируйте 25/32 своих денег в портфель Е и дайте в долг 7/32 денег под 12%:
   Ожидаемая доходность =
   = 7/32 × 12 + 25/32 × 18 = 16,7%
   Стандартное отклонение =
   = 7/32 × 0 + 25/32 × 32 = 25 %

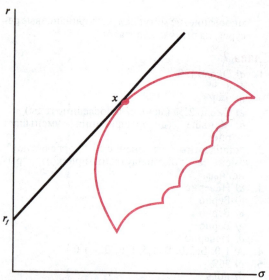

РИСУНОК 1
Глава 8. Контрольный вопрос 1 *в)*

Если вы можете брать взаймы без ограничений, вы сможете достичь такой высокой ожидаемой доходности, какой пожелаете, с соответствующим риском, конечно.

5. *а)* Верно
   б) Неверно (они обеспечивают двойную *премию за риск*)
   в) Неверно
6. *а)* 12,4%
   б) 14,1% (Tandem Computer)
   в) 8,0% (Exxon)
   г) более низкую (11,3 против 11,9)
   д) более высокую (9,0 против 8,6)
7. *б)*

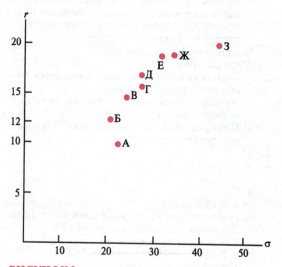

РИСУНОК 2
Глава 8. Контрольный вопрос 4 *а)*

Глава 9

1. Это приведет к чрезмерному инвестированию в рискованные проекты и игнорированию ценных безрисковых проектов.
2. Допустим, $r_f = 7\%$.
   $r = r_f + \beta(r_m + r_f) = 7 + 2,0(8) = 23\%$.
   $NPV = -100\,000 + \dfrac{150\,000}{1,23} = +21\,950$.
3. БЕТА = измеритель рыночного риска. При среднем риске бета = 1,0
   АЛЬФА = среднее изменение цены на акцию при нулевой рыночной доходности.
   R^2 = отношение рыночного риска к совокупному риску акций, т. е. часть дисперсии доходности акций, относящаяся к рыночному риску
   ОСТАТОЧНОЕ СТАНДАРТНОЕ ОТКЛОНЕНИЕ = уникальный риск акций, измеряемый как стандартное отклонение
   СТАНДАРТНАЯ ПОГРЕШНОСТЬ БЕТЫ = = измеритель возможного интервала ошибки при расчете беты
   СТАНДАРТНАЯ ПОГРЕШНОСТЬ АЛЬФЫ = измеритель возможного интервала ошибки при расчете альфы
   СКОРРЕКТИРОВАННАЯ БЕТА = оценка беты, скорректированная с учетом того, что высокие расчетные значения бета обычно завышают истинную величину бета, а низкие расчетные значения бета обычно ее занижают
   КОЛИЧЕСТВО НАБЛЮДЕНИЙ = количество значений месячной доходности, использованных для оценки показателей бета и альфа
4. $\beta_{активов} = 0 \times 0,40 + 0,5 \times 0,60 = 0,30$
   $r = 10 + 0,30(20 - 10) = 13\%$
5. *а)* $r = r_f + \beta(r_m - r_f) = 8 + 1,5 \times 10 = 23\%$
   б)
   $$\beta_{активов} = \beta_{долга}\left(\dfrac{долг}{долг + собственный\ капитал}\right) +$$
   $$+ \beta_{собственного\ капитала}\left(\dfrac{собственный\ капитал}{долг + собственный\ капитал}\right) =$$
   $$= 0 \times \dfrac{4}{4+6} + 1,5 \times \dfrac{6}{4+6} = 0,9$$

   в) $r_f + \beta_{активов} = (r_m - r_f) = 8 + 0,9 \times 10 = 17\%$

   г) $r = 17\%$

   д) $r_f + \beta(r_m - r_f) = 8 + 1,2 \times 10 = 20\%$
6. Ожидаемый денежный поток — это средняя из денежных потоков от пустой скважины и денежных потоков от производительной скважины. Возможность того, что скважина окажется пустой, должна влиять на ставку дисконта только в том случае, если увеличивается рыночный риск проекта.

7. *а)* А (более высокие постоянные издержки)
   б) В (более цикличные доходы).
8. $CEQ_t \big/ \left[(1+r_f)^t\right]$; меньше; $r_f + \beta(r_m - r_f)$;
9. *а)* Снижается в постоянном темпе.
$$PV = \frac{110}{1+r_f+\beta(r_m-r_f)} +$$
$$+ \frac{121}{\left[1+r_f+\beta(r_m-r_f)\right]^2} = \frac{110}{1{,}10} + \frac{121}{1{,}10^2} = 200 \text{ дол.}$$

б) $\dfrac{CEQ_1}{1{,}05} = \dfrac{110}{1{,}10}$; $CEQ_1 = 105$ дол.

$\dfrac{CEQ_2}{1{,}05^2} = \dfrac{121}{1{,}10^2}$; $CEQ_2 = 110{,}25$ дол.

в) Отношение$_1 = \dfrac{105}{110} = 0{,}95$

Отношение$_2 = \dfrac{110{,}25}{121} = 0{,}91$

Глава 10

1. *а)* Подробный анализ проектов долгосрочных инвестиций, цель которого — выявить, от чего зависят денежные потоки, что может пойти не так; может ли проект быть свернут, если результаты деятельности неблагоприятны и т. д.
   б) Анализ того, как изменяется рентабельность проекта и чистая приведенная стоимость при различных допущениях относительно объема реализации, затрат и других ключевых переменных.
   в) Определяет уровень будущих продаж, при которых рентабельность или чистая приведенная стоимость проекта принимает нулевое значение.
   г) Продолжение анализа чувствительности, при которой анализируются все возможные результаты и взвешиваются вероятности каждого из них.
   д) Графический метод изображения возможных будущих событий и решений, принятых в результате этих событий.
   е) Дополнительная приведенная стоимость, которую создает опцион на выход из проекта и которая компенсирует часть первоначальных инвестиций при неблагоприятном исходе проекта.
   ж) Дополнительная приведенная стоимость, которую создает опцион на дальнейшее инвестирование и которая увеличивает отдачу, если проект дает хорошие результаты.
2. –30 млн дол.
3. *а)* NPV = прежняя NPV – дополнительные инвестиции + сокращение чистых переменных издержек + увеличение налоговой защиты по амортизации =

$$= 34{,}3 - 150 + \sum_{t=1}^{10} \frac{(0{,}5 \times 40)}{(1{,}10)^t} + \sum_{t=1}^{10} \frac{(0{,}5 \times 15)}{(1{,}10)^t} = 53 \text{ млн дол.}$$

б) См. рисунок 3.

в) Левый график на рисунке 3 (ниже) показывает, что ожидаемый объем продаж должен составлять по меньшей мере 85 000, чтобы чистая приведенная стоимость проекта была положительной. Правый график показывает, что компания может иметь *бухгалтерскую* прибыль, если объем продаж превысит 52 000.

4. *а)* "Оптимистичный" и "пессимистичный" прогнозы редко отражают полное распределение вероятных результатов.
   б) В анализе чувствительности переменные изменяются по одной; в действительности изменяются все переменные, и часто независимо друг от друга. В этом смысле может

РИСУНОК 3
Глава 10. Контрольный вопрос *3б)*.

оказаться полезен анализ чувствительности при различных сценариях.

5. *а)* Неверно
   б) Верно
   в) Верно
   г) Верно
   д) Верно
   е) Неверно
   ж) Верно
   з) Верно

6. *а)* Описать, как денежные потоки проекта зависят от основных переменных.
   б) Определить распределение вероятностей для погрешностей прогноза этих денежных потоков.
   в) На основе распределения вероятностей смоделировать денежные потоки.

7.

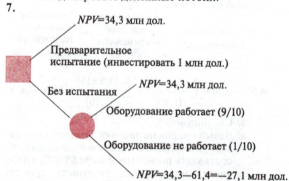

NPV (с испытанием) = 34,3 − 0,1 = 34,2 млн дол.
NPV (без испытания) = 0,9 × 34,3 + 0,1 × × (−27,1) = 28,2 млн дол.

8. См. таблицу 1 ниже. "Древо решений" показывает вероятность обнаружения нефти раньше. На глубине 2000 футов ожидаемая отдача от дальнейшего бурения составляет (0,25 × 1) + + (0,75 × −3) = −2 млн дол. Это больше, чем отдача в случае прекращения. Поэтому "Большая нефть" должна продолжать бурить до 3000 футов. На глубине 1000 футов ожидаемая отдача от дальнейшего бурения составит 0,8 × [(0,25 × × 1) + (0,75 × −3)] + (0,2 × 2) = −1,2 млн дол. Это больше, чем отдача в случае прекращения. Поэтому "Большая нефть" должна бурить до 2000 футов. Ожидаемая отдача от бурения до 1000 футов составляет (0,5 × 3) + (0,5 × −1,2) = = 9 млн дол. Поскольку стоимость надежного эквивалента этой отдачи положительна, "Большой нефти" следует бурить до 1000 футов.

Глава 11

1. Вашей лучшей оценкой будет 1000 дол. за акр, т. е. фактическая рыночная стоимость. Зачем нужно делать анализ на основе дисконтированного потока денежных средств для оценки рыночной стоимости, если ее можно непосредственно наблюдать?

2. *а)* Неверно
   б) Верно
   в) Верно
   г) Неверно

3. 15 дол.

4. DC-8 следовало бы оценить по рыночной стоимости подержанных самолетов. Низкие *бухгалтерские* нормы амортизации к делу не относятся. Alitalia должна была сравнить совокупные затраты по эксплуатации Боингов-747 и самолетов DC-8, при этом затраты на DC-8 включают в себя альтернативные издержки и амортизацию их фактической стоимости как бывших в употреблении активов. *Замечание*: Если бы Боинги-747 и самолеты DC-8 были полностью взаимозаменяемы с точки зрения вместимости, комфорта и т. д., мы бы считали необходимым скорректировать стоимость б/у DC-8 с тем, чтобы совокупные издержки в расчете на количество посадочных мест или тонно-километр для этих самолетов были бы такими же, как и для Боингов-747.

5. Это, во-первых, зависит от конкуренции среди производителей оборудования. Если другие производители могут быстро сделать что-либо подобное новому станку, его преимущества достанутся покупателям. Но тогда покупатели станут конкурировать за то, чтобы передать

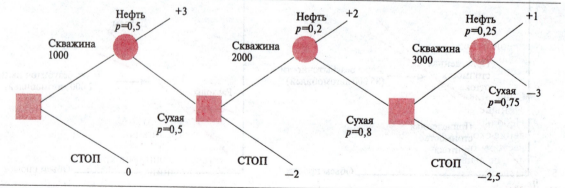

ТАБЛИЦА 1.
Глава 10. Контрольный вопрос 8.

эти преимущества своим клиентам. В конечном итоге пользователи смогут реализовать положительную чистую приведенную стоимость от покупки новой машины, если только они имеют возможность найти ей лучшее применение, чем конкуренты.
6. Знание техники дисконтирования еще не решает все проблемы планирования долгосрочных вложений. Не решает, потому что *а)* есть некоторые виды инвестиций, для которых применение этого метода не очень эффективно, — например, стратегические инвестиции, которые дают фирме ценный *опцион* на последующие проекты, и *б)* хорошие решения требуют хороших прогнозов.

Глава 12
1. *а)* Неверно
   б) Неверно — окончательное решение по крупным проектам обычно принимает высшее руководство
   в) Верно
   г) Верно
   д) Неверно
   е) Верно
2. "Потоку денежных средств", "экономическая", "меньше", "больше".
3.

	Год 1	Год 2	Год 3
Поток денежных средств	0	78,55	78,55
Приведенная стоимость в начале года	100,00	120,00	65,46
Приведенная стоимость в конце года	120,00	65,46	0
Изменение стоимости в течение года	+20,00	−54,54	−65,46
Ожидаемая экономическая прибыль	+20,00	+24,00	+13,09

4. *а)* Неверно
   б) Неверно — у фирм имеется существенный выбор.
   в) Верно
   г) Верно

Глава 13
1. *в)*
2. "Слабой", "средней", "сильной", "фундаментальными", "сильной", "техническими", "слабой".
3. *в)* и *е)*
4. *а)* Снижение до 200 дол.
   б) Меньше
   в) Небольшое анормальное снижение (дробление скорее всего приведет к тому, что инвесторы будут ожидать повышения дивидендов выше среднего уровня).
5. *а)* Неверно
   б) Верно
   в) Неверно
   г) Верно
   д) Неверно
   е) Верно (небольшое изменение в цене *при отсутствии новой информации* приводит к значительному увеличению спроса).
6. $6 - (-0{,}2 + 1{,}45 \times 5) = -105\%$
7. *а)* Верно
   б) Неверно
   в) Верно
   г) Неверно
   д) Верно

Глава 14
1. *а)* 40 000/50 = 80 000 акций
   б) 78 000 акций
   в) 2000 акций держатся в портфеле
   г) 20 000 акций
   д)

Обыкновенные акции	45 000 дол.
Дополнительный капитал	25 000
Накопленная прибыль	30 000
Собственный капитал	100 000
Собственные акции в портфеле	5 000
Чистый собственный капитал	95 000 дол.

2. *а)* 80 голосов
   б) $10 \times 80 = 800$ голосов
3. *а)* "фондовым"
   б) "еврооблигации"
   в) "субординированным"
   г) "дебентуры"
   д) "фонд погашения"
   е) "отзывать"
   ж) "базисной ставкой"
   з) "плавающей ставкой"
   и) "частное размещение"; "публичного выпуска"
   к) "лизинг"
   л) "конвертируемые"
   м) "варрант"; "цене исполнения"
4.

Внутренне генерированные денежные средства	82
Финансовый дефицит	18
Чистый выпуск акций	−29
Выпуск долговых обязательств	46

5. *а)* Неверно
   б) Верно
   в) Верно
   г) Верно
   д) Неверно
   е) Верно
   ж) Верно

Глава 15
1. *а)* Эмиссия испытанных акций
   б) Эмиссия облигаций холдинговой компании коммунального хозяйства
   в) Эмиссия облигаций промышленной компании
   г) Эмиссия облигаций крупной промышленной компании
2. А *г)*; Б *е)*; В *в)*; Г *а)*; Д *б)*; Е *ж)*; Ж *д)*
3. *а)* Крупный выпуск

б) Выпуск облигаций
в) Крупный выпуск облигаций на основе конкурсных заявок
г) Небольшое закрытое размещение облигаций

4. а) 50 000 акций
б) Первичное: 500 000 акций
   Вторичное: 400 000 акций
в) 15 дол., или 19%, что то же самое, что получено Ибботсоном, Синдлером и Риттером.
г)

	Млн дол.
Расходы на подписку	4,50
Административные издержки	0,82
Занижение цены	13,50
Итого	18,82

5. А) Чистые поступления от публичной эмиссии = 10 000 000 − 150 000 − 80 000 = = 9 770 000 дол.
   Чистые поступления от закрытого размещения = 9 970 000 дол.

Б) Приведенная стоимость более высокой процентной ставки при закрытом размещении =
$$= \sum_{t=1}^{10} \frac{0{,}005 \times 10\,000\,000}{1{,}085^t} = 328\,000 \text{ дол.},$$

т. е. дополнительные затраты в виде более высокого процента при закрытом размещении значительно перевешивают экономию на издержках эмиссии. N.b.: без учета налогов.

В) Закрытое размещение займа может быть приспособлено к запросам клиента, и условия такой эмиссии проще изменить.

6. а) Количество прав, необходимых для покупки одной акции: 2
   б) Количество новых акций: 50 000
   в) Новые инвестиции: 500 000 дол.
   г) Общая стоимость компании после эмиссии: 4 500 000 дол.
   д) Общее количество акций после эмиссии: 150 000
   е) Цена акции с правом: 40 дол.
   ж) Цена акции без права: 30 дол.
   з) Цена права: 10 дол.

Глава 16

1. а) А, д; Б, г; В, в; Г, а; Д, б
   б) 27 ноября — дата без дивиденда
   в) $(4 \times 0{,}15)/42 = 0{,}014$, или 14%
   г) $0{,}60/1{,}75 = 0{,}34$, или 34%
   д) 4,20 дол., или 10%

2. д) (они платят налог на 30% полученных дивидендов)

3. а) Верно
   б) Неверно (менеджеры предпочитают плавное увеличение дивидендов и лишь постепенно продвигаются к целевому коэффициенту дивидендных выплат).
   в) Верно
   г) Неверно (если ожидается, что прибыли опять понизятся, менеджеры едва ли пойдут на повышение дивидендов).

4. а) 0,34, или 34%
   б) 0,54, или 54%

5. а) Согласно теории ММ, замораживание ничего не изменит. Фирмы будут иметь больше нераспределенной прибыли и либо уменьшат объемы новых эмиссий акций, либо выкупят больше акций, либо просто инвестируют избыточные денежные средства в легкореализуемые рыночные ценные бумаги. В любом случае то, что инвесторы теряют в виде денежных дивидендов, компенсируется приростом курсовой стоимости.

   б) Если фирмы принимают инвестиционные решения отдельно от решений по дивидендам и решений по финансированию, тогда замораживание не повлияет на реальные инвестиции. Если замораживание ограничивает уровень дивидендов, фирма может выкупить акции или "разместить" избыточные денежные средства в легкореализуемые ценные бумаги, возможно, акции других компаний.

   Некоторые экономисты считают, что фирмы не отделяют инвестиционные решения от решений в области дивидендов и решений по финансированию, но менее критично относятся к инвестиционным проектам, которые можно финансировать за счет внутренних фондов. В таком случае замораживание дивидендов может привести к увеличению реальных инвестиций. (Конечно, если эти инвестиции имеют отрицательную чистую приведенную стоимость, цены акций упадут, однако это не опровергнет аргумента ММ. Цены упадут не потому, что увеличатся упущенные дивиденды, а потому, что инвестиции имеют отрицательную чистую приведенную стоимость.)

6. Увеличение дивидендов подает сигнал об оптимизме менеджеров по поводу будущих прибылей (компания делает с деньгами то, что говорит).

7. До Закона о налоговой реформе инвесторы платили до 50% налога на дивиденды против максимум 30% налога на прирост капитала. После принятия закона физические лица платят одинаковые налоги на дивиденды и реализованный прирост капитала. Поскольку выплата налогов на прирост капитала может быть перенесена на более поздние сроки, физические лица по-прежнему могут иметь налоговую причину предпочитать прирост капитала.

Поскольку эффективные налоговые ставки на дивиденды и прирост капитала сближены, у индивидуальных инвесторов стало меньше стимулов держать акции с невысоким коэффициентом дивидендных выплат. Это предполагает *относительное* падение цен на акции с низкими дивидендами и *относительное* повышение их ожидаемой доналоговой нормы доходности.

Глава 17

1. *а)* 0,10*P*
   б) Купить 10% долговых обязательств компании Б + 10% акций Б
   в) 0,10 (*P* − 100)
   г) Занять сумму, равную 10 % долговых обязательств Б, и купить 10% собственного капитала А

2. Рыночная стоимость "Корпорации Копперхеда" значительно выше балансовой стоимости:

	Рыночная стоимость (в дол.)
Обыкновенные акции (8 млн акций по 2 дол.)	16 000 000
Краткосрочные займы	2 000 000

   Г-жа Крафт владеет 0,625% компании, которая предполагает увеличить сумму обыкновенных акций до 17 млн дол. и уменьшить объем краткосрочных займов. Г-жа Крафт может компенсировать это посредством *а)* займа в размере 0,00625 × 1 000 000 = = 6250 дол., и *б)* покупки значительно большего числа акций "Корпорации Копперхеда".

3. Ожидаемая доходность активов:
   $r_A = 0{,}08 \times 30/80 + 0{,}16 \times 50/80 = 0{,}13$.
   Новая доходность акций будет:
   $r_E = 0{,}13 \times 20/60(0{,}13 - 0{,}08) = 0{,}147$.
   Если акционеры переложат риск компании на держателей обязательств, ожидаемая доходность акций будет *меньше*, чем 14,7%.

4. *а)* (1) $\beta_A = \left(\dfrac{D}{D+E} \times \beta_D\right) + \left(\dfrac{E}{D+E} \times \beta_E\right)$

   $1{,}0 = (0{,}5 \times 0) + (0{,}5 \times \beta_E)$
   $\therefore \beta_E = 2{,}0$

   (2) $\beta_D = 0$

   (3) $\beta_A = 1{,}0$

   б) (1) 0,10

   (2) $r_A = \left(\dfrac{D}{D+E} \times r_D\right) + \left(\dfrac{E}{D+E} \times r_E\right)$

   $0{,}10 = (0{,}5 \times 0{,}05) + (0{,}5 \times r_E)$
   $r_E = 0{,}15$

   (3) $r_D = 0{,}05$
   (4) $r_A = 0{,}10$

   в) (1) 50%
   (2) 6,7 (т. е. коэффициент цена—прибыль падает, компенсируя рост прибыли в расчете на одну акцию).

5. *а)*

Операционная прибыль (в дол.)	500	1000	1500	2000
Процент (в дол.)	250	250	250	250
Прибыль на собственный капитал (в дол.)	250	750	1250	1750
Прибыль на акцию	0,33	1,00	16,7	2,33
Доходность акции (в %)	3,3	10,0	16,7	23,3

   б) $\beta_A = \left(\dfrac{D}{D+E} \times \beta_D\right) + \left(\dfrac{E}{D+E} \times \beta_E\right)$
   $0{,}8 = (0{,}25 \times 0) + (0{,}75 \times \beta_E)$
   $\beta_E = 1{,}07$

6. *а)* Верно, пока рыночная стоимость "старого" долга не меняется.
   б) Неверно. Правило I ММ предполагает только, что совокупная стоимость фирмы ($V = D + E$) не зависит от структуры капитала.
   в) Неверно. Заимствование увеличивает риск, связанный с акциями, даже если отсутствует риск неуплаты долга.
   г) Неверно. Ограниченная ответственность влияет на относительную стоимость долга и собственного капитала, а не на сумму их стоимостей.
   д) Верно. Ограниченная ответственность защищает акционеров в случае неплатежеспособности фирмы.
   е) Верно — однако требуемые нормы доходности собственного капитала и активов фирмы одинаковы только тогда, когда активы фирмы безрисковые. В таком случае, r_A, r_D и r_E равны безрисковой ставке процента.
   ж) Неверно. Акционеры могут сделать такой же заем от своего собственного имени.
   з) Верно. Если говорить более корректно, это предполагает, что ожидаемая норма доходности собственного капитала повышается, однако норма доходности, требуемая акционерами, повышается пропорционально. Поэтому цена акции не меняется.
   и) Неверно. Формула $r_E = r_A + D/E (r_A - r_D)$ не требует, чтобы *r* была постоянной величиной.
   к) Неверно. Инвесторам пришлось бы больше платить за долговые обязательства, на что они не согласятся, если на рынке уже имеется изобилие корпоративных обязательств.

7. См. рисунок 17-5.

Глава 18

1. *а)* *Приведенная стоимость налоговой защиты* =
   $= \dfrac{T_c(r_D D)}{1 + r_D} = \dfrac{0{,}34(0{,}08 \times 1000)}{1{,}08} = 25{,}19$ дол.

   б) *Приведенная стоимость налоговой защиты* =
   $= \sum\limits_{t=1}^{5} \dfrac{T_c(r_D D)}{(1+r_D)^t} = \sum\limits_{t=1}^{5} \dfrac{0{,}34(0{,}08 \times 1000)}{(1{,}08)^t} =$
   $= 108{,}6$ дол.

в) Приведенная стоимость налоговой защиты = $T_c D$ = 340 дол.

2. *а) Приведенная стоимость налоговой защиты* = $T_c D$ = 16 дол.

   б) $T_c \times 20$ = 8 дол.

   в) Новая приведенная стоимость налоговой защиты =
   $$= \sum_{t=1}^{5} \frac{0{,}40(0{,}08 \times 60)}{(1{,}08)^t} = 7{,}67 \text{ дол.}$$

   Поэтому *стоимость компании* =
   = 168 – 24 + 7,67 = 151,67 дол.

3. *а) Относительное преимущество долга* =
   $$= \frac{1-T_p}{(1-T_{pE})(1-T_c)} = \frac{0{,}69}{(1)(0{,}66)} = 1{,}05$$

   б) Относительное преимущество =
   $$= \frac{0{,}69}{(0{,}69)(0{,}66)} = 1{,}52$$

4. *а)*

	Налог на доллар валового дохода	
	Акции	Облигации
Корпоративный налог	0,34	0
Налог на доходы физических лиц	0,38 × 0,5 × 0,66 = 0,13	0,38
Налог на прирост капитала	0,28 × 0,5 × 0,66 = 0,09	0
Итого	0,56 дол.	0,38 дол.

   б) Итого налог на доход по акциям = 0,47 дол. на доллар валовых поступлений. Налог на доход по облигациям остается 0,38 дол.

5. *а)* Совокупное предложение долговых обязательств падает. Только инвесторы с налоговыми ставками ниже 24% будут предпочитать долговые обязательства.

   б) Когда устанавливается новое равновесие, ни одна фирма не может получить преимущества посредством изменения структуры капитала.

6. Фирма, не имеющая налогооблагаемой прибыли, не экономит на налогах посредством получения кредитов и выплаты процента. Выплата процента только увеличит налогооблагаемые убытки, переносимые на следующие периоды. Такая фирма будет иметь очень малые стимулы к увеличению заемного капитала.

7. *а)* Выигрывают акционеры. Стоимость облигаций падает, поскольку стоимость активов, выступающих обеспечением облигации, упала.

   б) Выигрывает держатель облигаций, если мы считаем, что денежные средства остаются в казначейских векселях. Держатель облигаций точно получит 26 дол. плюс процент.

   Стоимость акции нулевая, поскольку ничто не сможет заставить стоимость фирмы подняться выше 50 дол.

   в) Проигрывают держатели облигаций. Фирма добавляет активы стоимостью 10 дол. и долг стоимостью 10 дол. Это увеличит коэффициент долговой нагрузки "Циркулярной пилы", что усилит подверженность риску старых держателей облигаций. Потери старых держателей облигаций являются выигрышем для акционеров.

   г) Выигрывают и держатели облигаций, и акционеры. Они делят между собой (чисто) прирост стоимости компании. Позиции держателей облигаций не ухудшаются при эмиссии "младших" ценных бумаг. (Мы предполагаем, что выпуск привилегированных акций не приведет к новым играм и что новые инвестиции не сделают *активы* фирмы более рисковыми или более надежными.)

   д) Проигрывают держатели облигаций, поскольку они дольше подвергаются риску. Выигрывают акционеры.

8. Специализированные нематериальные активы, такие, как перспективы роста, с большей вероятностью потеряют стоимость в случае финансового краха. Надежные материальные активы, имеющие хороший вторичный рынок, с наименьшей вероятностью потеряют стоимость. Представляется, что издержки финансового краха для компаний, занимающихся недвижимостью или грузовыми перевозками, меньше, чем для агентств и компаний высоких технологий.

9. Более прибыльные компании имеют больше налогооблагаемой прибыли, нуждающейся в защите, и поэтому с меньшей вероятностью понесут издержки финансовых трудностей. Поэтому теория компромисса предполагает высокие коэффициенты долговой нагрузки. В действительности более прибыльные (рентабельные) компании делают меньше займов.

10. Фирмы устанавливают иерархические предпочтения для новых источников финансирования. Наиболее предпочтительно внутреннее финансирование, затем долг и затем внешний собственный капитал. Коэффициенты долговой нагрузки каждой наблюдаемой фирмы отражают кумулятивные потребности во внешнем финансировании. Более рентабельные компании занимают меньше, поскольку у них есть достаточно внутренних источников.

Глава 19

1. *Скорректированная приведенная стоимость* = = *базовая чистая приведенная стоимость* ± ± *приведенная стоимость побочных эффектов финансирования*

   а) $APV = 0 - 0{,}15 (500\,000) = -75\,000$

   б) $APV = 0 + 175\,000 = +175\,000$

в) $APV = 0 + 76\,000 = +76\,000$
г) $APV = 0 - 0,15\,(500\,000) + 76\,000 = +1000$

2. PV налоговой защиты $= (0,10/0,34)\,561\,000 =$
   $= 165\,000$ дол.
   $APV = 170\,000 + 165\,000 = 335\,000$ дол.

3. *а)* Базовая $NPV = -1000 + \dfrac{1200}{1,20} = 0$

   б) PV налоговой защиты $=$
   $= \dfrac{0,1 \times 0,2 \times 0,3 (1000)}{1,10} = 5,45$ дол.
   $APV = 0 + 5,45 = 5,45$ дол.

4. *а)* $r^* = r(1 - T^*L) = 0,20(1 - 0,20 \times 0,30) =$
   $= 0,188$

   б) $r^* = r - Lr_D T^* L \left(\dfrac{1+r}{1+r_D} \right) =$
   $= 0,20 - 0,30 \times 0,10 \times 0,20 \left(\dfrac{1,2}{1,1} \right) = 0,1935$

   в) $NPV(@r^* = 0,188) = \dfrac{1200}{1,188} - 1000 = +10,10$

   $NPV(@r^* = 0,1935) = \dfrac{1200}{1,1935} - 1000 = +5,48$

   Замечание: Формула Майлза–Иззеля дает правильное значение чистой приведенной стоимости для компании, которая берет заем в размере 30% *стоимости* проекта, т. е. первоначальные инвестиции плюс приведенная стоимость налоговой защиты. Для того чтобы это проверить, мы пересчитаем скорректированную приведенную стоимость следующим образом:
   Скорректированная приведенная стоимость = базовая чистая приведенная стоимость + приведенная стоимость налоговой защиты =
   $= 0 + \dfrac{0,1 \times 0,2 \times 0,3(1005,48)}{1,10} = +5,48$

5. $D = 75 \times 0,9 = 67,5$ млн дол.
   $E = 42 \times 2,5 = 105$ млн дол.
   $V = D + E = 172,5$ млн дол.
   $r^* = (1 - T_c)r_D D/V + r_E E/V =$
   $= (1 - 0,23)\,0,16\,(67,5/172,5) +$
   $+ 0,25\,(105/172,5) = 0,20$, или 20%

6. Нет. Чем больше у вас долга, тем более высокую норму доходности будут требовать инвесторы. (Заимодатели также могут требовать большего.) Таким образом, у "дешевого" долга есть скрытые издержки: он делает более дорогим собственный капитал.

7. $PV_{лизинга} = \sum\limits_{t=1}^{5} \dfrac{(1-0,34)\,100\,000}{[1+(1-0,34)\,0,09]^t} = 344\,472$ дол.

Глава 20

1. "Колл"; "исполнения"; "пут"; "исполнения"; "европейскими"; "колл"; "активы"; "держателям облигаций (заимодателям)"; "активов"; "обещанная сумма выплат держателям облигаций".

2. *а)* "колл"
   б) "пут"
   в) "колл"
   г) "колл"
   д) "пут"
   е) "колл"
   ж) "колл"
   з) "пут"

3. Рисунок 20-11*а* иллюстрирует позицию продавца "колла"; Рисунок 20-11*б* иллюстрирует позицию покупателя "колла".

4. *а)* Цена исполнения опциона "пут" (т. е. вы продадите акцию по цене исполнения).
   б) Стоимость акции (т. е. вы выбросите "пут" и оставите акцию).

5. Купить "колл" и дать в долг приведенную стоимость цены исполнения.

6. Нижний предел — это стоимость опциона при немедленном исполнении: либо ноль, либо стоимость акции минус цена исполнения, в зависимости от того, что выше. Верхний предел — это цена акции.

7. *а)* Ноль
   б) Цена акции минус приведенная стоимость цены исполнения.

8. Цена "колла"
   а) повышается;
   б) понижается;
   в) повышается;
   г) повышается;
   д) понижается;
   е) понижается.

9. Верно. Бета и стандартное отклонение опциона всегда выше, чем соответствующие показатели его акции. Риск опциона уменьшается по мере повышения цены акции.

10. Во-первых, оценка ожидаемых потоков денежных средств по опциону является сложным делом, хотя и не невозможным. Во-вторых, степень риска опциона изменяется всякий раз, когда меняется цена акции, поэтому единой, легко определяемой скорректированной на риск ставки дисконта не существует.

11. При цене исполнения 60 дол.,
    $\sigma \times \sqrt{t} = 0,06 \times \sqrt{3} = 0,10$
    $P/PV(EX) = 60/(60/1,03) = 1,03$
    а) Цена "колла" $\approx 0,056 \times 60 = 3,4$
    Цена "пута" $\approx$ цена "колла" $+ PV\,(EX) -$
    $-$ цена акции $= 3,4 + 58,23 - 60 \approx 1,6$
    б) Согласно таблице 7 Приложения *дельта опциона "колл"* $= 0,6$. Поэтому аналогичный портфель состоит из 0,6 акции (*затраты =*
    $= 0,6 \times 60 = 36$ дол.) и займа, равного по величине недостающей сумме:
    $36 - 3,4 = 32,6$ дол.

Дельта опциона "пут" = 0,6 − 1 = −0,4. Для формирования аналогичного портфеля нужно *продать* 0,4 акции (*денежный приток* = 0,4 × 60 = 24 дол.) и дать в кредит остальную сумму (24 + 1,6 = 25,6 дол.).

12 *а)*

Доход	Цена акции = 50 дол.	Цена акции = 200 дол.
А. 1 "колл"	0 дол.	90 дол.
Б. 1 акция	50 дол.	200 дол.
заем в размере приведенной стоимости (50)	−50 дол.	−50 дол.
	0 дол.	150 дол.

Стоимость 1,67 "колла" = цена акции − заем

∴ *Стоимость 1 "колла"* = $\frac{100 - 45{,}45}{1{,}67}$ =

= 32,73 дол.

б) $p(100) + (1-p)(-50) = 10$
∴ $p = 0{,}4$

Стоимость "колла" =
= $\frac{(0{,}4 \times 90) + (0{,}6 \times 0)}{1{,}10}$ = 32,73 дол.

Более широкий диапазон цен акции не увеличивает потери держателя опциона, если цена акции падает, но увеличивает выигрыш, если цена акции повышается.

Глава 21

1. *а)* "Лесная химия" имеет опцион "колл в деньгах" на расширение.
б) Проект предоставляет опцион "колл" на будущие проекты.
в) Стандартное оборудование заключает в себе ценный опцион ("пут") на отказ от проекта.

2. *а)* Используя метод нейтрального отношения к риску:
$(p \times 20) + (1-p)(-16{,}7) = 1$
$p = 0{,}48$

Стоимость "колла" = $\frac{(0{,}48 \times 8) + (0{,}52 \times 0)}{1{,}01}$ = 0,38

б) Дельта = $\frac{\text{разброс цен опциона}}{\text{разброс цен на акцию}} = \frac{8}{14{,}7} = 0{,}544$

в)

	Текущий денежный поток	Возможные будущие денежные потоки	
Купить "колл" эквивалентно	−3,8	0	+8,0
Купить 0,544 акции	−21,8	+18,2	+26,2
Занять 18,0	+18,0	−18,2	−18,2
	−3,8	0	+8,0

г) Возможные цены акции с ценами опциона "колл" в скобках:

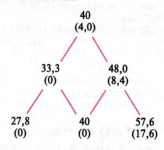

Цены опционов рассчитаны следующим образом:

Месяц 1: (I) $\frac{(0{,}48 \times 0) + (0{,}52 \times 0)}{1{,}01} = 0$

(II) $\frac{(0{,}48 \times 17{,}6) + (0{,}52 \times 0)}{1{,}01} = 8{,}4$

Месяц 0: $\frac{(0{,}48 \times 8{,}4) + (0{,}52 \times 0)}{1{,}01} = 4{,}0$

д) Дельта = $\frac{\text{разброс цен опциона}}{\text{разброс цен на акцию}} = \frac{8{,}4}{14{,}7} = 0{,}57$

3. "Период до истечения срока исполнения разделен на бесконечное множество подпериодов (и когда нет стимулов к досрочному исполнению)".

4. *а)* Да (чтобы заработать процент на деньги, полученные от исполнения опциона)
б) Нет (выигрыш от дивидендов меньше, чем потеря на процентах)
в) Да (если дивиденды настолько значительно превышают потерю процентов, чтобы оправдать уничтожение опциона)

5. *а)* $(p \times 15) + (1-p)(-13) = 10$
$p = 0{,}82$
Стоимость "пута", при немедленном исполнении = EX − 60
Стоимость "пута", если не исполнять его немедленно =
= $\frac{(0{,}82 \times 0) + 0{,}18(EX - 52{,}2)}{1{,}1}$

∴ Вам безразлично при $EX = 61{,}5$
б) Более высокая процентная ставка уменьшает цену исполнения в точке безубыточности (т. е. выгода от более высокой стоимости процентных выплат уравновешивается потерями от более низкой цены исполнения).

6. I) Держать "золотые" акции и купить опцион "пут" с ценой исполнения 500 000 ф. ст.
II) Продать "золотые" акции, инвестировать 472 000 ф. ст. в 6-месячные срочные депозиты и использовать остаток в размере

128 000 ф. ст. для покупки опциона "колл" на "золотые" акции с ценой исполнения 500 000 ф.ст.

Глава 22

1. *а)* 1) 0
   2) 0
   3) 0
   4) 10 дол.
   5) 20 дол.

   б)

   в) Купить варрант и исполнить его, потом продать акцию.
   Чистая прибыль = –5 – 40 + 60 = +15 дол.

2. *а)* Нет
   б) Нет
   в) 1/3 × 76 = 25,33 дол.
   г) Нет
   д) Ноль
   е) Больше
   ж) 1) меньше; 2) меньше; 3) больше; 4) больше; 5) больше
   з) Когда цена акции уже не меньше, чем цена варранта плюс цена исполнения. Это случится, когда дивиденды по акции перевесят проценты на сумму, равную цене исполнения.

3. *а)* EPS = 2 дол.
   б) *Разводненная* EPS = 1,33 дол.

4. *а)* 1000/47 = 21,28
   б) 1000/50 = 20,00 дол.
   в) 21,28 × 41,50 = 883,12 дол., или 88,31%
   г) 650/21,28 = 30,55 дол.
   д) Нет (если только инвестор не вправе немедленно конвертировать)
   е) 12,22 дол., т. е. (910 – 650)/21,28
   ж) (47/41,50) – 1 = 0,13, или 13%
   з) Когда цена достигнет 102,75 дол.

Глава 23

1. *а)* На рисунке 4 (см. с. 1056) показано, что увеличение спроса на капитал приводит к увеличению объемов инвестиций и сбережений. Процентная ставка также повышается.
   б) На рисунке 5 (см. с. 1056) показано, что увеличение предложения капитала также приводит к увеличению объемов инвестиций и сбережений. Процентная ставка падает.

2. *а)* $PV = \dfrac{1}{1+r_1} + \dfrac{1050}{(1+r_2)^2}$
   б) $PV = \dfrac{1}{1+y} + \dfrac{1050}{(1+y)^2}$
   в) Меньше (между ставками "спот" для одного года и для двух лет)
   г) "Доходность к погашению", "ставка "спот"

3. *а)* Падают
   б) Меньше 100
   в) Меньше купонной ставки
   г) По более высоким ценам при прочих равных условиях

4. *а)* 12%
   б) 70,88
   в) 1) Цена поднимется с 71,33 до 73,51, если доходность останется на уровне 14%
   2) Цена поднимется до 93,77, если доходность упадет до 10%

5. *а)* $(1 + r_2)^2 = (1 + r_1)(1 + f_2)$
   $1,03^2 = 1,01 \times (1 + f_2)$
   $f_2 = 0,05$, или 5%
   б) Ожидаемая процентная ставка "спот" в период 1, $E(_1r_2)$, равняется форвардной ставке f_2.
   в) Опровергает (если только кто-либо не считает, что обычно инвесторы ожидают повышения процентных ставок).
   г) Форвардная ставка равняется ожидаемой ставке "спот" *плюс* премия за ликвидность.
   д) Долгосрочные облигации
   е) Краткосрочные облигации
   ж) Форвардная ставка равняется ожидаемой ставке "спот" *плюс* премия за инфляционный риск.

6. *а)* **Ааа, Аа, А и Ваа**
   б) 1) рост
   2) рост
   3) рост (*Замечание:* стоимость опциона "колл" акционеров на активы компании повышается вместе с процентной ставкой)
   4) рост

7. *а)* *Стоимость гарантии = стоимость "пута"* (т.е. опциона "пут" акционеров на передачу компании держателю облигаций по номинальной стоимости облигации).
   б) Опцион "пут"; цена исполнения – это номинальная стоимость облигации.

Глава 24

1. *а)* "Облигации предприятий коммунального хозяйства высокого рейтинга"
   б) "Краткосрочные векселя"
   в) "Промышленные холдинговые компании"
   г) "Промышленные облигации"
   д) "Железнодорожные компании"

2. *а)* На неотзывные облигации (отзывные облигации так не падают и не повышаются в цене).
   б) Они исчезнут (каждая сторона должна исполнить свой опцион по цене 100).

РИСУНОК 4
Глава 23. Контрольный вопрос 1 *а)*

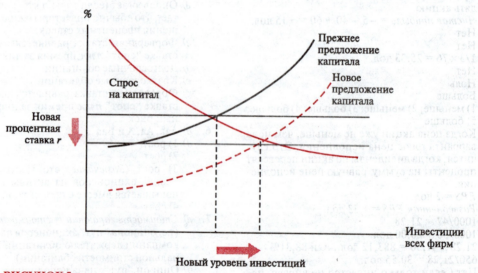

РИСУНОК 5
Глава 23. Контрольный вопрос 1 *б)*

3. Фонд погашения *в)* (добровольно создаваемый фонд погашения уменьшает стоимость облигации; фонд погашения, который предоставляет фирме опцион на выкуп на свободном рынке, может уменьшить стоимость облигации).
4. *а)* Вы одобрите выпуск "младшего" займа.
   б) Вы предпочтете, чтобы фирма не делала такой заем (если только это также не "младший" долг).

Существующего имущества может оказаться недостаточно для выплаты долга.

5. *а)* Salomon Bros, First Boston, Kidder Peabody, Merrill Lynch, Paine Webber, Prudential-Bache
   б) Riggs National Bank
   в) $990{,}99 - \dfrac{490\,000}{75\,000} = 984{,}46$ дол.
   г) Именные
   д) Нет
   е) 109,14

ж) Нет
6. а) Цена выпуска + приблизительный начисленный процент за 1 месяц =
$$= 995{,}00 + \frac{112{,}5}{12} = 1004{,}38 \text{ дол.}$$
   б) 1 мая 1986 г., 56,25 дол. на облигацию
   в) 1 ноября 2015 г., 75 млн дол.
   г) 2 ноября 2002 г.

Глава 25

1. а) Верно
   б) Верно
   в) Неверно
   г) Неверно
   д) Неверно
   е) Неверно
   ж) Верно
2. Осуществить "короткую" продажу рыночного портфеля на 1,2 млн дол. В действительности вам лучше продать фьючерсы на рыночный индекс на 1,2 млн дол., чем "продавать рыночный портфель".
3.

	Год	C_t	$PV(C_t)$	Доля в совокупной стоимости	Доля × × время
Ценная бумага А	1	40	37,04	0,359	0,359
	2	40	34,29	0,333	0,666
	3	40	31,75	0,308	0,924
			V= 103,08	1,0	
				Продолжительность = 1,949 года	
Ценная бумага Б	1	20	18,52	0,141	0,141
	2	20	17,15	0,131	0,262
	3	120	95,26	0,728	2,184
			V= 130,93	1,0	
				Продолжительность = 2,587 года	
Ценная бумага В	1	10	9,26	0,088	0,088
	2	10	8,57	0,082	0,164
	3	110	87,32	0,830	2,490
			V= 105,15	1,0	
				Продолжительность = 2,742 года	

Изменчивость: А — 1,80; Б — 2,40; В — 2,49.

4. Купить на $\frac{100 \times 3}{1{,}949} = 154$ дол. ценных бумаг А

   (т. е. $\frac{154}{103{,}08} = 1{,}49$ шт.)

   или $\frac{100 \times 3}{2{,}587} = 116$ дол. ценных бумаг Б

   (т. е. $\frac{116}{130{,}93} = 0{,}89$ шт.)

   или на $\frac{100 \times 3}{2{,}742} = 109$ дол. ценных бумаг В

   (т. е. $\frac{109}{105{,}15} = 1{,}04$ шт.)

   N.b.: 1) Для создания хеджа с нулевой стоимостью сбалансируйте позицию посредством получения краткосрочного займа (т. е. с нулевой продолжительностью). Например, если вы покупаете ценную бумагу А, то для создания хеджа с нулевой стоимостью вам будет необходимо занять
   $PV(A) - PV(\text{обязательства}) =$
   $= 154 - \frac{100}{1{,}08^3} = 75$ дол.

   2) Для поддержания хеджа инвестиции следует корректировать с течением времени или по мере изменения процентной ставки.

5. $\frac{\text{Стоимость фьючерса}}{1{,}049} = 95 - 4$

   ∴ Стоимость фьючерса = 95,46

6. $\frac{2408}{1{,}12} = 2550 + 100 - $ приведенная стоимость

   (выгод доступности)

   ∴ Приведенная стоимость (выгод доступности) = 500 дол.

7. 1) Обещание произвести серию платежей в одной валюте в обмен на получение серии платежей в другой валюте.
   2) Обещание произвести серию платежей с фиксированной процентной ставкой в обмен на получение серии платежей с плавающей ставкой (или наоборот). Также обмен платежами с плавающими ставками, привязанными к различным базовым ставкам (например, ставка ЛИБОР и ставка по коммерческим векселям).

   Свопы могут использоваться, поскольку компания считает, что заимствование на определенном рынке дает ей преимущества или для изменения структуры существующих обязательств.

Глава 26

1. А, в; Б, г или и; В, б или д; Г, е; Д, а; Е, з; Ж, ж
2. а), б), г), е), з) (хотя могут быть и другие пути снижения альтернативного минимального налога).
3. а) Верно
   б) Верно
   в) Верно
   г) Верно
   д) Верно
   е) Верно
   ж) Верно
4. а) 59,206 дол., приведенная стоимость денеж-

ных потоков по лизингу от $t=1$ до $t=3$, дисконтированные по ставке
$r(1-T_c) = 0{,}10(1-0{,}34) = 0{,}666$.
б) $62\,000 - 59\,205 = 2794$ дол.
в) Инвестировать не стоит. Стоимость лизинга в размере +2794 дол. не перевешивает отрицательную чистую приведенную стоимость оборудования. Компания будет рада подписать такой же лизинговый контракт на более привлекательный актив.

Глава 27

1. а) $\dfrac{2514}{2514+2635} = 0{,}49$

   б) $\dfrac{1347+514}{260} = 7{,}16$

   в) $\dfrac{1892}{1013} = 1{,}87$

   г) $\dfrac{62+905}{1013} = 0{,}95$

   д) $\dfrac{1347-426}{10\,171} = 0{,}091$

   е) $\dfrac{7621}{0{,}5(892+876)} = 8{,}62$

   ж) $\dfrac{661}{0{,}5(2635+2717)} = 0{,}247$

   з) $\dfrac{130}{661} = 0{,}20$

2. Не имеют смысла коэффициенты *а)*, *б)*, *в)*, *е)*, *и)*. Правильными являются следующие определения:

   Коэффициент "долг–собственный капитал" =
   $$= \dfrac{\text{долгосрочный долг} + \text{стоимость лизинга}}{\text{собственный капитал}};$$

   Рентабельность собственного капитала =
   $$= \dfrac{\text{прибыль на обыкновенные акции}}{\text{средняя стоимость собственного капитала}};$$

   Коэффициент дивидендных выплат =
   $$= \dfrac{\text{дивиденды}}{\text{прибыль на одну акцию}};$$

   Коэффициент текущей ликвидности =
   $$= \dfrac{\text{оборотные активы}}{\text{краткосрочные обязательства}};$$

   Средняя продолжительность оплаты дебиторской задолженности =
   $$= \dfrac{\text{средняя сумма дебиторской задолженности}}{\text{выручка от реализации}/365}.$$

3. а) Неверно
   б) Верно
   в) Неверно
   г) Неверно
   д) Верно (как общее правило)
   е) Верно
   ж) Неверно
   з) Неверно
   и) Неверно: это приведет к повышению коэффициента цена–прибыль

4. а) морские перевозки
   б) продукты питания
   в) бумажная фабрика
   г) компания почтовых переводов
   д) "Электронный птенчик"
   е) фармацевтическая компания

Глава 28

1. а) Неверно (это процесс выработки решения о том, какой риск принять).
   б) Неверно (финансовое планирование занимается вопросами о возможных неожиданностях, а также возможных результатах).
   в) Верно (в финансовом планировании учитываются и инвестиционные решения, и решения по финансированию).
   г) Неверно (типичный горизонт долгосрочного планирования простирается на 5 лет).
   д) Верно (инвестиции обычно разбиваются по категориям).
   е) Верно (абсолютная точность едва ли достижима, но фирма должна добиваться максимально возможной согласованности прогнозов).
   ж) Неверно (излишняя подробность отвлекает внимание от особо важных решений).

2. Прогнозные формы отчетности (баланс, отчет о прибыли, источники и использование денежных средств); описание запланированных долгосрочных вложений; сводный перечень источников финансирования.

3. Большинство финансовых моделей создано для прогнозирования финансовой отчетности. Они не фокусируются на факторах, которые непосредственно определяют стоимость фирмы, таких, как приростные денежные потоки или риск.

Глава 29

1.

Денежные средства	Оборотный капитал
1. Уменьшение на 2 млн дол.	Уменьшение на 2 млн дол.
2. Увеличение на 2500 дол.	Не меняется
3. Уменьшение на 5000 дол.	Не меняется
4. Не меняется	Увеличение на 1 млн дол.
5. Не меняется	Не меняется
6. Увеличение на 5 млн дол.	Не меняется

2. Месяц 3: $18 + (0{,}5 \times 90) + (0{,}3 \times 120) + (0{,}2 \times 100) = 119\,000$ дол.

Месяц 4: 14 + (0,5 × 70) + (0,3 × 90) + (0,2 × 120) = 100 000 дол.

3. а) "долгосрочное финансирование", "кумулятивные потребности в капитале", "легкореализуемые (рыночные) ценные бумаги"

    б) "денежных средств", "денежные средства", "остаток денежных средств", "рыночные ценные бумаги"

    в) "проб", "ошибок", "финансовые модели"

4. а) Увеличиваются запасы (использование).

    б) Увеличивается дебиторская задолженность (использование).

    в) В бухгалтерских книгах компании не показываются никакие изменения.

    г) Уменьшаются активы (источники).

    д) Уменьшается собственный капитал (использование).

    е) Уменьшается нераспределенная прибыль (использование).

    ж) Увеличивается долгосрочный долг (источники), уменьшается краткосрочный долг (использование).

Глава 30

1. а) 1% от 1000 дол. = 10 дол.

    б) 1% для 30 дней = 12% годовых при начислении простого процента и 12,7% при начислении сложного процента

    в) 1) более быстрого;
    2) более долгого;
    3) более быстрого.

2. а) Уменьшается "просроченный лаг", поэтому уменьшается и "платежный лаг".

    б) Увеличивается "просроченный лаг", поэтому увеличивается и "платежный лаг".

    в) Увеличивается "временной лаг", поэтому увеличивается и "платежный лаг".

3. "Открытый счет"; "простой вексель"; "переводной вексель"; "документы об отгрузке"; "торговый акцепт"; "покупателя"; "банковский акцепт"; "аккредитив"; "покупателя"; "его или ее собственный"; "аккредитив"; "документы об отгрузке"; "документы об отгрузке".

4. Следует отказаться от заказа, так как
    $$PV \text{ заказа } Q = \frac{0{,}75 \times 50}{1{,}10^{1/2}} - 40 = -4{,}25 \text{ дол.}$$
    на утюг, или всего −4250 дол.

5. а) Ожидаемая прибыль =
    = $p(1200 - 1050) - 1050(1 - p) = 0$
    $p = 0{,}875$
    Поэтому следует предоставить кредит, если вероятность оплаты превышает 87,5%.

    б) Ожидаемая прибыль от продажи "медлительному" плательщику: 0,8(150) − 0,2(1050) = −90. Точка безубыточности для кредитной проверки: (0,05 × 90 × количество единиц) = 0. Количество единиц = 2,67

6. *Общая ожидаемая прибыль на первоначальный заказ* =
    $$= -40 + \frac{0{,}8\left[(p_2 \times 200) - 1000(1 - p_2)\right]}{1{,}2} = 0$$
    $p_2 = 0{,}88$, или 88%

7. а) Неверно
    б) Верно
    в) Неверно
    г) Неверно (этим должно заниматься агентство по сбору денег или поверенный)
    д) Верно

8. а) Верно
    б) Неверно
    в) Верно
    г) Неверно
    д) Верно
    е) Неверно. Убыток, перенесенный на будущие периоды для целей налогообложения, в результате ликвидации исчезает.

Глава 31

1. а) Затраты на хранение на книгу/2 = 1 дол.
    б) $(200 \times 20)/Q^2 = 1$
    $Q = \sqrt{400} = 20$ книг
    в) 200/20 = 10 заказов
    г) $Q/2 = 10$ книг

2. а) Затраты на хранение/2 = 0,01 дол.
    б) $(20\,000 \times 2)/Q^2 = 0{,}01$ дол.
    $Q = \sqrt{4\,000\,000} = 2000$ дол.
    в) 20 000/2000 = 10 заказов
    г) $Q/2 = 1000$ дол.

3. а) Процентная ставка, затраты по каждой операции и изменчивость остатков денежных средств.

    б) Нужно восстановить его до точки, соответствующей одной трети расстояния между нижним и высшим пределами.

    в) Поддерживая остаток денежных средств на более низком уровне, фирма увеличивает частоту операций, однако получает больше процент.

4. а) Меньше
    б) Меньше
    в) Инвестировать такую же сумму
    г) Больше

5. а) Платеж в пути = 25 000 дол.
    Колебание доступности = 75 000 дол.

    б) Фирма может зарабатывать процент на эти средства.

    в) Платежи в пути увеличиваются. Остаток по бухгалтерским книгам банка и доступный остаток увеличиваются на ту же сумму.

6. а) Плата 0,40 дол. за чек дешевле, поскольку равна 300 × 0,40 = 120 дол. в день. Плата в форме компенсационного остатка в размере 800 000 дол. составляет 0,09 × 800 000 = = 72 000 дол. в год, или 72 000/365 = 197 дол. в день.

б) Система местных почтовых ящиков стоит 120 дол. в день, или 43 800 дол. в год. Вам потребуется 487 000 дол. дополнительных денежных средств для получения такой суммы в виде процента. Поэтому система почтовых ящиков должна принести по меньшей мере такую сумму денег. Денежный поток составляет $300 \times 1500 = 450\,000$ дол. в день. Поэтому система почтовых ящиков должна ускорить средний период поступления денег на $487\,000/450\,000 = 1{,}08$ дня.

7. Поскольку банк в начале дня может прогнозировать, сколько денег будет выплачено в течение дня, компании нет необходимости держать дополнительные денежные средства для покрытия непредвиденных расходов. Кроме того, поскольку счета с нулевым остатком денежных средств не находятся в наиболее крупном банковском центре, компания выигрывает несколько дней от денежных средств в пути.

8. Платеж в пути; колебание доступности; чистый остаток; концентрация банковских операций; телеграфный перевод; депозитарный чек; банковские операции через местные почтовые ящики.

Глава 32

1. *а)* Соглашение о продаже с обратной покупкой
   б) Коммерческие бумаги
   в) Депозитный сертификат США
   г) Коммерческие бумаги финансовых компаний
   д) Коммерческие бумаги финансовых компаний
   е) Казначейские векселя
   ж) Казначейские векселя
   з) Казначейские векселя

2. 8,06% при начислении простого процента и 8,22% при начислении сложного процента

3. Кредитная линия; условие "подчистить"; базисная ставка; компенсационный остаток; коммерческие бумаги; "изменчивый" залог; залог; с регрессом; общественный склад; складская зона; складское свидетельство; трастовый сертификат; минимальный плановый уровень

4. Только 30% дивидендов по привилегированным акциям с плавающей ставкой облагаются налогом против 100%-ного дохода по облигациям. Привилегированные акции с фиксированной ставкой также имеют такое преимущество, однако их цены колеблются больше, чем цены привилегированных акций с плавающей ставкой.

5. *а)* 1 год
   б) Часто
   в) Нет
   г) Плавающая ставка (т. е. привязана к базисной ставке)
   д) Большая часть займа выплачивается по истечении срока погашения

е) Юридически гарантированная кредитная линия, которая может быть обращена в срочную ссуду

Глава 33

1. *а)* Горизонтальное
   б) Конгломератное
   в) Вертикальное
   г) Конгломератное

2. *а)* 5 млн дол. (Мы допускаем, что 500 000 дол. экономии — посленалоговая цифра.)
   б) 4 млн дол.
   в) 7,5 млн дол.
   г) +1 млн дол.
   д) –2,5 млн дол.

3. *а), б), г)*

4. *а)* Верно
   б) Неверно
   в) Неверно
   г) Верно
   д) Неверно (они могут приносить прибыли, но определение "существенные" преувеличивает их)
   е) Верно
   ж) Верно (при условии, что цена покупки превышает стоимость приобретаемых материальных активов)
   з) Неверно
   и) Верно

5. *а)* и *г)*; *в)* также могут иметь смысл, хотя слияние не является единственным способом использовать избыток денежных средств.

6.
   - *Выкуп компании, финансируемый заемным капиталом,* — покупка частными инвесторами
   - *Квалифицированное товарищество с ограниченной ответственностью* — паи товарищества обращаются...
   - *"Ядовитая пилюля"* — выпуск прав акционеров
   - *Тендерное предложение* — предложение о покупке акций непосредственно у акционеров
   - *"Зеленый шантаж"* — компания-мишень выкупает у акционеров свои акции под угрозой поглощения
   - *"Золотой парашют"* — выплаты менеджерам компании-мишени
   - *Битва за доверенности* — попытка получить контроль над компанией путем привлечения голосов акционеров

7. *а)* Верно
   б) Неверно
   в) Неверно
   г) Верно
   д) Неверно

Глава 34

1. *а)* 0,5386
   б) 0,5567 ф. ст. = 1 дол.
   в) С премией
   г) $2 \times \dfrac{0{,}5567 - 0{,}5386}{0{,}5386} = 0{,}067$, или премия 6,7%

Ответы на контрольные вопросы

$$д) \frac{(1+r_£)^{1/2}}{(1+r_\$)^{1/2}} = \frac{f_{£/\$}}{s_{£/\$}}$$

$$\frac{(1+r_£)^{1/2}}{1,08^{1/2}} = \frac{0,5567}{0,5386}$$

$$r_£ = 15,4\%$$

е) 0,5567 ф. ст. = 1 дол.

ж) $\frac{E(1+i_£)}{E(1+i_\$)} = \frac{f_{£/\$}}{s_{£/\$}} = 1,034$

Т. е. ожидается, что инфляция за 6 месяцев в Великобритании будет на 3,4% выше, чем в США.

2. а) Соотношение процентных ставок равно форвардной премии или дисконту, т. е.:

$$\frac{1+r_x}{1+r_\$} = \frac{f_{x/\$}}{s_{x/\$}}.$$

б) Ожидаемое изменение курса "спот" равно форвардной премии или дисконту, т. е.:

$$\frac{f_{x/\$}}{s_{x/\$}} = \frac{E(s_{x/\$})}{s_{x/\$}}$$

в) Цены на товары в разных странах равны, если их измерять в одной и той же валюте. Из этого следует, что ожидаемое изменение курса "спот" равно соотношению ожидаемых темпов инфляции, т. е.:

$$\frac{E(1+i_x)}{E(1+i_\$)} = \frac{E(s_{x/\$})}{s_{x/\$}}$$

г) Ожидаемые реальные процентные ставки в разных странах равны, т. е.:

$$\frac{1+r_x}{1+r_\$} = \frac{E(1+i_x)}{E(1+i_\$)}$$

3.

	3 месяца	6 месяцев	1 год
Евродолларовая процентная ставка (%)	11,50	12,25	12,50
Еврофранковая процентная ставка (%)	19,50	19,70	20,00
Форвардный курс франка к доллару	7,17	7,28	7,52
Форвардный дисконт по франку (% годовых)	– 6,70	– 6,30	– 6,30

Примечание.
"Спот"-курс доллара к франку = 1/7,0500 = 0,1418.

4. б)
5. Конечно ноль. Для этого не нужно делать никаких вычислений.
6. Можно занять приведенную стоимость 1 млн немецких марок, продать немецкие марки на рынке "спот" и инвестировать поступления в 2-летний долларовый заем.

7. а) Темпы инфляции в других странах для получения прогнозов денежных средств
Будущие валютные курсы для конвертации денежных потоков в национальную валюту
Национальная процентная ставка для дисконтирования денежных потоков в национальной валюте

б) Темпы инфляции в других странах для получения прогнозов денежных средств
Иностранная процентная ставка для дисконтирования денежных потоков в иностранной валюте

8. а)

	За рубежом	США
X	60	0
Y	40	10*
	100	10

*50 дол. минус высвобождение 40 дол. от двойного налогообложения.

б)

	За рубежом*	США
X	0	50
Y	0	50
	0	100

* В большинстве стран процентные платежи вычитаются при налогообложении прибыли корпораций.

Глава 35

1. а) Неверно
б) Неверно
в) Неверно
г) Верно
д) Неверно
е) Неверно
ж) Верно, хотя "последняя заработная плата" обычно означает среднюю из полученных за последние несколько лет до ухода на пенсию.
з) Верно

2. По программе с заранее определенной величиной пособия компания обещает определенные выплаты и затем должна откладывать средства для выполнения своих обещаний. По программе с заранее определенной величиной взносов в пенсионный фонд компания обещает делать определенные отчисления. Пенсия работника зависит от результатов деятельности пенсионного фонда.

3. а) Верно
б) Неверно (их инвестиции концентрируются в компании)
в) Верно

г) Неверно (и то, и другое вычитается при налогообложении)

д) Неверно (банки в отдельных случаях могут избежать налога на 50% процентных выплат)

е) Верно

4. *а)* Пенсионный фонд
   б) Начисленные обязательства за прошлые услуги
   в) Обязательства за будущие услуги
   г) Приведенная стоимость взносов под будущие услуги
   д) Итого обязательства
   е) Внефондовые обязательства

5. *а)* Пенсионный фонд = инвестиции, которые находятся в доверительном управлении для членов пенсионного плана

   Неамортизированные убытки = убытки, которые возникают вследствие различий между ожиданиями и фактическими результатами

   Неамортизированные дополнительные обязательства = обязательства по повышенным пенсионным пособиям

   Потери от изменения допущений актуария = влияние изменения принятой ставки дисконта

   Приведенная стоимость взносов под будущие услуги = взносы, которые компания планирует сделать, чтобы покрыть будущие услуги имеющихся работников

   Начисленные обязательства за прошлые услуги = накопленные пособия для существующих работников = текущие обязательства и обязательства, связанные с будущим увеличением заработной платы

   Обязательства за будущие услуги = обязательства, связанные с будущими услугами существующих работников

   б) 760 − 720 = 40 млн дол.

   в) 1) Пенсионный фонд = 670
   Неамортизированные убытки = 140
   2) Неамортизированные дополнительные обязательства = 180
   Итого активы = 1740
   Итого обязательства = 1740
   Обязательства за будущие услуги = 980

6. Повысится

7. *а)* $r - r_f = 6\%$
   б) $(r - r_f) - \beta(r_m - r_f) = 3\%$
   в) $(r - r_f) - (\sigma/\sigma_m)(r_m - r_f) = 2\%$

8. *а)* 80%
   б) 72,5%
   в) Норма доходности, взвешенная по фактору времени, не изменится
   г) Долларовзвешенная норма доходности уменьшится

Индекс

Автоматически возобновляемый ("револьверный") кредит (Revolving credit) 888
Агентская теория (Agency theory) 1018
Агрессивный рост (Aggressive growth) 770
Административные издержки, и лизинг (Administrative cost, and leasing) 717, 718
Аккредитив (Letter of credit) 826
Активы (Assets)
    владельцы/пользователи, при лизинге (owners/users of, in leases) 715, 722—723
    долгосрочные, оценка (Long-lived, valuing) 29—33
    и издержки финансовых трудностей (financial distress costs) 481
    и коэффициент "долг—собственный капитал"(debt-equity ratio) 485
    и слияния (mergers) 918—920
    коэффициент оборачиваемости (ratio to sales) 745
    краткосрочные (оборотные) (current) 740, 796
    отношение к чистому оборотному капиталу (ratio to net working capital) 744
    пенсионной программы (pension) 981
    реальные (real) 3, 11, 18—20
    рентабельность (return on) 747—748
    стоимость (value of) 11, 744—747
    финансовые (financial) 3
    См. также *Модель оценки долгосрочных активов*
"Акулий репеллент" (Shark repellent) 927
Акцепт (Acceptance) 825, 880
    на оборотный капитал (Working-capital acceptance) 880сн.
Акцептованный торговый вексель (Trade acceptance) 825
Акции (Shares, Stock) 139—141, 145—146, 529—531, 915
    без права (ex-right) 386
    вне линии рынка ценных бумаг (not on security line) 177

    выкуп (repurchase) 324—325, 403—404, 411
    и блок разнотипных ценных бумаг (unbundled stock unit) 446
    и стоимость опциона (option value) 539—543
    комбинированный пакет (holding in combination) 532—538
    обыкновенные (common) См. *Обыкновенные акции*
    оценка (valuing) 49—52
    "письма" (letters) 382
    портфель (combined into portfolio) 169—171
    привилегированные (preferred) См. *Привилегированные акции*
    продажа (selling) 531—532
    реакция рынка на (market reaction to) 376—377
    роста или дохода (growth versus income) 57
    с правом (right-on) 386, 388сн.
    цена (price) 49—62, 332, 386—387, 410—411, 529, 539—541
    См. также *Прибыль на акцию*
Акционерный (собственный) капитал (Equity, Equity capital)
    влияние налоговой защиты процентов на стоимость (contribution of interest tax shield to value) 457
    левериджированный (levered) 430, 442—445
    отказ от вложения (refusal to contribute) 478
    рентабельность (return on) 54
Акционеры, интересы (Shareholders, interests of) 5—6, 22—23
Акция без права ("неголосующая акция") (Ex-rights share) 386
"Акция-письмо" (Letter stock) 382
Акция роста (Growth stocks) 57
Акция с правом (Rights-on share) 386, 388сн.
Алтман, Эдвард (Altman, Edward I.) 831, 845, 934
Альенде, Сальвадор (Allende, Salvador) 728, 973
Альтернативные издержки (Opportunity costs) 103—

104 См. также *Затраты на привлечение капитала; Ставка дисконта*
Альтернативный минимальный налог (Alternative minimum tax) 114, 718—719
Альфа (Alpha) 202, 203
   стандартная погрешность (standard error) 203
Американский "колл/пут" (American call/put) 529—530, 573—577
Американское депозитарное свидетельство (American depositary receipt) 383сн.
Амортизация (Depreciation) 107, 112—114
   и альтернативный минимальный налог (and alternative minimum tax) 114
   и налоговый щит (налоговая защита) (tax shields) 112—114, 514
   налоговая (tax) 113сн.
   равномерная (straight-line) 107
   ускоренная (accelerated) 112
   экономическая (economic) 291—294
Амортизация дефицита (Amortization of deficit) 994
Анализ безубыточности (Break-even analysis) 238—241
Анализ проектов (Project analysis) 115, 233, 237—238
   и анализ чувствительности (sensitivity analysis) 234—241
   и "древо решений" (decision tree) 247—255
   и модель Монте-Карло (Monte Carlo simulation) 241—247
Анализ финансовой деятельности (Financial performance analysis) 739
   и динамика прибыли (earning record) 755—759
   и финансовые коэффициенты (financial rations) 739—755
   применение (applications) 759—760
   См. также *Оценка*
Анализ чувствительности (Sensitivity analysis) 234—235
   и анализ безубыточности (break-even analysis) 238—241
   и ценность информации (value of information) 235—236
   ограничения (limits) 236
   сценарии (scenarios) 237—238
Аннуитет, оценка (Annuity, valuing) 34—36
Аномальный доход (Abnormal return) 326—328
Антимонопольное законодательство (Antitrust laws) 917—918
Антимонопольный закон Харта—Скотта—Родино 1976 г. (Hart—Scott—Rodino Antitrust Act of 1976) 917
Антитрестовский закон Шермана 1980 г. (Sherman Antitrust Act of 1980) 917
Арбитраж (Arbitrage) 31сн.
Арбитраж риска (Risk arbitrage) 926сн.
Арбитражное ценообразование (Arbitrage pricing) 181—186

Аренда (Rental lease) 716 См. также *Лизинг*
Арендатор (Lesee) 715 См. также *Лизинг*
Арендодатель (Lessor) 715 См. также *Лизинг*
Асимметричность информации, и слияния (Asymmetric information, and mergers) 916—917
Аскит, Пол (Asquith, Paul) 332, 479сн., 638, 663, 917, 924

Базисная ставка (Prime rate) 344
Базовая норма доходности (Benchmark rate of return) 55
Баланс пенсионной программы (Balance sheet for pencion plans) 980—986
Балансовая (бухгалтерская) стоимость (Book value) 68, 295, 740
   влияние лизинга на (effect by lease) 721
Банки, и управление денежными средствами (Banks, and cash management) 865—866
Банковские операции, концентрация (Banking, concentration) 862—864
Банковские отделения для международной деятельности (International banking facilities) 874
Банковские холдинги (Bank holding companies) 879
Банковский акцепт (Bankers' acceptance, Bank acceptances) 825, 880
Банковский срочный депозит (Bank time deposit) 878
Банкротство (Bankruptcy) 839
   издержки (costs) 470—477
   компании (business) 841—843
   ликвидация или реорганизация (liquidation versus reorganization) 843—844
   персональное (personal) 839—841
Бартер, В. Дж. (Bartter, B. J.) 419
Бассард, Р. Н. (Bussard, R. N.) 815
Баффит, Уорен (Buffet, Warren) 907—908
Башелье, Луи (Bachelier, Louis) 313, 320, 529
Безотзывной аккредитив (Irrevocable letter of credit) 826
Безрисковая процентная ставка (Risk-free interest rate) 141, 171, 219, 223, 532сн.
Бессрочная рента (Perpetuity) 33—34
Бета, коэффициент (Beta) 139, 153, 167, 180—181, 1016
   активов (asset) 214—216
   акций (of stock) 198—201
   бухгалтерская (accounting) 214
   влияние структуры капитала на (affected by capital structure) 206—208
   и определение портфельного риска (determination of portfolio risk) 154—158
   и оценка рыночного риска (market risk measured by) 153—154

Индекс 1065

и средневзвешенные затраты на капитал (weighted-average cost of capital) 510–511
книги бета, использование (beta books, use of) 202–203
компаний коммунального хозяйства (electricity utilities) 210
отрасли (industry) 202–204
оценка (measuring) 198
потока денежных средств (cash flow) 214
потребления (consumption) 180–181
проекта (of project) 196–197
рыночная (market) 180–181
скорректированная (adjusted) 203
стабильность во времени (stability over time) 199–201
стандартная погрешность (standard error of) 203
Бивер, Уильям Х. (Beaver, William H.) 760–761
Бизнес, оценка методом дисконтированного потока денежных средств (Business, valuing by discounted cash flow) 64–69
Бизнес-план (Business plan) 366
Бикслер, Дж. (Bicksler, J.) 616
Биномиальный метод оценки опционов (Binominal method for option valuation) 566–568
Биржа (Exchange) 527–528, 688–689, 698
Биржевой крах 1987 г. (Stock market crash of 1987) 320–323
"Благородный рыцарь" (White Rnight) 923, 926
Блок разнотипных ценных бумаг (Unbundled stock unit) 446
Блэк, Фишер (Black, Fischer) 419–420, 543–544, 546–547, 567–568, 573–574, 996–998, 1017
Блюм, М. Е. (Blume, M. E.) 419
Бомол, Уильям (Baumol, William J.) 854–855
Борьба за голоса акционеров (Proxy contests) 341
Борьба за доверенности (Proxy fight) 922
Боуэр, Дж. Л. (Bower, J. L.) 288
Боэски, Иван (Boesky, Ivan) 927
Бредфорд, Д. Ф. (Bradford, D. F.) 419, 750
Брейли, Ричард А. (Brealey, Richard A.) 288, 421сн., 440сн., 629сн., 774, 1018
Бриден, Дуглас Т. (Breeden, Douglas T.) 180
Бронфилд, С. (Bronfield, S.) 956сн.
Брунер, Р. Ф. (Bruner, R. F.) 917
Будущая стоимость (Future value) 36, 50–52, 347–348
Бухгалтер-контролер (Controller) 7
Бухгалтерская бета (Accounting beta) 214
Бухгалтерская норма рентабельности (рентабельность) (Book rate of return) 80–81, 291–298
Бухгалтерская прибыль (Book earnings, Accounting earning) 291–295, 297–298, 757–758
влияние инфляции на (inflation effect on) 758–759
влияние лизинга (effect by lease) 721

Бухгалтерский учет (Accounting)
определения, финансовые коэффициенты (definitions, financial ratios) 751–753
пенсионной программы (for pension plan) 985–986
при слияниях (for mergers) 918–920
Бюджет денежных средств (Cash budget) 805–809
См. также *Планирование потоков денежных средств*
Бюджет долгосрочных вложений (капитальный бюджет) (Capital budget) 122, 253, 281–283, 285, 286, 288, 289 См. также *Планирование долгосрочных вложений*

Валюта, и долг (Currency, and debt) 344
Валютный курс (Exchange rates)
изменения, и темпы инфляции (changes in, and inflation rates) 954–955
и процентные ставки (and interest rates) 953
"спот" (spot) 950, 952–956
таблица (tables) 951
теория ожиданий (expectations theory of) 954
форвардный (forward) 953–955
Валютный опцион (Currency option) 951
Валютный риск, страхование (Currency risk, insuring against) 960–962
Валютный рынок (Foreign exchange market) 949–952
Валютный своп (Currency swap) 348
Валютный фьючерс (Foreign exchange futures) 699–670
Варрант (Warrant) 346, 585–586
и дивиденды/разводнение (dividend/delution) 587, 589–592
на облигации (on bonds) 592
отличие от конвертируемой облигации (differential from convertible bond) 598–599
оценка (valuing) 586–592
причины выпуска (reasons for issue) 599–601
Вексель (Note, Draft) 656, 825
коммерческий (commercial) 825
краткосрочный (short-term) 877
освобожденный от налогообложения (tax exempt) 877–878
переводной (bill of exchange) 825
среднесрочный (medium-term) 878–879
Великая депрессия 1930-х гг. (Great Depression of 1930s) 145
Венчурный (рисковый) капитал (Venture capital) 365–369
Вертикальная интеграция (Vertical integration) 904–905
Вертикальное слияние (Vertical merger) 903–904
Вестирование (Vesting) 983
"Вечнозеленый" кредит (Evergreen credit) 888

Взаимовлияние проектов (Project interaction) 115
   и замена используемого оборудования (replacement of existing equipment) 119
   и затраты на избыточные мощности (cost of excess capacity) 119–120
   и оборудование с долгосрочным или краткосрочным периодом эксплуатации (long-lived versus short-lived equipment) 117–119
   и оптимальное время для осуществления инвестиций (optimal timing of investment) 115–117
   и факторы загрузки (load factors) 120–121
Взаимодополняющие ресурсы, комбинирование и слияния (Complementary resources, combining and mergers) 905
Взаимоисключающие проекты (Mutually exclusive projects) 87–90, 127–128
Внебалансовое финансирование (Off-balance-sheet financing) 719–721
Внефондовая пенсионная программа (Underfunded pension plan) 990
Внефондовые обязательства (Unfunded liabilities) 989
Внефондовый долг (Unfunded debt) 342
Внутренние источники финансирования (Internal funds) 349–353
Внутренняя норма доходности (Internal rate of return) 48, 82–91
"Воздушный шар" (Balloon) 311
Возможность последующего инвестирования (Follow-on investment opportunity) 557–560
Волна слияний (Merger wave) 936–938, 1017–1018
Временна́я структура процентных ставок (Term structure of interest rates) 31–32, 91, 611
   гипотеза ожиданий (expectations hypothesis) 627
   и доходность к погашению (yields to maturity) 616–624
   и инфляция (inflation) 629–630
   и теория предпочтения ликвидности (liquidity-preference theory) 628–629
   новые теории (new theories) 632–634
   объяснение (explanation) 624–634
   оценка (measurihg) 622–624
   сравнение теорий (comparison of theories) 631
Временно́й горизонт (прогнозный период) (Horizon period) 51–52
"Все-или-ничего", условие подписки (All or none) 378
Вспомогательный факторинг (With-recourse factoring) 838сн.
Вторичное публичное предложение (Secondary public offering) 369
Второй вариант плана финансирования (Second financing plan) 812–815
Вулф, Е. Д. (Wolff, E. D.) 638
Выгода доступности (Convenience yield) 700

Выкуп (компании) (Buy-out)
   за счет займа (leveraged) 479, 899, 932–936
   менеджерами (management) 932–934
Выкуп акций (Repurchase of stock, Share repurchase) 403–404, 411
Выплата денежных средств (Cash disbursement) 864–865
Выпущенные акции (Issued shares) 340
Высшее руководство, необходимая ему информация (Senior management, information needed by) 287–288 См. также *Менеджмент; Управление*

Гарантия завершения (Completion guarentee) 671
Герц, Дэвид (Herz, D. B.) 241
Гипотеза ожиданий, для временно́й структуры процентных ставок (Expectations hypothesis, for term structure of interest rates) 628
"Голая" ("стрип") облигация (Stripped bond) 623
   См. также *Облигации*
Голосование, акционер (Voting, stockholder) 341–342
Голосование большинством голосов (Majority voting) 341
Гордон, Р. (Gordon, R. H.) 419
Горизонт (период) (Horizon)
   оценки (valuation) 66–67
   планирования (planning) 770, 782
Горизонтальное слияние (Horizontal merger) 903–904
"Групповая ставка" (Side bets) 697
Грэм, Б. (Graham, B.) 412

Двухуровневое соглашение (Two-tier offer) 923
Двухъярусная налоговая система (Two-tier tax system) 421
Дебентура (Debenture) 343, 592сн., 656
Дебиторская задолженность (Accounts receivable, Receivable) 111, 796, 885–886
Декарт, Рене (Descartes, René) 87сн.
Деловая репутация (Goodwill) 752, 920
Деловой риск (Business risk) 204
Дельта опциона (Option delta) 545, 690, 705
   См. также *Коэффициент хеджирования*
Денежные дивиденды (Cash dividends) 403
Денежные средства (Cash)
   в пути (float, disbursement float) 860–862
   избыток (surplus) 800, 906
   контроль за изменением (tracing changes in) 800–805
   прибыль и поток денежных средств (profit and cash flow) 803–805
   финансирование слияний, оценка издержек (merger financed by, cost estimates) 913–915

Индекс 1067

Денежный поток (Cash flow) См. *Поток денежных средств*
Денежный рынок (Money market) 873-877
    исчисление доходности инвестиций (calculating yield on investment) 876-877
    оценка инвестиций (valuing investments) 876
"Денежный станок" (Money mashine) 30-31
Депозитарный переводной чек (Depository transfer check) 863
Депозитарный сертификат (Certificate of deposit) 878
Дефицит, амортизация (Deficit, amortization of) 994
Децентрализация (Decentralization) 287
Джаррелл, Дж. (Jarrel, G.) 938сн.
Джонсон, Росс (Johnson, Ross) 932, 935
Диверсификация (Diversification)
    и слагаемость стоимостей (value additivity) 158-159
    и снижение риска (risk reduction) 146-149
    как причина для слияния (as reason for merger) 908
    ограничения (limits to) 152-153
Диверсифицируемый риск (Diversifiable risk) 149сн., 1016, 1020
Дивидендная политика (Dividend policy) 401, 407-422
    и выкуп акций (share repurchase) 411-412
    и налоги (taxes) 415-420, 421-422
    и расчет цены акций (share price calculation) 410-411
    незначимость на совершенных рынках капиталов (irrelevance in perfect capital markets) 408-410
Дивидендный доход (Dividend yield) 53, 749-750
Дивиденды (Dividends) 50-52, 401-403, 1024
    американский/европейский "колл" (American/European call) 573-577
    в денежной форме (cash) 403
    в форме акций (stock) 403
    выплата (payment of) 402-407
    дополнительные (extra) 403
    законодательные ограничения на (legal limitations on) 402
    и варранты (and warrants) 587
    и выкуп акций (share repurchase) 403-404, 411-412
    и конвертируемые облигации (convertible bonds) 595-596
    и левые радикалы (leftist position) 415-420
    и налоги (taxes) 415-420
    и несовершенство рынка (market imperfection) 413-414
    информативность (information content of) 406-407
    и перспективы роста (growth opportunities) 60-62
    и правые радикалы (rightist position) 412-414
    и приращение капитала (capital gain) 418-420
    и риск (risk) 412-413
    и рыночная эффективность (market efficiency) 325-326
    и финансовая политика (financial policy) 786
    и центристы (middle-of-the-road position) 420-422
    ликвидационные (liquidating) 403
    модель Линтнера для (Lintner's model for) 405-406
    особые (special) 403
    регулярные денежные (regular cash) 403
Дилемма "риск-доход" (Return-risk trade-off) 439-440, 1021
Динамика прибыли (Earnings record) 755-757
    и бухгалтерская прибыль (accounting earning) 757-758
    и влияние инфляции на бухгалтерскую доходность (effect of inflation on book return) 758-759
Дисконт (Discount) 652-653
    форвардный (forward) 950
Дисконтирование (Discounting) 100-101
    и безрисковая ставка (risk-free rate) 246
    и инфляция (inflation) 105-107
    и поток денежных средств (cash flow) 102-105
    надежного/номинального потока денежных средств (of safe/nominal cash flow) 512-516
Дисконтированный поток денежных средств (Discounted cash flow) 30, 54
    и опционы (options) 543, 560
    и оценка бизнеса (valuing business) 64-69
    и риск (risk) 217-221
    использование для определения цен на электроэнергию (used to set electricity prices) 54-55
    и формула для постоянного темпа роста (constant-growth formula) 55-57
    См. также *Поток денежных средств*
Дисконтная облигация (Discount bond) 654сн.
Дисперсия, как измеритель портфельного риска (Variance, measuring for portfolio risk) 143-144, 146сн., 150-153
"Длинный" хедж (Long hedge) 697
Доверенность (Proxy) 922
Додд, Д. (Dodd, D.) 412
Долг (долговые обязательства)(Debt) 342, 652-653
    внефондовый (unfunded) 342
    и контракт на выпуск облигационного займа (bond contract) 653-656
    инвестиционного класса (investment-grade) 343
    и облигации (bonds) 652-664
    и плавающая/фиксированная ставка (floating/fixed rate) 344
    и проектное финансирование (project finance) 669-672
    и риск невыполнения обязательств (default risk) 343

и страна/валюта (country/currency) 344
новшества на рынке облигаций (innovations in bond market) 664—668
обеспечение (security) 343, 656—657
оптимальное время выпуска (timing of) 353—354
отзыв (досрочное погашение) (calling) 342
погашение (maturity of) 432
публичное/частное размещение (public/private) 343—344
рисковый (risky) См. *Рисковые долговые обязательства*
старшинство (приоритетность) (seniority) 343, 656—657
субординированный (subordinated) 343, 661
условия погашения (repayment provisions) 342—343, 657—660
фондовый/внефондовый (funded/unfunded) 342
См. также *Заем; Кредитование; Ссуда*

Долг корпорации (Corporate debt) См. *Долг*

Долгосрочное финансовое планирование (Long-term financial planing) См. *Финансовое планирование*

Долгосрочные активы (Long-lived assets) 29—33, 220—221 См. также *Модель оценки долгосрочных активов*

Долевое участие в выдаче ссуд (Participation loan) 888—889

Долларовзвешенная норма доходности (Dollar-weighted rate of return) 1000

Доналдсон, Гордон (Donaldson, Gordon) 351

Дополнительные дивиденды (Extra dividends) 403

Дополнительные обязательства (Supplemental liabilities) 990сн.

Дополнительные прибыли (Incremental payoffs) 102—103

Допущения в актуарных расчетах (Actuarial assumptions) 990—991

Досрочный выкуп (отзыв) облигаций (Bond Repurchase, Calling) 324—325, 342—343, 596—598, 659—660

Доход (Return, Yield)
аномальный (abnormal) 326—328
дивидендный (dividend) 53, 749—750
и риск (risk) 167, 173—177, 439—440

Доходность (Return) 1020—1021
бухгалтерская (book) 80—82, 758—759
влияние левериджа на (effect of leverage on) 436—440
инвестиций денежного рынка (money-market investment) 876—877
к погашению (yield to maturity) 48, 616—624
норма (rate of) См. *Норма доходности*
ожидаемая (expected) 174—175, 178, 205—206, 994
фактическая (real) 178—179

Доходные акции (Income stock) 57
Доходный варрант (Income warrant) 586сн.
Доходный кредит (Earning credit) 865
"Древо решений" (Decision tree) 247
доводы "за" и "против" 252—254
и "запасной выход" (bailing out) 252—253
и модель Монте-Карло (Monte Carlo simulation) 255
и оценка опционов (option valuation) 572—573
и стоимость прекращения бизнеса и планирование долгосрочных вложений (abandonment value and capital budgeting) 253—254
примеры (examples) 247—252

Дробление акций, и рыночная эффективность (Stock split, and market efficiency) 325—326

Евровалютные операции американских банков (International banking facilities) 873—875
Евродолларовый депозитный сертификат (Eurodollar certificate of deposit) 878
Евродоллары (Eurodollars) 344, 873—874
кредиты (loans) 889—890
Евроиеновые облигации (Euroyen bonds) 665—666
Еврооблигации (Eurobonds) 344, 652—653, 665, 873
выпуск (issue of) 379—382
Европейский "колл/пут" (European call/put) 529—530, 573—577

Жесткие ограничения (Hard rationing) 125—126

Задолженность по налогу (Tax liabilities) 804сн.
Заем (заимствование) (Borrowing, Loan) 455—456, 883—890
без регресса (nonrecourse) 729
и дисконтированный поток денежных средств (discounted cash flow) 85—86
и нормирование кредита (credit rationing) 883
краткосрочный (short-term) 883
необеспеченный (unsecured) 809—810, 884—885
обеспеченный дебиторской задолженностью (secured by receivable) 885—886
обеспеченный запасами (secured by inventory) 886—887
риск (risk in) 171—173
создание эквивалента опциона из (constructing option equivalent from) 544—545
с регрессом (with recourse) 885
чистая приведенная стоимость (net present value) 310—312
См. также *Кредитование; Политика управления задолженностью; Ссуда*

Закон единой цены (Law of one price) 955, 957
Закон Клэйтона 1914 г. (Clayton Act of 1914) 917

Закон о банкротстве 1898 г. (Bankruptcy Act of 1898) 840
Закон о мелкой торговле 1938 г. (Chandler Act of 1938) 840
Закон о налоговой реформе 1986 г. (Tax Reform Act 1986)
   и альтернативный минимальный налог (alternative minimum tax) 718
   и дивиденды (dividends) 415, 418–420
   и налоговая амортизация (tax depretiation) 112–114
   и налоговая защита (tax shield) 456–457
   и политика управления задолженностью (debt policy) 456, 463–466
   и слияния (mergers) 922сн.
Закон о пенсионном обеспечении работников 1974 г. (Employee Retirement Income Security Act of 1974) 991
Закон о производстве энергии для коммунальных нужд 1978 г. (Public Utility Regulatory Power Act of 1978) 670
Закон о реформе процедуры банкротства 1978 г. (Bunkruptcy Reform Act of 1978) 839–841
Закон о Федеральной торговой комиссии 1914 г. (Federal Trade Commission Act of 1914) 917
Закон о ценных бумагах 1933 г. (Securities Act of 1933) 370сн.
Закон Селлера–Кефовера 1950 г. (Celler–Kefauver Act of 1950) 917
Закон сохранения стоимости (Law of conservation of value) 432–434, 1017
Закон Уильяма 1968 г. (William Act of 1968) 922
"Запасной выход", и "древо решений" (Bailing out, and decision tree) 252–253
Запасы (inventory) 110, 796
   инвестиции в (investment in) 796–798
   и остатки денежных средств (and cash balances) 852–860
   как обеспечение займов (loan secured by) 886–887
Затраты (Costs)
   капитальные (capital) 81–82
   на избыточные мощности (excess capicity) 119–120
   на финансирование, и слияния (financing, and mergers) 911–912
   нормальные (normal) 989
   по выплате процентов (interest) 994
   равномерные годовые (equivalent annual) 117
   См. также *Затраты на привлечение капитала; Издержки*
Затраты на привлечение капитала (Cost of capital) 195–197, 204–208, 211–212
   для иностранных инвестиций (for foreign investment) 965–968
   для подразделений (divisional) 203–204

   и структура капитала (and capital structure) 204–208
   компании (company) 195–197, 204–205, 211
   оценка (estimating) 141–142, 203–204, 208–211, 440–441, 501–511
   средневзвешенные (weighted-average) 506–511
   См. также *Ставка дисконта*
Защита от поглощения (Takeover defense) 927–929
Защита Пэкмана (Pacman defense) 922сн.
Заявка на ассигнования (Appropriation requests) 282–284
"Зеленый шантаж" (Greenmail) 404, 926
"Золотой парашют" (Golden parachute) 927
"Зрелый" факторинг (Maturity factoring) 837–838

Игра на время (Playing for time) 479
Игра с остатком в пути (Playing the float) 861
Избыток денежных средств (Surplus cash) 800, 906
Избыток мощности, издержки (Excess capacity, costs of) 119–120
Избыточные ресурсы, и слияния (Surplus funds, and mergers) 906
Издержки (расходы) (Costs)
   административные, и лизинг (administrative, and leasing) 717–718
   альтернативные (opportunity) 103–104 См. также *Ставка дисконта*
   банкротства (bankruptcy) 469–477
   инвестирования (капитала) (capital) См. *Затраты на привлечение капитала*
   накладные (overhead) 104–105
   невозвратные (sunk) 103
   обычного предложения ценных бумаг (of general cash offer) 375–376
   операционные, и лизинг (transaction, and leasing) 717–718
   предельные, в финансовом планировании (marginal, in financial) 789–791
   публичной эмиссии ценных бумаг (of public issue) 372–373
   слияний (of mergers) 899–902, 913–917
   финансовых трудностей (of financial distress) 469–481
   эмиссионные (issue) 485, 498–499
   См. также *Затраты*
Иззель, Р. (Ezzel, Russell) 504–505, 507–509
Изменчивость (Volatility, Variability) 693–696
   как критерий портфельного риска (measuring for portfolio risk) 145–146
Измеритель интервала (Interval measure) 745
Именная облигация (Registered) 656
Имитационные модели, в краткосрочном финансовом планировании (Simulation models, for short-term planning) 814
Инвестиции (Investments)

в запасы (in inventory) 796—797
и возможности последующего инвестирования (follow-on opportunitis) 557—559
иностранные (foreign) См. *Иностранные инвестиции*
оптимальное время для осуществления (timing of) 115—117
решения (decisions) 3, 110, 309—312, 973—974
чистая приведенная стоимость (net present value) См. *Чистая приведенная стоимость*

Инвестиционные решения (Investment decisions) 3, 497—498
и дисконтирование надежного/номинального потока денежных средств (discounting safe/nominal cash flow) 512—516
и метод скорректированной приведенной стоимости (adjusted-present-value rule) 498—501
и скорректированная ставка дисконта (adjusted discount rate) 501—506
и формула средневзвешенных затрат на капитал (weighted-average-cost-of-capital formula) 506—511

Ингерсолл, Дж. (Ingersoll J. E.) 596
Индексация пенсии в соответствии с показателем стоимости жизни (Cost-of-living adjustment) 982
Индивидуальный пенсионный счет (Individual retirement account) 982
Индивидуальный (уникальный) риск (Unique risk) 149, 167
Иностранные инвестиции (Foreign investments)
и затраты на привлечение капитала (cost of capital) 965—968
решения о (decisions) 962—965
Иностранные облигации (Foreign bonds) 652—653
Инструменты коммерческого кредита (Commercial credit instruments) 825—826
Интегральное программирование ("ноль—один") (Integer programming) 124
Интервал начисления сложного процента (Compounding integral) 39—41
Инфляция (Inflation)
влияние на бухгалтерскую прибыль (доходность) (effect on book return) 758—759
влияние на структуру капитала (effect on capital structure) 357
и временна́я структура процентных ставок (time structure of interest rates) 629—630
и дисконтирование (discounting) 105—107
и изменение валютных курсов (changes in exchange rates) 954—955
и процентные ставки (interest rates) 613—616, 955—956
и рынок облигаций (bond market) 667—668
Информация (Information)
асимметричная, и слияния (asymmetric, and mergers) 916—917

и дивиденды (dividends) 406—407
необходимая высшему руководству (needed by senior management) 287—288
новая (new) 316
ценность (value of) 235—236
Ипотечная облигация (Mortage bond) 656
"Искушение и срыв" (Bait and switch) 479

Казначей (Treasurer) 7
Казначейский вексель (Treasury bill) 48—49, 105—107, 139—142, 145, 173—174, 177, 209сн., 615, 877
Капитал (Capital)
акционерный, отказ от вложения (equity, refusal to contribute) 478
венчурный (venture) 365—369
затраты на привлечение (cost of) См. *Затраты на привлечение капитала*
оборотный (working) См. *Оборотный капитал*
уставный (разрешенный к выпуску) (authorized share) 339—342
чистый оборотный (net working) См. *Чистый оборотный капитал*
Капитализация лизинга (Capitalization of lease) 720—721
Капитальный лизинг (Capital lease) См. *Финансовый лизинг*
Каплан, Р. С. (Kaplan, R.S.) 329, 762, 920
Каплан, С. (Kaplan, S.) 935
Капланис, И. (Kaplanis, E.) 967
Квадратичное программирование (Quadratic programming) 171
Квалифицированное товарищество с ограниченной ответственностью (Master limited partnership) 931
Квалифицированные институциональные покупатели (Qualified institutional buyers) 383
Келсо, Луис (Kelso, Louis) 984
Кендалл, Морис (Kendall, Maurice) 312—315
Кестер, Карл (Kester, Carl) 358, 483сн.
Классическая налоговая система (Classical tax system) 421
Книга бета (Beta book) 202—204
Ковариация, в оценке риска портфеля (Covariance, in measuring portfolio risk) 157—158
Колебание доступности (Availability float) 861
Количественная кредитная оценка (Numerical credit scoring) 828—830
Коммерческая бумага (Commercial paper) 878—880
Коммерческий вексель (Commercial draft) 825
Коммерческий кредит (Trade credit) 796
Компенсационный остаток (Compensating balance) 809, 866
Компромиссное соглашение (Composition) 841

Индекс

Конверсионная стоимость (Conversion value) 593–595
Конверсионная цена (Conversion price) 593
Конверсионное соотношение (Conversion ratio) 592
Конверсия (Conversion) 532–534
Конвертируемая облигация (Convertible bond) 346–347, 592–593
   доводы, в пользу выпуска (reasons for issuing) 599–601
   и дивиденды/разводнение (dividends/dilution) 595–596
   и форсирование конверсии (forcing conversion) 596–598
   отличие от варранта (differentiated from warrant) 598–599
   оценка стоимости (valuing) 593–595
   См. также *Облигации*
Конвертируемые ценные бумаги (Convertible securities) 346–347
Конгломератное слияние (Conglomerate merger) 903–904
Конрад, Джозеф (Conrad, Joseph) 972сн.
Контракт (Contract)
   и соглашение/трастовый договор (indenture/trust deep) 653–654
   и условия облигационного займа (bond terms) 654–656
   на выпуск облигационного займа (bond) 653–656
   с фиксированными выплатами (payouts fixed by) 514
   форвардный (forward) 348, 696, 701–703, 950, 954
Контроль за капиталовложениями, и лизинг (Capital expenditure control, and leasing) 719
Конфликт интересов (Conflicts of interest) 286
Концентрация банковских операций (Concentration banking) 862
"Копченая селедка" (Red herring) 311, 370
"Короткий" хедж (Short hedge) 697
Корпоративное финансирование (Corporate financing) См. *Финансирование*
Корпоративные налоги (Corporate taxes) 456–469
Косвенные издержки банкротства (Indirect bankruptcy costs) 474–475
Коэффициент абсолютной ликвидности (Cash ratio) 744–745
Коэффициент аннуитета (Annuity factor) 35, 118
Коэффициент бета (Beta) См. *Бета*
Коэффициент выгоды–издержки (Benefit–cost ratio) 92–93
Коэффициент дивидендных выплат (Payout ratio) 53, 748
Коэффициент дисконтирования (Discount factor) 12, 30–31

Коэффициент "долг–собственный капитал" (Debt–equity ratio) 485–487, 742
Коэффициент долговой нагрузки (Debt ratio) 356–358, 742
   в рыночном измерении (market-value) 358–359
Коэффициент "q Тобина" (Tobin's q) 750–751
Коэффициент оборачиваемости активов (Sales to total assets) 745–746
Коэффициент оборачиваемости запасов (Inventory turnover ratio) 746
Коэффициент оборачиваемости чистого оборотного капитала (Sales to net working capital) 746
Коэффициент покрытия процента (Times interest earning ratio) 743
Коэффициент реинвестирования (Plowback ratio) 53–54
Коэффициент "рыночная–балансовая стоимость" (Market-to-book ratio) 750
Коэффициент срочной ликвидности ("лакмусовая бумажка") (Quick ratio, Acid-test ratio) 744
Коэффициент текущей ликвидности (Current ratio) 744
Коэффициент хеджирования (Hedge ratio) 545, 690, 705 См. также *Дельта опциона*
Коэффициент цена–прибыль (Price–earning ratio) 62, 68, 749
Коэффициенты (Ratios) См. *Финансовые коэффициенты*
Коэффициенты ликвидности (Liquidity ratios) 743–745
Коэффициенты рентабельности (эффективности) (Profitability ratios, Efficient ratios) 92–93, 122–123, 745–748
Коэффициенты рыночной активности (Market-value ratios) 749–751
Коэффициенты финансовой зависимости (финансового левериджа) (Leverage ratios) 741–743
Краткосрочное кредитование (Short-term lending) См. *Кредитование*
Краткосрочное финансовое планирование (Short-term financial planning) См. *Финансовое планирование*
Краткосрочные оборотные активы/текущие обязательства (Current assets/liabilities) 740, 796, 988–989, 993
Краткосрочный заем (Short-term borrowing) См. *Заем*
Кредит (Credit)
   автоматически возобновляемый ("револьверный") (revolving) 888
   "вечнозеленый" (evergreen) 888
   для повторяющихся заказов (with repeat orders) 834–835
   доходный (earnings) 865
   и кредитная линия (line of credit) 805, 865

коммерческий (trade) 796
потребительский (consumer) 796
решения о предоставлении (decisions) 832–836
синдиката банков (syndicated loan) 889
Кредитная линия (Line of credit) 809, 865
Кредитный анализ (Credit analysis) 826–828
и анализ финансовых коэффициентов (financial ratio analysis) 828
и количественная кредитная оценка (numerical credit scoring) 828–830
и создание более совершенных индексов риска (constructing better risk endexes) 830–832
Кредитование (Lending)
евродолларовое (Eurodollar) 889–890
и векселя, освобожденные от налогообложения (tax-exempt notes) 877
и денежный рынок (money market) 873–877
и дисконтированный поток денежных средств (discounted cash flow) 85–86
и казначейские векселя (Treasury bills) 877
и риск (risk in) 171–173
краткосрочное (short-term) 875–881
См. также *Долг; Заем; Политика управления задолженностью; Ссуда*
Кредитоемкость (Debt capacity) 499–500
Кредиторская задолженность (Accounts payable) 111, 796, 809
Кумулятивная (нарастающая) потребность в капитале (Cumulative capital requirement) 798–799
Купер, Дж. М. (Cooper, G.M.) 200
Купер, И. А. (Cooper, I.A.) 967
"Купленная сделка" (Bought deal) 375
Купонные выплаты (Coupon payments) 344, 620

Леверидж (Leverage) См. *Финансовая зависимость*
влияние на доходность (effect on returns) 436–440
операционный (операционная зависимость) (operating) 215–216, 1020
финансовый (financial) 204, 430, 741
эффект в конкурентной экономике без налогов (effect in competitive tax-free economy) 430–436
Левериджированный собственный капитал (акция) (Levered equity) 430, 442–445
Левич, Ричард (Levich, Richard M.) 856сн., 957
Лен, К. (Lehn K.) 983сн.
Лессард, Доналд (Lessard, Donald R.) 970
ЛИБОР (LIBOR) 344, 655, 702, 888 См. также *Ставка Лондонского рынка межбанковских кредитов*
Лизинг (Lease) 715
доводы за (reasons for) 717–719
за счет займа (с левериджем) (levered) 717, 728–731

и долговые обязательства (debt) 344
и налоги (taxes) 718–719, 723–724
и продажа с последующим лизингом (sale and lease-back) 716
капитальный (capital) 716
краткосрочный (short-term) 717
обслуживание (mantainance) 717
операционный (operating) 716
определение (defined) 716–717
оценка (valuing) 728–731
преимущества (advantages) 727–728
прямой (direct) 716
собственник/пользователь арендованного имущества (owner/user of asset) 715, 722–723
соглашение о полном обслуживании (rental) 716
См. также *Аренда*
с полной выплатой (full-payout) 716
финансовый (financial) См. *Финансовый лизинг*
чистый (net) 716
См. также *Арендатор; Арендодатель*
Лизинговая отрасль (Leasing industry) 715
Ликвидационная стоимость (Salvage value) 107
Ликвидационные дивиденды (Liquidating dividends) 403
Ликвидация (Liquidation) 843–844
Ликвидность (Liquiduty) 743, 851, 1024
Линейное программирование (Liner programming) 124 См. также *Модель LONGER*
Линия рынка ценных бумаг (Security market line) 174, 177
Линтнер, Джон (Lintner, John) 174, 405–406

Майерс, Стюарт (Myers, Stewart C.) 142сн., 217сн., 287, 377сн., 421сн., 440сн., 483сн., 485сн., 504сн., 505, 729сн., 774, 776сн., 783, 858сн., 899сн., 1018
Майлз, Джеймс (Miles, James) 504–505, 507–508
Макбет, Дж. Д. (MacBeth, J.D.) 178
Макконелл, Дж. (McConnell, J.J.) 938сн.
"Максимальные усилия", условие подписки (Best efforts) 378
Маллинз, Дэвид (Mullins, David W.) 332, 638, 917
Марат, В. (Marathe, V.) 419, 760
Маркович, Гарри (Markowitz, Harry M.) 167
Марр, Е. (Marr, W.) 938сн.
Марш, П. Р. (Marsh, P.R.) 353, 377сн.
Маскарелла, С. (Muscarella, C.) 938сн.
Международная эмиссия ценных бумаг (Foreign security issue) 375
Международный финансовый менеджмент (International financial management) 949, 952
и валютный рынок (foreign exchange market in) 949–952
и взаимосвязь инвестиционных решений и

Индекс

решений по финансированию (interaction of investment and financial decisions) 973—974
и затраты на капитал для иностранных инвестиций (cost of capital for foreign invesment) 965—968
и изменение валютных курсов/темпов инфляции (change in exchange rates/inflation rates) 954—955
и инвестиционные решения (investment decisions) 962—965
и политический риск (political risk) 972—973
и процентные ставки/валютные курсы (interest rates/exchange rates) 953
и процентные ставки/темпы инфляции (interest rates/inflation rates) 955—956
и страхование от валютного риска (insuring against currency risk) 960—962
и финансирование зарубежных операций (financing foreign operations) 968—971
и форвардная премия/изменение "спот"-курса (forward premium/change in spot rate) 953—954
экономические теории (economic theories) 956
См. также *Менеджмент; Управление*

Мезонинное финансирование (Mezzanine financing) 368сн.
Меморандум о размещении (Offering memoranda) 654сн.
Менделкер, Г. (Mandelker, G.) 920
Менеджер предприятия, заявки на ассигнование (Plant manager, appropriation requests from) 282—284
Менеджмент (Management)
и необходимая информация (information needed by) 287—288
как внебалансовое обязательство (as off-balance-sheet liability) 1022—1023
См. также *Международный финансовый менеджмент; Управление*

Мертвый прокат (Demis hire) 716сн.
Мертон, Роберт (Merton, Robert C.) 1021
Метод нейтрального отношения к риску в оценке опционов (Risk-neutral method of option valuation) 545—546
Метод равномерных затрат (Level-cost method) 990
Метод скорректированной приведенной стоимости (Adjusted-present-value rule) 498—501
Милкен, Майкл (Milken, Michael) 1025
Миллер, Мертон (Miller, Merton H.) 22сн., 266сн., 407, 412—414, 418—420, 429, 431—434, 437, 440, 442—448, 457—460, 464—469, 497—499, 503—505, 506сн., 510—511, 515—516, 665, 855—858, 998сн., 1017
Милль, Джон Стюарт (Mill, John Stuart) 1020
Минимально приемлемая норма доходности (Hurdle rate) См. *Ставка дисконта*
Минимальный плановый уровень (Floor planning) 887

Модели потребления, и рынки капиталов (Consumption patterns, and capital markets) 16—17
Модель LONGER 783—784
в сравнении с типовыми моделями корпоративного планирования (comparison with typical corporate planning models) 788
и теневые цены (shadow prices) 789—791
пример использования (example using) 784—786
расширение модели (extending model) 786—788
Модель Миллера—Орра (Miller—Orr model) 855—858
Модель Монте-Карло (Monte Carlo simulation) 241
для проекта производства электромобилей (for electric car project) 242—245
и "древо решений" (decision tree) 255
"издержки" (assessing) 245—246
Модель оценки долгосрочных активов (Capital asset pricing model) 174, 1016
альтернативные теории (alternative theories) 180—186
доказательство (proof of) 175—176
допущения (assumptions) 180
и акции вне линии рынка ценных бумаг (stock not on market line) 177
и ожидаемая доходность, оценки (expected return, estimates of) 174—175
и правило Модильяни—Миллера (and Modigliani—Miller proposition) 447—448
использование для расчета надежного эквивалента (used to calculate certainty equivalent) 223—224
и теория арбитражного ценообразования (and arbitrage pricing theory) 183—186
надежность/роль (validity/role of) 177—180
проверка (tests of) 178—179
Модильяни, Ф. (Modigliani, F.) 407, 412—414, 429, 431—434, 437, 440, 442—448, 457—460, 464—469, 497—499, 503—505, 506сн., 510—511, 515—516, 665, 759сн., 855—858, 998сн., 1017
Морган, И. (Morgan, I.G.) 419
Моррис, Роберт (Morris, Robert E.) 721
Мультидискриминантный анализ (Multiple-discriminant analysis) 831
"Мусорные" облигации (Junk bonds) 343, 636—638, 934, 1025сн.
Мягкие ограничения (Soft rationing) 125

"Надгробный памятник" (Tombstone) 311, 379, 381
Надежный поток денежных средств, дисконтирование (Safe cash flow, discounting) 512—516
Надежный эквивалент (Certainty equivalent) 219—220
использование модели оценки долгосрочных активов (capital asset pricing model used for calculate) 223—224

"Надуманные" факторы ("Fudge" factors)
  в международных инвестиционных решениях (in foreign investment decisions) 968
  при определении ставки дисконта (in discount rate) 212–214
Накладные расходы (Overhead costs) 104–105
Накопительное голосование (Cumulative voting) 341
Налоги (Taxes) 114
  альтернативный минимальный (alternative minimum) 114, 718–719
  и выкуп акций за счет займов (leveraged buyout) 935
  и дивиденды (dividends) 415–420
  и коэффициент "долг–собственный капитал" (debt–equty ratio) 485
  и лизинг (leasing) 717–718, 723–724
  и облигации с нулевым купоном (zero coupon bonds) 667
  и политика пенсионного фонда (pension fund policy) 996–998
  и слияния (mergers) 921–922
  и финансирование зарубежных операций (financing of foreign operations) 970–971
  корпоративные (corporate) 456–469
  с физических лиц (personal) 460–469
Налоговая защита (налоговый щит) (Tax shield) 112, 456
  и лизинг (leasing) 718–719
  и слияния (mergers) 905–906
  и увеличение стоимости капитала акционеров (contribution to value of stockholders' equity) 457–458
  нсиспользованная (unused) 905–906
  по амортизационным отчислениям (depreciation) 112–114, 514
  по процентным платежам (interest) 456–458, 500–501
Налоговая система (Tax system) 421–422
  двухъярусная (two-tier) 421
  с двумя ставками (split-rate) 421
Налоговая служба (Internal Revenue Service) 108, 114
  и альтернативный минимальный налог (alternative minimum tax) 718сн.
  и амортизация (deprecation) 752
  и дивиденды (dividends) 405, 416, 419
  и задолженность по налогам (tax liabilities) 804сн.
  и лизинг (lease) 723–724
  и слияния (mergers) 906сн., 932, 939
Налоговые льготы (Tax preference items) 114
Налоговый щит (Tax shield) См. *Налоговая защита*
Национальные облигации (Domestic bonds) 652–653

Начисленные обязательства за прошлые услуги (накопленные обязательства) (Accrued liabilities for past services) 988, 994сн.
Начисленный процент, в цене облигации (Accrued interest, in bond prices) 654
Невозвратные издержки (Sunk costs) 103
Невыполнение обязательств (неплатежеспособность) (Defaut)
  право на (right on) 470
  риск (risk of) 634–635
Негативная оговорка о залоге (Negative pledge clause) 661
Недиверсифицируемый риск (Nondiversifiable risk, Undiversifiable risk) 149сн., 1016
Неиспытанный выпуск (Unseasoned issue) 365
Нелсон, С. (Nelson C.R.) 616
Немедленная поставка (Immediate delivery) 950
Необеспеченная банковская ссуда (заем) (Unsecured loan) 809, 884–885
Неравенство Йенсена (Jensen's inequality) 627сн.
Несистематический риск (Unsystematic risk) 149сн.
Неэффективность, устранение, и слияния (Inefficiency, elimination of, and merger) 906–908
Номинальный поток денежных средств, дисконтирование (Nominal cash flow, discounting) 512–516
Норма дивидендного дохода (Dividend yield) 53, 749–750
Норма доходности (Rate of return) 140–142
  взвешенная по фактору времени (time-weighted) 1000
  внутренняя (internal) 48, 82–91
  дисконтированного потока денежных средств (discounting-cash-flow) 82–91
  долларовзвешенная (dollar-weighted) 1000
  и приведенная стоимость (present value) 14
  левериджированных акций (on levered equity) 442–445
  минимально приемлемая (hurdle) 13
  множественность значений (multiple) 86–87
  форвардная (forward) 31сн.
  См. также *Доходность*
Нормальное распределение (Normal distribution) 168
Нормальные затраты (Normal costs) 989
Нормальный рост (Normal growth) 770
Нормирование капитала (Capital Rationing)
  и коэффициент рентабельности (profitability index) 122–123
  модели (models) 123–126, 128
Нормирование кредита (Credit rationing) 883–884

Обеспечение, долговые обязательства (Security, debt) 343, 656–657

Индекс

Обеспеченные займы (Secured loans)
  дебиторской задолженностью (by receivable) 885–886
  запасами (by inventory) 886–887
Обеспеченные трастовые облигации (Collateral trust bonds) 657
Облигации (Bonds, Notes) 139–140, 145–146, 343, 652–657
  в ЭКЮ (ECU) 653
  "голые" ("стрип") (stripped) 623
  дисконтные (discount) 654 сн.
  доходные (income) 655 сн.
  евроиеновые (euroyen) 665–666
  и варранты на (warrants on) 592
  и извлечения из проспекта эмиссии (sample prospectus) 674–683
  именные (registred) 656
  инвестиционного класса (investment-grade) 343, 636
  иностранные (foreign) 652–653
  ипотечные (mortgage) 656
  и трастовый договор (trust deed) 653–654
  и условия досрочного выкупа (отзыва) (call provisions) 596–598, 659–660
  и условия облигационного займа (terms) 654–655
  и условия погашения (repayment provisions) 657–660
  и фонд погашения (sinking fund) 657
  конвертируемые (converted) См. *Конвертируемые облигации*
  контракт на выпуск (bond contract) 653–656
  "мусорные" (junk) См. *"Мусорные" облигации*
  надежность и риск (safe versus risk) 534–537
  на предъявителя (bearer) 656
  национальные (domestic) 652–653
  обеспеченные трастовые (collateral trust) 657
  ограничительные оговорки (restrictive covenants) 660–664
  оценка (valuing) 47–49, 593–595
  публичная эмиссия (public issue) 343–344
  рисковые (risky) См. *Рисковые долговые обязательства*
  с дисконтом при эмиссии (original issue discount) 654сн.
  серийные (serial) 658сн.
  с нулевым купоном (zero coupon) 654, 664, 667
  с обратной плавающей ставкой (yield-curve note) 665сн.
  с плавающей ставкой (floating-rate) 447, 655
  с правом выплат в натуральной форме (pay-in-kind) 664–665
  с правом досрочной продажи (retractable) 660, 664
  с правом продления срока (extendable) 660
  с процентным доходом, эквивалентным текущим дивидендам по акциям (base yield) 446
  цены (prices) 624, 654
  чисто дисконтные (original issue discount (OID)) 654 сн.
  См. также *Еврооблигации*
Облигационная стоимость (Bond value) 593–595
Облигационный займ под завершение (Completion bonding) 671
Оборачиваемость запасов (Inventory turnover ratio) 746
Оборотный капитал (Working capital)
  контроль за изменением в объемах (tracing changes in) 800–805
  постоянная потребность (permanent requirement) 800
  финансирование за счет внутренних источников (reliance on internal funds) 351–353
  чистый (net) См. *Чистый оборотный капитал*
  элементы (components) 796–798
Оборудование (Equipment, Machinery)
  замена (replacement) 119
  и изменчивость факторов загрузки (fluctuating load factor) 120–121
  с долгосрочным или краткосрочным периодом эксплуатации (long-lived versus short-lived) 117–119
Обратная плавающая ставка (Reverse floater) 665сн.
Обратная покупка (Buy-back) 880–881
Обращающаяся акция (Outstanding share) 340
Обращающийся опцион (Traded option) 347
Общий биномиальный метод оценки опционов (General binomial method for option valuation) 566–568
Обыкновенные акции (Common stocks) 140, 339–341
  и права акционеров (stockholder rights) 341–342
  и риск (risk) 173–177
  и создание эквивалента опциона (constructing option equivalent from) 544–545
  и терминология (definitions) 339–341
  оценка (valuing) 49–50
  цены (prices) 49–52, 57–63
  См. также *Акции*
Обычная прибыль (Average payoff) 102–103
Обычное предложение ценных бумаг (General cash offer) 373–377
  издержки (costs) 375–376
  и международная эмиссия (international issue) 375
  и "полочная регистрация" (shelf registration) 374–375
  и эмиссия прав (rights issue) 387–388
  реакция рынка на (market reaction on) 376–377
Обязательства (Liabilities)
  внебалансовые, и менеджмент (off-balance-sheet, management as) 1022
  внефондовые (unfunded) 989

дополнительные (supplemental) 990сн.
и задолженность по налогу (tax) 804сн.
и оценка опционов См. *Опцион*
накопленные (начисленные) за прошлые услуги (accrued, for past services) 988, 994сн.
пенсионные (pension) 988—989
по прогнозным платежам (projected-benefit) 994сн.
связанные с будущими услугами персонала (future service) 989
текущие (current) 740, 796, 988, 993

Оговорка (Covenant, Clause) 660—664
ограничительная (restrictive) 660—664
о перекрестной неплатежеспособности (Cross-default clause) 663
позитивная (positive) 663—664

Ограничения (Constraints) 125—128

Ожидаемая доходность (Expected return)
влияние структуры капитала на (effected by capital structure) 205—206
инвестиций (expected investment) 994
оценки (estimates) 174—175

Окупаемость (Payback) 77—80
дисконтированная (discounted) 79

Операционные издержки, и лизинг (Transaction costs, and leasing) 717—718

Операционный леверидж (операционная зависимость) (Operating leverage) 215—216

Операционный лизинг (Operating lease) 716, 720

Оплата дебиторской задолженности, средняя продолжительность (Collection periods, average) 746

Оплата продукцией (Production payment) 671

Оптимальный финансовый план (Optimal financial plan) 774—775

Опцион (Option) 527—529
выявление (spotting) 537—538
и краткосрочное финансирование (short-term financing) 809—810
и финансовое планирование как управление портфелем опционов (financial planning as managing portfolio) 775—776
и хеджирование (hedging with) 696, 705—706
"колл/пут"/акции (call/put/shares) 529—538
конверсия (converting) 532—534
модель оценки (valuation model) 543—548
на валюту (on currency) 951—952
на выбор времени (timing) 568—573
на отказ от проекта (abandonment) 560—568
определение стоимости (determinating value) 539—543
реальный, и ценность управления (real, and value of management) 560
свободно обращающийся (traded) 347

Опцион "колл" (Call option) 529—531
американский или европейский (American versus European) 529—530, 573—577

комбинация (holding in combination) 532—538
продажа (selling) 531—532

Опцион "пут" (Put option) 529—531
американский или европейский (American versus European) 529—530, 573—577
комбинация (holding in combination) 532—538
продажа (selling) 531—532

Опционная конверсия (Option conversion) 532—534

Опционный варрант (Option warrant) 592сн.

Орр, Д. (Orr, D.) 855—858

Освобождение от налогообложения (Tax exempt) 877

Основная сумма долга (Principal) 48сн.

Остаток (Balance)
денежных средств (cash) 852—860
компенсационный (compensating) 809—810, 866

Остаточное стандартное отклонение (Residual standard deviation) 203

Остаточный риск (Residual risk) 149сн.

Отделение структурных подразделений компании (Spin-off) 931

Отзыв (досрочный выкуп) (Calling, Call provisions) 324—325, 342—343, 596—598, 659—660

Открытый счет (Open account) 825

"Отравленная продажа" (Poison put clauses) 663

Отраслевая бета (Industry beta) 203—204

Отчет об источниках и использовании средств (фондов) (Sources/uses of fund statment) 802, 816сн.

Оценка (Valuation)
активов пенсионной программы (of pension assets) 989
акций (of stocks) 49—52
акционерного капитала, и налоговая защита по процентным платежам (of stockholder equity, and interest tax shield) 457
аннуитета (of annuity) 34—36
бессрочных рент (of perpetuties) 33—34
бизнеса, с использованием дисконтированного потока денежных средств (of business, by discounted cash flow) 64—69
варрантов (of warrants) 586—592
долгосрочных активов (of long-lived assets) 29—33
инвестиций денежного рынка (of money-market instruments) 876
конвертируемых облигаций (of convertible bonds) 593—595
лизинга с использованием заемного капитала (of leveraged lease) 728—731
надежного эквивалента потока денежных средств (certainty-equivalent flow) 219—220
облигаций (of bonds) 593—595
опциона (of option) См. *Опцион*
опциона "пут" на отказ (of abandonment put) 562—564

Индекс

пенсионных обязательств (of pension liabilities) 988–989
плана финансирования (of financial plan) 810–812
потока денежных средств за несколько периодов (of cash flow, in several periods) 30
правительственных кредитных гарантий (of government loan guarantees) 641–642
приростных потоков денежных средств (incremental cash flows) 290–291
результатов деятельности (performance) 289–292
рисковых долговых обязательств (of risky debt) 611–612
стоимости компании после вложения денег (after-the-money) 366
финансового лизинга (of financial lease) 721–727
эффективности пенсионного фонда (pension fund) 999–1004
См. также *Анализ финансовой деятельности*

Палепу, К. (Palepu, Krishna) 328сн., 406, 939
Паритет покупательной способности (Purchasing power parity) 955
Пенсионная программа (Pension plan, Retirement plan) 981
 баланс (balance sheet) 988–994
 бухгалтерский учет (accounting for) 993–994
 взносы в (contributins to) 989–990
 и метод среднего заработка за всю карьеру (career-average formula) 982
 и метод среднего заработка за последний период (final-average formula) 982
 и оценка эффективности пенсионного фонда (measuring fund performance) 999–1004
 и страхование (insurance) 991–992
 прекращение действия (termination) 992–993
 с заранее определенными пенсионными взносами (defined-contribution plan) 982
 с заранее определенными пенсионными выплатами (defined-benefit plan) 982
 с участием работников в акционерной собственности (employee stock option plan) 983–987
 типы (types) 981–983
 управление (management) 995–999
Пенсионный фонд как актив (Pension fund, as asset) 989
Первичное публичное предложение ценных бумаг (Primary public offering, Initial public offering) 369–373
Первоклассный акцепт (Prime acceptance) 880
Первый вариант плана финансирования (First financial plan) 810–812
Переводной вексель (Bill of exchange) 825

Перекупка (обратная покупка) (Buy-back) 880–881
Перенос стоимости (Transfer of value) 406
Переуступка имущества (Assignment) 841
Период окупаемости (Payback period) 78–79
Персональное банкротство (Personal bankruptcy) 839–841
Перспективы роста (Growth opportunities)
 и дивиденды (and dividends) 60–62
 приведенная стоимость (present value of) 58, 68–69, 272
Пикинз, Бун (Pikens, Boon) 922–924
Плавающая ставка (Floating rate) 344, 655
Планирование (Planning)
 стратегическое (strategic) 288–289, 1011
 финансовое (financial) См. *Финансовое планирование*
Планирование бюджета денежных средств (Budgeting) 805–809
Планирование долгосрочных (капитальных) вложений (Capital budgeting) 281
 в условиях ограниченности ресурсов (with limited resources) 121–126
 и риск (and risk) 195–197
 и утверждение проектов (project authorizations) 281–285
 оценка результатов (measuring profitability) 292–298
 оценка эффективности (performance evaluation) 289–292
 проблемы/решения (problems/solutions) 285–289
 решения о (decisions) 284–285
 "снизу/сверху" 288
Плата за выжидание (Standby fee) 385
Плата за проведение подписки (Take-up fee) 385
Платеж в пути (Payment float) 860–862
Платежи (выплаты) (Payments)
 купонные (coupon) 620
 поэтапные (progress) 824
 продукцией (production) 671
Побочные эффекты (Incidential effect) 103
Повторяющиеся заказы, и решение о предоставлении кредита (Repeat orders, credit decision with) 834–835
Пог, Г. А. (Pogue, G.A.) 783, 815
Погашение (выплата) долга (Repayment of debt) 342, 657–658
Подписчик (Underwriter) 374, 377–382
Позитивные оговорки кредитного соглашения (Positive covenants) 663–664
Покрытый варрант (Covered warrant) 585сн.
Политика сбора денег (Collection policy) 836–838
Политика управления задолженностью (Debt policy) 429–430, 455–456
 и влияние финансовой зависимости на доход-

ность (effect of leverage on returns) 436–440
и выбор решений по финансированию (financial choices) 482–485
и налоги (taxes) 456–469
и эффект левериджа в конкурентной экономике без налогов (effect of leverage in competitive tax-free economy) 430–436
традиционный подход (traditional position) 440–448
Политический риск международного финансирования (Political risk in international financing) 972–973
"Полочная регистрация" (Shelf registration) 374–375
Портфель (Portfolio)
опционов, и финансовое планирование как управление (of options, financial planning as management of) 775–776
составленный из акций (stocks combined into) 169–171
состоящий из опционов "колл", "пут" и акций (holding of call/put/share in combination) 532–538
эффективный (efficient) 170
Портфельный риск (Portfolio risk)
влияние отдельных ценных бумаг на (effect of individual securities on) 153–158
вычисление (calculating) 149–153
измерение (measuring) 142–149
Постаудит капитальных вложений (Postaudit of capital) 289–290
Постоянный темп роста (Sustainable rate of growth) 749
Потери от изменения допущений (Assumption change losses) 990сн.
Потери от падения рыночной стоимости (Experience losses) 990сн.
Поток денежных средств (Cash flow) 3–4
вычисление (estimating) 110–111
дисконтирование (discounting) 102–105
дисконтированный (discounted) См. *Дисконтированный поток денежных средств*
и надежный эквивалент (certainty equivalent) 219–220
и прибыль (profit) 803–805
надежный/номинальный, дисконтирование (safe/nominal, discounting) 512–516
оценка, за несколько периодов (valuing, in several periods) 30
перенесение на будущие периоды (carry-forward) 127
приростной, оценка по факту (incremental, measuring after the fact) 290–291
свободных денежных средств (free) 60–62, 65–66, 935–936
эквивалентный долгу (debt equivalent) 515–516

Потребительский кредит (Consumer credit) 796
Потребность в капитале, кумулятивная (Capital requirement, cumulative) 798–799
Поэтапная оплата (Progress payment) 824
Права акционеров (Stockholders' rights) 341–342
Правило дисконтированной окупаемости (Discounted payback rule) 79–80
Правило нормы доходности (Rate-of-return rule) 15, 20
Правило окупаемости (Payback rule) 78–79
дисконтированной (discounted) 79
Правило чистой приведенной стоимости (Net present value rule) 15, 20
и как рынок капиталов помогает сбалансировать потребление (capital market smooth consumption pattern) 17
и несовершенный рынок капиталов (imperfect capital market) 21–22
и основополагающие допущения (crucial assumptions) 20–21
и производственные возможности (productive opportunities) 17–20
и цели корпорации (and corporate goals) 22–23
Правительственная кредитная гарантия, оценка (Government loan guarantee, valuating) 641–642
Право на неплатежеспособность (на невыполнение обязательств) (Right to default) 470–473
Право "Нью-Йорк" (New York right) 385сн.
Право "Филадельфия" (Philadelphia right) 385 сн.
Предельные издержки, в финансовом планировании (Marginal costs, in financial planning) 789–791
Предъявительский переводной вексель (Sight draft) 817
Преимущественное право (Preemptive right) 341, 385
Премия (Premium)
за ликвидность (liquidity) 628
за рыночный риск (Market risk premium) 173
инфляционная (inflation) 759
форвардная (forward) 950, 953–954
Прибыль (Earnings, Income, Profit)
балансовая и лизинг (book, and leasing) 721
балансовая или истинная (book versus true) 294
бухгалтерская (accounting) 757–758
как экономическая рента (economic rent as) 266
обычная или дополнительная (average versus incremental) 102–103
и поток денежных средств (cash flow) 803–805
чистая (net) 443 сн.
экономическая (economic) 291–292
Прибыль на акцию (Earnings per share)
и слияния (and mergers) 909–911
и цена акций (and stock price) 57–63
См. также *Акции*
Приведенная стоимость (Present value) 12, 19, 1019–1020

Индекс

и бессрочная рента/аннуитет (perpetuity/annuity) 33—36
вычисление (calculating) 13, 29—41
и норма доходности (rate of return) 15
и оценка долгосрочных активов (valuing long-lived assets) 29—33
и перспективы роста (growth opportunities) 57—60
и риск (risk) 14
и сложный процент (compound interest) 36—41
облигации/акции (of bond/stock) 47—63, 64—69
скорректированная (adjusted) 498—501
чистая (net) См. *Чистая приведенная стоимость*
Привилегированная акция (Preferred stock, Preferred share) 345—346, 367
с нарастающим дивидендом (incremental dividend) 446
с плавающей ставкой (floating-rate) 346сн., 881—882
См. также *Акции*
Привилегированная подписка (Privileged subscription) 385—388
влияние на цену акций (effect on stock price) 386—387
и обычное предложение (general cash offer) 387—388
и цена выпуска (issue price) 387
См. также *Эмиссия прав*
Принцип слагаемости стоимостей (Value additivity) 433, 497, 1017
и диверсификация (diversification) 158—159
и слияние (mergers) 908
Принятие решений, финансовых (Decision making, financial) 1018—1019
Приростные потоки денежных средств (Incremental cash flows) 290—291
Прогнозирование (Forecasting)
в финансовом планировании (In financial planning) 773—774
потока свободных денежных средств (free cash flow) 65—66
согласованность в (consistency in) 286
снижение необъективности (reduction of bias) 286—287
экономической ренты (economic rent) 266—275
Прогнозный период (Horizon period) 51—52
Программа капиталовложений в условиях ограниченности ресурсов (Capital expenditure programs, with limited resources) 121—126
Программа участия работников в акционерной собственности (Employee stock option plan) 983—987
Программирование "ноль-один" (интегральное) (Zero-one programming) 124

Продажа (Sale)
опционов "колл", "пут", акций (call/put options, shares) 531—532
с последующим лизингом (and lease-back) 716
См. также *Лизинг*
условия, и кредит (terms of, and credit) 823—825
условная (conditional) 826
Продолжительность (Duration) 693—696
Проект (Project)
взаимоисключающий (mutually exclusive) 87—90, 127—128
зависимый (contingent) 128
и коэффициенты бета (betas of) 196
отказ от (abandonment) 560—564
постаудит (postaudit) 289—290
процесс осуществления, контроль (in progress, control of) 289
утверждение (authorization of) 281—285
Проектное финансирование (Project finance)
См. *Финансирование*
Проектный вексель (Project note) 877 сн.
Производные [финансовые] инструменты (Derivative instruments) 347, 696
Производственные возможности (Productive opportunities) 17—20
Проспект (Prospectus) 370
эмиссии облигаций (for bond issue) 674—682
эмиссии новых акций (for new issue) 389—393
Простой вексель (Promissory note) 825
Простой процент (Simple interest) 36
Процент (Interest)
и управление денежными средствами (cash management) 866
начисленный, учет в ценах облигаций (accured, in bond prices) 654
непрерывно начисляемый сложный (continuously compounded) 39
простой (simple) 36
сложный (compound) 36—40
Процентная ставка (Interest rate)
базисная (prime-rate) 344
безрисковая (risk-free) 532 сн.
временна́я структура (term structure of)
См. *Временна́я структура процентных ставок*
и валютные курсы (exchange rates) 953
и инфляция (inflation) 613—616, 955—956
классическая теория (classical theory) 612—616
плавающая/фиксированная (floating/fixed) 344
реальная (real) 612—613
"спот" (spot) 616
форвардная (forward) 348, 625, 702
Процентный своп (Interest-rate swap) 348
Прямое предложение о покупке контрольного пакета акций (Tender offer) См. *Тендерное предложение*
Прямой лизинг (Direct lease) 716

Прямые издержки банкротства (Direct bankruptcy costs) 474–476
Публичная эмиссия (Public issue)
   занижение цены (underpricing) 372
   издержки (costs of) 372–373
   облигаций (of bonds) 343–344
   определение цены (pricing) 371
   организация (arranging) 370–371
Публичное предложение, первичное (Public offering, initial) 369–373

R в квадрате (R-squared) 203
Равенскрофт, Д. (Ravenscroft, D. J.) 938
Равномерная амортизация (Straight-line depration) 107
Равномерные годовые затраты (Equivalent annual costs) 117
Разводнение (Dilution) 354–356
   и варранты (warrants) 587, 589–592
   и конвертируемые облигации (convertible bonds) 595–596
Расформирование подразделений (Divestiture) 770
Реальная процентная ставка (Real interest rate) 612–613
Реальные активы (Real assets) 3, 11, 18, 18–20
Регистратор (Registrar) 371
Регистрационный документ (Registration statement) 370–371
Регресс по займу, ссуде (Recourse) 729, 885
Регулярные денежные дивиденды (Regular cash dividends) 403
Рейнхард, У.И. (Reingardt, U.E.) 103 сн., 241
Рейтинг облигаций (Bond rating) 343, 636, 657, 754, 879 сн.
   определяемый по финансовым коэффициентам (predicted by financial rations) 761–762
Рента (Rent) См. *Бессрочная рента*, *Экономическая рента*
Рентабельность (Profitability, Return on)
   активов (return on total assets) 747–748
   бухгалтерская (accounting) 80–82, 292–298
   инвестиций (investment) 294–296
   искажения в оценках (biases in measurings) 296–298
   определение (measuring) 292–296
   реализации См. *Чистая норма прибыли*
   собственного капитала (return on equity) 53, 747
   фактическая и абсолютный норматив (actual versus absolute standard) 291
Реорганизация (Reorganization) 843–844
Ресурсы (Resources)
   взаимодополняющие, и слияние (complementary, and merger) 905
   нефинансовые, ограничения на (nonfinancial, constrains on) 127

   ограниченные, и программа капитальных вложений (limited, and capital expenditure program) 121–126
Решения (Decisions)
   инвестиционные (investment) 3, 110, 309–312, 497–498
   о предоставлении кредита (credit) 832–836
   по финансированию (financing) 3, 110, 309–312, 497–498, 973–974
   финансовые (financial) 3, 1018–1019
Риск (Risk) 1020–1021
   базовый (basis) 701
   валютный, страхование (currency, insuring against) 960–962
   деловой или финансовый (business versus financial) 204
   диверсифицируемый/недиверсифицируемый (divesifiable/nondiversifiable) 149 сн., 1016
   и дивиденды (dividends) 412–413
   и дисконтированный поток денежных средств (discounted cash flow) 217–221
   и доход (доходность) (returns) 167, 173–177, 439–440, 1020–1021
   и коэффициент "долг–собственный капитал"(debt–equity ratio) 485
   и кредитный анализ (credit analyse) 830–832
   и "мусорные" облигации (junk bonds) 636–638
   индивидуальный (уникальный) (unique) 149–167
   и оценка опционов/рисковых долговых обязательств (option pricing/risky debt) 638–641
   и оценка правительственных кредитных гарантий (valuing government loan garantees) 641–642
   и планирование долгосрочных вложений (capital budgeting) 195–197
   и политика пенсионного фонда (pension fund policy) 995
   и приведенная стоимость (present value) 13–14
   и рейтинг облигаций (bond rating) 636
   невыполнения обязательств (неплатежеспособности) (of default) 634–635
   облигаций (bonds) 534–537
   перенос (shifting) 477–478
   политический, и международное финансирование (political, and international financing) 972–973
   портфельный (portfolio) См. *Портфельный риск*
   проекта (project) 1019–1020
   рыночный (market) См. *Рыночный риск*
   и теория портфеля (portfolio) 167–173
   См. также *Хеджирование*
Рисковые долговые обязательства (Risk debt)
   и временнáя структура/доходность к погашению (term structure/yield to maturity) 616–624
   и классическая теория процента (classical theory of interest) 612–616

Индекс 1081

и объяснение временно́й структуры (explaining term structure) 624–634
и оценка опционов (option pricing) 638–641
оценка (valuing) 611–612
с учетом риска неплатежеспособности (allowing for risk of default) 634–642
Риттер, Дж. Р. (Ritter, J.R.) 372
Робертс, Гарри (Roberts, Harry) 317
Розенберг, Б. (Rosenberg, B.) 419, 761
Ролл, Ричард (Roll, Richard) 183, 329, 938 сн.
Росс, Стивен (Ross, Steven A.) 181, 183, 211
Рост, агрессивный/нормальный (Growth agressive/normal) 770
Рубэк, Ричард (Ruback, R.S.) 924, 935, 938 сн., 939
Рынки капиталов (Capital markets) 3–5
и модели потребления (and consumption patterns) 17
история (history of) 139–142
несовершенные (imperfect) 21
равновесие на (equilibrium in) 959–960
совершенные (perfect) 445
эффективные (efficients) 312, 1016
Рынок (Market)
валютный (exchange) 949–952
валютных фьючерсов (currency futures) 949–952
денежный (money) См. *Денежный рынок*
и венчурный капитал (venture capital) 366–369
изменения в прошлом/будущем (past/future changes) 323
капиталов (capital) См. *Рынки капиталов*
"мусорных" облигаций (junk bond) 343, 636–638, 934
несовершенство, и дивиденды (imperfection, and dividends) 413–414
новый (new) 1023–1024
облигаций (bond) 664–668
реакция на эмиссию акций (reaction on stocks) 376–377
форвардный (forward) 950
эффективный (efficient) См. *Эффективный рынок*
Рыночная бета (Market beta) 180–181
Рыночная стоимость (Market value) 261–266, 741
Рыночная цена (Market price) 323–325
Рыночная эффективность (Market efficiency) См. *Эффективный рынок*
Рыночный риск (Market risk) 149, 167, 1016
бета, как измеритель (measured by beta) 153–154
оценка с использованием финансовых коэффициентов (estimated by financial rations) 760–761

Са́мец, Арнольд (Sametz, Arnold W.) 1018
Саммерс, Лоуренс (Summers, Lawrence) 476 сн.
Самоликвидирующийся заем (Self-liquidating loan) 884
Сбор денежных средств (Cash collection) 860–865

Сверхфондовая пенсионная программа (Overfunded pension plan) 990
Своп (Swap) 348, 696, 703–705
валютный (currency) 348
процентный (interest-rate) 348
Сейл Д.Т. (Sale, J.T.) 284
Секьюритизация (Securitization) 889
Серийные облигации (Serial bonds) 658 сн.
Сертификат (Certificate)
депозитный (of deposit) 878
на повышение стоимости акций (equity appreciation) 446
трастовый (trust receipt) 887
трастовый на оборудование (equipment trust) 657, 658 сн.
Сигал, Джоел (Segall, Joel) 1025
Синделер, Д. Л. (Sindelar, J.L.) 372
Система местных почтовых ящиков (Lock-box system) 863
Система налогообложения с двумя ставками (Split-rate tax system) 421
Система револьверной подписки (Revolving underwriting facility) 889 сн.
Система условного налогообложения (Imputation tax system) 422
Система "точно-вовремя" в управлении денежными средствами (Just-in-time cash management system) 852 сн.
Система эмиссии векселей (Note issuance facilities) 889 См. также *Эмиссия*
Систематический риск (Systematic risk) 149 сн.
Скейпенс Р. (Scapens, R. W.) 283
Складская зона (Field warehouse) 887
Складское свидетельство (Warehouse receipt) 886
Скорректированная ставка дисконта (Adjusted discount rate) 501–506, 515–516
Скорректированные затраты на капитал (Adjusted cost of capital) 501
Слияние (Merger, Acquisition) 899
анализ (оценка) издержек (estimating costs of) 899–903, 913–917
анализ экономических выгод (estimating economic gains) 899–903
вертикальное (vertical) 903–904
горизонтальное (horizontal) 903–904
конгломератное (conglomerate) 903–904
разумные мотивы для (good reasons for) 903–908
сомнительные мотивы для (bad reasons for) 908–912
тактика (tactic) 922–931
техника (mechanic of) 917–922
формы (forms of) 918
и экономика (economy) 936–940
Сложный процент (Compound interest) 37–41
непрерывно начисляемый (continuously compounded) 39–40

Случайное изменение цен (Random walk) 312–315, 317 сн.
Собственный капитал (Equity) См. *Акционерный капитал*
Совершенный рынок капиталов (Perfect capital market) 445
Совокупные активы (Total assets) См. *Активы*
Соглашение о дефиците денежных средств (Cash deficiency arrangement) 672
Соглашение о погашении затрат (Cost company arrangement) 671
Соглашение о полном обслуживании по лизингу (Rental leases) См. также *Аренда; Лизинг*
Соглашения о продаже с последующим лизингом (Seal and lease-back arrangement) 716
См. также *Лизинг*
Соглашение о продаже с последующим выкупом (Repurchase agreement) 880–881
Соглашение о форвардной процентной ставке (Forward rate agreement) 702
Сокращение расходов (Retrenchment) 770
Соломон, Эзра (Solomon, Ezra) 445
Сохранение стоимости, закон (Conservation of value, law of) 432–434, 1017
Спейси Леонард (Spacek, Leonard) 328–329
Спекулянт (Arbitrageur) 926–927
Специализация (Specialization) 770
Специфический риск (Specific risk) 149 сн.
Спред (Spread) 372, 377, 879
Средневзвешенные затраты на капитал (Weighted-average cost of capital) 441, 506–511
Среднесрочный вексель (Medium-term notes) 878–880
Средняя прибыль (Average return)
в расчете на балансовую стоимость активов (on book value) 80–82
Средняя продолжительность оплаты дебиторской задолженности (Average collection period) 746
Срок погашения (Maturity)
долга (of debt) 342–343
и доходность к погашению (yield to) 616–624
облигаций (of bonds) 593–595
Срочная ссуда (Term loan) 887–890
долевое участие в/переуступка (participation/assignment) 888–889
и евродолларовый кредит (Eurodollar lending) 889–890
Срочный депозит (Time deposit) 878
Срочный переводной вексель (Time draft) 825
Ссуда (Loans)
и оценка правительственных кредитных гарантий (valuing government loan guarantees) 641–642
необеспеченная (unsecured) 809, 884–885
обеспеченная (secured) 885–887
предоставляемая синдикатом банков (syndicated) 889
самоликвидирующаяся (self-liquidating) 884
с переуступкой имущества (assignment) 888–889
срочная (term) 887–890
См. также *Заем; Долг; Политика управления задолженностью; Кредитование*
Ставка дисконта (Discount rate) 13
выбор, без книги бета (setting, without beta book) 212–216
и надуманные факторы ("fudge" factors in) 212–214
и определение беты активов (determination of asset beta) 212–216
и приведенная стоимость (present value) 12–15
и чистая приведенная стоимость (net present value) 16–22
и цели корпорации (corporate goals) 22–23
скорректированная (adjusted) 219–222, 501–506, 515–516
Ставка (рыночной) капитализации (Capitalization rate) 49, 52–57
Ставка Лондонского рынка межбанковских кредитов (ЛИБОР) (London interbank offered rate (LIBOR)) 344, 655, 702, 888
Стандартизация лизинговых контрактов (Standartization of leases) 717–718
Стандартное отклонение (Standard deviation)
в измерении портфельного риска (in measuring portfolio risk) 143–144, 146 сн.
остаточное (residual) 203
"Старомодный" факторинг (Old-line factoring) 838
Старшинство (приоритетность), долговые обязательства (Seniority, debt) 343, 656–657
Стерн, Джоел (Stern, Joel) 1024
Стоимость (Value) 4–5, 11–12
балансовая (бухгалтерская) (book) 68, 295, 721, 740
будущая (future) 36, 50–52
закон сохранения (law of conservation of) 432–434, 1017
и ликвидность (liquidity) 1024
истинная (true) 316
конверсионная (conversion) 593
ликвидационная (salvage) 107
на конец периода оценки (horizon) 66–68
облигационная (bond) 593
опциона (option) См. *Опцион*
перемещение (transfer of) 408
прекращения бизнеса (abandonment) 253–254, 562–564
приведенная (present) См. *Приведенная стоимость*
рыночная (market) 261–266, 741, 740–751
управления, и реальные опционы (of management, and real options) 560
услуг (service cost) 994
чистая приведенная (net present) См. *Чистая приведенная стоимость*

Индекс   1083

Стратегическое планирование (Strategic planning) 288–289, 1019
Страхование (Insurance)
   кредитов (credit) 837–838
   пенсий (pension) 991–992
Структура капитала (Capital structure) 429, 1024
   влияние на коэффициент бета (effect on beta) 206–208
   влияние на ожидаемую доходность (effect on expected return) 205–206
   и задолженность корпораций (corporate debt) 356–358
   и затраты на привлечение капитала (cost of capital) 204–208
   и политика управления задолженностью (debt policy) 458–460
Субординированный долг (Subordinated debt) 343, 661
"Схватить и бежать" (Cash in and Run) 479
Счета к оплате (кредиторская задолженность) (Accounts payable) 111, 796
   растягивание оплаты (stretching) 809
Счета к получению (дебиторская задолженность) (Accounts receivable, Receivable) 111, 796, 885–886

Таблицы приведенной стоимости (Present value tables) 32–33
Таггарт, Р. (Taggart, R.A.) 353
Текущая деятельность, оценка (Operating performance, evaluation of) 291
Телеграфный перевод (Wire transfer) 863
Тендерное предложение (Tender offer) 922
Теневые цены, в финансовом планировании (Shadow prices, in financial planning) 789–791
Теорема разделения (Separation theorem) 173 сн.
Теория арбитражного ценообразования (Arbitrage pricing theory) 181–186
Теория иерархии (Pecking order theory) 483–485
Теория компромисса (Trade-off theory) 482–483
Теория ожиданий (Expectations theory)
   валютных курсов (of exchange rates) 954
   форвардных курсов (of forward rates) 956–957
Теория оценки опционов (Option pricing theory) 557, 1017–1018
   и контрольный лист(checklist) 573–577
   и опцион на выбор времени (timing option) 568–573
   и опцион на отказ (abandonment option) 560–568
   и реальный опцион и ценность управления (real option and value of management) 560
   и рисковые долговые обязательства (risky debt) 638–641
   и стоимость опциона на сегодня (value now) 565–566
   и стоимость опциона через 6 месяцев (value after 6 months) 564–565
   и ценность возможностей последующего инвестирования (value of follow-on investment opportunities) 557–559
Теория паритета процентных ставок (Interest-rate parity theory) 956
Теория портфеля (Portfolio theory) 167–169
   и заимствование/кредитование (borrowing/lending) 171–173
   формирование из акций (combinating stock into portfolio) 169–171
Теория предпочтения ликвидности, для временной структуры процентных ставок (Liquidity-preferred theory, for term structure of interest rates) 628–629
Теория ценообразования (Pricing theory)
   См. *Теория арбитражного ценообразования; Модель оценки долгосрочных активов*
Теппер, Ирвин (Tepper, Irwin) 996–998, 1010, 1011
Технический эксперт (Technical analysts) 317
Товарищество с ограниченной ответственностью (Limited partnership) 931
Товарный фьючерс (Commodity futures) 688, 698
Товары (Commodities) 700–701
Трансфертный агент (Transfer agent) 371
Транспортная накладная (Bill of landing) 825 сн.
Трастовый договор (Trust deed) 653–654
Трастовый сертификат (Trust receipt) 887
   на оборудование (equipment trust certificate) 657
Трейнор, Джек (Treynor, Jack L.) 174

Уизмен, Терри (Wizman, Thierry) 663
Уникальный (индивидуальный) риск (Unique risk) 149, 167
Управление (Management)
   и необходимая информация (information needed) 287–288
   пенсионным фондом (pension fund) 995–999
   ценность, и реальный опцион (value of, and real option) 560
См. также *Менеджмент; Международный финансовый менеджмент; Управление денежными средствами; Управление дебиторской задолженностью*
Управление дебиторский задолженностью (Credit management) 824
   и инструменты коммерческого кредита (commercial credit instruments) 825–826
   и кредитный анализ (credit analysis) 826–832
   и политика сбора денег (collection policy) 836–838
   и процедура банкротства (bankruptcy procedure) 839–844

и решение о предоставлении кредита (credit decision) 832—836
и условия продажи (terms of sale) 823—825
Управление денежными средствами (Cash management) 851—852
в корпорациях (corporate) 859—860
и запасы/остатки денежных средств (inventories/cash balances) 852—860
и отношения с банками (bank relations) 865—866
и система "точно-вовремя" (just-in-time system) 852 сн.
и системы сбора/расходования средств (collection/disbursment systems) 860—865
Урвиц, Г. (Urwitz, G.) 762
Ускоренная амортизация (Accelerated depreciation) 112
Условие корректировки цен на нефть (Fuel adjustment clause) 670
Условия продаж, и кредит (Terms of sale, and credit) 823—825
Условная продажа (Conditional sale) 826
Условный проект (Contingent project) 128
Уставный (разрешенный к выпуску) акционерный капитал (Authorized share capital) 339—341
Учебная формула (Textbook formula) 506—511

Фактор (Factor)
времени (time) 5
загрузки (load) 120—121
неопределенности (uncertainty) 5
Факторинг (Factoring) 837
и займы, обеспеченные дебиторской задолженностью (loans secured by receivables) 885—886
и страхование кредитов (and credit insurance) 837—838
Факторинговая компания (Фактор) (Factor) 837
Фама, Юджин Ф. (Fama, Eugene F.) 178, 217, 406, 615, 631
Фиксированная процентная ставка (Fixed interest rate) 344
Фиксированные выплаты по контракту (Payout fixed by contract) 514
Финансирование (Financing) 309—310, 339
внебалансовое (off-balance-sheet) 719—721
второй очереди (second stage) 367
долгосрочное (long-term) 339, 798—880
зарубежных операций (of foreign operations) 968—971
и долги корпораций (corporate debt) 342—344
и конвертируемые ценные бумаги (convertible securities) 346—347
и обыкновенные акции (common stock) 339—342
и привилегированные акции (preferred stocks) 345—346
и разнообразные виды ценных бумаг (variety of securities in) 347—349

и теория иерархии (pecking order theory) 483—485
и теория компромисса (trade-off theory) 482—483
и чистая приведенная стоимость заимствования (net present value of borrowing) 310—312
и эффективные рынки (efficient markets) 312—323
мезонинное (mezzanine) 368 сн.
модели (patterns) 349—359
нулевого этапа (zero stage) 366
объяснение выбора (explaining choice) 482—485
первого этапа (first-stage) 366
проектное (project) 669—672
решения по (decisions) 3, 110, 309—312
финансовый лизинг как источник (financial lease as sources) 716
Финансовая зависимость (финансовый леверидж) (Financial leverage, Gearing) 204, 430, 741
См. также *Леверидж*
Финансовый лизинг (капитальный, с полной выплатой) (Financial lease, Full-payment lease) 716
капитализация (capitalization of) 720
оценка (valuing) 721—727
См. также *Лизинг*
Финансовое планирование (Financial planning) 770—771, 795
долгосрочное (long-term) 770—772
и контроль за изменением денежных средств и оборотного капитала (tracing change in cash/working capital) 800—805
и план финансирования (financial plan) 809—815
и планирование бюджета денежных средств (cash budgeting) 805—809
и планирование источников финансирования (planned financing) 772
и полный финансовый план (completed financial plan) 771—772
и связь между краткосрочными и долгосрочными решениями по финансированию (links between short-term and long-term financing decisions) 798—800
и элементы оборотного капитала (components of working capital) 796—798
краткосрочное (short-term) 770, 795—796
модели (models) 776—782, 814—815
определения (defined) 770—771
условия эффективности (requirements of effective planning) 772—775
Финансовые активы (Financial assets) 3
См. также *Активы*
Финансовые затруднения (Financial distress) 469
без банкротства (without bankruptcy) 476—477
зависимость от типа активов (costs vary with types of assets) 481

Индекс
  и игра на время (playing for time) 479
  и игры (games) 477–480
  и издержки банкротства (bankruptcy costs) 470–474
  и отказ от вложения акционерного капитала (refusal to contribute equity capital) 478
  и перенос риска (risk shifting) 477–478
  и прямые и косвенные издержки банкротства (direct/indirect bankruptcy costs) 474–476
  и реальные издержки банкротства (evidence on bankruptcy costs) 473
  "искушение и срыв" (bait and switch) 479
  и цена игр (cost of games) 479–480
  "схватить и бежать" (cash in and run) 479
Финансовые коэффициенты (Financial rations) 739–741
  выбор базы (choosing benchmark) 753–755
  и бухгалтерские показатели (and accounting definition) 751–753
  и кредитный анализ (and credit analyse) 826–828
  и оценка рыночного риска (to estimate market risk) 760–761
  и прогнозирование рейтинга облигаций (to predict bond rating) 761–762
  ликвидности (liquidity) 743–745
  рентабельности/эффективности (profitability/efficiency) 745–748
  рыночной активности (market value) 749–751
  финансовой зависимости (левериджа) (leverage) 741–743
Финансовые решения (Financial decisions) 3, 497–498, 1018–1019
  и дисконтирование надежного/номинального потока денежных средств(discounting safe/nominal cash flow) 512–516
  и метод скорректированной приведенной стоимости (adjusted-present-value rule) 498–501
  и скорректированная ставка дисконта (adjusted discount rate) 501–506
  и формула средневзвешенных затрат на капитал (weighted-average-cost-of-capital formula) 506–511
Финансовый вексель (Finance bill) 880 сн.
Финансовый заслон (Financial slack) 484
Финансовый директор (Chief financial officer) 7
Финансовый менеджер (Financial manager)
  и интересы акционеров (and interest of shareholders) 22
  как специалист (as specialist) 7–8
  роль (role of) 4–6
Финансовый план (Financial plan) См. *Финансовое планирование*
Финансовый риск (Financial risk) 204
Финансовый фьючерс (Financial futures) 689, 698
Фишер, А. К. (Fisher, A. C.) 272 сн.
Фишер, Ирвинг (Fisher, Irving) 22, 614–616, 629
Фишер, Лоуренс (Fisher, Lawrence) 327 сн., 641

Фонд денежного рынка (Money market fund) 447
Фондовый долг (Funded debt) 342
Фонд (Fund) 802, 816 сн.
  и избыточные ресурсы (surplus) 906
  погашения (sinking) 311, 342, 657
  покупки (purchase) 658 сн.
Форвардная премия (Forward premium) 950
  и изменения "спот"-курса (changes in spot rate) 953–954
Форвардная ставка (Forward rate) 348, 702
  и временна́я структура процентных ставок (term structure of interest rates) 624–625
Форвардный дисконт (Forward discount) 950
Форвардный курс (Forward rate) 950
  теория ожиданий (expectations theory of) 956–957
Форвардный контракт (Forwards, Forward contract) 348, 696, 701–703, 950, 954
Форвардный рынок (Forward market) 950
Форвардная норма доходности (Forward rate of return) 31 сн.
Формула Блэка–Шольца для оценки опционов (Black–Scholes formula for options valuation) 547–548, 567–568, 573–574, 590 сн., 1017
Формулы для случаев постоянного темпа роста (Constant-growth formulas) 54–56
Фьючерс (Futures) 347–348, 687, 689, 696–698
  валютный (currency, foreign exchange) 699, 950
  и хеджирование (hedging with) 696–701
  механизм заключения сделок (mechanic of trading) 698
  на фондовые индексы (stock index) 699
  товарный (commodity) 688, 698, 700
  финансовый (financial) 689, 698
  цена (price) 698–701
Фьючерсная цена (Future price) 698–701
Фьючерсный контракт (Futures contract) См. *Фьючерс*
Фьючерсный рынок (Futures market) 950

Хедж с нулевой стоимостью (Zero-value hedge) 691
Хеджирование (Hedging) 687–690
  и свопы (swaps) 703–705
  и форвардные контракты (forward contracts) 701–703
  коэффициент хеджирования (hedge ratio) 545, 705 См. *также Дельта опциона*
  продолжительность/изменчивость (duration/volatility) 693–696
  с помощью опционов (with options) 705–706
  с помощью фьючерсов(with futures) 696–701
  техника (techniques) 690–693
  См. также *Риск*
Хейли, Пол (Healy, Paul) 328 сн., 406, 939
Хонг, Х. (Hong, H.) 920

Цели (Goals, Objectives)
    корпорации (corporate) 22—23, 139
    пенсионных программ (for pension plans) 998—999
    финансового управления (financial) 5—6
Цена (price)
    акции (share, of stock) 410—411 См. также *Акции*
    единая, закон (one, law of) 955, 957
    исполнения (exetcise) 346, 529, 540
    нового выпуска (new issue) 371
    облигационного займа (bond) 653—655
    опциона (option) 539—543
    предложения (offering) 377
    рыночная (market) 323—325
    случайность изменения (randomness of change) 312—315
    "спот" ("точечная") (spot) 697—701
    теневая, в финансовом планировании (shadow, in financial planning) 789—791
    фьючерсная (futures) 698—701
Ценные бумаги (Securities)
    ведомственные (agency) 877
    иностранные (foreign) 375
    и подписчики (underwriters) 374, 377—382
    конвертируемые (convertible) 346—347
    новые (new) 1023—1024
    отдельная, влияние на портфельный риск (individual, effect on portfolio risk) 153—158
    публичная эмиссия (public issue) См. *Публичная эмиссия*
    федеральных ведомств США (Agency) 877
    частное размещение (private placement of) 382—383
Цикличность (Business cycle) 214—215

Частное размещение (Private placement) 382—383
Чартер пустого корабля (Bareboat charter) 716 сн.
Чен, Н. Ф. (Chen, N. F.) 183
Чистая норма прибыли (Net profit margin) 746
Чистая приведенная стоимость (Net present value) 13, 19, 101—107, 246, 261, 1015—1016
    внутренняя норма доходности как альтернатива (internal rate of return as alternative to) 82—91
    заимствования (займов) (of borrowing) 310—312
    и взаимовлияние проектов (project interaction) 115—121
    и инвестиционные решения (investment decisions) 75, 101
    и прогнозирование экономических рент (forecasting economic rates) 266—267
    и программа капитальных вложений в условиях ограниченности ресурсов (capital expenditure program with limited resources) 121—126
    и рыночная стоимость (market value) 261—266
    коэффициент рентабельности как альтернатива (profitability index as alternative to) 92—93
    окупаемость как альтернатива (playback as alternative to) 78—80
    пример (example) 107—115
    средняя прибыль в расчете на балансовую стоимость активов как альтернатива (average return on book value as alternative to) 80—82
    См. также *Приведенная стоимость*
Чисто дисконтная облигация (Pure discount bond) 654 сн.
Чистый лизинг (Net lease) 716 См. также *Лизинг*
Чистый оборотный капитал (Net working capital) 103, 796
    и коэффициент оборачиваемости активов (ratio to total assets) 745—746
    контроль за изменением в объемах (tracing changes in) 802—803
    коэффициент оборачиваемости (ratio to sales) 746
    См. также *Оборотный капитал*
Чистый остаток в пути (Net float) 861

Шапиро, Алан (Shapiro, Alan C.) 53 сн., 970
Шарп, Уильям (Sharpe, William) 175, 200
Шверт, Г. (Schwert, G.) 616
Шерер, Ф. М. (Scherer, F. M.) 938
Шлейфер, Андрей (Shleifer, Andrei) 236 сн.
Шольц, Мирон (Sholes, Myron) 331, 376, 403 сн., 418—420, 543—544, 546—547, 573—574, 760, 1017

Эйнштейн, Альберт (Einstein, Albert) 313
Эквивалент опциона (Option equivalent) 544—545
Экономическая амортизация (Economic depreciation) 291—292
Экономическая прибыль (Economic income) 291—292
Экономическая рента (Economic rent) 261, 266—275
Экономия (Economies)
    за счет вертикальной интеграции (of vertical integration) 904—905
    за счет масштабов деятельности (of scale) 904
Эксперты в области инвестиций (Investment analysts) 317
Эластичность спроса (Demand elasticity) 330—332
Эмиссия (issue)
    векселей (note) 889
    занижение цены (underpricing) 372
    попадающая под Правило "А" (Regulation A) 370 сн.
    прав (right) 385—388 См. также *Привилегированная подписка*
    публичная (public) См. *Публичная эмиссия*

Эффект стартового запуска (Bootstrap effect) 909–911
Эффективный портфель (Efficient portfolio) 170
Эффективный рынок (Efficient market) 312, 1016
   и аномальный доход (abnormal return) 326–328
   и биржевой крах 1987 г. (stock market crash of 1987) 320–323
   и дробление акций/дивидендов (stock split/dividends) 325–326
   и изменение учетной политики (accounting change) 328–330
   и принятие решений (decision making) 330
   и прошлые/будущие изменения (past/future changes) 323
   и рыночные цены (market prices) 323–325
   и случайный характер изменения цен (randomness of price changes) 312–315
   и цены акций (stock price) 332
   и эластичность спроса (demand elasticity) 330–332
   теория (theory of) 315–320, 1016, 1022

"Ядовитая пилюля" (Poison pill) 927

**ПО ВОПРОСАМ РЕАЛИЗАЦИИ ПРОСЬБА ОБРАЩАТЬСЯ
В ИЗДАТЕЛЬСТВО "ОЛИМП–БИЗНЕС" ПО АДРЕСУ:
101000, Москва, Сретенский бульвар 6/1, Офис 72
телефон (095) 929-99-53
факс (095) 929-99-54
E-MAIL: OLBUSS@ROPNET.RU**

Ричард Брейли, Стюарт Майерс
Принципы корпоративных финансов

Редакторы *Н. Н. Барышникова, Н. И. Балашова*
Художник *В. А. Крючков*
Технические редакторы *К. Ю. Архипов , П. П. Безруких*
Корректор *Н. В. Антонова*

Подписано в печать 26 мая 1997 года. Формат 84х108 1/16
Бумага офсетная №1. Гарнитура "Ньютон"
Печать офсетная. Усл. печ. л. 117,6 Уч. изд. л. 114,9
Заказ № 1945 Тир. 15000 экз.
Электронный оригинал макет подготовлен ТОО "Опус"
Издательство "Олимп–Бизнес".
101000, Москва, Сретенский бульвар, 6/1, Офис 72.
П.Ф. "Красный пролетарий"   Москва, ул. Краснопролетарская, 16.